4., vollständig überarbeitete Auflage

Nicolas Stockmann,
Werner Rudhart, Helmuth Taubald,
Jochen Österreicher, Carl D. Goerdeler

BRASILIEN

STEFAN LOOSE
TRAVEL HANDBÜCHER

BRASILIEN

1

© WERNER RUDHART

1 **ILHA DE SANTA CATARINA** Das Naturparadies trägt zu Recht den Beinamen Ilha da Magia. S. 151

Die Highlights

© JOCHEN ÖSTERREICHER

2 **FOZ DO IGUAÇU** Die majestätischen Wasserfälle bieten ein atemberaubendes Naturschauspiel mitten im Urwald. S. 191

3

4

3 **SÃO PAULO** Wirtschaftszentrum, Impulsgeber Brasiliens, aufregende Kultur- und Nightlife-Metropole – im urbanen Labyrinth der Strassenschluchten, im von Autoschlangen bevölkerten Asphaltdschungel der schön-hässlichen Megalópolis gehen Chaos und Kreativität Hand in Hand. S. 196

4 **OURO PRETO** Kolonialer Barock und reiche Vergangenheit – das historische Städtchen lädt seine Besucher zu einer Reise in die Zeit des Goldrauschs ein. S. 245

4

5 **RIO DE JANEIRO** Die schönste Stadt der Welt, besonders vom Corcovado aus betrachtet. S. 271

© GETTY IMAGES / BERTRAND GARDEL

6

© LAIF / HEMISPHERES / GARDEL BERTRAND

© LAIF / HEMISPHERES / GARDEL BERTRAND

7

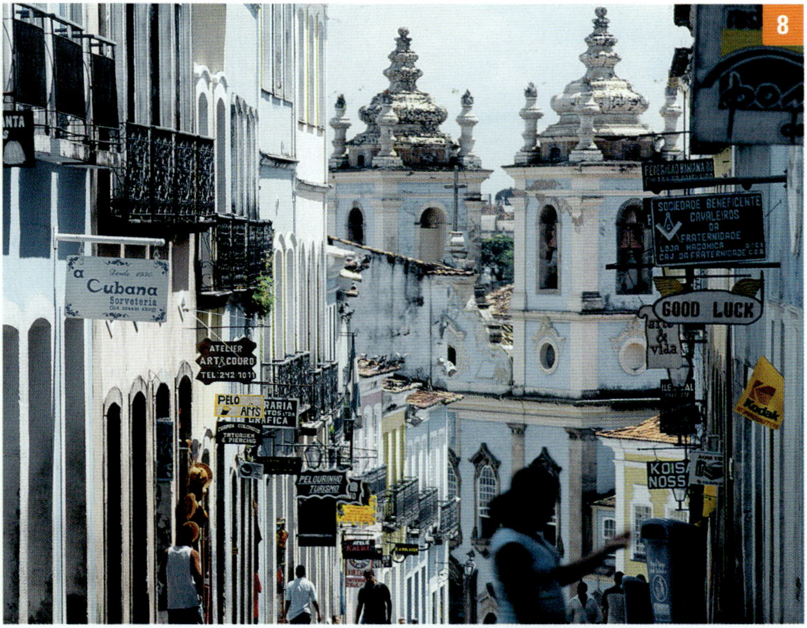

8

6 **ILHA GRANDE** Die grüne Insel wartet mit Piratenbuchten, einsamen Stränden und dichtem Regenwald auf. S. 317

7 **PARATY** Das alte Kolonialstädtchen ist ein einziges Freilichtmuseum. S. 323

8 **SALVADOR** In der „Hauptstadt der Freude“ trifft europäischer Barock auf afrobrasilianische Kultur. S. 371

9 **SÜDKÜSTE VON BAHIA** Auf 800 km locken Traumstrände, urige Fischerdörfer, entspannte Inselparadiese und unzählige Partymöglichkeiten. S. 407

9

10 **CHAPADA DIAMANTINA** Grüne Tafelberge, rauschende Wasserfälle, kristallklare Flüsse und geheimnisvolle Höhlen. S. 467

11

12

© NICOLAS STOCKMANN

© WERNER RUDHART

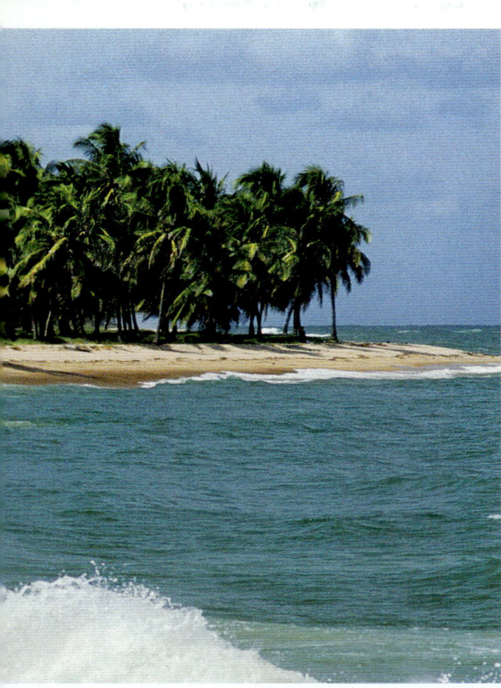

11 **NORDKÜSTE VON ALAGOAS** Malerische Lagunen und verträumte weiße Palmenstrände verführen zum süßen Nichtstun. S. 503

12 **OLINDA** Durch die Altstadtgassen der malerischen Barockstadt ziehen und dabei herrliche Panoramaaussichten genießen. S. 521

13 **FERNANDO DE NORONHA** Die Atlantikinsel bietet die schönsten Strände Brasiliens und ist ein Paradies für Honeymooner aus aller Welt. S. 531

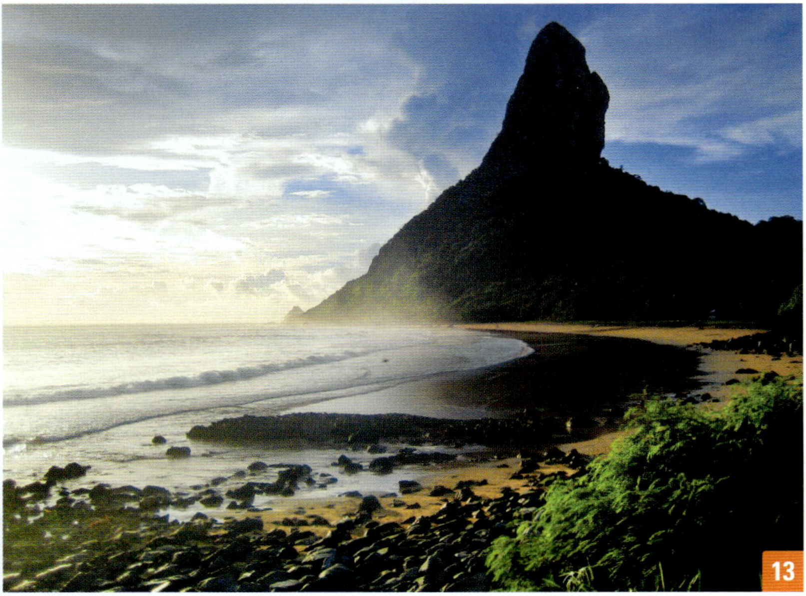

© NICOLAS STOCKMANN

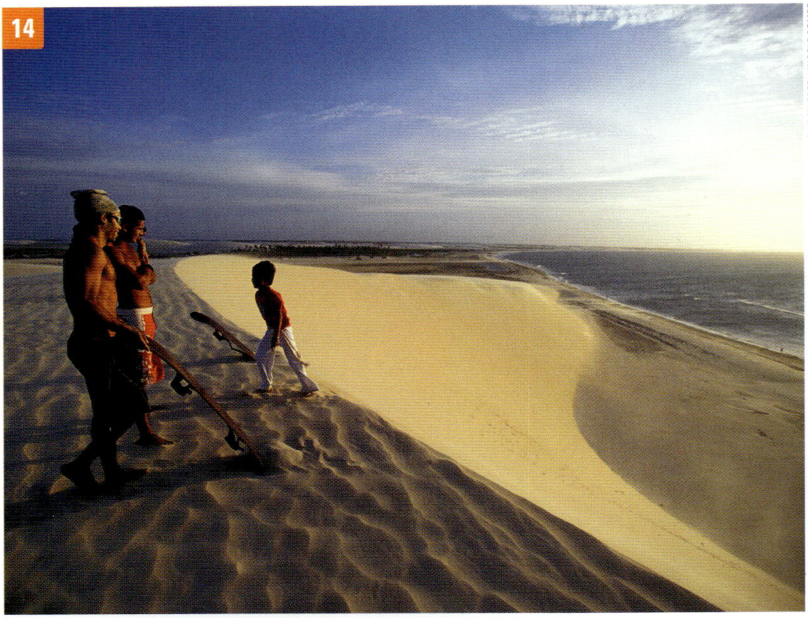

© LOOK-FOTO / INGOLF POMPE

© WERNER RUDHART

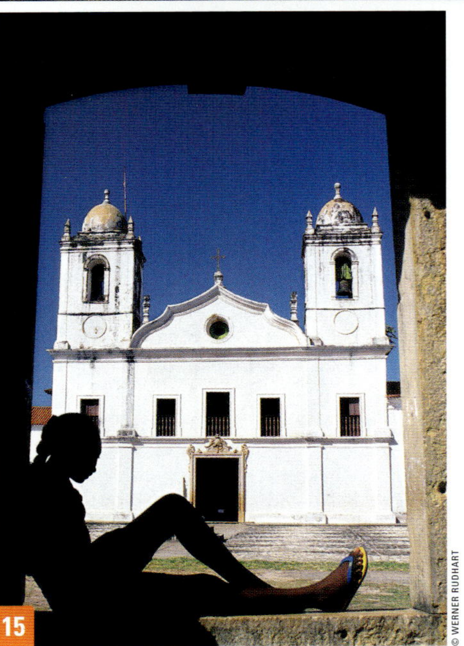

14 **JERICOACOARA** Der einstige Hippie-Treffpunkt ist heute angesagte Party- und Windsurfhochburg und zieht ein buntes Publikum aus der ganzen Welt an. S. 581

15 **SÃO LUÍS** Romantische Plätze und Kolonialarchitektur prägen die von Franzosen gegründete Küstenstadt im Nordosten Brasiliens. Das historische Zentrum ist Unesco-Weltkulturerbe. S. 597

16 **BELÉM** In der schönsten Amazonasmetropole durch Parks und Gärten schlendern, in den umgebauten Docks gut essen und trinken und die einmalige Kultur und Folklore von Pará kennenlernen. S. 619

16
MANUEL PINTO DA SILVA

17

17 **ALTER DO CHÃO** Es gibt wohl keinen anderen Ort in Amazonien, der Besucher durch seine Schönheit derart verzaubert. S. 644

18 **URWALD-LODGES UM MANAUS** Die perfekte Mischung aus Komfort und Urwaldabenteuer, mit Flussfahrten, Piranha-Angeln, Kaimansichtung und Besuch eines Indianerdorfs. S. 663

19 **PIRENÓPOLIS** Fernab der Modernität der Großstädte dem gemächlichen Rhythmus einer der charmantesten Kolonialstädte des Landes folgen. S. 705

19

© GETTY IMAGES / THEO ALLOFS

20 **PANTANAL** Der größte Süßwassersumpf der Erde – ein Garten Eden, der behutsam für den Tourismus erschlossen wird. S. 709

20
20
20

21 **BONITO** In kristallklaren Flüssen den Fischen direkt in die Augen schauen. S. 728

Inhalt

Traveltipps von A bis Z 41

Land und Leute 81

Der Süden 131

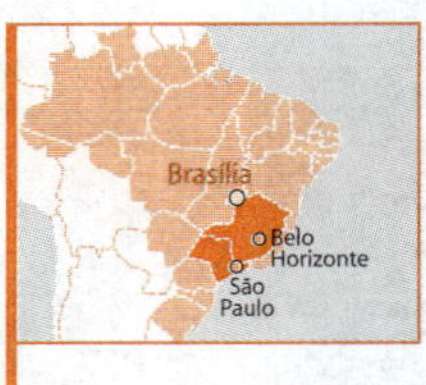
Brasília
Belo Horizonte
São Paulo

Brasília
Vitória
Rio de Janeiro

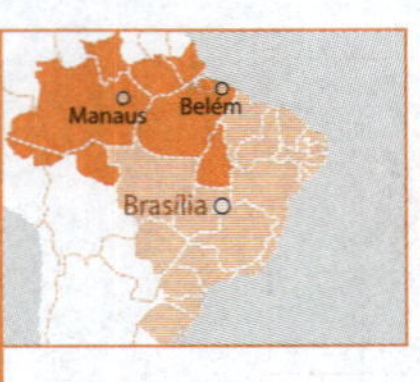
Manaus
Belém
Brasília

Cuiabá
Brasília
Goiânia
Campo Grande

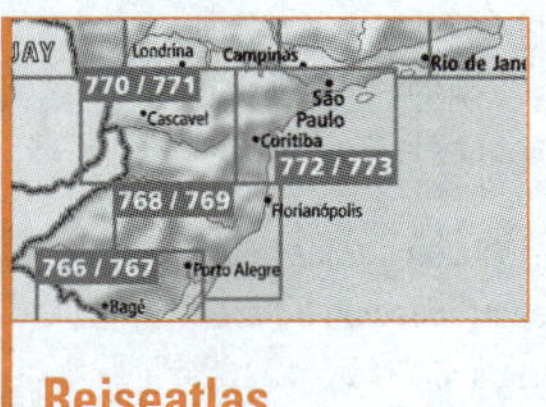
Londrina
Campinas
Rio de Jan
770 / 771
São Paulo
Cascavel
Coritiba
772 / 773
768 / 769
Florianópolis
766 / 767
Porto Alegre
Bagé

Themen

© WERNER RUDHART

Reiseziele und Routen

Wer Brasilien wirklich zu erleben weiß, der hat Schönheit genug für sein halbes Leben gesehen.

Stefan Zweig

Brasilien ist ein bunter Zirkus, in dem man das Morgen vergisst über dem Glück des Augenblicks. Dieses Lebensgefühl ist ansteckend; der Fremde wird es bald merken in den Sambaschuppen von Rio, im Trubel des Karnevals von Olinda oder beim Rhythmus der afro-brasilianischen Trommeln in Salvador.

Trotz des ungezügelten Ansturms auf die Sinne kommt man hier auch zur Ruhe. Fast 8000 km Küste mit paradiesischen Stränden, zu denen keine Kurtaxe und kein Strandwächter den Zugang verhindern. Ein tropischer Urwald, der bis zu tausend Jahre alte Baumriesen und noch unentdeckte Indianervölker beherbergt. Die riesige Feuchtsavanne des Pantanal, in dem Besucher eine wahre Arche Noah erwartet. Das gebirgige Goldgräberland Minas Gerais mit verträumten Barockstädtchen. Die aus der Wildnis gestampfte Reißbretthauptstadt Brasília sowie pulsierende Millionenmetropolen wie São Paulo und Rio de Janeiro. Das Land der Superlative bietet für jeden etwas, ob Action, Wellness, Natur oder den Kontakt zu temperamentvollen Menschen.

Der beste Ort, um Brasilien und seine Bewohner kennen zu lernen, ist zweifellos der Strand. Hierher kommt man zum Flirten, Tanzen, Singen, Trinken, Spielen und Schwimmen. Die „Praia" ist der Treffpunkt der Nation. So wie man früher in den kolonialen Städten rund ums Karree flanierte, so trifft man sich heute am Strand: das große Wohnzimmer Brasiliens, Plaza, Bar, Laufsteg, Kinderstube, Liebeslaube – und Badezimmer. Der Strand ist die generöse Gabe der Natur auch für die Ärmsten, die göttliche ausgleichende Gerechtigkeit. Mögen die Häuser und Hütten bescheiden sein – der Strand gehört allen.

Und was wäre Brasilien ohne seine lebendige und energiegeladene Musik, die Touristen immer wieder begeistert? Ob Samba in Rio, Axé in Bahia oder Forró im Nordosten – das Land ist ein Füllhorn an einmaligen Musikstilen, ein Universum an exotischen Klängen und mitreißenden Rhythmen – die Leidenschaft zum Tanzen scheint den Brasilianern in die Wiege gelegt.

Brasilianer lieben und pflegen ihre Kultur. Viele Volksfeste, darunter die *Festas juninas*, zeugen davon. Gleichzeitig ist das Land weltoffen, tolerant und integrativ, egal ob die Rolling Stones oder der Papst kommen. In Blumenau feiern die Deutschstämmigen ihr Oktoberfest, im Stadtteil Liberdade von São Paulo die Japaner ihr Sternenfest und in Salvador huldigen die Nachfahren der afrikanischen Sklaven der Göttin Iemanjá.

Brasilien fasziniert und lässt kaum einen Besucher unberührt. Mehr und mehr steht das Land deswegen auch bei Individualreisenden im Trend. Dabei sind viele Orte immer noch nahezu unentdeckt, und fernab vom Massentourismus lassen sich abgeschiedene Traumstrände, Kolonialstädtchen und Urwalddörfer finden.

Reiseziele

Die großen Fünf

Rio de Janeiro, **Salvador**, die Wasserfälle von **Iguaçu**, der **Amazonas** und der **Pantanal**, das sind die *Big Five* – Brasiliens meistbesuchte Reiseziele. Wer all diese Orte auf einer Tour unterbringen möchte, sollte vor allem eins mitbringen: Zeit (mindestens vier Wochen, s. Reiserouten). Denn das Land ist riesig und die Highlights sind weit verstreut. Erstbesucher mit einem straffen Zeitrahmen sollten sich deshalb lieber auf nur zwei oder drei dieser Top-Destinationen konzentrieren und diese mit einigen regionalen Zielen kombinieren. Weniger bekannte, aber ebenso attraktive Ziele sind nämlich reichlich vorhanden. Der Weg abseits der großen Touristenzentren lohnt sich, denn oft sind es gerade die weniger bekannten Orte, die durch überraschende Schönheit und ungekünstelte Natürlichkeit ihre Besucher bezaubern.

Traumstrände und Inseln satt!

Die brasilianische Küste ist mit über 8000 km Länge die längste der Welt: Da verwundert es nicht, dass es Traumstrände im Überfluss gibt. Vor allem an der **Costa Verde** im Bundesstaat Rio de Janeiro und entlang der **Südküste von Bahia** locken Strände mit tropischer Vegetation, von denen einer schöner als der andere ist. Immer noch finden sich vor allem im **Nordosten** verlassene Paradiese, wo man den Eindruck hat, am Ende der Welt zu sein, wie zum Beispiel an der **Nordküste von Alagoas** oder in **Jericoacoara** im Bundesstaat Ceará. Die idyllischen Ferienorte sind zum Teil ehemalige Fischerdörfer und haben viel ihres natürlichen Charmes bewahrt.

Während im Norden das 250 km breite **Amazonas-Delta** mit den vielen Flussläufen das Bild bestimmt, ist der Nordosten reich an weiten Dünenstränden mit der charakteristischen Palmenvegetation. Ausgedehnte Dünenlandschaften findet man in **Jericoacoara** 312 km nordöstlich von Fortaleza und in **Genipabu** bei Natal.

Von besonderem Reiz sind auch die Inseln, vor allem **Fernando de Noronha** (Pernambuco), **Morro de São Paulo** und **Boipeba** (Bahia), **Ilha Grande** (Rio de Janeiro) sowie die Halbinsel **Búzios** (Rio de Janeiro). Besucher des Südostens treffen zudem auf große Strandabschnitte mit üppigem Atlantischem Regenwald, insbesondere entlang der Costa Verde („Grüne Küste") bei **Angra dos Reis**.

In einigen Küstenregionen, wie in **Rio de Janeiro**, erstrecken sich die Ausläufer großer Bergmassive reizvoll bis in den Atlantik hinein,

Praia Siriú bei Garopaba südlich der Ilha de Santa Catarina – Surfer und Wale fühlen sich hier zu Hause.

bekanntestes Beispiel ist der steil aus dem Meer herausragende Zuckerhut. Südlich von Paraná dominieren dagegen flache und ebene Küstenstreifen, Palmen verschwinden aus dem Landschaftsbild und Baden ist im kühlen Winter nur selten möglich. Höhepunkte sind hier die **Ilha do Mel** (Paraná) und die **Ilha de Santa Catarina**. Doch es muss nicht immer Meer sein – auch entlang der Flüsse liegen weiße Sandstrände, die sich hinter der Karibik nicht verstecken müssen, wie zum Beispiel in **Alter do Chão**.

Ausflüge in die Vergangenheit – historische Städte

Meist sind sie eher klein und liegen abseits der wirtschaftlichen Zentren und Hauptreiserouten. Auch die Geschichte der historischen Städte Brasiliens folgt einem gemeinsamen Muster: Während der Kolonialisierung des Landes gelangten sie oft in kürzester Zeit zu größtem Reichtum und außergewöhnlicher kultureller Blüte. Danach, als die wirtschaftlichen Grundlagen des Erfolgs – Zuckerrohr, Gold oder Diamanten – plötzlich wegbrachen, fielen sie in eine Art jahrhundertelangen Dornröschenschlaf. Heute sind sie wieder aufgewacht oder reiben sich gerade die Augen, und viel von dem, was vom Zahn der Zeit abgenagt wurde, ist ausgebessert und erstrahlt in altem Glanz. **Cidade de Goiás** und **Pirenópolis** im Zentralen Westen und vor allem **Ouro Preto**, **Tiradentes** und **Diamantina** in den Bergen von Minas Gerais nehmen ihre Besucher mit auf eine Reise in die Zeit des Gold- und Diamantenrauschs, als Baumeister und Barockkünstler wie Aleijadinho Brasiliens ersten eigenen Beitrag zur abendländischen Kunstgeschichte schufen.

An der Küste war **Paraty**, auf halbem Weg zwischen Rio de Janeiro und São Paulo gelegen, lange Zeit die einzige Möglichkeit, die Reichtümer der Minen außer Landes zu schaffen. Und in **São Francisco do Sul** (Santa Catarina) funktioniert noch heute einer der wichtigsten Seehäfen des Landes. Im Nordosten verzaubert die Großstadt **São Luís** Besucher durch die einzigartige Mischung aus europäischer Kolonialarchitektur und afrikanischer Folklore. **São Cristóvão**, in Sergipe, war früher einmal ein Zentrum des Zuckerrohrhandels und eine Zeit lang sogar Provinzhauptstadt (ebenso wie Ouro Preto und Goiás). Einzig für **Olinda**, nur einen Strand entfernt von Recife, einem der wichtigsten wirtschaftlichen Zentren des Nordostens, besteht aus historischer Sicht keine wirklich zwingende Daseinsberechtigung – außer vielleicht der, dass man an einem so schönen Ort einfach eine Stadt gründen musste.

Pferdekutschen gehören zum Bild in der kolonialen Altstadt von Tiradentes.

Nationalparks und Reservate

Brasilien verfügt über etwa 60 Nationalparks, von denen etwas mehr als die Hälfte für Besucher zugänglich sind. Die touristisch wichtigsten werden nachstehend aufgeführt (weitere Details finden sich in den einzelnen Regionalkapiteln).

Südosten

Im Stadtgebiet von Rio de Janeiro ist der **Parque Nacional da Tijuca** ein leicht zugängliches Wandergebiet im Bergwald (Tophöhe 1021 m) mit schönen Aussichten auf die Atlantikmetropole. 150 km nordwestlich lädt die dramatische Gebirgsformation im **Parque Nacional do Itatiaia** zum Wandern ein, wo es im Winter schon mal friert – der höchste Gipfel ist der Pico das Agulhas Negras (2787 m). Von anstrengenden Klettertouren erholt man sich am besten in den verträumten Tälern des benachbarten **Visconde de Mauá**, einer ehemaligen deutschen Kolonie mit Hippie-Vergangenheit und esoterisch angehauchter Gegenwart.

Zwischen Petrópolis und Teresópolis, rund 100 km von Rio liegt der **Parque Nacional da Serra dos Órgãos** ein Kletter- und Wanderparadies, in dessen dichten Wäldern sich allerdings jedes Jahr Besucher verirren. Alle drei Parks verfügen über eine sehr gute touristische Infrastruktur.

Halbwegs zwischen Rio de Janeiro und Sao Paulo gelegen, ist der **Parque Nacional da Serra da Bocaina** schon weniger leicht zugänglich – aber er bietet dem Besucher die ganze Palette der üppigen Flora und Fauna eines küstennahen Regenwaldes.

Bei São Paulo umfasst der Iporanga-Park einen Restbestand von Urwald. An der Grenze zwischen Minas Gerais und Espírito Santo liegt der **Parque Nacional de Caparaó** mit großer Artenvielfalt und dem dritthöchsten Berg Brasiliens, dem Pico da Bandeira (2890 m); auch hier gibt es zahlreiche markierte Wanderwege. Nordöstlich von Belo Horizonte lädt der **Parque Nacional da Serra do Cipó** ein, die karstige Gebirgslandschaft kennen zu lernen. Ebenso sehenswert in Minas Gerais ist der **Parque Natural do Caraça** mit zahlreichen Wasserfällen und Grotten.

Süden

Mehr als 340 Vogel- und 40 Säugetierarten beherbergt der tropische Wald im **Parque Nacional do Iguaçu** bei den gleichnamigen Wasserfällen, die zum UN-Naturerbe der Menschheit gehören. Auf argentinischer Seite das Pendant: der **Parque Nacional de Iguazú**.

An der Küste von Paraná liegt der **Parque Nacional do Superaguí** mit noch weitgehend unberührtem Küstenwald. Besonders eindrucksvoll ist die Orchideen-Vielfalt.

Der im Westen von Santa Catarina gelegene **Parque Nacional de São Joaquim** ist mit seinen Araukarien-Forsten und den tiefsten Temperaturen in Brasilien (regelmäßig ein paar Tage mit Schnee) für Brasilianer eine große Attraktion.

Im südlichsten Staat Rio Grande do Sul sind der **Parque Nacional da Serra Geral** und der benachbarte **Parque Nacional de Aparados da Serra** mit seinen tiefen Schluchten (z. B. Cânion do Itaimbezinho, 700 m tief) besonders für Kletter- und Raftingfans von Bedeutung.

Zentraler Westen und Pantanal

Der **Pantanal**, der größte „Schwamm" der Erde, rechtfertigt mit seiner einmaligen Landschaft und großen Artenvielfalt allein schon eine Brasilienreise. Südlich davon befindet sich das einmalige Schutzgebiet **Bonito** mit seinen karstigen Grotten, glasklaren Flüssen und hunderten von Wasserfällen.

Nördlich des Pantanal erstreckt sich der **Parque Nacional da Chapada dos Guimarães**, ein von zahlreichen Schluchten durchzogenes Gebirgsplateau mit interessanter Flora.

200 km nördlich von Brasília liegt der **Parque Nacional da Chapada dos Veadeiros**, der in den letzten Jahren zum Mekka von Ökotouristen und zudem beliebtes Wochenendziel der Hauptstadtbewohner geworden ist.

Nordosten

Im Landesinneren von Bahia ist der **Parque Nacional da Chapada Diamantina** eine besondere Attraktion. Grotten, Schluchten, Wasserfälle und anspruchsvolle Trekkingtouren locken hier. An der Südküste von Bahia liegt der **Parque Nacional de Monte Pascoal**, dessen Vegetation durch Brandfrevler schwer gelitten hat. Der „Osterberg" war das erste Stück Land, das Brasiliens „Entdecker" Cabral anno 1500 vom „neuen" Kontinent sah.

Rund 80 km vor der Südküste Bahias liegt der **Abrolhos-Archipel** mit seiner reichen Meeresfauna. Für Taucher, Surfer, Birdwatcher und andere Naturfreunde ist die Insel **Fernando de**

Noronha, rund 350 km vor der Küste Natals, ein wahres Paradies. Der gesamte Archipel steht unter strengem Naturschutz.

Im Bundesstaat Maranhão verfügt der **Parque Nacional dos Lençóis Maranhenses** über eine einmalige Dünen-Lagunen-Mangrovenlandschaft, wie sie sonst nirgends in der Welt anzutreffen ist.

Der Nationalpark **Serra da Capivara** im Bundesstaat Piauí ist der einzige in Brasilien, der sowohl durch seine faszinierenden Landschaften als auch durch prähistorische Felsmalereien (die ältesten Amerikas) besticht – folglich steht er auf der Natur- und der Kulturerbeliste der Unesco.

Norden

Die im **Amazonasgebiet** befindlichen Nationalparks und Schutzzonen sind durchweg schwer zu erreichen und bieten so gut wie keine touristische Infrastruktur. Empfehlenswerter ist es, sich für eine der fast einhundert **Gäste-Lodges** zu entscheiden, die im Umkreis von 200 km um **Manaus** wie Pilze aus dem Boden geschossen sind. Diese Gästehäuser legen alle Wert darauf, Besuchern ein Maximum an Naturerlebnissen zu offerieren.

Touristisch noch kaum erschlossen ist das **Jalapão-Schutzgebiet** mit seiner Halbwüste im neuen Bundesstaat Tocantins.

Karneval

Ursprünglich war der Karneval eine europäische Festtradition, die von den Portugiesen nach Brasilien gebracht und von der hellhäutigen Elite gefeiert wurde. Dies hat sich schnell grundlegend geändert: Die afrikanischen Sklaven und ihre Nachfahren machten den Karneval zum Raum für ihre eigenen Traditionen, zum Teil vermischt mit europäischer Kultur.

So ist der Karneval inzwischen ein unverwechselbares Markenzeichen Brasiliens geworden. An den tollen Tagen steht das ganze Land Kopf; man darf die Maske der Anständigkeit ablegen, lässt seine soziale Zugehörigkeit hinter sich, sprengt die gesellschaftlichen Fesseln. Alle sind gleich und wollen das Gleiche: ausgelassen feiern, tanzen und flirten. Gefeiert wird in fast ganz Brasilien (weniger im Süden), aber drei Orte sind die Hochburgen: **Rio de Janeiro**, **Salvador** und **Recife** (zusammen mit der Schwesterstadt **Olinda**).

Der bekannteste Karneval, medial vermarktet und in alle Welt übertragen, ist der von **Rio de Janeiro** (S. 307) – besonders im Ausland beliebt, werden doch die Brasilien-Klischees von Samba und leicht bekleideten Mulattinnen bestätigt. Richtig heiß zu geht es im Sambódromo bzw. Sapucai-Stadion. Von hier stammen die weltberühmten Aufnahmen einer nicht zu übertreffenden Show aus Licht, Farben, Kostümen, Rhythmen und Erotik. Zwei Nächte lang ziehen die 12 besten Sambaschulen mit je 4000 Teilnehmern durch diesen Hexenkessel, applaudiert von 62 000 begeisterten Zuschauern, die von Betontribünen herab mittanzen und mitsingen. Hoch her geht es zudem in einigen Ballsälen, besonders in der Scala. Ansonsten gibt es – entgegen einem weit verbreiteten Vorurteil – in Rio recht wenig Straßenkarneval.

Dagegen ist der Karneval von **Olinda** und **Recife** (S. 525) ein echtes Straßenfest geblieben, das jedem offen steht. Nicht ohne Stolz spricht man im Bundesstaat Pernambuco vom „demokratischsten Karneval" des Landes. Die Party in Olinda ist wesentlich kleiner als in Recife und noch sehr stark von folkloristischen Elementen geprägt. Fantasievoll verkleidet ziehen die Teilnehmer durch die engen Altstadtgassen, begleitet von afro-brasilianischen und indianischen Tanz- und Spielgruppen sowie der unverwechselbaren Frevo-Musik, die einem auch Tage nach dem Fest nicht mehr aus dem Kopf gehen will.

Der Karneval von **Salvador** (Kasten S. 396) bietet das verrückteste Spektakel von allen, und galt laut Guinnessbuch bis 2010 sogar als die größte Party der Welt. Über zwei Millionen Jecken *(Foliões)* begleiten sieben Tage lang die riesigen Umzugswagen und singen, springen und tanzen zu der für Bahia so typischen, rhythmisch mitreißenden Axé-Musik, die von den angesagtesten Bands des Landes fast rund um die Uhr gespielt wird. Ein einmaliges Erlebnis, das Jahr für Jahr etwa 400 000 in- und ausländische Touristen anzieht.

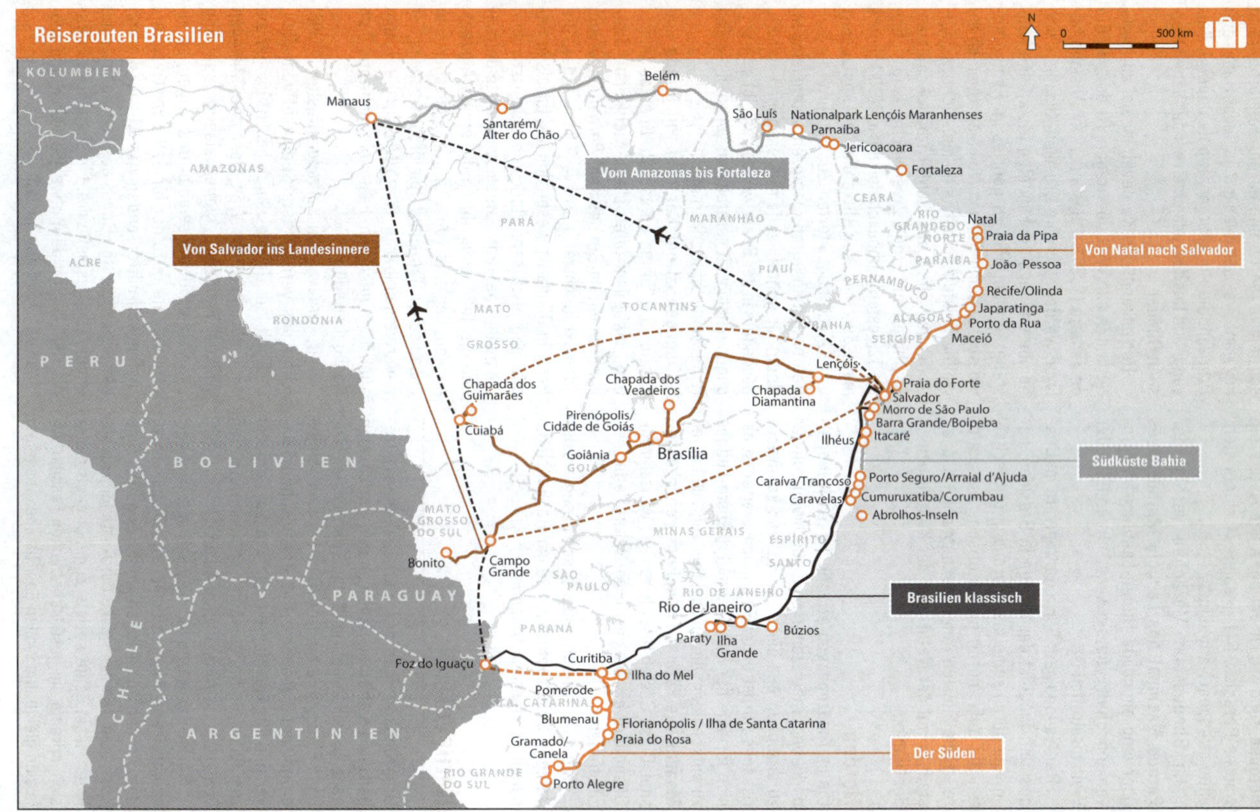
Reiserouten Brasilien
N
0
500 km
KOLUMBIEN
Manaus
Santarém/
Alter do Chão
Belém
São Luís
Nationalpark Lençóis Maranhenses
Parnaíba
Jericoacoara
Fortaleza
Vom Amazonas bis Fortaleza
AMAZONAS
PARÁ
MARANHÃO
CEARÁ
RIO GRANDE DO NORTE
Natal
Praia da Pipa
Von Natal nach Salvador
PARAÍBA
João Pessoa
PIAUÍ
PERNAMBUCO
Recife/Olinda
Japaratinga
Porto da Rua
Maceió
ALAGOAS
SERGIPE
BAHIA
ACRE
Von Salvador ins Landesinnere
RONDÔNIA
MATO GROSSO
TOCANTINS
PERU
Lençóis
Chapada Diamantina
Praia do Forte
Salvador
Morro de São Paulo
Barra Grande/Boipeba
Itacaré
Ilhéus
Chapada dos Guimarães
Cuiabá
Chapada dos Veadeiros
Pirenópolis/
Cidade de Goiás
Goiânia
GOIÁS
Brasília
BOLIVIEN
Südküste Bahia
Caraíva/Trancoso
Porto Seguro/Arraial d'Ajuda
Caravelas
Cumuruxatiba/Corumbau
Abrolhos-Inseln
MATO GROSSO DO SUL
MINAS GERAIS
ESPÍRITO SANTO
Bonito
Campo Grande
SÃO PAULO
PARAGUAY
RIO DE JANEIRO
Brasilien klassisch
Rio de Janeiro
Paraty
Ilha Grande
Búzios
PARANÁ
CHILE
Foz do Iguaçu
Curitiba
Ilha do Mel
Pomerode
STA. CATARINA
Blumenau
Florianópolis / Ilha de Santa Catarina
ARGENTINIEN
Gramado/
Canela
Praia do Rosa
Der Süden
RIO GRANDE DO SUL
Porto Alegre

Und auch am Amazonas wird Karneval gefeiert. Die größten Feste, die sich vor allem am Samba-Karneval von Rio orientieren, finden in **Manaus** (S. 654) und **Macapá** (S. 647) statt. Im Sambódromo von Manaus verschmilzt der Karneval mit dem einzigartigen Carnaboi, bei dem sich nordestinische Boi-Bumbá-Traditionen und indianische Folklore begegnen.

Reiserouten

Brasilien klassisch

■ 3–4 Wochen

Wer zum ersten Mal nach Brasilien kommt und in 3–4 Wochen einen Eindruck von der Unterschiedlichkeit und Vielfalt dieses Landes gewinnen möchte, kann versuchen, alle klassischen Highlights auf einer Tour zu besuchen: Haupteintrittstor ist zumeist **Rio de Janeiro**, für viele wegen der landschaftlichen Lage die schönste Stadt der Welt, der man mindestens 3 Tage widmen sollte. Zudem befinden sich in der Nähe drei weitere Brasilien-Highlights: der mondäne Badeort **Búzios**, die grüne Urwaldinsel **Ilha Grande** und das idyllische Kolonialstädtchen **Paraty**; wenigstens eines dieser Ziele sollte man noch ansteuern (jeweils 3 Tage), auch wegen des Kontrasts zur Großstadt.

In der zweiten Reisewoche folgt meistens das Naturspektakel der mächtigsten Wasserfälle der Welt in **Foz do Iguaçu**. Zusammen mit einer Fahrt auf die argentinische Seite (1 Tag) sowie einer Besichtigung des Nationalparks, des Vogelparks und der Staumauer sind 3 Tage ausreichend. Danach wird man sich entscheiden müssen, ob man lieber viel Fauna oder viel Flora sehen will. Im ersten Fall geht es in den **Pantanal** (mindestens 5 Tage), im zweiten über Manaus (2 Tage) in den **Amazonas-Regenwald**. Überall gibt es Fazendas bzw. Lodges, die als Unterkünfte mitten in der Natur immer beliebter werden und wo man sich auch gut und gern 5 Tage aufhalten kann. Zum Abschluss der Rundreise zieht es viele in eine der Küstenstädte des Nordostens; am häufigsten besucht wird **Salvador**, die frühere Hauptstadt und quirlige Metropole der Schwarzen mit vielen heißen Musik- und Tanzshows, aber auch schönen tropischen Stränden. Hier sind mindestens 4 Tage angemessen. Danach besteht noch die Option, in der nahen Umgebung zum Beispiel auf der Insel **Morro de São Paulo** oder in **Praia do Forte** (je 3 Tage) den Urlaub auf ruhige und erholsame Weise ausklingen zu lassen.

Der Süden

■ 2–3 Wochen

Diese Tour startet im tiefsten Süden des Landes, bei den Gaúchos von **Rio Grande do Sul**. Die Landeshauptstadt, die vor allem durch ein reges Kulturleben beeindruckt, heißt **Porto Alegre** (2 Tage). Gestärkt vom leckeren Churrasco-Fleisch geht's mit dem Bus nach **Gramado** und **Canela**. Die Möglichkeit des Wanderns oder Abenteuersports in der Umgebung dieser europäisch beeinflussten Städtchen kommt gerade recht, um ein paar überzählige Kalorien abzutrainieren (2–3 Tage). Von dort führt die Tour weiter nach **Santa Catarina**. Eine kurze Auszeit an der **Praia do Rosa**, einem der schönsten südlichen Strände, sind ein Muss (2 Tage). Wer surft, dem wird es schwerfallen, überhaupt weiterzufahren. Das wäre allerdings schade, denn man würde die **Ilha de Santa Catarina** verpassen, auf der auch **Florianópolis**, die Hauptstadt des Bundesstaates Santa Catarina liegt. Hier gibt's tolle Strände, Kultur und ein heißes Nachtleben, alles im Umkreis von wenigen Kilometern (4 Tage). Für all diejenigen, die sich für die deutsche Einwanderung im 19. Jh. interessieren, bietet sich von hier ein Abstecher nach **Blumenau** und **Pomerode** an (erfordert aber zusätzliche Zeit).

Die nächste Station per Bus oder Flugzeug ist **Curitiba**, die Hauptstadt des Bundesstaates **Paraná**. Die ökologische Vorzeigestadt ist schnell erkundet (1–2 Tage). Mit einem abenteuerlichen Dschungelzug geht es durchs Gebirge hinunter ans Meer. Dort wartet schon das Boot zur Honiginsel, der **Ilha do Mel**, einem herrlich entspannten ökologischen Reservat, wo es zwar keinen Honig gibt, aber dafür sonst alles ein richtiges Honigschlecken ist (3–4 Tage).

Danach ist es nicht mehr weit bis zum Höhepunkt dieser Tour. Der Bus fährt zurück nach Curitiba, wo man in ein Flugzeug nach **Foz do Iguaçu** steigt (Aufenthalt 2 Tage). Unter dem Eindruck der gigantischsten Wasserfälle der Welt wird man wehmütig die Heim- oder Weiterreise antreten, in der Regel nach Rio oder São Paulo.

Die Südküste von Bahia

■ 4 Wochen

Wer vier Wochen Zeit hat, den Süden Bahias zu erkunden, dem ist ein Traumurlaub ohne Stress garantiert: In gemächlicher Reisegeschwindigkeit begegnet man einer Vielzahl paradiesischer Strände, Inseln und Buchten für Ruhesuchende, doch auch Musik und Partytrubel kommen unterwegs nicht zu kurz.

Für die meisten wird es wegen des internationalen Flughafens in **Salvador** losgehen. Wer Lust auf Kultur hat, bleibt ein paar Tage hier, in der Hauptstadt des „schwarzen" Brasiliens. Wer lieber gleich an den Strand möchte, nimmt am besten einen Bus Richtung Süden und startet ganz unten an der **Walküste** in **Caravelas**, entweder zur Walbeobachtung (Juli–Okt) oder zum Tauchen im Nationalpark der **Abrolhos-Inseln** (2–3 Tage). Von diesem südlichsten Zipfel Bahias führt die Route immer an der Küste entlang nach Norden zurück bis Salvador. Nach Lust und Laune kann man Stopps in kleinen und fast unbekannten Strandorten wie **Cumuruxatiba** oder **Ponta do Corumbau** einbauen (2–3 Tage) oder gleich die berühmte **Entdeckerküste** aufsuchen, die nicht nur historisch bedeutsam ist, sondern für viele auch eine der landschaftlich attraktivsten Gegenden Brasiliens darstellt. Zunächst erreicht man das rustikale und meist sehr ruhige Dörfchen **Caraíva** (3 Tage). Lebendiger geht's im schicken **Trancoso** zu, heißes Nachtleben versprechen **Arraial d'Ajuda** und **Porto Seguro**, Bahias Party-Stadt schlechthin (je 3–4 Tage).

Weiter nach Norden schließt sich die **Kakaoküste** an, wo einem die Geschichte des brasilianischen Kakaobooms begegnet. Hauptort ist **Ilhéus**. Die schönsten Strände und besten Wellen besitzt **Itacaré**, *die* Surferhauptstadt Bahias (3–4 Tage).

Immer noch ein Geheimtipp sind die charmanten Küstendörfer und Inseln an der **Dendê-Küste**, dem letzten Küstenabschnitt vor Salvador. Die abgelegene Halbinsel **Barra Grande** ist ein kleines, beschauliches Paradies jenseits des Massentourismus, das Gleiche gilt für die Insel **Boipeba** (Aufenthalt je 3 Tage). **Morro de São Paulo** hingegen zieht vor allem in den Sommermonaten zahlreiche internationale Touristen an, hat sich aber seinen Charakter als Aussteiger-Tropeninsel bewahrt (3 Tage). Von hier aus ist man per Katamaran in zwei Stunden wieder in Salvador.

Von Salvador ins Landesinnere

■ 4 Wochen

Eine intensive Reiseerfahrung erwartet abenteuerlustige Naturfreunde, die eine Route abseits der großen Touristenströme suchen. Vom Ausgangspunkt **Salvador** ist man mit dem Linienbus in sieben Stunden in der **Chapada Diamantina**, einem der landschaftlichen Highlights Brasiliens und ein Paradies für Wander- und Trekkingfreunde. Hier sollte man mindestens 5 Tage einplanen, um die herrliche Natur voll auszukosten. Von **Lençóis**, dem Hauptort der Chapada, fahren Busse in knapp 16 Stunden nach **Brasília**, der architektonisch merkwürdigsten Stadt der Welt. Auch wer kein Freund Niemeyerscher Bauwerke ist, sollte ruhig 2–3 Tage hier verbringen (möglichst am Wochenende wegen der niedrigeren Hotelpreise), um die Stadt und deren reichhaltige Kultur- und Gastronomie-Szene kennen zu lernen.

Von Brasília aus bietet sich ein Ausflug in die nahe gelegene **Chapada dos Veadeiros** an (2–3 Tage). Hier könnte man weitere ausgedehnte Trips in die Natur unternehmen oder in einem der Aussteiger- und Esoterikdörfer **Alto Paraíso** oder **São Jorge** entspannen. Wem der Sinn nach einer reizenden historischen Kleinstadt steht, der sollte **Pirenópolis** oder **Cidade de Goiás** besuchen, beide Orte liegen nur wenige Busstunden von Brasília entfernt in der Nähe der Stadt **Goiânia** (Aufenthalt: je 3 Tage).

Von Goiânia aus ist man in einer weiteren Nachtbusfahrt (oder per Flugzeug) in einem der beiden Eintrittstore des **Pantanal**, in **Campo Grande** oder **Cuiabá**. Von beiden Orten aus lassen sich tolle Touren durch den größten Süßwassersumpf der Erde unternehmen, der unerschöpfliche Möglichkeiten zum Erleben der Tier- und Vogelwelt bietet. Ein Aufenthalt von 5 Tagen sollte hier das Minimum sein.

Hat man sich für den südlichen Pantanal (Campo Grande) entschieden, bietet es sich an, die Reise in **Bonito** abzuschließen, einem Ort, der durch seine zahlreichen Flüsse mit kristallklarem Wasser und bunten Fischen nicht nur Schnorchelfreunde begeistert. Ist man im nördlichen Pantanal unterwegs, kann man von Cuiabá aus ein paar Tage in der **Chapada dos Guimarães** anhängen, einer Hochebene, die durch ihre Panoramaaussichten beeindruckt.

Von Cuiabá oder Campo Grande ist man in wenigen Flugstunden zurück in Salvador, von Campo Grande aus könnte man sogar noch eine Nachtbusfahrt zu den Wasserfällen von **Foz do Iguaçu** oder nach **São Paulo** in Erwägung ziehen.

Von Natal nach Salvador

■ 3 Wochen

Die Strecke zwischen der Küstenstadt **Natal**, ganz am nordöstlichen Horn des südamerikanischen Kontinents gelegen, hinab nach Salvador in Bahia zählt wohl zu den landschaftlich reizvollsten Strandabschnitten des Landes. Man passiert unzählige großartige Strände, und auch die Kultur kommt unterwegs nicht zu kurz. Wer von Westen kommt, bemerkt schon in Natal die sich verändernde Vegetation, die nach Süden hin immer grüner wird. Doch noch gibt es viele Dünen zu sehen, von denen man sich auf einem Tagesausflug per Buggy nach **Genipabu** überzeugen kann (Aufenthalt in Natal 3 Tage).

Nächster Stopp ist nach nur zwei Stunden der mondäne Bade- und Partyort **Praia da Pipa**, der vor allem durch seine von roten Klippen eingeschlossenen Strände Eindruck hinterlässt (3 Tage). Hier kann man auch ein Bad mit Delphinen nehmen. Schon manch Reisendem gefiel es so gut, dass er gleich ein paar Wochen blieb. Wer sich früher losreißt, findet im Nachbarstaat Paraíba südlich der Hauptstadt **João Pessoa** einige der bestgehüteten Geheimnisse des

Foz do Iguaçu – so nah heran wie möglich an die mächtigsten Wasserfälle der Erde

Landes – himmlische Strände, zu denen sich nur selten ein Tourist verirrt und die nur darauf warten, entdeckt zu werden (2–3 Tage).

Zwei Busstunden weiter erlebt man dann ein komplettes Kontrastprogramm in Form der pulsierenden Metropole **Recife**, die zu den fünf größten Städten des Landes gehört und durch ihre überaus kreative Kulturszene besticht. Wem das zu viel Trubel ist, der weicht am besten in die nur 15 Minuten entfernte Nachbarstadt **Olinda** aus, die ebenfalls jede Menge Kultur, und dazu viel Kunsthandwerk und barocke Kirchen zu bieten hat – ein Kleinod unter den brasilianischen Städten und Highlight jeder Brasilien-Reise (3–4 Tage).

Nach so viel Kultur und Festen ist dringend wieder ein ruhiger Strand nötig. Wie gut, dass die paradiesische und noch sehr ursprüngliche Region des **nördlichen Alagoas** ganz in der Nähe liegt, die man in nur vier Stunden erreicht hat. Hier, in einem der unverfälschten Fischerdörfer wie **Porto da Rua** oder **Japaratinga** ist es ein Leichtes, unter Palmen drei, vier oder auch fünf Tage abzuhängen und den lieben Gott einen guten Mann sein zu lassen. Ist der ideale Entspannungszustand erreicht, setzt man sich einfach in den nächsten Bus und fährt in zehn Stunden nach Salvador, wo eine neue Reiseerfahrung beginnt ...

Vom Amazonas bis Fortaleza

- 3–4 Wochen

Diese abwechslungsreiche Tour beginnt in **Manaus**, der einzigartigen Dschungelmetropole, zu der nur eine einzige das ganze Jahr über befahrbare Straße führt. Die Stadt selbst hat man in 2–3 Tagen gut kennen gelernt, einschließlich einiger Flusstouren. Im Anschluss bietet sich ein Aufenthalt in einem der vielen **Dschungelhotels** an, die im weiten Umkreis um die Millionenstadt im Urwald verstreut liegen (3–4 Tage).

Wer mit wenig Komfort kein Problem hat, wird danach eine mehrtägige Bootsfahrt den **Amazonas** stromabwärts interessant finden. Dabei kommt man sehr direkt mit dem Amazonasleben in Berührung, Decksübernachtung in Hängematten inbegriffen. Nächster lohnender Stopp ist gute zwei Schiffstage (oder eine Flugstunde) später die Hafenstadt **Santarém**, wo man unbedingt einen Ausflug nach **Alter do Chão** mit seinen malerischen Flussstränden unternehmen sollte. Hier kann man einige relaxte Tage verbringen und die Landschaft des **Rio Tapajós** erkunden. Weiter geht's den Strom der Ströme hinab bis zur Amazonasmündung, wo die Millionenstadt **Belém** wartet. Die dynamische Metropole samt ihrer Umgebung, wie der archaischen Insel **Ilha do Marajó**, verdient einen längeren Aufenthalt (5 Tage).

Von Belém ist man per Bus in 12 Stunden in **São Luís** und somit bereits im Nordosten angekommen. Den Amazonas-Urwald hinter sich gelassen, erfreut man sich an der französisch und portugiesisch geprägten Kolonialarchitektur der historischen Altstadt sowie der überall präsenten Reggaemusik. Auf einmal meint man, in einem anderen Land zu sein (Aufenthalt 3 Tage). Weiter geht es in die einzigartige Wüsten- und Oasenwelt des **Nationalparks Lençóis Maranhenses**, der durch seine schiere Dimension sowie die unzähligen kristallklaren Lagunen fasziniert. Von São Luís aus ist der Park in vier Stunden erreichbar, man sollte aber mindestens 2 Tage vor Ort bleiben und sich mehrere Ausflüge vornehmen.

Wer Spaß am spontanen und wenig kalkulierbaren Reisen hat, für den wird der sich anschließende Abschnitt zum **Parnaíba-Delta** eine besondere Freude sein, denn in dieser Region kommt man zum Teil nur auf der Ladefläche eines Lastwagens weiter. Die Landschaft des drittgrößten Meerdeltas der Welt bezaubert viele Reisende, gerade weil die Region noch sehr wenig vom Tourismus berührt ist (Aufenthalt 2–3 Tage). Von der sympathischen Küstenstadt **Parnaíba** aus ist man per Bus, Buggy und Holzfloß recht bald in **Jericoacoara** angelangt, einem weiteren Reise-Highlight. Das ehemalige Fischer- und Hippiedorf zieht durch seine abgeschiedene Lage, den schönen Strand und den einmaligen Charme der Sandstraßen immer noch seine Besucher in seinen Bann.

Nach **Fortaleza**, der Hauptstadt des Bundesstaates Ceará, sind es dann im komfortablen und vollklimatisierten Bus nur noch fünf Stunden und man ist wieder zurück in der Großstadt.

© WERNER RUDHART

Klima und Reisezeit

Fast das gesamte Territorium Brasiliens (92 %) liegt zwischen dem Äquator und dem Wendekreis des Steinbocks, also in tropischen Regionen. Die Jahreszeiten sind denen in Europa entgegengesetzt, allerdings deutlich weniger ausgeprägt. Brasiliens Klima ermöglicht ganzjähriges Reisen. Bei der Planung der Reiseroute sollten jedoch die regional vorherrschenden Temperatur- und Niederschlagsunterschiede beachtet werden. Die meisten ausländischen Touristen zieht es während der **europäischen Wintermonate** (Dez–Feb) ins Tropenland – dann regiert in Brasilien der Sommer mit viel Sonnenschein, aber auch erheblichen Niederschlägen, vor allem an der Küste. Richtig kalt wird es (im Winter) nur im Süden und in São Paulo. Bereits Rio de Janeiro hat ein für europäische Frostbeulen traumhaftes Tropenklima; je näher der Äquator rückt, desto konstanter sind die Temperaturen (an der Küste durchschnittlich 25–30 °C).

Klima

Am heißesten wird es in den meisten Gebieten Brasiliens zwischen Oktober und März, der „Winter" fällt in die Monate zwischen Juni und August. Während im **Landesinnern** des Nordostens oft Temperaturen von über 38 °C gemessen werden, herrschen entlang der **Atlantikküste** zwischen Natal und Rio de Janeiro zwar heiße, aber durch kühlende Seewinde gemilderte Temperaturen mit einem Jahresmittel von 23–27 °C. Südlich von Rio de Janeiro beginnen im **subtropischen Landesteil** ausgeprägtere Jahreszeiten und größere Temperaturunterschiede (durchschnittlich 17–19 °C). In weiten Teilen Brasiliens fallen nur mäßige bis geringe Niederschlagsmengen (1000 bis 1500 mm/Jahr), die besonders im Sommer (Dez–März) niedergehen, während der Winter vielerorts trocken bleibt.

Der Süden

Der Süden (Paraná, Santa Catarina, Rio Grande do Sul) hat ein feuchtes subtropisches Klima, das dem Klima der subtropischen Zonen Europas ein wenig ähnelt. Die Niederschläge verteilen sich dabei gleichmäßig übers Jahr, die Jahreszeiten sind innerhalb Brasiliens hier am ausgeprägtesten. Im **Winter** (Mai–Okt) wird es sehr kühl, besonders in höher gelegenen Regionen und Städten wie Curitiba. In den Höhenlagen fallen die Lufttemperaturen bis unter den Gefrierpunkt und es kann schneien, sodass eher Fondue und Kaminfeuer angesagt sind. Da es in Brasilien kaum Heizungen gibt, muss man zu dieser Jahreszeit unbedingt warme Kleidung mitbringen. Zwischen November und April kann man dagegen im Meer baden und surfen, der **Sommer** bringt heiße Temperaturen mit sich, die auf bis zu 40 °C klettern und vor allem in den Großstädten wie **Porto Alegre** drückende Schwüle erzeugen können.

Der Südosten

Der meiste Regen an der südöstlichen **Küste** Brasiliens fällt während der Hauptreisezeit im Sommer (Dez–Feb). Die durchschnittlichen Jahrestemperaturen liegen an der Küste zwischen 21–24 °C, in den Berggegenden des Binnenlan-

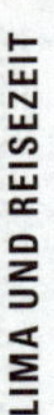
KLIMA UND REISEZEIT

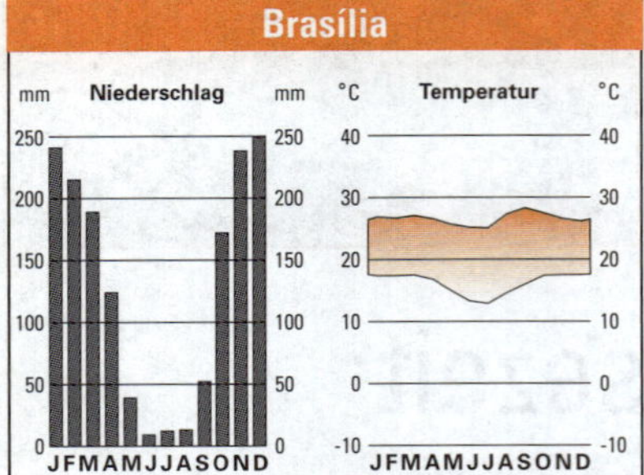
Brasília
mm Niederschlag mm
°C Temperatur °C
JFMAMJJASOND
JFMAMJJASOND

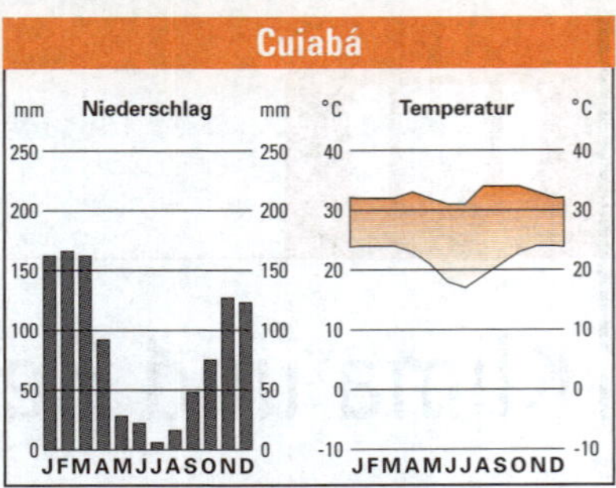
Cuiabá
mm Niederschlag mm
°C Temperatur °C
JFMAMJJASOND
JFMAMJJASOND

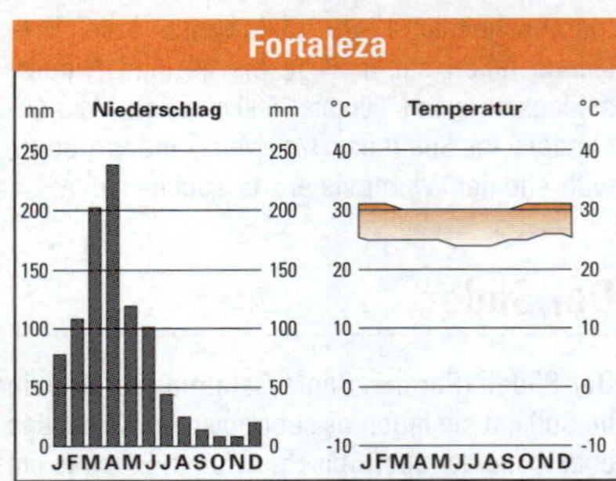
Fortaleza
mm Niederschlag mm
°C Temperatur °C
JFMAMJJASOND
JFMAMJJASOND

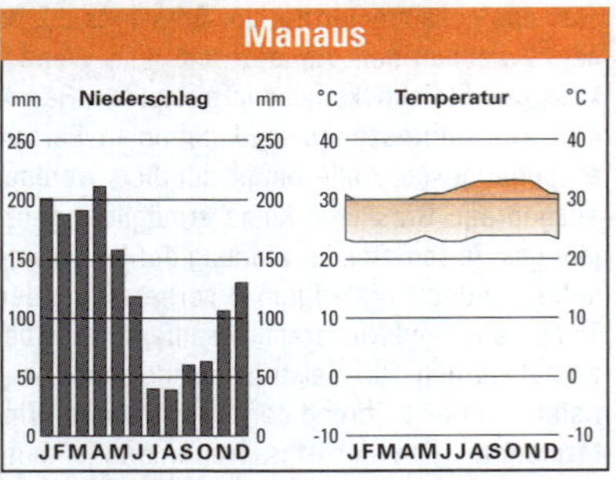
Manaus
mm Niederschlag mm
°C Temperatur °C
JFMAMJJASOND
JFMAMJJASOND

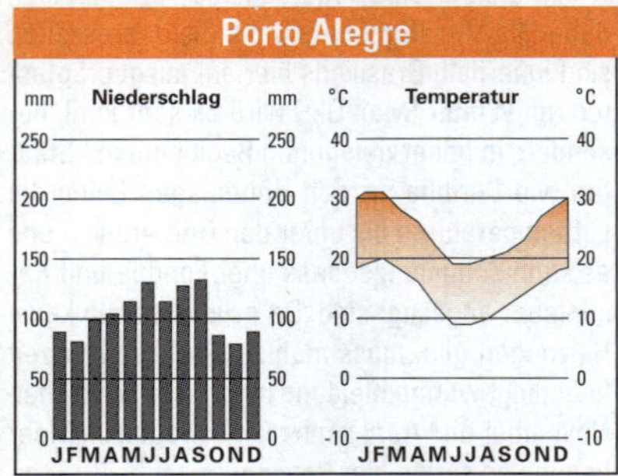
Porto Alegre
mm Niederschlag mm
°C Temperatur °C
JFMAMJJASOND
JFMAMJJASOND

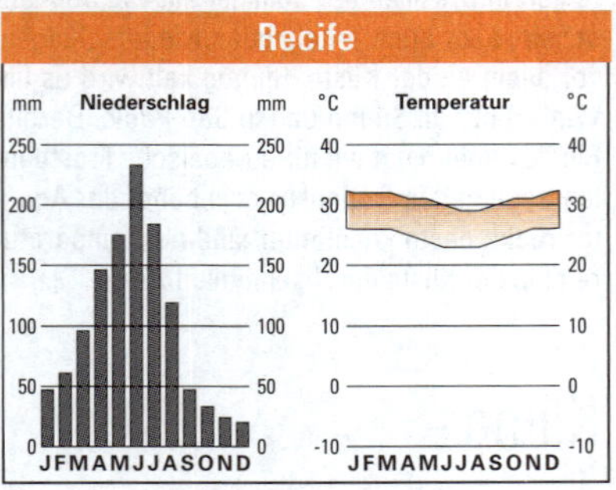
Recife
mm Niederschlag mm
°C Temperatur °C
JFMAMJJASOND
JFMAMJJASOND

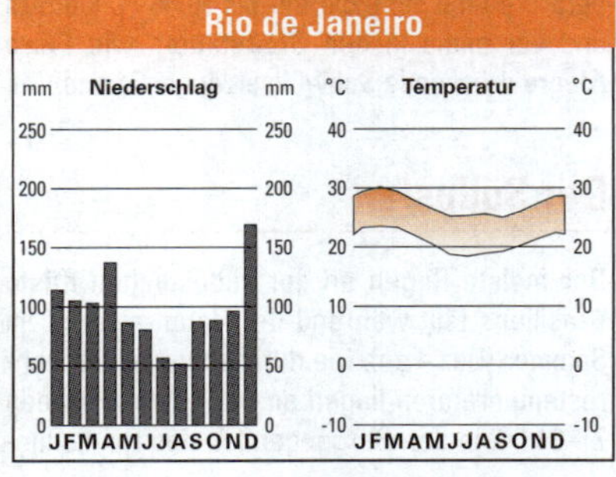
Rio de Janeiro
mm Niederschlag mm
°C Temperatur °C
JFMAMJJASOND
JFMAMJJASOND

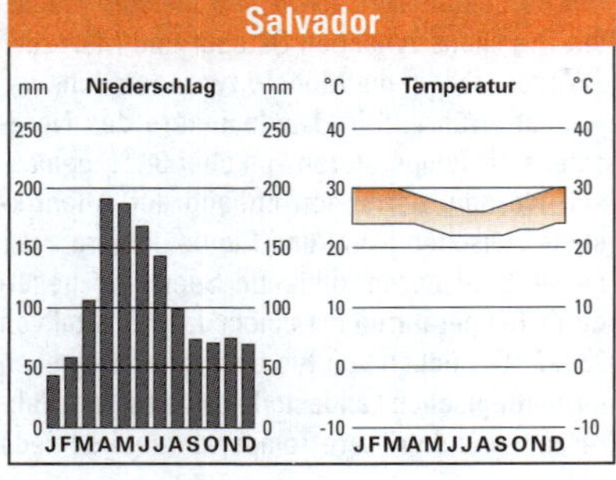
Salvador
mm Niederschlag mm
°C Temperatur °C
JFMAMJJASOND
JFMAMJJASOND

des mit den höher gelegenen Städten **São Paulo** (800 m) und **Belo Horizonte** ist es durchschnittlich kühler (18–23 °C). Besonders in São Paulo kann es im Winter empfindlich frisch werden, im Sommer dagegen ist es oft heiß und schwül. Der Sommer in **Rio de Janeiro** ist sehr warm und bisweilen extrem heiß (bis 40 °C), im Winter wechseln sich grau-verregnete Tage mit mildem Badewetter und strahlend blauem Himmel ab.

Der Nordosten

Die **östliche Atlantikküste** zwischen Natal und dem Süden Bahias ist geprägt von heißem, feucht-tropischem Klima. Bei gleichmäßig warmen Temperaturen kann das ganze Jahr über im Meer gebadet werden. Regen fällt vor allem zwischen Mai und Juli. Zu dieser Zeit kann es durchaus einmal einige Tage am Stück Bindfäden regnen, doch meist kommt schon bald die Sonne wieder zum Vorschein. Die Temperaturen in den Küstenstädten wie **Salvador**, **Recife** oder **Natal** werden ebenso durch stete Winde angenehm gemildert wie jene an der **nördlichen Küste** (von Natal über Fortaleza bis São Luís). Im Gegensatz zur Ostküste regnet es in dieser Region hauptsächlich zwischen Januar und Mai.

Der Norden

Im Dschungel des **Amazonasgebiets** ist es ganzjährig feucht und heiß (Durchschnittstemperatur 24–28 °C). Dies gilt besonders in der **Hauptregenzeit** zwischen Januar und April. Heftige Niederschläge fallen jedoch das ganze Jahr über. Am wenigsten regnet es zwischen Juli und November, die Höchststände der Flüsse liegen zwischen März und Juni. Nahe der Stadt **Belém** an der Mündung des Amazonas fallen die meisten Niederschläge Brasiliens (3000 mm/Jahr).

Der Zentrale Westen

Die **Regenzeit** in weiten Teilen des Zentralen Westens dauert von Oktober bis März, mit heftigen Regengüssen im Februar/März und vielen Moskitos in den Feuchtgebieten. Beste Besuchszeit des **Pantanal** ist die Trockenperiode zwischen April und September/Oktober. Wer hauptsächlich anreist um Vögel zu beobachten, kommt am besten zwischen Juli und September.

Besonders heiß wird es im November und Dezember mit Temperaturen um die 40 °C. Im Winter zwischen Juni und August ist es trockener und kühler, in Höhenlagen wie **Brasília** (1000 m) kann es ungemütlich frisch werden (um 10 °C).

Reisezeit

Aus finanziellen und organisatorischen Überlegungen sind die **Nebensaisonphasen** zwischen August und Mitte Dezember sowie März bis Juni eine gute Reisezeit. Die Preise sind dann niedriger als in der Hochsaison und Hotelreservierungen kaum erforderlich. Ein weiteres Plus sind im Norden, Nordosten und Zentralen Westen die milderen Temperaturen; es ist lange nicht so heiß wie im Hochsommer (Jan–Feb). Im Süden und Südosten kann es zwischen Mai und August dagegen empfindlich kalt werden.

Zwischen Weihnachten und Karneval sowie im Juli ist fast überall **Hauptsaison** und das ganze Land tritt den kollektiven Urlaub an. Zu dieser Zeit sind die Urlaubsorte randvoll mit in- und ausländischen Touristen und die Preise (v. a. der Hotels) schießen in die Höhe. Ein positiver Effekt ist, dass dann auch deutlich mehr los ist: Es finden die interessantesten kulturellen Veranstaltungen des Jahres statt und insgesamt bestehen mehr Freizeitoptionen als in der Nebensaison.

© WERNER RUDHART

Reisekosten

Tagesbudget

Trotz eines wieder günstigeren Wechselkurses (1:3) hat sich die recht hohe Inflation der letzten Jahre (ca. 7 %) negativ auf das allgemeine Preisniveau ausgewirkt, sodass Brasilien kein „Billigreiseland" mehr ist. Besonders die Übernachtungskosten schlagen im Budget zu Buche – vor allem, wenn man in der Hauptreisezeit unterwegs ist. Neben der Reisezeit hängen die individuellen Kosten naturgemäß auch stark davon ab, in welchem Stil man reisen möchte.

Sparfüchse mögen beim Ziehen aller Register (Selbstversorger auf Campingplätzen oder in Jugendherbergen, Verzicht auf Ausflüge und so weiter) die durchschnittlichen Tagesausgaben vielleicht auf **R$100–150** drücken können – allerdings bei entsprechend bescheidenem Komfort.

Wer beabsichtigt, gelegentlich an einer geführten Exkursion teilzunehmen, kulturelle Veranstaltungen zu besuchen und abends auch die eine oder andere Caipirinha zu trinken, der muss mit Ausgaben von etwa **R$200–300** pro Person und Tag rechnen. Dieses Budget garantiert bereits ein recht umfang- und abwechslungsreiches Urlaubsprogramm. Wer mit dem Bus (statt mit dem Flugzeug) reist und konsequent Preise vergleicht, bekommt die gleiche Qualität sicher noch günstiger.

Nach oben sind übrigens keine Grenzen gesetzt. In Brasilien stehen Touristen alle Qualitäts-Facetten offen, die das süße Luxusleben zu bieten hat.

Was kostet wie viel?

In einzelnen Großstädten sind die Preise zum Teil höher als hier angegeben.

Bett in Jugendherberge (p. P.)	R$25–55
DZ einfache, mittlere Unterkunft	R$80–150
DZ gehobene Unterkunft	R$150–400
DZ Luxusunterkunft	R$400–800+
Wasser (500 ml)	R$2–2,50
Caipirinha	R$6–15
Mittagessen (Kilo-Restaurant)	R$25–45/kg
Churrasco (all you can eat)	R$50–100 p. P.
Abendessen für 2 Personen	R$40–90
1 Stunde Internet	R$2–6
Wäsche waschen (5 kg)	R$10–20
Busfahrt (500 km)	R$80
Inlandsflug	R$150–600

Jugend- und Studentenermäßigungen

Ein offizieller **Jugend- und Studentenausweis** macht sich schnell bezahlt. Vollzeitstudenten und Schüler können sich den Internationalen Studentenausweis, die **International Student Identity Card (ISIC)**, in allen studentischen Reisebüros ausstellen lassen. Die jeweils von September bis Dezember des folgenden Jahres gültige Karte kostet 12 €.

Vergünstigungen gibt es in erster Linie bei Flugtickets, sowie in Jugendherbergen, Museen, Theatern und anderen Sehenswürdigkeiten. Informationen: 💻 www.isic.de.

© WERNER RUDHART

Traveltipps von A bis Z

Anreise

Flugzeug

Die wichtigsten brasilianischen Flughäfen, die von Europa aus direkt angeflogen werden, sind: Rio de Janeiro, São Paulo, Salvador, Recife, Fortaleza und Natal. Die Flugzeit beträgt neun bis zwölf Stunden. Häufig gewählte Fluggesellschaften sind **Lufthansa**, **TAP**, **Condor** und die brasilianische Fluggesellschaft **TAM**. Eine Einreise nach Brasilien ist für Touristen mit One-Way-Ticket nicht gestattet, man muss spätestens bei der Passkontrolle am Ankunftsflughafen ein gültiges Rück- oder Weiterflugticket vorweisen. Wer mehrere Inlandsflüge plant, kann vorab in Deutschland zusammen mit dem Langstreckenflug einen so genannten **Airpass** erwerben (s. u.).

Linienflüge zwischen Europa und Brasilien gehen meist nach Rio de Janeiro oder São Paulo, mit Anschlussflügen in die anderen Landesteile. In letzter Zeit gibt es immer mehr Direktflüge in den Nordosten oder Zentralen Westen. Nach Brasilien fliegen u. a.:

Air France, www.airfrance.de. Direktflüge ab Paris, u. a. nach Rio.

British Airways, www.britishairways.com. Ab London nach Rio und São Paulo.

Condor, www.condor.de. Ab Frankfurt 1x wöchentl. (So) nach Salvador und weiter nach Recife, Di/Fr nach Recife (weiter nach Salvador). Anschlussflüge mit der brasilianischen Airline Gol können zu vielen Zielen des Landes dazu gebucht werden, das Gepäck wird bis zum Zielort durchgecheckt.

Iberia, www.iberia.com. Ab Madrid täglich nach Rio und São Paulo.

KLM, www.klm.com. Ab Amsterdam nach Rio und São Paulo.

Lufthansa, www.lufthansa.de, und **Swiss**, www.swiss.ch, bieten etliche Direktflüge nach Rio und São Paulo an (u. a. ab Frankfurt, München, Zürich).

TAM, 0800/000 1165, www.tam.com.br. Tgl. Nonstop-Flüge zwischen Frankfurt und São Paulo.

TAP Portugal, www.flytap.com, ist die europäische Airline mit den meisten Verbindungen nach Brasilien: Viele Direktflüge von Lissabon, u. a. nach Rio, São Paulo, Recife, Salvador, Fortaleza, Natal, Brasília und Belo Horizonte.

Aktuelle Preise können in Reisebüros oder auf den Websites der Airlines nachgefragt werden (oft spezielle Online-Angebote). Auch spe-

Weniger fliegen – länger bleiben! Reisen und Klimawandel

Der Klimawandel ist vielleicht das dringlichste Thema, mit dem wir uns in Zukunft befassen müssen. Wer reist, erzeugt auch CO_2: Der Flugverkehr trägt mit einem Anteil von bis zu 10 % zur globalen Erwärmung bei. Wir sehen das Reisen dennoch als Bereicherung: Es verbindet Menschen und Kulturen und kann einen wichtigen Beitrag für die wirtschaftliche Entwicklung eines Landes leisten. Reisen bringt aber auch eine Verantwortung mit sich. Dazu gehört darüber nachzudenken, wie oft wir fliegen und was wir tun können, um die Umweltschäden auszugleichen, die wir mit unseren Reisen verursachen. Wir können insgesamt weniger reisen – oder weniger fliegen, länger bleiben und Nachtflüge meiden (da sie mehr Schaden verursachen). Und wir können einen Beitrag an ein Ausgleichsprogramm wie **www.atmosfair.de** leisten.

Dabei ermittelt ein Emissionsrechner, wie viel CO_2 der Flug produziert und was es kostet, eine vergleichbare Menge Klimagase einzusparen. Mit dem Betrag werden Projekte in Entwicklungsländern unterstützt, die den Ausstoß von Klimagasen verringern helfen.

zialisierte Internet-Reiseportale ermitteln die günstigsten Tarife. Bei Flügen in der Hauptsaison, besonders vor Karneval nach Rio de Janeiro, ist mit erheblichen Aufschlägen zu rechnen. **Gabelflüge** sind empfehlenswert bei Rundreisen, z. B. hin nach Rio und zurück von Salvador. **STA Travel** bietet spezielle **Jugend- und Studententarife**, die i. d. R. ein Jahr gültig sind und gegen eine Gebühr vor Ort umgebucht werden können. Infos: 💻 www.statravel.de.

Brasil Airpass

Eine hervorragende Option ist der von den brasilianischen Fluggesellschaften **TAM** sowie **Gol** (in Kooperation mit **Condor**) angebotene Brasil Airpass. Er ist nicht übertragbar und muss vor Reiseantritt im Heimatland gekauft werden. Voraussetzung für den Erwerb eines Airpasses ist ein fester Wohnsitz außerhalb Brasiliens, sowie die Buchung eines Transatlantik-Flugs bei der jeweiligen Gesellschaft (bei TAM, gegen Aufpreis, auch mit Partner-Airline möglich).

Der Normalpass kostet ab 400 € und gilt für das gesamte brasilianische Streckennetz. Er berechtigt innerhalb von 30 Tagen zu vier bis höchstens neun Inlandsflügen beliebiger Reichweite, dabei darf aber keine Strecke zweimal in einer Richtung geflogen werden.

Wer nur im brasilianischen Nordosten reisen will, kann dafür einen speziellen Airpass bei Gol/Condor erwerben. Zudem bieten die Airlines einen erweiterten Airpass an, der auch andere südamerikanische Länder mit einschließt.

Die Gol/Condor-Airpässe können i. d. R. nur bei Reisebüros mit IATA-Lizenzierung erworben werden, die TAM-Airpässe erhält man auch über die Website oder Hotline. Genauere Infos zu den aktuell gültigen Konditionen in IATA-Reisebüros bzw. beim TAM Call Center, ✆ 0800/000 1165.

Schiff

Für maritim veranlagte Globetrotter ist die Überfahrt auf einem Frachtschiff nach Brasilien in den letzten Jahren zu einer Alternative geworden. Abfahrt ist meist in Hamburg oder Rotterdam, viele Schiffe legen zunächst im Süden Brasiliens an und fahren dann die Küste hoch. Fahrten sind ganzjährig möglich. Wer sich für eine solche Schifffahrt entscheidet, sollte sich bewusst sein, dass die gelisteten Häfen nicht zwangsläufig angefahren werden müssen. Landgänge können zeitlich knapp ausfallen oder gar nicht möglich sein (Liegezeiten über Nacht), insgesamt darf man auch nicht mit allzu viel Komfort rechnen. Gute allgemeine Hinweise und Tipps zum Bordleben gibt Kapitän Peter Zylmann auf seiner Website:

Frachtschiff-Touristik, Mühlenstr. 2, 24376 Kappeln, ✆ 04642/96550, 💻 www.zylmann.de.

Weitere Anbieter:

Hamburg-Süd Reiseagentur, Domstr. 21, 20095 Hamburg, ✆ 040/370 5157, 💻 www.hamburgsued-frachtschiffreisen.de.

Grimaldi Lines Freighter Travel, Via Marchese Campodisola 13, 80133 Neapel, Italien, ✆ +39/81/496 444, 💻 www.grimaldi-freightercruises.com. Von London nach Brasilien ab 1670 Euro, Zustieg auch in Hamburg (über Antwerpen, Le Havre, Dakar nach Rio). Kabinen mit 2 Betten (Etagen), Schreibtisch, tgl. Room-Service: VP.

Für die Anreise nach Brasilien auf dem **Landweg** oder über **Flussverbindungen** von anderen südamerikanischen Ländern s. Transport-Informationen in den entsprechenden Regionalteilen.

Botschaften und Konsulate

Brasilianische Botschaften und Konsulate

Deutschland

Brasilianische Botschaft
Wallstr. 57, 10179 Berlin, ✆ 030/7262 8600, 📠 7262 8699, ✉ Adressen für Sachbereiche s. Website, 💻 www.berlim.itamaraty.gov.br. 🕒 Mo, Mi–Fr 8.30–12, Di 13–15.30 Uhr.

Brasilianisches Generalkonsulat
Hansaallee 32a-b, 60322 Frankfurt/M., 069/920 7420, 9207 4230, www.frankfurt.itamaraty.gov.br. Mo–Fr 9–13, Di 14–16 Uhr.

Brasilianisches Generalkonsulat
Sonnenstr. 31, 80331 München, 089/210 3760, 2916 0768, www.munique.itamaraty.gov.br. Mo–Fr 10–14 Uhr.

Österreich

Brasilianische Botschaft (Konsularabteilung)
Pestalozzigasse 4, 1010 Wien, 01/512 0631, 513 8374, mail@brasilemb.at, www.viena.itamaraty.gov.br. Mo–Fr 9–13 Uhr.

Schweiz

Brasilianische Botschaft
(keine Konsularabteilung)
Monbijoustr. 68, 3007 Bern, 031/371 8515, 371 0525, brasemb.berna@itamaraty.gov.br, www.berna.itamaraty.gov.br.

Brasilianisches Generalkonsulat
Stampfenbachstr. 138, 2. OG, 8006 Zürich, 044/206 9020, 01/206 9021, geral@consuladobrasil.ch, www.consuladobrasil.ch. Mo–Fr 9–13 Uhr.

Brasilianisches Generalkonsulat
54, Rue de Lausanne, 1202 Genf, 022/906 9420, 731 8178, cg.genebra@itamaraty.gov.br, www.genebra.itamaraty.gov.br. Mo–Fr 9–14 Uhr.

Botschaften in Brasilien

Deutschland

Deutsche Botschaft
Av. das Nações, Quadra 807, Lote 25, Brasília-DF, 70415-900, 61/3442 7000, 3442 7079, www.brasilia.diplo.de, www.auswaertiges-amt.de. seit 2013 kein Publikumsverkehr, nur Bereitschaftsdienst bei Notfällen.

Österreich

Österreichische Botschaft
Av. das Nações, Quadra 811, Lote 40, Brasília-DF, 70426-900, 61/3443 3111, 3443 5233, brasilia-ob@bmeia.gv.at, www.bmeia.gv.at. Mo–Fr 9–13 Uhr.

Schweiz

Schweizerische Botschaft
Av. das Nações, Quadra 811, Lote 41, Brasília-DF, 70448-900, 61/3443 5500, 3443 5711, bra.vertretung@eda.admin.ch, www.eda.admin.ch/brasilia. Mo–Fr 9–11.30 Uhr (für alle administrativen und konsularischen Fragen ist das Generalkonsulat in Rio de Janeiro zuständig).

Generalkonsulate in Brasilien

Deutschland

Aktuelle Infos und Kontaktformulare auf: www.brasil.diplo.de.

Porto Alegre, Rua Prof. Annes Dias 112, 11. OG, Porto Alegre/RS, 90020-090, 51/3224 9255, 3226 4909 (für Rio Grande do Sul und Santa Catarina). Mo–Do 8.30–11.30, Do 13.30–15, Fr 8.30–10 Uhr.

Recife, Edf. Empresarial Center III, Rua Antônio Lumack do Monte 128, Boa Viagem, Recife/PE, 51020-350, 81/3463 5350, 3465 4084 (für den Nordosten: Alagoas, Bahia, Ceará, Maranhão, Paraíba, Pernambuco, Piauí, Rio Grande do Norte, Sergipe). Mo–Fr 9–12 Uhr.

Rio de Janeiro, Rua Pres. Carlos de Campos 417, Laranjeiras, Rio de Janeiro/RJ, 22231-080, 21/2554 0004, 2553 0184 (für Rio de Janeiro, Minas Gerais, Espírito Santo, Acre, Amapá, Amazonas, Distrito Federal, Goiás, Mato Grosso, Pará, Rondônia, Roraima, Tocantins). Mo, Di, Do, Fr 8.30–11.30, Mi 11–15 Uhr.

São Paulo, Av. Brigadeiro Faria Lima 2092, 12. OG, Jardim Paulistano, São Paulo/SP, 01451-905, 11/3097 6644, 3815 7538 (für São Paulo, Paraná, Mato Grosso do Sul). ◷ Mo–Do 7.30–16, Fr 7.30–13.30 Uhr.

Österreich

São Paulo, Rua Dr. Cardoso de Melo 1420, 7. OG, Conj. 711, Vila Olímpia, São Paulo/SP, 04548-005, ✆ 11/3842 7500, 📠 3842 2774, ✉ consuladosp@austria.org.br. ◷ Mo–Do 9.30–11.30 Uhr.

Schweiz

Rio de Janeiro, Rua Cândido Mendes 157, 11. OG, Glória, Rio de Janeiro/RJ, 20241-220, ✆ 21/3806 2100, 📠 3806 2120, ✉ rio.vertretung @eda.admin.ch. ◷ Mo–Fr 9–11.30 Uhr (nur nach vorheriger Terminvereinbarung).
São Paulo, Av. Paulista 1754, 4. OG, Edf. Grande Avenida, São Paulo/SP, 01310-920, ✆ 11/3372 8200, 📠 3253 5716, ✉ sao.vertretung @eda.admin.ch. ◷ Mo–Fr 9–11.30 Uhr.
Honorarkonsulate (Consulados Honorários) über: 💻 www.brasilia.diplo.de, bmeia.gv.at, eda.admin.ch.

Einkaufen

Die Kerngeschäftszeiten sind Montag bis Freitag von 9 bis 18 Uhr und Samstag von 9 bis 13 Uhr. Viele Supermärkte, Einkaufszentren, Drogerien/ Apotheken und Bäckereien schließen jedoch erst um 22 Uhr oder sind gar durchgehend geöffnet, selbst an Sonn- und Feiertagen. Eine Siesta gibt es in Brasilien so gut wie nicht.

Souvenirs

In allen touristischen Städten gibt es **Kunsthandwerksmärkte** in Verkaufshallen *(Mercado de Artesanato)* oder im Freien *(Feira de Artesanato).* Besonders die Städte im **Nordosten** sind im ganzen Land für ihre Artesanato-Märkte bekannt, doch überall in Brasilien floriert das Kunsthandwerk, meist als ein Ausdruck des Kulturerbes der jeweiligen Gegend unter Verwendung lokaler Rohstoffe. Zu den bekanntesten Märkten des Landes zählen die **Feira Hippie** in Rio de Janeiro (Ipanema), 💻 www.feirahippieipanema.com, und die **Feira de Artes e Artesanato** in Belo Horizonte, 💻 www.feirahippiebh.com, größter Straßen-Kunsthandwerksmarkt Lateinamerikas mit 2500 Verkaufsbuden (Handeln ist durchaus üblich).

In Brasilien Kunsthandwerk zu kaufen, kann eine sehr interessante Erfahrung sein, da man in vielen Fällen direkt mit dem Künstler zu tun hat und dieser gerne Fragen beantwortet und Einzelheiten seiner Arbeit erklärt. Oft werden Kunden auch in die Werkstatt geführt, um den Arbeitsprozess dort zu besichtigen.

Preiswert zu erstehen sind **Halbedelsteinprodukte** und **Lederwaren**. Sisal-Taschen aus Agavenfasern oder aus dem Stroh der Carnaúba-Palme, mit buntem Sand gefüllte Fläschchen, Lehmfiguren, Wandteppiche, Bilder, Überdecken, bestickte Bettlaken bis hin zu rustikalen Möbeln sind weitere Beispiele des enormen Angebots an handgearbeiteten Produkten.

Beliebte Souvenirs speziell im Nordosten sind zudem Holzschnitzereien, Stickereien und Flechtarbeiten aus Stroh und Lianen. Auch die günstigen, handwerklich gut gefertigten **Hängematten** aus Ceará sind ein gleichermaßen schönes wie praktisches Andenken. **Keramik- und Tonprodukte** sind zum Markenzeichen von Pernambuco geworden, hierzu zählen besonders die *Figuras de Barra,* einmalige Tonfiguren aus der Stadt Caruaru. Im Süden zählt das **Chimarrão**-Teeschlürfgefäß zu den originellsten Souvenirs. Aus dem Amazonas und Teilen Bahias

Hände weg von bedrohten Arten!

Beim Tier- und Pflanzenschutz gibt es strenge Vorschriften, die bei Verstößen zu Haftstrafen führen können. Dies gilt besonders für den Export frei lebender und geschützter Pflanzen und Tiere, besonders Zierfische aus dem Amazonas, Pflanzensetzlinge und -samen sowie Insekten und Spinnen. Schon der Transport von einem Bundesstaat in einen anderen ist ohne staatliche Genehmigung strafbar! Im Hinblick auf die unübersichtliche Menge geschützter Tiere und Pflanzen wird dringend geraten, diese weder zu kaufen noch auszuführen.

bieten sich indianische Handwerksarbeiten als hübsche Erinnerungsstücke an.

Beliebte Andenken sind weiterhin die zahlreich vorhandenen **Musik- oder Rhythmusinstrumente**, wie das beim Capoeira verwendete *Berimbau* (auch in Mini-Ausgabe). Fast obligatorisch sind **CDs** mit brasilianischer Musik: Ob Bossa-Nova-Klassiker oder elektronischer Sound – bei der Fülle exzellenter Musik kann man beim Kauf kaum etwas verkehrt machen. Vorsicht jedoch bei regionaler Tanzmusik wie Forró – in Urlaubsstimmung am Strand kann sie begeistern, zum Zuhören in den eigenen vier Wänden eignet sie sich weniger. Eine CD kostet im Handel R$15–50, gebrannte CDs („Piratas") werden – obwohl offiziell nicht erlaubt – überall in Brasilien zu einem Bruchteil (R$5–10) angeboten.

Weitere gern gewählte Urlaubsandenken sind **T-Shirts** mit regionalen Motiven, **Badehosen** und **Bikinis** (der knappe *fio dental*), **Kaffee** (Marke „Pilão") und natürlich eine Flasche guten **Cachaça** für die Brasil-Revival-Party daheim.

Shopping

Die klimatisierten **Einkaufszentren** – in Brasilien schlicht Shopping genannt – besitzen zum Teil gewaltige Dimensionen. Bei der Bevölkerung sind sie dank der Sicherheit und angenehmen Temperierung äußerst beliebt, abends dienen die um einen zentralen Platz gruppierten Imbisse und Restaurants *(Praça de Alimentação)* Jugendlichen als Treffpunkt. Aus touristischer Sicht ist das Einkaufsambiente sicher nicht besonders originell, doch wer genug von der schweißtreibenden Suche nach Mitbringseln hat, findet hier in konzentrierter Form alles, was er braucht – wenn auch deutlich teurer.

In den Shoppings finden sich die wichtigsten brasilianischen **Modelabels**; die Modebranche in Rio de Janeiro und São Paulo darf inzwischen zum internationalen Chic gezählt werden. **Musikgeschäfte** und Läden für **Strandmode** sind ebenfalls in jedem guten Shoppingcenter zu finden, das Gleiche gilt für moderne **Multiplex-Kinosäle** (oft im Original mit Untertiteln). Die üblichen Öffnungszeiten der Shoppings sind: Mo–Sa 10–22, So 14–22 Uhr (Kino und Restaurants länger).

Essen und Trinken

Brasilianische Gastronomie wird im Ausland häufig gleich gesetzt mit dem Nationalgericht **Feijoada** – einem dicken Bohneneintopf, in den einst die Sklaven alles Fleisch mischten, welches bei den Herren übrig geblieben war. Bis heute enthält Feijoada alle nur denkbaren Fleischeinlagen vom Schweinsfuß bis zur Cabanossi-ähnlichen Wurst Calabresa – das gehaltvolle Ergebnis wird mit Apfelsinenstückchen und Grünkohl genossen und oft mit einem Gläschen Zuckerrohrschnaps oder einer Caipirinha herunter gespült. Aber so wie Deutsche nicht nur von Schweinsbraten mit Sauerkraut leben, essen auch Brasilianer beileibe nicht bloß Feijoada. Die gibt es traditionell – zumindest in Rio de Janeiro – nur am Wochenende.

Ansonsten wird im Riesenland Brasilien eine so reiche **Vielfalt** an gastronomischen Spezialitäten serviert, dass als gemeinsamer Nenner vielleicht **Reis und Bohnen** *(arroz e feijão)* dienen können – weil beides bei einem Großteil der Bevölkerung beinahe täglich auf den Tisch kommt. Ergänzt mit Fleisch, Geflügel oder Fisch und meist einem Salat sowie dem begleitenden *Farofa* (geröstetes und in Butter gebratenes Maniokmehl).

Zu dieser Basisnahrung gesellt sich je nach Region: Im Nordosten von afrikanischen Einflüssen geprägt, Fisch oder Fleisch in scharfen Chili- und frischen Kokossoßen, gewürzt mit Palmöl. Im Norden von der indianischen Kultur beeinflusst, Süßwasserfische und nahrhaftes

Ein Teller für Zwei

Die in Restaurants servierten **Portionen** fallen oft sehr üppig aus, ein Teller ist in vielen Fällen für zwei Leute ausreichend. Entsprechend wird bei Kartengerichten, die bereits für zwei Personen gedacht sind („para duas pessoas"), nicht selten noch ein dritter Esser satt. Je besser und teurer das Restaurant ist, umso höher ist allerdings die Wahrscheinlichkeit, dass die edlen Kreationen nur noch sehr sparsam, d. h. für eine Person, portioniert werden.

Açaí-Fruchtmus, gewürzt mit Tucupi, einer aus Maniok hergestellten Spezialsoße. Im Süden, europäisch inspiriert Polenta und Grillfleisch.

Inzwischen gibt es nicht nur in Rio de Janeiro und São Paulo, sondern auch in Brasília und weiteren Großstädten brasilianische Spitzenköche, und die brasilianische Haute Cuisine ist dabei, sich international einen Ruf zu erobern.

Brasilianische Essgewohnheiten

Das **Frühstück** variiert – je nach Region und Gesellschaftsschicht – zwischen nahezu europäisch (so auch in den besseren Hotels): mit Brötchen und Aufschnitt, frischen Früchten wie Papaya, Ananas und Mango, verschiedenen Kuchen, den indianischen Maniokpfannkuchen Tapioca, Eiern und frisch gepressten Säften, und bis zu rustikal-deftig mit dem gekochten Wurzelgemüse Maniok, dazu Fleischeintopf oder Eier und Würstchen und Kaffee, so üblich bei vielen Familien vor allem im Nordosten des Landes.

Das **Mittagessen** wird in Brasilien relativ früh serviert: schon ab 11.30 Uhr. Unterwegs gehen dazu viele Brasilianer in sogenannte **Kilo-Restaurants** (S. 48). Manche bieten auch den Einheitspreis für „Essen-so-viel-man-kann", der vor allem in Churrascarias üblich ist (S. u.). Weil das sogenannte **Rodízio** dort so gut ankommt, haben es manche Pizzerien und andere Restaurants inzwischen übernommen.

Wer günstig essen will, kann sich mittags in vielen Restaurants ein Tagesgericht bestellen, das unter dem Namen **Prato Feito** (abgekürzt: PF) oder „Comercial" angeboten wird (und im Gegensatz zu den meisten Portionen nur für eine Person gedacht ist). Es besteht üblicherweise aus Reis, Nudeln, Bohnen und Salat, dazu Fleisch, Geflügel oder Fisch.

Nachtisch gibt es in Form von Obst oder Obstsalat – oder im Ofen gebackenem Pudding mit hausgemachter Karamellsoße, sowie süßen Sahnecremes (Mousses) etwa mit Ananas, Passionsfrucht oder Limette. Der kleine Kaffee (Cafezinho) nach dem Essen ist in vielen Restaurants gratis – meist aber sehr stark gesüßt.

Abends wird eher spät gegessen – die meisten Restaurants füllen sich etwa ab 20–21 Uhr und werden dann zu einem zentralen Punkt des gesellschaftlichen Lebens in Brasilien.

Restaurants

Esslokale finden sich in allen Varianten und Preisklassen. Für den Appetit zwischendurch bieten nahezu an jeder Straßenecke einfache **Lanchonetes** (Snackbars) oder Stände fliegender Händler frische Säfte und Sandwiches – oder Landestypischeres wie gefüllte Maniokpfannkuchen *(Tapioca)*, in Öl frittierte gefüllte Teigtaschen *(Pastel)* oder mit Hühnerfrikassee oder Garnelenpaste gefüllte Pasteten *(Empadas)*.

Die Bars und Kneipen nennen sich **Botecos** oder **Botequins**, sie haben zwei Gesichter: Tagsüber bieten sie oft günstige Tagesgerichte an, üblicherweise zwei oder drei Standardgerichte. Am Abend wird die Auswahl reduziert, dann gibt es nur noch Snacks wie *Carne-de-Sol acebolada com farofa* (gesalzenes Fleisch mit Zwiebeln und Maniokmehl), *Bolinhos de bacalhau* (Stockfischbällchen), *Batata frita* (Pommes frites), *Aipim frito* (gebackener Maniok, in einigen Landesteilen auch als *Macaxeira* oder *Mandioca* bekannt) usw.

Für Fleischliebhaber, zu denen die Brasilianer mit Sicherheit zählen, gibt es die beliebten **Churrascarias** (Grillrestaurants). Hier kommen die Kellner im Minutentakt mit neuen Fleischspießen und verschiedenen frischen Fleischsorten an den Tisch und man kann essen, so viel man möchte. Diese Serviermethode nennt sich **Rodízio**. Beilagen werden extra bestellt und sind im Festpreis enthalten, ebenso ein großes Salatbuffet. Wer kein Fleisch mag: Es werden teils auch Fische gegrillt, und am Buffet findet sich in besseren Häusern auch Sushi. Vorsicht: Die feinsten Lendenstücke trägt der Kellner erst dann herbei, wenn die Gäste sich den Magen bereits mit den weniger edlen Fettteiggebäcken, Beilagen, Würstchen u. a. Fleischstücken gefüllt haben. Kenner lehnen mindestens die ersten vier Runden lang alles Angebotene ab und essen zwischendurch ein paar Scheiben frische Ananas, das soll die Verdauung erleichtern …

Es ist üblich, sonntags in eine Churrascaria zu gehen und aus diesem Besuch die einzige Mahlzeit des Tages zu machen, da man anschließend quasi heraus gerollt werden muss. Am Sonntag sind die Preise folglich auch höher.

In den vielen **Kilo-Restaurants** kann sich jeder nach Belieben seinen Teller am üppigen Buffet füllen. Bezahlt wird nach Gewicht. Diese Restaurants sind auch für Vegetarier eine interessante Option, da es dort immer reichlich Salate und frisches Gemüse von einheimischen Sorten wie Chuchú und Quiabo bis zu international bekanntem Blumenkohl und Brokkoli gibt. Vorsicht: Wer die Kilo-Restaurants gegen Ende der Mittagszeit aufsucht, findet manchmal nur noch eine spärliche Auswahl an Speisen.

Die ebenfalls vorhandenen **Restaurants à la carte** können unter Umständen ziemlich teuer sein. Vor allem in **Rio de Janeiro** und **São Paulo** gibt es eine unglaubliche Anzahl exzellenter Restaurants mit internationaler oder brasilianischer Küche, die preislich auf europäischem Niveau oder darüber liegen.

Egal, wo man speist: 10 % **Trinkgeld** sind fast immer bereits im Endpreis enthalten. Zusätzlich dazu muss man nichts mehr geben. Auch Münzen sollte man nicht auf dem Tisch liegen lassen, dies ist in Brasilien nicht üblich. Anders als in Europa braucht man auch nicht eilig den Tisch frei zu räumen, wenn man nichts mehr konsumiert.

Regionale Spezialitäten

Norden

Die Küche des Nordens ist bestimmt vom **Fischreichtum** der großen Flüsse (besonders empfehlenswert sind Tucunaré und Pirarucu – einer der größten Süßwasserfische überhaupt), einheimischen, teils endemischen Pflanzen und Früchten sowie den Rezepten der indianischen und anderen Flussrandbewohner.

Die Palmfrucht **Açaí** etwa, unter Sportlern als süße halbgefrorene Kraftmahlzeit bekannt, gehört in ihrer Originalversion als leicht salziges, lauwarmes Fruchtmus zu Fischgerichten. Beliebt als Beilage ist auch **Pirão**, ein aus Fischsud und eventuell Gemüse angerührter Brei, der mit Maniokmehl angedickt wird und sehr sättigend ist.

Besonders berühmt sind die Spezialitäten **Pato no Tucupi**, Ente mit einer sattgelben Soße, aus wildem Maniok und Jambublättern (einer Pflanze, die ein leichtes, angenehmes Taubheitsgefühl der Zunge bewirkt), sowie der säuerlich schmeckende Eintopf **Tacacá**, der außer Tucupi und Jambu noch Garnelen und Maniokstärke enthält und am Straßenrand in Kalebassen serviert wird.

Nordosten

Im Nordosten findet sich die Dürre der Wüste ebenso wie der Reichtum des Meeres. Im trockenen **Hinterland** bestimmen Fleischspezialitäten die Speisekarte: trotz des Namens nicht in der Sonne, sondern im Schatten getrocknetes, gesalzenes Rindfleisch **Carne de Sol** etwa, oder Allerlei von der Ziege, u. a. der gefüllte Ziegenmagen *(Buchada de Bode)*. Dazu wird gerne **Farofa** gereicht: mit Zwiebeln und Kräutern angebratenes Maniokmehl. Typisch besonders im *Interior* ist auch **Baião de Dois**, eine Mischung aus Reis, Bohnen, Zwiebeln, Tomaten, Käse und frischem Koriander, die als Hauptgericht mit Sahne gegessen wird.

An der **Küste**, vor allem im Bundesstaat **Bahia**, wo einst der größte Sklavenhafen lag, sind die **afrikanischen Einflüsse** und der Anteil an Meerestieren bei den Gerichten größer. Viele Gerichte haben ihren Ursprung im *Candomblé,* der religiösen Vermischung von christlichen und afrikanischen Traditionen. So z. B. der Lieblings-Snack der Baianos, das **Acarajé**, das ursprünglich eine rituelle Mahlzeit für die Göttin Iansã darstellte: kleine runde Küchlein aus gemahlenen hellen Bohnen, die in Palmöl frittiert und mit Tomate, Zwiebeln, geräucherten Minigarnelen und Vatapá (einem Mus aus Fisch, Krabben, Gewürzen, eingeweichtem Brot und anderen Zutaten) gefüllt wird. Die Acarajé-Bällchen werden besonders in Salvador überall an Straßenständen von Frauen in traditionellen Gewändern frisch zubereitet. Vorsicht, wenn von der Verkäuferin die Frage kommt, ob man es „heiß" möchte (quente), es geht dann nicht um Temperaturen, sondern darum, wie viel von der höllisch scharfen Chilisauce sie darauf streichen soll. Eine Variante ist das **Abará**, das aus dem gleichen Teig besteht, aber gekocht und nicht frittiert wird.

Auch der Fischeintopf **Moqueca de Peixe**, der mit Kokosmilch gekocht und mit dem Öl der Dendêpalme gewürzt wird, ist ein für den Nordosten typisches Gericht. Oft werden dem Ganzen noch Krabben beigefügt *(camarão e peixe)*. Wer es etwas magenfreundlicher ohne Dendê-Öl bevorzugt, fragt nach einem **Ensopado**.

In **Fortaleza** oder **Natal** sollte man die Gelegenheit nutzen, Languste *(lagosta)* und Shrimps *(camarão gigante)* zu günstigen Preisen zu essen. Die Brühe *caldo de sururu* (aus einem kleinen Weichtier) ist typisch für **Maceió**. Krebs *(caranguejo)* steht besonders häufig in **Parnaíba**, **Aracaju** und **Fortaleza** auf der Speisekarte. Dort kommen die Schalentiere ganz frisch auf den Tisch, in diesen Regionen liegen die größten Zucht- und Fanggebiete des Landes. Sie werden immer als Ganzes serviert, um den Panzer zu knacken und an das Fleisch zu gelangen, erhält man ein spezielles Hämmerchen.

Das typischste Gericht in **São Luis** ist *Arroz-de-Cuxá com peixe* (Reis mit Fisch, üblicherweise der delikate Seehecht). *Cuxá* ist eine Spezialität aus Maniokmehl, getrockneten Krabben, geröstetem Sesam – und das Wichtigste: Vinagreira, ein leicht säuerliches Strauchblatt, welches dem Cuxá die grüne Färbung verleiht.

Überall an den Stränden des Nordostens gibt es unzählige fische Fischarten, besonders als Snack geeignet ist der Mini-Schwertfisch **Agulha**, der so kross frittiert wird, dass man die Gräten mit essen kann. In allen Städten gibt es die berühmte **Tapioca**, traditionell mit Käse oder Kokos gefüllt. Inzwischen finden sich auch zahlreiche raffinierte Variationen des aus leichtem Maniokteig hergestellten Pfannkuchens.

Aus der Zuckerrohr-Vergangenheit stammt eine flüssige Zwischenmahlzeit, die auf die Schnelle reichlich Energie liefert: **Caldo de Cana**, der Saft wird an nahezu jeder Straßenecke in ratternden grünen Pressen frisch aus dem Zuckerrohr gedrückt.

Zentraler Westen

In den trockenen Weiten des **Cerrado** wird gerne *Arroz carreteiro* gegessen; eine Art Risotto mit Trockenfleisch, Frühlingszwiebeln, Knoblauch und frischem Koriander. Außerdem zählt zum mittleren Westen auch das Überschwemmungsgebiet **Pantanal**, zu dessen kulinarischen Spezialitäten der Piranha gehört. Der grätenarme Fisch kann sowohl in Fischeintöpfen genossen werden, als auch im typischen *Caldinho de Piranha:* eine kräftigende Brühe mit ein wenig Gemüse und dem festen weißen Fleisch des berüchtigten Fisches – dem auch Potenz steigernde Wirkung nachgesagt wird. Weitere typische Speisefische der Region sind der Pacu und Pintado, außerdem isst man gerne das Fleisch von gezüchteten Kaimanen *(Jacaré)*.

In **Campo Grande** lohnt es sich, nachts auf die Feira Central (Zentralmarkt) zu gehen, um dort eine *Sobá* zu probieren: eine von Einwanderern aus Okinawa mitgebrachte Brühe, die aus hausgemachten Sobanudeln, Schweinefleisch, Ingwer, Silberzwiebeln und Ei zubereitet wird.

Südosten

Dazu gehören die Metropolen **São Paulo** und **Rio de Janeiro** mit ihren Gourmetrestaurants und Spitzenbistros: Hier gibt es nicht nur das beste brasilianische Essen, sondern auch internationale Küche von Italienisch bis Libanesisch. In São Paulo lässt sich eine besondere Vorliebe für Grillrestaurants, **Churrascarias**, beobachten. **Sushi** ist auch außerhalb des großen japanischen Viertels Liberdade inzwischen beliebt, ja fast zu einer nationalen Obsession geworden. Auch die besten **Pizzas** aus dem Holzofen und typische italienische **Tascas** findet man in São Paulo. Dabei ist zu beachten, dass die Pizzas in der Regel riesig und für 2–3 Personen gedacht sind. Praktisch hierbei ist, dass man meist jede Hälfte anders belegen lassen kann. Es bedarf schon einer gewissen Anstrengung, um in São Paulo schlecht zu essen.

In **Rio de Janeiro** ist die bereits erwähnte **Feijoada** zuhause – statt im Restaurant kann man sie sonntags auch bei der Karnevalsschule Mangueira essen: Damit wollen die Karnevalisten ihr Budget aufbessern, und liefern zum Essen mitreißenden Samba und beste Stimmung im Saal. In Rios besseren und v. a. den Spitzenrestaurants, etwa dem Roberta Sudbrack – nach dem Namen der Chefin, die zuvor für Staatschef Fernando Henrique Cardoso gekocht hat – ist Reservieren unerlässlich. Spontan empfiehlt sich ein Besuch in einer der bei den Cariocas so beliebten Feierabend-Bars, dem Boteco oder Botequim, wo es Kleinigkeiten zum teils frisch gezapften Bier gibt. Typisch ist ein Tässchen voll **Caldo de Feijão**: Bohneneintopf mit ein paar Würfeln kross angebratenem Trockenfleisch *Carne de Charque* und einem Wachtelei.

Aus dem Bundesstaat **Minas Gerais** haben sich viele Spezialitäten bis nach Rio oder in den Rest des Landes verbreitet, so etwa **Pão de Queijo**, kugelrunde Brötchen aus Maniokteig mit geriebenem Käse, oder **Torresmo crocante** – knusprig gebratene Grieben. Auch sollte man **Doce de leite** (eine Milchsüßspeise) probieren sowie die verschiedenen **Compotas de frutas** (Früchtekompotts). Minas ist außerdem berühmt für seine edlen Zuckerrohrschnäpse (Cachaças), die zu den besten des Landes gehören.

Süden

Im Süden mischen sich die europäischen Einflüsse der Einwanderer; Anfang des 19. Jh. haben sich unter anderem Deutsche, Italiener, Polen, Schweizer und Österreicher von den Verlockungen des neuen Kontinents anziehen lassen. Deswegen sind v. a. im Landesinneren des deutsch geprägten Santa Catarina bis heute Sauerkraut und Rotkohl beliebte Beilagen. Die Entenart **Marreco**, gefüllt mit Innereien, gilt als besondere Spezialität, dazu Rotkohl *(Repolho roxo)* und – natürlich – Sauerkraut *(Chucrute)*. Aber auch Eisbein und Kassler sind beliebt.

In Gramado hat Schweizer **Fondue** (mit Käse, Fleisch oder Schokolade) viele Liebhaber, und in Curitiba finden sich östliche Rezepte von Borschtsch bis zu Platzki (Kartoffelpuffer). Knödel, Spätzle und Goulasch heißen teils wie im deutschsprachigen Raum „Knodel" oder „Gulash com spatzle". Die Viehzüchter unter den Gaúchos in Rio Grande do Sul liefern feinstes **Grillfleisch**, und an der Küste von Santa Catarina kommen frische Austern, Muscheln, Garnelen, Langusten und Meeresfische auf den Tisch.

In Rio Grande do Sul ist es auch üblich, den sogenannten **Chimarrão** zu trinken: in einer kleinen Kalebasse gereichter Matetee, der durch eine Art Strohhalm in Löffelform laut geschlürft wird. Ursprünglich sollen Indios den spanischen Eroberern das Getränk serviert haben – bis heute wird es Besuchern angeboten.

Getränke

Säfte und Co.

Frische Fruchtsäfte sind in Brasilien in jeder Snackbar und in allen Restaurants zu bekommen – allerdings neuerdings nicht mehr automatisch frisch aus der Frucht gepresst, sondern aus gefrorenem Fruchtmus *(polpa)* hergestellt. Welche Säfte wirklich frisch gepresst sind, ist leicht daran zu erkennen, welche Früchte über der Theke aufgehängt sind. Im Zweifelsfall immer ganz frisch: Orangensaft. Für europäischen Geschmack sind die Säfte meist zu stark gezuckert, vorsichtshalber schwach („com pouco açúcar") oder gar nicht gesüßt („sem açúcar") bestellen.

Neben Bekanntem wie Ananas (besonders erfrischend als *Abacaxi com hortelã* mit Minze), sind reichlich Unbekannte unter den einheimischen Früchten zu entdecken: Graviola, Mangaba, Cupuaçu, Acerola, Umbu oder Cajá, um nur einige zu nennen. Gegen den kleinen Hunger ist es üblich, den Saft statt mit Wasser mit Milch als gehaltvollere **Vitamina** zu mixen. Fruchtcocktails mischen etwa Möhre mit Orange, Papaya mit Orange oder Cajá mit Acerola, einfach durchprobieren! Als extrem gesund und Magenwohl bei einem Kater oder richtigen Krankheiten gilt das leicht süße köstliche Wasser der grünen **Kokosnuss**, das in Strandbars und in den Städten an speziellen Kiosken direkt aus der eisgekühlten Nuss angeboten wird.

Neben den international bekannten Softdrinks gibt es das brasilianische **Guaraná** – eine süße Limonade, die mit ihrem Namensgeber, der belebenden Amazonasfrucht Guaraná – weder geschmacklich, noch im Koffeingehalt zu tun hat (die beste Marke stammt von *Antárctica*). Im Bundesstaat Ceará wird außerdem **Cajuína** hergestellt, eine Limo, die tatsächlich entfernt nach der Frucht des Cashewbaums schmeckt.

Fast schon eine kleine Mahlzeit ist **Açaí na Tigela**, ein lilafarbenes, süßes Sorbet, das aus dem Fruchtfleisch der Açaí-Frucht zubereitet wird. Serviert wird es eiskalt in einem Schälchen, meist vermischt mit Guaraná-Sirup, Müsli *(Granola)* und geschnittenen Bananen. Da die Açaí-Frucht als äußerst energie- und kalorienreich gilt, ist sie besonders bei Sportlern en vogue.

Alkoholisches

Bier

Das brasilianische Bier ist allgemein leichter und süßer als das deutsche. Bekannte Marken sind unter anderem die milden Sorten **Antárctica** und **Brahma**, die Pilsener **Skol** und **Bohemia** sowie die relativ neue Marke **Devassa**. Dazu kommen das besonders leichte Nova Schin aus den USA, das Draft Cerpa aus dem Norden und das bittere Schwarzbier Xingu, sowie das Dunkelbier Caracu, dem aphrodisische Wirkung nachgesagt wird.

Üblicherweise werden relativ preisgünstige 0,6-Liter-Flaschen serviert, die sich mehrere Leute teilen, neuerdings kommt auch der *Litrão* (Einliterflaschen) zum Einsatz. In teureren Lokalitäten ist, wegen der besseren Rendite, eher die kleine *Longneck* (sprich: *longinecki,* 355 ml) verbreitet. Auch aus der schnöden Dose *(Lata)* kann man sein Bier trinken, vor allem an Straßenständen und in Kneipen, doch auch in besseren Restaurants gilt sie nicht als Fauxpas.

Frisch gezapftes **Chope** ist relativ selten und in São Paulo und Rio noch am meisten verbreitet. Als hochwertig gilt es mit einer cremigen, weichen Schaumkrone.

In jedem Fall kommt das Bier immer eiskalt auf den Tisch *(estupidamente gelada* = blödsinnig kalt), teils ist die Flüssigkeit noch in der Flasche gefroren.

Aguardente

Der hochprozentige brasilianische Zuckerrohrschnaps *Aguardente de Cana* (Alkoholgehalt 38–54 Vol-%), bekannter als **Cachaça** oder **Pinga**, wie er kurz genannt wird, ist durch den erfrischenden Limonen-Cocktail **Caipirinha** schon lange auch in Europa bekannt. Er entstand als Nebenprodukt der Zuckerherstellung im 16. Jh. Erst später gelangte man zu dem systematischen Herstellungsprozess des Zuckerrohr-Suds, der gegoren und destilliert wird und anschließend reifen muss, seit mehreren Hundert Jahren wird er als Nationalgetränk produziert.

Große Marken sind etwa *Pitú, 51* oder *Sapupara* (in Ceará). Darüber hinaus gibt es auch edlere Brände, die in Holzfässern reifen und wie italienischer Grappa als Aperitif gereicht werden. Die längere Reifedauer ist an der goldgelben Farbe und an den deutlich höheren Preisen erkennbar.

Cachaça wird auch mit Früchten zu Batidas oder zu Cocktails wie der besagten **Caipirinha** verarbeitet. Eine beliebte Variation ist **Caipiroska** (oder **Caipivodka**), die wie der Name schon sagt, mit Wodka gemacht wird. Gerne wird sie auch mit anderen Früchten kombiniert wie Erdbeere *(Morango),* Carambola, Lychee, Cashew *(Caju),* Banane, Maracuja oder Ananas *(Abacaxi).*

Wein

Besonders in Rio Grande do Sul, von wo 90 % der brasilianischen Weine kommen, und im Vale do São Francisco im Nordosten produziert Brasilien Weine von guter Qualität, wie etwa den Miolo. Getrunken wird er – ebenso wie Produkte aus Argentinien und Chile – meist nur zum Essen und auch der Rotwein gekühlt.

Feste und Feiertage

Manch Reisender mag mit dem Eindruck zurückkehren, dass die Brasilianer eigentlich immer am Feiern sind, seien es nun religiöse Volksfeste oder besondere Feiertage – für eine gute Party scheint immer Gelegenheit. Natürlich spielt auch das günstige Klima eine Rolle bei der Neigung, möglichst viel Zeit im Freien zu verbringen.

An den **gesetzlichen Feiertagen*** haben Schulen, Banken, Behörden und Fabriken geschlossen, viele Supermärkte, Apotheken und kleinere Geschäfte bleiben jedoch geöffnet.

Januar

1.1. **Neujahr***

1.1. **Senhor Bom Jesus dos Navegantes**, religiöses Fest mit großem Umzug in Salvador (Bahia).

Lavagem do Bonfim, zweiter Donnerstag nach dem Dreikönigstag, große Prozession mit ritueller Reinigung der Kirchentreppen (Salvador).

Februar

2.2. **Festa de Yemanjá**, eines der hübschesten religiösen Feste, zu Ehren der afro-brasilianischen Meeresgöttin (Salvador).

Faschingsdienstag*
Karneval (die größten in Rio de Janeiro, Salvador, Olinda/Recife, São Paulo).

März / April

Karfreitag* (Sexta-Feira Santa)
Festival de Teatro, 💻 www.festivaldecuritiba.com.br. Theater-Festival in Curitiba (Paraná).
21.4. **Tiradentes-Tag*** (Gedenktag für den Nationalhelden Tiradentes).
Festival Amazonas de Ópera, 💻 www.amazonasfestivalopera.com. Opernfestival in Manaus (meist April bis Mai).
Viradão Carioca, ein ganzes Wochenende Kulturfest mit vielen kostenlosen Veranstaltungen (Konzerte, Filme etc.) an zahlreichen Plätzen in Rio.

Mai / Juni

1.5. **Dia do Trabalhador*** (Tag der Arbeit)
Corpus Christi* (Fronleichnam)
Festa do Divino Espírito Santo, religiöses Fest portugiesischen Ursprungs (40 Tage nach Ostern), typische Tänze und Prozession (Alcântara/Maranhão, Paraty/Rio de Janeiro).
Virada Cultural, 💻 www.viradacultural.sp.gov.br. Abwechslungsreiches 24 Std.-Kulturprogramm auf über 100 Bühnen in ganz São Paulo (Mai-Wochenende, gratis).
Festas Juninas (oder **Festas de São João**), bunte Folklorefeste im Nordosten und Norden, über den ganzen Monat verteilt, Höhepunkt um den 29.6. herum.
Bumba-meu-boi, regionale Abwandlung der Festas Juninas, besonders spektakulär in São Luís/Maranhão (ganzer Monat) und Parintins/Amazonas (3 Tage Ende Juni).
Festival Internacional de Música do Pará, 💻 www.fimupa.com.br. International renommiertes Klassikfestival mit Jazz-Anteil, eine Woche Anfang Juni (Belém/Pará).

Juli

Fortal, 💻 www.fortal.com.br. Karneval außerhalb der Saison in Fortaleza (Ceará).
Festival de Dança, 💻 www.festivaldedanca.com.br. Ballettfestival in Joinville (Santa Catarina).

Aufgepasst bei Feiertagen!

Das Wissen um brasilianische Feiertage hat für Reisende eine besondere Bedeutung: Denn in vielen Urlaubsorten füllen sich dann die Hotels und Pousadas und ohne Reservierung ist es oft schwer, noch an ein Zimmer zu kommen. Außerdem steigen die Preise und vielerorts werden Zimmer nur im Paket *(Pacote)* für mehrere Tage abgegeben. Wer im Bus anreist, steht zudem häufig im Stau. Bestimmte Reiseziele sind dann am besten gleich ganz zu meiden. Details zu den jeweiligen Festen und Feierlichkeiten in den Regionalkapiteln.

Festival de Inverno, „Winterfest" in mehreren Städten, u. a. Gramado (Rio Grande do Sul) und Ouro Preto (Minas Gerais).

August

Nossa Senhora da Boa Morte, Cachoeira (Bahia).
Festival de Cinema, 💻 www.festivaldegramado.net. Größtes und bedeutendstes internationales Filmfestival Lateinamerikas, Gramado (Rio Grande do Sul).
Festa de Nossa Senhora dos Remédios, Fest zu Ehren der Schutzheiligen von Paraty (Rio de Janeiro), Ende August.

September / Oktober

7.9. **Tag der Unabhängigkeit*** (Dia da Independência)
Semana Farroupilha, 💻 www.semanafarroupilha.com.br. Südbrasilianisches Folklorefest in Porto Alegre (Rio Grande do Sul).
Procissão do Círio de Nazaré, 💻 www.ciriodenazare.com.br. Berühmte Prozession am zweiten Oktobersonntag, das weltweit größte katholische Fest (Belém/Pará).
Oktoberfest, 💻 www.oktoberfestblumenau.com.br. Bierfest süddeutscher Machart in Blumenau (Santa Catarina).
12.10. **Nossa Senhora da Aparecida*** (Mariä Erscheinung), Schutzpatronin Brasiliens, gleichzeitig Dia das Crianças (Tag der Kinder).

November

1.11. **Allerheiligen**
2.11. **Finados*** (Allerseelen)
15.11. **Tag der Proklamation der Republik*** (Dia da República)

Dezember

Carnatal, 💻 www.carnatal.com.br. Karneval in Natal (Rio Grande do Norte).
4.12. **Festa de Santa Bárbara**, traditionelles Straßenfest mit Umzügen, alles kleidet sich in Rot (Salvador).
25.12. **Natal*** (Weihnachten)
31.12. **Réveillon** (Silvester), überall große Feste, v. a. an der Copacabana mit 2 Mio. Menschen.

Frauen unterwegs

*Von Christine Wollowski**

Vielleicht am wichtigsten ist es für allein reisende Frauen in Brasilien, sich eine witzige Antwort auf die ewige Frage nach dem Verbleib des *marido* zu überlegen: Besonders die Landbevölkerung kann sich einfach nicht vorstellen, dass ein Ehemann seiner Frau erlaubt, ohne ihn zu verreisen. Infolgedessen werden allein reisende Travellerinnen als hilfebedürftig erlebt – und besonders gerne eingeladen. So bekommen sie oft Einblicke ins brasilianische Familienleben, die Gruppen oder Paaren verborgen bleiben. Da Englischkenntnisse außerhalb der Metropolen kaum vorhanden sind, ist ein Sprachführer oder noch besser ein kurzer **Sprachkurs** vor der Reise sehr hilfreich.

Es hat sich allmählich herumgesprochen, dass ein lässig hinterhergerufenes *gostosa* als Kompliment und nicht als Anmache gemeint ist. Allzu offenherzig darauf reagieren sollte frau trotzdem nicht: Leider ist in manchen Köpfen bereits das Klischee der leicht zu erobernden Gringa entfacht, sodass Fremde sich am besten generell zurückhaltender bewegen als die einheimischen Frauen. Das gilt besonders für die Kleidung. Setzen die Brasilianerinnen auch hemmungslos ihre Rundungen mit gewagtesten Miniröcken und tiefsten Dekolletés in Szene – die Reisende würde in ähnlicher Aufmachung als halbseiden angesehen. Auffallen wird sie ohnehin, besonders wenn sie blond und blauäugig das brasilianische Schönheitsideal verkörpert. Gelegentlich spontan ausgesprochene Heiratsanträge von Wildfremden meinen allerdings oft eher den vermeintlich prall gefüllten Geldbeutel der schönen Fremden.

Grundsätzlich gelten beim Alleinreisen für Frau und Mann die üblichen Sicherheitsregeln (S. 60). Wie in anderen Regionen der Erde sind manche unbekannten und fast alle einsamen Orte tabu. Und das Nachtleben ist ohnehin netter mit ein paar Mitreisenden aus dem Hostel oder einheimischen Bekannten, die sich schon tagsüber als vertrauenswürdig erwiesen haben.

Fazit: Brasilien ist für allein reisende Frauen prinzipiell nicht gefährlicher als für Männer oder Paare. Hilfreich ist es, auf das eigene Gefühl zu achten, wenn die Situation kippt, und sich im Zweifelsfall schnell zurückzuziehen. Andererseits nicht vergessen: Brasilianer lieben keine direkten Konflikte – also auch Absagen nie brutal sondern immer humorvoll halten. Einfach ein, zwei entsprechende Standardsätze auswendig lernen!

** Die Autorin lebt seit 13 Jahren in Brasilien und schreibt für diverse deutsche Medien von FAS bis Vogue.*

Geld

Brasilien besitzt seit 1994 eine relativ stabile Währung: den **Real** (Plural: Reais, R$), bestehend aus 100 **Centavos**. Es empfiehlt sich, mindestens eine internationale **Kreditkarte** mit Geheimnummer sowie eine **EC-Geldkarte** (Maestro/Cirrus) mitzubringen, beide Karten können grundsätzlich zur Barabhebung an brasilianischen Geldautomaten eingesetzt werden (mit den EC-Karten einiger deutscher Banken ist eine Barabhebung außerhalb Europas seit einiger Zeit allerdings nicht mehr möglich). Bereits bei der Ankunft kann man sich am Flughafen auf diese Weise

Reisedokumente online sichern

Alle wichtigen Reisedokumente kann man bereits zu Hause einscannen bzw. abfotografieren und sich an die eigene Web-Mail-Adresse schicken, evtl. auch wichtige Geheimzahlen, Telefonnummern etc. So sind die Daten und Dokumentenkopien auch im Notfall von überall unterwegs verfügbar.

mit Bargeld eindecken. Zusätzlich ist die Mitnahme eines kleineren Bargeldbetrags in Euro bzw. Schweizer Franken als „Notgroschen" ratsam, der bei Bedarf in einer Wechselstube *(Casa de Câmbio)* eingetauscht wird. **Travellerschecks** sind in Brasilien nahezu unbekannt.

Bargeld, Geldwechsel und Wechselkurs

Es gibt **Geldscheine** im Wert von 2, 5, 10, 20, 50 und 100 Reais, dazu befinden sich **Münzen** im Wert von 5, 10, 25 und 50 Centavos sowie von einem Real im Umlauf. Durch das Fehlen einer 1-Centavo-Münze werden Beträge beim Bezahlen auf- oder abgerundet. Alle Banknoten haben dieselbe Größe aber verschiedene Farben, die Münzen unterscheiden sich in Größe und Material voneinander.

Euro und **Schweizer Franken** sind überall in Brasilien verbreitet, es ist nicht nötig, US-Dollars mitzubringen. Beide Währungen können problemlos in den weit verbreiteten Wechselstuben eingetauscht werden (manchmal muss ein Ausweisdokument vorgelegt werden). Auch einige Hotels, oder zur Not Einzelhändler, akzeptieren europäische Währungen, jedoch für den Reisenden zu ungünstigen Kursen.

Wechselkurse

1 € = 3,00 R$	1 R$ = 0,30 €
1 sFr = 2,50 R$	1 R$ = 0,40 sFr

Tagesaktuelle Wechselkurse findet man im Internet z. B. unter www.oanda.com.

Wechselstuben *(Casas de Câmbio)* öffnen in der Regel von montags bis freitags sowie samstags vormittags zu den üblichen Geschäftszeiten, an Flughäfen täglich, teilweise rund um die Uhr. Die Kurse können zwischen einzelnen Wechselstuben, auch innerhalb einer Stadt, variieren. Erfahrungsgemäß sind die Kurse an den Flughäfen die schlechtesten.

Banken und Geldautomaten

Zu den zuverlässigsten Banken mit den größten Filialnetzen zählen **Banco do Brasil** und **HSBC**. In den meisten großen Städten und Touristenorten akzeptieren die Geldautomaten dieser beider Banken Maestro/Cirrus-Geldkarten, MasterCard und Visa (Abhebung bis R$1000 möglich), in aller Regel weisen die entsprechenden Symbole am Automaten darauf hin (in seltenen Fällen ist eine Abhebung selbst trotz fehlender Kennzeichnung möglich). Insgesamt sind den Autoren nur wenige Probleme bei der alltäglichen Nutzung der Geldautomaten dieser Banken bekannt, daher wird dazu geraten, stets zuerst eine Banco-do-Brasil- oder HSBC-Filiale aufzusuchen (neuerdings ist auch die Citibank zu empfehlen). In den Regionalkapiteln dieses Buches sind Adressen dieser Banken bevorzugt genannt. Eine Übersicht aller **Standorte** bieten die Webseiten www.bb.com.br und www.hsbc.com.br.

Recht weit verbreitet sind ansonsten noch **Bradesco** (oft nur Visa, z. T. Höchstbetrag R$600) sowie Geldautomaten von **Banco 24 Horas** (zwar alle Karten, aber zusätzliche Gebühr, teilweise nur bis R$800). Viele weitere Geldinstitute wie Caixa, Itaú oder Santander akzeptieren bislang keine internationalen Karten.

Die **Schalteröffnungszeiten** sind in größeren Städten: Mo–Fr 10–16 Uhr, in speziellen Filialen auch bis 18 Uhr, in Kleinstädten oft nur bis 13 oder 14 Uhr.

Geldautomaten sind üblicherweise von 6 bis 22 Uhr zugänglich, in manchen Innenstädten bis 20 Uhr (nachts nur an Flughäfen, Busbahnhöfen und einigen Tankstellen). Gelegentlich können Barabhebungen an Automaten fehlschlagen; den Bankbeleg sollte man in diesem Fall aufheben, da es in Einzelfällen vorkommen kann, dass das Konto trotzdem belastet wird.

Wie überall auf der Welt kann es auch in Brasilien zu **Geldautomatenbetrug** kommen. Man sollte die üblichen Sicherheitsregeln bei der Benutzung von Geldautomaten beachten (verdeckte Eingabe der Geheimnummer, möglichst in geschlossenen Räumen, Vermeidung von heruntergekommenen Automaten usw.) und ggf. öfter per Online-Banking prüfen, ob es auf dem Konto merkwürdige Geldbewegungen gegeben hat bzw. den SMS-Service seiner Bank nutzen, der über alle Geldbewegungen informiert (im Regelfall kostenlos). Dies gilt besonders nach **erfolglosen Abhebeversuchen** ohne Automatenbeleg. Außerdem ist es sehr hilfreich, bei einem eventuellen Notfall die Kreditkartensperrnummer verfügbar zu haben und auf eine kurzfristige Geldüberbrückung vorbereitet zu sein. In jedem Fall muss umgehend Kontakt zur Hausbank aufgenommen werden.

Geldkarten (Cartão Débito)

Mit einer **EC-Geldkarte** mit Maestro/Cirrus-Symbol plus Geheimzahl kann man in Brasilien an vielen Geldautomaten unkompliziert Bares abheben. Umgerechnet wird zum Briefkurs, die Gebühr beträgt pro Transaktion je nach Geschäftsbedingungen der Hausbank ca. 5 €. Auch in vielen Restaurants, Hotels und Geschäften lässt sich die EC-Geldkarte nutzen (allerdings Gebühren beachten!).

Informationen und Notrufnummern

EC-Geldkarten mit Maestro/Cirrus-Logo
Standorte unter: www.mastercard.com/atmlocator (Mastercard ATM Locator).

MasterCard Karte sperren über gebührenfreie Hotline in Brasilien: 0800/891 3294, Standorte von Geldautomaten über: www.mastercard.com/atmlocator.

Visa Karte kostenlos sperren: 0800/891 3680. Geldautomaten in Brasilien über: www.visa.com/atmlocator.

Zusätzlich gibt es in Deutschland eine **Zentrale Sperr-Telefonnummer** zur Meldung bei Verlust von EC- und Kreditkarten: 0049/116 116, www.sperr-notruf.de.

Troco

Ein recht häufiges Problem in Brasilien ist Wechselgeld *(Troco)*, besonders in ländlichen Gegenden ist es oft knapp. Da kann es schon mal passieren, dass einem statt Münzen ein paar Bonbons hingehalten werden. Große Scheine (R$50/100) sollten daher möglichst in Tankstellen, Supermärkten, Einkaufszentren usw. eingesetzt werden.

Kreditkarten (Cartão de Crédito)

Die gebräuchlichsten Kreditkarten in Brasilien sind **Visa** und **MasterCard**. Neben dem bargeldlosen Bezahlen lässt sich an vielen Banken damit auch Bargeld abheben (mit Geheimzahl). Allerdings kann nicht überall, wo in Geschäften das Visa- oder Masterzeichen zu sehen ist, auch mit der entsprechenden Karte bezahlt werden. Hintergrund ist, dass in Brasilien die Karten oft sowohl Geldkarten- wie auch Kreditkartenfunktion haben. In einigen Geschäften werden nur Geldkarten akzeptiert, was am Symbol außen an der Tür nicht erkennbar ist. Im Zweifelsfall vorher erkundigen.

Gepäck und Ausrüstung

Gepäckliste

Die Liste im Kasten kann als Hilfe beim Packen dienen und nach individuellen Bedürfnissen angepasst werden. Auch in Brasilien gilt der alte Traveller-Grundsatz, dass es sich umso besser reist, je leichter das Gepäck ist, das man mit sich herumträgt. Im Zweifel sollte man lieber etwas mehr zu Hause lassen. Alle genannten Gegenstände kann man notfalls auch vor Ort kaufen.

Gepäck-Checkliste

Kleidung

- ☐ **Feste Schuhe** (für Trekking-Touren reichen Turnschuhe meist aus)
- ☐ **Strandsandalen** (am besten man kauft sich die landesüblichen Havaianas)
- ☐ **T-Shirts** (darunter eines mit Ärmel und Kragen fürs Schnorcheln)
- ☐ **Jacke** (für die An- und Abreise, kühle Nächte im Gebirge, AC-Busse)
- ☐ **Pullover** (im Süden und São Paulo im Winter), leichtes **Sweatshirt** (Rest des Landes)
- ☐ **Sonnenschutz** (Hut oder Schirmmütze, Sonnenbrille, Sonnencreme)
- ☐ **Socken** (für den Abend dichte, nicht allzu kurze Socken als Moskitoschutz)
- ☐ **Badekleidung**, Bikini und Badehose, möglichst knapp geschnitten

Sonstiges

- ☐ **Reisepass** (evtl. auch Personalausweis)
- ☐ **Internationaler Jugendherbergs-** und ggf. **Studentenausweis**
- ☐ **Impfpass**
- ☐ **Bargeld, EC-Karte, Kreditkarte**
- ☐ **Flugtickets**
- ☐ **Kopien der wichtigsten Dokumente** (Reisepass wegen Einreisestempel erst in Brasilien kopieren, alle Kopien getrennt von den Originalen aufbewahren)
- ☐ **Reiseführer, Landkarten**
- ☐ **Handy/Smartphone** und Ladegerät
- ☐ **Fotoapparat**
- ☐ **Moskitonetz** (möglichst groß)

Ausrüstung für Trekking-Touren

Bei mehrtägigen Touren in höheren Lagen empfiehlt sich ein warmer Schlafsack, Daunen sind ungeeignet, da sie bei hoher Luftfeuchtigkeit nicht trocknen. Das Gepäck zusätzlich mit einem Zelt, einem wetterfesten Schlafsack oder Iso-Matte zu belasten, lohnt sich nur, wenn entsprechende Vorhaben geplant sind. Für laue Tropennächte reicht ein Bettbezug oder Jugendherbergs-Schlafsack aus.

Für den **Amazonas** braucht man eine Regenjacke, warme Kleidung ist im Winter im **Süden** und in **São Paulo** unbedingt nötig (Mai–Sep).

Die notwendige Ausstattung für Globetrotter und Outdoor-Fans bieten spezialisierte Reiseausrüster an, z. B. Globetrotter Ausrüstung, 💻 www.globetrotter.de; Lauche & Maas Reiseausrüstung, 💻 www.lauche-maas.de.

Wäsche

In vielen Städten gibt es ein dichtes Netz an Wäschereien. Man deponiert seinen Wäschebeutel und kann ihn in der Regel am nächsten Tag wieder abholen. Bezahlt wird entweder pro Kilo, pro Wäschekorb oder – am teuersten – pro zu waschendem Kleiderstück. Einige Wäschereien bieten einen Abhol- und Bringservice an, der nur wenig teurer ist. Oft können auch die Pousadas weiterhelfen, wo sich Angestellte gerne ein paar Reais dazu verdienen. In Jugendherbergen gibt es zudem meist die Möglichkeit, selber zu waschen. Der Wäscheservice der besseren Hotels ist wie in Europa sehr teuer.

Gesundheit

In Brasilien sind die gesundheitlichen Risiken relativ gering. Wer ungeschältes Obst und rohe bzw. nicht ausreichend gekochte oder gebratene Speisen meidet und sich vor Mückenstichen schützt, braucht im Großen und Ganzen keine Angst vor schweren Krankheiten zu haben.

Impfungen bei der Einreise aus Europa sind nicht vorgeschrieben. Sehr zu empfehlen sind die üblichen Schutzimpfungen gegen Tetanus (Wundstarrkrampf), Diphtherie, Typhus sowie Hepatitis A und B. Für Reisen ins Landesinnere wird eine Schutzimpfung gegen **Gelbfieber** dringend empfohlen (S. 749). Bei der Einreise aus einem Infektionsgebiet (u. a. bestimmte Gegenden Südamerikas) ist der Nachweis eines gültigen Gelbfieber-Impfschutzes notwendig, dies war teilweise auch im Hafen von Rio de Janeiro bei Kreuzfahrtreisenden aus dem Amazonasgebiet der Fall. Manche Ärzte raten auch zum Impfschutz gegen Tollwut (S. 751).

Es ist ratsam, sich frühzeitig um einen ausreichenden **Impfschutz** zu kümmern, da die Impfungen bis zu acht Wochen vor Abflug erfolgen müssen. Alle Impfungen werden in einen **Internationalen Impfausweis** eingetragen, der zu den Reiseunterlagen gehört und bei der Einreise auf dem Landweg vorzulegen ist. Medizinischen Rat für Reisen in die Tropen gibt es im Internet bei 💻 www.crm.de und www.die-reisemedizin.de.

Eine **Malaria-Prophylaxe** kann bei Reisen ins Landesinnere angeraten sein (S. 58). Wichtigster Schutz, auch gegen andere Tropen- und Infektionserkrankungen, ist die Vorbeugung gegen Moskitostiche durch konsequenten **Mückenschutz** (Moskitospray, Moskitonetz, bedeckende Kleidung). Die Prophylaxe gegen Malaria beginnt bereits vor der Einreise in gefährdete Gebiete.

Wasser sollte man nie aus dem Hahn trinken, Mineralwasser ist überall abgefüllt in Flaschen zu kaufen. Hygienisches **Essen** (nur Abgekochtes, nichts lau Aufgewärmtes) mindert die Gefahr von Durchfallerkrankungen.

Notfallkit

- ☐ **Antibiotikum** gegen bakterielle Infektionen (rezeptpflichtig)
- ☐ **Antiseptikum** zur Desinfektion von Wunden
- ☐ **Wund- und Heilsalbe**
- ☐ **Ibuprofen** oder **Paracetamol** gegen Schmerzen und Fieber
- ☐ **Augentropfen** gegen Bindehautentzündung
- ☐ **Loperamid** gegen Durchfall
- ☐ **Elotrans** zur Rückführung von Mineralien (für Kinder: Oralpädon Pulver)
- ☐ **Malaria-Medikament** zur Prophylaxe oder als Standby-Therapie (rezeptpflichtig)
- ☐ **Antimykotikum** gegen Pilzinfektionen
- ☐ **Mückenschutz**
- ☐ **Verbandzeug**
- ☐ **Fieberthermometer**

Tropenmedizinische Institute

Auf der Website der **Deutschen Gesellschaft für Tropenmedizin**, 💻 www.dtg.org/institut.html, befindet sich eine regelmäßig aktualisierte Übersicht der Tropeninstitute in Deutschland, außerdem gibt es eine Reisemediziner-Suchfunktion.

Informationen in Österreich und der Schweiz:

Wien Lenaugasse 19, 1080 Wien,
📞 01/4026 8610, 💻 www.tropeninstitut.at

Basel Socinstr. 57, 4051 Basel,
📞 061/284 8111, 💻 www.sti.ch

Apotheken *(Farmácias)* gibt es in Brasilien buchstäblich wie Sand am Meer, viele Präparate erhält man billig und ohne Rezept. Dennoch sollte man von allen regelmäßig benötigten **Medikamenten** einen ausreichenden Vorrat mitnehmen.

Viele Hotels haben eine Ärzteliste, deutschsprachige **Ärzte** können bei den Botschaften erfragt werden. Die **privatärztliche Versorgung** in Krankenhäusern und Praxen steht dem europäischen Niveau in nichts nach. Dies trifft vor allem auf die größeren Städte zu, weniger auf ländliche Regionen. Eine Auflistung möglicher Krankheiten und Hinweise zu Diagnose und Behandlung findet sich auf. S. 748, Reisemedizin zum Nachschlagen.

Informationen

Informationen im Internet

Länderkundliche und Reiseinformationen

💻 **www.stefan-loose.de/globetrotter-forum**
Forum der Stefan Loose-Bücher, auch Themen rund um Brasilien. Hier können Fragen zu Land und Leuten diskutiert werden.

💻 **www.stefan-loose.de/updates/amerika/brasilien**
Aktuelle Updates von Lesern und Autoren zum Buch und zum Reisen durchs Land.

www.visitbrasil.com
Website der brasilianischen Tourismusbehörde Embratur, Infos zu Land und den wichtigsten Reisezielen. Deutsch.
www.climatempo.com.br
Sehr gute Seite für Wetter und Klima.

Politik und Wirtschaft

www.brazil.gov.br
Offizielle Site der brasilianischen Bundesregierung. Informationen u. a. zu Politik, Tourismus und Wirtschaft. Englisch.
www.ahkbrasilien.com.br
Deutsch-brasilianische Außenhandelskammer. Deutsch.

Praktische Länderinfos

www.berlim.itamaraty.gov.br
Infos zu Einreise, Visumfragen etc. sowie Allgemeines zu Land und Leuten. Deutsch.
www.auswaertiges-amt.de
Länderspezifische Infos u. a. zu Gesundheit, Sicherheit und Einreisebestimmungen.
www.liportal.giz.de
Länder-Informations-Portal der Deutschen Gesellschaft für Internationale Zusammenarbeit (GIZ).

Kultur

www.topicos.de
Sehr gute Webseite der Zeitschrift *Tópicos*, herausgegeben von der Deutsch-Brasilianischen Gesellschaft. Deutsch.
www.mpbfm.com.br
Musiksender aus Rio, rund um die Uhr gute brasilianische Musik (MPB).
www.carilat.de
Informatives Online-Magazin zu ganz Lateinamerika und der Karibik, stets auch Informationen zu Brasilien.

Landkarten und Stadtpläne

Gute Südamerika-Karten bekommt man hierzulande in Buchhandlungen oder bei geografischen Fachbuch- und Spezialkarten-Händlern wie **Dr. Götze Land & Karte,** www.mapshop-hamburg.de. Eine empfehlenswerte Landkarte für Brasilien ist z. B. **Collins Brazil**. In Brasilien werden in jeder Buchhandlung und an den meisten Zeitungskiosks detaillierte Landkarten und Pläne der größten Städte verkauft, herausgegeben vom Verlag **Quatro Rodas**.

Internet

Am einfachsten und billigsten ist die Kommunikation via E-Mail, per Chat oder beim Telefonieren übers Internet, z. B. mit Skype. **Internet-Cafés** werden in Brasilien als Lan House, Cyber Café oder einfach „Cyber" bezeichnet. Sie sind recht weit verbreitet, wenngleich ihre Anzahl seit der Smartphone-Welle spürbar zurückgegangen ist. Brasilianische Internet-Cafés haben in der Regel eine schnelle Verbindung und besitzen moderne Soft- und Hardware (Webcam, Kopfhörer, Mikrofon, Brenner für Foto-CDs etc.).

Die **Preise** sind variabel. Während der Internetzugang in Rio de Janeiro und São Paulo verhältnismäßig teuer ist (R$4–10/Std.), kann man in Salvador u. a. Metropolen des Nordostens eher günstig das Internet nutzen (R$2–4/Std.).

Wer sich längere Zeit an einem Ort aufhält, kann nach so genannten **Pacotes** (sprich: *Pakotschies)* fragen, also „Paketen". Man kauft zu reduzierten Preisen eine bestimmte Stundenzahl im Voraus und nimmt diese nach und nach in Anspruch.

Der **WLAN-Zugang** in Hotels ist oft, aber nicht immer, gratis (S. 75).

Kinder

Brasilien ist ein sehr kinderfreundliches Land und hat kleinen Gästen manches zu bieten. Am beschwerlichsten ist sicher die **Anreise** per Flugzeug und die damit verbundene Zeitverschiebung. Für die ersten Nächte nach der Ankunft empfiehlt sich ein gutes, möglichst ruhiges Hotel. Ältere, an Reisen gewöhnte Kinder kommen mit der Umstellung eher zurecht, doch sollte man auf großartige Unternehmungen gleich nach der Ankunft verzichten. Vor der

Freizeitparks

Außer Strandabenteuern oder zoologischen Gärten (ein Pflichtprogramm besonders in São Paulo) locken um die 20 große und moderne Freizeitparks, sowohl **Parques Aquáticos** (Wasserparks) als auch **Parques de Diversões** (Vergnügungsparks). Besonders bei den Spaßbadanlagen mangelt es nicht an Superlativen, so wetteifern z. B. Fortaleza und Arraial d'Ajuda (Bahia) um den Titel eines lateinamerikanischen Größenrekords. Ein magnetischer Anziehungspunkt ist auch Beto Carrero World (Santa Catarina), einer der größten Abenteuerparks der Welt. Und in Gramado (Rio Grande do Sul) gibt es sogar eine Miniwelt („Minimundo"), mit Miniaturrepliken von europäischen Schlössern, Eisenbahnen, Werften und Schwebebahnen.

Reise sollte man das Kind gründlich untersuchen lassen und darauf achten, dass es alle erforderlichen **Impfungen** besitzt – einschließlich der gegen Kinderkrankheiten. Die aufgrund der Landesgröße oft entstehenden Mammut-Touren sollte man einem Kind nicht unbedingt zumuten und sich in der Tourenplanung eher auf wenige, ausgewählte Orte beschränken.

Einige Reiseveranstalter bieten Brasilien-Reisen für Familien mit Kindern, z. B. **Gateway Brazil**, Karl-Heine-Straße 99, 04229 Leipzig, ✆ 0341/392 813 020, 💻 www.gateway-brazil.de.

Post

Das brasilianische Postwesen galt lange als recht zuverlässig, viele Brasilianer bezeichneten es gar als den einzigen wirklich funktionierenden Staatsbetrieb. Doch die Qualität lässt spürbar nach. **Postämter** *(Correios)* finden sich in jedem Stadtteil, i. d. R. sind sie von Montag bis Freitag von 8 bis 17 Uhr und am Samstag von 8 bis 12 Uhr geöffnet. Postkarten und Briefe werden direkt dort eingeworfen, Briefkästen an anderen Stellen sind eher selten. Im Durchschnitt benötigt ein Brief zwischen Brasilien und Europa mindestens eine Woche. Pappkartons für Päckchen und Pakete gibt es bei den Postämtern. Trotz des großen Vertrauens der Bevölkerung sollten **Wertsendungen** – wenn überhaupt – nur als Einschreiben *(registrado)* verschickt werden. Denn mit den Geschichten von rätselhaft abhanden gekommenen Päckchen könnte man ganze Bücher füllen.

Reisende mit Behinderungen

In Brasilien ist man auf behinderte Menschen alles in allem noch nicht gut eingestellt, doch behindertengerechte Einrichtungen nehmen zu. Wer sich an die bekannten Urlaubsbadeorte und entsprechende Touristenhotels hält, wird sicher eine rollstuhl- bzw. behindertengerechte Unterkunft finden. Abseits der touristischen Zentren sind diese dagegen selten. Rollstuhlrampen und Bürgersteigabsenkungen sind eine weithin unbekannte Erfindung, viele Straßen und Fußwege befinden sich selbst in Großstädten in prekärem Zustand.

Das beste Transportmittel ist das Flugzeug; Busse sind in der Regel nicht auf Behinderte ausgerichtet, und leider am wenigsten auf Rollstuhlfahrer. Immerhin gehen die Brasilianer freundlich und geduldig mit Behinderten um und in der Regel lässt sich für alles eine Lösung finden. Weitere Informationen:

Nationale Koordinationsstelle Tourismus für Alle (NatKo), 💻 www.natko.de. Zusammenschluss mehrerer deutscher Behindertenverbände. Infos zu Reiseplanung u. v. m.
Reisebüro mare nostrum, 💻 www.mare-nostrum.de. Reiseveranstalter, auch für Reisen aus der Schweiz und Österreich.

Sicherheit

Die Sicherheitslage in einem beschaulichen brasilianischen **Badeort** oder einer touristischen **Kleinstadt** wie Paraty oder Ouro Preto ist ähn-

Sicherheitstipps

- Nicht mit größeren Summen Bargeld oder Pass auf die Straße gehen.
- Grundsätzlich wenig Aufsehen erregen, z. B. durch auffällige Smartphones, Fotoapparate, teuren Schmuck oder andere Wertgegenstände (größere Fotoapparate besser in einer Plastiktüte verstauen, möglichst keine Rucksäcke tragen).
- Am besten mit wenigen Wertsachen reisen. Der Verlust jedes Gepäckstücks sollte im Notfall zu verkraften sein. Wer sich um seine materiellen Güter nicht zu sorgen braucht, reist von vornherein befreiter.
- Unauffällige Kleidung tragen, das Outfit an die landesübliche Mode anpassen.
- Bargeld am Körper verstecken. Für den Fall eines Übergriffs hat man R$20–50 griffbereit in der Hosen- bzw. Handtasche.
- In Hotels und Pousadas Wertgegenstände in den Safe schließen.
- Wichtige Dokumente kopieren, Originale im Hotelsafe lassen und die (beglaubigte) Kopie mit sich führen.
- Auf offener Straße nicht mit großen Scheinen wedeln. Kleingeld bereithalten statt umständlich im Portemonnaie zu kramen.
- Ohne großen Stadtplan vor der Brust durch die Straßen laufen. Sich vor Ankunft an einem Ort eine grobe Orientierung verschaffen.
- Falls man sich doch einmal in eine zwielichtige Gegend verlaufen hat, trotzdem zielstrebig wirken und Ortskenntnis zumindest vortäuschen, dabei möglichst wenig Unsicherheit ausstrahlen.
- Einkaufsstraßen außerhalb der Ladenöffnungszeiten meiden.
- An die Stadtstrände wenige Wertsachen mitnehmen, möglichst keine Taschen und auch kein Handy – und nicht mehr Geld, als für ein paar Getränke und einen Imbiss nötig ist.
- Diebstähle und Überfälle bei der Polizei oder (wenn vorhanden) bei der Touristenpolizei anzeigen. Die Vorlage einer Anzeige *(boletim de ocorrência)* ist u. a. wichtig für Passersatz und Reisegepäckversicherung.
- Vorsicht vor Trickdieben: Verbreitet ist die Masche, das Opfer auf unterschiedlichste Arten abzulenken und dann Handtasche oder Kamera zu entreißen.
- Abhebungen an Geldautomaten möglichst tagsüber und in geschlossenen Räumen (Bankgebäude, Flughafen etc.) tätigen; das Geld möglichst bald am Körper verstecken.
- Besondere Vorsicht während des Karnevals: Überall wo viele Menschen auf engem Raum zusammenkommen, geschehen Straftaten.
- Von der Prostitution weiten Abstand halten, im Umfeld der Szene kommt es gehäuft zu Diebstählen, Raub etc.
- Laptops nicht in einer eigenen Laptop-Tasche transportieren, sondern unauffällig verstauen, z. B. im Tagesrucksack.
- Ausweispapiere generell nicht im Gepäck aufbewahren.
- Papiere und Geld durch eine Plastikhülle schützen, unleserliche Bankbescheinigungen oder Flugtickets bringen Ärger.

lich wie in einem Nordsee-Heilbad oder einem Alpendorf: Man kann sich im Grunde sorgenfrei bewegen. Im Gegensatz dazu stehen die immer noch hohen Kriminalitätsraten in den brasilianischen **Großstädten**, die stets für Schlagzeilen im Ausland gut sind. Besonders Diebstahl, Raub, Gewaltverbrechen und Entführungen sorgen immer wieder für Aufsehen und werden medial ausgeschlachtet – innerhalb und außerhalb des Landes. Die Dauerberieselung mit *bad news* kann jedoch zu einer verzerrten Wahrnehmung und überhöhten Risikoeinschätzung führen.

Ohne die bestehenden sozialen Probleme zu verharmlosen, sollte man sich zunächst bewusst machen, dass ein Großteil der Verbrechen in Stadtvierteln geschieht, in denen Touristen sich normalerweise nicht bewegen. Hierzu zählen vor allem einige von Drogenbanden kontrollierte **Favelas**, in denen es regelmäßig zu Auseinandersetzungen zwischen *Tra-*

ficantes (Drogendealern) untereinander und mit der Polizei kommt. Besonders in Rio de Janeiro sind jedoch in den letzten Jahren große Anstrengungen zur Befriedung der Favelas unternommen worden und viele von ihnen gelten inzwischen als „pazifiziert". Einige kann man heute sogar schon alleine besuchen, z. B. die Ex-Favela Santa Marta, im Zweifel sollte man jedoch nie ohne Begleitung eines vertrauenswürdigen Führers in eine Favela gehen! In den von Touristen frequentierten Stadtteilen ist hauptsächlich nach Einbruch der Dunkelheit Wachsamkeit angebracht: Zu vermeiden sind abends und nachts wenig belebte Straßen sowie schlecht beleuchtete und leere Strände. In den abends häufig menschenleeren Zentren der Großstädte versammeln sich Crackabhängige, selbstverständlich macht man auch hier einen weiten Bogen.

Gelegentlich sind in einigen Städten Flughafen-Pendelbusse überfallen worden. Wer auf Nummer Sicher gehen will, nimmt ein Taxi. Auch kommt es in einigen Städten hin und wieder zu Überfällen in Nahverkehrsbussen und Vans. Dies sind zwar relativ seltene Extremereignisse, dennoch sollte man sich zumindest nachts besser im Taxi fortbewegen. Darüber hinaus waren lange Zeit auch Fernbusse auf bestimmten Strecken Ziele organisierter Banden, dies hat jedoch in letzter Zeit stark abgenommen.

Die wichtigste Verhaltensregel lautet: Falls es zu einem Überfall kommen sollte, **keinen Widerstand leisten** und das Gewünschte ohne Zögern hergeben. Die Täter sind in aller Regel bloß an den Wertsachen interessiert, schrecken aber auch vor Gewaltanwendung nicht zurück, wenn sie herausgefordert werden. Um einen möglichen Angreifer zufrieden zu stellen, sollte man immer etwas Bargeld (mindestens R$20) bei sich tragen.

Bei allen Vorsichtsmaßnahmen und Warnungen sollte man jedoch auch nicht verkrampfen. Am besten ist es, möglichst unbefangen und mit gesundem Menschenverstand das Land zu erkunden. Die weitaus meisten Traveller kommen in Brasilien ohne Probleme über die Runden. Zudem bekommt man vor Ort schnell ein Gespür dafür, was man tun darf und was nicht. Aufgrund der vielen Großereignisse wird sich die Sicherheitslage aller Voraussicht nach in den nächsten Jahren noch einmal deutlich verbessern.

Wer die wichtigsten Verhaltenstipps konsequent beherzigt, minimiert Risiken und kann die vielen schönen Seiten Brasiliens besser genießen.

Drogen

Brasilien ist ein Land, in dem man Drogen problemlos aus dem Weg gehen kann – wenn man nicht nach ihnen fragt und diesbezügliche Angebote entschieden ablehnt. Vor Drogenkonsum wird ausdrücklich gewarnt, die brasilianische Polizei geht gezielt dagegen vor. An manchen Orten wird das Gepäck von „auffälligen" Rucksackreisenden auf Drogen durchsucht. Schon bei der Mitführung geringer Mengen illegaler Substanzen drohen hohe Strafen.

Drogenhandel und **sexueller Missbrauch** von Kindern und Jugendlichen sind kriminelle Akte, die in Brasilien sehr hart (mit Gefängnis) bestraft werden. Die Haftbedingungen in brasilianischen Gefängnissen sind kaum erträglich; Ausländer, die sich o. g. Vergehen schuldig gemacht haben, dürfen keinesfalls mit Hilfe von Seiten der diplomatischen Vertretungen ihres Landes rechnen.

Sport und Aktivitäten

Sport in herrlicher, oft unberührter Natur ist ein echter Trumpf Brasiliens, der in Europa kaum bekannt ist. Dabei gibt es Möglichkeiten für sportliche Aktivitäten aller Art, allen voran natürlich **Wassersport** an der 8000 km langen Küste, in Lagunen und Seen oder an einem der vielen Flüsse. Aber auch zahlreiche Nationalparks bieten gute Bedingungen zum **Wandern**, **Reiten**, **Bergsteigen** oder für **Extremsportarten**. Informationen im Internet finden sich auf der Seite der Associação Brasileira de Empresas de Ecoturismo e Turismo de Aventura (Vereinigung von Agenturen mit Ökotourismus- und Abenteuersportangeboten): www.abeta.tur.br.

Wandern, Klettern, Abseilen

Schöne **Wandergebiete** gibt es in den Nationalparks und im Küstengebirge, besonders im Süden und Südosten. Im Staat Rio de Janeiro vor allem im Nationalpark Serra dos Órgãos, in der Itatiaia-Region und auf der Ilha Grande. Zwischen Rio und São Paulo liegt der Parque Nacional da Serra da Bocaina mit herrlicher Flora und Fauna. Weitere gute Wandermöglichkeiten gibt es in Paraná im Parque Estadual Marumbi, in Santa Catarina auf der Ilha de Santa Catarina und in Rio Grande do Sul im Parque Nacional de Aparados da Serra in der Gegend von Gramado/Canela. Im Westen liegt in der Nähe von Brasília der Nationalpark Chapada dos Veadeiros (Bundesstaat Goiás) mit Wasserfällen und Felsformationen. Abenteuerliche Trekking-Touren birgt die beeindruckende Natur der Chapada Diamantina in Bahia. Weitere Informationen S. 265. Nationalparks.

Wer **klettern** möchte, muss sich in Brasilien nicht gegen den Strand entscheiden, denn oft liegen Strand und Berge nah beisammen. Rio de Janeiro, eines der Kletterzentren Brasiliens mit den meisten Optionen der Welt, ist das beste Beispiel. Nördlich von Rio liegt der Nationalpark Serra dos Órgãos, eines der besten Kletter- und Bergsteigerreviere. Im gleichen Staat eignet sich ebenfalls die Itatiaia-Region.

Abseilen *(Rapel)* ist eine beliebte Trendsportart, bei der man sich spektakulär an Felswänden abseilt, oft in einer Schlucht *(Canyoning)* oder an einem Wasserfall *(Cascading)*, was den Vorteil einer gleichzeitigen Abkühlung hat. An manchen Orten ist von einem Felsen ein stabiles Seil gespannt, an dem man mit Hilfe einer Winde hinab gleiten kann, ein Abenteuersport, der *Tirolesa* genannt wird. Professionelle Ausrüstung und eine gute Einführung des Veranstalters sind bei all diesen Sportarten unabdingbar für die Sicherheit.

Surfen, Wind- und Kitesurfen

Wellenreiten, *pegar ondas* („Wellen nehmen"), ist eine Lieblingsbeschäftigung der sportlich ambitionierten Brasilianer. Gute Wellen finden sich an vielen Stränden entlang der Küste, ganz besonders in Santa Catarina liegt ein gutes Surfrevier neben dem anderen; die bes-

Ilha de Marajó: tierischer Badespaß in der Amazonasmündung

© WERNER RUDHART

ten sind in Garopaba (Praia da Silveira und da Ferrugem), in Guarda do Embaú und auf der Ilha de Santa Catarina (Praia Joaquina). Im Staat Rio de Janeiro surft man vor allem in Saquarema, Búzios und Itacoatiara (Nähe Niterói). In Rio selbst hat der etwas außerhalb liegende Strand Prainha die besten Wellen.

Zur Surferhauptstadt von Bahia hat sich Itacaré entwickelt. Die Strände sind hier wirklich paradiesisch, nicht nur für Surfer. Und wenn es ums Surfen geht, darf auch der Archipel Fernando de Noronha nicht fehlen, besonders der Strand Cacimba do Padre.

Gute Bedingungen für **Windsurfen** findet man vor allem entlang der Küste von Ceará und dem nördlichen Rio Grande do Norte (besonders in der zweiten Jahreshälfte); beliebte Orte sind Jericoacoara, São Miguel do Gostoso oder auch Fortaleza (Praia do Futuro). Auch in den südlicheren Gefilden ist Windsurfen möglich, z. B. im mondänen Badeort Búzios (Rio de Janeiro) oder auf der Ilhabela sowie Boiçucanga (São Paulo).

Kite-Surfen hat unter den beliebtesten Wassersportarten längst einen festen Platz gefunden. Auf einem kleinen Surfbrett lässt sich der Kiter von einem Lenkdrachen gezogen über das Wasser peitschen. Durch den Auftrieb des Drachens kommt es zu gewaltigen Sprüngen (bis zu 10 m hoch und 40 m weit). Anfänger sollten eine gut ausgestattete Kite-Surf-Schule wählen, die die Sicherheitsaspekte ausreichend berücksichtigt. Die besten Surfspots liegen im Nordosten, besonders in Ceará: Cumbuco und die Praia do Preá (nahe Jericoacoara) gehören zu den bekanntesten. Auch São Miguel do Gostoso in Rio Grande do Norte wird von den Adepten gerne aufgesucht.

Tauchen und Schnorcheln

Für Freunde des Tauchsports bietet Brasilien mancherorts paradiesische Bedingungen. Drei Inselgruppen sind besonders hervorzuheben: Der Archipel **Fernando de Noronha**, eine Flugstunde nordöstlich von Natal, ist für Taucher das attraktivste brasilianische Revier. In dem glasklaren Wasser mit einer Sichtweite bis zu 40 m sind etwa 230 Fisch-, 100 Algen- und 15 Korallenarten anzutreffen. Auch Schnorchelfans kommen hier voll auf ihre Kosten.

Im Süden Bahias liegt der **Parque Nacional Marinho dos Abrolhos**, eine Inselgruppe, die sich ebenfalls wegen ihres Fischreichtums, der 18 verschiedenen Korallenarten und einer Unterwassersichtweite von bis zu 20 m hervorragend zum Tauchen und Schnorcheln eignet.

Als drittbestes Tauchgebiet Brasiliens gilt **Búzios** im Staat Rio de Janeiro. Ebenfalls zu erwähnen ist die in der Nähe von Rio gelegene **Ilha Grande**, wo sich eine Fülle an Fischen, Korallen, Schwämmen, Seesternen und Seeigeln findet. Ganz im Süden bieten in Santa Catarina die Orte **Porto Belo** und **Bombinhas** die besten Bedingungen (v. a. bei der Ilha do Arvoredo).

In den glasklaren Flüssen von **Bonito** (Mato Grosso do Sul) kann man traumhaft zwischen bunten Fischen schnorcheln, Tauchen ist in geringen Tiefen möglich.

Rafting

Bei dieser in Brasilien weit verbreiteten Abenteuersportart befährt ein Team aus bis zu acht Personen in einem stabilen Schlauchboot einen Wildwasserfluss, unter Leitung eines erfahrenen Steuermannes. In der Regel sind die kommerziellen Anbieter gut ausgerüstet und stellen erfahrene Guides zur Verfügung, sodass Rafting als relativ sicheres Vergnügen gilt. Zur Ausrüstung gehören dabei Schwimmweste und Helm, manchmal auch ein Neoprenanzug. Die Flüsse haben unterschiedliche Schwierigkeitsgrade zwischen 1 und 5 (am schwersten). Besonders die wilden Flüsse in Santa Catarina eignen sich bestens zum Raften, doch auch an anderen Orten wie z. B. auf dem **Rio de Contas** bei Itacaré (Bahia) oder an den Wasserfällen von **Iguaçu** ist dies möglich.

Eine dem Rafting verwandte Sportart ist **Boia-Cross**: Dabei lässt man sich in einem aufgeblasenen Reifenschlauch einen tosenden Fluss hinunter treiben; z. B. auf dem Rio Nhundiaquara bei **Morretes** (Paraná). Zur Ausrüstung gehören lediglich ein Helm und eine Schwimmweste.

Reiten

Nicht nur im Süden bei den Gaúchos, den früheren brasilianischen Cowboys, ist Reiten bis heute eine beliebte Freizeitbeschäftigung, auch an vielen der langen, einsamen Strände können Pferde ausgeliehen werden, oder man erkundet hoch zu Ross Naturschutzgebiete oder Teile eines Regenwaldes. Die Qualität der Reitpferde ist jedoch unterschiedlich. Gut gepflegte Pferde bekommt man meistens über Pousadas oder Fazendas, die Pferdetouren anbieten. Besonders gut eignen sich Nationalparks für Reitausflüge, wie z. B. das Schwemmland **Pantanal** oder auch Inseln wie die **Ilha de Santa Catarina**. In Minas Gerais können Teile der alten Goldstraße Estrada Real zu Pferde erkundet werden.

Weitere Sportarten

Drachenfliegen *(Asa-Delta)* sowie **Paragliding** *(Parapente)* ist in Brasilien an vielen Orten möglich, z. B. in Rio de Janeiro oder auf der Ilha de Santa Catarina – die umweltfreundlichste Möglichkeit, Brasilien aus der Luft kennen zu lernen. Ein Tandem-Flug *(Voo-Duplo)* mit einem erfahrenen Paraglider ist ein einmaliges Erlebnis.

Gute Voraussetzungen zum **Segeln** sind v. a. im Staat Rio de Janeiro gegeben, dabei besonders auf der Ilha Grande, in Angra dos Reis oder Búzios. Auch auf der Insel Morro de São Paulo (Bahia) kann man sich Segelboote leihen.

Telefon

Seit der Privatisierung der staatlichen Telefongesellschaft 1999 gibt es inzwischen ähnlich wie in Europa viele regionale und einige nationale Telefonanbieter. Zu beachten ist, dass bei **Fern-** und **Auslandsgesprächen** nach der Null (bzw. den beiden Nullen, international) die **Kennzahl** einer Telefongesellschaft eingesetzt werden muss. Da viele Anbieter nur in bestimmten Regionen operieren, verwendet man am besten die Kennzahlen **21** (Embratel), **23** (Intelig) oder **31** (Oi), mit denen man in ganz Brasilien und ins Ausland telefonieren kann. Diese Kennzahlen werden in der schriftlichen Darstellung durch die Platzhalter „xx" ersetzt, z. B. 0xx21 für eine darauf folgende Rufnummer in Rio.

Die **Ortsvorwahl** ist in Brasilien immer zweistellig (z. B. Rio de Janeiro: 21). Anrufe in eine andere Stadt können trotz gleicher Vorwahl als Ferngespräche gelten – die Kennzahl ist dann nötig. Festnetz- und Handynummern sind in der Regel achtstellig, in der Mega-Stadt São Paulo sind bereits neunstellige Nummern im Umlauf.

Öffentliche **Telefonzellen** werden immer seltener genutzt und sind auch zum Teil in schlechtem Zustand. Aufgrund ihrer Form werden sie im Volksmund **Orelhão** genannt („großes Ohr"). Sie funktionieren mit **Telefonkarten**, die man an Kiosken oder in Geschäften kaufen kann. Auch Postämter, Internet-Cafés oder „Postos Telefônicos" haben manchmal Telefone, hier ist die Gesprächsatmosphäre in der Regel ruhiger als auf der Straße. Sehr kostspielig sind Direktgespräche vom Hotelzimmer, da sie oft zum höchstmöglichen Tarif abgerechnet und mit einem Aufschlag versehen werden.

Wichtige Telefonnummern und Vorwahlen	
Polizei	✆ 190
Krankenhaus	✆ 192
Feuerwehr	✆ 193
Telefonauskunft	✆ 102
Internationale Vorwahl nach:	
Brasilien	✆ 0055
Deutschland	✆ 0049
Österreich	✆ 0043
Schweiz	✆ 0041

Fern- und Auslandsgespräche

Viele Reisende telefonieren über das Internet mit **Skype**, 💻 www.skype.com. Dies ist eine der günstigsten Möglichkeiten, mit der Heimat telefonisch in Kontakt zu bleiben, insbesondere bei Gratis-Gesprächen zu anderen Skype-Nutzern. Für Anrufe ins Festnetz oder auf Handy benötigt man einen Account, auf den man per Kreditkarte ein Guthaben lädt. Die Verbindungsqualität ist oft recht gut, allerdings kann es auch zu Störungen und Fehlern kommen (Gespräche kommen nicht zustande, Guthaben werden falsch abgebucht usw.).

Telefonkabinen für internationale Gespräche *(Posto telefônico)* finden sich selten, am ehesten in Flughäfen oder Busbahnhöfen. Man zahlt erst am Ende des Gesprächs (vorher nach dem Minutenpreis fragen).

Brasilianische Telefonkarten (bis zu 90 Einheiten) erlauben dagegen nur kurze Gesprächszeiten. Wenn möglich, lässt man sich **zurückrufen**; dies ist auch an zahlreichen Telefonzellen möglich, die Rufnummern stehen an den Apparaten.

Mit einer Billigvorwahl kann man schon ab etwa 0,02 €/Min. nach Brasilien telefonieren. Allerdings schwankt die Qualität der Verbindung je nach Anbieter.

Mobiltelefone

Auch in Brasilien ist es möglich, mit dem eigenen Handy *(Celular)* zu telefonieren. Am günstigsten ist eine **Pre-Paid Chipkarte** *(cartão pré-pago)* einer brasilianischen Mobiltelefongesellschaft – das Handy darf allerdings nicht für eine Auslandsnutzung gesperrt sein. Häufig wird beim Kauf eine CPF-Steuernummer verlangt. Falls die Erläuterung, dass man als Ausländer keine solche Nummer besitzt, nicht weiterhilft, kann man sich den Chip vielleicht von einem brasilianischen Freund besorgen lassen.

Die größten Mobiltelefon-Anbieter heißen **Tim**, **Vivo**, **Claro** und **Oi**, Filialen findet man in jedem größeren Shopping Center. Qualität, Service und Preise sind aber unter keinen Umständen mit europäischen Ländern vergleichbar. Jahr für Jahr registriert die Verbraucherschutzbehörde die meisten Reklamationen aller Branchen in der Sparte der Mobilfunkanbieter, und

Ortsvorwahlen in Brasilien (Auswahl)

Ort	Vorwahl
Südosten	
São Paulo	11
Rio de Janeiro	21
Ilha Grande, Paraty, Búzios	24
Vitória	27
Belo Horizonte, Ouro Preto	31
Süden	
Curitiba	41
Foz do Iguaçu	45
Florianópolis	48
Porto Alegre	51
Zentraler Westen	
Brasília	61
Goiânia	62
Cuiabá	65
Campo Grande, Bonito	67
Nordosten	
Salvador	71
Itacaré, Ilhéus, Porto Seguro	73
Morro de São Paulo, Lençóis	75
Aracaju	79
Recife, Olinda, F. de Noronha	81
Maceió	82
João Pessoa	83
Natal, Praia da Pipa	84
Fortaleza	85
Teresina	86
Canoa Quebrada, Jericoacoara	88
São Luís	98
Norden	
Palmas	63
Rio Branco	68
Porto Velho	69
Belém	91
Manaus	92
Santarém	93
Boa Vista	95
Macapá	96

Hinweise zum Telefonieren

Ortsgespräche (gleiche Stadt)
Direkte Wahl der 8- bzw. 9-stelligen Nummer (ohne Vorwahl), egal ob ins Festnetz oder auf Handy.

Ferngespräche (andere Vorwahl als Standort oder gleiche Vorwahl, aber andere Stadt)
0 – Kennzahl (z. B. 31) – Vorwahl ohne Null (z. B. 21 für Rio) – Rufnummer.

Auslandsgespräche
00 – Kennzahl (z. B. 31) – Landesvorwahl ohne Nullen (z. B. 49 für Deutschland), Vorwahl der Stadt (ohne Null) – Rufnummer.

R-Gespräche
Für Telefonate, die der Angerufene zahlen soll, wählt man von jedem Apparat aus bei Ferngesprächen eine 9 vor der Rufnummer-Kombination (also bei einem Anruf nach Rio z. B. 9-03121-...). Bei Ortsgesprächen wird 9090 vor die Rufnummer gestellt.

Sondernummern
Die bei Firmen gebräuchliche 0800 signalisiert einen kostenlosen Anruf, jedoch landet man oft bei Sprachcomputern.

die Preise für Telefonie in Brasilien sind die höchsten weltweit. Etliche Schikanen, wie z. B. der Verfall des Guthabens, wenn es einige Zeit nicht genutzt wurde, oder plötzlich unterbrochene Gespräche, entnerven die Nutzer. Man braucht ein dickes Fell. Die Registrierung plus Chip kostet etwa R$30–40, darin enthalten ist ein Gesprächsguthaben (ca. R$20). Das Aufladen des Guthabens geschieht in Kiosken, Geschäften, Apotheken usw. zu Beträgen ab R$7 (je geringer der aufgeladene Betrag, desto kürzer ist seine „Gültigkeit"). Bei der Anmeldung ist zu beachten, dass nicht alle Anbieter ganz Brasilien abdecken – die verfügbaren Netze sollten deshalb gegebenenfalls mit den Reiseplänen abgeglichen werden.

Handy-Nummern sind daran zu erkennen, dass sie mit den Ziffern 8 oder 9 beginnen. Sie tragen die **Vorwahl** des Ortes, in dem der Chip gekauft wurde. Die Handynummer richtet sich also, anders als bei uns, nicht nach der Mobilfunkgesellschaft. Um unnötige Ferngespräche zu vermeiden, sollte der Ort, an dem der Handy-Chip gekauft wird, somit gut bedacht sein. **Beispiel**: Bei dem Kauf eines Chips in Salvador erhält die Rufnummer die Vorwahl 71. Plant man jedoch, die meiste Zeit in Rio zu verbringen, würde man dort mit einer ortsfremden Vorwahl telefonieren, d. h. „Ferngespräche" führen, auch wenn man sich bloß mit Freunden „um die Ecke" verabredet. Sofern man sich also nicht für jeden Ort einen eigenen Chip zulegen möchte, besorgt man sich am besten dort einen Chip, wo man die meiste Zeit verbringt bzw. wo man voraussichtlich am meisten telefoniert.

Generell gibt es für Anrufe zu Nummern des gleichen Anbieters etliche **Sonderkonditionen**, so kosten z. B. Gespräche zwischen Tim- oder Claro-Nutzern nur R$0,21–0,25 pro Anruf (unbegrenzte Gesprächsdauer).

Das Versenden von **SMS** *(Torpedo)* nach Europa ist oft nicht möglich, dafür aber der Empfang von europäischen Textnachrichten. Eine SMS innerhalb Brasiliens kostet etwa R$0,39, einige Anbieter wie Tim bieten attraktive Tagespreise für beliebig viele SMS (R$0,50, „Infinity").

Transport

Fernbusse

Mit dem Fernbus durch Brasilien zu reisen ist gleichbedeutend mit der Entdeckung der Langsamkeit; Busse sind eine preiswerte, aber auch recht zeitaufwändige Alternative zum Flugzeug (z. B. Rio–Salvador 29 Std.). Die Vorteile von Busreisen liegen vor allem im unmittelbaren Kontakt mit dem brasilianischen Alltag abseits der großen Touristenorte. Ein Überlandstopp in einem kleinen Kaff kann mehr Erfahrungswerte in punkto brasilianischer Kultur mit sich bringen als diverse Flugreisen. Schon im „Mikrokosmos Bus" werden Bekanntschaften geschlossen und lassen sich interessante Beobachtungen anstellen.

Dabei ist das Ambiente in brasilianischen Fernbussen sehr geordnet: Die Fahrten verlaufen in der Regel gesittet und ruhig, die Fahrgäste unterhalten sich in gemäßigtem Tonfall, selbst Kleinkinder scheinen weniger zu quengeln als in Europa. Falls einmal jemand durch Lärm und laute Gespräche auffällt, sind es nicht selten die *Gringos*. Fernbusreisen können aber auch zum anstrengenden Abenteuer werden, z. B. wenn im Niemandsland der Reifen platt ist und das Problem erst nach mehreren Stunden behoben wird. Zum Glück passiert dies aber eher selten, zudem haben die Busgesellschaften ein dichtes Netz an technischen Hilfsstationen installiert. Mit der nötigen brasilianischen Gelassenheit kann so eine Wartepause auch durchaus interessant sein.

Die meisten brasilianischen **Langstreckenbusse**, vor allem der großen Busgesellschaften, sind hochmodern und komfortabel ausgestattet, dies trifft besonders auf manche der nachts verkehrenden **Leito-Busse** zu (Liegebusse, gegen Aufpreis), mit Bordprogramm, Kopfhörer, Decke, Kissen und Snacks. Aber auch die **Semi-Leitos** („Halb-Liegebusse"), mit einem etwas geringeren Neigungswinkel der Rückenlehne, bieten in der Regel schon einen recht guten Schlafkomfort. Busse der Typen **Executivo** und **Convencional** sind dagegen einfacher ausgestattet und werden vor allem auf kürzeren oder mittleren Strecken eingesetzt.

Das **Gepäck** wird vor dem Einstieg an der Ladeluke des Busses bei einem Mitarbeiter eingecheckt, dabei erhält man einen Beleg, den man am Ende der Fahrt bei der Gepäckausgabe wieder vorweisen muss. Fast alle Busgesellschaften erwarten beim Einsteigen auch einen ausgefüllten **Passagierschein** inklusive der Reisepassnummer. Erfahrene Traveller haben den Reisepass deshalb gleich zur Hand.

Die großen **Busbahnhöfe** (Rodoviárias) sind mit allem ausgestattet, was Reisende so brauchen; in der Regel gibt es Imbisse, Restaurants, Geldautomaten, Geschäfte, Apotheken, Post, Internet, Tourist Info, 24 Std.-Gepäckservice *(Guarda Volumes)* usw.

Fahrkarten kann man direkt an den Schaltern am Busbahnhof kaufen (online ist dies ohne brasilianische CPF-Nummer meist nicht möglich). Einige Busgesellschaften betreiben auch zentraler gelegene Agenturen. Zudem wird in vielen Städten eine bequeme **Fahrscheinlieferung** *(Entrega)* angeboten, angezeigt durch Begriffe wie **Disk Passagem** oder **Agência Fone**. Für diesen Service zahlt man einen geringen Betrag je Lieferung (ca. R$5), die Hotelrezeption kann bei der Bestellung weiterhelfen. Seit 2009 ist ähnlich wie bei Flügen eine einjährige Gültigkeit der Tickets sowie eine Fahrpreiserstattung bei Rückgabe gesetzlich vorgeschrieben.

Einige Busstrecken werden nicht täglich befahren, die aktuellen Abfahrtszeiten erfährt man telefonisch am Busbahnhof oder auf den Internetseiten vieler Busgesellschaften. Auch über die Website 💻 www.buscaonibus.com.br kann man Infos zu bestimmten Strecken suchen. Auf längeren Strecken und Übernachtfahrten

Tipps für Busfahrten

- Die **vorderen Plätze** sind die besten. Hinten befinden sich die Toiletten (d. h. Gerüche und Betrieb im Gang) und in der Mitte pfeift einem in älteren Bussen die Klimaanlage um die Ohren.
- Beim **Gehen** durch den schaukelnden Bus möglichst an der Gepäckrinne abstützen (und nicht an den Kopflehnen der Mitreisenden). Dies bringt mehr Stabilität und stört weniger.
- Schon bei der Wahl des **Sitzplatzes** mögliche landschaftliche Highlights berücksichtigen, z. B. bei Fahrten entlang der Küste wie zwischen Rio und Paraty die „Meeresseite" bevorzugen. Im Zweifel beim Kartenkauf nachfragen.
- Immer etwas **Warmes zum Anziehen** dabei haben, die Klimaanlagen sind z. T. sehr kalt eingestellt.
- Bei **Nachtfahrten** zusätzlich eine dünne Decke oder Bettlaken sowie ein kleines Kissen einstecken. Auch Oropax und eine Schlafbrille helfen.
- Die Busse fahren in der Regel sehr **pünktlich** ab, vor allem an den Startpunkten! Also nicht auf den letzten Drücker kommen.

sind **Pausen** im Abstand von 3–4 Stunden üblich, meist an gut ausgestatteten Raststätten mit Self-Service-Restaurant, Souvenirshop usw. Wertvolles Handgepäck sollte während der Rast nicht unbeaufsichtigt im Bus liegen bleiben. Der Busfahrer kündigt die Dauer der Pause an, im Zweifel lieber noch einmal nachfragen. Denn es wird pünktlich weitergefahren, und nicht jeder Busfahrer zählt seine Schäfchen vor der Abfahrt noch einmal durch.

Große Busgesellschaften

Bei den meisten Busgesellschaften ist inzwischen ein Fahrkartenverkauf übers Internet möglich (jedoch nicht immer mit internationaler Kreditkarte), zudem sind auf den jeweiligen Websites meistens die aktuellen Fahrpläne und Preise abrufbar.

Águia Branca, von Rio de Janeiro/ São Paulo/Salvador/Vitória: ✆ 4004 1010, von anderen Orten die jeweilige Vorwahl mit wählen, 💻 www.aguiabranca.com.br.

Bomfim, ✆ 0800/079 1988, 💻 www.bomfim.com.br.

Eucatur, ✆ 0800/455 050, 💻 www.eucatur.com.br.

Guanabara, ✆ 0800/728 1992, 💻 www.expressoguanabara.com.br, lokale Telefonnummern über den Link „Agências".

Gontijo/São Geraldo, ✆ 0800/728 0044, 💻 www.gontijo.com.br, lokale Telefonnummern über den Link „Passagens – Agências de Vendas".

Itapemirim, ✆ 0800/723 2121, 💻 www.itapemirim.com.br, lokale Telefonnummern über den Link „Agências".

Kaiowa, ✆ 0800/646 2423, 💻 www.kaiowa.com.br.

Nordeste, ✆ 84/3205 6161, 💻 www.viacaonordeste.com.br.

Progresso, ✆ 0800/888 0809, 💻 www.progressoonline.com.br.

Real Expresso, ✆ 0800/280 7325, 💻 www.realexpresso.com.br, lokale Telefonnummern über den Link „Rede de Agências".

Flugzeug

Wegen der gewaltigen Entfernungen ist bei Reisen in Brasilien das Flugzeug grundsätzlich ein nützliches Verkehrsmittel, unter Umständen auch der in Europa zu erwerbende **Airpass** (S. 43). Der alltägliche Flugverkehr geht normal vonstatten – was gelegentliche Verspätungen nicht ausschließt. Die Abwicklung an den Check-In-Schaltern ist effizient und freundlich, die meisten brasilianischen Flughäfen sind modern und garantieren einen angenehmen Aufenthalt.

Das war nicht immer so in den letzten Jahren. 2007/2008 kam es als Folge von Konkursen brasilianischer Airlines und zwei schweren Flugzeugunglücken zu erheblichen Störungen im innerbrasilianischen Flugverkehr und zu teils chaotischen Situationen an den Flughäfen, von einer „Crise Aérea" (Luftfahrtkrise) war die Rede. Doch die Situation hat sich längst stabilisiert, neue Airlines sind dem Markt beigetreten und machen den dominierenden Gesellschaften **TAM** und **Gol** Konkurrenz.

Allgemein ist es auch in Brasilien ratsam, Flugtickets so früh wie möglich zu kaufen, da die günstigsten Tarife meist schnell ausgebucht sind. In- und Auslandsflüge können unkompliziert in Reisebüros gekauft werden (Gebühr ca. R$30 je Ticket), oder auch direkt am Flughafen (variierende Gebühren). Beim Kauf über das Internet fallen zwar keine Verkaufsgebühren an, jedoch werden internationale Kreditkarten nicht immer akzeptiert.

Auf Internetseiten wie 💻 www.decolar.com oder 💻 www.viajanet.com.br lassen sich Flugverbindungen schnell und einfach anzeigen. Zwar können Ausländer ohne CPF-Nummer nur schwer online buchen, doch zumindest bekommt man einen Anhaltspunkt hinsichtlich der verfügbaren Flugzeiten und Preise.

Alle Flüge sind schon da?

Über den Link 💻 www.infraero.gov.br/voos/index.aspx lassen sich sämtliche Flugdaten der brasilianischen Airports (Ankunfts-/Abflugzeiten, Verspätungen) in Echtzeit abfragen.

Wo ein Wille ist, findet sich auch ein Weg – in Amazonien meist übers Wasser, wie hier auf dem Rio Guamá bei Belém.

An vielen Flughäfen wurde anlässlich der Fußball-WM ein **kostenloser WLAN-Zugang** eingerichtet. Nutzer von Smartphones, Tablets und Notebooks müssen sich hierfür im Netzwerk „INFRAERO wi-fi grátis" mit ihren Personalien und der Nummer der Bordkarte registrieren.

Brasilianische Fluggesellschaften

Avianca, ✆ 4004 4040, 🖳 www.avianca.com.br.

Azul/Trip, ✆ 4003 1118 (Ortsgespräch von größeren Städten), sonst 0800/887 1118, 🖳 www.voeazul.com.br. Neuerer Zusammenschluss zweier Airlines, drittgrößter Marktanteil innerhalb Brasiliens, u. a. Flüge nach Fernando de Noronha.

Gol, ✆ 0800/704 0465, 🖳 www.voegol.com.br. Oft günstige Flüge und Sonderpreise.

Passaredo, ✆ 0300/100 1777, 🖳 www.voepassaredo.com.br.

Sete, ✆ 62/3096 7007, 🖳 www.voesete.com.br. Liniennetz im Norden und Zentralen Westen.

TAM, ✆ 4002 5700 (Ortsgespräch von allen Landeshauptstädten), sonst ✆ 0800/570 5700, 🖳 www.tam.com.br. Über 50 % Marktanteil; besitzt das größte Streckennetz im innerbrasilianischen Luftverkehr sowie die meisten Interkontinental-Verbindungen.

Schiff

Eine willkommene Abwechslung stellen Flussreisen dar, im **Amazonasgebiet** sind sie oft sogar die einzige Möglichkeit der Fortbewegung. Bevor man ein Amazonas-Schiff besteigt, sollte man auf Fahrtüchtigkeit und Sicherheit der Boote achten. Immer wieder kommt es zu Unfällen, weil mangelhaft gewartete und unzureichend ausgestattete Holzschiffe auf Sandbänke auflaufen oder in Stürmen kentern.

Regelmäßige Linien verkehren auch im **Parnaíba-Delta**, auf dem **Rio São Francisco** sowie auf einigen Abschnitten des **Rio Paraná**. An Deck gibt es meistens Hängematten zum Schlafen, auf größeren Booten kann man sich in der ersten Klasse in einer Kajüte einmieten. Wer ohne Eile unterwegs ist, kann an der **Südküste Bahias** auf eigene Faust per Schoner oder Fischerboot von einem Traumstrand zum nächsten reisen. Auch die küstennahen **Inseln** wie Morro de São Paulo (Bahia) oder Ilha Grande (Rio de Janeiro) werden überwiegend auf dem Wasserweg angesteuert.

Eisenbahn

Passagierzüge sind in Brasilien kaum üblich, ein systematischer Ausbau des Bahnnetzes findet nicht statt. Eisenbahnen sind nur in wenigen Regionen des Landes in Betrieb und laufen höchstens unter der Rubrik Touristenattraktion, wie die berühmte Strecke zwischen Curitiba und Paranaguá oder die 2009 eingeweihte Pantanal-Bahn ab Campo Grande, 💻 www.serraverde express.com.br.

Auto und Motorrad

Die Autoren dieses Buches raten Touristen, die sich nicht gut auf Brasiliens Straßen auskennen und mit Sprache und kulturellen Besonderheiten wenig vertraut sind, vom Auto- und Motorradfahren eher ab. Es gibt exzellente Alternativen: Die öffentlichen Verkehrsträger Flugzeug und Fernbus haben leistungsstarke Verkehrsnetze, der Transport ist in der Regel komfortabel, sicher und pünktlich. In abgegrenzten und verkehrssicheren Regionen mit wenig öffentlichem Transport kann ein Mietauto dagegen empfehlenswert sein, z. B. auf der Ilha de Santa Catarina.

Seit 2008 gilt in Brasilien die sog. **Lei Seca** („Trockengesetz"), die Promillegrenze liegt bei 0,0 ‰ und jeder nachweisbare Alkoholgehalt im Blut wird hart bestraft (Führerscheinentzug bis zu einem Jahr und hohe Geldstrafe). Oft unterschätzen europäische Besucher die Risiken und Hindernisse des Autofahrens in Brasilien. Hierzu zählen vor allem:

- schlecht ausgeschilderte **Straßenführungen** (es sind Fälle bekannt, wo Touristen für eine Strecke von 400 km Umwege von mehr als 1000 km gefahren sind).
- miserable **Straßenverhältnisse**: In weiten Teilen des Landes gibt es immer noch auf Überlandstrecken tiefe Schlaglöcher, die nachts kaum zu erkennen sind. Das Liegenbleiben auf offener Strecke stellt eine unkalkulierbare Gefahr dar.
- **rasende** und **wild überholende** Autofahrer, besonders auf den Bundesstraßen, was zu erschreckenden Unfallstatistiken führt (über 40 000 Straßenverkehrsopfer jährlich, eine der höchsten Raten weltweit).
  Vor allem an Sonntagabenden besteht ein erhöhtes Risiko, wenn sich nach einem langen Strandtag immer noch zu viele Autofahrer angetrunken ans Lenkrad setzen.
- **unsichere Bundesstraßen**: In einigen Gegenden kann es abends und nachts zu Überfällen kommen.
- unberechenbare Begegnungen mit der **Militärpolizei**

Führerschein

Für das Führen von Fahrzeugen in Brasilien bei **touristischen Aufenthalten** genügen grundsätzlich der nationale Führerschein sowie ein Identitätsnachweis (Reisepass). Zur Vermeidung von Missverständnissen empfiehlt das deutsche Konsulat, neben dem nationalen Führerschein einen internationalen Führerschein, besser noch eine beglaubigte portugiesische Übersetzung des nationalen Führerscheins, mitzuführen. Für die in Deutschland noch vorkommenden alten „grauen" Führerscheine ist das Mitführen einer beglaubigten Übersetzung zwingend vorgeschrieben.

Mietautos

Ein Auto zu mieten ist in den größeren Städten kein Problem, so sind u. a. an allen Flughäfen die großen Firmen vertreten. Vor Fahrtbeginn sollte man sich nach der Treibstoffart erkundigen, denn neben Benzin und Diesel werden in Brasilien auch Ethanol aus Zuckerrohr und Gas getankt.

Mietwagenfirmen

Avis, ✆ 0800/725 2847,
11/2155 2847 (aus São Paulo),
💻 www.avis.com.br.

Hertz, 💻 www.hertz.com.br.

Localiza, ✆ 0800/979 2000,
💻 www.localiza.com.br.

Yes, ✆ 0800/709 2535,
💻 www.yesrentacar.com.br.

Fahrrad und Trampen

Beide Fortbewegungsarten sind in Brasilien auf längeren Strecken unüblich, wenig sicher und höchstens für Abenteurer oder in Begleitung eines erfahrenen Guides eine Option. Ansonsten wird davon abgeraten. Ausgenommen sind Kurzausflüge in überschaubaren Ferienorten oder Nationalparks.

Nahverkehr

Stadtbusse

Die zahlreichen Nahverkehrsbusse in den größeren Städten stellen eine preiswerte (R$2–3) und rasche Form der Fortbewegung dar und sind zugleich eine gute Möglichkeit, den brasilianischen Alltag hautnah kennen zu lernen. In den meisten Städten verkehren sie zwischen 6 Uhr morgens und 22 oder 23 Uhr. Einstieg ist – von Stadt zu Stadt unterschiedlich – mal vorne beim Fahrer, mal hinten. Der Zielanzeiger vorne am Bus zeigt entweder nur das Fahrtziel an oder sowohl den Start- als auch den Zielort. Immer zahlt man beim Schaffner *(Cobrador)* und tritt danach durch ein Drehkreuz in den Hauptbereich ein.

Das **Fahrgeld** sollte man beim Einstieg möglichst abgezählt bereithalten. Größere Scheine als R$10 werden zum Teil nicht gewechselt.

Auffällig sind die höflichen **Umgangsformen**, die Brasilianer auch im Bus pflegen. So ist es gute Sitte, älteren Menschen im vollen Bus einen Sitzplatz zu überlassen, außerdem bieten sitzende Fahrgäste den Umstehenden an, ihre Taschen oder gar Kinder auf den Schoß zu nehmen. Möchte man im Gang an Fahrgästen vorbei, tut man dies so rücksichtsvoll wie möglich. Keinesfalls werden die anderen einfach zur Seite geschoben. Eher stoppt man kurz, haucht ein freundliches *com licença* („Gestatten Sie“) und schlängelt sich dann durch die Menge hindurch. Andererseits darf man auch nicht erwarten, dass die Leute von selbst aus dem Weg treten, denn sonst steht man immer hinten an. Am besten ist es, man setzt sich gleich am Anfang in den vorderen Teil des Busses.

Häufig beschworene **Gefahren** wie Taschendiebstahl sind zwar nicht von der Hand zu weisen, doch oft auch etwas übertrieben. Normalerweise gibt es für Touristen auf den üblichen Routen tagsüber keine Probleme. Im Dunkeln sollten nur Stadtbusse benutzt werden, deren Streckenverlauf man gut kennt, d. h. die nicht durch unsichere Gegenden fahren. Von überfüllten Bussen sollte man Abstand nehmen, wenn man viel Gepäck bei sich hat.

Auf eines muss in allen brasilianischen Nahverkehrsbussen geachtet werden: Die **Standfestigkeit**. Den Fahrern ist es nämlich gleichgültig, ob ein Passagier schon Platz genommen hat oder noch durch die Sitzreihen schwankt. Abruptes Anfahren und Bremsen ist die Norm, sodass man sehr schnell lernt: Die Verantwortung, nicht umzufallen, liegt einzig und allein beim Fahrgast.

Metro (U-Bahn)

Einige Großstädte wie **Rio de Janeiro**, **São Paulo**, **Recife**, **Brasília** oder **Porto Alegre** haben ein gut funktionierendes, wenn auch relativ kleines U-Bahn-Netz mit modernen, sauberen und sicheren Zügen. Mit der Metro ist man fast immer schneller am Ziel als mit dem Bus. Streckenkarten und Fahrpläne sind in den Metro-Stationen ausgehängt oder können vor Ort erfragt werden.

Taxi

Taxifahren ist in Brasilien billiger als in Mitteleuropa. Am wichtigsten ist, dass die Uhr *(Taxímetro)* eingeschaltet ist – oder alternativ *vor* Fahrtbeginn ein **Festpreis** vereinbart wird. Hierbei darf ruhig ein wenig gehandelt werden. Ein Festpreis hat den Vorteil, dass der Fahrer dann nicht der Versuchung ausgesetzt ist, den ortsunkundigen Touristen auf Umwegen zum Ziel zu bringen. Denn „schwarze Schafe“, die einem Gringo gerne ein paar Reais mehr abnehmen, gibt es auch in Brasilien zur Genüge. Wenn man einen vertrauenswürdigen und zuverlässigen Taxifahrer trifft, sollte man sich gleich die Telefonnummer für weitere Fahrten geben lassen.

Bei Fahrt mit Taxameter ist darüber hinaus darauf zu achten, dass der richtige Tagestarif *(Bandeira)* eingestellt ist: Tagsüber gilt **Bandeira 1** (in der Regel von 6–18 oder 21 Uhr), danach der um etwa 30–45 % höhere Tarif **Bandeira 2** (wird von einer Ziffer auf dem Taxameter angezeigt). Doch auch hier gibt es kreative und von Ort zu Ort variierende Sonderregeln, nach denen Bandeira 2 z. B. auch ganztägig am Wochenende oder an Feiertagen eingesetzt werden darf, ferner auf bestimmten Strecken wie zum Flughafen oder sogar im ganzen Monat Dezember, was dann mit dem Anspruch der Taxifahrergilde auf ein „13. Monatsgehalt" gerechtfertigt wird. In Rio de Janeiro können weitere Extrakosten anfallen, z. B. pro größerem Gepäckstück, das der Fahrer in den Kofferraum gehoben hat, oder wenn unterwegs eine Steigung zu steil erscheint …

Auf der Website 💻 **www.tarifadetaxi.com** kann man sich aktuelle Taxipreise für Strecken in über 60 brasilianischen Städten berechnen lassen.

Mototaxi

In den meisten Kleinstädten sind Mototaxis die schnellste und günstigste Form der Fortbewegung. Die Mototaxi-Kooperativen sind recht gut organisiert, die Maschinen üblicherweise in ordentlichem Zustand und die Fahrer passen die Geschwindigkeit den Wünschen des Fahrgastes an. Selbst der Helm für den Sozius, der früher nicht immer zum Standard gehörte, ist inzwischen in aller Regel vorhanden. Falls nicht, sollte man sich nicht davor scheuen, einen zu fordern oder notfalls den Fahrer zu wechseln.

Übernachtung

Das Übernachten ist meist der teuerste Posten der Reisekasse. Dies trifft auch auf Brasilien zu, insbesondere nach den großen Preissprüngen, die in den letzten Jahren in der Hotellerie zu beobachten waren. Brasilianische Hotels zählen nach statistischen Untersuchungen inzwischen sogar zu den teuersten der Welt, auch wenn sich dies hauptsächlich auf die Metropolen Rio de Janeiro und São Paulo beziehen dürfte. Am günstigsten sind immer noch Zeltplätze oder Jugendherbergen, auch in vielen Pousadas oder einfacheren Hotels kommt man in den meisten Landesteilen noch recht preiswert unter.

Öko-Tipp

Einrichtungen, die ein besonderes Umweltengagement erkennen lassen, sind in diesem Buch mit dem **Baum-Symbol** gekennzeichnet. Sie verwenden z. B. Solarenergie, verzichten auf Klimaanlagen, Fernseher oder Kühlschränke, sind auf harmonische und verträgliche Weise in die Natur integriert, stellen Umwelt-Informationen für die Touristen bereit etc.

Allgemein empfiehlt es sich, zu zweit oder zu mehreren zu reisen, denn Einzelzimmer sind i. d. R. Doppelzimmer, die zu einem kaum niedrigeren Preis angeboten werden. Ein weiteres Bett für eine dritte Person im gleichen Zimmer kostet dagegen meist nur geringfügig mehr.

In fast allen Urlaubsorten unterliegen die Zimmerpreise **saisonalen Schwankungen**. Dies kann in der Hauptsaison ohne Weiteres zu einem mehr als doppelt so hohen Preis wie in der Nebensaison führen. Als absolute **Hauptsaison** gilt in den meisten Ferienregionen – also besonders an der Küste – die Zeit von Weihnachten bis Karneval – vor allem Januar – sowie der Ferienmonat Juli.

Anders sieht es in Gegenden aus, die neben vielen Urlaubern auch einen ganzjährig hohen Anteil an Kongress- und Geschäftsbesuchern haben, wie z. B. São Paulo, Rio de Janeiro, Fortaleza oder Salvador. Diese Städte kennen im Grunde keine Nebensaison.

Demgegenüber gibt es einige Städte vor allem im Landesinneren, wie z. B. Brasília, die überwiegend von **Geschäftstourismus** geprägt sind und folglich an den Wochenenden mit Preisnachlässen aufwarten.

Zu beachten sind darüber hinaus auch regionale **Klimaunterschiede**, so gehört in vielen

Amazonasstädten, wie Belém beispielsweise, der Januar bereits zur Nebensaison, da er den Beginn der dortigen Regenzeit darstellt.

Zur Hauptreisezeit ist es in vielen touristischen Orten ratsam, Unterkünfte im Voraus zu buchen. Für eine **Reservierung** kann ein *Depósito* bzw. *Sinal* verlangt werden, also eine Anzahlung (meistens 50 % des Gesamtbetrages), die man am Geldautomaten einer Bankfiliale tätigen kann.

Eine Besonderheit sind Übernachtungen während der großen nationalen Feste, insbesondere **Silvester**, **Karneval** und **Ostern**. In diesen Zeiträumen ist es in vielen Orten kaum möglich, Zimmer für weniger als vier bis sechs Nächte zu bekommen; denn angeboten werden dann nur so genannte **Pacotes** (Pakete), saftige Preiszuschläge inbegriffen.

Zahlung mit **Kreditkarte** ist üblich und fast immer möglich. Bei Barzahlung und bei Aufenthalten von mehr als drei Tagen werden häufig **Preisnachlässe** (10–20 %) gewährt. Es empfiehlt sich vor allem in der Nebensaison, vor dem Einchecken nach derartigen Rabatten *(desconto)* zu fragen bzw. ruhig ein wenig zu verhandeln. Die in den größeren Hotels an der Rezeption ausgehängten Preise *(tarifa de balcão)* sollten dagegen nicht für bare Münze genommen werden. Gelegentlich lässt sich in kleineren Pousadas ein besserer Preis aushandeln, wenn man nach einem Zimmer mit Ventilator statt Klimaanlage fragt.

Preiskategorien

Die Unterkünfte in diesem Buch sind nach den unten stehenden Preiskategorien eingestuft. Sie beziehen sich auf den Preis (inkl. aller Steuern und Gebühren) für ein **Doppelzimmer** in der **Nebensaison**, also in der Regel zwischen August und Mitte Dezember sowie von März bis Juni. In der Hauptsaison (meist Mitte/Ende Dezember bis Karneval, sowie Juli) liegen die Preise fast überall deutlich darüber. Bei der Reiseplanung muss außerdem die in den letzten Jahren hohe Preissteigerung in Brasiliens Hotellerie berücksichtigt werden: Stark nachgefragte Destinationen, wie z. B. Rio de Janeiro, verzeichneten jährliche Zuwächse von bis zu 20 %!

❶ bis R$80	❺ bis R$250
❷ bis R$120	❻ bis R$300
❸ bis R$160	❼ bis R$400
❹ bis R$200	❽ über R$400

Pousadas und Hotels

In den größeren Orten, Tourismuszentren und Kolonialstädten besteht ein reichhaltiges Angebot an **Hotels** und **Pousadas** in allen Kategorien und Preisklassen, bis hin zu luxuriösen Designhotels für R$1500 pro Nacht. **Pousadas** sind kleine, persönlich geführte Pensionen, meistens mit einer Gartenanlage sowie Veranda mit Hängematten und Pool. Häufig sind sie geschmackvoller gestaltet als Hotels und das Klima ist persönlicher. Sehr beliebt sind Pousadas mit Einzelhäuschen, sogenannten **Chalês**. Viele Ausländer, auch Deutsche, Österreicher und Schweizer, haben in Brasilien Pousadas eröffnet, oft in sehr guter Qualität und mit ergänzendem Ausflugsprogramm oder speziellen Services (Buggy-, Boot-, Fahrradverleih etc.).

Hotel-Fazendas befinden sich in einem Parkgelände und offerieren in der Regel zahlreiche Sportmöglichkeiten. Immer beliebter werden **Lodges**, Unterkünfte mitten in der Natur, vor allem im Amazonas und im Pantanal. Zunehmend finden sich auch **Resorts**, Luxus-Hotelanlagen in Strandnähe.

Eine besonders exquisite Qualität darf man bei den Mitgliedern der Gruppe **Roteiros de Charme** erwarten, 💻 www.roteirosdecharme.com.br, ein Zusammenschluss von über 50 geschmackvollen Pousadas, verteilt über das ganze Land. Um in den erlesenen Zirkel aufgenommen zu werden, müssen die Anwärter strenge Auswahlkriterien erfüllen, darunter in den Bereichen Umwelt und Service. Eine durchgehend hohe Qualität wird durch regelmäßige Kontrollen gesichert.

Nach Angaben des brasilianischen Gastgewerbe-Verbandes sind die Zimmer-Bezeichnungen wie folgt definiert: *Quartos* (mit Bad im

WLAN und Hotelgebühren – versteckte Nebenkosten

Viele Reisende nutzen inzwischen den drahtlosen Internetzugang mit dem eigenen Laptop bzw. Smartphone. In Brasilien bieten die meisten Hotels, Pousadas und Jugendherbergen *wireless* oder *internet sem fio* gratis an, relativ wenige Hotels erheben für diesen Service – teils absurd hohe – Gebühren. Im Reiseteil dieses Buches wird versucht, bei den Hotels etwaige **WLAN-Gebühren** stets anzugeben. Die genannten Preise galten zum Zeitpunkt der Recherche, können sich aber jederzeit ändern (dort, wo ein Hinweis fehlt, war uns diese Information leider nicht zugänglich).
Zudem pflegen manche brasilianische Hotels, auf den angegebenen Zimmerpreis noch gewisse **Steuern** bzw. **Gebühren** („Taxas") aufzuschlagen, die sich meist zwischen 5 % und 15 % bewegen. Diese nicht immer ganz transparenten Beträge offenbaren sich zum Teil erst am Tag der Abrechnung. Selbst bei Buchung über Internetanbieter wie 💻 www.booking.com sind diese Servicegebühren zum Teil nicht enthalten und müssen vor Ort beim Auschecken bezahlt werden. Auch diese versteckten Nebenkosten versuchen wir, sofern möglich, im Reiseteil anzugeben.
In jedem Fall kann man sich *vor* der Reservierung nach den anfallenden Nebenkosten erkundigen und ggf. auf ein anderes Hotel ausweichen.

Flur), *Apartamentos* (mit eigenem Bad), *Suite* (mit Wohnzimmer), *Bangalô* (kleines Haus ohne Nachbarn) und *Chalê* (Bangalô mit eigener Küche). In der Praxis werden die Begriffe jedoch häufig abweichend verwendet. Überhaupt sind der Kreativität der Hotelbetreiber keine Grenzen gesetzt. Zimmerkategorien wie *Standard*, *Luxo*, *Super Luxo*, *Superior*, *Master* oder *Junior Suíte* lassen in aller Regel nur sehr begrenzt auf die tatsächliche Qualität einer Unterkunft schließen. Den besten Eindruck erhält man immer noch, wenn man sich das Zimmer vor Ort selber anschaut.

Jugendherbergen und Camping

Für Preisbewusste gibt es ein großes Netz an Jugendherbergen und Campingplätzen. Wer mit dem Zelt reist, findet Adressen über den **Camping Clube do Brasil**, 💻 www.campingclube.com.br. Darüber hinaus gibt es in vielen Städten und Strandorten Plätze, die nicht im Verband organisiert sind. Die Standards brasilianischer Campingplätze sind zumeist einfach und mit den europäischen nicht zu vergleichen.

Jugendherbergen *(Hostels* oder *Albergues)* gehören zu den preiswertesten und bei Backpackern sehr beliebten Unterkünften in Brasilien. Die Qualität ist in der Regel gut, zudem lässt sich schnell Kontakt zu anderen Travellern herstellen, darunter auch zu vielen Brasilianern, die gern ihr eigenes Land bereisen. Für das so anregende „Traveller-Feeling", das oft gerade durch die vielen internationalen Kontakte entsteht, sind brasilianische Hostels eine exzellente Adresse.

Da brasilianische Jugendherbergen sich erst seit Kurzem offiziell **Hostel** nennen (vorher war das portugiesische *Albergue* üblich), ist der Begriff im Umgangssprachgebrauch noch nicht überall verbreitet und die Frage nach einem „Hostel" kann eventuell Stirnrunzeln auslösen. Weiter kommt man im Zweifel mit dem brasilianischen Begriff *Albergue da Juventude*.

Die **Gruppenräume (Dorms)** sind in Brasilien fast immer nach Geschlechtern getrennt. Sie bestehen meistens aus 4–6 Betten, seltener findet man acht oder mehr Schlafplätze in einem Raum. **Doppelstockbetten** sind weit verbrei-

Elektrizität

Die Stromspannung schwankt je nach Region zwischen 110 und 220 Volt, im Zweifel sollte man sich vor Ort erkundigen. Große Hotels haben oft beide Anschlüsse.

tet, bieten jedoch sehr unterschiedliche Qualität. Die besten Hostels haben auch Einzelbetten. Neben Gemeinschaftsräumen bieten viele Hostels auch bequeme **Doppelzimmer** an.

Einige Hostels verwenden Klimaanlagen, vielfach findet man jedoch nur einen **Ventilator** im Zimmer vor. **Bettwäsche** ist eigentlich immer im Preis enthalten, nur in seltenen Fällen muss man zusätzlich dafür bezahlen. Zum Standard gehören in allen HI-Hostels kostenlose **Schließfächer**, fast immer sind auch ein gratis WLAN-Zugang und ein Fernsehraum vorhanden. Das **Frühstück** ist grundsätzlich im Preis enthalten, die Qualität meist okay. Einige Hostels, besonders in Rio, gelten als „Party-Hostels". Wem der Sinn nach Ruhe steht, sollte also eher einen Bogen darum machen. Zahlreiche Hostels bieten **Extras** an, z. B. Touren und Ausflüge (in die Umgebung, zu Fußballspielen, in Nachtclubs, ins Theater etc.), Sprach- und Tanzkurse, Leihbücher und vieles mehr.

Die **Preise** pro Person liegen etwa zwischen R$30–70, am meisten bezahlt man im Südosten und Süden sowie in den Großstädten.

Jugendherbergen, die nicht in einem Dachverband organisiert sind, gewähren in der Regel keine Ermäßigungen, können aber in Preis und Qualität ebenbürtig oder gar besser sein, z. B. wegen einer günstigen Lage oder durch interessante Zusatzangebote, wie Sport, Aktivitäten etc. Da es bei diesen Hostels keine übergeordnete Qualitätskontrolle gibt, kann man allerdings auch an ziemliche Spelunken geraten. Eine Übersicht über Jugendherbergen weltweit bietet 💻 www.hostels.com.

Mietwohnungen

Eine interessante Alternative für längere Aufenthalte (ab 4–5 Tagen) sind möblierte Mietwohnungen, die preislich oft unter den Tarifen einer

Hostelketten

HI-Hostels sind in der weltweiten **Hostelling International Association** organisiert. Da die Netzwerkmitglieder diverse Vorgaben zu erfüllen haben, ist die **Qualität** in der Regel gut bis sehr gut. Die meisten der 100 brasilianischen Hostels befinden sich im Südosten und Süden des Landes; Flyer und Poster, die in den Häusern ausliegen, informieren über andere Hostels im Land. **Ermäßigungen** gibt es mit dem internationalen Jugendherbergsausweis **(HI-Card)**, der ohne Altersbegrenzung in den brasilianischen HI-Hostels erworben werden kann (R$30) und für ein Jahr gilt. Nach wenigen Übernachtungen hat sich die Anschaffung bereits amortisiert.

Die HI-Mitgliedschaft kann auch zu Hause beantragt werden:
DJH Service GmbH, 💻 www.jugendherberge.de.
Österreichisches Jugendherbergswerk, 💻 www.oejhw.or.at.
Schweizer Jugendherbergen, 💻 www.youthhostel.ch.
Online-Reservierungen für viele Hostels bei: 💻 www.hihostels.com, www.albergues.com.br, www.hostel.org.br.
Weitere Informationen: **Federação Brasileira de Albergues da Juventude** (FBAJ), Rua Siqueira Campos 121, Sala 203, Copacabana, Rio de Janeiro, ✆ 21/2531 1085, 💻 www.hihostelbrasil.com.br.

Recht neu sind die südamerikanischen **HoLa-Hostels**, 💻 www.holahostels.com. Sie sind von jedermann buchbar, mit der kostenlosen Mitgliedskarte gibt es 10 % Rabatt. Die Hostels zeichnen sich durch eine durchweg hohe Qualität aus.
Vor allem in Richtung Fun und Party zielt die argentinische Hostelkette **Ché Lagarto**, 💻 www.chelagarto.com, die auch in Brasilien mehrere Häuser betreibt.

durchschnittlichen Pousada liegen. Durch die Möglichkeit, selber zu kochen, kann weiteres Geld gespart werden. Strandnahe Apartments werden vor allem in **Rio de Janeiro**, **Salvador** und **Florianópolis** von Vermittlungsagenturen und Privatpersonen angeboten, beispielsweise über 💻 www.airbnb.com. Während des Karnevals und anderen Festen mit hohem Besucherandrang überlassen viele Einwohner auch zeitlich begrenzt ihre Wohnungen, Aushänge an den Häusern (z. B. *„Alugo"* oder *„Temporada"*) weisen darauf hin.

Privatunterkünfte

Sich bei Privatpersonen unterbringen zu lassen kommt immer mehr in Mode. Die Vorteile liegen auf der Hand: Die Übernachtung ist erheblich billiger als in einem Hotel (mitunter sogar kostenlos), und man kommt direkt mit den Lebensweisen im Gastland in Berührung. Mögliche Nachteile können ein geringerer Komfort oder eine ungünstigere Lage sein, auch ist man u. U. weniger selbständig und muss seine Freizeitaktivitäten auf den Gastgeber abstimmen.

Internetportale wie 💻 www.couchsurfing.com oder hospitalityclub.org haben in den letzten Jahren diesen Trend stark befördert. Man registriert sich kostenlos auf der Website und kann dann in Kontakt zu anderen Mitgliedern der Community treten. Außer der Möglichkeit der Übernachtung verabreden sich viele auch nur auf einen Kaffee oder zu einer Stadtführung mit dem Gastgeber. All dies ist in der Regel kostenlos; man beteiligt sich bloß an den laufenden Ausgaben wie Essen, Telefon etc., und ist ansonsten ein „guter Gast". Die Philosophie solcher Reisenetzwerke ist stark vom gegenseitigen kulturellen Interesse geprägt und hat schon viele bereichernde Kontakte hervorgebracht.

Manche Brasilianer bieten während der großen Feierlichkeiten wie Silvester und Karneval in ihren Wohnungen **Privatzimmer** für Touristen an, auch hier hat man also eine Art Familienanschluss (auf Aushänge an der Straße achten, z. B. „Alugo Quarto").

Eine interessante Form der organisierten Privatzimmervermittlung betreibt die Organisation **Cama e Café**, 💻 www.camaecafe.com.br, in Rio de Janeiro. Sie bringt Reisende bevorzugt bei Anwohnern im Künstlerviertel Santa Teresa unter, neuerdings auch in Wohnungen in anderen Stadtteilen (Doppelzimmer R$100–350). Ein ähnliches Konzept in kleinerem Rahmen verfolgt **Rio Homestay**, 📞 21/2225 4366, 💻 www.riohomestay.com.br.

Eine Mischung aus Ferienwohnungen und Hotels findet man bei **Bed & Breakfast Brasil**, 💻 www.bbrasil.com.

Motels

Motels sind die brasilianische Version des Stundenhotels und dürfen weder mit einem normalen Hotel noch mit einem Etablissement europäischen Stils verwechselt werden. Man erkennt sie leicht an den rot leuchtenden Amor-Engeln oder Neon-Herzen sowie den eindeutig-zweideutigen Namen. Für die brasilianische Gesellschaft spielen Motels eine wichtige Rolle, da junge Paare vor der Ehe aufgrund der meist beengten Wohnsituation selten ausreichend Raum für Privatsphäre haben. Gesellschaftlich sind sie deswegen auch weitgehend akzeptiert und haben nichts Anrüchiges an sich. Die meisten Motels sind sehr gepflegt, einige bieten sogar luxuriöse Extras wie Whirlpool oder Kabel-TV. Auch eine ganze Nacht zu bleiben ist möglich *(pernoite)*, meist sogar zu sehr moderaten Preisen. Im Notfall, z. B. bei ausgebuchten Hotels, kann ein Motel also durchaus als günstige Übernachtungsalternative herhalten. Jedoch liegen die meisten Motels ungünstig außerhalb der Zentren.

WC-Nutzung

Fast überall in Brasilien wirft man das Toilettenpapier nicht in die Toilette, sondern in ein nebenstehendes Eimerchen. Auch wenn es am Anfang nicht leicht fällt: An diese Regel sollte man sich schnell gewöhnen, wenn man unangenehme Badezimmerflutungen vermeiden will.

Verhaltenstipps

Baden

Trotz der offensichtlichen Lockerheit der Bevölkerung sind einige Benimmregeln zu beachten, ganz besonders am Strand. Zum Beispiel sieht man brasilianische Frauen niemals **„oben ohne"**. Hier überwiegt der möglichst knappe („Zahnseiden"-)Bikini *(fio dental)*, auch Badeanzüge sind eher selten. FKK und topless sind in ganz Brasilien verpönt, von ein paar freigegebenen Stränden abgesehen. Touristinnen, die sich an belebten Stränden oben ohne sonnen, müssen damit rechnen, von einem Polizisten auf die öffentliche Badeordnung hingewiesen oder sogar verhaftet zu werden, die Empörung vieler Strandgäste ist jedenfalls garantiert.

Sensibilität beim Zeigen des eigenen Körpers ist auch beim **Kleiderwechsel** gefragt. Sich hinter vorgehaltenem Handtuch umzuziehen, gilt schon am Strand als unfein, noch weniger tut man es an anderen öffentlichen Stellen. Ein deutsches Urlauberpaar, das sich mitten am Flughafen Salvador „eben noch mal schnell" ein paar andere Hosen anziehen wollte, wurde prompt festgenommen und verpasste seinen Flug. Zu allem Überfluss hatten die Überwachungskameras das Schauspiel aufgezeichnet, sodass die Touristen auch noch in den Abendnachrichten für landesweites Kopfschütteln sorgten. Ebenfalls in die Rubrik „peinlich" ist der typische „Gringo-Sonnenbrand" einzuordnen, den sich viele unvorsichtige Neuankömmlinge an den ersten Tagen zulegen.

Weit weniger harmlos sind dagegen die gefährlichen **Strömungen** und die oft starke **Brandung** an vielen brasilianischen Stränden. Diesbezüglich ist mit allergrößter Vorsicht und Respekt vor der Kraft des Meeres vorzugehen, ganz besonders dort, wo sich sonst niemand im Wasser aufhält. Die **Sauberkeit** des Wassers wird an vielen Stadtstränden durch rote oder grüne Hinweistafeln angezeigt. Nach längeren starken Regenfällen sollte man in Stadtgebieten ein Bad im Meer für mindestens einen Tag vermeiden, da vielerorts Straßenabfälle ungefiltert ins Wasser fließen.

Fotografieren

Brasilianer/innen lassen sich im Allgemeinen gern fotografieren, am liebsten mit Freunden in Gruppen. Bevor man fremde Personen ablichtet, sollte man auf jeden Fall vorher um Erlaubnis bitten, dies fördert zugleich die Kontaktaufnahme. In Kirchen und Museen ist Blitzlicht zumeist verboten.

Kleiderwahl

In ihrer Freizeit kleiden sich Brasilianer gerne informell: Kurze Hosen, knappe Kleidchen und die klassischen Havaianas gehören besonders in Strandbadeorten zum normalen Erscheinungsbild. Hier ist es auch kein Problem, Geschäfte oder öffentliche Einrichtungen in kurzen Hosen und Sandalen zu betreten. Dagegen ist in den Zentren der großen Städte eher konservativer Stil bzw. moderner City-Look angesagt.

Alles in allem legen Brasilianer viel Wert auf ein gepflegtes Äußeres; unabhängig vom Einkommen versucht jeder, sich so hübsch wie möglich zu präsentieren, am besten noch mit einem feinen Duft versehen. Ein schmuddeliges Outfit, ungewaschene Haare oder eine zerrissene Hose werden dagegen mit Naserümpfen quittiert. Besonders von „wohlhabenden" Touristen erwartet man ein adrettes Erscheinungsbild. Was in Europa vielleicht gerade noch so als „Traveller-Look" durchgehen mag, stößt in Brasilien leicht auf Unverständnis. Bei der Auswahl der richtigen Reisekleidung empfiehlt es sich also, nicht allzu sparsam vorzugehen. Gut ist eine Kombination aus lässig-bequemer Kleidung (tagsüber) und schickeren Sachen für gesellschaftliche Anlässe (Restaurant, Nachtclub etc.). Mit Hemd, langer Hose und einem Paar ansehnlicher Schuhe im Gepäck sind Männer stilistisch gut vorbereitet.

Im Lokal

Anders als in vielen Ländern Europas, setzt man sich unter keinen Umständen in einer Bar oder einem Gartenlokal einfach zu anderen Leuten an den Tisch – auch dann nicht, wenn es den Anschein hat, dass da eigentlich noch genug Platz wäre. Derartige Anfragen werden von vielen Brasilianern als unhöfliches Eindringen in die Privatsphäre und Fehlen von Erziehung *(falta de educação)* interpretiert. Über eine brüske Reaktion braucht man sich nicht zu wundern.

Hat man einmal einen Sitzplatz gefunden, ist es ein weiteres Zeichen schlechter Erziehung, wenn man seine Tasche oder Handtasche auf den Boden stellt. Dies signalisiert mangelnde Wertschätzung gegenüber seinem Besitz, denn wer würde schon etwas Wertvolles in den Staub stellen (es spielt keine Rolle, ob der Boden blitzblank ist). Stattdessen legt man das Accessoire auf einem freien Stuhl ab. Sollte gerade keiner in der Nähe sein, wird oft sogar eigens einer vom Personal herbeigebracht.

Trinkgeld

Die meisten **Restaurants** berechnen automatisch 10 % Trinkgeld, Ausnahme sind die zahlreichen Self-Service-Restaurants. Es ist weder üblich noch notwendig, darüber hinaus etwas zu geben. Wichtig ist, größere Rechnungen nachzuprüfen, da Irrtümer vorkommen können.

Besonders die besseren **Hotels** schlagen oft eine oder mehrere Gebühren („Taxa") von insgesamt 5–15 % auf den Endbetrag auf. Darunter befindet sich auch die *Taxa de Serviço*, also das Trinkgeld für das Service-Personal. Nach offizieller Lesart ist dies zwar manchmal „optional", jedoch wird man bei Nichtbezahlung wahrscheinlich danach gefragt werden, ob mit dem Service irgendetwas nicht in Ordnung war.

Taxifahrer erwarten, dass die Summe auf den nächsten vollen Real aufgerundet wird. Schuhputzern und anderen Kleindienstleistern kann man immer etwas mehr als verabredet geben.

Vortritt lassen

Verschiedene Bundesgesetze sprechen Senioren (über 65 Jahre), Schwangeren und Behinderten spezielle Rechte zu, und viele öffentliche Einrichtungen und Geschäfte bedienen diesen Personenkreis bevorzugt, in Supermärkten gibt es gar eigene Kassen dafür. Man sollte sich also nicht wundern oder gar aufregen, wenn einmal ältere Menschen vor einem in die Schlange treten – dies ist keine Unhöflichkeit.

Versicherungen

Die großen Versicherungsunternehmen bieten eine verwirrende Vielzahl von Versicherungspaketen an, die Reiserücktritt-, Unfall-, Gepäck- und Auslandskrankenversicherung einschließen können. Letztlich liegt es im Ermessen jedes Einzelnen, was alles versichert werden soll. Die einzig wichtige Urlaubsversicherung ist die **private Auslandskrankenversicherung**, die den Krankenrücktransport einschließt.

Auslandskrankenversicherung

Ohne eine Auslandskrankenversicherung mit Rücktransport sollte niemand sein Heimatland verlassen. Bei Krankheiten und Unfällen kann sehr schnell eine erhebliche Summe zusammenkommen, die aus eigener Tasche bezahlt werden müsste. Versicherte können die Kosten dagegen nach Einreichen der Rechnungen bei der Versicherung geltend machen.

Einschränkungen gibt es natürlich auch hier, besonders bezüglich Zahnbehandlungen (nur Notfallbehandlung) und chronischen Krankheiten (Bedingungen durchlesen!). Der feine Unterschied liegt im Detail: Die meisten Versicherer zahlen den Rücktransport nur, wenn er „medizinisch notwendig" ist. Bei manchen genügt es, dass der behandelnde Arzt den Transport in die Heimat für sinnvoll erachtet.

Die später bei der Versicherung einzureichende **Rechnung** sollte folgende Angaben enthalten:

- Name, Vorname, Geburtsdatum, Behandlungsort und -datum
- Diagnose
- erbrachte Leistungen in detaillierter Aufstellung (Beratung, Untersuchungen,

Behandlungen, Medikamente, Injektionen, Laborkosten, Krankenhausaufenthalt)

- Unterschrift des behandelnden Arztes
- Stempel

Visa

Ein- und Ausreise: Für Besucher aus der **EU** und der **Schweiz** besteht keine Visumpflicht, der Reisepass muss jedoch noch mindestens sechs Monate gültig sein und wer als Tourist einreist, muss ein gültiges Rück- oder Weiterflugticket vorweisen. Im Kinderpass ist (unabhängig vom Alter) ein Lichtbild vorgeschrieben. An der Grenze bzw. schon im Flugzeug füllt man eine **Einreisekarte** *(Cartão de Entrada/Saída)* aus, die unbedingt bis zur Ausreise aufbewahrt werden muss, am besten getrennt vom Pass, damit auch bei Passverlust die legale Einreise dokumentiert werden kann. Andernfalls wird eine Geldstrafe fällig.

Die allgemein zulässige Aufenthaltsdauer für Touristen beträgt **90 Tage**. Besucher aus vielen Ländern, darunter auch der **Schweiz**, können vor Ablauf dieser Frist bei der Bundespolizei Polícia Federal in jeder größeren Stadt unter Vorlage eines Rückflugtickets eine **einmalige Verlängerung** um weitere 90 Tage beantragen (Gesamtaufenthaltsdauer also max. 180 Tage innerhalb von 12 Monaten). Neuerdings gilt diese Verlängerungsmöglichkeit nicht mehr für **EU-Bürger** – diese dürfen sich innerhalb eines Zeitraums von 180 Tagen (6 Monate) nur noch höchstens 90 Tage in Brasilien aufhalten. Grund ist das von Brasilien in Visa-Fragen verfolgte „Prinzip der Gegenseitigkeit", in diesem Fall also die Anpassung an die Regelung in der EU selbst, die Brasilianern die Verlängerung ihres Touristenvisums von 90 Tagen in Europa ebenfalls untersagt. Eine Aus- und Einreise während dieses Zeitraums ist aber möglich, die Zählung der im Land verbrachten Tage wird dann gestoppt und erst nach der Wiedereinreise fortgesetzt.

Für längere Aufenthalte muss *vor* Abreise bereits im Heimatland bei der zuständigen brasilianischen Auslandsvertretung ein **Dauervisum** beantragt worden sein. Aktuelle Informationen unter 💻 www.berlim.itamaraty.gov.br.

Zeit

Im größten Teil des Landes gilt die **Uhrzeit von Brasília** *(a hora de Brasília)*, MEZ minus 4 Stunden: Im gesamten Süden, Südosten und Nordosten sowie im Zentralen Westen (Goiás und Brasília), außerdem in den Amazonas-Staaten Tocantins, Amapá und Pará.

In den Staaten des **westlichen Brasiliens** (Mato Grosso/MT, Mato Grosso do Sul/MS, Roraima, Rondônia, Acre und Amazonas) ist es gegenüber der Standardzeit eine Stunde früher (MEZ minus 5 Std.). Nur auf dem Archipel **Fernando de Noronha** ist es eine Stunde später (MEZ minus 3 Std.).

Kompliziert wird es, wenn zwischen Mitte Oktober und Mitte Februar in einigen Teilen Brasiliens die Uhren auf **Sommerzeit** (also eine Stunde vor) gestellt werden. Dies geschieht im Süden und Südosten sowie dem Zentralen Westen, also u. a. in Brasília, Rio de Janeiro und

Zeitzonen

MEZ	16.00	19.00	22.00	01.00	04.00	07.00	10.00	13.00
MEZ Sommerzeit	17.00	20.00	23.00	02.00	05.00	08.00	11.00	14.00
F. de Noronha	13.00	16.00	19.00	22.00	01.00	04.00	07.00	10.00
Hora de Brasília	12.00	15.00	18.00	21.00	24.00	03.00	06.00	09.00
HdB Sommerzeit	13.00	16.00	19.00	22.00	01.00	04.00	07.00	10.00
West-Brasilien	11.00	14.00	17.00	20.00	23.00	02.00	05.00	08.00
MT/MS Sommerzeit	12.00	15.00	18.00	21.00	24.00	03.00	06.00	09.00

São Paulo, der Zeitunterschied zur MEZ beträgt dort dann minus 3 Stunden, im Pantanal minus 4 Stunden. Im Nordosten und Norden werden die Uhren dagegen – in der Regel – nicht umgestellt, der Zeitunterschied bleibt z. B. in Salvador bei minus 4 Stunden.

Zu berücksichtigen ist auch die **europäische Sommerzeit**, wenn der Zeitunterschied sich um eine Stunde vergrößert. Als Faustregel kann man sich merken, dass in Rio de Janeiro der Unterschied zu Europa immer zwischen 3 und 5 Stunden beträgt, in Salvador 4–5 Stunden. Eine Eselsbrücke: Im kalten europäischen Winter rücken die Menschen zusammen, dann ist auch die Zeitdifferenz zu Brasilien geringer.

Zoll

Einreise

Kleidung und Gegenstände für den persönlichen Bedarf sind zollfrei, ebenso Geschenke bis zum Wert von US$500 (bei Einreise auf dem Land- oder Wasserweg US$300) sowie Duty-free-Artikel in bestimmter Menge (aktuelle Informationen auf Englisch: 💻 www.receita.fazenda.gov.br/principal/Ingles/faq.htm).

Elektronische Geräte, die nicht in Brasilien hergestellt wurden, müssen (zumindest offiziell) bei der Einreise registriert und auch wieder ausgeführt werden. Bei Verlust oder Diebstahl muss ein polizeiliches Dokument *(boletim de ocorrência)* dies belegen.

Devisen dürfen unbegrenzt eingeführt werden, allerdings müssen Beträge, die den Gegenwert von R$10 000 übersteigen – unabhängig von Währung und Form (bar, Schecks etc.) – bei der Einreise deklariert werden. Dies tut man auf einer bereits im Flugzeug verteilten Zollerklärung.

Hat man nichts zu deklarieren, begibt man sich direkt zu dem entsprechenden Ausgang *(nada a declarar)*. Verboten ist grundsätzlich die Einfuhr von Früchten, Samen und Pflanzen.

Ausreise

Bei der Ausreise müssen sämtliche deklarierten Gegenstände wieder mitgebracht werden. Streng verboten ist die Ausfuhr von ungeschliffenen Edelsteinen, bestimmten Mineralien, Fossilien, einheimischen Samen, Tierhäuten und Fellen. Auch die Ausfuhr von wild lebenden Tieren, z. B. Papageien, und Pflanzen ist illegal. Selbst bei vermeintlich harmlosen **exotischen Souvenirs** ist Vorsicht geboten – häufig sind sie aus seltenen Tier- und Pflanzenarten hergestellt, die in ihrem Bestand gefährdet oder vom Aussterben bedroht sind. Verstöße können mit Freiheitsstrafen geahndet werden.

Land und Leute

Land und Geografie

Größe und Lage

Ohne Superlative kommt kaum ein Reiseführer aus, wenn es um die Beschreibung Brasiliens geht: der größte Regenwald, der wasserreichste Fluss, der längste Küstenstreifen, die gewaltigsten Wasserfälle und die reichste Flora und Fauna des Planeten. Brasilien ist der Riese unter den Ländern Lateinamerikas – mit fast kontinentalen Ausmaßen. Bei einer Fläche von 8,5 Mio. km^2 ist Brasilien das fünftgrößte Land der Erde und 24-mal so groß wie Deutschland. Bis auf Chile und Ecuador hat es mit allen Staaten Südamerikas eine gemeinsame Grenze. Die Ost-West-Ausdehnung ist fast gleich mit der Nord-Süd-Distanz und entspricht in etwa einer Strecke von Lissabon bis Moskau. Aber nicht nur die reine Größe erinnert an einen Kontinent, sondern auch die Vielfalt an Kulturen, Völkern, Landschaften und klimatischen Bedingungen.

Flagge und Nationalhymne

Nicht zuletzt wegen der Trikots der Fußball-Nationalmannschaft werden die Farben **grün** und **gelb** von vielen sofort mit Brasilien in Verbindung gebracht. Sie gehen auf die Flagge zurück, die sich Brasilien 1889 gegeben hat, als Kaiser Dom Pedro II. abgesetzt und die Republik gegründet wurde. Auf ihr zu sehen ist eine gelbe Raute auf grünem Grund. Im Volksmund wird das Grün oft als Symbol für die Regenwälder, das Gelb für die reichen Vorkommen an Bodenschätzen genannt. Ursprünglich geht jedoch das Grün auf die portugiesische Adelsfamilie Bragança (Herkunft Kaiser Dom Pedros I.) und das Gelb auf die Habsburger (Haus der Kaiserin Leopoldina) zurück. Die blaue Kugel in der Raute zeigt den Himmel über Rio de Janeiro am 15. November 1889 um 8.30 Uhr: Ort und Stunde der Proklamation der Republik. Die 27 Sterne stehen für die 26 Bundesstaaten und den Bundesdistrikt Brasília. Auf dem weißen Spruchband steht das Motto „**ordem e progresso**" (Ordnung und Fortschritt). Es hat seine Wurzeln in den positivistischen Ideen des französischen Philosophen Auguste Comte, von denen die Gründerväter der Republik geleitet waren.

Die **Hino Nacional Brasileiro** (Nationalhymne) wurde von Francisco Manuel da Silva (1795–1865), dem Hofkomponisten von Pedro II., komponiert, der Text stammt von Joaquim Osório Duque Estrada (1870–1927). Seit 1890 ist sie offiziell Hymne des Landes.

Regionen

Die offizielle Aufteilung unterscheidet zwischen fünf **Großräumen**: Norden, Nordosten, Südosten, Süden und Zentraler Westen. Diese sind eingeteilt in 26 **Bundesstaaten** und einen Bundesdistrikt. Die Regionen entsprechen zum Teil der naturräumlichen Gliederung des Landes, lassen sich aber auch kulturgeschichtlich deutlich abgrenzen. Ihre Eroberung und Besiedlung erfolgte zu unterschiedlichen Zeitphasen.

Heute hat Brasilien einen **industrialisierten** Teil im Südosten und Süden, dessen ökonomische Kennwerte an mitteleuropäische Verhältnisse heranreichen. Das weitaus größere Gebiet im Norden und Nordosten war lange wirtschaftlich **unterentwickelt** und zeigte die typischen Probleme eines Entwicklungslandes. Besonders Landflucht, d. h. die Migration aus dem ärmeren Nordosten in die Großstädte des Südostens, war ein großes soziales Problem des 20. Jhs. Für diesen Exodus waren zwei Gründe maßgeblich verantwortlich: Zum einen haben sich seit der Kolonialzeit Eigentums- und Sozialstrukturen verfestigt; die landlose Bevölkerung hatte keine ausreichende Existenzgrundlage und keine Chance zum sozialen Aufstieg. Zum anderen führte die Modernisierung der Landwirtschaft zur Verdrängung von Kleinbauern. Mit fortschreitendem wirtschaftlichem Wachstum im 21. Jh. haben diese Tendenzen spürbar abgenommen, dennoch besteht weiterhin eine große ökonomische Kluft zwischen dem Norden/Nordosten (insbesondere dem Hinterland) und dem Süden/Südosten des Landes.

Der **Nordosten** (Nordeste) kann als Wiege der brasilianischen Kultur bezeichnet werden. In Bahia wurde Brasilien „entdeckt", Salvador war

die erste Hauptstadt des Landes. Der Archipel Fernando de Noronha liegt hier, außerdem neun Bundesstaaten. Politisch und wirtschaftlich sind Bahia, Pernambuco und Ceará am bedeutendsten. Der **Südosten** (Sudeste) ist – aus europäischer Sicht gesehen – die zweitälteste Region Brasiliens. In ihren Metropolen São Paulo, Rio de Janeiro und Belo Horizonte schlägt das wirtschaftliche Herz des Landes. 70 % der Bevölkerung leben im Nord- und Südosten, die zusammen nur 30 % Anteil am Territorium haben.

Im **Norden** (Norte) und **Zentralen Westen** (Centro Oeste oder Brasil Central) leben nur 14 % der Bevölkerung – obwohl die beiden Regionen zwei Drittel der Landesfläche ausmachen. Der Norden liegt größtenteils im **Amazonasbecken**, das fast die Hälfte Brasiliens einnimmt. Er ist damit die bei weitem größte Region, mit einer einmalig reichen Tier- und besonders Pflanzenwelt. Im Zentralen Westen liegt das nach Amazonien zweitgrößte Naturreservat Brasiliens, das Feuchtgebiet des **Pantanal**. In dieser *Terra de Ninguém* (Niemandsland) genannten Region leben ebenfalls nur wenige Menschen, auf jeden Einwohner kommen jedoch um die 40 Kaimane (und zahlreiche andere Tierarten). Der Zentrale Westen ist außerdem von ausgedehnten Savannen und tropischem Grasland geprägt. Hier liegt die 1960 gegründete Bundeshauptstadt Brasília.

Die Serra do Espinhaço bei Diamantina

Der kleine **Süden** (Sul) macht nur 7 % des Landes aus. Er wurde erst im 19. Jh. durch europäische Immigranten nachhaltig besiedelt. In seinen drei Bundesstaaten ist die Kultur der Deutschen, Italiener, Schweizer, Polen etc. bis heute spürbar. Neben dem Südosten hat der Süden die modernste Wirtschaft Brasiliens, größte Zentren sind Curitiba und Porto Alegre. Ganz im Süden (Rio Grande do Sul) liegen die Pampas genannten Tiefebenen, traditionelle Regionen der Weidewirtschaft.

Flüsse

Brasilien wird von zwei gigantischen Stromsystemen bestimmt, deren Ausmaße nicht mit europäischen Verhältnissen vergleichbar sind. 55 500 km² Süßwasser, das sind knapp 14 % der Gesamtfläche unserer Erde, konzentrieren sich auf dieses eine Land.

Der **Amazonas** ist das größte Flusssystem der Erde und hat nach neuesten, allerdings noch nicht endgültig anerkannten, Vermessungen eine Länge von 6800 km (Nil 6670 km, Rhein 1300 km). Die Quelle des Amazonas wurde erst 1971 in den südlichen Anden von Peru beim Vulkan Misti in 4000 m Höhe entdeckt. Seine Breite beträgt in der brasilianischen Tiefebene sechs bis acht Kilometer, im Mündungsgebiet bei Belém sind es sogar 250 km. Dort entlässt er pro Sekunde 175 Mio. Liter Wasser in den Atlantik, genug, um in einer halben Minute den Durst aller Erdenbewohner zu stillen. Er besitzt rund 1000 Nebenflüsse mit einer schiffbaren Strecke von etwa 50 000 km.

Der **Rio Paraná** bildet zusammen mit dem **Rio Paraguai** und dem **Rio Uruguai** die zweite riesige Flusslandschaft, das Paraná-Paraguai-System. Er entspringt in Minas Gerais und erreicht bis Rio de la Plata, dem großen Mündungsdelta bei Buenos Aires, eine Länge von 3700 km. Zahlreiche Wasserkraftwerke werden von ihm gespeist, darunter das zweitgrößte der Welt in **Itaipu** (oberhalb der Einmündung des Rio Iguaçu im Bundesstaat Paraná). Mächtiger Nebenfluss des Rio Paraná ist der in Mato Grosso entspringende Rio Paraguai (2200 km).

Der **Rio Iguaçu** ist vor allem durch seine gewaltigen Wasserfälle berühmt. Er entspringt bei Curitiba, durchläuft bis zu den *Cataratas* rund 1320 km, bis er am Grenzpunkt zwischen Brasilien, Paraguay und Argentinien in den Rio Paraná eintritt.

Der größte rein brasilianische Fluss, der **Rio São Francisco** (3161 km), entspringt in Minas Gerais, führt durch Bahia und mündet zwischen Aracaju (Sergipe) und Maceió (Alagoas) in den Atlantik. Er hat große Bedeutung für die Ökologie des Sertão, des trockenen Landesinneren; seit einigen Jahren wird hier sogar ein aromatischer Tropenwein angebaut.

Naturräume und Gebirge

Brasilien lässt sich in fünf verschiedene Landschaftseinheiten gliedern: Das **Amazonas-Tiefland**, den **Pantanal**, die **Ostküste**, die Ausläufer des **Berglandes von Guayana** und das **Berg- und Tafelland**. Letzteres nimmt den größten Teil des Landes ein. Die wichtigsten Gebirgsketten sind die Serra da Mantiqueira, die Serra do Mar und die Serra Geral. Höchste Erhebung des Berglandes ist der Pico da Bandeira im äußersten Südosten (2890 m). Zur Küste hin fällt es teilweise steil ab, nach Norden senkt es sich allmählich zum Tiefland des Amazonas ab. Dieses steigt nach Norden hin wieder zum Bergland von Guayana an. Hier befindet sich an der Grenze zu Venezuela mit dem **Pico da Neblina** (3014 m) die höchste Erhebung Brasiliens, durchaus eine Herausforderung für passionierte Bergsteiger. Brasilien besitzt neun weitere Berge mit einer Höhe von über 2500 m. Insgesamt jedoch liegen nur 0,5 % des nationalen Territoriums höher als 1200 m.

Naturfreunde steuern gern den 425 km östlich von Salvador gelegenen Parque Nacional da **Chapada Diamantina** an. Er ist Teil einer ausgedehnten schluchtenartigen Gebirgslandschaft mit zahlreichen Tafelbergen, Grotten und Wasserfällen. Eine ähnliche Region findet sich im Süden Brasiliens, nicht weit von der Küste an der Grenze zwischen Rio Grande do Sul und Santa Catarina: die Nationalparks von **Aparados da Serra** und **Serra Geral** mit ihren Schluchten Itaimbezinho und Fortaleza.

Pau brasil – wie alles anfing

Der Name Brasiliens geht auf das Holz (Port. „pau") des Pau-brasil-Baums zurück; dabei stammt der Ausdruck „brasil" von „brasa" (Glut), benannt nach der roten Farbe des Stammes, dessen Saft in Europa besonders zum Färben von Stoffen verwendet wurde. Seine Verarbeitung war zugleich die erste bedeutende wirtschaftliche Tätigkeit des Landes überhaupt. Heutzutage ist es sehr schwer, den Pau brasil – außerhalb von Schutzgebieten – in natürlich gewachsenem Zustand zu finden. In der städtischen Baumpflanzung wird er dagegen häufig verwendet.

Flora und Fauna

Flora

Die Flora Brasiliens weist von allen Gebieten der Erde den **buntesten Artenreichtum** der Pflanzenwelt auf (allein 55 000 Blütenpflanzen). Das Amazonasbecken mit 40 % der Fläche Brasiliens ist die größte genetische Bank der Welt. Dort finden sich allein 2500 Baumarten und 1000 Arten Farne und Orchideen. Aber auch der Cerrado, die weite zentrale Hochebene und Trockensavanne (23 % Landesanteil) birgt eine bislang wenig bekannte Vielzahl von Pflanzen. Diesen botanischen Schatz so richtig entdeckt hat **Carl Friedrich Philipp von Martius** (1794–1868). Mit seinem vierzigbändigen Mammutwerk *Flora brasiliensis* hat der deutsche Forscher eine vollständige Inventarisierung und Klassifizierung versucht, deren wissenschaftlicher, vor allem aber auch ästhetischer Wert bis heute unumstritten ist.

Sucht man mit diesem Pflanzenatlas heute die Fundstellen des botanischen Bienenfleißes von Martius auf, so muss festgestellt werden, dass die Erde ärmer geworden ist. Menschenhand verwandelte den „grünen Riesen" Brasilien nicht selten in eine Wüste.

Einschließlich der Waldmeere Amazoniens sind nur noch ganze 35 % des Staatsgebietes bewaldet – ein Anteil, der nicht wesentlich größer ist als der in Deutschland. Bis auf kümmerliche Restbestände von knapp 5 % wurde der Wald in den Küstenstaaten Paraná, Santa Catarina, São Paulo, Rio de Janeiro, Espírito Santo und Bahia ausradiert. Früher konnte sich ein Affe vom Atlantik bis zum Pazifik durchhangeln, heute bleibt er besser im Zoo. Im Botanischen Garten von Rio de Janeiro mag man einen Eindruck tropischer Vegetationskraft gewinnen: Da entspricht der Dschungel noch unseren Träumen.

Vier große tropische **Biotope** zeichnen Brasilien aus: die Regenwaldzone (Amazonien sowie der Atlantische Regenwald „Mata Atlântica"), die Feuchtsavannenzone (Pantanal, Randgebiete des Amazonasbecken), die Trockensavannenzone (Cerrado) und die Dornensavannenzone (Caatinga im Nordosten).

Südlich der Linie Curitiba – Foz do Iguaçu geht die Vegetation in subtropische und gemäßigte Formen über. Charakteristisch für Paraná ist die **Araukarie**, eine Kiefer mit weit ausladender Krone. Brasiliens „Nationalbaum" ist das unscheinbare Rotholz **Pau brasil**, aus dem die Portugiesen Textilfarbstoff gewannen.

Kautschukbaum, Kaffeestrauch und Kakaobaum wurden und werden ebenso wenig wie das Zuckerrohr und die Sojabohne zur Grundversorgung der Bevölkerung angebaut, sondern vor allem für den Export. Zwei Drittel aller Brasilianer ernähren sich von „arroz e feijão", Reis und Bohnen.

An der Küste und in großen Gebieten des Nordostens bildet die **Palme** das Grundgerüst zum Überleben. Martius hat einige Tausend Palmenarten in Brasilien gefunden. Die Kokospalme mag die bekannteste sein. In Pará ist es die der gleichnamigen Nuss. Buriti-, Açaí- und Dendê-Ölpalme kommen hinzu. Bis ins Mark ist eine Palme vollständig verwertbar – als Nahrungsmittel, Textilfaser und Baustoff. Die Palme ist das Symbol der Tropen. Aber sie braucht Wasser, das im Cerrado nur periodisch und in der Caatinga kaum vorhanden ist. Auf der weiten zentralen brasilianischen Hochebene finden sich Palmen nur entlang der Flussläufe und am Rande der Sümpfe.

Die Bäume der Trockensavanne sind aus anderem, knochenhartem, feuerresistentem Holz geschnitzt. Der ständige Wechsel von monatelangen Trockenperioden und regenreichen Intervallen zwingt die Pflanzen zu besonderen Techniken gegen Austrocknung und Fäulnis. Die Bäume in der Savanne wachsen kaum häuserhoch, die Natur presst sie in Bonsai-Format. Zäh und verwachsen widerstehen sie den Unbilden des Klimas und krallen sich in den nährstoffarmen Boden. Einen guten Überblick über die Cerrado-Vegetation vermittelt der Botanische Garten von Brasília.

Fauna

Was über den Reichtum der Flora Brasiliens gesagt wurde, gilt auch für die Fauna. Auch hier ist wieder das Amazonasgebiet eine besonders reich gefüllte **biologische Schatzkammer**. 3000 Wirbeltierarten, ebenso viele Süßwasserfische, immerhin noch 524 Säugetierarten und 51 Spezies von Primaten wurden gezählt – und es werden mit Fortschreiten der Forschung immer mehr. Beinahe überflüssig zu sagen, dass die Amphibien (517 Arten) und Reptilien (468 Arten) besonders reich vertreten sind – allerdings von einer Tierklasse bei weitem regelrecht überflügelt werden: durch die Insekten, deren Gegenwart der Reisende immer wieder schmerzlich spürt.

Die wenigsten Traveller werden voraussichtlich mit „wilden" Tieren Bekanntschaft machen. Lange vorbei sind die Zeiten, in denen undurchdringliche Wälder den gesamten Kontinent bedeckten, wo es in allen Ecken kreuchte und fleuchte. Der Mensch hat diesen Tempel der Natur geplündert. Wissenschaftler haben ausgerechnet, wie viele Lebensformen durch den Menschen unwiderruflich ausgerottet wurden und werden. Eigentlich sind alle Arten außer Hausratten und Küchenschaben bedroht. Hinzu kommt, dass die meisten Tiere des Regenwaldes (aber auch des Cerrado) nachtaktiv sind und dass der Artenreichtum sich eben auf enorme Flächen verteilt. Birdwatcher sollten deshalb besser in den Pantanal reisen als nach Amazonien – in diesem relativ kleinen Gebiet konzentriert sich die Tierwelt weit höher um die „Wasserlöcher".

Vögel

Brasiliens Wappentier ist der Papagei, genauer: der **Ara**. Es gibt blaue (selten), grüne und rote, die alle mit gelben Rücken-, Brust- oder Halsfedern laut kreischend wie eine Fußballmannschaft in Pulks aufzutreten pflegen. Bekanntermaßen sind sie sprachbegabt, und die Indianer halten sie als Hausschmuck. „Der Ara", so meint Tiervater Alfred Brehm, „unterscheidet sich von anderen Papageien durch einen gewissen Ernst."

Ernst ist aber auch der **Tukan**. Sein Schnabel ist so groß, dass er ihn selten öffnet. Wenn er über das tropische Blätterdach flattert, gewinnt man den Eindruck, dass da ein Schnabel fliegt, an dem ein Vogel hängt: eine schwarz-weiße oder gelb-orange Krähe.

Winziger als der Tukan und lustiger als der Ara ist der **Kolibri**. Der Floh unter den Vögeln ist ein Weltmeister im Kunstflug. Die Brasilianer nennen sie zärtlich und zutreffend „Blumenküsser" *(Beija-Flor)* und füttern sie aus kleinen Flaschen mit Zuckerwasser.

Rabengeier gehören beinahe schon zum üblichen Bild in einigen Peripheriegebieten von Brasiliens Großstädten. Man findet die hühnergroßen Aasfresser gelegentlich auch noch an Badestränden als bekanntlich nützliche „Gesundheitspolizisten", aber ihre Gegenwart signalisiert eben nur das reichliche Vorhandensein von Müll und Unrat.

Säugetiere

Südamerika war wie Australien zusammen mit der Antarktis lange Zeit vom Rest der Welt isoliert. Viele vierbeinige Tiere sind noch Zeugen dieser eigenen Entwicklung aus dem frühen Paläozän. Damals waren die Säugetiere fast überall noch kleine, unspezialisierte Lebewesen. Das Zeitalter der Reptilien (Saurier) war kaum vorüber, und die Säuger hatten ihre große Entwicklungsphase noch nicht begonnen. In Südamerika blieben viele Arten auf dieser Stufe stehen, als „primitive" Säuger (Beuteltiere und Edentaten). Drei von ihnen trifft man relativ häufig in Brasilien an: das Faultier, den Ameisenbär und das Gürteltier.

Das **Faultier** macht wegen seiner zeitlupenartigen Bewegungen seinem Namen Ehre und sieht darüber hinaus die Welt auch noch auf dem Kopf stehend, indem es sich mit seinen Greifklauen hängend im Geäst bewegt. Entfernt verwandt mit dem Klauenkletterer der Bäume ist der **Ameisenbär**, der Tamanduá, der die Trockensteppen des brasilianischen Hochlandes nach schmackhaften Termiten und Kerbtieren „durchfegt". Sein langer buschiger Schwanz vergrößert den plumpen Klauengänger optisch um das Doppelte. Das **Gürteltier**, der Tatu, wiederum ist ein so genannter „zahnloser" Edentat. Der Weltbevölkerung ist das Tier als schnittiges Maskottchen der Fußball-WM 2014 bekannt. Alle Dutzend Arten der Gürteltiere sind mit Hornpanzer und kräftigen Grabklauen ausgestattet. Behänder als unsere Maulwürfe vermögen sich die Tatus vor dem Feind im Staub zu vergraben – wenn sie es nicht vorziehen, sich zu einer Panzerkugel zusammenzukrümmen. Am geläufigsten sind in Brasilien die katzengroßen „Hühner-Tatus", die gelegentlich am Straßenrand von Freizeitjägern angeboten werden. Indianervölker halten sie auch als eine Art Mini-Hausschwein. Die Tatus gelten als (verbotene) Delikatesse. In manchen Fernfahrerkneipen kriegt man sie heimlich als „Spanferkel" vorgesetzt.

Dem Menschen etwas näher stehend ist das hundsgroße Wasserschwein, das **Capivara**, ein friedlicher Vegetarier im Amazonasgebiet und Pantanal. Das Wasserschwein ist der größte Nager der Welt.

Die kleinsten fliegenden Warmblüter sind in Brasilien besonders reich vertreten: Ein Dutzend Arten von **Fledermäusen** hat man gezählt. Sie haben sich dem urbanen Ambiente der Großstädte bestens angepasst und verkoten bevorzugt weiß gestrichene Villen. Im Nordosten Brasiliens in Maranhão lebt eine Vampirart, die wie das Ungeheuer von Loch Ness jedes Jahr mit Schreckensmeldungen über ausgesaugte Menschenbabys von sich reden macht. In Wirklichkeit begnügen sich die Blutsauger aber meist mit Rinderblut.

Brasiliens (und Südamerikas) größtes einheimisches Säugetier ist der **Tapir**, die Anta. Ihre weit entfernten, größeren Vettern und Cousinen heißen Nashorn und Pferd. Fossile Vorfahren der Tapire sind in Europa, Asien und Nordamerika gefunden worden. Als die Landbrücke zwischen den Kontinenten zerbrach und sich die Vegetation veränderte, fand der Tapir seine ökologische Nische im tropischen Südamerika. Wie das Nilpferd liebt der Dickhäuter das nasse Element. Goldgräber und Rinderzüchter haben die behänden Fleischklopse, deren Braten etwas nach Wildschwein schmecken soll, fast ausgerottet.

Menschenscheu und trotzdem fast vernichtet sind auch die Großkatzen der Neuen Welt – die **Jaguare**, die Onças, die in brasilianischen Volkserzählungen etwa die gleiche Rolle spielen wie bei uns der Wolf im Märchen.

„Vor mir auf dem hohen Baume saßen sie und führten ein so schauerliches Konzert auf, dass man wähnen könnte, alle wilden Tiere des Waldes seien in einem tödlichen Kampf gegeneinander entbrannt", schilderte die Prinzessin Therese von Bayern einst ihren Urwald-Trip in Amazonien. Hoheit meinten natürlich die **Brüllaffen**, jene lautstarke und zahlreiche Schar der Neuwelt-Affen, die in den höheren Etagen des Waldes hausen. Wegen ihrer Geschicklichkeit haben die Brüllaffen keine natürlichen Feinde, nur die Indianer schätzen sie gebraten.

Wie die Onça im Dschungel gilt der Boto im Wasser als brasilianisches Fabeltier. Es handelt sich um den Süßwasser- oder **Langschnauzendelphin**, das nach dem Menschen intelligenteste Tier, gemessen an seinem relativen Hirnvolumen. Am häufigsten sieht man auf den Amazonasflüssen den rotbauchigen Boto. Heute gilt bei den Caboclos am großen Fluss als sicher, dass der Boto in Wahrheit ein Latin Lover ist, der in lauen Nächten ans Ufer kommt, um Jungfrauen zu verführen. Nachdem amerikanische Wissenschaftler festgestellt haben, der Delphin könne auf Grund seiner enormen Intelligenz sogar Gedichte schreiben, klingt die Geschichte beinahe glaubhaft.

Fische, Amphibien, Reptilien

3000 verschiedene Süßwasserfischarten gibt es im Amazonasgebiet und dem Pantanal, und eigentlich werden davon nur zwei Prozent als Speisefische genutzt. Der größte und bekannteste davon: der **Pirarucu**, der bis zu 68 kg schwer und 2 m lang werden kann. Nicht weniger bekannt ist natürlich der „Killerfisch" **Piranha**, der sich in der Regel in stillstehenden amazonischen Gewässern aufhält und sich bei unscheinbarer Körperform und mittlerer Größe durch ein scharfes Gebiss auszeichnet. In Rio

Die hochgiftige Insel-Lanzenotter *(Jararaca-ilhoa)* kommt zum Glück nur auf einer Insel vor São Paulo vor.

© WERNER RUDHART

de Janeiro bezeichnet man leichte Mädchen an der Copacabana ebenfalls als Piranhas.

Wenn die Nacht in Brasilien hereinbricht und die Luft nicht allzu trocken ist, hebt das Konzert der **Frösche** an. Es sind aber nicht die Bässe der den Europäern bekannten Amphibien, sondern die Soprane winziger Laubfrösche, die so hell „quaken", dass man meint, es handele sich um Nachtigallen.

Die Chance solche „Laubenpieper" zu sehen ist geringer, als über einen Kaiman zu stolpern – jedenfalls wenn man sich auf einer Piste durch den Pantanal bewegt, wo sich die Jacarés, die fischfressenden **Alligatoren**, sonnen. Solange die Panzerechsen mit dem Kopf zum rettenden Nass liegen, kann man sich ihnen relativ gefahrlos nähern – sie werden ins Wasser flüchten.

Auf eine giftige Schlange zu treten ist der Albtraum jeden Brasilianers. Die Wahrscheinlichkeit ist aber bei einer europäischen Kreuzotter nicht viel geringer. **Schlangen** sind in der Nähe von Siedlungen kaum anzutreffen, obgleich es davon in Brasilien 214 Arten geben soll.

Insekten

Bekanntlich übertrifft das Lebendgewicht aller **Ameisen** dieses Planeten das der darauf lebenden Menschen. In Brasilien dürfte es sogar noch weit höher liegen. Blattschneiderameisen oder winzige Hausameisen sind praktisch überall anzutreffen, gelten aber als weniger schädlich als die **Termiten**, deren „Zuckerhüte" so charakteristisch für Viehweiden im Cerrado sind.

Dass Insekten die Erforschung und Durchdringung des Amazonasgebiets behindert haben, ist nicht zu viel gesagt. Sie sind auch heute noch für die meisten Tropenkrankheiten verantwortlich. Eine ist darunter, die in Brasilien besonders heimisch ist: die Chagas-Krankheit, die im ariden Nordosten des Landes endemisch ist und durch Parasiten einer Wanze übertragen wird.

Dengue-Fieber, übertragen durch die Stechmücke *Aedes aegyptii*, tritt mittlerweile in fast jeder brasilianischen Gemeinde auf. Die Behörden unternehmen große Anstrengungen, dieses an sich nicht lebensgefährliche Fieber zu bekämpfen, indem die Brutstätten des **Moskito** (Pfützen und stehende Gewässer) beseitigt werden.

Die Bekanntschaft mit einer besonders hartnäckigen Spinne kann dem Brasilienbesucher zustoßen, wenn er durch den Wald streift: Die **Zecke** (Carapato) hat es sich buchstäblich in den winzigen Kopf gesetzt, sich in ihr Opfer zu verkrallen – die Entfernung ist umständlich und eine Dosis Antibiotika ist angebracht, da mit der Zecke üble Viren in den Körper gelangen, die zu langwierigen Infektionen und schweren körperlichen Schäden führen können.

Natur und Ökologie

Der Regenwald

„Grüne Hölle" oder „Lunge der Erde" – der Bezeichnungen für den tropischen Regenwald in Amazonien sind viele. Komplizierter noch als die klimatischen Kreisläufe sind die der Nährstoffe im Regenwald. Erst seit wenigen Jahren hat man sie genauer erforscht. Ergebnis: Die Üppigkeit des Pflanzenwuchses entspringt nicht nährstoffreichen Böden, sondern ist letztlich Ausdruck ihres **Nährstoffmangels**. Angesichts der ungeheuren pflanzlichen Biomasse müsste man eine gewaltige Humusschicht aus abgestorbenen Pflanzen und Tieren im Regenwald vermuten. Weit gefehlt! Man kratzt am Boden, und purer Sand kommt zum Vorschein. Humus ist erst gar nicht entstanden, weil im Ökosystem des Regenwaldes die Pflanzennährstoffe über eine höchst differenzierte Nahrungskette direkt und nicht aus dem Boden aufgenommen werden. Der Regenwald am Amazonas wächst also nicht aus, sondern auf dem Boden. Der Nährstoffkreislauf des Amazonas-Regenwaldes ist in sich so geschlossen, dass er wenig Zufuhr von außen benötigt.

Der Hauptstrom des Rio Solimões/Amazonas bringt aus den Anden Milliarden Tonnen von Schwebstoffen und Materialien mit, die die Nahrungsgrundlage für ein reiches aquatisches Leben bilden – die kristallinen Zuflüsse aus dem Zentralplateau hingegen sind nährstoffarm, und die dunklen „Schwarzwasser", deren Färbung durch pflanzliche Gerbstoffe an Tee erinnert, sind wegen ihrer Säure wenig biofreundlich. Das bedeutet: weniger Fische, aber auch weniger Moskitos.

Der **geschlossene Nährstoffkreislauf** setzt Artenvielfalt voraus: Jede Pflanze, jedes Tier hat eine ganz spezielle Aufgabe in diesem Biotop. Es ist so wie mit der Biene, die die Apfelblüten bestäubt – nur sind im Regenwald nicht nur Bienen, sondern Zigtausende von Arten mit Millionen Apfelbäumen am Werk. Nimmt man einen Dominostein aus diesem fein justierten Kreislauf heraus, droht das ganze System zusammenzubrechen. Brandrodung bewirkt genau das.

Fressen und gefressen werden: Bereits die großen Naturforscher Amazoniens, Sir Walter Bates und Henry Wallace, Zeitgenossen und Kollegen von Charles Darwin, waren von den Anpassungsmechanismen und Techniken des Überlebens in der Amazonasfauna und -flora tief beeindruckt. Denn was Mutter Natur im Regenwald an biochemischen und genetischen Experimenten anstellt, übertrifft jede Phantasie. Spätestens seit der Entdeckung des Fiebermittels Chinin in einer Baumrinde wissen wir, welche biologischen Reichtümer die Tropenwälder beherbergen.

Die Erklärung für die dünne menschliche Besiedlung Amazoniens ist übrigens die gleiche, die für die Nahrungskreisläufe und die Artenvielfalt gilt: mangelnde Nährstoffbasis, hoch angepasste Nischentechnik. Indianische Kulturen im Regenwald konnten über eine nomadenhafte Jäger- und Sammlergesellschaft nicht hinauswachsen bei Strafe der Zerstörung des eigenen Lebensraumes.

Artenreichtum

Nur um einmal einen Begriff von der biologischen Vielfalt zu geben: 1500 verschiedene **Vogelarten** hat man in Amazonien bislang gezählt – ein Fünftel aller weltweit erfassten Arten –, ebenso viele **Fischarten** (in Europa sind es gerade mal 60), und auf jedem Baum leben bis zu 100 verschiedene **Insektenarten**, die alle zusammen 80 % der tierischen Biomasse im Regenwald ausmachen. Über 60 000 **Pflanzenarten** haben die Botaniker gezählt, und auf einem Quadratkilometer Regenwald finden sich mehr Spezies als in ganz Europa zusammengenommen.

Die Ureinwohner des Amazonas haben sich den natürlichen Kreisläufen im Regenwald angepasst: Wie sonst hätten sie überlebt? Zwei bis drei Millionen Waldindianer mögen es gewesen sein, die auf diesem riesigen amphibischen Kontinent zur Zeit der Ankunft der ersten Europäer gelebt haben; eine winzige Zahl von Individuen im Vergleich zu den großen Siedlungen und Städten der vorkolumbischen Hochkulturen im Andenraum. Und selbst diese kleine Menschenmenge, verstreut in der Weite des grünen Meeres, war (und ist) noch untereinander sprachlich und kulturell so stark ausdifferenziert, dass manche indianischen Gemeinschaften nie über einige hundert Personen hinauswuchsen und Indianervölker wie die Yanomami mit einigen zehntausend Menschen immer schon eher eine Ausnahme darstellten.

Ökologie

„Die wachsende Einsicht in den Reichtum der Lebensformen und -prozesse Amazoniens hat uns die Augen geöffnet über die Einmaligkeit dieser Landschaft und dieses Ökosystems. Aber auch darüber, dass wir dabei sind, mit unserer Zivilisation genau das zu zerstören", warnte 1984 der Tropenforscher Harald Sioli. Sein Kollege José Lutzenberger, der Deutsch-Brasilianer, wurde in den 80er-Jahren der Guru der Grünen und der blaue Engel des Regenwalds. Er konnte die komplizierten Zusammenhänge zwischen den Kreisläufen im Regenwald, des Klimas und der Landwirtschaft so griffig darstellen, er war so mitreißend in seinen apokalyptischen Predigten, die er polyglott und von einem Termin zum anderen hetzend vortrug, dass er schnell zur Symbolfigur der weltweiten Umweltschutzbewegung aufstieg: „Was wir Fortschritt nennen, ist der Weg in den Selbstmord!" wetterte er gegen die Abholzung des Regenwalds, die Verschmutzung der Umwelt, die Konsumgesellschaft.

Anfangs belächelt, schließlich bewundert, schwang sich Helmut Kohl zum Beschützer der tropischen Regenwälder auf; er setzte gegen den Widerstand seiner Kollegen im Kreis der

Die Zerstörung des amazonischen Lebensraumes

Die Zerstörung erfolgt nun schon seit 500 Jahren im Zuge der Eroberung der Region durch Europäer. Hier einige Faktoren:

Viehwirtschaft Seit 1990 hat sich die Anzahl der Rinder in der Region von 30 auf 60 Mio. verdoppelt, das ist ein Drittel des gesamten Bestandes in Brasilien. Die Weidewirtschaft hat besonders im Süden von Pará den Tropenwald verdrängt.

Landkonflikte Mehr als 800 Menschen wurden in den vergangenen 25 Jahren wegen Landkonflikten ermordet. Meistens sind die Opfer kleine Krauter oder ihre Fürsprecher, die den Bodenspekulanten im Wege stehen.

Indianerschutzzonen Sie machen 20 % der Fläche Amazoniens aus, und in diesen Reservaten finden sich wertvolle Edelhölzer und Bodenschätze. Teilweise mischen die Chefs der Indianergemeinschaften bei dem Geschäft mit, das Naturkapital zu verschleudern.

Bodenschätze Grobe Rechnungen gehen davon aus, dass in Amazonien Bodenschätze im Wert von 7 Billionen Dollar ruhen. Besonders Bauxit und Mangan, aber auch Eisenerz und Kupfer – und Gold. Letzteres lockt Heerscharen von *Garimpeiros* (Goldsucher) in die Tiefen des Dschungels. Die kaum zu kontrollierende Goldschürferei verursacht schwerste Umweltschäden, beispielsweise durch die Vergiftung der Flüsse mit Blei.

Holzwirtschaft Sie setzt pro Jahr 2,5 Mrd. Dollar um. Greenpeace und andere NGOs schätzen, dass 90 % der Hölzer in Amazonien illegal geschlagen werden.

Soja Die agroindustrielle Anlage von Soja-Plantagen schreitet immer weiter nach Norden vor. In Rondônia und Mato Grosso ist es die Soja-Wirtschaft, die den größten Hunger nach kahlgeschlagenem Land hervorbringt.

G-7-Staaten ein Pilotprogramm zur „Bewahrung der uns anvertrauten Natur" durch. Der **UN-Weltgipfel von Rio de Janeiro**, 1992, war eine historische Wendemarke: Zum ersten Mal in der Geschichte der Menschheit bekannten sich alle Nationen zu ihrer Verantwortung, den Planeten Erde zu schützen. Amazonien wird von der UNO als „gemeinsames Erbe der Menschheit" geadelt. Aber die Theorie ist leichter als die Praxis. Das musste schon José Lutzenberger erfahren, der als Umweltminister eines korrupten Präsidenten (Collor) endete, mit der Erkenntnis, dass sein eigener Laden wie „eine hundertprozentige Tochter des Holzhandels" hinter seinem Rücken agierte.

Gleichwohl: Seit der UN-Weltkonferenz über Umwelt und Entwicklung 1992 in Rio de Janeiro ist das Thema Ökologie und Umweltschutz aus der öffentlichen Debatte in Brasilien nicht mehr wegzudenken. Das Land hat sich eine umfassende und strikte **Umweltgesetzgebung** gegeben, bis 2020 will man 36 % der CO_2-Emissionen einsparen. Jedoch klaffen zwischen der Rechtsnorm und der Wirklichkeit Welten. Der Kongress in Brasília mag beschließen, was er will, und die Bundesregierung kann Regeln und Normen erlassen so viel sie will: Vor Ort in einem Nest am Amazonas sieht es anders aus. Die örtlichen „Kaziken" (Honoratioren) sind meistens tief in die Geschäfte von Holzhändlern, Minenbetreibern, Viehfarmern oder anderen Unternehmen verstrickt, die auf die Umwelt keine Rücksicht nehmen und den Raubbau an der Natur zum Geschäftsprinzip gemacht haben.

Diejenigen, die solches zu verhindern trachten, sind häufig viel zu schwach oder werden einfach beiseite geräumt. Leider scheint das Amazonasgebiet trotz einiger Fortschritte immer noch weitgehend Freiraum für Ökokriminelle, die sich der Kontrolle leicht entziehen können.

Trotz dieser Schwierigkeiten haben die Regierungen Lula und Dilma Rousseff in den letzten Jahren Anstrengungen unternommen, die illegale Entwaldung im Amazonas einzudämmen. So konnte man 2012 den niedrigsten Stand an gerodeten Waldflächen seit 1988 vermelden (4571 km²), etwa 30 % weniger als im Vorjahr. Inwieweit dieser Erfolg allerdings auf politischen

Maßnahmen beruht, und welchen Einfluss andere Faktoren wie eine gesunkene Nachfrage durch die Weltwirtschaftskrise spielen, ist nur schwer abschätzbar.

Wie schwierig der Kampf gegen Entwaldung ist, macht der Atlantische Regenwald an Brasiliens Küste deutlich, der bereits zu 93 % zerstört ist und neuesten Studien zufolge bei gleichbleibendem Tempo bis 2050 völlig verschwunden sein wird.

Geschichte

Urbewohner

Bereits vor 50 000 Jahren müssen Menschen in Amerika gelebt haben – ob sie aber asiatischer Herkunft, also Ur-Indianer waren, ist nicht völlig gesichert; möglicherweise verdrängten diese gewissermaßen altamerikanische Neandertaler afrikanischer Wurzel. Jedenfalls finden sich die Spuren von Feuerstellen aus jener Zeit in den Höhlen von Piauí (Serra da Capivara/Piauí). Dortige Wandmalereien sind jüngeren Datums und werden auf 17 000 v. Chr. datiert. Sie belegen, dass damals **nomadische Völker** in der Savanne lebten und Jagd auf inzwischen längst ausgestorbene Tiere wie Riesenhirsche und -Faultiere machten. Auch Tonscherben und Töpferwaren aus jener Zeit hat man gefunden – menschliche Skelette jedoch erst aus dem achten vorchristlichen Jahrtausend. Wenige Jahrhunderte v. Chr. gab es eine blühende Keramik-Kultur im Amazonasraum; ob diese altindianischen Gemeinschaften Verbindung zu den prä-kolumbischen Reichen im Andenraum hatten, ist nicht belegt.

Wie viele **indianische Ureinwohner** auf dem Gebiet des heutigen Brasilien zum Zeitpunkt der Entdeckung durch die Europäer lebten, ist nicht gesichert. Schätzungen gehen von drei bis fünf Millionen Menschen aus, die an der Küste, im zentralen Hochland und im Amazonasgebiet siedelten. Im Unterschied zur urbanen Hochkultur in den Anden finden sich im Tiefland Südamerikas kaum Spuren einer ausdifferenzierten Zivilisation. Die in unzählige Sprachgruppen geschiedenen, meist ein halbnomadisches Leben führenden Volksgruppen hatten im Tiefland keine Staatenbildung vollzogen, daher konnte der Völkermord durch die weißen Eroberer beinahe widerstandslos erfolgen.

Die Portugiesen kommen

Die Königreiche Spanien und Portugal auf der iberischen Halbinsel waren im 15. und 16. Jh. teils getrennt, teils vereint, die unbestrittenen See- und Weltmächte Europas. Sie hielten das Monopol des Gewürzhandels mit dem Orient und teilten die Welt mit päpstlichem Segen unter sich auf. Im **Vertrag von Tordesillas** (1494) wurde vereinbart, dass Portugal der östliche, Spanien der westliche Teil der „Neuen Welt" zustehen sollte. So segelte denn Brasiliens „Entdecker" **Pedro Álvares Cabral** mit zwölf Karavellen über den Äquator hinaus nach Westen und stieß am 22. April 1500 auf Land. „Porto Seguro" nannten die Seebären die ruhige Bucht an der Mündung eines Flüsschens. Eine Messe wurde gelesen, ein Holzkreuz errichtet und zwei Schwerverbrecher wurden zurückgelassen. Cabral ging nicht von Bord. Nach elf Tagen Proviantierung segelte seine Flotte weiter – ihrem eigentlichen Ziel entgegen: Indien. Das gerade erst entdeckte Land, voller Papageien und nackter Wilder, schien für den Handel nicht besonders attraktiv zu sein.

Pedro Vaz de Caminha erstellte als Chronist Cabrals die ersten Aufzeichnungen über Brasilien, das zu dieser Zeit „Terra da Santa Cruz" genannt wurde. „Diese Menschen erscheinen mir von einer solchen Unberührtheit ..." notierte er über die vom Fischfang und Ackerbau lebenden Völker der Tupi und Guarani, die im östlichen und südlichen Teil des Subkontinents lebten. 1501 und 1502 bereist **Amerigo Vespucci** die brasilianische Küste. Er wird später Namenspate des ganzen amerikanischen Kontinents und beweist in seinem Bericht *Mundus Novus* (1504), dass es sich bei dem neuen Land keineswegs um eine Insel handelt, wie zunächst angenommen. Vespucci beschreibt auch erstmalig das rote Brasilholz, das dem Land seinen Namen gab (Kasten S. 85).

Im 16. Jh. sah es an der brasilianischen Küste nicht viel anders aus als bei der Stippvisite

Cabrals. Ein paar Stapelplätze für das **Brasilholz**, aus dessen Asche man rote Textilfarbe gewann, ein paar kümmerliche Weiler mit einer Bevölkerung, die Nachkommen der Seeleute und ihrer indianischen Frauen waren, ein Dutzend Forts zur Sicherung der Küste – mehr war da nicht. Der hessische Landsknecht Hans Staden (s. Kasten), anno 1550 mit portugiesischen Söldnern ins Papageienland verschlagen und beinahe von den Indianern verspeist, hatte nach seiner Rettung und Rückkehr 1555 eine „Warhaftige Historia und Beschreibung eyner Landschaft der Wilden, Nacketen, Grimmiger Menschenfresser Leutehn" geschrieben, die zum Bestseller der damals in Mode kommenden Abenteuerreiseberichte geriet.

In solch einem Land der Wilden sah Portugal keine große Zukunft. Um die Krone nicht mit überflüssigen Ausgaben für diese neue Kolonie zu belasten, gab König João III. zwölf adligen Familien zweifelhaften Rufs das Land als Lehen. Die **Capitanias** – die Urformen der brasilianischen Bundesstaaten – hatte man grob von Nord nach Süd an der Küste markiert; wie weit sie ins Hinterland gingen, war völlig offen. Im Grunde blieb das „Land vom Wahren Kreuz" herrenlos.

Sklavenwirtschaft

1532 bringen die Portugiesen das Zuckerrohr nach Brasilien, ein Jahr später baut man die erste Zuckermühle. Der **Zucker** löst nun das Brasilholz als Ausfuhrprodukt ab. Mitte des 17. Jhs. ist die Kolonie der bedeutendste Zuckerproduzent der Welt. Das war nur möglich durch den Import von billigen Arbeitskräften – afrikanische **Sklaven**. Der transkontinentale Dreieckshandel belebte drei Jahrhunderte lang

Hans Staden

Um 1547 machte sich Hans Staden aus Homberg an der Efze Gedanken, wie er nach Indien kommen könnte. Er fuhr über Bremen und Holland nach Portugal und fand dann aber nur ein Handelsschiff, das ihn nach Nordostbrasilien mitnahm. Nach seiner Rückkehr trat er in spanische Dienste und fuhr mit der Flotte von Diego de Sanábria, des neu ernannten Statthalters für das La Plata-Gebiet, zum zweiten Mal nach Südamerika. Nach mehreren Stürmen und Schiffbrüchen landete Staden in São Vicente im heutigen Bundesstaat São Paulo.

Damals lebten die Siedler um São Vicente in Furcht vor Überfällen der Tupinambá-Indianer, die unter Leitung des mächtigen Häuptlings Cunhambebe standen. Auf der etwas weiter nördlich gelegenen Insel Santo Amaro wurde deshalb vor Bertioga beim heutigen Guarujá eine Befestigung aus Palisaden angelegt. Die Festung war lebenswichtig für São Vicente, da die Indianer den schmalen Kanal zwischen Festland und Insel nutzten, um die Siedlung anzugreifen. Hans Staden übernahm die Festung 1552 als Kommandant. Sie lag, wie er später schrieb, „dort, wo sonst kein Portugiese herein wollte". Das Festungswerk war das erste portugiesische Fort in Südbrasilien, genannt „Forte de São Felipe".

Ein Jahr später wurde Staden auf der Jagd von den Tupinambá-Indianern gefangen genommen und gen Norden in die Gegend, wo heute die Stadt Ubatuba liegt, verschleppt. Dort verbrachte er über zehn Monate bei den damaligen Menschenfressern. Er konnte nur überleben, weil er sich mit dem Medizinmann befreundete und dadurch respektiert wurde. Nach seiner Befreiung kehrte er 1555 nach Deutschland zurück.

Hans Stadens Bekanntheit ist auf die intensive Beschreibung seines Aufenthalts in Brasilien zurückzuführen, die er 1557 drucken ließ. Sein Buch *Wahrhaftige Historia...* hat mehr als 80 Auflagen erlebt, davon 15 in portugiesischer und 25 in deutscher Sprache. Es ist das älteste Werk mit einer genauen Beschreibung der Urbevölkerung Brasiliens. Die *Wahrhaftige Historia...* beschreibt mit fast wissenschaftlicher, neuzeitlich wirkender Schärfe das Land zwischen São Vicente und Ubatuba, seine Tier- und Pflanzenwelt.

LAND UND LEUTE

den südlichen Atlantik: Glasperlen, Spiegel und billiger Tand aus Europa als Zahlungsmittel an die (arabischen) Sklavenhändler in Afrika, massenweiser „Viehtransport" von Afrikanern nach Südamerika, dort der Einsatz auf den Zuckerrohrplantagen und im Haushalt der „Fazendeiros"; Export des Kristallzuckers nach Europa. 3–5 Mio. Menschen aus Afrika werden dabei zu Brasilianern wider Willen; die Sklaven sind aus dem Leben nicht mehr wegzudenken. „Herrenhaus und Sklavenhütte" sind die Grundpfeiler der Kolonialgesellschaft und auch des unabhängigen Brasiliens bis zum Ende des 19. Jhs.

Der erste Generalgouverneur **Tomé de Souza** gründet 1549 die Stadt Salvador da Bahia de Todos os Santos als Sitz der Kolonialregierung. 1551 wird das Bistum Salvador errichtet, und 1553 gründen Jesuiten eine Indianermission – Keimzelle des heutigen São Paulo. Der Ort wird Ausgangspunkt der **Bandeirantes**, Gruppen von Eroberern und Sklavenjägern, die verstärkt ab Mitte des 17. Jhs. ins brasilianische Binnenland vorstoßen und dabei die im Vertrag von Tordesillas festgelegten Grenzen zugunsten der portugiesischen Krone weit nach Westen verschieben.

Schon in diesen frühen Jahren der Kolonisation zeigt sich in Brasilien ein gewichtiger Gegensatz zum restlichen Mittel- und Südamerika. Ist in den spanischsprachigen Ländern die Stadt das Herz der Entwicklung, so ist in Brasilien die ländliche Siedlung der wesentliche Motor.

Nicht immer nehmen die entwurzelten, verschleppten und geprügelten Afrikaner ihre Versklavung widerstandslos hin. Immer wieder kommt es zu Aufständen und rebellischen Akten. Vielerorts entstehen **Quilombos**, Wehrdörfer entlaufener Sklaven, die das Kolonialgefüge bedrohen. Palmares, der bekannteste Quilombo (1633–95), ist mit 20 000 Einwohnern so mächtig, dass

Fritz Müller und die Mimikry

Wer hat schon von der „Müllerschen Mimikry" gehört? Ein paar Schmetterlingsforscher vielleicht. Mit dem Namen Fritz Müller wissen kaum mehr Leute etwas anzufangen. Und doch gehört die Entdeckung der Mimikry, also das abschreckende „Verkleiden" insbesondere unter Insekten, zu den bahnbrechenden Leistungen der Evolutionsforscher und Fritz Müller aus dem südbrasilianischen Blumenau zu den großen Naturforschern des 19. Jhs. Charles Darwin, mit dem er eine rege Korrespondenz pflegte, nannte ihn den „Fürst der Beobachter".

Müller beobachtete, dass zwei Schmetterlingsarten eine ähnliche Warnfarbe zeigten, obwohl sie nicht miteinander verwandt waren. Und dass ungiftige Falter die Zeichnungen von giftigen Artgenossen übernahmen. So schützen sich also eine ganze Menge keineswegs eng verwandter Arten mit „falschen Federn" vor dem Schnabel ihrer gefiederten Feinde – Mimikry.

Fritz Müller war Autodidakt, Atheist und Kolonist, alles in einem. Der Student der Medizin aus Greifswald, 1822 geboren, verkehrt in revolutionären Kreisen, disputiert mit Marx und Feuerbach und kann und will sich wegen seiner agnostischen Haltung nicht als Pädagoge in den Staatsdienst übernehmen lassen; lieber schlägt er sich als Hauslehrer durch. Im Europa der Restauration nach 1848 sieht Müller, wie so viele kritische Geister, keine Zukunft mehr, er wandert aus. Im südbrasilianischen Blumenau gehört er zu den Pionieren der ersten Stunde.

Müller rodet, aber er schaut sich die tropische Natur vor allem genau an. Wegen seiner religionskritischen Ansichten hat es der engagierte Pädagoge und Naturkundler selbst in der Kolonie der deutschen Einwanderer schwer; man gibt ihm untergeordnete Posten. Doch Fritz Müller sammelt, sichtet, zeichnet und schreibt. 250 Werke kommen zusammen, und Müller liest in 15 Sprachen. Fritz Müller in Berlin oder München wäre als ein zweiter Humboldt gefeiert worden. Aber Müller hockte da unten im Dschungel, wo „Judas seine Stiefel verlor", wie man zu sagen pflegte. Und mit den Jahren wurde er immer eigensinniger, er wollte sich nicht helfen lassen, jedenfalls nicht unter Aufgabe seiner Überzeugungen.

Fritz Müller starb verarmt und wohl auch verbittert 1897 in Blumenau.

die Krone in Lissabon einen Vernichtungsfeldzug befiehlt.

Auch von außen ist die junge Kolonie bedroht; Franzosen und Niederländer drängen von der Karibik aus nach Süden, auch sie wollen am Zucker-/Sklaven-Geschäft verdienen. Die **Holländer** besetzen zwischen 1624 und 1654 Olinda und Recife im heutigen Bundesstaat Pernambuco. In der Zeit von 1637 bis 1644 steigt Recife zu einer der bedeutendsten Städte Lateinamerikas mit vorbildlicher sozialer Ordnung und blühender Wissenschaft auf. Unter dem Hessen **Johann Mauritz von Nassau** herrschte 20 Jahre lang eine aufgeklärte Kolonialverwaltung, die den Untertanen freie Religionsausübung und Handelsrechte zugestand, wie sie bis dahin in Südamerika undenkbar waren und auch noch Jahrhunderte blieben. Doch die Blüte Holländisch-Brasiliens war von kurzer Dauer, und 1654 fiel Recife als letzte Hafenfestung an Portugal zurück. Am Königshof in Lissabon sah man sich nun zu mehr Engagement veranlasst, um andere Seemächte, wie etwa Frankreich und England, fernzuhalten.

Während das spanischsprachige Amerika schon in den ersten Jahrzehnten der Conquista immense Goldschätze ins Mutterland schickt, dauert es in Brasilien noch nahezu zwei Jahrhunderte, bis das erste Gold gefunden wird. Erst Ende des 17. und Anfang des 18. Jhs. stößt man im heutigen Minas Gerais, Mato Grosso und Goiás auf riesige **Gold**- und **Diamantenvorkommen**. Also wuchs der Bedarf nach afrikanischen Zwangsarbeitern in den Minen. Mitte des 18. Jhs. war Brasilien kein Kostgänger der Krone mehr, sondern eine Goldgrube, aus der der Luxus am Hofe von Lissabon bezahlt wurde. Die Kolonie wurde deshalb 1762 in den Stand des „**Vize-Königreichs**" erhoben und Rio de Janeiro zur neuen Hauptstadt erkoren – über seinen Hafen wurden die Edelmetalle verschifft.

Der Weg in die Unabhängigkeit

1727 kommen die ersten Kaffeesträucher nach Brasilien, doch erst ab Mitte des 19. Jhs. gewinnt der Kaffee als Exportartikel Bedeutung. Die wirtschaftliche und politische Achse verschiebt sich mit den Goldfunden vom landwirtschaftlich geprägten Nordosten in den Südosten. Noch bevor 1763 Rio de Janeiro Salvador da Bahia als Hauptstadt ablöst, werden unter dem portugiesischen Außen- und Premierminister **Marquês de Pombal** 1759 die Jesuiten aus Brasilien vertrieben. Damit verlieren die Ureinwohner ihre Fürsprecher und Beschützer.

Die Kolonialmacht Portugal hatte Jahrhunderte lang erfolgreich die Entfaltung einer eigenständigen Industrie in Brasilien verhindert. 1785 ordnete der König in einem Edikt entsprechend der merkantilistischen Philosophie an, die Industrialisierungsbemühungen in der Kolonie einzustellen. Eine Maßnahme, die sich zugunsten Englands auswirkte, dessen Kaufleute schon durch den Vertrag von Methuen (1703), also mit Einsetzen der Goldströme aus Brasilien, viele Privilegien beim Absatz britischer Fabrikerzeugnisse erhalten hatten. In der zweiten Hälfte des 18. Jhs. ertönt unter dem Einfluss der Loslösung der USA von England auch in Brasilien der Ruf nach Unabhängigkeit. In der Minenstadt Ouro Preto verschwören sich einige Honoratioren unter der Führung von **Joaquim José da Silva Xavier** (genannt „Tiradentes", Zahnzieher) gegen die Kolonialmacht; die Verschwörung wird verraten und ihre Anführer werden 1792 hingerichtet. Die „Inconfidência Mineira" („Verschwörung von Minas Gerais") gilt als Fanal der Bestrebungen nach staatlicher Selbständigkeit.

Die Unabhängigkeit verdankt Brasilien aber im Grunde Napoleon: Nach der Eroberung Portugals durch die Truppen Napoleons flieht **König João VI.** unter britischem Geleitschutz 1808 mit seinem etwa 15 000 Personen umfassenden Hofstaat nach Brasilien. Rio de Janeiro wird damit auch zur Hauptstadt des portugiesischen Königreiches – eine in der Geschichte einzigartige Umverlagerung der Macht in eine Kolonie und der Beginn einer intensiven Entwicklung für Rio und Brasilien. Noch im selben Jahr werden die Häfen geöffnet und das Manufakturverbot aufgehoben. Universitäten, Schulen, Banken, Industriebetriebe entstehen, und Akademiker aus Nordeuropa werden ins Land geholt. König João VI. erklärt Brasilien 1815 zum Königreich und kehrt 1821 nach Lissabon zurück.

Der Weg zur Unabhängigkeit verläuft verhältnismäßig friedlich – bewaffnete Auseinandersetzungen beschränken sich auf einen Zeitraum von rund 18 Monaten und werden vor allem in Bahia, Maranhão und Pará ausgetragen. Kein anderes Land Lateinamerikas hat sich seine Unabhängigkeit so friedlich erstritten. Dom Pedro, der Sohn von König João VI., der in Brasilien geblieben war, proklamiert mit den Worten „Vaterland oder Tod!", dem „Schrei von Ipiranga", am 7. September 1822 die Unabhängigkeit von Portugal. Am 12. Oktober 1822 lässt er sich als **Dom Pedro I.** zum Kaiser krönen. Im Anerkennungsvertrag von 1825 muss Brasilien noch die portugiesischen Schulden bei England übernehmen (2 Mio. Pfund Sterling) – praktisch ein Ablösegeld. Dann war Brasilien unabhängig.

Das Kaiserreich

Während **Baumwolle** und **Tabak** mit Beginn des 19. Jhs. zu den wichtigsten Exportprodukten aufsteigen, wird das Land zwischen 1835 und 1845 im Norden und Süden von Volksaufständen und Autonomiebewegungen erschüttert, die militärisch niedergeschlagen werden. 1840 beginnt die durch **Reformen** gekennzeichnete Regentschaft von **Dom Pedro II.**, der den Thron als Kind besteigt. 1850 wird unter dem Druck Englands ein Verbot der Sklaveneinfuhr ausgesprochen, 1888 folgt die vollständige **Abschaffung der Sklaverei**. Die mit der Unabhängigkeit beginnende **Einwanderung** erlebt ab Mitte des 19. Jhs. einen ersten Höhepunkt, als Kaiser Dom Pedro II. vor allem Deutsche, Italiener, Spanier und Portugiesen ins Land ruft.

Dom Pedros fast 50 Jahre währende Regentschaft muss man als die **Goldenen Jahre** des jungen Brasiliens bezeichnen. Der Kaiser war ein Mann der Aufklärung und der Wissenschaft, er sprach so gut Portugiesisch wie Deutsch, Französisch oder Englisch, er trat bewusst zivil und bescheiden auf und galt als unermüdlicher Arbeiter. Unter Dom Pedro II. wird Brasilien ein Imperium – auf Kosten wachsender Schulden allerdings. Immerhin verschwand das geliehene Geld nicht nur in privaten Taschen, sondern wurde in Straßen, Eisenbahnen, Telegrafenleitungen, Häfen und Schiffen angelegt. Auf dem kaiserlichen Schreibtisch im Sommerschloss von Petrópolis stand das erste Telefon Südamerikas.

Während Kabinette kamen und gingen – der aufgeklärte Monarch Pedro II. blieb und mit ihm die „Moderierende Macht". Er war sogar, wenn auch nicht ganz aus eigenem Entschluss, bereit, die Sklaverei zu beenden. Doch das gefiel so manchen Latifundisten nicht. Auch die Generäle murrten und verlangten höheren Sold wegen ihres Sieges über Paraguay. So kam es zum **Putsch** gegen den Monarchen, der fortschrittlicher dachte als die Militärs, die den Kaiser 1889 zur Abdankung und ins Exil trieben.

Die Republik

1889 setzte der von den positivistischen Ideen Europas geleitete Marschall **Deodoro da Fonseca** Dom Pedro II. ohne Blutvergießen ab und rief die Republik aus. Die deutlich von dem Rechtsgelehrten **Rui Barbosa** geprägte republikanische Verfassung (1891) zeigte eine große Nähe zur Verfassung der USA. Brasilien wurde eine Föderative Republik mit zunächst 20 Staaten. Senat und Kammer wurden als gesetzgebende Körperschaften direkt vom Volk gewählt, ebenso der für vier Jahre ins Amt berufene Präsident, der seine Minister selbst ernannte. Ein Bundesgericht wachte über die Verfassungsmäßigkeit der Gesetze.

In Wahrheit war die (Erste) Republik wie die Monarchie ein Staat der **Honoratioren** und **Großgrundbesitzer**. Die Sklaverei hatte Brasilien als letztes Land in Lateinamerika aufgehoben, italienische – später japanische – Kontraktarbeiter waren auf den nun geradezu explodierenden Kaffeeplantagen produktiver als Sklaven. Der Kaffee bestimmte nun 50 Jahre lang das Schicksal Brasiliens, und die **Weltwirtschaftskrise** 1929 sollte denn auch der Honoratiorenrepublik das Licht ausblasen. Aber zuvor bricht zur Jahrhundertwende der **Kautschukboom** aus, der Städte wie Manaus und Belém in ein gleißendes, elektrisches Licht versetzt. Die beginnende Automobilisierung in Europa und Nordamerika fährt auf Gummireifen – und der Gummi kommt aus dem Dschungel, rinnt als Kautschuk aus der Rinde von *Hevea brasiliensis*. „Fitzcarraldo"-Szenen in Amazonien, unermesslich scheint der Reichtum zu sein, den man mit Naturkautschuk erzielen kann. Bis die Engländer den Kautschukbaum in ihren südostasiatischen Kolonien auf Plantagen anbauen und das brasilianische Monopol brechen; der Kautschuk aus Asien ist viel billiger als der aus Amazonien. Der Boom endet gegen 1914 so schnell wie er gekommen ist.

Die ökonomische Achterbahnfahrt Brasiliens geht mit dem **Kaffeeboom** weiter. Brasilien ertrinkt förmlich im Kaffee – und als 1929 die Weltwirtschaftskrise auf einen Schlag den Welthandel zum Erliegen bringt, bleibt die Nation auf Bergen praller Kaffeesäcke sitzen. Nur durch die partielle Vernichtung der Kaffeeernte gelingt es, den Preis der Bohne einigermaßen zu stabilisieren.

Wieder einmal schrammt Brasilien knapp am Staatsbankrott vorbei; die innenpolitische Lage ist verworren. Die alte Honoratiorenrepublik weiß nicht weiter. Das Volk ruft nach einem Retter der Nation, und die Geschichte findet ihn.

Vargas-Ära

Durch einen Staatsstreich kommt am 24. Oktober 1930 **Getúlio Vargas** mit Hilfe ehrgeiziger junger Militärs an die Macht, 1934 wird er durch Wahlen bestätigt. Noch im gleichen Jahr erlässt er eine neue Verfassung und schlägt 1935 einen kommunistischen und 1937 einen faschistischen Aufstand nieder. Ebenfalls 1937 ruft er den **„Estado Novo"** aus, einen autoritären Staat, in den alle sozialen Gruppen zu kooperativer Mitwirkung eingebunden sind. Getúlio Vargas wollte Brasilien per Befehl entwickeln, modernisieren; darin unterschied er sich wenig von Argentiniens Perón, nur wandte er sanftere Methoden an und bezog die Arbeiter und Tagelöhner in sein politisches Projekt mit ein. Brasilien erhielt jetzt Sozialgesetze und (kontrollierte) Gewerkschaften.

Die Sklaverei lag gerade erst 50 Jahre zurück, die alte Republik hatte die Bürger von den Staatsgeschäften so gut wie ausgeschlossen. Brasilien war de facto nicht mehr als ein großes Latifundium. Aber inzwischen hatten Bevölkerungswachstum, Einwanderung, **Industrialisierung** und **Verstädterung** das Gesicht des Landes verändert. 1920 lebten über 30 Mio. Menschen in Brasilien, 40 Jahre später waren es schon 75 Mio., die Hälfte davon lebt bereits in den Städten. Zum ersten Mal stößt Brasilien an seine physischen Grenzen – bis dahin waren sie im Norden und Westen, im Amazonasgebiet gedachte Linien. Nun zieht Marschall **Cândido Rondon** Telegrafenlinien durch den Dschungel und entdeckt, dass Indianer menschliche Wesen sind, weswegen sie unter staatlichen Schutz gestellt werden. Die Indianer werden Mode. Der Dadaismus wird Mode. Der Modernismus bricht sich Bahn zu freier Form. Ein Hauch von Weimar und von Wien zieht durch die brasilianischen Metropolen.

Der Marktflecken **São Paulo** explodiert zur größten Industriemetropole der südlichen Hemisphäre. Der französische Anthropologe Lévi-Strauss *(Traurige Tropen)* beobachtet (1935): „Die Stadt entwickelt sich mit einer solchen Geschwindigkeit, dass es unmöglich ist, sich einen neuen Stadtplan zu besorgen: jede Woche müsste eine neue Ausgabe erscheinen...".

Brasiliens Industrieproduktion hatte sich in den ersten beiden Jahrzehnten des 20. Jhs. beinahe verfünffacht, und in den 1930er-Jahren nochmals verdoppelt. Auch in den folgenden Jahren und im Grunde bis 1964 steigerte sie sich um jährlich weit über 5 %. Die staatlich gelenkte Industrialisierung und die Politik der Importsubstitution – also die Bevorzugung nationaler Produkte vor Importen – schienen Früchte zu tragen. Stefan Zweig (Kasten S. 98) skizzierte mit seinem Buch *Brasilien, Land der Zukunft* das optimistische Lebensgefühl an der Copacabana.

Der Stern von Rio glänzte – weitab von den Kriegsschauplätzen der Welt. Aber die dunklen Schatten der Vergangenheit waren nicht gewichen. Krasse soziale Ungerechtigkeiten, latenter Rassismus und weit verbreitete Korruption waren nicht einfach verschwunden. Getúlio Vargas schuf Hunderte von neuen staatlichen Institutionen, aber im Grunde galt nur sein Wort. „Für meine Freunde alles, für meine Feinde das Gesetz" – dieser Ausspruch sagt im Grunde schon alles.

Brasiliens Geschichte verlief bis dahin (und bis heute) trotz allem Auf und Ab meist friedlich. Die einzige kriegerische Auseinandersetzung, die jemals auf brasilianischem Hoheitsgebiet ausgetragen worden ist, war der **Paraguay-Krieg** (1864–70), ein Feldzug gegen eine größenwahnsinnig gewordene kleine Nachbardiktatur.

Brasilien zählte auch im 1. und 2. **Weltkrieg** zu den Siegermächten. 1917 war der Kriegseintritt gegen Deutschland mehr symbolischer Natur, 1944 hingegen sandte Brasilien ein Expeditionscorps zum Kriegsschauplatz in Italien. Ohne amerikanische Schützenhilfe wäre das nicht gegangen. Die Brasilianer nahmen an einigen kleineren Gefechten teil und hatten 465 Tote zu beklagen. Hinzu kamen ca. 1000 Tote durch die Versenkung von 34 Handels- und Passagierschiffen durch die deutsche U-Boot-Flotte. Brasiliens Bereitschaft, an der Seite der Alliierten in den Krieg zu ziehen – wo doch Getúlio Vargas eine Zeit lang mit den Achsenmächten geflirtet hatte –, wurde u. a. mit einem Stahlwerk (in Volta Redonda) belohnt.

Durch einen Staatsstreich der Militärs wurde Getúlio Vargas 1945 zum Rücktritt gezwungen. Ein Jahr später wurde die Demokratie durch eine neue Verfassung wiederhergestellt. In den Wahlen von 1950 kehrte Vargas als Präsident zurück und wurde 1954 erneut vom Militär zum Rücktritt gedrängt. Daraufhin beging er Selbstmord und hinterließ ein politisches Testament, in dem er die alten Eliten anklagt, die Entwicklung Brasiliens zu verhindern.

1956 begann die Präsidentschaft von **Juscelino Kubitschek**. Die Industrialisierung wurde deutlich vorangetrieben, und 1960 wurde **Brasília**, die neue Hauptstadt, in der geografischen Mitte des Landes eingeweiht. Kubitschek, der Arzt und Sohn tschechischer Einwanderer, be-

Stefan Zweig, Liebeserklärung an Brasilien

Die Landstraße von Rio de Janeiro kommend, niedrige Häuser, Krämerläden, eine Eckkneipe, linker Hand die Gasse hoch, Rua Gonçalves Dias 34, ein Gittertor, oben am Rasenhang das Chalet; hier in Petrópolis nahmen sich am 23. Februar 1942 Stefan Zweig und seine Frau Lotte das Leben. Sie starben am Kriege.

„Man ist in einem Kurörtchen, einem Sommerresidenzchen, das ein wenig altväterisch anmutet mit seinen roten Brückchen und etwas antiquierten Villen", schildert Stefan Zweig Petrópolis bei seinem ersten Brasilienbesuch. Als er sich dort im November 1941 niederlässt, lobt er die erfrischende Stille der Stadt, „ein Ort so schön verlassen wie Bad Ischl im Oktober (...) Wenn es mir gelingt, hier Europa zu vergessen, allen Besitz, Haus, Bücher als verloren zu betrachten, gleichgültig gegen ‚Ruhm' und Erfolg zu sein und nur dankbar, dass man in einer göttlichen Landschaft leben darf, während Europa Hunger und Elend verheert, will ich zufrieden sein."

Stefan Zweig gelang es nicht, Europa zu vergessen. Petrópolis blieb die letzte Station auf seinem Leidensweg im Exil, und er ahnte es. Er war der meistgelesene zeitgenössische Schriftsteller Europas gewesen, ein Klassiker zu Lebzeiten, seine Bücher wurden in allen Weltsprachen gedruckt, er galt als unbestrittene literarische Autorität im deutschen Sprachraum, als kosmopolitischer Österreicher und vor allem als Europäer.

Er hatte das Unheil schon früh kommen sehen, das sich mit den Braunhemden im Herzen Europas breit machte. Jenseits der nahen Grenze, in Freilassing und Bad Reichenhall, fast einen Steinwurf von seinem Domizil auf dem Kapuzinerberg von Salzburg, wütete der Nazipöbel. Im Reich werden seine Bücher dem Scheiterhaufen übergeben, er ist ja Jude. Österreich bekommt noch eine kurze Galgenfrist geschenkt. Stefan Zweig spürt, dass es mit seiner Heimat zu Ende geht und mit seiner Ehe mit Frederike auch. 1934 eine doppelte Trennung. Er verlässt den Kontinent und geht nach England. Der „Anschluss", die Konferenz von München, der Einmarsch in Prag, der Überfall auf Polen: Krieg!

Stefan Zweig entsinnt sich seines geliebten Brasiliens: „Das ist mein Land", hatte er 1936 euphorisch von seiner Südamerika-Reise nach Hause geschrieben. Er war damals von der unbändigen Lebenstrieb anders als Vargas eine Entwicklungspolitik, die auf die Kräfte des **offenen Marktes** setzte. Ausländische Investoren sind willkommen, aber die Staatsausgaben wachsen mit dem Bau der neuen Hauptstadt in den Himmel.

Kubitscheks Nachfolger, die Linkspopulisten **Jânio Quadros** und **João Goulart**, bekamen weder die Staatsfinanzen in den Griff noch die aufgeputschten Massen, denen sie einen radikalen Strukturwandel samt Verstaatlichung der Banken versprachen, der jedoch vom konservativen Establishment abgeblockt wurde. Der Radikalisierung der Linken folgte eine noch stärkere Radikalisierung der Rechten, auf beiden Seiten kam es zu machtvollen Demonstrationen. Am 31. März 1964 wurde die Regierung Goulart durch einen **Militärputsch** abgesetzt, unterstützt durch verdeckte Operationen des US-Geheimdienstes CIA. Die Militärregierung gibt sich Sondervollmachten. Marschall **Castelo Branco** übernimmt am 11. April 1964 als erster militärischer Präsident die Regierungsgeschäfte. Als Rechtfertigung für den Putsch dient der Kampf gegen den Kommunismus und die Verteidigung der Demokratie.

Militärs an der Macht

Castelo Branco schlug die linken und demokratischen Bewegungen nieder. Der Militär **Costa e Silva**, sein Nachfolger, öffnete Brasilien den internationalen Kapitalmärkten. Deutschland und andere reiche Länder gewährten hohe Kredite. Grundstoff- und Schwerindustrie wurden weiter ausgebaut, die Investitionen verdoppelten sich. Brasilien erlebte sein **Wirtschaftswunder**, und São Paulo mauserte sich zu einer Megalopolis. In diese Zeit fallen auch die meisten Großprojekte.

lust Brasiliens völlig verzaubert. „Brasilien ist unglaublich, ich könnte heulen wie ein Schlosshund, dass ich hier weg soll." Stefan Zweig glaubte in Brasilien gefunden zu haben, wonach er so lange gesucht hatte: eine seelische Heimat. Das tropische Riesenreich schien ihm die Antithese zu allem Schlechten und Verhassten, dem jetzt in Europa Tür und Tor geöffnet war. „Wer Brasilien wirklich zu erleben weiß, der hat Schönheit genug für ein halbes Leben gesehen." In Brasilien entsteht seine Liebeserklärung an das Exil, „Brasilien, ein Land der Zukunft" (das Buch wollte er, wohl mehr ironisch, als „Handbuch" verstanden wissen).

Seinen sechzigsten Geburtstag feiert Stefan Zweig ganz allein. Seine Welt, das alte, kultivierte Europa, ist untergegangen. Lotte, seine um 26 Jahre jüngere zweite Frau, leidet wie er unter den Tartarenmeldungen, die, wenn auch gedämpft, aus Übersee bis in die brasilianische Provinz gelangen, und dazu noch an schwerem Asthma.

Stefan Zweigs Freunden in Rio de Janeiro gelingt es, ihn und Lotte zu einem Besuch des Karnevals aus ihrem Nest in Petrópolis herunter in die Stadt zu locken. Das närrische, sinnliche Treiben auf den Straßen scheint beide für eine Weile aus ihren Depressionen gerissen zu haben. Am nächsten Tag, dem Karnevalsdienstag, melden die Zeitungen den Fall von Singapur. Stefan Zweig bricht seinen Aufenthalt in Rio ab. Draußen auf dem Pflaster trommelt die große Zabumba, die Tamburine und Agogôs scheppern, die Reco-Reco schnarren und die Maraca rasselt, die Tänzerinnen und Hofnarren von König Karneval, die bunte Meute der Jecken zieht durch die Stadt; Stefan Zweig aber will nichts mehr sehen.

Mit der Nachricht der Versenkung von zwei brasilianischen Handelsschiffen durch deutsche U-Boote war für Zweig das „Böse" nun auch in Brasilien angekommen. Er hat mit seinem und dem Leben seiner Gefährtin abgeschlossen. Ihr Grab liegt, schwer zu finden, auf einem der Friedhöfe von Petrópolis. In seinem Wohnhaus in der Rua Gonçalves Dias 34 erinnert heute ein Museum an das Werk des Dichters (S. 334).

Eine unbedeutende Straße im Stadtteil Cosme Velho von Rio de Janeiro trägt den Namen von Stefan Zweig.

Nach sozialen und studentischen Unruhen 1968 wurde das Parlament aufgelöst; alle Macht fiel an den Präsidenten der Republik zurück. Etliche Intellektuelle und Politiker fanden sich im Gefängnis wieder, andere wurden gezwungen, ins Exil zu gehen. 1969 trat General **Medici** an die Stelle von Marschall Costa e Silva. Der wachsende Druck trieb einen Großteil der Kirchenvertreter – herausragende Gestalt: **Dom Helder Câmara**, der „rote Bischof" von Olinda und Recife – in die Arme der Opposition. Zu diesem Zeitpunkt traten auch die **Todesschwadronen** auf den Plan, eine Unterabteilung der Polizei, die Oppositionelle umbringt und Angst und Schrecken unter der Bevölkerung verbreitet. Aber das (exportorientierte) Wirtschaftswunder – es erfasste u. a. die Bereiche Energie, Luftfahrt, Rüstungsgüter und Mikroelektronik – setzte sich im Verein mit dem Aufschwung der multinationalen Konzerne fort.

1973 trat General **Ernesto Geisel** die Nachfolge General Medicis an. Im darauffolgenden Jahr gewann die Oppositionsbewegung die Wahlen, blieb jedoch durch geschickte Wahlmanipulation im ohnehin machtlosen Parlament völlig unterrepräsentiert. Bei den Kommunalwahlen 1976 gewann die Opposition erneut an Terrain. Im Jahr darauf wuchs der Widerstand gegen die harte innenpolitische Linie Geisels; große Teile der Bevölkerung setzten sich für die Wiedereinführung der Demokratie und eine Einstellung der Militärhilfe durch die USA ein.

Die Opposition gegen das autoritäre Militärregime, die bis Mitte der 1970er-Jahre auf Studenten und Intellektuelle und einige mutige Kirchenmänner beschränkt war, gewann Kraft mit den Streiks im Industriedreieck um São Paulo. Die brasilianische Arbeiterschaft wollte nun auch ihren Anteil am Wirtschaftsboom haben – zum ersten Mal bilden sich **freie Gewerkschaften**, die sich nicht weiter von der Regierung gängeln und finanziell aushalten lassen. Nicht die politischen Honoratioren im (machtlosen) Kongress waren es, die auf eine demokratische Öffnung hinarbeiteten, sondern ein immer größeres Spektrum sozialer Gruppen. 1979 wurde General **João Baptista de Figueiredo** Präsident, und mit ihm beginnt die „abertura", der Übergang von der Militärherrschaft zur Demokratie. Das Militär zieht sich, teils aus Einsicht, teils unter dem Druck der Straße, in die Kasernen zurück. Die Pressezensur wird gelockert und neue Parteien werden zugelassen.

Rückkehr zur Demokratie

Millionen Menschen demonstrierten friedlich auf den Straßen für „Diretas já!" – für allgemeine und direkte Wahlen der Exekutive (des Präsidenten); diese Direktwahl kam im ersten Anlauf nicht zustande, der erste demokratisch gewählte, zivile Präsident, **Tancredo Neves**, ging 1985 durch Wahl aus dem Parlament hervor. Tancredo Neves verstarb am 21. April 1985, nur drei Wochen nach seiner Wahl, Vizepräsident **José Sarney** übernahm die Regierungsgeschäfte. Kaum geboren, so schien es, lag die Demokratie erneut in den Händen der alten Land-Aristokratie: José Sarney gehörte der halbe Bundesstaat Maranhão. Für Reformen war aber sowieso keine Zeit: Die galoppierende **Inflation** und der wieder wachsende Schuldenberg zwangen die Sarney-Regierung zu einer Währungsreform nach der anderen, ohne aber dauerhaft die Teuerung zu beseitigen. Genau dies versprach Sarneys Nachfolger, **Fernando Collor de Mello**: „Mit einem Karateschlag" werde er die Hyperinflation beseitigen, verkündete der alerte junge Mann aus der armen Nordost-Provinz Alagoas, der 1990 aus der direkten Wahl hervorging.

Eine der ersten Maßnahmen der Regierung Collor bestand darin, die Sparkonten der Brasilianer einzufrieren. Sehr schnell kam heraus, dass er und seine engsten Mitarbeiter ihr eigenes Kapital zuvor in Sicherheit gebracht hatten. Schlimmer noch – mit seinem „Financier" Paulo Cesar Farias hatte Collor ein ausuferndes Netz der **Korruption** ausgelegt: Wer Staatsaufträge bekommen wollte, musste „Kommission" an Collor und Co. zahlen. Die Aufdeckung (ausgelöst durch den Bruder des Präsidenten) dieser und anderer Machenschaften führte zum Ausschluss (Impeachment) Collors durch den Kongress, der sich zu dieser dramatischen Aktion durch Massendemonstrationen gezwungen sah. Collor kam dem drohenden Ausschluss durch einen Rücktritt in letzter Minute zuvor. Sein Vize, **Itamar Franco**, übernahm nun die Geschäfte.

Das (erste) Impeachment eines Präsidenten empfand man in Brasilien als ein reinigendes Gewitter und eine Bewährungsprobe der Demokratie, die 1988 mit einer neuen Verfassung ein solides Fundament bekommen hatte. Die Verfassung war nach einer Volksbefragung und monatelanger Diskussionen zustande gekommen und wurde allseits als „perfekte Magna Charta" gefeiert; sie regelt bis ins Detail Dinge, die eigentlich zur normalen Gesetzgebung gehören. Die normale Gesetzgebung mit den notwendigen Reformen in Staat und Gesellschaft aber blieb liegen, auch im Interregnum von Itamar Franco, der mehr durch Ungeschicklichkeiten als durch Führungsstärke auffiel. Dafür stach umso mehr sein Finanzminister **Fernando Henrique Cardoso** hervor. Er führte im März 1994 eine Währungsreform („Plano Real") ein, die der brasilianischen Wirtschaft zum ersten Mal seit Jahrzehnten ein solides Fundament verschaffte. Der Erfolg gab ihm Recht und ließ ihn bei den Wahlen im gleichen Jahr siegen.

Stabilitätspolitik

Fernando Henrique Cardoso, der Soziologie-Professor, leitete eine Phase der politischen und ökonomischen Stabilität ein. Das geschah mit den Rezepten einer neoliberalen Öffnungspolitik und einer maßvollen Haushaltspolitik. Doch in seiner – durch Verfassungsänderung bewirkten – zweiten Amtszeit kamen die Staatsfinanzen erneut ins Wanken. Die meisten Provinz-Gouverneure hielten sich nicht an die Sparappelle und liehen sich Geld in Brasília. Die Bundesregierung aber musste auf dem internationalen Finanzmarkt für die Kredite hohe Zinsen zahlen. Die **Staatsschuld** wuchs auf schwindelerregende 250 Mrd. Dollar. Selbst die „größte Privatisierungswelle der Welt", die 85 Mrd. Dollar meist ausländischer Investoren nach Brasilien gespült hatte, versickerte zu einem Rinnsal in der Staatskasse.

Vor der extremen Abhängigkeit seines Landes vom Zufluss ausländischen Kapitals hatte Präsident Fernando Henrique Cardoso immer wieder gewarnt, den Bankrott von Mexiko 1994/95 vor Augen. Gleichwohl schlitterte die Regierung in Brasília beinahe ins gleiche Desaster. Als die Asienkrise ausbrach, meinte man, die Kapitalgeber durch immer höhere Zinsen – bis zu 50 % – zu halten. Aber das erschwerte nur die Schuldenlast.

Was kaum einer geglaubt hatte, geschah gleichwohl. Brasilien erholte sich aus eigener Kraft von der **Währungskrise** 1998/99. Die Inflation kehrte nicht zurück, die Wirtschaft wuchs weiter – doch mit dem Ende der zweiten Amtsperiode von Fernando Henrique Cardoso zogen durch die Weltrezession und das Debakel beim Nachbarn Argentinien erneut dunkle Wolken über Brasilien auf.

Wachstum und Selbstbewusstsein

Dem Professor folgte ein Proletarier im Amt: Bei den Wahlen 2002 wurde **Luiz Inácio Lula da Silva** (kurz **Lula** genannt) zum Staatsoberhaupt gewählt, gleich im ersten Wahlgang. Das war ein beispielloser Triumph und geradezu eine Revolution: Vom Flüchtlingskind aus Pernambuco, dem Jungen, der auf der Gasse Erdnüsse verkaufte, dem Schlosser in São Paulo, dem Berufsagitator der Metaller und dem Gründer der Arbeiterpartei – vom Proleten zum Präsidenten.

Die Wall Street wollte Lula nicht. Brasilien drohte im Herbst 2002 an der Spekulation gegen Lula abzuschmieren. Der Real galt nichts mehr, das Rating sank in den Keller, die brasilianischen Staatspapiere fielen mit. Ein Brasilien-Bankrott schien so sicher wie das Amen in der Kirche.

Aber dann paukte Lula eine **Sparpolitik** durch, die man einem Erzkapitalisten zugetraut hätte, aber nicht einem Sozialisten wie ihm. Mit seinem Kriegsruf, den Hunger zu besiegen, hatte Lula die Wahl gewonnen. Gelungen ist ihm aber zunächst, die Finanzen in Ordnung zu bringen. Der Real hat sich gegenüber dem Dollar behauptet, die Inflation ist gebannt, das Rating Brasiliens ist so gut wie seit Jahren nicht mehr. Und auch die soziale Lage vieler Brasilianer hat sich im Laufe seiner Amtszeit zunehmend verbessert: So wurden am Ende 40 Mio. Menschen gezählt, die die Armut, die sog. Klassen D und E, verlassen konnten. 17 Mio. Arbeitsplätze wurden geschaffen und der Mindestlohn mehr als verdoppelt. Dazu wurden diverse Hilfsprogramme geschaffen, u. a. für bedürftige Familien.

Am beeindruckendsten war aber Lulas Fähigkeit, die Menschen für etwas zu begeistern, und dabei nicht zu spalten, sondern zu vereinen. Scheinbar mit Leichtigkeit gelang ihm der Spagat, sowohl die Armen als auch die Reichen hinter sich zu bringen. Gegen Ende seiner zweiten Amtszeit erreichte Lula bei den Brasilianern mit bis zu 80 % atemberaubende Zustimmungswerte, eine Zeitlang galt er als beliebtestes Staatsoberhaupt der Welt.

Auch international gelangte Brasilien unter Lula, unterstützt durch eine kontinuierlich wachsende Wirtschaftsleistung, zu bedeutend mehr Einfluss. Denn auch dies war eines der Hauptanliegen des Revolutionärs gewesen: Den Giganten Brasilien aus der weltpolitischen Bedeutungslosigkeit zu holen, dem Land zu mehr Respekt und Ansehen zu verhelfen und nicht zuletzt eine neue machtpolitische „Weltordnung" zu fordern, die den „armen Ländern" mehr Rechte verschaffen und die Dominanz – und oft auch Arroganz – der „reichen Länder" brechen sollte. Der Umstand, dass Brasilien als eines der wenigen Länder fast unbeschadet die Weltwirtschaftskrise 2009 überstand, half dabei und wurde im Ausland aufmerksam registriert. Brasilien geriet zu einem Modell, ja zu einem Hoffnungsträger für die Welt.

Verfassungsrechtlich war nach zwei Amtsperioden eine erneute Wiederwahl 2010 nicht möglich. Doch anders als beispielsweise Hugo Chávez in Venezuela widerstand Lula der Versuchung, für eine weitere Amtszeit die Verfassung ändern zu lassen, was ihm nochmals viel Anerkennung einbrachte. Nachdem er als charismatischer Werber dann auch noch maßgeblich daran beteiligt war, die Fußball-WM 2014 nach Brasilien sowie die Olympischen Spiele 2016 nach Rio – und damit erstmals nach Südamerika – zu holen, erreichte die Beliebtheit ihren Höhepunkt und Lula wurde endgültig als politischer Star gefeiert. Die französische Zeitung *Le Monde* wählte ihn zur Persönlichkeit des Jahres 2009 und noch zu seinen Amtszeiten kam ein Spielfilm über sein Leben in die brasilianischen Kinos. Der wurde ein Kassenschlager.

Bereits am Ende seiner letzten Legislaturperiode begann Lula, seine Kabinettschefin als Kandidatin der Arbeiterpartei für die Präsidentschaftswahl Ende 2010 in Stellung zu bringen, und tatsächlich, im zweiten Wahlgang wurde **Dilma Rousseff** zum ersten weiblichen Staatsoberhaupt in der Geschichte Brasiliens gewählt. Während der Militärdiktatur wurde Dilma als aktive Widerstandskämpferin verfolgt, eingesperrt und wohl auch gefoltert. Die Tochter eines bulgarischen Einwanderers war Lulas Wunsch-Nachfolgerin, bisher steht sie für Kontinuität und verfolgt ohne größere Skandale im Wesentlichen die Politik ihres Vorgängers – dabei tritt sie durchaus eigenständiger auf, als viele Beobachter ihr anfangs zugetraut hatten.

Probleme im System

Himmelhochjauchzend – zu Tode betrübt; die Geschichte Brasiliens scheint in diesen Achterbahnen zu verlaufen, gottlob ohne Bürgerkrieg und Blutvergießen. Dafür leidet das Land unter einem anderen Joch: der **Korruption**. Selbst unter Politstar Lula, den die Nation noch 2002 als einen Herold gerechterer Zeiten begrüßt hatte, kam heraus, dass die Topfunktionäre von Lulas Arbeiterpartei PT mit Schwarzen Kassen gearbeitet und Abgeordnete mit Schmiergeldern bestochen hatten. Ausgerechnet die PT, die sich jahrzehntelang als Gralshüter der politischen Moral aufgeführt hatte, war dabei erwischt worden, wie sie Volksvertreter bestochen und eingekauft hatte.

Brasilien geriet kurzzeitig in eine tiefe Sinnkrise. Die demokratischen Institutionen des Landes erwiesen sich als morsch und mürbe, und für die meisten Brasilianer bestätigte sich nur das, was viele schon immer sagten: Die Politik ist ein **schmutziges Geschäft**, und wer regiert, der schmiert.

Tatsächlich legte der Skandal offen zutage, was man als einen „Webfehler" der brasilianischen Präsidialdemokratie bezeichnen muss.

In ihr wird der Präsident zwar vom Volk gewählt, aber er muss wie ein „zahnloser" Diktator auf Zeit immer mit einem Kongress regieren, der sich nicht als Partner oder fairer Opponent verhält, sondern als Fallensteller. Noch nie hatte ein brasilianischer Präsident eine sichere Mehrheit in beiden Häusern, und keiner wird sie je haben, solange die Verfassung nicht geändert wird. Der Kongress besteht nämlich längst nicht mehr aus Volksvertretern, sondern aus Berufspolitikern mit ihren Seilschaften, die primär daran interessiert sind, ihre *Amigos* in politischen Spitzenpositionen mit reichlichen Pfründen unterzubringen oder so viel wie möglich durch opportunistischen Einsatz ihrer Stimme für sich selbst herauszuholen.

Die meisten Versuche, an diesem hypertrophen politischen Biotop mit seinen verschlungenen Nahrungsketten etwas zu ändern, verliefen bislang im Sande. Wie soll man auch eine solche Reform von denen erwarten, die vom bestehenden System am meisten profitieren? Das gilt nicht nur für den Kongress, die Legislative, das gilt auch für das **Justizwesen**. Die brasilianische Justiz ist überfrachtet mit Gesetzen, barock und formalistisch in ihren Verfahren, und sie schottet sich von den Bürgern geradezu ab. Mit den Hühnerdieben macht sie kurzen Prozess, die Großen lässt sie laufen. Käuflich ist die brasilianische Justiz nicht immer, aber träge ganz gewiss. Kein Wunder, dass der gewöhnliche Bürger den Umgang mit den Gerichten vermeidet und sein Recht auf oft etwas schiefen Bahnen sucht.

Auch zwei Jahrzehnte nach dem Ende Militärdiktatur bleibt festzuhalten, dass Brasilien zwar endlich auf dem Weg, aber von einer „Zivilgesellschaft" noch weit entfernt ist, weil seine **Institutionen** zu schwach sind, dass sie immer wieder zur Beute derjenigen werden, die genug dafür bezahlen können. Dass Politik in Brasilien kein sauberes Geschäft ist, zeigt eine Statistik, die vor den Kommunalwahlen 2008 verbreitet wurde: Von den 178 Kandidaten für die Bürgermeisterposten standen 86 wegen diverser Vergehen vor Gericht, die meisten davon wegen Korruption und Amtsmissbrauchs. Eine Bürgerinitiative bewirkte jedoch, dass seit 2012 nur noch Politiker kandidieren dürfen, die eine „saubere Weste" haben.

Wirtschaft

Brasilien sei, Stefan Zweig zitierend, ein „Land der Zukunft" – und das werde es auch immer bleiben, behaupten die Spötter. Ein anderer populärer Spruch lautet: „Wenn die Politik schläft, arbeitet die Wirtschaft." Wie auch immer: Brasilien zählt heute unbestritten zu den „Walen" unter den Nationen. Das industrielle „**Schwellenland**" gehört ökonomisch zu den Top-Ten der Welt, erwirtschaftet insgesamt weit mehr als Indien und pro Kopf beinahe dreimal so viel wie China. Mit der Entwicklung Brasiliens in den vergangenen Jahren hatte dennoch kaum jemand gerechnet. Wurde das Land noch müde belächelt, als es sich selbst in einer Klasse mit Russland, Indien oder China sah (sog. BRIC-Staaten), wird es heute von diesen Ländern oft als das mit der aussichtsreichsten Volkswirtschaft gehandelt. Hierfür spricht die gesunde Mischung aus einer effizienten Rohstoff- und Binnenmarkt-Ökonomie ebenso wie die demokratische Stabilität des Landes. Durch die Entdeckung gigantischer **Ölvorkommen** im Meer wird Brasilien zudem zukünftig eine bedeutende neue Rolle als Ölmacht spielen.

Auch Brasiliens **Finanzsystem** scheint endlich stabil zu sein. Keine brasilianische Bank ist während der Finanzkrise ins Schlingern geraten. Quasi über Nacht hat Brasilien sozusagen eine Schlüsselposition in der internationalen Weltwirtschaft eingenommen. Auch die Attraktivität des Landes als Wirtschaftsstandort hat deutlich zugenommen. So wurde Brasilien in der Studie einer renommierten Unternehmensberatung weltweit auf dem fünften Rang geführt – noch vor Deutschland.

Im Hinblick auf die **Auslandsverschuldung** Brasiliens, eines der brennenden Themen der 1980er-Jahre, setzten die brasilianischen Regierungen im letzten Jahrzehnt nicht mehr auf einseitig erklärte Zahlungsmoratorien oder einen Schuldenerlass, wodurch ausländische Banken und Investoren abgeschreckt wurden. Im Gegenteil konnten im Rahmen von Umschuldungsverhandlungen längere Zahlungsfristen erreicht und die Zinsen gesenkt werden. Auf diese Weise konnte die Auslandsverschuldung, die 2002 noch 45 % des BIP ausmachte, bis 2010 auf 16 % gesenkt werden. 2008 war der Saldo der Aktiva im Ausland mit der staatlichen und privaten Verschuldung sogar das erste Mal in der Geschichte Brasiliens negativ, d. h. Brasilien hätte alle seine Schulden zahlen können und am Ende noch Geld in der Kasse. Somit erreichte das Land erstmals die Stellung eines internationalen Gläubigers, nachdem man sonst immer nur Schuldner gewesen war. Die Inlandsverschuldung bleibt allerdings weiter sehr hoch.

Als Preis für seine solide Politik erhielt das Land kurz darauf den Ritterschlag der **Kreditwürdigkeit**: den Investment-Grade durch die großen Ratingagenturen, der die Finanz-und Schuldenmanagementpolitik des Landes, das verringerte Haushaltsdefizit sowie die geringere Auslandsverschuldung, aber auch das wirtschaftliche Wachstum und die Inflationskontrolle durch die Regierung widerspiegelt. Die Heraufstufung hat Brasilien attraktiver für Investoren gemacht und einen höheren Kapitalzufluss zur Folge.

Dabei galt Brasilien lange Zeit als eine Kombination von Belgien und Indien: **„Belindien"**, wie es der Wirtschaftsprofessor Hélio Jaguaribe ausdrückte. Eine konsumkräftige Klasse in der Größe Belgiens stehe einer armen Menschenmasse gegenüber; eine Zweidrittel-Gesellschaft sozusagen. Obwohl das Land sich in einer Transformationsphase befindet, gilt dies sicher in weiten Teilen heute noch, nicht nur für die Einkommens- und Besitzverhältnisse, sondern auch für die Struktur der Wirtschaft. Hochmoderne Sektoren bestehen neben archaischer Subsistenzwirtschaft.

Allerdings hat sich das ehemalige Agrar- und Rohstoffland erheblich gemausert. Schon lange ist das fünftgrößte Land der Welt mit seinen gewaltigen Agrar-, Bergbau- und Energieressourcen eine **Exportweltmacht**. Beim Export von Soja, Kaffee, Rindfleisch, Geflügel, Zucker, Eisenerz und Orangensaft liegt Brasilien auf Platz eins. Doch das Land verfügt inzwischen auch über einen hochentwickelten **Industriesektor** und liegt im Weltranking auf Platz eins bei Hybridmotoren, Platz drei beim Bau von Linienflugzeugen und Platz sechs bei der Kfz-Fertigung. Auch beim Einsatz von Biotreibstoffen, der Ethanolherstellung und den dafür benötigten Motoren verfügt Brasilien über das weltweit größte Know-how. Immer öfter ist aus Wirtschaftskreisen zu hören, dass kaum eine Nation so unterschätzt wurde wie Brasilien.

Brasiliens Übergang in eine **Industriegesellschaft** mit urbanem Charakter (heute leben 85 % der 190 Mill. Brasilianer in Städten) begann bereits in den 1930er-Jahren unter dem Staatschef und Caudillo Getúlio Vargas; dieser zwang die Landaristokratie zur Investition in der Industrie, und Vater Staat tat alles, um die Entwicklung in diese Richtung voranzutreiben. So entstand eine autoritäre, korporatistische und kapitalistische Planwirtschaft, die sich im Grunde bis in die 60er-Jahre des 20. Jhs. hielt.

Erst in den 1990er-Jahren vollzog sich in der brasilianischen Wirtschaftspolitik ein Kurswechsel von kaum zu überschätzender Bedeutung. Er stand im Kontext einer Neuorientierung politisch-gesellschaftlicher Entwicklungsvorstellungen, die sich in mehreren lateinamerikanischen Ländern vollzog. Mit der **Privatisierung** staatlicher Unternehmen, der Öffnung zum Weltmarkt und dem Abbau von Marktmonopolen nahm Brasilien Abschied von einem Entwicklungsmodell, in dessen Zentrum der Staat als Unternehmer, Financier, Vormund und Behüter gestanden hatte.

Eine der wichtigsten wirtschaftpolitischen Voraussetzungen für die heutigen Erfolge war die Überwindung der Inflation durch den **Plano Real** von 1994 unter der Regierung Cardoso. Es handelte sich um den erfolgreichsten einer Reihe von Reformplänen, um die wirtschaftliche Stagflationsphase – wirtschaftliche Stagnation bei gleichzeitiger Inflation – zu überwinden.

Neben Entstaatlichung und Währungsstabilisierung ist ein drittes Element der neuen Wirtschaftspolitik die **Reform des Staatsapparates**. Der Schwerpunkt liegt dabei auf dem Abbau struktureller Defizite im Haushalt und der Steigerung der Effizienz staatlicher Politikbereiche. Sie geht weit über die bloße Kürzung öffentlicher Ausgaben hinaus und umfasst beispielsweise die Umstrukturierung des Gesundheits- und Rentensystems (die Staatspensionen fressen den Staatshaushalt buchstäblich auf), die Verbesserung des Bildungssystems und die Neuordnung des Beamtenapparates. Diese Reformen verlaufen jedoch bei weitem nicht geradlinig und sind immer wieder von Widerständen und Rückschlägen betroffen.

Einkommen und soziale Ungleichheit

Zu Recht ist Brasilien international als eines der Länder mit der ungerechtesten Besitz- und Einkommensverteilung bekannt. Dies lässt sich deutlich an der Verteilung des Einkommens auf die Bevölkerung ablesen. Auf die 10 % der Bevölkerung, die am besten verdienen, entfällt 41 % allen Volkseinkommens, während sich die ärmere Hälfte der Bevölkerung etwa 10 % des Volkseinkommens teilen muss.

Die absoluten Zahlen über die **Einkommensgruppen** sind ebenfalls ernüchternd. Knapp 60 % der brasilianischen Lohnempfänger verdienen zwischen einem halben und zwei Mindestlöhnen, müssen also im besten Fall mit knapp 520 Euro im Monat auskommen. Fast jeder dritte arbeitende Brasilianer hat nur einen Mindestlohn (260 Euro) oder noch weniger in der Tasche. Auch hier schwanken die Zahlen beträchtlich zwischen den einzelnen Regionen. In den urbanen Zentren schlug sich diese soziale Kluft seit Beginn der Industrialisierung im Entstehen von so genannten **Favelas** nieder. Diese ursprünglich illegalen Armutssiedlungen, zuletzt unter der Militärdiktatur von Abriss und Umsiedlung bedroht, führen bis heute ein Paria-Dasein am Rande der Gesellschaft. Seit Jahren bemühen sich verschiedene Programme, die Favelas wieder an das offizielle Leben der Stadt heranzuführen.

Das Bild von der **sozialen Ungleichheit** wiederholt sich bei einem Blick auf die Landverteilung in Brasilien. Die Kleinst- und Kleinbetriebe bis 20 ha, die etwa zwei Drittel aller Betriebe ausmachen, bewirtschaften nur weniger als 6 % der landwirtschaftlich genutzten Fläche. Den Großbetrieben mit mehr als 500 ha hingegen gehören fast zwei Drittel. Gerade auf dem Land liefern die Auseinandersetzungen um die Besitzverteilung großen sozialen Sprengstoff. Nachdem die wichtigsten Anläufe zu einer Agrarreform gescheitert sind, hat sich das Heer von landlosen Tagelöhnern und ehemaligen Kleinbauern in zahlreichen Basisorganisationen und der Landlosenbewegung MST zusammengeschlossen und besetzt auf eigene Faust brachliegende Großfarmen.

Brasilien ist ein bzgl. Klima (tropisch/subtropisch), Rohstoffen (Eisenerz, Kupfer, Landwirtschaftsprodukte) und reichlich vorhandener Energie (Wasserkraft, Erdöl) gesegnetes Land. Es könnte die halbe Welt ernähren und dabei selber satt und reich werden. Doch die strukturellen und sozialen Stolpersteine müssen aus dem Weg geräumt werden – einige Schritte sind gemacht.

Tourismus

Touristisch gesehen ist Brasilien ein **Schlafender Riese**. Kaum ein anderes Land unseres Planeten wurde von der Natur so üppig ausgestattet, kaum eines hat so viele touristische Attraktionen – nehmen wir nur mal den längsten Badestrand der Welt, die 8000 km lange Atlantikküste. Und trotzdem rangiert Brasilien in der Welt-Touristikstatistik nur unter „ferner liefen". Für den Individualtouristen hat das sowohl Vor- als auch Nachteile. Der **Vorteil**: wenig Bettenburgen, kaum ausgelatschte Highways des Massentourismus, traumhafte einsame Strände, authentische, kaum vermarktete Volkskultur. Der **Nachteil**: vielfach keine ausgefeilte touristische Infrastruktur, das heißt beispielsweise, dass kein Taxifahrer eine Fremdsprache spricht. Man muss sich durchschlagen – für Traveller mit Eigeninitiative ist das bei den aufgeschlossenen, herzlichen Brasilianern jedoch kein Problem, sondern eine willkommene Herausforderung.

Rein ökonomisch gesehen hat Brasilien bislang seine Chance verpasst. Während in der Karibik für manche Länder der Tourismus die größte Einnahmequelle ist, verzeichnete Brasilien jahrzehntelang ein Negativ-Saldo im Tourismussektor. Die 1990er-Jahre waren besonders schlimm. Während überall in der Welt der Tourismus boomte, gingen die Zahlen der nach Brasilien Einreisenden bis 2002 auf 4,6 Mio. Personen ständig zurück (Kuba übertraf im gleichen Jahr die Zahl um das Doppelte).

Samba, Karneval, Capoeira – Ausdrucksformen afro-brasilianischer Kultur

*Von Dr. Petra Schaeber**

Samba und Karneval sind – neben Fußball – die bekanntesten Symbole brasilianischer Identität und Quintessenz der *brasildade,* der Brasilianität. Europäer und Afrikaner, die hier auf die indianischen Ureinwohner trafen, brachten ihre Religionen und Gebräuche mit, ihre Musik, ihre Tänze und ihre Art sich zu bewegen. Neben den religiösen wurden vor allem musikalische und tänzerische Ausdrucksformen geschaffen, erhalten und gepflegt, die als **afro-brasilianische Kultur** bezeichnet werden. Dazu gehören die Religion des Candomblé, der Kampftanz Capoeira und der Karneval. Die Afro-Brasilianität zeigt sich genauso in den bildenden Künsten wie im Alltag, in der Sprache und der Küche des Landes. Quelle der Inspiration der afro-brasilianischen Kultur sind bis heute die Mythologie und Praktiken des **Candomblé**, der Religion, die auf den mündlich überlieferten Geschichten der afrikanischen Götter basiert. Musik und Kunst, Samba und Capoeira, Karneval und Feijoada, der brasilianische Bohneneintopf, der Zutaten aus Herrenhaus und Sklavenhütte vereint – die Wurzel liegt in den religiösen Kultstätten und zwischen allen gibt es enge Beziehungen, sind die Übergänge teilweise fließend. Nach einer religiösen Zeremonie kann es ebenso eine *roda de samba* geben, wie zum Abschluss einer Capoeira-Runde. Früher versteckten sich die Capoeiristas vor der Polizei in den *terreiros* und schützten die Kultstätten gleichzeitig vor ungebetenen Eindringlingen. Und Samba und Feijoada werden in Rio de Janeiro zusammen serviert: Die bekanntesten Sambaschulen öffnen einmal im Monat ihre Vereinssitze um dort Feijoada anzubieten, während die Trommeln im Sambarhythmus vibrieren.

Zum Beispiel Samba

Der Bauchnabeltanz der afrikanischen Sklaven, der *umbigada* (umbigo = Bauchnabel) oder *semba* genannt wurde, erinnert an die bis heute übliche Form des Samba de Roda. Bei einem Samba de Roda wird allein oder als Paar innerhalb eines Kreises getanzt. Die Außenstehenden begleiten die Tanzenden mit rhythmischem Klatschen und Gesang, und immer wieder bilden sich neue Paare aus den Umstehenden – das erinnert an eine Capoeira-Roda. Samba de Roda ist eine von vielen Arten des Samba, wie er in ganz Brasilien verbreitet ist, wird aber vor allem in Bahia getanzt. Bis heute streiten Rio de Janeiro und Bahia darüber, wo die Ursprünge des richtigen Samba liegen. Historisch gesehen war zunächst Salvador als Hauptstadt des Kolonialreiches und wichtigstem Sklavenhafen für die Entwicklung des Samba von Bedeutung. Oft waren es nach Rio de Janeiro gezogene Bahianer(innen), welche die afro-brasilianischen Traditionen pflegten.

Die bekannteste Sambaform wurde der Samba der **escolas de samba**, der Sambaschulen in Rio de Janeiro. Der von den mehrere hundert Mitglieder umfassenden Perkussionsgruppen gespielte **Samba de Enredo** begleitet die farbenprächtigen Umzüge der Sambaschulen. Mehrere tausend Mitglieder hat so eine Sambaschule, deren Präsentationen aus dem Sambódromo Rio de Janeiros in alle Welt ausgestrahlt werden. Die Sambaschulen haben eine lange Tradition in ihren Stadtvierteln, Arme-Leute-Gegenden, die oft auf den Hügeln Rio de Janeiros liegen.

Zum Beispiel Karneval

Der Karneval war eine europäische Festtradition, welche die Portugiesen mit in die Neue Welt brachten. Hier waren die Karnevalsfeste zunächst den Eliten vorbehalten. Von den pompösen Bällen waren die Sklaven ausgeschlossen. Ihnen blieb die Straße und sie nutzten die freie Zeit für ihre Art des Feierns. Zunächst war es das **entrudo**, bei dem die nicht ganz so feinen Portugiesen vormachten, wie man sich vor der Fastenzeit mit Mehl und Wasser Straßenschlachten liefern konnte. Nach dem Verbot des Entrudo Mitte des 19. Jhs. begannen die Sklaven und freien Schwarzen auch die pompösen Maskenbälle zu kopieren: Karnevalsfeiern auf der Straße und prunkvolle Karnevalsumzüge in Festkleidern. Ende des 19. Jhs. erregten die **afoxé** genannten Karnevalsgruppen aus Salvador die

Gemüter: Als „Candomblé auf der Straße" bezeichnete der französische Forscher Bastide diese Gruppen, deren Wurzeln in den religiösen Kultstätten liegen. Die Liedtexte der meisten von ihnen werden bis heute in der Yoruba-Sprache gesungen.

Ende des 20. Jhs. waren es dann die *blocos afros,* wie **Olodum** und **Ilê Aiyê**, deren Rhythmen zur Basis einer neuen Musikrichtung wurden, der Axé-Music. Die Blocos Afros wurden von jungen Schwarzen in Salvador gegründet, die auf der Suche nach einer eigenen, schwarzen brasilianischen Identität waren. Ihre Inspiration kam von den Nachrichten über Malcolm X, Nelson Mandela und die Unabhängigkeit der letzten afrikanischen Länder von den Kolonialmächten, dem Hören von Soul-Musik und den ersten Reggae-Platten. Mit afrikanisch anmutenden Kostümen und perkussiver Musik, zu der sie Protestlieder sangen, nahmen sie am Karneval teil. Viele Blocos Afros haben sich über den Karneval hinaus zu Selbsthilfeorganisationen von Afro-Brasilianern entwickelt, die in ihren Stadtvierteln Freizeit- und Bildungsangebote für Kinder und Jugendliche anbieten – immer in Bezug zur afro-brasilianischen Identität. Der bekannteste Bloco Afro ist Olodum. Die Musik der Trommler vom Pelourinho-Platz in Salvador begeisterte nicht nur Millionen Brasilianer, sondern auch Paul Simon und Michael Jackson, die mit der Gruppe Platten und Video-Aufnahmen machten. Die Blocos Afros lösten eine Diskussion in Brasilien aus, die zu einer neuen Sichtweise der Rassenbeziehungen führte.

Zum Beispiel Capoeira

Capoeira ist eine Mischung aus Tanz und Kampf, Spiel und Ernst, Gesang und Perkussion, rituellen Handlungen und Improvisation. Von außen sieht man die *roda,* den Kreis, in dem sich je zwei Kontrahenten begegnen. Sie versuchen mit Tritten und kreisenden Bewegungen, vorgetäuschten Angriffen und konkreten Wurftechniken ihr Gegenüber zu dominieren. Die **Roda** wird kommandiert durch das Berimbau – ein Instrument, das an einen Bogen erinnert, an dessen einen Ende eine Kalebasse befestigt ist und dessen Metallsaite mit einem Stöckchen angeschlagen wird. Das Berimbau gibt den Rhythmus vor, während ein Sänger die Lieder anstimmt. Die Außenstehenden im Kreis klatschen und singen im Chor dazu. Die Paare in der Roda wechseln, immer wieder neue Herausforderer treffen aufeinander. Ob es Capoeira in Afrika gegeben hat, ist umstritten. Daran, dass die afrikanischen Sklaven Capoeira in Brasilien praktiziert haben, gibt es jedoch keinen Zweifel. Die musikalischen und tänzerischen Elemente sollten über das Kampftraining hinwegtäuschen. Lange Zeit war die Capoeira verboten, galten die Capoeirista als finstere Gesellen. Erst als in den 1930er-Jahren **Mestre Bimba** das Capoeira-Training formalisierte und in seiner Capoeira-„Schule" für Ordnung sorgte, wurde der Kampftanz legalisiert. Mestre Bimba übernahm Elemente aus asiatischen Kampfsportarten in die Capoeira. Er bezeichnete diese neue Art Capoeira zu spielen als „Capoeira Regional". Diese sportlichere Variante der Capoeira ist inzwischen in der ganzen Welt verbreitet. Als „Capoeira Angola" wird die ursprüngliche Art der Capoeira bezeichnet, bei der die Musik und die theatralischen Elemente stärker im Vordergrund stehen. Heute erheben insbesondere die Angoleiros den Anspruch, die politisch korrekte Capoeira der Afro-Brasilianer zu praktizieren.

Samba, Karneval, Capoeira: Die afro-brasilianische Kultur vereint – wortwörtlich – afrikanische und brasilianische Elemente. Sie ist einzigartig durch ihre Vielfalt und Flexibilität, ihre Stärke und Präsenz. Es ist eine Kultur, die von den untersten Bevölkerungsschichten geprägt wurde und heute, zumindest teilweise, auch Stolz der Eliten des Landes ist.

**Dr. Petra Schaeber hat über die kulturelle Bewegung der schwarzen Karnevalsgruppen aus Salvador/Bahia promoviert. Dort arbeitet sie seit mehreren Jahren als freie Journalistin, seit 2012 ist sie auch deutsche Honorarkonsulin.*

Spät, aber vielleicht nicht zu spät, hat man in Brasília erkannt, wie wichtig ein blühender Tourismus für die Volkswirtschaft ist. Seit 2002 werden ehrgeizige **Nationale Tourismuspläne** aufgestellt, und im Hinblick auf die Fußball-WM 2014 und die Olympischen Spiele 2016 in Rio soll die Zahl der Einreisenden bis 2020 auf 11 Mio. pro Jahr mehr als verdoppelt werden (2012 waren es immerhin schon 5,6 Mio.). Embratur und die übrigen staatlichen Tourismus-Institutionen zeigen Initiative; das ist erfreulich und höchste Zeit. Die Tourismus-Beamten entdecken ihr eigenes Land: dass Brasilien mehr als nur *Beach* zu bieten hat. Der **Ökotourismus**, einst als europäische Marotte belächelt, wird nun ernst genommen und erlebt ein enormes Wachstum. Die Selbstdarstellung Brasiliens als Destination gewinnt an Professionalität. Viel zu lange hat man die Reisebranche in Brasilien planwirtschaftlich verwaltet. Anreize für privatwirtschaftliche Investitionen fehlten. Nur die Privatinitiative schafft aber neue Märkte – etwa den des Ökotourismus; das war so in Amazonien mit den Dschungel-Lodges, im Pantanal mit den Ferien auf der Fazenda, und in Städten wie Rio, als die ersten Hostels für Rucksacktouristen aufkamen. Da Brasilien ein Spätzünder im Tourismus ist, hat es wenigstens die Chance, die Fehler zu vermeiden, die andere Nationen gemacht haben.

Der Tourismus ist empfindlich; ein paar Attentate mit Todesopfern unter Touristen genügen, um mit einer ganzen Region touristisch Tabula rasa zu machen. Andererseits stört sich Massentourismus nicht an einer Maulkorbpolitik à la Fidel Castro. Brasilien ist frei von Terrorismus und Tyrannei – und trotzdem hat das Land es schwer, sich zu „verkaufen". Sind es die Negativ-Schlagzeilen von Drogenkriminalität und Straßenkindern? Ist es die Sprachbarriere? Es gibt keine schlüssige Erklärung, obgleich man so viele Umfragen gemacht hat. Das Grund-Image von Brasilien in Deutschland/Europa ist positiv mit den Begriffen Fußball, Samba, Sonne besetzt, und fast alle, die einmal dort waren, wollen das Land (96 % der deutschen Touristen gaben dies nach einer Embratur-Studie an). Was ausländische Touristen in Brasilien stört, weiß man den Umfragen nach auch: Dreck, Lärm und Kleinkriminalität. Aber sonst: wunderbar!

Kein anderes Land der Erde wäre besser geeignet, **Naturtouristen** anzulocken. Brasiliens touristische Vorbestimmung ist der Ökotourismus, denn in seinem Konzept sind soziale und wirtschaftliche Aspekte integriert. Aufgrund der geografischen und kulturellen Vielfalt gibt es zahlreiche ausgedehnte Gebiete mit großem Potenzial und man trifft die verschiedensten Ökosysteme an: den tropischen Regenwald am Amazonas, den Atlantischen Küstenregenwald, die offenen Hochlagen, den savannenähnlichen Cerrado, das Feuchtgebiet Pantanal, Küsten, Mangrovenwälder und Inseln, verschiedene Schutzgebiete, National- und Landesparks.

All diese Gebiete können aus der Entwicklung des Ökotourismus sozioökonomischen Nutzen ziehen: Der ansässigen Bevölkerung werden Entfaltungsmöglichkeiten geboten, sie kann in ihrer Heimat verbleiben, die Landflucht nimmt ab, die Ressourcen werden geschont, es entstehen lokale Arbeitsplätze – die Region erlebt eine nachhaltige Entwicklung. Der Ökotourismus trägt auch zur Verbesserung der Infrastruktur in den Bereichen Transport, Kommunikation sowie Wasser- und Abwasserwirtschaft bei.

In Brasilien wächst das Geschäft mit dem Ökotourismus mit jedem Tag. Das ist erfreulich, erfordert aber vom Touristen auch eine besondere Aufmerksamkeit: Nicht überall wo Ökotourismus draufsteht ist auch unbedingt Ökotourismus drin. Dennoch: Neue, spezialisierte Reisebüros werden eröffnet, neue Destinationen erschlossen. Amazonas und Pantanal sind bereits Renner. Die Bonito-Region, der Jalapão, das Hinterland im Nordosten, die kolonialen Städtchen in Minas Gerais: All dies und noch mehr muss nun nicht mehr unter wochenlangen Strapazen erreicht werden, sondern liegt „um die Ecke." Brasilien hat diese Infrastruktur schon lange – nun muss sie nur noch touristische Farbe bekommen.

Bevölkerung

Im Jahr 2002 überraschte der damalige US-Präsident George W. Bush seinen brasilianischen Amtskollegen Fernando Henrique Cardoso mit der Frage „Do you have blacks, too?". Ihm war offensichtlich nicht bekannt, dass Brasilien das Land mit den meisten **Schwarzen** außerhalb Afrikas ist und dass dort mehr als doppelt so viele Menschen afrikanischer Abstammung leben wie in den USA.

Die Vielfalt der Hautfarben und Kulturen erklärt sich aus der wechselvollen Geschichte. Drei bis fünf Millionen Indianer lebten ursprünglich im Gebiet des heutigen Brasiliens, fast ebenso viele Menschen folgten durch Einwanderung aus der ganzen Welt. Die größte Immigrantengruppe waren Portugiesen, gefolgt von Italienern, Spaniern und Deutschen. Viele Umsiedler kamen auch aus Asien, besonders aus Japan. Den größten Einfluss auf die brasilianische Kultur hatte jedoch die ethnische Vermischung mit afrikanischen Sklaven, besonders aus Angola, Mosambik, Nigeria und dem Sudan. Etwa 3,6 Mio. Afrikaner wurden vom 16. bis Mitte des 19. Jhs. nach Brasilien verschleppt.

2006 erreichte der Anteil der Brasilianer, die ihre Hautfarbe mit „schwarz" oder „dunkel" angeben 49,2 % (gegenüber 49,7 % „Weißen"), inzwischen gibt es bereits mehr schwarze als weiße Brasilianer (2010: 50,7 % bzw. 47,7 %). Besonders viele dunkelhäutige Menschen leben auch heute noch in jenen Bundesstaaten, deren Kolonialisierung stark mit Sklavenarbeit einherging: Pará, Maranhão, Piauí, Pernambuco, Alagoas, Bahia, Rio de Janeiro, São Paulo, Minas Gerais und Goiás. Zudem gibt es ca. eine Million Menschen asiatischer sowie um die 700 000 indianischer Abstammung (verteilt auf 170 Stämme).

Mit gutem Grund gehen die Brasilianer davon aus, dass sie das Volk mit dem ausgeprägtesten Rassengemisch *(„mistura de raças")* der Erde sind.

Die Gesamtbevölkerung des Landes hat sich im 20. Jh. verzehnfacht (1900: 17,4 Mio., 2000: 170 Mio. Einwohner). Heute leben bereits gut 192 Mio. Menschen in Brasilien. Die weibliche Bevölkerung ist dabei leicht in der Überzahl: Auf 100 Frauen kommen 96,9 Männer. Das Durchschnittsalter ist sehr niedrig, es betrug 2010 31,3 Jahre (Männer) und 32,9 Jahre (Frauen). Über vier Fünftel der Bevölkerung lebt in Städten überwiegend in Küstennähe, die Landflucht setzt sich auch im 21. Jh. fort, wenn auch deutlich verlangsamt.

Religionen

„Deus é Brasileiro" – *Gott ist Brasilianer,* da sind sich viele Brasilianer ganz sicher. „Welcher Gott eigentlich?" könnte man rückfragen, denn *den* Gott gibt es in Brasilien nicht. Der katholische Dreieinige? Olorum, der afro-brasilianische Schöpfergott? Oder der Gott eines Alan Kardec, dem Begründer des kardicistischen Spiritismus?

Die Mehrheit der brasilianischen Bevölkerung ist eher **mystisch** als religiös veranlagt, und dabei sehr tolerant gegenüber anderen Glaubensgemeinschaften. Eine weltabgewandte und lustfeindliche Religiosität würde zu den meisten Brasilianern nicht passen, es widerspricht ihrem Lebensgefühl. Auch **Aberglaube** ist weit verbreitet, quer durch alle Schichten. Selbst so mancher Staatspräsident soll sich Rat von Sehern eingeholt oder seine Termine nach astrologischen Daten gelegt haben.

Auf dem Papier sind – seit Jahren stark abnehmend – nur noch 65 % der Brasilianer Katholiken; 22 % sind Protestanten, 8 % konfessionslos. Dazu kommen diverse Minderheiten von Buddhisten, Bahai, Muslimen und Juden; nicht zu vergessen die indigenen Religionen. Damit ist Brasilien laut Statistik immer noch die **größte katholische Nation** der Erde. Doch die Realität sieht anders aus. Beim genaueren Hinsehen entsteht der Eindruck eines Jahrmarktes alter und neuer Religionen. Viele Brasilianer setzen sich aus den verfügbaren Angeboten ihre **persönliche Religion** zusammen. Selbst fromme Katholiken adaptieren afrikanische Kulte und nehmen schon mal an einer spiritistischen Feier teil.

Zu den traditionellen Religionen gehören neben der katholischen Kirche die afro-brasilianischen Kulte. Jüngeren Datums sind die **Pfingst-** und **evangelikalen Kirchen**, die im 20. Jh. ihren Eroberungsfeldzug durch Südamerika angetreten haben.

Römisch-Katholische Kirche

Der erste Eindruck in Brasilien bestätigt oft das Klischee einer allgegenwärtigen katholischen Kirche: „Jesus" steht in dicken Lettern auf dem

Lastwagen, Heiligenbildchen zieren das Cockpit des Taxifahrers. Selbst in Nachtclubs hängen Kreuze an der Wand. Doch mit dem Katholizismus aus Rom, seinen Geboten und Dogmen, hat dies wenig zu tun.

Die katholische Religion hat eine wechselvolle Geschichte in Brasilien. Zeitweise genoss sie hohes Ansehen, unter anderem da es ihr gelang, Elemente aus indigenen und afrikanischen Traditionen einzubinden. Zur Zeit des Militärputsches unterstützten konservative Teile der Katholiken die Militärs. Gleichzeitig formierte sich unter der Militärherrschaft ab 1964 eine **Kultur des Protests**. Es entstanden kirchliche Basisgemeinden, die Glauben und Politik miteinander verbanden. Im Laufe der 1970er-Jahre waren es gesellschaftspolitisch aktive Theologen, unterstützt von regimekritischen Bischöfen, die

Die Götter des Candomblé und ihre Feste

*Von Dr. Erica Jane de Hohenstein**

Blumen werden ins Meer geworfen, Opferteller unter Bäume und Büsche gestellt, das rote Palmöl an Kreuzungen vergossen. Man sieht und fühlt sie überall in Salvador da Bahia: Die **Macht der afrobrasilianischen Götter**. Zwanzig **Orixás** werden heute in ca. 3000 Kultstätten verehrt, gefeiert. Sie verkörpern die **Naturelemente** Luft, Wasser, Erde, Feuer, Wind und Eisen. In der Trance fahren sie in die Gläubigen ein, dann werden Menschen zu Göttern und Götter zu Menschen. Nicht nur Afrobrasilianer glauben an die Macht der Götter, sondern auch die weiße Oberschicht. Politiker, Künstler, Intellektuelle befragen die Götter, bevor sie eine wichtige Entscheidung treffen; sie opfern ihnen, fürchten sie sogar. Wer sind diese Orixás?

Oxalá ist das Oberhaupt des Pantheons, er wird der Vater aller Orixás genannt und ist die höchste Autorität. Sein Wille ist unwiderruflich, sein Wort endgültig. Er ist der stets weiß gekleidete Gott der Schöpfung, der Herr des Friedens. Viele Baianos tragen am Freitag ihm zu Ehren weiße Kleidung.
Am **2. Donnerstag im Januar** wird für Oxalá das größte Fest von Salvador gefeiert: **Lavagem do Nosso Senhor do Bonfim**. Die Stufen der Bonfim-Kirche werden von Candomblé-Frauen gereinigt und die Gläubigen laufen – begleitet von Musik, Gesang und Bier – 10 km vom Mercado Modelo bis zur Bonfim-Kirche.

Yemanjá ist die Herrscherin der Meere und die Mutter aller Orixás. Sie ist der populärste Orixá in Bahia. In fast jeder Bar hängt ihr Bild. Ihr Körper ist mit Muscheln, Perlen und Korallen geschmückt, ihre Brüste sind prächtig und prall. Sie strahlt eine Sinnlichkeit aus, die Männern den Verstand raubt, ihr Locken gleicht dem betörenden Gesang der Lorelei. Grausam und zugleich sanft soll sie sein. Sie zögert nicht, in Seenot geratene Fischer in die Tiefe zu ziehen. Aber wenn sie guter Laune ist, besänftigt sie die Wellen und rettet den Seemann samt Fracht. Yemanjá ist herrschsüchtig, kann aber durch Gaben besänftigt werden. In ihrer Eitelkeit begehrt sie Kämme, Spiegel und Blumen, die an Festtagen in große Körbe gelegt und auf hoher See ins Meer geworfen werden.
Am **2. Februar** wird in Rio Vermelho ihr zu Ehren ein großes Straßenfest abgehalten. Zahllose Fischerboote und Luxusjachten fahren, mit den reichhaltigen Geschenken der Gläubigen beladen, aufs offene Meer und opfern ihr. Die weiß gekleideten Gläubigen harren am Strand in gespannter Erwartung, ob die Herrin ihre Geschenke annimmt. Manche Wartende werden besessen. In sich versunken stoßen sie schrille Schreie aus, bewegen sich zuckend, drehen sich um die eigene Achse, immer schneller und schneller. Yemanjá ist in sie eingedrungen.

Yansã ist die machtvolle Göttin der Winde und Blitze. Sie ist unberechenbar, wild und leidenschaftlich. In den Mythen war sie einst eine Büffelkuh, die sich von Zeit zu Zeit in eine wunderschöne Frau verwandelte. Ihre Speise ist *acará,* ein Bällchen aus Bohnen und Maniokmehl. Weder Heirat noch

politische Emanzipation einforderten. Charismatische Führer dieser **Theologie der Befreiung** waren in Brasilien **Leonardo Boff** und Bischof **Dom Hélder Camara**. Sie stellten sich auf die Seite der Unterdrückten und Benachteiligten.

Von Seiten der römischen Kirchenleitung gab es jedoch bald Bestrebungen, die Befreiungstheologie zu unterdrücken, vor allem aus Furcht vor marxistischer Unterwanderung der Kirche.

Mit der Rückkehr zur Demokratie gab die katholische Kirche ihre gesellschaftspolitische Rolle zugunsten von Gewerkschaften und Parteiorganisationen ab. Es entstand zunehmend der Eindruck, die katholische Kirche sei hauptsächlich für die Mittel- und Oberschicht da.

Die tiefe Volksgläubigkeit zeigt sich unter anderem in **Aparecida**, einem Ort 170 km von São Paulo, dem größten Wallfahrtsort des Landes.

Mutterschaft hindert sie daran, das zu tun, was ihr gefällt. Die Frauen von Salvador lieben Yansã wegen ihres Mutes. Sie flehen sie an, sie bei ihrer Arbeit oder waghalsigen Taten zu unterstützen.
Am **4. Dezember** findet in der historischen Altstadt von Salvador eine große Prozession statt. Sie beginnt bei der Sklavenkirche Rosário dos Pretos und endet bei der Feuerwehr, deren Schutzpatronin sie ist. Dort wird der Umzug von den Feuerwehrmännern mit Salven und Wasserstrahlen begrüßt.

Oxum ist die liebliche Göttin des Süßwassers, der Flüsse und Wasserfälle. Sie wird als Göttin der Liebe, Schönheit und Fruchtbarkeit verehrt. Im Candomblé munkelt man, dass Oxum mit ihrer Geschicklichkeit einem Mann unbemerkt die Hosen ausziehen kann. Ihrem lieblichen Zauber kann keiner widerstehen, sie ist das ewig lockende Weib. Frauen bitten sie um eine glückliche Schwangerschaft. Wenn sie ihren religiösen Pflichten nicht nachkommen, werden sie durch Ausbleiben der Menstruation oder starke Blutungen bestraft. Und wenn bahianische Frauen Liebeskummer haben, dann flehen sie Oxum an, ihre Probleme mit den stets unzuverlässigen, treulosen Männern zu lösen.
Am **8. Dezember** wird ihr zu Ehren eine Messe in der Kirche Conceição da Praia in der Unterstadt von Salvador abgehalten, die in eine Prozession mündet.

Xangô ist der Herrscher über Donner und Feuer. Er ist stolz, ungestüm und duldet keine Widerworte. Er liebt die Frauen und ist ein genusssüchtiger Bonvivant. Die großen Candomblé-Kultstätten von Salvador wurden im 19. Jh. von Xangô-Priestern gegründet. Im Nordosten Brasiliens hat sich der Xangô-Kult verselbständigt und bildet eine eigene Religionsgemeinschaft, die seinen Namen trägt.
Am **24. Juni** wird das Fest **São João** insbesondere im Nordosten Brasiliens mit großem Feuer und lauten Feuerwerken gefeiert. Auf diesen beliebten Volksfesten vermischt sich die Figur des katholischen São João, Sankt Johannes, mit der des Orixás Xangô.

Exú ist der Götterbote, der ewig Reisende zwischen den Menschen und den Orixás. Er trägt die heilige Kraft *axé* zu den Menschen. Exú ist das Prinzip der Dynamik, der Kommunikation und der Sexualität. So wird er mit einem großen Phallus und mit einem Dreispitz oder sieben Schwertern dargestellt. Jedes Fest im Candomblé beginnt mit einer Zeremonie für ihn, denn nur er kann die Wege zwischen den Welten öffnen. Erweist man Exú nicht die gebührende Ehre, ist er beleidigt und stürzt alles ins Chaos. Aus diesem Grund opfert man ihm an den Kreuzungen Zuckerrohrschnaps und dicke Zigarren. Exú ist ein Orixá der Straßen, der Nächte, der Unordnung, und so wird er nur im Freien verehrt. Exú liebt das wilde Leben und die Erotik. Seine widersprüchliche Gestalt und seine unbändige Lebenslust machen ihn zum menschlichsten der Götter.

**Dr. Erica Jane de Hohenstein hat über die Frauen im Candomblé promoviert. Sie arbeitet als TV-Producerin in Salvador/Bahia, ✆ 0055/71/3237 6020.*

Zu der schwarzen Madonna „Nossa Senhora de Aparecida" strömen Jahr für Jahr fast 8 Mio. Gläubige aus ganz Brasilien – doppelt so viele wie nach Lourdes.

Gegenwärtig verliert der Katholizismus aber immer mehr an Terrain, stark auf dem Vormarsch sind protestantische Kirchen und Sekten.

Protestantische und Pfingstkirchen

Noch bis ins 19. Jh. war Brasilien offiziell mehr oder weniger zu 100 % katholisch. Erst die europäischen Einwanderer brachten in der zweiten Hälfte des 19. Jhs. den **Protestantismus** ins Land, besonders die **Lutheraner** gewannen im Süden großen Einfluss. Mit der Gründung der Republik 1889 wurde eine Trennung von Staat und Kirche durchgesetzt, auch neue Kirchen durften gegründet werden. Trotzdem hatten alle protestantischen Gemeinschaften 1940 lediglich einen Anteil von knapp 3 % an der brasilianischen Bevölkerung. Dieser Anteil wuchs bis heute auf knapp 22 %, einen ähnlich rasanten Anstieg haben nur die Konfessionslosen zu verzeichnen.

Die Mehrheit der protestantischen Glaubensgemeinschaften gehört heute jedoch nicht mehr zu den traditionellen evangelischen Richtungen, sondern zu **Pfingstkirchen** und teilweise fundamentalistischen und sektenartig organisierten Gemeinschaften. Diese gehen vor allem in den ärmeren Schichten „auf Fang" und locken mit **Heilsversprechen**. Oft wird gezielt soziale und psychische Abhängigkeit erzeugt. Im Vordergrund steht dabei kein abstrakter Glaube, sondern die konkrete Lebenswelt. Es gibt klare Regeln, so ist es z. B. in Pfingstkirchen den Anhängern nicht erlaubt, zu rauchen oder zu trinken; auch vorehelicher Sex und gleichgeschlechtliche Beziehungen sind untersagt. Probleme wie Arbeitslosigkeit, Krankheit, Ehestreit werden als Werk des Teufels dargestellt. Dabei wird die Gutgläubigkeit der Mitglieder oft schamlos ausgenutzt. Bestes Beispiel hierfür ist die 1977 gegründete **Igreja Universal do Reino de Deus** (Universalkirche von Gottes Reich). Ihr Gründer Bispo „Bischof" Edir Macedo ist ein gerissener Geschäftsmann und begnadeter Prediger zugleich. Von den Gläubigen, auch den Ärmsten der Armen, wird erwartet, 10 % des Einkommens an die Kirche abzugeben. Versprochen wird göttliche Gegenleistung, nicht erst im Jenseits. So ist genug Geld da, immer mehr und größere „Tempel" zu bauen – oder Fernsehstationen zu kaufen, wie 1989 den großen Kanal *TV Record*. Der Kauf des eigenen Seelenheils durch Spenden an die Kirche, das weckt Erinnerungen an überwunden geglaubte düstere Zeiten in der Geschichte der katholischen Kirche.

Die zahlenmäßig größte Pfingstkirche in Brasilien ist die **Igreja Assembleia de Deus** mit über 8 Mio. Gläubigen.

Afro-brasilianische Religionen

Das helle Neonlicht erleuchtet den weißen Festsaal, den *Terreiro*. Links sitzen die Frauen, rechts die Männer. Die Luft ist ölig, es riecht nach Weihrauch. Am Kopfende steht ein kunstvoll geschnitzter Holzstuhl. Die *Mãe de Santo*, die Chefin der Zeremonie, nimmt Platz. Eine Ecke des Raumes ist für die Musiker reserviert. Virtuos erzeugen sie komplizierte Rhythmen auf drei Trommeln. Würdenträger betreten den Saal, verbeugen sich, umarmen Gemeindemitglieder. Die Atmosphäre ist feierlich und ernst. Frauen tragen weite weiße Spitzenröcke und Tücher, zu Turbanen gebunden. Sie formieren einen Kreis und beginnen sich rhythmisch zu bewegen. Einige Zeit später fangen die ersten an zu taumeln, zu zucken, sich zu versteifen. Ihre Gliedmaßen bewegen sich unkontrolliert: Ein **Orixá**, ein Candomblé-Gott (S. 110), ergreift Besitz von ihrem Körper.

Die im 16.–19. Jh. aus Afrika verschleppten Sklaven brachten ihre Götter, die Orixás, mit über den Atlantik. Durch **Zwangstaufe** wurden sie oberflächlich christianisiert, blieben aber weiterhin in ihrem Glauben verwurzelt. Aus Angst vor Verfolgung gaben sie ihren Göttern die Namen katholischer Heiliger. Damit war die Grundlage für verschiedene **synkretistische Religionen** gelegt, womit die Kunst des gegenseitigen Einbindens und Verschmelzens gemeint ist.

Einige Elemente des Volkskatholizismus ließen sich besonders gut verbinden, wie die Heiligenverehrung, Gelübde, Wallfahrten und familiäre Frömmigkeit. Aber nicht immer wurden die afro-brasilianischen Kulte toleriert. Unter Getúlio Vargas wurden die Anhänger gar als „schwarze Zauberpriester" verurteilt und eingesperrt. Doch bis heute hilft Brasilianern afrikanischer Abstammung die Integrationskraft des Glaubens ihrer Vorfahren, eine eigene Identität zu behaupten.

Afro-Kulte spielen besonders im Nordosten Brasiliens eine große Rolle. Mittlerweile erfahren sie zunehmende gesellschaftliche Anerkennung als eigenständige Religion und Kultur. In Touristenzentren wie Salvador hat man darüber hinaus längst ihr Marketingpotenzial erkannt, einige Rituale haben Eingang in Folklore-Shows gefunden. Drei große Glaubensgemeinschaften afrikanischen Ursprungs lassen sich regional zuordnen: **Candomblé** findet man in Bahia (v. a. Salvador und Cachoeira) und Recife, **Macumba** und **Umbanda** in Rio de Janeiro und anderen Großstädten des Südostens.

Am ehesten wird der Besucher mit **Candomblé** in Kontakt kommen, besonders zu den zahlreichen Festen in Salvador. Der Kult ist vor allem von Afrikanern aus Benin und Nigeria, den Yoruba- und Bantu-Völkern geprägt worden. Ganz oben in der Hierarchie steht die *Mãe de Santo* oder der *Pai de Santo*. Die Töchter und Söhne *(Filhas und Filhos de Santo)* empfangen im Trance-Zustand ihren spezifischen Orixá, dessen Eigenschaften sie dann verkörpern. Von ihnen geht eine heilende Kraft auf die gesamte Candomblé-Gemeinde über. Bis heute umgibt den Kult etwas Geheimnisvolles: Kenntnisse von Pflanzen zu medizinischen und religiösen Zwecken, die Fähigkeit mit geheimen Ritualen Probleme zu lösen oder die Zukunft vorherzusagen – Candomblé wird sowohl verehrt als auch gefürchtet. Öffentliche Feste sind für Gäste zugänglich, an den internen Zeremonien dürfen nur die in das Ritual eingeweihten Personen teilnehmen. Die *Terreiros* sind in der Regel abgelegen und schwer zu finden.

Die **Umbanda** hat sich aus dem Candomblé entwickelt. Sie ist um 1930 im Zusammenspiel mit den Urbanisierungsprozessen im Südosten des Landes entstanden. Verschiedene kulturelle und religiöse Traditionen flossen ein, wie z. B. indianischer Schamanismus, Volkskatholizismus und **kardecistischer Spiritismus**. Letzterer geht zurück auf den Franzosen Alan Kardec (1804–69, „Buch der Geister"), dessen religiöse Bewegung alle Religionen zur „einzig wahren christlichen Tradition" vereinen wollte. Zentrale Rolle spielt der durch Medien vermittelte Verkehr mit Geistern. Im Laufe der Zeit wurde die Umbanda zu einem allgemeinen Begriff für alle neuen Formen synkretistischer religiöser Spielarten in den urbanen Zentren Brasiliens.

Auch die **Macumba** ist in Rio und São Paulo beheimatet gewesen, ging aber im 20. Jh. zum großen Teil in der Umbanda auf. Immer wieder wurde die Macumba verkürzt als unspezifischer, oft negativ besetzter Begriff für schwarze Magie und Hexerei benutzt.

Kultur

Musik

Brasilien, mein brasilianisches Brasilien,
Meine geliebte Mulattin, ich werde dich in diesen Versen besingen.
Oh, deine Samba, deine sinnlichen Tänze,
Das Brasilien, das ich liebe, Land unserer Väter,
Brasilien mein, mein, mein.

So beginnt der Samba-Klassiker *Aquarela do Brasil* von **Ary Barroso**, dessen Melodie auch in Europa viele wiedererkennen werden. Brasilien hat eine offizielle Nationalhymne, aber Hymnen an das Land und seine Bevölkerung gibt es viele. Musik ist allgegenwärtig in Brasilien, der Ort spielt dabei keine Rolle. Aus den Lautsprechern der Strandbars tönt sie, im Bus oder Taxi hört man die neuesten Hits, Autos werden zu fahrenden Beschallungsanlagen.

Aber eigentlich brauchen sie keine Technik zum Musizieren; genauso selbstverständlich, wie sie aus einem „Stofffetzen eine bunte Fahne zaubern, aus irgendeinem Gedanken eine Fete werden lassen", so entsteht „aus irgendeinem Holzstück ein Musikinstrument", so **Gilberto Gil**, der große Star aus Bahia. Selbst wer ganz ohne musikalische Ausbildung ist, macht oft ausgezeichnete Musik. Dabei ist die menschliche Stimme das wichtigste Instrument. Wenn es den Titel des musikalischsten Volkes der Erde gäbe, die Brasilianer wären sichere Anwärter.

Das Universum brasilianischer Musik auf ein paar Seiten zu beschreiben, ist fast unmöglich. Zu groß ist die Vielzahl an Rhythmen und Stilen, Komponisten und Interpreten. Brasilien hat so viele Musikstile wie Deutschland Biersorten, besagt ein Sprichwort. Dabei ist alles in einem ständigen Wandel begriffen. Altes wird aufgegriffen, Einflüsse aus verschiedenen Regionen oder anderen Ländern integriert, und am Ende entsteht wieder etwas Neues, sehr Brasilianisches. Um zu verstehen, was Brasiliens Musik ausmacht, hilft nur eins: dabei sein und die Rhythmen selbst erfahren. Bei einem Forró-Tanzfest, in der von Trommelrhythmen vibrierenden Altstadt Salvadors, bei der Probe einer Sambaschule in Rio ...

Die „klassische Musik", oder **Música Erudita** – wörtlich übersetzt „gelehrte Musik" – spielt eine relativ untergeordnete Rolle in Brasilien. Zwar gab es seit Ende des 18. Jhs. immer wieder herausragende Künstler, die wenigsten erlangten jedoch nationale oder gar internationale Anerkennung. Einer der ersten brasilianischen Opernkomponisten war **Antonio Carlos Gomes** (1836–96). Vielen der klassischen Komponisten aus Brasilien ist gemein, dass sie einen großen Teil ihrer musikalischen Ausbildung in Europa erhielten und meist europäischer Abstammung waren.

Eine Ausnahme machte **Heitor Villa-Lobos** (1887–1959) aus Rio de Janeiro, vielleicht der bekannteste brasilianische Komponist überhaupt. Begegnungen mit Darius Milhaud und Arthur Rubinstein Anfang des 20. Jhs. verhalfen ihm zum internationalen Durchbruch. Seine Werke werden heute in ganz Europa und den USA gespielt. Wie schwierig es ist, brasilianische Kunstmusik klar von populärer Musik abzugrenzen, dafür ist Villa-Lobos das beste Beispiel. Er war seit seiner Jugend von brasilianischer Volksmusik begeistert, studierte sie intensiv und ließ Elemente in zahlreiche seiner 3000 Kompositionen einfließen. Vor allem der Samba-Vorläufer *Choro* (s. u.) fand bei ihm und zahlreichen anderen brasilianischen Komponisten immer wieder Eingang in klassische Kompositionen. Dies ist eine Besonderheit der brasilianischen Kunstmusik: Komponisten und Musiker überschreiten regelmäßig die Grenzen zur populären Musik und umgekehrt.

Gute Beispiele für dieses Phänomen sind auch die Vertreter der experimentellen Instrumentalmusik wie **Hermeto Pascoal**, **Egberto Gismonti** oder **Naná Vasconcelos**. Sie vermischen in ihrer Musik verschiedene Rhythmen und Stile und funktionieren Instrumente einfach um. Hermeto Pascoal z. B. nennt seine Musik „universal", lässt sich von den Klängen der Natur inspirieren und benutzt die skurrilsten Dinge als Klangkörper.

Die **populäre Musik** ist in mehrerer Hinsicht extrem vielfältig. Zum einen die Verschiedenheit der Rhythmen und Stile, die ihren Ursprung im ethnischen Cocktail der Bevölkerung hat. Dann die regionale Vielfalt der Musik. So gut wie jedem ist der in Rio de Janeiro entstandene Samba ein Begriff, hinzu kommen ungezählte Stile und Tänze aus dem Norden, Nordosten, dem Hinterland *(Música Sertaneja)* oder dem Süden *(Música Gaúcha)*. Nicht zuletzt entsteht diese Vielfältigkeit der Musik durch eine sehr hohe Anzahl begabter Musiker, von denen nur ein Bruchteil im Ausland überhaupt bekannt ist.

Die **Música Popular Brasileira**, kurz **MPB**, wird oft als Sammelbegriff verwendet für fast alles, was nicht zur Música Erudita gehört. Andere definieren MPB als „Generation Post-Bossa-Nova" und gliedern einige Stile aus (Rock, Axé, Pagode und regionale Musik). Man kann den Begriff am ehesten mit **Pop-Musik** übersetzen, wobei es deutliche Unterschiede zu dem gibt, was in Europa unter „Pop" verstanden wird. Zum einen identifiziert sich in Brasilien nicht nur die Jugend mit der MPB, sondern sie ist Kultur der ganzen Bevölkerung. Zum anderen hebt sich die MPB durch eine außergewöhnlich **hohe Qualität** hervor – sowohl der Musik als auch der Texte. Letztere sind mindestens gleichberechtigt mit der Musik. Es ist beeindruckend zu sehen, wie Brasilianer die Songs von der ersten bis zur letzten Zeile mitsingen können. Die Autoren der Liedtexte werden oft genauso ver-

Brasilianische Musikstars wie Carlinhos Brown sind auch häufig auf europäischen Bühnen anzutreffen.

ehrt wie Komponisten und Interpreten. Wenn Brasilianer hören, dass im deutschsprachigen Raum die meisten Musiktexte auf Englisch gesungen (und oft kaum verstanden) werden, können sie nur den Kopf schütteln.

Choro, Samba und Pagode

„Quem não gosta de samba bom sujeito não é
É ruim da cabeça ou doente do pé" –

(„Wer den Samba nicht mag, ist kein guter Mensch, der hat entweder etwas am Kopf oder er ist fußkrank")

Dies singt **Dorival Caymmi** in „Samba da minha terra". Ganz sicher würden ihm die Cariocas (Einwohner von Rio de Janeiro), wahrscheinlich sogar die große Mehrheit aller Brasilianer zustimmen. Denn bis heute ist der Samba zentraler Bestandteil der MPB, Freudenfest und Trostspender zugleich. Doch der Reihe nach:

Vor dem Samba stand der **Choro**, ursprünglich eine Karnevalsmusik wie der Samba, jedoch wesentlich ruhiger. Der Musikstil wurzelt in europäischen Klängen wie Polka, Walzer oder Mazurka. Das Instrumentalensemble des Choro bestand zunächst aus Flöte als Soloinstrument, Gitarre, und einem Cavaquinho (Ukulele, eine kleine Gitarre), hat sich aber im Laufe der Jahrzehnte verändert. Einflussreichster Komponist war der aus Rio de Janeiro stammende Alfredo da Rocha Viana Filho (1898–1973), genannt **Pixinguinha**. Der Choro hatte bis zu den 1920er-Jahren seinen Höhepunkt, wird aber bis heute quer durchs Land immer noch gespielt und gilt sogar als Hauptinstrumentalmusik Brasiliens. Dazu trug vor allem der berühmte „Prinz des Samba" **Paulinho da Viola** bei.

Der **Samba** entstand zwischen 1910 und 1920 in den Vorstädten von Rio de Janeiro, wo der Choro und der afro-brasilianische Musikstil *Batuques* verbreitet waren. Die beiden Stile verbanden sich zu etwas Neuem. Als erster Samba gilt das Stück „Pelo Telefone" (1918) des Gitarristen **Donga**. Die erste Sambaschule mit Namen *Deixa falar* („Lass sie reden") wurde 1928 gegründet. Derer gibt es heute viele, die Proben sind häufig öffentlich und können besucht werden (S. 307).

Es ist heute falsch, von *dem* einen Samba zu reden, denn zu viele verschiedene Stile haben sich im Laufe der Zeit herausgebildet. Der

Samba do Enredo z. B. ist weltweit berühmt als die Musik des Karnevals von Rio. Der ganze Körper wird vom wuchtigen Rhythmus der Trommeln erfasst. Die Liedform des Sambas ist der *Samba-Canção*; ein Beispiel ist das eingangs zitierte Lied *Aquarela do Brasil* von **Ary Barroso**. Die extravagante Sängerin **Carmen Miranda** (1909–55) hat Barrosos Sambas in Hollywood-Filmen gesungen und damit weltweit bekannt gemacht. Ein „Samba mit Unterbrechung" und meist humoristischer Note ist der *Samba de Breque* (von engl. „Break" abgeleitet).

Auch das beliebte **Pagode** ist eine Weiterentwicklung des Samba, mit stärker improvisativem Charakter. **Beth Carvalho**, **Jorge Aragão** und **Zeca Pagodinho** waren hier die Pioniere. Pagode wurde aber im Laufe der Zeit zu einem Überbegriff für eine kommerziellere und Rock-/Pop-orientiertere Samba. Bekannt ist diese Richtung auch als **Pagode Romântico**, zu deren Interpreten **Alexandre Pires, Fundo de Quintal, Raça Negra, Exaltasamba** oder **Sorriso Maroto** zählen.

Bossa Nova

Samba plus Jazz gleich Bossa Nova; das wäre die Kurzformel der Entstehung. Bossa Nova, die „Neue Welle", entstand zu einer Zeit (1950er-Jahre), als der Wind einer Aufbruchsstimmung durch das Land zog. Präsident Juscelino Kubitschek wurde demokratisch gewählt, er verwirklichte den Traum einer modernen Hauptstadt im Landesinneren, die Industrie modernisierte sich. Kurzum, überall war Optimismus zu spüren. In diesem Geiste entstand der Bossa Nova in der Intellektuellen-Szene Rio de Janeiros. Im neuen Stil vermischten sich Samba-Elemente mit Jazz bis hin zu impressionistischen Einflüssen.

Der große Meister und Erfinder des neuen Rhythmus war **Tom (Antonio Carlos) Jobim** (1927–94), der bedeutendste Vertreter der brasilianischen Musik in der zweiten Hälfte des 20. Jhs. Es besteht allgemeine Übereinstimmung hinsichtlich seiner musikalischen Genialität und seiner Perfektion als Pianist, Komponist, Sänger, und Arrangeur. Der große Durchbruch gelang 1958 mit der Schallplatte *Chega de Saudade*.

Einen wesentlichen Anteil am Erfolg dieser Platte hatte **João Gilberto** (geb. 1931), der die Titel interpretierte und mit seinem Gesangs- und Gitarrenstil die Musik in Brasilien revolutionierte. Charakteristisch ist sein beinahe geflüsterter Gesang – völlig anders als die bis dahin aus dem Radio bekannten dröhnenden Stimmen – sowie das gefühlvolle Gitarrenspiel, das sich markant von der üblichen Samba-Rhythmik unterschied. Insbesondere dem Bossa Nova ist es zu verdanken, dass sich die akustische Gitarre als wichtigstes Instrument in der MPB etabliert hat.

Aber nicht nur die Musik, auch die Texte waren neuartig, wofür hauptsächlich **Vinicius de Moraes** (1913–80) verantwortlich war. Der neun Mal verheiratete Lebemann und Poet zählte zu den schillerndsten Persönlichkeiten des Bossa Nova und gilt als ihr bedeutendster Textschreiber. Auf seinem Theaterstück basiert der zu Herzen gehende Film **Orfeu Negro**, der den Bossa Nova weltweit bekannt machte (Regie Marcel Camus, Musik Tom Jobim). Der Streifen wurde 1959 mit einer Goldenen Palme in Cannes ausgezeichnet und gewann einen Oscar für den besten ausländischen Film.

Der bekannteste Bossa-Nova-Titel aller Zeiten ist das 1962 von Vinicius de Moraes und Tom Jobim komponierte, und von **Astrud Gilberto** unverwechselbar dahin gehauchte **A Garota de Ipanema** *(The Girl from Ipanema)*, das seitdem ungezählte Male gecovert wurde. Inspiration war das hübsche Mädchen Heloísa Eneida Menezes Paes Pinto, das häufig an der Bar Veloso, einem damaligen Künstlertreffpunkt in Rio, vorbeispazierte. Die Bar trägt heute den Namen *Garota de Ipanema*.

Die Bossa-Nova-Welle schwappte später auch in die USA, legendär sind die Aufnahmen João Gilbertos mit dem amerikanischen Saxophonisten **Stan Getz**. In Europa wurde später vor allem **Baden Powell** berühmt. Während der Bossa Nova in Nordamerika 1964 seinen Höhepunkt erreichte, ebbte er in Brasilien bereits ab. Hier musste das Land die bittere Pille des Militärputsches schlucken. Eine neue Generation politisch engagierter Musiker wurde populär.

Musik gegen die Repression

So paradox es klingt: Das autoritäre Militärregime wirkte wie ein Katalysator für die Geburt einer neuen Form politisch-kritischer Populärmusik, der modernen **Música Popular Brasileira**.

Journalistische und künstlerische Meinungsfreiheit waren zunehmend eingeschränkt, Liedtexte wurden einer direkten Zensur unterzogen. Viele Musiker gingen sogar eine Zeitlang ins Exil. Glücklicherweise gelang es den Militärs jedoch nicht, durch Überwachung die Musikproduktion vollständig zu kontrollieren, im Gegenteil. Sie bewirkte sogar eine neue, kreative Musik, die subtil und zwischen den Zeilen ihren Protest äußerte.

In dieser Zeit begann der Aufstieg des **Chico Buarque**, bis heute eine der herausragenden Persönlichkeiten der MPB. Er begann als Sambista, entwickelte aber im Laufe der Jahrzehnte einen eigenen Stil, der sich neben schwermütigen Melodien vor allem durch anspruchsvolle lyrische Texte auszeichnet.

Zur gleichen Generation gehörte **Elis Regina** (1945–82) aus Porto Alegre, für viele die beste MPB-Sängerin aller Zeiten. Sie wurde bekannt für romantischen Rock, Boleros und Sambas. Meilenstein war 1974 das Album „Elis & Tom" mit Tom Jobim, eine legendäre Zusammenarbeit in der brasilianischen Musikgeschichte.

Ein Genie als Songschreiber und Sänger ist auch **Milton Nascimento**, der als prominenter Sprecher der schwarzen Brasilianer bekannt geworden ist.

Weitere bedeutende Persönlichkeiten der MPB sind unter anderem **Marisa Monte**, **Ivan Lins**, **Adriana Calcanhoto**, **Lenine**, **Cássia Eller**, **Jorge Vercilo**, **Vanessa da Mata** und **Djavan** (s. Kasten).

Tropicalismo

Auch der gegen Ende der 1960er-Jahre entstandene Tropicalismo – obwohl seinem Selbstverständnis nach zunächst gar nicht politisch gefärbt – war den Militärs ein Dorn im Auge. **Caetano Veloso** und **Gilberto Gil** sind die berühmtesten Vertreter, beide mussten kurz ins Gefängnis und zwei Jahre ins Exil nach London gehen. Das Quartett vervollständigten **Gal Costa** und Caetanos Schwester **Maria Bethânia**.

Charakteristisch für die von Salvador in Bahia ausgehende Bewegung war das Zusammenführen internationaler Einflüsse (bis hin zu Jimi

Der Liedermacher Djavan

Es ist erstaunlich, wie viele Brasilianer die romantischen Songs des Sängers Djavan von der ersten bis zur letzten Silbe mitsingen können. Seit seinem Debüt-Album von 1976 *A voz e o violão* („Die Stimme und die Gitarre") zählt der Sänger aus Alagoas zu den großen Musikstars des Landes. Mit seiner gefühlvollen Stimme, den anspruchsvoll poetischen Texten sowie dem unnachahmlichen Gespür für harmonische Melodien und außergewöhnliche Rhythmik begeistert der farbige Interpret bereits mehrere Generationen von Musikliebhabern. Die Musik besteht hauptsächlich aus synkopierten Samba-Stücken sowie Balladen, darüber hinaus lässt sich der Künstler gerne von anderen Stilen inspirieren wie Reggae, afrikanischen und nordestinischen Rhythmen oder Jazz. Besonders in den 1980er-Jahren arbeitete Djavan mit internationalen Pop- und Jazzmusikern zusammen, seine Lieder wurden u. a. von Al Jarreau und Manhattan Transfer interpretiert.

Es gibt viele Strömungen in der Musiklandschaft Brasiliens, aber mit Djavan scheinen die Brasilianer eine Art „gemeinsamen Nenner" gefunden zu haben, seine Musik ist so etwas wie ein verbindendes Element brasilianischer Kultur. Keine Bar, in der nicht die ungezählten Hits des Djavan von einem Gitarristen oder einer CD gespielt werden. Auch mehr als 35 Jahre nach seinem Karrierebeginn füllt der immer noch jugendlich wirkende Interpret (Jahrgang 1949) alle Hallen und Stadien des Landes. Angesichts der immensen Kreativität und Ausstrahlungskraft ist es nur verwunderlich, wie solch ein Ausnahmekünstler über all die Jahre der europäischen Öffentlichkeit vorenthalten werden konnte.

Erster großer Hit war das Lied *Flor de Lis* (1976), ein sentimentaler Samba, der zum brasilianischen Klassiker wurde. Unzählige weitere Hits folgten, darunter *Eu te devoro, Oceano* oder *Açaí*. Eine Auswahl der größten Erfolge bietet die exzellente Live-Doppel-CD *Djavan ao vivo*, ein geeignetes Werk, um die Musik von Djavan kennen zu lernen, und ein gutes Mitbringsel.

Hendrix) mit den Musikrichtungen Brasiliens, eine nicht ganz unumstrittene Wendung. Zeitweise wurden Caetano und Gil sogar ausgepfiffen. Man betrachtete sie als unpatriotisch, weil sie sich von ausländischem Rock inspirieren ließen, E-Gitarren einsetzten etc. Heute gilt der Tropicalismo jedoch nicht zuletzt wegen seiner zwischen den Zeilen versteckten Regimekritik als Meilenstein brasilianischer Musikgeschichte. Alle vier genannten Künstler gehören nach wie vor zu den größten Stars des Landes und sind regelmäßig auf der Bühne oder im TV zu sehen. Gilberto Gil unternahm sogar einen Ausflug in die Politik und gehörte von 2003–08 der Lula-Regierung als Kulturminister an.

Música Nordestina

Mit Gilberto Gil wurde bereits die Musik des Nordostens und ihr pulsierendes Zentrum Salvador gestreift. Doch zunächst ist ein kleiner zeitlicher Sprung zurück notwendig, denn die Anfänge der Música Nordestina liegen viel früher: Durch den Akkordeonisten und Sänger **Luiz Gonzaga** (1912–89) aus Pernambuco wurden nordöstliche Musikstile wie *Forró* und *Baião* in den 1940er-Jahren landesweit bekannt. Einer seiner großen Hits war *Asa branca (Weißer Flügel)*, eine weitere der am Anfang des Beitrags erwähnten Hymnen, die jeder Brasilianer mitsingen kann.

Forró ist eine mitreißende und gut tanzbare Musik, der man in ganz Brasilien begegnet. In jedem noch so kleinen Dorf gibt es am Wochenende eine Forró-Party. Nur Akkordeon, Triangel und Zabumba (Tragetrommel) sind im Prinzip notwendig, und natürlich ein Sänger. Die ursprüngliche Formation hat sich bis heute weiterentwickelt, neue Instrumente kamen hinzu, der Sound veränderte sich. Bekannte Bands sind u. a. **Falamansa**, **Rastapé**, **Aviões do Forró** oder **Circulado de Fulô**.

Weitere Stile sind der bereits erwähnte **Baião** (ähnliche Besetzung), der **Frevo**, die Karnevalsmusik von Recife mit synkopisch-akzentuierten

Die zeitgenössische Kunst in Brasilien

Von Barbara Bux und Nikolaus A. Nessler**

Auf der Documenta 11 (2002) in Kassel konnten die überraschten Besucher Eis am Stiel aus klarem Wasser kaufen, angeboten aus den typischen Plastikkarren der brasilianischen Eisverkäufer. Cildo Meireles (geb. 1948, Rio de Janeiro) fand damit einen künstlerischen Weg, auf die globale Wasserverknappung hinzuweisen. Meireles, einer der herausragenden und prägenden brasilianischen Künstler, äußert sich mittels seiner Kunst zu **brisanten Themen** – so bedruckte er während der Zeit der Diktatur in den 60er- und 70er-Jahren Geldscheine und Coca-Cola-Flaschen mit Namen von verschleppten Personen und brachte sie in Umlauf. Mit seinem Kollegen Waltérico Caldas, einem weiteren Vordenker der **südamerikanischen Konzeptkunst** und **Minimal-Art**, gründete er eine Kunstzeitung, die zur Plattform für die innovativen Strömungen jener Jahre wurde. Zu dieser Künstlergeneration gehören außerdem Lygia Clark, Hélio Oiticica, José Resende und Tunga, alle bis heute international ausgestellt. Gegenstand der künstlerischen Auseinandersetzung sind oft die **politischen** und **wirtschaftlichen Verhältnisse** des Landes sowie die gefährdete **Umwelt**.

Die kulturellen Zentren Europas hatten immer wieder großen Einfluss auf die südamerikanische Avantgarde, wie heute auch New York und Los Angeles. Seit Ende des 19. Jh. war es daher für jeden brasilianischen Maler, Bildhauer und Architekten obligatorisch, einige Monate in **Europa** zu verbringen. Die erste große Bewegung in Brasilien fand mit dem **Salon Moderner Kunst** 1917 in São Paulo statt. Ähnlich wie in den europäischen Metropolen jener Jahre rief diese Veranstaltung zahlreiche junge Literaten und Denker auf den Plan. Eine junge, kritische Künstlergeneration, unter ihnen der Maler Emiliano Di Cavalcanti, rebellierte 1922 auf der **Semana de Arte Moderna** (Woche der modernen Kunst) gegen Einfluss und Zwang der traditionellen Kunstakademien – ein markantes Datum, das wie eine „Einführung" der Moderne in Brasilien, wenn nicht sogar in ganz Südamerika, gesehen werden kann. Auch wenn die Modernisten sich nicht den neuesten

Rhythmen, und der **Maracatu**, der afrikanische Rhythmen mit portugiesischen Melodien verbindet (ebenfalls aus Pernambuco).

Viele Musiker wurden durch die nordestinische Folklore geprägt, Stars des Nordostens sind u. a. **Geraldo Azevedo**, **Raimundo Fagner**, **Elba Ramalho** und **Alceu Valença**.

Der Bundesstaat **Bahia** ist eine musikalische Welt für sich. Die afrikanischen Einflüsse sind hier besonders stark, was man deutlich in der Musik spürt. Bei der Entstehung neuer Musikrichtungen spielt der Karneval eine herausragende Rolle. Er ist die Bühne, über die nahezu alle großen Künstler Bahias Bekanntheit erlangt haben. Zu den bekanntesten Interpreten gehören die Diven **Ivete Sangalo**, **Daniela Mercury**, **Margareth Menezes** und **Claudia Leitte**, der männliche Hauptstar ist **Carlinhos Brown**. Sie prägten einen Stil, der als **Axé-Music** bekannt wurde, ein energiegeladener Mix aus mitreißenden Samba- und Reggae-Rhythmen. Weitere bekannte Gruppen, die besonders zur Karnevalszeit in Erscheinung treten, sind **Chiclete com Banana**, **Timbalada**, **Jammil**, **Banda Eva**, **Asa de Águia** oder **Psirico**.

Afro-brasilianische Blocos wie **Olodum**, **Ara Ketu**, **Ilê Aiyê** („Haus der Schwarzen") oder **Filhos de Gandhy** pflegen in Salvador die afrikanischen Traditionen (S. 107). Olodum begründete Ende der 1980er den Stil des *Samba-Reggae*: eine ungemein groovende, zum Tanzen animierende Mischung aus Samba und Reggae. International wurde die Trommelgruppe bekannt durch eine Zusammenarbeit mit Paul Simon und Michael Jackson.

In den 1980er-Jahren kam in Bahia **Lambada** in Mode. Der ursprünglich in Belém im Amazonasgebiet als Weiterentwicklung des **Carimbó**-Rhythmus entstandene Stil wurde mit Merengue-, Salsa- und Reggae-Elementen verfeinert. Die bahianische Fassung war poppiger und mit Synthesizer-Klängen angereichert, heute findet man sie fast nur noch in ihrem Ursprungsort Porto Seguro im Süden Bahias.

europäischen Strömungen verschlossen, gingen ihre Motive doch in der Regel auf den eigenen Kulturkreis zurück.

Avantgardistische Anstöße, die die Kunstszene belebten und stärkten, gingen später von Künstlern aus, die während des zweiten Weltkrieges aus Europa und Japan geflohen waren. In Rio de Janeiro und São Paulo entstanden mit staatlicher Unterstützung und der Hilfe privater Mäzene eindrucksvolle neue Museen. Seit 1951 trägt die **Biennale von São Paulo** wesentlich zum Kontakt zwischen brasilianischer und europäischer bzw. nordamerikanischer Kunst bei. Sie ist die zweitgrößte Kunstbiennale der Welt und findet immer zu geraden Jahreszahlen im Ibirapuera-Park in São Paulo statt. Ein Highlight für Kunstinteressierte! Viele brasilianische Künstler sind heute weltweit in Galerien, Museen und auf internationalen Biennalen vertreten, unter anderen Karin Lambrecht, Francisco Klinger Carvalho, Emmanuel Nassar, Artur Barrio und Jac Leirner. Einer der bekanntesten „postmodernen" Maler ist Siron Franco, der sich politisch motiviert mit der brasilianischen Gegenwart auseinandersetzt.

Das Provisorische und Chaotische der Lebensumstände in Südamerika ist der Kontext, in dem die bedeutenden **Fotografen** Miguel Rio Branco, Mario Cravo Neto, Rosângela Rennó und Sebastião Salgado ihre Motive finden und damit jenes romantisierende Bild der südamerikanischen Länder, das mancherorts noch immer kursiert, auf feinfühlige Weise zurechtrücken.

Brasilien ist heute politisch und wirtschaftlich Teil der globalen Gesellschaft und hat mit einer eigenständigen und zugleich internationalen Formensprache im weltweiten Diskurs der zeitgenössischen Kunst eine eigene Stimme entwickelt.

**Barbara Bux arbeitet als freischaffende Künstlerin in Frankfurt und bereiste Brasilien mehrfach.*
**Nikolaus A. Nessler lebte zwei Jahre in Brasília, arbeitet nun in Frankfurt, ist freischaffender Künstler, Grafiker und Kurator.*

Andere Stile

Seit Mitte der 1960er-Jahre gibt es Gruppen, die mit **Rock-Musik** für Furore sorgen. Zur sog. *Jovem Guarda* gehörten z. B. der international bekannte Künstler **Jorge Ben Jor** und **Roberto Carlos** (heute mit romantischen Balladen ein gefeierter Grandseigneur der großen Bühne). Bei den Anfängen des brasilianischen Rock war auch bereits **Rita Lee** mit den **Mutantes** dabei. Die 70er-Jahre prägte vor allem **Raúl Seixas** aus Salvador, der Rock mit Elementen aus dem Nordosten mischte. In den 1980er- und 90er-Jahren kamen neue Wellen aus São Paulo und der Hauptstadt Brasília. Bekannte Gruppen sind oder waren **Kid Abelha**, **Jota Quest**, **Capital Inicial**, **Legião Urbana**, **Titãs**, **Barão Vermelho** und **Skank**. Die Ikone **Cazuza** (1958–90) war dabei Grenzgänger zwischen Rock und MPB, ebenso wie **Lulu Santos** (bis heute).

In Rio de Janeiro und Salvador hat sich in punkto Rock recht wenig getan. Stattdessen gab es Künstler, die Funk, Soul und Disco-Musik als ihre Ausdrucksform entdeckten – z. B. der unverwechselbare **Tim Maia** (1942–98), der Brasilien wahre Hymnen hinterlassen hat, und später dessen Neffe **Ed Motta**. Brasilianischer **Funk Carioca** – rap-geprägte Musik aus den Armenvierteln Rios mit stark sexuell gefärbten Texten – hat mit dem anglo-amerikanischen Verständnis von Funk kaum etwas zu tun. Einen interessanten Weg schlug **Chico Science** mit der Band **Nação Zumbi** aus Recife ein. Sie kombinierten Maracatu-Rhythmen mit Hip-Hop und E-Gitarre, eine Richtung, die als **Mangue Beat** populär wurde. Chico Science starb 1997 bei einem Autounfall, aber die Band ging den erfolgreichen Weg weiter.

Auch in der Gegenwartsmusik hat Brasilien eine kreative Szene, die sich international sehen lassen kann. Als **Música Eletrônica** (elektronische Musik) wird alles bezeichnet, was durch moderne Einflüsse wie Hip-Hop, Drum'n Bass, Breakbeat u. a. geprägt ist. Diese Musikrichtung ist besonders bei Jugendlichen äußerst populär. Ein hörenswerter Vertreter ist **Marcelo D2**. Eine interessante Fusion aus Bossa Nova und modernen Elementen haben die Töchter zweier Musik-Legenden eingeschlagen und sind so selber zu Stars aufgestiegen: **Bebel Gilberto**, die Tochter von João Gilberto, und **Maria Rita**, die Tochter von Elis Regina. Zuletzt sehr angesagt waren Musiker wie **O Rappa** oder **Seu Jorge**, die eine energiegeladene Mischung aus Pop, Hip-Hop, Samba und Funk präsentieren.

Auf dem berühmten **Jazzfestival in Montreux** sind regelmäßig brasilianische Künstler zu Gast, eine gute Gelegenheit einige Stars der MPB kennen zu lernen. 💻 www.montreuxjazz.com.

Kunst und Architektur

Als die ersten Europäer ihren Fuß auf den Boden des heutigen Brasiliens setzten, lebte hier seit Jahrhunderten die indigene Urbevölkerung. Kunst im europäischen Sinne trafen die Neuankömmlinge wenig an, lediglich einige Felsmalereien, Steinwerkzeuge und vereinzelt Steinskulpturen. Im Amazonasgebiet fanden Forscher bemerkenswerte Keramiken der Marajó-Indianer, z. T. aus dem Jahre 1000 v. Chr. Kunsthistoriker sehen hierin die höchstentwickelte **präkolumbische Kunst** überhaupt.

In der frühen Kolonialzeit bis 1650 stand die Missionsarbeit im Vordergrund. 1549 trafen bereits die ersten Jesuiten ein und begannen gemeinsam mit den Indianern den Bau von Kirchen und Dörfern. Einige Jahrzehnte später entstanden die ersten dauerhaften Monumente aus Stein. Beeindruckendstes Bauwerk aus der Zeit der **Jesuitenmissionen** ist die Kirche von São Miguel das Missões (1744) in Rio Grande do Sul.

Ab Mitte des 17. Jhs. begann die Blütezeit der brasilianischen Architektur und Kunst, wobei es sich größtenteils um Kunst im Dienst der Kirche handelte. Bedeutendstes Beispiel ist die monumentale Jesuitenkirche von Salvador (heute Kathedrale, S. 380). Der brasilianische **Kolonialbarock** war überwiegend vom damaligen europäischen Barockstil geprägt. Die wichtigsten Auftraggeber waren die verschiedenen Orden (Jesuiten, Franziskaner, Benediktiner). Neben **Salvador** finden sich die bedeutendsten Gebäude in **Olinda**, **São Luís** und **Minas Gerais**, vor allem in dem zum Weltkulturerbe zählenden Minenstädtchen **Ouro Preto**. Hier verwirklichte sich der geniale Künstler und Baumeister Antônio Francisco Lisboa, genannt **Aleijadinho** (Krüppel-

Unesco-Weltkulturerbestätten

© WERNER RUDHART

Ouro Preto, Minas Gerais

- Historische Stadt **Ouro Preto** (Minas Gerais, 1980), S. 245
- Historisches Zentrum von **Olinda** (Pernambuco, 1982), S. 521
- Jesuitenmissionen **Guarani** / Ruinen von **São Miguel das Missões** (Rio Grande do Sul, 1983), S. 146
- Historisches Zentrum von **Salvador** (Bahia, 1985), S. 376
- **Santuário do Bom Jesus de Matosinhos** – Congonhas (Minas Gerais, 1985), S. 252
- **Brasília** (1987), S. 685
- Nationalpark **Serra da Capivara** (Piauí, 1991), S. 590
- Historisches Zentrum von **São Luís** (Maranhão, 1997), S. 597
- Historisches Zentrum von **Diamantina** (Minas Gerais, 1999), S. 258
- Historisches Zentrum der Stadt **Goiás** (Bundesstaat Goiás, 2001), S. 697
- **Praça São Francisco** in São Cristóvão (Sergipe, 2010), S. 491
- **Carioca-Landschaft** zwischen Bergen und Meer (Rio de Janeiro, 2012), S. 271

chen). Seinen Spitznamen erhielt er wegen einer lepraähnlichen Erkrankung. An seine verkrüppelten Hände ließ er sich Arbeitswerkzeuge binden, um seiner Arbeit weiter nachgehen zu können. Aleijadinho studierte intensiv europäische Barock- und Rokoko-Traditionen, entwickelte aber im Laufe der Zeit seinen eigenen Stil, wobei er nur einheimische Materialien benutzte. Die Architektur der meisten Kirchen von Ouro Preto trägt seine Handschrift. Der Maler **Manuel da Costa Ataíde** war ihm ein wichtiger Partner bei der Ausgestaltung der Innenräume.

Nach 1808 setzte mit der Übersiedlung des portugiesischen Hofes nach Rio de Janeiro ein Europäisierungsprozess ein. Unter König João VI. begann Brasilien wirtschaftlich und kulturell zu prosperieren. Besonders die Ankunft einer Gruppe von französischen Künstlern (1816) um **Joachim Le Breton** bereicherte den Kunstbetrieb von Rio. Im 19. Jh. überwog stilistisch der Klassizismus, später der Jugendstil. Zahlreiche neue Bauten entstanden, z. B. das **Teatro Amazonas** von Manaus, oder das **Teatro da Paz** in Belém.

Das 20. Jh. wurde dominiert von der **Architektur der Moderne**. Eine neue Generation von Architekten setzte sich durch, allen voran **Oscar Niemeyer** (1907–2012, S. 687). Er wurde in seinen Ideen vom Schweizer **Le Corbusier** beeinflusst, verharrte aber nicht in dessen Funktionalismus, sondern entwickelte ihn weiter: Harmonie, Anmut und Eleganz waren seine zentralen Ziele. Charakteristisch für Niemeyer sind seine futuristisch anmutenden Entwürfe mit geschwungenen Formen. Seine Inspiration komme dabei von den Frauen, ihren Rundungen, ihrer Poesie, sagte Niemeyer selbst über seine Arbeit. In der auf dem Reißbrett entworfenen Hauptstadt **Brasília** entwarf Niemeyer alle wichtigen öffentlichen Gebäude. Eines seiner bekanntesten Werke ist das an ein Ufo erinnernde Museum von Niterói auf einem Felsen am Meer gegenüber von Rio.

Unterhaltung

Das Nachtleben pulsiert fast überall in Brasilien. In den Metropolen sowieso, aber auch in den kleineren Orten. Der Mensch ist ein soziales Wesen, das trifft ganz besonders auf Brasiliens Bevölkerung zu. Freunde treffen, quatschen, eiskaltes Bier trinken; dazu Musik und vielleicht noch ein improvisiertes Churrasco – mehr braucht man hier nicht zum Glücklichsein. Gäste sind dabei meist willkommen, auch Ausländer werden herzlich integriert. Oft wird im Freien gefeiert, sei es am Strand oder einfach auf der Straße.

Bars, Clubs und Live-Musik

Nicht nur tagsüber ist der Strand bevorzugter Ort des sozialen Lebens. Abends steigen oft Tanzpartys und Konzerte an den **Barracas**, den brasilianischen Strandbars. In größeren Orten gibt es schickere Kneipen und Clubs. **Boteco** wird die traditionelle Bier-Bar aus Rio genannt, in **Cachaçarias** werden vorwiegend Zuckerrohrschnaps oder daraus hergestellte Liköre ausgeschenkt. In den großen Städten des Südostens ist es üblich, nach der Arbeit, besonders am Freitag, in einer einfachen Eckkneipe, der **Botequim** einzukehren (auch *pé sujo* – schmutziger Fuß – genannt), um dort mit Vorliebe ein eiskaltes Bier zu trinken und ein paar Häppchen zu sich zu nehmen.

Eine **Boate** ist ein Tanzschuppen oder eine Disco. Sehr oft wird hervorragende **Música ao vivo** (Live-Musik) gespielt, auch in Restaurants, wofür dann meist ein kleiner Zusatzbetrag, ein **Couvert**, erhoben wird.

In Bars und Clubs, in denen ein Eintrittspreis erhoben wird, erhalten die Gäste häufig eine **Konsumkarte** *(cartão de consumo),* auf der sämtlicher Verzehr des Abends eingetragen oder elektronisch gespeichert wird. Der Gesamtbetrag einschließlich Trinkgeld (automatisch 10 %) ist vor Verlassen des Lokals an der Kasse zu bezahlen (mit Wartezeiten zu den Stoßzeiten). Die Konsumkarte sollte man niemals verlieren, da ansonsten ein hoher „Schätzwert" in Rechnung gestellt wird.

Der brasilianische Hinweis **GLS** *(Gays, Lésbicas e Simpatizantes)* bedeutet, dass sich in dem entsprechenden Lokal vor allem homosexuelles Publikum trifft.

Kinos

In vielen größeren Städten gibt es Kulturzentren mit Programmkinos, die z. T. auch europäische Filme im Original zeigen. Moderne Multiplex-Kinos mit großen Sälen finden sich in fast allen großen Shoppingcentern. Hier werden die neuesten Blockbuster aus den USA gezeigt, oft im Original mit Untertiteln.

Sport

Auch wenn Brasilien bei Olympischen Spielen im Medaillenspiegel nie sehr weit oben auftaucht, sind die Brasilianer ein sportbegeistertes Volk. Dies gilt grundsätzlich, wenn es um Fußball, Autorennen oder Volleyball geht. Bei Olympischen Spielen werden zudem Judo, Schwimmen, Turnen, Reiten und Segeln gerne verfolgt, oder wo sonst brasilianische Sportler Erfolgsaussichten haben. Den eigenen Körper strandtauglich zu halten spielt eine große Rolle – mit *Musculação* (Training im Fitness-Studio bzw. in der „Academia") oder Joggen und Klimmzügen am Strand.

Fußball

Als einzige Nation hat Brasilien an allen Weltmeisterschaften seit 1930 teilgenommen und dabei die Rekordzahl von fünf WM-Titeln errungen (1958, 1962, 1970, 1994, 2002). Vergegenwärtigt man sich die Vielzahl an genialen Ballkünstlern, dann ist es eigentlich verwunderlich, dass Brasilien nicht viel öfter Weltmeister wurde. Seit dem Auftreten von „König Pelé" *(Rei Pelé)* in den 50er-Jahren gilt Brasiliens Fußball als das Maß aller Dinge. Doch wie eine alte WM-Weisheit besagt: Schon ein einziges Spiel genügt, um den König vom Thron zu stoßen.

Ein unendliches Nachwuchs-Reservoir

In Brasilien hat man sich schnell für den Ende des 19. Jhs. von englischen Einwanderern mitgebrachten Sport begeistern können – und dem europäischen Kampfsport eine ganz eigene tropische Note verpasst. Seither kicken und bolzen Kinder und Jugendliche überall und oftmals barfuß an den Stränden, auf Feldern, wo immer sich Platz findet, mit allem was auch nur annähernd rund ist. Eine Art Samba-Fußball, bedingt durch das sensationelle Ballgefühl und die unglaubliche Beweglichkeit. Aber nur die wenigsten Kicker können davon in ihrer Heimat gut leben. Da ist ein Vertrag im Ausland eine Alternative. Jedes Jahr verlassen Hunderte Spieler das Land, um in einer ausländischen Profi-Liga zu spielen. Damit ist Brasilien auch **Export-Weltmeister** an bezahlten Balltretern.

Scheinbar problemlos wird dieser jährliche Exodus an gerade etablierten Klassespielern durch junge Kräfte aufgefangen. Aber auch die verlassen immer jünger ihre Heimat. Die Folge für die Brasilianer: Sie können die eigenen Starkicker nicht mehr live im Stadion, sondern nur noch in der Fernsehübertragung aus Europa sehen. Und immer öfter erlangen die als unbekannte Talente gegangenen Spieler erst in Europa Kultstatus. Im eigenen Land kennt sie kaum jemand. So gehören z. B. zwei Brasilianer, die in ihrer Heimat quasi „No-Names" sind, zu den erfolgreichsten Stürmern, die je in der deutschen Bundesliga gespielt haben: **Giovane Elber** und **Ailton**.

Einzigartiger Samba-Fußball

Der brasilianische Fußball hat Anhänger in jedem Winkel der Erde. Leichtfüßig und geschmeidig dribbeln sich seit Jahrzehnten brasilianische Stars wie Zico, Socrates oder Ronaldo in die Herzen der Fans. Und das mit einer tänzerischen Eleganz – die Bezeichnung „Sam-

Copa do Mundo – Fußball-WM 2014

Am 30. Oktober 2007 verkündete Fifa-Präsident Blatter, was ohnehin bereits jeder wusste. Mangels Gegenkandidaten erhielt Brasilien den Zuschlag als WM-Gastgeber 2014. Die Freude im Land war riesengroß und fand ihren Ausdruck in spontanen, lang anhaltenden Festen. Neben infrastrukturellen Verbesserungen (moderne Stadien, bessere Straßen, neue U-Bahn-Linien usw.) erhoffte man sich aus sportlicher Sicht vor allem die Tilgung eines alten Traumas: Seit Brasilien 1950 das letzte und einzige Mal eine WM ausrichtete, und im entscheidenden Spiel im Maracanã-Stadion von Rio die Meisterschaft an den großen Außenseiter Uruguay verlor, lechzt das Land nach Wiedergutmachung. Das Drehbuch dafür ist geschrieben: Das WM-Endspiel 2014 wurde erneut in das inzwischen vollständig renovierte Maracanã vergeben ...

Als WM-Austragungsorte wurden zwölf Städte ausgewählt: Im Süden **Porto Alegre** und **Curitiba**, im Südosten **Rio de Janeiro**, **São Paulo** und **Belo Horizonte**, im Zentralen Westen **Brasília** und **Cuiabá**, im Norden **Manaus** und im Nordosten **Salvador**, **Recife**, **Natal** und **Fortaleza**. WM-Touristen, die es in den Süden oder nach São Paulo verschlägt, sollten bedenken, dass im Juni dort grimmige winterliche Temperaturen herrschen können, an den Stränden des Nordostens darf dagegen nicht die Badehose im Gepäck fehlen.

Santos Futebol Clube – Der Mythos lebt

© FRANK KOHL

*Von Frank Kohl**

Schon das Gründungsdatum des „Santos Football Clube" war mythisch. Als der Klub am Abend des 14. April 1912 aus der Taufe gehoben wurde, da sank gleichzeitig im Atlantischen Ozean das Kreuzfahrtschiff Titanic, nachdem es zuvor einen Eisberg gerammt hatte.

Mythisch ist auch der wohl berühmteste Spieler vom FC Santos: Édson Arantes do Nascimento, unter dem Namen **Pelé** bekannter als der Papst! 1088 Tore hat der „Weltfußballer des Jahrhunderts" im

ba-Fußball" trifft genau ins Schwarze. Der „klassische Stil" des brasilianischen Fußballs – entstanden als Mischung aus Fußball, Samba und dem Sklaventanz Capoeira – kann dabei als einzigartig bezeichnet werden. Leider zeigt die brasilianische *Seleção* (Nationalelf) seit einiger Zeit nur noch selten das originär brasilianische *jogo bonito*, das „schöne Spiel", bestehend aus Kreativität, Fantasie, Tempo und balltechnischen Fähigkeiten. Stattdessen musste das anspruchsvolle heimische Publikum zuletzt viel „Rumpfelfußball" ertragen, und das auch noch oft aus der Ferne, da aus Marketinggründen viele Länderspiele außerhalb Brasiliens ausgetragen werden. Trotz struktureller Versäumnisse, beispielsweise in der Jugendarbeit, und einer in Teilen korrupten Verbandsführung hoffen die stets optimistischen Brasilianer auf eine Wende mit Happy End während der so herbeigesehnten WM im eigenen Lande.

Die brasilianische Liga

Der **Campeonato Brasileiro** *(Brasileirão)* wird erst seit 2003 im „richtigen" Ligaformat mit 20 Teams sowie Hin- und Rückspielen (Mai bis Dezember) ausgetragen. In der 1971 gegründeten nationalen Meisterschaft wurde der Titelträger zuvor im Play-off-Modus mit jährlich wechselndem Regelwerk und variierenden Teilnehmerzahlen ausgespielt. Selbst für Brasilianer war das Prozedere undurchschaubar.

Zwischen Januar und Anfang Mai finden die **Regionalmeisterschaften** innerhalb der einzelnen Bundesstaaten statt, ein aus europäischer Sicht anachronistisches Turnier, das aber mit der Größe des Landes und seiner langen Tradition zu erklären ist. Der besondere Reiz liegt in den als „Clássicos" bekannten Derbys zwischen den rivalisierenden regionalen Klubs, besonders in Rio und São Paulo, aber auch in Belo Horizonte, Porto Alegre, Curitiba, Salvador und Recife.

Trikot der Schwarz-Weißen aus der Hafenstadt in 1114 Spielen geschossen. Fast ein Tor pro Partie. Je besser Pelé spielte, desto erfolgreicher wurde auch der FC Santos. In 18 Jahren, zwischen 1956 und 1974, hat Pelé das Trikot mit der Nummer 10 unsterblich gemacht und den Klub von einem Titel zum nächsten geführt. In den 60er-Jahren beherrschte Santos den brasilianischen und südamerikanischen Fußball. 1962 und 1963 sicherte sich der damals beste Klub der Welt außerdem den Weltpokal in denkwürdigen Partien gegen Benfica Lissabon und den AC Mailand.
Pelé war das Ausnahmetalent unter anderen talentierten Könnern in jenen Jahren. 11 Santos-Spieler waren an den ersten drei WM-Titeln Brasiliens 1958, 1962 und 1970 beteiligt. Pelé war sogar bei allen drei Titeln dabei. Die beiden Weltmeisterkapitäne Mauro (1962) und Carlos Alberto Torres (1970) spielten übrigens auch beim FC Santos!
Als Pelé 1974 den FC Santos verließ, versank der Klub für fast drei Jahrzehnte wieder im Mittelmaß. Bis 2002, im neuen Jahrtausend, die „Enkel Pelés" für eine neue Erfolgswelle sorgten. Der damals 17-jährige Regisseur Diego (heute Wolfsburg) und der leichtgewichtige Dribbelkünstler Robinho (heute AC Mailand) waren die zentralen Namen der jungen Wilden vom neu erstarkten FC Santos. Mit ihnen war der schnelle Kombinationsfußball ins Vila-Belmiro-Stadion zurückgekehrt – und damit zwei Meistertitel (2002 und 2004). Schon vorher, am 20. Januar 1998, hatte der FC Santos als weltweit erster Verein der Fußballgeschichte die magische Grenze von 10 000 Toren durchbrochen.
Wer mehr zu Pelé und zur Fußballgeschichte des FC Santos erfahren und die alten und neuen Reliquien der „Peixe" („Fische", wie die Vereinsmitglieder genannt werden) bestaunen möchte, für den lohnt ein Besuch im Stadion Vila Belmiro (richtig heißt es: Estádio Urbano Caldeira). Neben dem Besuch des Museums „Memorial das Conquistas" (R$6) kann man bis 17 Uhr eine komplette Tour durch das Museum und das gesamte Stadion inklusive der Umkleidekabinen machen (R$10).
Di–So 9–19 Uhr (Dez–Feb tgl.), an Tagen mit Spielbetrieb geänderte Öffnungszeiten. Informationen: www.santosfc.com.br.

** Frank Kohl ist Südamerikakorrespondent des* Kicker Sportmagazin.

LAND UND LEUTE

Die **Leistungsstärke** der brasilianischen Liga wird von Europäern gern als „zweitklassig" eingestuft, eine hochnäsige Haltung – und eine eingeschränkte Sicht. Denn aus welcher zweit- oder gar erstklassigen Liga gingen schon Hunderte Weltstars hervor? Und kein Wunder, dass das Spielniveau in Brasilien sinkt, wenn mitten in der laufenden Saison immer die besten Spieler aus den gerade eingespielten Mannschaften weggekauft werden.

Aufgrund der zunehmenden wirtschaftlichen Stärke der brasilianischen Fußballclubs sind jedoch seit einigen Jahren **neue Trends** zu beobachten: Junge brasilianische Top-Stars, Beispiel: Neymar, bleiben vor einem Engagement im Ausland bewusst länger in der Heimat; ältere Starspieler kommen früher als bisher zurück, um wieder in der brasilianischen Liga zu spielen; und auch die Anzahl der namhaften ausländischen Spieler wächst (z. B. Paulo Guerreiro, Diego Forlán). Selbst die ersten Europäer wagen sich langsam auf das unbekannte Terrain und werden, wie im Fall des Niederländers Clarence Seedorf bei Botafogo, vom Publikum begeistert empfangen.

Lange Zeit dümpelte der **Zuschauerschnitt** der Série A bei nicht viel mehr als 10 000 herum. Doch mit den für die WM 2014 entstandenen modernen wie komfortablen Fußballtempeln, sowie einem neuen Sicherheitskonzept, ist auch hier eine Trendwende in Sicht. In den letzten Jahren wurden immer höhere Besucherzahlen gemeldet, teilweise kamen Vereine wie Flamengo oder Atlético-MG aus Belo Horizonte schon auf stattliche 40 000 Besucher pro Heimspiel.

In Brasiliens erster Liga sind die Niveauunterschiede zwischen den Klubs geringer als in Europa. Jeder kann jeden schlagen, und vor der Saison gleicht es einem Roulettespiel, den späteren Meister vorherzusagen. In 42 Jahren konnten 17 verschiedene Vereine den Meistertitel erringen; Rekordmeister ist der **São Paulo FC** mit sechs Meisterschaften, gefolgt von **Flamengo** (aus Rio de Janeiro) und **Corinthians** (São Paulo) mit fünf Titeln; **Vasco da Gama**, **Fluminense** (beide ebenfalls aus Rio) und **Palmeiras** aus São Paulo gewannen viermal die Trophäe.

Die Vereine

Die berühmtesten und erfolgreichsten Klubs stammen aus den vier großen Metropolen im reicheren Südosten und Süden: Rio de Janeiro, São Paulo, Belo Horizonte und Porto Alegre. Legendär sind die Derbys in Rio zwischen den vier Traditionsklubs **Flamengo**, **Vasco da Gama**, **Botafogo** und **Fluminense**, vor allem das Derby Fla-Flu elektrisiert die Fans wie kein anderes. Auch die Vergleiche zwischen **Palmeiras**, **Corinthians** und **São Paulo** sind von uralter Rivalität geprägt und ziehen die Zuschauermassen an. Das Derby bei den Gaúchos in Porto Alegre zwischen **Grêmio** und **Internacional** (bekannt als Gre–Nal) ist das härteste im Lande. Selten schafft es dagegen ein Verein aus dem Nordosten, Norden oder Zentralen Westen, sich über längere Zeit in der Liga zu behaupten. In der Saison 2013 kamen von 20 Vereinen nur vier von dort: **EC Bahia** und **Vitória** (beide Salvador), **Náutico** (Recife) und **Goiás** (Goiânia). Weitere bekannte Vertreter aus dem Nordosten sind **Sport** und **Santa Cruz** aus Recife sowie **Ceará** aus Fortaleza. Dabei haben gerade die Vereine im Nordosten und Norden oft das begeisterungsfähigste Publikum und die meisten Anhänger. So strömten beispielsweise zu Spielen von Bahia selbst in der 3. Liga bis zu 60 000 Menschen ins alte Estádio Fonte Nova.

Volleyball

Volleyball ist die zweite große Ballspiel-Leidenschaft der Brasilianer. Der Herren-Nationalmannschaft gelang unter **Bernardo Rezende** seit 2001 eine unglaubliche Erfolgsserie mit diversen Weltliga-Siegen und Weltmeisterschaften, dem Olympiasieg 2004 in Athen sowie zwei Silbermedaillen 2008 und 2012. Die von **Zé Roberto** gecoachte Damen-Nationalmannschaft zeigte eine ähnliche Dominanz, unter anderem erreichte das Team um Angreiferin **Sheilla** bei den Olympischen Spielen 2012 in London die Goldmedaille. Oft belegen sowohl die männliche wie auch die weibliche Nationalmannschaft den ersten Platz der Weltrangliste. Die größten Stars, wie die langjährigen Recken **Giba** oder **Nalbert**, sind annähernd so bekannt wie Fußball-Cracks. Der Besuch eines Spiels der Nationalmannschaft ist ein farbenfrohes und oft mitreißendes Spektakel, vor bis zu 15 000 enthusiastischen Zuschauern. Auch in den brasilianischen Profiligen ist hervorragender Sport zu sehen.

Ebenfalls sehr populär ist die Strandvariante **Vôlei de Praia**, bei der sich je zwei Athleten im Sand gegenüberstehen. Überall im Land stehen Netze an den Stränden und oft kann man Spielern dabei zusehen, wie sie mit teilweise atemberaubender Athletik schmettern, hechten und lobben. Strandvolleyball ist inzwischen weltweit ein echter Trendsport und seit 1996 olympische Disziplin. Das Publikum liebt den Sport mit seinen knappen Outfits, den rasanten Ballwechseln, seiner Dynamik und oft auch Dramatik. Beim Strandvolleyball besteht eine ähnliche brasilianische Vorherrschaft wie in der Halle: Wichtige Titel werden über die brasilianischen Vertreter vergeben, alle ins Rennen geschickten Paare zählen zu den Top-Favoriten. Der letzte olympische Männer-Titel gelang **Ricardo** und **Emanuel** 2004 in Athen, 2012 in London verloren **Ricardo** und **Alison** in einem an Dramatik nicht zu überbietenden Finale gegen das deutsche Doppel **Brink/Reckermann** – ein Spiel, das die Sportart in Deutschland erstmals ins Rampenlicht der breiten Öffentlichkeit rückte.

Formel-1

Die brasilianischen Piloten der Königsklasse des Automobilsports gehören zu den besten der Welt. Bekanntester Fahrer ist der bis heute vergötterte **Ayrton Senna** (1969–94), einer der erfolgreichsten Formel-1-Piloten überhaupt (Weltmeister-Titel 1988, 1990, 1991). Der Ausnahmerennfahrer verunglückte am 1. Mai 1994 mit seinem Williams-Renault beim Großen Preis von San Marino in Imola tödlich, als er mit Tempo

300 km/h in eine Betonwand raste – ein traumatisches Erlebnis für das ganze Land, auf das drei Tage Staatstrauer angeordnet wurde. Weitere brasilianische Weltmeister und Nationalhelden waren **Nelson Piquet** (1981, 1983, 1987) und **Emerson Fittipaldi** (1972, 1974). Die aktuellen Stars, die zuletzt jedoch etwas hinterherfuhren, heißen **Felipe Massa** und **Rubens Barrichello**. Massa gewann 2006 als erster Brasilianer seit Senna den **Großen Preis von Brasilien** in Interlagos/São Paulo. Ein schwerer Unfall weckte 2009 bei den Brasilianern das Senna-Trauma, doch der Star kam mit einem blauen Auge davon und fiel lediglich für eine Saison aus.

Medien

Brasilianer nutzen mit Vorliebe Internet, Fernsehen oder Radio, gemäß einer 2009 durchgeführten Studie verbringen sie jedenfalls deutlich mehr Zeit mit Medien als Deutsche, US-Amerikaner, Briten oder Japaner.

TV Globo ist der weitaus größte Fernsehkanal, gegründet von Roberto Marinho, den man schon mal als Medienzar Brasiliens bezeichnet hatte. Zeitweise rangierte TV Globo unter den Top Fünf der Fernsehkonzerne weltweit. Neben diesem Riesen, der in ganz Brasilien zu empfangen ist, hat sich **SBT** als Nummer zwei etabliert – ein recht niveauloser Kanal, der einem Mann gehört, der als Krawattenverkäufer auf der Straße angefangen hatte. **TV Record**, die Nummer drei, gehört dem Sektenprediger „Bischof Macedo" (S. 112); der Kanal hütet sich allerdings, evangelikale Botschaften unter das Volk zu bringen.

Neben den Kommerzsendern gibt es noch einige öffentliche kümmerliche Kanäle wie etwa TV Cultura und die Sender des Kongresses und der Justiz: Langweiler, die Fensterreden übertragen, die sich keiner anschaut. Einen Sender mit der Vielfalt anspruchsvoller

Novelas

Novelas – die größten Sender bringen drei an einem Abend – sind **Endlos-Serien** im Fernsehen (ca. 6 Monate), die so etwas wie der rote Faden im Leben der Brasilianer sind. Die Helden der allabendlichen Soaps sind bekannt wie bunte Hunde und weitaus populärer als Hollywood-Stars. Über ihr Leben berichtet die Klatschpresse ausführlich, und die Nation nimmt an ihrem Luxusleben virtuell teil.

Oft greifen die Novelas des Globo-Konzerns auch **historische Themen** auf, etwa die Saga um die „Mad Maria", die Dschungel-/Kautschukbahntrasse, die man Anfang des 20. Jhs. durch Amazonien schlug (S. 677, Porto Velho). Oder sie werden an Schauplätzen abgedreht, die dadurch auf einmal ins Blickfeld der breiten Massen fallen – so war es zum Beispiel mit der Novela *Pantanal*.

Die Qualität besonders der historischen Novelas von Globo, aber auch vieler normaler Abendnovelas ist dabei oft sehr beachtlich und bei weitem nicht so schlecht, wie es im Ausland manchmal kolportiert wird. Dies gilt auch für eine Reihe von Novelas oder „Mini-Serien", die Werke der brasilianischen Literatur zum Thema nehmen (wie zuletzt „Gabriela" von Jorge Amado, 2012). Viele der bei Globo tätigen Schauspieler drehen auch hochwertige Spielfilme mit zum Teil großem internationalem Erfolg, wie *Tropa de Elite* (Gewinner des Goldenen Bären 2008), dessen Besetzung aus vielen Novela-Stars bestand, darunter Hauptdarsteller Wagner Moura. Die Drehbücher der Novelas sind zum Teil raffiniert geschrieben, die Autoren arbeiten hoch professionell, auch wenn sich natürlich einige dramaturgische Muster wiederholen. Fast alle Novelas greifen auch immer ein oder gleich mehrere sozialkritische aktuelle Themen auf, stimulieren damit den öffentlichen Diskurs und üben so durchaus eine gewisse Bildungsfunktion aus.

Eines muss man den Machern auf jeden Fall lassen. Es ist eine Leistung, eine halbe Nation über Monate an einen Fernsehstoff zu fesseln – von dem Aufwand, jede Woche praktisch drei fertige Spielfilme abzuliefern, ganz abgesehen.

Nachrichten, Dokumentationen und Unterhaltungsprogrammen wie sie in Europa (noch) zu finden sind, findet man in Brasilien höchstens im Pay-TV.

Das gilt leider auch für das **Radio**. Kaum eine Station sendet etwa Jazz oder Klassik, alles ist ein ewiger Brei Mainstream-Musik, unterbrochen von marktschreierischer Propaganda für Pillen und Prothesen. So gut wie jede größere Siedlung – ab 10 000 Einwohner – hat einen oder gar mehrere UKW-Sender, deren Reichweite kaum über die Stadtgrenze hinausreicht. Da es an lokalen Printmedien fehlt, werben die örtlichen Supermärkte, Restaurants oder Friseure im Radio.

Die **Printmedien** setzen Leser voraus; in einem Land, in dem der Analphabetismus keineswegs beseitigt ist, haben es Zeitungen schwer. Für die meisten Brasilianer sind sie einfach auch unerschwinglich. Die Printmedien sind Sache reicher Konsumenten oder der Gebildeten. Brasilien verfügt über immerhin vier gute Tages-

Lebenshilfe aus Bahia – was wir von den Brasilianern lernen können

*Von Dr. Hubert Hermes**

Im Folgenden sollen unsystematisch und ohne Anspruch auf Wissenschaftlichkeit einige Gedanken vorgestellt werden, die dem Autor als deutschem Psychologen und Psychotherapeuten bei seinen Reisen durch Brasilien so gekommen sind – dabei ausgerichtet darauf, ob und was insbesondere Deutsche, aber vielleicht auch andere Europäer von den Brasilianern lernen können.

Tugenden und Schwächen

Die Zahl der Krankschreibungen und Frühberentungen wegen psychischer Störungen steigt in Deutschland immer weiter an, und das hat sicherlich mit den gestiegenen Anforderungen einer älter werdenden Gesellschaft zu tun – aber nicht nur: International werden die Deutschen für ihre Gründlichkeit, ihre Organisationsfähigkeit, ihre Verlässlichkeit, ihren Fleiß, ihre Gradlinigkeit und ihre Prinzipientreue geschätzt, Tugenden, die sicherlich für das hohe Maß an Wohlstand und Sicherheit in unserem Land von besonderer Bedeutung waren und sind.

Die aber eben auch zu Unzufriedenheit, Verbissenheit, Nörgeligkeit, sinnlosen Streitereien bis hin zu psychischen Störungen wie z. B. Zwängen oder krankhaften Erschöpfungszuständen führen können.

Demgegenüber: Wie kommt es, dass die Menschen in Brasilien überwiegend zufriedener, fröhlicher und entspannter wirken? Vor allem im Bundesstaat Bahia, wo die Kultur stark durch die Nachfahren der aus Afrika importierten Sklaven geprägt ist, fällt die Lebensfreude, Lockerheit und Kontaktfreude auf, obwohl der allgemeine Lebensstandard deutlich unter dem des entwickelten Südens von Brasilien liegt: Sind es, wie wir gern sagen, doch nur „die Gene"?

Wie viel Streit gibt es in deutschen Mietshäusern: Freitags wird die Treppe geputzt, das steht so im Plan! Und wenn sie gar nicht dreckig ist? Trotzdem! Vor dem Wochenende wird die Wohnung sauber gemacht, auch hinter dem Schrank, und auch dann, wenn man völlig erschöpft ist. Dann erst kann man das Wochenende genießen und sich erholen! Keinem Menschen aus Bahia wird man erklären können, warum man sich, wenn man erschöpft ist, erst noch weiter quälen muss, bevor man sich erholen darf. Die Akzeptanz der augenblicklichen Gefühle und – wenn möglich – diese auch auszuleben, ist für Brasilianer selbstverständlicher als für Deutsche.

Auf einer Feier sich zwischendurch mal im Nebenraum für eine Stunde aufs Ohr zu legen, würde ein deutscher Gastgeber wohl als persönlichen Affront empfinden („Ich dachte schon, Sie wären einfach gegangen!?") – wenn man in einer solchen Situation in Brasilien wirklich jemanden fragt (meist tut man es erst gar nicht, weil es kein Problem ist), wo er denn gewesen sei, wird er lächelnd erklären: „Zähne putzen!" Ist es nicht sinnvoller, nach einer Stunde wieder fröhlich am Gespräch teilzunehmen als sich, mühsam das Gähnen unterdrückend, durch den Abend zu quälen?

zeitungen (*Globo* und *Jornal do Brasil* aus Rio sowie *Folha* und *Estado de São Paulo*), die einen Vergleich mit europäischen Qualitätszeitungen nicht zu scheuen brauchen. Aber auch die Zeitungen der brasilianischen Landeshauptstädte sind keine billigen Sensationsblätter. Wochenmagazine wie *Veja* und *Época* eifern den Vorbildern *Newsweek* oder *Time Magazine* nach, erreichen aber nur in der nationalen Berichterstattung mit eigenen Beiträgen ein gewisses Niveau.

Brasilien besser verstehen

Spontaneität und Lebensgenuss

Nicht wenige besuchen Brasilien wegen der besonderen Mentalität seiner Menschen, man kann fast schon von einem Mentalitätstourismus sprechen. Die unbekümmerte „Leichtig-

LAND UND LEUTE

Nichtstun und Schwächen mit Humor nehmen

Statt sich zu sorgen oder sich zu ärgern über Chef und Kollegen und sich damit Bluthochdruck, Kopfschmerzen oder Magenbeschwerden zu holen, lebt der Bahianer uns vor, wie wir ohne großen Aufwand zufriedener und gesünder werden können:

Sich **Zeiten des Nichtstuns** zu gönnen, in denen sich der Körper erholt und der Geist das Erlebte verarbeitet, sich im Denken und Gespräch mehr mit den Dingen zu beschäftigen, die Freude machen, und sich gleichzeitig innerlich mit Humor von den Schwierigkeiten des Alltags zu lösen. Sich über andere lustig zu machen ist ein gutes Gegenmittel zum Glückskiller Nr. 1. Es sind vor allem unsere enttäuschten Erwartungen, mit denen wir uns das Leben schwer machen. Mit Tiefsinn erforschen gerade die Deutschen, warum andere (oder auch wir selbst) so sind, wie sie sind, und ärgern uns darüber, dass sie nicht so sind, wie wir meinen, dass sie sein müssten. Unendliche Gespräche darüber, dass andere oder man selbst nicht den eigenen Erwartungen entsprechen (Ich hätte doch gedacht, dass Du fleißiger, ordentlicher, freundlicher etc. bist – oder noch besser: Warum bist du oder ich eigentlich so faul, unordentlich, passiv etc.?) führen meist zu Konzentration auf die negativen Seiten im Leben, zu Entwertungen des anderen, damit zu Traurigkeit und Wut, selten zu den gewünschten Veränderungen.

Die gelassene Akzeptanz der Dinge, wie sie nun mal sind – „Generosität" – und die Konzentration auf die schönen Dinge im Leben führen trotz häufig widriger Lebensumstände zu mehr Zufriedenheit und körperlich-seelischer Gesundheit. „Genussfähigkeit" – in der Psychotherapie und in vielen psychosomatischen Kliniken müssen die Menschen dies wieder mühselig neu erlernen. Wenn man sich in einem kleinen Ort von Bahia an den Straßenrand setzt, ist der Anschauungsunterricht hierfür kostenlos.

Ein bisschen Bahia

Wir werden unsere Tugenden brauchen, weil sie unsere Vorteile sind, um in einer globalisierten Welt zu bestehen. Prinzipientreue ist gut, und Ordnung auch, aber eben nicht immer.

Toleranz, Generosität, Humor, sich auf die schönen Seiten des Lebens „im Hier und Jetzt" konzentrieren, den Widrigkeiten des Lebens ein Schnippchen schlagen und an eine gute Zukunft glauben – ein bisschen Brasilien kann uns das Leben leichter machen. Aber so leicht ist es eben nicht – trotz aller Einsicht.

Interessanterweise ist man in der Psychotherapie depressiver Menschen genau zu den gleichen Ergebnissen gelangt. Dabei hat es sich als hilfreich erwiesen, sich die folgenden einfachen Fragen zu stellen: Muss ich das jetzt tun? Ist das wirklich so wichtig? Was ist wirklich wichtig für mich?

Und das sollte man sich immer wieder fragen, und zwar mit deutscher Gründlichkeit.

Es hilft – für ein bisschen mehr Bahia in unserem Leben!

**Dr. Hubert Hermes ist Diplom-Psychologe mit einer besonderen Leidenschaft für Brasilien.*

keit des Seins", die direkte Art zu kommunizieren und Gefühle zu zeigen sowie die spontane Ausgelassenheit versetzen manchen Fremden in ungläubiges Erstaunen.

Im ganzen Nordosten wie auch im Norden ist es leicht, Kontakte zu finden und Freundschaften zu schließen. Vom tropischen Klima begünstigt, bieten diese Regionen viele Treffpunkte unter freiem Himmel mit Musik und Tanz. Dabei geht alles sehr unförmlich zu, Altersgruppen vermischen sich und Ausländern wird aufgeschlossen und neugierig gegenüber getreten.

Der **Respekt** gegenüber den Mitmenschen ist allgemein stark ausgeprägt und die Umgangsformen sind ebenso höflich wie direkt. Jeder redet mit jedem, sei es an der Straßenecke, am Strand oder in der Schlange vorm Bankschalter. Auch Straßenverkäufern hört man üblicherweise erst einmal zu und schenkt etwas Aufmerksamkeit, auch wenn letztlich nichts gekauft wird. Bei alldem werden nicht selten Erledigungspläne spontan umgeworfen; **Unpünktlichkeit** gehört zum festen Bestandteil eines Lebensprinzips, das sich weitgehend von Stimmungen leiten lässt. Zu spät kommen ist im Prinzip akzeptabel, und das Nichterscheinen im Grunde lediglich die extremste Form einer Verspätung. Wenn es jedoch wirklich wichtig ist, wie bei einem großen Fußballspiel oder einem Karnevalsumzug, ist plötzlich wieder Zuverlässigkeit die Regel.

Der Stil ist alles

Die Form zu wahren ist wichtiger als die Gesetze zu beachten. Die schöne Phrase ist besser als die Wirklichkeit. Stur recht haben wollen – so etwas kommt bei den Brasilianern nicht gut an. Knickriges Nachzählen von Wechselbeträgen zeugt von schlechter Erziehung. Wer wird den anderen schon so platt betrügen wollen? Selbst der übelste *malandro* (Tunichtgut) achtet auf Stil, und wer den nicht hat, ist *chato*. *Chato* ist es, am Schalter der Fluglinie mit dem Hinweis auf die eigene besondere Position oder wichtige Termine eine Buchung erzwingen zu wollen. Wer dagegen unter Tränen schildert, wie sehnsüchtig die Geliebte am Zielort wartet, hat bessere Karten. Auch von abstrakten Dingen wie Uhrzeit, Geld oder Paragraphen lassen Brasilianer sich selten beeindrucken. Der Mensch, die Person zählt mehr.

Das Schaffen einer emotionalen Allianz mit dem Gesprächspartner durch einen kleinen Plausch ist auch als **Jeitinho brasileiro** bekannt. Dabei muss der Einsatz dieses kleinen brasilianischen Tricks nicht unbedingt berechnend sein, sondern erklärt sich eher aus einer Lebensphilosophie heraus, in der eine höfliche, respektvolle Umgangsform der direkten Konfrontation vorgezogen wird. Oft entwickeln sich aus einem zunächst formalen Anlass private Kontakte. Diese persönliche Bindung gilt auch in der Politik. Gewählt werden Personen und nicht Parteien oder Programme. Der Hang zur Grundsatzdebatte und Prinzipienreiterei ist *chato* – und auch die Unfähigkeit, Erotik im Alltag zuzulassen. Der Puritanismus ist bisher nicht bis Brasilien gekommen. Die Spaltung von Geist und Körper haben die Brasilianer nicht mitgemacht. Man fasst sich an, streichelt, herzt und küsst sich mit Wonne. Die Brasilianer haben die Sonne im Gemüt.

Tudo bem?

„Tudo bem?" wird gefragt. „Wie geht's?" Den Daumen nach oben: Tudo bem!, heißt: Alles klar, natürlich, schon recht, na gut, wenn's denn sein muss. Alles ist *tudo bem!* Wir hungern, aber wir leben, *tudo bem,* der Wagen ist schrottreif, aber wir haben keinen Kratzer abbekommen, *tudo bem,* sie hat nun das Baby gekriegt, und der Vater ist getürmt. „Tudo bem" ist die Philosophie des Minimalismus, des Glücks im Unglück, der vitalen Reserve, der Leidensfähigkeit und des Fatalismus. Ergebenheit, Einverständnis, Resignation, Lethargie, Kompromissbereitschaft, Friedfertigkeit, Zustimmung, Kritik, Begeisterung: alles *tudo bem*. „Tudo bem?" Kein Brasilianer antwortet darauf etwa: hundsmiserabel, prächtig, bestens oder schlimm! Nein, die Antwort lautet: „Tudo bem". Es erspart eine Menge Worte und Energie in dieser Hitze, in dieser Hetze. „Tudo bem" ist ein Seufzer der brasilianischen Seele oder ihr Jubelschrei.

Der Süden

Stefan Loose Traveltipps

Gramado und Serra Gaúcha Sich mit Fondue und Schokolade den Bauch vollschlagen oder von brasilianischem Wein berauschen lassen. S. 141

1 **Ilha de Santa Catarina** Eins werden mit der einmaligen Natur. S. 151

Praia do Rosa An einem der schönsten Strände Brasiliens surfen oder Surfer bestaunen. S. 158

Blumenau und Pomerode Auf den Spuren deutscher Einwanderer wandeln. S. 166 und S. 170

Curitiba Auf der abenteuerlichen Bahnstrecke durch den Dschungel nach Paranaguá fahren. S. 173

Ilha do Mel Ein paar relaxte Tage auf der „Honiginsel" verbringen. S. 183

2 **Foz do Iguaçu** Sich von den imposantesten Wasserfällen der Welt bis auf die Haut durchnässen lassen. S. 191

Der Süden Brasiliens wird manchmal als **Mini-Europa** bezeichnet. Auf jeden Fall werden in keiner anderen Region des Landes die Brasilien-Klischees so wenig bestätigt wie hier. Es ist schon ein wenig skurril, in **Blumenau** auf deutsche Fachwerkarchitektur zu stoßen, in **Gramado** Schweizer Käsefondue zu essen oder in **Pomerode** auf der Straße Deutsch zu hören. Auf Brasilianer wirkt das exotisch, ebenso wie das Klima mit manchmal Schnee und winterlichen Temperaturen.

Die drei Bundesstaaten Rio Grande do Sul, Santa Catarina und Paraná bilden gemeinsam die **Região Sul**. Sie macht 7 % der Landesfläche aus (etwa so groß wie Frankreich) und weist einen deutlich höheren Lebensstandard auf als die übrigen Teile Brasiliens.

Klima und Reisezeit

Die Jahreszeiten sind in Südbrasilien deutlich ausgeprägt: Das subtropische Klima ist gekennzeichnet durch heiße Sommer (bis 35–40 °C) und milde Winter, in denen es aber in höheren Lagen zu Temperaturen um 0 °C oder darunter kommen kann. Eine sehr gute Reisezeit sind daher die Übergangsmonate (Sep–Nov, März–Mai).

Rio Grande do Sul

Der **Gaúcho** trug einen breitkrempigen Hut, weite Reithosen und ein Messer am breiten beschlagenen Gürtel. Im 18. Jh. trieb er noch Vieh über die Pampa, im 19. Jh. wurde er zum Auslaufmodell. In Rio Grande do Sul jedoch lebt der Mythos des wackeren Gaúchos in Trachten, Folklore und Lebensart fort und als Namensgeber für die Bevölkerung eines ganzen Bundesstaates.

Die Siedlungsgeschichte von Rio Grande do Sul unterscheidet sich vom Rest des Landes. Die europäischen Pioniere waren **Jesuiten**, die bereits in der ersten Hälfte des 17. Jhs. Missionsstationen gründeten. Von den Portugiesen wur-

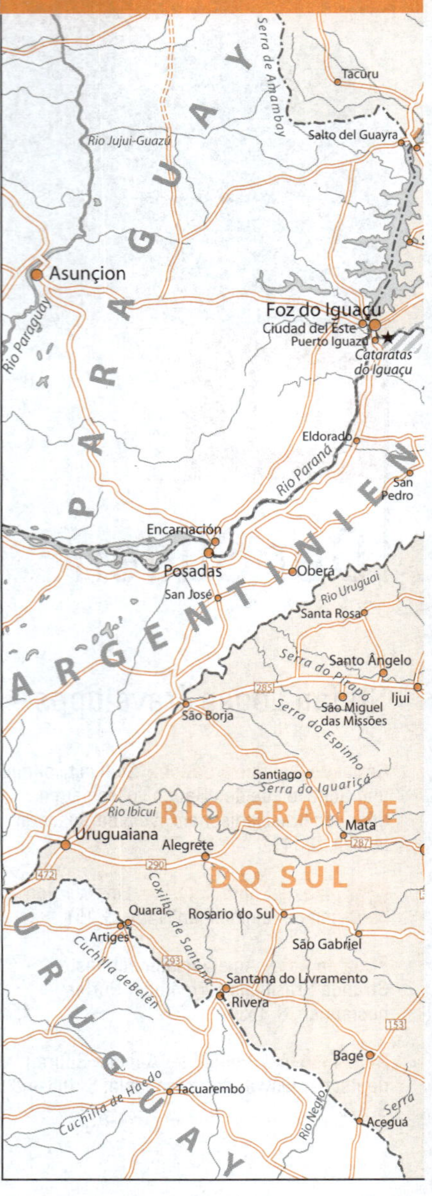

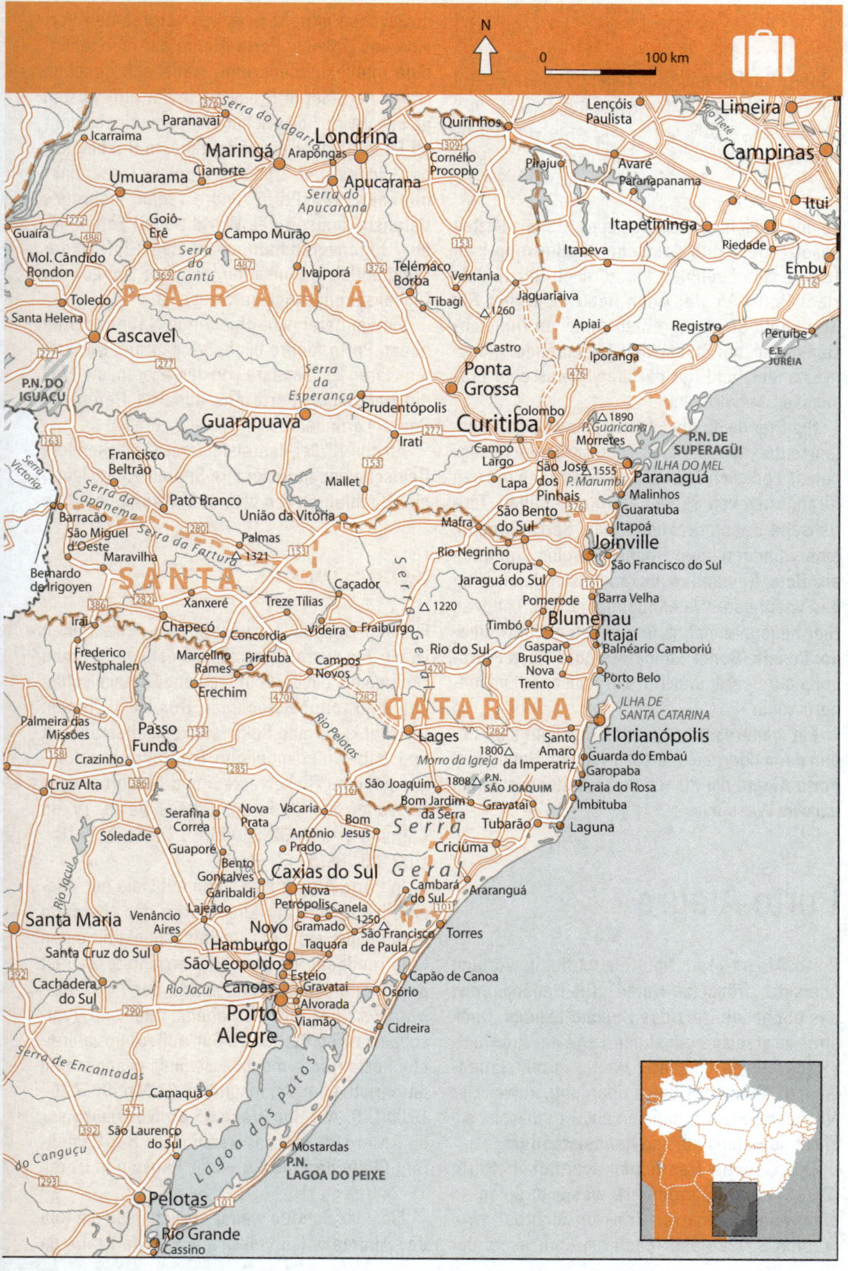
N
0
100 km
Londrina
Maringá
Paranavaí
Icarraima
Arapongas
Apucarana
Cianorte
Umuarama
Serra do Lagarto
Serra do Apucarana
Quirinhos
Cornélio Procópio
Lençóis Paulista
Limeira
Campinas
Pirajú
Avaré
Paranapanema
Itui
Itapetininga
Piedade
Embu
Itapeva
Guaíra
Goiô-Erê
Campo Murão
Mol. Cândido Rondon
Serra do Cantú
Ivaiporã
Telêmaco Borba
Ventania
Jaguariaiva
Tibagi
1260
Toledo
PARANÁ
Santa Helena
Cascavel
Castro
Apiaí
Registro
Peruíbe
E.E. JURÉIA
Iporanga
P.N. DO IGUAÇU
Serra da Esperança
Prudentópolis
Ponta Grossa
Guarapuava
Colombo
Curitiba
1890
P. Guaricana
Morretes
P.N. DE SUPERAGÜI
ILHA DO MEL
Irati
Campo Largo
São José dos Pinhais
1555
P. Marumbi
Paranaguá
Lapa
Malinhos
Guaratuba
Francisco Beltrão
Serra Victoria
Mallet
Serra da Capanema
Pato Branco
União da Vitória
São Bento do Sul
Mafra
Itapoá
Barracão
São Miguel d'Oeste
Serra da Fartura
Palmas
Joinville
1321
Maravilha
Rio Negrinho
São Francisco do Sul
Corupa
Bernardo de Irigoyen
SANTA
Caçador
Jaraguá do Sul
Serra Geral
Xanxeré
Treze Tílias
1220
Pomerode
Barra Velha
Iraí
Chapecó
Concórdia
Videira
Fraiburgo
Timbó
Blumenau
Itajaí
Frederico Westphalen
Rio do Sul
Gaspar
Balneário Camboriú
Marcelino Ramos
Piratuba
Campos Novos
Brusque
Nova Trento
Porto Belo
Erechim
ILHA DE SANTA CATARINA
CATARINA
Palmeira das Missões
Passo Fundo
Rio Pelotas
Lages
Florianópolis
Santo Amaro da Imperatriz
Crazinho
1800
Morro da Igreja
Guarda do Embaú
Garopaba
Cruz Alta
São Joaquim
1808
P.N. SÃO JOAQUIM
Praia do Rosa
Bom Jardim da Serra
Gravatal
Imbituba
Serafina Correa
Nova Prata
Vacaria
Bom Jesus
Tubarão
Laguna
Soledade
António Prado
Serra
Criciúma
Guaporé
Bento Gonçalves
Caxias do Sul
Geral
Rio Jacuí
Garibaldi
Nova Petrópolis
Cambará do Sul
Araranguá
Lajeado
Canela
1250
Santa Maria
Venâncio Aires
Novo Hamburgo
Gramado
São Francisco de Paula
Torres
Taquara
Santa Cruz do Sul
São Leopoldo
Esteio
Capão de Canoa
Cachadera do Sul
Rio Jacuí
Canoas
Gravataí
Osório
Porto Alegre
Alvorada
Viamão
Cidreira
Serra de Encantadas
Lagoa dos Patos
Camaquã
São Laurenço do Sul
Mostardas
do Canguçu
P.N. LAGOA DO PEIXE
Pelotas
Rio Grande
Cassino

DER SÜDEN

Nebenkosten

Sofern nicht anders angegeben, bieten alle in diesem Buchkapitel genannten Hotels und Pousadas WLAN gratis und erheben keine Service-Tax.

de der südliche Zipfel Brasiliens erst als letztes besetzt. Der erste **deutsche Siedlertrupp** kam 1824 in São Leopoldo an, nördlich der Hauptstadt Porto Alegre. Auch heute noch hat Rio Grande do Sul den größten Anteil an Deutschstämmigen, der Staat ist ein bedeutender Industriestandort und hat darüber hinaus eine produktive Landwirtschaft.

Rio Grande do Sul ist einer der wenigen Küstenstaaten, der nicht mit Traumstränden gesegnet ist. Lediglich **Torres** im Norden kann mit den Strandorten von Santa Catarina mithalten. Touristische Hauptattraktion ist die **Serra Gaúcha**, eine wunderschöne Hochlandregion, die auch als **Rota Romântica** bekannt ist (gleichzeitig das wichtigste Weinanbaugebiet des Landes). Hier begegnet man in urigen Orten wie **Gramado**, **Canela**, **Bento Gonçalves** oder **Nova Petrópolis** auf Schritt und Tritt europäischer Einwandererkultur.

Ein weiteres touristisches Highlight sind neben der modernen und kulturreichen Hauptstadt **Porto Alegre** die Ruinen der **Jesuitenmissionen** ganz im Westen.

Porto Alegre

Porto Alegre (1,41 Mio. Einw.) heißt wörtlich übersetzt „fröhlicher Hafen". Die Hauptstadt ist das pochende Herz des **Gaúcho-Landes**: Dank ihrer strategisch günstigen Lage am Rio Guaíba (der einige Kilometer weiter in die „Entenlagune" Lagoa dos Patos übergeht), unweit der Nachbarländer Argentinien und Uruguay, ist sie wichtige Hafenstadt und **Handelszentrum**.

Die Gaúcho-Traditionen werden in Porto Alegre stolz weitergeführt, was zum einen an den vielen Chimarrão-Trinkern sichtbar wird (Kasten S. 137), aber auch am Churrasco, der inzwischen in ganz Brasilien verbreiteten Version des Grillens. Porto Alegre hat eine lebendige Intellektuellenszene, statistisch gesehen ist es die Stadt in Brasilien, in der am meisten gelesen wird. Folgerichtig findet hier jedes Jahr ab Ende Oktober die bedeutendste **Buchmesse** des Landes statt. Traditionell politisch eher links orientiert, war Porto Alegre zudem mehrmals Veranstaltungsort des **World Social Forum**, jener Gegenveranstaltung zu den Gipfeln der Welthandelsorganisation, die zum Symbol der Globalisierungskritik geworden ist.

Einwanderer verschiedener Nationalitäten haben Porto Alegre bis heute geprägt. Die ersten waren 60 Ehepaare von den Azoren, die 1752 die Hafenstadt **Porto dos Casais** („Hafen der Paare") gründeten.

Ab den 1820er-Jahren hinterließen besonders **Deutsche** und **Italiener** ihre Spuren. Heute leben hier Nachfahren von über 50 Volksgruppen.

Sehenswertes

Für den Besuch der wichtigsten Attraktionen ist ein Tag ausreichend. Es bietet sich die **Linha Turismo** an, ein bei Touristen und Einheimischen beliebter doppelstöckiger Bus mit offenem Oberdeck, der alle Sehenswürdigkeiten abfährt und dabei fünf mögliche Fahrtunterbrechungen anbietet. Ticketverkauf und Abfahrt jeweils zur vollen Stunde in der *Cidade Baixa*, Tv. do Carmo 84, ✆ 51/3289 0176. ⌚ Di–So 9–16 Uhr, 1 1/2 Std., R$15.

In Porto Alegre stößt man auf viele neoklassizistische Bauten, allen voran der **Mercado Público**, der ein guter Ausgangspunkt für einen Stadtrundgang ist. Der 1869 errichtete Bau ist der traditionelle Einkaufsmarkt der *Porto Alegrenses*. Hier gibt es Lebensmittel und Typisches aus Rio Grande do Sul, außerdem zahlreiche Restaurants und Imbissstände in angenehm untouristischer Atmosphäre. ⌚ Mo–Sa 7.30–19.30 Uhr. Auf der **Praça 15 de Novembro** vor dem Mercado lädt das traditionelle Bar-Restaurant **Chalé da Praça** zu einer Pause ein. ⌚ tgl. 11–24 Uhr.

Ein paar Schritte weiter erreicht man die **Rua dos Andradas** (im Volksmund **Rua da Praia**, da

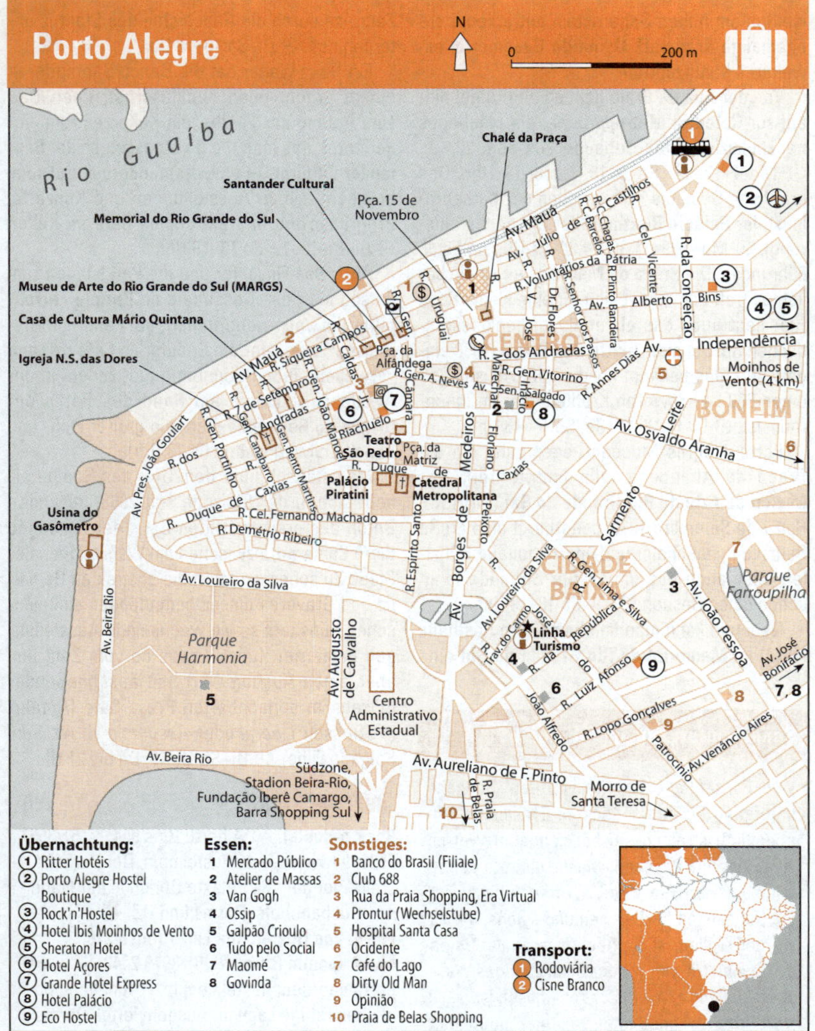

der Fluss früher einmal bis hier reichte). Sie ist die älteste Straße der Stadt und heute eine belebte Fußgängerzone. Etwas ruhiger wird es erst ab der schattigen **Praça da Alfândega** mit ihren prachtvollen Museen. Hier findet jedes Jahr im Oktober oder November die **Feira do Livro** (Buchmesse) statt.

Die Rua da Praia führt in östlicher Richtung zum großartigen Kulturzentrum **Casa de Cultura Mário Quintana** und weiter zur **Igreja N. S. das Dores**, der ältesten Kirche der Stadt in portugiesischem Neobarock. An ihr wurde ab 1833 knapp 100 Jahre lang gebaut. Ein paar Hundert Meter weiter liegt am Flussufer das schon von weitem am hohen Schornstein gut erkennbare ehemalige Kraftwerk **Usina do Gasômetro**, ein weiteres Kulturzentrum.

Von der Rua da Praia geht es den Hügel hinauf zur **Catedral Metropolitana**, ein mächtiges neoklassizistisches Gebäude aus dem 20. Jh. ⌚ Mo–Fr 7–18, Sa 9–18, So 8–18 Uhr. Das prächtige Gebäude rechts neben der Kathedrale ist der **Palácio Piratini** (Sitz der Landesregierung). ⌚ Mo–Fr 9–11.30, 14.30–17 Uhr, halbstdl. Führungen. Die **Praça da Matriz** davor ist ein beliebter Treff und eignet sich für eine kleine Rast. Hier liegt auch das ebenfalls im neoklassizistischen Stil gebaute **Teatro São Pedro** (1858 eingeweiht), das bekannt für die gute Akustik und einen 600 kg schweren Kronleuchter im Innenraum ist. ⌚ Di–Fr 12–18, Sa, So 16–18 Uhr.

Porto Alegres Museen liegen rund um die Praça da Alfândega (alle Eintritt frei). Das **Museu de Arte do Rio Grande do Sul** (MARGS), Rua 7 de Setembro 1010, beherbergt eine große Sammlung nationaler und internationaler Künstler, aber auch das imposante Gebäude lohnt schon einen Besuch. ⌚ Di–So 10–19 Uhr.

Nebenan kann man im ehemaligen Posthaus (1914) im **Memorial do Rio Grande do Sul** eine Zeitreise durch die Geschichte des Staates unternehmen. ⌚ Di–Sa 10–18 Uhr.

Ein Haus weiter hat die Banco Santander in einem prachtvollen neoklassizistischen Bau vom Anfang des 20 Jhs. ein Kulturzentrum eingerichtet, das man nicht verpassen sollte: **Santander Cultural**, 💻 www.santandercultural.com.br, hochkarätige Ausstellungen und Konzerte, Programmkino und ein cooles Café im Keller. ⌚ Di–Sa 10–19, So 13–19 Uhr.

Auch das Flussufer und die Parks laden zum Entspannen ein. Besonders im **Parque Farroupilha** (im Volksmund Redenção) kann man herumspazieren oder am Seeufer im **Café do Lago** verweilen. Jeden Sonntag findet zudem in der Av. José Bonifácio am Rand des Parks der **Brique da Redenção** statt, ein großer Floh- und Kunsthandwerksmarkt (9–18 Uhr).

Majestätisch über dem Ufer des Guaíba erhebt sich in der Südzone seit 2008 der weiße Beton des preisgekrönten Baus der **Fundação Iberê Camargo**, inzwischen ein Wahrzeichen der Stadt. Zu sehen sind dort die abstrakten Gemälde und Gravuren dieses bedeutenden einheimischen Künstlers sowie wechselnde Ausstellungen moderner Kunst. Etwas ab vom Zentrum, aber einen Ausflug wert, mit anschließender Einkehr im benachbarten **Press Café** (Anfahrt mit Bussen *Liberal* oder *Assunção* ab Av. Sen. Salgado Filho). ⌚ Di–So 12–19, Do bis 21 Uhr.

Sonnenuntergang am Rio Guaíba

Viele Porto Alegrenses halten „ihren" Sonnenuntergang für den schönsten Brasiliens. Allabendlich strömen sie bei schönem Wetter zum Fluss, um zu sehen, wie die glutrote Sonne langsam vom Rio Guaíba verschluckt wird. Ein Geheimtipp für Pärchen und solche, die es werden wollen, ist die **Dachterrasse** der **Usina do Gasômetro**, von wo der Blick über das Wasser und die Inseln wirklich romantisch ist.

Im Süden erkennt man von hier auch das große Oval des **Gigante Beira-Rio**, das Stadion von Porto Alegres Club **Internacional**, wo während der Fußball-WM 2014 der Ball rollen wird. Fußballfans können hier das Vereinsmuseum besuchen (Di–Sa 10–17.30, R$10) und an Arenaführungen teilnehmen. Anfahrt vom Zentrum mit Bus Icaraí 149 ab Av. Senador Salgado Filho.

ÜBERNACHTUNG

Rock'n'Hostel, Av. Alberto Bins 954, ☎ 51/3557 3523, 💻 www.rocknhostel.com. Der Verkehr „rollt" vor der Tür. Relaxte Option in der Nähe des Busbahnhofs. Dorms und DZ. ❶

Eco Hostel, Rua Luiz Afonso 276, Cidade Baixa, ☎ 51/3019 2449, 💻 www.portoalegreecohostel.com.br. Freundlich und sauber, ruhige Lage im Ausgehviertel. Dorms und DZ (R$120), Fahrradverleih. ❷

Porto Alegre Hostel Boutique (HI), Rua São Carlos 545, Floresta, ☎ 51/3229 3802, 💻 www.hostel.tur.br. Etwas abgelegen (ca. 15 Gehmin. von der Rodoviária), dafür geradezu luxuriös für die Sparte, geräumig, hell und blitzsauber. ❷

Hotel Palácio, Rua Vigário J. Inácio 644, ☎ 51/3225 3467. Akzeptable Budget-Option

Chimarrão, das Kultgetränk der Gaúchos

Es ist eines der ersten Dinge, die in Porto Alegre auffallen: Vom Arbeiter bis zum Anzugträger und quer durch alle Generationen hält jeder ein bauchiges Gefäß mit Metalltrinkröhrchen in der Hand, in der anderen eine Thermoskanne mit heißem Wasser. Ein Gaúcho ohne Chimarrão wäre wie ein Bayer ohne seine Maß Bier. Gesünder allerdings ist der Chimarrão, jener grüne Mate-Aufguss, der schon von den Guarani-Indianern getrunken wurde. Ihn zuzubereiten ist eine hohe Kunst.
Das Gefäß heißt **Cuia**, ein ausgehöhlter und getrockneter Flaschenkürbis. Das Röhrchen, aus dem man trinkt, ist die **Bomba**. Die zermahlenen Mateblätter werden liebevoll in die Cuia eingefüllt, das Wasser mehrmals nachgegossen.
Man trinkt immer bis das charakteristische Schlürfgeräusch ertönt, erst dann wird zum Nachbarn weitergereicht.
Folgende **Tipps** vermeiden Peinlichkeiten beim unerfahrenen Chimarrão-Trinker:

- Chimarrão trinken ist ein gemeinschaftliches Ritual, alleine ist es nur halb so schön.
- Manchem mag das Trinken so vieler Leute aus dem gleichen Röhrchen unhygienisch erscheinen. Denken darf man es, sagen nicht!
- Mate ist bitter. Auf die Idee, ihn mit Zucker zu trinken, kommen allerdings nur Gringos.
- Niemals eine halbe Cuia trinken! Da muss jeder ganz durch. Schlürf!

DER SÜDEN

für Liebhaber von Altbauten, zentrale Lage. „Man spricht deutsh". Nur Barzahlung. ❷
Hotel Açores, Rua das Andradas 885, ✆ 51/3221 7588, 💻 www.acoreshotel.com.br. Renoviertes Hotel mit sauberen, unspektakulären Zimmern; zentraler geht's nicht. ❸
Ritter Hotéis, Largo Vespasiano J. Veppo 700, ✆ 51/3228 4044, 💻 www. ritterhoteis.com.br. Kommode Mittelklasse direkt vor der Rodoviária. ❹–❺
Hotel Ibis Moinhos de Vento, Rua Marquês do Herval 540, ✆ 51/2112 2772, 💻 www. ibis. com.br. Die gewohnte Funktionalität zum gewohnt günstigen Preis, im Ausgehviertel. ❹
Grande Hotel Express, Rua Riachuelo 1070, ✆ 51/3287 4411, 💻 www. master-hoteis.com.br. Feines zentrales Business-Stadthotel, in dem gleichen Haus wie Shopping Rua da Praia. ❺
Sheraton Hotel, Rua Olavo B. Viana 18, ✆ 51/2121 6000, 💻 www. sheraton-poa.com.br. Luxus pur in thematischen Suiten (ab R$480), gleich bei der schicken „Calçada da Fama". 15 % Tax. ❽

ESSEN

Die reichhaltige kulinarische Szene ist ein Pluspunkt von Porto Alegre. Die besten Restaurants liegen im Stadtteil **Moinhos de Vento**, überall im Zentrum sind Buffet-Restaurants leicht zu finden. Zudem laden viele Straßencafés zum Entspannen ein.
In der anregenden Atmosphäre des **Mercado Público** sind die Galerien über den Marktständen gesäumt mit Restaurants (à la carte) und Cafés für jeden Geschmack und Geldbeutel. Das lokale Kultbier heißt *Polar*.

€ **Tudo pelo Social**, Rua João Alfredo 488, Cidade Baixa. „Alles zum Gemeinwohl", die Losung wurde vor mehr als 20 Jahren ausgegeben vom damaligen Präsidenten José Sarney und war, wie man heute weiß, alles andere als ernst gemeint. Nicht so in diesem gleichnamigen Restaurant, eine Art Institution in der Stadt. Das Hauptgericht des Hauses „à la minuta", ein Riesenteller mit Fleisch, Reis, Spiegeleiern, Pommes und Salat, macht für R$11 locker 2 Leute satt. Wahlweise kann man auch am Buffet zulangen, dazu bestellt man sich ein Stück Fleisch seiner Wahl, das alles für schier unglaubliche R$8. Das günstige Essen und der gute Ruf in der Szene können zeitweise zu Warteschlangen bis auf die Straße führen. Abends ist das Lokal ideal, um die notwendige Grundlage für den anschließenden Kneipenbummel im Viertel zu schaffen. ⌚ tgl. 11–14.45, 18–23.45 Uhr, So nur Mittagessen.

DER SÜDEN

Na Brasa, Rua Ramiro Barcelos 389, Floresta. Beliebteste Churrascaria der Stadt mit insgesamt 26 Fleischsorten und großem Buffet; Rodízio R$60. ⌚ Mo–Fr 11.30–15, 19–24, Sa, So 11.30–24 Uhr.

Galpão Crioulo, Av. Loureiro da Silva, Parque da Harmonia. Sehr große, auf Touristen eingestellte Churrascaria, bekannt für eine unterhaltsame Gaúcho-Show. Rodízio R$41, abends und mit Show am Wochenende R$50. Unter der Woche auch Minirodízio mit „nur" 6 verschiedenen Fleischsorten R$22/33. ⌚ tgl. 11–15, 19–24 Uhr.

Govinda, Av. José Bonifácio 605, am Parque Farroupilha. Inder mit günstigem lakto-vegetarischem Buffet (R$17). ⌚ Di–So 11–14.30, Do–Sa auch 19–24 Uhr.

Maomé, Av. José Bonifácio 655. Nach einem Bummel durch den Park der ideale Ort für die süße Sünde. Neben einer Riesenauswahl an Gebäck auch Frühstück und Mittagsbuffet. ⌚ tgl. 8–20.30 Uhr.

Atelier de Massas, Rua Riachuelo 1482, Zentrum. Erste Wahl für Pasta: kreative hausgemachte Nudelgerichte in künstlerischer Atmosphäre, exzellente Weinkarte. ⌚ Mo–Fr 11–14.30, 19–23.30, Sa bis 15 Uhr.

Bazkaria, R. Comendador Caminha 324. Tapas und die besten Pizzas der Stadt, beim Park Moinhos de Vento. ⌚ tgl. 18–24 Uhr.

Café do Porto, Rua Padre Chagas 293, Moinhos de Vento. Treff mit interessanten Kaffee-Kreationen (Cappuccino mit Maulbeersirup) und leckeren Snacks (Frühstück). ⌚ Mo–Sa 8–24, So ab 10 Uhr.

NACHTLEBEN

Die besten Nightlife-Spots konzentrieren sich auf zwei Viertel mit sehr unterschiedlichem Charakter. Die **Calçada da Fama** („Walk of Fame") im „besseren" Stadtteil **Moinhos de Vento** umfasst die Straßen Rua Fernando Gomes und Rua Padre Chagas. Hier befindet sich ein schicker Pub neben dem anderen. Die **Av. Goethe** ist die Fortsetzung mit weiteren Bars und Esslokalen.

Bürgerlicher, studentischer und formloser geht es in der **Cidade Baixa** zu, dem Gebiet zwischen den Parks Farroupilha und Harmonia. Entlang der Rua Lima e Silva und in ihren Seitenstraßen wie der Rua da República fällt die Auswahl zwischen Kneipen, Restaurants und Cafés schwer.

Centro

Club 688, Rua Siqueira Campos 688. Indie-Rock, Pop und Techno auf zwei Stockwerken hinterm Hafen. ⌚ Fr, Sa ab 23 Uhr, Eintritt ab R$30.

Calçada da Fama

Z Café, Rua Padre Chagas 314. Bar-Restaurant mit Live-Musik (Do–Sa), schöne Terrasse, auch Mittagsbuffet. ⌚ Di–So 11.30–24 Uhr.

Dado Pub, Rua Fernando Gomes 80. Seit Jahren angesagter, schicker Irish Pub, von der lokalen Presse als einer der besten Orte zum Flirten gewählt. ⌚ Mo–Sa ab 18.30, auch Mittagessen 11.30–14.30 Uhr.

Cidade Baixa

Ossip, Rua da República 677. Kleine Bar mit guter Stimmung. Hier fühlen sich Wein- und v. a. Bierliebhaber wohl: 20 Sorten von Polar bis Guinness, dazu Pizzas und Risottos. ⌚ tgl. ab 18 Uhr.

Dirty Old Man, Rua Gen. Silva e Lima 956. Es bleibt offen, ob sich der gute alte Bukowski herangewagt hätte an die 52 diversen Cock-

Rock Alegre

Besonders zwei Clubs halten die Rocktradition von Rio Grande do Sul hoch:

Opinião, Rua José do Patrocínio 834, Cidade Baixa, 💻 www.opiniao.com.br. Eine Institution! Seit 1983 spielten hier fast alle namhaften Rockbands Brasiliens (Skank, O Rappa, Jota Quest), sowie viele internationale Stars wie Bob Dylan oder Norah Jones. ⌚ Fr–Sa ab 22 Uhr, und bei Konzerten.

Ocidente, Av. Osvaldo Aranha 960, am Parque Farroupilha. Zum Tanzen am Wochenende einer der besten Orte, Fr beliebt beim GLS-Publikum. Mittags vegetarisches Buffet. ⌚ Mo–Sa 12–14.30, Di–Do 20.30–1, Fr, Sa 22–4 Uhr, Eintritt ab R$10.

tails, Spezialität des Hauses, oder ob er doch lieber beim lokalen Kölsch *Baldhead* geblieben wäre. ⌚ Di–So 18–24 Uhr.

Van Gogh, Rua da República 14, beim Parque Farroupilha. Der traditionelle sichere Hafen für alle, die am Ende der Nacht noch ein Bierchen oder eine heiße Suppe brauchen. ⌚ tgl. 17–7 Uhr.

KULTUR

Kulturinfos: 💻 www.portoalegre.rs.gov.br (Secretarias/Cultura).

Theater

Teatro São Pedro, Praça Marechal Deodoro, ✆ 51/3227 5100, 💻 www.teatrosaopedro.rs.gov.br. Kulturelle Veranstaltungen wie Konzerte oder Theaterstücke, das Haus hat zudem ein eigenes Kammerorchester. Mittwochs 12.30 Uhr werden in dem Foyer kostenlose Recitals geboten.

TOUREN

Die **Bootsfahrt** um die Inseln des Rio Guaíba ist besonders schön zum Sonnenuntergang. Angeboten wird sie von **Cisne Branco**, Av. Mauá 1050, ✆ 51/3224 5222, 💻 www.barcocisne branco.com.br. Abfahrt am zentralen Eingang/ Tor zum Hafen: Di–So 10.30, 15, 16.30 und 18 Uhr, 1 Std., R$25 p. P. Die Fahrt um 15 Uhr findet immer statt, die übrigen nur ab 20 Teilnehmern. Ähnliche und etwas günstigere Bootsfahrten gehen vom Kai der Usina do Gasômetro mit den Schiffen *Noiva do Cai* und *Caribe* ab (Zeiten vor Ort erfragen).

SONSTIGES

Einkaufen

Einkaufszentren: **Praia de Belas Shopping**, Av Praia de Belas 1181. ⌚ Mo–Sa 10–22, So 14–20 Uhr. **Rua da Praia Shopping**, Rua dos Andradas 1001. Wesentlich kleiner, aber mitten im Zentrum. Praktisch für einen Snack, Internet (Era Virtual, R$6/Std., ⌚ Mo–Fr 9–21, Sa 9–20 Uhr) oder Post. ⌚ Mo–Sa 9–22, So 11–21 Uhr. **Barra Shopping Sul**, Av. Diário de Notícias 300, Cristal. Größter Konsumtempel, nicht weit von der Fundação Iberê Camargo. ⌚ Mo–Sa 9–23, So 11–21 Uhr.

Porto Alegres Kulturzentren

Casa de Cultura Mário Quintana, Rua dos Andradas 736, 💻 www.ccmq.rs.gov.br. Im ehemaligen Luxushotel Majestic lebte der Dichter Mário Quintana von 1968 bis 1982. Als Kulturzentrum wurde es mit Ausstellungen, Theater, Kinos und dem Dachcafé **Santo de Casa** zu neuem Leben erweckt. ⌚ Di–Fr 9–21, Sa, So 12–21 Uhr, Eintritt frei.

Schon der 117 m hohe Schornstein der **Usina do Gasômetro**, Av. Pres. João Goulart 551, ist ein Wahrzeichen. In den ehemaligen Werkshallen wurde 1991 ein Kulturzentrum eingerichtet, mit Ausstellungsräumen, Theater, Tourist Info, Programmkino und Café mit entspannter Musik. ⌚ Di–So 9–21 Uhr.

Feste

Jan/Feb: Porto Verão Alegre, Theateraufführungen mit Ensembles aus dem ganzen Land.

Sep: Semana Farroupilha (7.–20.), Gaúcho-Folklore mit Musik, Tanz und regionalem Essen.

Geld

Banco do Brasil, Rua Uruguai 185, beim Mercado Central. ⌚ Geldautomat 6–22 Uhr.

Geldwechsel: Busbahnhof (1. OG) oder Flughafen. ⌚ Mo–Fr 10.30–16 Uhr.

Auch bei **Prontur**, Av Borges de Medeiros 445, ⌚ Mo–Fr 9–18 Uhr, oder in den Shoppings.

Informationen

Tourist Info, ✆ 0800/517 686 oder 51/3289 0176. Informations-Büros: **Flughafen**, ⌚ tgl. 8–22 Uhr; **Usina do Gasômetro**, ⌚ Di–So 9–18 Uhr; **Parque Farroupilha**, Mercado do Bom Fim, Loja 12, ⌚ tgl. 9–18 Uhr; **Mercado Público**, ⌚ Mo–Sa 9–18 Uhr; **Cidade Baixa**, Trav. do Carmo 84 (bei Linha Turismo), ⌚ tgl. 8–18 Uhr. Internet: 💻 www.visiteportoalegre.com.

Medizinische Hilfe

Hospital Santa Casa, Rua Prof. Annes Dias, ✆ 51/3214 8688.

NAHVERKEHR

Busse

Die Stadt hat ein gutes ÖPNV-System. Zentrale Haltestelle ist neben dem Mercado Público, von wo aus die meisten **Stadtbusse** abfahren (R$3,05). Ebenfalls gute Zustiegsmöglichkeiten bieten die Stopps in der Av. Sen. Salgado Filho.

Etwas schneller und komfortabler sind Minibusse, sogenannte **Lotações** (R$4,50), die zum Beispiel nach Moinhos de Vento fahren (*Auxiliadora*), Zu- und Ausstieg überall. Über Linien und Zeiten informiert 💻 www.trafeguebem.com.br.

Metro

Die Metro ist ein zuverlässiges, schnelles und preiswertes (R$1,70) Fortbewegungsmittel, das das Zentrum ideal mit Busbahnhof und Flughafen verbindet (von der Metrostation *Aeroporto* kostenloser Shuttle zum Airport). 🕒 tgl. 5–23.20 Uhr.

Taxi

Die orangeroten Taxis fahren in der ganzen Stadt, die weißen nur vom Flughafen zum Zentrum (ca. R$50).

TRANSPORT

Flüge

Aeroporto Internacional Salgado Filho, ☏ 51/3358 2000, nah am Zentrum, leicht per Metro erreichbar.

Aerolíneas Argentinas, ☏ 51/3358 2358; **Avianca**, ☏ 51/3358 2392; **Azul**, ☏ 51/3358 2600; **Gol**, ☏ 51/3358 2015; **Pluna**, ☏ 51/3356 2635; **TAM**, ☏ 51/3358 2054; **Trip**, ☏ 51/3358 2035.

Busse

Rodoviária, ☏ 51/3210 0101, Metro-Station vom Mercado. Fahrkartenverkauf in den Bereichen Intermunicipal und Interestadual. Ticket-Bestellung (Veppo): 💻 www.rodoviaria-poa.com.br.

Ziele innerhalb von Rio Grande do Sul (Intermunicipal):

Cambará do Sul: Citral, ☏ 51/3228 5128, Mo–Sa 6 Uhr, 5 1/2 Std., R$32.

Gramado / Canela: Citral, ca. stdl. bis 21 Uhr, 2 Std., R$31–34. Am Flughafen kann man direkt in einen Bus zu diesen beliebten Zielen steigen, stdl. von 9.15 bis 19.15 Uhr.

Santo Angelo: Ouro e Prata, ☏ 51/3225 8771, 8x tgl., 6–8 Std., R$95–118.

Torres: Unesul, ☏ 51/3931 1116, alle 1–2 Std. bis 19.30 Uhr, 3 Std., R$42.

Ziele außerhalb von Rio Grande do Sul (Interestadual):

Buenos Aires: Pluma, ☏ 51/3228 5112, tgl. 17.30 Uhr; und Flecha Bus, ☏ 51/3224 0672, tgl. 17 Uhr; 18 Std., R$224.

Curitiba: Pluma, tgl. 9, 19.30, 21 Uhr; und Penha, ☏ 0800/723 2122, tgl. 7, 17 und 19.45 Uhr; 11–12 Std., R$92–145 *(Leito)*.

Florianópolis: Santo Anjo, ☏ 51/3225 6500; und Eucatur, ☏ 51/3901 5921; 10x tgl., 7 Std., R$71–128.

Foz do Iguaçu: Unesul, 6x tgl., 13 Std., R$122–150.

Montevideo, TTL, ☏ 51/3224 7577, tgl. 21 Uhr, 11 Std., R$170.

São Paulo, Penha, tgl. 11, 14 und 23.50 Uhr; und Itapemirim, ☏ 0800/723 2121, tgl. 12.30 und 20 Uhr; 18 Std., R$180–204.

Nördlich von Porto Alegre

Nördlich von Porto Alegre liegt die **Serra Gaúcha**, das Hochland von Rio Grande do Sul, ein landschaftlich reizvolles Ausflugsziel. Im Juli und August kann es hier richtig kühl werden – viele Brasilianer freuen sich darauf, endlich einmal Schal und Winterjacke auspacken zu können. Sobald kalte Temperaturen angekündigt sind, strömen sie in Scharen nach **Gramado** und ins benachbarte **Canela**. Jedenfalls die, die es sich leisten können. Denn Gramado ist so etwas wie das St. Moritz Brasiliens.

Die beiden kleinen Städtchen haben ihren Ursprung im 19. Jh. als Lager für Rinderhirten. Auch andere Orte in der näheren Umgebung wie zum Beispiel **Nova Petrópolis** und das für

Weinanbau bekannte **Bento Gonçalves** sind stark von deutscher und italienischer Kolonisation geprägt.

Gramado

Ein Winterurlaubsziel in Brasilien? Zugegeben, es liegt nicht oft Schnee hier. Aber wenn, dann ist es eine Sensation. Die Betuchten aus São Paulo oder Rio zögern dann nicht, den erstbesten Flieger nach Porto Alegre zu nehmen, um von dort möglichst schnell in die noble Stadt (32 000 Einw.) zu düsen.

Deutsche und italienische Einwanderer haben Gramado geprägt, doch die Schokoladenfabriken und zahlreichen Fondue-Restaurants erinnern eher an die Schweiz. Auch die malerische Lage mit Blick auf das Tal **Vale do Quilombo**, die Fachwerkhäuser, schicken Hotels, Restaurants und nicht zuletzt eine einwandfrei funktionierende Infrastruktur vermitteln **europäisch alpines Flair** mitten in Brasilien.

Zu zwei Jahreszeiten steht Gramado im Mittelpunkt der Öffentlichkeit: Im Dezember wird der Ort zum Inbegriff von weihnachtlicher Romantik und liefert sich mit dem Nachbarort Canela einen Wettbewerb um die am aufwändigsten geschmückten Straßen. In der ersten Augusthälfte bekommt Gramado dann während des **Festival de Cinema Brasileiro e Latino** einen Hauch von Hollywood, wenn beim wichtigsten Filmfestival des Landes der brasilianische Oscar mit Namen *Kikito* verliehen wird.

Sehenswertes

Mitten im Zentrum liegt der **Palácio dos Festivais**, Av. Borges de Medeiros 709. Das Fachwerkgebäude ist Schauplatz des Filmfestivals und hat Platz für 1200 Gäste. Ein paar Schritte entfernt befindet sich die **Igreja Matriz São Pedro** (1952) mit ihrer markanten Basaltsteinfassade. Ihr gegenüber lädt die Rua Coberta („überdachte Straße") zum Shoppen oder Kaffeetrinken ein.

Rund um den am Stadtrand liegenden **Lago Negro**, einem künstlicher See mit dunklem Wasser, kann man spazieren gehen oder Tretboot fahren (R$20). Einige der Bäume am Seeufer wurden aus dem Schwarzwald importiert.

Noch mehr Deutschland gibt es in der **Mini-Mundo** zu bewundern, Rua Horácio Cardoso 291. In dieser von einer deutschstämmigen Familie erschaffenen Miniaturwelt sind 164 verkleinerte touristische Sehenswürdigkeiten ausgestellt. 🕒 tgl. 10–17 Uhr, Eintritt R$16.

Auf Schritt und Tritt begegnet man thematisch ausgestalteten Schokoläden. Einige der über 30 Fabriken lassen sich besichtigen, z. B. **Schokoladenfabrik Planalto**, Rua João Carniel 689, 💻 www.chocolateplanalto.com.br.

Damit es niemandem langweilig wird, gibt es noch eine Reihe von **„Museen"** für jeden Geschmack: Dreamland-Wachsmuseum, Hollywood Dream Cars, Harley Motor Show etc.

ÜBERNACHTUNG

Gramado hat weit über 100 Hotels und Pousadas, meist schick und teuer. Zur Weihnachts- und Osterzeit, im Juli und zum Filmfestival (Aug) ist mit deutlich höheren Preisen zu rechnen. Nicht alle Unterkünfte haben Heizung!

€ **Gramado Hostel**, Av. das Hortênsias 3880, 📞 54/3295 1020, 💻 www. gramado hostel.com.br. Kleine, moderne HI-Jugendherberge unter engagierter Leitung. Dorms (R$35–60) und DZ, Internet, leckeres Frühstück und Kaminzimmer für kalte Abende. Das Hostel liegt an der Straße nach Canela (erreichbar per Bus oder etwa 25 Min. zu Fuß). ❶–❷

Pousada Ares da Serra, Rua Cel. João Corrêa 214, beim Busbahnhof, 📞 54/3286 4534, 💻 www.pousadaaresdaserra.com.br. Modern, freundliche Leitung, Pool. ❺

Pousada Sulla Collina, Rua Dr. Nilo Dias 99, 📞 54/3286 4703, 💻 www.sullacollina.com.br. Neun geschmackvolle Zimmer in ruhiger Lage am Rande des Zentrums. ❺

Vovó Carolina, Av. Borges de Medeiros 3129, Zentrum, 📞 54/3286 2679, 💻 www. vovo carolina.com.br. „Oma Carolina" hat ihre 19 Apartments modern und geschmackvoll hergerichtet, gutes Frühstück. 10 % Tax. ❺–❻

Estalagem St. Hubertus, Rua da Carrière 974, Planalto, 📞 54/3286 1273, 💻 www.sthubertus. com. 30 elegante Zimmer mit gediegenem Komfort (ab R$350), Nachmittagstee, Frühstück mit Blick auf den Lago Negro. ❼–❽

ESSEN

Fondue ist die Spezialität Gramados. Es wird meistens als Sequência serviert: Los geht's mit Käsefondue, gefolgt von Fleisch und abschließend Schokofondue mit Früchten. Mahlzeit! Viele Restaurants bieten Gratis-Abholservice vom Hotel an.

Gasthof Edelweiß, Rua da Carrière 1119, Lago Negro. Der Eigentümer des exzellenten Restaurants war der Pionier des Fondue in Gramado. Die hohen Preise sind gerechtfertigt. Auch Eisbein, Kasseler, Rahmschnitzel. Schöner Wintergarten. ⏲ tgl. 12–15, 19–23 Uhr.

Belle du Vallais, Av. das Hortênsias 1432. Gilt als bestes Schweizer Restaurant Brasiliens. Zusammen mit dem Blick auf das Quilombo-Tal hat das seinen Preis. ⏲ Mo–Fr 19–24, Sa, So 12–15, 19–24 Uhr.

Cantina Pastaschiutta, Av. Borges de Medeiros 2083. Gute hausgemachte Pasta. ⏲ tgl. 11.30–15.30, 19–24 Uhr.

Kilo & Kilo, Av. das Hortênsias 1720. Mittags und abends Buffet (R$42/kg) oder *all you can eat* (R$30). ⏲ tgl. 11.30–15, 19–22.30 Uhr.

Café com Leite, Rua Garibaldi 580, Zentrum. Pasta, Suppen und Sandwiches zu bekömmlichen Preisen. ⏲ Mo–Sa 7–20.30 Uhr.

Pasteleiro, Rua Pedro Benetti 32. Beliebter Imbiss neben der Kirche mit Riesenauswahl von *Pastéis* (gefüllte Teigtaschen von herzhaft bis süß in verschiedenen Größen). ⏲ tgl. 11.30–23 Uhr.

NACHTLEBEN

Ein beliebter Treffpunkt sind die Bars und Cafés in der Rua Coberta. Außerdem:

Bill Bar, Av. das Hortênsias 3617 (beim Hostel). Bar, Club und Cachaçaria, Kegelbahnen und Billardtische. ⏲ Di–Sa ab 20 Uhr.

Botequim Santana, Av. das Hortênsias 3860. Biere und Cocktails in Lounge-Atmosphäre (Spezialität: Caipirinhas). Mit DJs. ⏲ Mi–Sa ab 20 Uhr.

TOUREN

Gramado ist ein idealer Ausgangspunkt für Touren in andere Teile der Serra Gaúcha. Der öffentliche Transport ist allerdings nicht gut ausgebaut, es bietet sich an, ein Auto zu mieten oder eine organisierte Tour zu buchen.

Nova Petrópolis

Der „deutscheste" Ort in Rio Grande do Sul (95 % sind deutscher Abstammung). Im **Parque Aldeia do Imigrante**, Av. 15 de Novembro, wurde eine deutsche Kolonialsiedlung aus dem 19. Jh. nachgebaut. ⏲ tgl. 8–18 Uhr, Eintritt R$7. Nova Petrópolis ist zudem hervorragend geeignet, um einen authentischen **Café Colonial** zu probieren (S. 145), z. B. in **Opa's Kaffeehaus**, Rua João Leão 96. ⏲ Di–Fr 14–20, Sa, So 13–21 Uhr. Wer gerne über Nacht bleiben möchte, kann dies u. a. in einem HI-Hostel tun: **Hospedaria Bom Pastor**, an der Bundesstraße RS 235, KM 14, ✆ 54/3298 8066. ❷

Vale dos Vinhedos

Die Region um **Bento Gonçalves** ist Brasiliens größte Weinanbaugegend und vor allem im hiesigen Herbst einen Ausflug wert. Wer kein Interesse an Dampflokomotiven hat (s. u.), sollte die Anmietung eines Autos in Betracht ziehen. Die meisten Einwohner der Gegend sind italienischer Abstammung, die Weingüter *(Vinícolas)* sind offen für Besichtigungen und Weinproben *(Degustação)*.

Cambará do Sul

Für einen Tagesausflug fast zu schade ist das großartige Naturschauspiel des **Parque Nacional de Aparados da Serra** (116 km von Gramado). ⏲ Di–So 9–17 Uhr, Eintritt R$6. Hauptattraktion sind die bis zu 720 m tiefen Schluchten des **Cânion do Itaimbezinho**

Die Dampfmarie

Eine restaurierte Dampfeisenbahn mit dem klangvollen Namen **Maria Fumaça** fährt auf der Strecke zwischen Carlos Barbosa und Garibaldi/Bento Gonçalves. Unterwegs gibt es folkloristische Einlagen und Weinproben (von dürftiger Qualität). Abfahrt ab Bento Gonçalves Mi/Sa 9 und 14 Uhr, Reservierung: ✆ 54/3453 2790, 🖳 www.mfumaca.com.br; R$75 inkl. Rückfahrt per Bus.

inmitten subtropischer Vegetation. Mehrere Wasserfälle stürzen an der 7 km langen Strecke des Canyons hinab. Noch tiefer ist der **Cânion da Fortaleza** (bis zu 900 m) im benachbarten **Parque Nacional da Serra Geral**. Wer mehr Zeit für Wanderungen einplanen möchte, sollte in Cambará do Sul übernachten. Tourist Info, ✆ 54/3251 1557, 🖳 www.cambaraonline.com.br.

Touranbieter

Jardineira das Hortênsias, Av. das Hortênsias 1710, ✆ 54/3286 9324, 🖳 www.jardineiradashortensias.com.br. Stadttouren durch Gramado und Canela, zum Cânion Itaimbezinho (R$95) oder in die Weinanbaugebiete mit Maria Fumaça (R$152 inkl. Zugticket).
Bike Sport, Rua Garibaldi 293, ✆ 54/9914 0370, 🖳 www.bikesport.tur.br. Geführte Radtouren in die Naturparks der Umgebung, Verleih (R$25/Tag).

SONSTIGES

Autovermietung

Gramadense, Av. das Hortênsias 1408, ✆ 54/3286 7232, 🖳 www.autolocadoragramadense.com.br. Günstige Tarife (ab R$35/Tag).

Geld

Banco do Brasil, Rua Madre Verônica 100, Zentrum. 🕒 Geldautomat tgl. 6–22 Uhr.

Informationen

Informações Turísticas, Av. Borges de Medeiros / Av. das Hortênsias, ✆ 54/3286 1475, 🖳 www.gramado.rs.gov.br. **Bento Gonçalves**: 🖳 www.bentogoncalves.com.br; **Nova Petrópolis**: 🖳 www.novapetropolis.com.br.

TRANSPORT

Busse

Rodoviária, Av. Borges de Medeiros 2100, ✆ 54/3286 1302.
Porto Alegre: Citral, ✆ 54/3282 1185, stdl. bis 19.15 Uhr, 2 Std., R$32. *Semi-Diretos* 30 Min. länger. Zum Airport Salgado Filho ebenfalls tgl. mehrere Verbindungen.
Cambará do Sul: Citral, erst nach São Francisco (6x tgl., 1 Std., R$10); von dort 9.15, 17 Uhr, 2 Std., R$14.

Canela

Das Städtchen Canela (40 000 Einw.) steht ein wenig im Schatten seines nur 7 km entfernten Nachbarortes. Ihm fehlt die pittoreske Architektur und der Glamour Gramados. Der Vorteil liegt dagegen in günstigeren Unterkünften. Außerdem ist Canela der bessere Ausgangspunkt für zahlreiche Aktivitäten in den Naturparks.

Die Hauptstraße Canelas ist die Av. Osvaldo Aranha. Sie geht über in die **Praça João Corrêa** (Tourist Info). Im weiteren Verlauf folgt die Rua Felisberto Soares, an deren Ende sich die **Praça da Matriz** und die gotische **Igreja Matriz N. S. de Lourdes** (1953) mit ihrem 64 m hohen Steinturm befinden.

Naturparks

Die Umgebung von Canela ist reich an weitgehend unberührter Natur. Die bekannteste Attraktion ist ein 131 m hoher Wasserfall im 9 km entfernten **Parque do Caracol** (Eintritt R$12, Panoramaaufzug R$16). Ambitionierte können die 730 Stufen zum Fuß des Wasserfalls hinabsteigen. 15 km von Canela entfernt liegt der **Parque da Ferradura**. Hier gibt es einen 420 m hohen Canyon zu bewundern sowie den berühmten Blick auf das hufeisenförmige Tal des Rio Caí.

Auf dem Weg zu den Parks liegt das **Castelinho Caracol**, eines der ersten Häuser Canelas von 1913. Es wurde ohne einen einzigen Nagel nur aus Holz gebaut und beherbergt ein kleines Museum mit Exponaten zur deutschen Kolonisierung. Im kleinen Café gibt es Apfelstrudel. 🕒 tgl. 9–13, 14.20–17.40 Uhr, Eintritt R$8.

Ein Stück weiter des Wegs erreicht man den Themenpark **Terra Mágica Florybal**, wo im Wald Dinosaurier, Wichtel und allerlei andere „magische" Figuren warten (Eintritt R$30).

Moderner geht es zu im **Alpen Park**, 3 km vor der Stadt, wo man mit einer Mischung aus Achter- und Schlittenbahn 1 km den Berg hinunter sausen kann (R$20). Außerdem sind Aktivitäten wie Klettern und Abseilen möglich.

ÜBERNACHTUNG

Hostel Viajante, Rua Ernesto Urbani 132, ✆ 54/3282 2017, 🖳 www.pousadadoviajante.com.br. Hostel beim Busbahnhof. Keine Dorms, nur Zimmer mit oder ohne Bad ab R$100/120. ❷–❸

Hotel Tissiani Canela, Rua Rodolfo Schlieper 257, ✆ 54/3282 0060, 💻 www.tissianihoteis.com.br. Großes, modernes Hotel gegenüber der Universität mit komfortablen Zimmern und freundlichem Service. Heizung. ❸

Pousada Blumenberg, Rua Borges de Medeiros 499, ✆ 54/3282 2939, 💻 www.hotelblumenberg.com.br. Beheizbarer Komfort gepaart mit nachhaltigen Praktiken (Regenwassernutzung usw.). ❹–❺

Pousada das Araucárias, Rua Borges de Medeiros 771, neben der Steinkathedrale, ✆ 54/3282 7282, 💻 www.pousadadasaraucariasrs.com.br. Persönliche Atmosphäre, schöne Zimmer und gemütlicher Aufenthaltsbereich. Der hilfsbereite Eigentümer ist kompetenter Ansprechpartner für jede Art von Abenteuersport. ❺

Pousada Cravo e Canela, Rua. Ten. Manoel Corrêa 144, ✆ 54/3282 1120, 💻 www.pousadacravoecanela.com.br. Im ehemaligen Haus des Staatsgouverneurs aus den 1950er-Jahren gibt es ab R$330 alles vom Feinsten, von den Daunendecken bis zum Frühstück, das als Brunch bis 12 Uhr genossen werden kann. Mitglied bei Roteiros de Charme. 10 % Service-Tax. ❼–❽

ESSEN

Lá em Casa, Rua Danton Corrêa da Silva. Günstiges und leckeres Buffet mit lokaler Küche: Kilopreis oder *all you can eat.* 🕒 Di–So 11.30–14 Uhr.

Cantina 28, Rua Jacob Adamy 28, Stadtausgang nach Gramado. Polenta in allen möglichen Spielarten ist der Star des Buffets. 🕒 Do–So 12–15.30 Uhr.

Schnitzelstubb, Rua Baden Powell 246. Norbert, der deutsche Koch, experimentiert mit deutschen Gerichten. Guter Apfelstrudel. Preiswert. 🕒 Mi–Sa 12–15, 20–23, So 12–15.30 Uhr.

AKTIVITÄTEN

Canela ist ein Mekka für alle Naturfreunde. Von **Wandertouren** bis hin zu ausgefallenen **Abenteuersportarten** ist alles möglich. Mehrere Agenturen bieten unter anderem Trekking, Mountainbiking, Rafting, Abseiling und Bungee-Jumping an, auch Reittouren dürfen im Gaúcho-Land natürlich nicht fehlen.

Castelinho Caracol – deutsche Handwerkskunst in Canela

Schlemmen bis zum Abwinken

Café Colonial ist eine regionale Spezialität, für die großer Appetit empfehlenswert ist. Gemeint ist ein riesiges Buffet, das zumeist aus mehr als 50 süßen und herzhaften Leckereien besteht, an denen man sich einen ganzen Nachmittag bis in den Abend hinein laben kann. Die Speisen erinnern z. T. an deutsche Küche, aber auch die Italiener haben ihren Teil beigetragen. Typisch sind Kuchen, Brot, Marmeladen, Waffeln, Wurst und Käse; auch Fleischbällchen, Galeto (Hähnchen) und Nudeln gehören oft dazu. Besonders üppig fällt das Buffet mit 80 Elementen beim **Gramado Café Colonial** aus (Straße Gramado-Canela 1168). ⏲ tgl. 11.30–22 Uhr.

Einer der engagiertesten Anbieter ist **JM Rafting & Expedições**, Rua Osvaldo Aranha 1038 (Centro), ✆ 54/3282 1255, 💻 www.jmrafting.com.br. Auch die Tourist Info kann weiterhelfen.

SONSTIGES

Geld

Banco do Brasil, Av. Julio de Castilhos 465, Praça João Corrêa. ⏲ Geldautomat 6–22 Uhr (alle Karten).

Informationen

Informações Turísticas, Largo da Fama, ✆ 54/3282 2200, 💻 www.canelaturismo.com.br. ⏲ tgl. 8–19 Uhr.

NAHVERKEHR

Gramado: Pendelbusse *Circular* (alle 20 Min., abends seltener; 15 Min.), R$2,80.
Parque do Caracol: Stadtbus 2x tgl., 8 und 12.10 Uhr, Abfahrt neben der Rodoviária (zurück nur 18 Uhr).
Die anderen Parks sind nicht an das Nahverkehrssystem angeschlossen und **Taxis** teuer, am besten sind daher organisierte Touren.

TRANSPORT

Rodoviária, ✆ 54/3282 1375.
Porto Alegre (Rodoviária/Flughafen): Citral, stdl. 6 bis 19 Uhr, 2 Std., R$34.

Torres

Rio Grande do Sul hat zwar eine 500 km lange Sandküste, jedoch kaum schöne Strände. Das Seebad Torres (34 600 Einw.) an der Grenze zu Santa Catarina bildet die Ausnahme. Dies hat sich bis nach Argentinien und Uruguay herumgesprochen. Entsprechend kommt einem hier im Sommer vieles spanisch vor.

Der Rio Mampituba markiert die Grenze zu Santa Catarina. Am anderen Ende der Stadt befindet sich der **Parque da Guarita**. Die gewaltigen **Basaltfelsen** dieses Landschaftsparks erinnern an Türme (portugiesisch „Torres") und gaben so der Stadt ihren Namen. Von den Felsen aus kann man einen herrlichen Blick genießen, zu Fuß von der Stadt läuft man etwa 30 Minuten. Zum Parque da Guarita gehört auch die schöne **Praia Guarita**, die allerdings zum Baden zu gefährlich ist.

Weitere Strände sind die bei Surfern beliebte **Praia da Cal** am Leuchtturmhügel, sowie die 2 km lange **Praia Grande**, der belebteste Strand mit vielen Bars und häufig Party-Stimmung.

ÜBERNACHTUNG, ESSEN UND NACHTLEBEN

Im Sommer wächst Torres auf seine zehnfache Größe an. Dann ist vor allem am Wochenende Reservierung nötig und mit deutlich höheren Preisen zu rechnen.
Pousada da Prainha, Rua Alferes F. Porto 138, ✆ 51/3626 2454, 💻 www.pousadadaprainha.com.br. Hübsche Pousada im Kolonialstil beim Leuchtturmhügel. Rustikale Einrichtung, charmante Zimmer mit Ventilator. ❷
Dunas Praia Hotel, Rua Marechal Deodoro 48, ✆ 51/3664 1011, 💻 www.dunashoteis.com.br. Älteres Hotel in privilegierter Lage: nur wenige Meter zum Strand und nah am Zentrum; Meerblick, Mai/Juni geschl. ❺
Die besten Restaurants befinden sich am Ufer des Rio Mampituba. Einige von ihnen bieten *Sequência de frutos do mar* an, Meeresfrüchte bis der Arzt kommt. Besonders zu empfehlen:
Molhes, Rua Sete de Setembro 1234. ⏲ tgl. 11–15, 19–23 Uhr.
Cantinho do Pescador, Av. Beira-Rio 210. ⏲ tgl. 11–23 Uhr.

Doce Art Café, Av. Silva Jardim 295. Schönes Café zum Entspannen, verführerische Auswahl an Torten. ⏲ Mo–Sa 8.30–20, So 13–20 Uhr.
Bora Bora, Av. Cristóvão Colombo 325, am Flussufer. Von Dez–März und an Wochenenden tanzt in Torres der Bär, hier mit Platz für 2000 Leute. ⏲ Fr ab 22 Uhr.

TOUREN

Ein beliebter Trip geht rund um die **Ilha dos Lobos** (R$40), ein Naturschutzgebiet, wo sich von Juli–Nov Seelöwen und Wale beobachten lassen. Transport mit den Booten **Marina** oder **Flamingo**, Anleger an der Brücke Ponte Pênsil, Av. Cristóvão Colombo, ✆ 51/3626 2933.

SONSTIGES

Informationen

Secretaria de Turismo, Rua José A. Picoral 171, ✆ 51/3626 2755, 💻 www.torres.rs.gov.br.

TRANSPORT

Busse

Rodoviária, Av. José Bonifácio 524, ✆ 51/3664 1787.
Porto Alegre: Unesul, alle 1–2 Std. bis 19 Uhr, 3 Std., R$41.
Santo Anjo fährt tgl. 12.35 Uhr nach **Laguna** (4 Std., R$25), **Imbituba** (4 1/2 Std., R$29) **Florianópolis** (auch 15.10 Uhr, 6 1/2 Std., R$40).

Die Jesuiten-Missionen

Wer den weiten Weg in den Westen von Rio Grande do Sul auf sich nimmt, wird belohnt: Hier, im Grenzgebiet von Brasilien, Argentinien und Paraguay, befinden sich die historisch einmaligen Überreste von 30 Jesuitenreduktionen. Auf brasilianischem Boden ist die Mission von São Miguel (1687) die am besten erhaltene. Die nächstgrößere Stadt ist **Santo Ângelo** (55 km entfernt).

Von hier fahren bis zum frühen Abend regelmäßig Busse nach São Miguel und zurück. Eine Übernachtung in São Miguel bietet sich jedoch wegen der täglichen Lichtvorstellung „Som e Luz" an (s. u.).

São Miguel das Missões

Das nur 7500 Einwohner zählende Örtchen entwickelte sich um die Ruinen der ehemaligen Reduktion. Es ist 524 km von Porto Alegre und 420 km von Foz do Iguaçu entfernt. Die Ruinen liegen in der Nähe der Unterkünfte und sind zu Fuß erreichbar.

Sítio Arqueológico Igreja de São Miguel Arcanjo

Noch als Trümmer rufen die monumentalen Ruinen von São Miguel Bewunderung hervor. Der Jesuitenarchitekt Giovanni Baptista Primoli baute die Kirche 1744 im Stil der späten italienischen Renaissance. Bis zu 100 Indianer schufteten über 10 Jahre an dem Werk. Um die Kirche herum standen zur Blütezeit der Siedlung 1500 Häuser. Der Idee eines „christlichen Kommunismus" folgend wurden Kibbuz-ähnliche städtische Strukturen angelegt. Um einen großen rechteckigen Platz entstanden die Kirche, Wohnungen, Schule, Krankenhaus und Werkstätten. Die Indios arbeiteten an Zuckerrohrpresse oder Webstuhl, in der Schmiede, Schreinerei, Schlosserei oder Druckerei. Andere schufen beeindruckende Werke als Maler, Bildhauer oder Holzschnitzer.

1984 wurde São Miguel das Missões zum Unesco-Weltkulturerbe erklärt. Das kleine **Museu das Missões** zeigt eine Sammlung von Skulpturen aus der Missionszeit. ⏲ tgl. 9–12, 14–18 (Sommer bis 20 Uhr), Eintritt für Ruinen und Museum R$5.

Abends werden die Ruinen in farbiges Licht getaucht: Die Ton- und Licht-Show **Som e Luz** erzählt in 50 Minuten die Missionsgeschichte der Jesuiten. Eine lohnenswerte Veranstaltung, auch ohne Portugiesisch-Kenntnisse. ⏲ 19 Uhr (Winter), 21 Uhr (Sommer), Eintritt R$5.

ÜBERNACHTUNG UND ESSEN

Pousada das Missões, Rua São Nicolau 601, ✆ 55/3381 1202, 💻 www.pousadatematica.com.br. Gutes HI-Hostel nahe den Ruinen, Dorms (R$53–65 p. P.), DZ, Gemeinschaftsküche. ❸
Tenondé Park Hotel, Rua São Miguel 664, ✆ 55/3381 2000, 💻 www.tenonde.com.br. Luxuriöses Hotel mit 78 komfortablen

Jesuiten-Reduktionen

Die ersten Jesuiten kamen 1549 nach Brasilien, um als **Missionspriester** zu wirken. Sie versuchten das Vertrauen der Indianer zu gewinnen, indem sie deren Sprache lernten und Lebensgewohnheiten anerkannten. So entstanden autarke Niederlassungen, in denen Religion und wirtschaftliche Entwicklung mit der **Guarani-Kultur** in Einklang gebracht wurden. Die Jesuiten unterwiesen die Indianer nicht nur in Handwerk und Ackerbau, sondern auch in Musik und Kunst. Ihr Ziel war es, die Indianer „einem politischen und humanen Leben zuführen" (span. *„Reducir a una vida política y humana"*, woraus sich der Begriff Reduktion ableitete).

Im Grenzgebiet von Paraguay, Argentinien und dem heutigen Westen von Rio Grande do Sul wurden über 30 Reduktionen gegründet, mit Kirchen, Kollegien, Plätzen und Straßen. Östlich vom Rio Uruguai, heute auf brasilianischem Gebiet, wurden sie unter dem Namen **Sete Povos das Missões** („Sieben Missionsdörfer") bekannt. Weitere 8 gibt es in Paraguay, 15 in Argentinien.

Dieses in Europa oft als „**Jesuitenstaat**" bezeichnete Modell bestand über 150 Jahre. Der Anfang vom Ende kam mit dem **Vertrag von Madrid** (1750), nach dem die Gebiete der sieben Missionen an Portugal fielen. Eine gewaltsame Zwangsumsiedlung war die Folge. Im dadurch ausgelösten Krieg **Guerra Guaranítica** (1754–56) ließen viele Indianer ihr Leben. Durch die Kämpfe und die **Ausweisung der Jesuiten** 1767 begannen die Missionen zu verfallen.

Oft wurden die Reduktionen in Europa als alternative Gesellschaftsform idealisiert, Voltaire nannte sie gar einen „Triumph der Humanität". Allerdings darf man nicht die negativen Seiten des Systems ignorieren, wie das Aufzwingen bestimmter Formen öffentlichen und religiösen Lebens. Auch das Modell der Jesuiten war letztendlich eine Fremdherrschaft, nur eine weniger unterdrückende. Der Film „**The Mission**" (1986) mit Robert De Niro dokumentiert sehr bewegend Aufstieg und Niedergang dieses christlichen Sozialsystems.

Zimmern, Pool und Tennisplatz; nachhaltige Praktiken wie Regenwassernutzung und Mülltrennung. Das dazu gehörige Restaurant **Pixé** ist eins der besten im Ort. ⏲ tgl. 11–14, 19–23 Uhr. ❺

TOUREN

Agenturen in São Miguel und Santo Ângelo bieten längere Touren (3–6 Tage) zu den anderen Ruinen an, z. B. **Missões Turismo**, São Miguel, ✆ 55/3381 1319, 💻 www.missoesturismo.com.br. Lohnenswert sind vor allem **San Ignacio Miní** (Argentinien) und **Trinidad** (Paraguay). Für Unternehmungslustige: Die Stadt **Encarnación** ist eine gute Ausgangsbasis für die paraguayischen, **Posadas** für die argentinischen Missionen.

SONSTIGES

Geld

Banco do Brasil, Av. Santo Ângelo 1229, São Miguel. ⏲ Mo–Fr 10–15 Uhr.

Informationen

Touristenbüros: **São Miguel**, ✆ 55/3381 1294; **Santo Ângelo**, ✆ 55/3312 8727. Internet: 💻 www.rotamissoes.com.br.

TRANSPORT

Flüge

Der **Aeroporto Santo Ângelo**, ✆ 55/3313 6617, wird von kleinen Maschinen aus Porto Alegre angeflogen: Brava Linhas Aéreas, 💻 www.voebrava.com.br.

Busse

Rodoviária São Miguel, ✆ 55/3381 1226.

Von Porto Alegre erreicht man zunächst Santo Ângelo; weiter nach São Miguel mit Antonello, ✆ 55/3312 2184, 4x tgl. bis 16.45 Uhr (Sa/So seltener), 1 Std., R$12.

Zurück von São Miguel nach **Santo Ângelo**: 4x tgl. bis 18.15 (So 8 und 17 Uhr). Von dort nach **Porto Alegre**: Ouro e Prata, ✆ 55/3313 2481, 10x tgl. bis 23 Uhr, 6–8 Std., R$102–152 *(Leito)*.

Santa Catarina

Santa Catarina ist der kleinste Bundesstaat der **Região Sul**. Seine Geschichte ist am stärksten von europäischer Besiedlung geprägt. Im 19. Jh. bestimmten besonders die Einwanderungswellen aus Deutschland die Entwicklung des Staates, aber auch Italiener, Polen und Russen ließen sich nieder. Schon Mitte des 17. Jhs. waren Portugiesen auf die Insel *Meiembipe* gekommen und gründeten den Ort *Desterro* (Verbannung). Trotz des wenig verheißungsvollen Namens folgten ein Jahrhundert später viele Auswanderer von den Azoren. Hier liegt heute die Hauptstadt **Florianópolis** auf der attraktiven **Ilha de Santa Catarina**.

Die Deutschen ließen sich hauptsächlich im Norden des Hinterlandes nieder, dort wo sie den **Rio Itajaí** als ihren „brasilianischen Rhein" entdeckten. Sie zogen den Fluss hinauf, rodeten Urwald, gründeten Höfe und Dörfer und bauten Handwerks- oder kleine Industriebetriebe auf. Einige davon wurden landesweit erfolgreich. Namen wie die Textilfabrik Hering oder die Porzellanmanufaktur Schmidt lassen unschwer auf die Heimat der Gründer schließen.

Die gesamte Region wird heute als **Vale Europeu** („Europäisches Tal") bezeichnet, die bekanntesten Orte sind **Pomerode** und besonders **Blumenau**, das durch das jährliche **Oktoberfest** auch über die Grenzen Brasiliens Berühmtheit erlangt hat; deutsches Brauchtum wird als Chance für den Tourismus erkannt. So wie die moderne Hauptstadt Florianópolis zeichnet sich auch der ganze Staat durch eine sprichwörtlich gute Organisation aus; nicht nur viele Brasilianer sind der Meinung, dass vieles hier besser funktioniert als anderswo. Die größte Stadt ist das ebenfalls von Deutschen kolonisierte **Joinville**.

Neben der interessanten Kolonialgeschichte hat Santa Catarina auch die schönsten Strände Südbrasiliens zu bieten. Surfer finden beste Wellen auf der Hauptstadtinsel, sowie südlich bei **Garopaba** und **Praia do Rosa**. Im brasilianischen Winter kann man in der Region außerdem Wale beobachten. Strände nördlich der Hauptstadt wie **Bombinhas** überraschen mit kristallklarem Wasser, ideal zum Baden und Tauchen. Informationen: 💻 www.sc.gov.br.

Ilha de Santa Catarina / Florianópolis

Florianópolis

Die 421 000 Einwohner von Florianópolis, Kosename: **Floripa**, sind zu beneiden. Welche Großstadt kann schon neben der gut ausgebauten Infrastruktur einer sauberen und modernen Landeshauptstadt **42 Strände** und eine riesige **Lagune** inmitten von Bergen vorweisen? Ein perfektes Naherholungsgebiet zum Wellenreiten, Windsurfen, Wandern oder Reiten.

„The place to be" titelte die *New York Times* und erklärte die Stadt zur „party destination". Floripa ist *chique*, Floripa ist *cool* und hat (fast) keine Vorurteile. Wohlhabende Brasilianer richten sich hier gerne einen Zweitwohnsitz ein.

Da es, wo so viel glänzt, auch eine Schattenseite geben muss, sei auch diese erwähnt: Die Insellage der Hauptstadt trägt nicht nur zu ihrem Charme bei, sondern führt immer mehr zu gravierenden **Verkehrsproblemen** auf dem ganzen Eiland. Wer sich im Sommer nicht rechtzeitig auf den Weg macht, dem kann es passieren, dass die Beach Party schon wieder vorbei ist, bis er dort ankommt. Die heikle Verkehrslage ist auch der Grund dafür, warum Florianópolis' Bewerbung als einer der Austragungsorte der Fußball-WM 2014 nicht erfolgreich war.

Sehenswertes

Florianópolis liegt auf der Ilha de Santa Catarina und ist mit dem Festland und der dortigen (Vor-) Stadt São José durch zwei Brücken verbunden. Die beeindruckende **Ponte Hercílio Luz** (1926) – seit über 20 Jahren zu „Renovierungszwecken" geschlossen – ist das meistfotografierte Motiv der Stadt.

Vom Busbahnhof kommend sind es nur wenige Minuten zur Innenstadt, wo der **Mercado**

Público (1898) 144 Läden und Kneipen beherbergt. ⌚ Mo–Fr 9–19, Sa 9–13.30 Uhr. In der neoklassizistischen **Casa da Alfândega** (1875) nebenan, dem ehemaligen Zollhaus, befindet sich ein Geschäft mit Kunsthandwerksartikeln. ⌚ Mo–Fr 9–18.30, Sa 9–13 Uhr. An der zentralen und schattigen **Praça 15 de Novembro** spielen ältere Florianopolitanos Schach und klönen. Sie erzählen z. B. die Legende, dass derjenige, der viermal um den Platz herum läuft, seine große Liebe finden wird. Glücklicherweise ist der Platz nicht sehr groß. Beeindruckendste Sehenswürdigkeit ist jedoch der alte Baumbestand mit mehreren mächtigen Würgefeigen und ihren hängenden Luftwurzeln, darunter ein riesiges, mehr als 140 Jahre altes Exemplar in der Mitte.

Im prunkvollen **Palácio Cruz e Sousa** (1770), mit neoklassizistischen und barocken Stilelementen, befindet sich heute das **Museu Histórico de Santa Catarina**. Zu sehen sind historische Möbel und persönliche Gegenstände früherer Gouverneure. ⌚ Di–Fr 10–18, Sa, So 10–16 Uhr, Eintritt R$2. Die **Catedral Metropolitana** (1773) an der Stirnseite des Platzes ist imponierend, bedeutender ist jedoch die nahe gelegene **Igreja N. S. do Rosário**, eine gut erhaltene Kirche aus der Kolonialzeit.

Florianópolis
N
0
200 m
Baía Norte
Baía Sul
BEIRA-MAR NORTE
Praias do Norte, Forte de Santana
R. Altmiro Guimarães
R. R. Bandeira
Pça. dos Namorados
Pça. Esteves Júnior
Av. Othon Gama D'Eça
Hospital Celso Ramos
Av. Trompowski
Rodrigues Cabra
Av. Beira-Mar Norte
R. Bocaiúva
R. Alm. Lamego
R. H. Bruggeman
R. Des. Arno Hoeschel
Pça. Dom Pedro I
R. Br. de Batovi
Pça. Oswaldo B. Viana
R. São Jorge
Av. Osvaldo
R. Alm. Lamego
R. J. Assis Chateaubriand
R. Felipe Schmidt
R. Duarte Schutel
R. Prof. H. Jacques
R. Esteves Júnior
R. Pref. Osmar Cunha
Av. Pres. Coutinho
Av. Rio Branco
Ponte Hercílio Luz
R. A. Konder
R. Hoepcke
R. Conselheiro Mafra
R. Henrique Valgas
R. Padre Roma
R. Ten. Silveira
R. Pres. Nereu Ramos
R. D. Mel de Souza
Ouro Preto
Pça. Getúlio Vargas
R. L. Leal
Felipe
R. Bento Gonçalves
R. Pedro Ivo
R. Francisco Tolentino
R. 7 de Setembro
R. Álvaro de Carvalho
Schmidt
R. Jerônimo Coelho
R. Vidal Ramos
Igreja N.S. do Rosário
Teatro Álvaro de Carvalho (TAC)
R. Visc. de
R. Artista Bittencourt
Pça. da França
Av. Paulo Fontes
BR 101
Parque Náutico Walter Lange
TOURISTEN-POLIZEI
Ponte Gov. Pedro Ivo Campos
R. Antônio Pereira Oliveira Neto
R. Pedro Bittencourt
Av. Mercado Público Paulo
Pça. Mal. Floriano Peixoto
Trajano
Museu Histórico de Santa Catarina
Catedral Metropolitana
R. Saldanha Marinho
R. Anita Garibaldi
Pça. 15 de Novembro
R. Fernando Machado
Casa da Alfândega
POLÍCIA MILITAR
R. Victor Meireles
R. Nunes Machado
R. Tiradentes
Fontes
Av. Gov. Gustavo Richard
Praias do Sul
Übernachtung:
1 Hostel Ilha de Santa Catarina
2 Hotel Ibis
3 Hotel Faial
4 Hotel Lumar
5 Florianópolis Palace Hotel
Essen:
1 Macarronada Italiana
2 Boteco da Ilha
3 Café das Artes
4 O Padeiro de Sevilha
5 Vida
6 Central
7 Box 32 / Box 36a
8 Café Cultura
Sonstiges:
1 Beiramar Shopping
2 El Divino Lounge
3 Concorde Club
4 Banco do Brasil
Transport:
1 Scuna Sul
2 Aventura do Brasil
3 Rodoviária Rita Maria
4 Busterminal TICEN (Nahverkehr)

Im Norden der Innenstadt liegt das schicke Wohnviertel **Beira-Mar Norte** mit einem großen Einkaufszentrum (Beiramar Shopping). An der großzügig angelegten Uferpromenade befinden sich viele Restaurants und Kneipen.

1 HIGHLIGHT

Ilha de Santa Catarina

Die Ilha de Santa Catarina ist ein echtes **Naturparadies** und verdient wahrlich ihren Beinamen **Ilha da Magia** (magische Insel). Eigentlich sind es nicht 42 (die offizielle Zahl), sondern weit über 100 Strände, viele davon komplett abgeschieden und ohne Infrastruktur. Hinzu kommen Lagunen und grüne Hügellandschaften. Der Nord- und Südteil der Insel könnten gegensätzlicher nicht sein: Im touristisch erschlossenen **Norden** gibt es viele (Apart-)Hotels, Bars und Freizeiteinrichtungen. Zur Ferienzeit überschwemmen Stadtbewohner und Touristen, darunter viele Argentinier, die Strände. Der **Südteil** ist wesentlich ruhiger und der Tourismus sanfter. Die Natur ist größtenteils unberührt, aufgelockert von zauberhaften Fischerdörfern. In der Inselmitte liegt umgeben von Bergen und Sanddünen die **Lagoa da Conceição**, der zentrale Treffpunkt.

Lagoa da Conceição

Besonders hübsch anzusehen ist die Lagune am Abend, wenn sich die zahlreichen Lichter des Nachtlebens der **Avenida das Rendeiras** (Straße der Spitzenklöpplerinnen) in ihr spiegeln. Die Uferstraße ist gesäumt von Läden und Restaurants; auf der anderen Brückenseite setzt sich im geschäftigen **Centro da Lagoa** die Kneipenmeile fort. Die beiden beliebtesten Strände der Ostküste liegen nicht weit von hier: Die **Praia da Joaquina** ist einer der bekanntesten Surfstrände Brasiliens, die bis zur Lagune reichenden Dünen sind beliebt bei Sandboardern. Noch belebter ist die benachbarte **Praia Mole**. Auf dem Weg dorthin kommt man am Hügel **Morro da Lagoa** vorbei, wo sich ein Stopp anbietet, um die Aussicht zu genießen. Von der Praia Mole erreicht man über

ILHA DE SANTA CATARINA

0 10 km

einen Fußweg die **Praia da Galheta** (15 Min.), einen der wenigen FKK-Strände in Brasilien.

Im nahe gelegenen Örtchen **Barra da Lagoa** trifft sich eine alternative Szene. Seit 2005 gibt es hier auch eine Basis des **Projeto Tamar** zum Schutz der Meeresschildkröten (die einzige in Südbrasilien). Weitere Infos auf S. 532 und unter www.tamar.org.br. Di–So 9.30–17.30 Uhr, Eintritt R$8. Die malerische Praia da Barra da

Lagoa geht dann über in die **Praia do Moçambique**, mit 7,5 km der längste Strand der Insel.

An der westlichen Lagunenseite liegt eine der ältesten Siedlungen: das auch heute immer noch ursprüngliche **Costa da Lagoa**, wo zahlreiche Fischrestaurants direkt am Wasser liegen. Man kann den Ort per Boot erreichen (stdl. ab Anleger am Supermarkt direkt neben der Brücke, 45 Min., R$6) oder auch zu Fuß (2 1/2 Std., s. Aktivitäten).

Süden der Insel

Der Süden ist genau das Richtige für Naturfans. Im Anschluss an Joaquina beginnt die **Praia do Campeche**, ein schöner, breiter Strand mit guten Surfwellen, von dem in den 1920er-Jahren schon Antoine de Saint-Exupéry beeindruckt war. Als Pilot landete er damals mehrfach auf dem damaligen Insel-Flughafen in Campeche. Zusammen mit der **Praia do Morro das Pedras** ergibt sich hier ein durchgehender Sandstrand von fast 7 km. Der als **Riozinho do Campeche** bekannte Abschnitt ist besonders beliebt bei Kitesurfern und wird an Wochenenden zum Szenetreff.

Vor der Küste liegt die wunderschöne Insel **Ilha do Campeche**. Hier gibt es Strände mit ruhigem, kristallklarem Wasser: herrlich zum Baden und Schnorcheln. Eine weitere Attraktion sind verschiedene Wanderungen zu archäologischen Fundstellen mit mehr als 100 Felszeichnungen (mit Führung 1 Std., R$10–15). Die Insel ist mit Fischerbooten vom Hafen in **Armação** erreichbar, Ansprechpartner ist die Associação de Barqueiros, ✆ 48/8416 8476. ⏲ Apr–Nov Gruppen ab 6 Pers. nach Anmeldung (sommers auch mit Schlauchbooten ab Praia do Campeche), R$40 p. P. hin und zurück.

Die Straße auf dem Weg nach Armação führt am Aussichtspunkt **Morro das Pedras** vorbei, von dem sich ein beeindruckender Blick eröffnet. In der Nähe sieht man die **Lagoa do Peri**, den zweiten See der Insel: ein Trinkwasser- und Naturschutzgebiet mit schönen Wanderwegen. Armação selbst ist ein ehemaliger Walfangort. Die zugehörige **Praia da Armação** eignet sich besser zum Surfen als zum Baden. Dahinter, an der nur zu Fuß zu erreichenden **Praia do Matadeiro**, beginnt der Wanderweg zur einsamen **Praia Lagoinha do Leste**, einem der schönsten Strände der Insel. Der südlichste Ort an der Ostküste ist das ruhige Fischerdorf **Pântano do Sul**. Hier findet man außerhalb der Saison die perfekte Idylle.

Im südlichen Abschnitt der Westküste liegt eine der ersten Azoren-Siedlungen: **Riberão da Ilha** (1760), das von einem hübschen kolonialen Platz mit der **Igreja N. S. da Lapa do Riberão** (1806) geziert wird. Bekannt ist der Ort vor allem bei Austern-Liebhabern.

Norden der Insel

Das nördliche Pendant zu Riberão ist **Santo Antônio de Lisboa**, der zweite Inselort azoreanischen Ursprungs. Besonders schön ist hier die Stimmung bei Sonnenuntergang. Der belebteste Strand des Nordens ist die stark urbanisierte **Praia dos Ingleses**, der Name geht zurück auf einen havarierten englischen Schoner. Die **Praia de Canasvieiras** ist vor allem bei Argentiniern beliebt, hier geht es im Sommer heiß her. Die sich anschließende **Praia de Jurerê** ist ziemlich zugebaut. Das benachbarte **Jurerê Internacional**, ein Strand mit vielen Nobelvillen, wird im Sommer zum Treffpunkt der Reichen und Schönen. Hier kann man sehen, wie sich Brasiliens begüterte Oberschicht das Paradies vorstellt. Auf den Strandpartys von Parador 12 oder im Café de la Musique fließt den ganzen Tag hindurch Champagner zu Live-Musik.

Im Nordteil gibt es einige interessante Befestigungsanlagen zu besichtigen, die zur Verteidigung der Stadt im 18. Jh. gebaut wurden. Das **Forte Santa Cruz de Anhatomirim** ist das größte Fort Südbrasiliens und zugleich das älteste der Insel. Man erreicht es per Schiff von der Praia de Canasvieiras. Zusammen mit dem **Forte Santo Antônio de Ratones** (auf der Ilha Ratones Grande, Boote ab Praia de Canasvieiras) und dem **Forte São José de Ponta Grossa** (erreichbar über Jurerê Internacional) bildete es das strategische Verteidigungsdreieck der Portugiesen.

ÜBERNACHTUNG

Auf der Insel sind günstige Optionen rar, ausgenommen die vielen und teilweise recht attraktiven Hostels, die in letzter Zeit um die Lagoa da Conceição herum entstanden sind. Im Allgemeinen ist der nördliche Teil deutlich teurer als der Süden.

Zentrum

Hostel Ilha de Santa Catarina, Rua Duarte Schutell 227, ✆ 48/3225 3781, 💻 www.floripa hostel.com.br. Ordentliches, sauberes Hostel am Rand der Innenstadt, Bettzeug etc. kostet extra. ❷

Hotel Ibis, Av. Rio Branco 37, ✆ 48/3216 0000, 💻 www.ibis.com.br. Modernes Business-Hotel mit gutem Preis-Leistungs-Verhältnis, Frühstück R$10. ❹

Hotel Lumar, Rua Cons. Mafra 848, ✆ 48/3325 0693, 💻 www.hotellumar.com.br. Günstige Option in zentraler Lage, einige der schlichten, sauberen Zimmer haben Blick auf die Bucht. ❸

Hotel Faial, Rua Felipe Schmidt 603, ✆ 48/3203 2766, 💻 www.hotelfaial.com.br. Ebenfalls zentral und nahe der Rodoviária, schickes Restaurant. Manche Zimmer im neueren Turm haben Blick aufs Meer und die Brücke. ❹–❺

Florianópolis Palace Hotel, Rua Artista Bittencourt 14, ✆ 48/2106 9633, 💻 www.floph.com.br. Traditionshotel mit herrschaftlichem Charme. Sauna, Pianobar. Zimmer ab R$215, oft Sonderangebote. 2,5 % Tax. ❺–❽

Lagoa da Conceição

Hibisco Hostel (HoLa), Rua João A. da Silveira 34, ✆ 48/3371 1881, 💻 www.hibisco hostel.com.br. Dorms und DZ in ruhiger, grüner Hanglage über dem Zentrum der Lagoa. ❶–❷

Backpackers Sunset, Rod. Jornalista M. Menezes 631, Morro da Praia Mole, ✆ 48/3232 0141, 💻 www.sunsetbackpackers.com. „Filiale" des beliebten Sharehouse (s. u.), mit super Ausblick von der Anhöhe zwischen Praia Mole und Lagoa. Eigener Bus für Exkursionen. ❶–❷

€ **Tucano House** (HoLa), Rua das Araras 229, ✆ 48/3207 8287, 💻 www.tucano house.com. Sympathisches Backpacker-Hostel in Wohnstraße, aber nah bei der Action. Dorms (R$35) und DZ (ab R$80). Lila und Caio (ein Surf-Experte) sind in dem Haus aufgewachsen und leiten es mit viel Engagement. ❶–❸

Submarino Hostel (HoLa), Travessa Ângela Chaves 121, ✆ 48/3304 9486, 💻 www.submarinohostel.com. Die Geschwister Paola und Giulio haben ihr Elternhaus in ein kleines aber feines Hostel mit 5 Dorms verwandelt. Fahrräder. ❷

Pousada Bizkaia, Estrada Geral da Joaquina 682, ✆ 48/3232 5273, 💻 www.pousadabizkaia.com. Gemütliche Pension auf halbem Weg zwischen Lagoa und Strand. ❸

Barra da Lagoa

Backpackers Sharehouse, Servidão da Prainha 29, jenseits der Fußgängerbrücke, ✆ 48/3232 7606, 💻 www.backpackersfloripa.com. Der Name ist Programm: Alles wird geteilt, Privatsphäre gibt es kaum. Schöne Lage am Hang mit Blick auf den Strand. Fahrrad, Surfboard und Schnorchel-Kit inkl. ❶–❷

Pousada Aconchego, Rua José F. dos Santos 88, ✆ 48/3232 4401, 💻 www.pousadasdefloripa.com.br/aconchego. Die sympathische Pension hat nur 3 Apartments mit Küche (Frühstück optional), geführt vom Ex-Berliner Hans und seiner Gattin Mira. Großer Garten, ruhige Lage beim Strand, 500 m von Busstation (auf Wunsch Abholung). ❷–❸

Pouso do Marujo, Rod. João G. Soares 17421, am Ortseingang, ✆ 48/3232 3357, 💻 www.guesthousemarujo.com.br. Die von der deutschsprachigen Ida geführte Pousada hat einladende Apartments mit Küche; Frühstück optional. ❷–❸

Süden der Insel

Eine günstige Option außerhalb der Hauptsaison kann das Anmieten eines leer stehenden Feriendomizils sein. Zum Teil haben die Inselbewohner ihre Häuser so ausgestattet, dass sie Gästezimmer vermieten können.
Bei der Vermittlung behilflich sind Jade und João von der Imobiliária Portal Sul in Armação. Am gleichen Ort betreiben sie auch die **Pousada Portal Sul**, Av. Antônio B. dos Santos 646, Armação, ✆ 48/3237 5543, 💻 www.portal sul.com.br. Einfache Zimmer, Gemeinschaftsbereich mit Küche, nahe Uferpromenade. ❸

Pousada do Pescador, Rua Manoel Vidal 257, Pântano do Sul, ✆ 48/3237 7122, 💻 www.pousadadopescador.com.br. Familiär und entspannt, 10 Chalês mit Küche (bis 4 Pers.); weitläufige grüne Anlage im Dorfzentrum. ❷

Pousada dos Tucanos, Estrada Rosália P. Ferreira 2776, Costa de Dentro, ✆ 48/3237 5084, 💻 www.pousadasitiodostucanos.

DER SÜDEN

com. Auf einem abgelegenen Waldhügel mit Meerblick vermietet die deutsche Besitzerin Gerta gemütliche Zimmer, Apartments und ein Häuschen mit Naturschwimmbad und eigener Quelle. Guter Ausgangspunkt für Wanderungen in unberührter Inselnatur, ideal für Familien mit Auto und längere Aufenthalte, Abendessen optional. 800 m zu Fuß von der Endstation der Buslinie 563 *Costa de Dentro*. Auf Wunsch Abholung (auch in Pântano do Sul). ❹–❺

Pousada Natur Campeche, Servidão Família Nunes 59, Riozinho do Campeche, ✆ 48/3237 4011, 💻 www.naturcampeche.com.br. Hübsche thematische Suiten (ab R$245), z. T. mit Whirlpool. Sauna, Pool. Engagierte Leitung. Gay-friendly. ❺–❽

Norden der Insel

Die meisten Hotels und Pousadas liegen in Ingleses und Canasvieiras.

Hostel Canasvieiras (HI), Rua Dr. João de Oliveira 517, ✆ 48/3266 2036, 💻 www. hostelcanasvieiras.com. Dorms und DZ mit Gemeinschaftsbädern. ❶–❷

Pousada da Vigia, Rua Cônego W. Castro 291, Lagoinha, ✆ 48/3284 1789, 💻 www.pousadavigia.com.br. Luxus und Charme in nur 8 Apartments (ab R$280) direkt über dem Meer, super Blick. Sauna, Fitnesscenter, Pool. ❻–❽

ESSEN

Die Speisekarten der Insel bieten regionale Spezialitäten, allen voran **Austern** *(Ostras)*, die in Zuchtanlagen frisch produziert werden. Man isst sie roh mit Limonensaft, überbacken *(gratinada)* oder paniert *(à milanesa)*. **Camarão** (Krabben) werden oft als *Sequência* serviert, das heißt zu einem günstigen Pauschalpreis „Krabben satt“ in allen erdenklichen Zubereitungsarten. Auch die lokale Fischspezialität **Tainha** (Meeräsche) sollte man probieren, v. a. frisch in der Zeit von Mai bis Juni, wenn die Schwärme an der Küste vorbeiziehen.

Zentrum

Macarronada Italiana, Av. Beira-Mar Norte 2458. Traditionslokal seit 1979, leckere Pizzas und Pasta, die zwei Personen satt macht. 🕒 tgl. 11–1 Uhr.

Ab in die Kiste

Eine Institution in Floripa ist die **Box 32**, eine authentische, immer gut besuchte Bar in der Markthalle Mercado Público. Das *Pastel de Camarão* soll das Beste von Santa Catarina sein. Sehr empfehlenswert auch *Bolinho de Bacalhau* (Stockfischbällchen). Dazu ein gut gezapftes Bier oder etwas vom hauseigenen Sekt. 🕒 Mo–Fr 10–20, Sa 10–15 Uhr. Die Nummern der benachbarten „Kisten“, z. B. **Box 36A**, sind weniger berühmt, dafür kann man da entschieden viel günstiger auf seine Kosten kommen (panierte Krabben R$4, Mittagessen R$15).

Central, Rua Vidal Ramos 174. Hervorragendes und sehr vielseitiges Buffet (R$37/kg). 🕒 Mo–Fr 11–15 Uhr. Zwei weitere Filialen: Rua Bocaiuva 2180 und Rua Esteves Júnior 242. 🕒 Mo–Sa 11–14.30 Uhr.

Vida, Rua Visconde de Ouro Preto 298. Vegetarisches Bio-Buffet-Restaurant, 5 Min. von der Praça 15 de Novembro. 🕒 Mo–Fr 11.30–15.30 Uhr.

Café Cultura, Praça 15 de Novembro 352. Frühstück, kleine Mahlzeiten, Kuchen und italienische Kaffeekultur in Kolonialhaus mit Blick auf den Platz vor der Kathedrale. 🕒 Mo–Fr 9–21, Sa 10–19 Uhr.

Café das Artes, Rua Esteves Júnior 734. Einladendes Café in altem azorischem Stadthaus. Kuchen und Herzhaftes, mittags bis 14.30 Uhr außerdem Buffet (R$28/kg). 🕒 Mo–Fr 11–23, Sa, So 15–22 Uhr.

O Padeiro de Sevilha, Rua Esteves Júnior 214. Außergewöhnliche Bäckerei. Man genießt die feinen Backwaren oder lecker belegten Baguettes an einem 11 m langen Gemeinschaftstisch. 🕒 Mo–Fr 7–20, Sa 7–14 Uhr.

Lagoa da Conceição

O Barba Negra, Av. das Rendeiras 1628. Fisch und Meeresfrüchte. 🕒 Mi–Mo 11–23, So bis 17 Uhr.

Casa do Chico, Av. das Rendeiras 1620. Insel-Champion in der Kategorie *Sequência* *de Camarão.* Bis zu drei Tonnen der Krustentiere gehen im Monat über Chico's Theke. Eine Sequência für Zwei kostet erschwingliche R$80. ⌚ tgl. 11.30–23.30 Uhr.

Chef Fedoca, Rua Sen. Ivo d'Aquino 133, beim Jachthafen. *Moqueca* schmeckt im Süden Brasiliens anders als im Nordosten. Hier ist der Ort zum Probieren! ⌚ tgl. 11–24 Uhr.

Isadora Duncan, Rod. Jornalista M. de Menezes 2658, Barra da Lagoa. Den romantischen Blick auf die Lagune schätzen v. a. Paare. Dazu genießt man Sachen wie ein Risotto aus Großen Pilgermuscheln mit schwarzem Reis und Spargel. ⌚ Di–Sa 19–24 Uhr (Aug. geschl.).

Süden der Insel

Für Austernfans ist das Fischerdorf **Riberão da Ilha** ein Schlaraffenland.

Ostradamus, Rod. Baldicero Filomento 7640. Bekannteste Austernadresse der Insel. Tolle Lage mit Tischen auf einem Steg überm Wasser. Der Cachaça kommt aus der eigenen Brennerei. ⌚ Di–Sa 12–23, So 12–17 Uhr.

Osteria Umas & Ostras, Rod. Baldicero Filomento 7680. Das Ambiente ist rustikal und offen, am Boden anstatt Kies nur Muscheln. Früher hat Igor hier die Austern aus eigener Zucht zum Verkauf hergerichtet, heute verwendet er sie selbst in der Küche seiner sympathischen Osteria, zusammen mit frischem Fisch und anderen Meeresfrüchten. ⌚ Mi–Mo 11–23, So bis 18 Uhr.

Arante, Pântano do Sul (am Strand). Die Eigentümer dieses Traditionsrestaurants sind Fischer. Von Mai–Juni bereiten sie selbst gefangene Tainhas zu. Sa und So *Buffet de frutos do mar.* Wände und Decke des Innenraums sind mit Zetteln übersät, auf denen Gäste ihre Gedanken über Gott und die Welt aufgeschrieben haben. ⌚ Di–So 11.30–24 Uhr.

Norden der Insel

Lorenzo's, Rod. Haroldo S. Glavan 1166, Cacupé. Fantastischer Blick, knusprige Pizzas und ab und zu ein Tango, gesungen vom argentinischen Wirt. ⌚ Di–So 19–24 Uhr.

João de Barro, neben der Pizzaria. Internationale Küche vor dem Panorama von Floripa. ⌚ Di–Sa 19–1.30, So 12–16 Uhr.

Doce Magia, Rod. Jornalista M. S. Sobrinho 6040, Jurerê Internacional. Feines und günstiges Buffet, direkt am Glamourstrand. ⌚ tgl. 11.30–15.30 Uhr.

NACHTLEBEN

Zentrum

Im **Mercado Público** gibt es einige Kneipen für ein entspanntes Bier unter Einheimischen.

El Divino Lounge, Rua Almirante Lamego 1147. Bekanntester Tanztempel der Insel (Pop/Rock, House, Mi Country, So Samba). Lounge, Restaurant und Sushi-Bar. ⌚ Di–So ab 20 Uhr, Eintritt ab R$20.

Concorde Club, Av. Rio Branco 729. Eine der besten Adressen für elektronische Musik, beliebt beim GLS-Publikum. ⌚ Sa ab 23 Uhr, Eintritt ab R$35.

Boteco da Ilha, Av. Jornalista R. de Arruda Ramos 974. Gut gezapftes Brahma an der Uferstraße. ⌚ tgl. 18–2 Uhr.

Lagoa da Conceição

Während der Norden der Ilha außerhalb des Sommers weitgehend ausgestorben ist, geht es an der **Lagoa** fast immer rund. Hier liegen die meisten Bars und Restaurants.

The Black Swan Pub, Rua Manoel S. de Oliveira 592. Zum Flirten und Tanzen. Auch gut zu speziellen Fußballanlässen (TV). ⌚ Di–Fr ab 16, Sa, So ab 10 Uhr, Eintritt ab R$5.

Confraria Club, Rua João P. da Costa 31. DJ's und MC's produzieren Tanzbares in den verschiedensten Styles. ⌚ Do, Sa ab 23 Uhr, Eintritt ab R$30.

Die Insel rockt!

Von wegen Samba! Der **John Bull Pub**, Av. das Rendeiras 1046, Lagoa da Conceição, ist die erste Live-Adresse für Rock, Blues und Reggae auf der Insel. ⌚ Do–Sa 22–4 Uhr (Sommer Di–So), Eintritt ab R$20.

Auch der **General Lee**, Rua Cônego Bernardo 101, Trindade, hat klare musikalische Vorlieben: Auf der kleinen Bühne heizen vorrangig Rock-, Blues- und Bluegrass-Bands ein. ⌚ Di–Sa 18–2 Uhr, Eintritt ab R$10.

Latitude 27, Rua Jornalista M. de Menezes 565, Morro da Praia Mole. Bar-Restaurant auf einer Anhöhe mit Tanzpiste, abwechselnd DJs und Bands; herrlicher Blick auf die Lagune; junges Publikum. ⌚ Do–Sa ab 22 Uhr.

AKTIVITÄTEN

Radfahren

Die Insel und ihre Strände sind gut auch mit dem Rad zu erkunden. Geführte Touren und Verleih (R$50/Tag) bei **Caminhos do Sertão**, Rua Vento Sul 197, Campeche, ✆ 48/3234 7712, 💻 www.caminhosdosertao.com.br.

Sandboarding

Areia radical (Sandboarden) ist seit 1986 Mode an der Praia da Joaquina. Man braucht dafür nur ein entsprechendes Brett (Leihgebühr R$20) und eine große Düne. Der Sport wurde angeblich an einem Tag ohne *Swell* von gelangweilten Surfern erfunden.

Surfen, Wind- und Kitesurfen, Stand Up Paddle

Die meisten Strände an der Ostküste eignen sich hervorragend zum Surfen, am beliebtesten sind **Praia Joaquina** und **Praia Mole**. Eine gute Surfschule ist **Paz na Terra**, Av. Campeche 1413, Campeche, ✆ 48/3237 2025, 💻 www.paznaterra.com.br.

Die Lagoa da Conceição ist ein beliebtes Windsurf-Revier. **Wind Center**, Rua Rita L. da Silveira 675, ✆ 48/3232 2278, 💻 www.windcenter.com.br, bietet Kurse und Ausrüstung für Wind- und Kite-Surfen.

Wandern in unberührter Natur

Tourenvorschlag 1

Praia do Matadeiro (neben Armação) bis **Praia Lagoinha do Leste** (2 1/2 Std.), dort den Strand genießen, dann weiter bis **Pântano do Sul** (1 1/2 Std.) und sich dort im Arantes belohnen.

Tourenvorschlag 2

Lagoa da Conceição (ab Canto dos Araçás, in der Nähe des Centrinho da Lagoa) bis zum Fischerdörfchen **Costa da Lagoa** (2 1/2 Std.), dort Stärkung in einer der netten Bars und Restaurants. Per Schiff zurück (45 Min.).

Tourenvorschlag 3

Riberão da Ilha (ab Ende der Straße) bis **Naufragados** (1 Std.), mit dem Boot zurück. Oder Tagestour von Riberão da Ilha bis Pântano do Sul.

Tauchen und Schnorcheln

Die **Ilha do Arvoredo** nördlich der Insel gehört zu den besten Tauchrevieren im Süden Brasiliens; Touren ab Praia de Canasvieiras mit **Acquanauta**, ✆ 48/3266 1137, 💻 www.acquanautafloripa.com.br, oder **Sea Divers**, ✆ 48/3284 1535, 💻 www.seadivers.com.br.

Touranbieter

Adrenailha, R. João Nunes Vieira 1939, Praia dos Ingleses, ✆ 48/3284 3585, 💻 www.adrenailha.com.br. Eine gute Agentur für Abenteuersport und Öko-Tourismus (Tauchen, Trekking, Bike etc.).

Scuna Sul, Av. Osvaldo R. Cabral, Zentrum, ✆ 48/3225 1806, 💻 www.scunasul.com.br. Schiffsausflüge um die Insel, z. B. zu den Forts, Ilha do Campeche etc. (Tagestouren ab R$35). Ableger bei der Brücke Hercílio Luz, Praia de Canasvieiras und Barra da Lagoa.

Aventura do Brasil, Av. Rio Branco 333, Zentrum, ✆ 48/3206 2335, 💻 www.aventuradobrasil.de. Stadt- und Inseltouren sowie alle Ziele der Umgebung. Deutsche Ansprechpartner sind Michael Krämer und Nina Ugniwenko.

Ativa Rafting e Aventura, ✆ 47/3388 0066, 💻 www.ativarafting.com.br. Die von dem Deutschen Otto Hassler gegründete Agentur ist die beste Adresse für alle, die das Hinterland abseits der Insel kennenlernen wollen: Rafting, Klettern und Trekking in den Bergen des Atlantischen Küstenwaldes, Radtouren durch das Vale Europeu usw.

SONSTIGES

Einkaufen

Artesanato-Laden in der **Casa da Alfândega**. Das größte Shopping-Center ist das moderne **Beiramar Shopping**, Rua Bocaiúva 2468. ⌚ Mo–Sa 10–22, So 11–22 Uhr.

Geld

Banco do Brasil, Rodoviária und Praça 15 de Novembro (neben Kathedrale), sowie Rua Moacir P. Junior 30 (Lagoa da Conceição). ⌚ Geldautomaten tgl. 6–22 Uhr.

Informationen

Info-Kioske: Rodoviária, ☎ 48/3228 1095, ⌚ tgl. 8–19 Uhr; Terminal Turístico Praia da Joaquina, ⌚ Dez–März 8–17 Uhr.
Info-Hotline Setur, ☎ 48/3952 7000.
Internet: 💻 www.guiafloripa.com.br.

Medizinische Hilfe

Hospital Celso Ramos, Rua Irmã Benwarda, ☎ 48/3251 7000.

Polizei

Delegacia de Proteção ao Turista, Av. Paulo Fontes 1101 (Gebäude am Westende der Rodoviária), ☎ 48/3333 2103.

NAHVERKEHR

Florianópolis hat ein ausgeklügeltes öffentliches Transportsystem, das die gesamte Insel mit einbezieht. Da die Strände weit auseinander liegen, ist ein **Mietauto** eine gute Möglichkeit, die Insel kennen zu lernen (die Straßen sind gut ausgebaut).

Busse

Busse verkehren zwischen dem Hauptterminal **TICEN** im Zentrum (neben der Rodoviária) und fünf weiteren Umsteigeterminals der Insel. Von diesen Stationen geht es sternförmig in die kleineren Orte. Zur Lagoa da Conceição fährt man bis Terminal **TILAG**, in den Inselsüden gelangt man durch Umsteigen im **Terminal Rio Tavares** (Campeche).
Neben den Stadtbussen gibt es komfortable gelbe **Executivo-Busse**, die direkt zu den Stränden oder zur Lagoa da Conceição fahren (Aufschrift „Barra da Lagoa", R$5). Abfahrt u. a. Praça 15 de Novembro.

Selbstfahrer

Im Sommer kommt es oft zu Staus. Es empfiehlt sich, früh (vor 10 Uhr) zu den Stränden aufzubrechen und eine Rückfahrt zwischen 15 und 19 Uhr zu vermeiden. Autovermietungen gibt es am Flughafen, sowie:
Vera Car, ☎ 48/3234 5869, 💻 www.veracar.com.br. Übergabe des Autos an jedem beliebigen Ort der Insel. Gute Preise (ab R$50/Tag).

Taxi

Eine gute Option im Zentrum (Stand an der Praça 15), auf der Insel jedoch wegen der großen Entfernungen teuer. **Radio-Táxi**, ☎ 48/3240 6009.

TRANSPORT

Flüge

Aeroporto Hercílio Luz, Av. Diomício Freitas, 12 km vom Zentrum (auf der Insel), ☎ 48/3331 4000.
Fluggesellschaften: **Avianca**, ☎ 48/3331 4230; **Azul**, ☎ 48/3331 4217; **Gol**, ☎ 48/3331 4127; **TAM**, ☎ 48/3331 4085; **Trip**, ☎ 48/3331 4261.

Busse

Die **Rodoviária Rita Maria**, ☎ 48/3212 3100, ist zu Fuß in wenigen Minuten von der Innenstadt aus zu erreichen.

Ziele innerhalb von Santa Catarina
Balneário Camboriú: Catarinense, ☎ 48/4002 4700, mehrmals stdl. bis 23.15 Uhr, 2 Std., R$20.
Blumenau: Catarinense und Reunidas, ☎ 48/3224 1740; stdl. bis 22 Uhr, 2 1/2–3 Std., R$34–37.
Garopaba: Paulotur, ☎ 48/3223 7424, schnellste Verbindungen tgl. 10, 16.30, 18.15 und 19.25 (Sa 10 und 18.15 Uhr), 2 Std., R$18.
Imbituba / Laguna: Santo Anjo, ☎ 48/3224 9001, 5x tgl., 1 3/4 bzw. 2 1/2 Std., R$23/30.
Joinville: Catarinense und Reunidas, 24x tgl. bis 23.15 Uhr, 2–4 Std., R$46.
Porto Belo: Catarinense, tgl. 17.45 Uhr, 1 1/4 Std., R$16.
Praia do Rosa: Keine direkte Verbindung. Entweder mit Paulotur nach Garopaba und von dort weiter mit Lokalbus Expresso Garopaba (10x tgl. bis 21.10 Uhr, R$6), oder vorher aussteigen in Araçatuba (Fahrer anweisen) und dann weiter mit Lokalbus über Ibiraquera (Ersparnis ca. 50 km).

Ziele außerhalb von Santa Catarina

Buenos Aires: Pluma, ✆ 48/3223 6576, tgl. 10.15 Uhr, 25 Std., R$295; Flecha Bus, ✆ 48/3221 8861, tgl. 10.25 Uhr, 24 Std., R$300.

Curitiba: Catarinense, 23x tgl. bis 23.15 Uhr; Eucatur, ✆ 48/3901 1630, tgl. 19 und 19.20 Uhr; 4–5 Std., R$48–68.

Foz do Iguaçu: Pluma, tgl. 15 und 18 Uhr; Reunidas, tgl. 12.15 Uhr; Catarinense, tgl. 13.55, 16.20 und 18.20 Uhr; 14–18 Std., R$151.

Porto Alegre: Eucatur, 3x tgl. direkt 16.30, 23 und 23.55 Uhr; Santo Anjo, 4x tgl.; 6 1/2–9 Std., R$70–83 (*Leito* R$129).

Rio de Janeiro: Itapemirim, ✆ 48/3223 3044, tgl. 14 Uhr, 18 Std., R$179–229 (*Leito*).

São Paulo: Catarinense, 7x tgl. bis 22.15 Uhr; Viação 1001, ✆ 48/3223 7766, tgl. 12.45 und 21 Uhr; 10–12 Std., R$98–182 *(Leito)*.

Die Südküste (Litoral Sul)

Laguna

Der historische Ort Laguna (51 500 Einw.) ist die zweitälteste Stadt Santa Catarinas. Im Jahr 1839 wurde sie kurzzeitig Hauptstadt der **República Juliana**, eine Episode während der Farroupilha-Revolution (1835–45), in der die Freiheitskämpferin Anita Garibaldi eine zentrale Rolle spielte. Der bekannten Revolutionärin begegnet man in der hübschen kopfsteingepflasterten Altstadt auf Schritt und Tritt. Hier lohnt sich ein Blick ins **Museu Anita Garibaldi**, Praça República Juliana, mit historischen Dokumenten, Waffen und Kunsthandwerk, oder in die **Casa de Anita Garibaldi** (1711), Praça Vidal Ramos, ⌚ beide tgl. 9–17 Uhr, Eintritt R$5. Sehenswert ist außerdem die **Igreja Santo Antônio dos Anjos** (1696) mit einem Deckengemälde (1856) von Victor Meirelles.

Neben seiner interessanten Geschichte ist Laguna auch ein beliebter Badeort. Bars und Restaurants gibt es an der **Praia Mar Grosso**. Die Hauptattraktion liegt allerdings 20 km südlich: der Leuchtturm **Farol de Santa Marta** (1891), einer der ältesten Südamerikas mit einer enormen Reichweite, reizvoll umgeben von Dünen und Stränden (zu erreichen mit Bus und Fähre).

ÜBERNACHTUNG UND ESSEN

Pousada Mar Grosso, R. Criciúma 36, Praia Mar Grosso, ✆ 48/3647 0298, 💻 www.pousadamargrosso.com.br. Kein Frühstück, dafür Super-Preis (DZ ab R$50). Bäckerei und Restaurant in der Nähe; 80 m vom Strand, 5 Min. zur Altstadt. ❶

Laguna Tourist Hotel, Av. Castelo Branco, 7 km vom Zentrum, ✆ 48/3647 0022, 💻 www.lagunatourist.com.br. Großzügige Hotelanlage aus den 1970ern, auf einer Anhöhe über der 6 km langen Praia do Gi mit fantastischem Ausblick. Freizeitanlagen, Restaurant. ❻

Arrastão, Av. Sen. Galotti 629. Eines der traditionellsten Meeresfrüchte-Restaurants in Laguna. ⌚ Mo–Sa 11–14, 18.30–24, So 11–16 Uhr.

SONSTIGES

Geld

Banco do Brasil, Praça Vidal Ramos 85. ⌚ Geldautomaten tgl. 6–22 Uhr.

Informationen

Touristeninformation, Av. Calistrato Muller Salles, ✆ 48/3644 2441, 💻 www.laguna.sc.gov.br. ⌚ Mo–Sa 8–18 Uhr.

TRANSPORT

Busse

Rodoviária, ✆ 48/3644 0208.

Florianópolis: Santo Anjo, ✆ 48/3646 0119, 4x tgl.; Eucatur, ✆ 48/3644 0208, 3x tgl.; 2 Std., R$30/28.

Imbituba: Santo Anjo, 9x tgl. bis 17.45 Uhr; Eucatur, 3x tgl.; 40 Min., R$9.

Porto Alegre: Santo Anjo, tgl. 16.10 und 0.30 Uhr (über **Torres**); Eucatur, tgl. 11.30, 14.45, 22 Uhr; 6–7 (bzw. 5) Std., R$54/26.

Praia do Rosa

Ein Strand wie aus dem Bilderbuch: 2 km weißer feinkörniger Sand in einer lang gezogenen, sichelförmigen Bucht; Surfer sind auf der Suche

Die Wale kommen wieder

© WERNER RUDHART

Jedes Jahr zwischen Juli und November ziehen die mächtigen **Glattwale** (*Eubaleana australis*, port. Baleia Franca) aus antarktischen Gefilden zur Südküste von Santa Catarina, um dort in den warmen geschützten Buchten ihre Jungen zur Welt zu bringen und zu säugen. Die Tiere schwimmen während dieser Zeit langsam und kommen erstaunlich nah ans Ufer – Gewohnheiten, die ihnen ab dem frühen 17. Jh. zum Verhängnis wurden. Seit diesem Zeitpunkt wurden sie gnadenlos gejagt, bis 1973 der letzte Wal gesichtet und die letzte Walfangstation *(Armação)* geschlossen wurde. Erst 1980 ließen sich wieder einige der Ozeangiganten blicken. Mittlerweile ist der Walfang in Brasilien per Gesetz verboten und es gibt Non-Profit-Organisationen, die sich für den Schutz der immer noch vom Aussterben bedrohten Tiere einsetzen, wie z. B. das **Instituto Baleia Franca** (IFB), das unter anderem Beobachtungstouren anbietet (R$90/140).

Turismo Vida Sol e Mar, Büros in der Pousada Vida Sol e Mar, ☏ 48/3355 6111, und in Garopaba, Rua Manoel A. de Araújo 200, ☏ 48/3254 4199, 💻 www.vidasolemar.com.br.

nach der perfekten Welle. Und ihre Chance ist nicht schlecht, sie hier zu erwischen. Aber auch wer nicht surfen möchte, kann hier an einem der wohl schönsten Strände Brasiliens wunderbar entspannte Tage verbringen; zahlreiche märchenhafte Pousadas versüßen den Aufenthalt. Während es im Sommer in Praia do Rosa hoch her geht, bettet sich der Ort zwischen April und Oktober zum Winterschlaf. Die Touristen gehen, aber eine echte Attraktion kommt: Gewaltige Wale bevölkern die Bucht (s. Kasten). Infos: 💻 www.praiadorosa.com.br, www.praiadorosa.tur.br.

Neben der Badehose auch genügend Geld einstecken, es gibt keine Bank am Ort.

ÜBERNACHTUNG UND ESSEN

Es gibt eine große Auswahl an niveauvollen Pousadas, z. T. mit sensationellem Buchtblick, aber auch Budget-Traveller werden fündig. Alle Pousadas sind ausgeschildert. In den Ferienmonaten zählt der Ort zu den beliebtesten Zielen südlich von Floripa: Die Zahl der Bewohner verdreifacht, die Preise verdoppeln sich in dieser Zeit.

Explorer Surf Albergue, Zugang über Caminho do Alto do Morro, ☏ 48/3355 7403, 💻 www.albergueexplorer.com.br. Good vibrations und gute Sicht. Dorms und DZ. ❷

Pousada Studios do Barão, Caminho do Alto do Morro, ☏ 48/3355 6229, 💻 www.studiosdobarao.com.br. Geräumige Chalês mit angenehmer Atmosphäre und Terrasse, sympathische Leitung. ❸–❹

Pousada Pedra Grande, am Ende der Rua Seu Mané Chico, ☏ 48/3355 7283, 💻 www.pousadapedragrande.com.br. Anlage mit prämierter moderner Architektur (Projekt des englischsprachigen Besitzers) und traumhaftem Blick von allen 6 Apartments (variabel 2–4 Betten mit Küche und Holzofen) sowie den 2 Lofts. ❺–❻

Pousada Vida Sol e Mar, ✆ 48/3355 6111, 💻 www.vidasolemar.com.br. In die natürliche Vegetation integrierte Anlage mit direktem Strandzugang. Großzügige Chalês mit Platz bis zu 6 Pers., Küche und eigenem Whirlpool. Sonderangebote beachten. Organisiert u. a. Reit- und Bootsausflüge, Rafting, Walbeobachtung. Surfschule. ❹–❽

Pousada Caminho do Rei, Caminho do Alto do Morro, ✆ 48/3355 6062, 💻 www.caminhodorei.com.br. Schon beim Einschlafen (Kingsize-Betten!) freut man sich auf den nächsten Morgen: Der Pool hat die schönste Aussicht im ganzen Ort. Kleines, sehr gutes Restaurant. ❼–❽

Tigre Asiático, Estrada Geral. Hervorragende asiatische Küche, Thai-Spezialitäten, angepasst an den brasilianischen Geschmack. Sehr leckeres *Tom Yum Goong* (mit Fisch, Krabben, Shitake, Kokosmilch und Limone). Gehobene Preise. 🕒 tgl. ab 19 Uhr.

Magia do Trigo, Estrada Geral. Sympathische kleine Bäckerei. Tee, Kaffee und Fruchtsäfte. 🕒 Di–So 8.30–19 Uhr.

TRANSPORT

Busse

Richtung Süden über Imbituba, dort weiter mit Santo Anjo, ✆ 48/3254 3169.

Florianópolis: Ab Garopaba mit Paulotur, ✆ 48/3254 4850, alle 1–2 Std. bis 20.20 Uhr, 2 Std., R$18. Man kann auch mit Expresso Garopaba nur bis zur Abzweigung in die Hauptstraße (SC-434) bei Campo de Una fahren und dort auf den Bus von Paulotur warten (Zeitersparnis bis zu 1 Std.).

Garopaba: Expresso Garopaba, regelmäßig bis 21 (Mo–Fr) bzw. 18.30 Uhr (Sa, So), 40 Min., R$6 (Zustieg an Halten entlang der Estrada Geral).

Imbituba: Santo Anjo, 6.15, 12, 13 Uhr, 1 1/2 Std., R$8.

Garopaba

Garopaba ist Santa Catarinas Surferhauptstadt. Während der Ort selbst wenig sehenswert ist, sind die Strände ein Traum. Die zentrale **Praia de Garopaba** ist ein traditioneller Fischerstrand. Das Wasser ist ruhig und sicher, auch für Kinder zum Baden geeignet.

Die in eine hügelige grüne Landschaft eingebettete **Praia do Silveira** ist mit bis zu vier Meter hohen Wellen einer der besten Surfstrände Brasiliens, jedoch ist Baden hier gefährlich.

Auch die starken Wellen der **Praia da Ferrugem** sind bestens zum Surfen geeignet. Der Strand ist im Sommer zudem Treffpunkt der Jugend, das rege Nachtleben ist in der ganzen Region bekannt.

ÜBERNACHTUNG

Während der Hauptsaison ist mit hohen Aufschlägen zu rechnen, dann wird es in Garopaba so voll, dass kaum mehr Parkplätze zu finden sind.

Zentrum

€ **Lobo Hotel**, Rua Marquês Guimarães 81, ✆ 48/3254 3745, 💻 www.lobohotel.com.br. Von netter Familie geführtes Haus, solide Zimmer und gutes Frühstücksbuffet. Nur Barzahlung. ❶

Pousada Maré Mar, Av. dos Pescadores 43, ✆ 48/3254 4368, 💻 www.pousadamaremar.com.br. Hübsche Apartments mit Küche und Meerblick am zentralen Strand. ❷

Praia da Ferrugem

Pousada Arthemis, Rua dos Eucaliptos 199, ✆ 48/3254 0437, 💻 www.pousadaarthemis.com.br. Etwa 500 m vom Strand, bequeme Betten und angenehmes Ambiente. ❸

Praia do Silveira

Morro da Silveira Eco Village, Weg zur Praia do Silveira, ✆ 48/3354 1740, 💻 www.morrodasilveira.com.br. Hier stimmt einfach alles: traumhafte Lage auf einem Hügel, Außenpool mit Aussicht, Spa mit beheiztem Pool, Sauna, Fitnesscenter, Restaurant. ❻

ESSEN

Viele Häuser öffnen nur im Sommer.

Algarve, Av. Pref. João O. de Araújo 222, Zentrum. Fisch und Meeresfrüchte, günstig. 🕒 Mo–Sa 11–24 Uhr (Sommer tgl.).

Graphite, Av. Pref. João O. de Araújo 326. Gute Pizzeria. ⌚ Do–So 19–24 Uhr (Sommer tgl.).
Setentaesete, Av. dos Pescadores 77. Vielseitige Speisekarte an der Strandstraße. ⌚ tgl. 11–23 Uhr.

SONSTIGES

Aktivitäten

Surfen: Surfschule **Vento Sul**, Rua das Amendoeiras 1555, Morrinhos, ✆ 48/3254 4520, 💻 www.ventosul.com.br. 1 Std. R$50, 5 Std. R$200.
Sandboarden in den bis zu 40 m hohen Dünen an der **Praia do Siriú**, die Bars dort vermieten Bretter (R$10/Tag).

Einkaufen

Garopaba ist Sitz von mehreren Herstellern von Surfmode und Ausrüstung, darunter **Mormaii**, eine der bekanntesten Marken Brasiliens. Neben dem Laden in der Av. Pref. João O. de Araújo liegt die schicke **Mormaii Surf Bar**, ein Treffpunkt zum Start in die Nacht. ⌚ tgl. 10–22 Uhr.

Geld

Banco do Brasil, Av. Pref. João O. de Araújo 740. ⌚ Geldautomat 6–22 Uhr.

Informationen

Es gibt Stadtpläne in den Pousadas, an der Rodoviária und in manchen Geschäften. Infos: 💻 www.garopaba.sc.gov.br.

TRANSPORT

Busse

Rodoviária, ✆ 48/3254 3169, 5 Gehmin. vom Zentrum.
Expresso Garopaba, ✆ 48/3354 1977, fährt 11x tgl. bis 21.10 Uhr an den Stränden entlang über **Praia da Ferrugem** bis **Praia do Rosa**, Halt auch an Praça Ivo Silveira. Für viele Ziele südlich von Garopaba ist ein Umstieg in Imbituba nötig.
Imbituba: Santo Anjo, ✆ 48/3254 3169, tgl. 6.15, 12 und 13 Uhr, 45 Min., R$8.
Florianópolis: Paulotur, ✆ 48/3254 4850, alle 1–2 Std. bis 20.20 Uhr, 2 Std., R$18.

Guarda do Embaú

Das Fischerdorf Guarda do Embaú ist ein kleines Paradies und – trotz der Nähe zu Florianópolis (70 km) – vom internationalen Tourismus noch weitgehend unentdeckt. Besonders in der Nebensaison strahlt der Ort eine wohltuende Ruhe aus. Dann verirren sich nur ein paar einzelne Surfer hierher, angezogen von den hohen Wellen – oder die Glattwale, um ihre Jungen zu säugen.

Der weite **Strand** mit seinen großen **Dünen** und den bewaldeten Hügeln als Kulisse bildet einen schönen Anblick. Landschaftlich reizvoll fließt der Rio da Madre parallel zum Strand und trennt diesen vom Dorf, bevor er ins Meer mündet. Die Fischer nutzen dies als willkommenen Nebenverdienst und bringen Badelustige über den Fluss (R$5). Informationen: 💻 www.guardadoembau.com.br.

ÜBERNACHTUNG UND ESSEN

Der Pousada-Markt ist recht übersichtlich. Es gibt v. a. einfache Surfer-Unterkünfte mit moderaten Preisen. In der Hauptsaison ist mit Aufschlägen zu rechnen. Von Apr–Nov schließen viele Einrichtungen.
Magia da Guarda (Sun Hostel), Estrada Geral 713, ✆ 48/3283 2316, 💻 www.pousadamagiadaguarda.com.br. Frisch und bunt renoviert, Dorms, DZ und Chalê. Ohne Frühstück, dafür mit Küche, Veranda und Hängematten. ❶–❷
Morada Flor da Terra, Rua Braúlio dos Santos, ✆ 48/3283 2458, 💻 www.moradaflordaterra.com.br. Komfortable Chalês mit AC, Küche und Platz für bis 6 Pers. und viel Grün drumherum. ❸
Pousada Zululand, Servidão do Cumbatá, ✆ 48/3283 2706, 💻 www.zululand.com.br. 11 Chalês (Ventilator oder AC; z. T. mit Küche) in einer großzügigen, familienfreundlichen Anlage mit Pool im Grünen. Im Sommer auch gutes Restaurant. Eigentümer Paulo Zulu ist Surfer und bekanntes Fotomodell. 10 % Tax. ❸–❻
Big Bamboo, Rua Cândida M. dos Santos 48. Fisch und Meeresfrüchte. ⌚ Sa, So 11–24 Uhr (Sommer tgl.).

TRANSPORT

Busse

Florianópolis: Paulotur, ✆ 48/3244 2777, ca. stdl. bis 21.30 Uhr, 1 1/2 Std., R$15. Wer von Süden kommt, nimmt einen Bus der Linie Imbituba–Florianópolis (Santo Anjo). Sie halten an der Hauptstraße BR 101 (Einfahrt nach Guarda do Embaú), dort weiter per Anhalter oder auf den Paulotur-Bus warten.

DER SÜDEN

Die Nordküste (Litoral Norte)

Porto Belo, Bombas und Bombinhas

Die drei Orte liegen auf einer Halbinsel mit über 20 Stränden und sind bekannt für ihre guten Tauchreviere. Entsprechend selbstbewusst hat sich Bombinhas den Titel „Hauptstadt des Tauchens" *(Capital do Mergulho Ecológico)* gegeben. Die meisten Tauchfreunde verlieren daher auch keine Zeit im Hauptort Porto Belo, wo während der Saison die Kreuzfahrtschiffe gern ihre Passagiere anlanden, und fahren gleich zu den interessanteren Badeorten **Bombas** und **Bombinhas** – die Namen kommen vom lauten Geräusch, wenn die Wellen auf das Land klatschen. Am Ende des Strandes von Bombinhas befindet sich der Steg, wo die Boote für Tauchausflüge ablegen. Die benachbarte **Praia da Sepultura** eignet sich gut zum Schnorcheln, erreichbar ist sie über einen kurzen Wanderweg. Surfer müssen für gute Wellen über den Hügel nach **Quatro Ilhas** oder noch 3 km weiter fahren, bis zur lang gezogenen **Praia do Mariscal**.

ÜBERNACHTUNG UND ESSEN

Bombas

Pousada Dom Capudi, Rua Tangará 358, ✆ 47/3369 2984, 💻 www.pousadadomcapudi.com. 20 schön dekorierte Zimmer in einer Anlage mit Pool und viel Grün. Ausgezeichnet für nachhaltige Praktiken, ruhige Lage 300 m vom Strand. ❺

Milkshakeria, Av. Leopoldo Zarling 2360. 300 verschiedene Geschmacksrichtungen! 🕒 tgl.12–23Uhr.

Bombinhas

€ **Albergue Toca da Moréia**, Rua do Trapiche 51, ✆ 47/3393 7470, 💻 www.tocadamoreia.com.br. Unkonventioneller Taucher-/Backpacker-Treff in modernem Gebäude mit Räumlichkeiten weit über dem Hostel-Durchschnitt, nur einen Sprung vom Strand. Zwei 9er-Dorms (R$45 p. P.), drei DZ (R$90) mit Balkon, netter Aufenthaltsbereich, Bar; Frühstück nur zur Hochsaison. ❷

Vila do Bosque, Rua Merluza 430, ✆ 47/3393 7281, 💻 www.viladobosque.com.br. Zwölf komfortable Zimmer in verträumtem Garten. ❺

Pousada Vila do Farol, Av. Ver. Manoel J. dos Santos 800, ✆ 47/3393 9000, 💻 www.viladofarol.com.br. Großes Ferienhotel in mediterraner Architektur (mit Vollpension ab R$450). Direkt am Strand, herrlicher Poolbereich, familienfreundlich. ❽

Casa da Lagosta, Av. Ver. Manoel J. dos Santos 987. Sehr gute Fisch-, Krabben- und Langustengerichte zu mittleren Preisen. 🕒 Mo–Sa 9–22.30, So 12–17 (Sommer tgl. 11–24 Uhr).

Mariscal

Pousada Arágua, Rua Amoreira 786, ✆ 47/3393 4687, 💻 www.pousadaaragua.com.br. Acht freundliche, helle Apartments bis 5 Pers. (ab R$210) in Strandnähe. Kurios: Tonstudio für Proben und Aufnahmen, play some music! ❺

Camping Paraíso Tropical, Rua Landim 168, Canto Grande (Fortsetzung der Praia do Mariscal), ✆ 47/3393 3143, 💻 www.ptropical.com.br. Aufgeräumter Campingplatz für Trailer und Zelte (R$26 p. P.), auch Chalês und Apartments (ab R$140). ❶–❸

Porto Belo

Refúgio do Estaleiro, Rua Flavia V. Martelini 400, Araçá, ✆ 47/3369 8282, 💻 www.refugiodoestaleiro.com.br. In den Küstenwald integrierte Pousada mit tollem Panoramablick (Pool!) aufs Meer; Einrichtung und Gestaltung vom Feinsten (ab R$420). Anfahrt (z. T. über Piste) mit Taxi oder Abholservice; 5 % Tax. ❽

SONSTIGES

Geld

Banco do Brasil, Rua Cap. Gualberto L. Nunes 112, Porto Belo; Av. Baleia Jubarte 304, Bombinhas. ⌚ Geldautomat 6–22 Uhr.

Informationen

Touristeninformation Porto Belo: Av. Gov. Celso Ramos 1492, ✆ 47/3369 5638. **Bombas**: Av. Leopoldo Zarling 136, ✆ 47/ 3393 7320. ⌚ Mo–Fr 8–19, Sa, So 9–17 Uhr. Internet: 💻 www.portobelo.sc.gov.br und guiabombinhas.com.br.

Tauchen und Schnorcheln

Mehrere Anbieter haben Ausflüge zur **Ilha do Arvoredo** im Programm, dem besten Tauchrevier der Gegend (ab R$170 inkl. Bootsfahrt und Ausrüstung).

Patadacobra, Av. Ver. Manoel J. dos Santos 215, ✆ 47/3369 2119, 💻 www.patadacobra.com. Kleine Gruppen und guter Service.

Touren

Im Zentrum von Porto Belo an der Praça dos Pescadores (Bootsanleger, ✆ 47/ 3369 4185) legen Boote ab zur **Ilha de Porto Belo** mit ihren drei Badestränden (Okt–Apr, R$15), und *Escunas* starten zu mehrstündigen Ausflügen mit Schnorchel- und Badestopps (R$30–65).

Wer die Halbinsel mit dem Drahtesel erkunden möchte, findet Rat bei **Tribo do Pedal**, Av. Falcão 458, Bombas, ✆ 47/3393 6146.

TRANSPORT

Busse

Die **Rodoviária** von **Porto Belo** befindet sich hinter der Hauptstraße in der Rua Manuel F. da Silva Neto 234, ✆ 47/3369 4092. Von dort geht es zu den Stränden **Bombas**, **Bombinhas** und **Mariscal** und zurück mit Bussen der Gesellschaft Praiana, Linie *Canto Grande–Porto Belo*, R$3.

Florianópolis: Rainha, 7–9x tgl. (Sa, So 3–4x); Catarinense, tgl. 7 Uhr; 1 1/2–2 Std., R$13.

Balneário Camboriú: Praiana, ✆ 0800/647 8400, 20x tgl. über Itapema, R$4,50; schnelle Direktbusse um 6.45, 13.15 und 14.15 Uhr, R$11.

Balneário Camboriú

Während das restliche Jahr über die Rentner am 6 km langen Stadtstrand ein eher gemächliches Tempo vorgeben, wird im Sommer der wegen seiner Hochhaus-Silhouette oft auch als Mini-Copacabana bezeichnete Ort von meist jungen Brasilianern und Argentiniern zu einer Art Party-Eldorado gemacht: Tanzen und Shoppen rund um die Uhr. Hauptattraktion ist eine Seilbahn, die die Stadt mit der auf der anderen Seite eines Berghügels gelegenen **Praia de Laranjeiras** verbindet, einem hübschen Strand mit einigen Restaurants. Am höchsten Punkt, der **Estação Mata Atlântica**, kann man aussteigen, um im Wald des **Parque Unipraias** umherzuwandern und die großartigen Ausblicke auf die Bucht zu genießen. ⌚ Do–So 9.30–18 (Sommer tgl. 9–20 Uhr), R$36.

Wer Lust auf Klettern und Balancieren hat, kann hier im **Parque de Aventuras** die Möglichkeit zum *Arvorismo* nutzen, eine Art Baumwandern über Seilbrücken oder Netze auf 7 m Höhe (1 1/2 Std., R$25), mit dem *Youhooo*, einer Art Achterbahn, vom Berg brausen (R$30), oder an eine Seilrutsche geschnallt als *Zip Rider* durch die Lüfte zum Strand hinunter segeln (R$39). Hinter der Praia de Laranjeiras liegen fünf weitere Strände, darunter die **Praia do Pinho**, Brasiliens erster offizieller FKK-Strand.

Das von weitem sichtbare Wahrzeichen von Balneário Camboriú ist der **Cristo Luz**, eine auf einem Hügel thronende 33 m hohe Kopie der Christus-Statue von Rio de Janeiro. Vom Panoramarestaurant hat man einen grandiosen Blick auf die Stadt. ⌚ des Areals: Mi–Sa 16–24, So 10–23 (Sommer tgl. 10–24 Uhr), Eintritt tagsüber R$10, ab 19 Uhr R$20; abends Buffet im Restaurant. Kostenloser Transport vom Zentrum.

ÜBERNACHTUNG UND ESSEN

Budget-Unterkünfte sind rar, teure (aber nicht immer schöne) Hotels hingegen zahlreich.

Hostel Rezende House (HI), Rua 3100 Nr. 780, ✆ 47/3361 1008, 💻 www.hotelpousadarezende.com.br. Zentrale Lage 10 Min. vom Strand, DZ und Dorms. ❷

Hotel Gracher Praia, Av. Brasil 3300, ✆ 47/3404 6300, 💻 www.hotelgenova.com.br.

Basic im Stil der 70er Jahre, 100 m vom Strand, faire Preise. ❷–❸

Hotel Topázio, Rua 11 Nr. 15, ✆ 47/3367 1022, 💻 www.htopazio.com.br. Renoviertes Hotel in der Fußgängerzone mit hellen, sauberen Zimmern. ❷–❸

Marambaia Cassino, Av. Atlântica 300, am Anfang der Uferstraße, ✆ 47/2103 4099, 💻 www.marambaia.com.br. Traditionshotel mit interessanter Architektur aus den 1960ern. Beheizter Pool. Im EG das Restaurant **Marambaia Gourmet**, gutes Buffet (R$25, ⌚ tgl. 12–15 Uhr). ❺–❻

O Pharol, Av. Atlântica 5740. Das Restaurant begann als kleine Lanchonete und ist heute bekannt für sein *Rodízio de Frutos do Mar*. ⌚ tgl. 11.30–24 Uhr.

Darüber hinaus befinden sich viele Bars und Restaurants für jeden Geschmack entlang der Uferstraße und an der Flussmündung in der **Via Gastronómica**.

NACHTLEBEN

Im Sommer geht es in Camboriú rund. Vom Eiscafé über Bierkneipen, Cachaçarias und Live-Musik-Bars: Für jeden ist etwas dabei. Die meisten Tanzschuppen liegen am Ende der Av. Atlântica. Seit mehr als 30 Jahren heizt das **Baturité Divine**, Av. Atlântica 5900, seinem treuen Publikum auf 6 Pisten ein. In der **Wood's Bar**, Av. Atlântica 4505, geht es countrymäßig zu. Das **Space B Camboriú**, Rua Vila Nova 900 (Nova Esperança), ist eine Filiale des Space Ibiza. Etwas außerhalb, im **Green Valley**, Rio Pequeno, legen die DJs vor allem elektronische Beats auf, und an der Praia Brava liegt der beliebte **Warung Beach Club**.

SONSTIGES

Geld

HSBC, Av. Central 541. ⌚ Mo–Fr 10–15 Uhr (alle Karten). Geldautomat auch in der Rodoviária.

Informationen

Tourist Info, Av. do Estado 5041, Ortseingang, ⌚ Mo–Fr 7–22 Uhr, und Rodoviária, ⌚ tgl. 8–20 Uhr; ✆ 47/3367 8105, 💻 www.camboriu.sc.gov.br.

TRANSPORT

Flüge

Nächster Flughafen: **Navegantes**, ✆ 47/3342 9200, wird von Azul, Gol und TAM bedient.

Busse

Der Touristenbus *Bondinho* sieht aus wie eine Bimmelbahn und startet seine Runde an der Talstation der Seilbahn, fährt entlang der Av. Atlântica und zurück auf der Av. Brasil (R$3, im Sommer 24 Std.).

Rodoviária, ✆ 47/3367 2901.

Blumenau: Catarinense, 21x tgl. bis 22.10 Uhr, 1 1/2–2 Std., R$18.

Florianópolis: Catarinense, ca. stdl. bis 23.50 Uhr, 1 1/2–2 Std., R$21–23.

Joinville: Catarinense, alle 1–2 Std., Santo Anjo, 5x tgl.; 1 1/2–2 1/2 Std., R$25–31.

Porto Belo/Bombas/Bombinhas: Praiana, schnelle Direktbusse um 10.15, 16.45 und 17.35 Uhr, 1 Std., R$13. Ansonsten alle 30 Min. mit normalen Linienbussen, Abfahrt vor der Rodoviária (R$4,50).

São Paulo, Catarinense, 7x tgl. bis 23.30 Uhr, 9 Std., R$97–166 *(Leito)*.

São Francisco do Sul

São Francisco do Sul (42 500 Einw.) ist ein koloniales Bilderbuchstädtchen in malerischer Lage auf einer **Insel** an der **Baía da Babitonga**. Die Stadt ist die drittälteste Brasiliens und hat den fünftgrößten Containerhafen des Landes. Es ist ein Genuss, durch die Gassen des historischen Zentrums zu flanieren und die Atmosphäre auf sich wirken zu lassen. 1504 ging hier der französische Seefahrer Binot Paulmier de Gonneville vor Anker und setzte damit den Anfangspunkt der Siedlung, die später von azorischen Einwanderern erbaut wurde. Im 19. Jh. landeten deutsche Immigranten, um das Binnenland zu kolonisieren.

Im Zentrum steht am Ufer der hübsche **Mercado Público** von 1900. Auf einer Anhöhe schaut die **Igreja N. S. da Graça** (Ende 17. Jh.) an der schönen **Praça Getúlio Vargas** auf das Treiben am Hafen hinab.

Ein Besuch der Stadt lohnt sich schon wegen des hochinteressanten und aufwändig gestalteten **Museu Nacional do Mar**, Rua Manoel Lourenço de Andrade 133. Das Museum illustriert die Geschichte der brasilianischen Seefahrt mit einer tollen Sammlung von 286 Modellen und 80 Originalschiffen aus allen Regionen des Landes. Ein eigener Saal ist dem brasilianischen Abenteurer Amyr Klink gewidmet; hier ist auch das Ruderboot ausgestellt, mit dem er 1984 alleine den Atlantik überquerte. Viel Zeit einplanen, die Ausstellungsfläche ist riesig und das angegliederte Bistro lädt zum Verweilen ein. ⌚ Di–So 10–18 (Jan/Feb 10–20 Uhr), Eintritt R$5.

Auch die Strände (15 km von der Altstadt) machen São Francisco zu einem lohnenswerten Ziel. Am belebtesten ist die gut mit dem Bus erreichbare **Praia da Enseada** (mit den meisten Pousadas und Bars), an der **Prainha** (Praia da Saudade) und der lang gestreckten **Praia Grande** trifft sich die Surferszene. Von der mit schicken Ferienhäusern gesäumten **Praia do Itaguaçu** führt ein Spaziergang zur Anlage des **Forte Marechal Luz**, wo man zwischen alten Kanonenrohren einen herrlichen Blick über die Bucht genießt. ⌚ Di–So 8–11.30, 13.30–17 Uhr, Eintritt R$3.

ÜBERNACHTUNG UND ESSEN

Altstadt

Kontiki Hotel, Rua Babitonga 211, ☎ 47/3444 2232, 💻 www.hotelkontiki.com.br. Nette Zimmer in bester Lage, z. T. AC und Meerblick. ❸–❹

Zibamba Hotel, Rua Fernandes Dias 27, ☎ 47/3444 2020, 💻 www.hotelzibamba.com.br. Großer Meerblick-Balkon und hübscher Poolbereich. Eigenes Fischrestaurant mit Mittagsbuffet (R$35 pauschal), abends à la carte. ⌚ tgl. 11–14.30, ab 18 Uhr. ❹

Pousada Solar da Beira, Rua Com. Cabo 95, ☎ 47/3444 5835, 💻 www.pousadasolardabeira.com.br. Komfortabel und direkt an der Uferpromenade; Restaurant. ❺–❻

Portela, Rua Babitonga 84. Restaurant mit herrlicher Lage am Wasser. Nur à la carte. ⌚ tgl. 9–24 Uhr.

Strände

Hotel Turismar, Av. Atlântica 1923, ☎ 47/3449 0060, 💻 www.hotelturismar.com.br. 27 einfache Zimmer mit und ohne Meerblick, direkt an der Praia da Enseada. Restaurant (Buffet). ❸

Hotel Porto de Paz Shantiniketan, Rua Roma 555, Praia do Itaguaçu, ☎ 47/3442 5706,

DER SÜDEN

Windsurfer vor Ibiraquera/Imbituba

www.hotelportodepaz.com.br. Sympathische, helle Zimmer, Restaurant; 100 m vom Strand; sehr gutes Preis-Leistungs-Verhältnis, Englisch. Anfahrt mit Bus *Forte* vom Zentrum (Rua Fernando Machado), 11.05, 12.10 Uhr. 5

SONSTIGES

Feste

Festilha: Der Geburtstag des Ortes (15.4.) wird Mitte/Ende April mit azorischer Küche und Folklore-Aufführungen gefeiert.

Geld

Banco do Brasil, Rua Hercílio Luz 53. Geldautomat 6–22 Uhr (alle Karten).

Informationen **Tourist Info**, Rua Babitonga 62, 47/3444 5257, www.saofranciscodosul.sc.gov.br. tgl. 8–18 Uhr.

Touren

Escuna Maraike, tgl. Bootstour (2 1/2 Std., R$20) durch die Baía da Babitonga, vorbei an 14 Inseln mit Badestopp; Abfahrt vom Pier beim Mercado Público.

TRANSPORT

Busse

Die o. g. Strände werden von lokalen Bussen angefahren (R$2,85). Haltestelle bei der Kirche N. S. da Graça (Igreja Matriz).
Die **Rodoviária Velha** ist eine Bushaltestelle (Fahrer fragen) mit Ticketbüro in der Rua Barão do Rio Branco, 47/3444 2280. Sie wird zuerst angefahren und ist der abgelegenen Rodoviária Nova vorzuziehen.
Joinville/Curitiba: Catarinense, tgl. 7.10 und 18.50 Uhr, 1 1/4 bzw. 3 1/2 Std., R$9/25; Verdes Mares, stdl. bis 21 Uhr Busse ins Stadtzentrum (C) von Joinville oder 4x tgl. zur Rodoviária (R).

Das Hinterland

Für Brasilianer ist eine Reise ins **Vale Europeu**, das „Europäische Tal", wie ein Abstecher nach Europa. Inmitten einer romantischen Mittelgebirgslandschaft liegen zahlreiche Siedlungen europäischer Einwanderer. Hier ist die Geschichte deutscher Einwanderung mit ihren Traditionen und Bräuchen bis heute lebendig. Wirtschaftliches, touristisches und kulturelles Zentrum ist **Blumenau** im Tal des Rio Itajaí.

Blumenau

Wenn es eines Beweises bedurft hätte, wie brasilianische Lebensweise und deutsche Kultur zusammenpassen, Blumenau (310 000 Einw.) wäre ein perfektes Beispiel. Hier leben deutsche Tradition und Folklore so ungebrochen fort wie nicht einmal in der früheren Heimat. **Schützenvereine** oder die *Grupo Folclórico* sind fester Bestandteil der Sozialisation der Jugend. Mehr als 20 verschiedene gibt es in Blumenau, sie tragen Namen wie *Fröhliche Jugend, Blumenstrauß* oder *Freiheitstanzgruppe*.

Erstaunlich ist, dass die Blumenauer trotz allem eine ausgeprägte brasilianische Identität besitzen. So hört man Deutsch auch nur noch selten; vielmehr ist es der visuelle Eindruck, der die Abstammung verdeutlicht: Hellhäutige, oft blonde Menschen bevölkern die gepflegten Straßen, Fachwerk prägt das Stadtbild, Hotels und Restaurants heißen *Himmelblau, Frohsinn* oder *Wunderwald*.

Im Tourismus nutzt die Stadt geschickt ihre besonderen Wurzeln aus. Bestes Beispiel ist das über die Landesgrenzen hinaus bekannte **Oktoberfest**. Dessen Entstehung hatte ganz prosaische Gründe: Wegen heftiger Überschwemmungen in den Jahren 1983 und 1984 hatte die Stadt zwei Probleme: Erstens war die Stadtkasse leer, zweitens die Stimmung der Bevölkerung im Keller. Beides sollte ein großes Volksfest nach deutschem Vorbild richten. Es zeigte sich, dass die Idee Gold wert war. Mittlerweile ist aus dem ursprünglich kleinen Stadtfest das zweitgrößte Oktoberfest der Welt geworden – nach München. 2006 hat die Stadt den **Parque Vila Germânica** eingeweiht, ein 40 000 m² großes Messegelände mit drei modernen Veranstaltungshallen inmitten der in Beton gegossenen Version eines mittelalterlichen deutschen Städtchens: Mit Fachwerk und Erkern verzierte Kneipen und Souvenirläden, in denen isolierte

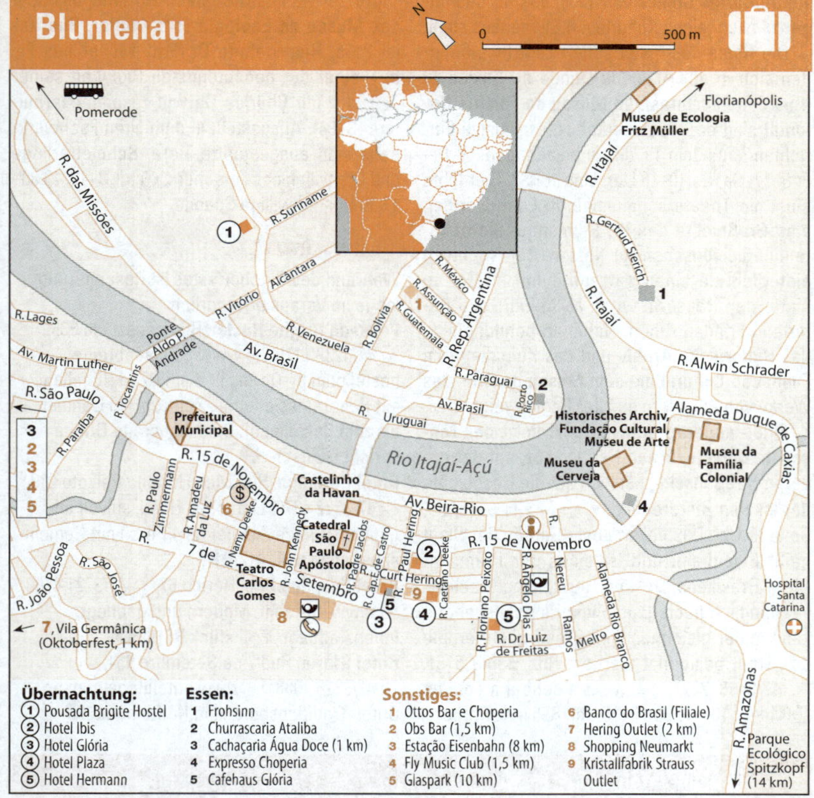

Krüge aus Aluminium verkauft werden; sie sollen dafür sorgen, dass das Bier auch bei subtropischen Temperaturen süffig bleibt. Fast 700 000 l werden davon beim Fest weggetrunken. Von den ca. 30 Blaskapellen, die für den musikalischen Part sorgen, kommen einige sogar eigens aus Deutschland angereist.

Dass das Oktoberfest 2009 mit 730 000 Besuchern zum erfolgreichsten der letzten 17 Jahre wurde, war für die Bevölkerung sehr wichtig. Wieder einmal hatte die Stadt bewiesen, dass sie sich nicht unterkriegen lässt. Knapp ein Jahr zuvor, im November 2008, war Blumenau abermals von einer Unwetterkatastrophe heimgesucht worden, 23 Bürger verloren dabei ihr Leben, Tausende wurden obdachlos.

Sehenswertes

Im Blumenau von heute gibt es nur noch wenige historische Gebäude aus der Zeit der Kolonisation. In den 1970er-Jahren wurden viele der alten Häuser abgerissen und durch „deutsche", z. T. künstlich wirkende Fassaden ersetzt.

Die zentrale Einkaufsstraße ist die **Rua 15 de Novembro**, die bis 1890 noch Wurststraße hieß. Die Hausnummer 1050 gehört einem der bekanntesten Fachwerkgebäude Blumenaus, dem **Castelinho da Havan**, eine Replik des mittelalterlichen Rathauses von Michelstadt, hier ein Kaufhaus. Gegenüber fällt die von Klemens Holzmeister entworfene, architektonisch reizvolle Bischofskirche **Catedral São Paulo Apóstolo** (1958) auf. Einen Block weiter befindet sich das

Teatro Carlos Gomes von 1939, das für das ungewöhnlich reiche Kulturleben Blumenaus steht.

Die Reste des historischen Zentrums befinden sich in der Alameda Duque de Caxias 78 (Rua das Palmeiras): Im **Museu da Familia Colonial** sind drei Fachwerkhäuser inklusive Einrichtung aus dem 19. Jh. zu besichtigen. 🕒 Di–Fr 9–17, Sa, So 10–16 Uhr, Eintritt R$3. Hier lebte einst die Theaterschauspielerin Edith Gärtner, eine Großnichte des Dr. Blumenau. Sie pflegte eine Leidenschaft für Katzen. Der Nachwelt hinterließ sie einen Katzenfriedhof im Garten hinter den Häusern, wo u. a. Schnurr und Peterle in Frieden ruhen. Nebenan befinden sich das **Historische Archiv** und das Kulturzentrum **Fundação Cultural** mit dem **Museu de Arte**, das Werke von Künstlern aus der Region zeigt.

Einen anderen Schwerpunkt setzt das **Museu da Cerveja**, Praça Hercílio Luz, auf der anderen Straßenseite, nämlich auf die Geschichte der lokalen Bierproduktion. 🕒 Mo–Fr 9–18, Sa, So 9–17 Uhr. Das bekannteste Gebräu der Stadt heißt **Eisenbahn** und ist eines der Premium-Biere Brasiliens. Dessen Herstellung – selbstverständlich nach deutschem Reinheitsgebot – kann in der gleichnamigen Brauerei außerhalb der Stadt besichtigt werden, Rua Bahia 5181, 📞 47/3488 7371, 💻 www.eisenbahn.com.br. 🕒 Mo–Fr 10–17, Sa 10–15 Uhr, R$5 inkl. Probe.

An der Hauptstraße nach Florianópolis liegt das **Museu de Ecologia Fritz Müller**, Rua Itajaí 2195. Hier wohnte Dr. Fritz Müller aus Erfurt, einer der bedeutendsten Biologen seiner Zeit, der mit Charles Darwin zusammenarbeitete (S. 94). Ausgestellt in dem alten Fachwerkhaus sind ausgestopfte Tiere, Schmetterlinge und Utensilien des Forschers. 🕒 tgl. 8–12, 13.30–17.30 Uhr, freiwillige Spende.

ÜBERNACHTUNG

Während des Oktoberfestes ist Reservierung lange im Voraus erforderlich.

Pousada Brigite Hostel, Rua Venezuela 335, 📞 47/3232 1175, 💻 www.pousadabrigitehostel.com.br. Dorms und ein DZ in Hügellage mit Panoramasicht aufs Zentrum (15 Gehmin. bis zum Castelinho). Die hilfsbereite Brigite spricht Deutsch. ❷

Hotel Hermann, Rua Mal. Floriano Peixoto 213, 📞 47/3322 4370. Einfaches Hotel, stilvoll und gepflegt. Einige Zimmer (2–4 Pers.) mit Gemeinschaftsbad, z. T. AC. ❸

Hotel Ibis, Rua Paul Hering 67, 📞 47/3221 4700, 💻 www.ibis.com. Modern und gepflegt, Innenstadtlage, Frühstück R$10. ❸

Hotel Glória, Rua 7 de Setembro 954, 📞 47/3326 1988, 💻 www.hotelgloria.com.br. Gutes Traditionshotel und Kaffeehaus. ❹

Eine deutsche Erfolgsstory

Ohne Dr. **Hermann Bruno Otto Blumenau** (1819–99) gäbe es sie nicht, die nach ihm benannte Stadt, die weit über die Landesgrenzen hinaus für deutsche Einwanderung in Brasilien steht. Der Apotheker aus Hasselfelde im Harz beschloss erstmals 1846, nach Brasilien zu fahren; bis 1848 bereiste er den Süden auf der Suche nach fruchtbarem Boden und leicht zu erschließendem Land. Seine Wunschvorstellungen fand er schließlich im Tal des Rio Itajaí erfüllt. Als **Naturfreund** war er begeistert von der Pflanzenwelt und der Schönheit der Landschaft. Blumenau gründete die Kolonie im Jahr 1850 zusammen mit weiteren 17 Kolonisten. Zu Hause rührte er kräftig weiter die Werbetrommel. Bis 1854 folgten 309 Einwanderer, zu dem Zeitpunkt gab es bereits eine Zucker- und eine Maniokmühle sowie zwei Krämerläden. Fünf Jahre später wurde schon die erste Schützengesellschaft gegründet. Zehn Jahre nach der Gründung der Kolonie ging Blumenau das Geld aus, er musste sein Projekt an die brasilianische Regierung übergeben. Er selbst blieb als **Verwalter** vor Ort. Auch in den folgenden Jahren riss der Zustrom nicht ab: 1880 zählte die Siedlung bereits 15 000 Bewohner. Die meisten Emigranten kamen aus Pommern, Holstein und Niedersachsen, später gesellten sich auch Brasilianer und Italiener hinzu. Unter ihnen waren viele Bauern, aber auch Handwerker, die aus Blumenau bald ein florierendes industrielles Zentrum machten. Bis heute schlägt hier das Herz der brasilianischen Industrien für Textilien, Porzellan und Glas.

Hotel Plaza, Rua 7 de Setembro 818, ✆ 47/3231 7000, 💻 www.plazahoteis.com.br. Die elegante alte Dame unter den Hotels der Stadt, immer noch Blumenaus Top-Haus im Zentrum z. T. neu ausgestattete Zimmer. 10 % Tax. ❻

ESSEN UND NACHTLEBEN

Wie zu erwarten, ist die regionale Küche deutsch geprägt. Typische Gerichte sind Eisbein *(Joelho de Porco)*, Kassler und gefüllte Wildente mit Rotkohl *(Marreco recheado)*.

Frohsinn, Rua Gertrud Sierich 940. Deutsche und internationale Küche, abends Klaviermusik, Blick auf die Stadt. 🕒 tgl. 11.30–0.30 Uhr.

Churrascaria Ataliba, Rua Porto Rico 77, Ponta Aguda. Sehr gutes gegrilltes Fleisch, Rodízio (R$69). 🕒 Mo–Sa 11.30–15, 19–23, So bis19 Uhr.

Cachaçaria Água Doce, Rua Carlos Rieschbieter 61, Boa Vista. Gutes Essen aus Minas Gerais; immer voll. 🕒 Mo–Fr ab 18, Sa 12–15, 18–1 Uhr.

Cafehaus Glória, Rua 7 de Setembro 934. Traditionsreiches Lokal. Mittagsbuffet (R$26, Wochenende R$36), ab 15 Uhr bestes *Café Colonial* der Stadt, ab 17 Uhr Suppenbuffet. 🕒 tgl. 8–20 Uhr.

Expresso Choperia, Rua 15 de Novembro 160. Filiale der beliebten Kneipenkette, Biergarten mit Blick auf den Fluss, Do–Sa Live-Musik oder DJs. 🕒 Mo–Sa 14–23 Uhr.

Ottos Bar e Choperia, Rua Assunção 40, Ponta Aguda. Nette Bar mit guten Bieren, sogar Alsterwasser (!), dazu Leckereien wie frittierte Sardinen, Live-Musik. 🕒 Di–Sa 18–0.30 Uhr.

Estação Eisenbahn, Rua Bahia 5181, Salto Weissbach (8 km). Uriger Schankraum mit Fenstern zur Brauerei, wo gearbeitet wird. Do spielen die „Hausmusikanten" in kurzen Lederhosen auf Akkordeon und Teufelsgeige, dazu gibt es Sachen wie Kölsch, Weizenbock oder *Lust*, ein nach dem Champagner-Prinzip hergestelltes Spezialbier. 🕒 Mo–Fr 16–24, Sa 10–2 Uhr.

Gut zum Tanzen sind:

Obs Bar, Rua Antônio da Veiga 171, Victor Konder (gegenüber der Uni). Studentisches Publikum, Mi, Fr, So Live-Shows (Pagode/Sertanejo) im angegliederten Club. 🕒 Bar Mo–Sa 11–22, So 15–22 Uhr.

Fly Music Club, Rua C. Rieschbieter 950, Victor Konder. Tanz-Treff der GLS-Szene in einer verwunschenen ehemaligen Stadtvilla mit Pool. 🕒 Fr, Sa ab 23.30 Uhr.

Knusper, knusper, Entchen ...

Im Bezirk **Vila Itoupava**, 26 km von Blumenau, bekommt man noch einen Eindruck davon, wie das Landleben in der deutschen Kolonie einmal gewesen sein muss. Hier sind die Giebelhäuschen noch nicht von Wohnblocks umzingelt, und der Bauer zieht wie weiland mit dem Ochsengespann in den Wald. Mitten im Dorf steht das winzige, mit Fachwerk verzierte **Abendbrothaus**, Rua Henrique Conrad 1194, ✆ 47/3378 1157 (reservieren), und dort gibt es nur ein einziges Gericht: gefüllte Ente mit acht verschiedenen Beilagen, darunter Kartoffelsalat, Sauerkraut, Rotkraut und Apfelmus (R$55). Das alles wird von Wirtsfamilie Jensen derart himmlisch zubereitet, dass die Adresse in ganz Brasilien als Referenz für deutsche Küche gilt. Das Haus ist nur sonntags geöffnet, und so ergeben Ente und Dorf den idealen Anlass für einen Sonntagsausflug. Anreise vom Zentrum mit Verde Vale-Bus nach *Terminal Aterro*, dort umsteigen in Bus *Vila Itoupava*. 🕒 So ab 11.30 Uhr, Weihnachten bis Mitte Feb geschl.

AKTIVITÄTEN

Parque Ecológico Spitzkopf, 14 km, ✆ 47/3336 5422. 5 Mio. m² Urwald, Wasserfälle, natürliche Schwimmbecken, Camping, Wanderwege, Aussichtspunkt auf 936 m Höhe (an klaren Tagen Sicht bis zum Meer). 🕒 tgl. 7–19 Uhr, Eintritt R$7.

Rota Turismo, Rua Dr. Nereu Ramos 1140, Gaspar, ✆ 47/3332 7472, 💻 www.rotaturismo.tur.br. Kompetente Agentur für (Rad-)Touren durch Blumenau, Pomerode und Umgebung.

SONSTIGES

Einkaufen

Blumenau ist bekannt für seine Kleider und Glas/Kristalle. Die meisten Betriebe haben

Outlets mit **Werksverkauf**, z. B. der Textilhersteller Hering, Rua Bruno Hering 1421, oder die Kristallfabrik Strauss, Rua Paul Hering 155. Handgefertigte Glaskunst der Industriedesignerin Christine aus Bayern gibt es im **Glaspark**, Rua Rudolf Roedel 147 (Salto Weissbach); Vorführungen des Glasblasens. ⌚ Mo–Fr 9–18.30, Sa 9–13 Uhr.
Shopping Neumarkt, Rua 7 de Setembro 1213. Einkaufszentrum mit Kinos. ⌚ Mo–Sa 10–22, So 14–20 Uhr.

Feste

Oktoberfest, Parque Vila Germânica, Velha, 💻 www.oktoberfestblumenau.com.br. 18 Tage Umzug und Freibier auf der Straße, immer ab Anfang Oktober. Das Messegelände, eine Art Disneyland deutscher Kultur, ist auch sonst einen Besuch wert. ⌚ tgl. 10–19 Uhr.

Geld

Banco do Brasil, Rua 15 de Novembro 1305. ⌚ Geldautomat 6–22 Uhr (alle Karten).

Informationen

Tourist Info, Rua 15 de Novembro 420, ✆ 47/3326 6931, 💻 www.blumenau.com.br. ⌚ tgl. 9–18 Uhr.

Kultur

Teatro Carlos Gomes, 💻 www.teatrocarlos gomes.com.br. Das Kammerorchester zählt zu den besten in Brasilien.

Medizinische Hilfe

Hospital Santa Catarina, Rua Amazonas 301, ✆ 47/3036 6000.

NAHVERKEHR

Busse

Es gibt in Blumenau **Stadtbusse** (R$3,05) und sog. **Vermelhinhos** (R$4), klimatisierte Minibusse ohne feste Haltestellen, Zustieg z. B. in der Rua 15 de Novembro.
Busse zwischen **Blumenau** und **Pomerode**: Catarinense, ✆ 47/3387 2403, 4x tgl., 30 Min., R$8; Volkmann, ✆ 47/3395 1400, ca. stdl. (Sa und So seltener), R$4. Zustieg bisher am besten an der Av. Beira Rio. In naher Zukunft soll der Zustieg nur noch in den städtischen Terminals *(Aterro, Fortaleza, PROEB* und *Fonte)* möglich sein.

Taxi

Central de Táxi, ✆ 47/3339 4848.

TRANSPORT

Flüge

Aeroporto Navegantes, 60 km entfernt (an der Küste), ✆ 47/3342 9200. Azul, Gol und TAM.

Busse

Rodoviária Blumenau, Rua 2 de Setembro 1222, ✆ 47/3323 3206.
Ins Zentrum ca. halbstdl. bis 23 Uhr mit Bus 605 nach *Terminal PROEB*, dort umsteigen in Bus *Fonte*.
Catarinense, ✆ 47/3323 0690, fährt nach **Balneário Camboriú** (ca. stdl., 1 1/2 Std., R$16), **Curitiba** (9x tgl. bis19.30 Uhr, 3 1/2 Std., R$37), **Florianópolis** (alle 1–2 Std. bis 21.05 Uhr, 2 1/4 Std., R$38) und **Joinville** (alle 2 Std., 1 1/2 Std., R$24–37).

Pomerode

Gepflegte Vorgärten und Wege, norddeutsche Backstein- und Fachwerk-Architektur – es wird wohl kaum jemand dem 31 km von Blumenau entfernt liegenden Städtchen den Titel der *Cidade mais alemã do Brasil*, der **deutschesten Stadt Brasiliens**, absprechen wollen. Mehr als drei Viertel der 28 000 Einwohner sind deutschstämmig, ein Großteil spricht noch Deutsch mit pommerschem Dialekt. Ab 1861 siedelten sich ihre Vorfahren aus Pommern am Rio do Testo an und gründeten Bauernhöfe. Erste Manufaktur war die Porzellanfabrik Schmidt, heute die größte Brasiliens. Aufgrund der abgeschiedenen Lage und schlechter Verkehrsverbindungen hat sich die ursprüngliche Kultur weit besser erhalten als anderswo. Hier geht es noch ein gutes Stück „deutscher" zu als in Blumenau.

Um Pomerode zu Fuß zu erkunden, sollte man etwas Zeit mitbringen, denn die Sehenswürdigkeiten liegen weit auseinander. Besser geht es mit Fahrrad oder Mietwagen. Einige historische Stätten geben Einblick in die Zeit der Einwanderung des 19. Jhs., z. B. das Restaurant **Wunderwald** (s. Essen) oder das Museum **Casa do Imigrante Carl Weege**, Rua Leopoldo Blaese 11 (außerhalb). Zu sehen sind persönliche Gegenstände eines der ersten Einwanderer. ⌚ Di–So 9–12, 13–17 Uhr.

ÜBERNACHTUNG UND ESSEN

Pousada Max, Rua 15 de Novembro 257, Centro, ✆ 47/3387 3070, 💻 www.pousadamax.com.br. 15 hübsche Apartments mit AC im Zentrum. ❸

Wunderwald, Rua Ricardo Bahr 200 (am Stadtrand, ca. 40 Min. zu Fuß). Typisch deutsche Kolonial-Küche in original kolonialem Ambiente. Die Kellner tragen folkloristische Trachten. Nebenan kann man Gästezimmer mieten ❸. ⌚ Mo–Sa 11.30–16, 18–22, So 11.30–16 Uhr.

Schroeder, Rua Luiz Abry 45, Centro. Einfacher und günstiger Mittagstisch (R$10–12). ⌚ Mo–Sa 11.30–14 Uhr.

Abends ist am meisten los im **Schornstein**, Rua Hermann Weege 60, wo man das Bier der gleichnamigen Brauerei trinken kann. Ab und zu Live-Musik (MPB, Rock). ⌚ Mi–Fr ab 18, Sa, So ab12 Uhr.

SONSTIGES

Feste

Die **Festa Pomerana** wird an 10 Tagen um den 21. Januar, dem Gründungstag der Stadt, gefeiert. Auf dem Programm stehen Wettbewerbe in „typischen Disziplinen" wie Holzhacken, Knüppelwerfen und Hau-den-Lukas. Dazu gibt es deutsche Küche und Vorführungen von Folkloregruppen.

Informationen

Tourist Info, Rua 15 de Novembro 818, Portal Sul (Stadttor Süd), ✆ 47/3387 2627, 💻 www.vemprapomerode.com.br. ⌚ tgl. 9–17 Uhr.

Touren

Rota do Enxaimel: Die „Fachwerk-Route" ist ein ca. 10 km langer Wanderweg, der durch Brasiliens größte Ansammlung kolonialer Fachwerkhäuser führt, in idyllischer Landschaft zu beiden Seiten des Rio do Testo; perfekt für einen Radausflug. Infos und Karte im Stadttor Süd, Fahrradverleih (R$2/Std.) bei Pousada Dein Haus, Rua Victor Konder 69, ✆ 47/3387 5954.

Joinville

Auch in Joinville (515 000 Einw.), der größten Stadt in Santa Catarina, erinnern Bauformen, Kultur und Bevölkerung an europäische und insbesondere **deutsche Einwanderung**. „Schuld" an dem französisch klingenden Namen war allerdings der französische Prinz François Philippe von Joinville. Er entschied sich 1843, die brasilianische Prinzessin Francisca Carolina zu ehelichen. Die Gegend um das heutige Joinville war die Mitgift dieser Eheschließung und trug ursprünglich den Namen *Dona Francisca.* Gegründet wurde die Kolonie 1851 von Einwanderern aus Deutschland, der Schweiz und Norwegen. Auf vielen Straßenschildern erinnern **doppelte Aufschriften** an diese Geschichte: So war die zentrale Rua 15 de Novembro früher der Mittelweg, die Rua 9 de Março hieß Hafenstraße und die Rua Princesa Isabel war als Ziegeleistraße bekannt. Heute ist Joinville eine moderne Industriestadt.

Im **Museu Nacional de Imigração e Colonização**, Rua Rio Branco 229, dokumentieren alte Möbel, Bilder und Werkzeuge aus dem 19. Jh. die Entwicklung der Kolonie. ⌚ Di–Fr 9–17, Sa, So 12–18 Uhr. Beheimatet ist das Museum im Prinzenpalast **Palácio dos Príncipes** (1870). Die beeindruckenden, hohen Palmen davor (1873 gepflanzt) bilden die **Rua das Palmeiras**. Ursprünglich sollte sie als Prachtstraße zur Sommerresidenz des Prinzenpaares führen, doch das Paar zog hier nie ein.

Am nächsten kommt man der Stimmung der Einwandererjahre auf dem unter Denkmalschutz stehenden Friedhof **Cemitério dos Imigrantes**, Rua 15 de Novembro 978. Er diente 1851–1913 zur Bestattung der deutschen Einwanderer und hat heute einen ganz eigenen morbiden Charme. Auf den 490 zum Teil überwucherten und verfallenen Grabsteinen sind noch die deutschen Inschriften zu erkennen. Die verrosteten schmiedeeisernen Geländer wurden einst in

Deutschland gefertigt. Das Areal wird verwaltet vom **Deutschen Kulturverein Joinville**, der hier seinen Sitz hat, ✆ 47/3433 5598. Meist ist jemand anwesend, der Deutsch spricht. ⌚ Di–Fr 8.30–12, 14–17 Uhr.

Der im Fachwerkstil erbaute **Mercado Municipal**, Praça Hercílio Luz, ist zentraler Treffpunkt der Einheimischen; hier wird im **Cantinho do Bera** Live-Musik gespielt (Do ab 21 Uhr MPB, Jazz; Sa 11–19 Uhr Samba, Chorinho). ⌚ Mo–Fr 7–18, Sa 7–14 Uhr.

DER SÜDEN

ÜBERNACHTUNG

Die meisten Hotels geben am Wochenende Rabatte.

Joinville Hostel (HI), Rua Dona Francisca 1376, Saguaçu, ✆ 47/3424 0844, 💻 www.joinvillehostel.com.br. Geräumiges Haus im alpenländischen Stil, Dorms (R$35–48) und DZ (R$80–110), 10 Gehminuten vom Zentrum. ❶–❷

Hotel Sabrina, Praça Hercílio Luz 234, ✆ 47/3433 9527, 💻 www.hotelsabrina.com.br. Einfache, gemütliche Zimmer mit Ventilator oder AC, neben dem Mercado Municipal. ❷–❸

Hotel Germânia, Rua Min. Calógeras 612, Centro, ✆ 47/3433 9886, 💻 www.hotelgermania.com.br. Moderne Architektur und ebensolche Ausstattung, Pool und Fitnessraum auf dem Dach, gutes Restaurant (à la carte). ❹

Hotel Tannenhof, Rua Visconde de Taunay 340, ✆ 47/3145 6700, 💻 www.tannenhof.com.br. Hotelhochhaus im Schwarzwald-Stil mit Tradition, schöner Blick auf die Stadt. 10 % Tax. ❺

ESSEN

Die europäischen Ursprünge sind auch in der Gastronomie spürbar. In den beiden großen **Shopping-Centern** (s. u.) kann man gut und günstig essen.

Baggio Pizzeria & Focacceria, Rua Otto Boehm 376, América. Italienisches *Cantina*-Ambiente und zivile Preise. ⌚ tgl. 18–23.30 Uhr.

Delicatessen Viktoria, Rua Felipe Schmidt 400, Centro. Leckere Kuchen, Torten und Herzhaftes, Café Colonial ab 15 Uhr. ⌚ Mo–Sa 9–20 Uhr.

Choperia Sopp, Rua Mal. Deodoro 640, América. Vielfältige Speisekarte, Schwerpunkt deutsche Küche. ⌚ Mo–Sa 18–23 Uhr.

NACHTLEBEN

Die Rua Visconde de Taunay im Viertel Atiradores ist auch bekannt als **Alameda Gastronómica**, hier reihen sich Bars, Restaurants und Tanzlokale aneinander.

Biergarten, R. Visc. de Taunay 1183. Kultige Bierkneipe mit leckeren Mahlzeiten. Kalbsbratwurst, Warsteiner und trotzdem durch und durch brasilianische Atmosphäre; Abholservice vom Hotel. ⌚ tgl. 11–2 Uhr.

Container Rock Bar, R. Visc. de Taunay 702. Rock der 80er live, am Wochenende DJs. ⌚ Di–So 18–2 Uhr, Eintritt R$5.

KULTUR

Tanz

Joinville ist der einzige Ort außerhalb Russlands mit Sitz einer Schule des Bolshoi-Balletts: **Escola do Teatro Bolshoi**, ✆ 47/3422 4070, 💻 www.escolabolshoi.com.br. ⌚ Besuch Mo–Fr 10 und 14.30 Uhr, R$3, telefonisch reservieren. Die Schule befindet sich im Veranstaltungszentrum **Centreventos Cau Hansen**, Av. José Vieira 315, América, einer modernen Arena für Theater, Shows, Sportevents und Kongresse.

Theater und Kino

Cidadela Cultural Antártica, Rua 15 de Novembro 1445, ✆ 47/3422 4174. Die stillgelegte Brauerei beherbergt Programmkino, Theatersaal und Ausstellungsräume.

TOUREN

Bootstour in der Baía de Babitonga mit der **Príncipe de Joinville**, ✆ 47/3455 4444, 💻 www.barcoprincipe.com.br. Das Schiff mit Platz für 350 Gäste, Pool und Bars fährt durch die Bucht (vorbei an 14 Inseln) und macht für 1 1/2 Std. Station in São Francisco (Badesachen mitnehmen). Abfahrt im Stadtteil Espinheiros um 10.30, Rückkehr 15 Uhr. Sa/So immer, sonst nach Nachfrage, R$128 (Mittagessen inkl.).

SONSTIGES

Feste

Festival Internacional de Dança, 💻 www.festivaldedanca.com.br. Im Centreventos Cau Hansen und in den Straßen, größtes Tanzfestival der Welt (2. Julihälfte).

Festa das Flores, traditionelles Blumenfestival (Orchideen) im November.

Geld

Banco do Brasil, Shopping Cidade das Flores; **HSBC**, Rua Jeronimo Coelho 128; ⌚ Geldautomat 6–22 Uhr.

Informationen

Tourist Info: Bei der Windmühle am Pórtico (Stadttor), Richtung BR-101; Hotline: ✆ 0800/643 5015, 💻 www.promotur.com.br.

Medizinische Hilfe

Hospital Dona Helena, Rua Blumenau 123, ✆ 47/3451 3333.

TRANSPORT

Flüge

Aeroporto Lauro Carneiro de Loyola, 10 km, ✆ 47/3417 4000. Flüge u. a. nach São Paulo, Porto Alegre, Rio, Curitiba, Floripa und Navegantes (Gol, TAM, Trip).

Busse

Rodoviária, Rua Paraíba 769, ✆ 47/3433 2991. Der Stadtbus *Rodoviária* fährt zum Terminal Correio im Zentrum (und zurück).
Catarinense fährt nach **Blumenau** (15x tgl., 1 1/2–2 Std., R$24–37), **Curitiba** (fast rund um die Uhr, 2 Std., R$22–30), **Florianópolis** (21x tgl., 2–3 Std., R$47).
São Francisco do Sul: Verdes Mares, tgl. 8.50, 12.30, 15, 17 und 18.35 Uhr, 1 1/2 Std., R$12. Auch 4x tgl. Fahrten ab Terminal Correio.

Paraná

Paraná ist der nördlichste Bundesstaat der **Região Sul**. Mit 200 000 km² entspricht seine Fläche 2,3 % Brasiliens. Dies scheint nicht viel, doch die Bedeutung des Staates ist ungleich größer. Die Hauptstadt **Curitiba** ist nicht nur eine expandierende Industriestadt, sondern v. a. als ökologische Modellstadt bekannt. Paraná ist einer der wohlhabendsten Bundesstaaten des Landes.

Neben der Industrie spielt immer noch die Landwirtschaft eine wichtige Rolle. Güter wie Kaffee und Getreide, besonders Soja, werden über Paranaguá, einen der wichtigsten Exporthäfen des Landes, verschifft. Mit dem **Staudamm von Itaipu** hat Paraná eines der größten Wasserkraftwerke der Welt und ist zentraler Stromlieferant des Landes.

An der Küste zieht sich die steil ansteigende **Serra do Mar** entlang, ein bis zu 1900 m hohes Küstengebirge, dessen Regenwälder zu den artenreichsten Naturregionen Brasiliens gehören. Touristische Hauptattraktionen sind natürlich die **Wasserfälle von Iguaçu**, dazu die **Zugfahrt** durch die Serra do Mar von Curitiba nach Paranaguá und die idyllische **Ilha do Mel**. Infos: 💻 www.turismo.pr.gov.br.

Curitiba

Die Landeshauptstadt Curitiba (1,75 Mio. Einw.) streitet sich mit Vitória um den Titel der Kapitale mit der höchsten Lebensqualität des Landes. Und das bei Lebenshaltungskosten, die um 30 % niedriger sind als die von São Paulo oder Rio de Janeiro. Curitiba hat **26 Parks**, auf jeden Einwohner kommen 55 m² Grünfläche, ein weit überdurchschnittlicher Wert.

Zudem ist Curitiba zentraler **Verkehrsknotenpunkt** mit modernem Flughafen und guten Busverbindungen. Es führen viele Wege durch diese Stadt, auch die Bahnfahrt nach Morretes, eine der Hauptattraktionen der Region.

Die Siedlungsgeschichte begann im 17. Jh. mit Goldfunden. Die Lage an wichtigen Handelswegen nach São Paulo und zum Ausfuhrhafen Paranaguá begünstigte die Entwicklung. Im 19. Jh. war es der Mate-Teeanbau, im 20. Jh. der Kaffee-Boom, der für Wachstumsschübe sorgte.

In der ersten Hälfte des 19. Jhs. begann die Einwanderung **europäischer Siedler**. Deutsche kamen ab 1833, später Immigranten aus Italien, Polen und der Ukraine. 1912 wurde die Bundesuniversität von Paraná gegründet, die erste brasilianische Universität überhaupt. Seitdem prägt eine rege Studentenszene das kulturelle Leben der Stadt. Mit der Gründung einer „Cidade Industrial de Curitiba" begann der Aufstieg zum modernen **Wirtschaftszentrum**.

Sehenswertes

Viele Sehenswürdigkeiten haben montags Ruhetag, so auch die **Linha Turismo**, ein zwischen den wichtigsten Bauwerken, Parks und Stadtregionen verkehrender Spezialbus (2 1/2 Std., alle 30 Min., R$27, Zustieg an beliebiger Haltestelle). Da die Attraktionen zum Teil weit auseinander liegen, ist dies eine der besten Möglichkeiten, Curitiba kennen zu lernen. Als zentraler Einstiegspunkt bietet sich die Haltestelle auf der Praça Tiradentes an. ⌚ Di–So 9–17.30 Uhr.

Einen Stadtrundgang beginnt man am besten an der **Praça Tiradentes** bei der **Catedral Basílica Menor de N. S. da Luz**, die 1893 in neogotischem Stil erbaut wurde. Die Gebäude des historischen Zentrums liegen rund um die Plätze **Largo da Ordem** und **Praça Garibaldi**, gleichzeitig das Ausgehviertel.

Es lohnt sich, einen Blick in die beiden Kirchen **N. S. Rosário** und **Igreja da Ordem** (1737), die älteste Kirche der Stadt, zu werfen. Ein paar hundert Meter entfernt liegt das lohnenswerte **Museu Paranaense,** Rua Kellers 289. Das kleine Stadtpalais, ehemaliger Regierungssitz, bietet Reliquien und Informationen über die Geschichte von Paraná. ⌚ Mo–Fr 9–17, Sa, So 11–15 Uhr, Eintritt R$2.

Die **Rua das Flores** (Blumenstraße) – eigentlich **Rua 15 de Novembro** – war Brasiliens erste Fußgängerzone. An ihrem östlichen Ende, an der **Praça Santos Andrade**, stehen sich zwei bedeutende Bauwerke gegenüber: Die **Universität von Paraná** und das **Teatro Guaíra**, eine der renommiertesten Bühnen Brasiliens (Programm: ✆ 41/ 3304 7999, 💻 www.tguaira.pr.gov.br). Am anderen Ende der Rua das Flores befindet sich die **Praça Osório**, ein gepflegter Innenstadtplatz.

Das **Museu Oscar Niemeyer**, Rua Marechal Hermes 999, 💻 www.museuoscarniemeyer.org.br, liegt im Nordosten der Stadt und ist am besten mit der Linha Turismo zu erreichen. Das aufgrund seiner Form *Olho* (Auge) genannte Museum und seine Ausstellungen sind einen Besuch wert. ⌚ Di–So 10–17.30 Uhr, Eintritt R$4.

Orientierung und Sicherheit

Hat man die Fußgängerzone **Rua 15 de Novembro** (Rua das Flores) gefunden, fällt die Orientierung leicht. Eine Parallelstraße nördlich liegt die zentrale **Praça Tiradentes**, hier befindet sich die **Kathedrale**, dahinter das Altstadtviertel um den **Largo da Ordem**. Einige Sehenswürdigkeiten, darunter die bekanntesten **Parks** und das **Museu Oscar Niemeyer**, liegen weiter außerhalb.

Wie in allen Großstädten Brasiliens ist auch in Curitiba nach 22 Uhr im Zentrum Vorsicht geboten, wenn kaum noch jemand unterwegs ist. Die Rua das Flores wird jedoch von Kameras überwacht und gilt auch nachts als sicher.

Parks

Die Parks wurden in erster Linie geschaffen, um dem Ideal einer menschengerechten Stadt näher zu kommen. Doch mit den unversiegelten Arealen und künstlichen Seen wird gleichzeitig dem Überschwemmungsrisiko entgegengewirkt. Einige der Grünanlagen wurden als Themenparks angelegt. Alle hier beschriebenen Parks sind durch die Linha Turismo miteinander verbunden.

Der **Jardim Botânico** bietet Aussicht auf die Skyline von Curitiba. Das prächtige Gewächshaus von 1851, das ein wenig dem Londoner Crystal Palace ähnelt, gehört zu den meist fotografierten Motiven der Stadt. Lohnende Ausstellungen (⌚ Di–So 9–17 Uhr) wie *A Revolta* des polnisch-brasilianischen Künstlers Frans Krajcberg, der mit vom Feuer zerstörten Bäumen arbeitet, runden den Besuch ab. ⌚ tgl. 6–20 Uhr.

Im **Parque das Pedreiras** ist die Hauptattraktion die als Theater dienende **Ópera de Arame**, eine auffällige Kunststoff-Stahl-Konstruktion in idyllischer Lage in einem ehemaligen Steinbruch. Gleich nebenan liegt eine in die Natur eingebettete Open-Air-Bühne für große Konzerte im Steinbruch Paulo Leminski, benannt nach Curitibas anarchischem Poeten. ⌚ Di–So 8–22 Uhr.

Curitiba

Der **Parque Barigüi** ist der belebteste Park der Stadt mit Automuseum und einem See, in dem angeblich ein Alligator zuhause sein soll. Falls das stimmt, hat das schlaue Tier einen Logenplatz sicher beim Public-Viewing der WM-Spiele. Vom Park aus sieht man von weitem den **Torre Panorámica Mercês**, einen 110 m hohen Aussichtsturm mit Rundblick auf Curitiba. 🕒 Di–So 10–19 Uhr, Eintritt R$4.

Der **Passeio Público** im Stadtzentrum ist der ehemalige Botanische Garten aus dem 19. Jh., heute ältester Park Curitibas (mit Mini-Zoo). 🕒 Di–So 6–20 Uhr.

ÜBERNACHTUNG

Curitibas Aufstieg zur Business-Stadt wird deutlich am großen Angebot an Hotels der gehobenen Preisklasse. Doch auch günstige

Häuser gibt es ausreichend. Wer die Stadt erkunden möchte, ist im Zentrum am besten aufgehoben. Wer schnell nach Paranaguá oder zur Ilha do Mel weiterreisen will, mag die Nähe zur Rodoviária suchen. Die Hotels dort liegen aber an lauten Verkehrsadern.

Roma Hostel (HI), Rua Barão do Rio Branco 805, Centro, ✆ 41/3224 2117, 🖳 www.hostelroma.com.br. Frisch renoviertes Hostel mit geräumigem Innenhof in zentraler Lage beim Shopping Estação, Dorms und DZ. ❷

Knock Knock Hostel (HoLa), Rua Des. Isaías Beviláqua 262, ✆ 41/3152 6259, 🖳 www.knockhostel.com. Das mit Geschmack eingerichtete Haus liegt in ruhiger Wohngegend, 15 Gehmin. vom Largo da Ordem; geräumige 4–7er-Dorms und ein DZ mit Bad. Wäscherei. ❷–❹

€ **Hotel Ibis Budget**, Rua Mariano Torres 927, nur ein Sprung bis zur Rodoferroviária, ✆ 41/3218 3838, 🖳 www.ibis.com. Funktional und sehr günstig. Frühstück R$10, WLAN R$3/Tag. ❷

San Juan Executive Hotel, Av. 7 de Setembro 2516, ✆ 0800/415 505, 🖳 www.sanjuanhoteis.com.br. Komfortables Businesshotel in der Nähe des Busbahnhofs. ❹

Apart Hotel Paraty, Rua Riachuelo 30, ✆ 41/3223 1355, Centro, 🖳 www.hotelparati.com.br. Einige der hellen, sauberen Zimmer haben Küche und Blick auf die Praça Generoso Marques. Reservieren. ❷

L'Avenue Apart Hotel, Rua 15 de Novembro 526A, ✆ 41/3222 5525, 🖳 www.lavenueaparthotel.com.br. Freundliches Hotel mit sehr

Müll, der kein „Müll" ist: Curitiba, die Ökohauptstadt Brasiliens

Curitiba hat zweifellos ähnliche Probleme wie andere brasilianische Großstädte – aber gleichzeitig die intelligenteren Antworten. Kaum eine Stadt in Brasilien hat sich seit den 1960er-Jahren so explosionsartig entwickelt. Während sie 1965 kaum 500 000 Einwohner zählte, sind es heute fast 1,8 Mio. Zur Steuerung dieses Wachstums wurde 1965 das „Institut für Forschung und Planung" gegründet, das mit neuen und oft ungewöhnlichen Programmen ein umwelt- und sozialorientiertes Stadtmanagement betreibt. Zu Recht hat Curitiba dafür viele Auszeichnungen bekommen, wie 1990 den Umweltpreis der Uno oder 1996 den World Habitat Award.

Bis heute genießt Curitiba den Ruf einer *Capital Ecológica*, also einer **Ökohauptstadt** Brasiliens. Als erste Stadt des Landes erhob sie Umweltschutz zum Leitthema ihrer Kommunalpolitik. Es war eine Initiative des charismatischen früheren Bürgermeisters Jaime Lerner, als 1972 die erste Fußgängerzone einer brasilianischen Landeshauptstadt eingerichtet wurde. Zunächst gegen den Protest vieler Autofahrer, doch Lerner fand ein überzeugendes Mittel: Man ließ eine Kinderschar in der Fußgängerzone spielen und malen, eine Tradition, die sich bis heute erhalten hat. 1992 wurde die **Universidade Livre do Meio Ambiente**, eine „freie Umweltuniversität" zur Erforschung und Vermittlung umweltschonender Entwicklung eröffnet.

Einen Schwerpunkt setzen die Stadtplaner auf Mülltrennung und Wertstoffsammlung. Das Programm *„compra do lixo"* (Müllankauf) richtet sich v. a. an die unteren Schichten: An mehr als 50 Stellen der Stadt kann vorsortierter Hausmüll gegen Lebensmittel eingetauscht werden, mittlerweile ein fester Posten im Haushaltsplan vieler Familien.

Wichtigste Errungenschaft jedoch ist das **Nahverkehrssystem**. Die Grundlagen wurden 1974 gelegt, als man Sonderspuren für Expressbusse (BRT) einrichtete. Heute ist die ganze Stadt inklusive der peripheren Armenviertel in ein dichtes Netz mit hoher Nutzungsrate eingebunden. Die futuristisch anmutenden gläsernen Röhren der Bushaltestellen fallen sofort ins Auge.

Verkehrstechnisch ist Curitiba somit die am besten auf die Fußball-WM vorbereitete Stadt. Das Bus-Rapid-Transit-System dient diversen anderen Austragungsorten als Modell. In der **Arena da Baixada**, zuvor schon eines der modernsten Fußballstadien des Landes, werden nach einem 67 Mio. € teuren Um-/Ausbau zum Mehrzweckstadion vier Spiele der WM 2014 ausgetragen. Die Spielstätte des Vereins Atlético Paranaense liegt fußgängerfreundlich am Rande der Innenstadt im Viertel Água Verde.

gutem Preis-Leistungs-Verhältnis, zentral in der Fußgängerzone, geräumige Apartments mit Küche, leckeres Frühstück. ❸

Hotel Ibis Centro Cívico, Rua Mateus Leme 358, ✆ 41/3324 0469, 💻 www.ibis.com. Etwas teurer als die Budget-Schwester, im Regierungs- und Verwaltungsbezirk der Stadt gelegen. Frühstück und WLAN extra (s. o.). ❸

Pestana Hotel, Rua Comendador Araújo 499, im Ausgehviertel Batel, ✆ 41/3017 9900, 💻 www.pestana.com. Eines der Top-Hotels in Curitiba, luxuriöse Zimmer, Spa mit Stadtblick, großer Pool. 15 % Tax. ❼–❽

ESSEN

Gourmets kommen in Curitiba voll auf ihre Kosten. Die meisten Restaurants befinden sich im Zentrum und in den anschließenden Vierteln Batel und Alto da XV.

Costelão Alto da XV, Rua Marechal Deodoro 1805, Alto da XV. Die sehr günstigen *Costelões* sind eine Tradition in der Stadt. Hier gibt es rund um die Uhr frisch geröstete Rinderrippchen im Rodízio-System, dazu Reis, Bohnen, Polenta und Salate. 🕒 tgl. 24 Std.

Batel Grill, Av. N. S. Aparecida 78, Batel. Beste Churrascaria der Stadt, Rodízio mit 20 Fleischarten zu erschwinglichen Preisen. 🕒 Di–Fr 11.30–15, 19–23.30, Sa, So 11.30–16, 19–23 Uhr.

Schwarzwald Bar do Alemão, Largo da Ordem, Centro. Eine Institution seit 1979 in der Altstadt. Der Eigentümer ist kein Deutscher, trotzdem herrscht Schwarzwaldhaus-Atmosphäre. Ob Bockwurst, Spätzle oder *Torta Floresta Negra* (Schwarzwälder Kirsch), die Portionen sind groß, das Bier vom Fass. 🕒 tgl. 11–2 Uhr.

€ **Mikado**, Rua São Francisco 126, Centro. Makrobiotisches Buffet mit orientalisch inspirierter Küche zum Festpreis (R$13). 🕒 Mo–Sa 11–14.30 Uhr.

Nonna Giovanna, Rua São Francisco 134, Centro. Angenehm unprätentiöse *Cantina* mit italienischen Nudel- und Fleisch-Basics. 🕒 Mo–Fr 11–14.30, Sa bis 15.30 Uhr.

Taisho, Rua Comendador Araújo 1066, Batel. Japanisches Restaurant mit Rodízio, d. h. Sushi satt für R$56. 🕒 tgl. 11.30–14.30, 19–24 Uhr.

Estrela da Terra, Rua Jaime Reis 176, Centro. Spezialität des Hauses ist das traditionelle Fleischgericht *Barreado*, das in verschiedenen Variationen (auch vegetarisch) zubereitet wird. Am So großes Buffet. 🕒 Di–Do 11–22, Fr, Sa bis 24, So bis 17 Uhr.

Forneria Copacabana, Rua Itupava 1155, Alto da XV. Modernes Ambiente, moderne Küche, mittlere Preise. 🕒 Mo–Sa 19–24 Uhr.

Essen im Gourmet-Viertel

Viele Curitibanos gehen mit Vorliebe und meist sonntags im italienisch geprägten Stadtteil **Santa Felicidade** essen (7 km vom Zentrum, wird von der Linha Turismo angefahren). Die meisten Restaurants liegen an der Hauptstraße Av. Manoel Ribas. Eines davon, das **Madalosso** (Nr. 5875), gilt schon wegen seiner schieren Größe als Attraktion, es bietet 4500 Plätze und Nudel-Rodízio. 🕒 tgl. 11.30–15.30, 19–23 Uhr.

Cafés

Café do Paço, Praça Generoso Marques 189. Das Jugendstil-Ambiente im historischen Rathaus passt hervorragend zu Kaffee und Kuchen. 🕒 Mo–Fr 10–21, Sa 10–18, So 11–17 Uhr.

Caffè Metrópolis, Al. Dr. Carlos de Carvalho 1148. Man sitzt bei Kaffee, Snacks oder Bier unter der Markise und lässt das Stadtleben an sich vorbeiziehen. 🕒 Di–Sa 12–22, So 13–20.30 Uhr.

NACHTLEBEN

Das Nachtleben ist auf den ersten Blick unübersichtlich. Um es zu vereinfachen: Man trifft sich v. a. in zwei Gegenden, rund um das Altstadtviertel **Largo da Ordem** sowie in **Batel**. An der Av. Batel und der parallelen Alameda Dom Pedro II reihen sich schicke Bars und Restaurants Tür an Tür, „sehen und gesehen werden" lautet die Devise. Die Kneipen in der Altstadt sind hingegen der Ort, um in angenehmer Abendatmosphäre ein Bierchen zu trinken und zu klönen. Die **Bar do Alemão** (s. Essen) ist ein beliebter Treffpunkt.

Für Tanz und Party sind folgende Orte Kult:

Jokers, Rua São Francisco 164, Centro. Angesagte Mischung aus Café, Restaurant,

Pub und Club. Di/Mi Live-Musik (MPB, Jazz, Samba), Do–Sa heizt ein DJ auf der kleinen Tanzfläche unter dem Dach ein (House, Black Music, Disco). ⌚ Di–Sa ab 19 Uhr.

Vox, Rua Barão do Rio Branco 418, Centro, 💻 www.voxbar.com.br. Die Nummer 1 zum Tanzen bis zum Morgengrauen. ⌚ Mi–Sa ab 20 Uhr, Eintritt ab R$25.

Aos Democratas, Rua Doutor Pedrosa 485, Batel. Die demokratischen Fundamente dieser Einrichtung: Samba (live), Bier und Fußball auf Monitoren und Großbild-Leinwand. ⌚ Mo–Fr 18–1.30, Sa 12–3.30, So 15–24 Uhr.

EINKAUFEN

Einkaufszentren

Shopping Mueller, Av. Cândido de Abreu 127. Das wohl beste Shopping der Stadt.

Shopping Estação, Av. 7 de Setembro 2775. Ein Besuch lohnt sich v. a. wegen des dortigen **Museu Ferroviário** (Eisenbahnmuseum), der ehemalige Bahnhof ist in das Einkaufszentrum integriert. ⌚ Di–Sa 10–18, So 11–19 Uhr.

Märkte

Feira de Artesanato, Largo da Ordem, 💻 www.feiradolargo.com.br. Mischung aus Kunsthandwerks-, Antiquitäten- und Flohmarkt im historischen Zentrum, traditionell am So Vormittag. ⌚ So 9–14 Uhr.

Mercado Municipal, Rua 7 de Setembro 1875 (gegenüber Rodoferroviária). ⌚ Di–Sa 7–18, So, Mo 7–13 Uhr.

TOUREN

Zugfahrt

Nach **Paranaguá** bzw. **Morretes** verkehren zwei Züge: der normale **Trem** und der luxuriöse **Litorina** (mit AC, Getränkeservice, zweisprachigen Führern und Panoramafenstern). Der Trem hat 3 Klassen, **Económica** ist am günstigsten (nur Transport, kein Service; Karten vorher besorgen!).

Fahrplan **Trem**: ab Curitiba tgl. 8.15 Uhr, Ankunft in Morretes 11.15; Económica R$57, Turística R$74, Executivo R$107.

Fahrplan **Litorina**: ab Curitiba Sa 9.15, So 7.30 Uhr, Ankunft in Morretes 12.15/10.30 Uhr (So auch bis Paranaguá 12.30 Uhr); Normal R$188, Luxo R$270.

Die Rückfahrt (13.30 Uhr ab Paranaguá, ab Morretes 15, Sa, So 16 Uhr) ist günstiger, kann aber auch mit dem Kleinbus (Van) erfolgen, R$40. Mit HI-Card 15 % Ermäßigung (außer auf Económica).

Abfahrt und Ticket-Verkauf an der Bahnstation **Estação Ferroviária** (Rückseite der Rodoviária), ✆ 41/3888 3488, 💻 www.serraverdeexpress.com.br. ⌚ Mo–Sa 7–18.30, So 7–12 Uhr.

Eine Bahnfahrt durch den Urwald

Dichter Dschungel, Seen und Wasserfälle, bedrohliche Schluchten: Alles wirkt ein wenig unwirklich so nah an der Großstadt Curitiba. Der Zug dieselt mit 20–30 km/h durch die atemberaubende Landschaft, wie in einem Film zieht die Regenwaldnatur am Fenster vorbei. Alle paar hundert Meter hupt die Lokomotive, als ob sie wilde Tiere verscheuchen müsste. Im Minutentakt eröffnen sich Aussichten in die weiten Täler der Serra do Mar. Schwindelerregend geht es über 30 filigran wirkende Brücken und durch 14 Tunnel. An den attraktivsten Stellen fährt die Bahn besonders langsam oder hält an. Glück hat, wer einen klaren Tag erwischt, denn bei Regen und Nebel kann man vieles nur erahnen.

Der Bau der 110 km langen Bahnstrecke wurde teuer bezahlt. Nachdem Kaiser Dom Pedro II. 1875 sein Plazet gegeben hatte, ging es 1880 in drei Teilabschnitten los. Bis zur Einweihung 1885 ließen 5000 Arbeiter ihr Leben, viele gaben nach kurzer Zeit auf, obwohl Höchstlöhne gezahlt wurden. Die Endstation des Trem ist derzeit das malerisch gelegene Städtchen **Morretes**. Bis hier ist auch der spektakulärere Teil der Bahnfahrt (wer links sitzt, hat die schöneren Aussichten). Nur der Litorina fährt sonntags weiter bis **Paranaguá**. **Marumbi**, zwischen Curitiba und Morretes, ist ein guter Ausgangspunkt für Wanderungen durch die Serra do Mar.

Curitiba by bike

Ein Rad-Ritt *light* durch mehrere Stadtparks ist die Gelegenheit, Curitiba aktiv kennen zu lernen. Geführte 3-stündige Touren mit Rad und Ausrüstung (Helm etc.) bietet **Gondwana** (s. u.) für R$80/1 Pers., R$50/ab 2 Pers.

Tagesausflug

Wer genug von der Großstadt hat, für den ist ein Tagesausflug nach **Ponta Grossa** in die Natur des **Parque Estadual de Vila Velha** genau das Richtige (früh losfahren). Zu bewundern ist hier eine „Stein-Stadt": ausgewaschene, bizarre Felstürme, deren Entstehungsgeschichte 350 Mio. Jahre zurückreicht. Ab dem Besucherzentrum sorgt ein Kleinbus für den Transport zu den Parksektoren. Dort sind drei verschiedene Wanderungen möglich. Der Park hat eine gute Infrastruktur (Badesachen mitnehmen). Der Bus aus Curitiba (s. Transport) hält beim Park. ◷ Mi–Mo 8.30–15.30 Uhr, Eintritt R$25.

Wandern

Der **Parque Estadual Marumbi** ist ein Paradies für Wanderfreunde, erreichbar auch mit dem Zug ab Curitiba: Ausstieg an der Bahnstation Marumbi, wo es auch Informationen und Karten gibt. Die gut ausgeschilderten Wanderwege tragen Namen (z. B. **Graciosa**, **Itupava**) und waren bis zum 18. Jh. die einzige Verbindung des Hochlandes mit der Küste. Heute sind sie v. a. aufgrund der Aussichten und des Reichtums an Flora und Fauna attraktiv. Es besteht die Möglichkeit, kostenlos im Park zu campen, ansonsten kann man in Morretes übernachten. Infos und geführte Wanderungen bieten:

Gondwana Brasil Ecoturismo, Av. República Argentina 369, ✆ 41/3566 6339, 💻 www.gondwanabrasil.com.br. Engagiert und kompetent, mit deutsch- und englischsprachigen Guides, spezialisiert auf die Küste von Paraná und Ilha do Mel. ◷ Mo–Fr 9–12, 14–18 Uhr.

Calango Expedições (S. 181, Morretes).

SONSTIGES

Feste

Oficina de Música, Konzerte mit klassischer Musik und MPB in Theatern, Parks und Shoppings im Januar.

Festival de Teatro, 💻 www.festivaldecuritiba.com.br. Größtes Theaterfestival des Landes, 2. Märzhälfte (11 Tage).

Virada Cultural, 💻 www.fundacaoculturaldecuritiba.com.br. Nach dem Vorbild von São Paulo 24 Std. nonstop Veranstaltungen in der Stadt (Nov).

Geld

Banco do Brasil, Av. Marechal Floriano Peixoto 30, Praça Tiradentes. ◷ Geldautomat 6–22 Uhr.

Informationen

Tourist Info (24 Std.), ✆ 41/3352 8000, 💻 www.turismo.curitiba.pr.gov.br, guiacuritiba.com.br. An den Infokiosken gute Stadtpläne: **Rodoferroviária**, ◷ tgl. 8–18 Uhr; **Flughafen**, ◷ tgl. 7–23 Uhr; **Rua 24 Horas**, ◷ tgl. 9–19 Uhr.

Internet

Rua 24 Horas: In der Passage zwischen Rua Visc. do Rio Branco und Av. Visc. de Nacar 1430 gibt es Internet, Geldautomaten, Läden, Fastfood und Tourist Info. Trotz des Namens nur ◷ tgl. 9–22 Uhr.

Medizinische Hilfe

Hospital Santa Cruz, Av. Batel 1889, ✆ 41/3312 3000.

NAHVERKEHR

Busse

Curitiba ist zu Recht stolz auf sein Nahverkehrssystem. Eine Besonderheit sind die röhrenförmigen Haltestellen, in denen man auch die Tickets kauft (R$2,85). Größter Umsteigebahnhof ist die **Praça Rui Barbosa**, weitere zentrale Haltestelle die **Praça Tiradentes**. In sog. Terminals kann man umsteigen, ohne neu zu zahlen. Praktisch sind die weißen **„Circular Centro"**-Busse, die auf Handzeichen halten (verkehren nicht am Wochenende).

Von der **Rodoferroviária** ins Zentrum: Bus mit Aufschrift „Circular Centro" (R$1,60), Haltestelle gegenüber Busbahnhof (schräg rechts).

Flughafentransport: Am einfachsten mit dem klimatisierten Aeroporto Executivo-Bus (alle 20 Min., bis 23.30 Uhr, R$10), er fährt vom Flughafen zur Rodoferroviária und den wichtigsten Punkten der Innenstadt (u. a. Shopping Estação, Teatro Guaíra), und zurück. Ebenfalls zur Rodoferroviária kommt man mit einem normalen Stadtbus, Abfahrt von der „Röhre" neben dem Parkplatz.

Taxi

Vom Zentrum zum Flughafen ab R$50, zum Busbahnhof R$15. Alle Fahrzeuge haben orangene Farbe.

TRANSPORT

Flüge

Aeroporto Internacional Afonso Pena, ✆ 41/3381 1515, 18 km außerhalb.
Fluggesellschaften: **Avianca**, ✆ 41/3381 1355; **Azul**, ✆ 41/3381 1713; **Gol**, ✆ 41/3381 1735; **TAM**, ✆ 41/3381 1559; **Trip**, ✆ 41/3381 1710.

Busse

Die 1972 am Rand des Zentrums erbaute **Rodoferroviária**, ✆ 41/3320 3000, vereint Bus und Eisenbahn und präsentiert sich nach gründlicher Modernisierung ab 2014 in altbewährter Form von zwei parallelen Achsen. Über den der Innenstadt zugewandten Trakt *(Interestadual)* wird der Fernverkehr (auch Foz do Iguaçu) abgewickelt. Von der rückwärtigen Achse, wo auch der Zugbahnhof liegt, startet man zur Küste und zu anderen Zielen in Paraná *(Estadual)*.
Florianópolis: Catarinense, ✆ 41/4002 4700, ca. stdl. bis 23.15 Uhr, 4–5 Std., *Convencional* R$50, *Executivo* R$71.
Foz do Iguaçu: Catarinense, 9x tgl., 8–11 Std., R$127–232 *(Leito)*.
Morretes: Graciosa, ✆ 41/3223 0873, 8x tgl. bis 23 Uhr, 1 1/2 Std., R$18. Bus um 9 Uhr fährt über die Estrada da Graciosa bis Paranaguá.
Paranaguá: Graciosa, stdl. bis 23.15 Uhr, 1 1/2 Std., R$23.
Ponta Grossa: Princesa dos Campos, ✆ 0800/421 000, tgl. 7.45, 8.15, 9.45 und 10.30 Uhr, 1 1/2 Std., R$30.
Pontal do Sul: Graciosa, 5x tgl. von 7.30 bis 20.45 Uhr, 2 Std., R$28.
Porto Alegre: Pluma, ✆ 41/3223 3641, tgl. 9, 19.30 und 21 Uhr, 11 Std., R$113–164 *(Leito)*; Penha, ✆ 0800/646 2122, tgl. 7.30 und 22 Uhr, R$104.
Rio de Janeiro: Penha, tgl. 20.15 und 23.30 Uhr; Itapemirim, ✆ 0800/723 2121, tgl. 20.15 Uhr; 13 Std., R$135–249 *(Leito)*.
São Paulo: Itapemirim und Cometa, ✆ 41/4004 9600, 34x tgl. bis 24 Uhr, 6 Std., R$67–119.

Östlich von Curitiba

Morretes

Der Kolonialort Morretes (16 000 Einw.) wurde 1733 von Jesuiten gegründet, sein Name leitet sich von der Lage inmitten von Hügeln (port. *morro*) ab. Das ansonsten ruhige Städtchen füllt sich an den Wochenenden mit Ausflüglern, die hier durch die gut erhaltene und malerisch am Rio Nhundiaquara gelegene Altstadt flanieren und zum Essen *(Barreado)* einkehren. Hauptgeschäftsstraße ist die **Rua 15 de Novembro**.

Außer den beiden Kirchen **Igreja São Benedito** und **Igreja Matriz de N. S. do Porto** (beide 18. Jh.) gibt es wenig zu besichtigen, aber es ist die entspannte Atmosphäre, die einen Besuch lohnenswert macht. Zudem ist Morretes aufgrund seiner Lage idealer Ausgangspunkt für Wanderungen in die **Serra do Mar**. Deshalb findet man die interessanteren Pousadas auch 6 km vom Zentrum entfernt um die Siedlung **Porto de Cima**, am Fuße des Marumbi-Massivs. Hier bieten sich weitere Freizeitmöglichkeiten wie Rafting und das damit verwandte *Bóia-Cross* (s. Aktivitäten).

Eine schöne Tagestour führt in das verträumte Nachbarörtchen **Antonina**, ehemals eine bedeutsame Hafenstadt aus der Hochzeit des Mate-Anbaus. Die Uferpromenade und Kolonialhäuser laden zum Bummeln ein.

ÜBERNACHTUNG

Pousada Dona Laura, Rua Rômulo Pereira 53, Centro, ✆ 41/3462 1100, 💻 www.morretes.com.br/donalaura. Hinter der Fassade eines Kolonialhauses verbirgt sich eine geschmackvoll ausgebaute Pension. Geräumige Zimmer mit Ventilator. ❹

Cabanas do Curupira, Estrada da Graciosa KM 29,5, ✆ 41/9998 9255, 💻 www.cabanasdocurupira.50megs.com. Inmitten von viel Dschungel zwischen Morretes und Antonina betreiben die Deutsche Lucca-Maria und ihr Mann Luis ihre kleine Pousada mit nur drei liebevoll ausgestatteten Chalês. Feines Frühstück, Gemeinschaftsküche. Geführte Touren durch den Urwald. Kostenlose Abholung in Morretes bis 13.30 Uhr. Kein Internet. ❷

Pousada Dona Siroba, Praça Com. Macedo, Porto de Cima, ✆ 41/3462 1522, 💻 www.pousadadonasiroba.com.br. Schöne Lage neben der Dorfkirche, einfache Zimmer und Chalês mit Küche. Camping möglich. Ausflugslokal mit günstigen Regionalgerichten (🕒 tgl. 11–21 Uhr). Kein Internet. ❶–❸

Pousada do Oásis, Estrada das Prainhas, Porto de Cima, ✆ 41/3462 1888, 💻 www.pousadadooasis.com.br. Saubere und adrette Zimmer und Chalês (z. T. mit Küche), auf Wunsch wird man von Besitzerin Noiran bekocht. ❸–❺

ESSEN

Wer nach Morretes kommt (und nicht Vegetarier ist), sollte unbedingt **Barreado** probieren, die kulinarische Attraktion der Region mit 200 Jahre alter Tradition: ein deftiges Gericht aus Rindfleisch, Tomaten, Knoblauch und Zwiebeln. Die Zutaten müssen 10 Std. köcheln, serviert wird alles mit Maniokmehl, Bananen und Orangenscheiben. Hinterher bietet sich ein Glas **Cachaça** mit Bananengeschmack an, eine weitere Spezialität aus Morretes (alternativ ein Mittagsschläfchen).

Armazém Romanus, Rua Visconde do Rio Branco 141. Bekannt für leichten Barreado (mageres Fleisch) sowie *Balas de Banana*, eine Nascherei aus reiner Banane. 🕒 Mo–Sa 11–15, Fr, Sa 19–22, So 11–18 Uhr.

Villa Morretes, Rua Alm. Frederico de Oliveira 155. Jenseits der Metallbrücke, schöne Terrasse am Fluss, verschiedene Arten von Barreado, z. B. mit Fisch und Krabben. 🕒 Mi–Mo 11–16 Uhr.

AKTIVITÄTEN

Bóia-Cross

Lustige Flussfahrt: In einem aufgeblasenen Reifenschlauch geht's den den Rio Nhundiaquara hinunter, der durch Morretes fließt. Ausgangspunkt ist in Porto de Cima. Die **Pousada do Oásis** sowie Ibrahim von der **Pousada Itupava**, am Anfang der Estrada das Prainhas, ✆ 41/3462 1925, 💻 www.itupava.com.br, vermieten Ausrüstung und fahren einen zum Startpunkt (Transfer, Reifen, Helm, Schutzweste R$20 p. P.). Die Abfahrt (3 km) dauert 1–2 Std., ist aber nicht bei jedem Wasserstand möglich.

Touranbieter

Calango Expedições, Praça Rocha Pombo (im Bahnhof), ✆ 41/3462 2600, 💻 www.calangoexpedicoes.com.br. Das junge Team ist spezialisiert auf Ökotourismus, u. a. Radtouren und Wanderungen auf alten Kolonialwegen; auch Verleih von Camping-Ausrüstung und Fahrrädern (Mountainbikes R$10/Std., R$50/Tag). 🕒 tgl. 9–18 Uhr.

SONSTIGES

Geld

Banco do Brasil, Rua 15 de Novembro 198. 🕒 Geldautomat 6–22 Uhr (alle Karten).

Informationen

Tourist Info, Rua Rômulo Pereira (gegenüber Post). 🕒 tgl. 8–12, 13–17 Uhr.

TRANSPORT

Von Curitiba durchquert man die **Serra do Mar** mit ihren atemberaubenden Ausblicken. Es lohnt sich, dies über die **Estrada da Graciosa** zu tun, entweder über die beschriebene Bahnstrecke oder mit Auto bzw. Bus. Auf einem Tagesausflug lässt sich dies gut verbinden, z. B. indem man morgens den Zug nimmt und nachmittags mit dem Bus zurückfährt.

Busse

Die **Rodoviária** liegt 5 Gehmin. südlich (rechts) des Bahnhofs.

Stadtbusse von Viação Porto fahren um 8, 13.30 und 17.30 Uhr nach **Porto de Cima** (*São João Graciosa*).

Graciosa, ✆ 41/3462 1115, fährt nach **Antonina** (ca. stdl. bis 21.50 Uhr, 30–45 Min., R$4,50), **Curitiba** (10x tgl. bis 21 Uhr, um 15 Uhr via Estrada da Graciosa, 1 1/2 Std., R$15), **Paranaguá** (ca. stdl. bis 21.25 Uhr, 1 Std., R$4,50).

DER SÜDEN

Paranaguá

Für viele ist Paranaguá (141 000 Einw.) nur das Sprungbrett zur **Ilha do Mel**. Es lohnt sich aber, ein paar Stunden zur Besichtigung einzuplanen, immerhin ist dies die älteste Stadt des Bundesstaates (17. Jh.). Der Reichtum früherer Tage war dem bedeutenden Hafen zu verdanken, von dem heute jedoch in der Innenstadt nichts mehr zu bemerken ist, er wurde in die Bucht ausgelagert.

Alle Sehenswürdigkeiten sind leicht zu Fuß erreichbar und auch schnell zu erkunden. Vom Busbahnhof sind es nur einige wenige hundert Meter zum Rio Itiberê und damit zur Uferpromenade **Rua da Praia** (eigentlich Rua General Carneiro), mit der das historische Zentrum beginnt. Nicht zu verfehlen ist das alte **Jesuiten-Kolleg**, ein festungsartiger Bau aus dem 18. Jh., in dem das sehenswerte **Museu de Arqueologia e Etnologia** untergebracht ist, Rua 15 de Novembro 575. ⌚ Di–Fr 9–12, 13–18, Sa, So 12–18 Uhr.

Kurz dahinter liegt der **Mercado Municipal do Café** (Ende 19. Jh.), in dessen Architektur sich Stilelemente von Klassizismus und Jugendstil vermischen und wo in spartanischen Küchen Meeresfrüchte und einfache Mahlzeiten garen. Gegenüber steht der im Neo-Renaissance-Stil erbaute **Mercado do Artesanato**, der ehemalige Fischmarkt, heute ein Ort für Kunsthandwerk und Souvenirs. ⌚ tgl. 9–18 Uhr.

Paranaguá hat einige interessante Kirchen, allen voran die **Catedral Basílica N. S. do Rosário** (1578), Rua Marechal Deodoro. Sie war die erste Kirche in Paraná und ist heute Bischofskirche der Diözese Paranaguá.

Der 1885 eingeweihte Bahnhof **Estação Ferroviária** ist Startpunkt der historischen Bahnstrecke nach Curitiba (öffnet nur an Sonntagen zur Abfahrt des Zuges).

ÜBERNACHTUNG UND ESSEN

Hostel Continente (HI), Rua General Carneiro 300, ✆ 41/3423 3224, 💻 www.hostelcontinente.com.br. In perfekter Lage gegenüber dem Anleger zur Ilha do Mel, DZ, EZ und Dorms (AC oder Ventilator). ❷
Camboa Resort, ✆ 41/3420 5200, 💻 www.hoptelcamboa.com.br. Ferienhotel, leider etwas verlottert, mit großem Pool und Freizeitanlagen, nahe Altstadt und Fluss. ❻
Danúbio Azul, Rua 15 de Novembro 95. Große Auswahl an Meeresfrüchten, abends auch Pizza, Flussblick. ⌚ tgl. 11–15, Mo–Sa 19–24 Uhr.

SONSTIGES

Geld

Banco do Brasil, Largo Cônego Alcindino 27. Geldautomat 6–22 Uhr (alle Karten).

Informationen

Fumtur, ✆ 41/3420 2940. Infokiosk beim Busbahnhof. ⌚ tgl. 9–18 Uhr.

Medizinische Hilfe

Hospital Paranaguá, Rua Nestor Victor 222, ✆ 41/3423 3466.

TRANSPORT

Busse

Rodoviária, ✆ 41/3420 2925, 5 Min. von den Schiffsanlegern.
Graciosa, ✆ 41/3423 1215, fährt tgl. nach **Curitiba** (viele Busse, bis 23 Uhr, 1 1/2 Std., R$20) und **Morretes** (ca. stdl. bis 23.15 Uhr, 1 Std., R$4,50).
Joinville: Graciosa, tgl. 6 und 15.45 Uhr, 3 1/2 Std. R$21.
Pontal do Sul: Graciosa und Marumbi, ca. stdl. bis 23.20 Uhr, 1 1/2 Std., R$4,50.

Boote

Boote der Gesellschaft **Abaline**, ✆ 41/3455 2616, fahren zur **Ilha do Mel**, tgl. 9.30 und 15.30 Uhr, R$32 (Hin- u. Rückfahrt). Im Sommer verkehren tgl. bis zu 6 Boote, am besten schon bei der Ankunft Abfahrtszeiten erfragen (Büro an der Uferpromenade beim Schiffsanleger).

Ilha do Mel

Vorsicht, diese Insel zerstört Reisepläne! Aus zwei Tagen werden hier leicht zwei Wochen. Keine Autos, keine Motorräder, noch nicht einmal Straßen gibt es. Dafür fast überall unberührte Natur. Wahrscheinlich wird sich hier auch in den nächsten Jahrzehnten wenig verändern, denn der größte Teil der Insel steht unter Naturschutz, und für den Rest gibt es strenge Auflagen. Auch müssen alle Besucher eine Umwelttaxe von R$3 entrichten. Wer kann, sollte die Hauptsaison (Sommer) meiden. Wer Pech hat, wird dann nicht einmal mehr auf die Insel gelassen: Nur maximal 5000 Touristen sind erlaubt.

Die Ilha do Mel hat einen großen unbewohnten Teil im Norden und einen kleineren bewohnten im Süden mit den beiden Siedlungen **Brasília** und **Encantadas**. Verbunden sind sie durch einen dünnen Sandstrand von gerade mal 20 m Breite (1980 waren es noch 130 m).

Am besten lässt sich die Insel von **Brasília** oder **Vila do Farol** aus erkunden. Die Alternative ist die **Praia das Encantadas** ganz im Süden, dort gibt es zahlreiche Strandbars und ein intensives Nachtleben, außerdem kann man malerische Sonnenuntergänge genießen. Zum Schwimmen ist der Strand allerdings nicht empfohlen.

Die **Gruta das Encantadas** ist nur wenige Gehminuten von der Praia das Encantadas entfernt. Sie ist der Sage nach vielen Seemännern zum Verhängnis geworden. Angelockt vom unwiderstehlichen Gesang der Nixen, die in der Grotte gewohnt haben sollen, seien zahlreiche Schiffe gesunken. Heute geht von ihr lediglich eine Gefahr für Touristen aus, die auf den glitschigen Steinen ausrutschen.

Die Hauptsehenswürdigkeiten der Insel sind der Leuchtturm **Farol das Conchas** (ein sehr romantischer Ort zum Sonnenuntergang!) sowie das alte Fort **Fortaleza N. S. dos Prazeres**. Der Leuchtturm wurde 1872 größtenteils in Glasgow gefertigt und per Schiff nach Brasilien transportiert, noch heute weist er der Seefahrt den richtigen Weg. Das Fort ist eine große Befestigungsanlage von 1767, gebaut zur Verteidigung der Bucht von Paranaguá. Von hier aus führt ein kurzer Weg auf den **Morro da Baleia**, von dem man einen schönen Blick über den nördlichen Teil der Insel hat. Das Inland dieses Teils ist ein ökologisches Reservat und darf nicht betreten werden.

Ilha do Mel – Blick auf die Praia Grande

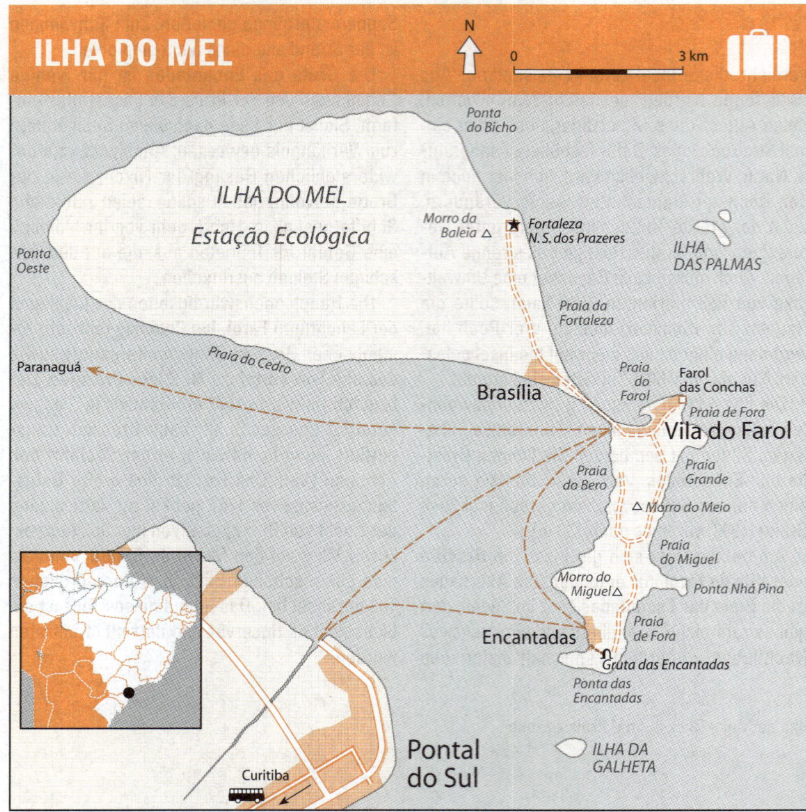

Die beiden wichtigsten Utensilien für die Insel sind eine Taschenlampe, um sich in der Dunkelheit zurecht zu finden, sowie Insektenschutz (evtl. Moskitonetz).

ÜBERNACHTUNG

Außerhalb der Sommermonate findet man immer problemlos eine Unterkunft. Im Mittelteil der Insel, rund um **Brasília** und **Vila do Farol**, findet sich die größte Auswahl an Pousadas (von „günstig“ bis „Luxus“) und man hat die beste Ausgangsposition, um die Insel zu erkunden. Die Inselregion um das Örtchen **Fortaleza** wird jedes Frühjahr (v. a. Nov) von einer Rossbremsenplage heimgesucht und ist dann nur unter Vorbehalt zu genießen. Von **Encantadas** aus ist der Norden der Insel schwerer erreichbar, dafür gibt es viele Bars und Restaurants. Da es keine Straßen gibt, haben die Pousadas auch keine richtigen Adressen. Zur besseren Orientierung sind hier die Entfernungen zum jeweiligen Bootssteg angegeben. Dort trifft man auch auf hilfsbereite *Carreteiros*, die für R$20 mit ihren Karren das Gepäck müder Reisender in jeden Winkel der Insel schaffen.

Vila do Farol / Praia Grande

Pousada Marimar do Farol, am Anfang des Caminho do Farol (250 m), ✆ 41/3426 8032, 💻 www.hostelmarimarilhadomel.com.br. Hostelartige Pension, kleine hübsche Zimmer und Dorms. ❷

Ilha do Mel Hostel, ✆ 41/3426 8065, Caminho do Farol (800 m) beim Restaurant Mar e Sol, 🖳 www.ilhadomelhostel.com. Nur zwei DZ, charmant eingerichtet. Am gleichen Ort fungiert das **Ilha do Mel Café** als beliebter Inseltreff mit Bücherbörse, Internet, Cappuccino und feinen Kuchen (⏲ tgl. 9–22 Uhr). ❹

Pousada das Meninas, Caminho do Farol (500 m), ✆ 41/3426 8023, 🖳 www.pousadadasmeninas.com.br. Ohne Zweifel ein Highlight der Insel. Verspielt eingerichtete Zimmer und Chalês. Kommunikativ gestaltete Aufenthaltsbereiche, optimal, um andere Reisende kennen zu lernen. Auf Wunsch kocht Eigentümerin Suzi lecker mit Bio-Zutaten. Reservieren. ❹–❺

Pousada Enseada das Conchas, abseits vom Weg in der Nähe des Leuchtturms (800 m), ✆ 41/3426 8040, 🖳 www.pousadaenseada.com.br. Ruhige Unterkunft, familiäre Atmosphäre, 4 an Feng Shui orientierte Zimmer; leckeres Frühstück mit selbstgebackenem Brot. ❺

Pousada das Gêmeas, Weg zur Praia de Fora (900 m), ✆ 41/3426 8106. Die Zwillingsschwestern Sílvia und Simone vermieten 6 Zimmer zum Wohlfühlen (mit Ventilator und AC). ❻

Pousada Astral da Ilha, versteckt in ruhiger Lage hinter der Praia de Fora beim Leuchtturm (800 m), ✆ 41/3426 8196, 🖳 www.astraldailha.com.br. Liebevoll thematisch eingerichtete Suiten und Chalês. Vielseitiges Restaurant (Sushi, Risottos, Meeresfrüchte). ❻–❽

Grajagan Surf Resort, Praia Grande (1,2 km), ✆ 41/3426 8043, 🖳 www.grajagan.com.br. Nicht nur für Surfer ein Genuss. Nur ein paar Schritte vom Strand, herrlich eingebettet in die Vegetation. Einige Zimmer mit unglaublichem Meerblick. ❻–❽

Praia das Encantadas

Hostel Marimar Encantadas (HI), 100 m vom Anleger, ✆ 41/3426 9052, 🖳 www.hostelmarimarilhadomel.com.br. Strandbar und schönes HI-Hostel in einem. ❸

Pousada Fim da Trilha, 180 m, ✆ 41/3426 9017, 🖳 www.fimdatrilha.com.br. Schöne Zimmer mit AC und TV. Zu der Pousada gehört das beste Restaurant des Südteils der Insel: spanisch-brasilianische Küche (Spezialität Paella und Moqueca). ⏲ Sommer tgl. 12–16, 20–22.30 Uhr, sonst nur, wenn auch Gäste in der Pousada sind. ❻

Pousada Estrela do Mar, 150 m, ✆ 41/3426 9013, 🖳 www.pousadaestreladomar.com.br. Durchdachtes Öko-Konzept: Regenwassernutzung, Abwasseraufbereitung, Solarenergie, Mülltrennung und Kompostierung; saubere Zimmer mit TV und AC, beliebt bei Gruppen und Familien. Abholen vom Festland möglich. ❻

ESSEN

Viele Pousadas haben Restaurants, die im Allgemeinen für jeden offen sind. Empfehlenswert: **Astral da Ilha** (Farol), **Fim da Trilha** und **Estrela do Mar** (beide Encantadas).

Beliebter Treffpunkt in der Nähe des Leuchtturms in Vila do Farol ist das **Mar e Sol**, wo man gut und günstig isst. ⏲ tgl. 11–22 Uhr.

NACHTLEBEN

Gelegentlich könnte man denken, man ist im Nordosten Brasiliens, denn Forró, der typische Tanz dieser Region, ist sehr beliebt auf der Ilha do Mel (regelmäßige Partys).

Im **Toca do Abutre**, Vila do Farol (Nähe Bootssteg), trifft man sich abends bei Live-Musik oder Kulturprogramm. ⏲ tgl. 9–23 Uhr.

In Encantadas konzentriert sich das Nachtleben in den zahlreichen Strandbars.

AKTIVITÄTEN

Radfahren

Der Norden der Insel lässt sich schön mit dem Fahrrad entlang einsamer Strände umrunden. Zu Fuß ist die Tour nur für Ambitionierte empfehlenswert (mind. 5–6 Std. einplanen), am besten mit Guide. Wichtig: Gezeiten beachten, Wasser und Insektenschutz mitnehmen.

Surfen

Die besten Wellen gibt es an der Ostküste, v. a. an der Praia Grande und der Praia de Fora.

Wandern

Die Insel eignet sich hervorragend für ausgedehnte Wanderungen. Von Brasília bis zum Fort braucht man 1/2–1 Std., bis Praia Grande ist es ein Katzensprung (15 Min.), bis zum Leuchtturm 30 Min., bis zur Gruta das Encantadas sollte man mind. 2 Std. einplanen. Wer nicht zurück laufen möchte oder wenn die Flut den Weg versperrt: Von der Praia das Encantadas fahren Boote nach Brasília/Vila do Farol.

SONSTIGES

Fahrradverleih

Bikes for Rent, Vila do Farol (neben der Toca de Abutre im Laden Pura Vida), ✆ 41/3426 8138, R$45/Tag. ⌚ tgl. 8–20 Uhr.

Geld

Unbedingt mit Bargeld anreisen, es gibt keinen Geldautomaten auf der Insel.

Informationen

Touristeninfos gibt's am Bootsanleger (Vila do Farol), oder gleich dahinter (Encantadas). Wenn sie nicht besetzt sind, helfen die freundlichen Inselbewohner weiter. ⌚ Do–Di 9–12, 14–19 Uhr. 💻 www.ilhadomel.net.

Medizinische Hilfe

Posto de Saúde de Nova Brasília, ✆ 41/3426 8003. Ambulanz mit Apotheke wenige Meter vom Bootssteg.

Posto de Saúde de Encantadas, ✆ 41/3426 9002.

TRANSPORT

Anfahrt per Boot ab Paranaguá oder Pontal do Sul (zu beiden Orten mit Bus ab Curitiba). Schneller geht es über Pontal do Sul (2 Std. Bus, 1/2 Std. Boot), von hier setzen Boote im Stundentakt (am Wochenende halbstdl.) zur Insel über. Die Busfahrt nach Paranaguá ist zwar 40 Min. kürzer, dafür dauert die Überfahrt (nur 2x tgl.) wesentlich länger (2 Std.). Die Boote von Paranaguá fahren erst nach Brasília/Vila do Farol und dann weiter nach Encantadas.

Boote

Für Verwirrung unter Besuchern sorgt oft die Tatsache, dass als Destination der Schiffe zwar Brasília angegeben ist, der Anleger sich jedoch beim Teilort **Vila do Farol** befindet. Brasília an sich liegt ein paar hundert Meter weiter nördlich jenseits des schmalen Isthmus aus Sand, der die beiden Inselteile verbindet.

In Brasília/Vila do Farol gibt es **Bootstaxis**, die ab R$20 flexibel verschiedene Ziele auf der Insel ansteuern (z. B. nach Encantadas oder zum Fort).

Nach **Pontal do Sul**: Abaline, ✆ 41/3455 2616, stdl. bis 19 Uhr (Sommer halbstdl.), 30 Min., R$25 (Hin- und Rückfahrt).

Nach **Paranaguá**: Abaline, 2x tgl., 2 Std., R$30 (Hin- und Rückfahrt).

Busse

Ab **Pontal do Sul/Hafen** (Abfahrtstelle und Ticketbüro nur ein paar Schritte hinter dem Schiffsanleger):

Curitiba: Graciosa, ✆ 41/3455 1341, 5x tgl. bis 20.15 Uhr, 2 Std., R$24. Abfahrt auch ab Rodoviária (2 km). Kauf der Fahrkarte im Bus ist nicht möglich.

Paranaguá: Graciosa und Marumbi, ca. stdl. bis 21.30 Uhr, 1 1/2 Std., R$4,50.

Foz do Iguaçu und Umgebung

„Paradise really exists", mit diesem Slogan wirbt die Stadt Foz do Iguaçu auf Tourismusmessen; wer einmal hier war, ist geneigt dem zuzustimmen. Gemeint ist allerdings die Hauptattraktion, die weltbekannten Wasserfälle von Iguaçu: **„Cataratas"** auf Portugiesisch.

Klima und Reisezeit

Die Region um Foz do Iguaçu hat subtropisches Klima mit sehr hoher Luftfeuchtigkeit. Die durchschnittliche Temperatur beträgt 14 °C im Winter und 26 °C im Sommer, an heißen Tagen steigt das Thermometer leicht über 40 °C, im Winter kann es auf deutlich unter 10 °C fallen. Ein Besuch ist dennoch das ganze Jahr möglich. Zu empfehlen ist insgesamt der brasilianische Sommer (Dez–März), denn dann führt der Rio Iguaçu mehr Wasser und die Fälle sind noch beeindruckender.

Im Gepäck sollte neben Sonnencreme unbedingt auch Insektenschutz sein. Durch das feuchte Klima gibt es viele Moskitos, was insbesondere bei Wanderungen durch den Urwald unangenehm werden kann.

An heißen Tagen sollte man zudem Badesachen mitnehmen, an kühleren Regenschutz, da bei den Wasserfällen immer mit Spritzwasser zu rechnen ist.

Foz do Iguaçu

Die Stadt selbst (256 000 Einw.) ist recht unspektakulär. Der Trend der letzten Jahrzehnte, in denen Foz sich zu einer Art Brückenkopf für aus Paraguay eingeschmuggelte Waren und Piraterieprodukte aufblähte, und täglich von Tausenden von Schnäppchenjägern aus ganz Brasilien überrannt wurde, hat sich inzwischen auf ein erträgliches Maß eingependelt. Heute bietet sich die Stadt wieder verstärkt als Ausgangspunkt zu den Attraktionen der Umgebung an: die brasilianische und argentinische Seite der **Wasserfälle** sowie der **Staudamm Itaipu**.

Foz do Iguaçu liegt im Dreiländereck Brasilien – Paraguay – Argentinien. Die Nachbarstädte heißen **Ciudad del Este** (Paraguay) und **Puerto Iguazú** (Argentinien). Der Bau des Staudamms von Itaipu, ein brasilianisch-paraguayisches Gemeinschaftsprojekt, löste für beide Städte einen Entwicklungsschub aus.

Orientierung

Die **Avenida Jorge Schimmelpfeng**, benannt nach dem ersten Bürgermeister der Stadt, ist die Straße fürs Nachtleben. Von ihr geht die **Avenida Brasil** ab, die zentrale Shoppingmeile. Die meisten Busse fahren über die parallel verlaufende Verkehrsader Avenida Juscelino Kubitschek (abgekürzt „JK", gesprochen „Schottaka"). An ihrem nördlichen Ende liegt der zentrale Busbahnhof für den Nahverkehr, der Terminal de Transporte Urbano (TTU).

ÜBERNACHTUNG

Foz do Iguaçu kann sich über Besuchermangel nicht beklagen. Für die meisten der zahlreichen Hotels muss man daher etwas tiefer in die Tasche greifen. Es gibt aber auch gute Hostels.

Hostels

€ **Hostel Paudimar Campestre** (HI), Rodovia das Cataratas, KM 12,5, ✆ 45/3529 6061, www.paudimar.com.br. Fern der Stadt, dafür nahe Flughafen und nicht weit von den Wasserfällen. Weitflächige Anlage mit Fußballplatz, Bar am Pool. 6–8er-Dorms, DZ und freundliche Chalês, auch Camping möglich (R$20). Anreise mit Taxi oder Stadtbus ab TTU *(Parque Nacional)*, vom Flughafen mit Bus *Centro* die Hauptstraße entlang. Im Viertel Remanso Grande (gegenüber Hotel San Juan) Umstieg in einen Shuttlebus, der ca. halbstdl. zum Hostel fährt. Gäste, die hier Touren buchen (z. B. Macuco Safari), bekommen Ermäßigung. ❶–❸

Hostel Paudimar Falls (HI), Rua Antonio Raposo 820, ✆ 45/3028 5503, www.paudimarfalls.com.br. Kleiner als das Campestre-Hostel, aber ebenso mit Pool und Bar, Dorms und DZ. Zentrale Lage, Internet gratis. Beide Hostels organisieren Bustickets nach Buenos Aires und bieten günstige Touren zur argentinischen Seite der Wasserfälle an. ❶–❷

Hostel Katharina House, Rua Tarobá 952, ✆ 45/3572 0303, www.katharinahouse.com.br. 12er-Dorms und DZ unter chilenischer Führung, coole Bar, in sicherer Gegend nahe TTU. ❶–❷

Iguassu Guest House, Rua Naipi 1019, ✆ 45/3029 0242, www.iguassuguesthouse.com.br. Großzügige 4–8er-Dorms und DZ(mit und ohne Bad), Café und Pool. 5 Min. vom TTU. ❷

Hotels und Pousadas

€ **Pousada Evelina**, Rua Irlan Kalichewski 171,Vila Yolanda, ✆ 45/3574 3817, www.pousadaevelina.com.br. Gemütliche Pousada in ruhiger Wohngegend, 10 Min. vom Zentrum. Grüner Innenhof, Pool, Küche. Die 23 Zimmer sind sauber und günstig. Gutes Frühstück, Wäscheservice (R$12/kg), Buchung von Bussen und Flügen, Organisation aller Wasserfall-Touren. Anfahrt vom TTU mit Bus *Parque Nacional* bis eine Haltestelle vor Supermercado Chemin, dann zweite Straße rechts. ❸

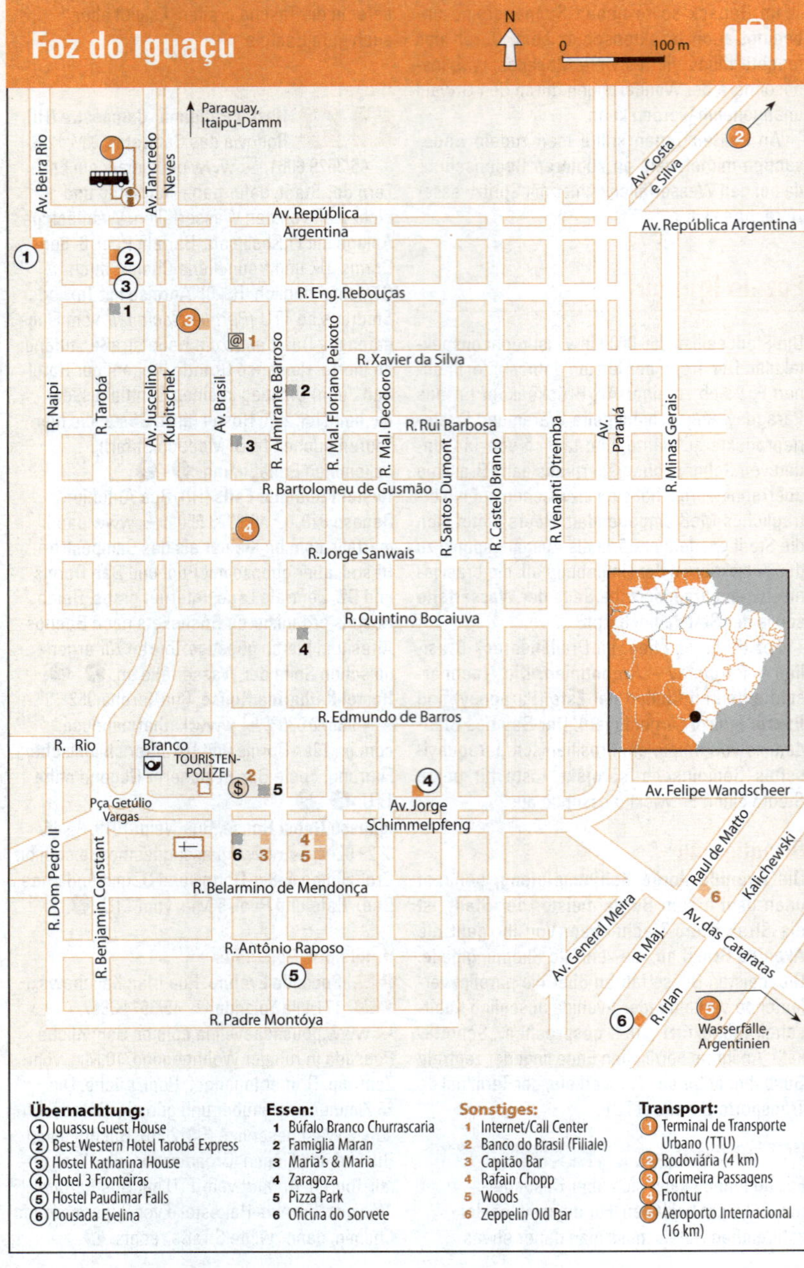
Foz do Iguaçu
N
0
100 m
Paraguay, Itaipu-Damm
Av. Beira Rio
Av. Tancredo Neves
Av. Costa e Silva
Av. República Argentina
Av. República Argentina
R. Eng. Rebouças
R. Xavier da Silva
R. Naipi
R. Tarobá
Av. Juscelino Kubitschek
Av. Brasil
R. Almirante Barroso
R. Mal. Floriano Peixoto
R. Mal. Deodoro
R. Rui Barbosa
R. Santos Dumont
R. Castelo Branco
R. Venanti Otremba
Av. Paraná
R. Minas Gerais
R. Bartolomeu de Gusmão
R. Jorge Sanwais
R. Quintino Bocaiuva
R. Edmundo de Barros
R. Rio Branco
TOURISTEN-POLIZEI
Pça Getúlio Vargas
Av. Jorge Schimmelpfeng
Av. Felipe Wandscheer
Raul de Matto
Kalichewski
R. Dom Pedro II
R. Benjamin Constant
R. Belarmino de Mendonça
Av. General Meira
R. Maj.
Av. das Cataratas
R. Antônio Raposo
R. Irlan
R. Padre Montóya
Wasserfälle, Argentinien
Übernachtung:
1 Iguassu Guest House
2 Best Western Hotel Tarobá Express
3 Hostel Katharina House
4 Hotel 3 Fronteiras
5 Hostel Paudimar Falls
6 Pousada Evelina
Essen:
1 Búfalo Branco Churrascaria
2 Famiglia Maran
3 Maria's & Maria
4 Zaragoza
5 Pizza Park
6 Oficina do Sorvete
Sonstiges:
1 Internet/Call Center
2 Banco do Brasil (Filiale)
3 Capitão Bar
4 Rafain Chopp
5 Woods
6 Zeppelin Old Bar
Transport:
1 Terminal de Transporte Urbano (TTU)
2 Rodoviária (4 km)
3 Corimeira Passagens
4 Frontur
5 Aeroporto Internacional (16 km)

Hotel 3 Fronteiras, Av. Jorge Schimmelpfeng 605, ✆ 45/3523 1521, 💻 www.hotel3fronteiras.com.br. Mitten im Nachtleben. Einfache Zimmer mit AC, Kabel-TV und WLAN R$4/Tag, R$10/Woche. ❹

Best Western Hotel Tarobá Express, Rua Tarobá 1048, ✆ 45/2102 7770, 💻 www.hoteltarobafoz.com.br. Modernes Haus mit komfortablen Zimmern, Dachterrasse mit Pool und Sauna. Bestes Preis-Leistungs-Verhältnis im Zentrum. Verkehrsgünstige Lage beim Stadtbusterminal (dennoch ruhig). ❺

San Martin Hotel & Resort, Rodovia das Cataratas, KM 21, ✆ 45/3521 8088, 💻 www.hotelsanmartin.com.br. Sehr günstige Lage: zwar weit vom Zentrum, aber nur ein paar Schritte vom Eingang zum brasilianischen Nationalpark sowie gleich neben dem Vogelpark. Man kann den ersten Besuchstag somit leicht selbständig ohne Guide/Taxi bewältigen. Die gepflegte, eingeschossige Hotelanlage beherbergt charmante Zimmer und einen üppig grünen Park mit Pool. Restaurant mittags à la carte, abends Buffet (Festpreis). Gratis Abholservice vom Flughafen nach Voranmeldung. ❻–❽

Hotel das Cataratas, Parque Nacional do Iguaçu, ✆ 45/2102 7000, 💻 www.hoteldascataratas.com.br. Die Nobelherberge in zartrosa Kolonialarchitektur ist das einzige Hotel innerhalb des Parks. Die Lage bei den Wasserfällen ist unschlagbar, Komfort, Dekoration und Service sind exzellent. Das Hotel ist weit mehr als eine bloße Basis für Ausflüge zu den Wasserfällen, Gäste sollten sich auch Zeit nehmen, um die herrliche Anlage (besonders den Pool!) zu genießen. Zwar teuer, doch fraglos ein Highlight jeder Brasilien-Reise (am günstigsten sind die Kategorien Superior und Luxo, ab ca. R$790, alle Zimmer mit Frühbucherrabatt). 13 % Tax. ❽

ESSEN

Foz ist nicht gerade bekannt für gastronomische Raffinesse, nach Lust und Laune günstig essen ist hier die Devise.

Búfalo Branco Churrascaria, Rua Eng. Rebouças 530. Hervorragendes Grillhaus, Rodízio (R$53). 🕒 tgl. 12–23 Uhr.

Pizza Park, Rua Alm. Barroso 993. Mehr als 30 Pizzas, Fleisch, Fisch und Pasta, riesige Portionen, günstige Preise. 🕒 tgl. 17–2 Uhr.

Zaragoza, Rua Quintino Bocaiuva 882. Spanische Küche und ein zartes *Bife de Chorizo* (Sirloin-Steak auf argentinische Art). 🕒 tgl. 11.30–15, 19–24 Uhr.

Marias & Maria, Av. Brasil 505. Konditorei-Café mit Kilo-Mittagsbuffet (11–15 Uhr), danach Buffet mit Kuchen und Snacks. 🕒 Mo–Sa 7.30–21, So 9–20 Uhr.

Famiglia Maran, Rua Alm. Barroso 1968. Rund um die Uhr geöffnetes, modernes Café-Restaurant: Kuchen, Sandwiches, leckere Säfte, Kilo-Buffet, abends auch á la carte. 🕒 tgl. 11.30–14.30, 19.30–22.30 Uhr.

Oficina do Sorvete, Av. Jorge Schimmelpfeng 244. Traditionsreiches Eiscafé mit 48 leckeren Sorten. Besonders beliebt: *doce de leite*. 🕒 tgl. 12–24 Uhr.

NACHTLEBEN

Das Nachtleben konzentriert sich auf die Bars in der Av. Jorge Schimmelpfeng. Angesagt ist die **Capitão Bar** (Nr. 288), jede Nacht voll und bekannt für verführerische Cocktails wie La-Cu-Karacha (serviert in einer Ananas). 🕒 Mo–Sa ab 16, So ab 15 Uhr. Einen Block weiter spielt sich Ähnliches ab im **Rafain Chopp** (Nr. 157). 🕒 tgl. ab 17 Uhr. Gleich dahinter trifft sich die Clubszene zu später Stunde im **Woods**. 🕒 Fr, Sa ab 23 Uhr. Etwas abseits liegt die **Zeppelin Old Bar**, Rua Major Raul de Matos 222 (Nähe Pousada Evelina), für die Liebhaber aller Spielarten des Rock (live und Konserve). 🕒 Di–Sa ab 20 Uhr.

TOUREN

Viele Touranbieter machen ihr Geld mit Transfers zu den Wasserfällen und zum Staudamm Itaipu. Die Preise unterscheiden sich sehr; hier sollte man auf jeden Fall vergleichen oder – um noch mehr zu sparen – gleich auf eigene Faust losziehen. Sowohl die **brasilianische Seite** der Fälle als auch **Itaipu** sind einfach mit öffentlichen Verkehrsmitteln zu erreichen, die **argentinische Seite** ist etwas komplizierter. Die Hostels bieten günstige Tagesausflüge an (z. B. argentinische Seite R$95 inkl. Eintritt).

Fahrt zur argentinischen Seite

Zu den Wasserfällen auf der argentinischen Seite nimmt man Bus *Puerto Iguazú* bis zur Grenze (halbstdl. ab Rua Mem de Sá neben TTU, R$4, Pass mitnehmen!). Wegen der Einreiseformalitäten muss man ggf. von dort mit dem nächsten Bus weiterfahren; vom Busbahnhof in Puerto Iguazú fahren Busse zu den Wasserfällen. Die gesamte Fahrt kann bis zu 2 Std. dauern. Wichtig: Falls man nicht am selben Tag wieder zurückfahren möchte, muss man die bei der Einreise nach Brasilien erhaltene **Cartão de Entrada** vorlegen (sonst Geldstrafe).

SONSTIGES

Geld

Banco do Brasil, Av. Brasil 1377.
Geldautomaten auch in der Rodoviária, im Flughafen und im Besucherzentrum Parks.

Informationen

Secretaria de Turismo, Av. das Cataratas 2330, Vila Yolanda, ✆ 45/2105 8100, 0800/451 516, 💻 www.iguassu.com.br. 🕒 tgl. 7–23 Uhr.
Informationskioske: **Stadtbusbahnhof TTU**, ✆ 45/3523 7901, 🕒 tgl. 8–18 Uhr; **Flughafen**, ✆ 45/3521 4276, 🕒 tgl. 8–20 Uhr; **Rodoviária**, ✆ 45/3901 3575, 🕒 tgl. 7–18 Uhr.
Informationen zum brasilianischen Nationalpark: ✆ 45/3521 4400, 💻 www.cataratasdoiguacu.com.br; zum argentinischen: ✆ +54/03757/491 469, 💻 www.iguazuargentina.com.

Internet und Telefon

Internet/Call Center, Av. Brasil 315.
🕒 Mo–Fr 9–20, Sa 8.30–12Uhr.

Medizinische Hilfe

Hospital Ministro Costa Cavalcanti, ✆ 45/3576 8000.

Reisebüro

Frontur, Av. Brasil 735. Kompetentes englischsprachiges Reisebüro, auch Geldwechsel.
🕒 Mo–Fr 9–18, Sa 9–12 Uhr.

Touristenpolizei

Delegacia do Turista, Av. Brasil 1374, ✆ 45/3523 3036. 🕒 Mo–Fr 9–12, 14–18 Uhr.

NAHVERKEHR

Außer der Rodoviária (für Fernbusse) gibt es noch einen Busbahnhof für Nahverkehr, den **Terminal de Transporte Urbano (TTU)** (beim Umsteigen hier nicht neu zahlen). Busse zu allen Attraktionen fahren im oder beim TTU ab, Richtung Flughafen / brasilianischer Nationalpark kann man auch an der Av. J. Kubitschek / Av. J. Schimmelpfeng zusteigen (Einzelfahrt R$2,90).
Zum **Flughafen** und zu den **Wasserfällen** (brasilianische Seite): Bus Nr. *120-Parque Nacional*, alle 20 Min. (So halbstdl.), 20–30 Min.
Vom Flughafen ins **Zentrum** Bus *Centro* oder Taxi (R$45), Taxi bis Hostel Paudimar R$30.
Zur **Rodoviária**: Bus *Rodoviária* (nur ab TTU), in umgekehrter Richtung *TTU/Centro*, Taxi R$15.
Ciudad del Este (Paraguay): Busse ab Haltestelle auf der Av. J. Kubitschek gegenüber Eingang zum TTU in kurzen Abständen (vor der Freundschaftsbrücke oft Stau), 30 Min., R$4.
Itaipu: Viele Busse, z. B. *Fonte, Conjunto C, Vila C, Cidade Nova*, 30 Min.
Mototaxi innerhalb des Zentrums R$5/Fahrt, nach Ciudad del Este ca. R$10.

TRANSPORT

Flüge

Aeroporto Internacional, ✆ 45/3521 4200, 16 km außerhalb, auf dem Weg zur brasilianischen Seite der Wasserfälle. **Fluggesellschaften**: Azul, Gol, TAM, Trip, LAN (Peru).

Busse

Rodoviária Foz do Iguaçu, ✆ 45/3522 2590, Av. Costa e Silva, 4 km nordöstlich vom Zentrum.

Internationale Busse

Buenos Aires: Crucero del Norte, ✆ 45/3573 1032, tgl. 14 Uhr; Pluma, ✆ 45/3522 2515, Mi/Fr/So 13 Uhr; 18 Std., R$135. Weitere Busse ab **Puerto Iguazú**.
Asunción (Paraguay): Rápido Yguazu SA, ✆ 45/3522 3080, tgl. 14.30 und 20 Uhr; Catarinense/Nuestra Señora de la Asunción, ✆ 45/3522 2996, tgl. 18.30 und 0.05 Uhr; 5 Std., R$48–54. Weitere Busse ab **Ciudad del Este**.

Nationale Busse
Curitiba: Catarinense, ✆ 45/3522 2996, 8x tgl. bis 21.30 Uhr (um 21.10 Uhr *Leito*, R$227), 9 Std., R$124.
Florianópolis: Pluma, ✆ 45/3522 2515, tgl. 17.40 und 20 Uhr (R$142, *Leito* R$264); Catarinense tgl. 17.30, 18.45 und 20 Uhr (R$152); 14–15 Std.
Porto Alegre: Unesul, ✆ 45/3522 2070, tgl. 12, 13.30 und 18 Uhr (So abends *Leito* R$165), 16 Std., R$135.
Rio de Janeiro: Pluma, tgl. 12 und 18.45 Uhr; Kaiowa, ✆ 45/3522 1080, tgl. 12 und 13.30 Uhr; 22–23 Std., R$234.
São Paulo: Pluma 4x tgl. nach Rodoviária Tietê; Kaiowa 4x tgl. nach Rodoviária Barra Funda; 15–16 Std., R$165–170.
Bustickets bekommt man auch über die Hostels oder im Zentrum bei **Corimeira Passagens**, Av. Brasil 248, ✆ 45/3572 4972. ⌚ Mo–Fr 9–18 Uhr.

2 HIGHLIGHT

Die Wasserfälle von Iguaçu

Iguaçu, „große Wasser", nannten die Tupi-Guarani-Indianer, die ursprünglich das heutige Grenzgebiet von Brasilien und Argentinien bewohnten, die Wasserfälle. Ein bescheidener Ausdruck für eines der gigantischsten Naturwunder der Welt. Worte können das Erlebnis nur schwer beschreiben. Was aus der Ferne märchenhaft wie ein Gemälde wirkt, wird je näher man kommt zur schaurigen Faszination angesichts der rohen Gewalt der Natur.

Der **Rio Iguaçu** ist ein Nebenfluss des **Rio Paraná** von 1200 km Länge und entspringt in der Nähe der Serra do Mar. Kurz bevor er in den Paraná mündet, donnert er mit unglaublicher Macht durchschnittlich 60 m in die Tiefe. Er formt dabei einen Bogen, der sich über 2,7 km erstreckt. Das Gebiet der Wasserfälle teilt sich Brasilien mit Argentinien. Der kleinere Teil (800 m) liegt dabei auf brasilianischem Boden. Je nach Wasserstand sind **150–270 verschiedene Fälle** zu bewundern, die bis zu 6500 Kubikmeter Wasser pro Sekunde nach unten befördern. Mit einer Höhe von bis zu 80 m sind sie höher als die Niagarafälle, in punkto Breite müssen selbst die Victoria-Fälle in Afrika kapitulieren.

Beide Seiten der Fälle sind seit den 1930er-Jahren Nationalparks und seit 1984/1986 **Weltnaturerbe der Unesco**. Der Urwald besteht aus geschätzten 2000 Pflanzenarten. Er ist Heimat für 420 Vogel- und 68 verschiedene Säugetierarten, außerdem von Reptilien und Amphibien, von denen viele vom Aussterben bedroht sind. Zwischenzeitlich stand der brasilianische Nationalpark auf der roten Liste der gefährdeten Welterbe durch die illegale Öffnung einer Straße und häufige Helikopterflüge. Die Vernunft hat jedoch gesiegt – die Straße ist nun wieder geschlossen und die Helikopter müssen höher fliegen.

Argentinische Seite

Der Eintritt zum argentinischen **Parque Nacional Iguazú** kostet Arg$170 (ca. R$66). Darin enthalten sind Fahrten mit der Bimmelbahn „Tren Ecológico" (3 Stationen, Abfahrt alle 25 Min.), u. a. zur **Garganta del Diablo**, dem absoluten Höhepunkt der Wasserfälle. Im Park befinden sich einige Restaurants und Cafés sowie Erste-Hilfe-Stationen an den Bahnhöfen. ⌚ tgl. 8–18 Uhr.

Wer noch einmal wiederkommen will, kann sich seine Eintrittskarte am Abend abstempeln lassen und erhält damit am nächsten Tag 50 % Ermäßigung.

Aufgepasst: Der Eintritt kann nur in argentinischen Pesos bezahlt werden, am besten schon in Foz Geld wechseln, da die Kurse am Eingang schlechter sind.

Rundgänge

Es gibt drei Rundgänge mit ganz unterschiedlichen Perspektiven auf die Wasserfälle: Der **Circuito Inferior** (1,7 km, 1–2 Std.) bietet den wohl intimsten Kontakt mit den Cataratas, die Wassermassen erscheinen hier zum Greifen nah. Unten am Wasser angekommen, fahren in kurzen Abständen Boote zur **Isla San Martin** (einige kürzere Wanderwege, 1/2–1 Std.).

Der **Circuito Superior** (650 m, 1/2–1 Std.) führt oberhalb der Fälle entlang. Den Weg über einen metallenen Laufsteg zur beeindruckenden **Gar-**

ganta del Diablo, dem Teufelsschlund (1 km, 1–2 Std.) sollte man sich dabei als krönenden Abschluss des Tages aufheben. Wie in einem gigantischen Whirlpool vereinen sich die Fluten von allen Seiten mit ohrenbetäubendem Lärm und viel Spritzwasser. Vom Circuito Superior fährt man ab der Estación Cataratas mit dem Zug bis zur Endstation, von wo der Weg zum Teufelsschlund beginnt.

Touren

Neben Wanderungen sind auch Bootsfahrten zu den Wasserfällen ein beliebtes Vergnügen: Bei **Iguazú Jungle Explorer**, ✆ 03757/421 696, 💻 www.iguazujungle.com (gut organisiert, mehrsprachige Führer) stehen mehrere Arten von Bootstouren zur Auswahl, bei einigen sollte man jedoch nicht wasserscheu sein: Mit einem Speedboot fährt man bis direkt an die Fälle heran, Adrenalinschübe und totale Durchnässung inbegriffen – ein einmaliges Erlebnis. An warmen Tagen ist Badekleidung ratsam, an kühlen Tagen sind Touren mit derart intensivem Wasserkontakt jedoch nur eingeschränkt zu empfehlen (nichts für Frostbeulen).

Gran Aventura: Geländewagentour durch den Urwald (8 km) mit Erläuterungen zur Botanik, danach 6 km Bootstour. Langsam steigt die Spannung, während sich das Boot auf dem Rio Iguaçu von unten den Wasserfällen nähert (1 Std., Arg$300).

Aventura Náutica: Alle 20 Min. fährt ein Boot vom Anleger gegenüber der Isla San Martin nah an die Fälle heran, gleicher Adrenalin-Faktor wie bei den anderen Touren, aber billiger (15 Min., Arg$150).

Paseo Ecológico: Gemächliche Bootstour auf dem oberen Teil des Flusses, Start ist am Bahnhof der Garganta del Diablo (30 Min., Arg$70).

Die besten Preise für die Touren im Park bietet die Agentur im Busbahnhof von Puerto Iguazú, dort wo man auch die Tickets für den Linienbus zum Park löst.

Tipps zur Planung

Beide Seiten der Wasserfälle lohnen einen Besuch. Den besseren Überblick bietet der brasilianische Teil, für die nähere und intensivere Erfahrung muss man jedoch über die Grenze nach Argentinien. Der **brasilianische Nationalpark** ist einfacher zu erreichen und schneller zu besichtigen. Wer es eilig hat, dem reicht hier ein halber Tag. Am besten sind die Lichtverhältnisse morgens (Fotos!). Wer zu Hochbetriebszeiten keine Zeit am Ticketschalter verlieren will, der kann seine Eintrittskarte bequem vorab über 💻 www.cataatasdoiguacu.com.br besorgen. Im Anschluss an die Cataratas sollte man den gleich gegenüber vom Haupteingang gelegenen Vogelpark **Parque das Aves** nicht versäumen. Der restliche Nachmittag könnte einer Besichtigung des **Itaipu-Staudamms** dienen oder einem Shopping-Ausflug nach **Ciudad del Este**.

Für den **argentinischen Part** ist es sinnvoll, einen ganzen Tag zu reservieren, zum einen weil die Anreise länger dauert (Grenzformalitäten), zum anderen, weil die Wanderwege länger und die Möglichkeiten vielfältiger sind. Viele sind sogar so angetan, dass sie am nächsten Tag noch einmal wiederkommen.

Brasilianische Seite

Der **Parque Nacional do Iguaçu** gehört zu den meistbesuchten Sehenswürdigkeiten in Brasilien, allein 2011 kamen 1,4 Mio. Gäste. Vom Besucherzentrum am Eingang fährt ein Pendelbus, der die verschiedenen Stationen des Nationalparks miteinander verbindet. Leider werden hier ausländische Gäste diskriminiert, denn der Eintrittspreis ist satte 60 % höher als für Brasilianer – ein Unding im sonst so weltoffenen Brasilien. Autos können vor dem Gelände geparkt werden (R$14). 🕒 tgl. 9–17 Uhr, Eintritt R$26 (Brasilianer), R$42 (Ausländer).

An der **Estação Trilha das Cataratas** (beim Hotel das Cataratas) beginnt ein schöner Wanderweg mit atemberaubenden Aussichten. Ab und zu laufen einem *Coatis* über den Weg, auf den ersten Blick putzige, dem Nasenbär ähnelnde Tiere mit langem gestreiftem Schwanz. Aufgrund gutmeinender Touristen sind sie jedoch mittlerweile auf Fütterung konditioniert und suchen z. T. aggressiv in menschlicher Nähe nach Nahrung – man sollte ihnen aus dem Weg gehen und sein Sandwich gut im Auge behalten.

Gegen Ende des Weges beginnt ein Laufsteg über das Wasser Richtung Garganta do Diabo: ein wahrer Hexenkessel! Ein Aussichtsturm, den man zu Fuß oder über einen Panoramaaufzug erreichen kann, bietet danach noch einen letzten herrlichen Überblick.

Von der hintersten Station **Estação Porto Canoas** fährt ein Bus zurück zum Eingang, vorher kann man noch in einem Restaurant oder Imbiss verweilen.

Touren

Ähnliche Touren wie auf der argentinischen Seite bietet **Macuco Safari** an (zweite Station des internen Busses), ✆ 45/3574 4244, 💻 www.macucosafari.com.br. Die beliebteste Tour beinhaltet eine Jeep-Fahrt (3 km), 600 m Spaziergang durch den Wald und eine 25-minütige Bootsfahrt zu den Wasserfällen, optional mit Rafting auf dem Rückweg (2 Std., R$140, mit Rafting R$210). Auch für geführte Wanderungen, Fahrradtouren

Alle Vöglein sind schon da

Wer die ganze Vogelschar, die sich sonst hartnäckig im Laub versteckt hält oder nur mit viel Geduld oder einem guten Fernglas beobachten lässt, einmal ganz aus der Nähe erleben will, der sollte einen Besuch im **Parque das Aves** machen, Rodovia das Cataratas KM 15, schräg gegenüber vom Besucherzentrum auf der brasilianischen Seite, ✆ 45/3529 8282, 💻 www.parquedasaves.com.br. Hier sind mahr als 1000 Vögel (130 Arten aus fünf Kontinenten) in zum Teil großräumigen und begehbaren Fluggehegen zu erleben. Dabei sollte man seinen Schmuck jedoch gut sichern, denn die Tukane sind wahre Meister im Abzwacken von verlockenden Knöpfen und Halsketten. ⏲ tgl. 8.30–17.30 Uhr, Eintritt R$30.

durch den Regenwald oder Kajakfahrten auf dem Rio Iguaçu ist die Agentur der richtige Ansprechpartner. ⏲ tgl. 9–17.30 Uhr.

Usina Hidrelétrica de Itaipu

„Itaipu" – singender Fels – nannten die indianischen Ureinwohner die Gegend. Der Fels existiert wohl nicht mehr bzw. wurde unter mehreren Billionen Kubikmetern Wasser begraben. Hier liegt nun ein Stausee von der dreifachen Größe des Genfer Sees.

Der 12 km von Foz do Iguaçu gelegene **Staudamm von Itaipu** war stets ein umstrittenes Prestigeprojekt der brasilianischen und paraguayischen Regierungen. Mit 14 000 Megawatt (20 Generatoren) bei vollem Betrieb ist es das leistungsstärkste Kraftwerk seiner Art weltweit. Es liefert Brasilien mehr als ein Viertel seines Stroms und deckt 90 % von Paraguays Bedarf. Kritiker beklagten seinerzeit die verheerenden sozialen und ökologischen Folgen des Projektes. Unter anderem waren ihm auch die **Sete Quedas** zum Opfer gefallen: Wasserfälle des Rio Paraná, die in ihrer Schönheit den Iguaçu-Fällen in nichts nachgestanden haben sollen. Auf der anderen Seite fällt die Relation zwischen Eingriff in die Natur und der enormen Menge an produzierter Energie im Vergleich zu anderen Wasserkraftwerken wesentlich günstiger aus.

Das Standard-Besuchsprogramm umfasst einen 15-minütigen Dokumentarfilm, der mit schönen Bildern das „Weltwunder der Moderne" (v)erklärt; danach bringt ein Bus die Besucher zum Fuß des Damms und zum Stausee. ⏲ Touren tgl. von 8–16 Uhr, R$22; 8x tgl. finden Spezialtouren statt, auf denen man auch das Innenleben des Kraftwerks kennenlernen kann (R$56); Fr, Sa um 20 Uhr (Sommer 21 Uhr) gibt es eine Lichtshow mit monumentaler Beleuchtung der Anlage und Musik, Eintritt R$14.

Ciudad del Este (Paraguay)

Eine Fahrt in die zweitgrößte Stadt Paraguays hat in den meisten Fällen nur einen Zweck: die Jagd nach Schnäppchen. Die 7 km von Foz do Iguaçu gelegene Stadt ist ein einziges riesiges Einkaufszentrum, Menschen- und Warenfluten statt Wasserfluten. Wie auf einem Basar bieten Straßenhändler Alkoholika, Parfüm, Elektrogeräte oder Computertechnik an. Doch Vorsicht: Vieles ist Fake und von schlechter Qualität. Wer sicher gehen will, lässt die Finger von fliegenden Händlern und kauft in Galerien wie **Monalisa** oder **Mina India**. Die Preise sind in Dollar angegeben, doch der Real wird überall akzeptiert (Einkäufe bis US$300 sind steuerfrei). Paraguay hat eine andere Zeitzone, aus brasilianischer Sicht schließen die Geschäfte schon um 17 Uhr.

Ciudad del Este ist über die **Ponte da Amizade** (Freundschaftsbrücke) mit Brasilien verbunden. Es verkehren regelmäßig Busse (s. Nahverkehr). Man kann die Brücke auch zu Fuß (500 m) überqueren, muss dabei aber auf oft agierende Taschendiebe achten.

Brasília
Belo Horizonte
São Paulo

São Paulo und Minas Gerais

Stefan Loose Traveltipps

3 São Paulo Das größte Angebot an Kultur und Nightlife Südamerikas genießen. S. 196

Maresias und Camburi Tanzen und Flirten am Meer. S. 222

Ilhabela Auf der „schönen Insel" Wassersport treiben. S. 225

Iporanga Riesige Grotten besichtigen. S. 232

Belo Horizonte Mit Oscar Niemeyer und bei einem Ausflug in den Garten der Künste Horizonte erweitern. S. 236

4 Ouro Preto Die Zeiten des Goldrauschs aufleben lassen. S. 245

Diamantina Nach Edelsteinen schürfen. S. 258

Caxambu Sich in Mineralbädern mit allen Wassern waschen. S. 264

Parque Natural do Caraça Mitten in der Natur bei Mönchen und Wölfen wohnen. S. 267

São Paulo

São Paulo (Stadt)

São Paulo zählt offiziell 11,24 Mio. Einwohner, doch für den Großraum mit seinen 38 umliegenden Städten werden über 20 Millionen Menschen geschätzt, die sechstgrößte Metropolregion der Erde. Für den Besucher ist es nicht leicht, sich in dieser **Megalopolis** zurechtzufinden. In den 96 auf 2139 km² verteilten Distrikten fühlt man sich wie in einem gigantischen Labyrinth, auch die Natur hilft nicht mit markanten Orientierungspunkten wie in Rio de Janeiro. Abgesehen von ihren Flüssen, den zu Abwasserkanälen degradierten und beidseitig von bis zu zehnspurigen Autobahnen erdrosselten **Rio Tietê** und **Rio Pinheiros**, sind es Straßenschluchten, Funkantennen und Hochhäuser, die das Gesicht der Stadt bestimmen.

Neben dem weiten Häusermeer sind die endlosen **Autoschlangen** ein weiteres Merkmal von São Paulo. Im Großraum der Stadt zirkulieren über 7 Millionen Autos, ein gutes Viertel der gesamten Flotte Brasiliens. Während der *Hora do Rush* sind Staus mit einer Gesamtlänge von bis zu 200 km keine Seltenheit, im Durchschnitt kommt man im Schneckentempo von 32 km/h voran, während ein Heer von 170 000 Motorradkurieren *(Motoboys)* links und rechts vorbeiflitzt. Dabei gibt es sogar ein täglich rotierendes Fahrverbot für jeweils einen Teil der Fahrzeuge und viele gehen zu Fuß oder benutzen öffentliche Verkehrsmittel (überwiegend Omnibusse). Die moderne Metro verfügt nur über ein Streckennetz von derzeit ca. 80 km und ist oft überlastet, das 270 km lange Stadtbahnnetz ist renovierungsbedürftig. Radfahren in der City ist Extremsport für Waghalsige oder stark eingeschränktes Wochenendvergnügen. Geschäftsleute wählen daher immer mehr den Luftweg, die lateinamerikanische Business-Hauptstadt besitzt eine Flotte von 400 Helikoptern, nur in New York fliegen mehr.

Aus dem **Wirtschaftsraum** Groß-São-Paulo (ABC) stammen ein Viertel der nationalen Industrieproduktion bzw. 15 % des gesamten BIP. Die meisten Multis haben hier ihre Hauptniederlassung, São Paulo gilt sogar als die „größte deutsche Industriestadt im Ausland". São Paulo ist reich und arm zugleich. Die Banken verzeichnen jedes Jahr Rekordgewinne, moderne Bürotürme bestimmen das Straßenbild. Andererseits gibt es viele Obdachlose und fast ein Viertel der Bevölkerung lebt in Favelas und Elendsquartieren. Die Kriminalitätsrate ist in den letzten Jahren zwar deutlich rückläufig, doch nach einer Umfrage wurde jeder fünfte Bürger innerhalb eines Jahres Opfer irgendeiner Form von Gewalt.

All diesen Problemen zum Trotz lieben die *Paulistanos* ihre Stadt. Im Chaos der Betonwüste entstehen Oasen der Kreativität in den Bereichen Architektur, Design, Medien, Mode, Technologie usw., was *Sampa* zu Lateinamerikas **Kulturmetropole** Nummer Eins und zu einer der interessantesten Großstädte weltweit macht. Es existiert eine schier unendliche Offerte an Freizeitmöglichkeiten, darunter 160 Theater, 260 Kinosäle und 90 Museen. 11,7 Mio. Besucher jährlich kommen zwar vorwiegend aus geschäftlichen Gründen, wissen diese Angebote aber durchaus zu schätzen (s. auch Essen). Allerdings sollte man das nötige Kleingeld mit-

Sicherheit

Trotz sinkender Kriminalitätsraten sind bestimmte Stadtteile immer noch mit Vorsicht zu genießen. Taschendiebe agieren zum Beispiel auf der Av. Ipiranga, an der Praça da Sé und im Gewimmel der Einkaufsstraße Rua 25 de Março. Nachts sollte man im Zentrum nicht durch einsame Gassen laufen und das bei den Bahnhöfen Luz und Júlio Prestes gelegene „Crackolândia" möglichst meiden. Ansonsten gelten die üblichen Verhaltensregeln (Augen auf, keine Provokation mit auffälligen Wertsachen, kein Geld in der Gesäßtasche, möglichst keine Rucksäcke durch die ganze Stadt schleppen, im Ernstfall nie Gegenwehr leisten).

bringen. São Paulo ist die teuerste Stadt Südamerikas und kann auch im weltweiten Vergleich mithalten, derzeit auf Platz 12.

Geschichte

Während einer Messe im Pátio do Colégio gründeten am 25. Januar 1554 die Jesuitenmönche Manuel da Nóbrega und José de Anchieta die Missionsstation *São Paulo de Piratininga*. 1560 erhielt sie mit 60 Einwohnern Dorfstatus, 1711 wurde sie zur Stadt erklärt. Lange dämmerte der von Handel und Küste abgeschnittene Ort auf der Basis einfacher Agrar- und Subsistenzwirtschaft vor sich hin. Stärkere Impulse gingen lediglich vom Zuckerrohranbau im Umland aus, bis sich Anfang des 19. Jhs. herausstellte, dass hier äußerst günstige Bedingungen für den Kaffeeanbau vorlagen. 1854 gab es in der Provinz São Paulo bereits 2618 Kaffeeplantagen. In den 1870er-Jahren betrug der Exportwert von **Kaffee** etwa drei Viertel des Gesamtwertes aller brasilianischen Exporte.

Der zunehmende Mangel an Arbeitskräften (zumal nach Abschaffung der Sklaverei 1888) konnte durch einen massenhaften Zustrom von Einwanderern aus Europa kompensiert werden.

SÃO PAULO BUNDESSTAAT
N
0
100 km
MATO GROSSO DO SUL
MINAS GERAIS
SÃO PAULO
PARANÁ
Atlantischer Ozean
Uberaba
Belo Horizonte
Contagem
Sete Lagoas
Divinópolis
Franca
São José do Rio Preto
Barretos
Araçatuba
Ribeirão Preto
Presidente Prudente
Marília
Bauru
Araraquara
São Carlos
Poços de Caldas
Barbacena
Juiz de Fora
Volta Redonda
Petrópolis
Rio de Janeiro
Niterói
Campinas
Jundiaí
Sorocaba
Taubaté
São José dos Campos
São Paulo
Santos
Guarujá
São Vicente
Londrina
Maringá
Apucarana
Ponta Grossa
Curitiba
Guarapuava
Umuarama
PARQUE NACIONAL DO SUPERAGÜI

Bis Ende des 19. Jhs. kamen mehr als eine Million **Immigranten** nach Brasilien, die Mehrheit davon – überwiegend Italiener – ging in die Provinz São Paulo und arbeitete dort auf den Kaffeeplantagen. Der neue Wirtschaftsboom und die Zunahme der Bevölkerung bewirkten eine rasante Veränderung des Stadtbildes (Eisen- und Straßenbahnen, Elektrizität, Handelshäuser, Banken und kulturelle Einrichtungen).

Vor dem Niedergang der Kaffeewirtschaft (1929/30) investierten die Kaffeebarone rechtzeitig einen Teil ihrer Gewinne in die aufkommenden Sektoren der Textil- und Nahrungsmittelindustrie und leiteten damit den endgültigen Aufstieg São Paulos zur größten Industriemetropole Südamerikas ein. Ab 1890 gab es hier mehr Betriebsgründungen als in der Hauptstadt Rio de Janeiro, 1910 überholte São Paulo den Konkurrenten als **Industriestandort** und 1950 auch hinsichtlich der Bevölkerungszahl. Mitte des 20. Jhs. folgte eine starke Migrationswelle von Lohnarbeitern aus dem Nordosten Brasiliens, Impuls zum Aufbau eines neuen Wirtschaftszweiges, der bis heute sehr wichtigen Automobilindustrie. Das 20. Jh. war entscheidend für São Paulos Aufstieg zu einer Megacity. Lebten dort 1900 erst 240 000 Menschen, sind es heute im Großraum 75-mal so viel.

Rundgang durch die Altstadt

Nach langer Vernachlässigung und Dekadenz erlebt das alte Stadtzentrum einen langsamen Aufschwung. Vermehrt werden alte Gebäude renoviert, Firmen investieren und öffentliche Institutionen, wie z. B die Stadtverwaltung, sind demonstrativ in die City zurückgekehrt. Ein 2006 erlassenes spektakuläres Gesetz gegen die optische Umweltverschmutzung im öffentlichen Raum hat dafür gesorgt, dass die bis dahin mit Werbung zugemüllten Fassaden und Straßen des Zentrums ein Stück ihrer alten Würde zurückbekamen. Andererseits ist das Vorhaben, den als *Crackolândia* berüchtigten Stadtteil Santa Efigênia/Luz zu reurbanisieren, nach zehn Jahren aufwendiger Planung vorerst kläglich gescheitert.

Ausgangspunkt des Rundgangs ist die **Praça da República**, einer der Hauptplätze der Altstadt. Anfang des 19. Jhs. weideten hier noch Lasttierherden, heute finden auf dem parkartigen Gelände Märkte und Veranstaltungen statt. Auf der Av. Ipiranga geht es ein Stück am Platz entlang und dann nach rechts in die Fußgängerzone der Rua Barão de Itapetininga. An deren Ende links steht das prunkvolle, im Pariser Stil der Gründerjahre erbaute **Teatro Municipal**. Weiter geradeaus führt der Weg über das „Viaduto do Chá" zum faschistisch inspirierten **Edifício Matarazzo**, dem heutigen Amtssitz des Bürgermeisters. In der darunter liegenden Senke des **Anhangabaú** wurde um 1820 zum ersten Mal versucht, in Brasilien Tee zu kultivieren, heute finden hier oft Live-Konzerte und andere Massenveranstaltungen statt.

Auf der anschließenden Rua Direita gelangt man bald zur **Praça da Sé**, São Paulos geschichtsträchtigstem Platz. Im 16. Jh. standen hier nur zwei kleine Kirchen und einige Lehmhäuser. 1913 begannen die Bauarbeiten zur Errichtung der gewaltigen neugotischen **Catedral da Sé**. Sie wurde erst 1954 nach 42 Jahren Bauzeit fertig gestellt. 400 Tonnen Marmor waren nötig, um diesen 111 m langen und 46 m breiten Kirchenpalast mit seiner 65 m hohen Kuppel und den beiden 92 m aufragenden Türmen zu vollenden. Im Innern fallen die mit biblischen Motiven versehenen Glasfenster auf, sowie die Eingangssäulen, deren Kapitelle mit Tukan und Gürteltier geschmückt sind. ⌚ Mo–Fr 8–19, Sa 8–17, So 8–18 Uhr.

Am unteren Ende des Platzes kommt man rechts durch eine kleine Gasse zum **Pátio do Colégio**, mit Kirche und angeschlossenem historischen Museum (Eintritt R$6) sowie dem schön im Freien gelegenen Café do Pátio. Hier begann die Geschichte der Stadt, als der Jesuitenmönch José de Anchieta 1554 mit Hilfe der Indianer eine kleine Kapelle errichtete. Sie fiel 1896 zusammen und wurde durch eine Replik ersetzt. ⌚ Di–So 9–17 Uhr.

Weiter geht es über die kleine Rua Anchieta rechts in die Fußgängerstraße Rua 15 de Novembro. Die zweite Querstraße Rua da Quitanda bietet an, einen Schlenker zur Rua Alvares Penteado zu machen, um dort an der Ecke das hervorragende **Centro Cultural do Banco do Brasil** zu besuchen.

São Paulo

SÃO PAULO UND MINAS GERAIS

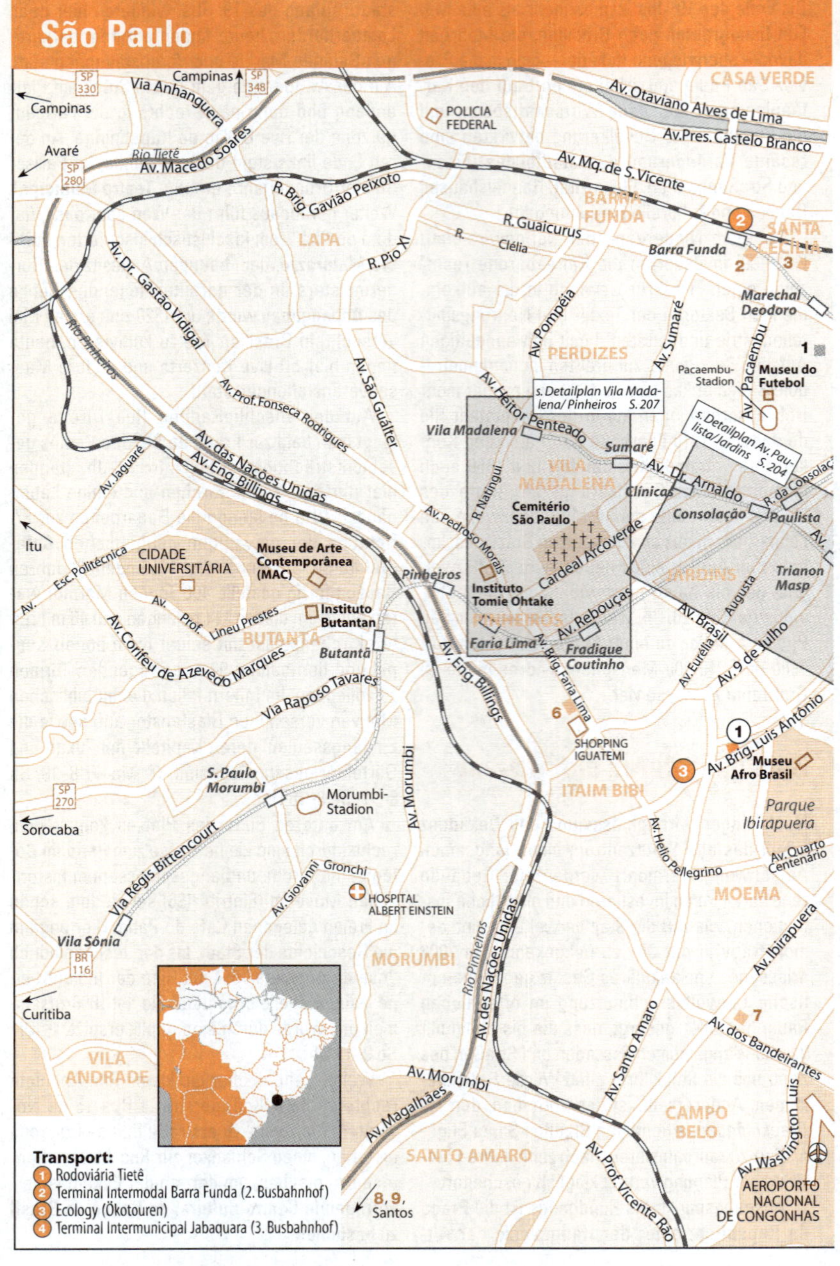

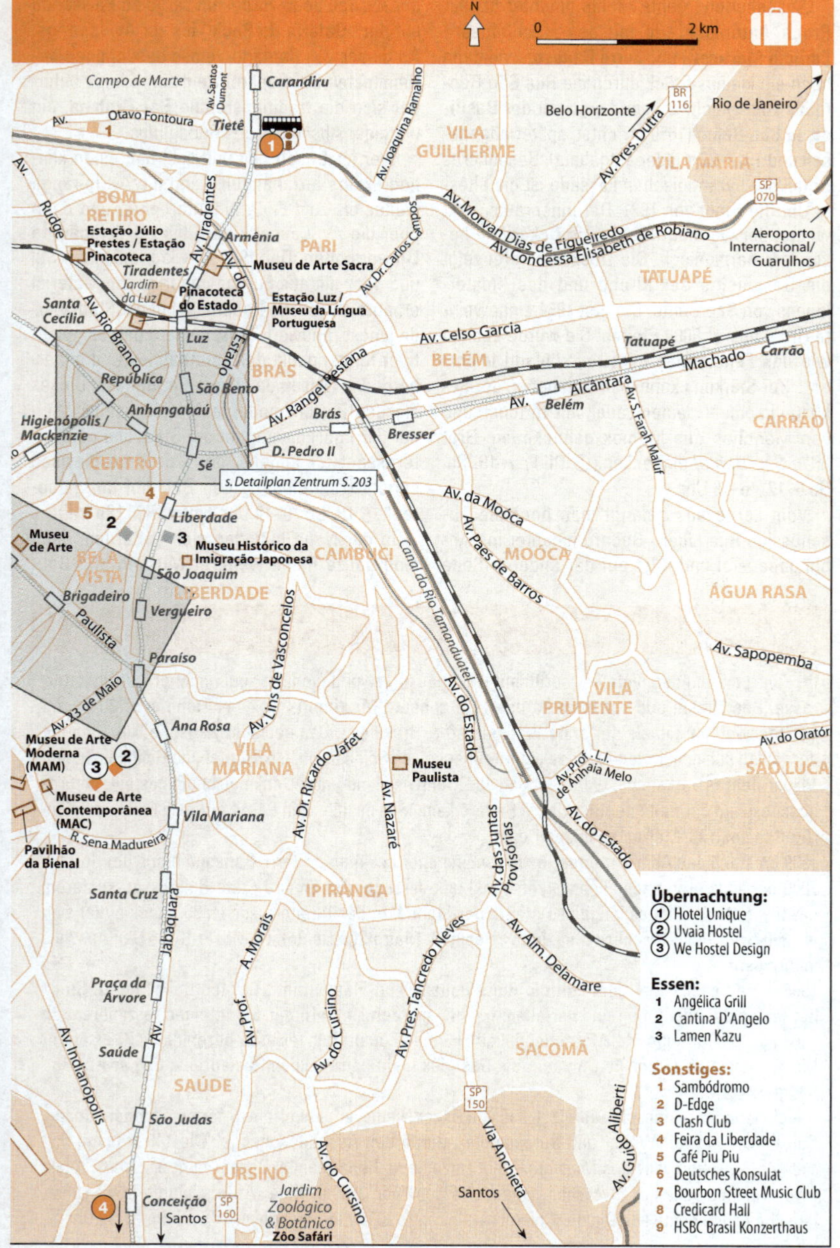
N
0
2 km
Campo de Marte
Av. Santos Dumont
Carandiru
Av. Otavo Fontoura
Tietê
Av. Joaquina Ramalho
Belo Horizonte
BR 116
Rio de Janeiro
VILA GUILHERME
Av. Pres. Dutra
VILA MARIA
SP 070
Av. Rudge
BOM RETIRO
Av. Tiradentes
Av. Morvan Dias de Figueiredo
Av. Condessa Elisabeth de Robiano
Aeroporto Internacional/ Guarulhos
Estação Júlio Prestes / Estação Pinacoteca
Armênia
PARI
Av. Dr. Carlos Campos
Tiradentes
Av. do Estado
Museu de Arte Sacra
TATUAPÉ
Jardim da Luz
Pinacoteca do Estado
Estação Luz / Museu da Língua Portuguesa
Santa Cecília
Av. Rio Branco
Luz
Av. Celso Garcia
Tatuapé
Carrão
República
São Bento
BRÁS
BELÉM
Machado
Av. Rangel Pestana
Alcântara
Anhangabaú
Av. Belém
Higienópolis / Mackenzie
Brás
Bresser
Av. S. Farah Maluf
CARRÃO
CENTRO
Sé
D. Pedro II
s. Detailplan Zentrum S. 203
Av. da Moóca
Liberdade
Museu de Arte
Museu Histórico da Imigração Japonesa
CAMBUCI
Canal do Rio Tamanduateí
Av. Paes de Barros
MOÓCA
BELA VISTA
São Joaquim
ÁGUA RASA
Brigadeiro
LIBERDADE
Vergueiro
Av. Lins de Vasconcelos
Paulista
Paraíso
Av. Sapopemba
Av. 23 de Maio
Av. do Estado
VILA PRUDENTE
Ana Rosa
Museu de Arte Moderna (MAM)
VILA MARIANA
Av. Dr. Ricardo Jafet
Museu Paulista
Av. Prof. L.I. de Anhaia Melo
Av. do Oratório
SÃO LUCAS
Museu de Arte Contemporânea (MAC)
Vila Mariana
Av. Nazaré
Av. das Juntas Provisórias
R. Sena Madureira
Pavilhão da Bienal
Santa Cruz
IPIRANGA
Av. Jabaquara
A. Morais
Av. Pres. Tancredo Neves
Av. Alm. Delamare
Praça da Árvore
Av. Prof.
Av. do Cursino
Saúde
Av. Indianópolis
SACOMÃ
SAÚDE
SP 150
São Judas
Av. do Cursino
Via Anchieta
Av. Guido Aliberti
CURSINO
Jardim Zoológico & Botânico
Zôo Safári
Conceição
SP 160
Santos
Santos
Übernachtung:
1 Hotel Unique
2 Uvaia Hostel
3 We Hostel Design
Essen:
1 Angélica Grill
2 Cantina D'Angelo
3 Lamen Kazu
Sonstiges:
1 Sambódromo
2 D-Edge
3 Clash Club
4 Feira da Liberdade
5 Café Piu Piu
6 Deutsches Konsulat
7 Bourbon Street Music Club
8 Credicard Hall
9 HSBC Brasil Konzerthaus

Anschließend gehts rechts hinunter bis zur Praça Antônio Prado mit den Hochhäusern **Edifício Martinelli** und **Torre Banespa** und dann noch ein kleines Stück durch die Rua São Bento bis zum gleichnamigen Largo mit der **Basílica de São Bento** (1650 errichtet, später abgerissen und 1912–22 wieder aufgebaut). Besonderes Detail der byzantinischen Fassade ist die älteste Uhr der Stadt von 1921. Der Innenraum wirkt wegen der warmen Braun- und Ockertöne besonders harmonisch. Die Deckenmalerei zeigt die Geschichte der Kirche und des Klosterlebens von São Bento. Die erst 1954 eingeweihte Orgel besitzt 6000 Pfeifen. Sie wurde ebenso wie das Fensterglas aus Deutschland importiert. Zur Stärkung kann man sich neben der Sakristei in einem kleinen Laden mit Törtchen und von Mönchen aus Maniok gebackenem Brot *(Pão São Bento)* eindecken. ⌚ Di–Fr 7–19, Sa, So 6–12, 16–18 Uhr.

Vom Largo aus gelangt man über die abschüssige Rua Líbero Badaró hinunter ins Anhangabaú-Tal und folgt auf der anderen Seite der Av. São João vorbei am Largo do Paissandú mit der **„Galeria do Rock"** bis zur Av. Ipiranga. An dieser von Caetano Veloso besungenen berühmtesten Straßenkreuzung von *Sampa* befindet sich die traditionsreiche **Bar Brahma**, ein würdiger Abschluss des Rundgangs.

Wer jetzt noch Zeit und Lust hat, einen kleinen Exkurs anzuhängen, kann die Av. Ipiranga weiter bis zum Ende hinuntergehen und dann über die Av. Cásper Líbero bis zur **Estação da Luz** vorstoßen. Der 1901 im viktorianischen Stil und ganz mit aus Europa importiertem Material erbaute ehemalige Hauptbahnhof der Stadt wurde jüngst renoviert. Er ist immer noch ein wichtiger Knotenpunkt der Stadtbahnen und beherbergt das **Museu da Língua Portuguesa**. Dieses in jeder Hinsicht moderne Sprachmuseum ist einer der Publikumsrenner der Stadt und auch interessant für jemand, der kein Portugiesisch spricht (zum Eingang den Bahnhof durchqueren). ⌚ Di–So 10–18 Uhr, Eintritt R$6 (Sa frei).

In der Nähe befinden sich außerdem noch eine ganze Reihe weiterer Museen und Bau-

Skyscraper

Im Zentrum befinden sich vier berühmte Hochhäuser, zwei davon mit zugänglicher Aussichtsterrasse. Das älteste und schönste ist das 1925 gebaute **Martinelli**, mit einer Höhe von 130 m und 30 Stockwerken damals der erste Wolkenkratzer Brasiliens. Das neoklassizistische Gebäude mit der rötlich schimmernden Fassade diente zunächst als Spielkasino, Luxushotel und Ballhaus. In den 1950er-Jahren verkam es, wurde jedoch 1992 renoviert und unter Denkmalschutz gestellt. Im Erdgeschoss auf der Seite der Rua Líbero Badaró kann man im stilvollen Café Martinelli Midi verweilen (Av. São João 33, Metrostation São Bento).

1939 entstand das Altino Arantes, im Volksmund eher bekannt als **Torre Banespa** (nach der dort bis 2000 beheimateten ehemaligen Staatsbank), als Versuch, das Empire State Building zu kopieren; mit 161 m Höhe blieb es lange das größte der Stadt. Von der Turmterrasse im 35. Stock bietet sich ein 360-Grad-Panoramablick (Rua João Brícola 24, Metro São Bento). ⌚ Mo–Fr 10–15 Uhr, Ausweis mitbringen).

1966 wurde das 165 m hohe **Edifício Itália** gebaut. Vom Restaurant „Terraço Itália" im 41. Stock hat man selbst bei Smog und vor allem nachts, mit den Lichtern der Stadt, einen faszinierenden Ausblick (Av. Ipiranga 344, Metro República). Für den Zugang zur Terrasse bezahlt man R$30, außer Mo–Fr zwischen 15 und 16 Uhr, oder als Gast des nicht ganz billigen Restaurants und seiner Bar. ⌚ tgl. 12–24 Uhr.

Gleich nebenan windet sich seit 1966 das von Oscar Niemeyer entworfene S-förmige **Edifício Copan**, São Paulos größter Wohn- und Bürokomplex, durch den Asphaltdschungel. Die 140 m lange und 118 m hohe Betonwelle des Meisters erlebt zurzeit eine Renaissance. Davon zeugt u. a. das Projekt Pivô, welches auf einer zuvor leer stehenden Fläche von 3500 m² eine „Ausstellplattform für künstlerische Experimente und Dialoge" bietet (Av. Ipiranga 200, Metro República). ⌚ Di–So 12–20 Uhr.

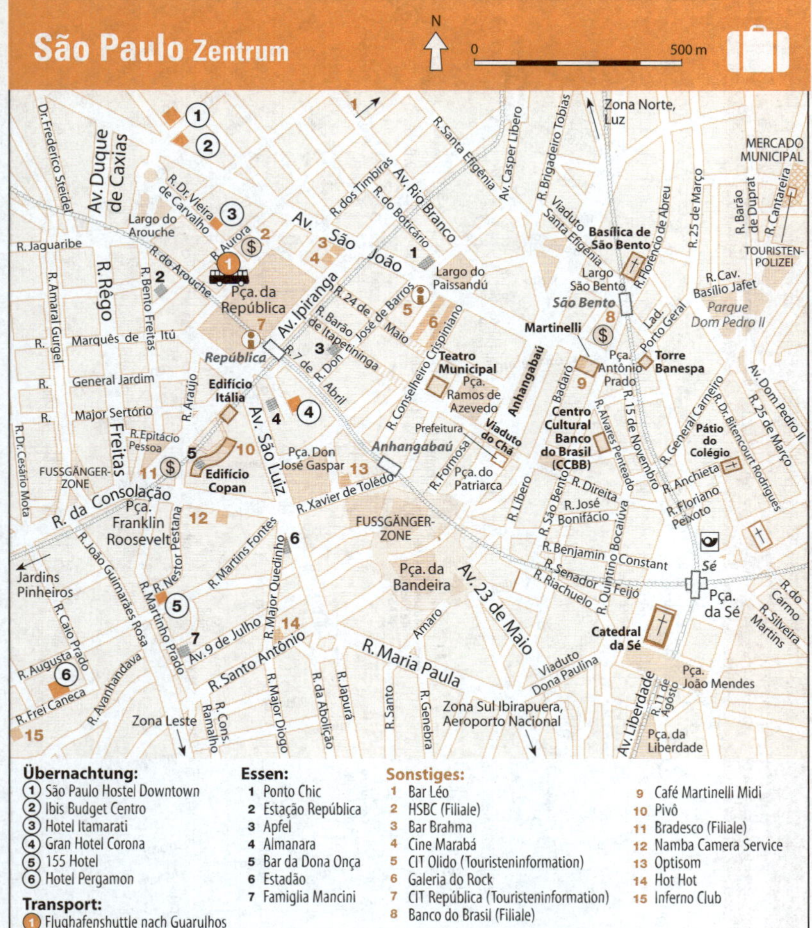

werke, darunter das Schmuckstück **Pinacoteca do Estado** und sein Ableger **Estação Pinacoteca**, sowie die **Estação Júlio Prestes** (S. 209).

Das **Museu de Arte Sacra**, in einem alten Kolonialbau mit Kirche am Verkehrsstrom der Avenida Tiradentes gelegen, gilt als eines der besten seiner Art in Brasilien. Eine besondere Attraktion ist die Abteilung mit Weihnachtskrippen aus aller Welt, darunter eine riesige neapolitanische Krippe mit 1600 Teilen. Man sollte sich nicht von der eventuellen Warteschlange am Eingang täuschen lassen; die Leute stehen dort an, um sich die wunderwirkenden Pillen von Frei Galvão zu besorgen, einem der beiden Heiligen Brasiliens. ⌚ Di–So 10–17 Uhr, Eintritt R$6 (Sa frei).

Wer sich vor dem Rückweg etwas ausruhen will, macht das am besten gleich neben der Pinakothek, im Schatten der Baumriesen und zwischen den Skulpturen im **Jardim da Luz**, dem 1825 eröffneten, ältesten Stadtpark São Paulos. ⌚ Di–So 9–18 Uhr.

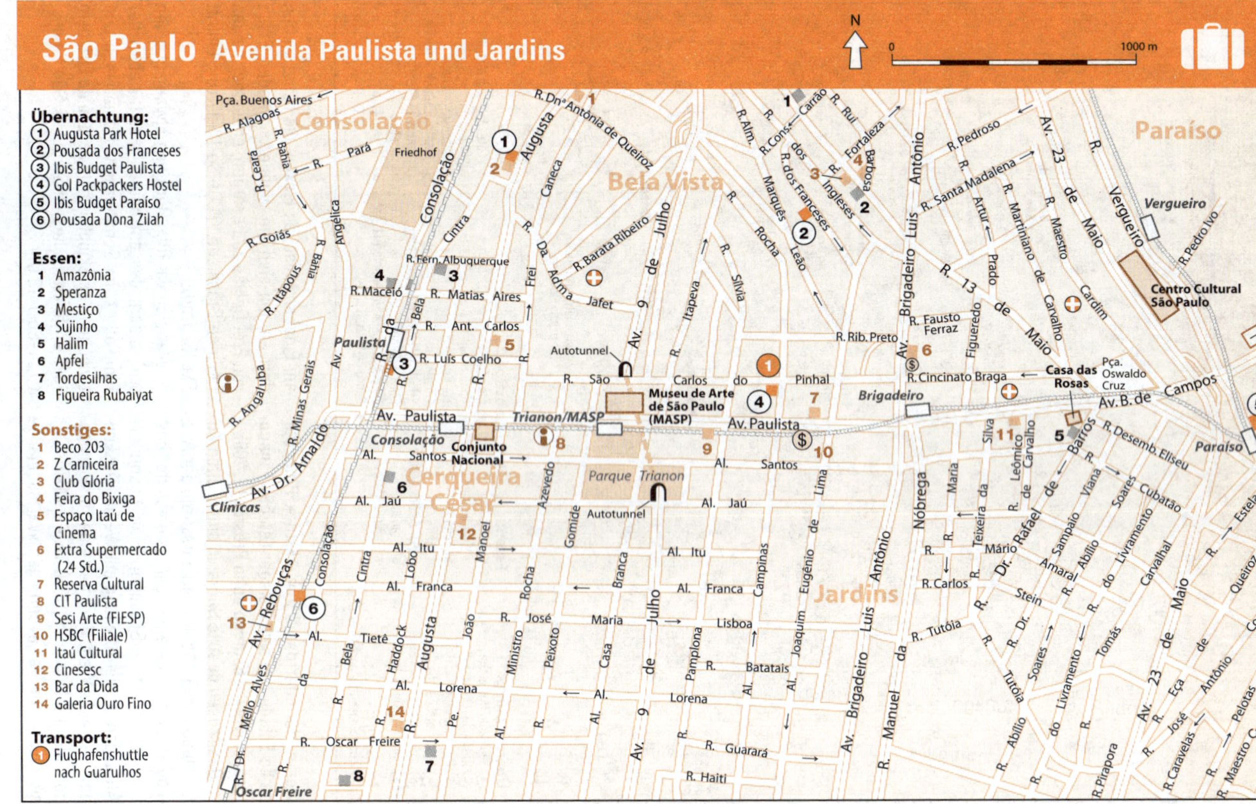
São Paulo Avenida Paulista und Jardins
N
0
1000 m
Übernachtung:
① Augusta Park Hotel
② Pousada dos Franceses
③ Ibis Budget Paulista
④ Gol Packpackers Hostel
⑤ Ibis Budget Paraíso
⑥ Pousada Dona Zilah
Essen:
1 Amazônia
2 Speranza
3 Mestiço
4 Sujinho
5 Halim
6 Apfel
7 Tordesilhas
8 Figueira Rubaiyat
Sonstiges:
1 Beco 203
2 Z Carniceira
3 Club Glória
4 Feira do Bixiga
5 Espaço Itaú de Cinema
6 Extra Supermercado (24 Std.)
7 Reserva Cultural
8 CIT Paulista
9 Sesi Arte (FIESP)
10 HSBC (Filiale)
11 Itaú Cultural
12 Cinesesc
13 Bar da Dida
14 Galeria Ouro Fino
Transport:
1 Flughafenshuttle nach Guarulhos
Consolação
Bela Vista
Paraíso
Cerqueira César
Jardins
Friedhof
Centro Cultural São Paulo
Museu de Arte de São Paulo (MASP)
Conjunto Nacional
Casa das Rosas
Parque Trianon
Autotunnel
Pça. Oswaldo Cruz
Pça. Buenos Aires
Vergueiro
Paulista
Trianon/MASP
Brigadeiro
Consolação
Clínicas
Oscar Freire
Av. Paulista
Av. 23 de Maio
Av. 9 de Julho
Av. Brigadeiro Luís Antônio
Av. B. de Campos
Av. Dr. Arnaldo
Av. Rebouças
R. Vergueiro
R. 13 de Maio
R. Augusta
R. da Consolação
R. Oscar Freire
R. Haddock Lobo
Al. Santos
Al. Jaú
Al. Itu
Al. Franca
Al. Lorena
Al. Tietê
R. Estados Unidos
R. Manuel da Nóbrega

Avenida Paulista

Die 1891 eingeweihte Avenida Paulista war die erste asphaltierte Prachtstraße der Stadt. Hier sollten inmitten von Bananenhainen und Gärten *(Jardins)* die Wohnpaläste der reich gewordenen Kaffeebarone errichtet werden. Heute sind in der bekanntesten Straße Brasiliens nur noch ein paar vereinzelte dieser alten Villen erhalten (z. B. Hausnr. 37, Kulturzentrum Casa das Rosas). In den 1950er-Jahren zogen die Büros der renommiertesten Geschäftshäuser von der Altstadt in die „Paulista". Nostalgiker und Romantiker hatten das Nachsehen, der Vertikalisierungsprozess der Avenida mit ihren Hochhaustürmen aus Glas und Beton war nicht mehr aufzuhalten.

Inzwischen haben fast alle wichtigen Unternehmen und Banken hier eine Vertretung, auf knapp 3 km reiht sich eine Fassade an die andere, an einem normalen Tag zirkulieren um die 1,5 Mio. Passanten. Der am Tage ununterbrochene Verkehrsstrom endet auch nachts nicht, wenn alles zu den umliegenden Nightlife-Revieren fährt. Auch kulturell hat die Avenida einiges zu bieten, vor allem natürlich das **Museu de Arte de São Paulo** (S. 208). Außerdem unterhalten viele der Banken und Institutionen in ihren Gebäuden **Kulturzentren** mit wechselnden Kunstausstellungen, z. B. Itaú Cultural (Nr.149) und FIESP (Nr. 1313). Berühmt ist die Paulista ferner als Austragungsort von politischen Demonstrationen, Umzügen (Parada Gay), Sportveranstaltungen (Marathonlauf São Silvestre) und Festen (Silvester).

Vila Madalena und Pinheiros

Vila Madalena ist ein südwestlich der Avenida Paulista in der Nähe der Universität (USP) gelegenes Viertel des Distrikts Pinheiros. Die *Vila Madá* ist seit den 1970er-Jahren bekannt für ihre **Bohème** und behauptet sich trotz zunehmender Gentrifizierung als Adresse für ein reges **Nachtleben**. Ateliers, Läden für avantgardistisches Design und ausgefallene Mode, Cafés, Kulturzentren und ganze mit künstlerischen **Graffiti** überzogene Straßenzüge (z. B. Rua Belmiro Braga/Beco do Aprendiz und Rua Gonçalo Afonso/Beco do Batman) schaffen ein buntes Bild. Seit der Inbetriebnahme neuer Metrostationen (Faria Lima, Pinheiros) erlebt der Stadtteil derzeit einen wirtschaftlichen Aufschwung.

Liberdade

Schlendert man durch die Rua Galvão Bueno, entsteht leicht der Eindruck, mitten in Tokio zu sein. Die Straße mit den vielen japanischen Laternen ist der Mittelpunkt eines ganzen ostasiatischen Stadtteils namens Liberdade, der sich seit 1940 entwickelt hat. Die Geschichte der Immigration ist sehr reichhaltig im **Museu Histórico da Imigração Japonesa** in der Rua São Joaquim 381 dokumentiert. Heute leben in São Paulo etwa eine halbe Million Menschen japanischer und 50 000 koreanischer Abstammung, fast die Hälfte davon in Liberdade, der größten Nippon-Gemeinde außerhalb Japans.

Liberdade ist die ganze Woche von einem regen Wirtschaftstreiben geprägt. In vielen kleinen Läden werden asiatische Produkte aller Art, besonders Elektro- und Bekleidungsartikel sowie kunstvoll bemalte Porzellanwaren angeboten. Sonntags findet auf der Praça da Liberdade ein großer Kunsthandwerksmarkt statt (s. Einkaufen). Auffällig sind die zahlreichen Massage-, Akupunktur-, Karate- und Judo-Studios. Viele Zuwanderer haben auch Restaurants aufgemacht (s. Essen).

Parks, Zoo, Safari und Schlangen

Der riesige **Parque Ibirapuera** (nächste Metrostation Brigadeiro) wurde 1954 anlässlich des 400. Geburtstags der Stadt eröffnet. Der beliebteste Park der *Paulistanos* besitzt mehr als 1 Mio. m² Grünfläche und verwandelt sich am Wochenende in ein einziges Sport- und Freizeitgebiet. Die Einheimischen nennen die Anlage sogar ihre *Praia*, also ihren Strand, nicht nur wegen des großen Sees, auf dessen Uferwiesen gern ein Sonnenbad genommen wird. Andere joggen, fahren Rad, spielen Tennis oder vergnügen sich auf Rollschuhen und Skateboards. Eine Attraktion des herausragenden, von Oscar Niemeyer im Park geschaffenen Architekturensembles, ist das 2005 erbaute Auditorium Oca, dessen Bühne sich nach außen in die Landschaft öffnen lässt und das auch für Kunstausstellungen genutzt wird. Verschiedene Pavillons beherbergen gleich mehrere Museen, darunter auch das **Museu Afro Brasil**, das den Ursprüngen sowie der Geschichte und Kultur der afro-brasilianischen Bevölkerung gewidmet ist. 🕒 Di–So 10–17 Uhr. Außerdem finden im Ibirapuera oft große Open-Air-Konzerte statt sowie zwei bedeutende Kunstevents, die **Bienal Internacional de Arte de São Paulo** (in geraden Jahren, Datum variabel) und die **Bienal de Artes de São Paulo**, Pavilhão da Bienal, 💻 www.bienalsaopaulo.org.br. 🕒 des Parks tgl. 5–24 Uhr, Eintritt frei.

Zu empfehlen ist ein Besuch des **Zoologischen Gartens** (Jardim Zoológico), Av. Miguel Estéfano 4241, Água Funda (nächste Metrostation Jabaquara), ☎ 11/5073 0811, 💻 www.zoologico.sp.gov.br. Der fünftgrößte Zoo der Welt befindet sich auf einem Gelände von 824 ha mit viel Grün, einem Stück echten Dschungels, 3500 Tieren und mehr als 400 Arten. Attraktionen sind der vom Aussterben bedrohte blaue Papagei *(Arara azul)* und die seltene Affenart *Mico-leão-dourado*. 🕒 Di–So 9–17 Uhr, Eintritt R$17.

Interessant ist auch das kleine Safari-Abenteuer im **Zôo Safári**, Av. do Cursino 6338, Vila Moraes (nächste Metrostation São Judas), ☎ 11/2336 2131. Hier sieht man frei herumlaufende Wildtiere aus nächster Nähe, Affenhorden stürzen sich gierig auf die Fahrzeuge und versuchen eine Banane zu ergattern. 🕒 Di–So 9.30–16.30 Uhr, Eintritt R$16 mit eigenem Pkw (im Van des Zoos R$18).

Im bedeutendsten Zentrum für Schlangenpharmakologie Südamerikas, dem **Instituto Butantan**, Av. Vital Brazil 1500 (Metro Butantan, dann 10 Min. zu Fuß), ☎ 11/3726 7222, 💻 www.butantan.gov.br, kann man inmitten von viel Grün zahlreiche der giftigsten Schlangen der Welt bewundern, unter anderem echte und falsche Korallenschlangen mit roten Querstreifen, diverse Klapperschlangen, die gefährliche *Surucucu* und die berüchtigte *Jararaca*. Insgesamt hütet und „melkt" das Institut über 1000 Nattern, Vipern und Ottern. Das Gift der Reptilien wird Pferden eingeimpft, um Gegengifte zu gewinnen. Das **Museu Biológico** erläutert diesen Arbeitsprozess. Das **historische Museum** in einem ehemaligen Pferdestall führt zurück zu den Anfängen der Arbeit des Institutsgründers Dr. Vital Brazil, des Entdeckers der Schlangenseren. Ein weiteres **Museum für Mikrobiologie** gibt Einblick in die Welt der Mikroorganismen, die durch Mikroskope betrachtet werden können. 🕒 Di–So 9–17 Uhr, Eintritt R$6.

ÜBERNACHTUNG

São Paulo besitzt 410 Hotels mit ca. 42 000 Zimmern. Wegen der vielen Geschäftsreisenden ist die Luxusklasse besonders stark repräsentiert, die jedoch an Wochenenden oft kräftige Preisnachlässe bietet. Es gibt aber auch zahlreiche einfache Optionen, darunter immer mehr Hostels. Das alte Stadtzentrum besitzt mehr Atmosphäre, in den neueren Zentrumsvierteln findet sich dagegen eine modernere Infrastruktur und ein intensiveres Nachtleben. Soweit nicht anders vermerkt, wird keine Tax erhoben und Internet/WLAN ist gratis.

Altes Zentrum

São Paulo Hostel Downtown (HI), Rua Barão de Campinas 94 (nahe Metro República), ☎ 11/3333 0844, 💻 www.hostelsp.com.br. Einziges Hostel im Zentrum, sehr gepflegt, in restauriertem Gebäude. 146 Betten in 45 Zimmern; Dorms mit Ventilator, DZ mit AC, Bar, Wäscherei, Grillraum. ❶–❷

Ibis Budget Centro, Av. São João 1140 (gegenüber São Paulo Hostel), ☎ 11/2878 6400, 💻 www.ibisbuget.com. Economy-Hotel mit einem sehr gutem Preis-Leistungs-Verhältnis (Zimmer R$130, gleicher Preis für 1–3 Pers.). Kleine Zimmer mit Schreibtisch, Kabel-TV; WLAN R$3/Tag, Frühstück R$10. Zahlung bei Ankunft. ❸

In der Region Av. Paulista weitere Häuser der Kette (leicht teurer):

Ibis Budget Paraíso, Rua Vergueiro 1571, ☎ 11/5085 5699. ❸

Ibis Budget Paulista, Rua da Consolação 2303, ☎ 11/3123 7755. ❹

Übernachtung:
1. Sampa Hostel
2. Vila Madalena Hostel
3. Citylights Hostel

Essen:
1. Saj
2. Feijoada da Lana
3. Pasquale
4. Alternativa
5. Bráz

Sonstiges:
1. Farol Madalena
2. Astor / SubAstor
3. Goethe-Institut
4. Choque Cultural
5. Feira da Praça Benedito Calixto
6. Filial
7. Salve Jorge
8. Ó do Borogodó
9. Instituto Tomie Ohtake

155 Hotel, Rua Martinho Prado 173, Consolação, ✆ 11/3150 1555, 🖳 www.155hotel.com.br. *Low Cost*-Haus im Zentrum, modern, funktional und trotzdem komfortabel. ❹

Hotel Itamarati, Av. Vieira de Carvalho 150, ✆ 11/3474 4133, 🖳 www.hotelitamarati.com.br. Draußen das schwule Rotlichtviertel zwischen República und Arouche, drinnen familiäre Atmosphäre. Viele zu einem ruhigen Innenhof gelegene Zimmer. Kein WLAN, aber PCs gratis. 20 % Preisnachlass für Bezahlung bei Ankunft. ❹

Gran Hotel Corona, R. Basílio da Gama 101 (bei Praça da República, Metro), ✆ 11/3214 0043, 🖳 www.grancorona.com.br. Ruhiges Mittelklassehotel mit komfortablen Zimmern. ❺

Hotel Pergamon, Rua Frei Caneca 80, Consolação, ✆ 11/3123 2021, 🖳 www.pergamon.com.br. Modernes Designhotel mit 120 Zimmern; zeitgemäßes Mobiliar aus den Werkstätten einheimischer Künstler. Trotz Größe und kosmopolitischer Atmosphäre nicht unpersönlich; gutes Restaurant. ❻

Die Stadt der Kunst und Kultur

Wichtige Museen

Museu de Arte de São Paulo (MASP), Av. Paulista 1578 (Metro Trianon Masp), 🖳 www.masp.art.br. Bedeutendstes Museum für okzidentale Kunst in Lateinamerika; ein architektonischer Leckerbissen mit ca. 8000 Werken alter und neuer Meister, darunter Cézanne, Gauguin, Goya, Matisse, Picasso, Portinari, Rembrandt, Renoir und Van Gogh. 🕒 Di–So 11–18, Do bis 20 Uhr, Eintritt R$15 (Di frei).

Museu de Arte Moderna (MAM), Parque do Ibirapuera, Portão 3 (nächste Metrostation Brigadeiro), 🖳 www.mam.org.br. Immer zwei wechselnde Ausstellungen mit Schwerpunkt zeitgenössische Kunst. 🕒 Di–So 10–17.30 Uhr, Eintritt R$6 (So frei).

Museu de Arte Contemporânea (MAC), Av Pedro Álvares Cabral 1301, Ibirapuera, am Portão 3 über die Fußgängerbrücke, 🖳 www.mac.usp.br. In dem von Niemeyer entworfenen Bau war früher das Verkehrsamt der Stadt untergebracht, jetzt Moderne Kunst mit Werken von Anita Malfatti, Calder, Di Cavalcanti, Ernst, Miró, Modigliani, Paul Klee, Tarsila do Amaral u. a. 🕒 Di–So 10–18 Uhr.

Pinacoteca do Estado, Praça da Luz 2 (Metro Luz). Neoklassizistischer Prachtbau mit viel natürlichem Licht, 4000 Gemälde und Plastiken der kirchlichen und modernen Kunst mit Schwerpunkt Brasilien, u. a. von Rodin, Pedrosa, Ohtake, Brecheret und Tarsila do Amaral; hinter dem Gebäude nettes Garten-Café. 🕒 Di–So 10–17.30, Do bis 22 Uhr, Eintritt R$6. Eine Außenstelle für kleinere Ausstellungen der Pinakothek, die **Estação Pinacoteca**, befindet sich im nahegelegenen Nebengebäude der Estação Júlio Prestes (s. Orchester); während der Militärdiktatur war hier eine berüchtigte Foltereinrichtung (Dops), die Zellen können besichtigt werden.

Museu Paulista (do Ipiranga), Parque da Independência, Ipiranga (Bahnstation); Möbel, Kleider und Kunst aus den Kinderjahren der Republik, interessanter Eindruck von der geschichtlichen Entwicklung der Stadt. Auf dem Parkgelände, das den Gärten von Versailles ähnelt, sagte sich Prinzregent Pedro 1822 vom Vater(-land) los und erklärte die Unabhängigkeit Brasiliens. 🕒 Di–So 9–17 Uhr, Eintritt R$6.

Museu do Futebol, Praça Charles Miller, 🖳 www.museudofutebol.org.br. Von wegen verstaubte Pokale und vergilbte Mannschaftsfotos: Untergebracht in den Eingeweiden des traditionellen Pacaembu-Stadions erzählt das Museum die Geschichte des liebsten Sports der Brasilianer mit überraschenden audiovisuellen und interaktiven Mitteln. Ein Muss für alle Fans! 🕒 Di–So 9–18 Uhr (an Spieltagen Änderungen), Eintritt R$6 (Do frei); Anfahrt mit Metro bis Station Clínicas, von dort 20 Min. zu Fuß.

Orchester

Teatro Municipal, Praça Ramos de Azevedo, Centro, ✆ 11/3223 3022, Programm 🖳 www.prefeitura.sp.gov.br/cultura. Noble Adresse für anspruchsvolle Konzerte, Choräle und Ballett; prunkvolles und jüngst liebevoll restauriertes, der Pariser Oper nachempfundenes Gebäude (1896–1911), Platz für 1580

Neuere Zentrumsviertel

Gol Packpackers, Rua S. Carlos do Pinhal 461, Bela Vista, ✆ 11/2528 2564, 💻 www.golbackpackers.com.br. Fünf thematisch nach Fußballclubs dekorierte Dorms ab R$40. Top-verkehrsgünstige Lage nur ein Block von der Av. Paulista, 5 Min. von Metro Brigadeiro oder Trianon/MASP, der Flughafenbus von/nach Guarulhos hält gegenüber (Maksoud Plaza). ❶–❷

Pousada dos Franceses (Hostel), Rua dos Franceses 100, Bela Vista, ✆ 11/3288 1592, 💻 www.pousadadosfranceses.com.br. Sehr einfach, DZ ab R$125, Dorms (R$50) mit Außentoilette, Küchenbenutzung. Einige Blöcke von der Av. Paulista entfernt, 15 Gehmin. von Metro Brigadeiro. ❷–❹

Uvaia Hostel, Rua Morgado de Mateus 273, Vila Mariana, ✆ 11/2361 7456, 💻 www.uvaiahostel.com. Relaxtes Ambiente in liebevoll eingerichtetem Haus (3 Dorms, 1 DZ). 10 Min. von Metro Ana Rosa und bis zum Parque Ibirapuera. ❷

We Hostel Design (HI), Rua Morgado de Mateus 567, Vila Mariana, ✆ 11/2615 2262,

Zuschauer; im Innern Fresken, Skulpturen und gewaltige Kronleuchter. 🕒 geführte Besichtigungen nur nach Voranmeldung (tmeducativo@prefeitura.sp.gov.br).

Estação Júlio Prestes, Praça Júlio Prestes (Metro Luz). Der 1926–38 erbaute Bahnhof beherbergt seit 1999 die „Sala São Paulo", Sitz des staatlichen Sinfonieorchesters, und ist nun ein moderner Tempel anspruchsvoller Musik (Programm: 💻 www.osesp.art.br). Atmosphäre und Akustik sind fantastisch. 🕒 geführte Besichtigungen Mo–Fr 13 und 16.30, Sa 13.30, So 12.30 Uhr, Eintritt R$5 (So frei).

Kinos

Espaço Itaú de Cinema, Rua Augusta 1475 (Metro Consolação), ✆ 11/3288 6780. In diesem Kinokomplex mit fünf Sälen und einem Café hat man die größte Chance, die jeweils besten und neuesten Kultfilme zu sehen.

Cinesesc, Rua Augusta 2075 (Metro Consolação), ✆ 11/3087 0500. Klassiker, Raritäten, Kultstreifen.

Reserva Cultural, Av. Paulista 900 (Metro Brigadeiro), ✆ 11/3287 3529. Programm (4 Säle) abseits der Blockbuster in einem der wenigen Kinos, die nicht in Shoppingcentern liegen.

Cine Marabá, Av. Ipiranga 757, Centro, ✆ 11/5053 6881. Einziger Überlebender des Niedergangs der großen Kinopaläste des Zentrums. Restauriert mit 5 Sälen wiedereröffnet; Mainstream mit Atmosphäre.

Kulturzentren und Kunstgalerien

Centro Cultural Banco do Brasil, Rua Álvares Penteado 112, Centro (Metro Sé), ✆ 11/3113 3651. Lohnende Kunstausstellungen, Theater- und Filmvorführungen; nettes Café. 🕒 Di–So 10–22 Uhr.

Centro Cultural São Paulo, Rua Vergueiro 1000, Paraíso (Metro Vergueiro), 💻 www.centrocultural.sp.gov.br. Modernes Kulturzentrum mit Theater, Kino, Shows, Ausstellungen; einzigartige Comic-Bibliothek. 🕒 Di–Fr 10–20, Sa, So 10–18 Uhr.

Goethe-Institut, Rua Lisboa 974, Vila Madalena, ✆ 11/3296 7001, 💻 www.goethe.de. Kulturveranstaltungen, Bibliothek (auch deutsche Zeitungen und Zeitschriften) und Café. 🕒 Mo–Fr 10–14, 17–21, Sa 10–14 Uhr.

Instituto Tomie Ohtake, Rua Coropés 88, Pinheiros (Metro Faria Lima), 💻 www.institutotomieohtake.org.br. Außer Werken der großen alten Dame der brasilianischen bildenden Kunst ständig wechselnde nationale und internationale Ausstellungen. Das Gebäude, ein weithin sichtbarer Bürokomplex, wurde entworfen von Stararchitekt Ruy Ohtake, Tomies Sohn. 🕒 Di–So 11–20 Uhr.

Choque Cultural, Rua João Moura 997, Vila Madalena, 💻 www.choquecultural.com.br. Graffiti und Street Art. 🕒 Di–Sa 12–19 Uhr.

SÃO PAULO UND MINAS GERAIS

www.wehostel.com.br. Viel Platz und alles vom Feinsten in alter Stadtvilla. 7 Dorms (R$40), 2 DZ (R$160). ❶–❸

Citylights Hostel, Rua Padre Garcia Velho 44, Pinheiros, ☎ 11/2364 4231, www.citylights hostel.com. 6 nette Dorms und 2 DZ mit Bad; 10 Min. von Metro Faria Lima, nur einen Sprung bis zu den Bars der Vila Madalena. ❶–❸

Sampa Hostel (HI), Rua Girassol 519, ☎ 11/3031 6779, www.hostelsampa.com.br. Inmitten des Nachtlebens der Vila Madalena, DZ und Dorms. Anreise mit Metro (Station Vila Madalena), dann Taxi oder ca. 15 Min. zu Fuß. ❶–❸

Vila Madalena Hostel, R. Francisco Leitão 686, ☎ 11/3034 4104, www.vila madalenahostel.com.br. Nähe Praça Benedito Calixto und Goethe-Institut (Metro Clínicas und 20 Min. zu Fuß). Nur ein Graffiti an der Hausmauer weist auf diesen engagierten und kunstvoll dekorierten Traveller-Treff hin. Dorms und DZ mit Gemeinschaftsbädern. ❷–❸

Pousada Dona Zilah, Al. Franca 1621, Jardim Paulista, ☎ 11/3062 1444, www.zilah.com. Renoviertes Privathaus; 14 einfache, aber nett eingerichtete Zimmer; Restaurant und Café. In ruhiger Straße nahe den belebten Av. Paulista und Rebouças. ❺

Augusta Park Hotel, Rua Augusta 922, zwischen Av. Paulista und Zentrum, ☎ 11/3124 4400, www.augustapark.com.br. Günstig, komfortabel, mitten im Nightlife-Revier. ❹

Hotel Unique, Av. Brig. Luis Antônio 4700, Jardim Paulista, ☎ 11/3055 4700, www. hotelunique.com.br. Das Starlet unter den Hotels der. Das von São Paulos berühmtem Architekten Ruy Ohtake entworfene Gebäude gleicht einem gigantischen Wassermelonen-schnitz und verbindet modernstes Design mit Technologie. Auf dem Dach Panoramasicht, ein rotleuchtender Pool sowie Bar und Restaurant **Skye**, die zu den exquisitesten der Stadt zählen. Zimmer ab R$1160. ❽

ESSEN

São Paulo reiht sich selbst gern unter die besten kulinarischen Zentren der Welt ein, neben Paris, New York und Tokio. Brasiliens beste Restaurants sind in São Paulo, und auch den internationalen Vergleich brauchen sie nicht zu scheuen. Um die 12 500 Restaurants gibt es, mit kosmopolitischem Gaumenschmaus aus 52 verschiedenen Ländern. Am preiswertesten sind die kleinen **Pastel-Imbisse**, einfache Stehbars an fast jeder Straßenecke, wo man gefüllte, in heißem Fett ausgebackene Teigtaschen bekommt. Die Pastel-Manie der Paulistas begann mit den Japanern, die hier während des 2. Weltkrieges viele solcher Lokale eröffneten. Auch japanische **Sushi-Bars** sind sehr in Mode und wirklich zu empfehlen. Man findet sie in der ganzen Stadt, besonders jedoch in Liberdade. Süchtig geradezu sind die Einheimischen nach **Pizza**, rund eine Million der von den italienischen Immigranten etablierten Spezialität werden täglich konsumiert. Nur die **Churrascarias** und **Feijoada-Lokale** können einigermaßen mit dem Pizza-Kult konkurrieren. Wegen der Größe des Angebots wird es nicht schwer fallen, nahe der Unterkunft etwas Geeignetes für jeden Geldbeutel zu finden. Dennoch ein paar Tipps, die auch die Mühe einer Anfahrt lohnen:

Centro / Bela Vista

Estação República, Rua Aurora 964, nahe Praça República. Feines Mittagsbuffet, weit über dem Durchschnitt und günstig; angenehmes Ambiente im großen Saal eines alten Kolonialhauses. 🕒 Mo–Fr 12–15 Uhr.

Estadão, Viaduto 9 de Julho 193, Centro. Nachtschwärmer und alle, die zu den unmöglichsten Zeiten Hunger verspüren, drängen sich am Tresen dieses legendären 24h-Schnellrestaurants. Am beliebtesten ist das Schweinebraten-Sandwich mit Salat (*Pernil*, R$11). 🕒 tgl. 24 Std.

Bar da Dona Onça, Av. Ipiranga 200. Die Bar mit der besten Speisekarte der Stadt, im EG von Niemeyers Edifício Copan. 🕒 Mo–Sa 12–24, So bis 17 Uhr.

Almanara, Rua Basílio da Gama 70, bei der Praça República. Stammhaus des beliebten Libanesen, es gibt acht weitere Adressen in der Stadt. Schöner Speisesalon (original 60er-Jahre); eine Option ist das *Rodízio* (R$56) mit allen Leckerbissen des Hauses. 🕒 tgl. 11.30–23 Uhr.

Lamen Kazu, Rua Tomáz Gonzaga 51, Liberdade. Im immer vollen winzigen Gastraum gibt es 14 Shoyu-Gerichte auf der Basis von Lamen, einer tiefgefroren aus Japan importierten Nudelart. Zum Nachtisch Grüner-Tee-Eis. ◷ Mo–Sa 11–15, 18–22.30, So bis 21 Uhr.

Famiglia Mancini, Rua Avanhandava 81, Bela Vista. Legendäres Lokal mit exzellenter süditalienischer Küche, gutem Service, bunter Deko. Zu den Hauptessenszeiten Warteschlangen (keine Reservierung), mittlere Preise. ◷ tgl. 11.30–1, Fr, Sa bis 3 Uhr.

Cantina D'Angelo, Rua Humaitá 258, Bela Vista. Traditionelle italienische Cantina, einfach und preiswert, die Rindsrouladen *(Bracciola)* mit Fusilli reichen für zwei. ◷ Di–Sa 11.30–15.30, 19–24, So bis 17.30 Uhr.

Speranza, Rua 13 de Maio 1004, Bela Vista. Sehr beliebte Pizzeria. Der Renner ist die Margherita. Sa/So abends voll. ◷ tgl. 18–1 Uhr.

Amazônia, Rua Rui Barbosa 206, Bela Vista. Einfaches, kleines Restaurant, der reichen Geschmackswelt Amazoniens gewidmet; viele Fischgerichte. Sa/So spezielles Mittagsbuffet (R$62). ◷ Mo 12–15, Di–Sa 12–15, 19–24, So bis 16.30 Uhr.

Bauru – Sandwich mit Stammbaum

Der **Bauru** ist ein im ganzen Staat São Paulo populäres Sandwich, das an fast jeder Straßenecke angeboten wird, meist in Form von langweiligen Käse-Schinkenbrötchen mit Tomate. Mit dem ganz speziellen Imbiss aber, wie er in den 1930er-Jahren von einem Jurastudenten aus dem gleichnamigen Provinzstädtchen ausgedacht wurde, haben diese Bastarde nur noch den Namen gemein. Der Original-Bauru ist nämlich so: Ein Stück Weißbrot, belegt mit reichlich fein geschnittenem Kalten Braten, frischen Tomaten und Essiggurken, muss geradezu überquellen von einer lockeren, cremigen Mischung aus drei verschiedenen Käsearten, die zuvor mit Butter in Wasser geschmolzen wurden. Auf diese einzigartig leckere Art gibt es den Bauru in ganz São Paulo nur da, wo er auch kreiert wurde: im **Ponto Chic**, am Largo do Paissandú 27, Centro. ◷ Mo–Sa 10–24 Uhr.

€ **Angélica Grill**, Av. Angélica 430, Santa Cecília (Metro Mal. Deodoro). Riesiger Grillsalon, in dem das Fleisch im Rodízio-System am Tisch von Spießen geschnitten wird. Sehr gutes Preis-Leistungs-Verhältnis, abends noch günstiger. Um Wartezeiten zu vermeiden, außerhalb der Hauptessenszeiten kommen. ◷ tgl. 11.30–23.30 Uhr.

Paulista / Jardins

Sujinho, Rua da Consolação 2078, Consolação (Metro). Aus der einst schmuddeligen Kneipe wurde das bei der Bohème beliebte Sujinho (*sujo* = schmutzig), wo man sich bis zum Morgengrauen mit den berühmten 700 g schweren Steaks (Bisteca d'Ouro, R$31) stärken kann. Nur Bargeld! ◷ tgl. 12–5 Uhr.

Mestiço, Rua Fernando de Albuquerque 277, Consolação (Metro), ✆ 11/3256 3165. Gute zeitgenössische Küche von asiatisch (moderat gewürzt) bis bahianisch (Acarajé). Am Wochenende wird's voll, daher früher kommen oder reservieren. ◷ tgl. 12–1 Uhr.

Tordesilhas, Rua Bela Cintra 465, Consolação (Metro). Bestes Lokal für feine brasilianische Küche aus allen Regionen des Landes. Mittlere Preise. ◷ Di–Sa 12–15, 19–24, So bis 17 Uhr.

Apfel, Rua Bela Cintra 1343, Cerqueira César (Metro Consolação). Buffet mit vegetarischer Küche, gut und preiswert. Filiale im Zentrum, Rua Dom José de Barros 99, in der Fußgängerzone Barão de Itapetininga (So geschl.). ◷ Mo–Fr 11.30–15, Sa, So bis 16 Uhr.

Halim, Rua Dr. Rafael de Barros 56, Paraíso (Metro). Einfacher Araber ohne jeden Luxus, schnelle Happen an der Theke oder reichliche Portionen (Falafel) im Salon. ◷ Mo–Sa 11–23, So 11–17 Uhr.

Figueira Rubaiyat, Rua Haddock Lobo 1738, Jardim Paulista. Brasilianische Gerichte mit mediterraner Note, Fisch und Meeresfrüchte, saftiges Fleisch und ebensolche Preise. Man sitzt unterm Glasdach um einen uralten Feigenbaum *(Figueira)*. ◷ tgl. 12–0.30 Uhr.

Vila Madalena / Pinheiros

€ **Alternativa**, Rua Fradique Coutinho 910, Vila Madalena. Exzellentes und preiswertes Naturkost-Restaurant (Buffet) in einem

Bioladen. ⌚ Essen Mo–Sa 11.30–16, Mo–Fr 17–21 Uhr.

Feijoada da Lana, Rua Aspicuelta 421, Vila Madalena. Nicht nur Mi und Sa – hier ist jeden Tag Feijoada-Tag. Die (fleischigen) Zutaten zum Nationalgericht kann man sich selbst aussuchen. Preislich okay: R$33, Sa/So R$55 mit mehr Beilagen. ⌚ Mo–Fr 12–15.30, Sa, So 12–17 Uhr.

Saj, Rua Girassol 523, Vila Madalena. Feine arabische Küche zu bekömmlichen Preisen. ⌚ Mo–Fr 12–16, 18.30–23, Sa, So 12–23 Uhr.

Pasquale, Rua Girassol 66, Vila Madalena. Sympathische Cantina mit ausgezeichneten Pastagerichten. ⌚ Mo–Sa 12–24 Uhr.

Bráz, Rua Vupabuçu 271, Pinheiros (Metro Faria Lima). Wird als eine der besten Pizzerias der Stadt gehandelt – und das will etwas heißen in São Paulo. ⌚ tgl. 18.30–1 Uhr.

NACHTLEBEN

Tausende von Bars und Kneipen, ein vielfältiges Szene-Leben und große Showhäuser mit Konzerten der Spitzenklasse machen São Paulo zu der Stadt mit dem reichhaltigsten Nachtleben Brasiliens (und oft langem Warten auf Einlass). Im schicken Viertel **Vila Olímpia** und in der unkonventionellen **Vila Madalena** brodelt es rund um die Uhr. Sehr lebendig ist es auch in **Itaim Bibi, Tatuapé, Moema** und den **Jardins**. Etwas aus der Mode geraten, aber trotzdem noch munter, ist die Szene in der Rua 13 de Maio, eine Vergnügungsmeile mit Kneipen, Musiklokalen und Theatern im italienischen Viertel Bela Vista, **Bixiga** genannt. Der zwischen Zentrum und Av. Paulista gelegene Teil der Rua Augusta – ehemals schicke Einkaufsmeile, dann heruntergekommen zum Rotlichtviertel – wurde in den letzten Jahren wiederbelebt und bildet jetzt mit den umliegenden Straßen das Nightlife-Quartier **Baixo Augusta**.

Bars und Kneipen

Bar Brahma, Av. São João 677, Centro. Tradition und Attraktion im Zentrum: glitzernde Lüster im großen Salon aus den 1960er-Jahren, moderne Bar mit Musikbühne, Veranda mit Tischen an der Avenida; gemischtes Publikum aller Altersgruppen und Geldbeutel, abends häufig Shows mit z. T. namhaften Künstlern. ⌚ Mo 17–2, Di–So 11–2 Uhr.

Bar Léo, Rua Aurora 100, Santa Efigênia (Metro Luz). Mit 75 Jahren die Mutter aller Bierkneipen der Stadt, deutsches Motto: „Bier über alles". Meist quillt der Laden über und man trinkt sein Chope auf dem Bürgersteig. Dieses, auf ganz spezielle, „sahnige" Art gezapft, wird beim Kellner gern als „ein Glas Milch" in Auftrag gegeben. Für den späteren Heimweg sollte man ein Taxi wählen, denn die Nachbarschaft, auch „Crackolândia" genannt, gehört nachts nicht gerade zu den sichersten Gegenden. ⌚ Mo–Fr 11–23, Sa bis 21 Uhr.

Café Piu Piu, Rua 13 de Maio 134, Bela Vista. Eine der besten Adressen für Rockmusik aller Spielarten, Publikum meist über 30. ⌚ Di–So ab 21.30 Uhr.

Z Carniceira, Rua Augusta 934, Centro. Underground-Feeling mit Rock und Soul in einer ehemaligen Metzgerei. ⌚ Di–Sa 19–2, So 17–24 Uhr.

Bar da Dida, Rua Dr. Mello Alves 98, Jardim Paulista (Metro Oscar Freire). Nette Mini-Kneipe (ehemalige Garage), Tische auf dem Bürgersteig und immer gut besucht, beliebter GLS-Treff. Feine Caipirinhas. ⌚ tgl. ab 18.30 Uhr.

Ó do Borogodó, Rua Horácio Lane 21, Pinheiros. Alternativ-Schuppen voll mit Gringos und Studenten, Samba und Choro live. ⌚ Mo–Fr 21–3, Sa ab 13, So ab 17 Uhr.

Astor, Rua Delfina 163, Vila Madalena (Metro). Bar mit Nostalgie-Deko im Stil der 1930er- bis 50er-Jahre, gute Stimmung, hoher Flirtfaktor am Wochenende, alle Altersgruppen. Versteckt im Keller die modern coole Bar **Sub Astor**. ⌚ Mo–Do 18–2, Fr, Sa12–3, So 12–18 Uhr.

Filial, Rua Fidalga 254, Vila Madalena. Bar im Stil der 1950er-Jahre, gemischtes Publikum und flexible Öffnungszeiten. ⌚ Mo–Fr 17–2.30, Sa, So ab 12 Uhr.

Farol Madalena, Rua Jericó 179, Vila Madalena. Stets gut besuchter GLS-Treff mit vorwiegend weiblichem Publikum, MPB live. ⌚ Mi–So 19–1 Uhr.

Salve Jorge, Rua Aspicuelta 544, Vila Madalena (Metro). Schön dekorierte, große Bar, am

Wochenende schon um 19 Uhr voll, MPB-, Jazz- und Blues-Klänge. ⌚ Di–Fr 17–2.30, Sa, So ab 12 Uhr.

Discos und Clubs

Bourbon Street Music Club, Rua dos Chanés 127, Moema. Bestes Jazz- und Blues-Lokal der Stadt, auch Soul und MPB. Inspiriert von den Bars in New Orleans, B. B. King spielte bei der Eröffnung. Gute Bands, Tanzfläche, modern-rustikales Ambiente, langer Tresen. ⌚ Di–So ab 21 Uhr, Eintritt ab R$32.

Inferno Club, Rua Augusta 501, Centro. Junges Publikum und Rockmusik. ⌚ Do–Sa ab 24 Uhr.

Beco 203, Rua Augusta 609, Bela Vista. Rund 600 Leute fassender Tanzschuppen für Liebhaber von Rock-Disco und Alternativ-Bands. ⌚ Di–Sa ab 23, So ab 20 Uhr, Eintritt ab R$20.

Club Glória, Rua 13 de Maio 830, Bela Vista. Referenz des GLS-Nachtlebens, das Publikum ist jung, *fashion*, schätzt Pop Divas, Billboard Hits, House und Techno. ⌚ Mi ab 18, Fr–So ab 22 Uhr, Eintritt ab R$30.

Hot Hot, Rua Santo Antônio 570, Bela Vista. Licht-und Kitsch-Dekoration auf 600 m², Mi Rock, sonst Techno. ⌚ Mi–Sa ab 24 Uhr, Eintritt ab R$40.

Clash Club, Rua Barra Funda 969, Barra Funda (Metro). Techno, Hip Hop, Rock. ⌚ Di, Do–Sa ab 24 Uhr, Eintritt ab R$35.

Ost-West-Konflikte

Corinthians, **Palmeiras** und **São Paulo FC** bilden das Dreigestirn des Fußballhimmels der Stadt. Das Ausmaß der Rivalität zwischen den Clubs könnte man ermessen an der Gesamtstrecke der Metrolinie Rot (Ost–West). Über 20 km trennen die nach zwei der Vereine benannten Endstationen: Palmeiras/Barra Funda und Corinthians/Itaquera. Beide bauen dort derzeit an ihren neuen Stadien. In der Arena **Itaquerão** der populären Corinthians – an der Peripherie der Zona Leste gelegen, und damit nicht nur geografisch Welten vom Stadtzentrum entfernt – findet 2014 das Eröffnungsspiel der Fußball-WM statt.

D-Edge, Alameda Olga 170, Barra Funda (Metro). Einer der besten Dance-Clubs der Stadt (House, Punkrock, Hip-Hop, Techno), Top-DJs, Super Sound-System. ⌚ Mo, Mi–Sa ab 24, So 5–12 Uhr, Eintritt ab R$50.

UNTERHALTUNG UND KULTUR

Es gibt mehrere große **Show- und Konzerthäuser**, hier die wichtigsten:

Credicard Hall, Av. das Nações Unidas 17 955, Santo Amaro, 💻 www.credicardhall.com.br. Lateinamerikas modernstes Showhaus für 12 000 Gäste.

HSBC Brasil, Av. dos Jamaris 213, Moema, 💻 www.hsbcbrasil.com.br.

FESTE

Jan: Aniversário de São Paulo, diverse Shows zum Geburtstag der Stadt (25.), in Bixiga verschlingen Hunderte von Gästen eine riesige Torte.

São Paulo Fashion Week, großer publikumswirksamer Modeevent (Sommerversion im Juli) in Ibirapuera.

Feb: Carnaval, 💻 www.ligasp.com.br. Umzüge der Sambaschulen im Sambódromo (Stadtteil Anhembi, Fr/Sa nachts), fast so prachtvoll wie in Rio, Kartenverkauf ab Nov.

März/April: É Tudo Verdade, 💻 www.itsalltrue.com.br. Internationales Dokumentarfilm-Festival.

Lollapalooza, 💻 www.lollapaloozabr.com. Das weltweit wichtigste Festival für Indie-Rock hat seit 2012 eine „Filiale" im Jockey Club von São Paulo.

Mai: Virada Cultural, am ersten Maiwochenende (nonstop von Sa bis So Abend) wird das Zentrum mit Hunderten von kostenlosen Live-Acts (Musik, Theater, Tanz, Performance etc.) auf Bühnen in den Straßen und Parks überzogen, was ein Publikum von ca. 4 Mio. Menschen anzieht – lohnenswert!

Mês Internacional da Fotografia, Foto-Ausstelungen und Workshops den ganzen Monat über in vielen Teilen der Stadt.

Juni: Parada do Orgulho GLST *(gays, lésbicas, simpatizantes* und *transgêneros)*, mit 3 Mio.

Teilnehmern weltgrößter schwul-lesbischer Umzug, Av. Paulista bis Rua da Consolação, Abschluss-Show an der Praça da República (So nach *Corpus Christi*).

Juli: **Dia da Pizza** (10.), alle Pizzerien der Stadt erfinden neue Rezepte und locken mit Sonderangeboten.
Festa das Estrelas, das „Fest der Sterne" ist ein sehr farbenfrohes Spektakel im Stadtteil Liberdade. Bei einem Umzug in japanischen Kostümen schreiben die Bewohner ihre Wünsche auf bunte Papierstreifen, binden diese an Bambusstäbe und schmücken damit die Straßen.

Aug: **Feira de Artes da Vila Madalena**, großer Kunststraßenmarkt in vielen Ecken des Viertels.
Bienal Internacional do Livro, Buchmesse (in geraden Jahren), Anhembi.
Festival Internacional de Curtas-Metragens, größtes Kurzfilm-Festival Lateinamerikas mit Streifen aus der ganzen Welt.

Okt/Nov: **Mostra Internacional de Cinema**, das wichtigste internationale Filmfestival des Jahres, viele Independent-Filme.

Grande Prêmio Brasil de Fórmula 1, mit Ferrari & Co. in Interlagos.

Dez: **Corrida de São Silvestre**, traditioneller Marathonlauf am letzten Tag des Jahres, Start Av. Paulista.

EINKAUFEN

Ein beliebtes Ausgehprogramm der Paulistas ist das Shopping Center oder der Bummel durch die verschiedenen Einkaufstraßen. 55 Shoppings und 240 000 Läden soll es geben, von Luxus in der Rua Oscar Freire im Nobelviertel Jardins über Billigtextilien in der Rua José Paulino im Viertel Bom Retiro bis zum populären Rummel um die Rua 25 de Março im Zentrum, wo tgl. bis zu 500 000 Menschen durchkommen.

Antiquitäten

Feira de Artes da Praça Benedito Calixto, Praça Benedito Calixto, Pinheiros. Zwischen alten Büchern, CDs, Münzsammlungen, Spielzeug etc. flaniert hier ein bunt gemischtes Publikum auf der Suche nach billigen Raritäten. Ab 14.30 Uhr Chorinho-Konzerte, um den Platz herum viele einfache Bars und Restaurants

Straßenkünstler in der Fußgängerzone der Avenida São João

© WERNER RUDHART

mit Tischen auf dem Bürgersteig, z. B. Consulado Mineiro. ⌚ Sa 9–19 Uhr.
Feira do Bixiga, Praça Dom Orione, Bela Vista. Trödelmarkt mit Möbeln, Geschirr, Accessoires, Büchern und Zeitschriften. ⌚ So 10–18 Uhr.

Einkaufsgalerien

Grandes Galerias, Rua 24 de Maio 62, Ecke Av. São João, Centro (Metro República). Eher bekannt als **„Galeria do Rock"**, über 450 Läden mit allem, was mit Rock zu tun hat (Streetwear, Disks, Accessoires, Tätowierungen, Piercings, Skateboards, Fanklubs, hippe Friseure etc.).
Galeria Ouro Fino, Rua Augusta 2690, Jardim Paulista. Beliebteste Alternativ-Meile der Stadt mit preiswerten Läden und ausgefallener Mode.

Märkte

Feira da Liberdade, Praça da Liberdade (Metro Liberdade). Asiatischer Markt mit Kunsthandwerk, Pflanzen, Gewürzen und Delikatessen wie Sukiyaki; beliebtes Programm der Paulistanos am So 10–19 Uhr.
Mercado Municipal, Rua da Cantareira 306, Centro (Parque Dom Pedro). Größter Lebensmittelmarkt der Stadt in schöner Halle mit bunten Fenstern, für viele Nachtschwärmer letzte Absacker-Station. Die Bar do Mané ist berühmt für ihre riesigen Mortadella-Sandwiches und die Hocca Bar für ihre Pastéis mit *Bacalhau*-Füllung (Kabeljau). ⌚ So–Mo 6–16, Di–Sa 6–18 Uhr.

TOUREN

Sao Paulo Insider, Werner Rudhart, Verfasser dieses Buchteils, lebt seitüber 20 Jahren in São Paulo und bringt in individuellen Führungen auf Deutsch interessierten Besuchern seine Wahlheimat gerne näher. ✆ 12/3926 1761 und 9619 5120 (mobil), ✉ werudhart@gmx.net, 💻 www.saopaulo-insider.com.
Ecology, Rua Coronel Joaquim F. Lobo 203, Vila Olímpia, ✆ 11/3845 0273, 💻 www.ecology.com.br. Diverse Angebote, z. B. 8-stündige Tour (englischsprachiger Guide) zum Parque da Cantareira in der Nordzone, dort Wanderung (3 Std., 9,5 km) mit Panoramablick auf die Stadt.
€ **Turis Metrô**, Estação da Sé, Centro, ✆ 11/7716 5141, 💻 www.spturis.com/turismetro. Prima Angebot des Metrobetriebs: Man wählt aus einer von 5 angebotenen City-Touren (Sé, Luz, Paulista, Liberdade, República), löst 20 Min. vor Beginn die dafür notwendigen Fahrkarten am speziellen Schalter in der Metrostation Sé und nimmt kostenlos an der Führung teil. ⌚ Sa, So 9 und 14 Uhr.

SONSTIGES

Geld

Alle Banken-Hauptsitze und die meisten der größeren Filialen besitzen **Geldautomaten** für internationale Karten (tgl. 6–22 Uhr), z. B.: **Banco do Brasil**, R. São Bento 465, Centro; **HSBC**, Praça da República 511, Centro, und Av. Paulista 949.
24 Std.-Geldautomaten findet man i. d. R. in den rund um die Uhr geöffneten Supermärkten (z. B. Extra, Av. Brigadeiro Luís Antônio 2013) und Tankstellen. **Geldwechselstuben** *(Casa de Câmbio)* sind häufig in Reisebüros untergebracht.

Informationen

Centrais de Informações Turísticas (CIT): **Aeroporto (Guarulhos)**, Terminal 1 und 2, Desembarque (Ankunft), ⌚ tgl. 6–22 Uhr; **Rodoviária Tietê**, Desembarque, ⌚ tgl. 6–22 Uhr; **República**, auf dem Platz beim Metro-Zugang, tgl. 9–18 Uhr; **Olido**, Av. São João 473 (beim Largo do Paissandú), Centro, ⌚ tgl. 9–18 Uhr; **Av. Paulista**, Nr. 853, im Parque Prefeito Mário Covas, ⌚ tgl. 9–18 Uhr. 💻 www.cidadedesaopaulo.com.
Gute und preiswerte **Stadtpläne** *(Mapa da Cidade)* erhält man in den vielen Zeitungskiosken, kleinere Karten gibt es kostenlos bei den Infobüros.

Medizinische Hilfe

Hospital Einstein, Av. Albert Einstein 627, Morumbi, ✆ 11/3747 1233. Eines der besten Privatkrankenhäuser Lateinamerikas.

Touristenpolizei

Delegacia de Atendimento ao Turista (DEATUR), Rua da Cantareira, 390 (Anbau am Mercado Municipal), Centro, ✆ 11/3257 4475. ⌚ tgl. 8–20 Uhr. Weitere Posten an den Flughäfen.

Visaangelegenheiten

Polícia Federal, Rua Hugo D'Antola 95, Lapa, ✆ 11/3538 5000, Visumsverlängerung gegen Vorlage des Rückflugtickets (nur für Schweizer, nicht mehr für EU-Bürger möglich). ⌚ Mo–Fr 8–16 Uhr.

Zeitungen und Zeitschriften

Die besten Veranstaltungsteile bieten *Folha de São Paulo* (*Guia* in der Freitagsausgabe), sowie die SP-Beilage des Wochenmagazins *Veja*.

NAHVERKEHR

Busse

In São Paulo gibt es mehr als 1335 **Bus- und Vanlinien** mit etwa 15 000 Fahrzeugen, was Ortsfremde gleichermaßen beeindrucken und verunsichern kann. Eine Einzelfahrt kostet R$3,20. Bei speziellen Büros des Verkehrsverbunds **Sptrans** (z. B. Praça da Sé 188) aber auch in Lotto-Annahmestellen kann man eine Plastikkarte *Bilhete Único* erstehen. Diese muss am Anfang mit mind. R$12 aufgeladen werden und ermöglicht zum Preis einer Einzelfahrt die Benutzung von bis zu 4 Bussen plus 1 Metrofahrt zum halben Preis innerhalb von 3 Std.

Flughafentransport (Guarulhos), Airport Service, ✆ 0800 770 2287, 💻 www.airportbus-service.com.br. Häufige, komfortable Transferbusse (etwa alle 40 Min., ca. 1 Std., R$35) fahren in alle Ecken des Zentrums, zu den Rodoviárias Tietê und Barra Funda und pendeln zum Stadtflughafen Congonhas. Nach Guarulhos: Haltestellen im Zentrum befinden sich u. a. an der Praça República (Ecke Rua do Arouche) und vor dem Hotel Maksoud Plaza (nahe Av. Paulista). Abfahrtszeiten s. Internetseite. Die Airlines Gol und TAM befördern ihre Passagiere kostenlos mit Bussen zwischen den beiden Flughäfen, Infos am Schalter.

Die günstigste Option, um vom Flughafen in die Stadt zu kommen, ist mit einem Suburbano-Bus bis zur Metro Tatuapé (Linha 27), R$4,30.

Metro und Eisenbahn

Die moderne **Metro** transportiert tgl. 4 Mio. Passagiere. Im Verhältnis zur Größe der Stadt immer noch schwach ausgebaut und zu Stoßzeiten oft überfüllt, bietet sie doch eine schnelle und sichere Alternative zur Straße. Fürs Zentrum, die Av. Paulista und andere zentrumsnahe Viertel ist sie das ideale Transportmittel, das Netz ist dort sehr dicht, fast alle Sehenswürdigkeiten und Hotels sind auf diesem Wege zu erreichen. ⌚ tgl. 4.40–24, Sa bis 1 Uhr, Fahrkartenschalter 6–22 Uhr, Einzelfahrt R$3,20.

Ein Teil der Stadt wird über **S-Bahnlinien** der CPTM versorgt (gleiche Preise wie bei der Metro). ⌚ tgl. 4–24 Uhr.

Taxi

Taxis sind in São Paulo teurer als im restlichen Brasilien, aber immer noch preiswerter als in Europa. Nur Funk-Taxis verlangen höhere Preise. Bei längeren Strecken ist es durchaus ratsam, vorab einen Festpreis auszuhandeln, um nicht die üblichen Stauzeiten mit bezahlen zu müssen.

Taxi-Kooperativen:
São Paulo Táxi, ✆ 11/5073 2814;
Central Comum Rádio Táxi, ✆ 11/5063 0404.
Preisbeispiele: Flughafen Guarulhos – Zentrum ca. R$100, Flughafen Congonhas – Zentrum ca. R$40.

TRANSPORT

Flüge

Aeroporto Internacional de São Paulo (Cumbica), Guarulhos, 30 km nordöstlich vom Zentrum, ✆ 11/2445 2945. Brasiliens wichtigster Flughafen, die meisten **internationalen** Flüge gehen über São Paulo.

Aeroporto de Congonhas, Av. Washington Luís, Santo Amaro, 14 km vom Zentrum, ✆ 11/5090 9000. Flughafen für **Inlandflüge** in einer Reichweite von etwa 1000 km, dient hauptsächlich also Luftbrücken nach Belo Horizonte, Brasília, Curitiba, Rio und Porto Alegre.

Aeroporto Internacional Viracopos, Campinas, 90 km von São Paulo, ✆ 19/3725 5000. Wird zunehmend als Alternative zu den beiden überlasteten anderen Flughäfen ausgebaut.

Schlafen beim Airport

Wer spät ankommt und früh wieder weg muss, und weder Lust hat auf den weiten Weg in die City noch auf folternden Sesselschlaf, der findet eine preiswerte Zuflucht im **Ipê Hotel** in Guarulhos, ✆ 11/2195 8100, 💻 www.ipehotelguaru.com.br, mit kostenlosem Airport-Abhol- und Bringservice. ❸

Zurzeit starten von dort unter anderem viele Inlandflüge von Azul, mit gratis Bustransfer ab São Paulo.

Die wichtigsten **brasilianischen Fluggesellschaften** (Büros an den Flughäfen):
Avianca, ✆ 0800/891 8668; **Azul**, ✆ 0800/887 1118; **Gol**, ✆ 0300/115 2121; **TAM**, ✆ 4002 5700 (in allen Hauptstädten) sonst 0800/570 5700.

Die wichtigsten **internationalen Fluggesellschaften**
Aerolíneas Argentinas, ✆ 0800/000 5050; **Air France**, ✆ 4003 9955 (Hauptstädte) sonst 0800/888 9955; **Alitalia**, ✆ 11/2171 7610; **British Airways**, ✆ 0800/761 0885; **Iberia**, ✆ 11/3218 7130; **KLM**, ✆ 4003 1888 oder 0800/888 1888; **Lan Chile**, ✆ 0300/788 0045; **Lufthansa**, ✆ 11/3048 5800; **Swiss**, ✆ 11/3049 2720; **TAP**, ✆ 0300/210 6060; **United**, ✆ 0800/162 323.

Busse

São Paulo besitzt drei große Busbahnhöfe. Informations-Telefon für alle Terminals: ✆ 11/3235 0322.
Vom **Terminal Rodoviária do Tietê**, Av. Cruzeiro do Sul, Metrostation Portuguesa-Tietê, fahren die meisten Fernbusse (Ausnahmen s. u.) sowie die Busse zum Litoral Norte (nördlicher Küstenabschnitt bis Ubatuba).
Vom **Terminal Barra Funda**, Rua Mário de Andrade, Barra Funda (Metro), starten die Busse zu vielen Zielen in Paraná und den Bundesstaaten Rondônia, Mato Grosso und Mato Grosso do Sul.
Vom **Terminal Jabaquara**, Rua dos Jequitibás, Jabaquara (Metro), fahren die Busse zum südlichen Küstenabschnitt von São Paulo (ab Guarujá/Santos).
Belo Horizonte: Cometa, ✆ 11/4004 9600, 12x tgl. ab 7.45 Uhr, 7 Std., ab R$91.
Brasília: Real Expresso, ✆ 11/2142 7100, 6x tgl. zwischen 13 und 22 Uhr, 14 Std., ab R$157.
Campos do Jordão: Pássaro Marron, ✆ 11/3775 3861, 6x tgl. bis 19.30 Uhr, 3 Std., R$41.
Curitiba: Cometa, 14x tgl., 6 Std., R$68–120 *(Leito)*.
Florianópolis: Catarinense, ✆ 11/2221 1695, 7x tgl. zwischen 9.45 und 23.30 Uhr, 10 1/2 Std., ab R$107.
Foz do Iguaçu: Pluma (ab Tietê), ✆ 11/2221 2900, 5x tgl. zwischen 14.30 und 20 Uhr, R$171; und Kaiowa (ab Barra Funda), ✆ 11/3392 7606, tgl. 15, 16, 19.30 und 22 Uhr, 16 Std., R$167.
Guarujá (ab Jabaquara): Rápido Brasil/Ultra, ✆ 11/5011 4201, halbstdl. von 6 bis 22.30 Uhr, 1 1/2 Std., R$26.
Ouro Preto: Útil, ✆ 11/2221 2482, tgl. 10.50 und 20 Uhr, 11 Std., R$112.
Porto Alegre: Itapemirim, ✆ 11/2121 7500, tgl. 12.30 und 21.50 Uhr, R$200; Penha, ✆ 11/2089 0816, tgl. 15.25 und 20 Uhr, 18 Std., R$180.
Rio de Janeiro: Mehrere Busgesellschaften pendeln praktisch rund um die Uhr zwischen Rio und São Paulo, darunter Viação 1001, ✆ 11/4004 5001, und Expresso Brasileiro, ✆ 11/2221 0155, etwa halbstdl., 6 Std., R$71 *(convencional)*, R$99 *(executivo)*.
Santos (ab Jabaquara): Rápido Brasil/Ultra, halbstdl. von 5.45 bis 23.30 Uhr, 1 1/4 Std., R$21.
São João Del Rei: Útil, tgl. 10.50, 20 und 22.30 Uhr, 7 Std., R$78.
São Sebastião: Litorânea, ✆ 11/3775 3861, 13x tgl. bis 21.30 Uhr, 4 1/2 Std., R$52.
Die Hälfte der Busse fährt entlang der Küste und hält ab Bertioga bei Bedarf an allen wichtigen Badeorten (Maresias usw.).
Ubatuba: Litorânea, 10x tgl. bis 22 Uhr, 4 Std., R$57.
Auch Busse nach **Argentinien, Paraguay, Chile** und **Uruguay**.

Die Südküste (Litoral Sul)

Die wohlhabende Mittelschicht von São Paulo, darunter viele Familien und Jugendliche, strömt am Wochenende gern in das urbane **Guarujá** oder in die benachbarte Hafenstadt **Santos**. Für ökologische Abenteuer ist **Cananéia** mit der berühmten **Ilha do Cardoso** interessant.

Cananéia

Der alte Küstenort (gegründet 1531) mit 12 000 Einwohnern dient den meisten Besuchern als Ausgangsbasis zur Erkundung der ursprünglichen Regenwaldnatur und der Strände der nahen Insel **Ilha do Cardoso** (s. u.). Cananéia wirkt nett und gepflegt und besitzt mehrere grüne Plätze sowie gut erhaltene Kolonialarchitektur (in der Rua Tristão Lobo).

Interessant ist die **Igreja de São João Batista** (1577/1769) an der Praça Martim Afonso de Souza, die während der Kolonialzeit auch als Festung diente und daher ohne Fenster gebaut wurde. 🕒 Di–So 9–12, 14–17 Uhr. Ein Besuchermagnet ist das **Museu Municipal**, Rua Tristão Lobo 78, wo der zweitgrößte jemals gefangene und nun einbalsamierte weiße Hai *(Carcharodon carcharias)* zu besichtigen ist. Er ging Ende 1992 ein Stück vom Strand entfernt ins Netz, ist 5,50 m lang und wiegt 3,5 t. 🕒 Di–So 9–18 Uhr.

Eine Besonderheit sind die über 5000 Jahre alten **Muschelablagerungen**, die sog. *Sambaquis* oder *Ostreiros*. Cananéia ist bekannt für seine feinen Austern. Im Unterschied zu Florianópolis, wo eine aus dem Pazifik stammende Art gezüchtet wird, ist die *Crassostrea brasiliana* seit jeher in den warmen Wassern der Mangrovenküste zwischen Paraná und São Paulo heimisch.

Ilha do Cardoso

Diese Insel genießt den Ruf eines ökologischen Paradieses. Sie steht wie die ganze Küstenregion unter **Naturschutz** und wurde von der Unesco als Welterbe der Menschheit und Biosphären-Reservat klassifiziert. 90 % der Fläche ist von artenreichem Atlantischem Regenwald überzogen, zahlreiche Meeresvogelarten nisten hier. Überall rauschen Wildbäche und Wasserfälle (Cachoeira Grande, Piscina de Pedras, Poço das Antas), die *Sambaquis* sind besonders häufig und im Meer tummeln sich Delfine. Die schönsten **Strände** der Region befinden sich ebenfalls auf der Insel. Es sind Perequê (Sitz der Parkverwaltung, Naturkundemuseum, Wanderpfade), Marujá (zwischen dem Meer und dem Canal de Ararapira, 18 km lang, Fischerdorf), Cambriú (aufwendiger Zugang, Tauchen und Fischen) und Ipanema (schwieriger Zugang, Tauchen und Baden). Hierher kommt, wer Ruhe und Naturerlebnis sucht, außer im November, dann ist die Insel in der Hand gemeiner Rossbremsen *(Mutucas)*.

Ilha Comprida – die „lange Insel"

Etwas nördlich der Ilha do Cardoso erstreckt sich die Ilha Comprida. Sie ist nur 3 km breit aber dafür praktisch ein einziger, großer Strand von 74 km Länge mit zum Teil hohen Sanddünen und viel Wald. Sie gehört zu Cananéias Nachbarstadt Iguape und ist von dort über eine Brücke zu erreichen. Die der Brücke am nächsten gelegenen Strände Boqueirão Norte, Icaraí und Encanto sind am meisten besucht und bieten Läden, Restaurants und einfache Pousadas. Von Cananéia aus gibt es eine regelmäßige Fährverbindung in den eher einsamen Süden der Insel.

ÜBERNACHTUNG UND ESSEN

Pousada Via Maria, Rua Jair de Melo Viana 106, Rocio, Cananéia, ✆ 13/9713 0038, 💻 www.viamaria.com.br. Gemütliche individuell eingerichtete Zimmer in familiärer Atmosphäre. In dem Bistrô des Hauses kocht Dona Maria leckeren Fisch und Pasta, dazu spielt ihr Mann Márcio abends gern auf dem Piano (🕒 Do–So 12–23 Uhr). Keine Tax, WLAN gratis. ❸

Pousada Recanto do Marujá, Ilha do Cardoso (Marujá), 200 m vom Fähranleger, ✆ 13/3851 1488, 💻 www.marujodomar.com.br. Einfache Zimmer mit Stockbetten, Bar und Restaurant, auch Zeltplätze. Kein Internet. ❶–❷

Pousada Ilha do Cardoso, Ilha do Cardoso (Marujá), am Fluss, ca. 300 m vom Fähranleger, ✆ 13/3851 1613, 💻 www.pousadailhadocardoso.com.br. 12 einfache Zimmer, Restaurant, Bootsausflüge. Kein Internet. Reservieren. ❷

Pont's Café, Av. Beira-Mar 71, Cananéia. Französische Küche, frische Austern der Region; mittlere Preise. 🕒 Mo–Fr 16–24, Sa, So 12–24 Uhr.

SONSTIGES

Informationen

Secretaria de Esporte e Turismo, Praça Martim Afonso, ✆ 13/3851 1930, 💻 www.cananet.com.br. 🕒 Di–So 8.30–17.30 Uhr.

Touren

Schiffsausflüge veranstaltet der Besitzer der Pousada Ilha do Cardoso (s. o.). Im Schoner zur Ilha do Cardoso, entweder nach Perequê (5 Std., R$30 p. P.) oder nach Marujá (8 Std., R$50 p. P.), mit Badestopps; ab Pier Municipal, Dez–Feb tgl. 8 und 14 Uhr, sonst abhängig von Nachfrage.

TRANSPORT

Busse

Terminal mit Ticketbüro, Rua Talis Bernardis, ✆ 13/3851 1715.

São Paulo: Intersul, tgl. 7 und 16.30 Uhr, 4 Std., R$52.

Fähren

Ilha Comprida: Dersa, ✆ 13/3358 2741, Fähre halbstdl. bis 23.30 Uhr (10 Min., kostenl.).

Ilha do Cardoso: siehe Schiffsausflüge; sonst Boot von Dersa, Mo 13, Mi, Do 8 Uhr (Rückfahrt Di 8, Mi 13 und Fr 8 Uhr), 3 Std., R$54.

Santos

Den besten Eindruck von der Lage dieser Stadt gewinnt man vom Hügel **Monte Serrat**, auf dem sich auch das Santuário de N. S. do Monte Serrat, der Schutzheiligen von Santos, befindet. Man gelangt dorthin mit einer Standseilbahn (R$21) oder über die 412 Stufen einer Treppe. Der Blick streift über den Hafen, das Zentrum, die große Küstenparkanlage, die Strände und reicht bis zu den entfernteren Orten Guarujá, Cubatão, São Vicente und Praia Grande. Santos ist hauptsächlich eine Hafenstadt mit rund 420 000 Einwohnern, besitzt jedoch ein sehenswertes historisches Zentrum und ihre Strandpromenade gehört zu den schönsten im ganzen Land.

Hafen

In ihrem „Südamerika-Bericht" von 1949 schrieben die Tschechen Jiri Hanzelka und Miroslav Zikmund: „Um ein reales Bild von Santos zu geben, müssen wir einige Zahlen nennen. Die Hafenmolen sind über sechs Kilometer lang; auf den Lagerplätzen arbeiten rund 180 Kräne und mehr als 100 fahrbare Brücken. In den 60 Lagerräumen können fünf Millionen Sack Kaffee untergebracht werden. Seine Molen bieten gleichzeitig 65 Ozeandampfern Platz, von denen 40 täglich mit Kaffee beladen werden können." Bis heute ist Santos der größte Hafen Südamerikas geblieben, zum Kaffee hat sich die Soja gesellt, und die meisten der im 80 km entfernten São Paulo erzeugten Export-Industriewaren werden von hier aus in alle Welt verschifft. Von den jüngsten Ölfunden in der Tiefsee vor der Küste erhofft sich die Stadt einen weiteren Aufschwung.

Zum Nachtisch süße Bohnen

Einen Kaffee in der **Kaffeebörse**? Nichts liegt näher und die Cafeteria des Museums bietet frische Röstungen bester Bohnen. Darunter eine ganz spezielle Ernte, gemacht von einem ungewöhnlichen Sachverständigen: Das *Jacú*, eine im Lande verbreitete Wildhuhnart, in Deutschland umständlich Rostbauchguan genannt, flattert gern in die Kaffeeplantagen, um sich dort mit sicherem Schnabel die süßesten und damit auch besten der reifen Früchte von den Sträuchern zu picken. Der harten und unverdaulichen Kerne entledigt es sich dann später wieder auf natürlichem Wege. Von Plantagenarbeitern aufgespürt und eingesammelt, wird das „Bohnengeschäft" der *Jacús* zum gefragten **Jacú Bird Coffee** und hat, wie jeder Spezialistenjob, seinen Preis – R$18 die Tasse.

Zentrum

Die von der Stadt betriebene Wiederbelebung des Zentrums trägt inzwischen sichtbar Früchte. Eine 1910 aus Schottland importierte Bahn *(Bonde)* fährt ab Praça Mauá/Rathaus knapp 2 km durch die ganze Altstadt (Di–So 11–17 Uhr, ca. alle 15 Min., R$5). Zu Fuß erhält man allerdings einen besseren Einblick in den geschichtlichen Reichtum von Santos mit seinen vielen Prachtbauten in kolonialem, barockem oder neogotischem Stil. Überall erscheinen kunstvolle Details in Marmor, Azulejos, Statuen, Fresken und Malereien. Die neoklassizistische **Bolsa do Café** (Kaffeebörse, heute Museum) von 1922 in der Rua 15 de Novembro 95 ist eines der bedeutendsten Baudenkmäler des ganzen Staates. Im Salão do Pregão beeindrucken die Glasvitrinen, das kostbare Mobiliar, sowie Marmorböden und Malereien von Benedito Calixto mit Freimaurersymbolen. ◷ Di–Sa 9–17, So ab10 Uhr, Eintritt R$5. Werke desselben Malers sind auch im Innern der barocken **Igreja de N. S. do Carmo** von 1599 zu sehen.

Strände

Die Strandpromenade von **Gonzaga** kann es durchaus mit Rios Copacabana aufnehmen. Auch hier gibt es ein reges Nachtleben. Etwas in die Jahre gekommene Hotels, darunter das traditionsreiche Atlântico, zeugen vom Glanz vergangener Zeiten, als noch ein Teil der Hafenumsätze in die Gemeindekasse zurückfloss. Zwischen den Kanälen 3 und 4 liegt der von Einheimischen frequentierte Strand von **Boqueirão**. Surfer zieht es zur wellenreichen Praia **José Menino**. Zusammen ergeben die Strände der Stadt ein herrliches Freizeitgebiet von ca. 7 km Länge gesäumt von gepflegten Grünanlagen und Radwegen. Nur zum Baden sind sie leider weniger geeignet.

Von der **Ponta da Praia** starten die Bootsausflüge bzw. Hafenrundfahrten. Kleine Bars laden dazu ein, das Ein- oder Auslaufen der großen Kreuzfahrtschiffe und Frachter zu beobachten. Am selben Ort befinden sich auch das **Städtische Aquarium**, das Fischereimuseum **Museu de Pesca**, Av. Bartolomeu de Gusmão, mit Bootsmodellen und präparierten Meerestieren, dar-

Guarujá – São Paulo am Meer

Guarujá, der mit hohen Apartment-Häusern zugebaute Ferienort (291 000 Einw.) der Mittelschicht-Paulistas, ist eine Miniaturausgabe von São Paulo am Meer. Ende der 1950er-Jahre gewann die Stadt dank reizvoller Strände den Beinamen „Perle des Atlantiks“, in den 80er- und 90er-Jahren kam sie etwas herunter, bis ab 2000 mit einer großen Sanierung der hyperurbanisierten Küstengebiete begonnen wurde. Tourismus ist und bleibt der wichtigste Wirtschaftszweig. Kaum ein Besucher lässt es sich nehmen, das größte Aquarium Südamerikas zu besuchen. Im **Acqua Mundo**, Av. Miguel Stéfano 2001, am Enseada-Strand, 💻 www.aquarioguaruja.com.br, befinden sich rund 300 Arten von Meeresbewohnern, darunter Haie und Pinguine. ◷ Di–Fr 10–18, Sa 10–22, So 10–21 Uhr, Eintritt R$28.
Sehenswert sind auch einige alte Festungen, wie das **Fortaleza de Santo Amaro da Barra Grande** (1584 von Spaniern errichtet), oder das **Fortaleza de São Felipe e São Luiz** (16. Jh.), in dem der deutsche Abenteurer Hans Staden bis zu seiner Verschleppung durch die Tupinambá-Indianer einige Monate verbrachte.
Die 7 km lange, urbane **Praia da Enseada** ist nur mit vierstöckigen Häusern bebaut, trotz gelegentlicher Verschmutzung wird hier viel gebadet, auch Segeln und Windsurfen sind möglich. Reizvoller sind die nördlichen Strände, vor allem die 7 km entfernte **Praia de Pernambuco**. Von hier starten Ausflugsboote zu den anderen nördlichen Stränden (São Pedro, Iporanga, do Pinheiro).
Nach **São Paulo** (Terminal Jabaquara) verkehren alle 45 Min. bis 21.30 Uhr Busse von Rápido Brasil/Ultra (1 1/2 Std., R$25), die Gesellschaft Litorânea klappert 3x tgl. alle wichtigen Badeorte der **Nordküste** bis São Sebastião ab und am Anleger am Ende der Av. Adhemar de Barros legen alle 15 Min. Fähren nach **Santos** ab (5 Min., R$2,30).
Übernachtung ist möglich im **Guarujá Hostel** (HI), Av. Guadalajara 646. Neu, sehr sauber und nah beim Strand. Fixe Crew, Fahrradverleih. ❷–❹

unter ein 23 m langes Walskelett, ⌚ Mi–So 11–18 Uhr, Eintritt R$2, sowie das **Museu Marítimo**, Rua Gov. Fernando Costa 343, das anhand von Fundstücken die Geschichte von Schiffbrüchen erzählt. ⌚ Mi–Mo 9–18 Uhr, Eintritt R$10.

ÜBERNACHTUNG

Überall gilt: keine Tax, WLAN gratis.
Hotel Ritz, Av. Marechal Deodoro 24, Gonzaga, ✆ 13/3284 1171, 💻 www.hotelritz.com.br. Nicht gerade das Ritz, aber gute Lage im belebtesten Teil der Stadt mit leichtem Zugang zu Strand, Restaurants und Transport. ❹
Hotel Ibis, Av. Washington Luís 565, Boqueirão, ✆ 13/2127 1660, 💻 www.ibishotel.com.br. Businesshotel nahe der Strandpromenade. ❹

ESSEN UND NACHTLEBEN

Café Paulista, Praça Rui Barbosa 8, Centro. Café und Restaurant von 1911. Die Wände zieren Azulejos mit Szenen des Kaffeeanbaus; Sa Feijoada. ⌚ Mo–Fr 7–20, Sa 7–17 Uhr.
Bar e Café Carioca, Praça Mauá 1, Centro. Traditionsreiches Lokal im Herzen der Stadt. Einfache Gerichte (Schnitzel), begehrt sind die *Pastéis*. ⌚ Mo–Fr 6–21, Sa 6–16 Uhr.
Beduíno, Av. Ana Costa 477, Gonzaga. Arabisches vom Buffet (Kilo) und à la carte, fein und nicht teuer. ⌚ tgl. 11–23 Uhr.
Heinz, Rua Lincoln Feliciano 104, Boqueirão. Gegen eventuelles Heimweh helfen die knusprige Schweinshaxe und frisch gezapftes Bier in dieser stets gut besuchten Kneipe. ⌚ Mo–Fr ab 17, Sa, So ab 12 Uhr.
Almeida, Av. Ana Costa 1, Vila Matias. Hier treffen die Letzten der Nacht auf die Ersten vom Strand. Zivile Preise. ⌚ 24 Std.
An den Wochenenden (Fr/Sa) erwacht die sonst nachts eher verlassene Altstadt zu quirligem Leben. Wochentags unverdächtige Lokale wie das Bistro **Bikkini Barista**, vor der Bolsa do Café, werden zu Tanzschuppen. Ebenfalls rund bis in die Morgenstunden geht es im **Café Central**, in der Rua Frei Gaspar 43.

SONSTIGES

Geld

Banco do Brasil, Rua 15 de Novembro 195, Centro. ⌚ Mo–Fr 10–16 Uhr.

Informationen

Disk Tour, ✆ 0800/17 3887 (Hotline auf Engl.). Infostände in der Rodoviária, Aquário Municipal, Orquidário und an der Praia do Boqueirão. ⌚ alle Mo–Fr 8–18 Uhr.

NAHVERKEHR

Neben der Rodoviária (s. u.) befindet sich ein städtisches Terminal, von dem **Busse** zu allen Stränden starten.
Mit der **Linha Conheça Santos** ab Praça das Bandeiras (zwischen den Kanälen 2 und 3), Gonzaga, kann man an 20 Sehenswürdigkeiten vorbeifahren (10 Fahrtunterbrechungen möglich). ⌚ Sa, So und an Feiertagen stdl. 9–17 Uhr, R$10.

TRANSPORT

Busse

Rodoviária, Praça dos Andrades, Centro, ✆ 13/3219 2194.
Rio de Janeiro: Útil, ✆ 0800/886 1000, 9x tgl. zwischen 8 und 24 Uhr, 8 Std., R$82–143 *(Leito)*.
São Paulo: Rápido Brasil/Ultra, ✆ 13/3219 7931, halbstdl. bis 22.30 Uhr, 1 Std., R$20. Zustiegsmöglichkeit auch in Ponta da Praia, Av. Alm. Saldanha da Gama 196.

Fähren

Guarujá: ab Ponta da Praia, ✆ 13/3358 2741, 24 Std. alle 15 Min., 5 Min., Hinfahrt frei, zurück Fußgänger R$2,30, Pkw R$9.

Die Nordküste (Litoral Norte)

Obwohl landschaftlich reizvoll am Fuße der **Serra do Mar** gelegen, und obwohl die Straße von Santos nach Rio aus diesem Grund als eine der schönsten Fahrstrecken Brasiliens gilt, werden die Küstenorte von São Paulo von ausländischen Touristen oft – zu Unrecht – links liegen gelassen. Dies mag auf das oft regenreiche Klima und die stellenweise zu vielen Gäste aus der nahen Großstadt zurückzuführen sein. Auch die Preise liegen wegen der gut situierten *Paulistanos* über dem Durchschnitt. Dennoch lohnt sich ein Besuch am Litoral Norte von São Paulo. Die Badeorte **Maresias**, **Camburi** und **Boiçucanga** bieten einladende Strände und das lebhafteste Nachtleben der Region. Die Strände um **Ubatuba** zählen zu den schönsten des gesamten Südostens. Highlight ist aber die sehr grüne Insel **Ilhabela**, die über **São Sebastião** zu erreichen ist und viele Optionen für naturnahen Tourismus bietet.

Maresias, Boiçucanga und Camburi

In den Ferien und an langen Wochenenden wird das kleine **Maresias** zum Ibiza der bessergestellten Paulista-Jugend, die weder Hitze noch Staus auf den 175 km ab São Paulo scheut, um sich in den vielen Sommerresidenzen der Eltern oder am berühmten 4 km langen Surferstrand (mit Wettbewerben) auszuleben. Sonst ist Nightlife angesagt, Diskotheken, Strandbars und Techno-Partys sind in der Saison chronisch überfüllt. Maresias ist ein idealer Ort für jüngere Leute, die sich rund um die Uhr vergnügen und keine Flirt-Chance auslassen wollen. Auch gibt es zahlreiche Sportangebote (Surfen, Bodyboard, Kanufahrten, Trekking).

Obwohl **Boiçucanga** wie alle anderen Ansiedlungen der Region immer mehr aus den Nähten platzt, hat der Badeort noch etwas von seiner Vergangenheit eines Fischerdorfs bewahren können. Das liegt zum Teil an der günstigen Lage seiner Bucht, die Booten relativen Schutz und zugleich einen der besten Sonnenuntergänge der Region bietet. Bis heute kann man am linken Strandende frischen Fisch und Krabben direkt von den anlandenden Fischern kaufen. Zwischen den schicken Camburi und Maresias gelegen, ist Boiçucanga eher volkstümlich geblieben und hat zugleich die beste geschäftliche Infrastruktur weit und breit. Es gibt sogar ein kleines Shopping Center. Andererseits ist der Strand nicht so voll, bietet sogar eine Skate-Anlage, und abends ist man schnell im Nightlife der Nachbarorte. Wer zudem einen zweistündigen Fußmarsch nicht scheut, ist an der unbewohnten Praia Brava meist allein mit ein paar Surfern.

Der kleine Badeort **Camburi**, in den 1980er-Jahren fast nur von Surfern besucht, macht heute dem belebten Maresias Konkurrenz. Er besitzt ebenfalls eine gut entwickelte Infrastruktur mit vielen Pousadas, Campingplätzen, Restaurants und Bars und bietet zur Saison und an den Wochenenden ein ähnlich reges Nachtleben. Ansonsten ist auch hier der Strand das Wichtigste. Er besteht aus feinem, gelblich gefärbtem Sand und wird von einer felsigen Halbinsel und einer Flussmündung aufgeteilt in den größeren Camburi, mit kräftigen Wellen, und den geschützteren Camburizinho. Dahinter ziehen sich umzäunte *Condomínios* und Ferienhäuser bis in den Wald am Fuß der Serra do Mar. Auch heute kommen hauptsächlich jüngere Leute, um zu surfen und/oder sich ins Nachtleben zu stürzen.

ÜBERNACHTUNG

Soweit nicht anders vermerkt, ist WLAN gratis und es wird keine Tax erhoben.

Maresias

€ **Pousada San Sebastian/Maresias Hostel** (HI), Rua Sebastião R. César 406, ✆ 12/3865 6612, 💻 www.alberguemaresias.com.br. Komfortables Hostel mit 62 Betten, DZ (R$80) und Dorms (R$35 p. P.); Küche, Bar, Pool, Tourangebote. Mit Bus ab São Paulo Ausstieg beim Friedhof *(Cemitério)*, 100 m Fußmarsch bis zum Hostel. ❶

Chalés do Leonel, Rua Colombo 101, ✆ 12/3865 7491, 💻 www.chalesmaresias.com.br. Chalês in diversen Größen bis max. 4 Pers. mit Ventilator, Kühlschrank, Küche und TV; ruhiges Ambiente, 900 m vom Strand. ❷–❸

Pousada Pura Vida, Rua Sebastião R. César 184, ✆ 12/3865 6402, 💻 www.puravidamaresias.com.br. Luxuriöse Apartments mit Küche und Kingsize-Betten, Pool, Sauna, Bar. 5 Min. zum Strand. 10 % Tax. ❺–❻

Boiçucanga

Porongaba Camping, Trav. dos Periquitos 99, ✆ 12/3865 1384 (14–20 Uhr), 💻 www.porongaba.com.br. 4300 m² Rasenplatz, viel Schatten, Pool mit Wasserfall, Sportplatz,

Serra do Mar – ein Rest Regenwald

© WERNER RUDHART

Der Wald, dessen grüne Kaskaden an der Küste São Paulos meist aus dem Dunst von niederen Wolken sinken, erstreckte sich früher, als die ersten portugiesischen Seefahrer die neue Welt erreichten, noch wie ein riesiges grünes Band mehr als 6000 km entlang des Atlantiks, von Rio Grande do Sul bis Rio Grande do Norte. Durch diese exponierte Lage war der Atlantische Regenwald von Anfang an das bevorzugte Angriffsziel der Zivilisation in Brasilien: Zuerst fraß ihn das Zuckerrohr, dann der Kaffee, und später kamen die urbanen Zentren. Mittlerweile sind noch ca. 7 % seiner ursprünglichen Fläche übrig geblieben. In gewisser Weise ist an ihm bereits vollführt, was am Amazonas gerade seinen traurigen (An-)Lauf nimmt. Die Wälder der Serra do Mar, der Küstenkordillere zwischen den Metropolen Curitiba und Rio, bilden heute einen der letzten größeren zusammenhängenden Reste der **Mata Atlântica**. Feuchtwarme Luftmassen, die vom Meer her kommen, steigen an den steilen Berghängen empor, regnen sich dabei ab und machen die Region zu einer der nassesten Ecken Brasiliens.

Restaurant (Frühstück, Nudelgerichte); kein Internet. R$30 p. P. ❶

Residencial Veramar, Rua Sargento Filisbino T. da Silva 157, ✆ 12/3865 1340, 💻 www.residencialveramar.com. Einfache Zimmer mit Ventilator, einen Sprung vom Strand. ❷

Vila da Mata, Rua Itaberaba 625, ✆ 12/3865 1455, 💻 www.viladamata.com. Hübsches Haus und Apartments inmitten von viel Grün, an Wochenenden mit Restaurant. ❺–❼

Camburi

Camping Camburi, Estrada do Camburi 932, ✆ 12/3865 1312, 💻 www.campingcamburi.com.br. 2500 m² schattiger Sandplatz für 100 Zelte, nur 100 m vom Strand, warme Duschen, Kühlschrank; auch Chalês für 2 Pers.; kein Internet. ❶–❷

Pousada Tia Chica, Rua José Inácio 83, ✆ 12/3865 3688. Günstigste Option nur ein paar Schritte vom Strand, einfache und saubere DZ und Zimmer mit bis zu 4 Betten. ❷

Pousada Canto do Camburi, Rua Uberlândia 455, ✆ 12/3865 1723, 💻 www.pousadacantodocamburi.com.br. 16 nett eingerichtete Zimmer mit allem Komfort, Pool, 100 m vom Strand. ❻

🌳 **Hotel Nau Royal**, Estrada do Camburi 1057, ✆ 12/3865 4486, 💻 www.nauroyal.com.br. Alles vom Feinsten und mit Ökosiegel, vom Bauholz bis zum Duschwasser. Große

Räume mit natürlichem Licht, eigener Zugang zum Strand, stolze Preise (ab R$960). 10 % Tax. 8

ESSEN UND NACHTLEBEN

Maresias

Os Alemão, Av Francisco Loup 991. Trotz des Namens keine Wurst, sondern Snacks, Nudeln, Pizza und Meeresfrüchte mit Meerblick. ⌚ tgl. 10–24 Uhr.

Legends, Av. Francisco Loup. Mini-Surfmuseum, in dem man preiswert Pizza in Form eines Surfbretts essen und Surf-Videos anschauen kann; auch gute Sandwiches und Süßspeisen. ⌚ So–Do 12–23, Fr, Sa bis 2 Uhr.

Terral, Rua dos Navegantes 542. Bekanntestes Lokal am Strand, variationsreiche Speisekarte für jeden Geschmack und Geldbeutel. ⌚ Mo–Sa 12–22.30, So 12–20 Uhr.

Santo Gole, Rua Sebastião R. César 477 (Nähe Maresias Hostel). Um eine alte Würgefeige herum versammelt man sich zu Live-Poprock oder tanzt zu Black und House vom DJ. ⌚ Fr, Sa ab 21 Uhr, Eintritt R$10–20.

Sirena, Rua Sirena 418. Dance-Club für bis zu 2000 Gäste, mehrfach zum besten Brasiliens gekürt, z. T. international bekannte DJs, 6 Bars und 3 Restaurants (Sushi, Pizza). ⌚ Sa und an Feiertagen ab 23 Uhr, Eintritt R$50–100.

Boiçucanga

Cheiro Verde, Rua Manoel dos Santos 74. Feines und Preiswertes à la carte, gilt auch für die Häuser in Maresias, Camburi und Ilhabela. ⌚ tgl. 12–23 Uhr.

Piracaê, Rua Hilário de Matos 213. Triviales und alles, was das Meer so bietet, für zwei Personen. Zivile Preise. ⌚ tgl. 11.30–18 Uhr.

Camburi

Nica's, Estrada do Camburi 711, am Hauptzugang zum Strand. Tagesmenüs und à la carte zu erschwinglichen Preisen. ⌚ So–Di, Do 12–22, Fr, Sa bis 24 Uhr.

Manacá, Rua do Manacá 102. Gilt seit Jahren als eine der besten Adressen der ganzen Küste; Kreationen wie Krabben in Mandarinensud. Tische auf der Terrasse eines Pfahlbauhauses. ⌚ Do 18–23, Fr, Sa 13–24, So 13–21 Uhr.

Cantinetta, Estrada do Camburi 720. Rotisserie und Restaurant in einem angenehm offenen Ambiente, ideal zum Chill-out nach dem Strand mit Meeresfrüchtesalat oder eiskaltem bayrischen Weizenbier. ⌚ Do–So 12–24 Uhr.

Galeão, Estrada do Camburi 79. Auf dem Deck der „Galeere" gibt es heiße Rhythmen, an den 4 Bars Caipirinhas mit Früchten, im Restaurant Salate und Risotto. Die „Besatzung" ist ebenso gemischt wie die Musik. ⌚ Do–Sa nachts, Eintritt R$20–80.

SONSTIGES

Aktivitäten und Touren

Eco Dynamic, Rua Olímpio Faustino 561, Praia de Camburi, ✆ 12/3865 2545, 💻 www.ecodynamic.com.br. Tauchen, Bootsausflüge zu den Inseln, Trekking in der Serra do Mar, Bike, Cascading, Klettern und Surfen; mehrsprachiges Personal.

Einkaufen

Beira Praia Shopping, Av. Walkir Vergani 614, Boiçucanga. Neueste Surf- und Bademode, Bankautomaten, Supermarkt, Imbisse, Café, Internet.

Bunter Hund am Strand – der Künstler Neneco

Wie das verwunschene Haus eines Zauberers liegt das Atelier von Neneco Martins im Sertão do Cacau von Camburi. Ein Totempfahl stützt das Dach, von den Hauswänden grinsen die gipsernen Konterfeis von Batman und Carmen Miranda. Recycling ist Nenecos Programm, alte Surfbretter verwandelt er in Fische, Plastikflaschen in Hunde. Im humorvollen Universum der bunten Figuren und Objekte, die von allen Wänden und aus allen Ecken seiner Werkstatt lugen, vermischen sich Pop, Graffiti und Tropicalismo. Wenn sie des Strandlebens müde geworden sind, fahren einige der Pousadas ihre Gäste gern zum Atelier von **Neneco**, Sertão do Cacau, ✆ 12/9744 2015.

TRANSPORT

Busse fahren alle 30–40 Min. (bis 20 Uhr) an der Küste entlang zu diversen Nachbarorten, ✆ 12/3893 1072. Auch mehrmals tgl. Zustiegsmöglichkeit in die Fernbusse von Litorânea nach **São Paulo**, **Santos** und **Guarujá**.

São Sebastião

Die meisten Besucher kommen hier auf dem Weg zur Ilhabela eher gezwungenermaßen vorbei. Ein Ende der 1960er-Jahre bei der Stadt errichtetes Petroleum-Terminal trübt zwar bisher kaum das Bild (noch das Wasser), doch der beschlossene Bau eines großen Containerhafens am Ort dürfte das wohl ändern.

Besorgt um die Besucherzahlen haben die Stadtväter immerhin erreicht, dass die Hafenstraße **Rua da Praia** zu einer einladenden Flaniermeile mit Bars, Cafés und Restaurants umgestaltet wurde.

Außerdem darf in der Stadt und allen zugehörigen Teilorten, darunter auch Camburi, Boiçucanga und Maresias, nicht höher als drei Stockwerke gebaut werden, was sehr zum Charme der Region beiträgt. Durch die schmalen Gassen mit den bunt bemalten und unter Denkmalschutz stehenden Kolonialhäuschen der ehemals wohlhabenden Küstensiedlung zu schlendern ist ein lohnendes Programm vor der Überfahrt zur Insel.

ÜBERNACHTUNG UND ESSEN

Pousada da Ana Doce, Rua Exp. Brasileiro 196, ✆ 12/3892 1615, 🖳 www.pousadaanadoce.com.br. Sympathische Zimmer in altem Kolonialhaus; keine Tax, WLAN gratis. ❹

Il Forno, Rua Sebastião Silvestre Neves 13. Meeresfrüchte, spanisch- italienische Küche, mittlere Preise, abends Pizza. ⌚ Mo–Fr 12–15.30, Sa, So ab 14 Uhr.

Atobá, Praça Major J. Fernandes 218. Feines Kilo-Buffet in kolonialem Ambiente am Kirchplatz. ⌚ tgl. 11.30–16 Uhr.

SONSTIGES

Geld

Banco do Brasil, Rua Duque de Caxias 20. ⌚ Geldautomat tgl. 6–22 Uhr.

Informationen

Secretaria de Turismo, Rua da Praia 174, ✆ 12/3892 2620. ⌚ Mo–Fr 9–17, Sa, So 10–22 Uhr.

TRANSPORT

Busse

Rodoviária, Praça da Amizade, ✆ 12/3892 1072. Alle 15–30 Min. Stadtbusse (Ecobus) zu den nördlichen und südlichen Stränden.

Santos: Litorânea, tgl. 7, 15 und 20 Uhr, 4 Std., R$42, von dort halbstdl. nach São Paulo (Terminal Jabaquara).

Rio de Janeiro (über **Paraty**): Útil, ✆ 12/3892 6233, tgl. 9 und 22 Uhr, 7 Std., R$85 (bis Paraty ca. 4 Std., R$35).

São Paulo (Terminal Tietê): Litorânea, 14x tgl., 4–5 Std., R$48. Fahrkartenverkauf auch beim Fähranleger zur Ilhabela.

Fähren

Ilhabela (Barra Velha): Dersa, ✆ 12/3892 1576, 24-Std.-Autofähren halbstdl. (ab 24 Uhr stdl.), Fußgänger gratis.

Ilhabela

Ilhabela (24 500 Einw.) heißt „Schöne Insel" und das ist ein durchaus zutreffender Name. Die Insel ist nur ein Teil eines 360 km² umfassenden Archipels, aber mit ihren 43 Stränden, 365 Wasserfällen, viel Regenwald und 14 hohen Bergen (bis 1300 m) die größte und interessanteste. Der erste Gast war Amerigo Vespucci, der das Eiland 1502 entdeckte. Bis heute ist es recht ursprünglich geblieben und gering bevölkert; in der Saison kommen jedoch bis zu 125 000 Besucher. Das Preisniveau ist relativ hoch, aber die Optionen sind vielfältig und rechtfertigen einen mehrtägigen Aufenthalt. Besonders Segler, Surfer, Taucher und Wanderer kommen hier voll auf ihre Kosten. Wandern ist auf Ilhabela eine der Hauptaktivitäten. 85 % der Insel bestehen aus einem Naturpark mit üppiger Flora und Fauna und zahlreichen Wanderpfaden. Besonders beliebt sind die Wege zu den vielen Wasserfällen.

Die Pousadas liegen fast alle entlang der landwärtigen Küste. Besucher quartieren sich gern in der Nähe des hübschen Hauptorts Ilhabela ein, kurz **Vila** genannt. Anfang des 19. Jhs. pflegte eine portugiesische Adlige hier ihre Ferien zu verbringen, was zur Namensgebung Villa Bella da Princesa führte. Die pittoreske **Rua do Meio** mit ihren bunten Häuschen, vielen Bars, Restaurants, Läden und dem Kulturzentrum Casa de Cultura (wechselnde Ausstellungen) ist die beliebteste Straße im kleinen Zentrum. Am Pier, wo die Kreuzfahrtschiffe anlegen, befinden sich zwei nette Restaurants und ein Azulejo-Kunstwerk zeigt alte Ansichten der Stadt.

Strände

Hauptattraktion der Insel sind die Strände, die sehr unterschiedlichen Charakter haben. Es gibt so viele, dass man selbst in der Hochsaison zwischen stark besuchten und einsameren Buchten wählen kann. Mehr als 30 Strände liegen an der geschützten, dem **Festland zugewandten Seite**, dem so genannten Canal de São Sebastião. Hier sind günstige Bedingungen für Wassersportler, insbesondere Segler und Windsurfer, vorhanden. Eine schöne Wanderung verbindet die **Praia Grande** mit dem Badestrand **Praia do Julião**. Am südlichsten Punkt, zugleich dem Ende der Asphaltstraße, liegt der **Porto dos Frades**.

Weiter nordwestlich trifft man auf die reizvollen Buchten von **Veloso** und **Curral**, letztere ist im Sommer die beliebteste und meistbesuchte der Insel. Zwischen diesen Stränden befindet sich ein Hügel mit der Capela da Exaltação, von oben genießt man eine schöne Aussicht. Die weiter nördlich gelegene **Praia do Portinho** besitzt einen kleinen Hafen und davor farbenfroh bemalte Fischerhäuschen, die z. T. vermietet werden. Von dort sind es 15 Min. zu Fuß bis zu dem Wasserfall Três Tombos. Die näher zur Vila hin gelegenen Strände werden immer urbaner, wie **Engenho d'Água** mit seinem Fahrradweg und **Ponta do Pequeá** mit seinen Sportplätzen. Weiter nördlich der Vila befindet sich eine der ältesten Attraktionen der Insel, der **Pedra do Sino** (Glockenstein). Es handelt sich um mehrere am Ufer oder im Meer gelegene Felsen, die bei einem Aufschlag einen glockenähnlichen Ton von sich geben. Von Holzdecks aus gelangt man nahe heran und kann reichlich experimentieren. Ganz im Norden schließlich liegen die berühmten Strände von **Pinto** und **Armação** mit einer Kapelle am Ende, ideale Orte, um in der Hängematte ein wenig die Welt zu vergessen.

Zur **anderen Inselseite** ist der Zugang bedeutend beschwerlicher, nur nach **Jabaquara** gelangt man die meiste Zeit des Jahres noch ohne großen Aufwand. Am schnellsten, bequemsten (und teuersten) ist der Wasserweg, die beliebtesten Bootsausflüge (s. Touren) führen nach **Bonete** im Süden, **Fome** und **Poço** im Norden sowie **Castelhanos** in der Mitte der Ostküste. Nach Castelhanos, das als einer der zehn schönsten Strände Brasiliens gilt, führt auch eine Straße (22 km), die aber nur per Jeep (in 1 Std.) oder Mountainbike zu meistern ist.

ÜBERNACHTUNG

Soweit nicht anders vermerkt, ist WLAN gratis und es wird keine Tax erhoben.

Bonns Ventos Ilhabela Hostel (HI), Rua Benedito S. Sampaio 371, Perequê, ✆ 12/3895 2725, 💻 www.bonnsventoshostel.com.br. Angenehmes Hostel mit 3–6er-Dorms (R$45), DZ (R$100), Ventilatoren. Ein Teil des Hauses fungiert als normale Pousada, mit AC und etwas höheren Preisen. 15 Min. vom Fähranleger. ❷–❸

Pousada Ecoilha, Rua Benedito Garcêz 164, Água Branca, ✆ 12/3896 3098, 💻 www.ecoilha.com.br. Nette Zimmer und Pool umgeben von schönem Tropengarten. 10 Min. bis zum Parkeingang, 30 Min. bis zum Strand. ❸

Pousada Villa Nina, Rua Dona Maria I 156, Praia da Feiticeira, ✆ 12/3894 1960, 💻 www.villanina.com.br. DZ mit AC oder Ventilator, Internet gratis (kein WLAN). Schöner Innenhof mit Pool, 200 m vom Strand. ❺

Hotel Mercedes, Av. Leonardo Reale 2222, Praia do Viana, ✆ 12/3896 1071, 💻 www.hotelmercedes.com.br. Parkähnliche Anlage am Meer nahe dem Hauptort; geräumige und geschmackvolle Zimmer; zwei Pools, gutes Restaurant, Boutique sowie ein Bootsanleger. ❺–❽

Pousada Canto Bravo, Praia Bonete, 💻 www.pousadacantobravo.com.br. Wer sich die Mühe des mehrstündigen Marsches durch den Dschungel macht und

endlich im kleinen Fischerdorf am Strand von Bonete auf der dem Ozean zugewandten Seite der Insel ankommt, der würde oft am liebsten über Nacht bleiben. Das ist möglich im „Wilden Eck“. Hier gibt es zwar keinen Strom aber trotzdem heiße Duschen, nachts erleuchten Fackeln und Kerzen das Ambiente. Die 10 Zimmer der komfortablen Herberge haben Himmelbetten mit Netzen. Restaurant, Bar; Tourenangebot, Kajak-, Surfbrettverleih, für Fußmüde auch Bootstransfer (R$150). Kein Internet, 10 % Tax. Reservieren! ❺–❽

ESSEN

€ **Cheiro Verde**, Rua da Padroeira 109, Vila. Beste Option der Insel in der Sparte „gut & günstig“, feine Gerichte à la carte. 🕒 Mo–Do 11–17, Fr–So 11–23 Uhr.

Bartatas, Rua da Padroeira 12, Vila (im Mini-Shopping). Der Name spielt an auf die Spezialität des Hauses: Kartoffel-Rösti mit diversen Füllungen, auch thailändische Gerichte, preiswert. 🕒 tgl. 18–23 Uhr.

Nova Iorqui, Av. Mario Covas Junior 18 322, Frades (am Ende der Asphaltstraße).

Beliebtes Lokal für Fisch und Meeresfrüchte, aus der Höhe genießt man den Sonnenuntergang im äußersten Süden der Insel. Beherbergt auch eine Pousada mit Chalês (✆ 12/3894 1833). ⌚ Mo–Do 11–20, Fr–So 11–22 Uhr.
Borrachudo, Rua Dr. Carvalho 112, Vila. Trotz des Namens („Stechbremse") eine Wohltat: 50 verschiedene Sandwiches und Burger, dazu über 100 Biersorten. ⌚ Di–So 16–2 Uhr.

FESTE

Mai: Festa de São Benedito, seit mehr als 200 Jahren ausgerichtetes Volksfest mit viel Musik, Tanz und Elementen afrikanischer Traditionen. Die *Congada* zeigt Ritualkämpfe zwischen rivalisierenden religiösen Gruppen (Christen und Mauren).

Sep: Festival do Camarão, Krabben und andere Meeresfrüchte bis zum Abwinken.

AKTIVITÄTEN

Radfahren

Juninho Bike, Av. Princesa Isabel 217, Perequê, ✆ 12/3896 2847. Verleih von Stadt-, Touren- und Geländerädern (R$30–50/Tag). Es gibt keinen Anbieter von Radtouren auf der Insel, aber Juninho gibt Tipps, wo man sich abstrampeln kann.

Tauchen

Freunde des Tauchsports kommen hier voll auf ihre Kosten, Favorit ist die Ilha das Cabras. Weitere Reviere sind Portinho (inkl. der Strände von Julião und Oscar), Praia da Fome, do Poço, da Serraria, da Caveira, Vermelha und Saco do Sombrio. Auch gibt es über 50 Schiffswracks zu erkunden, z. B. *Príncipe das Astúrias*. Eine gute Agentur ist **Colonial Diver**, Av Brasil 1751, Pedras Miudas, ✆ 12/3894 9459, 💻 www.colonialdiver.com.br. Ein Crashkurs mit anschließendem Tauchgang in 8 m Tiefe kostet R$250, eine Schnorchelausrüstung mit Überfahrt zur Ilha das Cabras gibt es schon für R$50.

Touren

Der beliebteste Inseltrip nennt sich **Terra e Mar** und geht so: Eine Gruppe macht sich mit dem Jeep auf nach Castelhanos, eine zweite kommt dorthin mit dem Boot über den Norden der Insel (Tauchpausen); auf dem Rückweg wird getauscht. Anbieter ist **Maremar**, Av. São João 574, Perequê, ✆ 12/3896 1418, 💻 www.maremar.tur.br. Auch Reittouren, Sportangeln, Trekking und Bootsausflüge, z. B. mit Schoner ab Perequê nach Praia da Fome und Jabaquara (6 Std., R$50).

Wandern und Trekking

Trilha da Água Branca, 2100 m langer Pfad mit hervorragender Ausschilderung, die populärste Wanderstrecke der Insel mit Wasserfällen zum Erfrischen, Start am Wachhäuschen des Parque Estadual an der Estrada de Castelhanos.
Trilha do Bonete (13 km), recht mühsamer Pfad von der Ponta de Sepituba an mehreren Wasserfällen vorbei bis zur Praia Bonete, Hinweg 4 Std., evtl. in Bonete übernachten oder zurück mit Boot (abhängig vom Seegang).
Pico do Baepi, 1025 m hoher Gipfel, den man vom Hauptort aus über einen Waldpfad erreicht (bei Regen meiden), nur mit Erlaubnis der Parkverwaltung und in Begleitung eines Guides (**Caiçara Turismo**, ✆ 12/3896 4019, 5–6 Std., R$140). Von oben weiter Blick über die Berge der Insel, den Kanal und einen Teil der Serra do Mar.
Cachoeira do Gato, von der Praia de Castelhanos geht es in 45 Min. zum bekanntesten Wasserfall der Insel (gut ausgeschildert, Eintritt R$5).

Wassersport

Die geschützte Lage des Canal de São Sebastião macht die Insel zu Brasiliens Segelrevier Nr. 1. Das ganze Jahr über finden diverse Wettbewerbe statt, im Juli die **Semana Internacional de Vela** (Internationale Segelwoche). Das Segelzentrum **BL3**, Praia da Armação, ✆ 12/3896 1271, 💻 www.bl3.com.br, bietet Schnellkurse für Anfänger und Ausrüstungsverleih, auch für Wind- und Kitesurfen, Stand Up Paddling und Kajak.
Die besten **Surfreviere** sind Praia do Bonete und Praia de Castelhanos. In Bonete lohnt sich ein längerer Aufenthalt, nach Castelhanos unternehmen viele nur einen Tagestrip oder

verbringen eine Nacht auf einem Campingplatz. Windsurfer gehen nach Ponta das Canas im extremen Norden; geeignet sind auch Pinto, Armação und Feiticeira.

SONSTIGES

Geld

Banco do Brasil, Av. Princesa Isabel 2039, Barra Velha; Geldautomat.

Informationen

Secretaria de Turismo, Praça Ver. José L. dos Passos (am Kreisverkehr nach dem Fähranleger), Barra Velha, ✆ 12/3895 7220, 🖳 www.ilhabela.sp.gov.br. ◷ tgl. 8–18 Uhr.

Mückenschutz

Die Insel hat nur eine Plage: die unerbittlichen *Borrachudo*-Mücken, die einen besonders in der Nähe von Wasserfällen und Bächen überfallen. Immer genug Moskitospray dabei haben!

NAHVERKEHR

Die verschiedenen Inselorte sind gut per **Bus** erreichbar. Von Barra Velha nach Norden (viele Pousadas und Restaurants) fahren stdl. Busse mit der Aufschrift „Armação". Nach Süden (meistfrequentierte Strände) Aufschrift *Borrifos, Taubaté* oder *São Pedro*. Die Anzeigen sind jedoch oft irreführend, vor dem Einsteigen beim Fahrer vergewissern. Busstation Ilhabela, Rua Dr. Carvalho 136, ✆ 12/3895 8709.
Taxis sind meist überteuert und ohne Taxameter. Festpreis aushandeln oder Bus fahren.

TRANSPORT

São Sebastião: Dersa, ✆ 12/3895 8286, 24-Std.-Autofähre ab Barra Velha, halbstdl. (ab 24 Uhr stdl.), Fußgänger gratis.
Beim Fähranleger in São Sebastião starten **Busse** von Litorânea nach **São Paulo**: 4, 8, 15 und 19.30 Uhr, 6 Std., R$47.

Ubatuba

Die Region um Ubatuba ist mit über 100 Stränden auf 90 km von üppigem Regenwald gesäumter Küstenlinie eine der landschaftlich schönsten des unteren Südostens und entsprechend beliebt bei Wochenend- und Saisonurlaubern aus São Paulo. Der Ort selbst (79 000 Einw.) war im 18. Jh. wegen seines Hafens einmal reich, bewahrt jedoch nur wenig historische Architektur. Die schöneren Unterkünfte liegen außerhalb und gehören zum gehobenen Preisniveau. In den Hauptstraßen entlang der Bucht befinden sich viele Läden und Restaurants, wo vor allem an den Wochenenden einiges los ist. Sehenswert sind die Installationen des Schutzprojektes **Tamar**, Rua Antônio A. da Silva 273, mit Meeresschildkröten in Aquarien. ◷ Mo–Do 10–20, Fr–So 10–22 Uhr, Eintritt R$11.

Strände

Die urbanen Strände **Cruzeiro** und **Itaguá**, mit Promenade und Fahrradweg, sind zum Baden nicht geeignet, aber am Ende von Itaguá bietet sich ein wunderbarer Blick auf die Serra do Mar. Auch befindet sich dort ein interessantes **Aquário**, Rua Guarani 859, mit um die 150 Fischarten in 22 Aquarien. ◷ Do, So–Di 10–20, Fr, Sa 10–22 Uhr, Eintritt R$16.

Südlich des Zentrums liegen einige schöne, saubere Strände (**Tenório**, **Grande** und **Toninhas**) mit netten Strandbars. Ein häufig besuchter Aussichtspunkt ist die Spitze von **Saco da Ribeira**, beim großen Jachthafen und den Booten, mit denen man Ausflüge und Tauchfahrten zu den vorgelagerten Inseln machen kann (z. B. Anchieta). Kurz dahinter liegt die **Praia do Lázaro**, in ruhigem Wasser kann man hier stundenlang relaxen. Weiter südlich folgen sowohl einige weitläufige als auch kleinere Strände und schließlich, 27 km vom Zentrum auf einer ins Meer ragenden Landzunge, die Taucherstrände **Fortaleza** und **Cedro** (Kasten S. 230), zwei der schönsten Badebuchten der Region mit ruhigem und kristallklarem Wasser.

Am reizvollsten sind jedoch die **nördlichen Strände**. Nach 14 km kommt man zur **Praia de Itamambuca** und dann (nach 20 Min. Fußmarsch ab der Küstenstraße) zur **Praia do Félix**, beide berühmt durch hohe Wellen und beliebt bei den Surfern. 27 km weiter folgt die einsame **Praia da Fazenda** umgeben von dichtem Atlantischem Regenwald; das ganze Gebiet samt Strand gehört zum staatlichen Naturpark **Serra do Mar**.

Hier hat man das Gefühl, als wäre die Zeit vor ein paar Jahrhunderten stehen geblieben, als warte gleich hinter dem nächsten Baum noch ein Trupp von Tupinambás, auf der Pirsch nach schmackhaften europäischen Schiffbrüchigen. Nicht weit davon liegt das Fischerdorf **Picinguaba** wie eine Insel inmitten der unberührten Natur des Parks.

ÜBERNACHTUNG

WLAN gratis gehört zum Standard, Tax wird nur in Ausnahmefällen erhoben.

Im Zentrum

In Ubatubas Zentrum gibt es eine Reihe von günstigen und gepflegten Stadthotels, die sich hervorragend als Standort für Ausflüge zu den Stränden anbieten, eines davon ist das **Hotel São Nicolau**, Rua Conceição 213, Centro/Praia do Cruzeiro, ✆ 12/3832 5007, 💻 www.hotelsaonicolau.com.br. ❷.

In der Nachbarschaft befindet sich außerdem das **Aldeia Hostel**, Rua Cunhambebe 979, ✆ 12/3832 2031, 💻 www.aldeiahostel.com.br, mit Dorms und DZ, ❷–❸, alles in praktischer Nähe zum Stadtbusterminal.

Am zentrumsnahen Strand Perequê-Açú bietet die **Pousada Golfinho Tropical**, Av. Gov. Abreu Sodre 461, ✆ 12/3833 6180, 💻 www.golfinhotropical.com, familiäre Atmosphäre in einem gemütlich eingerichteten Haus. ❸

Im Süden

Pousada Tribo Hostel (HI), Rua Amoreira 71, Praia do Lázaro, ✆ 12/3842 0585, 💻 www.ubatubahostel.com. Prima Backpacker-Option in zwei schönen Häusern mit DZ (R$80) und 4/6er-Dorms (R$25), 200 m vom Badestrand, mit Bar, Küche, Wäscherei. Anfahrt ab Ubatuba: Busse „Lázaro", „Maranduba" oder „Tabatinga" (letzte Fahrt 23.40 Uhr). Ausstieg beim „Supermercado do Lázaro", dann Richtung Strand bis zur dritten Querstraße. ❶–❷

Pousada Recanto das Toninhas, Praia das Toninhas, ✆ 12/3842 1410, 💻 www.toninhas.com.br. Mitglied bei Roteiros de Charme, Zimmer mit sämtlichem Komfort (Pool-, Meerblick), modern, gemütlich, Restaurant. Direkt am Strand und nahe der Stadt. 10 % Tax. ❽

Über sieben Strände musst du gehen ...

Wer Strände nicht nur zum Baden schätzt, für den ist die **Trilha das Sete Praias** genau das Richtige. Entlang einer ins Meer ragenden Landzunge führt ein Pfad über sieben Strände zwischen der **Praia da Lagoinha** und der **Praia da Fortaleza** entlang. Darunter sind einsame oder nur von einer Fischerhütte gezierte Buchten, wie die von smaragdgrünen Wassern umspülte Praia do Bonete und die Praia Deserta, oder die von Fischern bewohnte Praia Grande do Bonete, die zu den schönsten der ganzen Region gehören. Der Weg führt teilweise über Stock und Stein eines schattigen Waldes, die reine Gehzeit beträgt ca. 2 Stunden. Am besten macht man daraus einen **Tagesausflug** und beginnt ihn mit einer Busfahrt zur Praia da Fortaleza (Bus „Fortaleza", nur alle 2–3 Std.). Der Pfad beginnt am südlichen Ende des Strandes und endet beim Condomínio Recanto da Lagoinha, das man durchquert, um an der Küstenstraße auf den Bus zurück ins Zentrum zu warten (ca. stdl.).

Im Norden

Surf Garden Hostel (HoLa), Rua das Amendoeiras 160, Recanto de Itamambuca, ✆ 12/3845 3068, 💻 www.surfgardenhostel.com. Netter Surfer-Treff, nur Dorms; Verleih von Boards und Fahrrädern. Nähe Itamambuca Eco Resort, auf Wunsch Abholung. ❶–❷

Camping Itamambuca Eco Resort, Rodovia Rio-Santos (BR-101), KM 36, 12 km Richtung Paraty (ausgeschildert), ✆ 12/3834 3000, 💻 www.itamambuca.com.br. Einer der besten Campingplätze Brasiliens (ab R$40 p. P): 6000 m², nur durch einen Bach vom Itamambuca-Strand getrennt, Sandboden, schattig und hervorragende Infrastruktur (2 Pools, viele Bäder, Kantine, Pizzeria usw.); großes Freizeitangebot (Kajak, Wandern etc.). Am selben Ort auch Chalês (R$132) und eine Pousada mit luxuriösen Apartments und Bungalows (ab R$470). ❷–❽

Casa Milá, Straße zur Praia da Almada (40 km vom Zentrum), ✆ 12/3832 9021, 💻 www.casa

mila.com.br. 8 komfortable Suiten umgeben von dichtem Wald in traumhafter Höhenlage mit Blick übers Meer bis zur Ilhabela. Ein Pfad führt zum 15 Min. entfernten Strand. Wer die nicht ganz einfache Anreise auf sich nimmt, der sollte ein paar Tage Zeit haben, um zu bleiben (Preisnachlass!): der Bus „Praia da Almada" (4x tgl. ab Ubatuba) hält direkt bei der Pousada, ansonsten mit Bus „Picinguaba-Divisa" bis zur Abzweigung nach Praia da Almada und sich dann abholen lassen (reservieren!). ❺

ESSEN UND NACHTLEBEN

Bucaneros, Rua Conceição 61, Centro. Mittags vielseitiges Kilo-Buffet, am Abend Pasta und knusprige Pizzas, preiswert. ⌚ tgl. 12–15.30, 18–24 Uhr.

Peixe com Banana, Rua Guarani 255, Praia do Cruzeiro. Bester Ort, um die lokalen Fischspezialitäten zu probieren (z. B. *Azul marinho*). Die Rezepte sind kreativ, mittlere bis gehobene Preise, große Portionen. ⌚ Mi–Mo 12–22 Uhr.

Patto Loko Canto Caiçara, Rua Baltazar Fortes 42, Centro. Ist bekannt für seine feinen Caipirinhas und Batidas, gute Fischgerichte. ⌚ Mi–Mo 14–24 Uhr.

Picimbar, Picinguaba (46 km), ✆ 12/3836 9102. Fangfrischer Fisch und Meeresfrüchte, feines Speiseeis, Traumlage an einer Strandecke mit Blick über Bucht und Berge, preiswert. Der Wirt Peter Rudolf spricht Deutsch und hat auch 2 Zimmer mit Küche zu vermieten. ⌚ tgl. 9–22 Uhr.

Blues on the Rocks, Av. Chico Santos 17, Praia Itaguá. Beliebte Live-Musik-Bar, gutes Rock-, Blues- und Jazzprogramm. ⌚ Mi–So 20–4 Uhr.

AKTIVITÄTEN

Touren

Omnimare, Rua Guaicurus 30, Itaguá, ✆ 12/3832 2005, 💻 www.ubatuba-travel.com. Tauchen, Trekking, Reiten.

Mar Azul Turismo, Rua Taubaté 683, Praia Itaguá, ✆ 12/3832 6036, 💻 www.marazultur.com.br. Bootsfahrten zur Ilha Anchieta und diversen Stränden.

Ubas Adventure, ✆ 12/3842 3947, 9751 4631. Fahrradverleih mit sehr gutem Service, für R$25/Tag liefert Renato das Rad an und holt es abends wieder ab.

SONSTIGES

Informationen

Centro de Informações Turísticas, Av. Iperoig 214, Centro/Praia do Cruzeiro, ✆ 12/3833 9123, 💻 www.ubatuba.com.br. ⌚ tgl. 8–18 Uhr.

TRANSPORT

Regelmäßig **Busse** zu den Süd-Stränden („Maranduba-Tabatinga") und Nord-Stränden („Picinguaba-Divisa"). Zu den von der Küstenstraße abgelegenen Stränden gibt es z. T. extra Busverbindungen, z. B. „Fortaleza" oder „Picinguaba Vila". Alle Busse fahren ab Stadtbusterminal in der Rua Hans Staden (Ecke Rua Conceição).

Eine zentrale **Rodoviária** gibt es in Ubatuba nicht. Von ihrem Terminal in der Rua Prof. Thomaz Galhardo aus verkehren die Busse der Gesellschaft São José, ✆ 12/3832 6912 nach:

Paraty: tgl. 9.40, 12, 17 und 20.40 Uhr, 1 1/2 Std., R$12.

Rio de Janeiro: tgl. 11 und 23.40 Uhr, 5 Std., R$68.

Die Busse von Litorânea, ✆ 12/3832 3622, starten in der Rua Maria V. Jean 381 nach:

São Paulo: 10x tgl. bis 19 Uhr, 4 Std., R$56.

São Sebastião: Bus nach **Caraguatatuba** (40 Min., R$14), anschließend São Sebastião (30 Min., R$13).

Das Hinterland

Neben der Großstadt São Paulo und den Küstenorten bietet der Bundesstaat nur wenige dem europäischen Geschmack entsprechende Reiseziele. **Campos do Jordão**, die „brasilianische Schweiz", lockt wegen der erfrischenden Kühle, der alpinen Atmosphäre und der Biergärten eine Heerschar von vermögenden Paulistas, besonders im Juni und Juli. Zudem gibt es zahlreiche Optionen für naturnahen und Abenteuer-Tourismus. **Iporanga** schließlich gilt als Brasiliens Hauptstadt der Grotten mit vielen Wandermöglichkeiten innerhalb eines Naturparks.

Iporanga

Der kleine Ort mit nur 4300 Einwohnern liegt im Süden des Bundesstaates, 324 km von São Paulo entfernt, praktisch auf halber Strecke nach Curitiba. Im 18. und 19. Jh. wurde hier viel Gold gefunden, einige historische Bauwerke und die Igreja Santana (1802) zeugen noch von dieser Epoche. Das Hauptinteresse der Besucher gilt jedoch dem **Parque Estadual Turístico do Alto Ribeira** (Petar). Neben Wildbächen und Wasserfällen (Véu de Noiva, 78 m; Arapongas, 52 m) finden sich dort 250 katalogisierte Grotten, von denen einige Besuchern zugänglich sind. ⌚ Di–So 8–17 Uhr, Eintritt R$7.

Im **Núcleo Santana**, dem meistbesuchten Teil im Süden des Parks, 17 km von Iporanga, sind vier Höhlen zur Besichtigung freigegeben: Die Caverna Santana (490 m, Durchgang 1 1/2 Std.) ist am leichtesten zugänglich, für Morro Preto, Couto, Água Suja ist etwas mehr Einsatz erforderlich (ca. 3 Std.).

Im **Núcleo Ouro Grosso**, 16 km entfernt, ist nur eine (recht klaustrophobische) Höhle zur Besichtigung freigegeben. Der eher abenteuerliche **Núcleo Caboclos** mit seinen fünf Höhlen liegt 75 km entfernt in der Mitte des Parks, hier gibt es einfache Unterkünfte und Camping (R$7/Tag).

Besuche sind das ganze Jahr über möglich, im Sommer können aber einige Grotten und Wasserfälle bei starkem Regen unzugänglich werden. Sportliche Kleidung, gutes Schuhwerk, Proviant und Mückenschutz sind unerlässlich. Zum Park haben nur Gruppen bis max. 8 Pers. in Begleitung eines Guides Zugang. Der Preis hängt ab von der gewählten Höhle und der dafür notwendigen Ausrüstung (Helm, Lampen etc.), liegt aber i. d. R. bei R$40 pro Tag und Person. Die folgenden Pousadas organisieren geführte Touren.

ÜBERNACHTUNG UND ESSEN

Pousada Capitão Caverna, Rua João E. Nunes 160, Alto do Coqueiro, ✆ 15/3556 1125, 💻 www.nucleoterra.com.br. Hostelartige Pension mit 8 Zimmern (einfache Dorms und 1 DZ); gut ausgestattete Gemeinschaftsküche. Liegt oben in der Stadt, kleiner Aufstieg, tolle Aussicht. WLAN gratis, keine Tax. ❶–❷

Pousada Casa de Pedra, Rua Rio Ribeira de Iguape 525, ✆ 15/3556 1157, 💻 www.pousadacasadepedra.com.br. Zwei Häuser mit 21 einfachen Zimmern, z. T. für Gruppen bis zu 7 Pers. Flusslage (Kajakfahrten!), Bar und Restaurant, WLAN gratis, keine Tax. ❷–❸

Pousada das Cavernas, Straße nach Apiaí, Bairro da Serra (13 km), auf dem Weg zum Núcleo Santana, ✆ 15/3556 1476, Reservierung: ✆ 11/3814 9153, 💻 www.pousadadascavernas.com.br. Einfache Zimmer mit bis zu 4 Betten, schöner Ausblick, Bar und Restaurant, Sauna, Naturpool. Abendessen inkl., keine Tax. ❺

TRANSPORT

Es gibt keine direkte Busverbindung nach Iporanga. Wer von **São Paulo** anreist, nimmt in der Rodoviária Barra Funda am besten einen Bus von Intersul, ✆ 11/3392 7566, bis nach **Eldorado**, 4x tgl. zwischen 6.30 und 18 Uhr (zurück 4x tgl. 5.20–14.50 Uhr), 5 Std., R$55. Von Eldorado nach **Iporanga** mit Moreira, ✆ 13/3871 1479, Mo–Fr 6, 12.30 und 16.40, Sa 12.30 und 16.40 Uhr (zurück 6.15, 10, 13 Uhr), 1 1/2 Std., R$8. Keine Busse am Sonntag! Man kann auch den Ort **Apiaí** als Drehscheibe benutzen. Ab São Paulo (Barra Funda) fährt die Gesellschaft Transpen, ✆ 15/3532 8400, tgl. 7.30, 12.15 und 19.15 Uhr (zurück 7.50, 10 und 13.30 Uhr), 5 Std., R$56. Von Curitiba kommt man dorthin mit Cerro Azul, ✆ 41/3333 4541, Mo–Sa 6.45, So 7.30 Uhr (zurück Mo–Sa 12.45, So 14 Uhr), 5 Std., R$32. Die 42 km ohne Asphalt von Apiaí nach Iporanga meistern Busse von Princesa dos Campos, Mo–Fr 11 und 16, Sa 16, So 15.30 Uhr (zurück Mo–Fr 7 und 13.30, Sa 7, So 13.30 Uhr), 1 3/4 Std., R$6.

Campos do Jordão

„Je kühler, desto heißer", könnte man in einem Satz die Besonderheit von Brasiliens höchstgelegener Stadt (1700 m, 48 000 Einw.) umschreiben. Beim leisesten Anzeichen winterlicher

Temperaturen strömen im Juni und im Ferienmonat Juli wahre Besucherströme in die sog. brasilianische Schweiz in den Bergen der Serra da Mantiqueira. Zu dieser Zeit ist alles überfüllt und überteuert, Luxusboutiquen und Szeneklubs aus São Paulo machen ihre Filialen auf, in den Hotels wird ein Mindestaufenthalt von drei Tagen verlangt. In der wärmeren Nebensaison dagegen geht es sehr viel ruhiger zu. 70 % der Gäste sind vermögende Paulistas. Alle wollen es einmal ganz europäisch, sowohl klimatisch und landschaftlich als auch architektonisch, gastronomisch und preislich.

Der frühere Kurort für Tuberkulose-Kranke ist berühmt für seine frische Luft, die gesünder sein soll als im schweizerischen Davos. Dazu wird überall kräftig Alpenatmosphäre nachgeahmt: viel Holz, Fachwerk und Wollpullover.

Das touristische Leben konzentriert sich in drei Vierteln. Am belebtesten ist **Capivari**, hier finden sich die meisten Hotels, Restaurants, Bars, Clubs und Shoppings sowie ein Sessellift (jedoch ohne besondere Aussicht). Mit einer kleinen Straßenbahn gelangt man in 40 Min. zu den beiden anderen Stadtteilen.

Erst geht es durch **Jaguaribe**, den ältesten Teil der Stadt, in dem noch am stärksten europäische Einflüsse zu spüren sind. Hier befindet sich die **Casa da Xilogravura**, ein Museum der Holzschnittkunst, mit über 300 Werken z. T. bedeutender Künstler. 🕒 Do–Mo 9–12, 14–17 Uhr (Dez geschl.), Eintritt R$4.

Das nächste Viertel **Abernéssia** erstreckt sich bis zum Portal des Ortseingangs. Hier konzentrieren sich Verwaltung, Banken und kommerzielle Einrichtungen für die lokale Bevölkerung. Es ist alles billiger als in Capivari, auch finden sich günstigere Unterkünfte. Gern besucht wird der Stadtmarkt **Mercado Municipal**.

Die **Umgebung** von Campos do Jordão ist noch recht ursprünglich. Araukarien und Hortensien bestimmen die üppige grüne Landschaft mit Berggipfeln bis über 2000 m Höhe und einer vielfältigen Vogelwelt. Es bestehen zahlreiche Optionen für Sport- und Ökotourismus. Auf dem 7 km entfernten Alto da Boa Vista erhebt sich majestätisch der **Palácio Boa Vista**, die in mittelalterlichem Tudorstil erbaute ehemalige Winterresidenz des Gouverneurs, wo heute in einem Museum antikes Mobiliar und modernistische Kunst kontrastieren. 🕒 Mi–So 10–12, 14–17 Uhr.

ÜBERNACHTUNG

Es herrscht ein Überangebot an luxuriösen und teuren Adressen, hier ein paar Tipps zu erschwinglichen Preisen (alle WLAN gratis und keine Tax):

Campos do Jordão Hostel (HI), Rua Pereira Barreto 22, Vila Abernéssia, ✆ 12/3662 2341, 💻 www.camposdojordaohostel.com.br. Gutes Hostel in Gebäude aus den 1930er-Jahren; DZ ab R$140 und Dorms ab R$50 p. P. mit Frühstück und Nachmittags-Tee. Bei Anfahrt von São Paulo an der Ecke „Telefônica" aussteigen. ❸–❹

Hostel da Montanha, Rua Mário C. Donha 240, Recanto Dubieux (400 m von der Rodoviária), ✆ 12/3664 2712, 💻 www.hosteldamontanha.com.br. Nettes Haus im Alpenstil, Dorms ab R$45, DZ ab R$160. ❸–❺

Pousada Toca das Bromélias, Rua Rafael P. Gianotti 199, Capivari, ✆ 12/3663 1353, 💻 www.tocadasbromelias.com.br. Gemütlich und einfach, der Hausherr ist Schweizer. ❷–❸

ESSEN UND NACHTLEBEN

Sabor da Província, Av. Dr. Januário Miráglia 857, Jaguaribe. Preiswerte Tagesgerichte (auch vegetarisch), Karte mit leckeren Nudel- und Forellengerichten. 🕒 Mo–Sa 10–18, So bis 16.30 Uhr.

Harry Pisek, Av. Pedro Paulo 3549, Caminho do Horto. Wenn schon, denn schon: Exzellente von Wirt Harry hausgemachte Würste und anderes vertraut Wohlschmeckendes in exotischer Begleitung. Auch Gästezimmer. 🕒 tgl. 10–17, Sa bis 23 Uhr.

Gato Gordo, Av. Macedo Soares 508, Capivari. Da freut sich der „Dicke Kater", die *Picanha* (Schwanzstück vom Rind), auf einer heißen Steinplatte serviert, reicht für Zwei. 🕒 Fr, Sa 12–24, So 12–22 Uhr.

Baronesa Landscape, Fazenda Baronesa von Leithner, Alto da Boa Vista. Ein Pfad führt zu dem charmanten Café, wo man seinen Apfelstrudel auf einem verglasten Holzdeck mit toller Aussicht genießt. 🕒 tgl. 9–18 Uhr.

Baden Baden, Rua Djalma Forjaz 93, Capivari. Beliebtester Treff der Stadt, Flirt, Musik und Tanz, hart umkämpfte Sitzplätze im Freien, gute Küche und feine Biere aus eigener Brauerei. ⌚ So–Do 11–24, Fr, Sa bis 2 Uhr.

TOUREN

Rancho Santo Antônio, Av. Pedro Paulo 7997, Estrada do Horto (9 km), ✆ 12/3663 7400. Landsitz mit Wanderpfaden, Reitmöglichkeiten und Baumsportabenteuern zwischen Araukarien (ab R$35 p. P.), Guides vor Ort, viel von Familien besucht. ⌚ Do–So 9–17 Uhr (Juli tgl.).

Horto Florestal (Parque do Estado), Av. Pedro Paulo (12 km), ✆ 12/3663 3762. Gern besuchter Naturschutzpark (8341 ha) mit zahlreichen Wasserfällen und Mineralquellen, zu erreichen ab Capivari auf der 12 km langen „Estrada do Horto" (Kunsthandwerksläden und Restaurants). Mehrere leichte Wanderwege (1 bis 8 km) sowie eine Mountainbike-Strecke (Verleih am Ort). ⌚ Do–Di 8–17 Uhr, Eintritt R$6.

Amantikir, Landstraße nach Eugenio Lefèvre (11 km). Park mit 22 thematischen Gärten (Barock-, Irr-, Englischer Garten usw.) sowie unzähligen Blumen- und Pflanzenarten. ⌚ tgl. 8–17 Uhr, Eintritt R$25.

Pedra do Baú (25 km), gewaltiger Granitblock (1950 m), Wahrzeichen der Region, von oben Panoramablick auf die Serra da Mantiqueira und Vale do Paraíba. Abenteuerliche Tagestour für Kletterer (R$80) mit der Agentur **Altus**, Av. Sen. R. Simonsen 1724, Capivari, ✆ 12/3663 4122, 💻 www.altus.tur.br.

Bahnfahrt auf der Estrada de Ferro Campos do Jordão, vom Bahnhof in Capivari zur Nachbarstadt Santo Antônio do Pinhal, ✆ 12/3663 1531, tgl. 10 und 14 Uhr, R$40. Schöne Strecke durch die Serra über Alto do Lageado, mit 1743 m höchster Eisenbahnpunkt Brasiliens (2 1/2 Std. hin und zurück, max. 40 Passagiere). In Santo Antônio do Pinhal Aufenthalt, um im Bahnhofsimbiss ein paar Stockfischbällchen *(Bolinho de bacalhau)* zu essen.

SONSTIGES

Feste

Juli: Festival de Inverno, 💻 www.festival-camposdojordao.org.br. Klassische Musik, berühmte Interpreten aus der ganzen Welt. Fast den ganzen Monat, auf Plätzen, in Kirchen und im **Auditório Cláudio Santoro**, Alto da Boa Vista. Das Konzerthaus liegt in parkähnlicher Anlage mit Skulpturengarten und Blick auf den Pedra do Baú.

Geld

HSBC, Av. Frei O. Girardi 931, Abernéssia. ⌚ Geldautomat tgl. 6–22 Uhr.

Informationen

Secretaria de Turismo, Pórtico (Ortseingang, 2 km von Abernéssia), ✆ 12/3663 1098, 💻 www.camposdojordao.com.br. ⌚ tgl. 8–19 Uhr.

TRANSPORT

Busbahnhof, Av. Dr. Januário Miráglia, zwischen Capivari und Jaguaribe, ✆ 12/3662 1995.

Rio de Janeiro: Três Amigos und 1001, tgl. 15.45 Uhr, 5 Std., R$50.

São Paulo: Pássaro Marron, ✆ 12/3662 1996, 6x tgl. bis 19.30 Uhr, 3 Std., R$38. Zum Teil halten die Busse in São José dos Campos, von dort Reisemöglichkeit zu den Zielen der Nordküste (**São Sebastião, Ilhabela, Ubatuba**).

Minas Gerais

Minas Gerais bedeutet „allgemeine Minen". Die große Bergbauprovinz wirkt wie ein stürmisches Landmeer. Die weite Dünung des zentralen brasilianischen Hochlands türmt sich in Richtung Küste zu immer kürzeren, steilen Wellen. Durch diese geologische Brandung war lange Zeit schwer hindurchzustoßen. Sklavenjäger *(Bandeirantes)* und Goldsucher aus São Paulo waren die ersten Weißen, die entlang den Flussläufen das Hinterland erschlossen. Als die ersehnten Goldbrocken gefunden wurden, gab es kein Halten mehr. Endlich schien Brasilien den Preis seiner Entdeckung wert zu sein. Im Laufe des 18. Jhs. überholte die brasilianische Ausbeute die Gesamtmenge an **Gold**, die Spanien

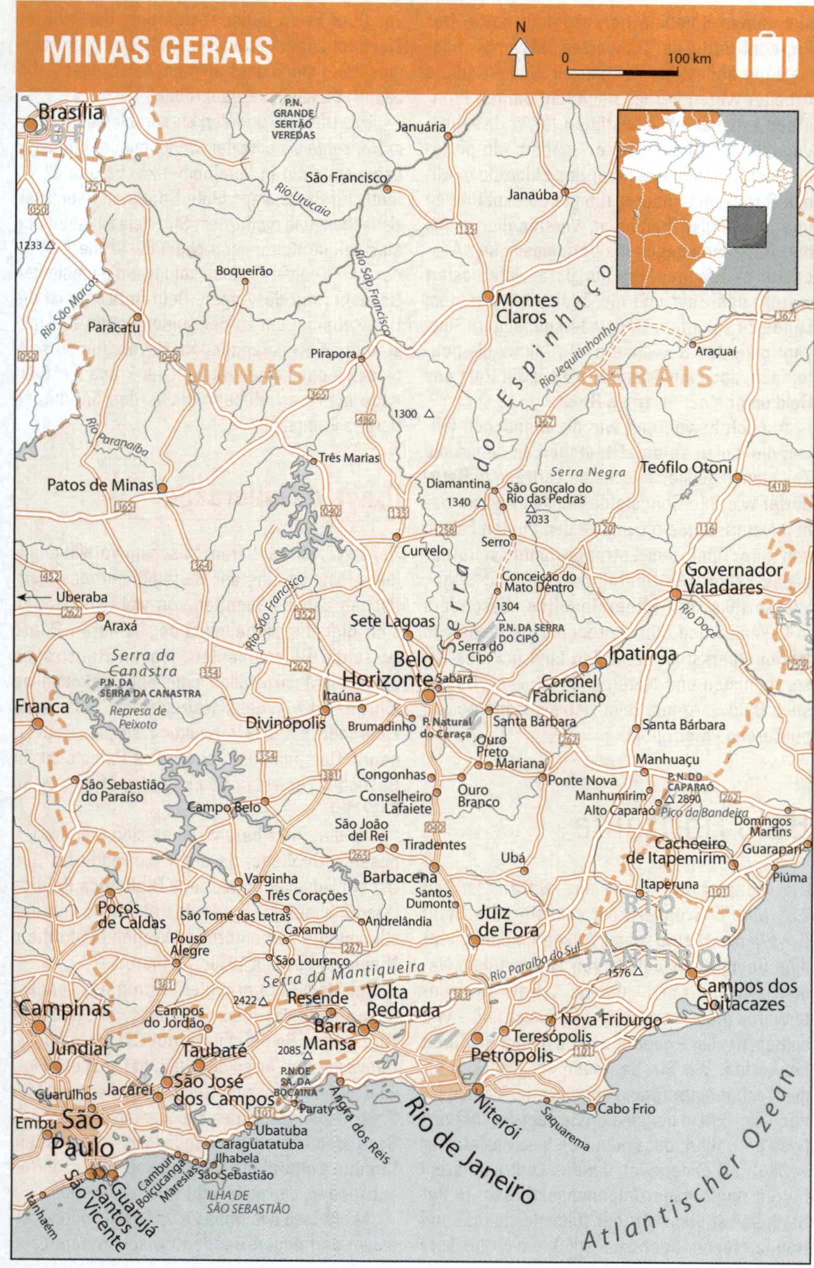

SÃO PAULO UND MINAS GERAIS

aus seinen Kolonien herausgeholt hatte. Der Pro-Kopf-Ertrag der schwarzen Sklaven war damals der höchste in der ganzen Welt – und die Arbeiter waren bereits nach fünf Jahren Fronarbeit erledigt. „Weihestätten für Verbrechen, Vagabunden und Übeltäter" nannte ein portugiesischer Kolonialbeamter das Eldorado in Minas Gerais, ein anderer rühmte den kulturellen und materiellen Reichtum. Verständlich, dass hier Aufstände gegen die portugiesischen Ausbeuter stattfanden, die nur daran interessiert waren, das Gold und die Edelsteine aus dem Lande zu schaffen. Den widerspenstigen Geist sagt man den Bewohnern von Minas bis heute nach, doch die *Mineiros* trügen ein Herz aus Gold unter einer eisernen Brust.

Ähnlich bewahrend wie die Menschen wirken die vielen **Kolonialstädtchen**, in denen die Zeit stehen geblieben scheint. Verträumte **Bergdörfer** wie São Gonçalo do Rio das Pedras ziehen Naturfreunde an, und zu den bunten Felsen von São Tomé das Letras strömen scharenweise Esoteriker. Überall präsent sind Hügel, Wasserfälle und **Mineralquellen**, besonders in Caxambu und São Lourenço. Eine Reihe von **Nationalparks** verstärkt den Eindruck des Ursprünglichen und Natürlichen. Nur die **Hauptstadt** Belo Horizonte zeigt sich als moderne und pulsierende Metropole.

Belo Horizonte

Die Hauptstadt von Minas Gerais ist mit 2,38 Mio. Einwohnern die **sechstgrößte** Stadt Brasiliens. Historischer Ausgangspunkt war eine Goldgräbersiedlung von 1701 mit dem Namen „Arraial Curral del Rei". Belo Horizonte wurde jedoch erst 1897 gegründet und – wie später Brasília – ganz und gar auf dem Reißbrett entworfen. Die Straßen sind, im großen Rahmen, schachbrettförmig angelegt, im kleinen jedoch von einem diagonalen System durchkreuzt (was dazu führt, dass man sich hier viel leichter verläuft als anderswo); um das Zentrum herum führen ringförmige Umgehungsstraßen. In der Stadt selbst dominiert der Dienstleistungs- und Handelssektor, doch südöstlich davon bis kurz vor Ouro Preto befindet sich eine der größten **Eisenerz**-Lagerstätten der Welt. Der Magnetismus ist so stark, dass an manchen Stellen Fahrzeuge von allein bergauf rollen.

Trotz Umwelt- und Verkehrsproblemen gilt Belo Horizonte als eine der Städte mit der höchsten Lebensqualität in Lateinamerika. Es gibt 27 öffentliche Parks, imposante Bauten in neoklassizistischem wie modernem Stil, viele Museen und eine reiche Kultur- und Nightlife-Szene („Stadt der 1001 Kneipen"), doch kommen die wenigsten Besucher nur deswegen. Belo Horizonte ist die Drehscheibe, um zu den mineirischen Barockstädtchen zu gelangen. Nicht versäumen sollte man jedoch einen Besuch der Praça da Liberdade mit ihren Museen sowie des berühmten Vororts Pampulha.

Praça da Liberdade

Der im 19. Jh. nach französischem Vorbild angelegte Platz ist eine der Hauptbühnen des städtischen Lebens. Inmitten von viel Grün treffen sich hier die Einheimischen, flanieren Paare zwischen Blumenbeeten, joggen Hausfrauen um einen Musikpavillon. Eine lange Palmenallee führt direkt zum neoklassizistischen **Palácio da Liberdade**, bis 2009 Verwaltungssitz des Gouverneurs. Das pompöse Innere des Palasts ist für Besucher vorerst nur sonntags geöffnet. 🕒 So 9–12 Uhr.

Um den Platz herum reihen sich weitere imposante Gebäude, darunter die moderne, von Oscar Niemeyer entworfene **Biblioteca Pública** (Stadtbibliothek), sowie das ebenfalls von ihm stammende kurvenförmige Wohnhaus **Edifício Niemeyer** aus den 1950er-Jahren.

Seit dem 2010 erfolgten Umzug der Landesregierung in das neue (ebenfalls von Niemeyer konzipierte) Regierungsviertel *Cidade Administrativa* vor den Toren der Stadt hat sich der Platz vom politischen zum kulturellen Zentrum der Stadt gewandelt: In den imposanten eklektischen Gebäuden ehemaliger Landesministerien ist ein **Circuito Cultural** mit Museen und Kulturzentren entstanden, den man nicht versäumen sollte.

Das **Museu das Minas e do Metal** knüpft weiter an den engen Banden zwischen dem Land und seinem Reichtum an Mineralien und birgt zwischen kolossalen Säulen eine moderne interaktive Sammlung, zu der u. a. ein Aufzug gehört, der die Fahrt in einen Minenschacht simuliert. 🕒 Di, Mi, Fr–So 12–18, Do 12–22 Uhr, Eintritt R$6 (Do frei).

Im Zentrum des **Espaço TIM UFMG do Conhecimento**, dem Wissen und der Wissenschaft gewidmet, stehen ein Planetarium und eine mit einem einfahrbaren Dach versehene astronomische Terrasse zur Sternenbeobachtung. 🕒 Di, Mi, Fr–So 10–17, Do 12–21 Uhr.

Das **Memorial Minas Gerais-Vale** erzählt die Geschichte des Landes und einiger seiner herausragenden Künstler anhand von kreativen Installationen. 🕒 Di, Mi, Fr, Sa 10–17.30, Do 10–21.30, So 10–13.30 Uhr.

Ein paar Schritte von der Praça da República entfernt, in der Rua Gonçalves Dias 1668, zeugt das **Centro de Arte Popular CEMIG** von der Vielfalt und dem Einfallsreichtum mineirischer Volkskunst. 🕒 Di, Mi, Fr 10–19, Do 12–21, Sa, So 12–19 Uhr.

Weitere Kulturzentren am Platz sind bereits im Entstehen (**Centro Cultural Banco do Brasil**, **Casa Fiat de Cultura**).

Der goldene Boden des Handwerks

Das renovierte Gebäude des früheren Hauptbahnhofs, in seiner ganzen neoklassizistischen Pracht, ist schon eine Sehenswürdigkeit für sich. Seit Anfang 2006 befindet sich in der Anlage außerdem eines der bemerkenswertesten Museen der Stadt, das **Museu de Artes e Ofícios**, Praça Rui Barbosa, 💻 www.mao.org.br. Mit mehr als 1800 kunstgewerblichen Erzeugnissen aus vier Jahrhunderten bezeugt das Kunst- und Handwerksmuseum den Reichtum der mineirischen Handwerkstradition. Während man bestaunt, wie Goldschmiede, Diamantenschürfer, Köchinnen und Weberinnen aller Epochen arbeiteten und was sie dabei zustande brachten, rollen im Hintergrund die Metro und endlose, mit Eisenerz beladene Güterzüge vorbei. 🕒 Di, Do–Fr 12–19, Mi 12–21, Sa, So 11–17 Uhr, Eintritt R$4.
Im schönen Foyer, wo das **Café dos Ofícios** untergebracht ist, lässt sich zudem stilvoll ein Kaffee nehmen oder eine Kleinigkeit essen mit Blick auf den vor dem Bahnhof gelegenen Platz, welcher der Stadt als Austragungsort für viele populäre Großveranstaltungen dient (u. a. Public Viewing während der Fußball-WM).

Pampulha

Eine Hauptattraktion von „BH“ *(Be-Agá)* sind die Sehenswürdigkeiten im 8 km nordwestlich des Zentrums gelegenen Pampulha (Bus *2004 Bandeirantes/Olhos d'Água* von Av. Afonso, zwischen Av. Amazonas und Rua São Paulo). In den 1940er-Jahren beauftragte der damalige Bürgermeister und spätere Präsident Juscelino Kubitschek den noch ziemlich unbekannten Oscar Niemeyer mit der architektonischen Gestaltung um den künstlichen See **Lagoa da Pampulha**. Für die Landschaftsplanung war Brasiliens wunderbarer Landschaftsgestalter Burle Marx verantwortlich. An der Uferpromenade Avenida Otacílio Negrão de Lima entstanden mehrere Bauwerke, die Niemeyer bald über Brasilien hinaus berühmt werden ließen. Kurvenförmig der Lagoa angepasst wurde das Haus **Casa do Baile** (Nr. 751); es diente zunächst als Tanzdiele, später als Spielkasino und ist heute ein Ausstellungsraum für Architektur, Urbanistik und Design. 🕒 Di–So 9–19 Uhr. Das **Museu de Arte da Pampulha** (Nr. 16.585) ist an sich schon ein Kunstwerk und beherbergt etwa 900 Exponate nationaler und internationaler Künstler. 🕒 Di–So 9–19 Uhr.

Highlight ist jedoch die futuristisch anmutende **Igreja de São Francisco de Assis**. Nach der Einweihung 1943 blieb diese Kirche, deren parabolische Form spätere Projekte in Brasília vorwegnahm, zunächst für 14 Jahre geschlossen. Die Kirchenobrigen sahen in dem Bauwerk ein Symbol des Kommunismus, denn die Linien von Glockenturm und Fassade ließen angeblich Assoziationen mit Hammer und Sichel aufkommen. Heute kann man in der renovierten Kirche kunstvolle Azulejos sowie die 14 Kreuzwegstationen von Cândido Portinari bewundern. 🕒 Di–Sa 9–17, So 12–17 Uhr.

Am anderen Ende der Lagoa befindet sich an derselben Uferpromenade bei Nr. 8000 der

Belo Horizonte

Übernachtung:
1. Ouro Minas Palace Hotel (6 km)
2. Pousada Sossego da Pampulha (8 km)
3. Hotel São Bento
4. Hotel Othon Palace
5. Chalé Mineiro Hostel (500 m)
6. Hotel Ibis Budget
7. Hotel Ibis Liberdade
8. Hotel Praça da Liberdade
9. Ginga Hostel (500 m)

Essen:
1. Xapuri (7 km)
2. Bolão
3. Café Nice
4. Vatel
5. Riviera
6. Mandala
7. Fogo de Chão
8. Dona Luzinha

Sonstiges:
1. Banco do Brasil
2. Belotur Mercado das Flores
3. Fitta Câmbio
4. Hospital João XXIII
5. Belotur (Hauptstelle)
6. Choperia Albano's

Jardim Zoológico e Botânico, sowohl ein Zoo mit etwa 1200 Tieren bzw. 240 Arten als auch botanischer Garten. ⌚ Di–So 8.30–16 Uhr, Eintritt R$2 (So R$4).

Fußballfans kennen das Pampulha-Viertel vor allem wegen des mächtigen und sehr schönen **Mineirão-Stadions**, Av. Antônio Abrahão Caram. Für 250 Mio. Euro vollständig umgebaut (unter Beteiligung eines deutschen Architekturbüros) und modernisiert (Solaranlage, Esplanade mit Bars, Shops etc.) bietet es Platz für 62 160 Fußballfans, die hier sechs Spiele der WM 2014 genießen können. Besichtigung der Anlage inkl. Fußballmuseum: ⌚ Di–Sa 9–17, So 9–13 Uhr (außer an Spieltagen), Eintritt R$14.

Weitere Sehenswürdigkeiten

Der **Palácio das Artes**, Av. Afonso Pena 1537, Centro, ✆ 31/3237 7399, ist ein wichtiger Kulturpalast mit Theatern, Kino und Bibliothek (außerhalb der Vorstellungszeiten Besuch nur nach Anmeldung). Außerdem gibt es hier Kunstgalerien und ein Zentrum für Kunsthandwerk aus Minas Gerais. Gleich dahinter liegt der Stadtpark **Parque Municipal**, mit See und viel Grün, ideal um auszuruhen und etwas frische Luft zu schnappen. ⌚ Di–So 6–18 Uhr.

Der **Parque das Mangabeiras** am Fuße der Serra do Curral ist einer der größten Stadtparks Brasiliens, Teile davon angelegt von Landschaftsarchitekt Burle Marx. Er besitzt viel ursprüngliche Vegetation und lässt sich über diverse Wanderpfade erkunden. Es gibt auch Sportplätze, ein Arena-Theater und einen Aussichtspunkt *(Mirante)*. Anfahrt: Bus *4103 Aparecida/Mangabeiras* von der Av. Afonso Pena. ⌚ Di–So 8–18 Uhr.

ÜBERNACHTUNG

Soweit nicht anders vermerkt, erheben die Unterkünfte keine Tax und WLAN ist gratis.

Ginga Hostel, Rua Gabriel dos Santos 165, Serra, ✆ 31/3586 6113, 💻 www.gingahostel.com.br. Sympathisches Haus mit 24-Std.-Rezeption in Wohngegend nahe dem Parque das Mangabeiras. Anfahrt mit Bussen 1030,

4108 oder 4103 in Richtung *Mangabeiras* von beliebigem Halt an der Av. Afonso Pena. Dorms R$38, 1 DZ R$120. ❶–❷

Chalé Mineiro Hostel (HI), Rua Santa Luzia 288, Santa Efigênia, ✆ 31/3467 1576, 💻 www.chalemineirohostel.com.br. Ordentliches Hostel, DZ (R$65–100) und 6er-Dorms (R$28–35). Gepflegter Pool, Grill, Gemeinschaftsküche. Frühstück extra, kein Einlass nach 22 Uhr. Lage 2 km vom Parque Municipal, nahe Savassi. Anfahrt mit Bus *9801 Saudade/Santa Cruz* von der Rua dos Caetés nahe der Rodoviária oder per Metro bis Santa Teresa und dann Fußgängerbrücke. ❶–❷

Hotel São Bento, Rua dos Guaranis 438, Centro, ✆ 31/3025 3399, 💻 www.hotelsaobento.com.br. Zentral, aber trotzdem ruhig; günstig und beliebt, daher oft ausgebucht (reservieren!). WLAN R$8/Tag. ❸

Hotel Ibis Budget, Av. Bias Fortes 783, Lourdes, ✆ 31/3343 6400, 💻 www.ibisbudget.com. Die bewährte *Low Cost*-Formel; Frühstück optional (R$14), WLAN R$8/Tag. ❸

Hotel Ibis Liberdade, Av. João Pinheiro 602, Lourdes, ✆ 31/3224 9494, 💻 www.ibis.com.br. Günstig gelegen nahe Praça da Liberdade, gleiches „nüchternes" Konzept, doch etwas teurer als Budget. 130 komfortable Zimmer, Frühstück optional (R$14). ❹

Hotel Praça da Liberdade, Av. Brasil 1912, Savassi, ✆ 31/3261 1711, 💻 www.pracadaliberdade.com.br. Moderne und komfortable Zimmer mit Kabel-TV, nur ein paar Schritte vom gleichnamigen Platz; Wochenendpreise. WLAN R$10/Tag. ❹–❺

Pousada Sossego da Pampulha, Av. Cel. José Dias Bicalho 1258, São Luís, ✆ 31/3439 3250, 💻 www.sossegodapampulha.com.br. 38 Zimmer in ruhiger Lage nahe Lagoa da Pampulha und Mineirão-Stadion; Room Service mit Fertiggerichten, tolles Schwimmbad, Garten. Anfahrt ab Av. Afonso Pena mit Bus *2004*. ❺–❻

Hotel Othon Palace, Av. Afonso Pena 1050, Centro, ✆ 31/2126 0000, 💻 www.othon.com.br. Zentraler geht nicht, mit Blick auf den Parque Municipal. Etwas in die Jahre gekommener Luxus, trotzdem charmant. WLAN R$10/Tag, 15 % Tax. ❼

Ouro Minas Palace Hotel, Av. Cristiano Machado 4001, Cidade Nova (bei Metrostation Minas Shopping auf halbem Weg zum Flughafen), ✆ 31/3429 4001, 💻 www.ourominas.com.br. Erstes 5-Sterne-Hotel der Stadt,

Tropfsteinhöhlen in der Umgebung

Von 3000 Grotten in Brasilien befinden sich 2000 in Minas Gerais, 500 davon in einer „Circuito das Grutas" genannten Region nahe bei Belo Horizonte. Die drei meistbesuchten unter den zugänglichen Höhlen sind hier beschrieben, die Besichtigung geschieht mit Guides, alle sind bis 17 Uhr geöffnet.

50 km nordwestlich nahe der BR-010 liegt die **Gruta da Lapinha** (in der Nähe von Lagoa Santa, Eintritt R$10). Sie entstand vor etwa 600 Mio. Jahren, als das Rio-das-Velhas-Bassin noch ein Meeresgrund war. Der ausgeleuchtete 511 m lange Rundgang führt bis in 40 m Tiefe. An den Wänden sieht man noch die Wasserstandsmarken eines früheren Höhlenflusses. Ebenfalls am Ort befindet sich das **Museu Arqueológico de Lago Santa**, den vorgeschichtlichen Bewohnern der Region gewidmet (Eintritt R$3). Anreise mit Saritur (✆ 31/3272 8525, tgl. 7.30 Uhr, 45 Min., R$6) bis zu KM 44 der Landstraße MG-010. Der letzte Bus zurück fährt um 16 Uhr.

76 km nordwestlich, direkt bei der zur Stadt Sete Lagoas führenden Abzweigung von der Hauptstraße BR-040 (Richtung Brasília), befindet sich die sehr schöne **Gruta Rei do Mato**. Anreise mit Bus der Gesellschaft Setelagoano (✆ 31/3073 7575, stdl., 1 1/2 Std., R$18), den Fahrer bitten, dass er bei der Höhle hält.

Die berühmteste Höhle der Region ist die **Gruta de Maquiné**, 126 km nordwestlich, nahe bei Cordisburgo (5 km). Sie besitzt sieben ausgeleuchtete Kammern, die man in Gruppen besichtigen kann (Eintritt R$14, Restaurant in der Nähe). Anreise mit Setelagoano (2 Std., R$31).

Ausflüge zu den Grotten sind auch im Angebot der meisten Reisebüros (s. Touren).

Instituto Cultural Inhotim – ein Garten der Künste

Eine Sensation besonderer Art erwartet den Besucher in der Nähe des kleinen Bergstädtchens Brumadinho, 60 km von „BH" entfernt. Auf dem Gelände der **Fazenda Inhotim** hat der Mäzen und Bergbauunternehmer Bernardo Paz in den letzten Jahren das bedeutendste Zentrum für zeitgenössische Kunst Brasiliens – und zugleich eines der besten der Welt – entstehen lassen: Die Werke, hauptsächlich große Installationen, sind unter freiem Himmel oder in speziell für die jeweiligen Künstler und ihre Werke konzipierten Galerien über ein 245 ha großes Gelände verteilt ausgestellt.
Wie ein auf einem Waldhügel gelandetes Ufo präsentiert sich z. B. der gläserne *Sonic Pavillon* des US-Amerikaners Doug Aitken, wo ein 2000 m tief in die Erde versenktes und mit Mikrofonen und Verstärkern ausgestattetes Stahlrohr die Besucher mit tranceartigen Geräuschen aus dem Inneren der Erde konfrontiert. Umrahmt ist die Kunst in Inhotim von einer 45 ha großen Gartenanlage, mit fünf Seen und über 2000 tropischen Pflanzenarten, darunter die größte Palmensammlung der Welt.
Die einzigartige Mischung aus botanischem Garten und Kunstmuseum des **Instituto Cultural Inhotim**, 💻 www.inhotim.org.br, zieht inzwischen jährlich über 250 000 Besucher an, für das leibliche Wohl sorgen mehrere Restaurants und Imbisse. 🕒 Di, Do, Fr 9.30–16.30, Sa, So 9.30–17.30 Uhr, Eintritt Mi, Do R$20, Fr–So R$28, Di frei.
Anfahrt: Bus von Saritur ab Rodoviária Di–So um 9 Uhr direkt zum Museum (zurück 16.30, Sa und So 17 Uhr), 2 Std., R$28 (hin und zurück).

346 Apartments (ab R$400 ohne Frühstück, oft Sonderangebote) mit allem Komfort sowie Sauna, Fitnessraum, Bar und Restaurant. ❽

ESSEN

Café Nice, Av. Afonso Pena 727, Centro (10 Gehmin. von der Rodoviária). In der vom Frittierfett imprägnierten Downtown ist das traditionelle Stehcafé (seit 1939) die beste Gelegenheit, um an eine trinkbare „Tasskaff" zu kommen. Auch kleine Snacks. 🕒 Mo–Fr 7–21, Sa 8–15, So 9–13 Uhr.
Vatel, Rua dos Goitacazes 48, Centro. Gutes und preiswertes Kilo-Mittagsbuffet, Ambiente und Service über dem Zentrums-Durchschnitt. 🕒 Mo–Fr 11–15 Uhr.
Riviera, Rua Goiás 286, Centro. Schlemmer-Buffet mit dem besten Preis-Leistungs-Verhältnis: über 30 leckere Optionen von Meeresfrüchte-Risotto bis Churrasco. 🕒 tgl. 11–15 Uhr.
Mandala, Rua Alagoas 864, Savassi. Feine vegetarische Gerichte zu zivilen Preisen, auch mit Fisch und Hühnchen, die meisten Zutaten aus organischem Anbau vom Hof des Besitzers. 🕒 Mo–Fr 11–15, Sa 12–16 Uhr.
Dona Luzinha, Rua Padre Odorico 38, São Pedro. Traditionelle Minas-Küche vom Besten. Am Buffet bedient man sich aus 22 Töpfen und mit Nachtisch (R$53 pauschal). 🕒 Mo–Sa 12–15, 19–23, Sa, So 12–17 Uhr.
Xapuri, Rua Mandacaru 260, Pampulha 📞 31/3496 6198. Bestes Lokal für die besondere Küche von Minas Gerais. Platz für 500 Gäste, lange Holztische unter Ziegeldächern im Grünen, gehobene Preise. Am Wochenende reservieren. 🕒 Di–Do 11–23, Fr, Sa 11–24, So 11–18 Uhr.
Fogo de Chão, Rua Sergipe 1208, Savassi. Bestes Churrasco nach Gaúcho-Art (vom Spieß bis zum Abwinken) vom bekanntesten Fleischbrater des Landes. Gehobene Preise. 🕒 Mo–Fr 12–16, 18–24, Sa 12–24, So 12–22.30 Uhr.

NACHTLEBEN

Bars und Cafés

Das Kneipen- und Nachtleben von spielt sich hauptsächlich in den verkehrsberuhigten Revieren um die Praça Diogo de Vasconcelos im Stadtteil Funcionários ab. Die ganze Region wird populär **Savassi** genannt, Name einer traditionsreichen Konditorei am Platz. Weitere Flaniermeilen finden sich in den Vierteln São Pedro (Rua Major Lopes), Anchieta (Rua Montes Claros), Lourdes und Santo Antônio. Weiter stadtauswärts, in der Av. Raja Gabaglia, hat sich gleich eine ganze Reihe von Tanzlokalen angesiedelt.

Café com Letras, Rua Antônio de Albuquerque 781, Savassi. Nettes Buchladen-Café mit künstlerischem Touch, Live-Musik und Kleinigkeiten zum Essen; sehr beliebt zur Happy Hour. ⌚ Mo–Sa 12–24, So 17–23 Uhr.

Bolão, Praça Duque de Caxias 288, Santa Teresa. Einfaches Ambiente, mit Tischen auf dem Bürgersteig an der Praça Duque de Caxias. Der Speiseplan ist „basic", billig und gut; man stärkt sich in zwangloser Atmosphäre, zieht danach durch die Bohème-Kneipen und kehrt im Morgengrauen wieder ein (bis 4.30 Uhr morgens). ⌚ fast 24 Std., So bis 18 Uhr.

Graças a Deus, Rua Padre Odorico 68, São Pedro. Poppiges Ambiente mit Platz für 200 Pers., Tanzpiste mit hohem Flirt-Faktor. ⌚ Di–Fr 19–2, Sa, So ab 16 Uhr.

Krug Bier, Rua Major Lopes 172, São Pedro. In-Kneipe mit eigener Brauerei und Bier nach deutscher Rezeptur. Großzügige Räumlichkeiten, auch Tanzfläche und Musik. ⌚ Mo–Fr ab18, Sa, So ab 13 Uhr.

Choperia Albano's, Rua Rio de Janeiro 2076, Lourdes. Haus mit den am besten gezapften Bieren in der Stadt. ⌚ Mo–Fr 18–1, Sa, So ab 12 Uhr.

Diskotheken und Clubs

Cachaçaria Alambique, Av. Raja Gabaglia 3200, Estoril. Großes Tanzlokal (Música Sertaneja und Forró live, DJs) im Country Style mit 5 Bars, geführt von den Destillateuren der Germana, einem der besten Cachaças von Minas. ⌚ Mo–Sa ab 17 Uhr, Eintritt ab R$20.

Jack Rock Bar, Av. do Contorno 5623, Savassi. Die erste Adresse für Live-Rock, hier spielen die besten lokalen Bands. ⌚ Mi–Sa ab 21, So ab 19 Uhr, Eintritt ab R$12.

Nasala Lounge & Disco, Ponteio Lar Shopping, BR-356 Nr. 2500, Santa Lúcia. Lebendiger Treff für elektronische Musik mit guten DJs. ⌚ Fr, Sa 23–7 Uhr, Eintritt ab R$40.

A Obra, Rua Rio Grande do Norte 1168, Savassi. Alternativer Tanzschuppen in einem als Baustelle dekorierten Kellergeschoss. Punk, Hip Hop, Indie etc. ⌚ Mi–Sa ab 22 Uhr, Eintritt ab R$10.

FESTE

April: Axé Brasil, 2 Tage lang heiße Rhythmen beim größten Axé-Fest Brasiliens mit Bands aus Bahia.

April/Mai: Comida di Buteco, einen Monat lang wetteifern die Kneipen, wer die besten Häppchen und kleinen Essen zu bieten hat.

Juni/Aug: Festival Internacional de Teatro, 💻 www.fitbh.com.br, in geraden Jahren werden die Straßen und Plätze der Stadt während etwa 15 Tagen zu Bühnen für Theatergruppen aus der ganzen Welt, Parallelprogramm.

Juli: Arraial do Belô, Folklore-Tanzfest im Rahmen der Festas Juninas, Praça da Estação, Centro (3 Tage in der 2. Juliwoche).

Okt/Nov: Forum Internacional de Dança, 💻 www.fid.com.br, Tanzaufführungen mit Truppen aus aller Welt, gratis oder zu zivilen Preisen.

SONSTIGES

Einkaufen

Feira da Afonso Pena, Av. Afonso Pena, Centro. Größter Straßenmarkt Lateinamerikas, 2300 Verkaufsbuden auf 1 km, Kunsthandwerk, Möbel, Schuhe usw. ⌚ So 8–14 Uhr.

Mercado Central, Av. Augusto de Lima 744, Centro. An 400 Ständen *(Bancas)* gibt es fast alles, von Obst und Gemüse über Blumen und medizinische Pflanzen bis hin zu Kunsthandwerk und religiösen Artikeln. Ronaldo (Nr. 34) hat die größte Auswahl an Cachaças der Stadt (probieren!). In *Botecos* isst man meist einfach und günstig. ⌚ Mo–Sa 7–18, So 7–13 Uhr.

Geld

Banco do Brasil, Rua Espírito Santo 571, Centro. ⌚ Geldautomaten tgl. 6–22 Uhr. Geldwechsel: **Fitta**, Rua Espírito Santo 973, Loja 2, Centro.

Informationen

Alô Turismo, 24 Std. Infoservice, ☎ 156 oder 31/3429 0405 (von außerhalb der Stadt).

Belotur, Rua Pernambuco 282, Centro, ☎ 31/3277 9754, Hauptstelle der städtischen Tourismusbehörde mit Infos, Prospekten, Karten. ⌚ Mo–Fr 8–18 Uhr. Nebenstellen

in den Flughäfen, Rodoviária sowie im Mercado Central und Mercado das Flores (Av. Afonso Pena/Stadtpark), außerdem neben der Casa do Baile in Pampulha.
Guia Turístico Belo Horizonte, hervorragend gemachter monatlicher Stadtführer (auch Engl.) mit aktuellen Infos und Tipps; kostenlos an Zeitungskiosken und den Infostellen.
Internet: 💻 www.guiabh.com.br, www.belo horizonte.mg.gov.br

Internet

Internet Club Coffee Shoes, Rua Fernandes Tourinho 385, Savassi. Kuriose Mischung aus Cybercafé und Schuhladen. Etwas teuer (R$6), dafür weit entfernt von der durchschnittlichen Lan-Höhle. 🕒 Mo–Fr 9–19, Sa 9–14 Uhr.

Touren

Pampulha Turismo, Av. Teresa Cristina 650, Carlos Prates, ☏ 31/3057 1111, 💻 www. pampulhaturismo.com.br. Touren zu den Barockstädten und Grotten.

NAHVERKEHR

Das **Busnetz** ist gut, häufige Verbindungen in alle Stadtteile. Der Fahrpreis richtet sich nach der Busfarbe und ist gut sichtbar gemacht (allgemein gilt:: gelbe Lackierung bedeutet Nahbereich/Circular, Blau fährt in zentrumsnahe Viertel, Rot zentrumsfern).
Die **Metro** besteht aus 2 Linien und fährt von 5.15 bis 23 Uhr (R$1,80). **Taxis** sind reichlich vorhanden.
Flughafentransport: Transfer vom **Aeroporto Internacional Confins** zur Rodoviária (40 km) mit Busgesellschaft Unir, ☏ 31/3271 1335, etwa halbstdl., 1 Std., R$10. Doppelt so teure Executivo-Busse (*Conexão Aeroporto*) von Unir fahren zur/ab Av. Álvares Cabral 387 im Zentrum (bis 22.40 Uhr).

TRANSPORT

Flüge

Es gibt zwei Flughäfen in Belo Horizonte.
Der **Aeroporto Internacional Tancredo Neves** (oder **Confins**), Estrada Velha de Confins,

SÃO PAULO UND MINAS GERAIS

Sabará – Ausflug in die Kolonialzeit

Wer keine Zeit hat, eine der berühmten Barockstädte von Minas Gerais zu besuchen, für den ist das nur 20 km von Belo Horizonte entfernte **Sabará** eine Gelegenheit, einen Eindruck vom architektonischen Reichtum dieser Zeit zu bekommen. 1674 gegründet, ist Sabará heute mit 115 000 Einwohnern die größte der Kolonialstädte von Minas. Die Nähe zur Landeshauptstadt brachte im letzten Jahrhundert eine rasante Urbanisierung und so sind lediglich im Zentrum (besonders in der schönen Rua Dom Pedro II.) die oft blau-weiß getünchten und meist nur eingeschossigen Kolonialhäuschen noch gut erhalten. In derselben Straße stehen auch zwei historische Prachtbauten: das 1819 eingeweihte **Teatro Municipal** (zweitältestes noch in Betrieb befindliches Stadttheater Brasiliens) sowie das heutige Rathaus im **Solar do Padre Correia** (1763) mit Kapelle und goldenem Altar. 🕒 Mo–Fr 8–17 Uhr.
Wie in anderen Minas-Städtchen sind auch hier die recht gut erhaltenen Kirchen die wichtigsten Attraktionen, die drei bedeutendsten stammen alle aus dem 18. Jh. Am interessantesten ist die zwischen 1717–19 errichtete winzige **Capela de N. S. do Ó**. Ihr Miniaturformat und die äußerliche Simplizität stehen in einmaligem Kontrast zum prallen Interieur. Sie ist bestimmt eine der bezauberndsten unter den Kirchen von Minas Gerais. Das Innere präsentiert sich als ein reich vergoldeter Barocktempel mit prunkvoll geschnitztem Chor und Decken- und Wandmalereien in roten und blauen Tönen. Der deutlich spürbare chinesische Einfluss rührt von der Tatsache her, dass der Stifter der Kirche vorher in Macau lebte. 🕒 Di–Fr 8–17, Sa–Mo 8–12, 13–17 Uhr, Eintritt R$2.
Die 1701–10 entstandene **Igreja N. S. da Conceição** ist von außen ebenfalls schmucklos, im Innern jedoch sorgfältig restauriert und reichhaltig mit Gold, Schnitzereien und Malereien verziert. 🕒 Di–Fr 8–17, Sa–Mo 8–12, 13.30–17 Uhr, Eintritt R$2.
Am höchsten Punkt der Stadt steht die 1763–78 erbaute **Igreja de N. S. do Carmo**. Hier dominieren die Werke des Bildhauers Aleijadinho. 🕒 Di–Sa 9–11.30, 13–17, So 13–17 Uhr.

Confins, ✆ 31/3689 2700, wird angeflogen von Avianca, Azul, Gol, TAM und TAP.
Der **Aeroporto de Pampulha**, Praça Bagatelle 204, ✆ 31/3490 2001, ist für regionale Airlines (Trip, Passaredo etc.).

Busse

Bis 2014 soll BH einen **neuen Busbahnhof** bekommen. Dafür wird ein bereits bestehender Terminal im Stadtteil São Gabriel zu einem modernen Verkehrsknotenpunkt ausgebaut. Der neue Bahnhof, **Rodoviária Sâo Gabriel**, ist integriert mit einer bereits bestehenden **Metrostation** gleichen Namens. Von hier aus fahren Bahnen zu den Stationen im Stadtzentrum *Lagoinha* (Alte Rodoviária), *Central* (Alter Bahnhof) und *Santa Efigênia*, zudem ist der Bau einer **Schnellbus**trasse ins Zentrum im Gange (ca. 4,5 km). Die Inbetriebnahme der neuen Rodoviária wird graduell sein. Bereits seit Ende 2012 wird an Feiertagen und Zeiten des Hochbetriebs ein Teil des Busverkehrs über einen Interimsbahnhof bei der Metrostation José Cândido da Silva im Stadtteil Santa Inês abgewickelt. Gleichzeitig soll die bisherige Rodoviária im Zentrum allmählich zu einem Stadtbusterminal werden. Einige Busgesellschaften betreiben einen Teil ihrer Linien schon jetzt über den neuen Bahnhof. Die im Folgenden angegebenen Busverbindungen beziehen sich, sofern nicht anders vermerkt, noch auf die (alte) **Estação Rodoviária**, Praça Rio Branco, Centro, ✆ 31/3271 3000. Von dort Verbindungen nach:

Brasília: Itapemirim (neue Rodoviária), ✆ 0800/723 2121, tgl. 19.20 Uhr, 12 Std., ab R$130.
Campo Grande: Gontijo, ✆ 31/2104 6300, tgl. 19.30, 20 und 21.45 Uhr, 24 Std., R$220.
Caxambu: Gardenia, ✆ 31/3271 8931, 7.30 und 23 Uhr, 6 Std., R$90.
Congonhas: Sandra, ✆ 31/3201 2512, direkt 7 und 10.15 Uhr (dazu 16x tgl. Bummelbus), 1 1/4 Std, R$22.
Cuiabá: Gontijo, tgl. 10.45 und 20 Uhr, 26 Std., R$251.
Curitiba: Gontijo, tgl. 20 Uhr, 15 Std., R$165.
Diamantina: Pássaro Verde, ✆ 31/3073 7575, 8x tgl. zwischen 6.30 und 24 Uhr, 5 Std., R$76.
Foz do Iguaçu: Gontijo, tgl. 8 Uhr, 25 Std., R$266.
Goiânia: Gontijo, tgl. 7.45, 17 und 19 Uhr, 13 Std., R$135–145.
Mariana: Pássaro Verde, ca. stdl. bis 24 Uhr, 2 1/2 Std., R$32.
Ouro Preto: Pássaro Verde, stdl. bis 23 Uhr, 1 3/4 Std., R$27.
Rio de Janeiro: Útil, ✆ 21/3907 9000, und Cometa, ✆ 31/404 9600, 10x tgl. zwischen 7.30 und 0.30 Uhr, 7 Std., ab R$75.
Sabará: Cisne, ✆ 31/3672 1255, alle 15 Min. bis 22.30 Uhr (Terminal für Regionalbusse, Plataforma A), 30 Min., R$8.
Salvador: Gontijo (neue Rodoviária), tgl. 19 Uhr, 23 Std., R$220.
São João del Rei: Sandra, 7x tgl. bis 19 Uhr, 4 Std., R$47.
São Paulo: Gontijo und Cometa, 26x tgl. bis 24 Uhr, 8 Std., ab R$96.
Serra do Cipó: Saritur, ✆ 31/3272 8525, tgl. 6.30, 7.30, 14.30 und 15.15 Uhr, 2 1/2 Std., R$25.
Vitória: Itapemirim (neue Rodoviária), tgl. 8.20, 20.40, 21 und 22.40 Uhr, 9 Std., R$86–120.

Eisenbahn

€ **Estação Ferroviária**, Praça da Estação, Centro, ✆ 31/3279 4366. In dem prächtigen, 1922 eingeweihten Bahnhof befindet sich heute ein Museum (S. 237). Vom Seitengebäude aus fährt ein wahres Relikt, einer der letzten Fernverkehrszüge Brasiliens nach **Vitória** (Espírito Santo), Abfahrt ist tgl. 7.30 Uhr, Rückfahrt ab Vitória 7 Uhr, Dauer 12 1/2 Std., Preis R$57 *(convencional)* oder R$85 *(executivo)*.

Kolonialstädte

Einige der wichtigsten Kolonialstädte von Minas Gerais liegen nicht weit südlich der Hauptstadt in Richtung Rio. Nur gute 100 km sind es bis zum berühmten **Ouro Preto**, Brasiliens Weltkulturerbe Nummer 1 und „Hauptstadt" der Estrada Real. In **Mariana**, dem ältesten Ort des Staates, stehen gleich zwei imposante Kirchen direkt nebeneinander. In **Congonhas** wehren sich die kostbars-

Estrada Real

Eines von Brasiliens größten Tourismusprojekten der letzten Zeit war Estrada Real, www.estrada real.org.br. Es handelt sich um die Erschließung der alten Goldstraßen für kulturhistorisch Interessierte sowie für Naturfreunde aus aller Welt.

Auf einer Strecke von 1400 km wurde die Infrastruktur verbessert, um Besuchern die Reise in die Vergangenheit so interessant und leicht wie möglich zu machen. Eigentlich sind es drei Strecken mit den dazu gehörenden Regionen, die immer mehr touristisch erschlossen werden, der Caminho Velho (Alter Weg) von Paraty bis Ouro Preto, der Caminho Novo (Neuer Weg) von Rio de Janeiro bis Ouro Preto und der Caminho dos Diamantes (Diamantenweg) von Ouro Preto bis Diamantina. 177 Gemeinden in drei Bundesstaaten werden auf diesen Strecken durchquert. Alles ist ausgeschildert, um auch Individualreisenden Orientierung zu geben. Es gibt viele Broschüren und entsprechende Angebote von Reiseagenturen. Es mag sich lohnen, auf diese Weise tiefer in das Land und seine Geschichte einzudringen.

ten Werke des Barock-Bildhauers Aleijadinho gegen den Zahn der Zeit. Diese drei Städte kann man aufgrund ihrer räumlichen Nähe gut auf einer Reise kombinieren, sie bilden sozusagen eine Art Basis-Paket für das koloniale Minas.

Etwas abseits der gängigen Routen liegen drei weitere interessante Kolonialstädte: Im musealen **Tiradentes** ist der beschauliche Charme von damals noch am stärksten erhalten. Eine uralte Dampflok rattert gemächlich zum benachbarten historischen **São João del Rei**. 285 km nördlich von Belo Horizonte, in den Höhen der Serra do Espinhaço, liegt das reizvolle **Diamantina**.

Ouro Preto

Die 1179 m hoch gelegene und trotz der Kühle sehr anheimelnde Barockstadt Ouro Preto (Schwarzes Gold) war zwischen 1823 und 1897 Hauptstadt von Minas Gerais und trägt seit 1980 den Unesco-Titel eines Weltkulturdenkmals. Ihren kunsthistorischen Reichtum verdankt sie gewaltigen Goldfunden in der Vergangenheit, der Ort hieß ursprünglich Vila Rica (Reiches Dorf). Hier fand man das reinste Gold des Landes, zwischen 1770 und 1820 waren es schätzungsweise 500 Tonnen. Der plötzliche Wohlstand ließ Ouro Preto schnell zur größten Stadt Amerikas anwachsen, im 18. Jh. wohnten hier schon 120 000 Menschen, dreimal so viel wie in New York. Heute sind es mit 70 000 Einwohnern nur noch knapp halb so viele. Trotz der allgegenwärtigen Vergangenheit ist Ouro Preto nicht museal verschlafen, sondern eine kulturell und auch sonst äußerst lebendige Stadt, geprägt von Studenten und Besuchern aus allen Teilen der Welt.

Praça Tiradentes

Die zentrale **Praça Tiradentes** erhielt ihren Namen als Hommage an eine große Persönlichkeit Ouro Pretos. Joaquim José da Silva Xavier, im Volksmund nach seinem Beruf „Tiradentes" (Zahnzieher) genannt, war Anführer der mineirischen Unabhängigkeitsbewegung *(Inconfidência Mineira)* gegen Portugal. 1792 wurde er in Rio hingerichtet. Seinen Kopf stellte man auf dem Marktplatz von Ouro Preto öffentlich zur Schau, dort, wo heute das **Monumento à Inconfidência** steht. Das **Museu da Inconfidência**, ehemals Rathaus mit Gefängnis, beherrscht den Platz. Es beherbergt Graburnen der Freiheitskämpfer, samt einem der zu ihrer Hinrichtung verwendeten Galgen, sowie Möbel, Porzellan und Silberobjekte der Epoche, aber auch Holzfiguren von Aleijadinho. ◷ Di–So 12–17.30 Uhr, Eintritt R$6.

Auf der gegenüberliegenden Seite der Praça befindet sich im alten Gouverneurspalast das **Museu de Ciência e Técnica** mit der größten Edelstein- und Kristallsammlung Brasiliens. ◷ Di–So 12–17 Uhr, Eintritt R$5.

Hände hoch zum Gebet!

Nur ein paar Schritte von der Praça Tiradentes, gleich hinter der Igreja N. S. do Carmo, bezeugt das außergewöhnliche **Museu do Oratório** die tiefe Gläubigkeit der Brasilianer mit einer Ausstellung von 162 verschiedenen Gebetsstätten. Die Palette reicht von großen und aufwendig gearbeiteten, den Barockkirchen nachempfundenen Hausaltären aus ehemaligen Herrenhäusern bis zu groben, mit Muschelketten und anderen Candomblé-Utensilien drapierten Kisten aus den Sklavenhütten. Darunter auch Kuriositäten wie die aufklappbaren „Kugelaltäre", so genannt wegen ihrer einer Revolverkugel ähnelnden Form: Klein und praktisch auf einem Maultiersattel zu transportieren, begleiteten sie die Reisenden auf ihren langen Expeditionen durch „gottverlassenes" Land. ◷ tgl. 9.30–17.30 Uhr, Eintritt R$4.

Aleijadinho-Tour

Die Praça Tiradentes dient auch als Ausgangspunkt für eine kleine „Aleijadinho-Tour". Eines seiner schönsten Meisterwerke, die **Igreja de São Francisco de Assis** (1776–1812), liegt am Largo de Coimbra etwas unterhalb der Praça Tiradentes. Diese bezaubernde Kirche, für den französischen Kunstgelehrten Germain Bazin „eines der vollkommensten Kunstdenkmäler der westlichen Welt", entstand gänzlich unter der Leitung sowie Mitarbeit von Aleijadinho. Von ihm stammen die Pläne der sich auf einem achteckigen Grundriss erhebenden Kirche, das Medaillon über dem Portal, die Holzschnitzereien der Chorkapelle und der sechs übrigen Altäre. ◷ Di–So 8.30–12, 13.30–17 Uhr, Eintritt R$7 (berechtigt auch zum Besuch des Museu Aleijadinho und der Igreja Matriz N. S. da Conceição).

Auf dem Largo ist ein ständiger großer Kunsthandwerksmarkt, hinter der Kirche gelangt man über die Rua das Mercês zur **Igreja N. S. das Mercês e dos Perdões** (1740–73). Diese ist jedoch wegen fehlender Restauration geschlossen, dafür genießt man von hier einen schönen Ausblick über den südlichen Teil der Stadt.

Weiter bergab befinden sich in der **Igreja Matriz de N. S. da Conceição** (1727–60) die Grabstätten des Bildhauers und seines Vaters, der diese Kirche entworfen hatte. Seit Anfang 2013 ist das Gebäude leider wegen akuter Baufälligkeit für unbestimmte Zeit geschlossen. Das **Museu do Aleijadinho** mit einigen seiner Skulpturen wurde in der Igreja de São Francisco de Assis in Sicherheit gebracht, diese können nun dort besichtigt werden.

Weitere Sehenswürdigkeiten

Um die prunkvollste Kirche der Stadt zu besichtigen, die bereits vor der Schaffenszeit von Aleijadinho entstandene **Igreja Matriz de N. S. do Pilar** (1711–33), muss man wieder zurück zur Praça Tiradentes und auf der anderen Seite ein Stück hinunter gehen. Mit 434 kg reinem Gold, 400 kg Silber und 472 Engelskulpturen versehen, ist sie eine der am reichsten bestückten Kirchen Brasiliens, übertroffen lediglich von der Igreja de São Francisco in Salvador. Die meisten Wer-

Aleijadinho

Die Hauptattraktion von Ouro Preto ist, neben den malerischen Kolonialhäusern und romantischen Altstadtgassen, die **barocke Kirchenkunst**. Die mehr als 20 Kirchen sind neben denen von Salvador das architektonisch Wertvollste, was Brasilien zu bieten hat. Viele Werke sind verbunden mit dem Namen **Antônio Francisco Lisboa**, liebevoll auch Aleijadinho (kleiner Krüppel) genannt. Der bedeutendste brasilianische Bildhauer des Barockzeitalters („Brasiliens Michelangelo") wurde 1730 oder 1738 (das genaue Datum ist unbekannt) als unehelicher Sohn des portugiesischen Baumeisters Manuel Francisco da Costa Lisboa und der afrikanischen Sklavin Isabel geboren. Sein Leben war bis zu seinem Tode 1814 von einem unermüdlichen Schaffensdrang geprägt. Als seine Hände aufgrund einer Lepraerkrankung immer mehr verkrüppelten, ließ er sich die Arbeitswerkzeuge an den Armstümpfen festbinden. Trotz der Behinderung entstanden unzählige Meisterwerke.

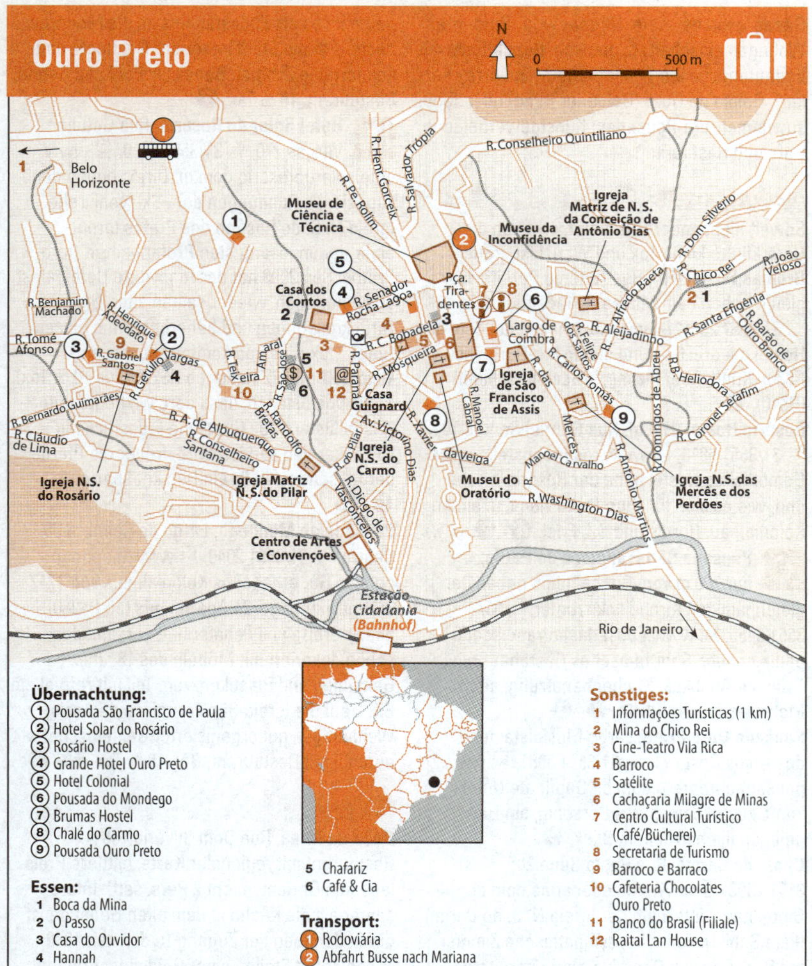

ke, besonders die Holzschnitzereien der Chorkapelle, stammen von Francisco Xavier de Brito, einem der Lehrer von Aleijadinho. Im Untergeschoss befindet sich ein **Museu de Arte Sacra**. 🕒 Di–So 9–10.45, 12–16.45 Uhr, Eintritt R$7.

Zurück geht es durch die Rua Dr. Getúlio Vargas bis zur **Rua São José**, wo sich die meisten Banken, Läden und Restaurants befinden. Bei Nr. 12 steht das 1782 entstandene Gebäude **Casa dos Contos**. Der schönste Profanbau der Stadt diente früher dem Einschmelzen, Wiegen und Versteuern des Goldes und zeitweise auch als Gefängnis. Heute sind noch die Schmelzöfen zu sehen sowie Mobiliar aus dem 18. und 19. Jh. 🕒 Mo 14–18, Di–Sa 10–18, So 10–16 Uhr.

Weiter führt der Weg durch die **Rua Conde de Bobadela**, hier kann man in der **Casa Guignard** (Nr. 110) Werke des berühmten Malers sowie das Haus mit der schmalsten Fassade Brasiliens (weniger als 1 m) besichtigen. In der belebten

Gasse gibt es viele Häuser von Studenten-Wohngemeinschaften, den sog. **Repúblicas**, mit bedeutungsvollen Namen wie Masmorra (Kerker), Gaiola de Ouro (Goldener Käfig) oder Tabu, sowie mehrere Pousadas, Kunstgewerbeläden, Bars und Restaurants.

ÜBERNACHTUNG

Soweit nicht anders vermerkt, erheben die Unterkünfte keine Tax und WLAN ist gratis.

Brumas Hostel (HI), Rua Antônio Pereira 43, gleich neben dem Museu da Inconfidência, ✆ 31/3551 2944, 💻 www.brumashostel.com.br. Hostel mit drei 6er- und einem 8er-Dorm (ab R$30). Küchenbenutzung, Waschmaschinen (R$10). ❶

Rosário Hostel (HoLa), Rua Gabriel Santos 104, ✆ 31/3551 5818, 💻 www.rosariohostel.com.br. Gemütliches Hostel nahe der Rosário-Kirche und, wie es sich für Ouro Preto ziemt, in einem Kolonialbau. Dorms und DZ, Pool. ❶–❷

€ **Pousada São Francisco de Paula**, nur 200 m vom Busbahnhof, neben der gleichnamigen Kirche links runter, ✆ 31/3551 3456, 💻 www.pousadasaofranciscodepaula.com.br. Sehr hübsches Gästehaus, viel Grün mit Ausblick, Küchenbenutzung; auch Mehrbettzimmer (R$40). ❶–❸

Pousada Ouro Preto, Largo Musicista José dos Anjos Costa 71, ✆ 31/3551 3081, 💻 www.pousadaouropreto.com.br. Gepflegte Unterkunft, zuvorkommendes Personal, am Hang gelegen mit herrlichem Blick. ❸

Chalé do Carmo, Rua Costa Sena 205, ✆ 31/3551 2393, 💻 www.chaledocarmo.com.br. Giebelhaus unterhalb der Igreja N. S. do Carmo (kein Schild). Einfache, sympathische Zimmer mit Bad. Das von Dona Iva Maria bereitete Frühstück genießt man mit Blick über die Stadt. ❸

Hotel Colonial, Trav. Padre Camilo Veloso 26 (nahe Praça Tiradentes), ✆ 31/3551 3133, 💻 www.hotelcolonial.com.br. 18 anständige Zimmer in unter Denkmalschutz stehendem Haus aus dem 18. Jh. ❹

Grande Hotel Ouro Preto, Rua das Flores 162, ✆ 31/3551 1488, 💻 www.grandehotelouropreto.com.br. Zur Zeit seiner Erbauung war das von Oscar Niemeyer konzipierte Hotel umstritten, heute ist es als Zugeständnis an die Moderne bestens in die Stadt integriert. Gepflegte und komfortable Zimmer. Beheizter Pool und Sauna, Restaurant. 10 % Tax. ❼

Hotel Solar do Rosário, Rua Getúlio Vargas 270, ✆ 31/3551 5200, 💻 www.hotelsolardorosario.com.br. Direkt neben den kapriziösen Rundungen der „Sklavenkirche" Igreja N. S. do Rosário dos Pretos thront einer der imposantesten Profanbauten Ouro Pretos. Seit 2008 hat der renovierte Hotelpalast aus dem 19. Jh. wieder seinen alten Glanz zurückgewonnen und beherbergt nun dieses Hotel – luxuriös und komfortabel bis ins kleinste Detail (Zimmer ab R$275 plus 10 % Tax). Kaum vorzustellen, dass dort, wo heute unter Kristalllüstern das fürstliche Frühstück mit 50 Leckereien serviert wird, früher die Pferde der Reisenden an ihrem Heu knabberten. ❻–❽

Pousada do Mondego, Largo de Coimbra 38, Centro, ✆ 31/3551 2040, 💻 www.mondego.com.br. Gut erhaltenes Kolonialhaus von 1747 in zentraler Lage. 24 Apartments (ab R$380), alle in Größe und Fenstermaß verschieden, schön dekoriert mit Möbeln des 18. Jhs., Gemälden und Plastiken, zum Teil mit reizvollem Blick auf die Igreja São Francisco de Assis. Weitläufiger, gut organisierter Gemeinschaftsbereich mit Restaurant, Bar. 10 % Tax. ❼–❽

ESSEN

Boca da Mina, Rua Dom Silvério 108 A. Restaurant mit regionaler Karte, mittlere Preislage (ein Gericht macht 2 Pers. satt). Interessanter als die Küche in dem alten Gebäude ist direkt daneben der Zugang zu den seit 1888 stillgelegten Stollen einer Goldmine. Benannt nach ihrem damaligen Besitzer, einem freigelassenen Sklavenanführer, wurde die **„Mina do Chico Rei"** erst 1946 von der jetzigen Hauseignerin wieder entdeckt. Nichts für Leute mit Platzangst! 🕒 Restaurant tgl.11–17, Mine tgl. 8–17 Uhr, Eintritt mit Führung R$10.

Hannah, Rua Getúlio Vargas 241. Für alle, die Abwechslung suchen von dem regionalen Speiseplan: Japanische und arabische Küche, mittwochs als Rodízio (R$40). 🕒 tgl. 18–24 Uhr.

O Passo, Rua São José 56. Italienisch à la carte, abends Pizza. Auf der schönen Terrasse mit Blick auf die Casa dos Contos gibt es bei gutem Wetter Jazz und Bossa live. Akzeptable Preise. ◷ tgl. 11–24 Uhr.

Casa do Ouvidor, Rua Conde de Bobadela 42. Hervorragende traditionelle Küche von Minas Gerais, die Gerichte reichen für 2 Pers. ◷ tgl. 11–15, 19–22 Uhr.

€ **Café & Cia**, Rua São José 187. Preiswertes und beliebtes Self-Service-Lokal. ◷ tgl. 11–16.30 Uhr.

Chafariz, Rua São José 167. Reichhaltiges Buffet regionaler Gerichte, feine Nachtische (R$48/Pers.). Ältestes Speiselokal von Ouro Preto mit 50-jähriger Tradition und nostalgisch buntem Ambiente. ◷ Di–So 11.30–16 Uhr.

Chocolates Ouro Preto, Rua Getúlio Vargas 66. Cafeteria mit exzellenten Schokoladen, Trüffeln (Maracuja!), Torten und Kuchen aus eigener Herstellung. ◷ So–Do 9–19, Fr, Sa 9–22 Uhr.

Cafeteria & Livraria Cultural, beliebter Treffpunkt an der Praça Tiradentes (Nr. 4); hier stand früher ein Hotel, das 2003 vollständig abbrannte. Unter Beibehaltung der ursprünglichen Dimensionen und mit Teilen der alten Grundmauern eröffnete 2006 das große **Centro Cultural Turístico** (mit Café, Buchhandlung, Galerie und Touristeninformation). ◷ tgl. 9–19 Uhr.

NACHTLEBEN

In Ouro Preto leben viele junge Leute und Studenten, entsprechend gibt es ausreichend Kneipen und Musik-Bars, die jeden Abend geöffnet sind. Die meisten befinden sich in der Rua Conde de Bobadela, z. B. das studentische **Barroco** (Nr. 106), oder schräg gegenüber das ähnlich zwanglose **Satélite**, das Pizzas und Snacks serviert. An Wochenenden kann hier das Gewimmel so groß werden, dass die Autos kaum mehr durchkommen. In der Rua São José befinden sich ebenfalls diverse Lokale.

Das **Barroco e Barraco**, Rua Gabriel Santos 16, eine lustige Mischung aus Trödelladen, Cafeteria und Piano Bar, bietet an den Wochenenden Live-Jazz direkt neben den wunderbar „swingenden" Formen der Rosário-Kirche.

FESTE

Feb: Karneval, www.carnavalouropreto.com. Einer der beliebtesten Straßenkarnevals im Lande. Unbedingt Zimmer reservieren (auch in WGs, den sog. Repúblicas).

März/Apr: zu Ostern **Messen, Prozessionen** und **Blumenteppiche**, 30 000 Besucher aus Brasilien und aller Welt.

Juli: Festival de Inverno, www.festinverno.unibh.br. Winterfestival mit Musik,

Besuch einer Goldmine

Die 1719 entdeckte **Mina de Ouro da Passagem**, www.minasdapassagem.com.br, gilt als die älteste Brasiliens. Von den zur Besichtigung freigegebenen Minen ist sie eine der größten der Welt. Sie liegt 5 km von Ouro Preto und 4 km von Mariana entfernt. In kleinen Wagen auf Schienen fährt man 315 m durch unterirdische Gänge. In 120 m Tiefe wird 30 Min. Halt gemacht, und ein Guide führt die Besucher zu Grotten und einem kristallinen See. Die früheren Goldschätze sind jedoch schon im Laufe des 18. und 19. Jhs. fast vollständig ausgebeutet worden. 1985 wurde die Mine stillgelegt. Beim Ausgang kann man gegen eine kleine Spende Steinchen aus der Mine mit nach Hause nehmen, auch befindet sich dort ein kleines Museum mit Arbeitswerkzeugen und interessanten Karten. Auf einer davon wird demonstriert, dass der 450 m ü. d. M. liegende tiefste Punkt der Mine weit höher liegt als der Zuckerhut von Rio.

Anfahrt von Ouro Preto mit dem Bus nach Mariana (Transcota) ab Rodoviária oder ab Haltestelle am kleinen Busterminal hinter dem Museu de Ciência e Técnica (Anfang Rua Barão de Camargos); Fahrzeit ca. 20 Min., beim Fahrer anmelden, dass man bei der Mine raus will. ◷ tgl. 9–17 Uhr, Eintritt R$24.

Theater und Kunstevents (1.–31.), Studententreff von Minas Gerais mit 40 000 Gästen.

Sep: Tudo é Jazz, Jazz-Festival mit brasilianischen und internationalen Interpreten (Wochenende nach dem Nationalfeiertag am 7. Sep.), im Centro de Artes e Convenções, Rua Diogo de Vasconcelos 328, Pilar, 💻 www.ouropreto.com.br/festivaldejazz, Eintritt R$90/Tag, 3 Tage R$200.

Nov: Semana do Aleijadinho, Festwoche zu Ehren des Bildhauers (14.–18.).

TOUREN

Über die Angebote an Touren in und um Ouro Preto informiert man sich am besten bei den örtlichen Infobüros (s. Informationen), wo auch die entsprechen Guides vermittelt werden.

SONSTIGES

Einkaufen

Großer **Kunsthandwerksmarkt** auf dem Largo de Coimbra, mit allem, was sich aus Speckstein herstellen lässt. 🕒 tgl. 9–18 Uhr.

Cachaçaria Milagre de Minas, Praça Tiradentes 132. *Pingas* von über 100 verschiedenen Schnapsbrennereien aus Minas. Es darf auch probiert werden!

Geld

Banco do Brasil, Rua São José 195. 🕒 Geldautomat tgl. 8–22 Uhr (alle Karten). Geldwechsel in vielen Juwelierläden.

Informationen

Der regionale Wirtschaftsverband **FIEMG** unterhält eine effiziente Infostelle im Centro Cultural Turístico, Praça Tiradentes 4, 📞 31/3559 3269. 🕒 tgl. 8.30–18.30 Uhr.

Die **Secretaria de Turismo** betreibt Informationsbüros in der Casa do Gonzaga, Largo de Coimbra, 📞 31/3559 3287, und etwas abgelegen am Ortseingang, Rua Padre Rolim, 📞 31/3551 2655. 🕒 Mo–Sa 8–18 Uhr. Infos: 💻 www.ouropreto.org.br.

Internet

Raitai Lan House, Rua Paraná 100. R$2,40. 🕒 Mo–Sa 9–21 Uhr.

Historische Bahnfahrt nach Mariana

Seit 2006 hat auch Ouro Preto wieder seine **historische Eisenbahn**. Die holzausgestatteten Waggons aus den 1920er-Jahren werden von einer Diesellok des Bergbaukonzerns und Sponsors Vale über eine 1883 gebaute und komplett renovierte Strecke durch herrliche Berglandschaft (rechte Seite!) 18 km nach Mariana gezogen.

Der Zug fährt ab von der **Estação Cidadania** in Ouro Preto, Praça Cesário Alvim, 💻 www.tremdavale.org, Fr–So 10 und 15.30, Rückfahrt 14 Uhr. Die Fahrt dauert ca. eine Stunde und kostet hin und zurück R$55 (im Panoramawagen R$80). Option nur Hinfahrt (R$30) und zurück mit dem Bus im 30-Min.-Takt.

Kino

In Ouro Preto gibt es an der Praça Reynaldo Alves de Brito tatsächlich noch ein richtiges Kino, das **Cine-Teatro Vila Rica**, in einem Gebäude aus der Kaiserzeit. 🕒 Vorstellungen tgl. 17, 19 und 21 Uhr.

TRANSPORT

Terminal Rodoviário 8 de Julho, Rua Padre Rolim 661 (ca. 10 Min. bergauf vom Zentrum, mit Taxi R$10).

Belo Horizonte: Pássaro Verde, 📞 31/3551 1081, 5x tgl. zwischen 6 und 20 Uhr, 2 Std., R$25.

Brasília: Pássaro Verde, tgl. 19.50 Uhr, 11 Std., ab R$120.

Congonhas: keine Direktbusse, über Estrada Real nach **Ouro Branco** mit Turim, 📞 31/3551 6096, tgl. 7.15, 13.15 und 17.30 Uhr, 1 1/2 Std., R$11. Von dort 7x tgl. nach Congonhas.

Mariana: Transcota, 📞 31/3551 6096, halbstdl. bis 23.30 Uhr, 40 Min., R$5.

Rio de Janeiro: Útil, 📞 31/3551 3166, tgl. 10 und 22 Uhr, 7 Std., R$75–120.

São Paulo (über **São João del Rei**): Útil, tgl. 7.30 und 19 Uhr, 11 bzw. 4 Std., R$99/50.

Vitória: São Geraldo, 📞 31/3551 3889, alle 2 Tage, 20.45 Uhr, 8 Std., R$71.

Mariana

Mariana, ältester Ort von Minas Gerais und erste Hauptstadt, wurde nach der Entdeckung von Goldvorkommen Ende des 17. Jhs. von dem Bandeirante Antônio Dias gegründet. Der Name ist eine Hommage an die österreichische Königin Maria Ana, Gattin von Dom João V. Die kleine Stadt mit 54 000 Einwohnern hat einige Sehenswürdigkeiten zu bieten. An der zentralen Praça Minas Gerais imponiert eine außergewöhnliche Gebäudegruppe aus der Barockzeit: Das Bauwerk **Casa de Câmara e Cadeia** (1784), heute Rathaus, gilt als Meisterwerk der Profanarchitektur. Zudem finden sich hier zwei gut erhaltene Kirchen, direkt im rechten Winkel zueinander.

Die **Igreja São Francisco de Assis** (1763–94) mit ihren quadratischen Türmen und den Portalreliefs von Aleijadinho beeindruckt im Inneren durch Deckenmalereien von Athaíde, dem in Mariana geborenen bedeutendsten mineirischen Maler der Barockzeit. Nach seinem Tod 1837 erhielt er sein Grab in dieser Kirche.

Von der Praça Minas Gerais gelangt man über die Rua João Pinheiro und die Rua Direita zur belebten Praça Cláudio Manoel mit dem wichtigsten Kirchenmonument der Stadt: Die **Catedral Basílica da Sé** (1711–60) besitzt 11 goldene Altäre, Kristalllüster aus Böhmen, Malereien von Athaíde und vor allem eine in Brasilien einmalige **Arp-Schnitger-Orgel** aus Deutschland von 1701, Geschenk des portugiesischen Königs Dom João V. Sie wurde 2002 mit deutscher Hilfe restauriert und ist heute eine der größten Sehenswürdigkeiten des Ortes. Jeden Freitag um 11 Uhr und sonntags um 12.15 Uhr kann man miterleben, welch herrliche Klänge aus dieser Anlage herauszuholen sind (Konzerte R$24).
◷ Di–So 8–18 Uhr, Eintritt R$2.

Congonhas

Wer die typische Atmosphäre und Architektur der historischen Barockstädte von Minas Gerais genießen will, sollte Congonhas (49 000 Einw., 85 km von Belo Horizonte) eher links liegen lassen. Nur wenig erinnert hier noch an die Zeit des Goldrausches, schnöder Kommerz prägt das Stadtbild, Eisenerztagebau das Umland.

Dennoch gehört Congonhas zu den wichtigsten Tourismuszielen der Region, und zwar we-

Mariana: die Barockkirchen Igreja Nossa Senhora do Carmo und Igreja São Francisco de Assis

gen eines einzigen Hügels voller kolonialer Sakralbauten, auf dem die wohl bedeutendsten Werke von Aleijadinho zu finden sind. Der ganze Komplex wurde 1985 von der Unesco zum Weltkulturdenkmal erklärt (Anfahrt mit Bus *Basílica* ab Rodoviária, halbstdl., 15 Min., R$2,20).

Es handelt sich zunächst um die 1757 begonnene und Anfang des 19. Jhs. vollendete **Basílica do Senhor Bom Jesus de Matosinhos**. ⏲ Di–So 8–18 Uhr. Interessanter als dieser Rokoko-Tempel ist vielleicht der kuriose Ausstellungsraum für Votivgaben im Nebengebäude. Kunstgeschichtlich von Bedeutung sind die berühmten zwölf Speckstein-Statuen der **Profetas** (1796–1805), auf der Treppenbrüstung vor der Kirche. Die Figur des Daniel, aus einem einzigen Steinblock gehauen, gilt als Aleijadinhos Meisterwerk. Leider sind die lebensgroßen frei stehenden Statuen, die nach dem brasilianischen Dichter Carlos Drummond de Andrade so „großartig, fürchterlich, ernsthaft und zart" wirken, der allmählichen Erosion ausgesetzt. Manche Stadtväter wollen sie durch Repliken ersetzen und die Originale in dem gerade am Ort entstehenden **Memorial Congonhas**, einem Zentrum für Studien der Kunst des Barock, aufbewahren.

Unterhalb der Propheten befinden sich die **Capelas dos Passos**, sechs kleine Kapellen mit Szenen der Kreuzwegstationen. Sie besitzen 66 ausdrucksvolle Zedernholz-Skulpturen (1796–99), in der Mehrzahl aus der Hand von Aleijadinho. Die Wandmalereien, welche den Hintergrund der Szenen bilden, stammen vom Mestre Athaíde; sie wurden erst 2009 unter mehreren Farbschichten wiederentdeckt und restauriert. Bei der Besichtigung sollte man die Kapellen von unten nach oben abgehen. Die „Capela da Ceia" zeigt das Abendmahl, die „Capela do Horto" Christus am Ölberg und die „Capela da Prisão" die Gefangennahme. In der vierten Kapelle stammt nur die Christusfigur vom großen Meister, während die Peinigungsszenen von Gehilfen ausgearbeitet wurden. Die Szene der fünften Kapelle ist der Kalvarienberg, die letzte Kapelle zeigt die Kreuzigung. ⏲ die Kapellenfenster sind von 6–18 Uhr geöffnet.

Ebenfalls zu der Anlage, ein Stück weiter den Hügel abwärts links, gehört die wiederaufgebaute **Romaria**, ein ovales Areal, auf dem früher die Pilger des Jubileu (s. Feste) beherbergt wurden. Direkt neben den Eingangstürmen, die den maurischen Stil der Kapellen fortführen, findet man jetzt eine Touristeninformation sowie das **Museu de Mineralogia e Arte Sacra**, mit Exponaten zu den beiden für die Entwicklung der Stadt wichtigsten Aktivitäten: der Bergbau und die sakrale Kunst. ⏲ Mo–Fr 7–18, Sa, So 9–17 Uhr.

ÜBERNACHTUNG UND ESSEN

Hotel Colonial, Praça da Basílica 76, Basílica, ✆ 31/3731 1834, 💻 www.hotelcolonialcongonhas.com.br. Schönes altes Gebäude am Kreuzberg, 13 leider etwas verlotterte Zimmer (mit Blick auf die Basílica etwas teurer). WLAN gratis, keine Tax. ❷

Casarão da Pedra, Praça 7 de Setembro 73, auf der dem Kreuzberg gegenüberliegenden Talseite, neben der Kirche N. S. da Conceição, ✆ 31/3731 1612, 💻 www.casaraodapedra.com.br. Liebevoll ausgestattetes Kolonialhaus in einem wunderschönen Innenhof mit Pool; ruhige Lage, ideal für Familien. WLAN gratis, keine Tax. ❹

Cova do Daniel, Praça da Basílica 76, Basílica. Restaurant des Hotel Colonial (s. o.). Minas-Küche, nettes Dekor, mittlere Preise. ⏲ Mo 9–18, Di–So 9–24 Uhr.

Malagueta, Rua Padre J. Pio 59, Centro. Guter Self-Service (Kilo). ⏲ tgl. 11–15 Uhr.

SONSTIGES

Feste

Sep: Jubileu do Senhor Bom Jesus do Matosinhos, über hunderttausend Pilger steigen auf den Kirchberg (7.–14.).

Informationen

Centro de Apoio ao Turista, Av. Júlia Kubitschek 2039 (100 m links von der Rodoviária), ✆ 31/3731 7394. ⏲ tgl. 7–18 Uhr.

TRANSPORT

Belo Horizonte: Sandra, ✆ 31/3731 1386, 16x tgl. bis 21 Uhr, 1 1/2 Std., R$20.

Ouro Preto: keine Direktbusse, zuerst nach **Ouro Branco** mit CLP (am Schalter Sandra), 7x tgl. bis 18.30 Uhr, 40 Min., R$7. Von dort

weiter mit Vale do Ouro, ✆ 31/3742 3937, über die Estrada Real, tgl. 9, 15 und 19 Uhr, 1 1/2 Std., R$11.
São João del Rei: Sandra, 7x tgl., 2 Std., R$26.
Außerdem Verbindungen mit Útil nach **São Paulo** und **Rio de Janeiro**.

Tiradentes

Dieses charmante Goldgräberstädtchen mit knapp über 7000 Einwohnern gilt als das besterhaltene von ganz Minas, so dass man sich wie in einem kolonialbarocken Museum fühlt. Es entstand in kürzester Zeit während des Goldrausches und hat sich seitdem kaum verändert. So bildet Tiradentes die ideale Kulisse für viele historische Telenovelas und Kinofilme. Alles ist liebreizend, aufgeräumt, getüncht und sorgfältig restauriert. Der stark museale Charakter mag manchen abschrecken, die meisten Besucher kommen jedoch gerade deswegen. In den letzten Jahren hat sich die Stadt zudem als kulinarisches Zentrum einen Namen gemacht, in dessen teilweise mit Kritikersternen dekorierten Restaurants es sich hervorragend, wenn auch nicht gerade billig, schlemmen lässt. Zum Ausgleich gibt es die Hügel und Wälder der **Serra de São José**, die seit 1990 unter Naturschutz stehen (und anders als bei Ouro Preto nicht bebaut werden dürfen) – die Bergregion ist ideal zum Wandern, Reiten und Rad fahren.

Sehenswertes

Am Largo das Forras im Zentrum stehen viele Kutschen (40-minütige Tour zu den Attraktionen, R$60 für 4 Pers.). Empfehlenswerter ist es aber, den kleinen verkehrsberuhigten Ort gemächlich bei einem Spaziergang zu erkunden. Ausgangspunkt ist der Largo das Forras, von wo aus man in die Rua Direita gelangt. Hier befinden sich viele Läden mit Souvenirs und Kunsthandwerk, auf halbem Weg liegt rechts die alte **Cadeia** (Gefängnis), in der das **Museu de Sant'Ana** untergebracht werden soll, eine Sammlung von Holzfiguren der Heiligen, die zur Zeit des Barock in den verschiedensten Gegenden von Minas Gerais geschnitzt wurden. Gegenüber steht die **Igreja N. S. do Rosário dos Pretos**, die 1708 von und für Sklaven erbaute älteste Kirche der Stadt. In den Seitenaltären sind Bilder schwarzer Heiliger zu sehen. ◷ Mi–So 10–17 Uhr, Eintritt R$3.

Hinter der Kirche geht es schräg bergan zum Largo do Sol mit der 2012 restaurierten **Casa de Padre Toledo**, wo 1788 die erste Versammlung der mineirischen Verschwörer stattfand und es

Heiliger Geist und nackte Hintern

Die Gassen von Tiradentes sind voller Läden mit Kunsthandwerk und exquisiten Antiquitäten. Für Interessierte lohnt sich auch ein Ausflug in den 7 km entfernten kleinen Nachbarort **Bichinho**. Gleich am Ortseingang trifft man hier auf die Werkstätten der **Oficina de Agosto**. Die Welt des Künstlers **Toti** gleicht einem Freilufttheater: Abrisshölzer, Farbeimer, Gusseisen, Fensterrahmen, Benzinfässer und Regentonnen liegen durcheinander und warten darauf, in die Hand genommen zu werden. Toti und seine ca. 50 Beschäftigten zaubern Kunst aus Abfall. Noch einmal so viele Leute sägen, hämmern, schnitzen und malen für den Meister bei sich zuhause. Die Objekte, die dabei entstehen, präsentiert in mehreren Ateliers und den dazugehörigen Gärten, sind eine gelungene Mischung aus kulturellen Symbolen und religiösen Ikonen, aus Rost und Patina, aus tropischem Überschwang und erotischer Provokation – ganz in der Tradition der Volkskunst und nicht zu verwechseln mit dem Folklore-Kitsch der Souvenirläden.
Mitte der 90er-Jahre ist Toti hier hängen geblieben und inzwischen ist nichts mehr in Bichinho, wie es einmal war. Viele seiner ehemaligen Mitarbeiter haben sich in eigenen Ateliers selbstständig gemacht. Andere sind mit der Zeit aus dem ganzen Land dazugekommen. Und so ist das verschlafene Dorf heute zu einem kleinen Zentrum für fantasievolles Kunsthandwerk geworden, zu dem Sammler, Händler und Touristen gleichermaßen pilgern.

heute schöne Deckenmalereien zu bewundern gibt. ⌚ Di–So 9–17 Uhr, Eintritt R$10.

Die Rua Padre Toledo hinauf ist man kurz danach bei der sehenswerten **Matriz de Santo Antônio** (1710), wegen ihrer vergoldeten Altäre eine der reichsten Kirchen des gesamten Landes. Die erst im Jahr 1810 vollendete Fassade zählt zu den letzten Werken Aleijadinhos. Ein weiteres Schmuckstück ist die bunt bemalte portugiesische Rokoko-Orgel von 1788. Vor vielen Jahren verstummt, wurden alle acht Reihen ihrer Pfeifen jüngst restauriert und stimmen jetzt jeden Freitag in einem Orgelkonzert (20.30 Uhr, R$20) himmlische Töne an. ⌚ tgl. 9–17 Uhr, Eintritt R$5.

Ein Stück bergab links, am Anfang der Rua Jogo de Bola, widmet sich das 2012 eröffnete **Museu da Liturgia** dem katholischen Gottesdienst anhand von 400 modern präsentierten Exponaten aus vier Jahrhunderten. Weiter abwärts in der parallelen Rua da Câmara steht der **Sobrado Ramalho**, eines der ältesten Häuser der Stadt, in dem das Instituto do Patrimônio Histórico e Artístico Nacional (Iphan) untergebracht ist und gelegentlich Ausstellungen stattfinden.

Hinter dem Largo do Ó überquert man den Bach Córrego Santo Antônio und hält am anderen Ufer bei dem malerischen Brunnen **Chafariz de São José** von 1749. Er ist stets umsäumt von Touristen, die an dieser Stelle ihre Wasserflaschen auffüllen.

ÜBERNACHTUNG

Die Unterkünfte im Ortskern sind oft deutlich teurer als die etwas außerhalb gelegenen. Überall ist WLAN gratis, keine Tax.

Villa Libertas Hostel (HI), Av. Gov. Israel Pinheiro 72, ✆ 32/3355 2256. Inmitten einer Ansammlung von Läden und Bars (Shopping Libertas), ca. 15 Gehmin. vom Zentrum. Dorms und großzügige DZ (ab R$90), alle mit Bad/TV. ❷–❹

Pousada Quatro Corações, Rua Joaquim Ramalho 190 (5 Min. vom Zentrum), ✆ 32/3355 1281, 💻 www.4coracoes.com. Einfaches Haus mit ordentlichen Zimmern, familiär; Garten mit Pool. ❸

Pousada da Sirlei, Rua Antônio T. de Carvalho 113, ✆ 32/3355 1440, 💻 www.pousadadasirlei.com. 14 Zimmer mit Frigobar; Pool und Sauna; Nachmittagstee gratis. ❸

Pousada Quinta do Conde, Rua Padroeiro Santo Antônio 80, Cascalho (10 Min. vom Zentrum), ✆ 32/3355 1523, 💻 www.quintadoconde.com.br. 10 Zimmer mit folkloristischer Dekoration. Pool und Grill sowie ein Brunnen, um den ab 16 Uhr der traditionelle Tee serviert wird. ❸

Pousada da Bia, Rua Frederico Ozanan 330, ✆ 32/3355 1173, 💻 www.pousadadabia.com.br. 14 gemütliche Zimmer, schöne Gartenanlage mit Gemeinschaftsbereich und Pool. ❹

Pousada Três Portas, Rua Direita 280, ✆ 32/3355 1444, 💻 www.pousadatresportas.com.br. Schönes altes Haus, geschmackvoll möblierte Zimmer mit Kabel-TV; beheizter Pool und Sauna. Zum Frühstück gibt's Käse aus eigener Produktion. Samstagabends Vorstellungen im vom Eigentümer betriebenen Puppentheater. ❻–❼

Villa Paolucci, Rua do Chafariz, ✆ 32/3355 1350, 💻 www.villapaolucci.com.br. 200 m vom Zentrum liegt eine der charmantesten Pousadas der Region (Zimmer ab R$500) im Gebäude einer Fazenda von 1740, zwischen alten Bäumen und Seen. An Samstagen gibt's im Restaurant knuspriges Spanferkel *(Leitão pururuca)*, Reservierung. ❽

Pousada Solar da Ponte, Praça das Mercês, ✆ 32/3355 1255, 💻 www.solardaponte.com.br. Charmantes altes Kolonialhaus bei der Brücke zum Largo das Forras. 18 Apartments (ab R$700) mit exquisiter antiker Einrichtung, Sauna, Bar und großer Garten mit Pool. ❽

ESSEN

Bar do Celso, Largo das Forras 80. Unprätentiöses Ambiente, schmackhafte Minas-Gerichte. ⌚ Mo, Mi–Sa 11.30–21, So 11.30–18 Uhr.

Divino Sabor, Rua Min. Gabriel Passos 300. Bestes Mittagsbuffet am Ort. ⌚ Di–So 11.30–15 Uhr.

Empório das Massas, Rua Frederico Ozanan 327. Feine Pizzas und leckere Pasta zu günstigen Preisen, viel Vegetarisches. ⌚ Do, Fr ab 18, Sa, So ab11.30 Uhr.

Taberna Padre Toledo, Rua Direita 250. Eines der ältesten Lokale am Ort; Minas-Küche mit riesigen Portionen: Das Hühnchen nach Art des Hauses kostet R$78 und reicht für mind. 4 Personen. ⌚ tgl. 11.30–22 Uhr.

Ora-pro-Nóbis, Rua do Chafariz 37. Internationale Speisen und gleichzeitig beide Füße fest auf mineirischem (Küchen-)Boden. Die dem Hähnchen-Sud beigemischten *Ora-pro-nóbis*-Blätter sorgen nicht nur für den Namen dieses Restaurants. ⌚ So–Mi 12–18, Do–Sa 12–23 Uhr.

Spaghetti Cantina Italiana, Rua Direita 7. Familiäre Atmosphäre war schon immer eine wichtige Zutat für gute italienische Küche. ⌚ Di–So 13–23 Uhr.

Tragaluz, Rua Direita 52. Eins der besten Lokale der Stadt mit exzellenten und kreativen Gerichten, berühmt sind die köstlichen Nachspeisen, wie z. B. *Goiabada frita com Castanha de Caju* (frittierte Guavenmarmelade mit Cashew-Nüssen). Restauriertes Kolonialhaus mit großem, schön dekoriertem Speisesaal; gehobene Preise. ⌚ Mo, Mi, Do, So 19–22.30, Fr, Sa 19–0.30 Uhr.

FESTE

Jan: Aniversário da Cidade, Stadtgeburtstag (19.). Mostra de Cinema, nationales Filmfestival.

Juni: Encontro de Motos Clássicas, an dem letzten Juniwochenende scharen sich zahlreiche Motorradfans (friedlich) um blitzendes Chrom (Harleys) und Heavy Metal.

Juli: **Julho Cultural**, Monat mit vielen Konzerten, Theater, Ausstellungen etc.

Aug: **Festival de Gastronomia**, Küchenchefs aus ganz Brasilien zeigen 10 Tage lang ihre Künste.

Nov: **Festival de Jazz**, 3–4 Tage mit Konzerten und Workshops.

AKTIVITÄTEN UND TOUREN

Wandern und Trekking durch die Serra de São José (Trilha do Carteiro, 3 1/2 Std.; Cachoeira do Mangue, 2 Std.; Travessia do primeiro Paredão da Serra, 4 1/2 Std.).
Reitausflüge am Fuß der Berge (Pé da Serra, 1 1/2 Std.) oder nach Bichinho (3 Std.).
Radtouren (Trilha dos Macacos–Bichinho, 3 1/2 Std.; Estrada da Caixa d'Água, 2 1/2 Std.).
Uai Trip, Rua Francisco P. de Morais 115, ✆ 32/3355 1161, 💻 www.uaitrip.com.br. Außer den o. g. Aktivitäten auch Rafting und Ausflug nach Bichinho sowie zu einer Schnapsbrennerei (Deutsch sprechender Guide). 🕒 tgl. 9–17 Uhr.

Touren

Maria Fumaça, ✆ 32/3371 8485. Beliebte Zugfahrt nach São João del Rei. Die Dampflok aus Kaisers Zeiten kämpft sich rund 12 km entlang dem Rio das Mortes und der Serra de São José (rechte Seite). Abfahrt Fr/Sa 13 und 17, So 11 und14 Uhr (An- bzw. Rückfahrt Fr/Sa 10 und 15, So 10 und 13 Uhr), R$50 (hin und zurück).

SONSTIGES

Geld

Banco do Brasil, Geldautomat in der Busstation 🕒 tgl. 7–22 Uhr (alle Karten).

Informationen

Secretaria Municipal de Turismo, Rua Resende Costa 71, ✆ 32/3355 1212, 💻 www.tiradentes.mg.gov.br. 🕒 tgl. 9–17 Uhr.

TRANSPORT

An der Rodoviária am historischen Zentrum nimmt am frühen Montag um ca. 9.30 Uhr ein **Bus** nach **Belo Horizonte** Fahrgäste auf (Sandra, ✆ 32/3371 7646). Ansonsten fahren die Fernverkehrsbusse alle vom benachbarten größeren **São João del Rei** ab. Dorthin gelangt man mit Presidente, ✆ 32/3371 6568, und Vale do Ouro, ✆ 32/3373 4700, viele Busse bis 23 Uhr, 40 Min., R$3.
Zum benachbarten **Bichinho** geht es tgl. um 7, 16.15 und 17.30 Uhr (zurück 7.30, 17 und 18.20 Uhr), R$3.

São João del Rei

Die 85 000 Einwohner zählende Stadt besitzt ein sehr geschäftiges Zentrum mit einigen schönen Zeugnissen des brasilianischen Barock. Sie wuchs während der Zeit des Goldrausches um den Fluss **Córrego do Lenheiro** und war von 1708–09 einer der Hauptschauplätze des Krieges der „Emboabas", in dem die Bandeirantes aus São Paulo gegen Portugiesen und Brasilianer anderer Regionen um die Goldadern kämpften. São João del Rei wurde aber nicht so reich wie andere Orte in Minas. Lediglich im historischen Zentrum befinden sich einige Straßen mit altem Kopfsteinpflaster, gut erhaltenen Herrschaftsvillen, Kirchen und Steinbrücken aus dem 18. Jh.

Eisenbahn

Bekannt ist São João del Rei heute vor allem durch die Eisenbahn und den Bahnhof. Es war einer der ersten Orte der **Estrada de Ferro Oeste de Minas**, eingeweiht 1881 durch Kaiser Pedro II. Die älteste noch in Betrieb befindliche Dampflok der Welt heißt (natürlich) **Maria Fumaça**, der Zug verbindet die Stadt mit dem 12 km entfernten Tiradentes, die halbstündige Fahrt führt entlang der Serra São José und ist ein beliebtes Freizeitvergnügen.

Im **Museu Ferroviário** im Bahnhof, Av. Hermílio Alves 366, sind noch andere Lokomotiven zu besichtigen sowie eine Drehscheibe, einige Güterwagen und Dokumente. 🕒 Di–So 9–11, 13–17 Uhr (Führungen Fr–So 9.15 und 14.15 Uhr).

Rundgang

Bei der Praça Frei Orlando, einem schönen Platz mit enormen Königspalmen, erhebt sich die prächtige **Igreja de São Francisco de Assis**, 1774 nach Plänen von Aleijadinho gestaltet und mit einigen seiner Skulpturen geschmückt. Die Kirche besitzt einen prunkvollen Hauptaltar im Rokoko-Stil und im Schiff einen prachtvollen Lüster aus Bakkarat-Kristall, ein Geschenk von Kaiser Dom Pedro II. ◷ Mo 8–11.30, 13.30–16, Di–Sa 8–17.30, So 8–14.30 Uhr, Eintritt R$2.

Auf dem Weg durch die Rua Padre José Maria Xavier in Richtung Córrego do Lenheiro kann man bei Nummer 7 das **Memorial Tancredo Neves** besuchen. In einem Gebäude aus dem 18. Jh. erzählen Fotos, Dokumente und digitale Medien aus dem Leben des hier geborenen berühmten *Mineiro,* der sich während der Militärherrschaft stark für direkte Wahlen *(Diretas já)* eingesetzt hat und tragischerweise starb, bevor er sein Präsidentschaftsamt antreten konnte. ◷ Di 13–17, Mi–So 9–17.30 Uhr, Eintritt R$2.

Über die alte Steinbrücke **Ponte de Rosário** geht es nun auf die andere Seite des Flusses zu der 1719 von Sklaven errichteten Igreja de N. S. do Rosário und von dort wenige Meter auf der Rua Getúlio Vargas zur **Catedral de N. S. do Pilar** (1721) mit ihren vergoldeten Altären. ◷ tgl. 8–10.30, Mo 13–17, Di, Do–So 13–20 Uhr (Orchestermesse Mi–Fr 19 Uhr).

Am Ende der Straße gelangt man an einen Platz mit der **Igreja de N. S. do Carmo** (1734); besonders sind ihre achteckigen Türme. ◷ tgl. 7–12, 13–18 Uhr. Von dort geht es über eine neuere Brücke zur „Dampf-Maria".

ÜBERNACHTUNG UND ESSEN

Pousada Estação do Trem, Rua Maria Tereza 45 (am Bahnhof), ✆ 32/3372 1985, 💻 www.pousadaestacaodotrem.com.br. Restaurierter Kolonialbau, sympathische Zimmer mit hoher Decke, Ventilator; WLAN gratis, keine Tax. ❸

Pousada Villa Magnólia, Rua Ribeiro Bastos 2, ✆ 32/3373 5065, 💻 www.pousadavillamagnolia.com.br. Liebevoll restaurierte und ausgestattete Kolonialvilla mit Sauna und Pool direkt neben der São Francisco-Kirche; WLAN gratis, keine Tax. ❹-❻

Villeiros, Rua Padre José M. Bastos 132. Nur ein paar Schritte von der São Francisco-Kirche. Vielseitige Küche, Buffet und à la carte. ◷ tgl. 11–17 Uhr.

Del Rei Café, Av. Tiradentes 553. Zum Mittagessen wählt man zwischen drei Gerichten (R$12), sonst à la carte. Stets gibt es Espresso, Sandwiches, Bier vom Fass und einen guten Blick auf das Treiben in der belebten Geschäftsstraße. ◷ Mo–Sa 9–23, So 9–16 Uhr.

SONSTIGES

Einkaufen

São João del Rei ist bekannt für die Herstellung von **Zinnobjekten** (Krüge, Kannen usw.). Die Produktion der örtlichen Hersteller findet man in Geschäften des Zentrums oder direkt in den Fabriken (Faeman, Marguel, Sommers) in der Av. 31 de Março (im Viertel Colônia do Marçal).

GELD

Banco do Brasil, Av. Hermílio Alves 234, Centro. ◷ Geldautomat tgl. 6–22 Uhr; außerdem im Busbahnhof.

Informationen

Informações turísticas, Av. Tancredo Neves (im alten Musikpavillon bei der Brücke zum Bahnhof), ✆ 32/3373 4700, 💻 www.saojoaodelrei.mg.gov.br. ◷ Mo–Fr 8–17, Sa, So 8–12, 13.30–17 Uhr.

TRANSPORT

Rodoviária Octávio O. Neves, Rua Dr. Oscar da Cunha, ✆ 32/3373 4700.

Belo Horizonte (über **Congonhas**): Sandra, ✆ 32/3371 7646, 7x tgl. bis 19 Uhr, 3 1/2 bzw. 2 Std., R$45/25.

Ouro Preto: Útil, ✆ 32/3371 3840, tgl. 16.15 und 3 Uhr (Ticket vorher besorgen), 4 Std., R$51.

Rio de Janeiro: Paraibuna, ✆ 32/3371 6437, tgl. 4, 14 und 24 Uhr, 5 1/2 Std., R$66.

São Paulo: Útil und Gardenia, ✆ 32/3371 5767, 7x tgl. bis 23.30 Uhr, 7 1/2 Std., R$78.

Tiradentes: Vale do Ouro und Presidente, ✆ 32/3371 6568, ca. stdl. bis 19 (So bis 22 Uhr), 40 Min., R$3.

Diamantina

Der Ort mit 46 000 Einwohnern liegt 1100 m hoch unter einem steil abfallenden Felshügel im Jequitinhonha-Tal, dem Herzen des Sertão von Minas Gerais. Seit 1999 ist er geschütztes Weltkulturerbe. Neben einigen modernen Bauten aus der Feder von Oscar Niemeyer überwiegen die typischen Kolonialhäuser dieser einst reichen Region. Im Vergleich zu seinen kolonialen Schwestern Tiradentes und Ouro Preto ist Diamantina weniger touristisch und preislich günstiger. Der Ort wirkt ruhig, freundlich und friedlich. Obwohl von allen historischen Städten am weitesten von Belo Horizonte entfernt (298 km), lohnt sich ein Besuch, auch wegen der Anreise durch die reizvolle Berglandschaft der Serra do Espinhaço.

Der Ortsname sagt schon, dass hier **Diamanten** die Basis für die architektonische und kulturelle Blüte waren. Die Edelsteinfunde waren so gewaltig, dass die Siedlung fast 100 Jahre der direkten Verwaltung des Königshauses unterstellt blieb. Alles war genehmigungspflichtig oder verboten, selbst Goldschürfen. So blieb Diamantina von der allgemeinen wirtschaftlichen Entwicklung abgeschnitten und konnte seinen ursprünglichen Charakter fast bis heute erhalten.

Sehenswertes

Zu den besonderen Attraktionen zählt das Gebäude **Casa de Chica da Silva** an der Praça Lobo Mesquita. Veranda und Balkone im ehemaligen Haus der durch eine Liebschaft und spätere Heirat mit einem Diamantenhändler aufgestiegenen Sklavin sind völlig abgeschirmt durch filigranes Holzfachwerk. Schautafeln im Inneren schildern das Leben des für seine Zeit skandalösen Paares. 🕒 Di–Sa 12–17.30, So 8–12 Uhr.

Die inzwischen durch eine Telenovela verewigte stolze Mulattin besuchte damals immer die von ihrem Mann bestellte und finanzierte **Igreja do Carmo** (1758–65) ein Stück bergab in der Rua Bonfim. Der mächtigste und prachtvollste Religionstempel von Diamantina trägt den Beinamen „Chicas Kirche". Um den kostbaren Schlaf der Dame nicht zu stören, wurde der Glockenturm hinter die Kirche gesetzt. 🕒 Di, Do, Fr 14–17, Sa 9–12, 14–17 Uhr, Eintritt R$2.

Viel besucht wird auch das Haus **Casa de Juscelino** in der Rua São Francisco. Dort ist der spätere Präsident Juscelino Kubitschek, unter dessen Ägide Brasília erbaut wurde, aufgewachsen. Ausgestellt sind Fotos und Dokumente aus seinem Leben. 🕒 Di–Sa 8–17, So 8–13 Uhr, Eintritt R$2.

Das Hauptpostkartenmotiv der Stadt ist jedoch eine blaue Holzbrückenpassage *(Passadiço)* zwischen der ehemals von Nonnen geführten Erziehungsanstalt **Casa da Glória** und dem gegenüberliegenden Wohntrakt. Mit diesem Übergang sollte verhindert werden, dass die frommen Damen in Berührung mit dem einfachen Fußvolk kamen. 🕒 Di–So 8–18 Uhr, Eintritt R$2.

Im **Museu do Diamante** in der Rua Direita 14 sieht man zwar keine Diamanten, dafür aber Proben von anderen Mineralien, einige Dokumente über den Bergbau und auch Folterinstrumente für Sklaven. 🕒 Di–Sa 10–17, So 9–12 Uhr, Eintritt R$2.

Religion und Folklore

Das religiöse Erbe wird bis heute durch häufige **Barock-Konzerte** in den Kirchen gepflegt, auch die meisten Kunsthandwerksprodukte zeugen von der ausgeprägten Religiosität der Bewohner. Profaner geht es zu bei den populären **Serestas**, Umzügen von Musikkapellen durch die historischen Gassen des Zentrums. Niemals fehlen darf dabei das Ständchen „Diamantina em Serenata", welches als Hymne der Stadt empfunden wird. Besonders bekannt ist Diamantina für seine **Vesperatas**, das sind festliche abendliche Freiluftkonzerte, bei denen die Musiker von den Fenstern und Balkonen umliegender Gebäude aus spielen, während das Publikum sich den Platz an den in der Rua da Quitanda aufgestellten Tischen teilt (März–Okt an zwei Samstagen pro Monat). Immer beliebter beim vorwiegend jungen Publikum wird der durch Umzüge von *Blocos* bestimmte **Carnaval**.

ÜBERNACHTUNG

Soweit nicht anders vermerkt, erheben die Unterkünfte keine Tax und WLAN ist gratis.

Diamantina Hostel (HI), Rua do Bicame 988, 📞 38/3531 5021, 💻 www.diamantinahostel.com.br. Einfaches Hostel mit Dorms und DZ;

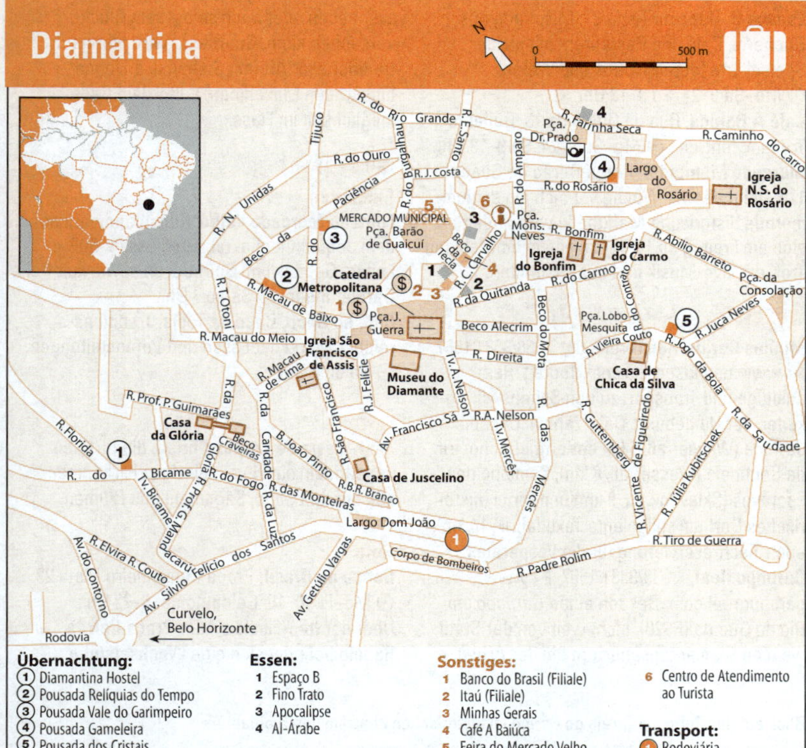

Küche, Wäscherei, netter Garten. Nähe Casa da Glória, 15 Gehmin. vom Zentrum. ❶–❷

Pousada Gameleira, Rua do Rosário 209, ✆ 38/3531 1900. Reizvolle Altstadtlage mit Innenhof. Einfache Zimmer, z. T. Sicht auf die Igreja do Rosário; kein Internet. ❷

Pousada dos Cristais, Rua Jogo da Bola 53, ✆ 38/3531 2897, 💻 www.pousadadoscristais.com.br. Altes Kolonialhaus mit 21 Zimmern, teilweise Extrabetten für bis zu 5 Pers., Frühstücksbereich mit offenem Herd und Blick auf die Serra dos Cristais. ❸

Pousada Vale do Garimpeiro, Rua do Tijuco 186, ✆ 38/3531 3844, 💻 www.pousadavaledogarimpeiro.com.br. Neubau, kleine Zimmer mit guten Betten, zuvorkommende Wirtin. ❸

Pousada Relíquias do Tempo, Rua Macau de Baixo 104, ✆ 38/3531 1627, 💻 www.pousadareliquiasdotempo.com.br. Restauriertes Gebäude aus dem 19. Jh., 29 schön dekorierte Zimmer mit Mobiliar aus diversen Epochen; beheizter Pool, Folkloremuseum, zentrale Lage. ❹–❻

ESSEN UND NACHTLEBEN

Apocalipse, Praça Barão de Guacuí 78. Sehr gutes und preiswertes Mittagsbuffet (Kilo), großer Saal im OG eines Kolonialhauses mit Blick auf den Mercado. 🕒 tgl. 11–15 Uhr.

Fino Trato, Rua da Quitanda 119. Mittags Self-Service-Buffet, abends à la carte (auch japanische Küche) in stilvollem Ambiente. 🕒 tgl. 11–15.30, Di–So ab 19 Uhr.

Al-Árabe, Praça Dr. Prado 124. Einfaches, kleines Restaurant (10 Tische) mit feiner libanesischer Küche. 🕒 Mo–Sa ab 10 Uhr.

Espaço B, Beco da Tecla 31. Mischung aus Bücherei, Café und Restaurant mit kleiner Speisekarte (gute Risottos und Weine). ⌚ Mo–Sa 9–24, So 9–13 Uhr.
Café A Baiúca, Rua da Quitanda 13. Beliebter Treff im Zentrum. ⌚ Mo–Sa 8–24, So 9–13 Uhr.
Mercado Municipal, Praça Barão de Guacuí 170. Die unter der Woche vor sich hin schlummernde historische Markthalle verwandelt sich am Freitag ab 18 Uhr zu einem umtriebigen Treff mit Live-Musik und Imbissständen.

TOUREN

Minhas Gerais, Rua Direita 68, ✆ 38/3531 1667, 💻 www.minhasgerais.com. Touren, Reitausflüge und Transport zu den Sehenswürdigkeiten der Umgebung. Dazu zählen: Cachoeira da Toca (Wasserfall, 5 km entfernt), Cachoeira da Sentinela (Wasserfall, 8 km), Caminho dos Escravos (Sklavenweg, 9 km) und Biribi (historisches Dorf um stillgelegte Textilfabrik, 14 km); auch Tischreservierung für die Vesperatas.
Garimpo Real, ✆ 38/3531 1557, 💻 www.garimporeal.com. Besuch eines *Garimpo* am Rio do Guinda (R$20), nicht weit von der Stadt, wo man Diamantenschürfern bei der Arbeit zuschauen oder auch selbst sein Glück versuchen kann. Gearbeitet wird hier nach traditioneller Art (mit Sieben u. ä.), ohne Einsatz von Maschinen, außerdem Bademöglichkeit im Fluss.

SONSTIGES

Einkaufen

Feira do Mercado Velho, Kunsthandwerk aus dem Jequitinhonha-Tal; auch Essen, Süßigkeiten, Gebäck und Spirituosen sowie kulturelle Darbietungen. ⌚ Sa ab 7 Uhr.
Café no Beco, Beco da Tecla. Traditionsreicher Markt mit Essen und Veranstaltungen. ⌚ So ab 8 Uhr.

Feste

Juni: **Festa de Corpus Christi**, die Straßen verwandeln sich in ein einziges Farbenmeer aus buntem Sand, Sägemehl und Blumen.

Geld

Banco do Brasil, Praça Conselheiro Mata 23. ⌚ Mo–Fr 10–15, Geldautomat 6–22 Uhr. Über der Itaú-Filiale an der Praça Corrêa Rabelo befindet sich eine **Wechselstube**.

Blick auf den Turm der Igreja do Carmo im historischen Zentrum von Diamantina

Informationen

Centro de Atendimento ao Turista, Rua Antônio Eulálio 53, ✆ 38/3531 8060. Tipps und Vermittlung von Guides. ⌚ Mo–Sa 9–18, So 9–12 Uhr.

TRANSPORT

Der Busbahnhof liegt über der Altstadt am Largo Dom João 134.

Belo Horizonte: Pássaro Verde, ✆ 38/3531 1471, 6x tgl. ab 6 Uhr, 5 Std., R$47–70.

São Gonçalo do Rio das Pedras: Diamantinense, Mo–Sa 15, So 18 Uhr, ca. 2 Std., R$10.

São Paulo: Gontijo, ✆ 38/3531 1430, tgl. 18 Uhr, 14 Std., R$140.

Serro: Pássaro Verde, tgl. 7 und 15.20 Uhr, 2 1/2 Std., R$21.

Einsame Bergdörfer

Noch ruhiger als in den Barockstädtchen verläuft das Leben in einigen der umliegenden Bergdörfer. Das kleine **São Gonçalo do Rio das Pedras** hat seinen Charme eines Goldgräberstädtchens aus der Kolonialzeit fast vollständig bewahrt und ist heute Ziel von Besuchern, die auf der Estrada Real (S. 245) eine von Bergen geschützte Oase der Ruhe und des Friedens suchen.

Wer dagegen nach **São Tomé das Letras** pilgert, sucht außer dem Naturerlebnis auch noch geheimnisvolle Kraftfelder und den Kontakt zu außerirdischen Besuchern.

São Gonçalo do Rio das Pedras

Schon die Anreise vom 40 km entfernten Diamantina ist ein kleines Abenteuer. Man glaubt es kaum, wie es der alte Omnibus über Stock und Stein der alten **Diamantenstraße** schafft, vorbei an schroffen Felsformationen, durch blühende Hochebenen und über von *Garimpeiros* in jahrhundertelanger Schwerstarbeit durchwühlte Bergbäche. Ein paarmal am Tag der Bus, dazwischen eine Handvoll Autos, das ist der ganze Durchgangsverkehr von São Gonçalo do Rio das Pedras.

Wie überall im Diamantendistrikt sorgte die portugiesische Krone auch hier dafür, dass möglichst wenige Leute sich niederließen (wo niemand ist, kann auch niemand Edelsteine abzweigen). Das einsame Bergstädtchen ist bis heute klein geblieben, nur die **Igreja Matriz** aus dem Jahr 1787 und die **Capela do Rosário** zeugen von ehemaliger Bedeutung und Reichtum. Abrupt enden die Häuser an einem felsigen Abgrund, wo im Mühlbach Kinder baden und Frauen ihre Wäsche waschen. Trotz aller **Weltvergessenheit** hat sich in São Gonçalo zuletzt eine kleine aber feine touristische Infrastruktur entwickelt: Eine komfortable Zuflucht für alle, die den Rest der Welt einmal ganz weit weg wissen wollen.

Von Serro her ist der Asphalt inzwischen bis zum benachbarten Milho Verde vorgedrungen; irgendwann sollen auch die noch fehlenden 7 km ausgebaut werden. Dann wird sich zeigen, ob und auf welche Weise der Fortschritt seinen Weg nach São Gonçalo do Rio das Pedras findet.

ÜBERNACHTUNG UND ESSEN

Pousada Refúgio dos 5 Amigos, Largo Félix Antônio 33, ✆ 38/3541 6037, 💻 www.pousadarefugio5amigos.com.br. Mitte der 1970er-Jahre kam die Schweizerin Anna-Maria Kuhne mit ihrem damaligen deutschen Ehemann nach São Gonçalo. Die beiden erstanden ein großes altes Kolonialhaus, direkt am Kirchplatz, und begannen Ferienfreizeiten für die deutschen Schulen von Belo Horizonte und Rio zu organisieren. Den damals bei den Kindern äußerst beliebten Jugendbüchern von Enid Blyton ist der Name der heutigen Pension entlehnt. Außer dem schönen alten *Casarão* gehören zum Versteck der 5 Freunde noch ein neueres Haus mit großem Garten, Gemeinschaftsraum und eine Bibliothek mit vielen deutschen Titeln. 7 freundliche Zimmer mit Bad, 2 Zimmer ohne, VP optional. WLAN gratis, keine Tax. ❷–❸

Pousada do Capão, Rua da Nascente 550, ✆ 38/3541 6068, 🖳 www.pousadacapao.com. Etwa 15 Min. vom Ortszentrum auf einem 4 ha großen Grundstück, 8 Zimmer in jeweils individuell eingerichteten Häuschen, 4 Zimmer im großen Haupthaus, wunderbarer Blick auf Berge und Sonnenuntergang (anstatt TV). Um die Küche kümmert sich der Amerikaner Peter, einer der Besitzer; besonders reichhaltiges Frühstück, Abendessen inkl.; WLAN gratis, keine Tax. ❹

Venda do Ademil, Largo Félix Antônio 74. Nette Dorfkneipe mit günstigem Mittagstisch.

Pizzaria Quero Mais, Rua 7 de Setembro 111. Kleines rustikales Lokal, serviert preiswerte und richtig gute Pizzas auf heißem Speckstein. 🕒 Mo, Mi–Fr ab 17, Sa, So ab 12 Uhr.

Bar do Pescoço, Rua dos Cristais. Sympathische Kneipe hinter der Kirche, Bier und leckere *tira-gostos* (in Knoblauch ausgebackene Kartoffelchips!). 🕒 Mo–Fr ab 18, Sa, So ab 9 Uhr.

SONSTIGES

Einkaufen

Die örtliche Frauengruppe **Flor do Cerrado** produziert Shampoos, Cremes und andere Kosmetikartikel unter Verwendung regionaler Pflanzenextrakte. Das und anderes Kunsthandwerk gibt es zu kaufen in einem kleinen Laden neben der Pizzaria Quero Mais.

Wandern

Pico da Serra do Raio, Tagesausflug (nur mit Führer) auf die höchste Erhebung der Gegend mit 360-Grad-Panoramablick, führt unter anderem durch die **Várzea do Lajeado**, eine mit den kopfigen Blüten der *Sempre-vivas* übersäte und unter Naturschutz stehenden Flussniederung.

Cachoeira da Grota Seca, Cachoeira da Rapadura und **Cachoeira do Retiro**, Wasserfälle mit Bademöglichkeiten. In den Pousadas wird der Weg genau erklärt und/oder die Hilfe örtlicher Guides (preiswert) vermittelt.

TRANSPORT

Morgens gegen 6.30 Uhr (So 14.30 Uhr) macht sich der **Bus** (Diamantinense) auf seinen Weg nach **Diamantina**. Nach **Serro** (dort Verbindungen nach **Serra do Cipó** und **BH**) gelangt man mit Transfácil, ✆ 38/3541 4091, Mo–Fr 6 und 13.15, Sa nur 6 Uhr, ca. 1 1/2 Std., R$9.

São Tomé das Letras

Wer sich von Westen her dem Bergrücken nähert, auf dessen Kamm das kleine Städtchen (6900 Einw.) auf 1400 m Höhe wie ein Adlernest sitzt, dem kann der Eindruck entstehen, es hätte geschneit. Weithin leuchtet der helle Quarz, an dem sich unzählige Steinbrüche zu schaffen machen, durch die Landschaft. Die hier hergestellten Steinplatten mit ihren zarten Gelb- und Rosatönen zieren Pools und Gartenanlagen in der halben Welt. Als eher ärmliche Bergarbeiterstadt hat São Tomé das Letras architektonisch nicht viel zu bieten. Trotzdem zieht sie seit Jahren Scharen von Esoterikern an, die hier besondere kosmische Energien gebündelt sehen oder sogar ETs im Anmarsch. Obwohl es in der letzten Zeit zusehends ruhiger geworden ist, bleibt der **Esoterik-Tourismus** wichtiger Wirtschaftszweig des Orts.

Zahlreiche Läden im Zentrum versorgen die Besucher mit kraftgeladenen Felsbrocken und allerhand magischem Tand. Auch die Namen mancher Etablissements, z. B. „O Alquimista" (Der Alchimist) oder „Senhor dos Anéis" (Herr der Ringe), erinnern daran, wo man hier ist. In den Gassen setzt sich das felsige Element der Natur in groben unregelmäßigen Pflasterplatten fort, die jeden Stoßdämpfer auf eine harte Probe stellen. Raue Landschaften, Höhlen, Wasserfälle und kleine Weiler machen das abgelegene Städtchen zu einem idyllischen Ausgangspunkt für authentische Naturerlebnisse, von denen die meisten in einem erwanderbaren Umkreis von bis zu 12 km zu machen sind.

Sehenswertes

Einige Sehenswürdigkeiten befinden sich direkt im Zentrum bei der Praça Barão de Alfenas. Dort steht die gegen Ende des 18. Jhs. erbaute **Igreja da Matriz**, von außen in mineirischem Barockstil und innen reich an Rokoko-Elementen.

Gleich daneben befindet sich die **Gruta de São Tomé**, auch „Toca das Letras" genannt. Der Legende nach entstand hier der Name der Stadt. Ein entlaufener Sklave hätte sich in der Grotte versteckt, als dort ein Heiliger erschien und ihm ein Freilassungsgesuch zur Übergabe an seinen Herrn reichte. Der über den Brief erstaunte Sklavenhalter wollte daraufhin selbst in der Höhle nach dem Rechten sehen und fand lediglich eine Figur des São Thomé, des Schutzheiligen der Stadt, sowie einige mysteriöse Wandzeichnungen, die heute den *Cataguases*-Indianern oder noch älteren Kulturen zugeschrieben werden.

Ein Besuch des Aussichtspunkts **Mirante da Casa da Pirâmide** (am Felshang über der Stadt) gehört ebenfalls zum esoterischen Pflichtprogramm. Von dort sieht man weit über die umliegende Berg- und Tal-Landschaft; das Dach des Steinhauses ist ein beliebter Treff zum Bestaunen des Sonnenuntergangs, Sterngucken, Meditieren oder zum Genuss mehr oder weniger legaler Substanzen. Auch die mehr als 30 Wasserfälle ziehen Besucher an, vor allem **Véu de Noiva** (10 km), **São Tomé** (4 km) und **Vale das Borboletas** (2,5 km), ferner Grotten wie **Sobradinho** (12 km) mit einer Ausdehnung von 100 m, oder **Carimbado** mit einem angeblichen Geheimgang bis Machu Picchu in Peru.

ÜBERNACHTUNG UND ESSEN

Pousada Reino dos Magos, Rua Gabriel L. Alves 47, Centro, ✆ 35/3237 1300, 💻 www.reinodosmagos.com.br. Das „Reich der Magier" umfasst 16 einfache rustikale Apartments mit TV, Sauna und Spielsaal. ❷

Fundação Harmonia, an der Straße nach Sobradinho (4 km vom Ort), ✆ 35/3237 1280, 💻 www.fundacaoharmonia.org. Insgesamt 20 Apartments, acht 4-Bett-Chalês mit TV und zehn 4-Bett-Zimmer (auch Platz für Zelte); Pool, Sauna, Volleyballfeld, Reiten. Abseits vom Zentrum in isolierter Atmosphäre; esoterische Studien, Massagen und Meditation sowie vegetarische Küche; kein Internet, keine Tax. Das unglaublich große Gelände bildet eine Art religiös-mythisches Wunderland, mit ästhetisch mehr oder weniger geglückten Nachbildungen von Gottheiten, Tempeln usw., das gegen eine kleine Gebühr (R$3) auch von Nichtgästen besucht werden kann (🕒 tgl. 10–16.30 Uhr). Wer hier für R$12 (gut!) zu Mittag isst, dem wird der Eintritt verrechnet. ❶–❸

Pousada Arco-Íris, Rua João B. Neves 19, Centro, ✆ 35/3237 1212, 💻 www.pousarcoiris.com.br. 15 gut ausgestattete Apartments (teilweise Platz bis zu 8 Pers.) und Chalês mit Kamin; Pool, Sauna und Spielsaal. Der Frühstücksraum und ein Teil der Zimmer liegen in einem alten, von Sklaven errichteten Steinhaus. WLAN gratis, keine Tax. ❸–❺

Restaurante da Sinhá, Rua Cap. Pedro J. Martins 31, Centro. Mineirisches Buffet vom Holzherd, preiswert. 🕒 So–Fr 11–16, Sa 11–23 Uhr.

O Alquimista, Rua Cap. Pedro J. Martins 7. Typische Minas-Gerichte im Steintopf. 🕒 tgl. 11.30–22 Uhr.

SONSTIGES

Feste

Aug: Festas de Agosto, Straßenfeste mit Musik-Shows für Feriengäste (vorletztes Wochenende des Monats).

Dez/Jan: Mystic Festival, Esoterik- und Mystizismus-Event um den Jahreswechsel herum.

Geld

Es gibt keine EC-tauglichen Geldautomaten, genügend **Bargeld** mitbringen. Die meisten Pousadas und Restaurants akzeptieren aber Kreditkarten.

Informationen

Secretaria Municipal de Turismo e Cultura, Rua José C. Alves 4, ✆ 35/3237 1276. 🕒 tgl. 9–12, 14–17 Uhr.

TRANSPORT

Anfahrt per **Bus** über die 34 km entfernte größere Stadt Três Corações mit Trectur, ✆ 35/8862 4710, 5x tgl. (6 und 16 Uhr direkt); zurück 5x tgl. (8 Uhr direkt); 1 Std., R$10. Die Gesellschaft Coutinho holpert (Erdstraße!) 1x tgl. nach Cruzília bei Caxambu: 7.30 Uhr, 2 Std., R$11.

Mineralbadeorte

Die größten und berühmtesten Orte der Bäderregion „Circuito das Águas" sind **Caxambu** und **São Lourenço**. In den Mineralbrunnen und -bädern kann man alles für die Gesundheit tun und in Ruhe durch Parks wandern, in Kutschen oder mit einer alten Eisenbahn fahren sowie vom Sessellift die grüne Berglandschaft der **Serra da Mantiqueira** bewundern. Während der 1930er- und 40er-Jahren gab es hier große Luxushotels mit Spielkasinos. Kapitalkräftige Investoren hofften, damit die reichsten Rheumageplagten aus der ganzen Welt hierher zu locken. Leider – oder vielleicht zum Glück – ging die Rechnung nicht ganz auf (1946 wurde das Glücksspiel in Brasilien verboten), dafür genießt man bis heute eine angenehme Mischung aus Provinziellem und Mondänem.

Caxambu

Caxambu bedeutet in der indianischen Sprache *tupi-guarani* „sprudelndes Wasser". Schon 1868 gab die Kaiserfamilie dem 904 m hoch gelegenen Ort die Ehre, vor allem aus Sorge um die angegriffene Gesundheit der blutarmen Prinzessin Isabel. Stolz erzählen die Einwohner, dass ihre radioaktiven Quellen sogar die Fertilitätsprobleme der höfischen Gesellschaft gelöst und zum Fortbestand des Imperiums beigetragen hätten. Die Reputation von Caxambu (22 000 Einw.) als einem der bedeutendsten Kurbäder des Landes geht historisch auf das 1912 konstruierte **Balneário** zurück, eine Anlage aus Saunen, Thermen und Bädern in neoklassizistischer Architektur, oft mit portugiesischen oder englischen Fliesen und Kacheln verziert. Wie es sich in Brasilien bis heute gehört, alles strikt nach Geschlechtern getrennt (Sauna und Bäder ab R$20, Massagen ab R$70).

Touristisches Aushängeschild der Stadt ist jedoch der **Parque das Águas**. Auf dem 210 ha großen Gelände befinden sich außer dem Balneário zwölf **Quellen** in neun gepflegten und stilistisch unterschiedlichen Pavillons. In einem davon, mit dem Namen „Dom Pedro", befindet sich eine überdimensionale Replik der Kaiserkrone, ein anderer namens „Princesa Isabel" wird besonders bei Anämie empfohlen, „Dona Leopoldina" hilft bei Leber- und Darmbeschwerden, „Viotti" löst Nierensteine und „Ernestina Guedes" dient der Behandlung von Hautkrankheiten.

Außer Mineralwasser trinken kann man im Park auch spazieren gehen, Tretboot fahren, Tennis spielen oder sich an Seen, Gärten und schönen Bauten vom Anfang des 20. Jhs. ergötzen. ◷ tgl. 7–18 Uhr, Eintritt R$4.

Mit einem 908 m langen **Teleférico** von 1988 gelangt man vom Parque das Águas zum 1090 m hohen **Morro Caxambu**. Die Fahrt erlaubt Panoramablick auf einen See, die grüne Landschaft der Serra da Mantiqueira und nicht zuletzt auf eine 15 m hohe Christus-Statue. ◷ Mo–Fr 8–12, 14–17.30, Sa, So 8–17.30 Uhr, R$10.

Gegenüber dem Parkeingang befindet sich das **Centro de Artesanato** mit mehr als 20 Kunsthandwerksläden, hier gibt es in Stroh gefass-

Ausflug nach São Lourenço

37 km von Caxambu entfernt liegt **São Lourenço**, gleichfalls ein altes Kurbad mit großer Badelandschaft. Die 42 000 Einwohner zählende Stadt ist im Vergleich zu Caxambu größer, moderner und viel geschäftiger, jedoch ohne den dekadenten Charme der Nachbarin. Von allen Orten des „Circuito das Águas" finden sich hier die meisten Unterkünfte, viele mit Freizeitanlagen und häufig von Familien frequentiert. Auch hier bietet ein **Balneário** salzhaltige Bäder, schottische Duschen, Schaumbäder, Saunen, Massagen und man kann mit einem **Teleférico** zum höchsten Punkt der Stadt gondeln. Eine Attraktion ist der **Trem das Águas**: Eine amerikanische Dampflok der Marke Baldwin von 1928 rattert an den Wochenenden und Feiertagen bis zum 10 km entfernten Soledade de Minas. Die Fahrt entlang dem Rio Verde dauert zwei Stunden (hin und zurück). ◷ Sa 10 und 14.30, So 10 Uhr, R$35 (R$45 inkl. Bewirtung mit Wein, Schnaps und Kuchen).

te Mineralwasserflaschen für das heimatliche Souvenirdepot. ⏲ tgl. 9–18 Uhr.

Außerhalb des Parks lassen sich viele Gäste noch mit dem Pferdegespann zu weiteren Attraktionen von Caxambu kutschieren. Dazu gehört die ab 1868 in neogotischem Stil errichtete Kirche **Santa Isabel de Hungria** sowie die ebenfalls 1906 vollendete neogotische **Igreja da Matriz**. Die Tour führt an den blühenden Gärten der **Praça 16 de Setembro** vorbei, daneben befinden sich die meisten Läden, Bars und Restaurants.

ÜBERNACHTUNG UND ESSEN

Caxambu verfügt über zahlreiche komfortable Unterkünfte, die meisten liegen im Umkreis des Parque das Águas. Hotels mit Fazenda-Charakter liegen in der ländlichen Umgebung.

€ **Palace Hotel**, Rua Dr. Viotti 567 (beim Parque das Águas), ✆ 35/3341 3341, 💻 www.palacehotel.com.br. Traditionsreiches Hotel, zeitgleich und im selben Stil erbaut wie das Copacabana Palace. Im Gegensatz zur weltberühmten Schwester in Rio geriet das Palace von Caxambu nach dem Verbot der Kasinos zunehmend in Vergessenheit, hat es aber geschafft, viel von seinem ehemals luxuriösen Charakter zu bewahren: 82 geräumige Zimmer und riesige Salons mit schweren Teppichen, Lüstern und leicht angestaubtem Mobiliar aus verschiedensten Epochen. Extras wie ein hauseigenes Kino, Pool, Sauna, Mineralquelle, Bar, Sportplatz, Spielsaal; und das alles zu einem traumhaft günstigen Preis (R$176 mit VP, R$117 nur Frühstück, Nebensaison), keine Tax. ❷–❹

Avenida Café, Av. Camilo Soares 648. Sehr preiswertes kleines Lokal mit Tischen auf dem Bürgersteig; Mahlzeiten (Forelle, Spaghetti u. a.), Snacks, Sandwiches, Säfte und Kaffee. ⏲ tgl. 8–22 Uhr.

Coreto, Praça 16 de Setembro 59. Preiswertes Kilo-Buffet, abends à la carte. ⏲ tgl. 11.30–15, 19–23 Uhr.

Pizzaria Nova Tarantella, Rua João Pinheiro 326. Italienische Pizzeria; Spezialität ist die Pizza Caxambu mit Mozzarella, Minas-Käse, Schinken und Oregano; mittlere Preise.

SONSTIGES

Geld

Banco do Brasil, Praça 16 de Setembro 181. ⏲ Mo–Fr 10–15, Geldautomat 6–22 Uhr.

Informationen

Secretaria de Turismo, im Pavillon des Balneário, Parque das Águas, ✆ 35/3341 5701, 💻 www.caxambu.mg.gov.br. ⏲ Mo–Fr 8–18 Uhr.

TRANSPORT

Die **Busstation** liegt an der Praça Cônego José de C. Moreira, am südlichen Rand des Zentrums.

Belo Horizonte: Gardenia, ✆ 35/3341 1691, tgl. 8.10 und 22.40 (Sa nur 8.10 Uhr), 6 Std., R$90.
Rio de Janeiro: Cidade do Aço, ✆ 0800/886 1000, tgl. 8 und 24 Uhr, 5 1/2 Std, R$49.
São Lourenço: Coutinho, 8x tgl. bis 21 Uhr, 1 Std., R$9.
São Paulo: Cometa, ✆ 35/3341 5566, 4x tgl. zwischen 8.15 und 23.30 Uhr, 6 Std., R$51.

Nationalparks

Im Gebiet von Minas Gerais liegen sieben Nationalparks, von denen aber nur vier für Besucher zugänglich sind: **Serra da Canastra**, wo die Quelle des Rio São Francisco liegt; **Serra do Caparaó** mit seinen fast 3000 m hohen Bergen; die blumenübersäten Höhen der **Serra do Cipó** und der von Dschungel überwucherte **Itatiaia**, der sich bis nach Rio de Janeiro hineinzieht (S. 331). Die Parks liegen in der Übergangszone zwischen der savannenartigen Cerrado-Vegetation Zentralbrasiliens und dem Gebiet der Atlantischen Regenwälder. Die meisten Niederschläge fallen zwischen November und März, häufig sind die Wanderpfade in dieser Zeit durchnässt und erschweren die Erkundung. In den Hochlagen kann es in den Wintermonaten sehr kalt werden, sogar Schnee ist möglich. *Campos rupestres,* deren Vegetation vor allem aus Gräsern, Bromelien und Büschen besteht, sind charakteristisch für die Lagen über 900 m.

Einen Besuch der teilweise recht abgelegen Parkgegenden sollte man sorgfältig planen und auch genügend Zeit dafür mitbringen. An dieser Stelle soll nur der **Parque Nacional da Serra do Cipó** genauer vorgestellt werden, außerdem der Naturpark **Caraça**. Der Grund: Beide Parks liegen leicht erreichbar in der Nähe urbaner Zentren, sind gut erschlossen und besitzen in ihrer Umgebung eine solide touristische Infrastruktur.

Parque Nacional da Serra do Cipó

Dieses 33 800 ha große Schutzgebiet befindet sich nur 100 km nordöstlich von Belo Horizonte. Burle Marx nannte die Region „Brasiliens Garten". Der Park unterteilt sich in einen tiefer und einen höher gelegenen Bereich (1000–1500 m). Die Hauptattraktion im unteren Teil sind einige Wasserfälle. Dazu gehören **Cachoeira da Capivara** (30 Min., leichter Pfad), **Cachoeira da Farofa** (2 Std., leichter Pfad) und **Taioba** (3 Std., mittelschwerer Pfad). Die **Höhenregionen** sind geprägt von der Vegetation der Campos rupestres mit ihrer spezifischen Flora und Fauna, sowie Felsmassiven. Es besteht die Möglichkeit von längeren Wanderungen oder Rad- bzw. Reittouren als Tagesausflug. Beim Parkeingang werden Pferde (R$30/Tag) und Fahrräder (R$35/Tag) vermietet. Unter der Woche ist man im Park häufig fast allein.

Während die im unteren Bereich gelegenen Ziele ausgeschildert und auf eigene Faust zu erreichen sind, sollten die abgelegenen Höhenregionen nur unter fachkundiger Führung in Angriff genommen werden. In der regenreichen Zeit (Dez–März) sind größere Touren oft nur eingeschränkt möglich. Bei KM 95 der Landstraße MG-010, an der Brücke über den Rio Cipó, zweigt eine unbefestigte Straße zum 3 km entfernten **Besucherzentrum** ab. 🕒 tgl. 8–14 Uhr (nach dieser Zeit kann keine Wanderung mehr angefangen werden), Eintritt frei.

Abenteuersportarten lassen sich nur außerhalb des Parks praktizieren (s. Aktivitäten), und auch ansonsten gibt es in der Umgebung des Parks noch viel zu sehen, zu wandern und zu erkunden. Die hier angesiedelten Wasserfälle (**Cachoeira Grande**, **Véu da Noiva**, **Serra Morena**) befinden sich auf Privatgelände, wo zum Teil satte Eintrittspreise (R$10–25 p. P.) verlangt werden. Einen Besuch sollte man also eher als längeren Badeausflug planen. An Wochenenden kann zudem schnell eine Art Freibad-Atmosphäre entstehen.

ÜBERNACHTUNG UND ESSEN

Der Ort **Serra do Cipó** zieht sich als aufgelockerte Siedlung über einige Kilometer entlang der Landstraße MG-010. Eine Art **Zentrum** bildet sich um den zwischen zwei Kreisverkehren gelegenen und etwa 1 km langen Straßenabschnitt ab KM 96, wo auch viele Pousadas anzutreffen sind. Andere befinden sich auf Farmen und Landsitzen im Umkreis des Parks und sind daher schwieriger zu erreichen. Wer auf eigene Faust anreist, sollte am besten schon wissen, wo er unterkommen will und sich vom Bus an der entsprechenden Stelle absetzen lassen. An Wochenenden ist von einem Besuch der Region eher abzuraten, denn wegen der Nähe zum Ballungszentrum BH ist dann alles überlaufen und teurer. In allen Unterkünften wird eine Umwelttaxe von R$2/Tag erhoben; fast überall ist WLAN gratis, ebenso darf man bei Aufenthalten von mehr als 2 Tagen mit deutlichen Preisnachlässen rechnen.

Pousada Grande Pedreira, Rua da Pedreira 100 (bei KM 99,8 nach der Brücke links 250 m), ✆ 31/3718 7007, 💻 www.pousadagrandepedreira.com.br. Gemütliche Zimmer in sehr schöner Lage bei einem alten Marmorsteinbruch, der zum Klettern genutzt werden kann. Camping möglich, kein Internet. ❶–❸

Pousada das Bromélias, Seitenstraße bei KM 96,5 (50 m), ✆ 31/3718 7173, 💻 www.pousadadasbromelias.com.br. Sympathische und geräumige Zimmer in zentraler Lage. ❸

Pousada Chão da Serra, direkt bei KM 99,5, ✆ 31/3718 7040, 💻 www.chaodaserra.com.br. 19 bequeme Chalês in großzügiger Anlage; Pool mit Bar. ❸–❹

Fazenda Monjolos Pousada, bei KM 95 (ca. 400 m von der Straße, bei Anruf Abholung),

31/3718 7011, www.fazendamonjolos.com.br. 20 komfortable Apartments inmitten eines großen Geländes direkt am Fluss mit Wasserfall. Mittagessen und Nachmittagstee inkl. ❺

€ **Cipó Rural**, KM 97 (in der Ortsmitte). Bäckerei/Restaurant mit guten und auch günstigen Gerichten (auch Fisch) ab R$10. Fr, Sa 11–20.30, So 11–18.45 Uhr.

AKTIVITÄTEN

Für einige Touren sind ortskundige Guides unabdingbar. Die Pousadas helfen bei der Vermittlung.

Cipoeiro Expedições, Serra do Cipó, 31/9570 6633, www.cipoeiro.com.br. Abenteuer- und Ökotourismus.

Casa dos Ciclistas, im Ortskern bei KM 97, Mountainbikeverleih (R$35/Tag). Wer ohnehin vorhat, den Park per Rad zu erkunden, ist gut beraten, den Drahtesel bereits hier zu leihen, denn bis zum Parkeingang sind es nicht zu unterschätzende 5 km.

SONSTIGES

Geld

Mit genügend **Bargeld** in der Tasche und ggf. Benzin im Tank anreisen, denn es gibt am Ort weder Bank noch Tankstelle, und nicht überall werden Kreditkarten akzeptiert.

Informationen

Central de Atendimento ao Turista, 31/3718 7017, www.serradocipoturismo.com.br, circuitoserradocipo.org.br.

TRANSPORT

Es gibt keine Rodoviária. Die Busse halten auf Handzeichen entlang der MG-010 (ein beliebter Stop ist bei der Bäckerei Cipó Rural im „Zentrum").

Belo Horizonte: Saritur, 31/3272 8525, tgl. 6, 6.55, 7.25, 9.45 und 15.25 Uhr; Serro, 31/3201 9662, 6x tgl. zwischen 8.10 und 19.20 Uhr; 2 1/2 Std., R$23.

Serro (über Conceição do Mato Dentro), dort Anschluss nach **São Gonçalo do Rio das Pedras** und **Diamantina**: Serro, tgl. ca. 8, 11 und 17.15 Uhr, 3 Std., R$35.

Parque Natural do Caraça

Expeditionstrupps, **Bandeiras** genannt, die im 17. Jh. von São Paulo aus in die unwegsame Serra do Espinhaço vorstießen, fiel die seltsame Form eines Gebirgszugs auf – sie nannten das Gebilde Caraça („Riesengesicht"). Später entstand in dem abgelegenen Hochtal ein Kloster mit Internatsschule und noch später Brasiliens erste neugotische Kirche. Der 110 km² große Park, der nach wie vor dem katholischen Orden der Lazaristen gehört, ist auf zahlreichen leicht zu begehenden Wanderpfaden sehr gut auf eigene Faust zu erkunden. Er besteht aus Resten von Atlantischem Regenwald mit vielen Wasserfällen und kargen, von Camposflora bewachsenen Höhenregionen. Die noch sehr ursprünglichen Waldgebiete des Parks dienen als wichtiges Reservat für einige vom Aussterben bedrohte Tierarten, z. B. Schwarzpinsel-

Wo sich Wolf und Aff' gute Nacht sagen

In der Anlage eines schönen historischen Klosters sind heute 42 schlichte Gästezimmer, zum Teil mit Bad untergebracht. Außerdem gibt es 3 separate Häuser zu mieten. Das Anwesen liegt abgeschieden in den Bergen mitten in der Natur mit See und Wasserfällen und ist der ideale Ausgangspunkt zur Erkundung des Parks. Morgens wird man geweckt vom Lärm der Brüllaffen und (fast) jeden Abend gibt es vor dem Portal der Klosterkirche ein Spektakel der ganz besonderen Art: Scheu aber elegant nähert sich ein Mähnenwolf über die Kirchentreppe, um vor staunenden Gästen dort bereitgestelltes Fleisch und Früchte zu verzehren. Für all das nimmt man auch gern die klösterlichen Nachtruhezeiten der Herberge in Kauf. Ein außergewöhnliches Erlebnis!

Hospedaria do Caraça, Parque Natural do Caraça, 25 km von Santa Bárbara, 31/3837 2698, www.santuariodocaraca.com.br. Gäste sparen die Park-Eintrittsgebühr, die Parkpforte schließt um 21 Uhr; Vollpension, kein Internet, keine Tax, Reservierung nötig. ❸–❻

äffchen, Pumas, Mähnenwölfe sowie La-Plata-Ottern. Vogelbeobachter kommen hier voll auf ihre Kosten. Der bekannte deutsche Botaniker Carl Friedrich von Martius, der 1818 auf einer Forschungsreise nach Caraça kam, war begeistert von der Vielfalt und Schönheit der Pflanzenarten. In nur zwei Arbeitstagen zählte er immerhin annährend 200 Spezies von 42 verschiedenen Pflanzenfamilien und verwies ganz nebenbei noch auf einen weiteren Vorzug des Ortes: „Nirgendwo auf dieser Welt befreite sich die Seele wohl besser von Abgründen und weltlichen Sorgen." ⌚ Die Parkpforte ist geöffnet von 8–17 Uhr, Eintritt R$7 p. P.

Die höchsten Gipfel sind **Pico do Sol** (2076 m), **Pico do Inficionado** (2046 m), **Pico da Carapuça** (1960 m), **Pico da Trindade** (1885 m) und **Pico da Conceição** (1803 m). Die beiden ersten Erhebungen stellen eine besondere Herausforderung für Kletterer dar, ein Guide ist unverzichtbar.

Die parknächste Stadt ist **Santa Bárbara**, sie hat 28 000 Einwohner und liegt 120 km von Belo Horizonte entfernt. Die zum Park führende Straße ist gut ausgeschildert und asphaltiert. In Santa Bárbara selbst gibt es einige schöne Barockkirchen, an deren Bau z. T. Aleijadinho mitgewirkt hat. Dazu gehören die **Matriz do Santo Antônio** (1724), die **Matriz de N. S. da Conceição** (1738) und die **Matriz de São João Batista** (1764). Der besondere Anziehungspunkt jedoch ist das 25 km entfernte, mitten im Park liegende Kloster **Santuário do Caraça**, zugleich auch Herberge (s. Übernachtung) und Sitz der Parkverwaltung. Dort erhält man Unterstützung bzgl. Aktivitäten und Touren inkl. Guide-Vermittlung und gute Karten. Es gibt keine Buslinien dorthin, ein Taxi kostet um R$70.

ÜBERNACHTUNG

Camping ist in der Region nicht erlaubt. Direkt im Park gibt es nur eine (sehr empfehlenswerte) Unterkunft.

Hotel Quadrado, Praça da Matriz, Santa Bárbara, ✆ 31/3832 3106, 💻 www.hotelquadrado.com.br. Liebevoll restauriertes altes Haus von 1920; 20 Zimmer mit allem Komfort; vom Frühstücksraum Blick auf das Caraça-Massiv. Reservieren; keine Tax. ❸

Pousada Pico do Sol, Estrada do Caraça, KM 6,8, ✆ 31/9998 4208, 💻 www.picodosol.com.br. Vor der Parkpforte links ab und etwa 300 m weiter, der rettende Ausweg für den Fall, dass der Park schon geschlossen oder in der Hospedaria kein Platz mehr ist. Schöne Lage mit Pool, Abendessen. Kein Internet, ohne Tax. ❸

TRANSPORT

Vom Busbahnhof in Santa Bárbara fahren **Busse** von Pássaro Verde, ✆ 31/3832 1434, nach **Belo Horizonte**, 9x tgl., 2 1/2 Std., R$26. Nach **Ouro Preto** (über Mariana) mit Transcota, tgl. 8.50, 15.50 und 18.30 Uhr, 3 Std., R$25; Fahrkarte im Bus lösen.

Rio de Janeiro und Espírito Santo

Stefan Loose Traveltipps

5 Rio de Janeiro Vom Corcovado und Zuckerhut den Blick auf die schönste Stadt der Welt genießen. S. 271

6 Ilha Grande Brasiliens grünste Insel entdecken. S. 317

7 Paraty In dem kleinen Kolonialort eine Zeitreise in die Vergangenheit antreten. S. 323

Visconde de Mauá Sich in einem verträumten Tal von der Welt zurückziehen. S. 330

Itatiaia und Serra dos Órgãos Klettern und Wandern in den Nationalparks. S. 331 und S. 338

Búzios In dem schicken Badeort Traumstrände erleben und das intensive Nachtleben auskosten. S. 345

Piúma Nach der seltensten Muschel der Welt suchen. S. 359

Itaúnas Ursprünglichkeit und Fischerdorfidylle auf sich wirken lassen. S. 363

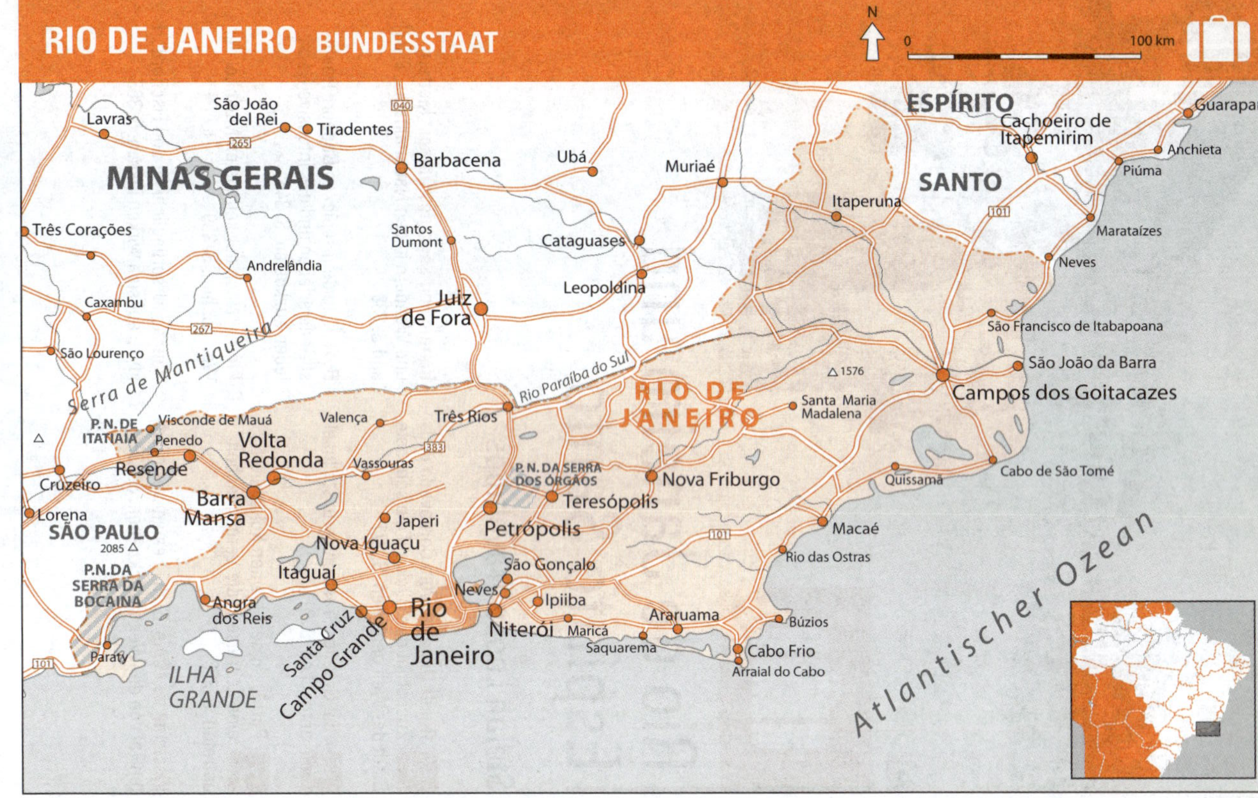
RIO DE JANEIRO BUNDESSTAAT
N
0
100 km
MINAS GERAIS
ESPÍRITO
SANTO
RIO DE JANEIRO
SÃO PAULO
Atlantischer Ozean
Lavras
São João del Rei
Tiradentes
Barbacena
Ubá
Muriaé
Três Corações
Santos Dumont
Cataguases
Itaperuna
Cachoeiro de Itapemirim
Guarapari
Anchieta
Piúma
Marataízes
Neves
Andrelândia
Leopoldina
Caxambu
Juiz de Fora
São Lourenço
São Francisco de Itabapoana
São João da Barra
Campos dos Goitacazes
1576
Serra de Mantiqueira
Rio Paraíba do Sul
Santa Maria Madalena
P. N. DE ITATIAIA
Visconde de Mauá
Valença
Três Rios
Penedo
Volta Redonda
Resende
Vassouras
P. N. DA SERRA DOS ÓRGÃOS
Nova Friburgo
Quissamã
Cabo de São Tomé
Cruzeiro
Barra Mansa
Teresópolis
Lorena
Japeri
Petrópolis
Macaé
2085
Nova Iguaçu
Rio das Ostras
P.N.DA SERRA DA BOCAINA
Itaguaí
São Gonçalo
Neves
Ipiiba
Angra dos Reis
Rio de Janeiro
Niterói
Maricá
Araruama
Búzios
Saquarema
Cabo Frio
Arraial do Cabo
Santa Cruz
Campo Grande
Paraty
ILHA GRANDE
040
265
267
383
101

Rio de Janeiro

Rio de Janeiro, das Haupteintrittstor des Landes mit 6,3 Mio. Einwohnern und einer Fläche von 1255 km², fasziniert durch eine auf der Welt einzigartige Lage, eingebettet zwischen Felsen, Meer und Urwald. Südwestlich von Rio erstreckt sich die **Costa Verde** (Grüne Küste), reich gesegnet mit Atlantischem Regenwald, Stränden und Inseln. Westlich von Rio in Richtung São Paulo liegt die **Itatiaia-Region** mit einem herrlichen Nationalpark und schön in die Natur eingebetteten idyllischen Orten.

Nördlich von Rio erstreckt sich die **Serra do Mar** mit dem Nationalpark Serra dos Órgãos und Gebirgsorten wie Petrópolis, Teresópolis und Nova Friburgo, die an die Schweiz oder Süddeutschland erinnern. Und östlich von Rio liegen die reizvollen **Badeorte** der Região dos Lagos (Lagunen-Region) bzw. Costa do Sol (Sonnenküste). Man genießt hier – ebenso wie in Rio – das kräftigste Himmelsblau der Welt, wie eine britische Studie von 2006 belegt.

International am bekanntesten ist **Búzios**, eine Halbinsel mit 23 Stränden und regem Nachtleben. Weitere Badeorte in der Nachbarschaft sind Cabo Frio, Arraial do Cabo und das Surferparadies Saquarema.

Rio de Janeiro (Stadt)

„In dieser Stadt", so schreibt Stefan Zweig in seinem Buch *Brasilien – Ein Land der Zukunft*, „hat die Natur in einer einmaligen Laune von Verschwendung von den Elementen der landschaftlichen Schönheit alles in einen engen Raum zusammengerückt, was sie sonst sparsam auf ganze Länder verteilt und vereinzelt [...] Es gibt – wer sie einmal gesehen, wird mir nicht widersprechen – keine schönere Stadt auf Erden." In einem Reisebericht zweier Tschechen (Jiri Hanzelka, Miroslav Zikmund: *Südamerika*, 1949) heißt es nicht weniger schwelgerisch: „Wenige Stunden in Rio genügen, um seinem Zauber zu unterliegen, um allen bewundernden Superlativen zuzustimmen. Rio de Janeiro ist eine märchenhafte Stadt, die schönste von allen."

Tatsächlich stimmen auch heute noch die meisten Besucher solch euphorischen Urteilen zu, zumindest was die landschaftliche oder topografische Lage betrifft. In keiner anderen Großstadt der Welt findet sich eine derartige Kombination von Stränden, Regenwald und Bergen. Dazwischen liegen die einzelnen Viertel, Siedlungen und Favelas. Auch innerhalb der Stadtteile, besonders im Zentrum, fügt sich Unterschiedliches zwanglos zu einer neuen Harmonie, historische Häuserfassaden und Modernes wechseln sich ständig ab. In Rio vermischt sich alles, Natur und Architektur, Altes und Neues, Schönes und Hässliches.

Dieses Potpourri setzt sich bei den Menschen fort, außer in São Paulo sieht man nirgendwo eine solche Vielfalt an Hautfarben und Typen. Ob auf der Straße oder am Strand, stets bietet sich eine atemberaubende Show aus Lebensfreude, Spontaneität, Exhibitionismus und Erotik. Die sprichwörtliche „Leichtigkeit des Seins" ist ein besonderes Kennzeichen der *Cariocas*. Nach einer US-Studie (2009) sind sie das glücklichste Völkchen von 50 Großstadt-Populationen der Welt, nach einer Umfrage der Agentur „Casa 7 Pesquisa" (2013) stufen sie sich auf einer von 0–10 reichenden Glücksskala bei 8,24 ein. Auch Fremde werden schnell einbezogen, selbst der/die Alleinreisende wird sich über Einsamkeit nicht beklagen können.

Rio ist mehr als je zuvor ein idealer Ort zum Erleben, Entspannen und Genießen.

Geschichte

Rio de Janeiro, auf Deutsch „Bucht des Januars", wurde am 1. Januar 1502 von einer **portugiesischen Expedition** unter Gonçalo Coelho entdeckt. Für „Bucht" gab es damals sowohl den Namen *baía* als auch den Begriff *rio*, was heute nur noch „Fluss" heißt. Diese Zweideutigkeit ist wenig bekannt, sodass später den Entdeckern nachgesagt wurde, Rio mit einem falschen Namen, nämlich „Fluss des Januars",

RIO DE JANEIRO UMGEBUNG
N
0
15 km
Vassouras
Miguel Pereira
Pati do Alferes
Governador Portela
Teresópolis
PARQUE NACIONAL DA SERRA DOS ÓRGÃOS
Dedo de Deus
1695
Serra dos Órgãos
Cascatinha
Petrópolis
Cachoeiras de Macacu
Guapimirim
Rio Guapi Açu
RJ 122
Japuíba
Reserva Biológica do Tinguá
Xerém
Inhomirim
Rio Inhomirim
Rio do Bananal
Rio São Pedro
Tinguá
Jaceruba
Imbariê
Magé
Rio Capivari
Rio Iguaçu
Rodovia Presidente Washington Luís
Japeri
Rio Douro
Cava
Campos-Elísios
Porto das Caixas
Rio Bonito
Queimados
Presidente Dutra
São Paulo
Seropédica
Belford Roxo
Nova Iguaçu
Duque de Caxias
Baía de Guanabara
ILHA DE PAQUETÁ
Itambi
Itaboraí
Tanguá
Rio dos Duques
Mesquita
Nilópolis
São João do Meriti
ILHA DO GOVERNADOR
Linha Vermelha
Avenida Brasil
São Gonçalo
Monjolo
Ponta da Ribeira
Sete Pontes
Neves
Ipiiba
Ubatiba
Sampaio Correia
Rio Guandu
Ponte Presidente Costa e Silva
Niterói
Lagoa de Saquarema
Lagoa de Guarapina
Maricá
Inoã
Lagoa de Maricá
Praia de Jaconé
Santa Cruz
Campo Grande
Serra do Bangu
Pico da Tijuca
Rio de Janeiro
PARQUE NACIONAL DA TIJUCA
Corcovado
Pão de Açúcar
Piratininga
Lagoa Itaipu
Itaipu
Floresta da Tijuca
Serra da Carioca
Museu Casa do Pontal
Lagoa de Jacarepaguá
Lagoa da Tijuca
Barra Shopping
Rocinha
Pedra da Gávea
São Conrado
Praia de Copacabana
Praia de Itaipu
Ponta de Itacoatiara
Praia Bambui
Praia de Guaratiba
Ponta Negra
Guaratiba
Sítio Burle Marx
Recreio dos Bandeirantes
Praia do Pepino
Praia de Ipanema
Lagoa Rodrigo de Freitas
ILHA DO BOM JARDIM
Grumari
Prainha
Ponta de Sernambetiba
Praia da Barra da Tijuca
Ponta do Marisco
Atlantischer Ozean
BR 393
BR 040
BR 125
BR 116
BR 493
BR 101
RJ 122
RJ 116
RJ 106
RJ 109

getauft zu haben. 1531 folgte eine kleine portugiesische Expedition und baute am heutigen Strand von Flamengo das erste Wohnhaus aus Stein, welches die Tamoio-Indios *kari-oca* (Haus des Weißen) nannten. Bis heute nennen sich die Einwohner von Rio daher *Cariocas*.

Doch in der Folgezeit hatten die stark im Handel mit dem Brasilholz *(pau brasil)* engagierten **Franzosen** größeres Interesse an Rio als die Portugiesen, bis 1565 portugiesische Truppen unter Estácio de Sá die französische Kolonie França Antártica einnahmen und am 1. März die Stadt São Sebastião do Rio de Janeiro gründeten. 1567 errichteten etwa 150 Kolonisatoren die erste Siedlung auf dem Hügel von Castelo, der 1920 abgetragen wurde.

Wichtigster Exportrohstoff der Region war bis Ende des 16. Jhs. das Brasilholz. Parallel entwickelte sich zunehmend der Anbau von **Zuckerrohr**. 1698 wurden im Hinterland (Minas Gerais) große Gold- und 1729 reiche Diamantenvorkommen entdeckt, die über den Hafen von Rio nach Lissabon verschifft wurden. Durch den **Edelsteinhandel** wirtschaftlich aufgeblüht, löste Rio 1763 Salvador da Bahia als Hauptstadt Brasiliens ab. Ein Pluspunkt war auch die strategisch günstigere Lage der Stadt, von hier aus konnte man die Grenzen im Süden des Landes besser kontrollieren.

1807/08 flüchtete der portugiesische Hofstaat unter Prinzregent **Dom João VI.** vor den in Lissabon einmarschierenden napoleonischen Truppen nach Rio. Die Aristokratie gedachte ihren gewohnten Lebensstil in der neuen Welt fortzuführen. Die Öffnung des Hafens für englische und ab 1814 auch für französische Schiffe bewirkte einen starken Zustrom von Luxusgütern. In kurzer Zeit entstanden eine Bank (Banco do Brasil), ein Polizeiamt (Polícia Militar), ein Gericht, eine medizinische Fakultät, eine Zeitung, ein Theater und ein Botanischer Garten.

Wegen innenpolitischer Unruhen wurde Dom João VI. 1821 zur Rückkehr nach Lissabon gezwungen, sein Sohn **Dom Pedro I.** zog es jedoch trotz Drängen vor, in Rio zu bleiben, 1822 die Unabhängigkeit auszurufen und sich gleich zum Kaiser krönen zu lassen. 1840 übernahm dessen Sohn **Dom Pedro II.** den Thron und bewirkte einen starken Modernisierungsschub. Unter ihm wurden der Hauptbahnhof und die ersten Eisenbahnen gebaut (nach Petrópolis und zum Corcovado), Straßenbahnlinien angelegt, das Post- und Telegrafennetz entwickelt, Gasbeleuchtung in den Straßen eingeführt sowie zahlreiche Schulen und Theater geschaffen. Die Bevölkerung verzehnfachte sich im 19. Jh. und erreichte an der Wende zum 20. Jh. die Zahl von 480 000 Einwohnern.

Die wirtschaftliche Basis der neuen Blütezeit war neben der weiter expandierenden Zuckerproduktion der anfangs auf Rio konzentrierte **Kaffeeanbau** und -export, der 1831 erstmals die Zuckerausfuhr übertraf. Fast die gesamte Kaffee-Ernte Brasiliens wurde über Rios Hafen verschifft. Die Fazenda-Besitzer wurden schnell wohlhabend und bereicherten das Stadtbild durch prachtvolle Villen und Gärten. Die Abschaffung der Sklaverei 1888 verschärfte jedoch das Arbeitskräfteproblem und bewirkte, dass sich viele der vom Kaiser enttäuschten Großgrundbesitzer der republikanischen Bewegung zuwandten, bis dann am 15. November 1889 ein Militärputsch die Republik einleitete.

Viele Straßen und Plätze von Rio erhielten neue Namen, die wirkliche Umwandlung der Stadt ereignete sich aber erst ab 1902 unter dem Einfluss des Bürgermeisters **Pereira Passos**, eines in Paris ausgebildeten Ingenieurs. Um 1905 waren schon die charakteristischen Züge des neuen Rio der Belle Époque erkennbar. Es entstanden moderne Alleen wie die heutige Avenida

Rio-Touren mit dem Loose-Autor

Helmuth Taubald, der deutsche Autor dieses Buchkapitels, lebt seit 1990 in Rio und bietet hier **private Citytouren** an. Zur Auswahl stehen drei verschiedene Tagestouren (basic, more und downtown), ein Programm am Abend (night) sowie ein Ausflug in die Kaiserstadt Petrópolis (outside). Viele Ziele werden von den Sightseeing-Bussen der Reiseagenturen gar nicht angesteuert, einige sind noch echte Geheimtipps.
Nähere Infos: www.rio-insider.com;
Kontakt und Buchung: heltau@ig.com.br,
21/992 413 782.

Rio Branco, die Straßenbahn wurde durch neue Tunnel bis zu den noch unbesiedelten Vierteln am Atlantik geführt, der Hafen wurde modernisiert und der Tourismus stimuliert. Hinzu kam eine Freizeitindustrie, vor allem mit der Gründung vieler Kinos um die Praça Floriano, die so den bis heute beibehaltenen Namen Cinelândia erhielt.

Im weiteren Verlauf des 20. Jh. war die Entwicklung jedoch weniger glücklich. Ab 1910 verzeichnete São Paulo mehr neue Firmengründungen als Rio und 1960 wurde Brasília zur neuen Hauptstadt. Die **Militärregierung** (1964–85) begann daraufhin, Rios historisches Zentrum in ein Geschäfts- und Bankenviertel umzuwandeln. Viele schöne alte Gebäude mussten modernen Bürohochhäusern weichen. Hinzu kam die Landflucht bzw. der Zustrom zahlreicher Migranten aus dem Nordosten des Landes, was zu einem explosionsartigen Anwachsen der Bevölkerung führte. Hatte Rio um 1900 erst 480 000 Einwohner, so sind es heute schon 6,3 Mio. Ein Fünftel davon lebt in Armenvierteln, den sogenannten **Favelas**, die wegen des Drogenhandels und der Kriminalität lange für Schlagzeilen auf der ganzen Welt sorgten. Seit einigen Jahren erholt sich Rio aber wie keine andere Stadt auf der Welt. Auf vielen Gebieten (Denkmalschutz, Sanierung, Transport und Sicherheit) wird gleichzeitig daran gearbeitet, dass die viel besungene *Cidade Maravilhosa* (Wunderbare Stadt) ihrem Namen wieder gerecht wird.

Zuckerhut

Für Europäer war der **Zuckerhut**, Av. Pasteur 520, Urca, ✆ 21/2546 8400, 💻 www.bondinho.com.br, stets das wichtigste Emblem von Rio und nicht selten Gegenstand höchster Elegien: „Der Wächter über die Tore der Stadt und den Schoß des Meeres, der ureigenste Berg Rio de Janeiros. Ein Leuchtturm, auf dem man weder das Kreischen der Bremsen noch den Lärm der Orchester, noch das Weinen der Kinder hört. Eine Insel, nahe genug, um den Atem der Großstadt spüren zu lassen, und weit genug, um ihrem romantischen Zauber zu erliegen." (Jiri Hanzelka, Miroslav Zikmund: *Südamerika*, 1949).

Rio startet durch

Seit wenigen Jahren erlebt Rio ein beispielloses Comeback, auch bedingt durch die Mega-Events der **Fußball-WM** (2014) und der **Olympischen Spiele** (2016). Die Investitionen in Infrastruktur, Transportwesen, Urbanisierung, Kultur und Sicherheit sind so hoch wie in keiner anderen Stadt der Welt. Das modernisierte **Maracanã-Stadion**, in dem auch das Endspiel ausgetragen wird, wurde 2013 wiedereröffnet, andere Sportstätten folgen. Die **Metro** wird bis Barra da Tijuca geführt, wo die meisten der olympischen Wettbewerbe stattfinden. Vom internationalen Flughafen aus werden Schnell- und Umgehungsstraßen gebaut. Die Hafenkapazität wird verdoppelt, um noch mehr Kreuzfahrtschiffe empfangen zu können. Und ein „Marvelous Port" mit bedeutenden Museen, Hotels, Venues und Restaurants wird geschaffen.

Bei der Sicherheitspolitik ist die Ende 2008 begonnene **Pazifizierung** der Favelas das bemerkenswerteste Ereignis. Bis 2016 sollen die meisten der von Drogenbossen beherrschten Gebiete wieder unter staatlicher Kontrolle stehen.

Reflex all dieser Maßnahmen ist die deutliche **Belebung des Tourismus**. Bei der Zahl ausländischer Besucher wird mit einer starken Zunahme gerechnet. Schon 2009 verlieh „World Travel Award" Rio den „Oscar" der besten Südamerika-Destination für Luxusreisende. Im selben Jahr krönte der US-amerikanische MTV-Kanal „Logo" nach einer Internetabstimmung Rio zum besten Gay-Reiseziel der Welt. Die höchste Auszeichnung erfolgte im Januar 2013, als die „New York Times" von den 46 besuchenswertesten Städten der Welt Rio den Spitzenrang verlieh. Um der wachsenden Nachfrage gerecht zu werden, entstehen zahlreiche neue Hotels der Ketten Hilton, Accor/Ibis, Windsor, Grand Hyatt, Pullman, Best Western, Golden Tulip u. a. Bis 2016 soll die Stadt über 12 000 neue Hotelzimmer verfügen und dann insgesamt 38 000 anbieten können.

Sicherheit

Rio ist in den letzten Jahren erheblich sicherer geworden, **Polizei** und **Stadtwache (Guarda Municipal)** sind stärker präsent als früher. Dennoch ist weiterhin Vorsicht geboten, denn Diebstahldelikte ereignen sich nach wie vor, besonders in Copacabana, z. T. Ipanema, Santa Teresa, Lapa (Platz unter dem Aquädukt), Centro (Platz vor der portugiesischen Bibliothek und auf der Av. Rio Branco) sowie gelegentlich auch im Nationalpark (besonders auf der Paineiras-Straße). Absehen sollte man von auf ein Meeresbad bei Dunkelheit oder ganz früh morgens, der Bereich nahe dem Wasser ist abschüssig und wird von der Kameraüberwachung an den Promenaden nicht erfasst. Auch durch unbelebte Tunnel sollte man nicht zu Fuß gehen. Spät nachts ist dem Taxi der Vorzug gegenüber Vans und Bussen zu geben. Ansonsten gelten die allgemeinen Verhaltensregeln (S. 59) auch für Rio, ganz wichtig ist, im Ernstfall nie Widerstand zu leisten. Um einen Vorfall zu melden, begibt man sich zur **Delegacia Especial de Apoio ao Turista** (s. Polizei unter Sonstiges).
Unterstützung in Rechtsfällen ist über die Kanzlei **PrataBlanke&Partner**, Rua Uruguaiana 10, Sala 2012, Centro, Rio de Janeiro, ☎ 21/3852 4190 oder 21/9350 9807, auf Deutsch möglich. Man kann die Kanzlei ohne Formalitäten kontaktieren oder bereits vor der Reise eine der folgenden Cards anfragen: „BR-TravelCard" für kürzere Reisen, „BR-LawyerCard" für Langzeit- und Geschäftsreisende. Beide Karten umfassen eine komplette Erstberatung durch die Anwälte in Rio oder in anderen Städten Brasiliens. Doch auch ohne die Card wird über die Kanzlei sofortige Hilfe bereitgestellt. Infos: 🖳 www.pratablanke.adv.br, www.pratablanke.com.br oder per E-Mail ✉ pratablanke@bc23.com.

Der Zuckerhut liegt in **Urca**, Rios kleinstem und wegen der Militärpräsenz sicherstem Viertel, zudem das einzige, das sowohl an der Bucht von Guanabara als auch am Atlantik liegt. Zum 396 m hohen **Pão de Açúcar** gelangt man per Seilbahn *(bonde)* in zwei Etappen (insgesamt 1263 m), mit Umsteigen auf dem Morro da Urca, wo man sich vor der Weiterfahrt noch die Ausstellung „Cidade Maravilhosa" zur Stadtgeschichte anschauen kann. Die Bahn wurde 1912/13 von der Kölner Firma Pohlig Heckel erbaut, in die seitlich transparenten Kabinen passen jeweils 70 Passagiere, pro Jahr fahren 1 Mio. Besucher hinauf. Noch nie ist etwas passiert, lediglich im James-Bond-Film *Moonraker – Streng geheim* (1979).

Für einen Besuch sollte man einen **Werktag** wählen, an Wochenenden (besonders im Sommer und über Ostern) bilden sich lange Warteschlangen. Hobbyfotografen bevorzugen den frühen Vormittag (kein Gegenlicht beim Blick auf den Corcovado), sehr reizvoll können auch die Sonnenuntergänge sein. 🕒 tgl. ab 8 Uhr, Kassenschluss 19.50 Uhr, Start alle 20 Min. (bei Andrang häufiger), R$53. Anfahrt ab Leblon/Ipanema/Copacabana Bus 511 nach „Urca", 200 m vor der Talstation biegt der Bus links ab, dort aussteigen (Haltestelle *„Pão de Açúcar"*).

Im Anschluss an den Besuch kann man noch 300 m nach rechts bis zu dem kleinen Strand **Praia Vermelha** gehen, die beste Stelle für ein Zuckerhut-Foto von unten. Links vom Strand beginnt der halb um den Zuckerhut herum führende Waldwanderpfad **Pista Cláudio Coutinho** (hin und zurück 2,5 km). Und rechts vom Strand befindet sich ein Club, in dessen hinterem Teil (man geht durch eine schwarze Glastür und dann wieder hinaus ins Freie) das **Terra Brasilis** liegt, Rios fast einziges Restaurant direkt am Meer mit herrlichen Blick auf den Strand und den Zuckerhut. Ebenfalls schön sitzt man auf einem Ufer-Mäuerchen an der anderen, der Guanabara-Bucht zugewandten Seite von Urca und holt sich Getränke und Snacks von der kleinen **Bar Urca**.

Corcovado und Christus-Statue

Von dem 709 m hohen **Corcovado** („Der Bucklige") sieht man die ganze Stadt, der Rundum-Panoramablick übertrifft sogar noch die fantastische Aussicht, die sich vom Zuckerhut bietet. Täglich kommen 5000 Besucher aus aller Welt. Für Brasilianer war dieser Felsen schon immer der wichtigere, vor allem wegen der gewaltigen

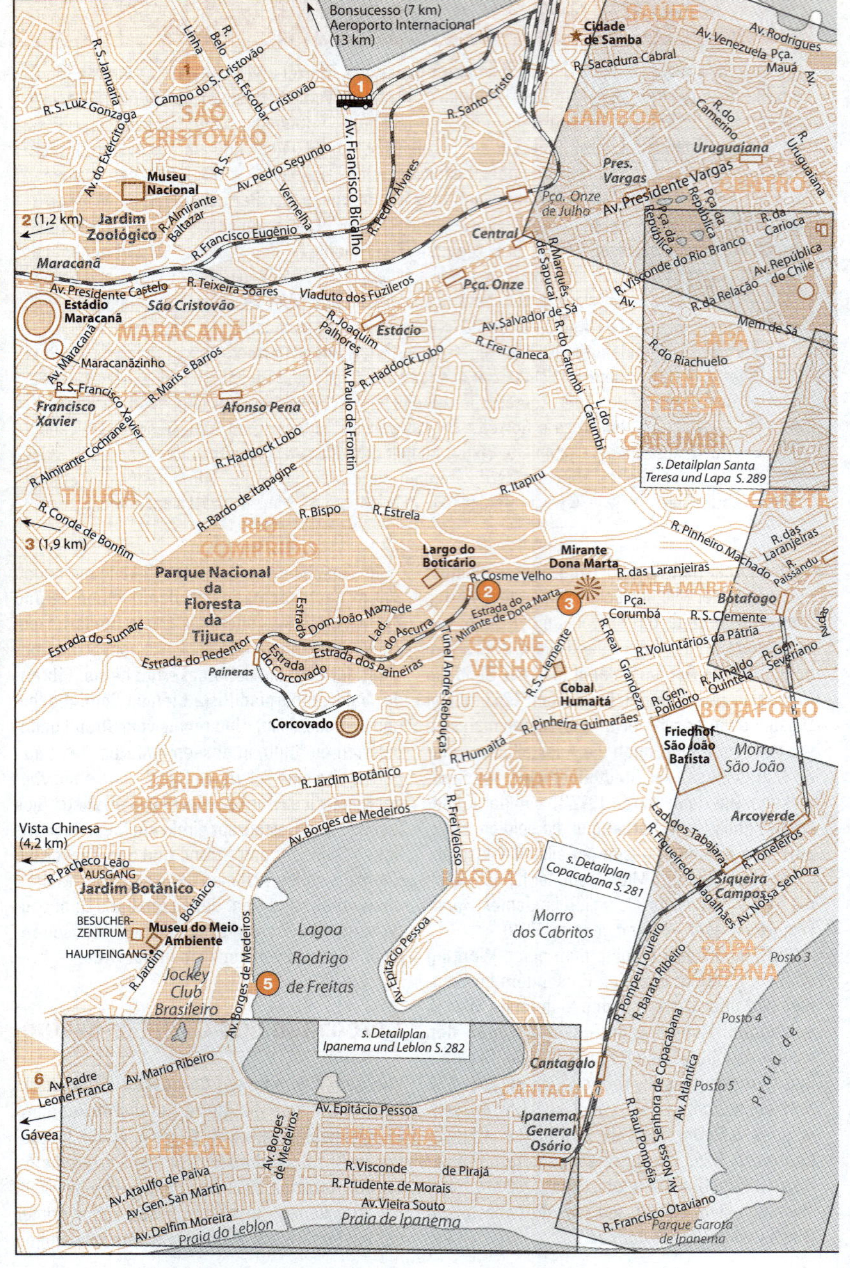
Bonsucesso (7 km)
Aeroporto Internacional
(13 km)
Cidade de Samba
SAÚDE
Av. Venezuela
Av. Rodrigues
Pça. Mauá
R. Sacadura Cabral
R. S. Januaria
Linha
R. Belo
Campo do S. Cristovão
R. Escobar
Cristovão
SÃO CRISTOVÃO
R. S. Luiz Gonzaga
Av. do Exército
R. Santo Cristo
GAMBOA
R. do Camerino
R. Uruguaiana
Uruguaiana
Av. Francisco Bicalho
R. Pedro Alvares
Av. Pedro Segundo
Vermelha
Museu Nacional
Jardim Zoológico
R. Almirante Baltazar
2 (1,2 km)
R. Francisco Eugênio
Pres. Vargas
Pça. Onze de Julho
Av. Presidente Vargas
CENTRO
Pça da República
Pça da República
R. da Carioca
Central
R. Marquês de Sapucai
R. Visconde do Rio Branco
Av. República do Chile
Maracanã
Av. Presidente Castelo
R. Teixeira Soares
Viaduto dos Fuzileros
Pça. Onze
Estádio Maracanã
São Cristovão
R. da Relação
Av.
Mem de Sá
MARACANÃ
R. Joaquim Palhores
Estácio
Av. Salvador de Sá
R. do Catumbi
R. Frei Caneca
LAPA
R. do Riachuelo
Av. Maracanã
Maracanãzinho
R. Haddock Lobo
Av. Paulo de Frontin
SANTA TERESA
R. S. Francisco Xavier
Francisco Xavier
R. Maris e Barros
Afonso Pena
L. do Catumbi
CATUMBI
s. Detailplan Santa Teresa und Lapa S. 289
R. Almirante Cochrane
R. Haddock Lobo
TIJUCA
R. Bardo de Itapagipe
R. Itapiru
CATETE
R. Conde de Bonfim
3 (1,9 km)
RIO COMPRIDO
R. Bispo
R. Estrela
R. Pinheiro Machado
R. das Laranjeiras
Parque Nacional da Floresta da Tijuca
Largo do Boticário
Mirante Dona Marta
R. Cosme Velho
R. das Laranjeiras
R. Paissandu
SANTA MARTA
Botafogo
Estrada do Sumaré
Estrada Dom João Mamede
Lad. do Ascurra
Estrada do Mirante de Dona Marta
Pça. Corumbá
R. S. Clemente
Estrada do Redentor
Paineras
Estrada do Corcovado
Estrada dos Paineiras
COSME VELHO
R. Real Grandeza
R. Voluntários da Pátria
R. Gen. Severiano
R. Arnaldo Quintela
Cobal Humaitá
R. Gen. Polidoro
BOTAFOGO
Corcovado
Túnel André Rebouças
R. Pinheira Guimarães
Friedhof São João Batista
Morro São João
R. Humaitá
JARDIM BOTÂNICO
R. Jardim Botânico
HUMAITÁ
Vista Chinesa (4,2 km)
Av. Borges de Medeiros
R. Frei Veloso
Arcoverde
Lad. dos Tabajaras
R. Figueiredo Magalhães
R. Toneleiros
R. Pacheco Leão
AUSGANG
Jardim Botânico
LAGOA
s. Detailplan Copacabana S. 281
Siqueira Campos
Av. Nossa Senhora
BESUCHER-ZENTRUM
Museu do Meio Ambiente
HAUPTEINGANG
R. Jardim Botânico
Lagoa Rodrigo de Freitas
Av. Epitácio Pessoa
Morro dos Cabritos
R. Pompeu Loureiro
R. Barata Ribeiro
COPACABANA
Posto 3
Jockey Club Brasileiro
Av. Borges de Medeiros
Posto 4
s. Detailplan Ipanema und Leblon S. 282
Cantagalo
R. Nossa Senhora de Copacabana
Av. Atlântica
6
Av. Padre Leonel Franca
Av. Mario Ribeiro
CANTAGALO
Posto 5
Praia de
Gávea
Av. Epitácio Pessoa
Av. Borges de Medeiros
IPANEMA
Ipanema/General Osório
R. Raul Pompéia
Av. Nossa Senhora
LEBLON
R. Visconde de Pirajá
R. Prudente de Morais
Av. Ataulfo de Paiva
Av. Gen. San Martin
Av. Vieira Souto
Av. Delfim Moreira
Praia do Leblon
Praia de Ipanema
R. Francisco Otaviano
Parque Garota de Ipanema

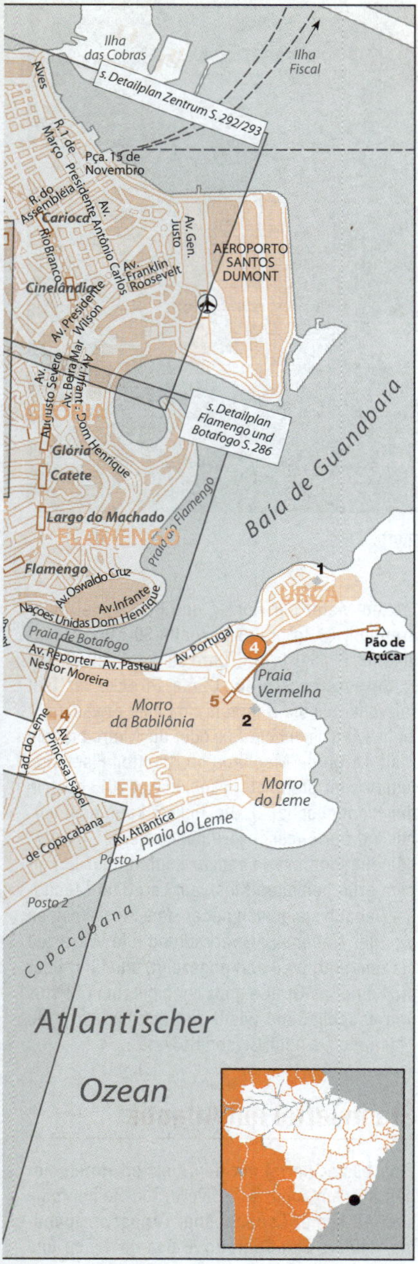

Rio de Janeiro

0 — 1 km — N

Essen:
1 Bar Urca
2 Terra Brasilis

Transport:
1 Rodoviária Novo Rio
2 Estação Trem Corcovado (Zahnradbahn)
3 Helisight (Dona Marta)
4 Helisight (Morro da Urca)
5 Helisight (Lagoa)

Sonstiges:
1 Feira de São Cristóvão
2 Sambaschule Mangueira
3 Sambaschule Salgueiro
4 Rio Sul Shopping Center
5 Zozô
6 00 (Zero Zero)

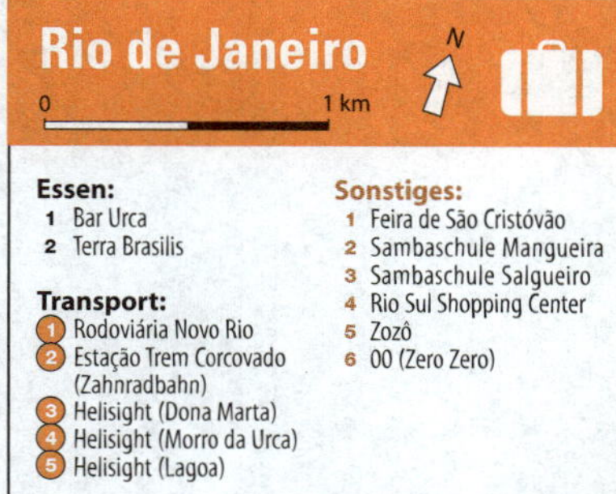

Christus-Statue auf seiner Spitze – kein Wunder, dass die ganze Nation per Internet und Handy dazu beigetragen hat, den **Cristo Redentor** (Erlöser) am 07.07.2007 zu einem der umstrittenen „neuen sieben Weltwunder" zu erheben. Vor wenigen Jahren wurde er auch zum Nationalheiligtum und Ende 2009 zum nationalen Kulturdenkmal erklärt.

Die Idee zu diesem Monument ging schon 1859 vom katholischen Priester Pierre Marie Bos aus. Doch erst 1922 – zur Hundertjahrfeier der Unabhängigkeit – erfolgte die Grundsteinlegung, Baubeginn war 1926 und Fertigstellung 1931. Verantwortlicher Ingenieur war Heitor da Silva Costa, der Kopf und die Hände wurden von dem berühmten Art-déco-Bildhauer Paul Landowski in Paris modelliert. Ohne den Sockel ist der Koloss 30 m hoch, die ausgebreiteten Arme erreichen 28 m, das Gewicht beträgt 1145 t. Am Abend wird die Statue beleuchtet und schwebt scheinbar frei über der Stadt. Als Besuchszeit für Fotos empfiehlt sich wegen der Lichtverhältnisse (weniger Dunst und kein Gegenlicht in Blickrichtung Zuckerhut) der spätere Nachmittag, andererseits bildet sich zu dieser Zeit oft ein Wolkenmantel um den Corcovado-Gipfel, sodass man am besten dann fährt, wenn der Himmel klar und freundlich ist.

Für die **Anfahrt** gibt es zwei Optionen:

Zahnradbahn: Die Bahn fährt steil geradeaus durch den Wald, auf der Strecke gibt es kaum Aussichten auf die Stadt. Start ist bei der Talstation Estação Trem Corcovado, Rua Cosme Velho 513, ✆ 21/2558 1329, 💻 www.corcovado.com.br. Tickets kauft man vorher in 400 Lotterieläden,

© HELMUTH TAUBALD

Mit der Seilbahn auf den Zuckerhut – Traumblick garantiert

500 Postämtern, einem Kiosk von Riotur an der Promenade der Copacabana gegenüber Copacabana Palace Hotel oder über die Internetseite 💻 www.corcovado.com.br. Anfahrt bis zu der Bahnstation per Bus 584 ab Leblon/Ipanema/Copacabana oder mit Metro/Bus-Verbundticket *(integração)* bis Metro Largo do Machado, dort Bus 422 (Laranjeiras bis Rua Cosme Velho, Trem Corcovado). Oben angelangt bewältigt man die letzten Meter per Aufzug und Rolltreppen oder Treppen. 🕒 tgl. 8–19 Uhr, alle 30 Min., Dauer 20 Min., R$46 (HI-/ISIC-Card 50 % ermäßigt).

Wenn der Christus sich nicht zeigen will

Sollte der Corcovado in den Wolken liegen – was häufiger vorkommt, besonders am späten Nachmittag – kann man sich per Taxi zum tiefer gelegenen Aussichtspunkt **Dona Marta** bringen lassen. Aus 340 m Höhe sieht man fast das Gleiche wie von ganz oben, zahlt keinen Eintritt und muss sich nicht durch Touristenschwärme durchboxen. Fotografen gehen sogar lieber hierher, weil der Blickwinkel weniger steil ist, also die Vogelperspektive vermieden wird. Dort befindet sich auch ein Heliponto für Hubschrauberrundflüge (eher unregelmäßig).

Serpentinenstraße: Diese Strecke ist fast reizvoller als die Bahnfahrt, da man etwas mehr sieht. Man nimmt ein Taxi oder die Metro bis zum Platz Largo do Machado im Stadtteil Flamengo (ein zweiter Startplatz in Leblon war 2013 noch in der Planungsphase). Die Tickets kann man vorher auf der englischsprachigen Seite 💻 www.paineirascorcovado.com.br kaufen oder bei einem grün bemalten Kiosk am Largo do Machado. Danach steigt man neben dem Kiosk in einen Van der Nationalparkverwaltung (die Wartezeit bis zum Start wird dort angezeigt) und fährt über die Paineiras-Straße ganz hoch bis zum Christus und anschließend wieder zurück bis Largo do Machado. Je nach Saison R$37-45.

Stadtviertel am Atlantik

Rios beste Viertel mit den meisten Hotels liegen alle am Atlantik. In Nord-Süd-Reihenfolge sind es Leme, Copacabana, Arpoador, Ipanema, Leblon, São Conrado, Barra da Tijuca und

Recreio. Die meisten Hotels liegen an der Copacabana, einige auch in Ipanema, dem – neben Leblon – schicksten Viertel der Stadt. Die Landschaft ist herrlich und viele recht saubere Badestrände verlocken zu einem Strandurlaub.

Leme und Copacabana

Ortsfremde werden das kleine **Leme**-Viertel zunächst für einen Teil der Copacabana halten. Die Strände gehen nahtlos ineinander über, nur die breite Av. Princesa Isabel markiert einen deutlichen Trennungsstrich. Halb um den Felsen Morro do Leme herum führt ein Anglersteg, von dem sich ein herrlicher Blick bietet. Die unterhalb beginnende Promenade ist 4,2 km lang, 1 km in Leme und 3,2 km in Copacabana.

Nach einem Drittel des Weges sieht man rechts das 1923 eröffnete Grand Hotel **Copacabana Palace**, inspiriert von dem Negresco in Nizza und dem Carlton in Cannes. In der Nachbarschaft standen damals nur wenige vereinzelte Villen, bis ab 1942 der große Umzug der Reichen ans Meer begann. In den 1950er- und 60er-Jahren war das Viertel der gesellschaftliche Treffpunkt schlechthin, in den zahlreichen Bossa-Nova-Lokalen traten die bedeutendsten Musiker des Landes auf. In den 1970er-Jahren verlagerte sich jedoch vieles nach Ipanema, während an der Copacabana in Billigbauweise hochgezogene Betonkästen die untere Mittelschicht anzog. Heute wohnen hier 147 000 Menschen, 30 % sind Rentner über 60, mehr als in jedem anderen Stadtteil des Landes. Die Copacabana ist aber auch das Viertel der Touristen, denn hier befinden sich die meisten Hotels (mehr als 70).

Die **Praia de Copacabana** gilt als der berühmteste Stadtstrand der Welt, hier ist sieben Tage pro Woche Sonntag. Der Sandstreifen ist sehr breit und das Wasser meistens zum Baden geeignet, nur höhere Wellen und häufige Strö-

Faule Cariocas in Rio – fleißige Paulistas in São Paulo

Wer in Rio werktags an den Strandpromenaden von Copacabana und Ipanema entlang flaniert, mag sich fragen, ob denn hier niemand arbeitet. Wer durch die Straßen schlendert, mag sich wundern, wie denn zu Geschäftszeiten so viele Menschen in einer der zahlreichen Eckkneipen hocken oder irgendwo zeitvergessen ein Schwätzchen führen können.

„Cariocas mögen keine roten Ampeln", lautet der Text eines populären Songs. Die Metapher will sagen: Cariocas sind transitiver, der spontane, direkte Kontakt zu den anderen ist wichtiger als das mechanische Funktionieren in einem durchorganisierten System. „In São Paulo wird gearbeitet, in Rio gelebt", so lautet ein schon altes Sprichwort.

Historisch gesehen gibt es dafür einen realen Hintergrund. Seit 1910 wurde São Paulo in wirtschaftlicher Hinsicht die wichtigere Stadt, es gab sogar zwei Aufstände (1924 und 1930), um sich von den sog. Gaunern der parasitären Hauptstadt Rio abzukoppeln. Umgekehrt beschimpfen die Cariocas die Paulistas seitdem als „Rebellen", „Renegaten" und vor allem als „aufgeblasene Materialisten", die nur ans Geldscheffeln und Ackern denken.

Heute relativieren sich diese Unterschiede jedoch immer mehr. Cariocas arbeiten im Durchschnitt 41 Stunden pro Woche, mehr dürfte es in São Paulo auch nicht sein. Nur wird die freie Zeit in den beiden Städten unterschiedlich genutzt, in der einen mehr indoor, in der anderen mehr outdoor. Außer am Klima liegt dies auch an natürlichen Gegebenheiten, geografischer Lage usw. Nach Feierabend geht es in Rio häufig direkt zum Sport an den Strand oder zur After-Work-Party in den Altstadtgassen, in São Paulo dagegen quält man sich durch den Verkehr nach Hause und verschwindet dann wieder in geschlossenen Räumen wie Restaurants, Kinos oder Shoppings. Die Mittelschicht von São Paulo verfügt auch über mehr Geld, während die Cariocas die kostenlosen Freizeitprogramme unter freiem Himmel bevorzugen. So verwundert es nicht, wenn Besucher beider Städte in Rio mehr Menschen sich draußen vergnügen sehen.

Auch für die bedeutendsten Dichter, Sänger und Chronisten ist Rio seit langem Synonym für Rua, Botequim, Praia und Amor. Und, so muss man hinzufügen, für Humor und Leichtigkeit des Seins.

mungen mahnen zur Vorsicht (Gefahren werden durch rote Hinweistafeln angezeigt). An der Promenade, berühmt auch durch die wellenförmig verlegten portugiesischen Pflastersteine, stehen moderne Strandbars mit unterirdischer Toilette.

Am Ende des Strandes sieht man eine kleine Fischerkolonie und dahinter das **Forte de Copacabana** (1914). Früher stand dort eine Kapelle, in der die Heiligenfigur der Nossa Senhora de Copacabana aufbewahrt wurde, von daher rührt auch der Name des Viertels. Die Festung ist inzwischen zur Besichtigung freigegeben und enthält das **Museu Histórico do Exército**. Das Besondere dieses gern besuchten Platzes ist der herrliche Blick über die Copacabana, den man auch vom Außenbereich einer kleinen Filiale des berühmten Colombo-Kaffeehauses aus genießen kann (man zahlt jedoch den Eintritt ins Fort). ⌚ Außenanlagen Di–So 10–20, Museum Di–So 10–18 Uhr, Eintritt R$6 für die gesamte Anlage, Studenten und Rentner *(aposentado)* ab 60 Jahren R$3.

Tipps für den Start in Rio

Die Wahl der Unterkunft ist die erste wichtige Vorentscheidung. Traditionell liegen die meisten Hotels in **Copacabana**, stets eine gute Wahl. Wer in einem noch besseren und sichereren Viertel wohnen möchte, quartiert sich im teureren **Ipanema** ein, dort gibt es inzwischen auch die meisten Jugendherbergen (Hostels). Preisgünstiger logiert man in den Vierteln an der **Bucht von Guanabara** (Botafogo, Flamengo, Catete, Glória und Lapa) sowie in **Santa Teresa**, zu den Atlantikstränden muss man dann aber ein Stück fahren.

Die ersten Ausflüge führen natürlich zum **Zuckerhut** und **Corcovado** mit Christus-Statue. Wer nicht unbedingt direkt unter diesem Koloss stehen muss und mehr an dem Panoramablick interessiert ist, kann sich alternativ auch zum Aussichtspunkt **Dona Marta** (S. 278) begeben. Und dann sollte man natürlich auf den **Promenaden** von Copacabana und Ipanema flanieren und an den dortigen weltberühmten Stränden baden. Ferner empfiehlt sich ein Rundgang im **Zentrum** (S. 291, nur Mo–Fr und Sa Vormittag) sowie ein Besuch des pittoresken alten Villen- und Künstlerviertels **Santa Teresa**, ab Mitte 2014 vielleicht auch wieder per Straßenbahn *(Bonde)* möglich. Am Abend wird kaum jemand darauf verzichten, in einer der berühmten **Churrascarias** zu speisen. Und Nachtschwärmer finden in Rios Musik- und Kneipenviertel **Lapa** um die 80 Bars und Sambalokale (Di–Sa).

Arpoador, Ipanema und Leblon

Gleich hinter der Festung von Copacabana gelangt man zu dem kleinen Strandviertel **Arpoador**, wegen der stärkeren Wellen viel von Surfern besucht (Shops mit Brettverleih, S. 310). An warmen Sonntagen kommen wegen einer direkten Omnibuslinie viele ärmere Vorstädter (etwas aufpassen). Von einer ins Meer ragenden Felsenformation aus genießt man im Sommer den herrlichsten Sonnenuntergang Rios. Die dort beginnende Promenade ist am Anfang verkehrsberuhigt, die wenigen Tische draußen vor dem Restaurant Azul Marinho sind zur Happy Hour sehr begehrt. Arpoador ist auch der Strand, an dem 1951 zum ersten Mal eine Dame im Bikini gesehen wurde.

Nach wenigen hundert Metern beginnt schon **Ipanema**. Das Viertel entstand später als die Copacabana und wurde erst in den 1970er-Jahren berühmt, nicht zuletzt durch den von Antônio Carlos „Tom“ Jobim komponierten Song *Garota de Ipanema* bzw. *The Girl from Ipanema*. Die Bar „Garota de Ipanema“, wo der Song geboren wurde, zieht bis heute viele Besucher an. Ipanema ist ein reines Mittel- und Oberschichtviertel mit ausschließlich weißer Bevölkerung. Die Strand-Avenue ist eine der besten Wohnadressen Rios, die zweite Parallelstraße **Rua Visconde de Pirajá** eine der elegantesten Einkaufsmeilen, auch die Juwelier-Ketten H. Stern und Amsterdam Sauer haben hier ihre Hauptfilialen und Edelstein-Museen. Und in den Querstraßen finden sich schicke Restaurants, Bars und Cafés.

Die **Praia de Ipanema** ist landschaftlich ähnlich reizvoll wie die Copacabana, auch hier ist das Wasser meistens zum Baden geeignet. Für die Einheimischen ist es der Top-Strand Nr. 1. Auf der Höhe der Rua Farme de Amoedo nahe dem **Posto 8** versammelt sich eine recht große Gay-Gemeinde, viele Gays von außerhalb quar-

Rio de Janeiro Copacabana
N
0
500 m
Übernachtung:
1 CabanaCopa Hostel
2 Hotel Santa Clara
3 Hotel Ibis Copacabana
4 Agência Heidelberg (Zimmervermittlung)
5 Mirasol Hotel
6 Hotel Porto Bay Rio Internacional
7 Copacabana Palace Hotel
8 Bamboo Rio Hostel
9 Hotel Windsor Martinique
10 Atlantis Copacabana Hotel
Essen:
1 Cervantes
2 El Cid
3 Azumi
4 Churrascaria Carretão (I)
5 Churrascaria Palace
6 La Trattoria
7 Churrascaria Carretão (II)
8 Bio Carioca
9 Bibi Sucos
10 Frontera
11 Brasileirinho
12 Café Colombo
Sonstiges:
1 Farmácia do Leme
2 Clandestino Mex
3 Riotur
4 Charleston Bubble Lounge
5 Hospital Copa D'Or
6 Special Bike
7 Café Del Mar
8 Citibank
9 Ponto da Bossa Nova
10 Feira de Artesanato de Copacabana
11 Bip Bip
12 Praxis Dr. Strattner
13 HSBC
14 Zona Sul Supermercado
15 Banco do Brasil
16 Le Boy
17 TV Bar
18 Boards Co.
Transport:
1 Hertz
2 Avis
3 Unidas
240
Morro de São João
Arcoverde
Pça. Cardeal Arcoverde
Siqueira Campos
LEME
Pça. do Lido
POSTO 2
Copacabana Palace
Pça. Edmundo Bitencourt
Pça. Serzedelo Correia
COPACABANA
POSTO 3
POSTO 4
POSTO 5
POSTO 6
POSTO 7
Praia de Copacabana
Atlantischer Ozean
Museu da Imagem e do Som
Cantagalo
Museu Histórico do Exército
Forte de Copacabana
Ponta de Copacabana
ARPOADOR
Pça. Col. Eugênio Franco
Pça. do Arpoador
Parque Garota de Ipanema
Praia do Diabo
Av. Nossa Senhora de Copacabana
Av. Atlântica
R. Barata Ribeiro
R. Tonelero
R. Pompeu Loureiro
R. Francisco Otaviano
Av. Princesa Isabel
Ladeira do Leme
R. Siqueira Campos
R. Figueiredo Magalhães
R. Santa Clara
R. Constante Ramos
R. Bolivar
R. Xavier da Silveira
R. Miguel Lemos
Av. Djalma Ulrich
R. Saint Roman
R. Sá Ferreira
R. Souza Lima
R. Francisco Sá
R. Júlio de Castilhos
Av. Rainha Elisabete da Bélgica
R. Joaq. Nabuco
Av. Francisco Bhering

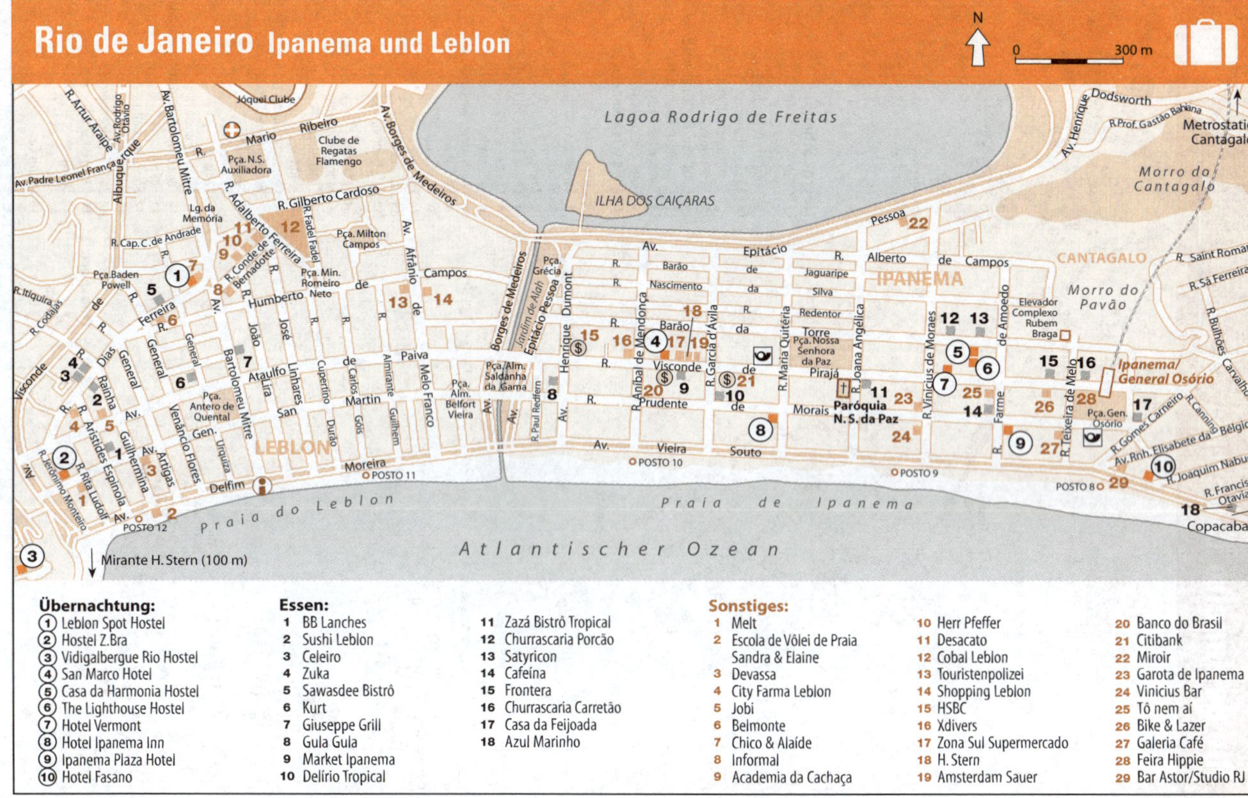
Rio de Janeiro Ipanema und Leblon
N
0
300 m
Lagoa Rodrigo de Freitas
ILHA DOS CAIÇARAS
Atlantischer Ozean
Praia do Leblon
Praia de Ipanema
LEBLON
IPANEMA
CANTAGALO
Morro do Cantagalo
Morro do Pavão
Metrostation Cantagalo
Ipanema/ General Osório
Jóquei Clube
Clube de Regatas Flamengo
Paróquia N. S. da Paz
Elevador Complexo Rubem Braga
Mirante H. Stern (100 m)
Copacabana
POSTO 8
POSTO 9
POSTO 10
POSTO 11
POSTO 12
Übernachtung:
1 Leblon Spot Hostel
2 Hostel Z.Bra
3 Vidigalbergue Rio Hostel
4 San Marco Hotel
5 Casa da Harmonia Hostel
6 The Lighthouse Hostel
7 Hotel Vermont
8 Hotel Ipanema Inn
9 Ipanema Plaza Hotel
10 Hotel Fasano
Essen:
1 BB Lanches
2 Sushi Leblon
3 Celeiro
4 Zuka
5 Sawasdee Bistrô
6 Kurt
7 Giuseppe Grill
8 Gula Gula
9 Market Ipanema
10 Delírio Tropical
11 Zazá Bistrô Tropical
12 Churrascaria Porcão
13 Satyricon
14 Cafeína
15 Frontera
16 Churrascaria Carretão
17 Casa da Feijoada
18 Azul Marinho
Sonstiges:
1 Melt
2 Escola de Vôlei de Praia Sandra & Elaine
3 Devassa
4 City Farma Leblon
5 Jobi
6 Belmonte
7 Chico & Alaíde
8 Informal
9 Academia da Cachaça
10 Herr Pfeffer
11 Desacato
12 Cobal Leblon
13 Touristenpolizei
14 Shopping Leblon
15 HSBC
16 Xdivers
17 Zona Sul Supermercado
18 H. Stern
19 Amsterdam Sauer
20 Banco do Brasil
21 Citibank
22 Miroir
23 Garota de Ipanema
24 Vinicius Bar
25 Tô nem aí
26 Bike & Lazer
27 Galeria Café
28 Feira Hippie
29 Bar Astor/Studio RJ

tieren sich gerne im gleich nebenan liegenden, stilvollen Ipanema Plaza ein. Am 800 m weiter liegenden **Posto 9**, dem belebtesten Strandabschnitt der Stadt, treffen sich überwiegend Studenten, der neuesten Mode folgend kommen viele per Skateboard an. Ein Sonnenschirm plus Strandstuhl kostet hier schon R$10.

Etwa 4 km vor der Küste ragen fünf unter Naturschutz stehende Felseninseln aus dem Meer, es handelt sich um das **Arquipélago das Cagarras** (78 ha). Bis auf eine sind sie unbewohnt, doch finden sich dort 440 Arten an Pflanzen, Fischen und anderen Meerestieren sowie über 5000 Vögel. Per Bootsausflug kann man das Archipel besuchen und dort auch tauchen (S. 310).

Hinter dem Jardim de Alah, einem Park mit einem Stichgraben zwischen dem Meer und der **Lagoa Rodrigo de Freitas**, beginnt das noble Viertel **Leblon**. Es besitzt die höchsten Immobilienpreise der Stadt (R$20 000/m²), dicht gefolgt von Ipanema (R$18 000/m²). Die 1,3 km lange Praia do Leblon ist die Fortsetzung des Ipanema-Strandes, nur ist die Wasserqualität hier nicht so gut, besonders zum Ende hin. Dort genießt man aber von der Anhöhe des **Mirante Hans Stern** einen herrlichen Blick bis Arpoador, zwei Bars laden dort zum Verweilen ein. Abseits vom Strand lohnt die Markthalle **Cobal Leblon**, Rua Gilberto Cardoso, einen Besuch. Man schlendert zwischen Verkaufsständen für Obst, Gemüse, Käse, Blumen usw. umher oder setzt sich in eine der Bars und verfolgt das bunte Treiben. ⌚ Mo–Sa 8–18, So 8–13, Bars bis 3 Uhr. Und abends sollte man, falls es der Geldbeutel erlaubt, die **Rua Dias Ferreira** aufsuchen, Brasiliens beste Gourmetmeile mit mehr als 40 schicken Bars und Restaurants (s. Essen).

São Conrado und Rocinha

Weiter in südwestlicher Richtung gelangt man über die schöne Küstenstraße Av. Niemeyer (3 km) nach São Conrado (12 000 Einw.). Schon von weitem ist der 842 m hohe Tafelberg **Pedra da Gávea** zu sehen, angeblich der größte Küstenmonolith der Welt. Unter ihm bzw. an dem zum Baden weniger geeigneten Strandabschnitt **Praia do Pepino** landen Drachenflieger und Paraglider, man kann im Tandem ab Pedra Bonita mitfliegen (s. Aktivitäten). Hinter São Conrado liegt am Hang die riesige Favela **Rocinha**. Zurzeit wird sie mit Bundesmitteln urbanisiert, man kann sie auch mit Guides besichtigen (S. 285).

Barra da Tijuca und Recreio dos Bandeirantes

Ein Stück weiter beginnt das moderne Mittelschicht-Viertel Barra da Tijuca, das erst in den letzten zwei Jahrzehnten explosionsartig angewachsen ist (heute ca. 300 000 Einw.). Wegen des amerikanischen Lebens- und Wohnstils wird es auch das Florida oder Miami Brasiliens genannt. Hier wohnen neben Stars und Sternchen überwiegend Familien mittlerer und höherer Angestellten, häufig abgeschottet von der Außenwelt in vielgeschossigen Hochsicherheits-*Condomínios*. Besonderes Merkmal des Viertels sind auch die vielen Einkaufstempel, u. a. **Barra Shopping**, der größte Lateinamerikas (Anfahrt per Bus mit Aufschrift „Barra Shopping"). Von dort gelangt man schnell per Taxi zur **Praia da Barra**. Dieser mit 14,4 km längste Strand der Stadt ist der zweitbeliebteste von Rio. An der berühmten Barraca do Pepê im vorderen Teil des Strandes treffen sich oft Promis, ganz in der Nähe ist eine Kitesurf-Schule (s. Aktivitäten).

Hinter Barra folgt **Recreio dos Bandeirantes**, Rios letzter Stadtteil am Atlantik. Die Praia do Recreio ist wegen der Entfernung und der wenigen Anwohner ruhiger und einsamer als der Strand von Barra. Das architektonische Bild ist angenehmer, die meisten Häuser besitzen nur zwei bis drei Stockwerke. Kulturell interessant ist die in Recreio befindliche Volkskunstsammlung des **Museu Casa do Pontal** (S. 306).

Prainha und Grumari

Knapp 2 km weiter folgt ein üppiges grünes Naturschutzgebiet. Der landschaftlich sehr reizvolle kleine Strand **Prainha** erhielt Ende 2012 als erster Strand von Rio das Nachhaltigkeits-Zertifikat „Bandeira Azul", ausgestellt von der NGO Foundation for Environmental Education. Auch gilt er als Rios Surfspot Nummer Eins. Anfahrt per Bus bis Barra Shopping, dort umsteigen in einen Bus nach Recreio, kurze Reststrecke per Taxi; es gibt auch einen *Surf Bus* (s. Aktivitäten).

Wer schon bis zur Prainha gelangt ist, sollte vielleicht auch noch 3 km weiter bis **Grumari** fahren. Der ebenfalls schön in der Natur gelegene Strand ist der ursprünglichste und sauberste von ganz Rio. Am Anfang liegt der einzige FKK-Abschnitt der Stadt, im Sommer von bis zu 300 Naturalisten besucht (oft Gays). Am Ende befindet sich ein Felsen, der als Wellenbrecher fungiert. Dort gibt es mehrere Strandbars, an denen Fisch und Meeresfrüchte serviert werden. Fährt man die Straße etwas weiter hoch, gelangt man zu der Aussichtsplattform **Mirante de Grumari**. 100 m weiter folgt das berühmte Meeresfrüchte-Lokal **Point de Grumari**, von dort schweift der Blick über einen weiteren Küstenabschnitt.

Lagune, Botanischer Garten und Nationalpark

Rio besitzt außer dem Nationalpark von Tijuca noch 42 weitere Parks und Gärten. Mit 20 000 ha Grünfläche bzw. 554 000 Bäumen ist es eine der vegetationsreichsten Städte der Welt.

Lagoa Rodrigo de Freitas

Die wie ein Binnensee wirkende herzförmige Lagoa ist eine recht saubere **Salzwasser-Lagune** mit einem zwischen Ipanema und Leblon verlaufenden Stichkanal zum Meer hin. An dem 7,3 km langen Rundweg befinden sich Freizeitanlagen und Bars, auch wird dort viel gejoggt und geradelt. Am Wochenende kommen zahlreiche Mittelschichtfamilien mit Kindern. Das ganze Gebiet um die Lagune herum gilt als die beste Wohngegend von Rio (Ipanema, Leblon, Gávea, Jardim Botânico, Lagoa).

Von Ipanema und Leblon aus kann man die Lagune leicht zu Fuß ansteuern. In linker Richtung führt der Promenadenweg weniger dicht an der verkehrsreichen Straße entlang, von dort ist man recht schnell beim Botanischen Garten.

Jardim Botânico

Mit 137 ha, 6500 Pflanzen- und mehr als 140 Vogelarten ist Rios Botanischer Garten der größte und reichhaltigste Lateinamerikas. Angelegt wurde er 1808 kurz nach Ankunft der aus Portugal vor den napoleonischen Truppen geflohenen Aristokratie. Hier sollten vor allem asiatische bzw. indische Arten akklimatisiert werden, die man für Gewürze, Tees und Heilmittel benötigte. So verwundert es nicht, dass die einheimischen Arten bis heute stark unterrepräsentiert sind. Das inzwischen selten gewordene Brasilholz *(pau brasil)*, aus dem man seinerzeit Rot-Färbemittel für die königlichen Gewänder gewann und welches dem Land seinen Namen gab, ist jedoch nach wie vor zu finden.

Gleich nach Betreten des Geländes trifft man auf das **Museu do Meio Ambiente** (Umweltmuseum), hinter dem Besucherzentrum (Centro de Visitantes) befindet sich das **Café Botânica**. Besonders sehenswert sind die 740 m lange Baumallee **Aléia Barbosa Rodrigues** mit gut 200 Jahre alten und 40 m hohen Königspalmen (Palmeiras Imperiais, *palma mater*), in deren Mitte der „Springbrunnen der Musen" (Chafariz das Musas) vor einem spektakulären Hügelpanorama das beliebteste Fotomotiv des Parks darstellt. Weiterhin gibt es den kleinen See **Lago Frei Leandro** mit Victoria-régia-Seerosen, vier Gewächshäuser mit Orchideen, Bromelien, Kakteen und fleischfressenden Pflanzen sowie die zu einem Museum umfunktionierten Reste einer alten Schießpulverfabrik: **Fábrica de Pólvora**.

Insgesamt ist in diesem künstlich angelegten Garten alles sehr geordnet, Gäste vermissen mitunter das Dichte, Wilde und Wuchernde. Aber allein die himmlische Ruhe mitten im Großstadtgetümmel sowie der erfrischende Schatten sind schon einen Besuch wert. Verlassen kann man den Park im nordwestlichen Teil auch durch den Mitarbeiterausgang No. 915. Gleich rechts finden sich einige nette, oft von Künstlern und Globo-Schauspielern frequentierte Straßencafés und Restaurants.

🕒 tgl. 8–17 Uhr, Eintritt R$6, auch englischsprachige Führungen ab Besucherzentrum. Anfahrt per Taxi oder Bus (Aufschrift „Jardim Botânico"), ab Ipanema/Leblon auch zu Fuß möglich, Spaziergang um die linke Hälfte der Lagoa, auf der Höhe der Rua General Garzon links abbiegen bis zum Eingang (Portão Pacheco Leão).

Vista Chinesa

Nach dem Besuch des Botanischen Gartens sollte man per Taxi in 15 Min. (ca. R$25) bis zum wunderschönen Aussichtspunkt **Vista Chinesa** hochfahren. Die Straße führt sehr reizvoll durch einen Teil des Nationalparks von Tijuca. Oben in 380 m Höhe sieht man zuerst eine chinesische Pagode, sie wurde 1903 zum Gedenken an die chinesischen Gastarbeiter errichtet, die hier im 19. Jh. Tee angebaut und Bergstraßen angelegt haben. Der weite Blick bis hin zum Corcovado und Zuckerhut ist wirklich atemberaubend und einzigartig. Links zieht sich eine riesige Waldfläche an den Berghängen entlang, die zum Nationalpark gehörige **Serra da Carioca**. Wer noch den Hauptteil des Nationalparks, die sogenannte Floresta da Tijuca, besuchen will, kann diesen auch von Vista Chinesa aus in einer halben Stunde Taxifahrt auf einer schönen Waldstraße erreichen.

Parque Nacional da Floresta da Tijuca

Rios Nationalpark ist mit 3360 ha das größte städtische Waldgebiet der Erde und nimmt 7 % der Stadtfläche ein. Er geht zurück auf eine 1861 von Kaiser Dom Pedro II. angeordnete Wiederaufforstungsaktion. Durch Abholzung und Kaffeeanbau war damals der ursprüngliche Atlantische Regenwald fast ganz zerstört und die Wasserversorgung der Stadt gefährdet. 13 Jahre lang setzten elf Sklaven, zehn Männer und eine Frau, etwa 80 000 neue Pflanzen, von denen die Hälfte anging und den heutigen Sekundärwald mit zahllosen Palmen, Baumfarnen und Epiphyten entstehen ließ. Wegen des jüngeren Alters lässt sich die Flora jedoch kaum mit dem üppigen Regenwald in Amazonien vergleichen. Auch

Favelas – Abstecher ins andere Rio

Im Dezember 2008 begann die Stadt, die jahrzehntelang der Drogenmafia überlassenen Favelas zurückzuerobern. Es gibt fast 600 solcher Armensiedlungen, in denen 22 % der Bevölkerung leben. Erst ein Teil davon steht inzwischen unter staatlicher Kontrolle, doch die Ergebnisse sind ermutigend. Die Zauberformel bestand aus einem Mix von **Urbanisierung** und **Pazifizierung**, sprich dauerhafte Besetzung durch eine polizeiliche Friedenstruppe (UPP). Die Wahl Rios als Austragungsort der Fußball-WM und der Olympischen Spiele beschleunigte diesen Prozess. Seitdem entwickelt sich in vielen Favelas ein reger und von den Bewohnern durchaus begrüßter Tourismus, die meisten ausländischen Gäste (42 %) sind übrigens Europäer. Manche quartieren sich sogar in einem Favela-Hostel ein (z. B. The Maze Inn. S. 298).

Leicht auf eigene Faust zu erkunden ist die Favela **Santa Marta** in Botafogo, in deren Mitte man zum **Espaço Michael Jackson** gelangt. Eine Bronzestatue des Popstars erinnert daran, dass hier 1996 der Clip zum Welthit „They don't care about us" gedreht wurde (Hochfahrt per kleiner Standseilbahn ab Praça Corumbá/Palácio da Cidade, Rua São Clemente, bei Station 3 umsteigen, dann bis Station 5, tgl. 6.30–24 Uhr, gratis).

Ebenfalls ohne Guide besuchbar ist die kleine pazifizierte Favela **Cantagalo**. Nahe der Metrostation Praça General Osório in Ipanema fährt man in einem modernen Aufzug (Elevador Complexo Rubem Braga) hinauf und genießt auch noch einen herrlichen Blick auf Copacabana und Ipanema.

Von allen Favelas ist jedoch die pazifizierte **Rocinha** wegen ihrer Dimensionen und des weiten Blicks nach wie vor am faszinierendsten. Hier leben auf engem Raum ca. 70–100 000 Menschen. Das Team von Marcelo Armstrong, ✆ 21/3322 2727, 💻 www.favelatour.com.br, bietet englisch- und deutschsprachige Führungen an. Zusätzlich zur Rocinha wird auch eine kleinere Favela in der Nähe besucht, inkl. einer Schule, die Marcelo mit einem Teil seines Honorars unterstützt (3 Std., R$80 p. P. inkl. Hoteltransfer, direkt buchen ist preiswerter als über die Hotelrezeption).

Weiter in der Nordzone liegt der pazifizierte **Complexo do Alemão**, den man von Seilbahn-Gondeln aus von oben besichtigen kann. Ab Copacabana per Bus 484 bis Bonsucesso/Teleférico, dort Seilbahn-Start bis Palmeiras, Fotostopp von einem Aussichtspunkt und anschl. zurück. 🕒 tgl. 8–20 Uhr, Touristen zahlen R$10.

Rio de Janeiro Flamengo und Botafogo
N
0
500 m
BOTAFOGO
SANTA MARTA
FLAMENGO
CATETE
GLÓRIA
SANTA TERESA
Museu do Índio
Casa Daros
Talstation Trem Corcovado (3 km)
Morro Mundo Novo 128
Morro de Nova Cintra 267
Parque Eduardo Guinle
Morro do Pasmado
Morro da Viúva
Enseada de Botafogo
Praia de Botafogo
Baía de Guanabara
Praia do Flamengo
Enseada da Glória
Marina da Glória
Largo do Machado
Largo da Glória
Parque do Catete
Edifício Biarritz
Castelinho do Flamengo
Edifício Praia do Flamengo
Edifício Seabra
Igreja de N.S. da Glória do Outeiro
Hotel Glória Palace
s. Detailplan Lapa und Santa Teresa S. 289
Av. das Nações Unidas
Av. Infante Dom Henrique
Av. Rui Barbosa
Av. Osvaldo Cruz
Av. Pasteur
Av. Repórter Nestor Moreira
R. Voluntários da Pátria
R. São Clemente
R. Marquês de Olinda
R. Barão do Flamengo
R. Senador Vergueiro
R. Marquês de Abrantes
R. Paissandu
R. do Catete
R. das Laranjeiras
R. Pinheiro Machado
R. Almirante Alexandrino
Übernachtung:
1 Oztel (1,5 km)
2 Ace Backpackers Youth Hostel
3 The Maze Inn
4 Imperial Hotel
5 Discovery Hostel
6 Hotel Ferreira Viana
7 Hotel Regina
8 Hotel Caxambu
Essen:
1 Estrela Gourmet
2 Fogo de Chão
3 Sobrenatural
4 Amarelinho
5 Porcão Rio's
Sonstiges:
1 Cobal Humaitá (1,5 km)
2 Estação Sesc Rio
3 Deutsches Konsulat
4 City Farma Flamengo
5 Feira Cultural e Ecológica da Gloria
6 Konsulat der Schweiz
Transport:
1 Saveiros Tour, Macuco Rio, Marlim Yacht

die Tierwelt ist eher spärlich vertreten, nur die süßen kleinen *Mico*-Äffchen sowie die größeren Brüllaffen *(macaco prego)* wird man häufig antreffen, manchmal auch Nasenbären und Faultiere, die farbenprächtigen Tangare und Kolibris sowie Riesenschmetterlinge.

Der Park besteht aus drei Teilen: Weniger ausgedehnt sind die **Serra da Carioca** um den Corcovado und die bei Drachenfliegern beliebte Region um die Felsen **Pedra Bonita/Pedra da Gávea**. Der dritte und mit 15 km² größte Teil heißt **Floresta da Tijuca**. Dort befinden sich auch Rios mächtigster Wasserfall, die **Cascatinha do Taunay** (40 m) sowie Rios höchste Erhebung, der **Pico da Tijuca** (1021 m), dessen Gipfel man über 117 in Felsen gehauene Treppenstufen ersteigen kann. Da dieser Parkteil weiter außerhalb in nordwestlicher Richtung gelegen und schwer öffentlich zu erreichen ist, sollte er über eine organisierte Tour besucht werden, z. B. Jeep Tour, ✆ 21/2108 5800, 💻 www.jeeptour.com.br, Abholung vom Hotel um 9 und 14 Uhr, 4 Std., R$110 p. P. (Mückenschutz mitnehmen). 🕒 des Nationalparks tgl. 9–18 Uhr, Eintritt frei.

Sítio Burle Marx

30 km von der Copacabana bzw. wenige km von dem Strandviertel Recreio entfernt liegt der sehr interessante **Sítio Burle Marx**, Estrada Roberto Burle Marx 2019, Barra da Guaratiba. Der bedeutendste Landschaftsarchitekt Brasiliens, Sohn eines Deutschen und einer Brasilianerin, lebte dort bis zu seinem Tode 1994. Sein Landsitz ist zugleich Kunstatelier und botanischer Garten mit mehr als 3500 Pflanzenarten in z. T. übervollen, duftgeschwängerten Gewächshäusern. Anfahrt per Bus bis Barra Shopping, dort umsteigen in einen Bus nach Recreio, Reststrecke per Taxi. 🕒 Di–Sa 9.30 und 13.30 Uhr 90-minütige fachkundige englischsprachige Führung, nur nach tel. Voranmeldung, ✆ 21/2410 1412, Eintritt R$10 (ab 60 J. R$5).

Stadtviertel an der Bucht

Zwischen der Copacabana und dem Zentrum liegen vier Stadtteile, die alle an die Bucht von Guanabara grenzen (Botafogo, Flamengo, Catete und Glória). Hier lebt eher die untere Mittelschicht, vieles ist einfacher, aber auch authentischer als in den wohlhabenden Vierteln am Atlantik. In diesem Gebiet finden sich günstigere Unterkünfte. Für einen Strandaufenthalt eignet sich höchstens die Praia de Flamengo (s. u.).

Botafogo und Humaitá

Hier gibt es noch viele historische Prachtvillen, die jedoch im Stadtbild hinter einer Vielzahl von hässlichen Wohnblocks und neueren Geschäftsbauten zurücktreten. Dazwischen befinden sich zahlreiche kulturelle Einrichtungen, das Viertel verfügt über 23 Kinos, sechs Theater und einige Museen, darunter das **Museu do Índio** in der Rua das Palmeiras 55. 🕒 Di–Fr 9–17.30, Sa, So 13–17 Uhr, Eintritt R$4 (So frei).

In Botafogo liegt der riesige Prominenten-Friedhof **São João Batista**, dessen Ausmaße gut vom Corcovado aus zu sehen sind. Hier ruhen u. a. der Dichter Machado de Assis, der Flugpionier Santos Dumont, der Musiker Antônio Carlos Jobim, der Architekt Oscar Niemeyer und Jorge Selarón, der Schöpfer der Fliesentreppe von Santa Teresa.

Die **Praia de Botafogo** bietet den schönsten Blick auf den Zuckerhut und den Morro da Urca, wegen der abseitigen Buchtlage und des Jachthafens ist sie jedoch verschmutzt, hier spielen höchstens ein paar Jungen Fußball.

Zu Botafogo gehört **Santa Marta**, Rios erste befriedete Favela (S. 285). Nach einem Besuch bietet es sich an, auch noch zum sehenswerten Markthallenkomplex **Cobal Humaitá**, Rua Voluntários da Pátria 446, zu spazieren (10–15 Gehmin. vom Museu do Índio). Tagsüber locken hier exotische Früchte und Gerüche, Blumenstände und Weingeschäfte, abends lebhafte Open-Air-Bars und Kneipen auf der Rückseite der Halle. Auch in den benachbarten Straßen des Viertels Humaitá finden sich gute Bars und Restaurants. 🕒 Mo–Sa 8–21, So 8–13, Bars bis 4 Uhr.

Flamengo

Dieser Stadtteil besitzt schon einen herrschaftlicheren Anstrich, an der Praia do Flamengo sieht man einige prunkvolle **historische Fassaden**. Das 1931 in florentinischem Stil erbaute **Edifício Seabra** (Nr. 88) war mit seinen zwölf Stockwerken eines der ersten Hochhäuser Rios. Da die Bewohner noch nicht an gleichförmige Apartments gewöhnt waren, wurden die Wohnungen unterschiedlich groß und hoch gebaut, was sich auch in der Fassade widerspiegelt. Ein weiterer auffälliger Bau ist das wie ein Schlösschen wirkende Centro Cultural Oduvaldo Vianna Filho (1916), auch **Castelinho do Flamengo** genannt (Nr. 158). Das neoklassizistische **Edifício Praia do Flamengo** (Nr. 116) war das erste Luxusapartment-Haus des Viertels (1923), zunächst hieß es „Palacete de Areia" (Sandpalast), weil der Buchtstrand bis kurz vor den Eingang reichte. Schließlich verdient noch Erwähnung die ganz aus geschwungenen Balkonen bestehende Jugendstil-Front des **Edifício Biarritz** (Nr. 268).

Die **Praia do Flamengo** ist landschaftlich reizvoll und bietet einen tollen Blick auf den Zuckerhut. Trotz des weniger sauberen Wassers wird sie gern von einfacheren Badegästen aufgesucht. Davor liegt der **Aterro do Flamengo**, eine vom Landschaftsarchitekten Burle Marx nach dem Vorbild des New Yorker Central Parks entworfene Anlage (1,2 Mio. m², 11 600 Bäume bzw. 190 verschiedene Arten, viele Spazierwege und Sportplätze). Das Terrain wurde 1961 durch Aufschüttung der Bucht abgerungen und 1965 als Park eingeweiht. **Sonntags** ist die dort entlang führende Schnellstraße für Autos gesperrt und es kommen viele Familien, Kinder und Sportler.

Catete

Das angrenzende quirlige Catete wirkt schon einfacher, obwohl im **Palácio do Catete** in der Rua do Catete 153 bis 1960 fast alle brasilianischen Präsidenten wohnten. Getúlio Vargas nahm sich hier 1954 das Leben. Seit der Verlegung der Hauptstadt nach Brasília dient der Palast als **Museu da República**, zu bewundern sind hauptsächlich prachtvolle Salons, sehr schön ist auch der große Park hinter dem Gebäude. ⏲ Di–Fr 10–17, Sa, So 14–18 Uhr, Eintritt R$6 (Mi, So frei). In der Nähe befinden sich zahlreiche Budget-Unterkünfte.

Glória

Im zentrumsnahen Glória ist noch ein wenig zu spüren, dass hier einmal die Kaffeebarone und Aristokraten residierten. Nach Jahrzehnten der Stagnation wird das Viertel jetzt saniert und revitalisiert, besonders engagiert hat sich dabei der milliardenschwere Unternehmer Eike Batista. Das von ihm gekaufte traditionsreiche **Hotel Glória Palace** (1922) sollte bis 2014 als erstes „6-Sterne-Hotel" Rios wiedereröffnet werden.

Hervorstechendstes historisches Monument ist die 1714–39 errichtete **Igreja de N. S. da Glória do Outeiro**. Der wie ein Leuchtturm auf einem Hügel stehende Barock- und Rokoko-Tempel mit dem achteckigen Grundriss war eine der Lieblingskirchen der Kaiserfamilien, hier wurde auch Dom Pedro II. getauft. Von oben genießt man einen schönen Blick auf die Bucht und die Skyline des Zentrums.

Santa Teresa

Das malerische alte **Villen- und Künstlerviertel** erreicht man ab Metro Glória (von dort kurze Taxifahrt) sowie per Bus *014 Paula Matos* oder *006 Silvestre* ab Castelo (Centro) mit Zustiegsmöglichkeit in Lapa am Ende der Rua Gomez Freire. Ab Mitte 2014 (vorher erkundigen) sollte auch wieder die historische **Straßenbahn** *(bonde)* fahren, welche nach einem Unfall 2011 zwecks Modernisierung stillgelegt worden war. Die meisten Besucher werden dann diese Option vorziehen, weil die Bahnfahrt für sich schon ein kleines Abenteuer darstellt. Start ist ab **Terminal dos Bondes**, Rua Lélio da Gama, Centro. Man kann in jede der beiden Linien einsteigen, bis zum Hauptplatz ist es die gleiche Strecke. Während der Fahrt sieht man nach Überqueren eines früheren Aquädukts an der rechten Seite schon die ersten postkolonialen Villen. Zwischen 1850 und 1942 lebten hier auf den Hügeln Familien der reichen Kaffeebarone und genossen die Aussicht, das milde Klima und das Quellwasser des Rio Carioca, welcher vom Corcovado bis zum Zentrum geleitet wurde. Doch dann kam es in Mode, am Meer zu wohnen und viele Bewohner zogen hinunter an die Copacabana. Die verlassenen Paläste verfielen, die Mietpreise ebenso und bald siedelte sich hier ein neues alternatives Publikum von Hippies, Künstlern und Aussteigern an. Später wurde das Viertel immer mehr von Touristen entdeckt.

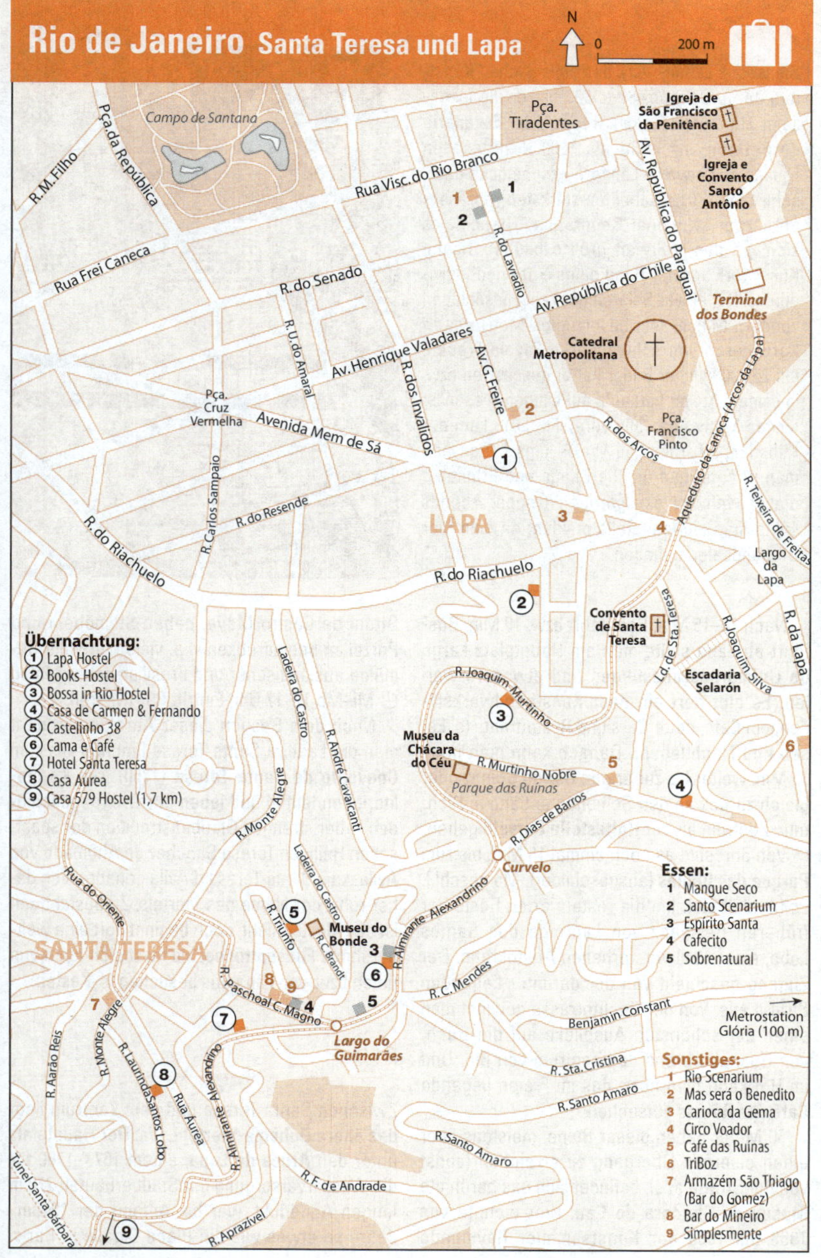
Rio de Janeiro Santa Teresa und Lapa
N
0
200 m
Campo de Santana
Pça. Tiradentes
Igreja de São Francisco da Penitência
Igreja e Convento Santo Antônio
Terminal dos Bondes
Catedral Metropolitana
Pça. Cruz Vermelha
Pça. Francisco Pinto
LAPA
Largo da Lapa
Convento de Santa Teresa
Escadaria Selarón
Museu da Chácara do Céu
Parque das Ruínas
Curvelo
Museu do Bonde
SANTA TERESA
Largo do Guimarães
Metrostation Glória (100 m)
Übernachtung:
1 Lapa Hostel
2 Books Hostel
3 Bossa in Rio Hostel
4 Casa de Carmen & Fernando
5 Castelinho 38
6 Cama e Café
7 Hotel Santa Teresa
8 Casa Aurea
9 Casa 579 Hostel (1,7 km)
Essen:
1 Mangue Seco
2 Santo Scenarium
3 Espírito Santa
4 Cafecito
5 Sobrenatural
Sonstiges:
1 Rio Scenarium
2 Mas será o Benedito
3 Carioca da Gema
4 Circo Voador
5 Café das Ruínas
6 TriBoz
7 Armazém São Thiago (Bar do Gomez)
8 Bar do Mineiro
9 Simplesmente

Die Fliesentreppe von Selarón

Sie ist das Lebenswerk des chilenischen Künstlers Jorge Selarón. Seit 1989 hat er die insgesamt 215 Stufen „seiner Treppe", der **Escadaria do Selarón**, mit mehr als 2000 auserlesenen Fliesen aus etwa 60 Ländern geschmückt; deutsche Städte sind dabei am stärksten repräsentiert. Laut „National Geographic" handelt es sich um das weltweit größte bildhauerische Kunstwerk aus der Hand eines einzelnen Individuums. Dabei war Selarón gar kein Fliesenleger, sondern Maler. Sein bevorzugtes Motiv waren Karikaturen von schwangeren Favela-Frauen, um 25 000 solcher Bilder hat er geschaffen bzw. in seinem Atelier verkauft; auf einigen Fliesen ist dieses Motiv ebenfalls verewigt. 2013 kam der Künstler auf tragische Weise ums Leben und man fürchtet nun um die Pflege und Erhaltung dieser weltweit einzigartigen Treppe. Abends sollte man sie jedenfalls meiden, da sich hier Drogendealer aufhalten.

Nach 10–15 Min. Bahnfahrt bzw. 10 Min. Busfahrt ab Lapa sollte man am Hauptplatz **Largo do Guimarães** aussteigen und etwas verweilen. Es gibt dort ein paar Kunsthandwerksläden, ein Café, nette Bars und Restaurants (s. Essen und Nachtleben). Danach kann man noch 15 Min. weiter bis zur urigen **Bar do Gomez** oder gleich zurück an den Schienen entlang in Richtung Zentrum bis zur **Haltestelle Curvelo** gehen.

Von dort sind es noch einmal 15 Min. bis zum **Parque das Ruínas** (ausgeschildert, Mo geschl.). Es handelt sich um die restaurierten Reste der früheren Residenz von Laurinda dos Santos Lobo, einer 1946 verstorbenen Aristokratin. Der Zugang geschieht von der darunter liegenden Straße aus. Von der Dachterrasse gewinnt man einen der schönsten Ausblicke auf die Bucht von Guanabara und das Zentrum von Rio. Und im Hof kann man noch das im Freien liegende **Café das Ruínas** aufsuchen.

50 Meter neben dieser Ruine, meistens über einen eisernen Übergang zu erreichen (sonst von der Straße aus), befindet sich das berühmte **Museu da Chácara do Céu**. Hier wohnte von 1958 bis 1968 der Kunstsammler Raymundo Ottoni de Castro Maya; neben Stilmöbeln und Porzellan beeindrucken v. a. viele wertvolle Gemälde ausländischer und brasilianischer Maler. 🕒 Mi–Mo 12–17 Uhr, Eintritt R$2 (Mi frei).

Nach dem Besuch dieser Attraktionen geht man die Ladeira Santa Teresa hinunter bis zum **Convento de Santa Teresa** (1750). Die Karmeliterinnen lebten und leben dort weltabgeschieden in der strengen Glaubenstradition der spanischen Heiligen Teresa Sanchez de Ahumada von Ávila, kurz Santa Teresa d'Ávila genannt. Von daher rührt der Name des Viertels. Zu besichtigen ist das Kloster nicht, doch beginnt dort eine weltberühmte **Fliesentreppe**, sie lässt sich auch von unten bzw. von Lapa aus besuchen (s. Kasten).

Lapa

Zwischen Santa Teresa und dem Zentrum liegt das ältere **Bohème-Viertel** Lapa. Der Hauptplatz unter den **Arcos da Lapa**, einem 1673–1750 für die Wasserversorgung der Stadt erbauten 270 m langen Aquädukt, war bis Anfang der 1940er-Jahre so etwas wie die Place Pigalle in Paris.

Als Spielsalons und Cabarets verboten wurden, begann die Phase des Niedergangs, zumal die Reichen gerade an die Copacabana umzogen. Seit einigen Jahren erlebt der Stadtteil jedoch ein fantastisches Comeback als Rios **Samba- und Nightlife-Zentrum**. Heute gibt es hier schon fast 50 Bars und 30 Live-Musik-Schuppen, ständig eröffnen neue Etablissements in restaurierten neokolonialen Prachtvillen.

Der an dem großen Platz vor dem Aquädukt liegende Bereich ist architektonisch weniger schön, die Szene ist stärker alternativ geprägt (Techno, Reggae, mehr Drogen usw.) und auch etwas gefährlich. Die besseren Lokale findet man auf der anderen Seite des Aquädukts an der **Av. Mem de Sá**. Sonntags und montags ist dort fast alles geschlossen, von Dienstag bis Donnerstag kann man schon ganz gut ausgehen, die richtige Party findet jedoch am Freitag- und Samstagabend statt. Am besten flaniert man ein wenig auf und ab und entscheidet später, ob man irgendwo einkehren möchte. Größere Konzerte gibt es im modernen Showzelt Circo Voador. An der Kreuzung Av. Mem de Sá/Rua do Lavradio kann man in vier großen **Eckkneipen** auf Barhockern am Bürgersteig sitzen und das lebendige Treiben beobachten.

Wer noch Samba live erleben will, hat die Qual der Wahl. Nahe der Kreuzung liegt in einem schönen Altbau das traditionsreiche kleine **Carioca da Gema**, dort wird man aber stehen oder mittanzen müssen. Im **Mas será o Benedito** eine Querstraße weiter gibt es ganz traditionellen Samba, das Publikum ist gemischt und umfasst alle Altersgruppen.

Eine zweite belebte Nightlife-Meile, nur 140 m lang und ständig verkehrsberuhigt, liegt ganz am Ende der **Rua do Lavradio**, von der Av. Mem de Sá in 10 Min. zu Fuß zu erreichen. Dort liegt das **Rio Scenarium**, Rios größter und beliebtester Schuppen für Freunde des Samba, Chorinho und Bossa Nova, das bereits als eigenständige Sehenswürdigkeit von Rio gilt. Es hat drei Stockwerke voller schöner Antiquitäten, unten spielt die Band und davor wird getanzt. Wer nicht hineingehen möchte, kann an der anderen Straßenseite im guten Seafood-Lokal **Mangue Seco** schön draußen sitzen und die Szene beobachten. Vor dem 100 m entfernten **Santo Scenarium**, einer sehr kreativ dekorierten Musikbar mit etlichen Heiligenbildern, stehen ebenfalls Tische auf der Straße. Auch dort kann man gut essen und dabei die Musik von drinnen hören, gespielt wird neben Samba und Chorinho viel Jazz und Rock. Eine andere Top-Adresse für guten Jazz ist die ebenfalls in Lapa, aber weiter hinten auf der anderen Seite des Aquädukts gelegene elegante Bar **TriBoz** (alle Adressen und Öffnungszeiten s. Essen und Nachtleben).

Rundgang im Zentrum

Weniger bekannt ist, dass Rio neben traumhaften Stränden, Zuckerhut und Corcovado auch noch ein sehr sehenswertes **historisches Zentrum** besitzt, für dessen Besuch man sich durchaus einen halben Tag Zeit nehmen sollte. Das Stadtzentrum kann leicht zu Fuß auf einem Rundgang erkundet werden, was allerdings aus Sicherheitsgründen nur werktags oder Samstagvormittag geschehen sollte.

Der Rundgang beginnt an der **Praça Floriano**, die dortige Metrostation heißt wegen der vielen früheren Kinos Cinelândia. Die Hauptattraktion an diesem Platz ist das prachtvolle, 2009 anlässlich der 100-Jahr-Feier vollständig restaurierte **Theatro Municipal**. Der dem Stil der Pariser Oper nachempfundene neoklassizistische Bau ist im Innern reich mit grünem Marmor aus Carrara, deutschem Kristallglas und kunstvollen Deckengemälden ausgestattet. Hier sangen schon vor 2200 Zuschauern Caruso und die Callas. Außen prangen rechts oben die Namen des Dichterfürsten Goethe und links oben des Komponisten Wagner. 🕒 Besichtigung nur mit Führung (auch auf Englisch), Dauer 50 Min., Di–Fr 11, 12, 14, 15, 16 Uhr, Sa/Fei 11, 12, 13 Uhr, Eintritt R$10 (Kasse und Beginn der Führung beim Hintereingang).

Schräg gegenüber steht der neoklassizistische weiße **Palácio Pedro Ernesto** (1923), seit 1977 Sitz des Stadtrats. Vor diesem Gebäude finden häufig Demonstrationen und Protestveranstaltungen statt. Links daneben sieht man ein großes orangefarbenes Gebäude von 1921, in dem sich unten das traditionsreiche Lokal **Amarelinho** befindet. Man sitzt herrlich am Platz mit Blick auf das Theater. 🕒 tgl. 11–2 Uhr.

Rio de Janeiro Zentrum

Sonstiges:
1 Trapiche Gamboa
2 The Week
3 Cook in Rio
4 Granado Pharmácias
5 Feira de Antigüidades da Praça Quinze
6 Pampa Grill
7 CitiBank
8 Kanzlei Prata Blanke & Partner
9 HSBC
10 Bar Luís
11 Banco do Brasil
12 Vivo Rio (Showhaus)
13 Rio Scenarium
14 Goethe-Institut
15 Sambódromo (900 m)
16 Mas será o Benedito
17 Circo Voador

Transport:
1 Terminal Estação Marítima de Passageiros
2 Estação das Barcas (Fährstation)

N
0
200 m
Baía de Guanabara
Niterói, Charitas, Ilha de Paquetá
Espaço Cultural da Marinha
Av. Presidente Kubitschek
Pça. 15 de Novembro
do Mercado
do Comércio
Paço Imperial
Palácio Tiradentes
R. Dom Manuel
Av. Alfredo Agache
Igreja de N.S. do Carmo da Antiga Sé
de Setembro
R. da Assembléia
Av. Erasmo Braga
Lg. da Misericórdia
Museu Histórico Nacional
AEROPORTO SANTOS DUMONT
Essen:
1 Brasserie Rosário
2 Amarelinho
3 Laguiole
4 Mangue Seco
5 Santo Scenarium
Pça. do Expedicionário
Av. Presidente Antônio Carlos
Av. Gen. Justo
Av. Mal. Câmara
R. Santa Luzia
Av. Churchill
Av. Franklin Roosevelt
Abfertigungs-gebäude
Av. Nilo Peçanha
Av. Alm. Barroso
Av. Graça Aranha
R. México
R. Araújo de Porto Alegre
Largo da Carioca
Carioca
Museu Nacional de Belas Artes
Theatro Municipal
Av. 13 de Maio
Pça. Floriano
Biblioteca Nacional
Palácio Pedro Ernesto
Cinelândia
Av. Presidente Wilson
Av. Beira Mar
Av. Infante Dom Henrique
do Chile
R. Lélio da Gama
Petrobrás
Terminal dos Bondes
R. Sen. Dantas
Av. Rio Branco
Museu de Arte Moderna (MAM)
do Paraguai
R. Evaristo da Veiga
LAPA
Catedral Metropolitana
Passeio Público
Aterro do Flamengo
Arcos da Lapa
R. Teixeira de Freitas
Av. Augusto Severo
Av. Mem de Sá
Largo da Lapa
Santa Teresa
Treppe von Selarón
RIO DE JANEIRO UND ESPÍRITO SANTO

Gegenüber auf der anderen Seite der Av. Rio Branco erhebt sich das imposante Gebäude der **Biblioteca Nacional** (1910), laut Unesco die achtgrößte Bibliothek der Welt. Interessant ist ein Blick in die Eingangshalle mit ihren hohen Säulen, viel Marmor und einer Jugendstilkuppel. ⌚ Mo–Fr 9–19, Sa 9–17, So 12–17 Uhr.

Nach Verlassen der Bibliothek geht es wenige Meter nach rechts zum **Museu Nacional de Belas Artes** (1908) mit einer Gemäldesammlung ausländischer und brasilianischer Künstler des 17.–21. Jhs. ⌚ Di–Fr 10–18, Sa, So 12–17 Uhr, Eintritt R$8 (So gratis).

Danach kehrt man zum Platz zurück, geht links vom Theater durch die Av. 13 de Maio und biegt die erste Straße nach links ab. Nach etwa 100 m erhebt sich auf der linken Seite das mächtige würfelförmige Hauptgebäude der staatlichen Petroleum-Gesellschaft **Petrobras** (1967) und ein kleines Stück weiter geradeaus die modernistische Konstruktion der **Catedral Metropolitana de São Sebastião** (1976) mit dem außerhalb stehenden Glockenturm. Die Cariocas lieben ihre neue katholische Hauptkirche nicht sehr, im Volksmund trägt der ikonische Betonbau mit der Wabenstruktur sogar den spöttischen Beinamen „Bienenarsch". Äußerlich ist die Kathedrale – stilistisch wie ein Niemeyer-Geschöpf wirkend – nicht gerade schön, beeindruckt aber im Innern durch vier in Kreuzform angeordnete bzw. den Himmelsrichtungen entsprechende bunte Glaszeilen mit religiösen Motiven, den indirekten Lichteinfall sowie durch ihre Größe. Sie besitzt einen Durchmesser von 106 m und ist in der Mitte 96 m hoch. ⌚ tgl. 9–17 Uhr (Zutritt per Shorts erlaubt).

Danach geht es wieder 200 m zurück und dann nach links zu einem weiteren großen Platz, dem **Largo da Carioca**. Auf den ersten Blick fällt der Kontrast zwischen den modernen Bürohochhäusern und den gegenüber auf einem Hügel liegenden Kirchen- und Klosteranlagen ins Auge. Links befindet sich ein Kloster, in der Mitte Rios älteste Kirche, die eher bescheidene **Igreja de Santo Antônio** (1608-20), und rechts die **Igreja da Ordem Terceira de São Francisco da Penitência**. Diese 1657 begonnene und erst 1747 fertig gestellte Franziskanerkirche ist mit das Prachtvollste, was Rio an lusitanisch-barocker Kirchenkunst zu bieten hat. Die sogenannte „goldene Höhle" ist an den Zedernholzwänden vollständig mit Blattgold überzogen, der Boden ist aus Marmor, das Deckengemälde gilt als die erste Perspektivmalerei Brasiliens. Es stammt von Caetano da Costa Coelho und zeigt die Heiligsprechung des Franziskus von Assis. ⌚ Di–Fr 9–12, 13–16 Uhr, Eintritt R$2 (Zugang auch per Aufzug).

Am Ende des Largo da Carioca führt der Weg nun nach links in die **Rua da Carioca**, früher eine der wichtigsten Geschäftsstraßen der Stadt. Bei Nr. 39 befindet sich die eher karge deutsche **Bar Luís**, die als die älteste von Rio gilt. Seit 1887 hieß sie wegen des Besitzers Bar Adolf, musste aber später wegen Hitler umbenannt werden. Bei Nr. 49 folgt das im Jugendstil erbaute und 1909 eingeweihte **Cine Íris**, Rios ältestes Kino und Theater, heute ein billiges Erotikkino. Die Straße führt dann bis zu einem großen Platz, der historisch bedeutsamen und kürzlich revitalisierten **Praça Tiradentes** mit einem Reiterstandbild von Kaiser Dom Pedro I. in der Mitte.

Nach rechts gehend sieht man hinter einem kleineren Platz schon von weitem die prachtvolle Fassade des **Real Gabinete Português de Leitura**. Diese während des Kaiserreichs 1887 in neo-manuelinischem Stil errichtete Königliche Bibliothek, ein Geschenk Portugals an Brasilien, besitzt ca. 350 000 wertvolle alte Ausgaben portugiesischer Literatur und ist damit die größte und wertvollste außerhalb von Portugal. Sie beeindruckt aber vor allem durch die kafkaesk anmutende architektonische Gestaltung des Innenraums (Fotografieren ohne Blitz ist erlaubt, nur nicht laut reden oder viel herum laufen). ⌚ Mo–Fr 9–18 Uhr, Eintritt frei.

Bei Verlassen der Bibliothek nach links, den Largo de São Francisco überquerend, gelangt man dort, wo C&A zu sehen ist, in die **Rua do Ouvidor**. Diese schmale Gasse war im 19. Jh. Rios eleganteste Einkaufs- und Flaniermeile und berühmtester Boulevard Brasiliens, auch die erste Fußgängerzone der Stadt (1829) und die erste Straße mit Gasbeleuchtung (1854). Nach Überqueren der belebten Rua Uruguaiana geht es nach rechts in die Rua Gonçalves Dias und bis zur **Confeitaria Colombo** (linke Seite Nr. 32/36, blaues Vordach). Rios schönstes Kaf-

Das Maracanã-Stadion und die Fußball-WM 2014

© JOHANNES KIZLER

Das weltberühmte **Maracanã-Stadion**, 💻 www.maracanaonline.com.br, liegt in Rios Nordzone nicht weit vom Zentrum. Es wurde 1950 für die damals in Brasilien abgehaltene Fußball-WM gebaut. Bei dem Endspiel Brasilien-Uruguay kamen 199 854 Besucher, immer noch die höchste Besucherzahl, die weltweit jemals bei einem Fußballspiel erreicht wurde. Obwohl Brasilien Favorit war, verlor die *Seleção* knapp. Dieses nationale Trauma ist bis heute nicht überwunden und viele hofften, dass sich eine solche Schmach nicht wiederholt.

Denn für 2014 war im Maracanã wieder das **WM-Endspiel** vorgesehen, und 2016 dient es als Bühne für die Eröffnungs- und Abschlussveranstaltungen der **Olympischen Spiele**. Zu diesem Zweck wurde das Stadion zwischen 2010 und 2013 vollständig umgebaut und zählt nun zu den modernsten der Welt. Es verfügt über 78 838 Sitzplätze, von denen jeweils das gesamte Spielfeld zu überblicken ist. 360 Kameras garantieren eine verbesserte Überwachung. 60 Bars wurden eingerichtet und 247 Toiletten, gespeist durch Regenwasser vom Dach.

Auf nationaler Ebene begegnen sich im Maracanã die in der ersten Liga vertretenen Rio-Clubs **Botafogo, Flamengo, Fluminense** und **Vasco da Gama**. Eintrittskarten kann man bei den Clubsitzen sowie am Stadionschalter beziehen. Der Ticketverkauf startet grundsätzlich am Mittwoch vor dem Spieltag, die Preise variieren je nach Kategorie zwischen R$20–60. Die meisten Hotels bieten (natürlich etwas teurer) Spielbesuche inkl. Tickets und Transfers an. Wer auf eigene Faust zu einem Spiel anreist, sollte die überfüllte Metro eher meiden. Bequemer und schneller (ca. 30 Min.) erreicht man das Stadion per Taxi, ab Copacabana sind es über Schnellstraßen ca. 15 km.

Auch wenn gerade mal nicht gespielt wird, kann das Stadion besichtigt werden, und zwar sowohl von einem **gläsernen Aussichtsturm** *(Torre de vidro)* als auch von unten. 🕒 tgl. 9–17 Uhr, an Spieltagen bis 4 Std. vor Spielbeginn, Eintritt bei Redaktionsschluss unbekannt.

Anfahrt wenn kein Spiel ist per Taxi, Bus (Aufschrift „Maracanã“) oder Metro (Linie 1 ab Ipanema, an der Station Estácio in Linie 2 an der anderen Bahnsteigseite umsteigen und Weiterfahrt bis Station Maracanã).

feehaus hält allen Vergleichen mit Wien, Paris oder Buenos Aires stand. Es wurde 1894 von dem reichen Portugiesen Manuel Joaquim Lebrão eröffnet und zwischen 1914 und 1918 noch um einigen Luxus erweitert. Stilistisch finden sich viele Jugendstilelemente, fast alles wurde aus Europa importiert, darunter die acht gewaltigen Spiegel aus Antwerpen. An den vielen kleinen Marmortischen sitzen heute überwiegend Touristen, die sich die köstlichen Torten und üppigen Sandwiches (eins reicht für zwei Pers.) schmecken lassen, während hier früher Staatspräsidenten, Kaffeebarone und viele Bohemiens einkehrten. ⌚ Mo–Fr 9–20, Sa 9–17 Uhr.

Bei Austritt aus dem Café nach links gelangt man an der ersten Ecke links in die **Rua 7 de Setembro**. An ihrem Ende steht die restaurierte, eher wie ein Theater wirkende **Igreja de Nossa Senhora do Carmo da Antiga Sé**, Rios katholische Kathedrale von 1808 bis 1976 (Zugang seitlich von der Rua 7 de Setembro). Sowohl Dom Pedro I. als auch Dom Pedro II. wurden hier gekrönt. ⌚ Mo–Fr 7.30–16, Sa, So 10–14 Uhr.

Gegenüber der Kirche liegt ein großer Platz, die **Praça 15 de Novembro** nahe dem alten Hafen. Links davon gelangt man durch einen Torbogen in die **Travessa do Comércio**, eine der ältesten Handelsgassen der Stadt (Mo–Fr After-Work-Party). Geht man hindurch, gelangt man zum anderen Ende der **Rua do Ouvidor** und dahinter zur hübschen Parallelgasse **Rua do Rosário**, dort empfiehlt sich ein Stopp in dem französischen Gourmetlokal Brasserie Rosário.

Von der nächsten Ecke gelangt man nach rechts gehend wieder zur Praça 15, in dessen Mitte ein zweigeschossiges weißes Bauwerk von 1743 namens **Paço Imperial** steht. Hier residierte ab 1808 der vor Napoleon aus Lissabon geflüchtete portugiesische Prinzregent Dom João VI. Bis 1889 blieb es das wichtigste Regierungsgebäude des Kaiserreiches. Heute ist es ein Kulturzentrum, im Innenhof mit schönem Bistro. ⌚ Di–So 12–18 Uhr, Eintritt frei.

Beim Herausgehen auf der anderen Seite sieht man sofort den mächtigen neoklassizistischen **Palácio Tiradentes** (1926). Er beherbergte bis 1960 das Parlament Brasiliens und ist seitdem Sitz des Landtags von Rio. Früher befand sich hier ein Gefängnis, in dem der Freiheitskämpfer Tiradentes 1792 auf seine Hinrichtung wartete. Die Statue vor dem Palast ist heute Denk- und Mahnmal. ⌚ Besichtigung Mo–Sa 10–17, So 12–17 Uhr, Eintritt frei.

ÜBERNACHTUNG

Rio ist „in", was sich leider auch auf die Preise auswirkt. Die meisten Rio-Besucher quartieren sich nahe dem Atlantik ein, besonders in Copacabana oder Ipanema, dort zahlt man aber mehr als in Santa Teresa oder den Vierteln an

Der Markt von São Cristóvão – Fast wie im Nordosten

Nahe dem Maracanã-Stadion in Rios Nordzone befindet sich ein großes Stadion, in dem die Traditionen des Nordostens gepflegt werden. Offizieller Name ist Centro Luiz Gonzaga de Tradições Nordestinas, populär spricht man aber von der Feira de São Cristóvão oder gleich der **Feira Nordestina**. *Feira* heißt Markt, aber hier wird auch gegessen, getrunken und getanzt.

Auf einer Fläche von 34 000 qm² befinden sich ca. 700 Verkaufsstände, Bars und Restaurants sowie zwei große **Live-Musik-Bühnen** und etliche Tanzschuppen. Hier treffen sich an jedem Wochenende die aus dem Nordosten Brasiliens nach Rio migrierten *Nordestinos*, aber auch viele Cariocas. Jeden Monat sind es 250 000 Besucher aller Altersgruppen, die hier ihr Heimweh stillen, nach vertrauten Forró-Klängen tanzen und die typischen Gerichte der Nordostküche wie das getrocknete Dörrfleisch *Carne de Sol* genießen (z. B. im Restaurant „Baião de Dois").

Das Flair ist ganz eigentümlich, geprägt von exotischen Düften, fremden Klängen und bunten Bildern. Beim Schlendern über das Marktgelände kann man auch sehr günstige **Souvenirs** oder Folkloreartikel kaufen, zum Beispiel Hängematten, brasilianische Musik-CDs oder echte Ledersandalen ab R$8. Gegründet wurde der Markt schon 1946, als in São Cristóvão ein Industriegebiet entstand und die ersten Zuwanderer kamen. 2004 wurde er in das benachbarte Gelände eines früheren Stadions verlegt. Wer es nicht bis in den brasilianischen Nordosten schafft, kommt hier ganz nah heran. ⌚ Di–Do 10–18 (ohne Live-Musik), Fr, Sa 10–4, So 10–21 Uhr (mit Live-Musik), Eintritt R$3–6, Bus 474 hält an beiden Eingängen: Sul (Luiz Gonzaga) und Norte (Padre Cícero).

der Bucht von Guanabara (Botafogo, Flamengo, Catete und Glória).

Stark zugenommen hat die Zahl der **Hostels**, inzwischen fast 80, die meisten befinden sich in Ipanema, Copacabana, Botafogo und Santa Teresa (in allen WLAN gratis und, wenn nicht anders angegeben, keine Tax).

Leblon

Vidigalbergue Rio Hostel, Av. Niemeyer 314, Casa 2, ✆ 21/2239 9933, 💻 www.vidigalbergue.com.br. Am Hang unterhalb der befriedeten Favela Vidigal, schöne Aussicht. 4er-Dorm (R$55), 10/12er-Dorms (R$35). ❶–❷

Leblon Spot (HI), Rua Dias Ferreira 636, ✆ 21/2137 0090, 💻 www.leblonspot.com. Neueres Design-Hostel in einem dreistöckigen Altbau, 5 DZ (R$320) und 4–10er-Dorms (ab R$55, AC). Lounge und Gemeinschaftsdeck, eine gut ausgestattete Küche und Wäscherei, viele Gäste aus São Paulo, zahlreiche Bars und Restaurants in derselben Straße. ❷–❼

Hostel Z.bra, Av. Gen. San Martin 1212, ✆ 21/3596 2386, 💻 www.zbrahostel.com. Großes Design-Hostel, Retro-Chic mit Mobiliar der 1940/50er-Jahre, 4 DZ (R$265), 7 Dorms (R$75). Gemütliche Hall, Veranda-Partys, Kunstausstellungen. Einen Block vom Strand. ❸–❻

Ipanema

Casa da Harmonia Hostel, Rua Barão da Torre 175, Casa 18, ✆ 21/2523 4905, 💻 www.casadaharmonia.com. Gemütliches kleines Hostel mit 3 Dorms (R$60, nur Barzahlung), Gemeinschaftsetage mit Veranda, Küche; ruhige Lage, 3 Blocks vom Strand, zahlreiche Bars in der Nähe. ❸

The Lighthouse Hostel, Rua Barão da Torre 175, Casa 20, ✆ 21/2522 1353, 💻 www.thelighthouse.com.br. Einfaches 8er-Dorm (R$60) und ein hübsches DZ (R$160); freundliche Atmosphäre, selbe Gasse wie Casa da Harmonia, dort auch weitere Hostels. ❸–❹

San Marco Hotel, Av. Visconde de Pirajá 524, ✆ 21/2540 5032, 💻 www.sanmarcohotel.net. Modernes Hotel mit 56 Zimmern, für Ipanema recht erschwinglich, gleich bei den besten Einkaufsstraßen von Rio, 2 Blocks vom Strand. Wegen des Verkehrs Zimmer nach hinten oder in den oberen Etagen nehmen. WLAN gratis, 5 % Tax. ❺

Hotel Vermont, Av. Visconde de Pirajá 254, Ipanema (Metro: General Osório), ✆ 21/3202 5500, 💻 www.hotelvermont.com.br. Preislich noch im Rahmen liegendes Hotel mitten in Ipanema, sehr gepflegte Superior-Zimmer und gute Queen-Size-Betten. Wegen des Strassenlärms empfiehlt sich ein Zimmer zum Hof bzw. in den oberen Etagen (ab 390 R$). WLAN 15 R$/Tag, keine Tax. ❼

Hotel Ipanema Inn, Rua Maria Quitéria 27, ✆ 21/2523 6092, 💻 www.ipanemainn.com.br. Haus von 1976 mit 56 kleinen, aber nett dekorierten Zimmern (R$410–570), freundlicher Frühstücksraum, günstige Lage nahe Strand, viele Bars und Restaurants in den Seitenstraßen. WLAN gratis, 15 % Tax. ❽

Ipanema Plaza Hotel, Rua Farme de Amoedo 34, ✆ 21/3687 2000, 💻 www.ipanemaplazahotel.com. Gepflegtes Designhotel mit 140 komfortablen, großzügig geschnittenen Zimmern (ab R$590), Dachterrasse mit Pool, Bar und Meerblick. Perfekte Lage, nah an Bars und Geschäften, 150 m zum Strand. Oft auch Gay-Publikum, Langschläfer-Frühstück bis 11 Uhr. WLAN R$20/Tag, 5 % Tax. ❽

Hotel Fasano, Av. Vieira Souto 80, ✆ 21/3202 4000, 💻 www.fasano.com.br. Von dem französischen Star-Designer Philippe Starck gestaltetes Luxushotel an der Strand-Avenue, bevorzugte Unterkunft von Weltstars wie Lady Gaga, Madonna und Beyoncé (ab R$1480). WLAN R$50/Tag, keine Tax. ❽

Copacabana und Arpoador

CabanaCopa Hostel, Trav. Guimarães Natal 12, ✆ 21/3988 9912, 💻 www.cabanacopa.com.br. Beliebtes Hostel in renoviertem Altbau, DZ (R$140–190) und 4–10er-Dorms (R$34–70), 3 Blocks vom Strand, ein Block bis zur Metro, in sicherer Straße. ❶–❹

Bamboo Rio Hostel, Rua Lacerda Coutinho 45, ✆ 21/2236 1117, 💻 www.bamboorio.com. In ruhiger Straße, 3 Blocks vom Strand. Pool, Küche und nette Bar im Freien. DZ (R$200), 4–12er-Dorms (R$40–55). 5 % Tax. ❷–❺

Hotel Santa Clara, Rua Décio Vilares 316, ✆ 21/2256 2650, 💻 www.hotelsantaclara.

com.br. Nette kleine Pousada mit 25 Zimmern, mit Veranda etwas teurer, (spärliches) Frühstück auf dem Zimmer. Ruhige Lage im denkmalgeschützten Peixoto-Viertel, 15 Min. Fußweg zum Strand. WLAN gratis, keine Tax. ❻

Hotel Ibis Copacabana, Rua Viveiros de Castro 134, ✆ 21/3218 1150, 🖳 www.ibis.com. Neue Filiale der preiswerten Kette, 150 moderne Zimmer, 2 Blocks vom Strand. WLAN gratis, keine Tax, Frühstück R$16 p. P. ❻

Atlantis Copacabana Hotel, Rua Bulhões de Carvalho, ✆ 21/2521 1142, 🖳 www.atlantishotel.com.br. Perfekte Lage in ruhiger Seitenstraße in Arpoador (zwischen Copacabana und Ipanema), 5 Gehminuten zu beiden Stränden. 87 Zimmer in 3 Kategorien: Econômico (recht eng), Standard (geräumiger), Luxo (mit Meerblick). Von der Dachterrasse mit kleinem Pool schöner Blick auf Strände und Hügel. Sehr gutes Preis-Leistungs-Verhältnis. WLAN gratis, keine Tax. ❻

Mirasol Hotel, Rua Rodolfo Dantas 86, ✆ 21/2123 9292, 🖳 www.mirasolhotel.com.br. Schön gestaltete Lobby, die Standard- und Luxus-Zimmer unterscheiden sich nicht wesentlich (R$446–530), die Ausstattung ist teilweise schon etwas älter. Nette, über mehrere Ebenen verlaufende Poolterrasse mit Fitnessraum und Sauna. WLAN gratis, 5 % Tax. ❽

Hotel Windsor Martinique, Rua Sá Ferreira 30, ✆ 21/2195 5200, 🖳 www.windsorhoteis.com.br. Modernes Dreisternehotel mit stimmigem Preis-Leistungs-Verhältnis. Wenige Meter zum Strand und nur ein paar Gehmin. bis Ipanema. Die günstigeren Standard-Zimmer (R$377–406) sind kleiner, haben aber Fenster zum Hof und sind daher leiser. WLAN gratis, 15 % Tax. ❽

Hotel Porto Bay Rio Internacional, Av. Atlântica 1500, ✆ 21/2546 8000, 🖳 www.portobay.com.br. Großer Hotelkasten an der Strandstraße, der trotzdem gemütlich wirkt. 117 komfortable, geschmackvoll dekorierte Zimmer (ab R$595), z. T. mit Meerblick. Frühstücksraum im 5. OG mit Panoramaaussicht, auch vom Holzdeck mit Pool im 20. OG. Günstiger über heimische Agenturen bzw. Thomas Cook. WLAN R$40/Tag, 15 % Tax. ❽

Copacabana Palace, Av. Atlântica 1702, ✆ 21/2548 7070, 🖳 www.copacabanapalace.com.br. Brasiliens berühmtestes Grand Hotel, 1923 erbaut, Ende 2012 komplett renoviert, 243 Zimmer (ab R$1140), großer Pool im Hof. Der Palast hat den weltweiten Copacabana-Mythos mit begründet, bis heute kommen viele Prominente. Flair hat das Hotel, aber nicht alle Zimmer bieten den erwarteten Luxus. Frühstück je nach Tarif nicht immer inbegriffen. WLAN gratis, 15 % Tax. ❽

Botafogo, Flamengo, Catete und Glória

The Maze Inn, Rua Tavares Bastos 414, Casa 66, Catete, ✆ 21/2558 5547, 🖳 www.jazzrio.com. Hostelartige Unterkunft eines Engländers am Hang in einer befriedeten Favela (dennoch traut sich nicht jeder Taxifahrer hoch, es fahren auch Vans und Mototaxis). Frühstücksveranda mit Traumblick auf den Zuckerhut. Im Sommer reservieren! DZ (R$141), 8er-Dorms (R$45), WLAN gratis, keine Tax. Jeden ersten Fr im Monat ab 21 Uhr „Jazz at the Maze" (Eintritt R$40). ❷–❸

Discovery Hostel, Rua Benjamin Constant 26, Glória, ✆ 21/3449 0672, 🖳 www.discovery hostel.com. Freundlich möbliertes Haus in guter

Mietwohnungen und Bed & Breakfast

Cama e Café (Bed & Breakfast), Rua Paschoal Carlos Magno 90, Santa Teresa, ✆ 21/2225 4366, 🖳 www.camaecafe.com.br. Zimmer bei Anwohnern in Santa Teresa, Ipanema, Copacabana unter anderem, man füllt über die Internetseite einen Fragebogen aus. Stets mit Frühstück, andere Serviceleistungen wie Internet, Waschdienst, Küche und Telefon optional.

Homes in Rio, 🖳 www.homesinrio.de. Die deutsche Agentur vermittelt eine große Anzahl guter Mittel- und Oberklasse-Apartments in Copacabana, Arpoador, Ipanema und Leblon. Fragebogen über die Internetseite.

Agência Heidelberg, Av. Prado Júnior 48, Copacabana, ✆ 21/2295 4999, 🖳 www.agencia-heidelberg.com.br. Große Auswahl an Apartments aller Preisklassen (v. a. Copacabana und Leme, einige in Ipanema). Fotos, Beschreibung und Preise auf der Internetseite; Besitzer Sven spricht gut Deutsch.

Lage nahe Santa Teresa, Lapa und Zentrum, Metrostation in der Nähe, DZ (R$160–170), 6/9er-Dorms (R$49), nur Barzahlung. ❷–❹

Oztel, Rua Pinheiro Guimarães 91, Botafogo, ✆ 21/3042 1853, 💻 www.oztel.com.br. Frisch eröffnet und von einem brasilianischen Reiseverlag gleich zum besten Hostel 2013 gekürt. Wegen der cool-modernen Deko auch „Neo-Hostel" genannt. Hoher Komfort und professionelle Führung. 6 kleine DZ (R$200), 6/14er-Dorms (R$65/50). ❷–❺

Ace Backpackers Youth Hostel, Rua São Clemente 23, 1. OG, Botafogo, ✆ 21/2527 7452, 💻 www.acehostels.com.br. Gepflegtes Haus mit DZ (R$125) und 4/6er-Dorms (R$60–70), Küche und Bar, zwischen den Strand- und zentrumsnahen Vierteln. ❸

Hotel Caxambu, Rua Correia Dutra 22, Catete, ✆ 21/2265 9496. Günstige Option für Budget-Traveller, die nicht ins Hostel wollen. Einfache Zimmer (DZ und 3- oder 4-Bett) mit Bad, nur wenige mit Tageslichtfenstern. WLAN R$6/Tag, keine Tax. ❸

Hotel Ferreira Viana, Rua Ferreira Viana 58, Flamengo, ✆ 21/2205 7396, Reservierung per Telefon oder vor Ort. Haus mit 20 einfachen, aber sauberen Zimmern mit Bad. Preiswerter als das benachbarte Hotel Regina (s. u.). WLAN gratis, keine Tax. ❹

Imperial Hotel, Rua do Catete 186, Catete, ✆ 21/2112 6000, 💻 www.imperialhotel.com.br. Historischer Bau mit Atmosphäre, 80 Zimmer, kein Luxus, aber ordentlich und sauber; Pool, Sauna, Fitnesscenter und Garage. In quirliger Gegend, direkt bei der Metrostation Catete. WLAN R$5/Tag, keine Tax. ❻

Hotel Regina, Rua Ferreira Viana 29, Flamengo, ✆ 21/3289 9999, 💻 www.hotelregina.com.br. Gern gewählte Unterkunft (trotz der spartanischen Rezeption). Komfortable Zimmer, freundlicher Service, üppiges Frühstücksbuffet. Ruhigere Seitenstraße wenige Meter von der Bucht von Flamengo, Metrostation in der Nähe. WLAN R$5/Tag, 5 % Tax. ❼

Santa Teresa und Lapa

Hinweis zur Anfahrt: Viele Taxifahrer fahren nicht gern nach Santa Teresa hoch (fehlende Ortskenntnis, kein GPS, Steigungen, Kopfsteinpflaster etc.); man muss ggf. mehrere fragen und am besten vorher einen Lageplan aus Google Maps ausdrucken.

Lapa Hostel, Rua do Resende 43, Lapa, ✆ 21/2507 2869, 💻 www.lapahostelrio.com. Altbau mit recht modern eingerichteten Räumen, 4–20er-Dorms (R$35–40), große Küche, an ruhiger Straße mitten im Musik- und Sambaviertel Lapa. ❶

Books Hostel, Rua Francisco Muratori 10, ✆ 21/3437 3783, 💻 www.bookshostel.com. Freundlich dekoriertes Haus, nahe Lapa. DZ (R$130–140), 4–10er-Dorms (R$ 30–50). ❶–❸

Bossa in Rio Hostel, Rua Joaquim Murtinho 531, ✆ 21/2146 7423, 💻 www.bossainriohostel.com. Schöne postkoloniale Villa mit gepflegten und ansprechenden DZ (R$160), 4–10er-Dorms (R$36), Verandas und Freiflächen im Hof sowie reichhaltigem Frühstücksbuffet. ❶–❹

Casa 579 Hostel, Rua Doutor Julio Otoni 579, ✆ 21/3235 6480, 💻 www.casa579.com. Wunderschönes Boutique-Hostel in postkolonialem Altbau, 4 geräumige DZ (R$150–200) und 3 Dorms mit 4/8/10 Betten (R$50–55), herrlicher großer Gemeinschaftsraum, Aussichtsterrasse und Verandas mit Traumblick. ❷–❹

Carmen & Fernando, Rua Hermenegildo de Barros 172, ✆ 21/2507 3084, 💻 www.bedandbreakfastrio.com.br. Schönes Privathaus mit 5 zwar recht einfachen Zimmern, doch die Terrasse mit kleinem Pool und herrlichem Blick auf das Zentrum und die Bucht von Guanabara entschädigt. Die netten Eigentümer sind waschechte Cariocas und geben gute Ausgehtipps, fast wie zu Besuch bei Freunden. WLAN gratis, keine Tax. ❺

Casa Aurea, Rua Áurea 80, ✆ 21/2242 5830, 💻 www.casaaurea.com.br. Nette Pousada in restaurierter neokolonialer Villa mit 13 Zimmern; Gartenterrasse mit Frühstücksbuffet, Hängematten, Grill, Pizza-Ofen; Küchenbenutzung und Wäscherei. Ruhige Lage, 200 m bis Bus-/Bahnhaltestelle Richtung Zentrum. Der Besitzer spricht Deutsch. WLAN gratis, keine Tax. ❻

Castelinho38, Rua do Triunfo 38, ✆ 21/2252 2549, 💻 www.castelinho38.com. Gepflegtes kleines (Burg-)Hotel eines Italieners in toller zweistöckiger Villa von 1866.

12 unterschiedlich dekorierte Zimmer mit differenzierten Preisen, Bar und Frühstück im Freien mit schöner Aussicht. Ruhige sichere Straße, nur 300 m entfernt Bars, Cafés und Restaurants. Sehr gutes Preis-Leistungs-Verhältnis. WLAN gratis, keine Tax. ❻

Hotel Santa Teresa, Av. Almirante Alexandrino 660, ✆ 21/2222 2755, 💻 www.santateresahotel.com. Früher eine Kaffeefarm, seit 2008 Luxushotel und Traumprojekt eines französischen Millionärs mit tropischem Design, Kunstdekor, 40 unterschiedlich dekorierten Suiten (ab R$1025). Garten, Pool, Bar und Gourmet-Restaurant „Térèze"; ökologisch ausgerichtet (kein Holz aus Raubbau, Naturfasern und -steine, Kalk statt synthetischer Farben); nur 200 m entfernt von Bars, Restaurants und Kunstläden. WLAN gratis, 15 % Tax, Frühstück R$70 p. P. ❽

ESSEN

Rio ist nach São Paulo die Stadt mit den meisten Restaurants Südamerikas, die Küche bietet einen recht hohen Standard, die Preise liegen auf deutschem Niveau. Pflichtprogramm ist der Besuch einer der vielen **Churrascarias**, in denen die Kellner köstliche Fleischsorten vom langen Spieß direkt auf den Teller schneiden. Die folgende Lokalauswahl konzentriert sich auf die Stadtteile, in denen auch die meisten Unterkünfte liegen.

Leblon

Zuka, Rua Dias Ferreira 233 B. Von außen unscheinbares, aber kulinarisch spektakuläres Gourmetrestaurant. Die Preise (ab R$40) sind dafür fast moderat. Ein Tipp ist das 3-Gänge-Mittagsangebot (R$60) mit freier Wahl von der Karte (Mo–Fr). Köstlich ist die *Ceviche de Peixe Branco ao Biquinho* (Fisch mit einer süßlichen Pfefferschote, R$27–34). An der Bar kann man den Köchen über die Schulter sehen. 🕒 Mo 19–1, Di–Fr 12–16, 19–1, Sa, So 13–24 Uhr.

Sushi Leblon, Rua Dias Ferreira 256. Rios bester Japaner, bekannt für frischen und unbedenklich genießbaren rohen Fisch, viel von Prominenten besucht. 🕒 Mo–Mi 12–16, 19–1, Do–Sa 12–1, So 13–24 Uhr.

Giuseppe Grill, Av. Bartolomeu Mitre 370. Mehrfach als bestes Fleischrestaurant Rios ausgezeichnet (kein Rodízio), Fleisch und Fisch werden mit einer speziellen Technik gegrillt. Der frische Fang wird tgl. von eigenen Harpunentauchern angeliefert. Hauptgerichte ab R$40, Beilagen nach Wahl je ca. R$14 (sehr gut: *Arroz de Limão Siciliano*). 🕒 Mo–Do 12–16, 19–24, Fr, Sa 12–1, So 12–23 Uhr.

Sawasdee, Rua Dias Ferreira 571. Bestes Lokal der thailändischen Küche mit etwa 50 Gerichte zur Auswahl (R$40–80). Der Hit ist das Silberbarschfilet (*Filé de cherne crocante com risoto de shitake ao curry de maracujá,* R$68). 🕒 Mo 19–24, Di–Fr 12–16.30, 19–24, Sa, So 12–24 Uhr.

Celeiro, Rua Dias Ferreira 199. Sowohl ausgesprochener Edel-Bäcker als auch Rios bestes Salat-Restaurant, streng vegetarisch ohne Chemie, Self-Service-Buffet (R$106/kg) mit ca. 50 Salat-Optionen und zwei tgl. wechselnden warmen Gerichten. 🕒 Mo–Sa 11–17 Uhr.

BB Lanches, Rua Aristides Espínola 64 A. Seit 1964 Rios bester Fast-Food- und Saftladen, alles frisch zubereitet, viele Fruchtsäfte für R$6–8, Snacks und Gerichte (R$6–20). 🕒 tgl. 9–3 Uhr.

Kurt, Rua General Urquiza 117. Rios beste Konditorei mit leckeren Torten und exzellentem Kaffee. Wie der Name schon sagt, backt man hier nach deutscher Tradition (Kurt Deichmann flüchtete 1939 vor den Nazis). 🕒 Mo–Fr 8–19, Sa 8–17 Uhr.

Ipanema

Porcão, Rua Barão da Torre 218. Rios beste Edel-Churrascaria (*Rodízio,* R$97 p. P.), außer köstlichem Rindfleisch auch Wildschwein und Strauß sowie variationsreiches Salat- und Seafood-Buffet; Filiale in Flamengo (s. u.). 🕒 tgl. 12–24 Uhr.

Gula Gula, Av. Henrique Dumont 57. Hervorragende Salate (R$16–35), gute Fleisch- und Nudelgerichte (R$35–50) sowie leckere Nachtische (z. B. warme Schoko-Mousse, R$15). Romantische Stimmung in einer hübschen Villa aus den 1940er-Jahren. 🕒 tgl. 12–24 Uhr.

Casa da Feijoada, Rua Prudente de Morais 10 (neben Hippiemarkt). Beste Adresse für Brasiliens Nationalgericht Nr. 1, das man in anderen Lokalen oft nur Sa bekommt. Fixpreis R$73 (inkl. Caipirinha und Nachtisch), vorzugsweise bedient man sich bei dem nobleren Fleischtopf *(carne nobre)*, die andere Version ist recht schwer. ⏲ tgl. 12–24 Uhr.

Satyricon, Rua Barão da Torre 192. Rios unbestrittene Top-Gourmet-Adresse für fangfrischen Fisch und Meeresfrüchte. Die Preise sind entsprechend, manchen reicht die gemischte *Grand Piatto di Mare* (R$135). Nobles Ambiente, aber nicht überstylt. ⏲ tgl. 12–24 Uhr.

Zazá Bistrô Tropical, Rua Joana Angélica 40. Erstklassiges charmantes Thai-Lokal, in dem man sowohl an Tischen (auch draußen) als auch bei Kerzenlicht auf Kissen am Boden sitzen kann. Sehr gut sind die pikanten Suppen und diversen Fischgerichte, z. B. halbroher Thunfisch mit Gemüse und Maracujasoße (R$54). ⏲ Mo–Do 19.30–24, Fr 19.30–1, Sa 13.30–1, So 13.30–24 Uhr.

Churrascaria Carretão, Rua Visconde de Pirajá 112. Rodízio-Churrascaria der mittleren Preisklasse (R$59–63 p. P.), neben Fleisch auch Sushi und Salatbuffet, 2 Filialen in Copacabana (s. u.). ⏲ tgl. 12–24 Uhr.

Market Ipanema, Rua Visconde de Pirajá 499. Besitzerin Beatriz Lobato hat in einem Innenhof eine kleine Gourmetoase geschaffen, farbenfroh, mit chilliger Musik und gedämpftem Licht. Der Fokus liegt auf gesunder Küche: Bio-Salate (ab R$20), Fruchtsäfte (R$8), Mittagstisch (R$31) und Hauptgerichte (ab R$27). Do ab 21 Uhr Live-Jazz (Couvert R$10). ⏲ Mo–Fr 12–17, Sa, So 12–18 Uhr.

Delírio Tropical, Rua Garcia d'Ávila 48. Das hübsche Salatlokal liegt nur einen Block vom Strand, genau zwischen Posto 8 und 9, und bietet leichte, gesunde Kost, ideal für eine Strandpause. Man wählt aus 15 frischen Salatzubereitungen (R$12–16) oder bestellt eine Quiche bzw. ein Crêpe (R$10), Suppen (R$10) oder einen Veggie-Burger (R$8). ⏲ Mo–Sa 11–21, So 11.30–19 Uhr.

Azul Marinho, Praia do Arpoador. Die traumhafte Lage an der autofreien Strandpromenade, zwischen Palmen mit Blick auf den Ipanema-Strand, ist abends kaum zu toppen. Spezialität Meeresfrüchte, großzügig serviert, ein Fischteller (R$58) reicht i. d. R. für ein Pärchen. ⏲ tgl. 12–24 Uhr.

Frontera, Rua Visconde de Pirajá 128. Stilvolles und trendiges Restaurant mit variationsreichem Buffet (Fleisch, Sushi, Salate), am Wochenende auch Feijoada. Buffet R$46/kg (ab 18 Uhr und Wochenende: R$52/kg), Mi–Fr mittags auch All-you-can-eat-Angebot (R$44 p. P.). Ein zweites Haus findet sich in der Av. N. S. de Copacabana 1144. ⏲ beide tgl. 12–23 Uhr.

Cafeína, Rua Farme de Amoedo 43. Sehr nettes Straßencafé mit offener Außenterrasse, exzellentes Frühstück, auch Salate, Suppen und Nudeln. ⏲ tgl. 8–23.30 Uhr.

Copacabana

Churrascaria Palace, Rua Rodolfo Dantas 16 (neben Copacabana Palace Hotel). Nett dekorierte Churrascaria *(Rodízio)* mit einem guten Preis-Leistungs-Verhältnis (R$65 p. P.), am Buffet auch Salate und Meeresfrüchte. ⏲ tgl. 12–24 Uhr.

Churrascaria Carretão, Rua Ronald de Carvalho 55 A und Rua Siqueira Campos 23. Rodízio-Churrascaria der mittleren Preisklasse (R$53–57), neben Fleisch auch Sushi und gutes Salatbuffet. ⏲ tgl. 12–24 Uhr.

Brasileirinho, Av. Atlântica 3564. Farbenfrohe, modern-folkloristische Dekoration, Blick auf den Zuckerhut und das Meer sowie eine exzellente Küche. Bei den Hauptgerichten wählt man aus diversen Landesspezialitäten aus, beispielsweise eine leichte, ohne Dendê-Öl zubereitete Moqueca (R$85/2 Pers.) oder Feijoada (R$58 p. P.). ⏲ tgl. 21–1 Uhr.

Azumi, Rua Ministro Viveiros de Castro 127. Sehr traditionelles und authentisches Sushi-Lokal, das selbst anspruchsvolle Japaner gern aufsuchen, die Gerichte variieren zwischen R$30 und R$200. ⏲ tgl. 19–24 Uhr.

La Trattoria, Rua Fernando Mendes 7 A. Gut besuchtes Lokal im typischen Trattoria-Stil, an den Wänden Poster aus Italien. Beliebt bei Einheimischen wie Ausländern, auch günstige Tagesgerichte. ⏲ tgl. 11–1 Uhr.

€ **Bibi Sucos**, Rua Miguel Lemos 31. Beliebtes Schnellbistro mit günstigen Tagesgerichten (R$20–35), Salaten, Crêpes und über 50 verschiedenen frisch gepressten Fruchtsäften. Cooles Ambiente mit Rio-Panoramabildern und Surf-Videos, auch Tische draußen. ⌚ tgl. 8–2 Uhr.

El Cid, Rua Ministro Viveiros de Castro 15. Sehr einfach und klein, aber seit Jahrzehnten berühmt für exzellentes Fleisch, z. B. Filet Mignon (R$50) und Picanha (R$65); ein Gericht reicht gut für zwei. Seitlich offen mit Blick auf das Straßenleben. ⌚ tgl. 12–4 Uhr.

Cervantes, Av. Prado Junior 335. Das seit 1955 existierende kleine Lokal wurde schon häufig prämiert für seine dicken Fleisch-Sandwiches, stets belegt mit einer Scheibe Ananas (R$10–16); um die Ecke an der Rua Barata Ribeiro zugehöriger Stehimbiss, der viel von Nachtschwärmern besucht wird. ⌚ Di–So 12–4 Uhr.

Bio Carioca, Rua Xavier da Silveira 28 A. Hier ist Frittiertes tabu. Netter Familienbetrieb mit Spezialgerichten für Allergiker, Veganer & Co. (glutenfrei, ohne Milch und Eier usw.). Menü ca. 25 R$, man kann sich auch am Tresen seinen Teller selbst zusammenstellen. Leckere Nachspeisen, natürlich ohne Zucker. ⌚ tgl. 11.30–18 Uhr, Fr, Sa auch abends.

Urca, Botafogo, Flamengo, Catete und Glória

Porcão Rio's, Aterro do Flamengo, Flamengo. Filiale der besten Churrascaria-Kette von Rio. Hier speisen zwar oft größere Gruppen, von einem Teil der Plätze aber fantastischer Blick auf die Bucht und den Zuckerhut. Fixpreis R$97 p. P. ⌚ tgl. 12–24 Uhr.

Fogo de Chão, Av. Repórter Nestor Moreira, Botafogo. Große Churrascaria und Hauptkonkurrent der Porcão-Kette, auch der Preis ist ähnlich (R$103 p. P.). Durch eine Glaswand fällt der Blick auf den Zuckerhut. ⌚ Mo–Fr 12–24, Sa, So 12–22.30 Uhr.

Bar Urca, Rua Cândido Gaffrée 205. Von der kleinen Eckbar holt man sich die Bierflasche (R$8) und kleine Snacks (R$5–10) und setzt sich gegenüber auf ein Mäuerchen direkt an der Bucht von Guanabara, abends ein sehr beliebter Treffpunkt. Wer jedoch richtig zu Abend essen will (gute Fischgerichte, v. a. Moqueca), begibt sich ins 1. OG und genießt von dort ebenfalls den herrlichen Blick auf die Bucht. ⌚ Mo–Sa 7–23, So 8–19 Uhr.

€ **Estrela Gourmet**, Praia de Botafogo 490. Günstige Rodízio-Churrascaria (abends nur R$46 p. P. inkl. Salat- und Sushi-Buffet), gepflegtes Ambiente. ⌚ tgl. 11.30–23.30 Uhr.

Sobrenatural, Rua Bento Lisboa 4, Catete. Neuere Filiale des traditionellen Lokals in Santa Teresa, Ambiente und Dekoration etwas nobler, spezialisiert auf Fisch und Meeresfrüchte, im 1. OG häufig Konzerte. ⌚ tgl. 12–16, 18–24 Uhr.

€ **Amarelinho**, Ladeira da Glória 8, Glória. Ableger des gleichnamigen berühmten Lokals am Cinelândia-Platz im Zentrum. Traditionelle brasilianische Küche, preiswerte Gerichte ab R$25/2 Pers. Seitlich offen, auch Tische im Freien. ⌚ tgl. 11–24 Uhr.

Santa Teresa und Lapa

Espírito Santa, Rua Almirante Alexandrino 264, Santa Teresa. Nett dekoriertes Lokal mit schöner Außenterrasse in einem roten Haus an der Tramlinie. Gerichte mit amazonischem Einschlag (Süßwasserfische). Tipp: Vorspeisenmenü *Belisquete* (R$90/4 Pers.). ⌚ Mi–Mo 12–24 Uhr.

Sobrenatural, Rua Almirante Alexandrino 432, Santa Teresa. Rustikales Lokal an der Tramlinie (erkennbar an der Straßenbahn-Dekoration am Eingang), gute Seafood- und Fischgerichte, z. B. *Moqueca da Tiça Dourado* (R$86/2 Pers.); abends oft nette Stimmung bei Live-Musik. ⌚ tgl. 12–24 Uhr.

Cafecito, Rua Paschoal Carlos Magno 121, Santa Teresa. Mix aus Bar und Café an der Tramlinie, man sitzt im Freien vor dem Gemäuer einer Villa von 1870. Bekannt für die besten Sandwiches der Stadt (R$12–22/1–2 Pers.) und exzellenten Cappuccino. ⌚ So–Do 10–20, Fr, Sa 10–23 Uhr.

Mangue Seco, Rua do Lavradio 23, Lapa. Rustikales Lokal mit Tischen drinnen und draußen, spezialisiert auf Meeresfrüchte und Fisch (Tipp: *Moqueca capixaba*, R$68/2 Pers.). Eine gute Wahl vor Einkehr in das schräg

gegenüber liegende Sambalokal Rio Scenarium. ⌚ Mo–Sa 12–2 Uhr.
Santo Scenarium, Rua do Lavradio 36, Lapa. Mit Heiligenfiguren dekorierte Bar, abends häufig Live-Musik (Jazz), gute brasilianische Küche, 100 m neben dem Rio Scenarium. ⌚ Di–Sa 12–1 Uhr.

NACHTLEBEN

Leblon

In letzter Zeit hat sich Leblon verstärkt zum Ausgehziel gemausert. Diverse gute, aber zum Teil nicht ganz billige Bars findet man in den Straßen Rua Dias Ferreira (u. a. Chico & Alaíde), Av. General San Martin (u. a. Devassa), Rua Ataulfo de Paiva (u. a. Jobi) und Rua Conde de Bernadotte (u. a. Academia da Cachaça, Herr Pfeffer, Desacato). Dazu gibt es einen hervorragenden Club, der als Referenz in Rio gilt:
Melt, Rua Rita Ludolf 47, 💻 www.meltbar.com.br. Schickes In-Lokal für über 650 Gäste mit Bar, Restaurant und Tanzfläche. Das jüngere Publikum tanzt erst zu Live-Musik, ab 23 Uhr legen DJs auf. ⌚ Mo–Sa ab 21 Uhr, Eintritt R$30 (Frauen), R$60 (Männer).

Ipanema

Bar Astor, Av. Vieira Souto 110. Trendige Bar im Retro-Chic mit Mobiliar aus den 1950/60er-Jahren, gemischtes Publikum, auch Außenterrasse mit Blick aufs Meer, nur leider direkt an der Straße. Caipirinhas ab R$15, Snacks und Gerichte ab R$30. ⌚ Mo–Do 18–1, Fr, Sa 12–2, So 12–23 Uhr.
Studio RJ, Av. Vieira Souto 110. Großes Lokal mit jüngerem Mittelschicht-Publikum über der Bar Astor. Erst Live-Konzert, dann Party mit DJ. ⌚ Mo–Sa ab 21 Uhr, Eintritt R$25–50.
Vinicius Bar, Rua Vinicius de Moraes 39. Traditionelle Adresse für Liebhaber der Música Popular Brasileira (MPB) und v. a. des Bossa Nova mit guten Live-Interpreten, Publikum aller Altersgruppen, auch feineres Restaurant. ⌚ tgl. ab 21.30 Uhr, Eintritt R$30–40.
Garota de Ipanema, Rua Vinicius de Moraes 49. Hier entstand der Bossa Nova-Erfolgssong von Tom Jobim und Vinicius de Moraes, ein paar Fotos erinnern noch daran, auch T-Shirts mit den Noten des Liedes. Nostalgiker, überwiegend aus dem Ausland, kommen an dieser Bar nicht vorbei. ⌚ tgl. 11.30–2 Uhr.

Copacabana

Café Del Mar, Av. Atlântica 1910. Ein Ibiza-Ableger, im EG gutes Restaurant, im 1. OG schicke Lounge-Bar mit House Music von DJs; auch Live-Shows (Di–Do ab 20, Fr–So ab 22 Uhr). Attraktives Publikum, So Gay-Treffpunkt. ⌚ Di–So 19–3 Uhr, Eintritt R$50–90.
Charleston Bubble Lounge, Rua Rudolfo Dantas 26-B. Neueres Lokal für 200 Gäste mit Burgkeller-Ambiente; Meeresfrüchte-Festival, große Champagner-Karte mit 100 Marken,

Moderne Kneipenketten

Wegen des modernen, eher europäischen Café-Bar-Stils haben vier Kneipenketten bei der Mittelschicht wie bei Touristen schnell Anklang gefunden und sind trotz der etwas höheren Preise stets gut besucht. Bei jedem Spaziergang stößt man bald auf eines dieser Lokale.
Belmonte, Filialen in Flamengo, Copacabana, Ipanema und Leblon. Mit dieser Kette fing der neue Trend in Rio an. Hier steht das Bier besonders schnell auf dem Tisch, vor dem Lokal stets eine Menschentraube in lockerer Unterhaltung. ⌚ tgl. 12–2 Uhr.
Informal, Filialen in Copacabana, Ipanema, Leblon, Barra, Jardim Botânico, Tijuca, Botafogo und Lapa. Gepflegt und dennoch zwanglos, nett dekoriert, das Bier hat nach deutschem Vorbild eine Schaumkrone. ⌚ Mo–Fr 18–24, Sa, So 12–24 Uhr.
Devassa, Filialen in Ipanema, Leblon, Barra, Flamengo und Centro. Das nach deutschem Rezept in eigener Brauerei hergestellte Bier ist ganz hervorragend. ⌚ tgl. ab 18 Uhr.
Conversa Fiada, Filialen u. a. in Ipanema und Leblon. Die schickste und teuerste Kette, beliebt auch wegen der am Tisch servierten Snacks und langen Öffnungszeiten, viele Ausländer. ⌚ tgl. ab 12 Uhr.

Live-Musik (Do Jazz, Fr Tango, Sa Choro). ⌚ Mo–Sa 19–2 Uhr.

Clandestino Mex, Rua Barata Ribeiro 111. Kleine Bar mit langer Theke und Hockern, gut besucht v. a. von jüngeren Backpackern des benachbarten Hostels. Mexikanische Küche, Sa Party mit Popmusik, sonntags Samba live. ⌚ Mo–Mi 18–1.30, Do–Sa 18–3, So 18–1.30 Uhr.

Ponto da Bossa Nova, Rua Domingos Ferreira 215. Urige Straßenbar mit Live-Musik (Di–Do, Sa, So ab 20 Uhr, Couvert R$5). Gespielt wird Bossa Nova, MPB oder auch mal Sertanejo. Ausgelassene Stimmung auf der kleinen Außenterrasse, auch das Essen ist anständig. ⌚ So, Mo 12–1, Di–Sa 12–3 Uhr.

€ **Bip Bip**, Rua Almirante Gonçalves. Vor dem legendären kleinen Laden versammeln sich Stammgäste und zufällig verirrte Touristen, nippen ein Dosenbier und lauschen einigen der besten Samba-Musiker Rios (Do/So Samba, Mo/Di Choro ab 20 Uhr, gratis). Um die Anwohner nicht zu stören, wird Beifall durch Fingerschnipsen gezollt.

Santa Teresa

Armazém São Thiago (Bar do Gomez), Rua Áurea 26 (an der Tram-Linie nach Paula Matos). Populärste Einheimischen-Kneipe des Viertels, urig-rustikal, von 1909–2002 Kolonialwarenladen (man sieht's noch). Preiswerte Getränke (darunter 100 Cachaça-Sorten), Snacks (Tipp: Gefüllte Teigtaschen, *Empanada*, R$6) und üppige Salami- oder Mortadella-Sandwiches. ⌚ Mo–Sa 12–24, So 12–20 Uhr.

Bar do Mineiro, Rua Paschoal Carlos Magno 99. Beliebte Kneipe, viel von Touristen bzw. Backpackern besucht, die gerne auch draußen stehen (drinnen oft zu voll und laut). An den weiß getünchten Wänden ältere Fotos von brasilianischen Gesangsstars und naive Bauernmalerei aus Minas Gerais. ⌚ Di–So 12–1 Uhr.

€ **Simplesmente**, Rua Paschoal Carlos Magno 115. Der Name der netten Kneipe („Ganz einfach") sagt alles, gern von lokalen Freaks und Künstlern besucht. Günstige Standard-Gerichte um R$20. ⌚ tgl. ab 18 Uhr.

Lapa

Rio Scenarium, Rua do Lavradio 20, Reservierung ✆ 21/3147 9000, 💻 www.rioscenarium.com.br. Berühmtes In-Lokal für Freunde des Samba, Chorinho und Bossa Nova. Drei Stockwerke voll mit schönen Antiquitäten, unten Live-Bühne und Tanzpiste, auch gutes Restaurant. Das Publikum ist vom

Rio für Gays

Rio de Janeiro wurde 2010 zur gay-freundlichsten Stadt der Welt gewählt, 25 % der ausländischen Touristen sind dem GLS-Publikum zuzurechnen (GLS= *gays, lésbicas e simpatizantes*). Wichtigster Treffpunkt ist Ipanema mit mehreren gay-freundlichen Kneipen entlang der Rua Farme de Amoedo.

00 (Zero Zero), Av. Padre Leonel Franca 240, Gávea. Der im Planetarium von Rio befindliche Club bietet eine der besten GLS-Partys der Stadt. ⌚ So 17–5 Uhr, Eintritt R$30–35.

Galeria Café, Rua Teixeira de Mello 31, Ipanema. Fr ab 23 Uhr startet die beliebte Party *Sexta Básica.* ⌚ Mi–Sa ab 23 Uhr, Eintritt R$30–40.

Le Boy, Rua Raul Pompéia 102, Copacabana. Gay-Hotspot in Copacabana, tgl. wechselndes Programm. ⌚ Di–So ab 23 Uhr, Eintritt R$10–40.

The Week, Rua Sacadura Cabral 154, Saúde/Centro. Schickerer Club, Sa ein Tempel der House-Musik mit Top-DJs, sonst nur bei Sonderveranstaltungen. ⌚ Sa ab 24 Uhr, Eintritt R$25–60.

Tô nem aí, Rua Farme de Amoedo 57, Ipanema. Eher bodenständige Kneipe (abgewetzte Dielen, laute Rock-Musik, abgegriffene Speisekarten), doch „in". ⌚ tgl. 12–2 Uhr.

TV Bar, Av. N. S. de Copacabana 1417. ⌚ Do–Sa ab 22, So ab 21 Uhr, Eintritt R$20–40.

Alter her gemischt. Ab 20 Uhr Vor-Band, ab 22.30 Uhr Hauptband, Fr/Sa am späteren Abend lange Warteschlangen, daher schon gegen 21 Uhr kommen oder reservieren. ⌚ Di–Sa ab 19 Uhr, Eintritt Di–Do R$30, Fr, Sa R$40.

Carioca da Gema, Av. Mem de Sá 79. Traditionsreiches kleines Musiklokal in einem Altbau, Mittelschicht-Publikum mit alternativem Touch. Ab 21 Uhr flotte Samba-, Chorinho- oder MPB-Live-Musik und Tanz. Einen Sitzplatz darf man aber nicht erwarten, nur wenige Tische. Fr/Sa sehr voll, gute Option für Mo Abend, wenn die meisten anderen Lokale geschlossen sind. ⌚ tgl. ab 21 Uhr, Eintritt R$22–26.

Mas será o Benedito, Rua Gomes Freire 599. Eines der besten Lokale Rios für traditionelle Samba-Live-Musik (Shows im 3. OG), auch Bar und Restaurant, Publikum aller Altersklassen. ⌚ Di–Sa ab 21 Uhr, Eintritt R$20–30

Circo Voador, Rua dos Arcos. Modernes Showzelt mit Tribünen, Piste und Video-Leinwand auf großem Gelände gleich unter den Arcos da Lapa. Schwerpunkt auf Rock und Techno, Live-Musik, jüngeres Fan-Publikum. ⌚ Programmtage variabel, ab 22 Uhr, Eintritt je nach Band ab R$40.

TriBoz, Rua Conde Lages 19. In Rio gibt's kaum Jazz-Lokale, das kleine TriBoz ist eine rühmliche Ausnahme. In elegantem Ambiente spielen gute Bands, es finden auch improvisierte Sessions für Kenner und Eingeweihte statt. Aufmerksamer Service. ⌚ Do–Sa 21–1 Uhr, Eintritt R$20.

Zentrum

€ **After-Work-Party**, nahe Praça 15 de Novembro in den Altstadtgassen Travessa do Comércio, Rua do Ouvidor und Rua do Rosário. Man sitzt im Freien an Straßentischen und feiert mit den Angestellten. ⌚ Mo–Fr ab 18 Uhr.

Trapiche Gamboa, Rua Sacadura Cabral 599, Gamboa (nahe Praça Mauá, Terminal der Kreuzfahrtschiffe). Originell eingerichtete Bar mit exzellenten Samba-Gruppen und gemischtem Publikum aller Altersklassen. ⌚ Mo–Do Live-Musik ab 20.30, Fr, Sa ab 22.30 Uhr, Eintritt R$15–20.

Die angesagtesten Clubs der Stadt

00 (Zero Zero), Av. Padre Leonel Franca 240, Gávea. Einer der schönsten Clubs der Stadt für 450 Gäste, Altersgruppe 18–40, Fr/Sa eher jünger. Rock, Dance und elektronische Musik, mit DJs und Piste, auch exzellente Küche. ⌚ Di–Sa ab 22 Uhr, So nach dem Strand Gay-Fest von 17–5 Uhr, Eintritt R$15 (Frauen), R$30–40 (Männer).

Miroir, Av. Epitácio Pessoa 1484, Lagoa. Neuerer In-Club der Upper Class. ⌚ Do–Sa ab 23 Uhr, Eintritt R$60 (Frauen), R$150 (Männer).

Zozô, Av. Pasteur 520, Urca (neben der Talstation zum Zuckerhut). Elektronische Musik mit DJs. ⌚ Fr, Sa ab 24 Uhr, Eintritt je nach Programm bis R$100.

€ **Pedra do Sal**, am Fuße des Morro da Conceição nahe Largo de São Francisco da Prainha, Saúde (200 m vom Schiffsterminal). Populäre Sambarunde im Freien auf einem kleinen Platz, man steht oder setzt sich auf die Treppen einer Gasse und holt sich Getränke von einer Bar. ⌚ Mo, Fr ab 19 Uhr.

Pampa Grill, Av. Almirante Barroso 90. Am Tage Churrascaria, zum Feierabend beliebter Happy-Hour-Treffpunkt mit DJs, zwei Pisten und hohem Flirtfaktor. ⌚ Di ab 19, Do, Fr ab 20 Uhr, Eintritt R$20 (Frauen), R$25 (Männer).

KULTUR

Konzert- und Showhäuser

Vivo Rio, Av. Infante Dom Henrique 85, Parque do Flamengo (nahe Zentrum beim Museu de Arte Moderna), 💻 www.vivorio.com.br.

Citibank Hall, Av. Ayrton Senna 3000, Shopping Via Parque, Barra da Tijuca, 💻 www.citybankhall.com.br.

HSBC Arena, Av. Emb. Abelardo Bueno 3401, Barra da Tijuca, 💻 www.hsbcarena.com.br.

Cidade das Artes (Stadt der Kunst), Av. das Américas 5300, Barra da Tijuca, neben Konzerten auch Theater, Oper und Tanz. Erst 2013 eröffnet, noch keine Internetseite, Programm s. Zeitung.

Kulturzentren

€ **Centro Cultural do Banco do Brasil** (CCBB), Rua 1° de Março 66, Centro, 💻 www.bb.com.br/cultura. Bedeutendstes Kulturzentrum von Rio mit wechselnden Ausstellungen von Weltrang. 🕒 Di–So 10–21 Uhr, Eintritt frei.

Museen

Hier werden nur Museen angeführt, die im Hauptteil nicht näher erwähnt wurden.

Museu de Arte Moderna (MAM), Av. Infante Dom Henrique 85, Aterro do Flamengo (nahe Airport Santos Dumont und Zentrum), 📞 21/3883 5600, 💻 www.mamrio.com.br. Mehrere tausend Kunstobjekte, ein Drittel gehört zu der permanenten „Coleção Gilberto Chateaubriand" mit Werken von Di Cavalcanti, Portinari u. a., ansonsten wechselnde Ausstellungen. Im 1. OG befindet sich das sehr gute Restaurant **Laguiole** (Hauptgerichte ab R$50). 🕒 Di–So 12–18 Uhr, Eintritt R$12.

Casa Daros, Rua General Severiano 159, Botafogo, 📞 21/2138 0850, 💻 www.casadaros.net. 1200 Werke zeitgenössischer Kunst Lateinamerikas (Gemälde, Skulpturen, Fotos, Videos) von mehr als 120 Künstlern. Das 2013 eingeweihte Museum (Hauptsitz ist Zürich) befindet sich in einem neoklassizistischen Palast aus dem 19. Jh. 🕒 Mi–Sa 12–20, So 12–18 Uhr, Eintritt R$12.

Museu da Imagem e do Som (MIS), Av. Atlântica 3432, Copacabana. Das architektonisch höchst spektakuläre Bild- und Ton-Museum (Eröffnung 2014) soll das meistbesuchte Museum Brasiliens werden. Alles von Bossa Nova bis Samba und die ganze nationale Filmgeschichte werden hier zu hören bzw. zu sehen sein. Durch die Glasfront wie von einem Aussichts-Café Blick auf die Copacabana, das Meer und den Zuckerhut.

Museu do Amanhã, Praça Mauá, Centro (nahe Schiffsterminal). Fast wie ein Guggenheim-Museum wird dieser spektakuläre Bau aus der Feder des spanischen Star-Architekten Santiago Calatrava aussehen (Eröffnung für 2014 geplant). Es geht um die Zukunft, das Klima, das lange Leben der Menschen, neue Formen der Arbeit und allgemein um Nachhaltigkeit.

Museu de Arte do Rio (MAR), Praça Mauá, Centro (gegenüber vom Schiffsterminal), 📞 21/2203 1235, 💻 www.museudeartedorio.org.br. In Rios neuem Kunstmuseum (2013) sind vor allem Gemälde zu besichtigen. Von der Dachterrasse im 6. OG genießt man zunächst einen fantastischen Ausblick und begibt sich dann zu den darunter liegenden Ausstellungsflächen. Auf 4 Etagen sieht man Landschaftsmotive des alten Rio, dann eine internationale Kollektion, darunter abstrakte Malerei und ganz unten einen Mix verschiedener Arten von Gegenwartskunst. Insgesamt überwiegt noch Quantität vor Qualität, das kann sich aber ändern. 🕒 Di–So 10–17 Uhr, Eintritt R$8 (Di frei).

Museu Histórico Nacional, Praça Mal. Ancora, Centro, 📞 21/2550 9220, 💻 www.museuhistoriconacional.com.br. Großes Museum in einer früheren Festungsanlage zur Geschichte Brasiliens. Gemälde, Mobiliar, Uniformen, Waffen (auch Kanonen), Kutschen, Oldtimer, eine Apotheke von 1847 und Münzsammlungen. Sogar die Prähistorie ist berücksichtigt, u. a. mit einer nachgebauten Grotte aus der Serra da Capivara in Piauí. 🕒 Di–Fr 10–17.30, Sa, So 14–18 Uhr, Eintritt R$8.

Museu Casa do Pontal, Estrada do Pontal 3295, Recreio, 📞 21/2490 2429, 💻 www.museucasadopontal.com.br. Eine private Volkskunst-Sammlung in 12 thematisch angeordneten Sälen mit 4500 Objekten und Miniaturen aus Ton, Gips oder Holz. Größtes Museum dieser Art in ganz Brasilien. Anfahrt per Bus bis Barra Shopping, dort umsteigen in Bus 808 nach Recreio (alle 35 Min., hält direkt vor dem Museum). 🕒 Di–So 9.30–17 Uhr, Eintritt R$10.

Feste

Jan: São Sebastião, Fest zu Ehren des Schutzheiligen von Rio (20.1.).

Feb: Karneval (Kasten S. 307)

Juli: Anima Mundi, Centro Cultural do Banco do Brasil, Centro. Comic-(Film-)Festival mit Werken aus der ganzen Welt (Datum variabel).

Sep: ArtRio, Pier Mauá (Hafendock), Centro, 💻 www.artrio.art.br, internationale Ausstellung zeitgenössischer Kunst (auch Verkauf). Seit Einführung 2011 ein großer Erfolg, 2012 bereits

Rund um den Karneval

Der Karneval von Rio gilt als Synonym für Lebensfreude und ist eines der größten und berühmtesten Feste der Welt. Auch darum hat die Stadt Köln am 14.7.2011 eine Städtepartnerschaft mit Rio de Janeiro abgeschlossen. Alle Infos zu diesem Mega-Event findet man auf der englischsprachigen Seite 💻 www.rio-carnival.net.
Die Schattenseiten werden jedoch auch immer deutlicher: restlos ausgebuchte Hotels mit verdreifachten Preisen und Mindestaufenthalt 6 Tage, Verkehrschaos, überlastete Infrastruktur, hohe Kleinkriminalität, verschmutzte Straßen usw. Wer nicht ausgesprochener Karnevalsliebhaber und Samba-Fan ist, bekommt außerhalb der tollen Tage einen lohnenswerteren und authentischeren Eindruck von Rio, und die Karnevalsstimmung lässt sich auch während der vielen Proben zwischen Okt–Jan erleben.

Sambódromo

Was alle Welt von Rios Karneval kennt, sind die großen Umzüge im Sambódromo, einem 1984 unter Oscar Niemeyer erbauten und 2012 erweiterten **Tribünenstadion** für 77 800 Zuschauer, Av. Presidente Vargas (Metrostation Central), Centro. Zwei Nächte (So/Mo) ziehen auf dieser 700 m langen Piste die 12 besten Sambaschulen der 1. Liga *(Grupo Especial)* durch, Karten über Reisebüros, bessere Plätze ab R$200. Am Sa darauf folgt ab 21 Uhr die Siegerparade der Besserplatzierten. Am Fr und Sa vor den Umzügen der 1. Liga ziehen hier noch die 19 Sambaschulen der 2. Liga *(Grupo de Ouro)* hindurch, der Sieger wird mit dem Aufstieg in die Spitzengruppe belohnt.

Sambaschulen

Die Sambaschulen der 1. Liga fangen schon im November an, in ihren Hallen *(Quadras)* zu proben und zu feiern. Die Stimmung ist sehr ausgelassen, nur könnte die Lautstärke für empfindlichere Ohren ein Problem sein. Zu empfehlen sind folgende Vereine:
Mangueira, Rua Visconde de Niterói 1072, Mangueira, ✆ 21/7818 2645, 💻 www.mangueira.com.br. Traditionsreichste Sambaschule Rios, der Verein ist gut organisiert und besitzt in seiner Halle eine ausgezeichnete Infrastruktur. Fast alle Hotels bieten organisierte Touren, die man wegen des Komforts und der Entfernung durchaus in Anspruch nehmen sollte. ◷ Nov–Feb jeden Sa 22–5 Uhr, Eintritt R$40.
Salgueiro, Rua Silva Teles 104, Tijuca, ✆ 21/2238 9226, 💻 www.salgueiro.com.br. Das ebenfalls recht moderne Vereinshaus liegt den touristischen Südzonenvierteln am nächsten und kann daher auch leicht auf eigene Faust per Taxi erreicht werden. ◷ Okt–Feb Sa 22–4 Uhr, Eintritt R$40.

Straßenkarneval

Er ist nach einer jahrelangen Flaute seit 2012 wieder der größte der Welt. In vielen Stadtteilen finden schon ab Mitte Januar mehr als 400 Umzüge *(blocos)* statt sowie mehrtägige Bühnenshows, besonders auf dem Platz unter den Arcos da Lapa und auf dem Cinelândia-Platz vor dem Theatro Municipal. Am traditionsreichsten sind die Feste und Umzüge von **Cordão da Bola Preta** im Zentrum (Cinelândia und Av. Rio Branco), 💻 www.cordaodabolapreta.com.br, außerdem von **Banda Ipanema** und **Simpatia É Quase Amor** (beide in Ipanema). Die Teilnehmer feiern sehr ausgelassen, tragen bis auf die vielen schrill kostümierten Transvestiten aber nur bunte Einheits-T-Shirts. Ein eher alternativer Karneval mit improvisierter Kostümierung findet in Santa Teresa statt, Highlight ist immer der Umzug des **Bloco das Carmelitas**. Zu empfehlen sind auch **Sargento Pimenta** (Gewinner des Straßenkarnevals von 2013, mit Beatles-Songs im Samba-Rhythmus) und **Bangalafumenga**, beide im Park von Flamengo, also eher ein Festort statt Umzug (mehr Platz zum Tanzen und Schauen).

mit 120 Galerien (davon die Hälfte ausländischer Herkunft). 🕒 12–20 Uhr, Eintritt R$30 (4 Tage am Monatsanfang, Datum variabel).

Festival de Cinema do Rio, 💻 www.festivaldorio.com.br, größtes Film-Festival Brasiliens in rund 30 Kinos mit ca. 400 Filmen aus 60 Ländern. Vorverkauf tgl. 10–22 Uhr, Estação Sesc Rio, Rua Voluntárias da Pátria 35, Botafogo. 30 % der Eintrittskarten direkt an der Kinokasse (Ende des Monats bis Mitte Oktober, Datum variabel).

Rock in Rio, eines der größten Musikfestivals der Welt mit nationalen und internationalen Superstars in Barra da Tijuca (voraussichtlich wieder 2015).

Dez: **Natal** (Weihnachten): wichtigstes religiöses Fest Brasiliens, fast wie in Europa mit Familientreffen, Weihnachtsmann, Lichterbaum und gemütsvollen Liedern, nur eben unter Palmen und bei 35–40 °C. Viele Häuserfassaden und Baumstämme sind mit Lichterketten geschmückt, besonders beeindruckend ist ein 85 m hoher schwimmender Lichterbaum mitten in der Lagoa Rodrigo de Freitas mit 3,1 Mio. Lampen (Guinness-Rekord). Viele Restaurants sind Heiligabend ab 18 Uhr geschlossen, nach Mitternacht gibt es jedoch einige Alternativfeste. Am 25. ist noch Feiertag, aber alle Lokale sind wieder geöffnet. Der 26. ist ein normaler Werktag.

Reveillon – Silvester

Reveillon, Silvester in Rio, ist eines der größten Spektakel der Welt. Am Strand der Copacabana versammeln sich mehr als 2 Mio. Menschen, zu Ehren der Meeresgöttin *Yemanjá* häufig in Weiß gekleidet. Am späten Nachmittag und frühen Abend finden afro-brasilianische *Candomblé*-Rituale statt, bei denen Blumen ins Meer geworfen werden. Das Feuerwerk ist wirklich berauschend, vorher und nachher spielen auf mehreren Bühnen Musikgruppen. An- und Abfahrt per Bus oder Taxi, lieber etwas früher kommen (gegen 21 Uhr). Leider nehmen alle Hotels den mehrfachen Preis und akzeptieren nur Buchungspakete für 3-4 Nächte.

EINKAUFEN

Antiquitäten und Kunsthandwerk

Feira de Antiguidades da Praça Quinze, Praça 15 de Novembro, Centro. Gehobener Flohmarkt, auf dem sich Raritätensammler und Schnäppchenjäger alles herauspicken, was das 20. Jh. an Kuriositäten hervorgebracht hat, von Jugendstil-Lampen über alte Münzen, Kameras und Uhren bis zu kugelförmigen Fernsehern. 🕒 Sa 10–17 Uhr, Eintritt frei.

Feira do Rio Antigo, Rua do Lavradio, Lapa. In dieser Straße befinden sich viele Antiquitätenläden, die einmal im Monat vieles auf die Straße stellen; zu dem wohl schönsten Trödelmarkt der Stadt hat sich seit einiger Zeit auch ein offener Flohmarkt gesellt. Die Stimmung gleicht einem Straßenfest mit Kleinkunst, Samba und Bossa Nova. 🕒 nur 1. Sa im Monat 9–18 Uhr.

Feira Hippie, Praça General Osório, Ipanema. 1968 noch ein echter Hippie-Treff, heute ein gehobener und nicht billiger Kunsthandwerksmarkt. Großes Angebot an Lederwaren, Flip-Flops, Halbedelsteinen, Schmuck, Keramikartikeln, Kleidung (T-Shirts, Bikinis), Bildern, Skulpturen, Möbeln usw. 🕒 So 9–17 Uhr.

Feira de Artesanato de Copacabana, Mittelstreifen der Av. Atlântica zwischen dem Hotel Debret (Nr. 3564) und dem Rio Othon Palace (Nr. 3264). Ähnliche Artikel wie auf der Feira Hippie, nur einfacher und preiswerter, sowie typische Souvenirs. 🕒 tgl. 19–4 Uhr.

Einkaufszentren

Shopping Leblon, Av. Afrânio de Melo Franco 290, Leblon. Großes Upperclass-Kaufhaus mit eleganten Läden, von der obersten Food-Etage schöner Blick auf die Lagoa und den Corcovado. 🕒 Mo–Sa 10–22 Uhr.

Rio Sul Shopping Center, Rua Lauro Müller 116, Botafogo (nahe Copacabana). Europäischen Standards entsprechendes Kaufhaus mit Boutiquen und Läden auf vier Etagen; auch Bars, Restaurants, Kinos. 🕒 Mo–Sa 10–22 Uhr.

Öko-Produkte

Feira Cultural e Ecológica da Glória, Rua do Russel (gegenüber Nr. 300), Glória. Organisiert von der „Associação dos

Agricultores Biológicos do Rio", Straßenmarkt mit vielen Ständen für Bio-Produkte, z. B. der Schweizerin Françoise Oestreicher, an dem alle Varianten von Ziegenkäse angeboten werden. ⌚ Sa 7–13 Uhr.

Granado Pharmácias, Rua Primeiro de Março 16, Centro, 💻 www.granado.com.br. In der ältesten Apotheke Brasiliens (1870) befindet sich ein hübscher Verkaufsraum für natürlich hergestellte Kosmetik, die meisten Zutaten stammen aus Amazonien. ⌚ Mo–Fr 8–20, Sa 10–14 Uhr.

Supermärkte

In Rio gibt es viele Supermärkte, vom Hotel aus muss man oft nur wenige Schritte gehen (an der Rezeption nach dem *supermercado mais próximo* fragen). Am besten ist die Kette **Zona Sul** mit Qualitätswaren, vorbildlicher Hygiene und fast durchgängigen Öffnungszeiten: Rua Francisco Sá, Copacabana; Rua Visconde de Pirajá 504–508, Ipanema; Rua Gustavo Sampaio 679, Leme.

AKTIVITÄTEN

Klettern

Rio gilt wegen der vielen Hügel und Felsen als das beste städtische Kletterrevier der Welt, es gibt mehr als 300 Pfade. Sie sind ganzjährig nutzbar, im Herbst/Winter (Mai–Okt) ist es weniger heiß, auch fallen weniger heftige Niederschläge. Anfänger erklimmen am besten die Wand des **Morro da Babilônia**, den gegenüber liegenden **Zuckerhut** (nahe der Spitze jedoch 15 m Steilaufstieg) oder die 553 m bis zum Gipfel des **Morro Dois Irmãos** (R$110 bei Crux Ecoaventura, s. u.). Auch der **Corcovado** zählt noch zu den leichteren Felsen. Schwieriger ist die 3 Std. dauernde Besteigung des 842 m hohen **Pedra da Gávea**. Bei allen Pfaden sollte man in jedem Fall einen Guide (und bei einigen auch eine Ausrüstung) dabei haben, z. B. über 💻 www.companhiadaescalada.com.br, cruxecoaventura.com.br (beide Seiten Engl.).

Kochen

Cook in Rio, Rua do Rosário 36, Centro, ☎ 21/8761 3653, 💻 www.cookinrio.com. Die sympathische Brasilianerin Simone Almeida führt in einer gemütlichen Showküche in die Geheimnisse der brasilianischen Kochkunst ein. Gemeinsam wird ein komplettes brasilianisches Menü zubereitet, u. a. *Feijoada* oder *Moqueca*. Kurse (Engl.) R$160 p. P. inkl. Speisen und Getränke (2–6 Pers.).

Brazilian Fruit Tasting Session, 💻 www.fruitbrazil.com. Hier kann man sich in 60 Minuten durch die köstlichsten Tropenfrüchte naschen und erhält dazu Erklärungen auf Englisch (R$70 p. P.).

Radfahren

Rio besitzt das größte Radwegenetz Brasiliens, man kann z. B. durchgehend von Leblon bis zum Flughafen Santos Dumont radeln, oder rund um die Lagoa Rodrigo de Freitas. Ein ambitioniertes Radverleihsystem („Pedala Rio", erkennbar an der orangenen Farbe der Räder) ist für ausländische Gäste leider schwer nutzbar, da man sich im Internet registrieren und bei jeder Rad-Freischaltung per Mobiltelefon anrufen muss. Daher empfiehlt es sich, auf private Verleiher zurückzugreifen:

Bike & Lazer, Rua Visconde de Pirajá 135, Ipanema, ☎ 21/2521 2686, 💻 www.bikeelazer.com.br. 21-Gang-Räder R$15/Std. bzw. R$60/24 Std. ⌚ Mo–Fr 9–20, Sa 9–17 Uhr.

Special Bike, Rua Barata Ribeira 458, Copacabana, ☎ 21/2547 9551, 💻 www.specialbikebotafogo.com.br. Verleih 20R$/Std., 45R$/Tag (10–18 Uhr), Pfand R$300 oder Visa-Garantie. ⌚ tgl. 8–18 Uhr.

Segelfliegen

Tandemsprünge sind in Rio sehr beliebt, entweder per Drachen (Asa-Delta) oder mit dem Gleitschirm (Paragliding). Start ist von der Rampe des Pedra Bonita (nur bei Aufwind vom Meer), Landung bei der Praia do Pepino. Professionelle Fluglehrer warten am Strand auf Gäste, das Mitfliegen (15–20 Min.) kostet R$250 plus R$15 Gebühr (ggf. Hoteltransfer R$40). Der weite Blick über die Hügellandschaft ist fantastisch. Besonders zu empfehlen sind: **Konrad Heilmann**, 💻 www.airadventures.net, deutschsprachiger Anbieter (fliegt selten selbst) mit einem englischsprachigem Team; **Ricardo Lima**, 💻 www.flytourbrazil.com.

Strand-Volleyball und Fute-Vôlei

Rios Strände sind das Eldorado für Volleyball-Fans, nach dem Fußball ist es der zweitbeliebteste Sport. Trainingsstunden bei **Escola de Vôlei de Praia Sandra & Elaine**, Praia de Leblon, nahe Posto 12, 💻 www.voleipraia.com. Sehr beliebt ist auch **Fute-Vôlei**, bei dem der Ball bloß mit Brust, Schulter, Kopf und Fuß gespielt werden darf. Dieser Sport wurde 1965 erfunden, als vorübergehend Fußballspielen am Strand verboten war.

Surfen, Kite- und Windsurfen, Stand Up Paddling

Es gibt drei besonders beliebte **Surf-Spots**: in Arpoador zwischen Copacabana und Ipanema (Wellen 1–2 m), in Barra-Meio auf der Höhe der Av. Sernambetiba 3100 (bis 2 m) sowie weiter außerhalb an der Prainha (1–3 m). Die beste Jahreszeit mit den höchsten Wellen ist von April–Juni. Anfahrt per **Surf-Bus** (zu erkennen an der Bemalung mit einer großen Welle), ✆ 21/3546 1860, 💻 www.surfbus.com.br, Platz für 37 Fahrgäste und 57 Bretter/Bodyboards, Start tgl. 7, 10, 13 und 16 Uhr ab Largo do Machado (Flamengo), fährt an allen Stränden entlang bis Prainha, letzte Rückfahrt 17.30 Uhr, R$10 (hin und zurück).
Sehr in Mode gekommen ist **Stand Up Paddling**, besonders am Posto 6 der Copacabana.
Ein gutes Verleihgeschäft für Surfbretter ist **Boards & Co**, Rua Francisco Otaviano 67, Arpoador. Unterricht erteilt **Surf Rio Arpoador**, 💻 www.surfrio.com.br, R$40 (1x in Gruppen), R$60 (1x individuell), R$250 (5x individuell).
Kitesurfen kann man am vorderen Strandabschnitt von Barra in der Nähe der berühmten Strandbar von Pepê, wo mit Windstärken von 40 km/h zu rechnen ist. Mormaii Kitepoint Rio, Av. do Pepê, Quiosque Nr. 7, 💻 www.kitepointrio.com.br, bietet Kurse (3 Std. R$800, 5 Std. R$1200, 10 Std. R$1800) und Ausrüstung. Auch **Windsurfen** ist hier möglich, häufiger jedoch innerhalb der Bucht von Guanabara.

Wandern

Im Parque Nacional da Tijuca, dem größten innerstädtischen Waldgebiet der Erde, gibt es ein ausgedehntes, gut ausgeschildertes Wegenetz. Am Parkeingang kann man in dem Souvenirladen Kartenmaterial erwerben. Längere Wanderungen, die von den Hauptwegen wegführen, sollte man stets nur geführt unternehmen. Englischsprachige Guides über **Rio Hiking**, 💻 www.riohiking.com.br.

TOUREN

Bootstouren

Macuco Rio, Marina da Glória, ✆ 21/3286 8130, 💻 www.macucorio.com.br. Tolle Fahrt im Speed Boat aus der Bucht heraus bis zu den Cagarras-Inseln vor Ipanema (tgl. 10 und 14 Uhr, 2 Std., R$130, Kinder bis 6 J. gratis, bis 12 J. R$60, mind. 5 Pers.), in der Saison reservieren. An heißen Tagen Badesachen und Kleidung zum Wechseln mitbringen, an kühleren Tagen Pullover/Jacke, evtl. auch ein Mittel gegen Seekrankheit.
Marlim Yacht, Marina da Glória, ✆ 21/2225 7434, 💻 www.marlimyacht.com.br. Fahrt im langsameren Schoner ebenfalls aus der Bucht heraus bis zu den Cagarras-Inseln (Di–So 10–14 Uhr, R$90).

Inseltour zur Ilha de Paquetá

Diese kleine autofreie Insel (4500 Einw.) in der Bucht von Guanabara kann man auf eigene Faust besuchen. Die Bootsfahrt ab **Estação das Barcas** (Praça 15 de Novembro, Centro, Start mehrmals tgl., am besten 10.30 Uhr, 1 1/4 Std., R$5) lohnt sich sowohl wegen der Sicht auf Rio als auch wegen der unter Naturschutz stehenden grünen Insel. Im Königspalast **Solar D'El Rei** residierte ab 1808 der portugiesische Prinzregent Dom João VI. Sehenswert sind auch die **Kapelle São Roque** (1698), der Park **Darke de Matos** sowie einige Herrschaftsvillen. Die Inselstrände sind ebenfalls reizvoll, besonders Moreninha und José Bonifácio. Baden ist seit kurzem kein Problem mehr, das Wasser der Bucht ist hier recht sauber. Ferner bietet Paquetá einen Kunsthandwerksmarkt (**Paquetá das Artes**) und ein paar nette Restaurants. Wer die gut ausgeschilderte Insel nicht zu Fuß erkunden will, kann dort auch ein Fahrrad mieten.

Saveiros Tour, Marina da Glória, ✆ 21/2225 6064, 💻 www.saveiros.com.br. Langsame Fahrt mit einem Schoner durch die Bucht von Guanabara (tgl. 9.30–11.30 Uhr, R$45 inkl. Früchte, Erläuterungen auf Englisch). Gelegentlich auch Nachtfahrten mit Party.

Hubschrauberrundflüge

Helisight, ✆ 21/2511 2141, 💻 www.helisight.com.br. Teure Hubschrauber-Rundflüge (die man in Rio eigentlich nicht braucht, da es genügend natürliche Aussichtspunkte gibt). Start tgl. zwischen 9 und 18 Uhr von drei Helipontos: Morro da Urca (Zwischenstation der Zuckerhut-Seilbahn), Lagoa und Dona Marta (eher unregelmäßig), dort Infotafeln zu Routen und Preisen (kürzester Flug 6 Min. für R$210 p. P., mind. 3 Pers.). Man kann nach kurzer Wartezeit gleich von den Startplätzen losfliegen.

Private City-Touren

Helmuth Taubald, der in Rio lebende Autor dieses Loose-Kapitels, bietet private Stadtführungen vor Ort auf Deutsch sowie Tagesausflüge in die nähere Umgebung (Kontakt im Kasten auf S. 273).

SONSTIGES

Apotheken

In Rio gibt es fast so viele Apotheken wie Kneipen, im Bedarfsfall an der Hotelrezeption fragen *(Farmácia mais próxima)*. Viele sind durchgehend geöffnet, z. B. **City Farma Flamengo**, Rua Marquês de Abrantes 27, Flamengo; **Farmácia do Leme**, Av. Prado Junior 237, Copacabana; **City Farma Leblon**, Rua Dias Ferreira 618, Leblon.

Autovermietung

Im allgemeinen Teil (S. 70) wird vom Selbstfahren abgeraten. Wer es trotzdem wagt, sollte sich an die großen und seriösen Unternehmen wenden. Alle haben ein Büro in der Ankunftshalle der Flughäfen sowie in der **Av. Princesa Isabel** zw. Copacabana und Leme: **Avis**, Nr. 350, ✆ 21/2543 8481; **Hertz**, Nr. 500, ✆ 21/2275 7168; **Unidas**, Nr. 166, ✆ 21/3873 2521. Über 💻 www.rentcars.com.br (Mobicars) sucht ein Broker die günstigsten Angebote heraus.

Geld

Flughafen/Busbahnhof: Die dort befindlichen Wechselstuben *(Câmbio)* tauschen zu einem ungünstigen Kurs. Es gibt jedoch Geldautomaten *(Caixa eletrônico)* der Banco do Brasil, an denen man zum offiziellen Kurs Geld ziehen kann. An den Taxiständen, auch am gelben Schalter der preiswerteren normalen Taxis, kann man mit Kreditkarte bezahlen.

Geldautomaten: Mit EC- und Kreditkarten bekommt man Geld an Automaten von Banco do Brasil, HSBC und Citibank. Bei anderen Banken wie Itaú, Caixa, Santander ist keine Abhebung möglich. Automaten von Banco24-Horas findet man in vielen Tankstellen, Supermärkten, Shoppings, Apotheken usw., jedoch fällt hier eine Gebühr je Abhebung an. Am besten fragt man im Hotel nach der nächstgelegenen Option, dennoch hier ein paar bewährte Filialen in Copacabana und Ipanema mit Geldautomaten (tgl. 6–22 Uhr): **Banco do Brasil**, Av. N. S. de Copacabana 1274, Rua Visconde de Pirajá 525; **HSBC**, Av. N. S. de Copacabana 1246, Rua Visconde de Pirajá 608; **Citibank** Av. N. S. de Copacabana 828, Rua Visconde de Pirajá 459.

Geldwechsel: Da man leicht mit EC-/Kreditkarten Geld ziehen kann, braucht man eigentlich kein heimisches Bargeld mitzunehmen. Wer dennoch umtauschen möchte, geht nicht zu einer Bank, sondern zu einer Wechselstube *(Câmbio)*. Diese sind häufig einem Reisebüro angeschlossen.

Informationen

Riotur (Tourismusamt der Stadt): Av. Princesa Isabel 183, Copacabana, ✆ 21/2541 7522, 💻 www.rioguiaoficial.com.br. 🕒 Mo–Fr 9–18 Uhr.

Infostände: Kiosk 15, Promenade der Av. Atlântica (Höhe Rua Hilário de Gouveia), Copacabana, 🕒 tgl. 8–20 Uhr; ferner am Internationalen Flughafen und am Busbahnhof Novo Rio.

Internet und Telefon

Alle Hotels besitzen **WLAN-Zugang**, der jedoch manchmal kostenpflichtig ist (bis zu R$50/Tag). Zudem gibt es **Internetcafés** (R$5–10/Std.), oft auch mit Telefonkabinen. Am besten erfragt man die nächstgelegene Adresse bei der Hotelrezeption. An den Stränden von Copacabana und Ipanema ist der WLAN-Zugang gratis (Passwort: Rede Orla Internet), aber noch zeitlich limitiert. An beiden Flughäfen besteht ebenfalls ein Gratis-Service, Nutzer müssen sich hierfür im Netzwerk „INFRAERO wi-fi grátis" mit ihren Personalien und der Nummer der Bordkarte registrieren.

Kulturinstitut

Goethe-Institut, Rua do Passeio 62 (1. und 2. OG), Centro (nahe Cinelândia), ✆ 21/3804 8200, 💻 www.goethe.de. 🕒 Bibliothek und Zeitschriften-Lesesaal Di–Mi 10–13, 15–19, Do 15–19, Fr 15–18, Sa 10–13 Uhr.

Medizinische Hilfe

Das beste Krankenhaus von Rio ist das **Copa D´Or**, Rua Figueiredo Magalhães 85, Copacabana, ✆ 21/2545 3600. 🕒 24 Std., die meisten Ärzte sprechen Englisch. Bei kleineren Problemen sollte man den sehr qualifizierten und gut Deutsch sprechenden praktischen Arzt **Dr. Ralf Strattner** konsultieren; seine Praxis liegt in der Av. N. S. de Copacabana 1018/602, ✆ 21/2521 3723. Er arbeitet auch für eine exzellente Privatklinik in Gávea und kann im Notfall eine schnelle Einweisung veranlassen.

Polizei

Delegacia Especial de Apoio ao Turista, Rua Humberto de Campos 315 / Av. Afrânio de Melo Franco 159, Leblon, ✆ 21/2332 2924. Das speziell für Touristen eingeführte Polizeirevier mit Englisch sprechendem Personal ist zuständig für Anzeigen und Diebstahlmeldungen. In der Regel sind keine großen Fahndungsaktivitäten zu erwarten, aber man bekommt eine Bescheinigung für die Versicherung zu Hause. 🕒 24 Std. Auf den Straßen sieht man auch häufig Fahrzeuge der „Tourist Police", welche der Polícia Militar oder Polícia Civil immer vorzuziehen ist. Die Polícia Federal braucht man normalerweise nur bei Visa-Angelegenheiten (s. u.).

Post

Postämter gibt es in Rio reichlich, mehrere in jedem Stadtteil. Am besten fragt man bei der Hotelrezeption nach der nächstgelegenen *Correio*-Adresse. Die Öffnungszeiten sind Mo–Fr 9–17 und Sa 9–12 Uhr. Ansichtskarten gibt es an jedem Zeitungskiosk, Briefmarken nur bei der Post, man kann die Karten auch unfrankiert bei der Hotelrezeption abgeben. Einige Adressen: **Copacabana**: Av. N. S. de Copacabana 540 A, Rua Cinco de Julho 89; **Ipanema**: Rua Visconde de Pirajá 414.

Stadtpläne

In jedem der zahlreichen Zeitungskioske gibt es diverse Karten und Stadtpläne, häufig sogar von Falk. Man fragt nach einer „Mapa do Rio". Schön gemacht ist auch die bunte *mapa turística* mit eingezeichneten Sehenswürdigkeiten.

Visaangelegenheiten

Polícia Federal, Aeroporto Internacional (Galeão), Terminal 1, 3. OG, ✆ 21/3398 3142, 💻 www.dpf.gov.br. Kein Zutritt in Shorts oder Sandalen. 🕒 Mo–Fr 8–18 Uhr.

Wäschereien

Eine *Lavanderia* findet man in Rio alle paar Straßen, die nächstgelegene erfragt man am besten bei der Hotel-Rezeption. Preis oft nach Gewicht: waschen und trocknen *(lavar e secar)* um R$9/kg; waschen, trocknen und bügeln *(lavar, secar e passar)* um R$16/kg inkl. Abholen und Bringen.

NAHVERKEHR

Metro

Das empfehlenswerteste Verkehrsmittel Rios ist die Metro (M), 💻 www.metrorio.com.br, sie ist modern, sicher, schnell und kaum teurer als der Bus (Einzelfahrt/Unitário R$3,50). Es gibt zwei Linien mit nur 40 km Streckennetz (zurzeit stark im Ausbau), die wichtigsten Stationen für Touristen sind Praça General Osório (Ipanema), Cantagalo, Siqueira Campos und Cardeal Arcoverde (alle Copacabana), Botafogo, Glória, Cinelândia (Zentrum, nahe Lapa und Santa Teresa) sowie Maracanã (Stadion).

Für viele **Anschlussbusse** gibt es Metro/Bus-Verbundtickets (R$4,15), die man bereits vor Antritt der Metrofahrt kaufen muss. ⌚ Mo–Sa 5–24, So/Fei 7–23 Uhr.

Stadtbusse

Rio besitzt ein sehr dichtes Busnetz. Eine schon von weitem erkennbare Leuchtschrift an der Frontseite der Busse zeigt die Ziel- und Zwischenstadtteile an, auch kann man an den Haltestellen Rat einholen. Bei der Beschreibung der meisten touristischen Ziele in diesem Buch sind die Busverbindungen angegeben, allerdings unter Vorbehalt, da die Nummern der Linien häufig geändert werden. Bei Ankunft des Busses steigt man dort ein, wo ein Schaffner sitzt (vorne oder hinten), entrichtet in bar einen außen am Bus angegebenen Einheitspreis (R$2,75), geht durch ein Drehkreuz und steigt am Ziel nach einem Knopfdruck wieder aus. Der Fahrstil ist rasant, man sollte sich immer gut festhalten.

Van-Transporter

Die privaten Van-Transporter, erkennbar an einer Seriennummer und Angabe der Linie mit Ausgangs- und Zielstadtteil, sind kaum noch eine Alternative, da sie in den touristischen Vierteln der Südzone 2013 fast gänzlich verboten wurden. Und spät nachts sollte man auf dieses Verkehrsmittel ganz verzichten und lieber ein Taxi nehmen.

Taxis

Eine Besonderheit von Rio sind die vielen Taxis, offiziell gibt es etwa 33 000. Man findet sie rund um die Uhr und kann einfach ein fahrendes Taxi anhalten. Grundsätzlich reichen die normalen Taxis *(Táxi convencional)*, zu erkennen an der gelben Farbe und den blauen Seitenstreifen. Nur Behinderte mit Rollstuhl sollten auf Coop Taxi RJ zurückgreifen, ✆ 21/3295 9606. Leider kommt es häufiger vor, dass der Fahrer, falls man keinen Festpreis ausgehandelt hat, Umwege fährt. Auf jeden Fall sollte man darauf achten, dass das Taxameter eingeschaltet und der richtige Tarif gewählt ist. Manchmal wird in dunklen Tunneln, oder wenn der Fahrer zu viel redet, die Uhr hochgedreht. Ein Problem sind auch die fehlenden Fremdsprachenkenntnisse. Insgesamt sind Taxifahrten in Rio leider recht häufig ein Ärgernis. Andererseits bieten sie vor allem spät nachts mehr Sicherheit als Vans und Busse.

Tarife *(Táxi convencional)*: Mo–Sa von 6–21 Uhr gilt *Bandeira 1* (Grundpreis R$4,70, je km R$1,70), zu den anderen Zeiten sowie an Feiertagen, im Dez und während des Karnevals die 20 % teurere *Bandeira 2* (Grundpreis R$4,70, je km R$2,04). Zusätzlich können pro Gepäckstück, wenn es größer als 60 x 30 cm ist, R$1,70 berechnet werden und bei steilen Strecken kann der Fahrer den Tarif der *Bandeira 2* einstellen. Wartet das Taxi auf die Fortsetzung einer Fahrt, werden pro Std. etwa R$22 berechnet.

Preisbeispiele ab Copacabana (*Bandeira 1,* ohne Staus): Flughafen Santos Dumont R$21, Flughafen Galeão R$48, Zuckerhut R$11, Maracanã-Stadion R$26, Corcovado-Zahnradbahn R$17, Rodoviária Novo Rio R$25, Lapa/Zentrum R$22, Botanischer Garten R$18, Ipanema R$13, Leblon R$17, Barra Shopping R$46. Aktuelle Preise auf 💻 www.tarifadetaxi.com („Rio de Janeiro" wählen, dann bei „Origem" den Start und bei „Destino" das Ziel eingeben).

Boote, Schiffe und Fähren

Von der **Estação das Barcas**, Praça 15 de Novembro im Zentrum Rios, 💻 www.grupoccr.com.br (dort alle Uhrzeiten), fahren tgl. zwischen 5.40 und 23.30 Uhr alle 10–20 Min. Personenfähren *(Barcas)* zum Zentrum der Nachbarstadt **Niterói** (20 Min., R$4,80). Zum Strandviertel Charitas in Niterói gibt es moderne Katamaran-Schnellboote (Mo–Fr zwischen 6.50 und 21 Uhr, alle 15–30 Min., 20 Min., R$12). Ebenfalls legen Boote zur **Ilha de Paquetá** ab (S. 310).

Am **Pier Mauá**, Praça Mauá 10 (Saúde), ✆ 21/2516 2618, legen die Kreuzfahrtschiffe an.

TRANSPORT

Flüge

Flughäfen

Aeroporto Internacional Antônio Carlos Jobim (GIG), auch **Galeão** genannt,

15 km nördlich des Zentrums auf der Ilha do Governador, ✆ 21/3398 5050. Alle Auslands- und die meisten Inlandsflüge.
Aeroporto Nacional Santos Dumont (SDU), nahe dem Zentrum an der Bucht von Guanabara, ✆ 21/3814 7070. Viele Inlandsflüge, besonders von/nach São Paulo. Unbedingt vorher versichern, welcher der beiden Flughäfen auf dem Ticket angegeben ist!

Nationale Fluggesellschaften
Die beiden wichtigsten Gesellschaften für Inlandsflüge sind **TAM**, ✆ 21/4002 5700, 💻 www.tam.com.br, (auch Direktflüge von/nach Frankfurt), und **Gol**, ✆ 0300 115 2121, 💻 www.voegol.com.br, Buchung im Internet bei Gol mit europäischer Kreditkarte nicht möglich (im Reisebüro buchen). Die kleinere Gesellschaft **Azul**, ✆ 21/4003 1118, 💻 www.voeazul.com.br, hat oft günstige Angebote.

Internationale Fluggesellschaften
Lufthansa, ✆ 21/4700 1672, 💻 www.lufthansa.de, 5x wöchentl. ab Frankfurt; **TAP Portugal**, 💻 www.flytap.com, tgl. ab Lissabon; **Condor**, 💻 www.condor.com, 2–3 x wöchentl. ab Frankfurt; **Air France KLM**, ✆ 21/4003 9955, 💻 www.airfrance.de, Air France tgl. ab Paris, KLM 4x wöchentl. ab Amsterdam; **British Airways**, ✆ 0800/761 0885, 💻 www.britishairways.com, tgl. ab London.

Fernbusse

Der Busbahnhof für interurbane Nahstrecken und Fernverbindungen ist die **Rodoviária Novo Rio**, Av. Francisco Bicalho 1, São Cristóvão (nördlich des Zentrums nahe beim Hafen), ✆ 21/3213 1800, 💻 www.transportal.com.br. Auf der Website kann man den Zielort eingeben und erfährt dann die auf dieser Strecke operierenden Gesellschaften. Geht man auf *„comprar passagem"*, erscheinen auch die aktuellen Fahrtzeiten und Preise (auch auf den Seiten der jeweiligen Busgesellschaften zu finden). Online-Ticketkauf ist schwierig, da nur wenige Gesellschaften (z. B. 1001) internationale Kreditkarten akzeptieren.
Für den **Transfer zu den Hotels** stehen außer Taxis (s. o.) auch Busse der Gesellschaft Real zur Verfügung, die Linie *Premium 2017* (erkennbar an der blauen Farbe) fährt durch Copacabana, Ipanema und Leblon (tgl. 6.10–21.30 Uhr, Mo–Fr alle 15 Min., Sa, So alle 40 Min., R$6). Auch gibt es normale Linienbusse, die mit Gepäck allerdings weniger empfehlenswert sind.

Hinweis zu Preisen: Die im Folgenden angegebenen Preise beziehen sich auf die günstigste Kategorie *(Convencional)*, die anderen Bustypen *(Executivo* und *Leito/Semi-Leito)* sind 20 % bzw. 60 % teurer. Zu jedem Ziel werden alle auf dieser Strecke operierenden Busgesellschaften angegeben.

Busse innerhalb Bundesstaat Rio de Janeiro (Intermunicipal)
Angra dos Reis: Costa Verde, ✆ 21/3622 3100, 💻 www.costaverdetransportes.com.br, 21x tgl. bis 21 Uhr, 2 Std., R$43.

Flughafentransfer zum Hotel

Linienbus
Von beiden Flughäfen fährt **Real**, 💻 www.realautoonibus.com.br, mit modernen Reisebussen zu den Bucht- und Strandvierteln, Halt vor den großen Hotels (alle 20 Min., 5.30–24 Uhr, R$12).

Taxi
Es gibt teure, offensiv angebotene „Teletaxis", bedeutend günstiger sind die normalen gelben Taxis. An den gelb-blauen Schaltern von **Aerotaxi Taxi Comum** innerhalb der Flughafenhalle Galeão sind die Fixpreise zu allen Stadtteilen angezeigt und man zahlt vorab, auch mit Kreditkarte (Copacabana, Ipanema R$47, Santa Teresa R$37, ab 21 Uhr plus 20 %). Von Santos Dumont: Copacabana ca. R$23, Ipanema ca. R$30, Santa Teresa ca. R$15–20.

Airport-Shuttle
Van-Transporter von **Shuttle Rio** (✆ 21/7842 2490, 💻 www.shuttlerio.com.br, tgl. 7.30–20 Uhr) steuern über 30 Hotels in Copacabana und Ipanema an (R$20). Von Santos Dumont geht's nur nach Copacabana (R$10). Reservierung telefonisch oder über die engl. Website.

Arraial do Cabo: 1001, ✆ 21/4004 5001, 💻 www.autoviacao1001.com.br, 13x tgl. bis 23.53 Uhr, 3 Std., R$53.
Búzios: 1001, tgl. zwischen 6 und 20 Uhr, alle 2 Std., 2 3/4–3 1/2 Std., R$46.
Cabo Frio: 1001, 39x tgl. bis 24 Uhr, 2 3/4 Std., R$53.
Itatiaia: Cidade do Aço, ✆ 21/2253 8471, 💻 www.cidadedoaco.com.br, tgl. 6.15, 9.15, 10.30, 13.35, 14.15, 18.05, 19 Uhr, 3 Std., R$32.
Nova Friburgo: 1001, 27x tgl. bis 23.20 Uhr, 2 Std., R$36.
Paraty: Costa Verde, 13x tgl. bis 21 Uhr, 2 3/4 Std., R$62.
Penedo: Cidade do Aço, tgl. 11.05, 15.05, 17.05 Uhr, 3 Std., R$32.
Petrópolis: Única-Fácil, ✆ 21/2263 8792, 💻 www.unica-facil.com.br, 32x tgl. bis 24 Uhr, 1 1/2 Std., R$20.
Saquarema: 1001, 10x tgl. bis 20.45 Uhr, 2 Std., R$26.
Teresópolis: Teresópolis, ✆ 21/2233 4625, 💻 www.viacaoteresopolis.com.br, 13x tgl. bis 17 Uhr, 1 1/4 Std., R$27.
Vassouras: Normandy, ✆ 21/3289 1000, 💻 www.normandy.com.br, tgl. 6, 9, 12.15, 15.30, 18.45, 20.30 Uhr, 2 1/2 Std., R$35.
Visconde de Mauá (Maromba): Cidade do Aço, Fr 19.35 Uhr, 4 1/2 Std., R$56.

Nationale Busse (Interestadual)
Belo Horizonte: Cometa, ✆ 21/4004 9600, 💻 www.viacaocometa.com.br, tgl. 9, 11, 16, 22.30, 23.30, 23.57 Uhr; Útil, ✆ 0800/886 1000, 💻 www.util.com.br, tgl. 8.15, 12.30, 14.45, 18, 21.45 Uhr; 6 1/2 Std., R$59–76.
Brasília: Itapemirim, ✆ 21/2516 8284, 💻 www.itapemirim.com.br, tgl. 12.30, 16.30 Uhr; Útil, tgl. 20.30 Uhr; 17–18 Std., R$159–189.
Campo Grande: Andorinha, ✆ 21/2253 7289, 💻 www.andorinha.com, tgl. 12.30 und 20 Uhr, 21 Std., R$209.
Curitiba: Itapemirim, tgl. 20.15 Uhr; Penha, ✆ 0800/646 2122, 💻 www.vendas.nspenha.com.br, tgl. 8, 19.15, 20.15 Uhr; 13 Std., R$147.
Florianópolis: Itapemirim, tgl. 14.15 Uhr, 18 Std., R$197.
Foz do Iguaçu: Expresso Kaiowa, ✆ 21/2263 9221, 💻 www.expressokaiowa.com.br, tgl. 11.15 und 14.30 Uhr; Pluma, ✆ 21/2233 0336, 💻 www.pluma.com.br, tgl. 8.30 und 13.30 Uhr; 23 Std., R$252.
Ouro Preto: Útil, tgl. 7.30 und 23.30 Uhr, 5 Std., R$79.
Porto Seguro: São Geraldo, ✆ 21/2263 9008, 💻 www.saogeraldo.com.br, tgl. 20.15 Uhr, 19 Std., R$203.
Salvador: Itapemirim, tgl. 10.30 Uhr; Águia Branca, ✆ 21/4004 1010, 💻 www.viacaoaguiabranca.com.br, tgl. 13.30 und 14 Uhr; 28–30 Std., R$259–279.
São Paulo: Útil/Itapemirim/1001/Expresso Kaiowa u. a., Abfahrten rund um die Uhr in kurzen Abständen, 6 Std., ab R$49.

Niterói

Rios kleinere Nachbarstadt (488 000 Einw.) gehört noch nicht lange zu den offiziell als touristisch eingestuften Orten. Die Aufwertung ist durchaus verdient, denn neben einer ganzen Reihe von Niemeyer-Bauten sind die Atlantikstrände (Itaipu, Itacoatiara, Prainha de Piratininga und Camboinhas) von besonderem landschaftlichem Reiz und nicht wie in Rio von Häusermeeren umlagert. Um sich jedoch gleich in Niterói einzuquartieren, bietet die Stadt wiederum zu wenig, auch liegen die schöneren Strände außerhalb und sind nur über längere Buswege bzw. ausschließlich per Auto zu erreichen (wer dennoch länger bleiben möchte, findet ein gutes Hotel in Charitas, s. u.).

Von daher empfiehlt sich, Niterói in einem **Tagesausflug** kennen zu lernen (für den Besuch der Festung Ausweiskopie mitnehmen). Von Ipanema (Praça Gen. Osório) und entlang der Copacabana (Av. N. S. de Copacabana) fährt ein Direktbus 740 D mit der Aufschrift „Charitas" (R$5,95), er hält auch in Botafogo, Flamengo, Catete, Glória und im Zentrum, bevor er nonstop über die 13,3 km lange **Ponte Rio-Niterói** fährt. Dieses ingenieurtechnische Meisterwerk aus dem Jahre 1974, damals die längste Brücke der Welt, ist für sich schon eine Sehenswürdigkeit, und der Blick aus 72 m Höhe über die Bucht von Guanabara ist fantastisch. Alternativ kann man auch vom Zentrum in Rio (Praça 15) mit der

Fähre *(Barcas)* ins Zentrum von Niterói gelangen (R$4,80).

In Niterói sollte man zunächst den zentrumsnahen Fischmarkt **Mercado São Pedro** in Ponta d'Areia besuchen. Es ist der größte im ganzen Bundesstaat, in zahlreichen kleinen Boxen bietet je eine Fangtruppe ihre Ware an. Pro Woche kommen 5000 Kunden und kaufen 50 t Fisch und Meeresfrüchte. Im 1. OG gibt es mehrere einfache, aber beliebte Fischrestaurants. ⌚ Di–Sa 6–16, So 6–12 Uhr (vorm./mittags interessanter).

Von dort kann man per Taxi (nicht weit) das 1996 eingeweihte, an eine Fliegende Untertasse erinnernde **Museu de Arte Contemporânea** (MAC) ansteuern. Der faszinierende runde Bau besitzt oben einen Durchmesser von 50 m, unten am Sockel jedoch nur 9 m. Es ist die größte Touristenattraktion der Stadt und weit über den Bundesstaat Rio hinaus bekannt. Im Innern gibt es wechselnde Ausstellungen zeitgenössischer Kunst; das eigentliche Kunstwerk ist jedoch das Gebäude selbst, eine der überzeugendsten Leistungen des Architekten Oscar Niemeyer und bereits offizielles Emblem von Niterói. Auch die Lage auf einem Felsvorsprung an der Bucht und der Blick auf Rio sind spektakulär, ebenso die Aussicht von dem Panorama-Bistro im Untergeschoss (guter Kaffee und Kuchen!). ⌚ Di–So 10–18 Uhr, Eintritt R$6 (Mi gratis).

Nach dem Museumsbesuch geht man ein kleines Stück bergab bis zu dem langen Strand von Niteróis Nobelviertel **Icaraí**. Von dort bietet sich eine der herrlichsten Aussichten auf Rio überhaupt. In perfekter Harmonie erscheint die gesamte Hügellandschaft der Nachbarstadt (Zuckerhut, Dois Irmãos, Pedra da Gávea, Corcovado, Pico da Tijuca), besonders bei Sonnenuntergang ein überwältigendes Szenarium. Die Cariocas versteigen sich sogar zu der recht hochmütigen Behauptung, dieser Blick sei das Einzige, was Niterói zu bieten hätte. Die Stadt lässt jedoch laut einer UN-Studie zur Lebensqualität in Brasilien den berühmten Nachbarn weit hinter sich. Nicht wenige Prominente sind bereits auf die andere Seite der Bucht umgezogen. Das Schulsystem und die medizinische Versorgung sind besser, das ökologische Bewusstsein ist ausgeprägter und der Alltag etwas ruhiger.

Nach dem Spaziergang auf der Strandpromenade von Icaraí oder auch nach einem Abstecher in die noble Parallelstraße Rua Moreira César mit seinen vielen Boutiquen nimmt man den hier vorbeikommenden Bus 33 mit der Aufschrift „Jurujuba" und fährt bis zur Endstation *(„ponto final")*. Der Bus streift zunächst das beliebte Ausgehviertel **São Francisco**, links sieht man mehrere schicke Bars und Restaurants (am besten ist das italienische Self-Service-Lokal Família Paludo). Nach der nächsten Linkskurve fährt der Bus durch **Charitas**, an dessen populärem Buchtstrand mit den vielen einfachen Strandbars an warmen Wochenenden viel los ist. Seit 2005 besitzt Charitas auch eine moderne Fährstation (Estação Hidroviária), ebenfalls ein bemerkenswertes Niemeyer-Werk, von hier starten Katamarane nach Rio.

Der Bus 33 fährt an diesem Anleger vorbei und dann weiter bis zur Endstation im idyllischen Fischerdörfchen **Jurujuba**, hier lohnt sich eine Pause im Restaurant Berbigão (Terrasse mit schöner Aussicht). Das letzte Stück bis zur Festung, eine sehr reizvolle Strecke mit schöner Aussicht, kann man in 30 Min. zu Fuß bewältigen. Nach den beiden idyllischen Stränden „Adam" *(Adão)* und „Eva" beginnt die um einen Felsen herum gebaute Zufahrtsstraße zur **Fortaleza de Santa Cruz** am äußersten Ende der Bucht von Guanabara. Der Grundstein zu dieser mächtigen Festung wurde 1555 von den Franzosen unter Villegaignon gelegt, es war die erste Anlage an der Bucht überhaupt. 1567 wurde sie von den Portugiesen übernommen und später mehrfach ausgebaut, heute gilt sie als eine der größten Südamerikas. Mit Guides der Militärverwaltung kann man sie in 40 Min. besichtigen (R$6), die Erklärungen sind jedoch nur in der Landessprache. Das eigentliche Spektakel ist der Platz selbst, der Blick schweift über den Atlantik, die Buchteinfahrt mit dem gegenüberliegenden Zuckerhut und die Baía de Guanabara. Es ist ein magischer Ort, denn hier wurde Rio entdeckt, erobert und umkämpft. ⌚ Di–So 10–17 Uhr, Ausweis vorzeigen.

Zurück nimmt man in Jurujuba wieder den Bus 33, aber nur bis Charitas. Von dort gibt es neben dem Linienbus 740 D nach Copacabana/Ipanema (tgl. bis ca. 23 Uhr, 70 Min.) noch die Option, von der Fährstation im Katamaran bis Praça 15 im Zentrum Rios zu fahren (Mo–Fr 6.30–20.30 Uhr, alle 10–30 Min., Fahrtzeit 20 Min., R$12). Eine weitere Option ist es, mit dem Bus 33 bis zum Zentrum von Niterói durchzufahren und dort die einfache Fähre *(Barca)* nach Rio zu nehmen (tgl. 5.40–23.30 Uhr, alle 10–30 Min., R$4,80).

Vor der Rückfahrt nach Rio empfiehlt sich als krönender Abschluss des Niterói-Besuchs noch die Hochfahrt per Taxi (ab Taxistand Praia de Charitas, hin und zurück 30 Min., ca. R$25) zum 300 m hohen Aussichtspunkt **Parque da Cidade** mit zwei Startrampen für Segelflieger. Der Blick auf Rio hält allen Vergleichen mit dem Corcovado oder Zuckerhut stand, besonders bei Sonnenuntergang ein unvergessliches Erlebnis.

Auch die herrlichen **Atlantikstrände** von Niterói sind wegen der Natur und des Blicks auf Rio einen Besuch wert, liegen jedoch weiter entfernt, ab Charitas ca. 35 Min. per Auto/Taxi, vom Zentrum Niteróis fahren Busse (38 nach **Itacoatiara** und **Itaipu**, 39 nach Piratininga, 1 Std.).

ÜBERNACHTUNG

Hotel Solar do Amanhecer, Av. Prefeito Sílvio Picanço 839, Charitas, ✆ 21/2610 5221, 💻 www.solardoamanhecer.com.br. Modernes, geschmackvoll eingerichtetes Hotel mit 54 Zimmern, Pool, Sauna und Restaurant. Von den vorderen Zimmern schöner Blick auf die Guanabara-Bucht bis hin zum Zuckerhut und Corcovado. Nah beim populären Strand von Charitas mit einfachen Bars, 1 km weiter noblere Restaurantmeile. Direkte Boots- und Busverbindungen nach Rio. WLAN gratis, 12 % Tax. ❻–❼

Costa Verde

Das erste Küstenbild nach einer Stunde Autobahnfahrt ab Rio macht dem Namen Costa Verde („Grüne Küste") oder auch *Caribe Brasileiro* sofort alle Ehre. Von den Hügeln der Serra do Mar zieht sich der **Atlantische Regenwald** bis dicht ans Ufer. Nirgendwo sonst in Brasilien, wo bereits 93 % der Küstenwälder vernichtet sind, ist er noch so intakt. Zwei zauberhafte Stunden schlängelt sich die Straße noch reizvoll zwischen Urwald und Meer entlang. Dann geht es, falls man nicht schon vorher von Conceição de Jacareí aus übergesetzt hat, von Angra dos Reis per Fähre oder Schoner zur Ilha Grande, der üppigsten Meeresinsel Brasiliens.

Angra dos Reis selbst lohnt keinen weiteren Aufenthalt, auch wenn viele Brasilianer davon schwärmen und manche Reiche hier ihre Luxusvillen und Jachten besitzen. Ab der Marina da Angra kann man Segelboote mieten und Küstentörns machen. Ansonsten ist das eher hässliche Hafennest mit 164 000 Einwohnern außerhalb der Saison langweilig, es gibt kaum schöne Strände, viele sind gar nicht zugänglich und trotzdem ist alles teuer.

Die **Ilha Grande** ist dagegen ein Muss, innerhalb des Bundesstaates Rio inzwischen das beliebteste Reiseziel von Backpackern aus aller Welt. Im Ort Vila do Abraão gibt es viele nette Pousadas, hier starten auch die großen Schoner zu Inseltörns. Zudem bestehen zahlreiche Möglichkeiten für Wanderungen durch den dichten Atlantischen Regenwald.

Nach dem Inselbesuch geht es wieder zurück nach Angra dos Reis und dann weiter an der Grünen Küste entlang nach **Paraty**. Es ist ein traumhaft schönes altes Kolonialstädtchen, im Kern vollständig erhalten, mit herrlichen Pousadas, guter Gastronomie, vielen Bars und reichen Angeboten an Bootstouren durch die vorgelagerte Bucht.

6 HIGHLIGHT

Ilha Grande

Mit 155 km Küstenlinie und 106 Stränden ist die Ilha Grande (6700 Einw.) die größte und am besten erschlossene der vielen Inseln in der Bucht von Angra dos Reis. Sie wird jedes Jahr beliebter und ist eine gute Alternative zum etwas snobistischen Búzios.

Lange Zeit war sie fest in der Hand von europäischen Piraten, besonders zwischen 1700 und 1770. Die vielen kleinen Buchten dienten als ideales Versteck, von hier aus überfielen die Seeräuber die reich mit Gold und Diamanten befrachteten portugiesischen Karavellen auf dem Weg von Paraty nach Lissabon, einige Wracks auf dem Meeresgrund zeugen noch davon. Von 1903 bis 1994 diente die Insel fast ausschließlich als Gefängnissitz (Colônia Penal Cândido Mendes). Auch deswegen blieb die Natur hier recht unangetastet, heute sind 87 % der Fläche geschützt. Es gibt nichts Grüneres in Brasilien, zumindest nicht im Meer.

Nach 80 Bootsminuten Überfahrt geht es in **Vila do Abraão** (3300 Einw.) an Land, es ist praktisch der einzige Ort der Insel. Hier liegen fast alle Pousadas, Restaurants und Strandbars, besonders an der **Rua da Praia**. Das Publikum besteht zu einem großen Teil aus internationalen Backpackern, Brasilianer kommen mehr an verlängerten Ferienwochenenden, dann wird es übervoll. Autos sind verboten, man geht zu Fuß, wandert oder nimmt ein Boot.

Wanderungen

Wanderer kommen auf der Insel voll auf ihre Kosten, es gibt offiziell 16 Routen oder Pfade (s. Aktivitäten). Die einzige „Straße" der Insel ist lediglich ein Sandweg, er führt bis zu den Ruinen des ehemaligen Zuchthauses an der Bucht **Saco Dois Rios** (zu Fuß 5 Std. hin und zurück).

Nur 200 m hinter dem Ortsstrand Praia do Canto gelangt man zur idyllischen **Praia da Júlia**, einer kleinen Bucht im Grünen mit Strandbar und ruhigem, klarem Wasser. Nicht wenige verbringen hier den halben Inselaufenthalt. Auf einem alten, noch von den Tupinambá-Indianern geschlagenen Wanderpfad gelangt man danach zu den ebenfalls hübschen kleinen Stränden von **Bica**, **Comprida** und **Crena** und dann über knorrige Baumwurzeln durch den Regenwald zum malerischen Strand von **Abraãozinho** (ab Vila do Abraão 35 Min. zu Fuß, per Taxi-Boot 10 Min., R$10 p. P.).

Von der anderen Seite des Ortsstrandes ist man schnell an der **Praia Preta** (20 Min. zu Fuß, per Taxi-Boot 5 Min., R$5 p. P.). Sie ist berühmt wegen ihres schwarzen Heilsandes, auch kann man dort die Ruinen eines im Jahr 1800 gebauten Lazaretts *(lazareto)* für Lepra-Kranke besichtigen. Weiter oben, vom Weg nach links abbiegend (ausgeschildert), geht es zu einem **Aquädukt** von 1873 und einem **Wasserfall** *(Cachoeira Feiticeira)*.

Inseltörn mit Partystimmung: Die großen Schoner starten in Vila do Abraão.

Beliebt ist auch die Strecke zur **Praia de Lopes Mendes** (5 Std. hin und zurück, eher etwas für Bergsteiger). Viele erklimmen auch die Gipfel von **Ferreirinha** (742 m) und **Pedra d'Água** (1031 m). Der weiteste Ausblick bietet sich von dem 982 m hohen **Pico do Papagaio** (7 Std. hin und zurück, erstes Wegstück auf der Sandstraße in Richtung Saco Dois Rios, dann Pfad durch den Regenwald mit starken Steigungen und einigen Flussüberquerungen, unbedingt mit Guide!).

Bootstouren

Häufigstes Programm sind die diversen Bootstouren, neuerdings in **Motorbooten** *(lanchas)*, vor allem aber in den großen **Schonern** *(escuna)*, die jeden Vormittag vom Pier aus starten und auf denen oft ausgelassene Partystimmung herrscht (Tickets in der Saison schon am Vortag in einer der vielen Agenturen erwerben, je nach Tour R$20–60 p. P.). Wer die traumhafte Inselwelt mit mehr Ruhe und Muße auf sich wirken lassen möchte, kann sich ein kleines **Privatboot** chartern (ab ca. R$250).

Zwecks Hebung des Adrenalinspiegels ist die dem offenen Meer zugewandte Südseite der Insel spannender. Bei der Umrundung des östlichen Zipfels wird selbst der mächtigste Schoner kräftig hin und her geschüttelt. Danach geht es vorbei an dem 3 km langen Surferstrand von **Lopes Mendes**, häufig in die Liste der zehn schönsten Strände Brasiliens eingereiht (Kasten S. 320).

Ein Stück weiter folgt die Bucht **Saco Dois Rios**. Geankert wird in einigem Abstand zum Strand, so dass man nur schwimmend oder watend an Land gelangt. Dort befinden sich die breiten Mündungen zweier Flüsse, ideal für ein erfrischendes Süßwasserbad. Dazwischen liegt jedoch die unheimlichste Attraktion der Insel, die Trümmerruinen des ehemaligen **Zuchthauses** „Colônia Penal Cândido Mendes". Anfangs sperrte man hier das sogenannte „sittenlose Gesindel" ein (Landstreicher, Alkoholiker, Prostituierte), ab den 1930er-Jahren unter Präsident Getúlio Vargas dann verstärkt politische Gefangene (vor allem Angehörige der Kommunistischen Partei), ebenso unter der Militärdiktatur von 1964–85. 1994 wurde das Gefängnis z. T. abgerissen, seit 2009 gibt es dort ein Kerkermuseum (Museu do Cárcere). ⏲ So 10–16 Uhr. Es ist geplant, das Boot „Tenente Loretti", welches damals Gefangene transportierte, für den Besuchertransfer ab Vila do Abraão zu nutzen.

Von Vila do Abraão aus in die andere Richtung ist besonders die **Lagoa Azul** sehr nachgefragt, auch hier herrscht Feststimmung auf den Schonern. Dabei ist die „blaue Lagune" eigentlich eine geschützte Bucht mit ruhigem Meer und ideal zum Schnorcheln.

Ruhiger geht es bei den Fahrten zur weiter entfernten **Lagoa Verde** zu, eine der wenigen Stellen, an denen noch viele Korallen anzutreffen sind. Die Tour ist insgesamt weniger überlaufen, man macht einen interessanten Stopp bei einer Algenzucht, sieht Meeresschildkröten und die Unterwasserwelt hat mehr zu bieten. Die „grüne Lagune" liegt bei einer Insel, deren üppige Vegetation ihren Farbschatten über das Wasser wirft und so eine smaragdgrüne Tönung bewirkt.

Der Vorzeigestrand

Die 3 km lange **Praia Lopes Mendes** im Osten ist das Aushängeschild und wohl schönstes Ausflugsziel der Insel. Die mehrstündige Wanderung in tropischer Hitze dorthin schlaucht, sodass die meisten Gäste einer organisierten Schoner-Tour den Vorzug geben (Abfahrt vom Pier meist 9.30 und 11.30, zurück 15.30 und 16.30 Uhr, Hauptsaison und sonntags öfter, 30–45 Min., R$20). Vom Ankerplatz aus muss man dann noch in schweißtreibenden 30 Min. einen Hügel bezwingen, bevor sich das grandiose Panorama des Strandes endlich zeigt. Wegen häufiger Strömungen ganz am Strandanfang sollte man erst ein Stück nach links gehen, bevor man sich in die Fluten stürzt. Wer ganz bis zum Ende des Strandes spaziert (ca. 30 Min.), begegnet unterwegs einer im Wald versteckten Kapelle und einem immensen, von Künstlern verzierten Ölfass. Über die Felsen gelangt man noch zu einem weiteren Traumstrand, dies aber nur bei Ebbe.

ÜBERNACHTUNG

Wegen des starken Touristenzustroms und der Besuchsbeschränkungen ist in der Hochsaison wie an manchen verlängerten Wochenenden eine Reservierung unerlässlich. Alle genannten Pousadas liegen in Vila do Abraão, erheben keine Tax und bieten gratis WLAN, sofern nicht anders angegeben.

Holandês Hostel (HI), Rua da Assembleia, ✆ 24/3361 5034, 💻 www.holandeshostel.com.br. Sehr empfehlenswerte Anlage mit Dschungel-Atmosphäre (im Wald oberhalb des Ortes, Treppenaufstieg). 28 Betten, DZ (R$160) und 4/8er-Dorms (R$58); gutes Frühstück, Küchenbenutzung, Wäscherei, schöner Außenbereich mit Bar, Hängematten. ❷–❹

Recanto da Bruna, Rua Getúlio Vargas 420, ✆ 24/3361 5269, 💻 www.recantodabruna.ilhagrande.org. Einfaches, preiswertes Hotel, 9 Zimmer (2–5 Pers.), kein Frühstück, kein WLAN. ❷

Pousada Casa Grande, Rua Dona Gabi, ✆ 24/3361 5831, 💻 www.ilhagrande.org/casagrande. Im Grünen gelegen, lauschiger Ort mit Garten und Bach, 80 m bis Praia do Canto. 5 Zimmer mit Veranda (Hängematten), es gibt auch Wandertipps. ❸–❹

Pousada Tagomago, Rua da Praia 121, Praia do Canto, ✆ 24/3361 5198, 💻 www.ilhagrandetagomago.com. Traumhafte Unterkunft in tropischem Hanggarten, rund 100 m vom Strand, alles ökologisch korrekt mit viel Holz und Grün. Die 6 sauberen Zimmer (AC/Ventilator) haben Veranda mit Hängematte und bieten herrlichen Blick auf die Bucht von Abraão. Deutsche Besitzerin. ❺

Pousada Naturália, Rua da Praia 149, Praia do Canto, ✆ 24/3361 9583, 💻 www.pousadanaturalia.net. Hübsche, ökologisch korrekte Anlage von 2005 mit

Vila do Abraão Ilha Grande

N
0 100 m

Parkverwaltung INEA / Infozentrum (100 m)
PIER
TOURISTEN-PIER
Atlantischer Ozean
CENTRO CULTURAL
POLIZEI
R. da Praia
R. Dona Romana
Kirche
R. Santana
R. Getúlio Vargas
R. das Flores
R. da Assembléia
R. Amâncio E. Souza
R. do Cemitério
R. do Bicão

Übernachtung:
1 Sagú Mini Resort (300 m)
2 Pousada Recreio da Praia
3 Pousada Solar da Praia
4 Pousada Manacá
5 Pousada Caiçara
6 Pousada Naturália
7 Pousada Tagomago
8 Pousada Casa Grande
9 Recanto da Bruna
10 Holandês Hostel

Transport:
1 Sudoeste SW Turismo
2 Resa Mundi Eco Tours

Essen/Nachtleben:
1 O Pescador
2 Lua & Mar
3 Dom Mário
4 Pé na Areia
5 Pães e Cia
6 Frutos do Mar
7 Biergarten
8 Espaço Ipaum Guaçú

Sonstiges:
1 Apotheke Drog@tur

12 Zimmern (AC/Ventilator) sowie Veranda mit Hängematten. ❺

Pousada Manacá, Praia do Abraão 333, Praia do Canto, ✆ 24/3361 5404, 💻 www.ilhagrandemanaca.com.br. Friedliche, alternative Oase eines Franzosen mit 7 niedlichen Zimmern; TV-freie Pousada, persönlich und mit der Privatsammlung des Besitzers dekoriert. Frühstück im kleinen Garten am Strand. Zimmer 1–3 im 1. OG haben Balkon und Meerblick. ❺

Pousada Solar da Praia, Rua da Praia 32, ✆ 24/3361 5043, 💻 www.solardapraia.com.br. Haus von 1992, 12 gemütliche Zimmer, hübscher tropischer Vorgarten, Frühstücks-Pavillon. Zentrale Lage in der Nähe des Bootsanlegers, trotzdem ruhig. ❻

Pousada Caiçara, Rua da Praia 133, Praia do Canto, ✆ 24/3361 9658, 💻 www.caicarapousada.com.br. Eine der schönsten Pousadas der Insel; 9 rustikal und stilvoll mit Holz dekorierte Zimmer, einige mit tollem Meerblick und Balkon. Praktisch direkt am Meer und mit Holzdeck sowie Liegestühlen im Garten. Hervorragendes Frühstück. ❻

Pousada Recreio da Praia, Rua da Praia (rechts vom Pier), ✆ 24/3361 5266, 💻 www.recreiodapraia.com.br. Größere, gepflegte Pousada mit Garten und Pool, nahe beim Fähranleger. 26 renovierte Zimmer mit AC, Minibar und TV. ❻

Sagú Mini Resort, Praia da Bica, ✆ 24/3361 5660, 💻 www.saguresort.com. Traumlage am Meer vor einem flachen Hang mit 8 ha dichtem Regenwald, die 9 Zimmer (R$410) gehören zu den schönsten der Insel, ein Whirlpool auf einem Freideck garantiert Wellness pur. Restaurant. Zum Ort Vila do Abraão sind es 15 Min. Fußweg oder 5 Min. per Boot (Transfer im Preis enthalten). ❽

ESSEN UND NACHTLEBEN

Alle aufgeführten Restaurants liegen in Vila do Abraão.

Lua & Mar, Rua da Praia. Rustikales, wunderbar am Strand gelegenes Restaurant mit Tischen im Sand. Man speist abends bei Kerzenlicht und Wellenrauschen. Empfehlenswert ist die Haus-Spezialität *Peixe com Banana* (65 R$/2 Pers., mit Shrimps R$85), die in einem dampfenden Tontopf serviert wird. 🕒 Do–Di 11–23 Uhr.

Dom Mário, Village Buganville. Ein wenig abseits des Trubels gelegen, offenes Restaurant am Ende der Galeriestraße. Hauptgerichte R$32–90, die großzügigen Portionen reichen auch für 2 Pers. Lecker sind die Fleischmedaillons mit grüner Pfeffersoße und Rösti sowie die Shrimps in Basilikumsoße (R$78). ◷ Mo–Sa 15–23 Uhr.

Pé na Areia, Rua da Praia. Rustikal-charmantes Restaurant mit Möbeln aus eigener Anfertigung (Recycling-Holz) und romantischem Ambiente, draußen Tische am Strand. Spezialität Moquecas (R$60–80), Krabben- und Fischgerichte (R$60–100), gute Weine. Ab 19 Uhr oft Live-Musik (Couvert optional R$5). ◷ Di–So 11–23 Uhr.

Biergarten, Rua Getúlio Vargas 161. Der Name sagt alles: nettes kleines Lokal mit Tischen drinnen und draußen, Musik von CDs. ◷ tgl. 12–22 Uhr.

Frutos do Mar, Rua Santana. Gutes und preiswertes Fisch- und Meeresfrüchtelokal (auch gegrilltes Rindfleisch), neben Touristen speisen hier auch die Einheimischen. ◷ Do–Di 12–23 Uhr.

O Pescador, Rua da Praia 647. Nett dekoriertes Lokal mit guten Fisch-, Fleisch- und Nudelgerichten; mittlere bis gehobene Preisklasse. Im Haus gute Pousada gleichen Namens. ◷ tgl. 16–23.30 Uhr.

Padaria Pães e Cia, Rua Santana 19, ✆ 24/3361 5106. Zentral gelegene Bäckerei und *Lanchonete* mit hübscher Terrasse, gute und günstige Sandwiches für den kleinen Hunger. An Regentagen bietet sich der Lieferservice ins Hotel an. ◷ tgl. 6–22 Uhr.

Espaço Ipaum Guaçú, Rua do Bicão 95. Großer Tanzschuppen mit verschiedenen Sälen und Bars, brasilianische Live-Musik, Disco-Club. ◷ unregelmäßig, meist nur am Wochenende.

AKTIVITÄTEN

Tauchen

Die Costa Verde mit ihrem Fisch- und Korallenreichtum gehört zu den besten Tauchgebieten Brasiliens. Viel besucht wird die **Praia de Fora** nahe der Enseada do Saco do Céu. Ein weiteres beliebtes Tauchziel ist die Grotte von Acaiá, die von erfahrenen Tauchern durch einen Unterwassertunnel erreicht werden kann. Anziehungspunkt sind auch 16 Schiffswracks, besonders die 1966 vor der Bucht von Sítio Forte gesunkene und gut erhaltene **Pingüino** (19 m tief, Sichtweite 8 m). Eine gute Agentur ist **Sudoeste SW Turismo** (s. Touren).

Touren

Resa Mundi Eco Tours, Rua do Cemetério, ✆ 24/3361 9215, 💻 www.resamundi.com.br. Umweltfreundlich operierende Agentur, Schoner- und Schnellboottouren, Wanderungen, mehrsprachige Guides. Transfers u. a. nach Rio, Paraty und Búzios. Besitzerin Deise spricht Englisch.

Sudoeste SW Turismo, Village Buganville 719, ✆ 24/3361 5516, 💻 www.sudoestesw.com.br. Trekking, Tauchen, Inseltörns, Bike- und Kajakverleih. Englischsprachige Guides.

Der Privatguide **Waldeck Tenorio** ✆ 24/8841 3284, ✉ ilhawaldeck@uol.com.br, begleitet auf Wanderungen quer über die Insel.

SONSTIGES

Apotheke

Drog@tur, Rua da Praia, ✆ 24/3361 9696. ◷ tgl. 8–21 Uhr.

Feste

Jan: São Sebastião (20.), Kirchenfest zu Ehren des hl. Sebastian.

Juni: São Pedro (29.), Prozession auf dem Meer.

Juli: Musikfest im Zelt mit bekannten Interpreten (MPB, Samba u. a.).

Geld

Es gibt immer noch keine Geldautomaten auf der Insel, daher genügend Bares mitnehmen. Kreditkarten werden in Pousadas und Restaurants meist akzeptiert.

Informationen

Am Ausgang des Cais Barcas befindet sich in einem Kiosk eine kleine **Informação Turística**, ✆ 24/3361 5508, in der man einen Insel- und Ortsplan erhält. ◷ tgl. 9–12, 15–18 Uhr. Weiteres **Infozentrum** Richtung Praia Preta, bei der Parkverwaltung INEA, mit anschaulichem Modell der Insel. ◷ Di–So 9–17 Uhr. Gute Website (mit vielen Pousadas): 💻 www.ilhagrande.com.br.

Internet

In Vila do Abraão gibt es mehrere Cyber-Cafés, u. a. **Internet** in der Rua Getúlio Vargas.

TRANSPORT

Direkttransfers von/nach Rio: Resa Mundi (s. Touren) bietet bequemen All-inclusive-Transfer mit Abholung vom Hotel (3–4 Std., R$110 p. P., ab 2 Pers.), ab Rio 7.30, 11.30, 15 Uhr, zurück 9, 12.30, 17 Uhr.

Öffentlicher Verkehr: Von Rios Busbahnhof Richtung **Angra dos Reis** (Gesellschaft Costa Verde, ✆ 21/3622 3100, 💻 www.costaverde transportes.com.br, 21x tgl., 3 Std., R$43), Ausstieg schon in **Conceição de Jacareí** (den Fahrer informieren), dann 5 Min. Fußweg zum Hafen, wo Fähren zur Insel ablegen (9, 11.30, 15, 18, Fr noch um 21 Uhr, 45 Min., R$15–20; zurück 7.30, 10, 13, 17 Uhr).

Für die Rückfahrt nach **Rio** (hin geht nicht) empfiehlt sich **Speed Connection**: Schoner bis Conceição de Jacareí, dann Kleinbus direkt bis zum Hotel, Busbahnhof oder Flughafen (R$75, Tickets in den Reisebüros von Abraão).

Paraty: Bus Colitur ab Angra dos Reis, ✆ 24/3371 1224, 28x tgl. bis 22.30 Uhr, 2 Std., R$9.

Paraty und Umgebung

Paraty liegt an der Costa Verde kurz vor der Grenze zum Bundesstaat São Paulo. Von Rio aus sind es 261 km, von Angra dos Reis 99 km. Das sehr malerisch am Meer gelegene Kolonialstädtchen wurde 1966 unter **Denkmalschutz** gestellt und wirkt heute wie ein einziges museales Freilichttheater. Schon bei Ankunft fühlt man sich wie auf einer Zeitreise in die Vergangenheit. Nicht umsonst wurden vor dieser historischen Kulisse schon 35 Filme, 21 Telenovelas und diverse Videoclips gedreht, u. a. von Paraty-Fan Mick Jagger. Die 38 000 Einwohner empfangen in der Hochsaison ein Mehrfaches an Besuchern, die sich auf dem von Sklaven angelegten Kopfsteinpflaster durch die schmalen verkehrsberuhigten Gassen drängeln, Kolonialhäuser mit verspielten Ornamenten und bunten Ziergittern bewundern oder die verschiedenen barocken Kirchen besichtigen. Bei Flut braucht man für manche Straßen jedoch gutes Schuhwerk. Sie wurden einstmals auf Meereshöhe angelegt, damit die Abwässer weggespült werden konnten (inzwischen hilft jedoch ein Kanalisationssystem).

Auch die zahlreichen, über das ganze Jahr verteilten **Festivals** (S. 327) ziehen viele Gäste an (Termine bei der Hotelbuchung berücksichtigen). Neben Ökotouren durch den nahen **Atlantischen Regenwald** und einem Besuch der **Traumstrände** des Nachbarortes Trindade fehlt auch nie eine **Bootsfahrt** zu einigen der 65 vorgelagerten Trauminseln im Urlaubsprogramm, man braucht nur gegen 10 Uhr zum Hafen zu gehen. Dort liegen viele kleinere Boote (5 Std., R$40–60 p. P.) sowie auch große Schoner für bis zu 200 Passagiere (5 Std., R$30–40).

Geschichte

„Aquilo é para ti" (Das da ist für dich), beschreibt die Legende die Namensgebung des Ortes. Bei der Aufteilung der Erde zwischen Gott und dem Teufel überließ Ersterer diesen Landstreifen geringschätzig seinem Widersacher. Das war ein Fehler, denn bald schon strömten die Reichen des ganzen Landes wegen des berühmten Heilklimas zur Erholung ins 1646 gegründete Paraty. Später erwies sich die günstige Lage des Hafens als weiterer Vorteil. Im 18. Jh. wurden Gold und Edelsteine über den Caminho de Ouro (Goldweg) aus Minas Gerais über Paraty nach Portugal verschifft.

Im 19. Jh. wurde im nahen Vale do Paraíba erfolgreich Kaffee angebaut sowie Zuckerrohr verarbeitet. 1863 gab es bereits 150 Schnapsbrennereien. Eine davon gehörte übrigens den Großeltern von Thomas und Heinrich Mann, auch deren Mutter Julia lebte hier bis zu ihrem siebten Lebensjahr. Die aus dem 17. Jh. stammende Fazenda Boa Vista liegt 3 km vom Zentrum entfernt und wirkt leider recht verfallen. Der Enkel Frido Mann wollte hier ein Museum einrichten, das Projekt ist jedoch vorerst an ungeklärten Eigentumsverhältnissen gescheitert.

Mit dem Verlust der strategischen Bedeutung des Hafens setzte in Paraty um die Jahrhundertwende eine Phase des wirtschaftlichen Niedergangs ein. Doch gerade die Dekadenz oder der

Stillstand eröffneten neue Perspektiven im Tourismusgeschäft, die heute 80 % der lokalen Wirtschaft ausmacht.

Sehenswertes

Zu den Hauptattraktionen des Ortes gehört die **Casa da Cultura** an der Rua Dona Geralda, Ecke Samuel Costa. In einem Kolonialgebäude aus dem 18. Jh. findet man im unteren Stockwerk kleinere Kunstausstellungen und eine Buchhandlung, im oberen Stockwerk Fotos von Einwohnern Paratys und daneben Kopfhörer (selbst erzählte Lebensgeschichten, nur auf Portugiesisch) sowie von der Decke herab Acrylkästen mit gespendeten Objekten, die man mittels einer Kordel auf Augenhöhe herunterziehen kann. Ferner gibt es einen Kunsthandwerksladen, ein Café und Computer, die die Stadtgeschichte und die wichtigsten Sehenswürdigkeiten zeigen. ◷ Mi–Mo 10–18.30 Uhr, R$8.

Ansehen sollte man sich auch die vier Kirchen des Ortes. Auf den meisten Bildern der Stadt erscheint die **Igreja de Santa Rita dos Pardos Libertos**. Die 1722 von „freien" Sklaven errichtete Jesuitenkirche mit Barock- und Rokoko-Stilelementen im Inneren ist die älteste und prunkvollste des Ortes, daneben befindet sich ein Museu de Arte Sacra. Die **Igreja de N. S. das Dores** von 1800 war für die damalige Aristokratie bestimmt, die kürzlich restaurierte neoklassizistische **Igreja Matriz de N. S. dos Remédios** (1787–1873) für das weiße Bürgertum (mit Pinakothek) und die kleine **Igreja de N. S. do Rosário** von 1725 für die den afro-brasilianischen Mischkulten zugewandten Sklaven.

Ein Rundgang durch die Gassen bietet auf Schritt und Tritt interessante architektonische Details. Als schönster Platz gilt die **Praça da Matriz** vor der Igreja Matriz de N. S. dos Remédios. Eine der meistfotografierten Gassen ist die **Rua do Fogo** (Straße des Feuers), auch Rua do Pecado (Straße der Sünde) genannt. Hier befand sich früher ein Straßenstrich, der Rauch von Feuerstellen sollte das frivole Treiben in dichten Nebel hüllen.

Vila de Trindade (Strände)

Die Festlandstrände in der **Bucht von Paraty** sind durch gerodete Mangroven geprägt und entsprechend schlammig, in der nahen Umgebung gibt es jedoch sehr reizvolle Strandorte. Einen Tagesausflug lohnt das 15 km entfernte **Paraty-Mirim** (Bus 6.30, 12.40 Uhr oder Taxi). Der kleine Ort, einst ein Sklavenhandelsplatz, besitzt nicht nur einen schönen Strand, sondern auch die Ruine der ältesten Kirche der Region und ein Dorf *(Aldeia)* der Guarani-Indios, die sich freuen, wenn man ihre kunsthandwerklichen Produkte kauft.

Das reizvollste Ziel ist jedoch die 25 km südlich von Paraty gelegene **Vila de Trindade** (Busse stdl. bis 22 Uhr). Hier kann man auch mehrere Tage verweilen und evtl. nur abends Abstecher nach Paraty machen (auch um Bargeld abzuheben, denn in Trindade gibt es weder Banken noch Automaten).

Das frühere Versteck überwiegend französischer Piraten entwickelte sich von einem Hippietreff der 1970er-Jahre zu einem Ort mit ständig verbesserter touristischer Infrastruktur. Er ist aber immer noch ein Geheimtipp und bietet selbst in der Hochsaison noch Oasen der Ruhe und Abgeschiedenheit. Die wunderschönen Strände, von denen hier nur einige beschrieben werden, kann man vom Ortskern aus in einer Stunde zu Fuß erreichen.

Die bei Surfern beliebte **Praia do Cepilho** (Wellen bis 4 m) besitzt nur eine einzige Bar mit schöner Aussicht, aus dem Sand ragen zahlreiche gewaltige Felsen. Angrenzend liegt die lange **Praia de Fora**, wo sich die meisten Unterkünfte befinden (s. Übernachtung) und wo man den Bus verlässt. Am unteren Ende der Bucht liegt die **Praia dos Ranchos** mit den besten und beliebtesten Bars und Restaurants. Von dort sind es nur wenige Minuten zu Fuß bis zur sehr reizvollen, ganz von Regenwald umgebenen **Praia do Meio** mit schönen Strandbars, die aber evtl. in den nächsten Jahren abgerissen werden müssen (auch eine Strandgebühr war im Gespräch). Von dort sowie von der Praia dos Ranchos verkehren Boote (R$5) zu dem einzigartigen, von Felsen geschützten Naturbecken **Piscina Natural do Caxadaço**. Man gelangt auch zu Fuß dorthin, ab Praia do Meio erst zum kleinen FKK-Abschnitt **Praia da Figueira** (wo aber der Sand im Winterhalbjahr oft weggeschwemmt wird) und dann nach weiteren 100 m zum Becken hinab.

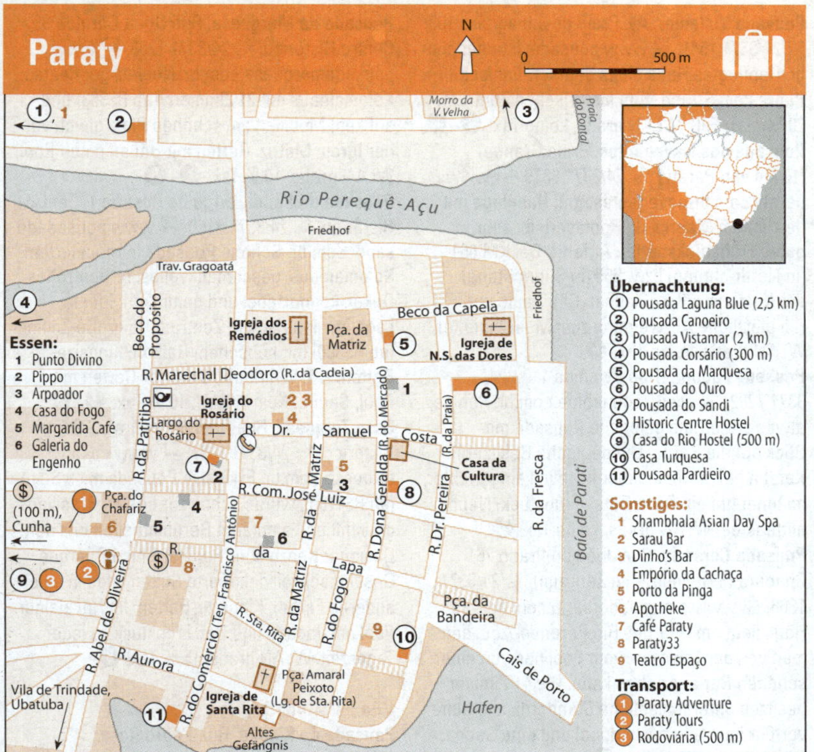

Atlantischer Regenwald

Ein weiterer Ausflug führt per Jeep in die von Atlantischem Regenwald überzogenen **Berge** nahe Paraty. Neben Urwald und Wasserfällen besucht man historische Fazendas sowie noch aktive Cachaça-Destillerien, in denen der Herstellungsprozess erläutert wird (z. B. im Sítio de Pedra Branca, 💻 www.cachacapedrabranca.com). Unterwegs sollte man auf der Estrada Paraty–Cunha beim idyllisch gelegenen Restaurant **Villa Verde** Halt machen (s. Essen).

ÜBERNACHTUNG

Casa do Rio Hostel (HI), Rua Antônio de Oliveira Vidal 120, ✆ 24/3371 2223, 💻 www.paratyhostel.com. Gutes Hostel mit 70 Betten, DZ (ab R$110) und 6er-Dorms (ab R$50). 24-Std.-Rezeption, Gemeinschaftsküche, Wäscherei, Bettwäscheverleih, Frühstück; auch Jeeps und Boote für Touren; 5 Gehmin. von der Rodoviária. Kein WLAN, keine Tax. ❷

€ **Historic Centre Hostel**, Rua Dona Geralda 211, Centro Histórico, ✆ 24/3371 2236, 💻 www.historiccentrehostel.com. Neueres Hostel in Kolonialhaus in der Altstadt, DZ (ab R$120) und Dorms (ab R$30), inkl. Frühstück, Küchenbenutzung, Sky-TV-Lounge und Bar. Kein WLAN. ❸

Pousada Canoeiro, Av. Otávio Gama, ✆ 24/3371 1322, 💻 www.pousadacanoeiro.com.br. Gepflegtes Anwesen mit viel Grün und Pool. Empfehlenswerter als die Zimmer im Haupthaus sind die Chalês mit Veranda und Hängematten in einem tropischen Garten. Etwas abseits und sehr ruhig, nur 200 m bis zum historischen Zentrum. WLAN gratis, keine Tax. ❸

Pousada Vistamar, Av. Praia do Jabaquara 103, ✆ 24/3371 1541, 💻 www.pousadavistamar.com.br. Gepflegtes Haus eines deutsch-finnischen Paares am Strand, zum historischen Zentrum 20 Min. zu Fuß. WLAN gratis, keine Tax. ❸–❹

Pousada dos Navegantes, Praia Grande (10 km von Paraty), ✆ 24/3371 8319, 💻 www.paraty.com.br/navegantes.htm. Hanglage mit herrlichem Meerblick; Bootsverleih; sehr gutes Frühstücksbuffet. Anfahrt: Bei KM 561 (in Nordrichtung) bzw. 565 (in Südrichtung) der Küstenstraße zwischen São Paulo und Rio plötzliche Abzweigung zum Meer hinunter. WLAN gratis, keine Tax. ❹

Pousada Laguna Blue, Avenida 1, ✆ 24/3371 7282, 💻 www.lagunablue.com.br. Ruhige, etwas außerhalb gelegene Pousada mit Blick auf die Berge. Die deutsche Besitzerin Kerstin hat die 14 Zimmer liebevoll eingerichtet, im Innenhof ein Pool. Gutes Frühstück, Nachmittagstee. WLAN gratis, keine Tax. ❺

Pousada Corsário, Rua João do Prado 26, Chácara (5 Gehmin. zum Zentrum), ✆ 24/3371 1866, 💻 www.pousadacorsario.com.br. Das Haus liegt am Ufer des Rio Perequê-Açú, den man von der Terrasse, vom Pool und von einer schönen Bar aus sehen kann. Die 41 Zimmer besitzen unterschiedliche Standards, die Suite verfügt über einen Whirlpool und eine Sauna. WLAN gratis, 10 % Tax. ❻

Pousada Pardieiro, Rua do Comércio 74, ✆ 24/3371 1370, 💻 www.pousadapardieiro.com.br. Äußerlich unauffällige Pousada im typischen Kolonialstil der Region mitten im historischen Zentrum, innen sehr hübsch ausgestaltet. Die 27 komfortablen Zimmer liegen alle zum Patio mit Garten, Hängematten, Pool, Bar. WLAN gratis, keine Tax. ❼–❽

Pousada do Ouro, Rua Dr. Pereira 145, Centro Histórico, ✆ 24/3371 2033, 💻 www.pousadaouro.com.br. Schön restauriertes Kolonialhaus aus dem 18. Jh. mit 27 komfortablen Zimmern (ab R$373), von Deutschen geleitet. Innenhof mit tropischem Garten und tollem Pool, romantische Atmosphäre. Hier haben sich schon Mick Jagger, Tom Cruise, Linda Evangelista u. a. gebettet. Wochentags und in der Nebensaison nach Rabatt fragen. WLAN gratis, 10 % Tax. ❼–❽

Pousada da Marquesa, Rua Dona Geralda 99, Centro Histórico, ✆ 24/3371 1263, 💻 www.pousadamarquesa.com.br. Nobles, gepflegtes Kolonialhaus mit 21 Zimmern (ab R$363) und antikem Mobiliar, am schönen Platz gleich vor der Igreja Matriz, Garten mit Bäumen und Pool. WLAN gratis, 10 % Tax. ❼–❽

Pousada do Sandi, Largo do Rosário 1, Centro Histórico, ✆ 24/3371 2100, 💻 www.pousadadosandi.com.br. Schöne Pousada in renoviertem Kolonialhaus; geschmackvolles, farbenfrohes Dekor, komfortabel und gemütlich. Ideale Lage im historischen Zentrum. 26 große Zimmer (ab R$360) mit hübschem Balkon, Kingsize-Betten, z. T. Whirlpool. Schöner Garten mit Pool, Sauna. Kein WLAN, 10 % Tax. ❼–❽

Casa Turquesa, Rua Doutor Pereira 50, Centro Histórico, ✆ 24/3371 1037, 💻 www.casaturquesa.com.br. Exklusive Pousada mit 9 Suiten (ab R$1100), wurde schon zur besten Brasiliens gewählt und empfängt Berühmtheiten wie den Designer Kenzo oder Popstar Chico Buarque. Geschmackvoll dekorierte Suiten (jede in einer anderen Farbe), Kingsize-Betten. Im Hof kleiner Pool mit Jacuzzi und Bar. Frühstück zu jeder Tageszeit. WLAN gratis, 15 % Tax. ❽

Vila de Trindade

Pousada do Riacho, Rua Pedro Rosa, ✆ 24/3371 5163, 💻 www.trindade.tur.br/riacho.htm. Das Besondere an dieser Unterkunft sind die Flussuferlage und die 5 Chalês mit Küche (auch Suiten), auf dem Gelände Pool und Restaurant. WLAN gratis, keine Tax. ❻–❼

ESSEN

Alle hier empfohlenen Lokale liegen im historischen Zentrum. Neben den genannten Optionen findet man aber noch zahlreiche weitere.

Margarida Café, Praça do Chafariz. Großes, geschmackvoll gestyltes Restaurant. Hervorragend ist *Peixe São Gonçalo* (R$53), ein gerolltes und frittiertes Fischfilet mit Krabbenpastete, Tomatensoße und Ravioli mit Kürbisfüllung. Ab 20 Uhr Live-Musik mit prima Stimmung (Couvert 5–7 R$). 🕒 tgl. 12–1 Uhr.

Casa do Fogo, Rua Com. José Luiz 390. Uriges Lokal mit gedämpftem Licht, serviert brasilianische, in Cachaça flambierte

Gerichte (R$35–69), z. B. *Peixe Caiçara* (Fischfilet mit Bananen, Gemüse, Reis und Palmherzen). Lokale Produkte werden bevorzugt. Angenehme, nicht allzu laute Live-Musik (Couvert R$7). ⌚ Do–Di 18–24 Uhr.

Pippo, Rua do Comércio 8. Das in Anlehnung an das italienische Kino der 1960er-Jahre ganz in Schwarz-Weiß gehaltene Restaurant serviert hervorragenden Fisch, der von Besitzer Pippo vorher höchstpersönlich geangelt wurde. Tipp: das *Menu do Dia*, bei dem man für nur R$49 ein komplettes 3-Gänge-Menü erhält. Als Nachtisch empfiehlt sich die exzellente *Torta Tartufo al Cioccolato* (Normalpreis ohne Menü R$17). ⌚ tgl. 18–24 Uhr.

€ **Galeria do Engenho**, Rua da Lapa 18. Eines der wenigen guten und preiswerten Lokale im Zentrum. Große Portionen, die Hälfte wird mit 60 % berechnet. Lecker ist der Fisch mit gekochten Bananen (*Cavala à Caiçara*, R$43/ 2 Pers.). ⌚ So–Do 12–22.30, Fr, Sa 12–23 Uhr.

Arpoador, Rua da Matriz 7. Anheimelndes kleines Lokal mit bunten Gemälden; gut sind die Moquecas, auch Meeresfrüchte, Gegrilltes, Nudeln, Salate und Weine zu mittleren Preisen. ⌚ tgl. 12–23.

Punto Divino, Rua Marechal Deodoro 129. Gelobtes italienisches Gourmetlokal; Meeresfrüchte, guter Fisch, Fleisch, Spaghetti und Steinofen-Pizza. Garteninnenhof mit Live-Musik. ⌚ Mi–Mo 12–24, Di 19–24 Uhr.

Villa Verde, Estrada Paraty–Cunha, 7 km, Tel. 24/3371 7808, villaverdeparaty.com.br. Toller Stopp während des Ausflugs in die umliegenden Regenwaldhänge. Schönes Fazenda-Ambiente, man sitzt auf einer Holzveranda und blickt in den tropischen Garten, durch den ein Bach fließt (Bad möglich). Spezialität: hausgemachte Nudeln (Hauptgerichte R$30–60), der Apfelstrudel mit Eis (R$16) reicht locker für Zwei. Anfahrt mit organisierter Tour oder Bus „Penha" (R$3) ab Rodoviária. ⌚ tgl. 10–17 Uhr.

NACHTLEBEN

Café Paraty, Rua do Comércio 253. Beliebte große Bar, jeden Abend Live-Musik (MPB, Jazz, Bossa Nova), kein Eintritt, aber Couvert für die Band; Getränke und Snacks recht teuer. ⌚ tgl. 9–23 Uhr.

Paraty33, Rua Maria J. de Mello 357. Wie Café Paraty eine alteingesessene beliebte Musik-Bar, ab 19 Uhr Live-Konzerte (Couvert), teure Getränke. ⌚ tgl. 12–24 Uhr.

Dinho's Bar, Rua Marechal Deodoro 223. Einfacher Club, preiswert, zwanglose Atmosphäre, gemischtes Publikum, manchmal Live-Musik. ⌚ tgl. ab 22 Uhr.

Sarau Bar, Rua Marechal Deodoro 241. Urige Bar mit Hippie-Touch, karibische Drinks, oft Live-Musik (MPB, Rock). ⌚ Mo–Sa ab 18 Uhr.

FESTE

Paraty bietet die meisten Feste im ganzen Südosten Brasiliens, neben Folklore- und kirchlichen Ereignissen dreht sich hier vieles um den Zuckerrohrschnaps.

Feb: Bourbon Festival Paraty (Monatsmitte, Fr–So), Jazz und brasilianische Rhythmen von einheimischen und ausländischen Gruppen, gratis in diversen Gassen und einem Zelt bei der Praça da Matriz (hörbar auf dem ganzen Platz). Programm: 💻 www.bourbonfestivalparaty.com.br.

Ostern: Procissão do Fogaréu (Do 24 Uhr), Procissão dos Passos (Fr).

Mai: Festa do Divino Espírito Santo, religiöses Fest portugiesischen Ursprungs (2. Maihälfte, 40 Tage nach Ostern), typische Tänze und Prozession, Feier in der Matriz de N. S. dos Remédios.

Juni: Dança Paraty, internationales Tanzfest mit ca. 80 Gruppen (gegen Ende des Monats).

Juni/Juli: Procissão Marítima de São Pedro, Meeresprozession von São Pedro zur Ilha do Araújo (So nach dem 29.6.).

Juli: FLIP/Festa Literária Internacional de Paraty (5 Tage um das erste Wochenende des Monats), erfolgreicher Versuch (seit 2003) der englischen Projektinitiatorin Liz Calder, Paratys Ruf als Stadt der Schnapsfeste durch Kulturveranstaltungen aufzuwerten; heute wichtigstes Event der Stadt mit komplett ausgebuchten Hotels; jedes Jahr lesen und diskutieren um 40 bedeutende Autoren, auch aus dem Ausland. Programm: 💻 www.flip.org.br.

Samba, Chorinho, Musikfest (3. Wochenende des Monats).

Juli/Aug: Contemporânea Art, Festival Internacional de Artes Visuais (Ende Juli in den Galerien, August auf den Straßen).

Aug: Festival da Pinga, traditionelles Volksfest rund um den Zuckerrohrschnaps (3. Wochenende des Monats).

Sep: Paraty em Foco, Festival Internacional de Fotografia (gegen Ende des Monats).
Festa de N. S. dos Remédios, Fest zur Ehren der Schutzheiligen des Ortes (um die Monatswende).

Okt/Nov: Paraty Latino, Festival Internacional de Música Latina.

Nov: Festival Internacional de Cinema (Anfang bis Mitte des Monats).

Festa de São Benedito, Volksfest zu Ehren des Schutzheiligen der Sklaven, Prozessionen und Kirchenfeiern (2. Woche des Monats).

SONSTIGES

Einkaufen

Paraty ist bekannt für exzellenten Zuckerrohrschnaps *(Cachaça)*. In der Altstadt gibt es viele Verkaufsläden, u. a. **Empório da Cachaça**, Rua Samuel Costa 145, ⌚ tgl. 10–22 Uhr, und **Porto da Pinga**, Rua da Matriz, ⌚ tgl. 10–12, 14–23 Uhr.

Geld

Banco do Brasil, Av. Roberto da Silveira 79, Centro. ⌚ Mo–Fr 10–15 Uhr.

Informationen

Informação Turística, Av. Roberto da Silveira 1, Ortseingang, ✆ 24/3371 1897. ⌚ tgl. 9–21 Uhr.
Internet: 💻 www.paraty.com.br (auch Engl.).

Spa

Shambhala Asian Day Spa, Av. N. S. dos Remédios, Caborê, ✆ 24/3371 2186, 💻 www.shambhalaspa.com.br. Verwöhnprogramm nach dem Tagesausflug gewünscht? Hier gibt's ganzheitlich orientierte Massagen und Körperbehandlungen, z. B. Massage „Shambhala" (90 Min., R$170). Abholservice vom Zentrum (R$10). ⌚ Di–Sa 14–21, So 10–17 Uhr.

Theater

Teatro Espaço, Rua Dona Geralda 327, ✆ 24/3371 1575. Puppentheater für Jugendliche und Erwachsene. ⌚ Mi, Sa 21 Uhr (Jan/Feb/Juli auch Fr), Eintritt R$40.

Touranbieter

Paraty Tours, Av. Roberto da Silveira 11, ✆ 24/3371 1327, 💻 www.paratytours.com.br. Traditionellster Veranstalter vor Ort, spezialisiert auf Ausflüge im Schoner mit Schnorcheln. Beliebt ist die 5-stündige Tour zu den Inseln Sapeca, Catimbau und Algodão, inkl. der Strände Lula und Vermelha.
Paraty Adventure, Av. Roberto Silveira 80, ✆ 24/3371 6135, 💻 www.paratyadventure.com. Gute Agentur, die neben Bootsausflügen auch viele Öko- und Abenteuertouren anbietet (Kajak, Reiten, Tauchen, Fischen u. a.); qualifizierte englischsprachige Guides.
Die Deutsch-Brasilianerin **Sylvia Junghähnel**, ✆ 24/998 419 140, ✉ sylviaparaty@yahoo.com.br, bietet informative historische Stadtrundgänge an (1,5 Std., R$100 pro Gruppe), eine gute Einführung in die Geschichte der Region. Auf Anfrage auch Tourenbegleitung.

Wasserrutsche

Die natürliche Wasserrutsche **Cachoeira do Tobogão** liegt in Penha und ist eigentlich ein großer, ca. 30 m breiter Felsen mit knapp 10 m Höhenunterschied, über dessen „Buckel" das Wasser in einem dünnen Film fließt.
Der Fels ist leicht mit Moos/Algen bewachsen, sodass man wirklich gut und sanft rutscht. Bei dem Start helfen die einheimischen *Stuntmen*. Die Rutsche befindet sich nur 200 m von der Straße Paraty–Penha, liegt aber mitten im Urwald. Anfahrt von Paraty per Taxi (etwa R$40) oder Bus ab Rodoviária (9, 11.15 und 13.40 Uhr).

TRANSPORT

Direkttransfer von/nach Rio: Einfachste An- und Abreise mit den Kleinbussen von **Paraty Tours** (s. Touren). Mehrmals täglich Transfer von Hotel zu Hotel (R$150 p. P.), unterwegs Stopp in Angra dos Reis (Fähranschluss zur Ilha Grande).

Rodoviária, Rua Manoel S. Pádua (etwas außerhalb des historischen Zentrums, Taxi R$15).
Angra dos Reis: Colitur, ✆ 24/3371 1224, 28x tgl. bis 22.30 Uhr, 2 Std., R$9.
Rio de Janeiro: Costa Verde, ✆ 24/3371 1177, 13x tgl. bis 21 Uhr, 4 1/2 Std., R$58.
São Paulo: Reunidas Paulista, ✆ 24/3371 1196, tgl. 9.40, 13.40, 16.40, 23.30 Uhr, 5 Std., R$48.

Die Itatiaia-Region

Kern der Region ist der gut erschlossene **Nationalpark** von Itatiaia, in dem man herrlich wandern und bergsteigen kann. Die Flora und Fauna des Urwalds ist sehr reichhaltig und es gibt zahlreiche Wasserfälle und Wildbäche. In der Nähe liegen die Orte **Penedo**, eine eher mondäne finnische Kolonie, sowie höher in den Bergen das grüne **Visconde de Mauá**, ein Paradies für Naturfreunde und Verliebte, die sich in romantische Chalês mit Kerzen, Kamin und Wolldecken zurückziehen wollen. Beide Orte sind auch für ihre hervorragende Gastronomie bekannt, besonders für köstliche Forellengerichte.

Penedo

Dieser 1929 von finnischen (und schwedischen) Immigranten gegründete kleine Ort, 176 km von Rio entfernt, ist ein kleines Stück Finnland mitten in Brasilien. Im **Shopping Pequena Finlândia** wurde auf kleinem Raum ein finnisches Dorf nachgebaut, auch eine Replik des in Rovaniemi (Lappland) stehenden Hauses des Weihnachtsmannes (Joulupukki).

In der Av. das Mangueiras 2601 gibt es ein **Museu Finlandês** mit mehr als 1000 Objekten wie Briefmarken, Münzen, Geschirr, Kostümen und Teppichen. 🕒 Do–Sa 10–17, So 10–15 Uhr, R$6. Im angegliederten **Clube Finlândia** werden jeden ersten Samstag des Monats ab 21 Uhr Folkloretänze aus der Heimat vorgeführt; brasilianische Rhythmen hört man jedoch auch.

Wer nicht an finnischer Kultur und Tradition interessiert ist, kann den Ort ruhig übergehen. Hier ist alles unwirklich sauber und aufgeräumt, man fühlt sich wie in einer Art Disney-World für ein gediegenes Mittelschichtpublikum. Lohnend ist jedoch die Umgebung, eine grüne Hügellandschaft mit zahlreichen Optionen für naturnahen Tourismus. Häufig besucht werden die Wasserfälle **Três Cachoeiras**, **Cachoeira de Deus** und **Poço das Esmeraldas**. Reitausflüge organisiert die Agentur „Haras from Penedo" (s. u.). Für radikalere Sportarten bestehen ebenfalls Angebote, zudem kann man von Penedo aus den nahe gelegenen Nationalpark von Itatiaia besuchen.

ÜBERNACHTUNG UND ESSEN

Pousada Villa Luna, Av. das Mangueiras 1457, ✆ 24/3351 1183, 💻 www.pousadavillalunapenedo.com. Zentrumsnahe, dennoch ruhige Lage. 7 Apartments, 1 Chalê, 5 rustikale Bungalows, mit Kamin. Sehr gepflegt; Garten, Pool, Sauna und Spa. Hauseigene Pizzeria. WLAN gratis, keine Tax. ❹–❼
Hotel Pequena Suécia, Rua Toivo Suni 33, ✆ 24/3351 1275, 💻 www.pequenasuecia.com.br. Hübsche Anlage im Grünen unter Bergen, 14 Zimmer und 3 Chalês, mit Kamin. Gutes Essen, Sauna, Pool, Wellness und Spielsaal. WLAN gratis, 10 % Tax. ❻
Vernissage, Rua K 110, Fazendinha (etwas außerhalb in Richtung Alto Penedo hinter den Wasserfällen Três Cachoeiras), ✆ 24/3351 1627. Bunte Mischung aus Kunstgalerie und Restaurant, spezialisiert auf Fisch, auch Fondue, Nudelgerichte, Fleisch, Salate. Idyllische Lage am grünen Ufer des Rio das Pedras. 🕒 Do–So 12–24 Uhr, nur mit Reservierung (ab Do 10 Uhr).

SONSTIGES

Feste

Juni/Juli: Festival de Inverno, gut besuchtes Winterfest mit vielen kulinarischen Angeboten und kulturellen Ereignissen.

Geld

Banco do Brasil nicht vertreten, dafür Bankautomat von **Bradesco** im Postamt, Shopping Pequena Finlândia.

Post

Im Shopping Pequena Finlândia.

Touranbieter

Haras from Penedo, Rua Finlândia 150, ✆ 24/3351 1380, 💻 www.frompenedo.com.br. Reitausflüge für Anfänger (mit *Manga-largas*), 1 1/2 Std., 7 Starts tgl. (mind. 2 Pers.), R$60 p. P.

Pesque e Pague Truta Viva, Rua UU, Lotes 24/25, Quadra 48, Alto Penedo, ✆ 24/3351 1209, 💻 www.trutaviva.com.br. Forellenfischen.

Ralph, Rua Projetada 109, Vale do Ermitão, Penedo, ✆ 24/3351 1823, 💻 www.ecoralph.com.br. Klettern/Bergsteigen, Rapel, Offroad und Trekking in Visconde de Mauá und im Parque Nacional do Itatiaia.

TRANSPORT

Rio de Janeiro: Cidade do Aço, ✆ 24/2106 4022, tgl. 8.15, 14.45, 18.45, So auch 16.15, 20.45 Uhr, 3 Std., R$28.

Visconde de Mauá

Wer sagt, er fahre nach Visconde de Mauá, meint damit eigentlich drei nahe beieinander liegende kleine Orte. Sie liegen alle idyllisch an einem Wildbach in einem Tal der bis zu 1700 m hohen, unter Naturschutz stehenden **Serra da Mantiqueira**. **Visconde de Mauá**, 24 km von Penedo und gut 200 km von Rio entfernt, ist der älteste und am wenigsten touristische Ort, hier wohnen viele Einheimische.

Der Name rührt von Ireneu Evangelista de Souza her, dem Vicomte von Mauá, der hier um 1870 mit der Gewinnung von Holzkohle begann. Dann kamen Arbeiter aus Spanien, Italien, Polen und Ungarn, die eine erste Ausländerkolonie bildeten. Später entstanden Rinderfarmen und Landgüter, die mit der Zunahme des naturnahen Tourismus ab 1980 langsam in Fazenda-Hotels umgewandelt wurden.

5 km weiter liegt **Maringá**, welches durch den Bach Rio Preto getrennt (es gibt eine kleine Fußgängerbrücke) teils zu Minas Gerais (MG) und teils zum Bundesstaat Rio de Janeiro (RJ) gehört. Im letzteren Teil ist die touristische Infrastruktur am stärksten entwickelt, besonders in der Rua da Ponte dos Pedestres. Richtig voll wird es jedoch nur während der Ferienmonate und an verlängerten Wochenenden. Man sollte sich gleich hier einquartieren, da es von den anderen Orten aus kaum Verkehrsverbindungen gibt. Noch 3 km weiter folgt **Maromba**, der kleinste der drei Orte mit einem eher bescheidenen Angebot an Pousadas und Restaurants.

Die Region ist reich an Araukarienwäldern, Ipês, Bromelien und Orchideen, die Fauna ist ebenfalls ausgeprägt, man sieht viele Vögel und in den Flüssen wimmelt es von Forellen. Naturfreunde, Wanderer, Mountainbiker und Reiter finden hier etliche Aktivurlaubsangebote, aber auch Paare besuchen gern diese abgeschiedenen Bergnester. Hauptattraktion sind jedoch die **39 Wasserfälle**, insbesondere Escorrega (30 m lange Rutschbahn), Santa Clara (40 m hoher Wasserfall), Toca da Raposa (zwei kleinere Fälle und Grotte) und Véu da Noiva (in reizvoller Landschaft). Wegen der Entfernungen empfiehlt sich eine organisierte Jeep-Tour, im Vale do Alcantilado kann man jedoch wandernd in zwei Stunden neun Wasserfälle besuchen.

Von einem 1800 m hohen Aussichtspunkt bei den Cachoeiras da Saudade bietet sich ein herrlicher Panoramablick auf das **Vale das Flores**. Durch dieses „Blumental" kann man auch wandern, wegen schlechter Ausschilderung jedoch besser mit einem Guide (Zugang von der Estrada do Vale do Alcantilado). Vom 1755 m hohen **Pedra Selada** (Versiegelter Felsen), einem der Postkartenmotive der Region, eröffnet sich ein weiter Blick auf das Vale do Paraíba. Vom Fuße des Felsens, zu dem eine Straße führt, geht es in 2 Std. 1,7 km steil bergauf durch dichten Wald.

ÜBERNACHTUNG, ESSEN UND NACHTLEBEN

Pousada Caminho do Pico, Vale das Cruzes, Visconde de Mauá, ✆ 24/3387 1058, 💻 www.portalviscondedemaua.com. Eine hostelähnliche Pousada mit DZ (R$80) und 4er-Dorms (R$30), jeweils mit Bad und Kamin. Freundlicher Service. In der Nähe Flussbaden. WLAN gratis, keine Tax. ❷

Pousada dos Amores, Maringá (MG), ✆ 24/3387 1612, 💻 www.pousadadosamores.com.br. 5 geschmackvoll eingerichtete, romantische Chalês mit Kamin, z. T. Whirlpool. Aufmerksamer Service, exzellentes Frühstück. Nur 200 m bis zum gastronomischen und kommerziellen Zentrum Maringás. Kein WLAN, 10 % Tax. ❻

In der Rua da Ponte dos Pedestres, Centro, Maringá (RJ) liegen:

Bom Apetite. Hier isst man gut und preiswert frische Forellen oder auch Picanha (R$68/ 2 Pers.). Herrliche Flussuferlage, auch ein paar Tische draußen. ⌚ Do–Mo 12.30–22 Uhr.

Zanzibar. Rustikale Café-Bar und Restaurant, Fr/Sa auch Live-Musik. ⌚ Mi–Mo ab 10 Uhr.

Casebre Pub. Uriger Pub, zugleich Verkaufsladen (Zigarren, Cachaça, Weine, Trüffel u. a.) und Bistro (Suppen, Steinofenpizza etc.), Fr/Sa Live-Musik, rustikales Ambiente, Sofaecke. ⌚ Mo–Do 8–22, Fr–So 8–2 Uhr.

SONSTIGES

Geld

Es gibt keine Filiale der **Banco do Brasil**, Kreditkarten werden von den Pousadas und Restaurants oft, aber nicht immer akzeptiert. Daher genügend Bargeld mitnehmen.

Informationen

Mauá-Tur, Ortseingang von Visconde de Mauá, ✆ 24/3387 1283, 💻 www.portalviscondedemaua.com. ⌚ Mo–Mi 10–18, Do 9–19, Fr 9–22, Sa 9–18, So 10–15 Uhr.

Medizinische Hilfe

Posto de Saúde, Rua Wenceslau Braz.

Touren

T & T Adventures, Maringá (RJ), ✆ 24/3387 1080, 💻 www.visitemaua.com/ttadventures. Offroad zu allen Wasserfällen, Bergen und Tälern um Visconde de Mauá inkl. Parque Nacional do Itatiaia.

Agentur Ralph in Penedo (S. 330).

TRANSPORT

In den Dörfern von Visconde de Mauá gibt es keine richtigen Busbahnhöfe, nur Haltestellen von Bussen aus Rio und Resende mit Endstation in Maromba.

Rio de Janeiro: Cidade do Aço, ✆ 0800/703 4022, ab Maromba nur So 16 Uhr, 4 1/2 Std., R$44.

Wer von Rio mit einem **Mietwagen** anreist, fährt bei Penedo bzw. Ausfahrt 311 von der Autobahn Rio–São Paulo (Dutra) ab, dann noch 30 km auf der neu asphaltierten RJ 163.

Parque Nacional de Itatiaia

Der älteste und am besten erforschte Nationalpark Brasiliens (1937) umfasst 300 km² und besteht aus einer zur Serra da Mantiqueira gehörenden **Bergkette**, die parallel zur Küstenkordillere 60 km im Landesinnern verläuft. Das Gestein ist vor etwa 70 Mill. Jahren auf eruptive Weise aus der Tiefe emporgehoben worden und besteht aus Syenit, das dem Granit ähnelt, aber keinen Quarz enthält. Aus dem 2400 m hohen Plateau ragen runde, ausgewaschene Felsformationen hervor; mit 2787 m am höchsten ist der Pico das Agulhas Negras (sogar die höchste Erhebung des ganzen Bundesstaates), gefolgt von der Serra do Maromba (2607 m) und Prateleiras (2548 m).

Der Park, einer der schönsten Brasiliens, liegt in der Vegetationszone der Atlantischen Regenwälder, die unteren Teile sind jedoch durch den früheren Kaffeeanbau nicht mehr ganz ursprünglich. Trotzdem ist die **Flora** sehr reichhaltig. Am üppigsten ist die Landschaft im tiefer gelegenen Teil ab 750 m über dem Meeresspiegel mit viel Wald, Flüssen und Wasserfällen. Zwischen Oktober und Dezember blühen die Quaresmeiras, häufig sieht man auch Cecropien und schlanke Assaipalmen. In der Waldzone bis 2000 m ist der Regenwald noch unversehrter, und 20–30 m hohe Bäume sowie Lianen und Epiphyten bestimmen das Bild. Weiter oben wird die Vegetation immer spärlicher, hier gedeihen nur noch Nadelbaumarten wie Araukarien und Stielfruchteiben sowie einige Kräuter und niedere Sträucher, z. B. Bodenbromelien, eine der Fuchsienarten und der *Taquara-mirim*-Bergbambus. Leider ist auf dieser Höhe im August 2007 einiges abgebrannt.

Die **Fauna** des Nationalparks ist ebenfalls sehr vielfältig, fast alle Arten der Atlantischen Regenwälder sind hier noch anzutreffen. Während Jaguare und Spinnenaffen vom Aussterben bedroht sind, überleben kleinere Säugetiere wie drei Affenarten, Gürteltiere, Agutis und Südamerikanische Nasenbären. Rund 300 Vogelarten wurden gezählt, darunter Papageien, Tukane und Tangare. Zahlreich sind die zu den Schnurrvögeln gehörenden Blaubrustpipras mit ihrem roten Scheitel und die Spitzschwanzpipras, ferner sieht man Schwalbentangare und zwei Trogonarten. Am häufigsten sind jedoch Insekten, 50 000 verschiedene soll es hier geben.

Der Park besitzt eine gute **Infrastruktur** und bietet ideale Bedingungen für naturnahen Tourismus, www.icmbio.gov.br/parna_itatiaia (port.). tgl. 8–17 Uhr, Guides vor Ort, Eintritt R$6, Hochplateau R$22. Ein Stück hinter dem Eingang befindet sich das **Museu Regional de Fauna e Flora** mit vielen Pflanzenarten und ausgestopften Tieren. Di–So 8–17 Uhr, Eintritt frei.

Wanderungen

Vom Museum aus führt ein kurzer Seitenpfad zu dem Bachtal Lago Azul. Weiter auf dem Hauptweg, an einigen Hotels vorbei, sieht man bereits Tukane und Schnurrvögel. An den Bäumen hängen oft epiphytische Orchideen und Kakteen. Nach gut einer Stunde gelangt man in die Nähe einiger **Wasserfälle**. Von der Hauptstraße aus bei der Ponte (Brücke) da Maromba auf einem Wanderpfad 450 m nach rechts gehend, trifft man auf den 40 m tief fallenden Véu da Noiva; vom selben Ausgangspunkt nach 520 m auf den Itaporani mit gleich drei Fällen, und von der Straße 400 m nach links auf den Poranga (nur 10 m, aber sehr hohe Wassermengen). Der Weg führt dann weiter in die Hochlagen; nach mühsamen 20 km auf einem schwierigen Wanderpfad gelangt man zur **Berghütte** Abrigo Rebouças, die bis zu 20 Personen beherbergen kann. Nach der Übernachtung kann man auf diversen Routen weiter in das **Hochplateau** vordringen, ein Abenteuer, das immerhin von jährlich 20 000 Besuchern gewagt wird. Ein Guide – Pflichtauflage der Umweltbehörde Ibama – und eine angemessene Ausrüstung sind jedoch unverzichtbar. Einer der Pfade (30 km) führt z. B. an interessanten Felsformationen vorbei bis nach Visconde de Mauá.

Sehr beliebt ist auch die Exkursion zum **Pico das Agulhas Negras**, an der Weggabelung östlich des Abrigo Rebouças geht es links hinauf. Der dreistündige Aufstieg erfordert Kondition und Erfahrung und setzt ein trockenes Klima voraus. Die erste, leichtere Etappe ab Abrigo Rebouças bis zur Basis dauert eine Stunde, die zweite bis 2600 m zwei Stunden, für den Rest bis zum Gipfel (2787 m) ist eine Ausrüstung erforderlich. Ebenfalls beliebt ist der Aufstieg zum **Pico das Prateleiras** (2548 m). Dieser Berg lässt sich auf einem Wanderpfad und über einige Kletterpartien ersteigen, hin und zurück sollte man jedoch einen ganzen Tag einkalkulieren, falls man den Abstieg nicht per Rapel bewältigt. Von oben bietet sich ein weiter Blick auf das Vale do Paraíba. Es gibt jedoch auch Optionen für weniger ambitionierte Wanderer. Beim Itatiaia Park Hotel beginnt z. B. die **Trilha dos Três Picos**, ein 8 km langer steiler Pfad führt zu einer durchschnittlich 1600 m hohen Formation aus drei Felsen (hin und zurück 5 Std.).

Die beste **Besuchszeit** für die höheren Lagen (Prateleiras und Agulhas Negras) sind die trockenen Monate von Mai bis August, es kann aber im Winter sehr kalt werden und sogar schneien (warme Kleidung mitnehmen!). Zwischen Oktober und Februar sind die niederen Lagen durchaus gut besuchbar, selbst wenn manchmal kräftige Güsse die Wanderpfade aufweichen.

ÜBERNACHTUNG UND ESSEN

In Itatiaia gibt es mehrere Hotels, einige teurere liegen direkt im Park an der Straße zum Wasserfall Véu da Noiva. An Wochenenden und in den Ferien (Dez–Feb) hohe Nachfrage, daher reservieren. Notfalls gibt es Schlafplätze in der Hütte beim Lago Azul oder im Abrigo Rebouças (falls gerade geöffnet), Zelten ist dort ebenfalls möglich. Essen sollte man möglichst in den Pousadas, bei Wanderungen genügend Proviant mitnehmen.

Pousada Ypê Amarelo, Rua João M. de Macedo Costa 352, Campo Alegre, 24/3352 1232, www.pousadaypeamarelo.com.br. 9 Zimmer und 8 einfache Chalês für max. 6 Pers. (R$60 p. P.). Pool, Sauna, Sport- und Campingplatz. Fahrradverleih und Touren. Die Pousada liegt am Anfang der Straße zum Park, vom Busbahnhof 15 Min. zu Fuß. WLAN gratis, keine Tax. ❸

Pousada Quatro Estações, Estrada do Parque Nacional 1390, 24/3352 6070, www.pousada4estacoesdeitatiaia.com.br. Haus von 2002 mit 10 nett eingerichteten Zimmern bis 4 Pers., 2 davon haben eine Veranda.

Bar, Pool, Sauna und Fahrradverleih. WLAN gratis, keine Tax. ❹

Hotel Donati, Parque Nacional (1 km), ☏ 24/3352 1110, 💻 www.hoteldonati.com.br. Erstes Hotel der Region mit langer Tradition. Hübsche Chalês mit toller Grünanlage. Pool, Sauna und Restaurant (im Winter mit Fondue). WLAN gratis, keine Tax. ❼

TRANSPORT

Von Rio oder São Paulo fährt man bis zur Rodoviária von **Resende**, ☏ 24/3354 1405, dann per Linienbus (alle 20–40 Min.) bis **Itatiaia** (17 km) und anschließend per Circular-Bus (12 km) zum Parkeingang bzw. Besucherzentrum (Centro de Visitantes). Die Anfahrt ist zeitaufwendig und der Besuch eignet sich nicht als Tagesausflug. Wer den Nationalpark ausgiebiger erkunden möchte, sollte Übernachtungen einplanen.

Nördlich von Rio de Janeiro

Bei gutem Wetter sieht man von Rio aus eine lang gestreckte Bergkette mit dem berühmten Spitzfelsen Dedo de Deus (Finger Gottes). Er gehört zum Nationalpark Serra dos Órgãos (Orgelgebirge), reich an Atlantischem Bergregen- und Nebelwald und ideal für Wanderer und Alpinisten. An die Serra do Mar angelehnt befinden sich drei Städte mit ähnlichen Charakteristika. Egal ob man in **Petrópolis**, **Teresópolis** oder **Nova Friburgo** – den Hauptorten der Serra Fluminense – ist, überall spürt, sieht und schmeckt man die deutschen und schweizerischen Einflüsse. In Petrópolis kommt noch hinzu, dass hier die Kaiserfamilie von Dom Pedro II. ihre Sommerresidenz und viele Villen besaß. In **Vassouras**, weiter westlich, regierten die Kaffeebarone, dort ziehen zahlreiche alte Fazendas Besucher an. In der ganzen Region sind beste Bedingungen für **Öko**- und **Abenteuerurlaub** gegeben. Wer nur wenig Zeit hat und dennoch mehrere Orte besuchen will, sollte sich vielleicht in Rio ein Mietauto besorgen.

Petrópolis

Die frühere Kaiserstadt (296 000 Einw.), heute auch das „Versailles der Tropen" genannt, liegt 68 km von Rio entfernt auf der Hälfte der früheren Goldroute nach Minas Gerais und ist eine der beliebtesten Sommerfrischen der Cariocas. Die wichtigsten Sehenswürdigkeiten lassen sich auch in einem Tagesausflug von Rio aus erschließen, montags ist jedoch alles geschlossen. Bei der Anfahrt über Serpentinenstraßen und Viadukte mit weiten Ausblicken auf die Hügellandschaft fällt der üppige Reichtum an Atlantischem Regenwald auf.

Schon Dom Pedro I. begeisterte sich für die ebenso grüne wie kühle Bergregion in 800 m Höhe und kaufte 1830 dem deutschen Siedler Friedrich Koeller die Fazenda do Córrego Seco ab, die später auf seinen Sohn überging.

Unter Dom Pedro II. entstand hier 1843 eine neue Stadt, deren Name auf den kaiserlichen Ahnherrn zurückgeht, mit vielen noch existierenden herrschaftlichen Palästen und Villen. Zwischen 1845 und 1864 ließ die Kaiserfamilie ihre Sommerresidenz, den Palácio Imperial errichten. Von außen betrachtet wirkt dieser neoklassizistische Palast – heute **Museu Imperial** und Hauptattraktion der Stadt – eher bescheiden, doch die 14 Säle im Innern sind fast alle originalgetreu erhalten und beherbergen große Schätze. Unter den Exponaten hebt sich neben dem Mobiliar, Festgewändern und Gemälden vor allem die goldene, mit 639 Brillanten und 77 Perlen bestickte Kaiserkrone aus dem Jahr 1841 hervor.

In einem Nebengebäude (nicht immer geöffnet) stehen noch mehrere Kutschen der Kaiserfamilie und die Dampflok der ersten Eisenbahnlinie Brasiliens (1854), die zwischen Rio und Petrópolis verlief. ⏲ Di–So 11–17.30 Uhr, R$8.

Rundgang ab Museu Imperial

Es geht auch per viktorianischer Pferdekutsche, doch wegen der geringen Entfernungen empfiehlt sich der Fußweg. Nach Verlassen des Museumsgeländes geht man nach rechts, dann die erste Straße links und gelangt nach wenigen Minuten zur **Catedral de São Pedro de Alcântara**. Die im neogotischen Stil erbaute, 1884 fertig gestellte Kirche mit ihrem hohen, schlanken

Spitzturm sowie den vielen farbigen Fensterbildern ist ein architektonisches Meisterwerk. Im Innern ruhen die sterblichen Überreste von Dom Pedro II. und seiner Gattin Teresa Cristina sowie von Prinzessin Isabel und ihrem Gatten Graf D'Eu. ⏲ tgl. 7.30–18 Uhr (Aufgang zum Turm Di–Sa 11–17, So 13–15 Uhr, R$8).

Ein kleines Stückchen weiter (ausgeschildert) steht der **Palácio de Cristal**, eine 1884 aus Frankreich importierte Glas- und Metallkonstruktion, damals für Orchideenausstellungen und höfische Festakte vorgesehen. Heute dient der Palast als Veranstaltungsort des „Bauernfestes" (Juni/Juli) und von Musikveranstaltungen. An jedem Samstagabend finden um 18 Uhr MPB- oder Chorinho-Konzerte statt, an jedem letzten Donnerstag des Monats um 20 Uhr die „Serenata Imperial". ⏲ Di–So 9–18 Uhr.

Danach geht es wieder zurück zur Kathedrale und von dort durch die schön an einem Kanal gelegene **Av. Koeller**. Es ist die Straße mit den meisten und bestens restaurierten Herrschaftsvillen, u. a. der Casa da Princesa Isabel (Nr. 42) und dem **Palácio Rio Negro** (Nr. 255), ab 1890 von dem gleichnamigen Baron bewohnt und später Sommerresidenz von bislang 14 brasilianischen Präsidenten. ⏲ Mo 12–17, Mi–So 9.30–17.40 Uhr, R$2.

Die Avenida führt direkt zur zentralen grünen Praça da Liberdade, wo sich auch ein Touristenbüro befindet. 100 m weiter geradeaus steht die Katholische Universität und rechts davon auf einer Anhöhe die **Casa de Santos Dumont** (1918), das eigentümliche Sommerhäuschen des brasilianischen Flugpioniers. Unabhängig von den Gebrüdern Wright, die schon 1903 flogen, hat er 1906 in Paris seine 14-Bis-Maschine in die Luft gebracht. In seinem Haus sieht man Flugzeugmodelle, Zeichnungen, Fotos, Möbel, einige persönliche Objekte, eine „Spar-Treppe" und eine originelle Duschvorrichtung. Zunehmende Krankheit und Depression bewirkten, dass er sich 1932 das Leben nahm. ⏲ Di–So 9.30–17 Uhr, R$5.

Auch der in Petrópolis im Exil lebende österreichische Schriftsteller Stefan Zweig und seine Frau begingen Selbstmord, das Grab kann man besichtigen. Der Doppel-Suizid fand in deren Wohnhaus in der Rua Gonçalves Dias 34 statt, wo sich seit 2012 das Museum und Forschungsinstitut **Casa Stefan Zweig**, 💻 www.casastefanzweig.org, befindet. ⏲ Fr–So 11-17 Uhr. Wer sich für die Vorgeschichte dieses tragischen Ereignisses interessiert, kann das Werk *Tod im Paradies* (2006) von Alberto Dines lesen.

ÜBERNACHTUNG

€ **Samambaia Hostel** (HI), Estrada da Samambaia 138, 15 Min. vom Zentrum, ☏ 24/2242 3478, 💻 www.petropolishostel.org. Unter Denkmalschutz stehende Fazenda von 1742, Dorms (ab R$65 p. P.), DZ (ab R$160). Pool, Restaurant. WLAN gratis, keine Tax. ❸–❹

Pousada Quitandinha, Rua Uruguai 570, Quitandinha, ✆ 24/2247 9165, 💻 www.albergue quitandinha.com.br. Einfache, aber durchaus gute Unterkunft von 2001 mit 90 Betten (DZ ab 140 R$). Hinter dem Palácio Quitandinha, Anfahrt ab Busbahnhof per Linie 425 oder 405 (So nur Taxi). ❸

Pousada 14 Bis, Rua Buenos Aires 192, ✆ 24/2231 0946, 💻 www.pousada14bis.com.br. Neuere Unterkunft in einem schön restaurierten Kolonialhaus, die erste thematisch ausgerichtete Pousada der Stadt („14 Bis" war der Name eines Flugzeugs von Santos Dumont). Originell und freundlich dekoriert, 16 Zimmer (die teureren mit Veranda); Bar, Pool und Fahrradverleih. Hilfsbereite Besitzer. Kein WLAN, 10 % Tax. ❹

Pousada Monte Imperial Koeller, Av. Koeller 99, Centro Histórico, ✆ 24/2243 4330, 💻 www.pousadaimperialkoeller.com.br. In diesem Haus von 1879, direkt an der altherrschaftlichen Villenmeile gelegen und dekoriert mit historischem Mobiliar, fühlt man sich wie ein Mitglied der Kaiserfamilie. 11 hübsche Zimmer. WLAN gratis, keine Tax. ❺–❻

Pousada Paraíso, Estrada Manoel B. Andrade 3515, Taquaril, Pedro do Rio (41 km), ✆ 24/2223 3670, 💻 www.pousadaparaiso.com.br. Haus von 1994 mit 12 Zimmern und einem Chalê, das Besondere sind die vielen Aktivitäten auf dem Gelände (Rapel, Klettern, Naturpool) sowie die Ausflüge in die Umgebung (Birdwatching!), alles im Preis enthalten. Kein WLAN, keine Tax. ❻–❼

ESSEN

Locanda della Mimosa, Alameda das Mimosas 30, Vale Florido. Bestes Lokal von Petrópolis, nobles koloniales Ambiente, ideal für einen besonderen Abend zu zweit. 🕒 Fr, Sa 12.30–16, 20–24, So 12.30–16 Uhr.

Paladar, Rua Barão de Amazonas 25, Centro (nahe Casa de Santos Dumont). Selbstbedienungslokal (R$47/kg), auch Tische auf Veranda mit schönem Blick auf die grüne Praça da Liberdade. 🕒 Di–So 11–16 Uhr.

Massas Luigi, Praça Rui Barbosa 185, Centro. Guter und preisgünstiger Italiener, Buffet (R$22–29/kg), auch Gerichte à la carte, hausgemachte Nudeln, Steinofenpizza u. a. 🕒 tgl. 11–24 Uhr.

Recreio do Bacalhau, Rua 13 de Maio, Centro. Hier gibt es Snacks *(Salgados)* für den kleinen Imbiss, u. a. die besten Stockfisch-Bällchen der Stadt *(Bolinho de bacalhau)*, frisch zubereitet, mit reichlich Fischfüllung und gut gewürzt. 🕒 Mo–Sa 8–23 Uhr.

FESTE

Petrópolis ist eine Stadt mit zahlreichen Festen und Veranstaltungen, die drei wichtigsten sind:

Juni/Juli: **Bauernfest** bzw. **Festa do Colono**, traditionelles Folklorefest der deutschstämmigen Einwohner (10 Tage um die Monatswende), beim Palácio de Cristal, Eintritt frei.

Juli: **Festival de Inverno**, Kunstmusik, Chöre, Populärmusik, Jazz, Tänze, Theater, Kino, plastische Kunst, Workshops und Gastronomie (3. Wochenende bis Ende des Monats); freier oder geringer Eintritt. Programm und Veranstaltungsorte: 💻 www.dellarte.com.br/festival, mediamania.com.br.

Festival Sesc Rio de Inverno, 💻 www.sescrj.com.br; rund 250 kulturelle Darbietungen (Musik, Tanz, Theater, Kino, plastische Kunst) unter freiem Himmel im Parque Itaipava, im Teatro Santa Cecília und in den Sesc-Einrichtungen (2. Monatshälfte); alle Veranstaltungen eintrittsfrei.

AKTIVITÄTEN

Hier die Adressen von drei guten zentrumsnahen Agenturen (Tour einen Tag vorher anmelden, englischsprachige Guides):

Serra Trekking Ecoturismo, ✆ 24/2242 2360, 💻 www.serratrekking.com.br. Der erfahrene und sympathische Guide Leo Holderbaum bietet diverse Touren im Parque Nacional da Serra dos Órgãos an.

Açu Expedições, Estrada do Bonfim 1947, Corrêas, ✆ 24/2221 3832, 💻 www.acu expedicoes.com.br. Alpinismus, Trekking, Rapel und Kanusport.

Campo de Aventuras Paraíso Açu, Estrada do Bonfim 3511, Corrêas, ✆ 24/2236 0003, 💻 www.campodeaventurasparaisoacu.com.br.

Wandern (auch durch den Parque Nacional da Serra dos Órgãos), Trekking, Rapel, Rafting, Cascading, Canyoning. ⏲ tgl. 9–18 Uhr.

SONSTIGES

Einkaufen

Petrópolis ist die Hauptstadt der Bekleidungsindustrie. In der langen **Rua Teresa** im Zentrum reiht sich eine Boutique (überwiegend Damenmode) an die andere, man bekommt fast alles zu Fabrikpreisen. ⏲ Mo 14–18, Di–So 9–18 Uhr.

Geld

Banco do Brasil, Rua Paulo Barbosa 81, Centro. ⏲ Mo–Fr 10–16 Uhr.
Geldautomat (24 Std.), Rua Marechal Deodoro, Ecke Rua General Osório.

Informationen

Informação Turística, Praça da Liberdade, 💻 www.petropolis.rj.gov.br. ⏲ Di–So 10–16 Uhr. Filiale in der Rodoviária. ⏲ tgl. 8–18 Uhr.

Medizinische Hilfe

Hospital Beneficência Portuguesa, Av. Portugal 236, Valparaíso, ✆ 24/2237 6262. Privat-Krankenhaus.

TRANSPORT

Rio de Janeiro: Única-Fácil, ✆ 24/2237 0101, 33x tgl. bis 23.30 Uhr, 1 1/2 Std., R$19.
Ein Tagesausflug nach Petrópolis ist auch mit Helmuth Taubald, dem Autor dieses Buchkapitels möglich, 💻 www.rio-insider.com.
Teresópolis: Viação Teresópolis, ✆ 0800/886 1000, 7x tgl. bis 19 Uhr, 1 1/2 Std., R$15.

Teresópolis

Teresópolis Ort liegt 55 km von Petrópolis und 96 km von Rio entfernt. Terê, wie die 164 000 Einwohner ihre Heimat nennen, besteht im Zentrum aus einer einzigen endlos langen Geschäftsstraße, allgemein „Reta“ genannt, die etappenweise den Namen wechselt (Av. Lúcio Meira, Feliciano Sodré, Alberto Torres, Oliveiro Botelho und Rotariana). Kleinere und größere, nicht immer schöne Wohnblocks verteilen sich über die angrenzenden Viertel. Doch im Umkreis besteht Teresópolis nur aus Ruhe und einer herrlichen Natur.

Zu Beginn des 19. Jhs. besaß George March, ein portugiesischer Händler englischer Abstammung, hier eine große Obst- und Gemüse-Fazenda, die häufig von ausländischen Naturforschern, Agrarexperten sowie von Kurgästen aus Rio aufgesucht wurde. Der damals noch „Santo Antônio do Paquequer“ genannte Ort wurde über Brasilien hinaus sogar in Europa bekannt; 1891 erhielt er zu Ehren der Kaiserin Dona Teresa Cristina den heutigen Namen Teresópolis. Bald wollten immer mehr Cariocas leben wie die Kaiser und erbauten hier ihre Sommervillen. Der gute Ruf des Ortes, das milde Klima und die Reize der Natur zogen bald auch viele europäische Einwanderer an.

Sehenswertes

Teresópolis ist die am höchsten gelegene Stadt des ganzen Bundesstaates Rio de Janeiro. Das Besondere ist ihre Einbettung in eine sehr grüne Hügel- und Berglandschaft, die man gut von drei Aussichtspunkten überschauen kann.

Der eine ist die **Colina dos Mirantes** südlich des Zentrums im Viertel Fazendinha mit Blick auf die Serra dos Órgãos und die Stadt. Der zweite ist der **Mirante do Soberbo** gleich am südlichen Ortseingang mit schöner Aussicht auf den Dedo de Deus, übertroffen nur noch vom **Mirante do Dedo**.

Dorthin fährt am Wochenende auch ein Touristenbus (Linha Verde), der zudem noch folgende Ziele ansteuert: **Granja Comary** (Stadtteil) mit einem schönen See, **Parque Nacional da Serra dos Órgãos** (Haupteingang), **Fonte Judite** (Quelle), **Horto Municipal** (Park), **Orquidário Aranda** (mehr als 3000 Orchideen) und **Cascata do Imbuí** (Wasserfall). Abfahrt ab Markt „Feirarte“, Praça Higino da Silveira, Alto, 1 1/2 Std., bei jeder Attraktion 10 Min. Stopp, R$6.

2009 wurde ein neuer Naturschutzpark gegründet, der **Parque Natural Municipal Montanhas de Teresópolis**. Mit 5000 ha ist er der größte des ganzen Bundesstaates und übertrifft sogar den Nationalpark von Tijuca in Rio. Hauptanziehungspunkt ist die Pedra da Tartaruga, ein bei Kletterern schon länger sehr beliebter Felsen. Nun ist man dabei, den ganzen Park verstärkt für den Ökotourismus nutzbar zu machen.

Die schönen Naturerlebnisse am Tage finden abends häufig einen romantischen Ausklang. In den gemütlichen Pousadas flackert das Kaminfeuer, man trinkt Wein bei Kerzenlicht und genießt die gehobene Küche der Einwanderer aus Europa.

ÜBERNACHTUNG

Hinweis zur Telefonvorwahl: Bei Anrufen vom Bundesstaat Rio de Janeiro aus muss trotz gleicher Vorwahl 21 diese trotzdem vorweg gewählt werden.

Recanto do Lord Hostel (HI), Rua Luiza P. Soares 109, Bairro dos Artistas, ✆ 21/2742 5586, 🖳 www.teresopolishostel.com.br. Einfaches kleines Hostel mit DZ (ab R$80) und 4–10er-Dorms (ab R$35), Küchenbenutzung, schöner Blick auf die Serra dos Órgãos. WLAN gratis, keine Tax. ❷

Urikana Boutique Hotel, Estrada Ibiporanga 2151, Parque Imbuí, ✆ 21/2741 4700, 🖳 www.urikana.com.br. 27 Chalês mit Kamin, einige auch mit Whirlpool, hervorragendes Frühstück und Teestunde. Eine romantische Wohlfühloase im Grünen. Auch mit VP buchbar. WLAN gratis, 10 % Tax. ❼–❽

Hotel Rosa dos Ventos, Estrada Teresópolis-Friburgo (RJ 130), KM 22,6, Campanha (27 km von Teresópolis), ✆ 21/2644 9900, 🖳 www.hotelrosadosventos.com.br. Zur internationalen Gruppe „Relais & Châteaux" gehörig; 42 große Suiten (ab R$590), alpines Haupt- und 500 m entferntes Nebengebäude. Parkähnliche Anlage mit Panoramablick, Restaurant, Sauna, See, Kanusport und 12 km Wanderpfaden (Mindestalter 14 J.). Anfahrt: gegenüber Hospital das Clínicas im Zentrum Bus der Gesellschaft Viação Teresópolis nach Vieiras, aussteigen in Campanha beim Waisenhaus (Orfanato da Candi). WLAN gratis, 10 % Tax. ❽

Camping Clube Quinta da Barra, Rua Antônio Maria 100, Quinta da Barra (3 km vom Zentrum, Ortsausgang Richtung Petrópolis), ✆ 21/2643 1050, 🖳 www.campingquintadabarra.com.br. Campingplatz (R$22 p. P.) auf 30 000 m², mit Rasen, Bäumen und Schatten. Die Anlage hat Kantine, Pool, Sauna, Sport- und Spielplätze; Stromspannung 220 V. Kein WLAN, keine Tax. ❶

ESSEN

Manjericão, Rua Flávio Bortoluzzi de Souza 314, Alto. Hier gibt's die besten Pizzas Brasiliens außerhalb von São Paulo; viele Varianten, mit dünnem, unter Verwendung von Mineralwasser hergestelltem Teig; vegetarisch ausgerichtet, keine Pizza mit Fleisch; gehobene Preise. 🕒 Do, Fr 18–23, Sa 12–24, So 12–23 Uhr.

Cheiro do Mato, Av. Delfim Moreira 140. Gutes Self-Service-Lokal für Vegetarier. Salate, Sandwiches; mittlere Preisklasse. 🕒 tgl. 11–15.30 Uhr.

Tempero com Arte, Rua Pref. Sebastião Teixeira 262, Tijuca. Der Name „Gewürz mit Kunst" sagt schon fast alles, 2009 zum besten Restaurant der Stadt gekürt, rustikal, gemütlich und stimmungsvoll. Mo und Mi–Fr abends Steinofenpizza. 🕒 Mo, Mi–Fr 11.30–16.30, 18–24, Sa, So 11.30–24 Uhr.

SONSTIGES

Einkaufen

Feirarte, Praça Higino da Silveira, Alto. 600 Verkaufsstände mit Kleidung, Kunsthandwerk und Essen, der zweitgrößter Markt Brasiliens. 🕒 Sa, So 10–18 Uhr.

Supermercado, Av. Lúcio Meira 85. 🕒 Mo–Sa 8–20, So 8–13 Uhr.

Feste

Juli: Festival de Inverno, Winterfest mit Orchester-Konzerten, Musik-Kursen, Folklore und Gastronomie (2. Wochenende bis Ende des Monats).

Geld

Banco do Brasil, Av. Delfim Moreira 650, Centro (nahe Igreja de Santa Rita). 🕒 Mo–Fr 11–16 Uhr.

Wechselstube, Agentur Vila Nova Turismo, Rua Francisco Sá 179, Várzea. 🕒 Mo–Fr 9.30–16.30 Uhr.

Informationen

Centro Turístico, Av. Rotariana (Soberbo), und **Divisão de Turismo**, Praça Olímpica. ⌚ beide Mo–Fr 9–18, Sa 9–17, So 9–13 Uhr.

Internet

Im Shopping Teresópolis, Rua Edmundo Bittencourt 101.

NAHVERKEHR

Zum Haupteingang des Nationalparks Serra dos Órgãos nimmt man im Zentrum, Av. Lúcio Meira, den **Bus** nach „Soberbo" (stdl., R$3). Noch häufiger verkehrt die Linie „Alto" (aussteigen an der Pracinha do Alto, dann ein kleines Stück zu Fuß). Per **Taxi** etwa R$40. Zum Parkeingang in Guapimirim ebenfalls per Bus vom Zentrum.

TRANSPORT

Rodoviária, Rua Primeiro de Maio 170, Várzea (etwas außerhalb des Zentrums). Viação Teresópolis, ✆ 0800/886 1000, fährt nach **Nova Friburgo** (5x tgl. bis 19 Uhr, 1 1/2 Std., R$17), **Petrópolis** (7x tgl. bis 19 Uhr, 1 Std., R$15) und **Rio de Janeiro** (17x tgl. bis 22 Uhr, 1 3/4 Std., R$24).

Parque Nacional da Serra dos Órgãos

Von 85 km entfernten Rio kann man ihn häufig sehen, den berühmten **Dedo de Deus** oder „Finger Gottes", Wahrzeichen des 1939 gegründeten Nationalparks. Die schmale und spitze Form dieses Felsens ist typisch auch für die anderen Berge dieser Region, von daher rührt der deutsche Name „Orgelgebirge". Er ist Teil der Serra do Mar; höchste Erhebung ist Pedra de Sino (2263 m), gefolgt von Pedra do Açu (2230 m), Agulha do Diabo (2020 m), Nariz de Frade (1919 m), Dedo de Deus (1692 m), Pedra da Ermitage (1485 m), Dedo de Nossa Senhora (1320 m) und Escalavrado (1300 m). In diesen Höhen ist es stets frisch, Wolken und Nebel umhüllen die Granit- und Gneis-Felsen. Die höchsten Niederschlagsmengen im Bundesland Rio und eine Luftfeuchtigkeit von 80–95 % sorgen für eine üppige grüne Vegetation. Auch gibt es viele Wasserfälle und Seen. Das Gebiet ist ideal zum Wandern und gilt als Brasiliens bestes Alpinismus-Revier.

Die **Flora und Fauna** des Parks ist reichhaltig und ursprünglich. Bis 800 m ü. M. findet sich Tieflandregenwald mit Bäumen bis zu 20 m Höhe. Zwischen 800 und 1500 m dominiert ein Bergregenwald von hoher Biodiversität mit bis zu 40 m hohen Bäumen, darunter viele Palmen (besonders Assaipalmen), Farne (oft Baumfarne) und Lianen. Zwischen 1500 und 1800 m wächst Hochlandwald mit niedrigeren Bäumen und zahlreichen Epiphyten, besonders Bromelien. Über 1800 m erstreckt sich ein sehr seltenes Hochgebirgsgrasland mit Schwarzmund- und Myrtengewächsen sowie der kletternden Königlichen Fuchsie, die wenigen Bäume sind niedriger und krüppeliger. Ab 2000 m beginnt die baumfreie Vegetation der Höhencamps, bestimmt durch Kräuter, Zwergsträucher der Familien der Süß- und Sauergräser, Erikagewächse und Korbblütler.

Auch die Fauna ist sehr artenreich, es wurden 462 Vogel-, 83 Säugetier- und 101 Amphibienarten registriert. Auf nur 0,001 % der Landesfläche leben 20 % der in Brasilien vorkommenden terrestrischen Wirbeltierarten. Fast alle Säugetierarten der Atlantischen Regenwälder sind hier vorhanden, darunter drei Affenarten, Agutis, Pakas, Faultiere und Katzen. Am auffälligsten ist jedoch der Vogelreichtum mit mehreren Steißhuhnarten, Tukanen, Tangaren, Kolibris, Baumsteigern, Zaunkönigen und vielen Ameisenvögeln.

Für **Unternehmungen** ist Teresópolis (S. 336) der beste Ausgangspunkt, der Park beginnt gleich am südlichen Stadtrand. Dort befindet sich ein **Besucherzentrum** (Centro de Visitantes), in dem man einen Wanderführer kaufen kann sowie den Parkeintritt entrichtet (R$22, bei Bergwanderungen R$33).

Die beliebteste Kurzstrecke nennt sich **Trilha Cartão Postal** („Postkartenmotiv-Weg"), eine Waldstrecke bis zum Aussichtspunkt Mirante do Dedo mit tollem Blick auf den Dedo de Deus (2 Std. hin und zurück, ohne Guide). Eine weitere kurze, vom Parkeingang leicht ohne Führer in einer Stunde zu bewältigende Strecke ist die **Trilha Moart Catão**. Sie führt zum Mirante Alexandre Oliveira (1100 m) mit schönem Blick auf die Stadt.

Geführte Touren

Für die folgenden Unternehmungen braucht man einen **lokalen Guide**, den man am besten über die Pousada bestellt, sonst über das Besucherzentrum, 💻 www.icmbio.gov.br/parnaso, oder die Associação de Guias Aguiperj, 💻 www.aguiperj.org.br.

Die beliebteste Wanderstrecke ist die 11 km lange **Trilha Pedra do Sino**, die man in 5 Std. bewältigt. Die ersten 3 km führen auf einer Teerstraße bergauf in den Nebelwald bis Barragem Beija Flor, einem kleinen Trinkwasserreservoir; dort befindet sich eine Hängebrücke zwischen Bäumen (Trilha Suspensa). Weiter geht es durch Regenwald und Buschgestrüpp sowie am Wasserfall Véu da Noiva (35 m) vorbei. Vom Ziel schließlich, dem Gipfel der Pedra do Sino, genießt man einen weiten Blick bis auf Rio und die Bucht von Guanabara. Der Pfad ist mittleren Schwierigkeitsgrades und dauert (nur hin) knapp fünf Stunden. Vor dem Rückmarsch empfiehlt sich eine Übernachtung. Pro Tag sind nur 100 Besucher zugelassen, ebenso pro Nacht.

Wer drei bis vier Tage Zeit hat und einige Schwierigkeitsgrade aushält, kann auch den ganzen Park von **Teresópolis bis Petrópolis** (42 km) durchwandern (Bonfim, Pedra do Sino, Pedra do Açu), doch nur mit einiger Ausrüstung und einem Führer. Auf dem Weg liegen ein paar Schlafhütten, die jedoch oft geschlossen sind (man braucht also auch deswegen einen Guide); häufiger geöffnet ist die Gebirgsherberge von Açu. Die Agentur **Serra Trekking Ecoturismo**, 💻 www.serratrekking.com.br, ist auf diese Tour spezialisiert und bietet ein Komplettprogramm.

Professionelle Kletterer nehmen gern die Herausforderung an, entweder den schwierigsten Berg des Landes, die **Terra dos Gigantes**, oder andere Felsen im Südteil des Parks zu erklimmen (Escalavrado, Dedo de Nossa Senhora, Dedo de Deus und Boca do Peixe; Schwierigkeitsgrade zwischen 2 und 4). Die Wege dorthin beginnen 2 km unterhalb der Abzweigung nach Teresópolis an der BR 116.

Als **Besuchszeit** empfehlen sich wegen der geringeren Regenfälle die Monate Mai bis September; in Hochlagen sind jedoch im Winter Temperaturen um den Gefrierpunkt möglich (warme Kleidung mitnehmen!). Von Oktober bis März ist mit viel Regen und Nebel zu rechnen, andererseits sind in dieser Zeit die Temperaturen angenehmer. 🕒 tgl. 8–17, für Bergwanderungen 6–18 Uhr (Eintrittskarten am Vortag kaufen). Anfahrt ab Teresópolis (S. 338).

ÜBERNACHTUNG UND ESSEN

Am besten wählt man eine Unterkunft im nahen Teresópolis. Auf dem Parkgelände gibt es nur einfachste Behausungen.

Schlafhütten 200 m vor dem Gipfel des Pedra do Sino sowie an anderen Stellen des Parks, u. a. bei der Pedra do Açu, Mehrbett-Dorms mit Etagenbetten, Bad mit Warmwasser, Küche. ❶

Camping 200 m vor dem Gipfel des Pedra do Sino sowie bei der Parkverwaltungsnebenstelle in Guapimirim (s. u.). ❶

Je nach Tourdauer muss man sich mit **Proviant** eindecken, der Guide hilft beim Tragen. Bei den Schlafhütten gibt es Küchen. Ansonsten isst man besser in Teresópolis.

SONSTIGES

Informationen

Centro de Visitantes (Hauptstelle), Av. Rotariana (Park-Haupteingang, südlicher Stadtrand von Teresópolis, 4 km vom Zentrum). 🕒 tgl. 8–17 Uhr.

Centro de Visitantes (Nebenstelle), Guapimirim (10 km auf der BR 116 in Richtung Rio). Mit Campingmöglichkeit und Museu Martius (zu Ehren des deutschen Botanikers, der 1817–20 in Brasilien Studien betrieb und das Standardwerk *Flora Brasiliensis* verfasste). 🕒 Di–So 8–17 Uhr.

TRANSPORT

Von Teresópolis nach **Rio de Janeiro**:
Viação Teresópolis, 17x tgl. bis 22 Uhr, 1 3/4 Std., R$24.

Nova Friburgo

„Willkommen in der brasilianischen Schweiz", könnte auf dem Begrüßungsschild am Ortseingang geschrieben stehen. Die Landschaft, das Klima, die Architektur, die Uhren und sogar der löchrige Käse erinnern an die alte Heimat der Einwanderer. Das 137 km von Rio entfernte Nova Friburgo (182 000 Einw.) wurde 1820 von 300 Familien aus der Schweiz gegründet, nachdem Dom João VI. während der Napoleonischen Kriege die Übersiedlung gefördert hatte. Eine Hungersnot in der Schweiz war ein weiterer auslösender Faktor. Die Geschichte dieser Auswanderung kann man nachlesen in einem interessanten Buch von Jeroen Dewulf: *Brasilien mit Brüchen – Schweizer unter dem Kreuz des Südens* (NZZ libro, Zürich 2007).

Von 2000 Emigranten überlebten nur 1600 den beschwerlichen Kontinentenwechsel und ließen sich zunächst in der Fazenda do Morro Queimado nieder. Bald folgten Deutsche, Österreicher, Ungarn, Libanesen, Italiener, Portugiesen und Japaner. Heute ist der Ort trotz der schweizerischen Dominanz sehr multikulturell, was sich besonders in der Gastronomie, Folklore und vielen ethnischen Festen widerspiegelt. Nova Friburgo besitzt die erste Lutheranische Kirche Brasiliens, an den Wochenenden findet auch ein deutscher Gottesdienst statt. Wirtschaftlich lebt die Stadt außer vom Tourismus von der Intimmode (Lingerie), es gibt zahlreiche Läden, ein Viertel der nationalen Produktion stammt von hier.

Im Zentrum befinden sich das **Colégio Anchieta** (1908), ein Jesuitenkolleg von 1908 in neoklassizistischem Stil, das größte historische Gebäude der Stadt (Rua Gen. Osório 181, ⌚ Sa 13–17, So 9–15 Uhr), der **Parque São Clemente**, ein Country Club mit viel Wald, Seen, Wanderpfaden und einem Joggingpfad (Av. Cons. Julius Arp 140, ⌚ Di–So 7–18 Uhr) und die Praça Getúlio Vargas, ein großer Platz mit hohem und altem Baumbestand. An den Wochenenden findet hier ein Kunsthandwerksmarkt statt. Rund um den Platz stehen einige historische Gebäude, zum Teil schön restauriert. Hier befindet sich auch das Centro de Turismo.

Ansonsten bietet das Stadtzentrum wenig Interessantes, umso mehr jedoch die Umgebung von Nova Friburgo mit ihren zahlreichen Möglichkeiten für den Ökotourismus. Die wichtigsten Trips führen durch den „Circuito Terê-Fri" und den „Circuito das Águas". Buchen kann man in den meisten Pousadas oder über die Agentur „Canoa da Serra" (s. u.), das Centro de Turismo gibt Auskunft zu den Buslinien.

Fahren mit dem Sessellift

Wer in Nova Friburgo ankommt und die ganze Region überschauen möchte, sollte sich vom Zentrum aus bei der Praça do Suspiro gleich in den **Sessellift** *(teleférico)*, mit 1450 m einer der längsten Brasiliens, setzen und ganz bis zur zweiten Station hochfahren (der erste Streckenabschnitt ist kürzer und weniger reizvoll). Vom Morro da Cruz sieht man ein weites Tal mit dem Ort und dahinter die Serra dos Órgãos mit einem riesigen Gürtel Atlantischen Regenwaldes. Nach einem schweren Unwetter war der Sessellift zuletzt lange geschlossen, Datum der Wiederinbetriebnahme offen. ⌚ Di–So 9–17 Uhr, R$20 für beide Etappen.

Ausflüge

Der **Circuito Terê-Fri** führt an der zwischen Nova Friburgo und Teresópolis gelegenen Estrada das Hortaliças entlang, einer der schönsten Straßen des Bundesstaates, am reizvollsten ist der Abschnitt zwischen Vieira und Campo do Coelho. Überall sieht man grüne Hügel und Obstpflanzungen sowie die Käsefabrik „Queijaria Suíça" mit dem Museu da Colonização Suíça. Eine Nebenstraße führt zum Parque Estadual dos Três Picos, sehr beliebt bei Wanderern und Kletterern. Interessant ist auch der Jardim do Nego, wo der Künstler Nego an Berghängen lebensgroße Skulpturen schafft und mit Moosen bewachsen lässt.

Der landschaftlich üppige **Circuito das Águas** umschließt die kleinen Orte Mury, Lumiar, São Pedro da Serra, Rio Bonito und Macaé de Cima. Die Menschen sind überwiegend blond und blauäugig, die Häuschen, Herbergen und Gaststätten erinnern teils an deutsche und schweizerische Vorbilder.

Hauptattraktion sind jedoch die reißenden und felsigen **Wildbäche** Macaé, Bonito, São Pedro und Boa Esperança, ein wahres Eldorado für den Rafting-Sport (Oktober bis April). Auf jeden Fall lohnt ein Besuch des „Encontro dos Rios", wo die Flüsse Macaé und Bonito aufeinandertreffen. Hier finden im September auch die Rafting- und Kanumeisterschaften statt. Andere Flüsse der Region erzeugen **Wasserfälle** wie die

Kleine Aussteigerdörfer

Von den Ortschaften dieser Region sind besonders die Dörfchen **Lumiar** und **São Pedro da Serra** zu empfehlen (31 km von Nova Friburgo), traditionelle Hippie- und Alternativen-Treffs und bis heute viel von Backpackern und vor allem Ökotouristen besucht. Sie sind berühmt für ihre Nähe zu den Flüssen, Wasserfällen und Wanderpfaden sowie für viele Kunsthandwerksläden und Ateliers. Auch gibt es etliche kleine alternative Pousadas und Hostels. Am Wochenende wird in der Hauptstraße von São Pedro da Serra im **Café Brasil** Samba-Live-Musik und im **Botequim** MPB geboten. Beide Dörfchen sind mit dem Bus ab Mury erreichbar.

Cachoeira das Andorinhas, oder **Brunnen** wie Feio, Belo, Verde, do Alemão und Indiana Jones. Für Kletterfans bietet sich die Pedra Riscada an, ein großer **Granitfelsen** mit grandioser Aussicht (nur mit Guide).

Im Naturreservat von Macaé de Cima führt ein schöner Wanderpfad durch die Wälder und teilweise am Rio Macaé entlang. Die Region ist bekannt für **Forellenzucht**, die beiden größten Farmen befinden sich am Rio Macaé und können auch besichtigt werden. An einer Flusskurve stößt man auf eine kleine Kirche in alpenländischem Stil mit Friedhof, erbaut von einem ehemaligen deutschen Hoteliersehepaar, das auch die Forellenzucht einführte.

ÜBERNACHTUNG

Überall gilt: WLAN gratis, keine Tax.

€ **Alê Friburgo Hostel** (HI), Rua Ernesto B. Filho 2, Braunes, ✆ 22/2526 3478, 💻 www.friburgohostel.com. Familiäres, kleines Hostel von 2003 mit DZ (R$120) und 4–8er-Dorms (R$40), Küchen- und Wäscherei-Nutzung, TV-Zimmer mit Kamin; Pool, Sauna. Anfahrt: ab Rodoviária Bus nach Braunes, Vargem Alta oder Toledo, aussteigen in der Curva da Macumba. ❸

Hotel São Paulo, Rua Mons. Miranda 41, Centro, ✆ 22/2522 9135, 💻 www.hotelsao paulo.com.br. 27 einfache Zimmer mit älteren Möbeln, das Haus stammt von 1944, was den eigentlichen Charme ausmacht; der neuere Teil wirkt steriler. Unter der Woche Rabatt gibt es. ❸

Hotel Oberland, Rua Oscar Schulz 1, Varginha (nahe Rodoviária Sul), ✆ 22/2526 3333, 💻 www.hoteloberland.com.br. 7 Chalês mit Kamin, großer Garten, Pool. ❸

Pousada Auberge Suisse, Rua Dez de Outubro, Amparo (Serra), ✆ 22/2541 1270, 💻 www.aubergesuisse.com.br. Große Parkanlage in den Bergen mit 12 gemütlichen Chalês. Pool, Sauna und kleine Fazenda mit Tieren. Gutes Restaurant mit Schweizer Spezialitäten. ❺–❼

Pousada Monte Verde, Estrada Sítio Azul/ Al. Monte Florida, Mury (12 km vor der Stadt, 5 km von der Rodoviária Sul), ✆ 22/2542 2440, 💻 www.pousada-monte-verde.com. 3 exklusive Chalês mit Kamin, Veranda und Panoramablick auf den Atlantischen Regenwald von einem Berghang; solarbeheizter Pool, finnische Sauna, schöne Gartenanlage, Spa mit Whirlpool. Üppiges deutsches Frühstück (z. T. hausgemacht), nette Betreuung durch die deutschbras. Besitzer, auch Tipps zu Unternehmungen. In der Nähe gute Restaurants. Keine Kreditkarten. ❼

ESSEN UND NACHTLEBEN

Die kulinarische Besonderheit der Region sind Forellen, viele Lokale sind darauf spezialisiert, bei den anderen fehlen sie auf der Speisekarte ebenfalls nicht. Auch Fondues werden häufig angeboten. Die gastronomische Szene konzentriert sich im „Circuito Sabor Mury" im Viertel Mury und im Stadtteil Cônego.

Viva Rô, Rua Apolônia Pinto 505, Mury. Chef Harald serviert europäische Küche und Spezialitäten wie Forelle, Spätzle und Bratwürste. Eines der beliebtesten Lokale der Restaurantmeile von Mury, 2009 zum besten Restaurant der Stadt gekürt. 🕒 Mi, Do 12–15, 18.30–22, Fr, Sa 12–22, So 12–16 Uhr.

Bräun & Bräun, RJ 116, KM 72, Mury. Restaurant und Biergarten nach deutscher Art mit schweizerischer Qualität. Spezialität des Hauses sind Raclette, Fondue und mehr als 250 Biersorten aus aller Welt. 🕒 Do 10.30–23, Fr, Sa 10.30–24, So 10.30–18 Uhr.

Mais 1, Praça Getúlio Vargas 234, Centro, ✆ 22/2522 6926, 💻 www.mais1.com.br. Angesagteste Nightlife-Adresse der Stadt, drei *Ambientes*, Live-Musik und Happy-Hour. ⌚ Di–So ab 18 Uhr, Eintritt R$10–25.

FESTE

Fast alles, was man essen, trinken oder riechen kann, wird in Nova Friburgo zu einem eigenen Fest, sei es das Forellen-, Käse-, Wein-, Schokoladen-, Blumen-, Bier- oder Sommerfest. Außerdem findet fast jeden Monat (an wechselnden Tagen) ein Immigrantenfest statt, bei dem stets eine Kolonie ihre Tänze, Musik, Folklore und Gerichte präsentiert. Wechselnde Veranstaltungsorte sind Plätze, Theater und die Gärten der Casa de Cultura.

Feb: Festa afro-brasileira.

März: Festas das Colônias Húngaras e Austríacas (ungarisch und österreichisch).

April: Festa da Colônia Japonesa sowie **Rafting- und Kanumeisterschaften** in Lumiar.

Mai: Friburgo Festival, Bierfest. Geburtstag der Stadt.

Juni: Festa da Colônia Italiana.

Juli: Festival de Inverno, Winterfest mit Gratis-Musik-Shows (2. Wochenende bis Ende des Monats).

Aug: Fevest, 💻 www.fevest.com.br. Größte Dessous-Messe Brasiliens (jedoch kein Verkauf), fast 20 000 Besucher (alle Hotels in dieser Zeit belegt), Di–Fr der 2. Woche des Monats, Ort: Country Clube, Av. Cons. Julius Arp 140. ⌚ 10–21 Uhr, Eintritt frei.

Festa da Colônia Suíça (schweizerisch).

Sep: Festa da Colônia Alemã (deutsch).

Okt: Festa do Colonisador (allgemein).

Nov: Festa da Colônia Libanesa.

AKTIVITÄTEN

Klettern

Três Picos das Salinas, der kleinere der drei Gipfel (2260 m) sowie der mittlere (2280 m) sind auf schwierigen Pfaden mit einer Steigung von 70 ° in gut 4 Std. erreichbar, zurück sind es nur 3 Std.; Ausrüstung und Guide unverzichtbar. Der höchste Berg (2316 m) ist nur etwas für Profis, der Kletteraufstieg kann bis zu 12 Std. dauern.

> **Von Ast zu Ast**
>
> **Central Radical Asa Branca**, Rodovia Teresópolis–Nova Friburgo, KM 56, 💻 www.spamariabonita.com.br. Lateinamerikas größte Baumsportanlage auf dem Gelände des Wellness-Hotels Spa Maria Bonita, 2002 eingeweiht. An Stahldrähten hangelt man sich von Baumgipfel zu Baumgipfel, auch gibt es Rapel und eine Kletterwand. Ausrüstung wird gestellt.

Wandern

Parque Ecológico Cão Sentado, ✆ 22/2527 2571. Naturschutzgebiet mit vielen Felsformationen, am berühmtesten ist die Pedra do Cão Sentado, Nova Friburgos Wahrzeichen, das wirklich wie ein sitzender Hund aussieht. Der Aussichtspunkt *(Mirante)* mit dem besten Blick auf diesen Felsen ist in 45 Min. auf einem 1 km langen Weg mit Treppen und Geländern durch viel Wald und Höhlen leicht ohne Guide erreichbar; Rodovia RJ 116 nach Bom Jardim, neben der Mautstelle. ⌚ Di–So 8.30–17.30 Uhr, R$6.

Pico da Caledônia, ✆ 22/2761 2105. Vom Zentrum über die Stadtteile Olaria, Cônego und Cascatinha in etwa 30 Min. zu erreichen. Ab Parkeingang *(Portaria)* gelangt man in einer halben Stunde über 630 Treppenstufen zum 2219 m hohen Gipfel, von dem sich bei gutem Wetter eine fantastische Weitsicht bis zur Região dos Lagos und auf die Baía de Guanabara bietet; auch Startrampen für Segelflieger. An der Portaria muss ein Ausweis hinterlegt werden. ⌚ Di–So 7–16 Uhr.

Touranbieter

Canoa da Serra, Rua Monte Líbano, Trade Center, Cob 1, Centro, ✆ 22/2522 4119, 💻 www.canoadaserra.com.br. Bester Veranstalter mit dem breitesten Angebot an Touren und Aktivitäten aller Art.

SONSTIGES

Einkaufen

Nova Friburgo ist mit 25 % der nationalen Produktion die brasilianische Hauptstadt der Intimmode (Lingerie). Hier bekommt man Reizwäsche so günstig wie nirgendwo, es gibt 900 Läden über die ganze Stadt verteilt.

Geld

Banco do Brasil, Praça Demerval B. Moreira 10, Centro (nahe Kathedrale). ⌚ Mo–Fr 11–16 Uhr.
Geldwechsel, Reisebüro Burgtour, Av. Alberto Braune 86, Centro.

Informationen

Centro de Turismo, Praça Getúlio Vargas, ✆ 22/2543 6307, 💻 www.turismoemnova friburgo.com.br. ⌚ Mo–Sa 9–19, So 9–15 Uhr.

TRANSPORT

Die Stadt besitzt zwei Busbahnhöfe: **Rodoviária Norte**, Praça Feliciano Costa, 2,5 km nördlich des Zentrums; **Rodoviária Sul**, Ponte da Saudade, 4 km südlich. Von beiden fahren **Stadtbusse** zur Praça Getúlio Vargas im Zentrum von Nova Friburgo.
Rio de Janeiro: Rodoviária Sul, Viação 1001, ✆ 22/2522 4828, 20x tgl. bis 21.30 Uhr, 2 1/2 Std., R$34–39.
Teresópolis: Rodoviária Norte, Viação Teresópolis, tgl. 7, 11, 15, 17, 19 Uhr, 1 1/2 Std., R$17.

Vassouras

Wer Natur erleben und gleichzeitig eine Reise in die blühende Vergangenheit der Kaffeebarone (Mitte des 19. Jhs.) machen will, ist in Vassouras (34 500 Einw.) gut aufgehoben. Der 119 km von Rios Exporthafen entfernte Ort war der reichste und wichtigste einer ganzen Reihe von Gemeinden, die den Namen „Vale do Café" tragen (außer Vassouras noch Piraí, Barra do Piraí, Engenheiro Paulo de Frontin, Mendes, Miguel Pereira, Paracambi, Paty do Alferes, Rio das Flores und Valença/Conservatória). 1850 wurde nirgendwo auf der Welt so viel Kaffee produziert wie hier. Mit dem Ende der Sklaverei (1888) fehlten dann Arbeitskräfte, zudem waren die Böden durch zu extensiven Anbau ausgedörrt. Manche Orte überlebten durch die neu aufkommende Viehzucht, andere verfielen zunächst in einen Dornröschenschlaf, bis man den touristischen Wert dieser Region entdeckte. Heute strömen die Besucher zuerst zum **Museu Casa da Hera** (1836), Rua Dr. Fernandes Junior 160, der früheren Residenz der reichen Mäzenin Eufrásia, die über ganz Vassouras herrschte. Man sieht kunstvolles Mobiliar der Epoche sowie ein französisches Piano von 1856. ⌚ Di–Fr 10–17, Sa, So 13–17 Uhr, Eintritt frei. Beeindruckend sind auch die Ingenieurs-, Medizin- und Philosophie-Akademien, doch der Hauptanreiz geht von den ca. 25 herrschaftlichen Fazendas in der Umgebung aus.

Fazendas

Fast alle wurden in den letzten Jahren restauriert, viele stehen unter Denkmalschutz. Dennoch entscheiden private Eigner über die Besichtigungskonditionen. Da Besuche meistens nur in Gruppen sowie nach Voranmeldung möglich sind, empfiehlt sich eine organisierte Tour (s. Informationen).

Die Kaffee-Fazenda **Cachoeira Grande** (1825), ✆ 24/2471 1264, 💻 www.fazendacachoeira grande.com.br, zählt zu den meistbesuchten der Region. Früher gehörte sie dem Baron von Vassouras, 1987 wurde sie als halbe Ruine von Kunstliebhabern aufgekauft und vier Jahre lang rekonstruiert und restauriert. Zu den besonderen Exponaten gehören ein seltenes Saiten-Piano von 1803 aus Deutschland, ein Stuhl von Dom Pedro II. und diverse Oldtimer, darunter ein seltener Packard von 1931. ⌚ tgl. 11 und 15 Uhr Führung (10–30 Pers., nur nach Voranmeldung, R$50 p. P. inkl. Kaffee und Gebäck).

In der ebenfalls gut restaurierten Fazenda **Cachoeira do Mato Dentro** (1850), ✆ 24/9992 7350, kann man 25 prachtvolle Räume (darunter den Speisesaal mit einem Tisch für 40 Gäste), eine Niemeyer-Kapelle und einige Sklavenwohnungen besichtigen. Führung nur nach Voranmeldung (20–40 Pers., 1 1/2 Std., R$30 p. P. mit Imbiss, R$40 mit Mittagessen).

In den genannten Fazendas besteht keine Übernachtungsmöglichkeit, dafür aber in der 2004 zu einem Hotel umfunktionierten Fazenda

Das Festival Vale do Café

An 10 Tagen in der 2. Julihälfte findet ein Volksfest zum Gedenken an die goldenen Kaffee-Zeiten statt (neben Vassouras auch in 13 weiteren Orten). Werktags gibt es auf öffentlichen Plätzen und in der Igreja Matriz de N. S. da Conceição **Gratiskonzerte** klassischer und populärer Musik. An den Wochenenden werden auf den Fazendas Konzerte, Theateraufführungen und Kunstausstellungen geboten (R$80). Im **Cerveja Senai Café** kann man ein spezielles Bier probieren, das einen leichten Kaffeegeschmack besitzt. Und am letzten Tag des Festivals zieht ein großer Trachtenumzug durch die Altstadtgassen von Vassouras. Infos unter 💻 www.festivalvaledocafe.com, Kartenverkauf: 💻 www.ingressofacil.com.br.

Galo Vermelho (s. u.). Das Anwesen zählt zu den beliebtesten Zielen des Öko- und Abenteuer-Tourismus. Es war allerdings keine Kaffeefarm, sondern hier züchtete man die edle Pferde-Rasse *Manga-larga marchador.*

ÜBERNACHTUNG UND ESSEN

Hotel Gramado da Serra, Rua Aldo Cavalli 7 (1 km vom Zentrum), ✆ 24/2471 2314, 💻 www.hotelgramado.com.br. Fazenda-Hotel, 26 Zimmer, Restaurant, Bar, Pool, Sauna, Angel- und Reitmöglichkeit. WLAN gratis, keine Tax. ❸

Hotel Fazenda Galo Vermelho, Rodovia RJ 121, Nr. 6814 (7 km vom Zentrum), ✆ 24/2491 9501, 💻 www.hotelfazendagalo vermelho.com.br. Großes Waldgrundstück, im Haus 14 herrschaftliche Zimmer mit Kingsize-Betten; Pool, Sauna, gutes Restaurant. Viele Aktivitäten: Reiten, Kanufahren, Klettern, Wandern, Biken; auch Touren in die Umgebung mit englischsprachigen Guides. Übernachtungen nur im Paket mit VP (Mo–Fr 4 Nächte DZ ab R$1660; Fr–So 2 Nächte DZ ab R$1276). WLAN gratis, keine Tax. ❽

Hipólito, Rua Barão de Tinguá 33, Centro. Ein Muss in Vassouras, das Lokal besticht durch seine gemütliche Atmosphäre, die Mischung aus rustikalem und Art-Nouveau-Stil und die gute internationale Küche (brasilianisch, französisch, lusitanisch). Mittlere Preise. 🕒 Di–Fr 19–23, Sa 11–24, So 11–16 Uhr.

SONSTIGES

Feste

April: Café, Cachaça & Chorinho; Musik-Shows in Fazendas, Ausstellungen und Führungen zur Kaffee- und Cachaça-Produktion sowie Ausflüge zu den anderen Orten der Anbauregion; Programm 💻 www.cafecachac aechorinho.com (Datum variabel, um die Monatsmitte).

Geld

Banco do Brasil, Rua Caetano Furquim 170, Centro. 🕒 Mo–Fr 11–16 Uhr.

Informationen

Casa de Cultura, Rua Custódia Guimarães 65, Centro, ✆ 24/2471 1113. 🕒 tgl. 9–17 Uhr.

TRANSPORT

Busbahnhof, Praça Juiz Machado Jr., ✆ 24/2471 1977.

Rio de Janeiro: Útil, ✆ 21/3907 3900, 💻 www.util.com.br, tgl. 4.15, 7, 9, 12.15, 15.30, 18.45 Uhr, 2 1/2 Std., R$19.

Östlich von Rio de Janeiro

Wenn in der Saison oder an warmen Wochenenden Staus auf der Brücke zwischen Rio und Niterói auftreten, wissen alle, dass die *Cariocas* wieder mal ans Meer fahren. Genauer gesagt geht es in die **Região dos Lagos**, die Lagunen-Region, bzw. an die **Costa do Sol**, die Sonnenküste. Hier scheint die Sonne wirklich häufiger als in Rio, d. h. an mehr als 200 Tagen im Jahr, denn der ständige Wind vertreibt schnell alle Regenwolken ins Landesinnere. Im August und September ist die Brise jedoch so stark, dass manche Gäste auch vom Strand vertrieben werden.

Am berühmtesten, schönsten und mondänsten ist die Halbinsel **Búzios** mit 23 Stränden, wegen des Preisniveaus eher von der Mittel- und Oberschicht sowie von Ausländern besucht. Von Búzios aus kann man noch Abstecher in die preiswerteren Nachbarorte **Cabo Frio** (25 km), **Arraial do Cabo** (40 km) und den für seine Wellen bekannten Surfer-Ort **Saquarema** (90 km) machen. Diese Destinationen locken durch Dünenlandschaften, weiße Atlantikstrände und türkisgrünes Wasser, wirken jedoch auf europäische Gäste weniger idyllisch. Wer sich in diesen Orten nicht einquartieren möchte, hat die Möglichkeit, einige Highlights per Bootstour ab Búzios zu erkunden.

Búzios

Armação dos Búzios oder einfach nur Búzios – eine 16 km² große Halbinsel mit 28 000 Bewohnern und 23 Stränden – ist der mondänste Badeort Brasiliens mit den meisten ausländischen Besuchern. Der Erfolg liegt z. T. an dem privilegierten Klima. Etwa 210 Sonnentage im Jahr und eine jährliche Durchschnittstemperatur von 26 °C garantieren einen wahren Bilderbuchurlaub. Selbst wenn es im 176 km entfernten Rio regnet, ist der Himmel zwei Busstunden weiter nordöstlich häufig ganz klar; der konstante Wind dieser Region vertreibt die Wolken schnell. Hier gibt es Sun, Beach, Nightlife und Action in Überfülle, das einzige Problem ist: Es geht sehr ins Geld.

Internationale Bekanntheit erlangte der Ort durch **Brigitte Bardot**. Angefangen hat es 1964 in Zimmer 8 der Pousada do Sol, in der sich die französische Filmdiva – recht bescheiden, wie es scheint – für mehrere Monate einquartierte. In ihren Memoiren liest man: „Es gab kein Telefon, keinen Kühlschrank, kein fließendes Wasser, aber ich war an einem Meer, das wie himmelfarbener Champagner war, und ich erlebte die schönsten Tage meines Lebens." Heute stößt der Besucher schon nach wenigen Schritten auf der **Orla Bardot** genannten Uferpromenade auf ihre bronzene Verewigung. Ernst und gedankenschwer blickt sie über den Horizont in Richtung Heimat. Dabei liebte sie doch ihr brasilianisches Fischerdörfchen nicht weniger als ihren damaligen Lover Bob Zagury. Der Urlaub war zudem umsonst, auf Einladung des Pariser Finanzmagnaten Luis Reis, der sich hier groß eingekauft hatte und nur noch eine gute Marketing-Idee brauchte, um die Hippies zu vertreiben und durch betuchtere Gäste zu ersetzen. Und der Jetset kam, darunter Pelé, Gisele Bündchen, Nina Hagen, Mick Jagger, Bill Gates usw. 2009/2010 half noch TV Globo mit der zum Teil in Búzios spielenden Novela „Viver a vida" (Das Leben leben), um den etwas abgeflauten Tourismus wieder in Schwung zu bringen.

Die Bewohner der Halbinsel leben heute fast alle vom Tourismus. Neben Familien und Jugendlichen der weißen Mittel- und Oberschicht aus São Paulo, Rio, Belo Horizonte und Brasília kommen viele ausländische Gäste. Ebenso international wie das Publikum ist auch die Infrastruktur. Die meisten Pousadas, Restaurants,

Tauchen

Búzios gehört zu einem der besten Tauchreviere Brasiliens. Die interessantesten Stellen liegen bei den Inseln Gravatás und Filhote (18 m Tiefe, viele Fischschwärme, starke Strömungen, ideal für Fortgeschrittene, Anfahrt 30 Min.) sowie um die Insel Âncora (kaum Strömungen, Anfahrt 50 Min.). Die Südseite der Insel ist am interessantesten (Sichtweite 12–25 m, Tiefe bis zu 41 m). Die Höhlengänge sind reich bewachsen mit Weichkorallen, Haarsternen, Gorgonen und Korallen. Die Fauna wirkt wie im vollgestopften Aquarium eines Gourmet-Restaurants: Kaiserfische, Snapper, Skorpionfische, Steinfische, Rochen, Moränen, Nacktschnecken, Doraden u. a. Jacques Cousteau konnte sich jedenfalls in Búzios nicht beschweren.

Es gibt mehrere gute Tauchschulen wie **Casamar**, Rua das Pedras 242, ✆ 22/998 176 234, 💻 www.casamar.com.br, internationaler Standard mit Briefing auf Englisch.

Wer ohne Tauchgang einen Einblick in die reiche Unterwasserwelt bekommen möchte, kann den **Parque Natural dos Corais** (Korallenpark) in der Rua das Pedras aufsuchen. 🕒 tgl. 8–17 Uhr, R$10.

Sicherheit

Die Strände **dos Amores, Olho-de-Boi** und **Foca** sind recht einsam und nur über Wanderpfade zu erreichen; daher möglichst in Gruppen bleiben.

Bars und Läden in der **Rua das Pedras**, der zentralen Promeniermeile, gehören ausländischen Besitzern. Trotz des Zulaufs ist Búzios jedoch nicht zu einem Massentourismusziel mit hochgeschossigen Hotel- und Bettenburgen geworden. Die Höhe der Häuser darf zwei Stockwerke nicht überschreiten und die bebaubare Fläche auf jedem Grundstück unterliegt strengen Vorschriften. An vielen Stränden darf nicht oder nur wenig gebaut werden. Laut einem aktuellen Projekt soll Búzios gar zur umweltfreundlichsten Stadt Lateinamerikas werden und später anderen Tourismusorten u. a. in punkto Energie- und Wasserverbrauch als Vorbild dienen.

Die reizvolle Landschaft dieser Region wurde somit kaum zerstört. An vielen **Aussichtspunkten** kann man sich davon überzeugen. Einer liegt nahe der Praia do Forno. Von der Küste geht man in die erste gepflasterte Straße nach links und am Ende des Aufstiegs nach rechts. Von oben sind die Praia do Forno, Brava und João Fernandes zu sehen. Ein anderer ist in João Fernandes gegenüber der Pousada Belvedere mit Blick auf die Strände von Brava und Armação.

Strände

Nicht alle der 23 Strände sind gleichermaßen reizvoll und empfehlenswert, daher eine kleine Auswahl der besten. Von der Rua das Pedras leicht zu Fuß erreichbar sind die viel fotografierten kleinen Buchten von **Azeda** und **Azedinha**, beide mit klarem ruhigem Wasser und ideal zum Schwimmen oder Schnorcheln. Noch reizvoller ist der nächste, 1 km weiter liegende Strand von **João Fernandes** mit mehreren Bars und Fischlokalen. Er gilt als der internationalste von Búzios, Spanisch und Englisch sind hier die Hauptsprachen. Nur wenige Meter weiter folgt die kleinere und abgeschiedenere **Praia João Fernandinho**. Ebenfalls noch relativ zentrumsnah liegt der schöne **Tartaruga**-Strand.

Auf der anderen Seite der Halbinsel gehört die **Praia do Forno** zu den schönsten, sie liegt an einer kleinen Bucht mit bizarren Felsformationen und kaktusbewachsenen Hügeln und eignet sich gut zum Tauchen. Sehr reizvoll ist die Bucht von **Ferradura**, die wie eine große Lagune wirkt. Das wellenlose klare Wasser zieht Schnorcheltaucher und Schwimmer an, auch Segler kommen gern hierher.

Wer jedoch Action mag, sollte den belebten Strand von **Geribá** aufsuchen. Hier trifft sich im Sommer mit Vorliebe die Jugend, die beliebteste Party-Bar ist Fishbone. Der Strand ist jedoch so groß, dass man dem Trubel auch entfliehen kann. Feiner weißer Sand, flach abfallendes Wasser und eine kräftige Brandung (Surf-Spot) sind einige der Vorteile dieses beliebten Treffpunkts. Ganz in der Nähe von Geribá, vom rechten Strandende über einen kleinen Hügelpfad zu erreichen, liegt ein besonderes Kleinod, der abgeschiedene Mini-Strand von **Ferradurinha** mit Felsen und ruhigen Gewässern. Nicht jeder kennt ihn, nicht jeder sucht ihn – es ist immer noch fast ein Geheimtipp, ein Hauch von Südsee mit allem, was dazu gehört. Für ausgedehn-

DIE STRÄNDE VON BÚZIOS

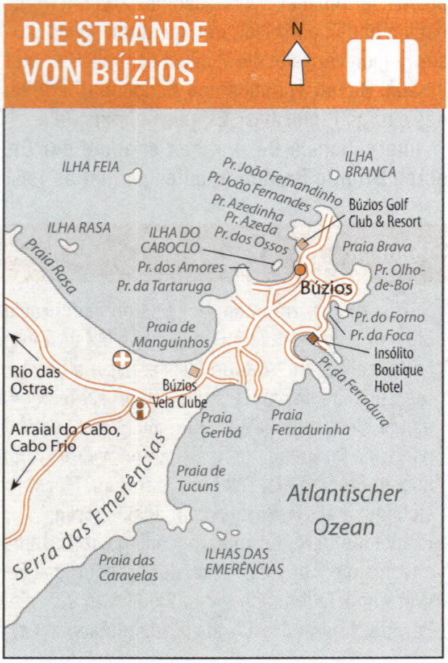

te Strandspaziergänge, selbst an Wochenenden ohne Badetrubel, empfiehlt sich die 8 km lange Bucht von **Manguinhos**, berühmt auch für traumhafte Sundowner.

ÜBERNACHTUNG

Die Preise der über 400 Hotels und Pousadas der Halbinsel liegen deutlich über dem Landesdurchschnitt. Vorzugsweise sollte man sich im oder nahe dem Zentrum einquartieren, von wo aus viele Strände sowie Restaurants, Bars und Geschäfte zu Fuß zu erreichen sind.

€ **Hostel/Pousada Alegravila Búzios** (HI), Rua José B. Ribeiro Dantas 1475, ✆ 22/2623 2329, 💻 www.alegravila.com.br. Schönes 2-stöckiges Haus mit 10 Zimmern in ruhiger Lage, sehr sauber, geschmackvolle moderne Einrichtung, tropischer Garten, kleiner Pool. DZ (ab R$110) und 4/6er-Dorms (ab R$40). Recht zentral 700 m von der Rua das Pedras in Richtung Praia da Tartaruga. Frühstück R$10, Internet R$6/Std., 10 % Tax (optional). ❷–❸

Hostel Nomad Búzios, Rua das Pedras 25, ✆ 22/2620 8085, 💻 www.nomadbuzios.com.br. Hübsches Hostel an der zentralen Promeniermeile mit Blick auf die Praia do Canto, DZ (R$180) und 4–12er-Dorms (ab R$55), Vermittlung von Kitesurf- und Bike-Touren. WLAN gratis, keine Tax. ❷–❹

Che Lagarto Hostel, Rua da Paz 7, ✆ 22/2623 1173, 💻 www.chelagarto.com. Neueres Haus der internationalen Party-Hostel-Kette, DZ (R$200) und Dorms (R$40). Freundliche Anlage mit Innenhof, Pool und Bar, an ruhiger Straße nahe der Rua das Pedras, 50 m vom Busbahnhof. WLAN gratis, keine Tax. ❷–❺

Pousada do Centro Oeste, Rua Luiz J. Pereira 8, ✆ 22/2623 1612, 💻 www.pousadadocentro.com.br. Neuere Pousada mit 15 Zimmern im Herzen von Búzios, wenige Meter von der Rua das Pedras. Freundliches Ambiente, Teestunde am Nachmittag. WLAN gratis, 5 % Tax. ❹

Pousada Vila Pitanga, Rua G4 Nr. 6, Ferradura, ✆ 22/2623 7721, 💻 www.pousadavilapitanga.

com.br. Nett mit 10 Zimmern (AC), Garten, Pool, Hängematten; ruhig gelegen zwischen Zentrum und Ferradura-Strand. Gutes Preis-Leistungs-Verhältnis. WLAN gratis, keine Tax. ❹

Pousada Repouso do Guerreiro, Av. Geribá 69, ✆ 22/2623 6204, 💻 www.buziosturismo.com/repousodoguerreiro. 14 Zimmer, anheimelnd mit kleinem Garten, 30 m bis zum Surfer- und Partystrand Geribá. WLAN gratis, keine Tax. ❺

Pousada Caminho das Aroeiras, Rua G5, Lote 10, Ferradura, ✆ 22/2623 1594, 💻 www.caminhodasaroeiras.com.br. Zwischen Zentrum und Strand von Ferradura, helle Zimmer mit AC und Balkon. Das freundliche Besitzerpaar Luiza und Edvar kümmert sich um jedes Detail. Teestunde. WLAN gratis, 5 % Tax. ❺

Pousada Villa Baobá, Rua G4, Lote 20, Ferradura, ✆ 22/2620 8165, 💻 www.villabaoba.com.br. Großzügige, schön dekorierte Pousada, alle Zimmer mit AC und Balkon. Garten, Pool, gutes Frühstück. WLAN gratis, keine Tax. ❺

Pousada Mar de Búzios, Orla Bardot 26, Praia dos Ossos, ✆ 22/2623 4946, 💻 www.mardebuziospousada.com. Elegant eingerichtete Pousada, einige der 7 Zimmer (ab R$230) mit tollem Meerblick. Dachterrasse mit kleinem Pool, kleiner Garten, recht zentral (500 m zur Rua das Pedras). WLAN gratis, 10 % Tax. ❻

Pousada Hibiscus Beach, Rua 1, Quadra C Nr. 22, Praia de João Fernandes, ✆ 22/2623 6221, 💻 www.hibiscusbeach.com. Gepflegte Anlage von 1994 im Grünen mit 13 Bungalows (alle mit Veranda) und einem Apartment mit 2 Zimmern, Garten und Pool; Blick auf den 150 m entfernten Strand. WLAN gratis, keine Tax. ❼

Pousada Águas Claras, Estrada da Usina, ✆ 22/2623 0115, 💻 www.aguasclarasbuzios.com. Zentral gelegene, rustikal eingerichtete Unterkunft mit Pool, Sauna und Restaurant. Familiäres Ambiente, Buchung von 4er-Zimmern möglich. WLAN gratis, keine Tax. ❼

Pousada Corsário, Rua Agripino de Souza 50, Praia dos Ossos, ✆ 22/2623 6403, 💻 www.pousadacorsariobuzios.com.br. Haus von 2005 mit 32 Zimmern (ab R$360), einige mit Meerblick; schöner Garten, Pool; 5 Min. zu den Stränden von Azeda und Azedinha. WLAN gratis, 10 % Tax (optional). ❼–❽

Pousada Byblos, Rua Alto do Humaitá 14, Centro, ✆ 22/2623 1162, 💻 www.byblos.com.br. Blumenreiche, sehr zentral und toll

RIO DE JANEIRO UND ESPÍRITO SANTO

Das brasilianische Saint-Tropez bietet auch einsame Buchten, wie hier an der Praia de João Fernandinho.

© LOTHAR KERSCHT

auf einer Anhöhe gelegen mit Blick vom Pool auf die Orla Bardot und das Meer. 21 Suiten (einige mit Meerblick) und hauseigenes Bistro. Zur Pousada gehören noch ein moderner Apartmentkomplex, wenige Schritte vom Haupthaus, sowie die etwas günstigere **Pousada dos Búzios**. WLAN gratis, 10 % Tax. ❽

Insólito Boutique Hotel, Praia de Ferradura, ✆ 22/2623 2172, 💻 www.insolitohotel.com. Sehr schicke Anlage von 2008, hier wirkte der französische Star-Designer Philippe Stark. 12 luxuriöse Zimmer (DZ ab R$908) mit Kingsize-Betten und Meerblick. Angegliedert ist eine Beach Lounge, Mix aus Restaurant und Club mit DJ. WLAN gratis, keine Tax. ❽

ESSEN

Pátio Havana, Rua das Pedras 101. Traditionsreiches großes Ess- und Musik-Lokal mit kubanischer Note. Sehr gut besucht, exzellente Live-Bands auf internationalem Topniveau (Samba, Bossa Nova, Jazz …), besonders die Salsa-Show am Do sorgt für Stimmung, Gäste werden zum Tanzen aufgefordert. Bei den heißen Rhythmen geht fast unter, dass auch die Küche höchsten Ansprüchen genügt. 🕒 tgl. ab 19 Uhr (Nebensaison Mo/Di keine Show), Eintritt frei.

Bar do Zé, Orla Bardot 382. Zé ist ein Surfer aus Rio und schon eine Erfolgsmarke in Búzios, sein Lokal ist trotz des saloppen Namens eher ein Gourmet-Treff, bei Kerzenlicht speist man delikaten Fisch und Meeresfrüchte, aber auch gute Picanha. 🕒 Mo–Fr 19–24, Sa, So ab 13 Uhr.

Estância Don Juan, Rua das Pedras 178. Seit 1994 beliebtestes Fleischrestaurant des Ortes, auch andere Gerichte und interessante Salate. Modern-rustikales Ambiente, aufmerksamer Service, gehobene Preise; Di ab 21.30 Uhr Tango-Shows. 🕒 tgl. 12–24 Uhr.

Boom, Rua Manoel Turíbio de Farias 110. Self-Service-Lokal (R$69/kg) mit breitem Angebot an gegrilltem Fleisch, Nudeln, Sushi, Gemüse und Salaten. Geschmackvolles Ambiente in rustikal-modernem Stil. 🕒 tgl. 12–23 Uhr.

Buzin, Rua Manoel Turíbio de Farias 273. Beliebtes moderneres Selbstbedienungslokal (kg) mit großer Auswahl ähnlich dem Boom, auch Pizzeria. 🕒 tgl. 12–24 Uhr.

Restaurantmeile Porto da Barra

Beim Pier des Fischerhafens in Manguinhos haben sich in letzter Zeit zahlreiche Lokale angesiedelt, alle am Strand oder in Strandnähe. Angefangen hatte es mit der einfachen **Bar dos Pescadores** (preiswerter Fisch- und Meeresfrüchte-Imbiss, Tipp: Casquinha de Siri), später folgten **Captain's Sushi Bar** (romantisch, teils im Freien unter Bäumen, auch thailändisch und chinesisch), die **Bar do Mangue** (hervorragende Filet-Steaks) sowie recht noble Lokale wie das **Zuza** (mit Tischen im Freien), **O Hedonista** (spezialisiert auf portugiesische Bacalhau-Gerichte) und die beiden Italiener **Quadrucci** (mit Meerblick von einem Panoramadeck) und **Primitivo**. Auch gibt es zahlreiche Kneipen, wie z. B. das auch in Rio weit verbreitete **Devassa**. 🕒 alle Lokale öffnen zumindest in der Hochsaison tgl. bis spät abends, die Bar dos Pescadores jedoch nur von 11–18, Okt–März 11–20 Uhr.

David, Rua Manoel Turíbio de Farias 260. Populäres Lokal von 1972 (das älteste am Ort), einfache rustikale Einrichtung. Typisch brasilianische Küche mit Schwerpunkt auf Fisch und Meeresfrüchten, auch gute Picanha; mittlere Preise (R$30–50). 🕒 tgl. 12–24 Uhr.

Capricciosa, Orla Bardot 478. Hier gibt's die beste Pizza, natürlich aus dem Steinofen und mit italienischem Teig, mittlere Preise. 🕒 tgl. 18–24 Uhr.

Sorvete Finlandês, Rua Manoel Turíbio de Farias 127. 36 Sorten Eis ohne Konservierungsstoffe. 🕒 Mo–Fr 10–23, Sa, So 10–1 Uhr.

Fishbone, Praia de Geribá. Besseres Restaurant mit hervorragenden Salaten und Picanha, Fisch und Meeresfrüchte vom Holzkohlengrill, sehr zu empfehlen. Abends beliebte Party-Bar gehobenen Stils mit (Live-)Musik. 🕒 tgl. 10–22 Uhr, in der Hauptsaison tgl. ab 17 Uhr Happy Hour.

NACHTLEBEN

Búzios ist, zumindest in der Hauptsaison und an Wochenenden, Brasiliens Badeort mit dem intensivsten (aber nicht wildesten)

Nachtleben. In der Nebensaison ist jedoch vieles geschlossen oder nur begrenzt geöffnet. Fast das gesamte Nachtleben konzentriert sich an der Orla Bardot und der Rua das Pedras sowie seit kurzem auch bei den Fischern von Manguinhos. Die Moden und Adressen wechseln jedoch so schnell wie sonst nirgendwo, viele Tipps sind schnell überholt.

Chez Michou, Rua das Pedras 90. Seit Jahrzehnten der In-Treff an der Hauptpromeniermeile von Búzios. Crêperie und Open-Air-Musikbar im Tropical-Stil, jüngeres Publikum, im Juli gutes Jazz- und Blues-Festival. 🕒 tgl. 12–2 Uhr (Jan/Feb bis 5 Uhr), Eintritt frei.

Pacha, Rua das Pedras 151. Club im noblen Stil des Haupthauses auf Ibiza, viel elektronische Musik, Top-DJs aus dem Ausland. 🕒 Fr, Sa 22–6 Uhr, Eintritt je nach Event zwischen R$60 und 200.

Privilège, Orla Bardot 550. Eines der Top-Ten von Brasilien und immer noch der Top-Club von Búzios. Mit fünf *Ambientes*, Tanzpiste, Open-Air-Bereich, Verandas, Pizzeria und Sushi-Bar. Diverse Musikstile, Performance-Shows, attraktives Publikum. 🕒 unregelmäßig, Programmtafel neben dem Eingang beachten, Eintritt je nach Event R$60–200, Ermäßigung vor 24 Uhr möglich.

The House of Rock & Roll, im Shopping hinter dem Ende der Rua das Pedras. Hier feiern Elvis, die Stones und die Beatles ihr Comeback; alternative Rock-Kneipe mit Revival-Bands, billigem Bier aus der Flasche und Snacks. 🕒 tgl. Live-Musik ab 21 Uhr, Eintritt frei.

Zapata, Orla Bardot 352. Sehr farbenfroh dekorierter mexikanischer Club mit Platz für 600 Gäste (davon 200 Sitzplätze), Piste und DJs; auch Restaurant. 🕒 Do–Sa ab 22 Uhr, Eintritt R$20–40.

Anexo Bar, Orla Bardot 392. Hier sitzt man bei Lounge-Musik, einem exotischen Drink sowie Blick aufs Meer und genießt das Schaulaufen auf der Orla und die lockere Atmosphäre. Idealer Einstieg für eine lange Nacht. Ableger in Manguinhos. 🕒 Di–So 20–4 Uhr.

Renascimento, Rua Manoel Turíbio de Farias 142. Traditionelle Bar mit einfachem, lockerem Ambiente und alternativer Musik. Beliebt auch bei den Locals. 🕒 Di–So 12–3 Uhr.

AKTIVITÄTEN

Golf

Búzios Golf Club & Resort, Campo, ☎ 22/2629 1240, 💻 www.buziosgolf.com.br (Engl.). Der Platz (bis 18 Loch/Par 72) gilt als bester und anspruchsvollster Brasiliens. Fast das ganze Jahr herrscht Nordwestwind. Dieser garantiert zwar schönes Wetter, macht aber das Spiel entsprechend schwierig.

Surfen und Kitesurfen

Léon Surfcamp Búzios, ☎ 22/992 659 178, 💻 www.leon-camp.de. Surfschule des Deutschen Jürgen Dittfurth (seit 1991), Anfängerkurs (3x 2 Std.) ab R$400.

Windsurfen und Segeln

Die 8 km breite Bucht von Manguinhos im Norden der Halbinsel dient als Austragungsort von Segel-Weltmeisterschaften. Dort befinden sich auch mehrere Schulen, darunter der **Búzios Vela Clube**, ☎ 22/2623 0508, 💻 www.buziosvelaclube.com.br. Andere geeignete Strände sind Rasa und die Baía Formosa.

TOUREN

Bootstouren

Zwei Möglichkeiten: Im **Schoner** geht es an mehreren Stränden vorbei mit Badestopps und Tauchmöglichkeit (Schnorchel vorhanden). Ab Kai zwischen Rua das Pedras und Orla Bardot (s. Karte), dort auch Ticket-Kiosk, Start jede Stunde zwischen 10 und 15 Uhr (3 Std., R$40 inkl. Obst und Softdrinks). Die wichtigsten Boote/Agenturen sind Interbúzios und Buziana Tours. Edler (und kaum teurer; R$60 p. P.) ist

Strand-Hopser

Zu empfehlen ist die Miete eines **Buggys**, mit dem man innerhalb der Ortsgrenzen problemlos herumdüsen kann, ohne mit der Verkehrspolizei in Konflikt zu geraten. Mit einem Inselplan in der Hand kommt man so trotz mancher Irrwege auf abenteuerlich-vergnügliche Weise von Strand zu Strand. Viele Anbieter, am einfachsten über die Pousada (je nach Saison R$90–160/ Tag).

es mit einem **Katamaran** von Tour Shop, Orla Bardot 550. Strecke und Dauer sind identisch mit den Schonertouren, nur ist man auf der schicken Jacht mehr unter sich, alles ist weniger laut und überlaufen. Auch Caipirinha und Bier sind hier inbegriffen.

Trolley-Tour

Im seitlich offenen Lkw *(Trolley)* geht es in 2 Std. an 12 Stränden und zwei Aussichtspunkten vorbei; Start 9, 12 und 15 Uhr bei **Tour Shop** an der Orla Bardot (R$50 p. P.).

SONSTIGES

Feste

April: Búzios Sailing Week, unter Beteiligung von Gästen aus St. Tropez.

Juli: Festival Internacional de Jazz & Blues, in den Bars Pátio Havana und Chez Michou, gratis.

Dez: Festival Internacional de Cinema.

Geld

Banco do Brasil, Rua Manoel J. de Carvalho 70 (nahe Rua das Pedras). ⌚ Mo–Fr 11–16 Uhr.
Geldautomat (24 Std.), Praça Santos Dumont (alle Karten).

Informationen

Touristenbüro Pórtico, Trevo de Cem Braças, Manguinhos, ✆ 22/2633 6200. ⌚ tgl. 8–20 Uhr.
Infostand, Praça Santos Dumont.
⌚ tgl. 10–22 Uhr (gute Karten). Internet: 💻 www.buziosturismo.com (auch Deutsch).

Medizinische Hilfe

Clínica Búzios, Av. J. B. Ribeiro Dantas 2000, Manguinhos, ✆ 22/2623 2465. Privatklinik.

Polizei

Polícia Militar, Praça Santos Dumont.

Post

Praça Santos Dumont 111.
⌚ Mo–Fr 9–17, Sa 9–13 Uhr.

Touranbieter

Tour Shop, Orla Bardot 550, ✆ 22/2623 4733, 💻 www.tourshop.com.br. Trolley-Touren und Katamaran-Ausflüge (s. Touren). ⌚ Mo–Sa 8–24 Uhr.
Mister Tours, Rua Geminiano J. Luis 3, Centro, ✆ 22/2623 2100, 💻 www.mistertours.com.br. Schonertouren, Buggy-Verleih etc. Auch Reisebüro für ganz Brasilien und Transfers. ⌚ Mo–Sa 10–19 Uhr.

NAHVERKEHR

Einige Strände erreicht man von der Rua das Pedras aus zu Fuß, zu entfernteren gibt es preiswerte **Taxi-Boote** *(táxis marítimos)*, z. B. ab Praia da Armação (zwischen Rua das Pedras und Orla Bardot, R$5–12 p. P.).
Normale **Taxis** starten ab Praça Santos Dumont, ✆ 22/2623 2160; Preis nach Tabelle, z. B. zu den Stränden von João Fernandes oder Ferradura R$15, nach Geribá R$20. Häufig fahren auch **Vans** an der Hauptstraße entlang zu diversen Stränden. Manche Pousadas bieten preiswerte bis kostenlose Transfers.

TRANSPORT

Rodoviária (mehr Haltestelle als ein Busbahnhof), Estrada da Usina Velha 444, Centro (schräg ggü. der Hauptpost), ✆ 22/2623 2050.
Arraial do Cabo: Salineira, ✆ 0800/886 1000, 7x tgl. bis 22 Uhr, 1 1/2 Std., R$4; ab Praia dos Ossos.
Cabo Frio: Salineira, rund um die Uhr in kurzen Abständen, 1 Std., R$4; ab Praia dos Ossos.

Direktverbindung zu Flughäfen und Hotels in Rio

Die Agentur **Costa do Sol**, Rua Manoel Turíbio de Farias 212, ✆ 22/2623 7518, 💻 www.planetcostadosol.com.br, bietet einen sehr empfehlenswerten, reservierungspflichtigen **Direkttransfer** von/zu den Flughäfen sowie allen Hotels der Zona Sul in Rio (ca. 4 Std., R$40–45). Busse ab Búzios: 6x tgl. zum Flughafen Galeão, 8 Uhr zum Flughafen Santos Dumont, 11 Uhr zu Hotels der Zona Sul. Ab Flughafen Galeão (Terminal 2, Desembarque, Treffpunkt Café Pão de Queijo) um 11.30, 14.30, 17, 20 und 23 Uhr, ab Flughafen Santos Dumont um 12 Uhr, von den Hotels der Zona Sul ab 7.45 Uhr.

Rio de Janeiro: Viação 1001, ✆ 21/4004 5001, 8x tgl. bis 20 Uhr, 2 3/4 Std., R$42. Tickets ggü. der Busstation im Büro von „1001" oder im Zentrum (Rua Manoel Turíbio de Farias 110).

Cabo Frio

Das Stadtbild von Cabo Frio (187 000 Einw.) ist geprägt von einfacheren Hotels und All-you-can-eat-Pizzerias, in denen der brasilianische Massentourismus bedient wird. Hierher kommt man auch zum Einkaufen, denn Cabo Frio gilt als die Bikini-Hauptstadt Brasiliens, nirgendwo sonst findet man so viele Shops für Strandmode. In der Hauptsaison und zum Karneval quillt die Stadt über, die 17 km langen Strände sind voller Badegäste, und es wird viel gefeiert und geflirtet.

Beliebtester Strand, direkt vor den meisten Hotels und Lokalen gelegen, ist **Praia do Forte**. Bei den Strandbars am südlichen Ende (Malibu) versammelt sich vorwiegend jüngeres Publikum. Ruhiger und reizvoller sind die nordöstlich gelegenen Strände **Praia Brava** (Surfen) und die an Kakteenhügeln liegende **Praia das Conchas**. Angrenzend folgt die schöne **Praia do Peró**, ein Surf-Spot und berühmt für die imposanten Dünen aus feinstem Pulversand.

Rund ums Surfen

Das **Museu do Surf**, Praça do Teatro, Praia do Forte, ✆ 22/2645 5839, 💻 www.museudosurf.com, wurde 2004 als erstes Surf-Museum Brasiliens und größtes dieser Art in Lateinamerika gegründet. Der Betreiber Telmo Moraes sammelt seit den 1970er-Jahren und zeigt in seinem Museum über 500 verschiedene Bretter aus der ganzen Welt *(tow in, long, short, fish)*, Anzüge berühmter Surfer sowie Unmengen von Zeitschriften, Fotos, Filmen und Trophäen vom Beginn der „Surfwelle" in Polynesien und Australien in den 1940er-Jahren bis heute. Früher lebte Telmo in Santos und Rio, bis er in Cabo Frio seine Wahlheimat entdeckte: „Ich suchte eine Stadt zum Wohnen und war begeistert von der Praia do Forte mit ihren wunderbaren Wellen." 🕒 Mo–Sa 10–22 Uhr, Eintritt frei.

ÜBERNACHTUNG UND ESSEN

Hotel La Brise, Rua Alberto Gabbay, Praia do Forte, ✆ 22/2643 0424, 💻 www.hotellabrise.com.br. Von Franzosen gegründetes schönes Hotel im Pousada-Stil in ruhiger Lage mit 33 gepflegten Zimmern (Kabel-TV, Veranda); Pool, Sauna, Garten; Restaurant und Bar; 100 m von Praia do Forte. WLAN gratis, keine Tax. ❺

Restaurante da Ponte, Av. Wilson Mendes, Centro. Nettes rustikales Fisch- und Meeresfrüchtelokal über dem Fischmarkt, schöner Blick auf den Kanal, Gerichte reichen für 2 Pers., z. B. Moqueca (R$65). 🕒 So–Fr 11–18, Sa 11–21 Uhr (Jan/Feb/Juli tgl. 11–21 Uhr).

AKTIVITÄTEN

Schonerfahrten

Diverse Anbieter und Optionen ab Boulevard Canal, die beliebteste Rundfahrt dauert 2 Std. (R$35 p. P.).

Tauchen

An der ganzen Küste sowie bei den Inseln Comprida, do Papagaio, Pardos und Capões findet sich ein reiches Unterwasserleben mit Fischen, Seesternen und Korallen; Tiefe bis 40 m, Sichtweite bis 25 m. Ausfahrten u. a. mit **Cabo Frio Sub**, ✆ 22/2629 5249, 💻 www.cabofriosub.com.br, tgl. 9 Uhr ab Boulevard Canal (bis 8.30 Uhr anmelden), ab R$100 p. P.

TRANSPORT

Busse

Busbahnhof, Av. Kubitschek (2 km westl. des Zentrums), ✆ 22/2643 3778.

Arraial do Cabo / Búzios: Salineira, ✆ 0800/886 1000, rund um die Uhr in kurzen Abständen, 1 1/2 bzw. 1 Std., R$4.

Rio de Janeiro: Viação 1001, ✆ 21/4004 5001, 8x tgl. bis 18.20 Uhr, 2 1/2 Std., R$33.

Arraial do Cabo

Arraial do Cabo (27 000 Einw.) wirkt noch etwas einfacher und ursprünglicher als der vom Immobilien-Boom geprägte Nachbar Cabo Frio. Die schönen Badestrände wie die guten Tauchmöglichkeiten machten den Ort zu einem der bevor-

Zum Surfen nach Saquarema

Die 74 000-Einwohner-Stadt (90 km von Búzios, 100 km von Rio) ist weniger reizvoll als die Nachbarorte Búzios, Cabo Frio oder Arraial do Cabo. Dafür locken zwischen Mai und Oktober bis zu 3 m hohe Wellen zahlreiche Surfer aus ganz Brasilien und dem Ausland an, es ist eher ein Treffpunkt der bebretterten Jugend. Gesurft wird vor allem an der **Praia de Itaúna**, 2 km nordöstlich des Zentrums, einer der weltbesten Plätze für professionelle Surfer und Bodyboarder. Ende Juli/Anfang August finden hier internationale Surfmeisterschaften statt. Wer vorher noch ein Brett oder etwas Unterricht braucht, geht zu der am selben Strand gelegenen **Escola de Surf de Saquarema**, Av. Oceânica 180, ✆ 22/998 719 196, ✉ escoladesurfsaqua@hotmail.com.
Viele Surfer quartieren sich ein in der preiswerten **Pousada da Titia**, Av. Min. Salgado Filho 744, ✆ 22/2651 2058, ❶–❷, oder in einem der diversen Hostels, z. B. **Saqua Hostel & Surf**, Rua Pitanga 800, ✆ 22/ 997 198 125, 💻 www.saquahostel.blogspot.com.br. ❶–❷
Busse nach Rio: Viação 1001, ✆ 21/4004 5001, 10x tgl. bis 19.50 Uhr, 2 Std., R$22.

zugten Urlaubsziele der *Cariocas*. Sehr beliebt sind auch die Schoner- und Bootsfahrten mit Grottenbesuchen. Die meisten beginnen am Pier der **Praia dos Anjos** (s. Bootstouren).

Arraial besitzt viele Strände mit durchgängig sauberem und klarem Wasser. Von Cabo Frio kommend gelangt man zunächst zur **Prainha**, einer schönen Bucht mit gepflegten Strandbars. Auf der anderen Seite der Halbinsel befindet sich die **Praia Grande** mit modernen Kiosken, die durch ihre Größe und den weißen Dünensand beeindruckt, wegen der starken Wellen kommen auch viele Surfer. Zu dem nur 200 m breiten Surfstrand **Brava** gelangt man vom Morro do Atalaia aus (herrliche Aussicht).

Schnorchler und Zivilisationsflüchtige scheuen nicht den mühsamen Auf- und Abwärtspfad (sonst Taxi) zu den zwei kleinen **Prainhas do Pontal do Atalaia**. Am rechten Ende der Strände befindet sich die **Gruta do Amor**. Wer zu zweit in diese Grotte geht, kommt – so verspricht die Legende – auf ewig verliebt wieder heraus.

Ebenfalls sehr reizvoll und ruhig ist die abgeschiedene, zu einem geschützten Naturpark gehörende **Praia do Forno** mit bewachsenen Felsen, Korallenriffen und türkisgrünem Meer (per Boot, 15 Min. ab Marina dos Pescadores). Last but not least gibt es vor der Küste mehrere schöne **Inseln** (s. Bootstouren).

ÜBERNACHTUNG UND ESSEN

Hotel Pousada Caminho do Sol, Rua do Sol 50, Praia Grande, ✆ 22/2622 2029, 💻 www.caminhodosol.com.br. Bessere Anlage im Resort-Stil mit 25 Zimmern, Pool, Sauna und Bar; Hügellage mit schönem Blick, 80 m bis zum Strand. WLAN gratis, 10 % Tax. ❺–❼
Viagem dos Sabores, Rua Santa Cruz 12, Praia dos Anjos. Gemütliches Lokal innerhalb der Pousada Estalagem do Porto, auch Tische im Garten, gehobene mediterrane Küche (R$25–55). 🕒 Di–So 13–22.30 Uhr.

AKTIVITÄTEN UND TOUREN

Bootstouren

Diverse Anbieter an der **Praia dos Anjos**, das Programm ist bei allen fast gleich: Prainhas do Pontal do Atalaia, Praia da Ilha do Farol, Ilha do Cabo Frio mit Gruta Azul (Kasten S. 353), Praia do Forno. Starts tgl. zwischen 10 und 11 Uhr, Dez–März auch 14.30 Uhr (4 Std., R$40 inkl. Erfrischungsgetränken und Früchten).

Die Blaue Grotte

Die **Gruta Azul** (30 m Ausdehnung, 15 m hoch) liegt zwischen der Ilha do Cabo Frio und Arraial do Cabo (s. Touren). Bei Niedrigwasser ist vom Boot aus zu sehen, wie die goldenen und silbernen Wände der Höhle durch die Sonneneinstrahlung bläulich reflektieren, ein faszinierendes Naturschauspiel. Auch kann man bei ruhigem Meer durch eine kleine Öffnung hinein fahren (nur mit kleineren Booten) sowie im Wasser der Grotte tauchen.

Tauchen

Arraial do Cabo zählt zu den besten Tauchgebieten Brasiliens. Hier finden sich mehr als 60 Arten Fische, Seesterne und Korallen, nur ist das Wasser mit Temperaturen zwischen 10 und 22 °C (Sommer ab 18 °C) ungewöhnlich kalt (Schutzanzüge!). Gute Tauchschulen sind:

Sea Quest Sub, Av. Leonel de Moura Brizola 61, Centro, ✆ 22/2622 0744, 💻 www.seaquest sub.com.br.

Deep Trip, Trav. Venâncio Melo 9, Centro, ✆ 22/2622 1800, 💻 www.deeptrip.com.br.

TRANSPORT

Rodoviária, Rua Dom Pedro I, Centro, ✆ 22/2622 1488.

Búzios: Salineira, ✆ 0800/886 1000, 7x tgl. bis 22.15 Uhr, 1 1/4 Std., R$4.

Cabo Frio: Salineira, alle 20 Min. rund um die Uhr, 1 1/2 Std., R$4.

Rio de Janeiro: Viação 1001, ✆ 21/4004 5001, 11x tgl. bis 19.20 Uhr, 3 Std., R$49.

Espírito Santo

Der zwischen Rio und Bahia gelegene Bundesstaat, der nur 0,5 % der Fläche Brasiliens ausmacht, gilt eher als Durchgangsstation zwischen den beiden bekannteren Nachbarn. Nur Gäste aus dem Hinterland von Minas Gerais kommen reichlich und häufig in das Land der *Capixabas,* wie die Einwohner hier genannt werden. Espírito Santo gehörte noch nie zu den touristischen Hochburgen Brasiliens, holt aber in letzter Zeit auf. Die Infrastruktur ist gut entwickelt und die meisten Straßen sind in vorbildlichem Zustand. Außer 400 km Küste mit Dünen, Lagunen und Flüssen besitzt Espírito Santo auch noch reichlich Atlantischen Regenwald, grüne Hügel- und Berglandschaften sowie mehrere Nationalparks.

Es ist eine günstige Region für den **Natur-** und **Abenteuer-Tourismus**, der heute bereits einen wichtigen Wirtschaftszweig darstellt. Bis in die 1960er-Jahre lebte der Bundesstaat fast nur vom Kaffee, später folgten Berg- und Schiffbau. Ökonomisches Zugpferd ist die Hauptstadt Vitória, deren moderner Exporthafen sich zu einem der bedeutendsten des Landes entwickelt hat. Strandurlauber, Taucher und Surfer zieht es jedoch mehr in die Nachbarstadt Vila Velha sowie in die kleineren Badeorte Itaúnas, Guarapari, Anchieta und Piúma. Im Hinterland liegen in einer grünen Bergregion die deutsche Kolonie Domingos Martins und das italienische Einwandererstädtchen Santa Teresa.

Vitória und Vila Velha

Die Hauptstadt Vitória liegt 525 km von Rio und 602 km von Porto Seguro entfernt, eignet sich also gut für einen Zwischenstopp auf der Küstenroute. Ein Blick über den Ort lässt schnell Vergleiche zu Rio aufkommen. Mit 326 000 Einwohnern (Großraum 1,6 Mio.) ist Vitória nur kleiner, ansonsten liegt es wie Rio reizvoll an einer Bucht zwischen Wäldern, Bergen und Küste (obwohl es kaum merklich eine von 34 Inseln eines Archipels ist), besitzt neben moderner Architektur im feineren Ostteil der Stadt noch zahlreiche neokoloniale Prachtbauten in der Oberstadt und einen an die Copacabana erinnernden Hauptstrand: die 6 km lange **Praia do Camburi** mit guten Hotels und Restaurants, Strandbars und Sport (beliebte Jogging-Strecke). Abends trifft sich alles in dem quirligen Vergnügungsviertel **Praia do Canto** nahe dem Jachthafen, dem sog. Bermuda-Dreieck. Nur die Wasserqualität ist in Vitória wegen der Häfen nicht so gut, zum Baden begibt man sich daher besser zur Praia da Costa in der Nachbarstadt Vila Velha (s. u.).

Geschichte

Am 23. Mai 1535, zu Pfingsten, taufte der portugiesische Adelige Vasco Fernandes Coutinho die ihm in Brasilien als **Kapitanie** zugeteilten Ländereien auf den Namen Espírito Santo (Heiliger Geist). Sein Wohnsitz Vila Velha (Altes Dorf) wurde von den Goitacazes-Indios attackiert und Coutinho flüchtete auf eine gegenüber liegende Insel, die den Namen Vila Nova (Neues Dorf) erhielt. Nach dem späteren Sieg über die Ureinwohner tauften die Portugiesen dieses Dorf 1551 auf den Namen „Vitória" (Sieg), es ist einer der

zehn ältesten Orte Brasiliens. Engländer, Franzosen und Holländer behinderten jedoch noch lange den Besiedlungsprozess.

1823 erhielt der Ort die Stadtrechte, doch wohnten hier erst um 5000 Menschen. Mit dem **Kaffeeanbau** ab 1830 begann langsam der ökonomische Aufschwung. Ab 1894 fand eine beschleunigte Urbanisierung und Modernisierung statt. Während des Ersten Weltkriegs besaß Vitória den zweitwichtigsten Kaffee-Exporthafen Brasiliens. Aus dieser Zeit stammen die meisten Urbanisierungsprojekte sowie die lange Hauptbrücke zum Festland. Als 1942 die alte Eisenhandelsstraße nach Minas Gerais ausgebaut wurde, entwickelte sich der Porto de Vitória zum Hauptumschlagplatz von **Eisenerz**.

Die jüngere wirtschaftliche Blüte von Vitória ist verbunden mit dem Bau eines weiteren Hafens. Der 1966 fertig gestellte **Porto de Tubarão** im Norden der Stadt bei der Tubarão-Brücke ist einer der modernsten der Welt und heute bedeutendster Erzausfuhrhafen Brasiliens. Auch ein exzessiver Bauboom zeugt von der ökonomischen Expansion, bei einem Skyline-Ranking lag Vitória auf Platz zehn in der Welt. Und beim Human Development Index (HDI) der Vereinten Nationen nahm die Stadt 2005 den dritten Platz unter den Hauptstädten Brasiliens ein.

Rundgang im Zentrum Vitórias

Während der Kommerz, die Häfen und die Stadtstrände in der Unterstadt (Cidade Baixa) liegen, befindet sich der historische Teil von Vitória in der Oberstadt (Cidade Alta) und besteht nur aus einigen wenigen Sehenswürdigkeiten. Sie sind schnell zu Fuß zu erkunden, zumal die Ausschilderung für brasilianische Verhältnisse gut ist. Ausgangspunkt ist die Treppe **Escadaria Bárbara Lindemberg** beim alten Hafen (Av. Jerônimo Monteiro) in der Cidade Baixa. Beim Aufstieg sieht man schon den gewaltigen **Palácio Anchieta**, ab 1551 Jesuitenkolleg und Kirche, seit dem 18. Jh. Regierungspalast. Über die Rua Comandante Duarte oder die Rua São Gonçalo gelangt man zur **Igreja de São Gonçalo** (1707–15) und danach über die Rua Carneiro Araújo zur **Capela de Santa Luzia**, einer im Kolonialstil mit Barockelementen konstruierten Kapelle aus dem Gründungsjahr der Stadt (1551), heute auch mit Kunstgalerie. Von dort genießt man noch einen schönen Blick auf die Bucht von Vitória. Gegenüber der Kapelle beginnt die Rua José Marcelino, die zu der mächtigen **Catedral Metropolitana** (1918–70) führt, erbaut in neogotisch-byzantinischem Stil mit sehr kunstvollen Glasfenstern. ⌚ So–Fr 6–11, 14–17.30 Uhr.

Auf dem weiteren Weg um den Platz herum und die älteste Treppe der Stadt (Escadaria São Diego) hinunter gelangt man zur **Praça Costa Pereira**, einem schönen Platz mit acht gewaltigen, mehr als 100-jährigen Palmen. Dort befindet sich auch das mit 500 Sitzen ausgestattete **Teatro Carlos Gomes** von 1927, eine Replik der Mailänder Scala.

Kunst im Bahnhof

Museu Vale, Antiga Estação Ferroviária Pedro Nolasco, Argolas, Vila Velha, ✆ 27/3333 2484, museuvale.com. In dem schön restaurierten Gebäude des alten Bahnhofs finden sowohl wechselnde Ausstellungen zeitgenössischer Kunst als auch eine Dauerausstellung zur Geschichte der Bahnlinie zwischen Vitória und Minas Gerais statt, mit Miniaturanlagen und einer alten Dampflock (Maria Fumaça). Das angeschlossene **Café do Museu** bietet Do–Sa Abend Live-Musik. ⌚ Museum Di–Fr 8–17, Sa, So 10–18 Uhr, Eintritt frei.

Vila Velha

10 km südlich von Vitória, zu erreichen über drei verschiedene Brücken zum Festland, liegt die 1535 gegründete und heute 415 000 Einwohner zählende Nachbarstadt Vila Velha. Touristen und Einheimische besuchen sie vor allem wegen der 23 km langen Küste. Der längste, schönste und sauberste Strand der Region ist die **Praia da Costa**, die zu den besten von ganz Espírito Santo gehört. Am südlichen Strandabschnitt sind stärkere Wellen, der nördliche Teil dagegen besteht aus einer ruhigen Bucht, ideal für Windsurfer. Im Sommer kommen viele Gäste aus dem Hinterland. Ähnlich beliebt und belebt ist die ebenfalls urbane **Praia de Itapuã**. Sehr ruhig dagegen sind die südlich gelegenen und weitläufigen Strände von **Barra do Jucu** und **Ponta da Fruta**.

Nahe der Praia da Costa befindet sich das Eremitenkloster **Convento da Penha** (1558), bedeutendstes religiöses Monument des ganzen Bundesstaates. Die alte Kapelle wurde zwischen 1639 und 1643 erneuert und vergrößert, im 18. Jh. folgten weitere Gebäude, und 1945 fand eine Totalrestaurierung statt. Im Innern sieht man portugiesische Heiligenfiguren und wertvolle Malereien, darunter die älteste Lateinamerikas, ein Bildnis der N. S. da Penha. Das Kloster liegt malerisch auf einem 154 m hohen Felsen und bietet einen grandiosen Blick auf Vila Velha und die ganze Bucht von Vitória. ⌚ tgl. 6–16 Uhr, Eintritt frei.

ÜBERNACHTUNG

Fast alle Hotels in Vitória und Vila Velha sind auf Businessgäste ausgerichtet, sie bieten WLAN gratis und am Wochenende meist einen günstigeren Tarif.

Hotel Capital Vitória, Rua Dona Maria Rosa 425, Santa Luíza, ✆ 27/3211 3100, 💻 www.hotelcapitalvitoria.com.br. Einfaches, preiswertes Haus mit nur 28 Zimmern (z. T. Veranda), nahe dem Ausgehviertel Praia do Canto. 5 % Tax. ❸

Hotel Champagnat Praia, Av. Champagnat 213, Praia da Costa (Vila Velha), ✆ 27/3205 1900,

🖳 www.cphotel.com.br. Gepflegtes Hotel mit 42 Zimmern im Herzen von Vila Velha. Strandnähe, freundliches Personal. Keine Tax. ❹

Hotel Sol da Praia, Av. Dante Michelini 877, Praia de Camburi, ✆ 27/2127 1500, 🖳 www.hotelsoldapraia.com.br. Nettes Haus von 1983 in guter Strandlage mit 76 gepflegten und freundlichen Zimmern. Keine Tax. ❹

Hotel Ibis, Rua João da Cruz 385, Praia do Canto, ✆ 27/2104 4850, 🖳 www.ibis.com.br. Hotel von 2002, direkt beim Ausgehviertel. 140 Zimmer mit Komfort (gerade Nummern mit Totalblick auf den Camburi-Strand), Frühstück R$14 p. P. Keine Tax. ❹

Hotel Canto do Sol, Av. Dante Michelini 3957, Praia de Camburi, ✆ 27/3395 1700, 🖳 www.hphoteis.com.br. Am Hauptstrand gelegen, 169 komfortable Zimmer; Pool, Sauna, Restaurant, Tennisplatz. 5 % Tax. ❺

Four Towers Hotel, Av. Saturno de Brito 1327, Praia do Canto, ✆ 27/3183 2500, 🖳 www.fourtowershotel.com.br. Modernes Hotel in bester Lage mit großzügigen Zimmern. Restaurant, Bar, Sauna. Frühstück R$23 p. P. 5 % Tax. ❻

RIO DE JANEIRO UND ESPÍRITO SANTO

ESSEN

Die Küste der Region ist weltbekannt für ihren großen und variationsreichen Fischbestand, das typischste Gericht nennt sich *Moqueca capixaba*.

€ **Kapo's**, Rua Joaquim Lírio 130, Loja 1, Praia do Canto. Die Snackbar ist *der* Treffpunkt vor oder nach den Festen am Wochenende sowie So Abend. Der Kapo's Burger ist legendär. ⌚ Di–Do, So 18–2, Fr, Sa 18–4 Uhr.

Bar do Bigode, Rua Helena Muller 30, Jesus de Nazaré. Ein Geheimtipp und beliebtes Restaurant bei den Locals. Das preiswerte Risotto mit Meeresfrüchten ist sensationell. Einfaches Ambiente mit toller Aussicht auf die Bucht. Bei einer Favela gelegen, Anfahrt per Taxi. ⌚ tgl. 11–17 Uhr.

Geraldo, Av. Anísio Fernandes Coelho 31, Jardim da Penha. Ein gepflegtes Lokal mit der besten Fisch-Moqueca vor Ort, preislich im Rahmen. ⌚ Mi–Sa 11–23, So–Di 11–17 Uhr.

Oriundi, Rua Elias T. Sobrinho 130, Santa Lúcia. Exzellenter preisgekrönter Italiener, noch günstig, rustikales Ambiente und guter Service. ⌚ Di–Fr 11.30–14.30, 19–24, Sa 19–24, So 12–15.30 Uhr.

Aleixo, Rua Aleixo Neto 1204, Praia do Canto. Eines der renommiertesten Restaurants der zeitgenössischen Küche, auch gute Weinkarte. ⌚ Mo–Sa 12–15, 19–24, So 9–22 Uhr.

Pirão, Rua Joaquim Lírio 753, Praia do Canto. Bestes Lokal für regionale Küche, v. a. Fisch und Meeresfrüchte. Die *Moqueca* ist nicht billig, reicht aber für 2–3 Pers. ⌚ Mo–Fr 11–16, 18–22.30, Sa, So 11–17 Uhr.

NACHTLEBEN

Die meisten Bars und Kneipen liegen im sog. „Bermuda-Dreieck" *(Triângulo das Bermudas)* im Viertel Praia do Canto. Besonders zu empfehlen sind die Bar **Abertura** (Rua Joaquim Lírio 811) und der Club **Ilha Acústico** (Alameda Ponta Formosa 350). Weitere angesagte Lokale in Vitória sind **Royal Club** (Av. Dante Micheline 301, Praia de Camburi) sowie **São Firmino** (Av. N. S. da Penha 1297, Santa Lúcia). In Vila Velha spielt sich das Nachtleben vor allem am **Strand von Itapuã** ab.

FESTE

April: Festa da Penha, Prozession bis Vila Velha zu Ehren von N. S. da Penha, Schutzpatronin von Espírito Santo (8 Tage nach Ostersonntag).

Juni: Procissão marítima de São Pedro, Bootsprozession ab Praia do Suá (Ende des Monats).

Nov: Vital, Sonder-Karneval, Praia do Camburi (3 Tage).

Dez: Festa de São Benedito, Messe, Prozession und Feuerwerk zu Ehren des hl. Benedikt (25./26.).

SONSTIGES

Einkaufen

Feira de Artesanato, Kunsthandwerksmarkt, Praça dos Namorados (nahe Praia do Canto), jedes Wochenende.
Shopping Vitória, größtes Kaufhaus der Stadt.

Geld

Banco do Brasil, Praça Pio XII Nr. 30, 2. OG, Centro. ⌚ Mo–Fr 10–16 Uhr.
Wechselstube, Reisebüro Vitória Tour, Shopping Vitória (EG, bei Banco do Brasil).

Informationen

Setur, Rua Marília de R. S. Coutinho 194, ✆ 27/3324 6074. Tourist Info für den ganzen Bundesstaat. ⌚ Mo–Fr 9–18 Uhr.

Medizinische Hilfe

Santa Casa, Rua Dr. João dos Santos Neves 143, ✆ 27/3322 0074.

Touren

Bootsfahrten zu den Inseln do Frade und do Boi sowie in die Bucht von Vitória. Die Praia der Ilha do Boi, beliebter Treffpunkt der *Gente bonita*, ist besonders schön und sauber. Diverse Anbieter, Start beim Iate Clube nahe Praça dos Namorados, Praia do Canto.
Ausflüge nach Domingos Martins, Santa Teresa sowie zu drei Grotten bei Vila Velha.

NAHVERKEHR

Zwischen den Stadtteilen und Stränden verkehren mehrere Buslinien. Nr. 111 fährt an der Praia do Camburi entlang, zur Rodoviária und durchs Zentrum.
Der von der Rodoviária abfahrende Bus nach „Vila Velha" fährt zur Praia do Costa (nahe dem Konvent), der Bus mit der Aufschrift „Itapuã" fährt ebenfalls nach Vila Velha, aber an die Praia de Itapuã (Nachtleben).

TRANSPORT

Flüge

Aeroporto de Vitória/Eurico de Aguiar Salles, ✆ 27/3083 6300, 10 km nordöstl. des Zentrums.

Busse

Terminal Rodoviário, Ilha do Príncipe, 1 km westl. des Zentrums, ✆ 27/3222 3366.
Anchieta/Piúma: Planeta, ✆ 27/3223 5761, ca. stdl. bis 20 Uhr, 2 bzw. 2 1/2 Std., R$16/18.
Belo Horizonte: São Geraldo, ✆ 27/3223 0477, tgl. 8.15, 12.30, 21.30, 22.30 Uhr; Itapemirim, ✆ 0800/726 0246, tgl. 8.10, 21.25, 22.25 Uhr; Expresso União, ✆ 0800/942 3061, tgl. 21.25 Uhr; 9 Std., R$79.
Conceição da Barra: Águia Branca, ✆ 0800/725 1211, tgl. 6.40, 11.40, 16 Uhr, 4 1/2 Std., R$46.
Domingos Martins: Águia Branca, 6x tgl. bis 19 Uhr, 1 Std., R$10.
Guarapari: Planeta, ca. stdl. bis 20 Uhr, 1 1/4 Std., R$11.
Ouro Preto: São Geraldo, tgl. 20.30 Uhr, 8 Std., R$67.
Porto Seguro: Águia Branca, tgl. 14 Uhr (R$124) und 21 Uhr (R$87), 10 Std.
Rio de Janeiro: Águia Branca, 6x tgl. zwischen 12.30 und 22.55 Uhr, 8 Std., R$77–139.
Salvador: Águia Branca, tgl. 16.10 Uhr, 18 Std., R$210.
Santa Teresa: Lírio dos Vales, ✆ 27/2124 4588, 10x tgl. bis 17.20 Uhr, 2 Std., R$17.
São Paulo: Águia Branca, tgl. 15.35, 17, 19 Uhr, 14 Std., R$129–179.

Piúma

Dieser 100 km von Vitória entfernte Badeort (17 000 Einw.) besteht auf den ersten Blick nur aus Strand und einem 300 m hohen Berg, dem gern von Kletterern und Segelfliegern besuchten **Monte Aghá**. Von oben sieht man, wie sich um den Ort der von Mangrovenwäldern umsäumte **Rio Piúma** schlängelt (Bootstouren). Auch lassen sich gut die wichtigsten, reich mit Kokospalmen bewachsenen Strandabschnitte überblicken: Am urbansten und belebtesten ist **Acaiaca**, südlich folgen **Itaputanga** und **Maria Neném** (ruhiges Meer, Windsurfen), sowie nördlich **Pau Grande** (hohe Wellen, der Haupt-Surferstrand).

Die größte Attraktion von Piúma, auch *Cidade das Conchas* (Muschelstadt) genannt, entdeckt man jedoch nur aus nächster Nähe, nämlich ungewöhnlich viele **Muscheln** und **Perlen**, mit etwas Glück sogar die *Oliva zelindea,* die seltenste Muschel der Welt. Schon die Puri- und Tupiniquim-Indios machten daraus ihren Schmuck, heute kommt die Mehrheit aller in Brasilien erzeugten Produkte dieser Art aus Piúma. Man findet sie in Form von Aschenbechern, Lampen, Spielzeug, Sandalen und Gardinen auf Ausstellungen in Argentinien, Uruguay und Chile sowie in amerikanischen und europäischen Geschäften. Wer sich gleich in Piúma damit eindecken will, geht am besten zum **Mercado Municipal**.

Inseln

Vor den Hauptstränden des Ortes liegen mehrere Inseln. Die **Ilha do Gambá** ist durch eine schmale Landenge mit dem Festland verbunden und kann so auch zu Fuß erreicht werden. Es ist ein Naturschutzgebiet mit vielen Vogelarten, in dem man gut wandern kann, bei Ebbe sogar vom Strand von Acaiaca aus 500 m bis zur **Ilha do Meio** mit ihren wilden Orchideen. Im Sommer gelangt man von der Ilha do Gambá auch per Boot dorthin, ebenfalls zur **Ilha dos Cabritos**.

Am interessantesten ist die **Ilha dos Franceses**, sie liegt 45 Min. vom Kontinent entfernt, besitzt einen 1730 von Franzosen errichteten Leuchtturm und eine reiche Fauna und Flora. Atlantischer Regenwald ist sonst an der Küste kaum mehr vorhanden, seit die englischen Ortsgründer im 19. Jh. fast alles abholzten. Auf der „Franzoseninsel" wird man jedoch reichlich entschädigt. In ihrer Mitte befindet sich zudem die sagenumwobene Gruta dos Judeus, wo es von Jesuiten verstecktes Gold und einen unterirdischen Geheimgang zur Stadt geben soll. Eher antreffen wird man eine ganz seltene, von dem Naturforscher Augusto Ruschi entdeckte Fledermausart *(Morcego-pescador)*, die sich von Fisch und Krabben ernährt.

ÜBERNACHTUNG UND ESSEN

Solar de Brasília, Av. Eduardo Rodrigues 5, Centro, ✆ 28/3520 1521, 💻 www.praiadepiuma.com.br/hotelsolardebrasilia. 22 saubere Zimmer meist mit Veranda, Pool, 30 m vom Strand. WLAN gratis, keine Tax. ❷

Pousada Toca do Pescador, Av. Beira-Mar 26, ✆ 28/3520 1473, 💻 www.tocadopescador.com.br. Nette Anlage von 2002 im Grünen, 7 Zimmer, Strandlage (Stühle und Sonnenschirme von der Pousada). WLAN gratis, keine Tax. ❹

Die meisten Lokale befinden sich an der Av. Beira-Mar, darunter auch das **Ancoradouro** (Nr. 1828), Praia de Acaiaca. Gute Fisch- und Meeresfrüchte-Gerichte sowie Pizzas, mittlere Preise. 🕒 Mi–Fr 18–24, Sa, So 11–24 (Sommer tgl. 11–24 Uhr).

AKTIVITÄTEN

Reitausflug zum vegetationsreichen Tal **Vale do Orobó**. Häufig sind Reiher zu sehen, die zum Rio Benevente fliegen. Auch treffen sich hier die Flüsse Novo, Iconha und Piúma, über Letzteren ist es möglich, auch per Boot hierher zu kommen (Vermittlung über Pousadas oder Reiseveranstalter).

TRANSPORT

Vitória: Planeta, ca. stdl. bis 20 Uhr, 2 1/2 Std., R$18.

Anchieta

Dieser nette Ort mit 24 000 Einwohnern liegt 89 km südlich von Vitória. An der Küste stehen viele hübsche Sommerhäuschen, weiter hinten an den Hügeln sind es jedoch nur noch unverputzte Steinhütten. Durch Anchieta zieht sich der **Rio Benevente**, in dessen Mündungsbereich die Strandabschnitte weniger einladend sind. Zum Baden begibt man sich daher in die nähere Umgebung (s. u.).

Die Siedlung wurde 1565 von dem Jesuitenmönch José de Anchieta, dem „Apostel Brasiliens", gegründet. Mit Hilfe der Tupi-Indios ließ er auch die **Igreja Matriz de N. S. da Assunção** (1569) errichten. Die unter Denkmalschutz stehende Kirche, eine der ältesten Brasiliens, liegt abgeschieden auf einem Hügel mit schönem Blick auf die Mündung des Rio Benevente.

Interessanter noch mögen die **Ruínas do Rio Salinas** sein, eine Ansammlung seltsamer Säulen und Gemäuer aus Mörtel, Stein und Muscheln. Vermutlich geht die Anlage auf die Jesuiten zurück, die hier versteckt vor der portugiesischen Krone ein Salzwerk betrieben hatten. Vielleicht sollte es auch eine Kirche werden, die zusammen mit den Indios begonnen und dann aufgegeben wurde. Man kann diese mysteriöse Ruine per Auto erreichen, einfacher ist jedoch der Wasserweg ab der Mündung des Rio Benevente (s. Touren).

Strände

Südlich von Anchieta, im 7 km entfernten Distrikt **Iriri**, liegt **Areia Preta** mit vielen Hotels, Pousadas und Restaurants. Im Sommer herrscht ein ziemlicher Trubel, vor allem während des Karnevals. Von hier werden auch Schonerfahrten ins offene Meer oder zu den vorgelagerten Inseln angeboten.

Ganz in der Nähe befindet sich die ruhigere **Praia dos Namorados**, bei der – zur Freude der Surfer – nur die Wellen turbulent sind. Noch ursprünglicher und einsamer sind die Strände von **Coqueiro** und **Balanço**, genau zwischen Iriri und Anchieta, sowie **Castelhanos**, 5 km südöstlich von Anchieta an der Spitze einer Landzunge.

8 km nördlich von Anchieta gelangt man zu den idyllischen Fischerdörfern **Paraty** und **Ubu** mit ruhigen Stränden. Ein Stück weiter in Richtung Guarapari liegt die **Lagoa Maimbá**, eine große Lagune mit vielen Ausläufern, nur Jetskis stören manchmal die herrliche Stille. Zu allen Stränden bestehen gute Nahverkehrsverbindungen (Busse und Vans).

ÜBERNACHTUNG UND ESSEN

Pousada Passos de Anchieta, Rod. do Sol, Ponta dos Castelhanos, ✆ 28/3536 2676, 💻 www.pousadapassosdeanchieta.com.br. Gepflegte Anlage von 2002 am Strand mit 16 Holz-Chalês bis 6 Pers.; Pool, Bar, Tennis- und Fußballplatz. WLAN gratis, keine Tax. ❹

Pousada da Memeia, ✆ 28/3534 1534, 💻 www.pousadadamemeia.com.br. Hübsche Anlage mit 47 Zimmern, Pool, Fitness-Studio, Sportplatz und Aussichtsterrasse. 150 m vom Strand Areia Preta. WLAN gratis, keine Tax. ❹

Peixada do Garcia, Av. Magno R. Muqui 17, Praia de Ubu. Seit Jahrzehnten berühmt für die regionale Fischküche, v. a. *Moquecas;* mittlere Preise, nahe Strand mit Meerblick. 🕒 tgl. 10.30–23.30 Uhr.

Doce Prazer, Rodovia do Sol 1541. Preiswertes Self-Service-Lokal (kg) mit 30 warmen Platten. 🕒 tgl. 11–15.30 Uhr.

TOUREN

Bootstouren

An den Ufern des **Rio Benevente** ist die Mangrovenvegetation noch so gut erhalten wie sonst nirgendwo in Espírito Santo. Die Fahrt folgt der Route der italienischen Kolonisatoren, die im 19. Jh. auf diesem Weg das Hinterland erschlossen. Hin und zurück dauert es etwa 2 Std. inkl. Badestopp und Besuch einer Meeresfarm. Nähere Infos: **asa de Cultura**, nahe dem Kai.

SONSTIGES

Feste

Feb: Größter und lebendigster **Straßenkarneval** von Espírito Santo.

Geld

Banco do Brasil, Av. Carlos Lindemberg 340. 🕒 Mo–Fr 11–16 Uhr.

Informationen

Casa da Cultura, nahe dem Kai, ✆ 28/3536 3668.
Internet 💻 www.anchieta.es.gov.br.

TRANSPORT

Rodoviária, Praça Dom Helvécio 42, ✆ 28/3536 1208.

Guarapari: tgl. alle 20–30 Min. bis 18.50 Uhr, 40 Min., R$5.

Vitória: Planeta, ✆ 27/3223 5761, ca. stdl. bis 20 Uhr, 2 Std., R$16.

Guarapari

Diese 106 000-Einwohner-Stadt 64 km südlich von Vitória ist in manchem eine kleine Variante von Fortaleza in Ceará. Die ruhigeren und schöneren Strände liegen etwas außerhalb, an den urbanen Küstenabschnitten überwiegen moderne Apartment-Hochhäuser, bessere Restaurants und Bars. Es ist mehr ein Ort für reichere Brasilianer und deren Kids, die sich hier vergnügen wollen, in der Saison wird es recht voll. Auch kommen viele ältere Leute in diese sogenannte **Cidade da Saúde** (Stadt der Gesundheit), um in dem berühmten radioaktiven „Heil"-Sand Genesung von rheumatischen Beschwerden zu suchen. Gäste aus dem Ausland sind eher selten – wer jedoch auf der Durchreise ist, sollte sich die herrlichen Buchten und Strände der Region inkl. der obligatorischen Bootsfahrten nicht entgehen lassen. Nicht umsonst gilt Guarapari als einer der beliebtesten Badeorte von Espírito Santo.

Strände

Die belebte **Praia da Areia Preta** (Schwarzer Sand) im Zentrum besitzt am meisten von dem berühmten Heilsand. An dessen Ende, bei der felsigen Halbinsel **Pedra do Siribeira**, sind häufig Schnorcheltaucher. Dahinter folgt die noch urbane, aber wenig verschmutzte **Praia do Meio**. Hier wie bei den angrenzenden kleinen Stränden von **Castanheiras** und **Namorados** finden sich die meisten Strandbars. Etwas abseits vom Zentrum, aber noch zur Stadt gehörig, liegt die schöne 4 km lange **Praia do Morro**, beliebt bei Brett- und Windsurfern (2–3 m hohe Wellen), Tauchern (Artenreichtum, bis 20 m Sichtweite) und abends bei Nachtschwärmern. Weiter nördlich folgt **Três Praias**, einer der ruhigsten Strandabschnitte der Region mit schöner Palmenlandschaft.

10 km nördlich des Zentrums liegt **Setiba Pina**, der Hauptstrand der Surfer. Von dort führt eine Sandstraße zur Sommerfrische von Setiba, einem idyllischen grünen Plätzchen mit sauberem, ruhigem Wasser, kleinen Strandbars und einer vorgelagerten Felseninsel. Noch einsamer und ursprünglicher ist es im gepflegten **Parque Estadual Paulo César Vinha** an der Grenze zwischen Guarapari und Vila Velha. Auf 1500 ha vereinen sich saubere Strände (do Sol, dos Corais), Wälder, Lagunen (z. B. die Lagoa Caraís mit rötlichem Wasser), Inseln und Dünen. Südlich des Zentrums gibt es kaum reizvolle Strände, eine Ausnahme bildet die 10 km entfernte alte Fischerkolonie **Meaípe**. Im Sand liegen bunte Boote, das Meer ist spiegelglatt und sauber, ein paar einfache Pousadas laden zum längeren Verweilen ein …

ÜBERNACHTUNG UND ESSEN

Guara Pousada, Av. Antônio Guimarães, Quadra 40, Itapebussu, ✆ 27/3261 0475, 💻 www.guaratur.com.br. Früher Hostel, jetzt preis-werte Pousada mit 36 Zimmern, großem Park und Pools; 800 m vom Zentrum, 300 m vom Busbahnhof. WLAN gratis, keine Tax. ❹

Pousada Estrela do Mar, Rua Majorca 290, Praia do Morro, ✆ 27/3361 6514, 💻 www.pousadaestrelamar.com.br. Anlage von 2001 mit 24 großen Zimmern bis 4 Pers.; in einem Wohnviertel 200 m vom Strand. WLAN gratis, keine Tax. ❹

Cantinho do Curuca, Av. Santana 96, Praia de Meaípe. Eines der besten Lokale für Fisch und Meeresfrüchte, Platz für 500 Gäste (viel am Nachmittag besucht), rustikales Ambiente, Strandlage, gehobene Preise. 🕒 tgl. 11–22 Uhr.

Guaramare, Av. Meaípe 716. Die anspruchsvollsten Meeresfrüchte-Gourmets kommen hierher. Besitzer Vicente ist ein idealer Gastgeber, er kocht, berät und bedient höchstpersönlich (es gibt keine Karte). Nur ist der Gaumenschmaus nicht billig. 🕒 Fr, Sa 20–1, So 12–18 Uhr (Jan/Feb tgl.).

NACHTLEBEN

Im Sommer ist in Guarapari viel los, in der Nebensaison öffnen einige Etablissements nur am Wochenende. Drei Treffpunkte:

Luazul, Nova Guarapari (zwischen Zentrum und Meaípe). Ältester Club der Stadt; große, einfache Halle mit viel Frischluft und lockerer Atmosphäre, gemischtes Publikum. 🕒 Fr, Sa ab 22.30 Uhr, Eintritt R$30–60.

Multiplace Mais, Meaípe (Süden). Größter Nightlife-Komplex der Stadt für 5000 Gäste, in der Mitte Shows bekannter Gruppen, um den Kernplatz herum Lokale, u. a. Marítima (Tanzbar), Asteroíde (futuristisch), Iguana (Mexikaner) und Salamandra (Italiener). ⌚ Fr–Sa (Sommer Do–So).

Tribo de Gaia, Rua Duarte Mattos 17, Morro de Meaípe (nahe Multiplace Mais). Club für 1200 meist jüngere Gäste, Live-Musik und DJs (Pop, Rock, elektronische Musik). ⌚ Sommer tgl. ab 23 Uhr, Eintritt bis R$20.

AKTIVITÄTEN

Tauchen

Die Region mit ihren vielen Inseln, Riffen und Wracks gehört zu den besten Tauchgebieten Brasiliens, die Sichtweite liegt im Durchschnitt bei 15 m, von Jan–März sogar bei 20 m. Außer bunten Fischschwärmen sieht man Rochen, Delphine und Meeresschildkröten. Anfänger und Schnorchler begeben sich gern nach Três Ilhas, Fortgeschrittene zur Insel Escalvada (mit Wracks der Victory 8B und der Bellucia).

Atlantes, Rua José B. de Matos 341, Centro, ✆ 27/3361 0405, 💻 www.atlantes.com.br (engl.). Ausfahrten tgl. 8 Uhr (ca. 6 Std., ab 4 Pers., ab R$100 p. P.).

Wandern

Parque Estadual Paulo César Vinha: Ein leichter Pfad (2,5 km) führt zur Lagoa Caraís. Infos zu weiteren Wanderrouten über Reisebüros oder beim **Centro de Visitantes** (Besucherzentrum), Rodovia do Sol, KM 38. ⌚ tgl. 8–17 Uhr.

SONSTIGES

Geld

Banco do Brasil, Rua Joaquim da Silva Lima 550. ⌚ Mo–Fr 11–16 Uhr.

Informationen

Sectur, Rua Paulo de Aguiar, Centro Comercial Center Park, Centro, ✆ 27/3262 8759. ⌚ Mo–Fr 8–18 Uhr.

TRANSPORT

Rodoviária, ✆ 27/3261 1160. Häufige Busse nach **Anchieta** (40 Min., R$5), **Piúma** (1 Std., R$6) und **Vitória**: Planeta, ✆ 27/3362 9613, stdl. bis 21.30 Uhr, 1 1/4 Std., R$11.

Itaúnas

Das dicht an der Grenze zu Bahia liegende Itaúnas hat nur 2800 Einwohner und besteht aus zwei Hauptstraßen und einem zentralen Platz mit der Igreja de São Sebastião. Dennoch ist es einer der wichtigsten Urlaubsorte von Espírito Santo, allerdings nur im Sommer und im Juli, wenn Tausende von jüngeren Gästen und Backpackern in das auch *Jericoacoara capixaba* genannte Naturparadies strömen. Es gibt viele Palmen, herrliche Strände, einen großen Park und abends viel Forró-Musik und Tanz.

Strände

Zwei Küstenabschnitte zählen zu den berühmtesten Brasiliens: die endlose **Praia de Itaúnas** mit ihren 30 m hohen Sanddünen sowie 16 km nordöstlich an der Grenzmarke zu Bahia der **Riacho Doce**, ein Flussmündungsstrand mit feinem Sand, schwachen Wellen und Korallenriffen. Der Zugang geschieht über eine Sandstraße mitten durch Eukalyptus-Pflanzungen oder am Strand entlang. Dort trifft man überall auf schwarze Steine *(pedras negras)*, die dem Wasser oft eine dunkle Färbung verleihen. In der Sprache der Tupi-Indios heißen sie *itaúnas*, von daher stammt der Name des Ortes.

Von September bis März wird die Küste von vier Meeresschildkrötenarten aufgesucht, um deren Schutz sich die staatliche Institution Tamar kümmert.

Parque Estadual de Itaúnas

Ohne umzäunt oder begrenzt zu sein, nimmt dieser Park ein Gebiet von 3,7 ha ein und beheimatet diverse Ökosysteme, wie die karge Restinga-Vegetation, Atlantischen Regenwald, Mangrovenwälder, Dünen und Feuchtsavannen. Die Fauna der Überschwemmungsgebiete kann man gut von der schmalen Brücke über den Rio Itaúnas beobachten, der Verbindung zwischen dem Ort und den Dünenstränden.

Der Park lässt sich zu Fuß, per Pferd, per Fahrrad, im Buggy sowie im Kanu durchqueren. Sämtliche Aktivitäten und Ausflüge in und um Itaúnas sind über die Agentur Casinha de Aventuras organisierbar (s. u.), auch Besuche entfernterer Strände.

ÜBERNACHTUNG

Sol das Dunas Pousada, Rua Honário P. da Silva, ✆ 27/3762 5334. Großzügige Anlage mit viel Grün und Veranda mit Hängematten. DZ (R$60–80) und größere Zimmer (3–6 Pers.), Wäscherei. Der sehr hilfsbereite Inhaber ist Englisch-Lehrer (spricht auch etwas Deutsch) und Mitglied einer NGO, die sich dem Vogelschutz widmet. Kein WLAN, keine Tax. ❶–❷

Pousada das Araras, Rua Manuel Joaquim A. Jr., ✆ 27/3762 5273, www.pousadadasararas.tur.br. 12 Zimmer (einige bis 5 Pers.), vom Pool schöner Blick auf den Parque Estadual; in der Bar auch Snacks und Suppen. WLAN gratis, keine Tax. ❷

Pousada Zimbauê, Rua Teóphilo C. da Silva 6, ✆ 27/3762 5023, ✉ zimbaue@guiaitaunas.com.br. Komfortable, farbenfroh dekorierte Anlage von 2002 mit 13 Zimmern und Verandas. Fahrradverleih. WLAN gratis, keine Tax. ❷

ESSEN UND NACHTLEBEN

Dona Teresa, Rua Denerval L. da Silva. Eines der traditionellsten Lokale des Ortes, gute und solide Fisch und Meeresfrüchte (z. B. *Moqueca* oder *Bobó de Camarão*), Fleisch und Hähnchen. Große Portionen, preiswert. ◷ tgl. 12–22 Uhr.

Restaurante do Cizinho, Rua Adolfo P. Duarte. Regionale und internationale gute Fisch-, Fleisch- und Nudelgerichte; Spezialitäten wie Filet mit Käse und Banane, Penne Shoyu unter anderem Anheimelndes rustikales Ambiente, patente Bedienung, nur teurer. ◷ tgl. 12–23 Uhr.

Mafuá, gegenüber Pousada dos Corais. Gutes, preiswertes Lokal mit toller Antiquitäten-Deko und köstlichen Leckerbissen. ◷ tgl. 12–23 Uhr.

Zahlreiche Bars und Clubs bieten Forró und Tanz, los geht's am frühen Abend zur Matinee im ganzjährig geöffneten **Forró do Coco**, Av. Bento Danher, klein, einfach, preiswert. Danach zieht man weiter entweder zum **Buraco do Tatu** (Rua Ítalo Vasconcelos) oder zur etwas teureren **Bar do Forró** (Rua Denerval L. da Silva), die beiden Lokale öffnen im Wechsel (jedoch nur im Sommer).

AKTIVITÄTEN

Casinha de Aventuras, in der Nähe des Parkeingangs, ✆ 27/3762 5081, www.casinhadeaventuras.com.br. **Reitausflüge** am Strand bis Riacho Doce (3 Std., R$45), ganztägige **Buggytouren** über die Strände der Costa Dourada und Riacho Doce (4 Pers., R$260), **Kajak**- oder Kanufahrten auf dem Rio Itaúnas bis zum Rio Angelim (2 1/2 Std., R$22 p. P.), **Mountain Biking** (R$25) sowie diverse Reit-, Jeep- und Wanderausflüge durch den Park von Itaúnas. ◷ tgl. 9–12, im Sommer auch 13.30–18.30 Uhr.

SONSTIGES

Feste

Jan: **Festa de São Sebastião**, religiöses Folklorefest (2. Monatshälfte).

Juli: **Festival Nacional de Forró**, bekannte Bands aus dem ganzen Land (2. Monatshälfte).

Informationen

Casinha de Aventuras, größter Touranbieter im Ort (s. o.).

TRANSPORT

Die Busse nach **Vitória** starten im 30 km entfernten Conceição da Barra. Dorthin fährt Mar Aberto, ✆ 27/3762 1666, tgl. 8, 11.30, 13.30, 16.30 Uhr, 50 Min., R$5.

Domingos Martins

Am 21. Dezember 1846 kamen die ersten deutschen Siedler – vor allem aus Pommern – nach Vitória, zehn Jahre später gründeten sie 42 km entfernt in dem hügeligen Hinterland ihr eigenes kleines Dorf, damals noch Campinhoberg genannt, heute Domingos Martins (32 000 Einw.). In der **Casa de Cultura**, Av. Pres. Vargas 520, Ortsmitte, sind noch einige Objekte und Werkzeuge der ersten Einwanderer zu besichtigen. ◷ tgl. 8–17 Uhr, R$6.

In der Stadt merkt man zunächst nicht so viel von dem teutonischen Ursprung, höchstens das Stadttor, das Rathaus, die **evangelisch-lutherische Kirche** (Igreja Luterana) und ein paar Hotels kommen einem von der Architektur her vertraut vor. Doch bei genauerem Hinsehen fallen die zweisprachigen Aufschriften auf Parkbänken auf. Auch ist die blonde Haarfarbe weit häufiger vertreten als sonst. Selbst Dialekte aus Pommern und dem Hunsrück sind noch lebendig. Während des Zweiten Weltkriegs wurden die Heimatsprachen verboten, sind aber heute wieder voll rehabilitiert. Das kulturelle Erbe wird bei diversen Festen gepflegt.

Domingos Martins, auch *Cidade verde* (grüne Stadt) genannt, liegt in einer fruchtbaren Hügellandschaft. Von der BR 262 ab Vitória fällt schon von weitem der 1822 m hohe und oft bläulich schimmernde **Pedra Azul** ins Auge, wichtigstes Postkartenmotiv der Region im gleichnamigen 1200 ha großen Park, dessen Reiz besonders in den vielen Wanderpfaden und Wasserfällen sowie in einer reichen Flora und Fauna liegt. In der Höhe ist es mit einer jährlichen Durchschnittstemperatur von 12 °C jedoch recht kühl.

In der **Reserva do Instituto Kautsky** nahe dem 850 m hohen Pico do Eldorado lässt sich auf einer Fläche von 335 000 m² die größte Orchideenzucht der Welt bewundern, auch gibt es zahlreiche Bromelien. Der Gründer Roberto Carlos Kautsky, Sohn eines Österreichers und einer Deutschen, verstarb im Jahr 2010, heute führen etwa 180 Botaniker sein Werk fort. Anmeldung: Av. Sen. Jefferson de Aguiar 27, ✆ 27/3268 2300, 💻 www.institutokautsky.org.br. 🕒 Mo–Fr 7–10, 14–17 Uhr, Eintritt frei.

ÜBERNACHTUNG UND ESSEN

Pousada Schwambach, Rod. João R. Schorling, Campinho (1,5 km), ✆ 27/3268 1399. Deutsches Fachwerkhaus von 2003 mit 11 Zimmern, daneben Pizzeria und Adega mit Weinproben. WLAN gratis, keine Tax. ❹

Pousada Rabo do Lagarto, Estrada p/ Vargem Alta, KM 4, Aracê/Pedra Azul, ✆ 27/3248 2383, 💻 www.rabodolagarto.com.br. Romantisches Luxushotel mit 17 individuell gestalteten Suiten. Richtet sich v. a. an Paare (keine Kinder unter 14 J.). Große Grünanlage mit fantastischer Sicht. Exzellenter Service. WLAN gratis, 10 % Tax. ❽

Caminho do Imigrante, Rua João B. Wernersbach 155, Centro. Gute Adresse für die Küche von Minas Gerais. Preiswertes Self-Service-Lokal (kg), Sa Abend à la carte. 🕒 Mo–Fr 11–14.30, Sa 11–16 und abends, So 11–16 Uhr.

Bigosch, Rua Francisco dos Santos Silva 50, gegenüber Casa de Cultura. Gute und preiswerte Wurst- und Bratgerichte aus deutschen Landen. 🕒 tgl. 11–22 Uhr.

AKTIVITÄTEN

Wandern

Trilhas do Lagarto, 3-stündiger Wanderweg, mittlerer Schwierigkeitsgrad, über felsigen oder gestrüppreichen Boden vorbei an diversen Teichen (evtl. Badesachen mitnehmen) bis zum Fuße des Pedra Azul (der Pfad hoch ist seit 1995 gesperrt). Start beim **Besucherzentrum** (Centro de Visitantes) im Parque Estadual da Pedra Azul, ✆ 27/3248 1156, 💻 www.pedraazul.com.br, dort auch Guides; nur außerhalb der Regenzeit; vor der Wanderung anmelden. 🕒 Büro Mo–Fr 8–12, 13–17 Uhr.

SONSTIGES

Feste

Jan: Sommerfest mit viel Musik, Wurst und Bier (letztes Wochenende).

Juli: Festival do Inverno, folkloristisches Winterfest (Ende des Monats).

Okt: Blumenfest (ein Wochenende in der 2. Monatshälfte).

Geld

Banco do Brasil, Rua João B. Wernersbach 67. 🕒 Mo–Fr 11–16 Uhr.

Informationen

Secretaria de Cultura e Turismo, Lad. Francisco de Santos Silva 28, ✆ 27/3268 1471, 💻 www.domingosmartins.com.br. 🕒 Mo–Fr 8–11.30, 13–17 Uhr.

TRANSPORT

Busstation: Rua Bernardino Monteiro, ✆ 27/3268 1243.

Vitória: Águia Branca, ✆ 0800/725 1211, 6x tgl. bis 19 Uhr, 1 Std., R$10 (auch halten hier alle von **Belo Horizonte** nach Vitória bzw. in umgekehrter Richtung fahrenden Busse).

Santa Teresa: nur über Vitória.

Santa Teresa

Die meisten Capixabas, wie sich die Einwohner von Espírito Santo nennen, sind italienischer Abstammung. Die zahlenstärkste Kolonie – gleich nach dem weiter im Hinterland liegenden Ort Venda Nova do Imigrante – findet sich in Santa Teresa, 78 km von Vitória entfernt in der hügeligen Serra Capixaba. Am 26. Juni 1875 kamen hier die ersten Immigranten an. Das früheste und älteste Wohnhaus, die **Casa do Lambert** in der Rua São Lourenço, ist noch gut erhalten. Der hübsche blumenbewachsene Hauptplatz und die Hauptkirche bewahren bis heute den Charakter der Gründerzeit, auch wenn der Ort inzwischen auf 21 000 Einwohner angewachsen ist. Die mitgebrachte Sprache ist nicht selten zu hören, jeden zweiten Sonntag singt man von 10–14 Uhr in der **Bar Elite** (s. u.) italienische Schnulzen und Arien. Dazu wird reichlich Wein getrunken, der hier aber nicht aus Trauben, sondern aus der Jabuticaba-Frucht gewonnen wird und im Geschmack dem Moscatel ähnelt.

Die Stadt trägt den Beinamen *Beija-flor do Espírito Santo*, denn nirgendwo gibt es so viele Kolibris wie hier. Der 1968 verstorbene Biologe Augusto Ruschi hat sich besonders dem Studium dieses Phänomens gewidmet. Auskunft darüber gibt das 1949 gegründete große **Museu de Biologia Professor Mello Leitão** in der Av. José Ruschi 4 im Zentrum, ✆ 27/3259 1696. Dort befinden sich auch ein kleiner Zoo, eine Schlangenfarm und ein Schmetterlingsgarten. ⌚ Di–So 8–17 Uhr, R$2.

ÜBERNACHTUNG UND ESSEN

Pousada Paradiso, Estrada da Lombardia, ✆ 27/3259 3191, 💻 www.santateresa-es.com.br/pousadaparadiso.htm. Haus von 1999 mit 8 Zimmern; reizvoll in einem grünen Tal gelegen, diverse Wanderpfade, auf einem gelangt man in 20 Min. nach Santa Teresa. WLAN gratis, keine Tax. ❹

Hotel Pierazzo, Av. Getúlio Vargas 115, Centro, ✆ 27/3259 1233, 💻 www.hotelpierazzo.com.br. Gepflegtes Haus von 1977 mit 22 Zimmern; Pool, Sauna, Restaurant, Spielsaal. WLAN gratis, keine Tax ❹

Bar Elite, Rua Cel. Bonfim Júnior, gegenüber Igreja Matriz. Traditionsreiches, rustikales Lokal von 1934. Preiswerte Regionalküche. ⌚ Mo–Sa 7–23, So 8–14 Uhr.

Mazzolin di Fiori, Praça Augusto Ruschi. Hervorragende italienische Teigwaren, Spezialität: *Agnolini*, preiswert. ⌚ Mo–Fr 11–14 Uhr (Self-Service), Sa, So 11–16 Uhr (à la carte).

SONSTIGES

Einkaufen

Den hiesigen Jabuticaba-Wein gibt's in der **Cantina Mattiello** oder **Cantina Romanha**, beide in der Rua São Lourenço.

Geld

Banco do Brasil (mit Geldautomat), Rua Jerônimo Vervloet 178, Centro. ⌚ Mo–Fr 10–15 Uhr.

Informationen

Secretaria Municipal de Turismo, Av. Getúlio Vargas 121, Centro, ✆ 27/3259 1808, 💻 www.santateresa.es.gov.br. ⌚ Mo–Fr 8–11, 12.30–15.30 Uhr.

TRANSPORT

Rodoviária: Rua Ricardo Pasolini 182, Centro, ✆ 27/3259 2916.

Domingos Martins: nur über Vitória.

Vitória: Lírio dos Vales, ✆ 27/2124 4588, 10x tgl. bis 18.10 Uhr, 2 Std., R$17.

Bahia

Stefan Loose Traveltipps

8 Salvador Die einmalige Mischung aus europäischer Geschichte und afrikanischer Kultur aufnehmen. S. 371

9 Die Südküste Traumhafte Palmenstrände, ursprüngliche Fischerdörfer, entspannte Inselparadiese und zahlreiche Partymöglichkeiten auf 800 km. S. 407

Trancoso und Barra Grande Die magische Abendstimmung der beiden romantischen Feriendörfer genießen. S. 419 und 446

Arraial d'Ajuda, Porto Seguro und Morro de São Paulo Sich kopfüber ins Nachtleben stürzen. S. 423, 428 und 451

Itacaré Die perfekte Welle surfen oder an traumhaften Urwaldstränden abhängen. S. 441

Ilha de Boipeba Entspannen an noch völlig unberührten Stränden. S. 455

Imbassaí und Mangue Seco Romantische Dünendörfer am Litoral Norte kennen lernen. S. 463 und 465

10 Chapada Diamantina Durch die atemberaubende Tafelberglandschaft trekken. S. 467

Bahia

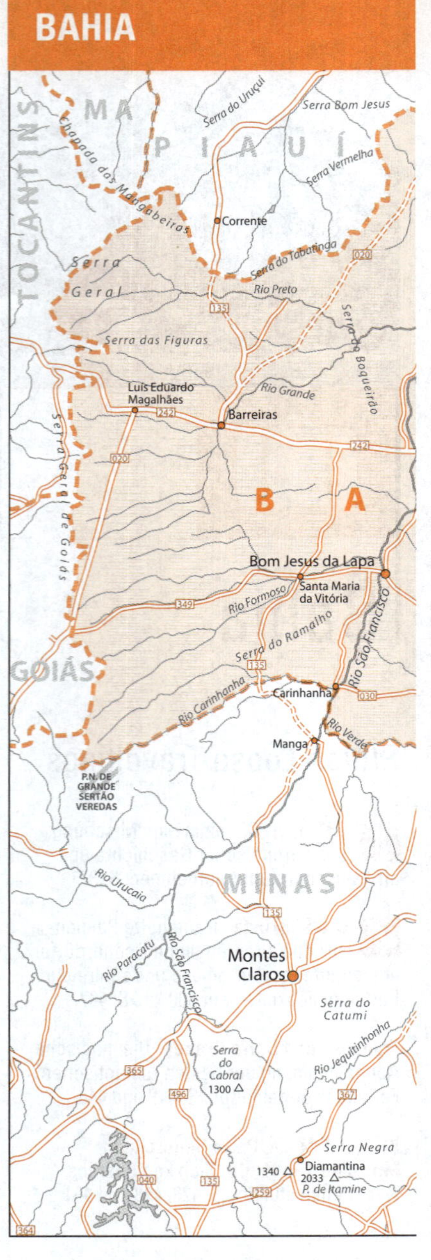

Der Bundesstaat Bahia (mit 563 762 km² ungefähr so groß wie Frankreich) verbindet auf einzigartige Weise Geschichte, Kultur und landschaftliche Schönheit. Bei dem kleinen Küstenort Porto Seguro wurde Brasilien von den Portugiesen „entdeckt", einige der ältesten Bauwerke lassen sich dort noch in der Oberstadt bewundern. **Salvador da Bahia** war die erste Hauptstadt der portugiesischen Kolonie, nirgendwo sonst im Land finden sich so viele architektonische Zeugnisse dieser glanzvollen Vergangenheit. Hierher kamen auch die meisten Sklaven aus Afrika und brachten ihre reichen kulturellen Traditionen mit. Bis heute ist die Stadt stark davon geprägt, sei es bei der Musik, den Tänzen, dem Karneval oder den afrobrasilianischen Kulten.

Zudem garantieren endlose **Traumstrände** einen wahren Bilderbuchurlaub. Die mit 1200 km längste Küste Brasiliens besticht durch eine üppige Palmen- und Mangrovenvegetation. Beliebteste Badeorte sind **Porto Seguro** mit den Nachbardörfern **Arraial d'Ajuda** und **Trancoso**, die Surfer-Hochburg **Itacaré**, die autofreie Insel **Morro de São Paulo** und das verträumte **Praia do Forte**. Weniger bekannte, doch mindestens ebenso reizvolle Strände und Inseln finden sich überall entlang der Küste. Sie wird in fünf Bereiche eingeteilt: vier gehören zum **Litoral Sul** (südlich von Salvador), einer zum **Litoral Norte**. Im Inland lockt die **Chapada Diamantina**, einer der schönsten Naturparks Brasiliens mit Wasserfällen und Schluchten – ein Paradies für Outdoor-Liebhaber.

Geschichte

Brasilien wurde im Gebiet des heutigen Porto Seguro entdeckt – dem „sicheren Hafen", wo der Portugiese Pedro Álvares Cabral 1500 seine Flotte vor Anker gehen ließ. Der erste Generalgouverneur Tomé de Souza gründete 1549 die Stadt Salvador als ersten Sitz der Kolonialregierung, vier Jahre später wurde das Bistum Salvador errichtet. Zu jener Zeit lebten im heutigen Bahia die Tupinambá- und Tupiniquim-Indios.

s. Detailplan Parque Nacional da Chapada Diamantina S. 468
s. Detailplan Litoral Norte S. 458
s. Detailplan Baía de Todos os Santos S. 403
s. Detailplan Costa do Dendê S. 447
s. Detailplan Costa das Baleias Costa do Descobrimento S. 408
Petrolina
Juazeiro
Paulo Afonso
Garanhuns
Aracaju
Feira de Santana
Salvador
Alagoinhas
Valença
Jequié
Vitória da Conquista
Itabuna
Ilhéus
Porto Seguro
Atlantischer Ozean
PERNAMBUCO
ALAGOAS
SERGIPE
GERAIS
P.N. DA CHAPADA DIAMANTINA
150 km

Nach Ankunft der Portugiesen ging ihre Zahl durch Kämpfe, Krankheiten und Versklavung dramatisch zurück; heute leben noch einige Indianervölker in Reservaten und Nationalparks.

Durch die Kommerzialisierung von **Brasilholz** (Pau Brasil) und **Zuckerrohr** erlangt die Region im 16. Jh. eine erste Infrastruktur. Um 1650 ist Brasilien wichtigster Zuckerproduzent der Welt, dank seines Hafens wächst Salvador zur wohlhabenden Stadt. Doch der Wohlstand basiert überwiegend auf der Ausbeutung afrikanischer **Sklaven**: Salvador ist zeitweise größter Sklaven-Importhafen Mittel- und Südamerikas. Die gesellschaftlichen und kulturellen Folgen der fast 300 Jahre währenden Unterjochung sind bis heute in Bahia sichtbar: Kein brasilianischer Staat ist „schwärzer", nirgendwo sind die **afrikanischen Wurzeln** so präsent wie hier.

Von den Versuchen der Holländer und Franzosen, sich eine Scheibe des neuen Landes abzuschneiden, bleibt Bahia so gut wie unberührt. Die Machtkämpfe mit den kolonialen Konkurrenten spielen sich weiter nördlich, v. a. in Olinda und Recife sowie São Luís ab. Lediglich 1624 gelingt es den Holländern vorübergehend Salvador zu besetzen, sie hinterlassen viele Festungen.

Der langsame Niedergang Salvadors und Bahias beginnt mit den Gold- und Diamantenfunden vor allem in Minas Gerais Ende des 17./Anfang des 18. Jhs. Um 1750 ist Brasilien für das portugiesische Königshaus eine wahre Goldgrube, die wirtschaftliche und politische Macht verlagert sich vom landwirtschaftlich geprägten Nordosten in den Südosten. Im Jahr 1763 wird Rio de Janeiro neue Kolonialhauptstadt und löst Salvador nach mehr als 200 Jahren ab. Die Edelmetalle werden nun von dort nach Europa verschifft. Die neue, mächtige Rolle Rio de Janeiros wird weiter verstärkt, als das Königshaus 1808 aus Portugal nach Brasilien flüchten muss; die weitere Entwicklung Brasiliens geht vom Südosten aus und nicht von Salvador. Eine wichtige Rolle im Kampf um die Unabhängigkeit von Portugal spielt das Inland Bahias: Das **Recôncavo** ist Zentrum von Widerstandsaktivitäten, die 1822 zur Loslösung vom Kolonialherren und zur Schaffung des Kaiserreichs unter Dom Pedro I. führen.

Bahia kann in der Folge bis zur Weltwirtschaftskrise 1929 zwar durch **Tabak-**, **Kakao-** und **Kaffeeboom** kurzfristige wirtschaftliche Erfolge erzielen, langfristig jedoch gerät der Nordosten gegenüber dem immer stärker industrialisierten Südosten mehr und mehr ins Hintertreffen. Mit dem Verbot des Sklavenhandels 1850 und der Abschaffung der Sklavenhaltung 1888 verliert Bahia endgültig Boden in seiner wirtschaftlichen Entwicklung. Zeitgleich bringen europäische Einwanderer dem Südosten und Süden neue Impulse und Arbeitskraft. Industrialisierung und Verstädterung sorgen im 20. Jh. für eine Massen-Landflucht, Millionen *Baianos* versuchen ihr Glück im reicheren Südosten, vor allem in der explodierenden Metropole São Paulo. Die Militärdiktatur bis in die 1980er-Jahre trägt nicht zu einer Lösung der strukturellen Probleme Bahias bei. Auch nach Wiedereinführung der Demokratie ist Bahias politische Kaste weitgehend von Vetternwirtschaft und Korruption geprägt. Einige wenige besitzen viel, die breite Masse lebt in blanker Armut, daran ändert sich wenig.

Dessen ungeachtet, hat sich Bahia in den letzten Jahren auf dem Tourismusmarkt positioniert. Seit der grundlegenden Restaurierung des Altstadtviertels Pelourinho in Salvador Mitte der 1990er-Jahre zählen sowohl die Stadt als auch die vielen Traumstrände in Bahia zu den wichtigsten Tourismuszielen in Brasilien.

Klima und Reisezeit

Bahia ist ein ganzjährig attraktives Reiseziel: an der **Küste** herrschen meist angenehme klimatische Bedingungen mit einer Jahresdurchschnittstemperatur von 25 °C und nur geringen Schwankungen. Zwischen Juni und August wird es etwas kälter, der meiste Regen fällt zwischen April und Juni. Auch im Sommer (Dez–Feb) gibt es Regenperioden, meist ist es jedoch warm und trocken.

Hauptsaison ist zwischen Weihnachten und Karneval, in vielen Orten auch im Juli und August. Die Preise ziehen dann stark an und Reservierungen sind ratsam. Außerhalb dieser Zeit geht es vielerorts ruhig zu, zwischen April und Juni schließen sogar manche Einrichtungen. In der **Chapada Diamantina** regnet es zwischen November und März, positiver Effekt: die Wasserfälle schwellen an. Im Rest des Jahres ist es recht trocken, im Winter kann es kühl werden.

Salvador

Capital da Alegria – Hauptstadt der Freude – nennt sich die frühere Kolonialhauptstadt (1549–1763) und heutige Landeshauptstadt von Bahia (2,68 Mio. Einw.). Und wer einmal hier war, wird schnell verstehen, warum. Kaum ein Besucher, der nicht mitgerissen wird von der afro-brasilianischen Energie und der pulsierenden Lebensfreude der *Soterapolitanos,* wie die Einwohner genannt werden.

Eine wesentliche Rolle spielt dabei der **afrikanische Einfluss**, der nirgendwo in Brasilien so ausgeprägt ist wie hier. Über 80 % der Bewohner Salvadors sind dunkelhäutig und erinnern auch heute noch daran, dass Salvador über mehrere Jahrhunderte der größte Sklavenhandelsplatz Brasiliens war. Das aus dieser Zeit resultierende afro-brasilianische Erbe ist im Alltag allgegenwärtig, seien es mitreißende Trommelrhythmen in der Altstadt, akrobatische Darbietungen des Kampftanzes Capoeira, geheimnisvolle Zeremonien der Candomblé-Religion oder der charakteristische Geruch des Dendê-Öls, in dem in Weiß gewandete Baianas auf der Straße Acarajé garen. Bekanntestes Markenzeichen der Stadt ist jedoch der **Karneval** (S. 395), der bis 2009 als größtes Fest der Welt im Guinness Buch verzeichnet war und vielen Brasilianern als bester Karneval des Landes gilt.

Doch nicht nur an Lebensenergie ist Salvador Brasiliens wohl reichste Stadt, sondern auch was das **kulturhistorische Erbe** betrifft. Sowohl hinsichtlich kolonialer Architektur als auch der (Kirchen-) Malerei und Goldschmiedekunst nimmt sie noch vor Ouro Preto den ersten Platz in Brasilien ein. Vor allem in der **historischen Altstadt** mit ihren 3000 historischen Gebäuden besteht Gelegenheit, diese Schätze zu bewundern. Der Sänger Gilberto Gil hatte das einst heruntergekommene **Pelourinho** als „größten Barock-Slum der Welt" bezeichnet. Doch nachdem der Stadtteil von der Unesco im Jahre 1985 zum Kulturerbe der Menschheit erklärt wurde, kamen endlich die nötigen Mittel für die überfälligen Restaurationsarbeiten. Seit 1992 hat das Viertel ein neues Gesicht und ist einer der größten Touristenmagneten Brasiliens.

Die afro-brasilianische Kultur ist überall in Bahia gegenwärtig.

Salvador

Außer Partys, Kunst und Kultur bietet Salvador noch eine Reihe reizvoller **Strände**, die sich an der Atlantikküste bis zum Flughafen erstrecken, allerdings sind die schönsten von ihnen recht weit vom Zentrum entfernt.

Orientierung

Der Standort der ersten Hauptstadt Brasiliens wurde mit Bedacht gewählt. Die geschützte Allerheiligenbucht war dank des sicheren Hafens und der Anhöhe ideal, um sie gegen Angriffe zu verteidigen. Die bald entstehende Handelszone in der Unterstadt (**Cidade Baixa**) ist bis heute Büro- und Geschäftszentrum, Teile davon werden daher auch als **Comércio** bezeichnet.

Über den Aufzug **Elevador Lacerda**, ein Postkartenmotiv der Stadt, gelangt man in die Oberstadt (**Cidade Alta**). Hier entstanden die Monumente geistlicher und weltlicher Macht: Kirchen, Klöster und Regierungspaläste. Heute nennt man das gesamte Gebiet auch **Centro Histórico** – das Historische Zentrum, dessen Kern das **Pelourinho** mit seinen angrenzenden Vierteln **Carmo** und **Santo Antônio** ist.

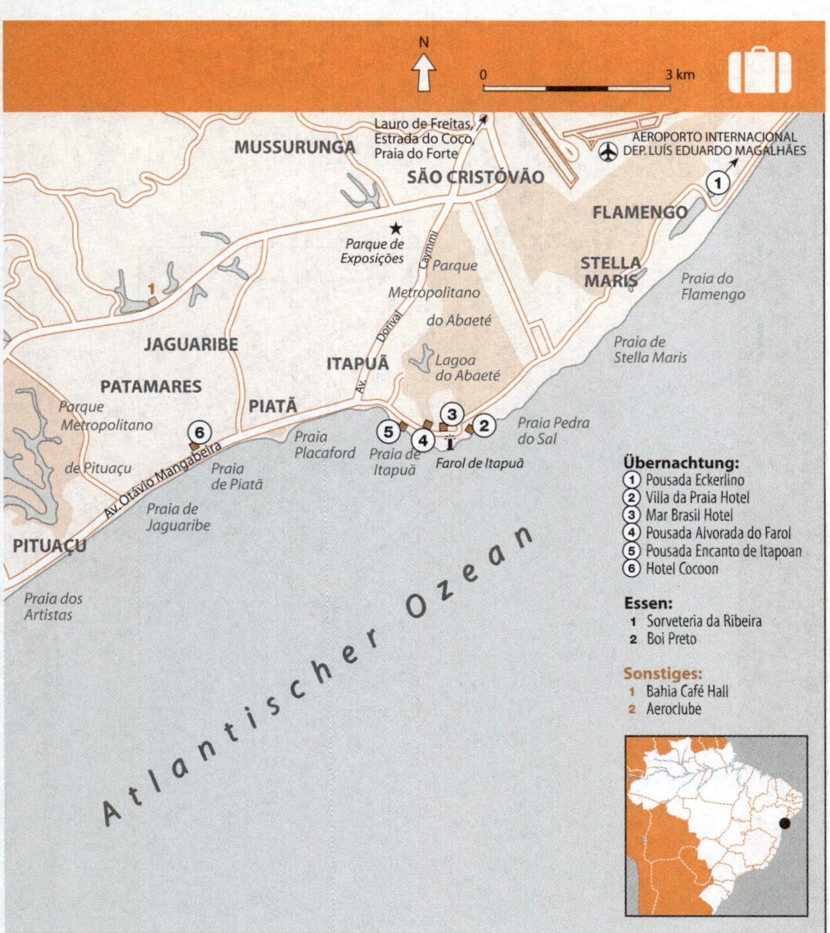

Obwohl so manch Tourist bloß das Zentrum von Salvador besucht, hat die Stadt doch weit mehr zu bieten. Da ist die Halbinsel **Itapagipe** mit der berühmten Wallfahrtskirche **Igreja Senhor do Bonfim**, zu der im Januar Pilger aus ganz Brasilien strömen. Oder südlich vom **Campo Grande** die Stadtviertel **Vitória** und **Barra** mit ihrem großen kulturellen und gastronomischen Angebot. Barra ist dank schöner Stadtstrände denn auch der zweite touristische Schwerpunkt Salvadors neben dem Pelourinho. Überdies liegt hier ein weiteres Wahrzeichen der Stadt: die erste Festung Brasiliens mit dem Leuchtturm **Farol da Barra**, der auch bestiegen werden kann.

Der sich an Barra anschließende Stadtteil **Ondina** beherbergt einige große Hotels und tritt nur zum Karneval in Erscheinung. Interessanter ist das benachbarte **Rio Vermelho**, Wohnort von Künstlern und Intellektuellen mit vielen Ausgehmöglichkeiten und dem besten Nachtleben der Stadt. Einige km weiter macht die Küste einen Knick Richtung Osten. An dieser Stelle liegt das ehemalige Fischerdorf **Itapuã**, dahinter die schönen Stadtstrände **Stella Maris** und **Flamengo**.

Salvador Zentrum

Übernachtung:
1. Pousada Hilmar
2. Hotel Villa Santo Antônio
3. Hotel Solar do Carmo
4. Pousada des Arts
5. Pousada Beija-Flor
6. Pousada Colonial
7. Pousada do Boqueirão
8. Pousada do Pilar
9. Nega Maluca Guesthouse
10. Hotel Vila Velha
11. Hotel Sol Victória Marina
12. Casa da Vitória

Essen:
1 Cruz do Pascoal
2 Bistrô Carmo
3 Cafélier
4 Al Carmo
5 Amado
6 Doces Sonhos

Sonstiges:
1 Forte de Capoeira
2 Oliveira's House Bar
3 Museu du Ritmo
4 Shopping Piedade, Shopping Lapa
5 Teatro Vila Velha
6 Goethe-Institut / Goethe Café
7 Beco dos Artistas
8 Alliance Française

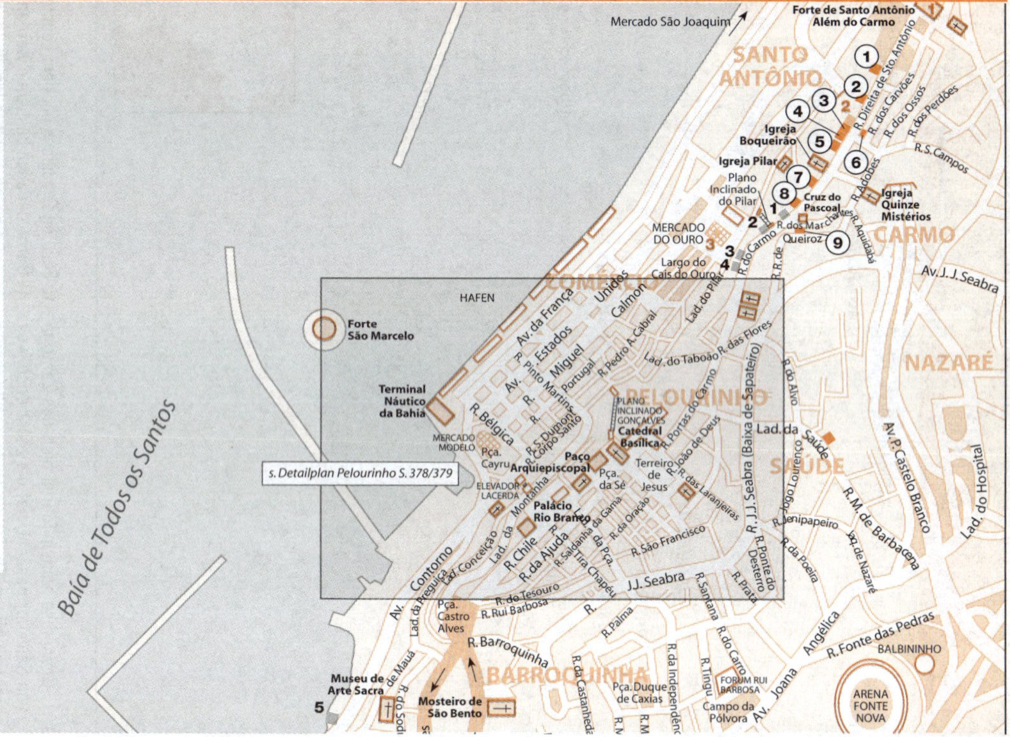

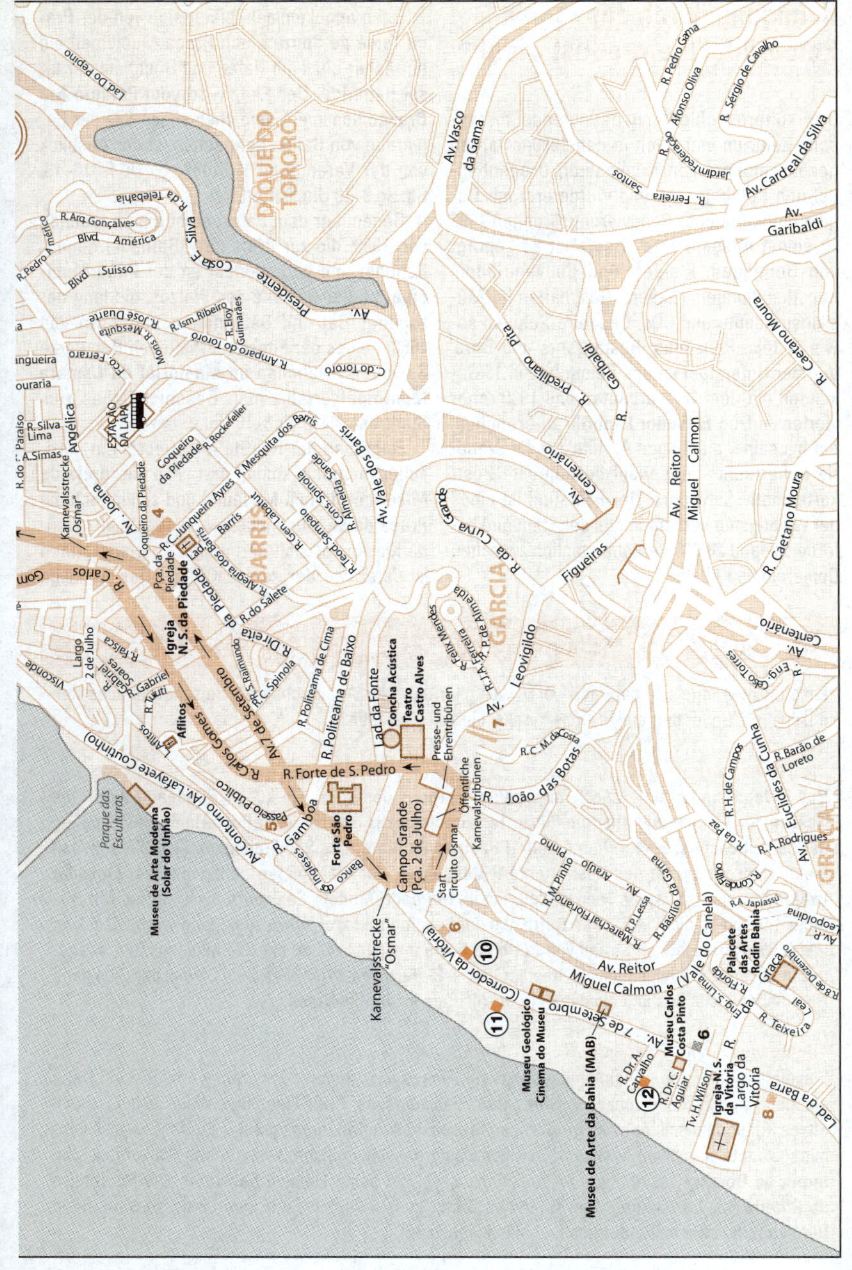

DIQUE DO TORORÓ
BARRIS
GARCIA
GRAÇA
Av. Vasco da Gama
Av. Presidente Costa E Silva
Av. Cardeal da Silva
Av. Garibaldi
R. Caetano Moura
Av. Reitor Miguel Calmon
Av. Centenário
R. Prediliano Pita
R. Garibaldi
Av. Vale dos Barris
R. Mesquita dos Barris
R. Rockefeller
Estação da Lapa
Av. Joana Angélica
Karnevalsstrecke „Osmar"
R. Carlos Gomes
Av. 7 de Setembro
Igreja N. S. da Piedade
Pça. da Piedade
Coqueiro da Piedade
R. Forte de S. Pedro
R. Politeama de Baixo
R. Politeama de Cima
Lad. da Fonte
Concha Acústica
Teatro Castro Alves
Presse- und Ehrentribünen
Öffentliche Karnevalstribünen
Start Circuito Osmar
Campo Grande (Pça. 2 de Julho)
Forte São Pedro
R. Gamboa
Passeio Público
Aflitos
Largo 2 de Julho
Av. Contorno (Av. Lafayete Coutinho)
Museu de Arte Moderna (Solar do Unhão)
Parque das Esculturas
Av. Leovigildo Figueiras
R. da Curva Grande
R. João das Botas
Corredor da Vitória
Museu Geológico Cinema do Museu
Museu de Arte da Bahia (MAB)
Museu Carlos Costa Pinto
Igreja N.S. da Vitória
Largo da Vitória
Palacete das Artes Rodin Bahia
Lad. da Barra
R. Euclides da Cunha
R. A. Rodrigues
R. Teixeira Leal
Av. Reitor Miguel Calmon (Vale do Canela)
R. Barão de Loreto
R. Sérgio de Cavalho
R. Pedro Gama
R. Afonso Oliva
R. Ferreira Santos
Lad. Do Pepino
R. da Telebahia
R. Arq. Gonçalves
Blvd. América
Blvd. Suisso
R. Amparo do Tororó
C. do Tororó
1
2
3
4
5
6
7
8
9
10
11
12

BAHIA

Rundgang durch das Pelourinho (Centro Histórico)

Das kulturgeschichtlich bedeutende historische Zentrum war noch in den 1980er-Jahren gekennzeichnet von Kriminalität, Drogenhandel und Rotlichtszene und wurde erst mit Beginn umfangreicher Renovierungsarbeiten 1993 zu einem Ausgehviertel. Heute ist es geprägt von Boutiquen, Kleider- und Souvenirläden, Kunsthandlungen, Ateliers, Geschäften für Musikinstrumente und CDs, Capoeira-Schulen sowie Hotels, Pousadas, Restaurants und Bars. Von der Unterstadt ist das Pelourinho in 15 Sekunden mit dem 1873 erbauten und 1930 renovierten Aufzug **Elevador Lacerda** zu erreichen, der mit seiner mächtigen Architektur die Szenerie beherrscht – das wohl bekannteste Postkartenmotiv Salvadors. Der Fahrstuhl ist eines der wichtigsten Verkehrsmittel der Stadt und befördert knapp 28 000 Personen täglich zwischen Comércio und Altstadt.

Oben angekommen, bietet sich von der **Praça Tomé de Souza** (auch Praça Municipal) ein herrlicher Blick auf Hafen und Bucht mit der Insel Itaparica. Der Platz wird vom **Palácio Rio Branco** dominiert, dem ehemaligen Sitz der Regierung von Bahia. Sehr schön ist der Ausblick von der Veranda im 1. Stock. ⌚ Di–Fr 10–18, Sa, So 9–13 Uhr, Eintritt frei.

Gegenüber dem Palast steht eine Bausünde von 1986, die zur Prefeitura (Rathaus) gehört. Schöner und bedeutender ist der **Paço Municipal** an der Ostseite des Platzes, ein lang gezogener Bau mit Säulengang und Turm von 1660 – eines der ältesten erhaltenen Bauwerke Salvadors. Nebenan im **Memorial da Câmara Municipal** erfährt man Geschichtliches zum Stadtrat. ⌚ Mo–Fr 8–18 Uhr.

Folgt man der Rua da Misericórdia in nördlicher Richtung, kommt erst links die **Igreja da Misericórdia** (mit Museum) und schließlich die **Praça da Sé**. Jugendliche schieben hier rollende Kioske vor sich her; in den Thermoskannen ist *Cafezinho*, der „kleine Kaffee". Das auffällige

Salvador für Eilige

Ein oder zwei Tage sind natürlich viel zu wenig für Salvador. Aber nicht jeder Reisende kann es sich aussuchen. Daher hier einige Tipps für alle, die es eilig haben:

Das Wichtigste an einem Tag

Das **Pelourinho** ist ein „Muss", also geht's morgens damit los: Ein kurzer Rundgang durch die Gassen der Altstadt und über die Plätze **Terreiro de Jesus** und **Largo do Pelourinho**, Besichtigung der beiden wichtigsten Kirchen **Catedral Basílica** und **Igreja de São Francisco**. Zum Mittagessen bietet sich das Buffet des Restaurants **O Coliseu** an. Am Nachmittag geht's mit dem **Elevador Lacerda** in die Unterstadt. Hier ist Zeit, um im **Mercado Modelo** Souvenirs einzukaufen. Mit Bus (oder Taxi) ist es nicht weit nach **Barra**, wo der Leuchtturm **Farol** auf Besichtigung wartet. Bei Lust und Muße kann man am Strand von **Porto da Barra** entspannen und ein Bad nehmen. Zum Abendessen finden sich stimmungsvolle Restaurants, z. B. **Barravento** (mit Meerblick). Wem der Sinn nach Nachtleben steht, besucht die nahen Open-Air-Bars im **Jardim Brasil**.

Alternativen für den zweiten Tag

Vielleicht ist nach dem Sightseeing des ersten Tages ein ruhigeres Programm gewünscht? Dann empfiehlt sich die Fahrt zum schönsten Strand Salvadors, der **Praia Flamengo**. Wenn es lieber noch etwas Kultur sein soll: Auf zum großartigen **Museu de Arte Moderna** im **Solar do Unhão**. Am Nachmittag könnte man einen Ausflug nach **Ribeira** unternehmen und dort die berühmte Wallfahrtskirche **Igreja do Bomfim** besichtigen. Im Anschluss sorgt die beste Eisdiele Salvadors, die **Sorveteria da Ribeira**, für Erfrischung. Den Abend verbringt man wahlweise auf dem Largo de Santana in **Rio Vermelho** oder im **Pelourinho** (vor allem dienstags).

Mit dem Autor privat durch Salvador

Nicolas Stockmann, der Autor dieses Loose-Kapitels, ist seit fast 10 Jahren in Salvador zuhause. Er bietet hier zusammen mit seinem deutschsprachigen Team ganz persönlich geführte City-Touren an. Sie sollen ein authentisches Bild der Stadt vermitteln, indem sowohl die touristischen Highlights als auch populäre Orte und Treffpunkte gezeigt werden. Auch erfährt man im Gespräch viel über die Besonderheiten dieser afrikanischsten Region Brasiliens. Weitere angebotene Touren führen ins Recôncavo und an den Litoral Norte (Praia do Forte). Details unter 💻 www.salvador-insider.com.

Gebäude auf der linken Seite ist der **Paço Arquiepiscopal** (1715), ehemaliger Verwaltungssitz der Erzdiözese, heute residiert hier ein Energieunternehmen. Hinten links in der Ecke führt eine kleine Stichstraße zum **Plano Inclinado Gonçalves**, einer Standseilbahn in die Unterstadt, die jedoch seit Jahren verwaist ist.

Der nächste Platz ist der belebte **Terreiro de Jesus**, zu erkennen an einem Brunnen, dessen Figuren die vier größten Flüsse Brasiliens symbolisieren. An der Ecke zur Praça da Sé erhebt sich die mächtige **Catedral Basílica**, Bischofssitz der Erzdiözese Salvador. Gleich nebenan liegt die alte medizinische Fakultät, sie beherbergt heute das **Museu Afro-Brasileiro**. Am gegenüberliegenden Ende befindet sich Salvadors prunkvollste Kirche, die **Igreja de São Francisco**.

Vom Terreiro de Jesus führen die Gassen **Rua Portas do Carmo** und **Rua João de Deus** zum steil abfallenden **Largo do Pelourinho**. Hier liegt das eigentliche Zentrum des Pelourinho. Auf der rechten Seite trägt die blau getünchte **Igreja do Rosário dos Pretos** zum romantischen Panorama bei; wenige Besucher wissen, dass dort, wo heute Touristen flanieren, früher Sklaven ausgepeitscht wurden: Pelourinho ist übersetzt der Pranger.

An dem oberen Ende befindet sich ein **Museum**, das dem Leben und Werk des bekannten Schriftstellers **Jorge Amado** gewidmet ist. Schräg gegenüber liegt das ehemalige Wohnhaus des Autors, heute ein Hotel. Folgt man dem abschüssigen Platz über Kopfsteinpflaster weiter nach unten, gelangt man auf der anderen Seite der Senke zur steilen **Ladeira do Carmo**, die in das nach dem Karmeliterkloster benannte Carmo-Viertel führt. Auf der linken Seite befindet sich am Ende einer steilen Treppe die stets geschlossene **Igreja do Santíssimo Sacramento do Passo** (1737). Sie wurde bekannt durch den Streifen „O Pagador de Promessas" (1962), ein Klassiker des brasilianischen Cinema Novo, der die „Goldene Palme" von Cannes gewann. Der Film spielt fast vollständig auf den Treppenstufen.

Im Carmo-Viertel liegen einige einfachere Pousadas und Jugendherbergen. Weiter oben am **Cruz do Pascoal** geht die Rua do Carmo in die Rua Direita do Santo Antônio über; hier beginnt der Stadtteil **Santo Antônio**. Das atmosphärische Viertel befindet sich seit einigen Jahren im Aufbruch: in den wunderschönen Stadthäusern der Oberschicht aus dem 19. Jh. entstehen Geschäfte, Restaurants, Bars sowie luxuriöse Pousadas. Ein zweiter **Plano Inclinado (Pilar)** führt hinunter bis in die Nähe des Veranstaltungsareals Museu du Ritmo. 🕒 Mo–Fr 7–19, Sa 7–13 Uhr, Fahrt R$0,15. Der Rundgang endet bei der Festung **Forte de Santo Antônio Além do Carmo** aus dem 17. Jh., von wo aus sich abermals ein prachtvoller Blick auf die Bucht bietet.

Sicherheit

Auch wenn im Pelourinho quasi rund um die Uhr Polizisten stationiert sind, sollte man dennoch nur wenige Wertsachen bei sich tragen und ansonsten die üblichen Sicherheitsregeln befolgen (S. 59). Zu vermeiden sind (auch tagsüber) die abgeschiedenen Seitenstraßen, die das Pelourinho umgeben, sowie Teile der Cidade Baixa (Av. Contorno). Sozialprojekte raten dazu, statt Straßenkindern Geld zu geben, ihnen etwas zu essen zu kaufen. Bei Problemen hilft die Touristen-Polizei **Deltur**, Cruzeiro de São Francisco, Pelourinho. 🕒 24 Std.

Salvador Pelourinho (Centro Histórico)

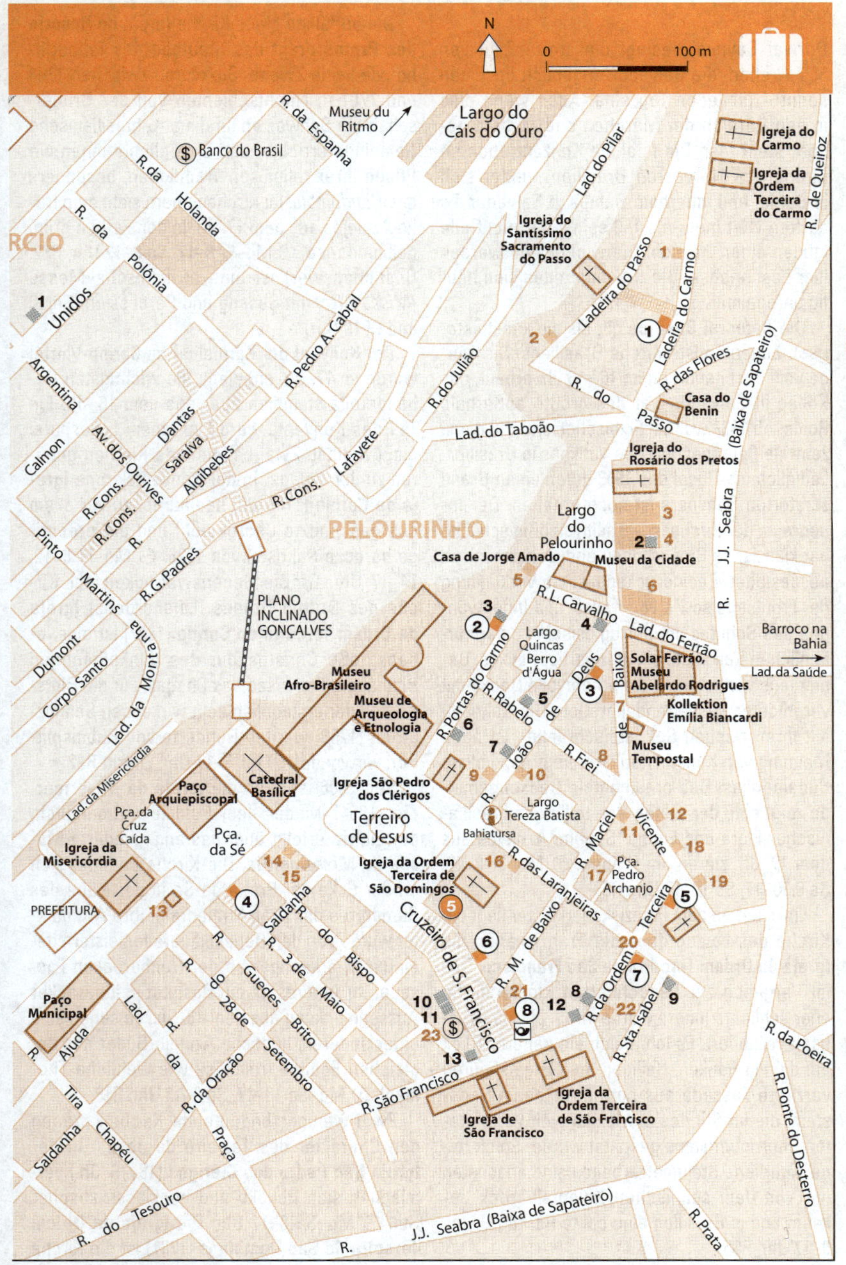
N
0
100 m
Museu du Ritmo
Largo do Cais do Ouro
R. da Espanha
Banco do Brasil
R. da Holanda
R. da Polônia
RCIO
Unidos
Argentina
Calmon
Av. dos Ourives
Dantas
Saraiva
Algibebes
R. Cons.
R. Cons.
Pinto
Martins
R. G. Padres
R. Pedro A. Cabral
R. do Julião
Lafayete
R. Cons.
Lad. do Pilar
Igreja do Santíssimo Sacramento do Passo
Ladeira do Passo
Ladeira do Carmo
Igreja do Carmo
Igreja da Ordem Terceira do Carmo
R. de Queiroz
R. do Passo
R. das Flores
Casa do Benin
Lad. do Taboão
(Baixa de Sapateiro)
R. J.J. Seabra
Igreja do Rosário dos Pretos
PELOURINHO
Largo do Pelourinho
Casa de Jorge Amado
Museu da Cidade
PLANO INCLINADO GONÇALVES
R. L. Carvalho
Lad. do Ferrão
Barroco na Bahia
Lad. da Saúde
Dumont
Corpo Santo
Lad. da Montanha
Museu Afro-Brasileiro
Museu de Arqueologia e Etnologia
R. Portas do Carmo
Largo Quincas Berro d'Água
Baixo de Deus
Solar Ferrão, Museu Abelardo Rodrigues
Kollektion Emília Biancardi
Museu Tempostal
R. Rabelo
R. Frei
R. João de
Lad. da Misericórdia
Paço Arquiepiscopal
Catedral Basílica
Igreja São Pedro dos Clérigos
Terreiro de Jesus
Largo Tereza Batista
Bahiatursa
Pça. da Cruz Caída
Pça. da Sé
Igreja da Misericórdia
Igreja da Ordem Terceira de São Domingos
R. das Laranjeiras
R. Maciel
Pça. Pedro Archanjo
Vicente
Terceira
PREFEITURA
Saldanha
R. do Bispo
R. 3 de Maio
R. Guedes Brito
R. 28 de Setembro
Cruzeiro de S. Francisco
R. M. de Baixo
R. da Ordem
R. Sta. Isabel
R. da Poeira
R. Ponte do Desterro
Paço Municipal
R. Ajuda
Lad. da Praça
R. da Oração
Tira Chapéu
Saldanha
R. do Tesouro
R. São Francisco
Igreja de São Francisco
Igreja da Ordem Terceira de São Francisco
R. J.J. Seabra (Baixa de Sapateiro)
R. Prata

Kirchen

Dorival Caymmi besingt die stolze Zahl von 365 Kirchen, die Salvador angeblich ihr Eigen nennt – für jeden Tag eine. Auch wenn dies in den Bereich der Märchen und Mythen gehört, steht fest: Die höchste Konzentration an Kirchen im Nordosten Brasiliens findet sich in Bahia; und innerhalb Bahias in Salvador. Es dürften weit mehr als 150 sein, aber nicht alle lohnen einen Besuch. Die wichtigsten werden hier beschrieben. Die Öffnungszeiten sind häufig unregelmäßig.

Die **Catedral Basílica** gilt als die kunsthistorisch bedeutendste Kirche Brasiliens. Sie wurde vom Jesuitenorden im 16.–18 Jh. erbaut, das Kolleg in Salvador war das größte außerhalb Roms. Ab 1933 war sie Erzbischofssitz und damit zentrale Repräsentanz des Vatikans in Brasilien. Lediglich ein Flügel des 1903 durch einen Brand zerstörten Seminars ist noch erhalten. Der Innenraum der Kirche ist verhältnismäßig schlicht, hat klassische Proportionen und ist harmonisch ausgestaltet. Beeindruckend ist die Verkleidung der Frontseite sowie von Kanzel und Innenwänden des Schiffes mit portugiesischem marmorähnlichen Kalkstein: ein einzigartiger Luxus. Bemerkenswert ist auch die prachtvolle Decke mit vergoldeter Kassettendekoration. Die Sakristei mit ihren reichen Sakristeischränken ist nach Meinung von Kunsthistorikern die prachtvollste Südamerikas. Das ornamentale Deckengemälde zeigt eine der ersten Darstellungen brasilianischer Flora und Fauna. Schöne Azulejos aus dem 17. Jh. zieren die Wände. 🕒 Mo–Fr 8–17, Sa 8.30–17, So 12–17 Uhr, R$3.

Links neben dem Franziskanerkloster liegt die Kirche des Laienordens der Franziskaner, die **Igreja da Ordem Terceira de São Francisco**. Das im Vergleich zur benachbarten Klosterkirche eher schlichte Innere wurde im 19. Jh. klassizistisch verändert. Es lohnt sich ein näherer Blick auf die mit Ranken, Heiligen- und Engelsfiguren verzierte Fassade aus portugiesischem Sandstein, die im Stil des in Mexiko weit verbreiteten Churriguerismus gestaltet wurde. Solch feine, figürliche Steinmetzarbeiten sind ansonsten nur von dem spanischen Kolonialbarock bekannt und in Brasilien eine echte Rarität. 🕒 tgl. 9–17 Uhr, R$5.

Die auffällige blaue Kirche **Igreja do Rosário dos Pretos** prägt das Stadtbild des Pelourinho wie keine Zweite. Sie wurde zwischen 1704 und 1781 in Nachtschichten von der Bruderschaft der Schwarzen für die afro-brasilianische Gemeinde errichtet und ermöglichte ihnen die Pflege ihrer religiösen Traditionen, besonders des *Candomblé*. Im Kircheninnern sieht man frühe Azulejos aus dem 17. Jh. in den Farben grün, gelb und rosa. 🕒 Mo–Fr 8–17, Sa 8–12 Uhr, R$2. Besuchenswert ist eine afrikanische Messe *(Missa Afro)* mit Gesang und Percussion (So 10 und Di 18 Uhr).

Der Konvent der Karmeliter im Carmo-Viertel wurde im 17. Jh. angelegt, die wichtigsten Gebäudeteile stammen aber aus dem 18. Jh. Ein Teil des Konvents wurde zu einem Luxushotel umgewidmet. Zwei bedeutende Kirchen gehören zu der Anlage: In der Konventskirche **Igreja do Carmo** (1709–20) beeindrucken vor allem das geschnitzte Chorgestühl und die prächtige barocke Sakristei von 1726. 🕒 Mo–Fr 8–12, 14–17 Uhr. Größte Sehenswürdigkeit der Kirche des Dritten Ordens (Laienordens) **Igreja da Ordem Terceira do Carmo** (1807) ist eine lebensgroße Christusfigur des dunkelhäutigen Bildhauers Francisco das Chagas. Für die Blutstropfen der erstaunlich echt wirkenden Schnitzarbeit (1758) wurden Hunderte von Rubinsplittern verwendet. 🕒 tgl. 9–17 Uhr, Eintritt R$2.

Seit 2006 ist auch die **Igreja da Misericórdia** (1654) wieder dem Publikum zugänglich, der Eintritt erfolgt über das angegliederte **Museu da Misericórdia**. Die Kirche befindet sich an der Ecke der Praça da Sé in der Nähe des Standortes der alten Kathedrale. Ihre Architektur wurde von den Benediktinerbaumeistern beeinflusst, erkennbar an der frühbarocken Fassade. Ihr Inneres ist ein Resultat spätbarocker Ausschmückung aus dem 18. Jh., zu sehen sind unter anderem hübsche Azulejo-Bilder aus der gleichen Epoche (religiöse wie weltliche Themen). 🕒 Mo–Sa 10–17, So 9–13 Uhr, R$6.

Zwei weniger bedeutende Kirchen prägen den Charakter des Terreiro de Jesus: In der **Igreja São Pedro dos Clérigos** (18./19. Jh.) vermischen sich Rokoko und neoklassizistischer Stil. 🕒 Mo–Sa 8–17 Uhr. Die **Igreja da Ordem Terceira de São Domingos** (1731) ist die Kirche

Die Igreja de São Francisco

Die **Igreja e Convento São Francisco**, Kirche und Kloster der Franziskaner, wurden ab 1686 (Kloster) bzw. 1708 (Kirche) im Auftrag des Franziskanerordens errichtet. Die Kirche ist berühmt für ihren üppig vergoldeten Innenraum. Es scheint jedoch, dass künstlerischer Mangel hier durch übergroße Mengen an Gold überdeckt worden ist. Selten sieht man so viel vergoldetes Schnitzwerk, prächtige Heiligenfiguren und vollbrüstige, fast schon unsittlich anmutende Puttenengel. Es fällt schwer sich vorzustellen, dass die Mönche sich hier auf ihr stilles Gebet konzentrieren konnten. Im Kreuzgang sind die Wände mit einzigartigen Bildern aus blau-weißen Azulejos (18. Jh.) bestückt, die den Mangel an Moral des Kircheninnern wieder wettmachen. Dargestellt sind biblische Szenen und Motive zur Ethik des menschlichen Lebens nach Horaz. ◷ Mo, Mi–Sa 9–17.30, Di 9–16, So 10–15 Uhr, Eintritt R$5.

des Laienordens der Dominikaner, ein einfacher Bau mit Perspektivmalerei an der Decke. ◷ Mo–Do 9–12, 14–18 Uhr, R$2.

Museen

In der Nachbarschaft der Praça da Sé liegt die **Fundação Pierre Verger**, Rua da Misericórdia 9. Hier gibt es Bilder des französischen Fotografen zu sehen, der 50 Jahre in Bahia lebte (1946–1996) und sich intensiv mit bahianischer Kultur und Religion beschäftigt hat. In dem kleinen Raum finden wechselnde Ausstellungen seiner Fotografien statt, im Galerieladen werden Bücher, Poster und T-Shirts verkauft. ◷ Mo–Sa 9–20, So 9–15 Uhr.

In der ehemaligen medizinischen Fakultät am Terreiro de Jesus sind zwei interessante Museen untergebracht: Das **Museu de Arqueologia e Etnologia** (Untergeschoss) sowie das **Museu Afro-Brasileiro**. Letzteres führt den Besucher zu den Wurzeln Salvadors und enthält einige Aha-Erlebnisse zur afro-brasilianischen Kultur, besonders dem Candomblé. ◷ Mo–Fr 9–17 Uhr, R$6 (beide Museen).

Am Largo do Pelourinho befindet sich das **Museu da Cidade**. Gezeigt werden unter anderem traditionelle Kostüme der Candomblé-Gottheiten Orixás (Erklärungen auf Englisch). Im 2. OG sind Gemälde und Skulpturen bahianischer Künstler zu begutachten. ◷ Mo–Fr 9–17 Uhr, R$2 (Do frei).

Gleich nebenan hat die **Fundação Casa de Jorge Amado**, 💻 www.jorgeamado.org.br, eine kleine Ausstellung über den berühmtesten bahianischen Autor eingerichtet. Neben einer Übersicht über seine in 49 Sprachen übersetzten Bücher gibt es eine interessante Fotosammlung, die den Dichter mit Persönlichkeiten aus aller Welt zeigt. ◷ Mo–Fr 10–18, Sa 10–16 Uhr, R$3.

Etwas weiter bergab trifft man rechterhand auf das hübsche **Museu da Gastronomia Baiana**, in dem über die bahianische Küche und deren Zutaten informiert wird. Zwei Türen weiter befindet sich ein Verkaufsladen. ◷ Mo–Sa 9–11, 12–17 Uhr.

Am Fuße des Largo do Pelourinho steht das **Casa do Benin** mit einer kleinen Dauerausstellung über die kulturellen Wechselbeziehungen zwischen Benin und Brasilien. Holzschnitzereien, Musikinstrumente etc. zeigen, wie durch zurückkehrende Sklaven afro-brasilianische Elemente auch in die Kultur ihrer Heimat eingingen. ⏲ Mo–Fr 9–17 Uhr.

Das **Solar Ferrão**, Rua Maciel de Baixo, ist einer von zahlreichen Palastbauten reicher Grundbesitzer vom Ende des 17. Jhs. Das Gebäude diente eine Zeit lang als Jesuitenseminar. Heute sind hier das **Museu Abelardo Rodrigues** mit einer Sammlung sakraler Kunst sowie eine Galerie untergebracht. Des Weiteren können in der Kollektion **„Emília Biancardi"** traditionelle afro-brasilianische und indianische Musikinstrumente besichtigt werden. Einige Häuser weiter zeigt das **Museu Tempostal** alte Postkarten von Stadtansichten (sortiert nach Stadtteilen). ⏲ beide Museen Di–Fr 12–18, Sa, So 12–17 Uhr.

Einen umfassenden Eindruck der reichen sakralen Kunst Salvadors bietet das **Museu de Arte Sacra** im **Convento e Igreja Santa Teresa**, Rua do Sodré 276, etwas außerhalb des Pelourinho südlich der Praça Castro Alves. Das Museum beherbergt die größte Sammlung kirchlicher Kunst Brasiliens und zählt zu den bedeutendsten seiner Art in Lateinamerika. Hier befinden sich einige Stücke aus der 1933 an der Praça da Sé abgerissenen Igreja da Sé, z. B. der aus reinem Silber bestehende Hauptaltar der Igreja Santa Teresa. Die Kirche von 1670 beeindruckt durch harmonische Architektur und hochwertige Steinmetzarbeit an der Fassade. ⏲ Mo–Fr 11.30–17.30 Uhr, R$5.

Dique do Tororó und Arena Fonte Nova

Die **Dique do Tororó** ist ein 110 000 m³ großer binnenstädtischer See, etwa 1 km südlich des Pelourinho (Luftlinie). Am Wochenende dient er Joggern und Spaziergängern als Naherholungsziel, auch gibt es ein Restaurant am Flussufer. Besonderes Markenzeichen der „Dique" ist eine Gruppe im Wasser stehender, übergroßer Orixás-Figuren (Götter des Candomblé) des Künstlers Tati Moreno.

Unmittelbar an den See angrenzend steht die in neuem Glanz erstrahlende **Arena Fonte Nova**, die für die Fußball-WM 2014 nach dem Entwurf eines deutschen Architekturbüros an exakt der Stelle der (gesprengten) alten Arena errichtet wurde. Während der WM fasst das in drei Ränge gegliederte Stadion 55 000 Zuschauer (danach 50 000). Eine breite Öffnung zum See hin sorgt auch an heißeren Tagen für eine durchgehende Belüftung. Nach der WM sollen u. a. ein Kulturzentrum mit Café und ein Panorama-Restaurant einziehen. Neben den Spielen der publikumskräftigen Erstligisten EC Bahia und Vitória ist geplant, das Stadion als Multi-Use-Arena für Konzerte und andere Veranstaltungen zu nutzen.

Cidade Baixa

Einen interessanten Kontrast zur pittoresken Oberstadt stellt das quirlige Geschäftszentrum **Comércio** mit seiner bunten Mischung aus verfallenen Kolonialhäusern, Geschäften, Restaurants und Bürohochhäusern dar. Für einen Ausflug in die Unterstadt bietet sich die Standseilbahn **Plano Inclinado Gonçalves** an (sofern geöffnet). In den südlichen Teil der Cidade Baixa gelangt man dagegen schneller mit dem Aufzug **Elevador Lacerda**. Unten angekommen, sind es nur ein paar Schritte bis zum **Mercado Modelo** (1861), der ehemaligen Zollbehörde. Heute trifft man hier auf Bahias größten Markt für Kunsthandwerk und Souvenirs. ⏲ Mo–Sa 9–18, So 9–14 Uhr. Von den Restaurants im 2. Stock eröffnet sich ein schöner Blick auf den Jacht- und Segelhafen. Auf der Rückseite des Marktes finden häufig Capoeira-Darbietungen statt. Gegenüber vom Mercado Modelo liegt das **Terminal Náutico da Bahia**, wo die Schiffe nach Itaparica und Morro de São Paulo ablegen. Vor den Hängen der Oberstadt bleibt der Blick an einer auffälligen Skulptur hängen. Das Werk aus dem Jahre 1970 wird im Volksmund „Hintern des Bürgermeisters" genannt – man ahnt warum.

Nur einen kurzen Fußweg vom Mercado Modelo liegt die in einen Hang hinein gebaute **Igreja N. S. da Conceição da Praia** (18. Jh.), eine der architektonisch bemerkenswertesten Kirchen der Stadt. Wie der Name andeutet, wurde sie seinerzeit direkt am Strand errichtet, bevor

Teile der Bucht aufgeschüttet wurden. Die 623 m² umfassende Deckenfläche ist mit der drittgrößten Perspektivmalerei Lateinamerikas verziert (1772), die bedeutende Orgel von 1869 wurde aufwendig restauriert. ⌚ Mo 7–12, 14–17, Di–Fr 7–17, Sa, So 7–11.30 Uhr.

Ihr fast gegenüber liegt das **Forte São Marcelo** (1650), das unmittelbar vor der Unterstadt auf einer Sandbank errichtet wurde. Nach aufwendiger Restaurierung ließ sich die ehemalige Befestigungsanlage, die Jorge Amado seinerzeit wegen Form und Lage den „Umbigo" – Bauchnabel – von Bahia bezeichnet hatte, eine Zeitlang besichtigen. Die Bootsfahrten ab Terminal Náutico waren jedoch zuletzt eingestellt. Sollte ein Besuch wieder möglich sein, lohnt er sich schon alleine wegen des 360-Grad-Blicks auf die Bucht und das Hochhaus-Panorama von Salvador.

Die nächste Attraktion, rund 2 km südlich an der Av. Contorno, sollte man aufgrund angrenzender Favelas nur per Taxi ansteuern. Das **Solar do Unhão** aus dem 16. Jh. ist ein Gebäudekomplex aus ehemaligen Verarbeitungsstätten für Zucker oder Reis, einer Sklavenunterkunft *(Senzala)*, Herrenhaus und Kapelle. Die Anlage gehört zu den ältesten dieser Art in Brasilien. Im Hauptgebäude ist seit 1966 das **Museu de Arte Moderna** untergebracht, ein Highlight für Freunde moderner Kunst. Im Garten befindet sich ein sehenswerter Skulpturenpark. Samstags um 19 Uhr finden in dem alten Mauerwerk vor dem Hintergrund der Allerheiligenbucht stimmungsvolle Jazz-Konzerte unter freiem Himmel statt (S. 394). ⌚ Museum Di–Fr, So 13–19, Sa 13–21 Uhr, Eintritt frei.

Vitória und Barra

Mit dem Campo Grande beginnen die südlichen Stadtteile Salvadors, bevorzugte Wohngebiete der oberen Mittelschicht. Besonders in **Vitória** stehen zahlreiche alte Villen und moderne Apartmenthäuser mit beneidenswerten Aussichten auf die Allerheiligenbucht. Der **Campo Grande**, Praça 2 de Julho, ist ein Platz mit südeuropäischem Flair, der während des Karnevals eine zentrale Rolle spielt (S. 396). An seiner Stirnseite liegt das **Teatro Castro Alves**, wichtigstes Theater und Veranstaltungsort für Großkonzerte.

Die langgezogene **Avenida 7 de Setembro** führt vom Campo Grande hinunter bis Barra, im Volksmund heißt sie Corredor da Vitória und später Ladeira da Barra. An ihr liegen einige interessante Museen:

Das **Museu de Arte da Bahia (MAB)** (Nr. 2340) zeigt eine wertvolle Sammlung u. a. von dekorativen Kunstobjekten, Möbeln und Gemälden aus dem 17.–19. Jh. ⌚ Di–So 14–19, Sa, So 14.30–18.30 Uhr, Eintritt frei.

Das **Museu Carlos Costa Pinto** (Nr. 2490) befindet sich in einer Kolonialvilla mit schönem Garten. Die Privatsammlung eines Mäzens war Ausgangspunkt des Museums. Zu sehen sind überwiegend dekorative Ausstellungsstücke aus der Kolonialzeit (Silber- und Goldbestecke, Porzellan, Kristallwaren, Möbel) sowie Gemälde von bahianischen Künstlern. Infotafeln auf Englisch. ⌚ Mo, Mi–Sa 14.30–19 Uhr; R$8. Im Hof gibt es ein hübsches Café.

Biegt man links in die Rua da Graça, so gelangt man nach kurzer Zeit zum sehenswerten **Palacete das Artes Rodin Bahia**, ein restaurierter Stadtpalast, in dem bis Ende 2012 als Leihgabe des Pariser Rodin-Museums 62 Plastiken des französischen Bildhauers Auguste Rodin ausgestellt waren. Vier seiner Bronzeskulpturen wurden für R$3,3 Mio. dauerhaft erworben und können im Garten besichtigt werden. Das Haupthaus wie auch das moderne Nebengebäude werden nun für temporäre Ausstellungen genutzt. Ein Besuch lohnt sich aber schon wegen des Gebäudes selbst und des im Garten befindlichen Cafés. ⌚ Di–Fr 13–19, Sa, So 14–19 Uhr, Eintritt frei.

Wem nach einer kleinen Wanderung zumute ist, der kann die Av. 7 de Setembro nach **Barra** herabspazieren und dabei einige schöne Aussichten genießen. Kurz vor dem alten Hafen stößt man auf die kleine **Igreja de Santo Antônio da Barra**, einen einfachen Bau aus dem 17. Jh. Von der normalerweise für Besucher gesperrten Terrasse hinter der Kirche bietet sich ein spektakulärer 180-Grad-Blick auf die Bucht. Wenn man höflich anfragt, sollte eine kurze Visite kein Problem sein.

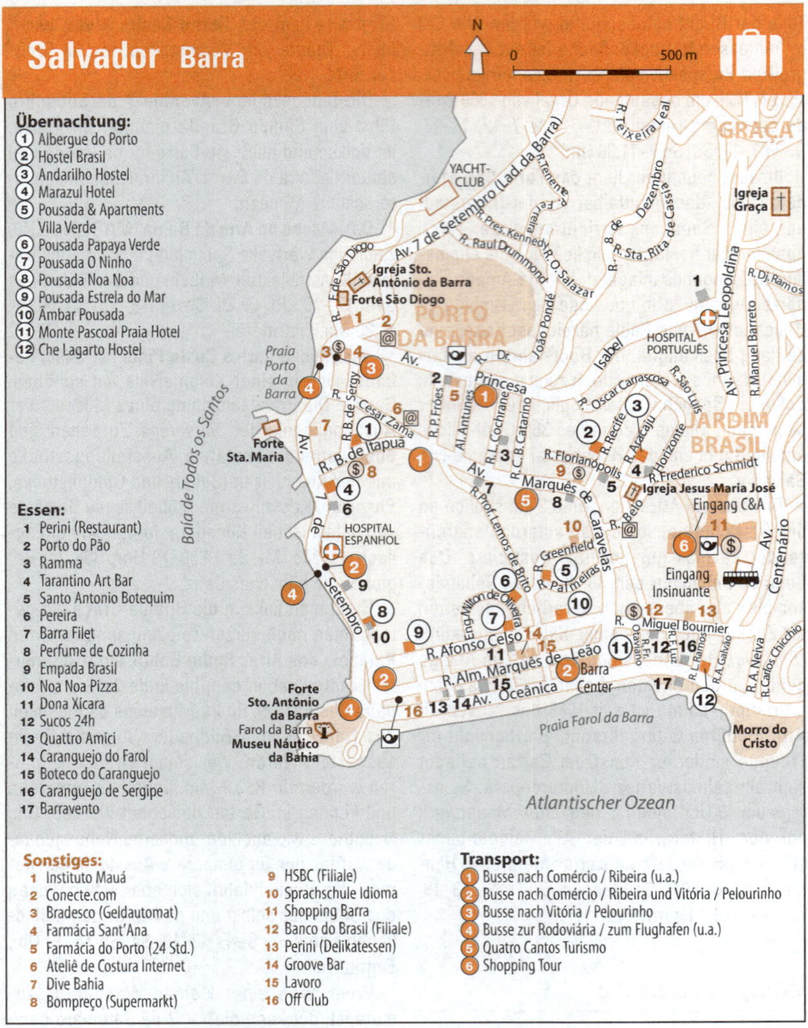

Salvador Barra
N
0
500 m
Übernachtung:
1 Albergue do Porto
2 Hostel Brasil
3 Andarilho Hostel
4 Marazul Hotel
5 Pousada & Apartments Villa Verde
6 Pousada Papaya Verde
7 Pousada O Ninho
8 Pousada Noa Noa
9 Pousada Estrela do Mar
10 Âmbar Pousada
11 Monte Pascoal Praia Hotel
12 Che Lagarto Hostel
Essen:
1 Perini (Restaurant)
2 Porto do Pão
3 Ramma
4 Tarantino Art Bar
5 Santo Antonio Botequim
6 Pereira
7 Barra Filet
8 Perfume de Cozinha
9 Empada Brasil
10 Noa Noa Pizza
11 Dona Xícara
12 Sucos 24h
13 Quattro Amici
14 Caranguejo do Farol
15 Boteco do Caranguejo
16 Caranguejo de Sergipe
17 Barravento
Sonstiges:
1 Instituto Mauá
2 Conecte.com
3 Bradesco (Geldautomat)
4 Farmácia Sant'Ana
5 Farmácia do Porto (24 Std.)
6 Ateliê de Costura Internet
7 Dive Bahia
8 Bompreço (Supermarkt)
9 HSBC (Filiale)
10 Sprachschule Idioma
11 Shopping Barra
12 Banco do Brasil (Filiale)
13 Perini (Delikatessen)
14 Groove Bar
15 Lavoro
16 Off Club
Transport:
1 Busse nach Comércio / Ribeira (u.a.)
2 Busse nach Comércio / Ribeira und Vitória / Pelourinho
3 Busse nach Vitória / Pelourinho
4 Busse zur Rodoviária / zum Flughafen (u.a.)
5 Quatro Cantos Turismo
6 Shopping Tour
GRAÇA
PORTO DA BARRA
JARDIM BRASIL
YACHT-CLUB
Igreja Graça
Igreja Sto. Antônio da Barra
Forte São Diogo
HOSPITAL PORTUGUÊS
Praia Porto da Barra
Forte Sta. Maria
Baía de Todos os Santos
HOSPITAL ESPANHOL
Igreja Jesus Maria José
Eingang C&A
Eingang Insinuante
Barra Center
Forte Sto. Antônio da Barra
Farol da Barra
Museu Náutico da Bahia
Praia Farol da Barra
Morro do Cristo
Atlantischer Ozean
Av. 7 de Setembro (Lad. da Barra)
Av. Princesa Isabel
Av. Marquês de Caravelas
R. Afonso Celso
R. Alm. Marquês de Leão
Av. Oceânica
Av. Princesa Leopoldina
Av. Centenário
R. Miguel Bournier
R. Frederico Schmidt
R. Florianópolis
R. Prof. Lemos de Brito
R. Eng. Milton de Oliveira
R. Greenfield
R. Palmeiras
R. Cesar Zama
R. B. de Itapua
R. B. de Sergy
R. E. de São Diogo
R. Teixeira Leal
R. Tenente P. Ferreira
R. 8 de Dezembro
R. Sta. Rita de Cassia
R. Pres. Kennedy
R. Raul Drummond
R. O. Salazar
R. João Pondé
R. Oscar Carrascosa
R. São Luís
R. Recife
R. Aracaju
R. Horizonte
R. Belo
R. Dj. Ramos
R. Manuel Barreto
R. P. Fróes
Al. Antunes
R. L. Cochrane
R. C. B. Catarino
R. Fr. Otaviano
R. F. Luz
R. L. Ramos
R. A. Galvão
R. A. Neiva
R. Carlos Chicchio

Ein paar 100 m weiter ragt bereits auf dem Felsen das alte **Forte de São Diogo** empor, die erste von drei Befestigungsanlagen, mit denen die Bucht abgesichert wurde. Hier gibt es ein kleines Museum mit Modellen der Forts der Stadt. ◷ Di–So 9.30–12, 13.30–17.30 Uhr, R$2.

Zwischen Forte de São Diogo und **Forte Santa Maria** (17. Jh.) liegt der hübsche Stadtstrand **Praia Porto da Barra** mit seiner charakteristischen Ufermauer. Viele Touristen und Einheimische sonnen sich auf dem schmalen Sandstreifen und applaudieren abends den schönsten Sonnenuntergänge der Stadt. Trotz der Stadtnähe ist das Wasser überraschend sauber.

In der Ferne sieht man den **Farol da Barra**, den ältesten Leuchtturm Südamerikas und das wohl markanteste Wahrzeichen Salvadors. Er wurde im 19. Jh. auf dem Gelände des **Forte Santo Antônio da Barra** gebaut, einer der ältesten Befestigungsanlagen Brasiliens (1698). Das Fort kann ebenso besichtigt werden wie das kleine **Museu Náutico da Bahia** mit Infos zur Geschichte Barras sowie ein paar Buddelschiffen. Auch ein Aufstieg auf den 22 m hohen Leuchtturm ist möglich. ⌚ Di–So 8.30–19 Uhr, R$8, mit Turmbesteigung R$10.

Weiter entlang an der Av. Oceânica und vorbei an der **Praia Farol da Barra** gelangt man schließlich zum **Morro do Cristo**, einem Hügel mit einer – im Vergleich zu Rio – klein geratenen Christus-Statue aus italienischem Carrara-Marmor (Ende 19. Jh.) sowie phänomenalem Panoramablick auf Bucht und Leuchtturm.

Anlässlich der Fußball-WM 2014 sollten weite Teile der „Orla", also der Küstenstraße zwischen Barra und Itapuã, restauriert und modernisiert werden, u. a. mit Plätzen und Fußgängerzonen am Porto da Barra.

Nördlich des Zentrums

Ein schöner Ausflug führt nach **Ribeira** auf der Halbinsel **Itapagipe** (Stadtbusse vom Elevador Lacerda). Auf dem Weg dorthin lohnt ein Stopp am **Mercado São Joaquim** (seit 1964). Das Bild, das sich hier bietet, ist trotz kürzlicher Renovierung allerdings nichts für Tierschützer und sensible Mägen. Angeboten wird alles, was irgendwie kreucht und fleucht, oder es mal tat. Als Ganzes oder in Einzelteilen. Aber auch Gemüse, Früchte und Zutaten für allerlei bahianische Gerichte findet man. ⌚ Mo–Sa 5–18, So 5–14 Uhr.

In Itapagipe thront auf einem Hügel die berühmteste Wallfahrtskirche der Stadt, die **Igreja do Bonfim** (1754). Die meisten Besucher Salvadors werden indirekt schon mit ihr in Berührung gekommen sein, denn wem wurde noch nicht eines der bunten Bändchen *(Fitinhas)* mit der Aufschrift „Lembrança do Senhor do Bonfim da Bahia" ums Handgelenk gebunden? Dem Volksglauben nach hat man für jeden der drei Knoten einen Wunsch frei, der in Erfüllung geht, sobald das Band (von alleine) abfällt. Die Bedeutung der Kirche liegt weniger in ihrer Architektur als in ihrem afro-brasilianischen Religions-Synkretismus, das heißt in ihrer traditionellen Verbindung von Katholizismus und afrikanischen Glaubensformen. Mitte Januar findet hier das wichtigste Fest Salvadors statt, die **Lavagem do Bonfim**; eine rituelle Waschung der Kirchentreppen samt Prozession und karnevalsähnlichem Tanzfest (s. Feste S. 398). ⌚ Mo 9–18, Di–So 6.30–18 Uhr.

Nach einer halben Stunde zu Fuß erreicht man über Ladeira do Bonfim und Rua Imperatriz die **Igreja N. S. da Boa Viagem** (1741). Von hier ist es ein netter Spaziergang zur westlichen Spitze der Halbinsel **Ponta de Humaitá**, wo auf einer Anhöhe die schönste Festung Salvadors steht, das **Forte de Monte Serrat** (1587) – zugleich eine der besten Panoramaaussichten der Stadt. Einige Meter weiter befindet sich die schlichte einschiffige **Igreja N. S. de Monte Serrat** (17. Jh.), die als Eremitage des Benediktinerklosters São Bento errichtet wurde.

Stadtstrände

Der nächste interessante Stadtteil nach Barra ist **Rio Vermelho**, hierher kommt man vor allem wegen des aktiven Nachtlebens. Dagegen sind die Strände zwischen **Ondina** und **Piatã** zum Baden nicht sehr geeignet.

Wer einen Strandtag in Salvador verbringen möchte, kann mit dem Bus nach **Flamengo** fahren, dem schönsten und beliebtesten Strand der Stadt (mind. 1 Std. Anfahrt). Hier reiht sich eine peppige Strandbar an die nächste und das Motto heißt „sehen und gesehen werden". Besonders beliebt ist der Strandabschnitt **Praia de Aleluja**, wo sich junges Szene-Publikum tummelt, v. a. in der Barraca do Lôro und zwei Bars weiter südlich in der Marguerita.

Von Flamengo aus lässt sich zu Fuß in südlicher Richtung die **Praia Stella Maris** erreichen, ein attraktiver Familienstrand. Die Brandung ist hier ziemlich hoch, entsprechend gut ist das Meer zum Surfen oder Wellentauchen geeignet. Die Busse nach Flamengo halten auch hier. Die Strecke weiter nach Itapuã ist schön, aber sehr einsam – von einem Spaziergang wird abgeraten.

Der kleine Strandvorort **Itapuã** besitzt in Brasilien dank eines Musikklassikers von Dorival Caymmi und Vinicius de Moraes Legendenstatus. Vom felsigen, idyllisch gelegenen Strand blickt man auf einen rot-weiß gestreiften Leuchtturm (Farol de Itapuã), am Horizont erstreckt sich die Skyline von Salvador. Sonntags herrscht in den Ess- und Tanzschuppen schon tagsüber Stimmung und man tanzt zu Live-Musik an den Tischen. Abends ist es nett am Largo de Cira, wo es auch die besten Acarajés von Salvador gibt. Am belebten Hauptplatz **Praça Dorival Caymmi** steht die niedliche **Igreja N. S. da Conceição**, die innen mit einer Reihe Azulejos vertäfelt ist. Ein Abstecher abseits der Touristenrouten führt zur **Lagoa do Abaeté**, eine in Dünenlandschaft eingebettete Lagune mit weißem Sandstrand, an der sonntags das Bier bei Live-Arrocha in Strömen fließt (mit Stadtbus ab Itapuã erreichbar).

Weitere attraktive Strände sind die bereits zu Lauro de Freitas gehörenden **Praias Ipitanga**, **Vilas do Atlântico** und **Buraquinho**. Mit ihrem breiten Sandgürtel und den zahlreichen Kokospalmen gehören sie zu den schönsten Stränden im Nahbereich Salvadors (noch mit Stadtbus erreichbar). Insbesondere der noble Vorort Vilas do Atlântico bietet eine gute Infrastruktur mit Restaurants, Ausgehmöglichkeiten und Pousadas.

An Wochenenden und Feiertagen ist es an allen Stränden der Stadt sehr voll. Baden ist an manchen Stellen gefährlich (auf Schilder „Perigo" achten).

BAHIA

ÜBERNACHTUNG

Eine Unterkunft im **Pelourinho** bietet sich an wegen der Nähe zu den historischen Attraktionen. Es gibt einige hochwertige Pousadas, allerdings fehlt es an guter Mittelklasse. Eine Alternative ist das angrenzende **Santo Antônio** mit schicken, allerdings auch nicht gerade billigen Pousadas. Näher an den Stränden und am „wirklichen" Salvador ist man in **Barra** oder **Rio Vermelho**. Wer schnell am Flughafen oder am Litoral Norte sein möchte, kann sich in den **Strandvororten** einquartieren (z. B. Itapuã 15 Min. bis zum Flughafen). Viele Pousadas geben Rabatt bei Barzahlung (10–15 %, ab 3 Tagen Aufenthalt). Wenn nichts anderes angegeben ist, bieten die genannten Häuser WLAN gratis und es werden keine zusätzlichen Gebühren erhoben.

Pelourinho

Laranjeiras Hostel (HI), Rua da Ordem Terceira 13, ✆ 71/3321 1366, 💻 www.laranjeirashostel.com.br. Beliebter Klassiker, gut um Leute kennen zu lernen. Zentral und sauber, schönes Haus. Dorms bis 7 Betten (R$30–40, Ventilator), DZ (R$86–140, AC oder Ventilator). Sehr nettes Café, PC-Nutzung gratis. Reservierung empfohlen, vor allem für DZ. Englisch. ❷–❹

Hostel Galeria 13, Rua da Ordem Terceira 23, ✆ 71/3266 5609, 💻 www.hostelgaleria13.com. Kleines Altstadt-Hostel mit lockerer Atmosphäre, Chillout-Ecke, Bar und Pool. Gemischte 10er-Dorms (Ventilator/Bad, R$32), Nebensaison auch DZ (AC, R$120). ❶–❷

Pousada Aquarela do Brasil, Rua João de Deus 23, ✆ 71/3321 0031, 💻 www.pousadaquareladobr.com. Wohltuende Ausnahme unter den Billighotels, mitten im Treiben des „Pelô", gepflegte DZ. ❷

Bahia Café Hotel, Praça da Sé 22, ✆ 71/3322 1266, ✉ info@bahiacafehotel.com. Recht apartes Hotel mit kleinen Zimmern (TV, AC oder Ventilator). Im EG ein Café. ❹–❺

Pousada Solar dos Deuses, Cruzeiro de São Francisco 12, ✆ 71/3322 1911, 💻 www.solardosdeuses.com.br. Charmante Pousada in einem Kolonialhaus mit hübschen Zimmern (R$339–400). ❼–❽

Hotel Casa do Amarelindo, Rua Portas do Carmo 6, ✆ 71/3266 8550, 💻 www.casadoamarelindo.com. Die beste Option im Zentrum. Die charmanten Zimmer (R$400–580) haben bis zu 2,60 m breite Betten und schalldichte Fenster. Das Frühstück wird zu jeder Tageszeit ohne Aufpreis aufs Zimmer gebracht. Auf der Dachterrasse herrlicher Blick nach Itaparica, Pool, stimmungsvolle Bar (tgl. 16–24 Uhr). Freundlicher, nicht aufgesetzter Service. Sehr gutes Restaurant (s. Essen S. 391). ❽

Hotel Villa Bahia, Cruzeiro de São Francisco 16/18, ✆ 71/3322 4271, 💻 www.lavillabahia.com. Kolonialhaus neben der Francisco-Kirche, Thema sind die Entdeckerreisen von Vasco da Gama und Álvares Cabral. Die unterschiedlichen Zimmer (ab R$578) sind nach den entdeckten Ländern benannt, zum Teil mit privater Veranda (Tipp: Ghana). Gemütlicher Aufenthaltsbereich, Pool, gutes Restaurant/Café. ❽

Carmo und Santo Antônio

In der **Rua Direita do Santo Antônio** sind niveauvolle Pousadas in restaurierten Altbauten entstanden, oft mit Terrasse und Traumaussicht auf die Bucht. Auch einfache **Hostels** sind vorhanden. Anwohner vermieten **Privatzimmer**, rumfragen!

Nega Maluca Guesthouse, Rua dos Marchantes 15, ✆ 71/3242 9249, 💻 www.negamaluca.com. Einfache und entspannte Traveller-Unterkunft. Die Zimmer sind etwas dunkel, aber nette Terrasse. Dorms R$30 (Ventilator oder AC). ❶

Hostel Cobreu, Ladeira do Carmo 22, ✆ 71/3117 1401, 💻 www.hostelcobreu.com. Sympathisches Hostel mit einfachen 3/6/10er-Dorms (R$28–35) und DZ (R$75), Bad auf dem Flur. Küche, PC-Nutzung gratis. ❶

Pousada Hilmar, Rua Direita do Santo Antônio 136, ✆ 71/3243 4959, 💻 www.pousadahilmar.com.br. Etwas steril, aber preiswert und Blick auf den Hafen. ❷–❸

Pousada Colonial, Rua Direita do Santo Antônio 368, ✆ 71/3243 3329, 💻 www.colonialpousada.com. Schöne Pousada, obwohl auf der „falschen" Straßenseite. Freundliche Apartments, einige mit Veranda. 5 % Tax. ❹–❺

Pousada Beija-Flor, Rua Direita do Santo Antônio 259, ✆ 71/3241 2472, 💻 www.beijaflorpousada.com.br. Eine der günstigeren Pousadas des Viertels. Die Zimmer sind recht ansehnlich und haben Blick zur Bucht, zum Zentrum oder gar keinen. Kein TV. ❹–❺

Hotel Solar do Carmo, Rua Direita do Santo Antônio 108, ✆ 71/3323 0644, 💻 www.solardocarmo.com.br. Ansprechende Pousada

Der Leuchtturm Farol da Barra ist eines der Wahrzeichen von Salvador.

mit 13 geschmackvoll gestalteten Zimmern, die sich nur in der Aussicht unterscheiden. Schöne Terrasse mit Buchtblick und Jacuzzi. ❺–❻

Pousada do Boqueirão, Rua Direita do Santo Antônio 48, ☏ 71/3241 2262, 💻 www.pousadaboqueirao.com.br. Geschmackvolle Pousada mit viel Kunsthandwerk und einer wunderbaren Terrasse mit Aussicht auf den Hafen. Die Zimmer (kein TV) sind sehr unterschiedlich. Nett ist Nr. 1 ganz oben, mit Panoramafenster (R$260). ❺–❼

Pousada do Pilar, Rua Direita do Santo Antônio 24, ☏ 71/3241 2033, 💻 www.pousadadopilar.com. Schicke Zimmer mit Veranda/Hafenblick oder Balkon zur Straße. Architektonisch interessante Mischung aus alten und neuen Stilelementen. Große Terrasse mit dem höchsten Balkon der Gegend. ❻–❼

Pousada des Arts, Rua Direita do Santo Antônio 90, ☏ 71/3012 5964, 💻 www.pousadadesarts.com.br. Farbenfrohe Pousada eines frz.-bras. Paares, viele Pflanzen und Gemälde bahianischer Künstler. Zimmer zur Straße (R$200–310) oder mit Buchtblick (R$350–440), AC, kein TV. Aufenthaltsbereich mit Bibliothek. 5 % Tax. ❺–❽

Hotel Villa Santo Antônio, Rua Direita do Santo Antônio 130, ☏ 71/3326 1270, 💻 www.hotel-santoantonio.com. Elegant von Künstlern eingerichtetes Hotel mit makellosen Zimmern (R$250–450, 8 % Tax bei Zahlung mit Kreditkarte), Ventilator oder AC, Sky-TV. Auf der Veranda Pizzeria und Bar (Fr Live-Musik). ❻–❽

Barra

Albergue do Porto (HI), Rua Barão de Sergy 197, ☏ 71/3264 6600, 💻 www.alberguedoporto.com.br. Schönes Haus, uralte Holzplanken, bunt und improvisiert. 4–10er-Dorms (R$30–42), in der HS eng! Drei kleine DZ (R$110), niedrige Decken. Mini-Pool, Billard. ❶–❷

Hostel Brasil, Rua Recife 4, ☏ 71/3264 9637, 💻 www.hostelbrasil.com.br. Zentral im Ausgehviertel mit direktem Kneipenanschluss. 4–10er-Dorms (R$36), fast alle mit AC, DZ R$80–100. ❶–❷

Âmbar Pousada, Rua Afonso Celso 485, ☏ 71/3264 3791, 💻 www.ambarpousada.com.br. Sympathischer Traveller-Treffpunkt unter französischer Leitung. Einfache 4–8er-Dorms (R$41, Ventilator), DZ mit CD-Player und AC (R$130, im 1. und 2. OG befinden sich die besseren). Nette Mitarbeiter, gutes Frühstück. Reservierung empfohlen. ❷–❸

Andarilho Hostel (HoLa), Rua Aracaju 40, ☏ 71/3235 0514, 💻 www.andarilhoturismo.com.br. Freundliches Hostel mit 4/8er-Dorms (R$30–40) und DZ (R$100), AC/Ventilator. Saubere, große Küche. Reisebüro. PC-Nutzung gratis. ❶–❷

Che Lagarto Hostel, Av. Oceânica 84, ☏ 71/3235 2404, 💻 www.chelagarto.com. Haus der Partyhostel-Kette, schöne Terrasse mit Meerblick und Bar, vielfältiges Freizeitprogramm. Einfache, etwas enge 6–14er-Dorms (R$29–52), gute DZ (R$124–156), AC oder Ventilator. Sonderpreise bei Buchung übers Internet möglich! WLAN R$5 (pauschal). ❷–❹

Pousada O Ninho, Rua Afonso Celso 371, ☏ 71/3264 6952, 💻 www.oninho.com.br. Einfache Zimmer, schönes Haus in guter Lage. ❷–❸

Pousada Papaya Verde, Rua Eng. Milton Oliveira 177, ☏ 71/3267 1008, 💻 www.pousadapapayaverde.com. Nette Pousada in ruhiger Lage mit kleinem tropischem Garten. Zimmer bis 5 Pers., deutscher Besitzer. ❸

Pousada & Apartments Villa Verde, Rua da Palmeira 190, ☏ 71/3011 3597, 💻 www.salvador-apart.com. Komplett ausgestattete, hübsche Ferienwohnungen in ruhiger Lage mit AC, TV, Küchenzeile und Zimmerservice; je nach Apartmenttyp, Saison und Dauer R$90–230 (kein Frühstück). Gästegarten mit Hängematten, Rabatt bei längeren Aufenthalten. Der deutsche Besitzer Wolfgang gibt Tipps zu Salvador. ❷–❺

Pousada Estrela do Mar, Rua Afonso Celso 119, ☏ 71/3264 4882, 💻 www.estreladomarsalvador.com. Ansprechende Pousada unter irischer Leitung. Kleiner Hof mit Azulejokacheln, Zimmer mit AC/Ventilator, TV, teils schöner Holzboden (Suite Nr. 7 mit Balkon).

Langschläferfrühstück bis 12 Uhr. Juni geschl. ❹–❺

Pousada Noa Noa, Av. 7 de Setembro 4295, ✆ 71/3264 1148, 💻 www.pousadanoanoa.com. Sehr nette Pousada mit persönlicher Atmosphäre. Die Zimmer (bis 6 Pers., bessere im 1. OG) haben Split AC und Ventilator, Kabel-TV, WLAN (kostenlos), einige auch Meerblick. Großer Trumpf ist die Terrasse mit Bar-Pizzeria (s. Essen), bei bestem Blick auf Bucht und Leuchtturm. Hier wird auch das gute Frühstück serviert, so macht es Spaß, den Tag zu beginnen. Prachtblick auch vom Garten hinter dem Haus. Reisebüro. Englisch. ❹–❺

Marazul Hotel, Av. 7 de Setembro 3937, ✆ 71/3264 8151, 💻 www.marazulhotel.com.br. Akzeptables, etwas älteres Hotel in erster Reihe. Zimmer mit seitlichem Meerblick. Pool im 1. OG. ❺

Monte Pascoal Praia Hotel, Av. Oceânica 591, ✆ 71/2103 4000, 💻 www.montepascoal.com.br. 83 moderne Zimmer, z. T. mit Balkon und grandiosem Meerblick. Schöne Terrasse mit Pool. Im Karneval begehrt. 5 % Tax. ❺–❻

Vitória

Hotel Vila Velha, Av. 7 de Setembro 1971, ✆ 71/3617 8722, 💻 www.hotelvilavelha.com.br. Das Preis-Leistungs-Verhältnis ist okay. ❹

Hotel Sol Victória Marina, Av. 7 de Setembro 2068, ✆ 71/3418 2000, 💻 www.solexpress.com.br. Hotel der alten Schule, Trumpf ist der großartige Buchtblick. Die 158 Zimmer haben AC, TV und eine kleine Küchenzeile (für längere Aufenthalte). ❺–❻

Casa da Vitória, Rua Aloísio de Carvalho 95, ✆ 71/3013 2016, 💻 www.casadavitoria.com. Nette Pousada in einem Einzelhaus, mittig zwischen Barra und dem Pelourinho gelegen. Eher schlichte Zimmer (kein TV), aber tolles, von der Besitzerin persönlich zubereitetes Frühstück, das in drei Gängen serviert wird und tgl. variiert. Hübsche Terrasse und Aufenthaltsräume. Außen kein Schild. 5 % Tax. ❻–❼

Rio Vermelho

On the Rock Hostel (HoLa), Rua Pedra da Sereia 26 E, ✆ 71/3015 7512, 💻 www.ontherockhostel.org. Neueres, gepflegtes Hostel im Ausgehviertel, dennoch ruhig am Meer gelegen. Diverse Aktivitäten. Dorms R$25–35, DZ 140. Frühstück extra (R$10). ❶–❸

Mar Hotel, Rua da Paciência 419, ✆ 71/3335 1000, 💻 www.marhotelbahia.com.br. Renoviertes Hotel, ordentliche Zimmer. ❸–❹

Hotel Ibis, Rua Fonte do Boi 215, ✆ 71/3172 4100, 💻 www.ibis.com.br. Unter der Woche Business-Hotel, am Wochenende viel junges Publikum. Gute Lage, einige Zimmer mit Meerblick. Frühstück extra. ❸–❹

Strandvororte (Nähe Flughafen)

Pousada Eckerlino, Rua Carlos Conceição 116, Praia de Buraquinho, Lauro de Freitas, ✆ 71/3379 2139, 💻 www.pousada-eckerlino.com. Familiäre Pousada mit Bungalows in einem großen Garten: 7 bequeme Zimmer (AC, Kabel-TV), nur 5 Min. zum Strand, nah am Nobelviertel Vilas do Atlântico. Ideal auch für Langzeitreisende, die länger an einem ruhigen Ort entspannen wollen. Der Schweizer Besitzer Haja holt Gäste ab und gibt Infos zur Region. 25 Min. zum Flughafen, nach Salvador mit Bus (etwa 1 1/2 Std.) oder Taxi (R$65). ❹

Mar Brasil Hotel, Rua Flamengo 44, Itapuã, ✆ 71/3285 7339, 💻 www.marbrasilhotel.com.br. Größeres Hotel an der Hauptstraße mit modernen Business-Zimmern. Pool. ❹–❺

Pousada Alvorada do Farol, Av. das Dunas 110, Itapuã, ✆ 71/3375 8000, 💻 www.pousadaalvoradadofarol.com.br. Moderne und hübsch dekorierte Zimmer, großer runder Pool im Garten. Gäste haben Rabatt im Fischrestaurant Mistura (gleiche Besitzer). 10 % Tax. ❹–❺

Hotel Cocoon, Rua Haeckel J. de Almeida 238, Jaguaribe, ✆ 71/3368 8100, 💻 www.hotel-cocoon.com. An ein Raumschiff erinnerndes Boutique-Hotel, ganz in Orange und Steingrau, mit viel Zement und Bambus. 27 Zimmer, schön beleuchteter Pool. Restaurant. 300 m vom Strand entfernt, 20 Min. bis Flughafen. 10 % Tax. ❺

Pousada Encanto de Itapoan, Rua Nova Canaã 48, Itapuã, ✆ 71/3285 3505, www.encantodeitapoan.com.br. Hübsche Pousada mit kleinen Zimmern, Aufenthaltsbereich, schönem Pool. In der Nebensaison Rabatt bei Barzahlung. ❺

Villa da Praia Hotel, Rua da Brisa 268, Itapuã, 71/3036 9999, www.villadapraia.com.br. Strandhotel direkt am Meer mit Pool. ❺–❻

ESSEN

Pelourinho

Die Ecke **Rua Santa Isabel / Rua das Laranjeiras** ist eine nette Fressgasse mit vielen Restaurants, in der **Rua Maciel de Baixo** gibt's abends meist Live-Musik im J & K.

Jardim das Delícias, Rua João de Deus 12. Beliebtes Restaurant mit tollem Garten. Tipp: *Peixe da Tiêta* (gegrillter Fisch mit Pilzen, Shrimps, Buttersoße, Zitrone, R$41). Live-Musik (Couvert R$5). Di, Do–So 12–16, tgl. 18–23.30 Uhr.

Pelô Bistrô, Rua Portas do Carmo 6. Geheimtipp: das Restaurant ist von außen kaum zu sehen (im Hotel Casa do Amarelindo). Moderne Fusion-Küche mit Anleihen aus Bahia, Frankreich und Asien. Angenehmes, ruhiges Ambiente. Klasse sind die Rindsmedaillons in Açaí-Soße mit Süßkartoffelgratin und Körnersenf (R$59), genial als Vorspeise der Hühnchenspieß *(Espetinho de Frango)* mit säuerlicher Satay-Cashew-Soße (R$16). Gerichte R$37–59, komplettes 4-Gänge-Menü R$69. tgl. 7–22 Uhr.

Maria Mata Mouro, Rua da Ordem Terceira 8, 71/3321 4244. Intimes Restaurant mit einem kleinem Garten, eins der besten im Pelourinho. Exzellente zeitgenössische Küche (R$55–74), Tipp: *Camarão Imperial* (R$74), zum Nachtisch Kokoseis in Ingwersoße (R$12). Reservierung abends empfohlen. tgl. 12–23.30 Uhr.

Uauá, Rua Maciel de Baixo 36. Typische Küche aus dem Nordosten (R$52–60/2 Pers.), sehr empfehlenswerte Moqueca. Hübsche Deko und angenehme Atmosphäre. Mo–Sa 11–23 Uhr.

La Figa, Rua das Laranjeiras 17. Hervorragende hausgemachte Pasta (R$22–27), gute Weine (R$12/Glas) sowie Risottos (R$50/2 Pers.). Tipp: mit Spinat *(Espinafre)* gefüllten Ravioli. Mo–Sa 12–24, So 12–17 Uhr.

Dona Chika-ka, Rua João Castro Rabelo 10. Bahianisches Restaurant mit Tischen im 1. OG und auf der Straße, das Essen wird im Korb durchs Fenster heruntergelassen. Lecker ist *Bobó de Camarão* (R$60/2 Pers.). Mo–Sa 17–1 Uhr.

Senac, Largo do Pelourinho. Im 2. OG Buffet einer Restaurantfachschule: 40 bahianische Gerichte, davon 8 Moquecas und 12 Desserts (R$40 p. P.). Im EG gibt's ein Kilo-Restaurant (R$29/kg). tgl. 11.30–15.30; EG Mo–Fr 11.30–15 Uhr.

O Coliseu, Cruzeiro de São Francisco 9/13 (1. OG), 71/3321 6918. Hervorragendes Mittagsbuffet (R$42 p. P.) mit bahianischen Spezialitäten wie Acarajé, Vatapá usw. Schöner Blick auf den Platz. Abendbuffet inkl. einstündiger Folkloreshow (Mo/Di/Do/Sa 19–22 Uhr, R$140, Reservierung). Mo–Sa 11.30–16 Uhr.

Ramma, Cruzeiro de São Francisco 7 (1. OG). Gutes, überwiegend vegetarisches Mittagsbuffet (R$46/kg), auch Fisch und Huhn. Gemütlich eingerichtet, schöner Ausblick. Mo–Sa 11.30–16 Uhr.

Café Conosco, Rua da Ordem Terceira 4. Niedliches Café, in dem Dona Nilza (Bio-)Kaffee und ihren köstlichen selbst gebackenen Kuchen kredenzt. Ein Genuss ist die warm servierte Apfel-Zimt-Torte (R$7). Toll auch die Quiches, wie *Tomate Seco e Rúcula* (R$7). Künstlerisches Ambiente, mit viel Liebe zum Detail gestaltet. Ideal für eine Pause während der Stadtbesichtigung. WLAN gratis. Mo–Fr 10–19, Sa 10–17 Uhr.

Café Brasil, Rua Portas do Carmo 11. Crêpes, Tapiocas, kleine Snacks, guter Kaffee und diverse Mittagsteller *(Prato Executivo,* R$17). tgl. 9.30–20 Uhr.

Le Glacier Laporte, Cruzeiro de São Francisco 21. Gemütliches Café neben der Francisco-Kirche. Fruchteis ohne Konservierungsstoffe (2 Kugeln R$7) und prima Crêpes (R$8–22). tgl. 10–19 Uhr.

Carmo und Santo Antônio

Al Carmo, Rua do Carmo 42. Café und Restaurant, alleine der Balkon mit Blick auf die Bucht ist einen Besuch wert. Live-Musik ab 19.30 Uhr (Mo, Do–Sa, Couvert R$5). 🕒 Mo–Sa 11.30–24 Uhr.

Cafélier, Rua do Carmo 50. Das Atelier des Künstlers Paulo Vaz ist gleichzeitig ein hübsches Café: Bei wunderbarer Aussicht und guter Musik kann man eine der 11 Kaffeesorten probieren und dabei in Antiquitäten und einem kleinen Kunstladen stöbern. Auch gute (und leichte) Snacks: Salate, Suppen, Quiches. 🕒 Do–Di 14.30–21.30 Uhr.

Bistrô Carmo, Rua do Carmo 68. Snacks, Sucos und Açaí bei schöner Aussicht. Nette Bar-Terrasse eine Treppe runter (Live-Musik Fr/Sa ab 20 Uhr, Couvert R$2). 🕒 Di–Do 15–23, Fr, Sa 15–1, So 12–20 Uhr.

BAHIA

Cidade Baixa und Ribeira

Am Ufer des Jachthafens (Bahia Marina) gibt es einige Edelrestaurants mit Blick auf die Bucht, das Beste ist:

Amado, Av. Lafayete Coutinho 660. Nobelrestaurant mit Holzdeck am Wasser und dem Motto „zeitgenössische Küche mit brasilianischer Seele" (R$46–130). 🕒 tgl. 12–24 Uhr.

John John Café, Av. Estados Unidos 397. Nettes Café in modernem Kaffeehausstil: Eiscafé, Smoothies, auch Tellergerichte und Snacks. 🕒 Mo–Fr 7–20 Uhr.

Sorveteria da Ribeira, Praça General Osório 87, Ribeira. Der Besitzer bezeichnet seine Eisdiele (seit 1931) als beste Lateinamerikas und die *Soterapolitanos* stimmen ihm da zu: An den Wochenenden lange Schlangen. 60 Sorten aus Früchten der Region. Publikumsrenner ist Cajá, Autorenfavorit: Mangaba. 🕒 tgl. 9–23 Uhr.

Barra

Barravento, Av. Oceânica 814. Seit 1963 Markenzeichen von Barra und schon von weitem am großen, weißen Dachsegel erkennbar. Romantische Atmosphäre, angenehm erfrischende Brise, schöner Blick aufs Meer. Etwas touristisch, lohnt sich aber mindestens für einen Drink (frisch gezapftes Chope!). 🕒 tgl. 11–2 Uhr.

Boteco do Caranguejo, Av. Oceânica 235. Brasilianer lieben das Ritual, die Beine und Scheren der Caranguejos (Krebse) mit einem Holzhammer zu zertrümmern und auszulutschen. In diesem Bar-Restaurant gibt es tgl. „Dobrado"-Angebote, also zu jedem bestellten Bier, Krebs usw. ein weiteres gratis. Auch andere Gerichte (R$40–60/2 Pers.) und Mittagsbuffet. Schöne Terrasse mit Meerblick. 🕒 Mo–Fr 12–1, Sa, So 10–1 Uhr.

Caranguejo do Farol, Av. Oceânica. Bahianische Küche, Spezialität auch hier Krebse (R$6). Nette Terrasse und Tische vorne auf dem Platz. 🕒 Mo–Do 10–23, Fr, Sa 10–24, So 10–19 Uhr.

Caranguejo de Sergipe, Av. Oceânica. Stets gut gefülltes Restaurant, sehr gemischtes Publikum. Seafood und Moqueca (um R$50/2 Pers.). 🕒 Mo 16–2, Di–So 11–2 Uhr.

Quattro Amici, Rua Dom Marcos Teixeira 35, ✆ 71/3264 3333. Schicke Pizzeria in Altbau aus dem 19. Jh. Sehr gute Pizza ab R$40, die zwei Personen satt macht, wenn man nicht gerade am Verhungern ist. Tipp: „Pedro Matheus" mit Hühnchen in Weißwein-Curry und Apfel (R$45–54). Lieferservice. 🕒 tgl. 18.30–24 Uhr.

Noa Noa Pizza, Av. 7 de Setembro 4295, ✆ 71/3264 1148. Sehr gute, preiswerte Pizza auf der Terrasse der gleichnamigen Pousada. Der neapolitanische Pizzabäcker Pino macht sie mit besonders krossem und dünnem Teig (R$33–48). Auch Lieferung. 🕒 tgl. 17–24 Uhr.

Empada Brasil, Av. 7 de Setembro 4191. Toll zum Sonnenuntergang, kaum anderswo in Barra hat man so eine schöne Aussicht auf die Bucht. Mit etwas Glück ergattert man einen der vorderen Tische auf der Veranda. Gute Empadas in 30 Varianten (z. B. *Camarão*, R$5), oder als Mini-Mahlzeit *(Empadão*, R$15). Longneck R$5. Auch ganztägiges *All-you-can-eat*-Buffet (R$16). 🕒 tgl. 9–22 Uhr.

Ramma, Rua Lord Cochrane 76. Exquisites Buffet mit vegetarischen Leckereien und Rohkost, z. T. indische und arabische Küche (R$43–50/kg). Interessante Salatsoßen, z. B. Papaya-Chutney. Nur für Nichtraucher. 🕒 tgl. 11.30–15.30 Uhr.

Pereira, Av. 7 de Setembro 3959. Schicke Promi-Bar mit schöner Terrasse. Sehr gutes Mittagsbuffet (R$40–45 p. P.), abends à la carte. 🕒 tgl. 18–1, Di–So 12–16 Uhr.

Acarajé – Fast-Food auf Bahianisch

Die bahianische Küche ist stark von afrikanischen Einflüssen geprägt, ein gutes Beispiel dafür ist **Acarajé**. Auf vielen Plätzen stehen Stände, an denen die Bällchen aus braunen Bohnen, Wasser, Salz, Zwiebeln und getrockneten Krabben von **Baianas** in traditioneller Tracht zubereitet werden. Charakteristisch ist der Duft des **Dendê**-Öls, in dem der Teig frittiert wird. Serviert wird das Ganze mit getrockneten Krabben und **Vatapá** – einer Creme aus gemahlenen Krabben und Nüssen, Kokosmilch und Dendê. Jeden Monat werden allein in Salvador 12 Mio. dieser Bahia-Frikadellen verspeist. Bestellt wird Acarajé ohne oder mit Krabben (*sem/com camarão*, R$5/6). Da die Meeresfrüchte schnell verderben, sollte man den hygienischen Bedingungen einigermaßen vertrauen können (am Strand lieber auf Krabben verzichten). Die besten Acarajés der Stadt findet man in **Rio Vermelho** bei **Cira**, Largo da Mariquita, sowie **Regina** und **Dinha**, beide am Largo de Santana. Wer am internationalen Flughafen ankommt, kann bei **Tia Zazá** (neben der Bushaltestelle) schon den ersten Acarajé probieren.

€ **Barra Filet**, Av. Marquês de Caravelas 58 (1. OG). Gutes Mittagsbuffet zu einem wirklich fairen Preis (R$25/kg), klimatisiert. ⌚ Mo–Sa 11.30–15 Uhr.

Perfume de Cozinha, Av. Marquês de Caravelas 358. Mehrfach ausgezeichnetes Kilo-Restaurant (R$32). Das Buffet ist klein, aber fein. Äußerst lecker! ⌚ So–Fr 11.30–15.30 Uhr.

Dona Xícara, Rua Afonso Celso 330. Stadtteilcafé mit Torten (R$7); auch Mittagstisch (R$20–27). ⌚ Mo–Fr 9–19 Uhr.

Sucos 24h, Rua Miguel Bournier. Açaí und 70 tolle Saftsorten (R$6–10). ⌚ tgl. 24 Std.

Perini, Rua Miguel Bournier 24. Feinkostsupermarkt mit Broten und Delikatessen, viele Sorten Cachaça. In der Av. Princesa Isabel gutes Mittagsbuffet (R$44). ⌚ Mo–Sa 7–22, So 7–20 Uhr.

Vitória

Doces Sonhos, Av. 7 de Setembro 2573. Hier gibt's die besten Torten und Kuchen der Stadt (R$9)! ⌚ tgl. 12–21 Uhr.

Rio Vermelho

Fogo de Chão, Praça Colombo 4. Die vom Zentrum aus am schnellsten zu erreichende Churrascaria im Rodízio-Stil, und die beste: *All you can eat* für R$94 p. P. (billiger ohne Fleisch), mit Beilagenbuffet. ⌚ Mo–Sa 12–24, So 12–22.30 Uhr.

Companhia da Pizza, Praça Brig. Faria Rocha. Sehr gute Pizza (R$40/2 Pers.) an einem Platz mit Tischen auf dem Fußweg. Interessante Architektur: modern und rustikal. ⌚ tgl. 17.30–1 Uhr.

Manjericão, Rua Fonte do Boi 3B. Kleine vegetarische Oase mit gutem Self-Service (R$43/kg). Auch Verkauf von Kunsthandwerk. ⌚ tgl. 12–15 Uhr.

Strandvororte

Boi Preto, Av. Otávio Mangabeira, Jardim Armação. Zweitbestes Churrasco der Stadt (R$90), nur deutlich weiter vom Zentrum, schräg gegenüber Aeroclube. ⌚ Mo–Do 12–16, 19–24, Fr–So 12–24 Uhr.

NACHTLEBEN

Pelourinho und Santo Antônio

Schon mit Anbruch der Dunkelheit durchdringt vibrierender Trommelsound die Altstadtgassen. Traditionell ist der Dienstag am belebtesten, insbesondere der erste im Monat *(Terça da Benção).* Der Abend beginnt mit dem Abschluss der Messe in der Igreja N. S. Rosário dos Pretos, danach versammelt man sich gegen 20 Uhr auf der Treppe vor der **Igreja do Santíssimo Sacramento do Passo**, wo der Sänger **Gerônimo** ein schmissiges kostenloses Konzert mit südamerikanischen Rhythmen hinlegt. Im Anschluss bietet sich ein Abstecher zum fast benachbarten **Suvaco de**

Olodum – der Rhythmus, der mitreißt

Traditionelle Höhepunkte des Karnevals sind die Auftritte von **Olodum**, der wohl bekanntesten Rhythmustruppe der Welt. Offizielle Proben *(Ensaios)* der mitreißenden Show finden zwischen November und Karneval statt. Die offizielle, auch um die Welt tourende Formation („Banda Show") spielt Di um 20 Uhr auf der Praça Tereza Batista (R$50), am So um 16 Uhr tritt das kaum weniger talentierte Ensemble des Blocos auf (R$25). Infos in der **Casa do Olodum**, 🖳 www.olodum.com.br. 🕒 Mo–Fr 9–18 Uhr.

BAHIA

Cobra an: Live-Samba in altem Kolonialhaus mit super Buchtblick!

Auch an vielen anderen Tagen wird Programm mit Live-Musik geboten, besonders auf der **Praça Tereza Batista**, der hofartigen **Largo Quincas Berro D'Água** sowie der kleineren **Praça Pedro Archanjo**, jeweils mit Bars, Restaurants und Bühne. Diese von der Straße abgeschirmten Innenhöfe bieten zudem den Vorteil, dass man den teils sehr penetranten Straßenhändlern aus dem Weg geht. Weitere Veranstaltungen finden häufiger statt auf dem **Largo do Pelourinho**, am **Terreiro de Jesus** und beim **Cruz Caída**. In den Wochen vor Karneval ist die Stimmung im Pelô am besten, in der Nebensaison ist es je nach Wochentag auch mal ruhiger. Programm: 🖳 www.pelourinho.ba.gov.br.

Cruz do Pascoal, Rua Joaquim Távora 2, Santo Antônio. Diese bodenständige Bar mit Plastiktischen ist leicht mit einer Pinte zu verwechseln, doch der hintere Teil hat sich dank Veranda mit Aussicht und günstiger Preise zu einem In-Treff entwickelt. 🕒 Mo–Sa 13–24 Uhr.

O Cravinho, Terreiro de Jesus. Kneipe mit vielen Cachaça-Sorten. Spezialität ist das Nelken-Likör *(Licor de Cravo)*. Der *Anti Gripal* ist sehr beliebt zur Vorbeugung. Eine „Infusion" *(Infusão)* bekommt man schon für R$2,50. Auch Außer-Haus-Verkauf. 🕒 tgl. 11–23 Uhr.

Fundo do Cravinho, Terreiro de Jesus 3. Versteckte, lässige Hinterhof-Kneipe mit recht einfachem Ambiente, aber sehr guter Live-Samba (ab 19.30, So ab 18 Uhr, Couvert R$5). Ein Geheimtipp. 🕒 Di–So 16–24 Uhr.

Oliveira's House Bar, Rua Direita de Santo Antônio 110. Nette Nachbarschaftskneipe, die Gäste sind hauptsächlich Freunde des Wirts Flávio. Billard, Do Live-Musik. 🕒 Do–Sa 18–1 Uhr.

Barra

Der sog. **Jardim Brasil** bei der **Rua Belo Horizonte** ist die netteste Ecke mit angesagten und weitgehend untouristischen Bars und Restaurants. Ebenfalls belebt sind die kleinen Straßen zwischen **Av. Marquês de Leão** und **Av. Oceânica** beim Leuchtturm.

Tarantino Art Bar, Rua Belo Horizonte 177. Gute Live-Musik (ab 23 Uhr), getanzt wird je nach Wochentag zu Axé, Pop, Forró oder Samba. 🕒 Mi–So ab 21 Uhr, R$40–60 (Sa R$30–40, nur DJ).

Santo Antonio Botequim, Rua Recife 64. Eine der besten Bars in Barra, man sitzt draußen auf der Terrasse und genießt leckere Snacks und das eiskalt fließende Bier. 🕒 Mo–Fr 17–1, Sa 12–3, So 12–24 Uhr.

Warm-up am Samstag: Salvadors schöne Jamsession am Wasser

Eines der schönsten Events nennt sich **Jam no MAM** und findet samstags ab 19 Uhr auf dem Gelände der alten Zuckersiederei Solar do Unhão statt, auf dem auch das Museu de Arte Moderna (MAM) zuhause ist. Auf einer Open-Air-Bühne vor dem jahrhundertealten Mauerwerk, direkt am Ufer der Allerheiligenbucht, jammen Jazz-Musiker vor überwiegend studentischem Publikum, es fließen Bier und Caipirinha. Im Anschluss ziehen viele Besucher weiter zu einem Straßenfest vor der **Igreja São Lázaro** in Ondina, mit Blick über die Dächer der Stadt, einfachen Straßenbars und Live-Samba (Taxi R$15). 🕒 Sa 19–22 Uhr, R$6.

Bunte Tanzshow

Die bekannte Gruppe **Balé Folclórico da Bahia**, www.balefolcloricodabahia.com.br, hat ihre mitreißende Show – traditionelle afro-brasilianische Tänze, Capoeira- und Gesangseinlagen – schon in vielen Ländern gezeigt und stand u. a. in Sydney und New York auf der Bühne. In Brasilien gewann sie wichtige Preise. Aufführungen im **Teatro Miguel Santana,** Rua Maciel de Baixo 49, Pelourinho, Mo, Mi–Sa 20–21 Uhr, R$40.

Groove Bar, Rua Marquês de Leão 351. Live-Musik-Kneipe mit Auftritten von Rock-Coverbands, in den Pausen DJs. Do–Sa ab 22 Uhr, R$20–30.

Rio Vermelho

Hier treffen sich Intellektuelle, Künstler und Studenten. Das Nachtleben ist untouristisch und großstädtisch. Es gibt zwei zentrale Plätze mit Open-Air-Bars und Acarajé-Ständen: Auf dem **Largo de Santana** sitzt man entspannt hinter der Kirche, am **Largo da Mariquita** ist ab 19 Uhr häufig kein Tisch mehr frei. Der angrenzende Fischmarkt **Mercado do Peixe** ist in den frühen Morgenstunden Treffpunkt der Nachtschwärmer. Entlang der **Rua da Paciência** befinden sich laufend neue Bars und Trendkneipen.

Boteco do França, Rua Borges dos Reis 24-A. Gemütliche Bar, man sitzt draußen in einer kleinen Gasse. Publikum: Künstler, Journalisten, Studenten. Di–So 12–3 Uhr.

Moema Lounge, Rua Alagoinhas 772. Interessante Mischung aus Szene-Lounge und Rösti-Restaurant, mehrere Ambientes draußen und drinnen, oft Live-Musik (Couvert R$6). Mo–Do 18–24, Fr 17–2, Sa 12–4, So 12–24 Uhr.

Borracharia, Rua Cons. Pedro Luís 101-A. Szene-Tanzbar in einer tagsüber aktiven Reifenwerkstatt – Kult! Fr, Sa 24–5 Uhr, Eintritt R$15–20.

Póstudo, Rua João Gomes 87. Bar im 1. OG eines Betonklotzes, Do–Sa Live-Bands (Couvert R$10–15). Mo–Sa 12–15, 18–1 Uhr.

Andere Stadtteile

Schon Monate vor dem Karneval beginnen die Bands mit öffentlichen Proben, sog. **Ensaios** (aktuelle Termine über Tageszeitungen oder Bahiatursa). Zu den besten Shows zählen die Konzerte von Carlinhos Brown und Timbalada, die meist So Abend im **Museu du Ritmo** (Cidade Baixa) stattfinden. Die Veranstaltungsorte sind über die Stadt verteilt (z. B. **Bahia Café Hall** an der Av. Paralela), die etwas weitere Anfahrt lohnt aber fast immer.

Schwul und Lesbisch

Grupo Gay da Bahia, Rua Frei Vicente 24, 71/3322 2552, www.ggb.org.br. Infos über lesbisch-schwules Leben in Salvador und Bahia. Mo–Fr 9–12, 14–18 Uhr.

Off Club, Rua Dias D'Ávila 33, Barra. Der GLS-Klassiker in Salvador. Fr, Sa ab 23 Uhr, R$30. Mehrere Bars auch in der kleinen Gasse **Beco dos Artistas**, Av. Cerqueira Lima, in der Nähe des Teatro Castro Alves. Di–So ab 19 Uhr.

KULTUR

Aktuelle Veranstaltungsübersicht: Tageszeitung *A Tarde* (Programmteil *Caderno 2)* oder Programmheft *Agenda Cultural* (u. a. bei Bahiatursa erhältlich oder www.funceb.ba.gov.br).

Kinos

Gute Programmkinos (z. T. Filme im OmU): **Cinema do Museu**, Av. 7 de Setembro 2195, Museu Geológico, Vitória. **Cine XIV**, Rua Frei Vicente 12–14, Pelourinho. Programminfos: www.saladearte.art.br.

Die großen **Shopping Center** haben moderne Multiplex-Kinosäle.

Kulturzentren

Goethe-Institut, Av. 7 de Setembro 1809, Vitória, 71/3338 4700. Deutsch-brasilianisches Zentrum in einem schönen Kolonialhaus mit Bibliothek, deutschen Tageszeitungen und Kulturveranstaltungen. Netter Innenhof mit Café, man sitzt unter einem Mangobaum, manchmal Live-Musik. Bibliothek: Mo–Do 16–20, Fr, Sa 9–12.45 Uhr.

Karneval in Salvador

Zwei Mio. Menschen, darunter 800 000 Touristen, verfolgen die mehr als 200 Blocos, die auf 26 km durch die Stadt ziehen – Salvadors Karneval ist der zweitgrößte Brasiliens und von 2005 bis 2012 laut Guinnessbuch das größte Fest der Welt (jetzt Rio). Eine Explosion von **Musik und Farben** versetzt die Stadt in einen einwöchigen Ausnahmezustand. Trommelnde Rhythmusgruppen und Trucks *(Trios Elétricos)* ziehen durch die Straßen; aus gigantischen Boxen dröhnt **Axé-Musik**, die von Bands auf den Wagen gespielt wird. Begleitet werden die rollenden Partyzüge von einer frenetisch tanzenden Menschenmenge. Wer einmal unbändige Ekstase erleben möchte, ist hier richtig.

Die Party

- In der **Pipoca** steht das „Fußvolk". Man zahlt nichts, steht am Rand der Strecke und sieht die Trios Elétricos vorbeiziehen. Die hüpfende Menge sieht von weitem aus wie aufspringendes Popcorn (port. „Pipoca"). Auch als Tourist kann man den Karneval in der Pipoca verbringen, wichtig ist aber ein guter Standort, denn an zu engen Stellen kann es ungemütlich werden. Auch die öffentlichen Toiletten sind ein Problem, manche Frauen helfen sich mit Getränkeverzicht. Am besten, man hat in der Nähe einen Rückzugsort.
- Ein **Bloco** ist quasi wie ein Verein, dessen Mitgliedschaft man durch den Kauf eines *Abadá*-T-Shirts erwirbt (tageweise oder für mehrere Tage). Die Teilnehmer begleiten die Trios Elétricos tanzend in einem von Kordeln abgesicherten Bereich (4–6 Std.). Schön anzusehen sind die energiegeladenen **Blocos Afro**, wie z. B. **Ilê Aiyê** oder **Olodum**, mit tollen Kostümen in Anlehnung an afrikanische Gewänder (aktive Teilnahme an den Blocos nur für *Negros*).
- **Camarotes** sind die VIP-Boxen entlang der Strecke. Von einem Balkon aus verfolgt man das Treiben auf der Straße, es wird getrunken, gegessen und getanzt, oft sorgen eigene DJs und Bands für Stimmung. In einige Camarotes gelangt man nur mit Einladung, die meisten stehen aber jedermann offen (ca. R$100–350).

Die Circuitos

Die beiden wichtigeren Circuitos (Umzugsstrecken) wurden benannt nach den Urvätern des örtlichen Karnevals, Osmar und Dodô, die 1950 erstmals in ihrem klapprigen Ford mit lauter Musik durch die Straßen zogen.

- **Barra–Ondina (Dodô)** (4 km) – Dieser schöne Parcours entstand in den 1980er-Jahren. Er beginnt am **Leuchtturm (Farol da Barra)** und führt am Meer entlang bis nach **Ondina**. Es ist die beliebteste Strecke bei der Mittelschicht und bei Touristen. Die breite Uferpromenade bietet reichlich Platz und es weht meist eine kühlende Seebrise. Wer mit dem Taxi von außerhalb kommt, kann sich z. B. an der Av. Princesa Isabel in Barra absetzen lassen (Karte S. 384) und zu Fuß zum Farol laufen.
- **Campo Grande–Avenida (Osmar)** (7 km) – Dieser traditionelle Umzug führt vom Campo Grande (hier findet auch die Eröffnungsfeier statt) zur Praça Castro Alves und wieder zurück. Am Straßenrand steht eher das „einfache" Volk. Da die Strecke durch die eng bebaute Innenstadt führt, geht es mitunter hitzig zu. Dennoch ist ein Besuch ein authentisches Erlebnis, u. a. laufen viele *Blocos Afro* nur hier. Die ganze Strecke mit einem Bloco entlangzulaufen ist allerdings recht anstrengend.
- **Centro Histórico (Batatinha)** – Dieser Circuito findet in den Gassen des Pelourinho statt: Hier ist nicht der bombastische Karneval, es gibt keine Trios Elétricos, alles ist deutlich ruhiger. Die Straßen sind geschmückt, auf kleinen Bühnen werden Shows aufgeführt, und Trommel- und Blasorchester ziehen umher. Musikalisch hört man hier eher Samba.

Die Musik

Salvador ist die Hauptstadt des **Axé**, eine schnelle Musik mit afrikanischen Rhythmen als treibender Basis, die man schon nach einem Tag nicht mehr vergisst. Sehr viele Karnevalshits stammen von dem Sänger und Komponisten **Carlinhos Brown**. Ebenfalls verbreitet ist **Afro Reggae**, Perkussionsmusik von großen Rhythmusensembles. Ab und zu zieht auch mal ein Techno-Bloco im Stil der Love Parade vorbei.

Die bekanntesten Bands

Chiclete com Banana und **Timbalada** spielen sehr schnelle Musik (viele Hits). Vor allem wenn Chiclete vorbeizieht, geht es hoch her im Publikum und oft auch rüde – nichts für ruhige Gemüter! Chiclete fährt meist mit den Blocos Nana Banana, Vôa Vôa oder Camaleão.

Ivete Sangalo: Der große Star des Karnevals, viele ihrer Hits wird man wohl in 50 Jahren noch mitsingen können. Ivete fährt meist mit dem Bloco Coruja.

Margareth Menezes: Die große „alte" Dame des Karnevals entfesselt jedes Jahr aufs Neue ihre Fans, darunter stets viel GLS-Publikum. Wenn Margareth kommt, ist Stimmung angesagt! Ihr Bloco heißt Os Mascarados (kostenlos), Donnerstag und Dienstag verkleiden sich die Mitglieder.

Filhos de Gandhy: Eine bekannte Afoxé-Band; die Jungs des zugehörigen Blocos (nur Männer erlaubt) sieht man überall auf den Straßen, erkennbar an den weißen Gewändern und Turbanen. Sie besprühen Leute mit Parfum, was bei Frauen eine erstaunliche Wirkung ausübt. Für jeden Kuss verteilen sie eine blau-weiße Plastikperlenkette.

Die Sicherheit

Die größten Risiken sind Taschendiebstahl und Schlägereien. Ein großes Polizeiaufgebot hilft dies zu verhindern. Ein Teil der Beamten überblickt das Treiben von eigens errichteten Stationen aus, andere patrouillieren in Gruppen durch die Menge (schnell zur Seite gehen).

Die wichtigsten Regeln: **keine Wertsachen** mitnehmen, Geld und Schlüssel z. B. im Schuh oder in der Unterwäsche deponieren. Aber Achtung: Einige sahen ihr Geld schon im Dixi-Klo verschwinden. Zu jeder Zeit sollte man **Bewegungsfreiheit** in alle Richtungen haben. Wer in der Menge feststeckt, hat etwas falsch gemacht. Es bringt nichts, sich durch eine Menschenmenge zu kämpfen. Daher den Standort vorher gut überlegen, am besten von Einheimischen beraten lassen. Falls doch mal was passiert: **Gelassenheit** bewahren. Da man ja nichts Wichtiges dabei hatte: kontrolliert zurückziehen, keinesfalls Streitereien vom Zaun brechen! Aus unübersichtlichen Situationen immer heraushalten. Prügeleien kommen zwar vor, angesichts eines solchen Mega-Events ist die Zahl der Vorfälle aber noch gering. **Frauen** sollten sich möglichst in männlicher Begleitung ins Getümmel stürzen.

Das gute Ende

Am **Aschermittwoch** findet das traditionelle Treffen aller Trios Elétricos an der Praça Castro Alves und am Farol da Barra statt. Wer dann immer noch nicht genug hat, kann noch ein paar Tage auf **Morro de São Paulo** bei der klassischen **Ressaca** (dem „Katerfest") weiterfeiern.

An den offiziellen Vorverkaufsstellen **Central do Carnaval**, 💻 www.centraldocarnaval.com.br, bekommt man Monate vorher Abadá-T-Shirts (je früher desto billiger!), z. B. **Shopping Barra** oder **Shopping Iguatemi**. Während des Karnevals werden die Hemden auch z. T. von ambulanten Händlern verhökert.

Alliance Française, Av. 7 de Setembro 401, Vitória, ✆ 71/3336 7599, 💻 www.afbahia.com.br. Frz.-bras. Kulturzentrum mit Galerie und Theater. Auf der Terrasse ein Café mit Buchtblick (🕒 Mo–Sa 10–21 Uhr).

Theater und Konzerthäuser

Teatro Castro Alves, Campo Grande, 💻 www.tca.ba.gov.br. Landesweit bekanntes Musiktheater. Tipp: Günstige Auftritte hochkarätiger Künstler in der *Concha Acústica* (akustische Muschel).
Teatro Vila Velha, Av. 7 de Setembro (Passeio Público), 💻 www.teatrovilavelha.com.br. Alternatives Theater mit Tanz- und Musikpräsentationen.
Teatro SESI, Rua Borges dos Reis 9, Rio Vermelho, ✆ 71/3616 7060. Theater- und Musikaufführungen.
Theatro XVIII, Rua Frei Vicente 18, Pelourinho, ✆ 71/3322 0018. Hübsches Theater, geringer Eintritt (ca. R$5).

BAHIA

FESTE UND FEIERTAGE

Viele Feste sind religiösen Ursprungs. Von Dez bis Karneval finden fast wöchentlich rituelle Reinigungen von Kirchentreppen statt: die sogenannte *Lavagem.* Der symbolische Akt – das Kehren der Treppe, Verstreuen von Blumen und Gießen von Duftwasser – beginnt frühmorgens und wird erweitert durch Musik-Shows und kulturelle Veranstaltungen – ein buntes Volksfest! Die wichtigste von ihnen ist die **Lavagem do Bonfim**, die am zweiten Do im Januar stattfindet. Eine große Prozession zieht von der **Igreja N. S. da Conceição da Praia** (Cidade Baixa) zur **Igreja do Bonfim** (Stadtteil Ribeira). Die damit einhergehende Straßenparty geht bis in den Abend. Am vorletzten Oktobersonntag findet vormittags im Pelourinho eine beeindruckende Prozession zu Ehren des Schutzpatrons der **Igreja do Rosário dos Pretos** statt.

Festa de N. S. dos Navegantes (1. Jan): Prozession von der Igreja N. S. da Conceição da Praia zur Igreja N. S. da Boa Viagem, Itapagipe.

Festa de Reis (6. Jan): Prozession zur Igreja da Lapinha, Nazaré.

Festa de Yemanjá (2. Feb): Eines der schönsten Feste Salvadors, ganz Rio Vermelho steht Kopf: Mit Zeremonien wird versucht, die Gunst der eitlen Meeresgöttin Yemanjá zu gewinnen: Höhepunkt ist eine Schiffsprozession, bei der Körbe mit Blumen und Parfum im Meer ausgesetzt werden. Auf der begleitenden Straßenparty spielen viele gute Bands.

Festa de Santa Bárbara/Iansã (4. Dez): Fröhliche Prozession auf dem Largo do Pelourinho, alle sind in Rot gekleidet.

Festa de N. S. da Conceição da Praia (8. Dez): Bunte Prozession und Zeremonien in der Cidade Baixa.

Festival de Verão (Jan/Feb): Eins der größten Musikfestivals Brasiliens mit Live-Übertragung im TV. An 4 Abenden spielen je fünf brasilianische Bands aller Genres vor bis zu 60 000 Besuchern (19–5 Uhr, R$75); zahlreiche Nebenbühnen (Samba, Forró, Disco). Das Festivalgelände **Parque de Exposições** liegt an der Av. Paralela (Taxi ab Barra/Pelourinho etwa R$70). Im Vorverkauf gibt es günstige 4-Tages-Tickets.

EINKAUFEN

Einkaufszentren

Relevant für Touristen sind:
Shopping Iguatemi, Av. Tancredo Neves 148 (gegenüber Rodoviária) und **Shopping Barra**, Av. Centenário 2992. 🕒 beide Mo–Sa 9–22, So 14–20 Uhr.

Souvenirs und Kunsthandwerk

Bahia ist berühmt für sein kreatives Kunsthandwerk. Verwendet werden vor allem natürliche Materialien wie Holz, Leder und Muscheln. Raffiniertere Produkte werden aus Edel- und Halbedelsteinen, Gold, Silber, Bronze und Zinn angefertigt. Hauptthemen vieler Künstler sind Motive aus der Natur und den Religionen.
Das **Instituto Mauá** hat Verkaufsräume für Holzschnitzereien, Ton-, Textil- und Keramikprodukte: **Barra**, Largo da Barra, und **Pelourinho**, Rua Maciel de Baixo 27. 🕒 Mo–Fr 9–18, Sa 9–14 Uhr.

Hochwertige Produkte in der Rua Maciel de Baixo, Pelourinho: z. B. **Pelô Mania**, ⌚ tgl. 10–18 Uhr, und **Coisas da Terra**, ⌚ Mo–Sa 10–18 Uhr.
Mercado Modelo, Praça Visconde de Cairu 250, Comércio. Bahias größter Kunsthandwerksmarkt, etwas touristisch (Verhandlungsgeschick mitbringen). ⌚ Mo–Sa 9–19, So 9–14 Uhr.
Oficina de Investigação Musical, Rua Portas do Carmo 24, Pelourinho. Afro-brasilianische Musik- und Rhythmus-Instrumente, wie z. B. Berimbau, Djambé oder Calimba, größtenteils eigene Herstellung. Percussion-Kurse. ⌚ Mo–Sa 10–21, So 12–20 Uhr.
Midialouca, Rua das Laranjeiras 28, Pelourinho. Große CD-Auswahl. ⌚ Mo, Mi–Sa 9–13, 15–18 Uhr.

KURSE

Capoeira

Es gibt zwei Richtungen: Der traditionelle, langsamere Stil nennt sich Angola. Bekannte Lehrer sind Mestre Lua Rasta und Mestre João Pequeno:
Mestre Lua Rasta, Rua da Ordem Terceira 3, ✆ 71/3322 6750, 💻 www.atelierlua.com.br. Capoeira- und Percussion-Kurse (R$30/Std.), Fr ab 21 Uhr offene *Roda* auf dem Terreiro de Jesus (bei Fotos Spende erbeten); Außerdem Verkauf von handgefertigten afrobrasilianischen Instrumenten. ⌚ Mo–Fr 9–19, Sa 9–13 Uhr.
Forte da Capoeira, im Forte Santo Antônio befinden sich 7 Capoeira-Schulen, unter anderem Mestre João Pequeno de Pastinha. Präsentationen *(Rodas)* Di, Do, Sa 19.30 Uhr.
Der neuere **regionale** Stil wurde von **Mestre Bimba** (gest. 1990) gegründet, er ist schneller und kämpferischer. Wichtige Vertreter sind **Mestre Bamba** und **Mestre King Kong**.
Associação de Capoeira Mestre Bimba, Rua das Laranjeiras 1, ✆ 71/3322 0639, 💻 www.capoeiramestrebimba.com.br. Capoeira-Kurse (7x tgl., R$25/Std.) und Präsentationen (Di/Fr 19–20 Uhr, R$20).
Mestre King Kong, Rua João de Deus 7, ✆ 71/9226 7265.

Portugiesisch

Idioma, Rua Greenfield 46, Barra, ✆ 71/3267 7012, 💻 www.portugueseinbrazil.com. Kleine, sympathische Schule mit guten Lehrern, günstige Preise (2 Wochen ab R$806). Auch Ausspracheworkshops. ⌚ Mo–Fr 8–18 Uhr.

Tauchen

Dive Bahia, Av. 7 de Setembro 3809, Barra, ✆ 71/3264 3820, 💻 www.divebahia.com.br. Tauchen in der Baía de Todos os Santos (Schiffswracks). Im Haus Zimmer für Tauchschüler. Englisch. ⌚ tgl. 8–18 Uhr.

SONSTIGES

Apotheke

Botica da Terra, Rua João de Deus 8. Naturprodukte, in Kooperation mit der Universität UFBA. ⌚ Mo–Fr 9–17, Sa 9–12 Uhr.

Geld

An **Flughafen** und **Rodoviária** gibt es Banco do Brasil-Geldautomaten (alle Karten). Die unten genannten Filialen haben von 10–16 Uhr geöffnet (Mo–Fr), die Automaten akzeptieren alle Karten. Wenn nicht anders angegeben: **Banco do Brasil**.
Pelourinho: Cruzeiro de São Francisco. ⌚ Geldautomat 7–22 Uhr.
Barra: Rua Miguel Bournier 4. ⌚ Geldautomat 8–19 Uhr.
HSBC, Rua Marquês de Caravelas 355. ⌚ Geldautomat 6–22 Uhr.
Cidade Baixa: Av. Estados Unidos 561. ⌚ Geldautomat Mo–Fr 8–20 Uhr.
Geldwechsel: Am **Flughafen**, in den **Banco do Brasil**-Filialen Pelourinho, Shopping Barra und Flughafen (keine Geldwechselmöglichkeit in Itapuã).

Informationen

Infostände von Bahias Tourismusbehörde **Bahiatursa**, 💻 www.bahia.com.br:
Pelourinho, Rua das Laranjeiras 1, ✆ 71/3321 2133, ⌚ tgl. 8–21 Uhr;
Rodoviária, ✆ 71/3450 3871, ⌚ tgl. 7.30–22 Uhr;
Flughafen, ✆ 71/3204 1444, ⌚ tgl. 8–23 Uhr.

Die städtische **Saltur**, 💻 www.visitsalvador bahia.com, hat Büros am **Elevador Lacerda**, 📞 71/3321 2697, 🕒 Mo–Fr 8–19, Sa 9–14 Uhr; und im **Mercado Modelo**, 🕒 Mo–Sa 9–18, So 9–14 Uhr.
Disque Bahia, 📞 71/3103 3103, informiert u. a. auf Englisch über 138 Städte und Bezirke in Bahia (inkl. Kulturkalender Salvador).

Internet

Conecte.com, Av. Princesa Isabel, Barra. R$4. 🕒 Mo–Fr 9–20 Uhr.
Ateliê de Costura, Rua César Zama 237, Barra. In einer Schneiderei, klein aber günstig. R$2. 🕒 Mo–Sa 8–20, So 9–14 Uhr.
Corproni Cyber Café, Rodoviária, Flügel Desembarque. R$4. 🕒 tgl. 8–22 Uhr.

BAHIA

Medizinische Hilfe

Hospital Aliança, Av. Juracy Magalhães 2096, Rio Vermelho, 📞 71/2108 5600. Privatkrankenhaus mit 24-Std.-Notdienst.

Polizei

Touristenpolizei Deltur, Cruzeiro de São Francisco, Pelourinho, 📞 71/3116 6817. 🕒 24 Std.
Polícia Federal, Flughafen, 📞 71/3204 1697. Visumfragen. 🕒 Mo–Fr 10–16 Uhr.

Reisebüros

Quatro Cantos Turismo, Rua Marquês de Caravelas 154, Barra, 📞 71/3264 2000. Inlandsflüge, sehr engagiert. 🕒 Mo–Fr 9–18.30, Sa 9–12.30 Uhr.
Shopping Tour, Shopping Barra, 1. OG (bei Insinuante), 📞 71/3264 9077. Bustickets für Rápido Federal, unter anderem nach Lençóis (nur Barzahlung). 🕒 Mo–Sa 9–21.30, So 14–20 Uhr.

Supermarkt

Bompreço, Rua Barão de Itapuã, Barra. Pitstop 100 m vom Strand. 🕒 Mo–Sa 7–22, So 7–18 Uhr.

Touren

Der in Salvador lebende Loose- und DuMont-Autor **Nicolas Stockmann**, Verfasser dieses Buchkapitels, bietet individuelle Stadtführungen und Ausflüge ins Umland von Salvador an. Infos: 💻 www.salvador-insider.com.
Tours Bahia, Cruzeiro de São Francisco 4–6, Pelourinho, 📞 71/3320 3280, 💻 www. toursbahia.com.br. Diverse Touren, u. a. mit dem Schoner durch die Allerheiligenbucht, Candomblé. 🕒 Mo–Fr 9–18, Sa 9–13 Uhr.
Salvador Bus, 📞 71/3356 6425, 💻 www. salvadorbus.com.br. Stadtrundfahrt im Doppeldeckerbus (u. a. Rio Vermelho, Barra, Ribeira), Einstieg z. B. Farol da Barra, 3–4x tgl., 4–6 Std., R$45; z. T. längerer Stopp am Mercado Modelo, Aus- und Wiedereinstieg möglich.

Wäschereien

Lavanderia Maria, Ladeira do Carmo 30, Pelourinho. Gut und zuverlässig: R$30/Korb, Lieferservice R$10. 🕒 Mo–Fr 9–18, Sa 9–17 Uhr, So variabel.
Lavoro, Av. Marquês de Leão, Barra. R$32/20 Stck. 🕒 Mo–Fr 8–20, Sa 8–18 Uhr.

Wellness

Der deutsche Pilates-Trainer **Jan Fichtner**, 💻 www.fit-in-bahia.com, bietet unter dem Motto „Fit im Urlaub" individuelle Trainingsstunden an, z. B. Pilates oder Wirbelsäulengymnastik.

NAHVERKEHR

Salvador hat einige nicht alltägliche Verkehrsmittel: Der Aufzug **Elevador Lacerda** fährt für drei Groschen von der **Praça Tomé de Souza** hinunter zum Vorplatz des Mercado Modelo. 🕒 24 Std. **Plano Inclinado Gonçalves** ist eine Standseilbahn, die die Praça da Sé mit der Cidade Baixa verbindet (R$0,15, zur Zeit der Recherche gesperrt!). Seit 2006 fährt – nach 22 Jahren Stillstand – auch wieder die **Plano Inclinado do Pilar** (Bj. 1897) von Santo Antônio zum Mercado do Ouro. 🕒 Mo–Fr 7–19, Sa 7–13 Uhr.

Busse

Das Bussystem von Salvador ist chaotisch, selbst Einheimische blicken kaum durch. Eine normale Fahrt kostet R$2,80, klimatisierte Minibusse R$3.

Ab Busbahnhof: Zentrale Haltestelle durch einen Fußgängertunnel, dort u. a. Busse zuden Fährhäfen Terminal Náutico („Terminal da França") und Terminal São Joaquim. Über eine endlose Fußgängerbrücke (Hauptausgang links) gelangt man zum großen Nahverkehrsterminal **Estação Iguatemi**. Dort u. a. Busse zum Flughafen (*Aeroporto*, 30–40 Min.). Vor dem **Shopping Iguatemi** (am Ende der Brücke) hält u. a. Minibus *Praça da Sé*, der die Route Pituba / Rio Vermelho / Barra / Pelourinho abfährt (alle 15–30 Min. bis 22 Uhr, 50–70 Min.).
Ab Flughafen ins Pelourinho mit Minibus *Praça da Sé*, über Rio Vermelho, Barra und Vitória (Mo–Fr bis 23, Sa, So bis 21.30 Uhr, alle 20–45 Min., 60–90 Min., R$3). Haltestelle vorm Parkhaus, rechts von den Acarajé-Ständen.
Ab Pelourinho: Die zentrale Haltestelle in der Rua Chile ist als **Praça da Sé** bekannt. Zum Flughafen: Bus *Aeroporto* (über Barra, Rio Vermelho, 60–90 Min.).
Zur Rodoviária: Bus *Iguatemi* zum Shopping Iguatemi, dort über die Fußgängerbrücke (40–50 Min.).
Ab Unterstadt: Busse mit Aufschrift „Ribeira" fahren zum Terminal São Joaquim.
Ab Barra: zum Pelourinho mit *Praça da Sé*. Rio Vermelho (20 Min.) und Richtung Aeroclube / Itapuã / Flamengo (60–80 Min.): u. a. *Praia do Flamengo/Campo Grande*, *Itapuã* (in kurzen Abständen). Zum Flughafen: Minibus *Aeroporto* (ca. 60 Min.). Nach Ribeira / Terminal Náutico Bus *Ribeira* (zurück heißt er *Sabino Silva*). Zur Rodoviária am schnellsten mit Minibus *Iguatemi* (40–60 Min.).

Taxi

Ab Flughafen: Barra (R$70–90), Pelourinho (R$65–85), je 45–60 Min., zurück ca. R$10 billiger; Itapuã (25 Min., R$25–30).
Ab Rodoviária: Barra (R$26–35), Pelourinho (R$20–26), je 20–30 Min.
Zwischen Barra und Pelourinho R$15–18.

Boote

Ab **Terminal São Joaquim** (im Volksmund Ferry Boat, sprich „Fehi Bootschi"), Av. Oscar Pontes, nach:
Bom Despacho (Ilha de Itaparica):
Autofähre, stdl. 5–22 Uhr, die letzte Fähre 23.30 Uhr, 50–60 Min., R$4–6. Informationen: ✆ 71/3103 2050.

Ab Terminal Náutico:
Mar Grande (Ilha de Itaparica):
Personenboot, halbstdl. bis 19 Uhr (Sommer alle 15 Min.), 35–40 Min., R$4 (So R$5,40), Tickets rechter Eingang (Schalter 9/10).

TRANSPORT

Flüge

Der moderne **Aeroporto Internacional Luís Eduardo Magalhães**, ✆ 71/3204 1555, liegt 30 km nordöstlich vom Stadtzentrum in São Cristóvão. Flüge innerhalb Bahias u. a. nach **Porto Seguro** und **Ilhéus**. Von/nach Europa Direktflüge u. a. mit **Condor** (Frankfurt), ✆ 71/3341 5100, und **TAP** (Lissabon), ✆ 71/3113 2600.

Fluggesellschaften
Avianca, ✆ 71/3204 1586;
Azul, ✆ 71/4003 1187; **Gol**, ✆ 71/3204 1608;
TAM, ✆ 71/3204 1579; **Trip**, ✆ 71/3204 1536.

Busse

Rodoviária, Av. Antônio Magalhães 4362, Pernambués, ✆ 71/3616 8300.
Im Busbahnhof gibt es Imbisse, Supermarkt, Post, Internet, Apotheke, Tourist Info, 24-Std.-Gepäckaufbewahrung (Flügel Desembarque, R$4–6/Stück) und **Salad's & Grill**, ein anständiges Self-Service. ⌚ tgl. 11–22 Uhr.
Infos zum Busverkehr hat die **Central de Informações** am Eingang. ⌚ tgl. 6–22 Uhr. Darüber hängt eine Tafel mit den Nummern der **Verkaufsschalter** (1. OG).

Nach Süden
Busse nach **Valença**, **Camamu** und **Itacaré** fahren nur ab **Bom Despacho** (Ilha de Itaparica), einige andere Verbindungen sowohl ab Bom Despacho als auch ab Rodoviária mit Águia Branca, ✆ 4004 1010. Aufpassen: häufig wird eine Reiseversicherung (R$3–5) ungefragt auf den Preis aufgeschlagen, wer sie nicht will, kauft *„sem seguro"*.

Eunápolis (für Trancoso, Arraial d'Ajuda): tgl. 5.30, 19.15 *(Leito)*, 20 Uhr, 11 Std., R$91–138.
Ilhéus: tgl. 9, 12.45 und 22.45 Uhr, 8 Std., R$70–95.
Porto Seguro: tgl. 20 Uhr, 12 Std., R$151.
Teixeira de Freitas (für Caravelas): tgl. 5.30 und 19.15 Uhr, 14–16 Std., R$114–172.

Nach Norden
Linha Verde, ✆ 71/3450 0321, 11x tgl. bis 18 Uhr nach **Praia do Forte** (1 1/2 Std., R$9). Die meisten Busse fahren nur bis zum Ortseingang *Entrada Praia do Forte* (2 km vom Zentrum, weiter mit Minibus), Direktbusse um 9, 13 und 18 Uhr. Weiterfahrt nach **Imbassaí** (2 Std., R$14) und **Conde** (4 Std., R$29). Etwa 300 m nördlich vom Shopping Iguatemi fahren laufend **Vans** u. a. nach Praia do Forte und Imbassaí (R$9–10).

BAHIA

Ins Landesinnere
Cachoeira: Santana, ✆ 71/3450 4951, stdl. bis 21.30 Uhr, 2 Std., R$20.
Feira de Santana: Santana, ca. halbstdl. bis 21.30 Uhr, 1 1/4–1 3/4 Std., R$20–26.
Lençóis: Rápido Federal, ✆ 71/3450 9310, tgl. 7, 13, 17 und 23 Uhr, 6–7 Std., R$61 (Ticketverkauf s. auch Reisebüros).

Nationale Busse (Interestadual)
Aracaju: Bomfim, ✆ 0800/079 1988, 9x tgl. bis 23.30 Uhr, 5–7 Std., R$51–98.
Belo Horizonte: São Geraldo, ✆ 71/3450 4488, 17 oder 18 Uhr, 24 Std., R$213.
Fortaleza: Itapemirim, ✆ 71/3450 5644, Di, Do, Sa 19, So 10 Uhr, 21 Std., R$207.
João Pessoa: Progresso, ✆ 71/3646 4208, Mo, Mi, Fr 19 Uhr; Bomfim, Di, Do, So 19 Uhr; 15 Std., R$122–141.
Maceió: Bomfim, tgl. 12.15 und 20.30 Uhr (10 Std., R$140) sowie 6 und 18 Uhr (11–12 Std., R$93).
Natal: São Geraldo, 17 und 19.40 Uhr, 20 Std., R$177.
Petrolina (für Serra da Capivara): São Luiz, ✆ 71/3646 4343, tgl. 11, 13.50 und 22 Uhr, 8 Std., R$72.
Recife: Itapemirim, tgl. 19.15 und 19.30 Uhr, 14 Std., R$126–159.
Rio de Janeiro: Itapemirim, Mo, Mi, Fr, So 9.30, Di, Do, Sa 10.30 Uhr, Águia Branca, tgl. 7 und 12.30 Uhr; 27–30 Std., R$220–279.
Vitória: Águia Branca, tgl. 15.30 Uhr, 21 Std., R$180.

Boote
Nach **Morro de São Paulo** gibt es drei Möglichkeiten:

1) Am schnellsten vom **Terminal Náutico da Bahia**, ✆ 71/3242 4082, per **Schnellboot** *(Lancha)* oder **Katamaran**, ca. 5–6x tgl., meist 8.30, 9, 10.30, 13 und 14 Uhr, 2–2 1/2 Std., R$75–80 (ggf. Mittel gegen Seekrankheit einstecken). Ticketverkauf an den Schaltern 1 bis 8 (rechter Eingang).

2) **Cassi Turismo**, ✆ 71/4101 9760, Schalter 5 und Büro ggü. Terminal Náutico: Überlandtransfer mit zwei Fährüberfahrten (auch öffentliche Fähre), tgl. 7.30, 12.30 und 16.30 Uhr (Abholung vom Hotel 1–1 1/2 Std. früher, ab Flughafen 1–2 Std. vorher), 2 1/2–3 Std., R$80 (ab Flughafen R$100). Bei verspäteten Flügen kann sich die Abfahrt verzögern.

3) Billiger, aber zeitaufwendiger: Fähre ab **Terminal São Joaquim** nach **Bom Despacho** (Itaparica), dort per Bus nach **Valença** und weiter mit Boot. Gesamt mind. 4 Std., etwa R$30–35.

Baía de Todos os Santos

Die Baía de Todos os Santos ist die größte Bucht Brasiliens und die drittgrößte der Welt (1050 km²). Mehr als 50 Inseln sind hier verstreut, von denen etwa die Hälfte bewohnt ist. Die Bucht wurde am 1. November 1501 von einer portugiesischen Expedition unter Amerigo Vespucci offiziell entdeckt und nach dem kirchlichen Kalender **„Allerheiligenbucht"** (Baía de Todos os Santos) getauft. Letztlich leitet sich auch der Name des Bundesstaates Bahia von ihr ab. In der Baía de Todos os Santos nahm der Aufstieg Salvadors zur ersten Hauptstadt Bra-

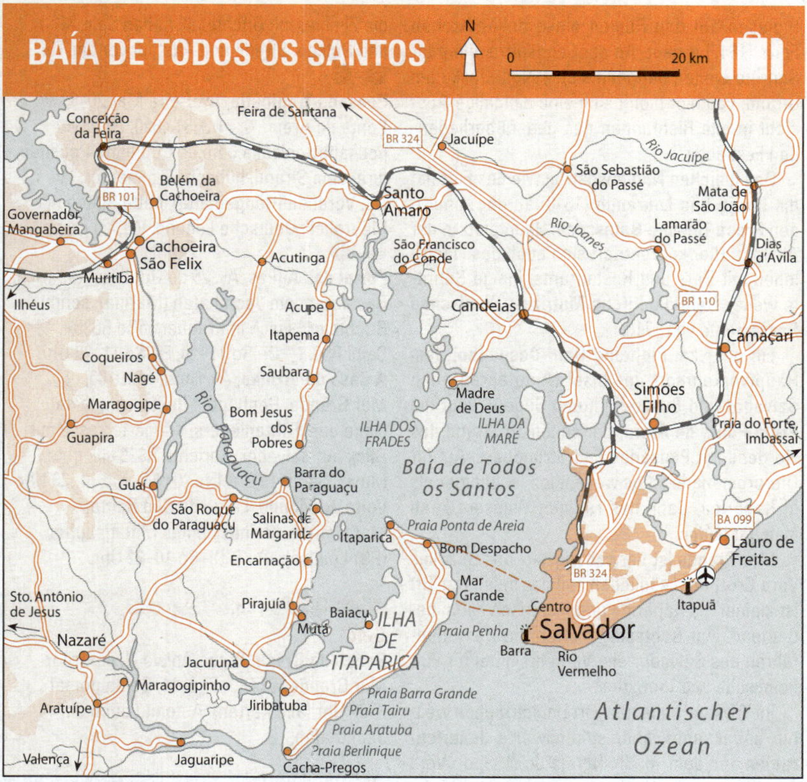

BAÍA DE TODOS OS SANTOS

N 0 20 km

siliens seinen Anfang, vor allem dank des strategischen Hafens zum Export von Zuckerrohr aus den Farmen des Recôncavo. Neben historischen Städten hat sich auch ein umfangreicher Industriepark angesiedelt, der hauptsächlich auf der Förderung und Verarbeitung von Erdöl beruht – hier wurde erstmalig in Brasilien Öl gefunden.

Ilha de Itaparica

Mit 240 km² ist Itaparica die größte Insel in der Baía de Todos os Santos und die drittgrößte Meeresinsel Brasiliens (nach der Ilha de Santa Catarina und der Ilhabela). Darüber hinaus hat sie allerdings wenige Superlative zu bieten. Die brauchen die Einwohner Salvadors aber auch nicht. Sie mögen „ihre" Insel und bevölkern sie zahlreich, besonders an Wochenenden. An den Stränden sind viele Condomínios entstanden. Ein Besuch lohnt sich, um an einem der Strände zu entspannen oder den historischen Hauptort Itaparica zu erkunden, wo an ruhigen Tagen die Zeit stehen geblieben zu sein scheint.

Orientierung und Strände

Am nordwestlichen Zipfel liegt der namensgebende Hauptort **Itaparica**, im 17. Jh. von Holländern gegründet. Neben den hübschen Kolonialhäusern aus dem 18. und 19. Jh. sowie einer bezaubernden Uferpromenade ist die beeindruckende Festung **Fortaleza de São Lourenço** sehenswert, die jedoch nur von außen besichtigt werden kann. Die Anlage wurde 1711 von Portugiesen auf den Ruinen eines holländischen Forts (1647) erbaut. An der Landspitze, ein paar Schritte weiter, befinden sich einige Kioske am Strand, von hier bietet sich eine einmalige Aussicht in alle Richtungen des gegenüberliegenden Festlands.

Den gleichen Namenspatron wie das Fort hat die **Igreja São Lourenço** (1610) an der schattigen **Praça Tenente Botas**, dem Hauptplatz in der Altstadt. Hier konzentriert sich auch das Nachtleben mit Bars und Restaurants. Einige Schritte weiter steht die Kirche **Matriz do Santíssimo Sacramento** von 1715.

Ein paar km Richtung **Bom Despacho**, dem Hauptverkehrsort der Insel (Autofähren nach Salvador und Busse Richtung Süden), liegt die **Praia Ponta de Areia**, der schönste Strand des Nordens mit Pousadas und Strandbars. An der Uferpromenade ist es wesentlich lebendiger als in Itaparica, dank des ruhigen Wassers kann man gut baden.

Mar Grande ist Verwaltungssitz des Bezirkes Vera Cruz, dem südlichen Teil der Insel. Der Ort ist kleiner als Itaparica und historisch kaum bedeutend. Am Bootssteg treffen die Personenfähren aus Salvador ein, Verkehrsmittel für Einheimische wie Touristen.

Im Westen, nahe dem Ort Baiacu, liegen weithin unbekannte, aber sehenswerte **Jesuitenruinen** aus dem 16. Jh. (Igreja do N. S. de Vera Cruz), heute ein Heiligtum des Candomblé. Im Südteil der Insel findet man riffgeschützte, ruhige Strände mit wenig Infrastruktur.

ÜBERNACHTUNG UND ESSEN

Die Insel lässt sich leicht auf einem Tagesausflug erkunden. Wer länger bleiben möchte, findet Pousadas an der Praia Ponta de Areia, in Itaparica oder in Mar Grande.

Pousada Claro de Luar, Av. Beira Mar 200, Ponta de Areia, ✆ 71/3631 1163, 💻 www.clarodeluar.com. Strand-Pousada (Ventilator oder AC), gutes Preis-Leistungs-Verhältnis. Die Argentinierin Susana spricht Englisch. WLAN gratis. ❷–❸

Hotel Icaraí, Praça da Piedade, Itaparica, ✆ 71/3631 1110, 💻 www.icaraihotel.com.br. Hat noch den Charme des altehrwürdigen Badehotels aus besseren Zeiten. Teils renoviert, die Zimmer mit Buchtblick haben Split AC und Balkon. Strand und Altstadt vor der Tür. ❷–❸

Pousada Tropicália, Av. Beira Mar 2048, Ponta de Areia, ✆ 71/3631 4620, 💻 www.pousadatropicalia.com.br. Gepflegte Pousada direkt am Strand, hübsche Zimmer mit TV, AC, Veranda (Hängematte), nette Suiten mit Meerblick. Deutsche Leitung. WLAN gratis. 

Portal das Águas, Av. 25 de Outubro, Itaparica. Restaurant am Jachthafen (Marina), schöner Buchtblick. Fisch in Krabbensoße R$33, Caipi R$6. ⏲ Di–So 11–18, Fr–So 11–22 Uhr.

A Casa do Vizinho, Av. Beira Mar 100, Mar Grande. Gepflegtes Restaurant in der Nähe des Fähranlegers, luftige Terrasse mit Blick auf Salvador. Gerichte R$25–40, gute Musik, Sa ab 19 Uhr live. ⏲ Mi–Mo 11–23 Uhr.

Volta ao Mundo, Largo de São Bento, Mar Grande. Kleines, feines Mittagsbuffet (R$14 pauschal). ⏲ Di–So 10–22 Uhr.

SONSTIGES

Geld

Banco do Brasil, Praça Anísio N. de Brito, Mar Grande. ⏲ Mo–Fr 9–14, Geldautomat 6–22 Uhr (alle Karten). Automat auch am Jachthafen.

NAHVERKEHR

Die Anfahrt ist einfacher als der Transport auf der Insel. Bei Ankunft in Bom Despacho oder Mar Grande hat man drei Möglichkeiten: **Taxi** (z. B. nach Ponta de Areia ca. R$20–25), einen klapprigen VW-Minibus (**Coletivos**, etwa R$3) oder **Mototaxi** (z. B. Mar Grande–Itaparica R$7). In Ponta de Areia fahren alle 10–30 Min. ab Strandpromenade Coletivos nach Bom Despacho.

Minibusse

In **Bom Despacho**: Schilder markieren die Fahrtziele, die Minibusse fahren los, wenn ein Schwung Passagiere angekommen ist.

In **Mar Grande**: Nach Bom Despacho: Haltestelle 100 m ggü. vom Fähranleger. Nach Itaparica und Richtung Süden: 50 m rechts (Fahrziele werden ausgerufen).

TRANSPORT

Busse

Ab **Rodoviária Bom Despacho** lassen sich einige Orte an der Südküste Bahias erreichen. Águia Branca, Cidade Sol und Camurujipe fahren in kurzen Abständen nach **Valença** (2 Std., R$17) und **Camamu** (4 Std., R$28), Cidade Sol nach **Itacaré** (5x tgl. bis 16 Uhr, 5 Std., R$38).

Águia Branca fährt tgl. nach: **Eunápolis** (20 Uhr, 10 Std., R$82), **Ilhéus** (9 und 13 Uhr, 6–7 Std., R$44), **Itabuna** (9, 13 und 20 Uhr, 7 Std., R$48) und **Porto Seguro** (20 Uhr, 11 Std., R$82–92).

Boote

Nach **Salvador**:

Von **Mar Grande** zum Terminal Náutico: **Personenboot** halbstdl. bis 18.30 Uhr (Sommer bis 19 Uhr), 35–40 Min., R$4–6.

Von **Bom Despacho** zum Terminal São Joaquim: **Autofähre** stdl. 5–22, dann 23.30 Uhr, 50–60 Min., R$4–6.

Recôncavo

Eine Reise ins Recôncavo – das fruchtbare Gebiet rings um die Baía de Todos os Santos – ist eine Begegnung mit der barocken Kolonialarchitektur des 18. Jhs. Viele Kirchen und Bauwerke gehören zu den bedeutendsten jener Epoche in Brasilien. Die Fahrt von Salvador führt über Santo Amaro ins hügelige Landesinnere, wo sich am Rio Paraguaçu zwei Städtchen reizvoll gegenüberliegen: Cachoeira und São Felix. In der Kolonialzeit kamen die Ortschaften durch Zuckerrohranbau zu Reichtum, später auch mit Tabak und Baumwolle. Der fruchtbare Boden und die strategisch günstige Flusslage waren ideal für Anbau und Verschiffung. Hinzu kam im 19. Jh. die Verladung von Edelsteinen aus der Chapada Diamantina. Das Recôncavo ist eine Region mit starkem **afrikanischem Einfluss** und einer bis heute lebendigen Mischung aus afro-brasilianischer Religiosität und Mystizismus. Eine Spezialität sind die schmackhaften Süßliköre aus regionalen Früchten.

Santo Amaro

Santo Amaro ist die größte Stadt des Recôncavo (58 000 Einw.) und landwirtschaftliches und industrielles Zentrum (Papier, Töpferwaren). Sehenswert ist die zentrale **Praça da Purificação** mit einem schmiedeeisernen Brunnen aus England (19. Jh.) und acht Laternen aus Macao. Hier liegt die **Igreja Matriz de N. S. da Purificação** (1668) mit seltenen mehrfarbigen portugiesischen Azulejos. Ihre Decke ist mit Perspektivmalerei gestaltet. Wer genau hinschaut merkt: Das Bild scheint sich zu bewegen. Teile des Innenraums wurden jedoch im 19. Jh. verkitscht. Zutritt durch den Seiteneingang (R$2). Gegenüber steht das Rathaus **Paço Municipal** (1727).

Wichtigstes religiöses Fest ist die **Lavagem da Purificação** (23. Jan–2. Feb), Höhepunkt ist die rituelle Reinigung der Kirchentreppen. Um den 13. Mai findet **Bembé do Mercado** statt, ein seit 1889 begangenes Fest zur Abschaffung der Sklaverei (Santo Amaro besaß einen der größten Sklavenmärkte Bahias). Im Rahmen des Festes gibt es Aufführungen afro-brasilianischer Folklore und Religion (Candomblé), mit Samba-de-Roda, Maculelê (choreographierter Tanz mit Stöcken und Macheten) und Capoeira.

Cachoeira

Cachoeira (34 000 Einw.) ist die schönste und interessanteste Stadt des Recôncavo. Sie liegt malerisch in einem Tal am Rio Paraguaçu, umgeben von hügeligen Graslandschaften. Die zweitälteste Siedlung Bahias (nach Salvador) war bis ins 19. Jh. eine florierende Handelsstadt und besitzt heute einen der größten **kolonialen Architekturschätze** des Staates. Die Spuren dieser blühenden Vergangenheit sind an vielen Stellen in der Altstadt sichtbar.

Auf Schritt und Tritt begegnet man in Cachoeira auch afrikanischen Einflüssen. Kaum sichtbar ist jedoch, dass Cachoeira ein bedeutendes **Candomblé-Zentrum** mit über 50 Kulthäusern ist. Anders als in Salvador werden die Zeremonien ohne Touristen zelebriert. Von Gästen wird ein besonderer Respekt gegenüber dem Ritual erwartet (Auskünfte zu Besuchsmöglichkeiten über die Tourist Info). Cachoeira und São Felix bieten sich als Ein- oder Zweitagesausflug an, besonders während einer der vielen Feierlichkeiten.

Sehenswertes

Ein Spaziergang durch das kleine Zentrum gibt einen Eindruck vom baulichen Reichtum der Stadt, allen voran die vielen Kirchen aus dem 17. und 18. Jh. Die **Igreja e Convento N. S. do Carmo** war das erste Karmeliterkloster Brasiliens. Die Anlage beherbergt heute eine Pousada.

Bemerkenswerter ist die benachbarte **Capela de Oração da Ordem Terceira do Carmo** (1695–1745) des Laienordens der Karmeliter. Sie ist ein wunderbares Beispiel barocker Architektur. Eine Besonderheit sind die Passionsfiguren in der Sakristei, die vermutlich aus der portugiesischen Kolonie Macao in China stammen. ⏲ Mo–Fr 9–12, 14–17 Uhr, R$4 (ggf. den Pförtner aufsuchen).

Die **Igreja Matriz N. S. do Rosário** (1693–1754), Rua Ana Nery, ist ein verhältnismäßig einfacher Bau, bekannt für seine hübschen Azulejos. Der Weg auf den Hügel zur **Igreja N. S. da Conceição do Monte** (18. Jh.) lohnt sich wegen des schönen Blicks auf Tal und Stadt.

Am Hauptplatz **Praça da Aclamação** liegt der Barockbau **Casa de Câmara e Cadeia** (1698–1712, heutiges Stadtparlament), der zweimal als Regierungssitz Bahias fungierte. ⏲ Mo–Fr 8–18, Sa, So 8–12, 14–18 Uhr. Im **Museu Regional de Cachoeira** gegenüber sind in einem schönen, leider auch verwahrlosten Bürgerhaus Kolonialmöbel zu besichtigen. ⏲ Mo–Fr 8–12, 14–17, Sa, So 8–12 Uhr, R$2.

In der Rua 13 de Maio 32 hat die **Irmandade da N. S. da Boa Morte** ihren Sitz. Die „Schwesternschaft des guten Todes" entstand Anfang des 19. Jhs. als eine Art „Sklaven-Selbsthilfe" zur Unterstützung der Schwachen und Kranken, später wurden finanzielle Mittel organisiert, mit denen Sklaven freigekauft wurden. Eine Fotoausstellung vermittelt einen Eindruck von Arbeit und Riten der religiösen Gemeinschaft. Offiziell gehört die Irmandade zur katholischen Kirche, ist aber sehr von afrikanischen Traditionen geprägt. In der zweiten Augusthälfte findet die **Festa N. S. da Boa Morte** statt. ⏲ Di–Fr 10–18, Sa 10–17 Uhr.

São Felix

Das Abenteuerlichste an São Felix (13 000 Einw.) ist seine 365 m lange Stahlplatten-Brücke über den Rio Paraguaçu: Die **Ponte Dom Pedro II** wurde von einer englischen Firma ursprünglich für den Nil gebaut und 1885 von Kaiser Pedro II persönlich eingeweiht. Obwohl sie einer TÜV-Überprüfung heute nicht mehr standhalten dürfte, ist sie einspurig für den Pkw- und Eisenbahnverkehr sowie Fußgänger immer noch geöffnet.

Die Zwillingsstadt Cachoeiras hat auch eine deutsche Vergangenheit. Ihr erster Bürgermeister war 1889 **Gerhard Dannemann**, ein Zigarrenhersteller aus Bremen, der schnell zu einem der erfolgreichsten Unternehmer seiner Zeit aufstieg. Zigarren aus São Felix gehörten seinerzeit zu den gefragtesten Exportprodukten Brasiliens. Heute darf man den in traditionellen Trachten gewandeten Baianas zuschauen, wie sie Zigarren nach alter Technik drehen, dabei wird der Herstellungsprozess erläutert. Das erste Handelshaus von 1873 ist heute ein Kulturzentrum: Im **Centro Cultural Dannemann**, Av. Salvador Pinto 29, ✆ 75/3438 4308, 💻 www.centroculturaldannemann.com.br, gibt es Ausstellungen lokaler Kunstwerke, ein eigenes Symphonieorchester und im November findet (zu geraden Jahreszahlen) ein viel beachtetes Künstlertreffen statt, die Bienal do Recôncavo. ⏲ Di–Sa 8–12, 13–17 Uhr.

Das **Museu Hansen Bahia** zeigt expressionistische Holzschnitte des Hamburgers Karl Heinz Hansen (1915–78). Der Künstler lebte lange im Pelourinho und in Cachoeira, wo er den Namen Hansen Bahia annahm. Wiederkehrendes Thema seiner Bilder ist die Hafenwelt Salvadors Mitte des 20. Jhs. Das Museum befindet sich im früheren Wohnhaus des Ehepaares Hansen auf einem Hügel mit Panoramablick auf Fluss, Brücke und Cachoeira. Hinter dem Haus sind Ilse und Hansen Bahia in einem Mausoleum bestattet. ⏲ Di–Fr 9–17, Sa 9–13 Uhr.

ÜBERNACHTUNG UND ESSEN

An der Rua 25 de Junho, gegenüber der **Casa de Câmara e Cadeia**, liegen Straßenbars in einer Fußgängerzone. Auf der hübschen Uferpromenade befinden sich Restaurants.

Pousada Paraguassú, Av. Salvador Pinto 1, São Felix, ✆ 75/3438 3369, 💻 www.pousada

Am Kochtopf schnuppern

Fazenda Santa Cruz, Rua Dannemann, Muritiba (2 km, am Berg), ✆ 75/3424 3555, 🖳 www.fazsantacruz.com.br. Mittagessen auf der Veranda einer Familien-Fazenda (seit 1854) mit Blick über das Flusstal auf den Stausee Pedra do Cavalo. Zur Wahl stehen Filet Mignon, Hühnerbrust oder Fisch, dazu Kürbispüree, Mango Chutney und frittierte Mandioca (R$42 p. P., inkl. Vor-/Nachspeise, reservieren!). Viele Zutaten aus dem eigenen Biogarten, bei der Zubereitung in der Originalküche mit gusseisernem Herd darf man den Köchinnen über die Schulter schauen. Anfahrt mit Van (R$2). 🕒 Mo–Sa 12–15 Uhr (keine Kreditkarten).

paraguassu.com.br. Blumige Pousada am Fluss mit Blick auf Cachoeira. Einfache Zimmer (Ventilator, AC, TV). Restaurant. WLAN gratis. ❷–❹

Aclamação Apart Hotel, Praça da Aclamação, Cachoeira, ✆ 75/3425 3428, 🖳 www.aclamacaoaparthotel.com.br. Ordentliches Hotel im Zentrum, direkt bei den Bars. Das Interieur nimmt jedoch keinen Bezug zum historischen Haus. Die bessere Suiten sind im 1./2. OG. Restaurant (🕒 Di–Do 10–22, Fr–So 10–3 Uhr). WLAN gratis. ❷–❸

Pousada do Convento, Praça da Aclamação, Cachoeira, ✆ 75/3425 1716, 🖳 www.pousadadoconvento.com.br. Komfortable Pousada im ehemaligen Karmeliterkloster mit grünem Innenhof. Im 1. OG hohe Wandelgänge und schöne Zimmer mit AC/TV. Im EG spartanisch. Pool. 5 % Tax. ❷–❸

A Confraria, im Convento do Carmo. Nicht der schnellste Service, jedoch angenehmes Ambiente im Klosterhof. 🕒 tgl. 11–22 Uhr.

Pouso da Palavra, Praça da Aclamação 8, Cachoeira. Schönes Gartencafé mit Galerie und Souvenirverkauf. 🕒 Di–So 10–17, Fr, Sa auch 19–24 Uhr.

O Oceano, Rua Rodrigo Brandão 16 (ohne Schild), Nähe Mercado Municipal, Cachoeira. Treffpunkt der Kampftrinker. Bei Roque Pinto am Tresen gibt's 20 frisch gebrannte Fruchtliköre in Flaschen zum Mitnehmen. Unbedingt *Jenipapo* probieren (Apr–Aug)! Auch Cajá und Tamarindo sind gut. *Infusão* R$5. 🕒 Mo–Sa 6–18, So 6–11 Uhr.

FESTE

Festa de São João (Juni): Großes Fest mit viel Forró.

Festa da Irmandade de N. S. da Boa Morte (ab 13. Aug, S. 406).

N. S. do Rosário (Okt), Fest der Schutzheiligen der Stadt.

N. S. da Ajuda (erste Hälfte Nov).

SONSTIGES

Geld

Banco do Brasil, Av. A. C. Magalhães 15, Cachoeira. 🕒 Mo–Fr 10–15, Geldautomat 7–20 Uhr (alle Karten).

Informationen

Tourist Info, Rua Ana Nery 7, Cachoeira. Stadtpläne. 🕒 Mo–Fr 8–17, Sa, So 9–12 Uhr.

TRANSPORT

Santana-Busse fahren ab Rodoviária São Felix, ✆ 75/3438 4303, oder Cachoeira, ✆ 75/3425 1214 (bei der Brücke) nach **Salvador** (16x tgl., 2 Std., R$20) und **Valença** (Mo, Mi, Fr 14 Uhr, 3–4 Std., R$24).

Die Südküste (Litoral Sul)

Wer am **Litoral Sul** von Bahia reist, wandelt auf den Pfaden von Pedro Álvares Cabral: Am 22. April 1500 setzte der Entdecker hier erstmals (europäischen) Fuß auf brasilianischen Boden. Entsprechend trägt der Küstenabschnitt um Porto Seguro den Namen **Costa do Descobrimento**

COSTA DAS BALEIAS UND
COSTA DO DESCOBRIMENTO
N
0
50 km
Rio Pardo
Canavieiras
Ouricana
Salvador
Santa Maria
Boca do Córrego
Belmonte
Caiubi
Itapebi
Salto da Divisa
Itagimirim
Barrolândia
Mojiquiçaba
Jacinto
Santa Maria do Salto
Santo Antônio
Gabiarra
BR 101
Santo André
FÄHRE
Santa Cruz Cabrália
MINAS GERAIS
Rio do Sul
Eunápolis
Praia da Coroa Vermelha
Rio Buranhém
Santo Antônio do Jacinto
Porto Seguro
FÄHRE
Arraial d'Ajuda
Itabela
Buranhém
Guaratinga
Trancoso
Palmópolis
Cajuita
Curuípe
Praia do Espelho
Braço Norte do Jucuruçu
Monte Pascoal
Caraíva
Jucuruçu
PARQUE NACIONAL DE MONTE PASCOAL
Ponta do Corumbau
Itamaraju
PARQUE NACIONAL DO DESCOBRIMENTO
Barra do Caí
Itanhém
Ibirajá
São José do Prado
Guarani
Cumuruxatiba
Vereda
Rio Jucuruçu
Atlantischer Ozean
Medeiros Neto
BR 101
Prado
Nova Lídice
Teixeira de Freitas
Rio Itanhém
Alcobaça
Lajedão
BAHIA
Ibirapuã
Serra dos Aimorés
Rio do Meio
Barra de Caravelas
Caravelas
Nanuque
Ibiranhém
Helvécia
PARQUE NACIONAL MARINHO DE ABROLHOS
Nova Viçosa
Itabatã
Rio Mucuri
Montanha
Mucuri
BR 101
ESPÍRITO SANTO
Vitória
Pedro Canário

(Küste der Entdeckung). Südlich davon liegt die **Costa das Baleias** (Walküste); nach den Meeressäugern, die der Küste jährlich einen Besuch abstatten, und nördlich die **Costa do Cacau** (Kakaoküste), bekannt für ihre wechselvolle Geschichte des Kakaoanbaus und -handels. Der vierte der attraktiven Abschnitte ist die **Costa do Dendê** mit ihren ausgedehnten Palmöl-Plantagen, unmittelbar südlich von Salvador. Die Südküste von Bahia hat eine Ausdehnung von mehr als 800 km und ist eines der beliebtesten und schönsten Reiseziele Brasiliens. Die Touristenströme konzentrieren sich dabei auf wenige Orte, sodass Besucher immer noch traumhafte, oft einsame Palmenstrände, ursprüngliche Fischerdörfer und entspannte Inselparadiese finden, wenn sie sich ein wenig abseits der ausgetretenen Pfade bewegen.

Costa das Baleias

Die „Walküste" erstreckt sich vom südlichen Zipfel Bahias bis zur Landspitze Ponta do Corumbau. Hauptattraktion sind die **Walbeobachtungstouren** zwischen Juli und Ende Oktober. Dann ziehen die gewaltigen Buckelwale *(Baleias Jubartes)* vorbei, um sich zu paaren und ihre Jungen großzuziehen. Nachdem die Bestände Ende der 1980er-Jahre quasi ausgerottet waren, wurden die Wale durch ein Gesetz geschützt. Heute kann man geschätzte 9000 Exemplare fast überall entlang der Küste Bahias sehen. Wegen relativ geringen Seegangs bietet die Walküste für solche Touren – ab Caravelas, Prado oder Cumuruxatiba – gute Voraussetzungen.

Ein weiterer Anziehungspunkt ist der **Parque Nacional Marinho dos Abrolhos**, eines der bedeutendsten Meeresschutzgebiete und Unterwasserreviere Brasiliens. Ausgangspunkt für Bootstouren dorthin ist **Caravelas**. Weiteres Highlight der Region sind die **Strände**, die von Süden nach Norden immer schöner werden. Die Walküste ist eine vom internationalen Tourismus noch weitgehend unberührte Region und entfaltet gerade dadurch ihren besonderen Reiz. Zudem ist es die preiswerteste Reiseregion an Bahias Küste.

Caravelas

Caravelas (22 000 Einw.) ist ein sympathisch-verschlafenes Nest und angenehmer Ausgangspunkt für den **Nationalpark Abrolhos** sowie **Walbeobachtungstouren** in der zweiten Jahreshälfte. Der nächste Strand ist die **Praia do Grauçá** im Ortsteil **Barra de Caravelas** (10 km). Das Meer hat hier wegen der Flussmündung eine leichte Trübung, attraktiver sind die weiter nördlich gelegenen **Praia Iemanjá** und **Praia da Ponta da Baleia**.

ÜBERNACHTUNG

Von den Unterkünften entlang der dörflichen Hauptstraße Rua das Palmeiras/Av. Adalício Nogueira sind es zum Zentrum 10–15 Min. zu Fuß, per Fahrrad 3–5 Min. Bei Ankunft halten die Busfahrer an der gewünschten Stelle entlang dieser Straße. Sofern vorhanden, ist WLAN gratis.

Pousada Canto do Atobá, Av. Adalício Nogueira 515, ✆ 73/3297 2576, 💻 www.pousadacantodoatoba.wordpress.com. Einfache, freundliche Pousada mit Pool und schattigem Garten, durch den Katzen tollen. Besitzerin Gal spendet einen Großteil der Einnahmen an Tierschutzprojekte, auch hilft sie bei der Organisation von Ausflügen. Gutes, reichliches Frühstück. AC, Ventilator, Wäscheservice. ❶–❷

Pousada dos Navegantes, Rua das Palmeiras 45, ✆ 73/3297 1995, 💻 www.pousadanavegantes.com.br. Saubere, hübsch renovierte Zimmer mit AC/TV. ❶–❷

Pousada Encanto Abrolhos, Av. Adalício Nogueira 115, ✆ 73/3297 1084. Gepflegte Pousada mit gemütlichen Zimmern (AC oder Ventilator), netter Garten. Kein WLAN. ❷

Pousada Liberdade, Av. Adalício Nogueira 1551, ✆ 73/3297 2415, 💻 www.pousadaliberdade.com.br. Großer Garten mit Pool, adrette und geräumige Pavillons mit TV/AC. Kein WLAN. ❹

ESSEN

Die Restaurants sind einfach, bieten aber gute Fischgerichte an, v. a. Moquecas.

Carenagem, Av. das Palmeiras 210 (bei der Tankstelle). Meeresfrüchte, Pizza, günstiger

Prato Feito (R$12) und freundlicher Service. ⌚ tgl. 11–15, 17–23 Uhr.

Tio Berlindo, Praia do Grauçá (Barra de Caravelas). Bestes Fischrestaurant von Caravelas liegt etwas außerhalb (R$38–50/2 Pers.). ⌚ tgl. 8–20 Uhr.

Açaí Mania, Praça Teófilo Otoni 200. Erfrischender Açaí (R$3–11). ⌚ tgl. 19–23 Uhr.

Caravelle, Praça Santo Antônio 70. Mehr eine Bar als ein Restaurant, mit gemütlicher Terrasse und Tischen auf dem Fußweg am Kirchplatz. Kleine Portionen, kleine Preise (R$10–18). ⌚ Di–Do 17–24, Fr, Sa 17–2, So 11–24 Uhr.

BAHIA

AKTIVITÄTEN UND TOUREN

Tauchen, Schnorcheln, Walbeobachtung

Alle Touren sind wetterabhängig (nicht bei starken Wind) und finden nur bei genügend Anmeldungen statt (in der Nebensaison März–Juni nicht immer der Fall). Frühzeitig planen und mit Reiseveranstalter Kontakt aufnehmen. Bei Touren in den Marinenationalpark Abrolhos fallen Gebühren an (Brasilianer R$27, Ausländer R$54); optional kann ein Tauchgang *(Batismo)* dazu gebucht werden (20–30 Min., R$150 p. P.).

Horizonte Aberto, Rua das Palmeiras 313, ✆ 73/3297 1474, 💻 www.horizonteaberto.com.br. 1) Walbeobachtung (8–12 oder 13–17 Uhr, R$180 p. P., mind. 8 Pers., ohne Gebühren); 2) Walbeobachtung mit Abrolhos (7–17 Uhr, R$235 p. P.); 3) nur Abrolhos (R$235 p. P., Nebensaison); 4) mehrtägige Tauchexpeditionen mit 1–3 Übernachtungen auf Schiffen (R$360/Pers./Tag, bei 1 Nacht mind. 6 Pers., bei 2 Nächten mind. 4 Pers.), gutes Essen und kompetente Crew. Komplette Tauchausrüstung und Guide (R$140/Pers./Tag). Die Agentur operiert mit 3 eigenen Schiffen. ⌚ Mo–Sa 8–12, 14–18 Uhr.

Alternativ kann mit Fischern eine Tagestour ab Barra de Caravelas zur Walbeobachtung vereinbart werden, Vermittlung über Pousadas (ca. R$350–400, bis 4 Pers.).

SONSTIGES

Fahrradverleih

Ciclo Peças, Av. Palmeira 466. R$15/Tag. ⌚ Mo–Fr 8–18, Sa 8–12 Uhr.

Feste

Festa de Santo Antônio: Großes Fest mit Live-Konzerten (1.–12.6.).

Parque Nacional Marinho dos Abrolhos

„Quando te aproximares da terra, **abre os olhos**", dies soll Amerigo Vespucci aus Furcht vor Riffen in sein Bordbuch geschrieben haben, als er sich 1503 den Abrolhos-Inseln näherte: „Wenn Du Dich dem Land näherst, öffne die Augen!" Aus diesem Ausruf wurde vermutlich später der Name Abrolhos. Klar ist: Es wäre ein großer Fehler, dem Rat Vespuccis nicht zu folgen! Verpassen würde man zum Beispiel die farbenprächtigen **Korallenriffe**, die zu den schönsten im Atlantik gehören. Manche der seltenen Arten existieren nur hier. Das früher stark überfischte Revier hat sich dank der Einrichtung des Marinenationalparks wieder etwas erholen können. Illegaler Fischfang stellt aber immer noch ein Problem dar, da der Umweltschutzbehörde die Mittel zu einer rigoroseren Kontrolle fehlen. Trotzdem können **Taucher** und **Schnorchler** beeindruckende Unterwasserwelten mit Fischschwärmen und Meeresschildkröten erleben. Empfehlenswert für Taucher sind auch die bis auf 25 m Tiefe liegenden Schiffswracks. Von Dez–März kann das Wasser eine Sichtweite bis zu 20 m (im Durchschnitt 6–15 m) aufweisen. Weiterhin zu sehen sind seltene Seevögel wie der krummbeinige Atobá sowie zwischen Juli und Ende Oktober **Buckelwale**, die das kalte antarktische Wasser verlassen, um sich hier fortzupflanzen. Die fünf Inseln des Archipels entstanden aus vulkanischen Eruptionen vor 50 Mio. Jahren. Nur eine von ihnen, die **Ilha Siriba**, ist zum Betreten freigegeben, Übernachtung ist an Bord eines Schiffes möglich. Die Inselgruppe liegt 70 km vor der Küste, per Schnellboot in etwa 3 Stunden erreichbar.

Geld

Banco do Brasil, Praça Dr. Imbassahy 306. ◷ Mo–Fr 10–15, Geldautomat 6–22 Uhr (alle Karten).

Informationen

Setur, Rua Barão do Rio Branco 65, ☏ 73/3297 1404, 💻 www.caravelas.ba.gov.br. ◷ Mo–Fr 7.30–13.30 Uhr.
Instituto Baleia Jubarte, Rua Barão do Rio Branco 125, ☏ 73/3297 1340, 💻 www.baleiajubarte.org.br. Infos zu den Buckelwalen. ◷ Mo–Fr 8–12, 14–18 Uhr.

Internet

Impacto Informática, Rua 7 de Setembro 234. R$3. ◷ Mo–Sa 9–12, 14–21 Uhr.

TRANSPORT

Anfahrt nach Caravelas von **Teixeira de Freitas** (5x tgl. 6.50, 9.10, 12.20, 15, 18.30 Uhr), **Itamaraju** oder **Porto Seguro** (via **Alcobaça**).
Barra de Caravelas (Praia do Grauçá): Busse etwa halbstdl. bis 16, danach stdl. bis 22 Uhr, 30 Min., R$2 (zurück bis 21.15 Uhr).
Prado (Umstieg in Alcobaça): Brasileiro, ☏ 73/3297 1422, tgl. 5.10, 11.45 und 18 Uhr, 1 1/4 Std., R$9. Der Mittagsbus hat Anschluss nach Cumuruxatiba (13.40 Uhr).
Teixeira de Freitas: Brasileiro, 5x tgl. bis 18 Uhr, 2 1/4 Std., R$14. Von dort nach **Norden** (u. a. Eunápolis, Porto Seguro, Ilhéus) mit Brasileiro / Rota. Nach **Salvador** mit Águia Branca, nach **Süden** (Belo Horizonte, São Paulo, Rio) mit São Geraldo.
Brasileiro-Schalter am Busbahnhof: ◷ tgl. 8–11.30, Mo–Sa 14.30–18 Uhr.

Flüge

Bis 2013 sollten Flughäfen in Caravelas und Teixeira de Freitas öffnen (laut Planung).

Alcobaça

Zwischen Caravelas und Prado liegt das nette Fischerstädtchen Alcobaça, das für seinen lebendigen Axé-Karneval (tgl. 50 000 Pers.) bekannt ist und eine 4 km lange Orla mit vielen Strand-Barracas besitzt. Am alten Fischerhafen sieht man die Holzboote vor Anker liegen. Zentraler Platz ist die Praça Caixa d'Água mit einem 25 m hohen Wasserturm.

ÜBERNACHTUNG UND ESSEN

Hotel Paraíso Tropical, Av. Atlântica 3711, ☏ 73/3293 2210, 💻 www.hotelparaiso tropical.com.br. Gepflegtes Hotel direkt am Strand mit 42 hübschen Zimmern. WLAN gratis. ❸
A Baiúca, Av. César Borges 2187. Holzofenpizza (R$28/2 Pers.) auf schöner Veranda an der Strandpromenade. ◷ Di–Fr 12–15, 17–23 Uhr.
Cabana do Cal, nette Strandhütte, gut für ein kühles Getränk (jede 6. Flasche Bier geht aufs Haus), auch gutes Essen: Fischfilet in Maracuja-Soße mit Krabbenrisotto (R$68/ 2 Pers.). ◷ Di–So 8–17 Uhr.

TOUREN

Touren beginnen am Hafen oder in Barra de Alcobaça, einem Flussstrand am Rio Itanhém (zu buchen über Hotels).
Das **Recife de Areia** ist ein 20 km im Meer gelegenes, rund 2 km² großes Riff, in dem bei Ebbe etliche Naturpools entstehen (ca. 5 Std., 1 Bootsstunde, R$70–100 p. P.,). Auch Bootstouren auf dem Rio Itanhém durch Mangroven, wo Schwarzreiher (Garça Negra) zu sehen sind.

SONSTIGES

Geld

Banco do Brasil, Praça Caixa d'Água. ◷ Mo–Fr 10–15, Geldautomaten 6–22 Uhr (alle Karten).

TRANSPORT

Brasileiro, ☏ 73/3293 2212, fährt nach:
Caravelas: 5x tgl. bis 19.40 Uhr, 40 Min., R$7.
Itamaraju (über **Prado**): 7x tgl. 19 Uhr, 2 bzw. 1/2 Std., R$13/6.
Porto Seguro: tgl. 6.10 Uhr, 5 Std., R$37.
Teixeira de Freitas: 11x tgl. bis 18.40 Uhr, 1 1/2 Std., R$11.

Prado

Der Bezirk Prado, zu dem auch Cumuruxatiba und Corumbau zählen, umfasst ca. 10 % (84 km) der bahianischen Küste. Prado (28 000 Einw.) selbst ist ein Familienbadeort mit schönen Palmenstränden, der sich in den letzten Jahren hübsch herausgeputzt hat und v. a. in der Hauptsaison belebt ist. In den Pousadas im Zentrum und im Stadtteil **Novo Prado** bekommt man in der ruhigen Nebensaison für wenig Geld guten Gegenwert. Die besten Restaurants befinden sich in der hübschen Gasse **Beco das Garrafas**. Entlang der Hauptstraße Av. 2 de Julho gibt es kleine Kunsthandwerksgeschäfte, am schönsten ist die Gegend um den Kirchplatz. Der lokale Tourismus hat sich besonders auf Waltouren spezialisiert, doch auch Bootsfahrten durch Mangroven sind möglich. Ganzjähriges Ausflugsziel ist die **Ilha da Alegria**: ein Vergnügungsareal mit Restaurants, Schwimmbädern, Showbühnen und einem Luxushotel. Infos: www.prado.ba.gov.br.

BAHIA

ÜBERNACHTUNG

Die Pousadas im Zentrum sind vom Busbahnhof in ca. 10 Min. zu Fuß erreichbar, zu den Pousadas in Novo Prado empfiehlt sich ein Taxi (R$15). Reservierung empfohlen (Dez–März). WLAN ist überall gratis.

Pousada Terra Nostra, Rua Rui Barbosa 41, 73/3298 2599, www.pousadaterranostra.com. Helle Zimmer mit Split AC, TV, Balkon und Meerblick. Pool. ❷

Pousada Canto do Rio, Rua Alfredo Horcades 73, 73/3298 1402, www.pousadacantodoriobahia.com.br. Romantische Pousada mit herrlichem Flussblick; die mit liebevollen Details versehenen, hübschen Zimmer haben Balkon, Hängematten und Blick auf den Rio Jucuruçu, besonders gut ist der Typ *Luxo* (Split AC, Sky-TV, Boxspring-Bett, LCD-TV). Pool mit Deck (sehr schön am späten Nachmittag), Sauna, Bar. Optimales Preis-Leistungs-Verhältnis. ❸

Pousada Novoprado, Rua Seis 91, Novo Prado, 73/3298 1455, www.novoprado.com.br. 27 farbenfrohe Zimmer, nett sind die renovierten *Luxo* beim Whirlpool. Hübscher Garten, Wäscheservice. ❹–❺

Pousada Ponta de Areia, Av. Beira Mar 300, 73/3298 1313, www.pousadapontadeareia.com.br. Schöne Lage am Strand, Zugang zum Fluss über einen Holzsteg durch Mangrovenwald. Geschmackvoll dekoriert, Lounges. Große Zimmer mit Veranda/Hängematte, der Typ *Luxo* ist hier jedoch eher einfach, besser ist *Super Luxo* (R$267). Pool, gepflegter Garten. Strandbar. 5 % Tax. ❻–❼

Hotel Residencial Pelourinho, Praia de Guaratiba (13 km), 73/3021 0626, www.residencialpelourinho.com.br. Resortanlage in einem Condomínio mit Hotels, Restaurants und Bars. 16 Bungalows (bis 4 Pers.) im bunten Stil der Pelourinho-Häuser in Salvador, mit Küche/Waschküche. Restaurant, großer Pool und Kinder-Pool, 100 m vom Strand. Nach Prado mit Taxi R$25–30. ❸

ESSEN UND NACHTLEBEN

Beco das Garrafas

Banana da Terra, hübsches Restaurant mit kreativen bahianischen Gerichten. Besitzerin Márcia liebt es, ihre Fisch- und Meeresfrüchteteller mit tropischen Früchten zu verfeinern. Tipp: *Budião da rainha* (R$75/2 Pers.), gegrilltes Fischfilet in Bechamelsoße mit Ananaswürfeln, Curry-Shrimps und thailändischem Reis. Leckerer Drink: *Beribirosca* (R$10) aus der Beriberi-Frucht. Die Gerichte sind nach Freunden und Familienmitgliedern benannt. Di–So 18–23.

Jubiabá, bahianisch-iberische Küche (Stockfisch, Paella), ein Gedicht ist der gegrillte *Budião* (Rifffisch) auf Maniokpüree gebettet mit Pitanga-Soße („Delícia Tropical", R$79/2 Pers.). Top: *Suco de Pitanga* (R$6). tgl. 11–23 Uhr.

Bistrô Dona Flor, gute Fleischgerichte (R$65/2 Pers.), z. B. *Dona Flor* mit Jabuticaba-Soße; auch hausgemachte Nudeln. tgl. 17–23 Uhr.

Am Kirchplatz

Peixim, variantenreiches Mittagsbuffet (R$34/kg) der oberen Kategorie zu günstigem Preis. Schön dekoriertes, gut belüftetes Haus, Besitzer ist Sternekoch Geraldo Magela Pio, der auch das Restaurante do

Hermes in Cumuruxatiba führt. ⌚ tgl. 11.30–16.

Neo Cicerone, Restaurant (seit 1973), 15 verschiedene Moquecas (R$55–135/2 Pers.), günstiger *Prato Executivo* (R$20). ⌚ Fr–Mi 11–16, 18–22 Uhr.

Tia Nice Café, charmantes Café einer jungen Mineira. Alle *Doces* sind hausgemacht: Kuchen, Pudding, Honigbrot *(Pão de Mel),* Mousses. Super ist der Milchreis *(Arroz Doce,* R$4). Im Hof kann man frisch vom Baum gefallene Umbu-Frucht naschen. Auch Artesanato-Verkauf. ⌚ tgl. 13–23 Uhr (nur Sommer).

Am Strand

Am Strand von Novo Prado finden gelegentlich Partys statt, z. B. im **Sambalha** oder **Maloca 22** (Live-Musik, R$15). Bars gibt es auch auf der **Ilha da Alegria**, 💻 www.ilhadaalegria.com.br.

TOUREN

Prado Tour, Praça da Matriz 60, ✆ 73/3021 0336, 💻 www.pradotour.com.br. Sehr gute Agentur mit Ausflugsprogramm für die gesamte Walküste: 1) Strandtour bis Cumuruxatiba (8.30–17 Uhr, R$80 p. P., mind. 3 Pers.); 2) Strandtour bis Corumbau (8.30–17 Uhr, R$120 p. P., mind. 3 Pers.); 3) Guaratiba-Riff: Schnorcheln in Naturpools (6–8 Std., R$80 p. P., R$10 Maske/Schnorchel, R$10 Flossen); 4) Abrolhos: ein- bis mehrtägige Touren ab Caravelas; 5) Waltouren (5–8 Std., R$100 p. P. , inkl. Wasser/Früchte). Auch Transferservice. Mehrsprachige Guides. Kontakt auf Englisch oder über Pousada.

Escuna Sereia de Guaratiba, Av. 2 de Julho 34 B, ✆ 73/3021 1824, ✉ escuna.sereia.de.guaratiba@gmail.com. Walbeobachtung (6 Std., R$80 p. P., mind. 8 Pers.). ⌚ tgl. 9–12, 14–18 Uhr.

Der Fischer **Carlinhos**, ✆ 73/8816 0957, bietet Bootstouren auf dem Rio Jucuruçu durch Mangrovengebiet an (2 Std., R$20 p. P., mind. 2 Pers.).

SONSTIGES

Geld

Banco do Brasil, Av. 2 de Julho. ⌚ Mo–Fr 10–15, Geldautomat 6–22 Uhr (alle Karten).

Internet

Zooi Net, Av. 2 de Julho 165. R$2. ⌚ Mo–Sa 9–21 Uhr.

Nahverkehr

Mototaxi R$4, **Taxi** R$10–20.

TRANSPORT

Busse: Brasileiro, ✆ 73/3298 1273, fährt über **Itamaraju** nach **Norden** (u. a. Eunápolis, Porto Seguro, Ilhéus), Kartenverkauf in Prado.

Alcobaça: 6x tgl. bis 17.20 Uhr, 30 Min., R$5.

Caravelas (Umstieg in Alcobaça): 6x tgl., 1 1/4 Std., R$9.

Cumuruxatiba: tgl. 8, 13.40 und 15.40 Uhr, 1 1/4 Std., R$9.

Itamaraju: 8x tgl. bis 19.30 Uhr, 1 1/4 Std., R$9.

Porto Seguro: tgl. 6.45 Uhr (über Itamaraju), 4 1/2 Std., R$33.

Teixeira de Freitas: 6x tgl. bis 17.20 Uhr (z. T. nur bis Alcobaça), 2 Std., R$13.

Cumuruxatiba

Der Name dieses 6000-Einwohner-Dorfes ist ein echter Zungenbrecher („Kumuruschatschiba"), zum Glück benutzen selbst die Einheimischen die Abkürzung **Cumuru**. Der Reiz von Cumuru lässt sich so zusammenfassen: idyllische Palmenstrände vor hohen Klippen, erstklassige Pousadas und gute Restaurants. Der Hauptstrand ist ein Gedicht, noch schönere Strände

Ein verfallener Steg und seine Geschichte

Beinahe hätte Cumuru seine friedliche Atmosphäre verloren, als man im 19. Jh. feststellte, dass sich aus dem dunklen Sand das Phosphat Monazit gewinnen lässt, das sich zur Herstellung von Farben, Kacheln und Bomben eignet. Der Abbau wurde schließlich 1973 gestoppt. Überreste des für den Abtransport errichteten, jedoch nie ganz fertig gestellten 615 m langen Steges sind Nachlass dieser Episode.

liegen in nördlicher Richtung: **Praia do Moreira** (8 km), **Imbassuaba** (10 km) und vor allem **Barra do Cahy** (18 km).

Bis zur einsamen do Moreira kann man gut am Strand entlang wandern (ca. 1 Std.), oder mit dem Fahrrad auf schöner Strecke durchs Landesinnere radeln.

ÜBERNACHTUNG

Die Pousadas liegen im Zentrum (am Strand), auf dem Hügel Morro do Canta Galo oder an den nördlichen Stränden. Letztere sind traumhafte, ruhige Strandabschnitte, allerdings braucht man zum Zentrum Fahrrad oder Auto. Von März–Nov sind Schnäppchen möglich. WLAN ist überall gratis.

Zentrum

Pousada Luana, Rua Bela Vista, Morro do Canto Galo, ✆ 73/3573 1090, 💻 www.pousadaluana.com. Der Weg hinauf ist anstrengend, aber lohnenswert: nette Apartmentanlage mit großartigem Meerblick, Pool und Volleyballfeld. AC/Ventilator. ❷

Pousada Clara, Av. 13 de Maio, ✆ 73/3573 1112, 💻 www.pousadaclara.com.br. Großflächige Pousada mit Pool und Bar, die geräumigen Zimmer haben AC und Ventilator. Freundlich, sehr gute, zentrale Lage, gutes Preis-Leistungs-Verhältnis. ❷–❸

Pousada Axé, Av. Beira Mar, ✆ 73/3573 1030, 💻 www.pousadaaxe.com.br. Gepflegte Zimmer, schöner Garten. Auch Ferienwohnungen (40 m²) mit Meerblick (R$70/Tag, mind. 1 Monat). ❸

Nördliche Strände

Pousada É, Praia do Rio do Peixe Grande (3 km), ✆ 73/3573 1007, 💻 www.pousadae.com. Familienfreundliche Pousada an einem Traumstrand, die Zimmer haben Moskitonetze, Split AC, Ventilator und teilweise Balkon mit herrlichem Meerblick (Tipp: Nr. 5 und 6). Sky-TV-Raum, Pool, Garten, Restaurant und tolle Strandbar. Der Schweizer Besitzer Hans hat 100 Whiskeysorten, Preis R$1,50 pro Jahr des Scotches. Sehr gutes Preis-Leistungs-Verhältnis. ❸–❹

Pousada Mandala, Alam. Roberto Pompeu 1, Praia do Rio do Peixe Grande (3 km), ✆ 73/3573 1145, 💻 www.pousadamandala.com.br. Gartenanlage am Strand mit indischem Touch, luftiger Aufenthaltsraum, geräumige Zimmer, Pool, Restaurant. ❹

ESSEN UND NACHTLEBEN

Viele Restaurants öffnen nur im Sommer, einige schließen nach Gutdünken, aber etwas Essbares findet sich immer.

Restaurante do Hermes, Av. Beira Mar. Prämiertes Restaurant am Strand, entsprechende Preise. Spezialität: *Jambalaya* (R$81/2 Pers.), ein Eintopfgericht mit Crevetten, Huhn, Wurst und Reis, zubereitet nach Originalrezept aus St. Louis/USA. ⌚ Di–So 8–21 Uhr (Mai geschl.).

Mama África, Morro da Fumaça (15 Min. zu Fuß. vom Zentrum), ✆ 73/3573 1319. Hübsches Bar-Restaurant mit Kunstgalerie, in dem die freundliche Dolores eine angolanisch-französisch-italienische Mixtur mit Schweizer Einfluss serviert. Tipp: Fisch nach indischer Art mit Kokosreis, Currysauce, Gemüse und Früchten der Saison (R$42). Im Sommer häufig Live-Musik. ⌚ tgl. 16–23 Uhr (Nebensaison nur auf Bestellung).

Ema, Praça da Matriz. Moquecas (R$40/2 Pers.) und *Prato Feito* (R$12). ⌚ Mo–Sa 11.30–16, So 11.30–15 Uhr (ganzj.).

Restaurante do Suíço, Praia do Rio do Peixe Grande (Pousada É). Schönes Restaurant in wundervoller Strandlage, faire Preise (um R$65/2 Pers.) und gute Weine. Wer schon länger in Brasilien ist, freut sich über die vegetarische Auswahl oder Schweizer Spezialitäten, wie das Zürcher Geschnetzelte. ⌚ tgl. 13–20 Uhr (ganzj.).

Petisco da Villa, Av. 13 de Maio. Bar-Restaurant mit guter Musik und Tischen im Freien, *Escondidinho de Camarão* (R$48/2 Pers.), Petiscos und Pizzas. ⌚ Di–So 18–22 Uhr.

Club Açaí, Av. 13 de Maio. Traumhafter Açaí mit 1 Kugel Eis und Sahne (R$10)! ⌚ tgl. 18–22 Uhr.

Catamarã, Areia Preta. Einfaches Restaurant auf den Klippen mit sensationeller Aussicht, toll am Nachmittag! Die Einheimische Elizete macht klasse *Arroz de Polvo* (R$70/2–3 Pers.). ⌚ tgl. 11–19.30 Uhr.

Das **Nachtleben** beschränkt sich auf ein paar Strandbars und ab und zu Forró-Abende. Empfehlenswert ist das lockere **EspaSu**, wo sich die Emigranten aus São Paulo treffen. Am Dorfplatz trinken die Einheimischen ihren Cachaça.

SONSTIGES

Fahrradverleih

Bicicletaria Cumuru, Av. 13 de Maio. Elenilson hat einfache Räder (R$15/Tag). ◷ Mo–Sa 7–18, So 7–12 Uhr; Rückgabe jederzeit.

Geld

Weder Bank noch Geldautomat.

Internet

Lan House Technos, Av. 13 de Maio 88. R$4. ◷ Mo–Sa 8–12, 14–19 Uhr.

Touranbieter

Barco Libra, ✆ 73/3573 1127. Der alte Mann und das Meer: Seit vielen Jahren bietet der charismatische Fischer Antônio Carlos Bootsfahrten mit Schnorchelstopp an: Corumbau (9–17 Uhr, R$70, mind. 6 Pers.,), Caraíva (R$100, mind. 10 Pers.). Waltouren (9–14 Uhr, R$70, mind. 6 Pers.). Buchung direkt am Strand in der Barraca Brisa Mar. ◷ tgl. 8–18 Uhr.

Cumuru Eco Tour, Av. Beira Mar, ✆ 73/3573 1065, 💻 www.cumuruecotour.com.br. Bootstouren, Monte Pascoal (7.30–17 Uhr, R$95, mind. 6 Pers.) und „Safari-Tour" im Lkw. ◷ tgl. 8–18 Uhr.

TRANSPORT

Anreise von Süden über Teixeira de Freitas, von Norden über Itamaraju.

Nach **Corumbau** und **Caraíva** am einfachsten (und schönsten) per **Bootsausflug** mit einer Agentur (2 bzw. 3 Std.) – jedoch nur ab 6 Pers. Gelegentlich unruhige See.

Alternativ nach **Corumbau**: per **Bus** nach Prado (9 Uhr), dort um 13 Uhr Richtung Itamaraju bis Guarani, Anschluss 14.20 Uhr. Ankunft etwa 18 Uhr.

Prado: Brasileiro, tgl. 9 und 16 Uhr, 1 1/4 Std., R$9.

Ponta do Corumbau

In der Sprache der Indianer bedeutet Corumbau „weg von allem", und genau so fühlt man sich hier. Das Dorf an der Flussmündung des Rio Corumbau liegt an einem wunderschönen Strandabschnitt, der als Landzunge in das transparente Meer hineinragt. Auf der anderen Flussseite erstreckt sich der Nationalpark **Monte Pascoal** bis Caraíva. Das Dorf bestand Mitte der 1980er-Jahre nur aus wenigen Familien, heute gibt es einige einfache Pousadas sowie gut abgeschirmte Luxushotels, die von den Superreichen mit Privathubschraubern angeflogen werden. Corumbau hat keinen Geldautomaten. Die Pousadas organisieren Touren zum Pataxós-Indianerdorf per Buggy (R$60, Hinfahrt) und Schnorchelausflüge (R$50 p. P.).

ÜBERNACHTUNG UND ESSEN

Pousada e Restaurante Canal do Pampo, ✆ 73/8807 4725. Angenehme, einfache Pousada. Reservierung empfohlen (Dez–März). Gutes Restaurant (◷ tgl. 10–22 Uhr), Tintenfischrisotto *Arroz de Polvo* probieren (R$90/2Pers.). WLAN gratis. (R$400). ❸

Jocotoka Eco Village, Praia Jocotoka, ✆ 73/3288 2291, 💻 www.jocotoka.com.br. Eine schöne Pousada unter deutscher Leitung mit Bungalows in einem großen Garten. Selbstgebackenes Brot, Freilandeier und sehr gutes Restaurant (Fischteller für R$75/2 Pers.). Ausflüge: Kajak- und Bootstouren, Walbeobachtung, Besuch des Pataxós-Indianerdorfs. WLAN gratis. ❻

Loin de Tout, Strand, ✆ 73/8804 4784, 💻 www.loindetout.eu. Kleine, geschmackvoll eingerichtete Pousada der sozial engagierten Besitzerin Martine aus Belgien. Restaurant. ❹–❺

Cantinho Nativo, neben der Kirche. Spezialität Fischfilet (R$60/2 Pers.). ◷ tgl. 7–22 Uhr.

Barraca Panela de Barro, Strand. Gute Moquecas (ab R$55/2 Pers.). ◷ tgl. 11–21 Uhr (nur Sommer).

Restaurante da Vila, Strand. Schönes Ambiente mit Blick auf das Meer, Fisch, Fleisch und Nudeln (R$35–75/2 Pers.). ◷ tgl. 10–24 Uhr (ganzjährig).

BAHIA

TRANSPORT

Behilflich bei der Organisation aller Touren und Transfers ist Evandro von der sehr zuverlässigen Agentur **Corumbau Adventure**, ✆ 73/9947 3105.
Am besten erreichbar per Buggy von Caraíva oder per Boot von Cumuruxatiba.

Nach **Caraíva**:
Per **Buggy**: 6 km am Strand entlang und 7 km durch die Restinga. Ein zuverlässiger und sicherer Fahrer ist Bau, ✆ 73/9955 5105, er fährt für R$100 (45 Min.), hin und zurück R$150 (bis 4 Pers.), auch Tagestouren (R$150).
Per **Schiff** (einen Tag vorher organisieren), z. B. mit dem Fischer Negão (ca. R$150), einfach nach ihm fragen. Die schöne Fahrt dauert 1 1/2 Std.
Per **Bus**: Beschwerlich, mit Brasileiro um 6 Uhr nach Itamaraju, dann nach Caraíva.
Cumuruxatiba: Mit dem Früh-Bus nach Guarani, um ca. 9 Uhr Anschluss nach Prado.

Parque Nacional de Monte Pascoal

Teile des 1961 gegründeten Nationalparks wurden 1999 von den traditionell hier ansässigen **Pataxós-Indianern** besetzt. Doch führte dies nicht zu gewaltsamen Auseinandersetzungen, im Gegenteil: Die staatliche Seite unterzeichnete 2002 einen Kooperationsvertrag mit den Indianern. Seit 2003 wird der Park gemeinsam von der Umweltbehörde ICM Bio und den Pataxós administriert. Gemeinsame Ziele sind der Schutz der Ökosysteme, vor allem des Atlantischen Regenwalds, in Einklang mit der Bewahrung der indianischen Kultur. Die Pataxós verteilen sich heute auf 16 Dörfer mit 14 000 Einwohnern.
Im größten Dorf **Aldeia Barra Velha** leben 3000 Indianer vom Verkauf von Kunsthandwerk, Fischfang und Landwirtschaft. Ausflüge dorthin sind von Corumbau oder Caraíva möglich, für Besucher wird eine Zeremonie vorbereitet. Durch den Verkauf von Ketten und Schmuck sichern die Pataxós ihren Lebensunterhalt und pflegen gleichzeitig ihre Kultur.

Costa do Descobrimento

Die Europäer waren tief beeindruckt, als sie im Jahre 1500 die Region des heutigen Porto Seguro zum ersten Mal sahen. Berühmt ist der Ausruf von Amerigo Vespucci (1451–1512): „Wenn das Paradies hier auf Erden existieren sollte – dann bin ich ganz sicher nahe dran." Und in der Tat ist das Gebiet des südlichen Bahia eines der landschaftlichen Paradiese der 8000 km langen brasilianischen Küste. Nicht ohne Grund sind **Porto Seguro** und die Nachbarorte **Arraial d'Ajuda** und **Trancoso** wichtigstes touristisches Zentrum im Süden Bahias – und eines der größten des Landes. Die sogenannte Costa do Descobrimento erstreckt sich von **Belmonte** bis **Caraíva**. An ihr liegen die größten zusammenhängenden und am besten erhaltenen Reste des Atlantischen Regenwaldes. Zum Schutz des einzigartigen biologischen Reichtums gehören große Teile des Küstenstreifens zum Weltnaturerbe der Unesco, darunter der **Parque Nacional de Monte Pascoal**.

Caraíva

Caraíva liegt höchst idyllisch auf einer spitz zulaufenden Landzunge zwischen dem Atlantik und dem mangrovenreichen Rio Caraíva, am nördlichen Ende des **Nationalparks Monte Pascoal**. Besonders das von kleinen Restaurants gesäumte Flussufer, an dem ein Spazierpfad entlangführt, ist ein bilderbuchschönes Szenario. Das ehemalige Fischerdorf mit heute 4400 Einwohnern kommt auch im 21. Jahrhundert noch ohne Bank und Post aus – Strom gibt es erst seit 2007.

In den letzten Jahren hat Caraíva eine rasche touristische Entwicklung durchlaufen. Im Sommer ist das Dorf trendiger Urlaubsort, die restliche Zeit findet man Ruhe und Abgeschiedenheit. Da keine Straßenbeleuchtung existiert, wird es nachts im Dorf stockfinster, eine Taschenlampe ist hilfreich. Durch die Trennung vom Festland gibt es keinen Autoverkehr; die

© NICOLAS STOCKMANN

Am Ufer des Rio Caraíva sind Stress und Hektik Fremdwörter.

Wege bestehen aus dunklem Sand, der am Tage glühend heiß wird. Informationen: www.caraiva.com.br.

ÜBERNACHTUNG

Die Preise ziehen im Sommer kräftig an, in der Nebensaison schließen manche Pousadas. WLAN ist meist vorhanden und gratis.

Casa da Corina, am Fluss, 73/9113 6692, www.caraiva.tur.br/casadacorina. Budget-Option im Haus einer Modeschneiderin (R$35 p. P., Ventilator), luftig und bunt; Hippie-Flair. Schöne Flusslage mit Veranda. Kein Frühstück. Englisch. ❶

Pousada Brilho do Mar, Rua 7 de Setembro 100, 73/3668 5053, www.pousadabrilhodomar caraiva.com.br. Einfache, saubere Pousada. Zimmer mit Ventilator oder AC. ❷

Pousada Terra, Rua Miramar, 73/9985 4417, www.terracaraiva.com.br. Die besseren Zimmer *Chalé Especial* haben AC/Frigobar und sind kaum teurer, sonst nur Ventilator; großer Garten, netter Frühstücksraum. ❸

Pousada Flor do Mar, Strand, 73/9985 2845, www.pousadaflordomar.com. Hübsche Zimmer und ein Bungalow (AC oder Ventilator, kein TV), direkter Zugang zum Meer. Luftiger Lobbybereich mit einladenden Lese-Sitzecken. ❸–❹

Pousada Cores do Mar, Strand, 73/3668 5090, www.caraiva.com.br/coresdomar, Schöne Strandlage, z. T. geräumige Suiten und drei Bungalows (AC). Das *Chalê amarelo de cima* hat super Meerblick vom Bett aus. ❹–❺

Pousada Lagoa, zwischen Strand und Fluss, 73/3668 5059, www.lagoa caraiva.com.br. Nette Pousada in großem Garten. Geräumige Zimmer mit Moskitonetz, gemütliche Bungalows und eine Suite mit Badewanne. WLAN im Restaurant (s. Essen). ❹–❺

Pousada Casa da Praia, Strand, 73/3274 6833, www.casasdapraiacaraiva.com.br. Weitere toll gelegene Strand-Pousada, mit der besten Strandbar im Ort. 9 moderne Zimmer, z. T. mit Küche. ❹–❺

Pousada Vila do Mar, Strand, 73/9904 9301, www.pousadaviladomar.com.br. Ebenfalls herrliche Lage am Meer, Garten, Pool und Whirlpool. Kleine, helle Zimmer mit Kingsize-Betten, Moskitonetz. ❹–❻

Einfache Campingplätze, z. B. **Camping Sombra e Água Fresca**, ✆ 73/9994 8743. Schattige Lage am Fluss (R$15 p. P., ganzj.), Betreiber sind Pataxós. ❶

ESSEN UND NACHTLEBEN

Einige Restaurants öffnen nur in der Hauptsaison (Dez–März).

Lagoa, zwischen Strand und Fluss. Eine Institution, beliebter abendlicher Treffpunkt, Nudelgerichte und sehr gute Desserts (Slow-Food-Konzept), exzellent ist *Pavê Prestígio.* Die Besitzerin setzt sich für nachhaltigen Tourismus ein und führt einen Biogarten. Englisch. ⌚ Mi–Mo 18–24 Uhr (ganzj.).

Boteco do Pará, Flussufer. Gute Fischgerichte (alles vom Besitzer eigenhändig gefischt) und exzellente *Pastéis*, beispielsweise Pastel de Camarão (R$5). Nette Atmosphäre und herrlicher Flussblick. ⌚ Di–So 11–18 Uhr (ganzjährig).

Bar do Porto, am Hafen. Bar und Pizzeria, tolle Lage am Fluss, abends romantisch mit Kerzen beleuchtet. Große Pizza (R$33/1–2 P.), Tipp: die sehr leckere „Pizza da Casa" mit mehreren Käsesorten und knusprig dünnem Teig. ⌚ Di–So 18–23 Uhr (ganzj.).

Culinária Central, Rua 7 de Setembro 107. Gemütliches Bar-Restaurant mit schönem Garten, gegenüber Pousada Brilho do Mar. ⌚ tgl. 12–23 Uhr (ganzj.).

Aquáriu's, Flussufer. Gute bahianische Küche. Tipp: Fischfilet mit Kapern *(Alcaparras)* und Salzkartoffeln (R$25). ⌚ Mo–Sa 13–22.30 Uhr (ganzj.).

Bar da Praia, entspannte Bar mit einladenden Strandliegen und luftiger Holzterrasse. Cocktails, Sandwiches, Fisch- und Fleischgerichte. WLAN. ⌚ tgl. 9–19 Uhr (ganzj.).

Ebenfalls empfehlenswert ist nebenan **Coco Brasil**. ⌚ tgl. 9–17 Uhr (ganzj.).

Abends trifft man sich in der **Lagoa Bar** (s. oben), geht dann zu den Forró-Partys am Fluss bei **Pelé** oder im **Forró do Ouriço** (Sommer tgl.) oder in die **Cachaçaria Busca Vida**, eine nette Kneipe mit gut belüfteter Veranda. ⌚ tgl. 18–2 Uhr.

SONSTIGES

Geld

Kein Geldautomat, Kredit- und EC-Karten werden kaum akzeptiert. Genügend Bargeld mitbringen.

Gesundheit

Im Sand tummeln sich *Bichos do Pé*, Parasiten, die sich in die Füße bohren und mit einem kleinen Schnitt wieder entfernt werden müssen. Nicht gefährlich, aber unangenehm.

Touren

Das Pataxós-Dorf **Barra Velha** ist erreichbar per Boot (über den Rio Caraíva), auf einem Strandspaziergang (6 km) oder per Buggy (R$30 hin). Schön ist auch ein Spaziergang zur **Lagoa Satu** (bei Ebbe, 3 km, 1 Std.). Agenturen am Flussufer, Bootstouren z. B. mit dem Fischer Bené, ✆ 73/9963 2113.

TRANSPORT

Anfahrt von Norden: Abenteuerliche Busfahrt über Buckelpisten und improvisierte Holzbrücken. Die Fähre zwischen Bushaltestelle und Dorf kostet R$4 (ab 19 Uhr: R$5). Wer viel Gepäck hat, kann vom Anleger per „Taxi" (Maulesel-Kutsche, R$20, bis 19 Uhr) zur Pousada fahren. Águia Azul fährt tgl. um 6.20 und 16 (Sommer auch 11 Uhr) nach:

Curuípe (Ausstieg Landstraße, von da 4 km zum Strand, 45 Min., R$9), **Trancoso** (2 Std., R$13), **Arraial d'Ajuda** (2 1/4 Std., R$15) und zum Fähranleger nach **Porto Seguro** (2 1/2 Std., R$15).

Eunápolis: tgl. 6 Uhr, 2 1/2 Std., R$16.

Von Eunápolis: tgl. 13.30 Uhr Direktbus.

Corumbau: Per Buggy (R$100 hin, R$150 hin und zurück), mit einem der Fahrer sprechen oder über Pousada bestellen. Zuverlässig ist Jonga, ✆ 73/9994 3371.

Curuípe und Praia do Espelho

Diese beiden Strände werden oft zu den schönsten Brasiliens gezählt. Das Wasser ist ruhig und kristallklar („Espelho" bedeutet Spiegel), zwischen den Riffen von Curuípe kann man schnorcheln und in Naturpools entspannen. An den Stränden gibt es hübsche, aber nicht billige Pousadas, die einen mehrtägigen Aufenthalt ermöglichen. Von Arraial d'Ajuda können die Strände auch per Tagesausflug (S. 427) oder individuell per Bus angesteuert werden (der einzige Bus zurück fährt um ca. 16.30 Uhr). Nach Regenfällen ist die Zufahrtspiste manchmal gesperrt.

Man kommt i. d. R. am Restaurant Recanto do Espelho am Strand von **Curuípe** an, dort wo die Strandbars liegen und die Vans der Agenturen die Tagesbesucher absetzen. Von 10 bis 15 Uhr ist genug Zeit, die Strände kennenzulernen. Geht man fünf Minuten nach Süden, erscheint hinter der Mündung des Rio Curuípe die unberührte **Praia do Espelho**. In Richtung Norden liegt die **Praia dos Namorados** (Prainha de Jacumã). Alle Restaurants verlangen einen Mindestkonsum (ca. R$40 p. P.), lässig sind Caribe Baiano und Brisa do Mar (mit Zimmervermietung).

Eine weitere Option sind Strandwanderungen (nach Caraíva 2–3 Std., nach Trancoso 5–6 Std. – nur bei Ebbe!).

ÜBERNACHTUNG UND ESSEN

Pousada Recanto do Espelho, ✆ 73/3668 5038, 💻 www.recantodoespelho.com.br. Hübsche, noch recht günstige Apartments unter Palmen am Strand. Gäste können die ruhigere Strandbar der Enseada (s. u.) nutzen. Gutes Restaurant, Fischteller (R$95–130/2–3 Pers.). Kein WLAN, 10 % Tax. ❺–❼

Pousada Enseada do Espelho, ✆ 73/3668 5091, 💻 www.enseadadoespelho.com.br. Honeymoon-Pousada am ruhigen Strand unter Mandelbäumen, Besitzer Mario spricht gut Deutsch. 7 schöne Zimmer (Split AC, Ventilator, Sky-TV, DVD), z. T. mit Jacuzzi und Balkon mit Meerblick (R$310–550). Die Zutaten im Restaurant kommen aus dem eigenen Gemüsegarten. Flughafentransfer (R$220 bis 4 Pers.). WLAN gratis, 10% Tax. ❼–❽

Trancoso

Restauranttische stehen unter Mandelbäumen vor pastellfarbenen Häuschen, ein Meer von Kerzen funkelt mit den Sternen des Nachthimmels um die Wette, bei Vollmond spielen junge Leute hinter der Kirche auf ihrer Gitarre ... Am Abend entfaltet die zentrale Rasenfläche **Quadrado** eine ganz besonders magische Stimmung. Die kleine Jesuitenkirche **Igreja de São João** von 1656 am Ende des Platzes ist Symbol für den Charme Trancosos. Hinter ihr bietet sich ein spektakulärer Panoramablick auf das türkisblaue Meer und den Rio Trancoso, der sich malerisch durch die weißen Strände schlängelt.

Das von Jesuiten im 16. Jh. auf einer Klippe gegründete Dorf (5800 Einw.) wurde in den 1970er-Jahren von Hippies „entdeckt". Auch Jahrzehnte später ist Trancoso noch Anziehungspunkt für Künstler und Freidenkende, auch wenn in den letzten Jahren zunehmend elegantere Gäste und mit ihnen edle Boutiquen, Designerläden, Luxushotels und Golfplatz Einzug gehalten haben. Dem Charme Trancosos hat all dies dennoch keinen Abbruch getan. Wer das erste Mal hierherkommt, ist meist sofort bezaubert von dem kleinen Ort – die wunderbaren Strände, von denen einige zu den schönsten Brasiliens zählen, tun ihr Übriges.

Strände

Die hübschen **Praia dos Coqueiros** und **Praia dos Nativos** sind die am nächsten gelegenen Strände (ca. 10 Gehmin. vom Quadrado), im Sommer sind sie jedoch oft von Tagestouristen überlaufen. Getrennt werden sie durch den Rio Trancoso, der bei Flut mit einer kleinen Barke (R$2) überquert werden kann. Leerer sind die südlichen Strände, wie **Ponta de Itapororoca** oder **Ponta de Itaquena**. Schöne Strandspaziergänge führen nach **Arraial d'Ajuda** (3 Std.) und **Praia do Espelho** (4 Std.) – nur bei Ebbe, vorher erkundigen. 💻 www.trancosobahia.com.br.

ÜBERNACHTUNG

Am Quadrado und rund um die Av. Principal liegen viele charmante Pousadas. Wer sich am Strand einmietet, braucht abends Taxi/Mototaxi, um in den Ort zu kommen. In der Hauptsaison (v. a. Jan) sind Reservierungen nötig und die Preise vervielfachen sich! In der Nebensaison (März–Juni, Aug–Nov) sind Preisnachlässe üblich: nach *Desconto* (Rabatt) fragen. Alle genannten Pousadas bieten gratis WLAN.

Quadrado

Café Esmeralda, 73/3668 1527, www.trancosonatural.com. Alternative Pousada mit Herbergsflair, gepflegte Zimmer (z. T. eigenes Bad), Ventilator, Moskitonetz. Sozial und ökologisch engagierte Besitzer. Kein Frühstück, aber Gemeinschaftskühlschrank, Cafés nebenan. ❶

Pousada Terra do Sol, Rua do Beco 50, 73/3668 1036, www.pousadaterradosol.com.br. Kleine Pousada, Apartments mit hübscher Veranda (AC, Ventilator). Pool. Kein Frühstück. ❷

Pousada Mar à Vista, Rua do Beco, 73/3668 2033, www.trancosomaravista.com. Pousada mit Garten, Pool und tollem Panoramablick. Schöne Zimmer, einige mit Kingsize-Betten und Split AC, alle mit Aussicht! ❺–❻

Pousada Capim Santo, Rua do Beco 55, 73/3668 1122, www.capimsanto.com.br. Hübsche Pousada mit persönlichem Flair. Suiten mit Moskitonetzen und einem kleinen Gärtchen im Bad. Schöner Garten mit Pool. 5 % Tax. ❼

Dorf und Strände

Pousada Jequitibá, Rua do Bosque, 73/3668 1028, www.pousadajequitibatrancoso.com.br. Von Einheimischen geführte, gemütliche Pousada. Das Frühstück wird in einigen Zimmern auf der Veranda serviert. Moskitonetz auf Wunsch, Ventilator/AC. Gutes Preis-Leistungs-Verhältnis. ❷

Pousada Raízes do Brasil, Rua Nova 16, 73/3668 1343, www.pousadaraizesdobrasil.com.br. Nette Pousada in grüner Oase, Pool als zentraler Treffpunkt. Schöne Holzmöbel, Bar. Die Zimmer variieren in Qualität und Ambiente (Tipp: Nr. 8 und 9). AC oder Ventilator. ❸–❹

Pousada Jacarandá, Rua Jovelino Vieira 91, 73/3668 1155, www.pousadajacaranda.com.br. Hübsche grüne Anlage mit Pool, runde Bungalows mit AC/Ventilator, die nach und nach renoviert werden. Junge Besitzer. Englisch. Sommer 10 % Tax. ❸–❹

Pousada Quarto Crescente, Rua Mangabeira 30, 73/3668 1014, www.quartocrescente.net. Urige Pousada mit Bibliothek, Pool und schattigem Garten. Die großzügigen Bungalow-Zimmer (*Temáticos*, z. B. „Lumiar", R$200) haben schöne Balkone mit Hängematte, AC, TV. Kleine Zimmer im Haupthaus (R$130), tolle, sehr große neue Luxus-Suiten (R$250), einige mit Jacuzzi oder Küche (sehr schön: „Terra"). Frühstück aus selbst angebauten Zutaten. Nachmittags Kaffee und Kuchen gratis. Der holländische Besitzer Pedro spricht Deutsch. ❸–❺

Pousada Encantada, Rua João Vieira de Jesus 143, 73/3668 2024, www.pousadaencantada.com.br. Insgesamt etwas eng, doch charmante, grüne Pousada mit viel Holz und gepflegten Zimmern (Kingsize-Betten, Split AC, Sky-TV). ❺

Pousada Mundo Verde, Rua do Telégrafo 43, 73/3668 1279, www.pousadamundoverde.com.br. Tolle, sehr ruhige Pousada in tropischem Garten. Schöne zweistöckige Bungalows mit großem Balkon, AC, Ventilator, DVD, Sky-TV und Moskitonetz. Besonders gelungen sind die großen Suiten mit türkischem Bad (Tipp: Nr. 16). Vom Pool fantastischer Panoramablick. Exzellentes Frühstück. Der dänische Besitzer Lars gibt Informationen zur Region. Auch „Family Units" (bis 6 Pers.). 10 % Tax. ❺–❼

ESSEN

Die besten Restaurants liegen am Quadrado. Günstiger isst man entlang der Av. Principal. Viele Bars und Restaurants erhöhen im Sommer die Preise.

Portinha, Quadrado. Das bekannte Selbstbedienungs-Restaurant unter dem Mandelbaum hat sich seinen ursprünglichen Charme erhalten. Tgl. wechselndes Buffet (R$40/kg), sehr gut ist der Bananenpüree; auch die Nachspeisen sind ein Gedicht (Maracuja-Mousse!). Im Sommer Warteschlangen. ⌚ tgl. 12–20 Uhr.

Silvana & Cia., Quadrado. Die nette Dona Silvana kocht hier seit 1977, Aushängeschild sind ihre Moquecas (R$65–120/2 Pers.), aber auch die preiswerteren Fischteller sind ein Traum, wie der göttliche gegrillte *Peixe ao molho de tomate seco* (R$35). ⌚ Mo–Sa 12–22 Uhr.

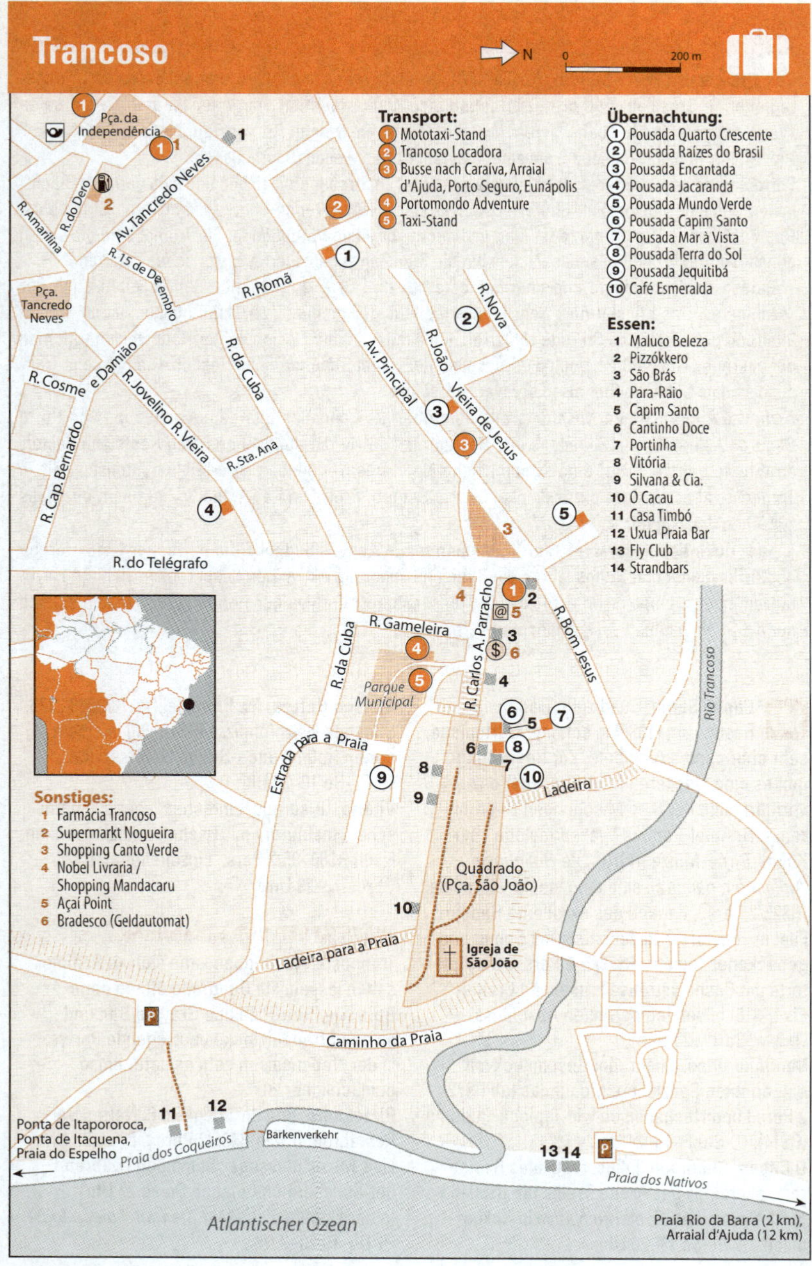
Trancoso
N
0
200 m
Transport:
1 Mototaxi-Stand
2 Trancoso Locadora
3 Busse nach Caraíva, Arraial d'Ajuda, Porto Seguro, Eunápolis
4 Portomondo Adventure
5 Taxi-Stand
Übernachtung:
1 Pousada Quarto Crescente
2 Pousada Raízes do Brasil
3 Pousada Encantada
4 Pousada Jacarandá
5 Pousada Mundo Verde
6 Pousada Capim Santo
7 Pousada Mar à Vista
8 Pousada Terra do Sol
9 Pousada Jequitibá
10 Café Esmeralda
Essen:
1 Maluco Beleza
2 Pizzókkero
3 São Brás
4 Para-Raio
5 Capim Santo
6 Cantinho Doce
7 Portinha
8 Vitória
9 Silvana & Cia.
10 O Cacau
11 Casa Timbó
12 Uxua Praia Bar
13 Fly Club
14 Strandbars
Sonstiges:
1 Farmácia Trancoso
2 Supermarkt Nogueira
3 Shopping Canto Verde
4 Nobel Livraria / Shopping Mandacaru
5 Açaí Point
6 Bradesco (Geldautomat)
Pça. da Independência
R. Amarilina
R. do Dero
Av. Tancredo Neves
R. 15 de Dezembro
Pça. Tancredo Neves
R. Romã
R. Nova
R. João Vieira de Jesus
Av. Principal
R. da Cuba
R. Cosme e Damião
R. Jovelino R. Vieira
R. Cap. Bernardo
R. Sta. Ana
R. do Telégrafo
R. Gameleira
R. Carlos A. Parracho
R. Bom Jesus
Rio Trancoso
Parque Municipal
Estrada para a Praia
Ladeira
Quadrado (Pça. São João)
Igreja de São João
Ladeira para a Praia
Caminho da Praia
Ponta de Itapororoca, Ponta de Itaquena, Praia do Espelho
Praia dos Coqueiros
Barkenverkehr
Praia dos Nativos
Atlantischer Ozean
Praia Rio da Barra (2 km), Arraial d'Ajuda (12 km)
BAHIA

Porto Seguro, Trancoso oder Arraial d'Ajuda?

Das **Dreigestirn** Porto Seguro, Arraial d'Ajuda und Trancoso zählt zu den beliebtesten Urlaubsregionen in Brasilien. Alle drei Orte haben eine starke Identität und jeder für sich ist auf seine Weise sehens- und besuchenswert. Welcher Ort ist für welche Art von Tourismus zu empfehlen? Hier einige Tipps für Reisende, die eine Auswahl treffen wollen (oder müssen).

Porto Seguro ist v. a. interessant für Leute, die Spaß an Strandpartys haben und sich gerne ins nächtliche Getümmel stürzen. Ein kulturelles Erlebnis sind die Axé-Dance-Shows in den Mega-Strandbars. Das Publikum in Porto Seguro ist jung und sucht vor allem Vergnügung. Ein Trumpf sind die vielen günstigen Hotels und Pousadas. Zudem hat die Stadt ein sehenswertes historisches Zentrum.

Trancoso ist der ruhigste und charmanteste der drei Orte, zu manchen Jahreszeiten auch der „szenigste". Das Künstlerdorf zieht Intellektuelle und Bohemiens an, das Publikum ist im Schnitt älter und gebildeter. Die Strände zählen zu den schönsten der Region. In der Hauptsaison trifft man auf ein reges Nachtleben, doch dies ist selten der Hauptgrund für einen Besuch. Die Preise in Trancoso sind im Schnitt höher als in der Nachbarschaft.

Arraial d'Ajuda ist eine Mischung aus dem Charme Trancosos und dem Nachtleben von Porto Seguro. Viele hübsche Pousadas und Restaurants sowie die atmosphärischen Kopfsteinpflasterstraßen geben dem Dorf eine sympathische Note. Das Nachtleben ist erheblich intensiver als in Trancoso, aber weniger exzessiv als in Porto Seguro. Preis- und altersmäßig liegt man ebenfalls zwischen den Nachbarn.

... oder doch lieber Caraíva? Hier findet man totale Abgeschiedenheit in herrlicher Natur, fernab der Zivilisation. Keine Autos stören die Ruhe und kulturelle Aktivitäten beschränken sich auf Forrótanzen. In der Hauptsaison wird es voller; ansonsten ist Caraíva genau richtig für alle, die einfach nur die Seele baumeln lassen möchten.

BAHIA

Capim Santo, Quadrado. Traditions-Restaurant (1985) in schöner Gartenlage, sehr charmantes Ambiente. Zur Begrüßung gibt es einen leckeren Mini-Suco, der dazu verführt, eine der Saft-Mischungen zu probieren, z. B. Apfel-Papaya-Wassermelone oder Kokos-Birne-Minze (R$10). Die *Bolinhos de Aipim com camarão* sind eine ideale Vorspeise (R$25/2 Pers.), danach das exzellente Badejo-Filet in schwarzer Olivenkruste mit Spinat und gebackener Tomate (R$59/1–2 Pers.)! Die Apfeltorte mit Cashewstreuselkruste und Creme-Eis (R$18) bildet den perfekten Abschluss. ⌚ Mo–Sa 17–23 Uhr.

Cantinho Doce, Quadrado. Geschmackvoll eingerichtet. Spezialität: Moquecas (ab R$72/2 Pers.) und Nachspeisen wie Tapioca-Pudding (R$14). ⌚ So–Fr 16–24 Uhr.

O Cacau, Quadrado. Edles, rustikales Restaurant, allerdings gesalzene Preise (ab R$50–60 p. P.). Spezialität: *Camarão Nativo* in Kokosmilch. ⌚ Di–So 17–23 Uhr.

Maluco Beleza, Av. Principal, ✆ 73/3668 2176. Günstige Holzofenpizza (R$12–30) in einem netten Hof mit Jaca-Baum. Lieferservice. ⌚ Di–So 18–23 Uhr.

Vitória, Quadrado. Einfaches, aber sympathisches Restaurant mit Tischen und Liegeecken. Fisch R$80–95/2 Pers., Einzelteller ab R$25. ⌚ tgl. 12–23 Uhr.

NACHTLEBEN UND STRANDBARS

Trancosos Nachtleben kann sich im Sommer sehen lassen, am Quadrado öffnen dann Bars wie Para-Raio und Gravatá Bar, und an den Stränden locken aufregende Partys; in der Nebensaison geht es dafür umso gemächlicher zu.

Pizzókkero, Rua do Telégrafo 8. Nettes Bar-Restaurant (Pizza R$35/2 Pers.), Di ab 23 Uhr Live-Musik und super Stimmung (während der Sommermonate auch So ab 22 Uhr). In der Nebensaison fast *the (only) place to be.* ⌚ Do–Di 20–2 Uhr.

São Brás, Vorplatz Quadrado. Forró-Abende unter freiem Himmel (Fr ab 23 Uhr, R$10–20), ansonsten Pizzeria. ⌚ Do–Di 19–24 Uhr.
Fly Club, Praia dos Nativos, 15 Gehmin.vom Quadrado. Szene-Strandbar: Partyvolk lässt sich im Sommer von elektronischer Musik beschallen, Matratzen laden zum Chillout ein (ab und zu Strandfeste). ⌚ Mo–Sa 9–17 Uhr.
Uxua Praia Bar, Praia dos Coqueiros. Rustikale Strandbar beim Fluss, im Sommer Mindestverzehr (Liegestuhl R$150/2 Pers.). ⌚ tgl. 9–17 Uhr.
Casa Timbó, Praia dos Coqueiros. Lässige Musik (MPB, Jazz, kein Techno), Lounge-Ecken und Hängematten. Sehr gute Caipis (R$13) und Fischgerichte (R$85/2 Pers.), kein Mindestverzehr. Umweltbewusste Besitzer, u. a. wurde die Bar komplett aus Recycling-Holz gebaut. ⌚ Mo–Sa 8–17 Uhr.

SONSTIGES

Geld
Bradesco, Av. Principal, Geldautomat (alle Karten).

Internet
Açaí Point, Rua Carlos Parracho. R$3. ⌚ tgl. 9–22 Uhr.

Mietwagen
Trancoso Locadora, ✆ 73/9958 8659, ✉ trancosolocadora@hotmail.com. Ab R$120/Tag, Kontakt auch über Pousada Quarto Crescente (selbe Familie).

Mototaxi und Taxi
Mototaxi, ✆ 73/3668 2270. Fahrten im Ort R$3 (ab 20 Uhr R$4), zu den Stränden Nativos/ Coqueiros R$4, Arraial R$35, Fähre Porto Seguro R$40.
Taxi, ✆ 73/3668 1260. Nativos/Coqueiros R$20, Arraial d'Ajuda R$100, Praia do Espelho R$120. Die Einführung von Taximetern stand bevor.

Touranbieter
Portomondo Adventure, Nähe Quadrado, ✆ 73/3668 1373, 💻 www.portomondo.com. Gute Agentur, Besitzer Klauber bietet zahlreiche Öko-Touren an, z. B. Trekking im Nationalpark Monte Pascoal (7–18 Uhr, R$200 p. P.), 2-stündige Kanuflussfahrt (R$110 p. P.), Walbeobachtung (Juli–Okt, R$220 p. P.), Caraíva (8.30–17 Uhr, R$150 p. P.).

TRANSPORT

Busse von Águia Azul:
Arraial d'Ajuda (bis zur Fähre nach Porto Seguro): ca. stdl. zwischen 6 und 19.30 Uhr, 1 Std., R$7.
Caraíva: tgl. 8 und 16 Uhr, 2 Std., R$13. Nach Regenfällen kann der Verkehr ausgesetzt werden.
Eunápolis: 7x tgl. bis 19.30 Uhr, 2 1/2 Std., R$13. Von Eunápolis 7x tgl. bis 19.30 Uhr (ca. alle 2 Std.) nach Trancoso.
Porto Seguro (Rodoviária): 1–2x tgl., 2 Std., R$11.
Ab Eunápolis: Mit São Geraldo nach **Rio de Janeiro** (17.25 Uhr, 18 Std., R$163). Mit Águia Branca nach **Salvador** (18.40 und 20.10 Uhr, 11 Std., R$102–138).

Arraial d'Ajuda

Der kleine Küstenort Arraial d'Ajuda (11 500 Einw.), der von Porto Seguro durch den Rio Buranhém getrennt wird, steht für charmante Pousadas, exzellente Restaurants, internationales Publikum und ein reges Nachtleben. Vor allem im Sommer geht es heiß her, wenn sich junge Brasilianer in Feierlaune, Rucksacktouristen, Alt-Hippies und der eine oder andere Promi ein Stelldichein geben.

Der Name des Ortes geht zurück auf die ersten Jesuiten, die 1549 mit dem Portugiesen Tomé de Souza auf den Schiffen *Conceição* (Empfängnis), *Salvador* (Erlöser) und *Ajuda* (Hilfe) eintrafen. Aus diesem Jahr stammt auch die **Igreja de N. S. d'Ajuda**, die Schauplatz eines Wunders gewesen sein soll: Das beim Bau benötigte Wasser schoss plötzlich aus einer nahe gelegenen Quelle, der **Fonte Sagrada** (Heilige Quelle), seitdem ist der Ort jährlich im August Ziel einer großen Wallfahrt und es geht die Legende, dass jeder, der von dem Quellwasser trinkt oder in ihm badet, eines Tages nach Arraial d'Ajuda zurückkehrt.

Die Kirche liegt am Ende der Flaniermeile **Broadway**. Auf der anderen Seite ist die **Praça São Brás** ein zentraler Treffpunkt. Das meiste Leben mit zahlreichen Restaurants und Bars spielt sich jedoch entlang der **Estrada do Mucugê** (auch Caminho do Mar) ab.

Arraial d'Ajuda ist mit schönen, klippenreichen Stränden gesegnet. Die Bars der Hauptstrände **Praia Mucugê** (2 km) und **Praia do Parracho** (3 km) sind im Sommer randvoll, weitere sehenswerte Strände liegen weiter südlich: die **Praia Pitinga** (4 km) mit der guten Strandbar „Maré", sowie die bereits deutlich einsamere **Praia de Taípe** (8 km). Auf einer schönen Wanderung nach Trancoso lernt man sie kennen (12 km, nur bei Ebbe). Gut zu schaffen in 3 1/2 Std. Infos: www.arraialdajuda.tur.br.

BAHIA

ÜBERNACHTUNG

Der Ort ist gespickt mit hübschen Pousadas. In der Nebensaison gibt es Qualität zum Schnäppchenpreis (nach *Desconto* fragen); im Sommer vervielfachen sich die Tarife. Über Silvester und Karneval nur *Pacotes* (Pauschalangebote) für mehrere Tage. Die folgenden Pousadas bieten WLAN gratis.

Zentrum

Pousada Alto Mar, Rua Bela Vista 114, 73/3575 1935, www.pousadaaltomar.net. Einfache und sympathische Pousada mit Dschungel-Feeling; in ruhiger Straße mit Traumaussicht. Dorms (R$23), DZ (R$50), Küchenbenutzung, Frühstück R$14 p. P. ❶

Arraial d'Ajuda Hostel, Rua do Campo 94, 73/3575 1192, www.arraialdajudahostel.com.br. Das sympathische HI-Hostel in einer kleinen Villa zählt zu den besten in Brasilien: Grüner Innenhof, Pool, Bibliothek, Wäscheservice (R$25/Korb), Billard und Spiele, PC-Nutzung gratis. Die hilfsbereite Besitzerin Gisele engagiert sich vorbildlich, aber unaufdringlich, für Umweltschutz. 6-Bett-Dorms (R$35–45), schöne DZ (R$90–120). ❶–❷

Pousada do Ailton, Rua do Coqueiro, 73/9948 2266. Familiär, sauber, gute Budget-Option über Silvester und Karneval. DZ und Zimmer für Gruppen. Öffnet nur nach Reservierung. ❷

Pousada Cavalo Marinho, Rua Amendoeiras 120, 73/3575 3839, www.cavalomarinhopousada.com. Sympathische Pousada mit 14 Zimmern und 4 größeren Chalês (AC/Ventilator), das Frühstück wird von Besitzerin Marta persönlich zubereitet. Kleiner Pool, Hängematten, zentrale aber ruhige Lage. ❷

Pousada Bemvirá, Alameda dos Flamboyants 54, 73/3575 1184, www.bemvira.com.br. Freundliche Pousada mit sehr gepflegten Zimmern (gute Betten, Veranda, Hängematte), Garten mit Pool, prima Frühstück. ❷–❸

Pousada Varanda do Sol, Rua Amendoeiras 94, 73/3575 1051, www.varandadosol.com.br. Gute Budget-Pousada in zentraler, ruhiger Lage, mit 19 Zimmern und 2 Chalês mit Küche (R$200), kleiner Pool. Besitzer Ricardo aus Minas Gerais ist hier vor 20 Jahren auf einer Reise einfach hängen geblieben. ❷–❸

Pousada Erva Doce, Estrada do Mucugê 200, 73/3575 1113, www.ervadoce.com.br. Mehr mittendrin geht nicht! Am Hauptweg zum Strand und doch im Grünen. Komfortable Zimmer, Pool, Nachmittagstee. ❹–❺

Hotel Pousada Machê, Alameda das Eugênias 33, 73/3575 2011, www.pousadamache.com.br. Gepflegte, grüne Anlage mit großem Pool, drum herum hübsche zweistöckige Häuser. Alle Zimmer mit Balkon oder Veranda, die im 1. OG sind besser. AC. ❹–❻

Baixù Village Hotel, Estrada do Mucugê 337, 73/3575 3061, www.baixuvillage.com.br. Highlight sind die Pools mit großartigem Meeres-Panoramablick. Alle Apartments haben Veranda (mit Aussicht), einige auch Küche. ❺

Hotel Paraíso do Morro, Estrada do Mucugê 471, 73/3575 3330, www.paraisodomorro.com. 13 Zimmer, die meisten mit Meerblick und Balkon/Veranda in einer der Top-Lagen von Arraial. Dass hier einmal eine Globo-Novela gefilmt wurde, daran wird auf einem großen Plakat erinnert. ❼

Maitei Hotel, Estrada do Mucugê 475, 73/3575 3538, www.maitei.com.br. Das beste Hotel am Ort, niveauvoll, schön designt und liebevoll geführt: 17 höchst komfortable Zimmer, von denen 13 traumhaften Meer-

Arraial d'Ajuda

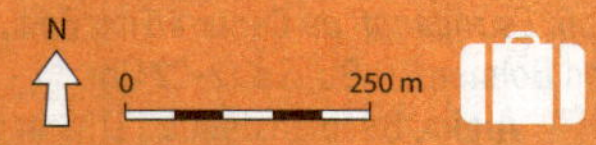

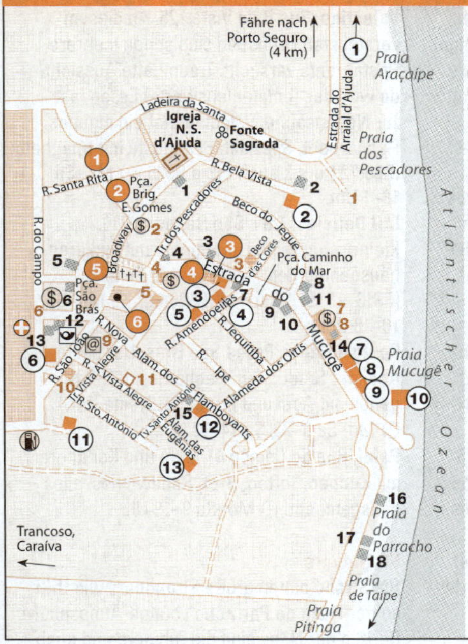

Übernachtung:
1. Canto d'Alvorada Hotel Pousada (3 km)
2. Pousada Alto Mar
3. Pousada Erva Doce
4. Pousada Varanda do Sol
5. Pousada Cavalo Marinho
6. Arraial d'Ajuda Hostel
7. Hotel Paraíso do Morro
8. Maitei Hotel
9. Baixù Village Hotel
10. Hotel Mar Paraíso
11. Pousada do Ailton
12. Pousada Bemvirá
13. Hotel Pousada Machê

Essen:
1. São João
2. Valentino
3. Manguti
4. Churrascaria do Joildo
5. Ponto do Açaí
6. Paulo Pescador
7. Boi nos Aires
8. Aipim
9. Milloca
10. Morocha Club
11. Pizza do Rapha
12. Mil Delícias
13. Paiol
14. Portinha
15. Rosa dos Ventos
16. Magnólia
17. Uíki Parracho
18. Cabana Grande

Sonstiges:
1. Arraial d'Ajuda Eco Parque
2. Banco do Brasil (Geldautomat) / Casa do Pão
3. Navegantes do Beco
4. Drogaria Plantão / HSBC (Geldautomat)
5. Gonguê
6. Banco do Brasil (Filiale)
7. Banco do Brasil (Geldautomat)
8. Shopping d'Ajuda
9. Cyber Point
10. Lavanderia Pontual
11. Espaço Cultural / Academia de Capoeira Sul da Bahia

Transport:
1. Busse nach Caraíva, Trancoso und Eunápolis
2. Busse zur Fähre nach Porto Seguro
3. Robertinho Rent a Car
4. Arraial Trip Tur
5. Mototaxi-Stand
6. Taxi-Stand

blick besitzen (R$480–525). Alle sind mit Whirlpool, Kingsize-Betten, Split AC, Sky-TV ausgestattet. Exzellentes Restaurant und zwei Pools mit derselben Traumaussicht. Toll für Flitterwöchner, bei mehrtägigen Aufenthalten Ermäßigungen (Nebensaison). ❽

Strände

Canto d'Alvorada Hotel Pousada, Estrada do Arraial d'Ajuda 1993, Praia de Araçaípe (2,5 km), ☎ 73/3575 1218, 💻 www.cantodalvorada.com.br. Familienpousada an der Straße zur Fähre. Schöne Chalês in parkartiger Anlage, tolle Strandbar, Restaurant. ❺

Mar Paraíso Resort, Estrada do Mucugê 476, ☎ 73/3575 4400, 💻 www.marparaisoresort.com.br. Feriendorf am Strand, schneller Zugang zum Ort über eine Treppe. Gepflegte, große Bungalows (z. T. zweistöckig), Wohnraum, Küche, Veranda und Hängematten, sowie neuer Apartmentkomplex. Schöner großer Pool. Restaurant mit Blick auf das Meer. ❻–❼

ESSEN

Im Sommer haben alle Restaurants täglich geöffnet.

Rosa dos Ventos, Alameda dos Flamboyants 24. Sehr gutes, uriges bras.-österreichisches Restaurant. Gerichte R$24–48, die Ente einen Tag vorher reservieren. Alle Gerichte kommen mit einem köstlichen frischen Salat aus dem eigenen Biogarten. Tipp: Apfelstrudel oder „Familiengeheimnis" (Haselnusstorte mit Schokoladenfüllung, R$10). 🕒 Do–Di 16–24, So 13–22 Uhr.

Paulo Pescador, Praça São Brás 116. Nicht nur das Restaurant ist eine Institution (1983), auch sein Eigentümer Paulinho, ein ehemaliger Fischer. Gute und günstige Gerichte für R$24.

Tipp: *Estroganoff de Camarão* mit Reis, Salat und Bohnen. ⌚ Do–So 12–22 Uhr.

Aipim, Beco do Jegue 131. Stimmungsvolles, romantisches Ambiente, schön dekoriert und stets gute Musik (Bossa-Lounge), dazu Moquecas und köstliche Fischteller wie Badejo-Filet in Sesamkruste mit Spinat-Risotto (R$58); auch günstigere Gerichte („Hippie Chic", R$34). Nachtisch: *Banana Exótica* mit Eis (R$24). ⌚ Mo–Sa 18–24 Uhr.

Portinha, Estrada do Mucugê 333. Sehr gutes Self-Service (R$40/kg) mit tgl. wechselnden thematischen Buffets, von Arabisch bis Italienisch. Abends Pizzeria und à la carte. ⌚ tgl. 12–17, 19–23 Uhr.

São João, Praça Brigadeiro E. Gomes 41. Das älteste Restaurant des Ortes ist bekannt für seine typisch bahianische Küche, v. a. Moquecas. Regionaler Nachtisch und Liköre gratis. ⌚ Mo–Sa 12.30–23 Uhr.

Milloca, Estrada do Mucugê 250, ✆ 73/3575 1419. Leckere Milchshakes und klasse Crêpes, Hamburger und Wraps (ab R$13). Ausgefallene Kreationen wie der Hamburger „Pink Floyd" (R$17) mit Auswahl aus 10 Zutaten (je R$3–4) sowie 6 Spezialsoßen (Tipp: die leicht scharfe Chipottle). Leckerer Schokoshake (R$18). Lieferservice (R$4). ⌚ Mo–Sa 18–1 Uhr.

Manguti, Estrada do Mucugê 99. Eines der traditionellsten Restaurants von Arraial (1988), das Berühmtheit wegen seiner Gnocchi *(Nhoque)* mit Filé erlangt hat (R$56/1–2 Pers.). Dazu vier Soßen zur Auswahl: Madeira, Poivre und Manguti, eine leckere Spargel-Champignon-Soße mit *Creme de Leite* nach deutschem Vorbild. Auch günstige (Nudel-)Gerichte (ab R$19). ⌚ tgl. 12–24 Uhr

Boi nos Aires, Estrada do Mucugê 200. Beliebte Churrascaria à la carte; argentinisches Fleisch (um R$40 p. P.), Importweine. ⌚ Di–Sa 17–24, So 18-22.30 Uhr.

Pizza do Rapha, Estrada do Mucugê 300, ✆ 73/3575 1790. Große Pizza für 3–4 Pers. (R$40–58). Abends brummt der Laden, nettes Open-Air-Ambiente mit Live-Musik ab 20 Uhr (Couvert R$3). Lieferservice. ⌚ tgl. 16–24 Uhr.

€ **Churrascaria do Joildo**, Estrada do Mucugê 1. Joildo und Silvana bieten für den Preis (R$30/kg) ein wirklich gutes Buffet: u. a. Picanha und eine große Auswahl an Nudeln, Salaten und Nachtisch. ⌚ So–Fr 11.30–16 Uhr.

Valentino, Rua Bela Vista 125. An diesem versteckten Ort haben sich schon mehrere Restaurants versucht. Traumhafte Aussicht, da wird das (empfehlenswerte) Essen fast zur Nebensache. Valentino hat ein eigenes Fischerboot, Spezialität Languste mit Spaghetti (R$58/2 Pers.), auch Pizza R$25. ⌚ Mo–Sa 18–1 Uhr.

Mil Delícias, Trav. São Benedito 210. Kleine, aber feine Lanchonete mit leckeren, hausgemachten Pastéis, Prato Feito (R$13–15, Self Service (R$26/kg). ⌚ Mo–Sa 10–18 Uhr.

Ponto do Açaí, Praça São Brás. Der beste Açaí der Stadt! Tipp: Becher je zur Hälfte gefüllt mit Açaí und Cupuaçu-Creme (R$6). ⌚ Mo–Sa 9–22, So 14–22 Uhr.

Paiol, Rua do Campo 41. Café und Konditorei mit Kuchen, Torten, Brot, Sandwiches, alles hausgemacht. ⌚ Mo–Sa 9–19 Uhr.

Strandbars

Am **Strand** bieten große Strandbars wie **Uíki** an der Praia do Parracho Lounge-Atmosphäre. Ganz in der Nähe sind die ruhigere und auch schönere **Cabana Grande** (regionale Küche, Live-Musik, ⌚ tgl. 9–17 Uhr) und das stylische **Magnólia** (nur Sommer).

NACHTLEBEN UND STRANDBARS

Arraial d'Ajuda zählt zu den heißesten Nightlife-Zentren Bahias. Das Meiste spielt sich auf der Estrada do Mucugê ab, v. a. in den Bars der kleinen, sehr hübschen Gasse **Beco d'as Cores**, wo ab 21 Uhr Live-Musik gespielt wird. Nett ist es hier besonders in der Bar **Navegantes do Beco** bei Sidney und seinem coolen Barkeeper Munrha.

Ein weiterer Anziehungspunkt ist die Gegend um den **Morocha Club**. Das argentinische Lokal ist bis 24 Uhr Bar-Restaurant und wird danach zur Disco, oft bis in den Morgengrauen (tgl. Live-Musik: Rock 'n' Roll). Hausspezialität ist der Shot *Llama Loca* (R$6), die „verrückte Flamme", der nach altem Brauch in einem feurigen Ritual heruntergestürzt wird – der Barkeeper erklärt, wie's geht! ⌚ Mo–Sa ab 18 Uhr, Eintritt frei.

Auf der **Ilha dos Aquários** geht freitags die Post ab (S. 431). Wer die einheimische Jugend treffen will, sollte Sonntagabend auf dem Broadway vorbeischauen, wo auf offener Straße schmissiger Zouk (eine Lambada-Variante) getanzt wird. Eine ähnliche Straßenparty, nur mit Forró, steigt Do ab 23 Uhr im **Gonguê**. ⌚ Mi–Sa 17–24 Uhr.

TOUREN

Touranbieter und Reisebüros

Arraial Trip Tur, Estrada do Mucugê 150, ✆ 73/3575 2805, 💻 www.arraialtriptur.com.br. Sehr gute Agentur von Juliana und Fábio, die u. a. Tagestouren zur wunderschönen Praia do Espelho durchführt, mit Halt auf dem Rückweg in Trancoso (R$50, max. 15 Pers./Van). Außerdem City Tour Porto Seguro im Doppeldeckerbus vom historischen Zentrum bis Coroa Vermelha (8.30–16 Uhr, R$60). ⌚ Mo–Sa 8–12, 14–22, So 14–22 Uhr.

Autovermietung

Robertinho Rent a Car, Estrada do Mucugê 150, ✆ 73/3575 1693, ✉ robertinho.rentacar@hotmail.com. Zuverlässig, gut gewartete und gepflegte Autos (ab R$60/Tag). ⌚ tgl. 8–13, 15–22 Uhr.

SONSTIGES

Capoeira

Im schönen **Espaço Cultural**, Rua Vista Alegre, kann man bei Capoeira (Mestre Railson), Dança Afro, Lambada oder Pilates zusehen oder mitmachen. Kurse über **Academia de Capoeira Sul da Bahia**, ✆ 73/3575 2981, 💻 www.capoeirasuldabahia.com.br. ⌚ Mo–Fr je nach Kursen, Fr 20 Uhr Roda de Capoeira.

Geld

Banco do Brasil, Rua do Campo. ⌚ Mo–Fr 10–15, Geldautomat 6–22 Uhr (alle Karten). Weitere Geldautomaten: **Casa do Pão**, Praça Brig. E. Gomes, und **Shopping d'Ajuda**. ⌚ tgl. 6–22 Uhr. **HSBC**-Geldautomat (alle Karten): **Drogaria Plantão**, Estrada do Mucugê. ⌚ tgl. 7.30–23 Uhr.

Internet

Cyber Point, Rua São João 121 (Videothek). R$2. ⌚ Mo–Sa 10–22 Uhr.

Mototaxi und Taxi

Lizenzierte **Mototaxis** stehen an der Praça São Brás, ✆ 73/3575 2359. Zentrum und Praia Mucugê R$4, Praia do Parracho R$5, Praia Pitinga und Fähre *(Balsa)* R$6.

Taxis, ✆ 73/3575 1217, Fähre R$20–25, Praias Parracho/Pitinga R$20.

Wäscherei

Lavanderia Pontual, Rua São João 185-A, ✆ 73/3575 3151. R$30/Korb. ⌚ Mo–Sa 8–17 Uhr.

Wellness

Arraial d'Ajuda Eco Parque, 💻 www.arraialecoparque.com.br. Wasserpark mit Rutschen, Wellenbecken, Bars und Restaurants. ⌚ 10–17 Uhr (unregelmäßig); R$85, Kinder R$50 (unter 1 m frei).

TRANSPORT

Anfahrt: Am einfachsten bis **Eunápolis**, von dort weiter mit Bus Brasileiro: 8x tgl., 1 1/2 Std., R$12 (Weiterfahrt nach Trancoso). Umständlicher über **Porto Seguro**: von Busbahnhof/Flughafen per Linienbus oder Taxi zum Hafen, dort mit der **Fähre** übersetzen, die restlichen 4 km mit Bus/Van (R$2,50) oder Taxi.

Bushaltestelle an der Praça Brigadeiro E. Gomes (Busse nach Caraíva, Trancoso und Eunápolis halten etwas weiter in der Kurve). Die meisten Busse fahren 10–15 Min. vor den genannten Zeiten an der Fähre ab. Mitarbeiter von Águia Azul geben Auskünfte.

Caraíva: Águia Azul, ✆ 73/3575 1170, tgl. 7.15 und 15.10 Uhr, 2 1/2 Std., R$15 (HS auch 11 Uhr). Nach Regenfällen ist die Strecke oft unpassierbar. Nach **Curuípe**: Ausstieg Landstraße, 4 km zum Strand, 1 3/4 Std, R$12.

Caravelas: Direktbus ab Porto Seguro (S. 433).

Eunápolis: Brasileiro, 8x tgl. bis 20 Uhr, 1 1/2 Std., R$12.

Porto Seguro: Busse oder Vans zum Fähranleger bis 24 Uhr alle 10–15 Min., danach halbstdl. (R$2,50), 24-Std.-Betrieb.

Fähre (10 Min., Fußgänger gratis, PKW R$10): bis 19 Uhr alle 15–20 Min., bis 0.45 Uhr halbstdl., danach stdl.
Salvador: Über Porto Seguro oder Eunápolis.
Trancoso: Águia Azul, ca. halbstdl. bis 20.30 Uhr, 1 Std., R$7. Einige Busse fahren über eine schlechte Sandstraße über Praia de Taípe / Praia dos Nativos.

Porto Seguro

Das ehemals kleine Fischerörtchen Porto Seguro hat sich rasant zu *der* Touristenhochburg Bahias entwickelt: Noch im Jahre 1980 zählte man hier 5000 Einwohner, heute sind es 127 000. Der gesamte Munizip Porto Seguro (einschließlich Arraial d'Ajuda, Trancoso, Curuípe und Caraíva) ist mit ca. 500 Hotels und über 40 000 Betten der drittgrößte Tourismuspol Brasiliens – hinter São Paulo und Rio de Janeiro – und liegt damit sogar noch vor Bahias Hauptstadt Salvador. Dabei haben das langjährige unkontrollierte Wachstum in der Innenstadt von Porto Seguro einige Spuren hinterlassen. Doch in letzter Zeit bemühen sich die Verantwortlichen wieder um mehr Klasse statt Masse. Neue kulturelle Angebote wurden geschaffen und auch auf die Umwelt wird wieder mehr geachtet. So wurde beispielsweise für die vorher stets überfüllten Korallenriffe **Recife de Fora** ein tägliches Besucherlimit festgesetzt. Auch ist die gesamte Stadt, anders als andere große Ferienziele, vollkommen frei von Wolkenkratzern, denn ein Gesetz sorgt dafür, dass neue Gebäude nur 7 m oder zwei Stockwerke hoch gebaut werden dürfen.

Orientierung

Porto Seguro besteht aus drei ganz gegensätzlichen Teilen: Da ist zunächst die pulsierende **Unterstadt** mit zahlreichen Restaurants, Geschäften und Bars, vielen günstigen Hotels und natürlich der berühmten **Passarela do Álcool**, die neuerdings offiziell **Passarela do Descobrimento** heißt, mit ihren zahlreichen Artesanato-Läden und abendlichen Cocktailständen. Zur Unterstadt zählt ebenfalls das historische Viertel **Pacatá** am von Mangroven bewachsenen Ufer des Rio Buranhém, wo noch historische Gebäude auf die Kolonialzeit verweisen und wo nahe der Fähre morgens ein lebendiger Fischmarkt stattfindet. Abends sitzt man hier in netten Bars am Flussufer.

Der zweite Abschnitt ist das **historische Zentrum** der Oberstadt (Cidade Histórica, s. Sehenswertes), das erstaunlicherweise von vielen Touristen weitgehend unbeachtet bleibt. Dabei könnte es keinen größeren Kontrast zur Unterstadt bilden: Ruhig überblickt es das azurblaue Meer und das pulsierende Treiben zu seinen Füßen und wirkt dabei wie ein Freilichtmuseum. Hier spürt man förmlich die 500 Jahre Geschichte Brasiliens.

Das, was die meisten freilich unter Porto Seguro verstehen, sind die lang gezogenen **Strände** nördlich der Stadt. Auf ca. 16 km finden sich bis Coroa Vermelha zahlreiche Hotelanlagen, meist mit Kinderspielplatz, Animationsprogramm und großen Pools, in denen sich Familien oder größere Gruppen aus Argentinien oder Europa vergnügen. Von den Hotels aus ist man schnell an den wichtigsten Strandbars der Stadt, die insbesondere an der 4 km langen **Praia de Taperapuã** liegen (ca. 7 km vom Zentrum). Besonders die mehrere Tausend Menschen fassenden Bars Tôa Tôa (5 km), Axé Moi (6 km) und Barramares (9 km) ziehen im Sommer tagsüber das tanzfreudige Publikum an. Auch die meisten der abendlichen Partys *(Luaus)* finden in wechselnder Reihenfolge in einer dieser Mega-Barracas statt. Wer mehr Ruhe bevorzugt, wird die etwas weiter entfernten Strände aufsuchen, wie die schöne **Praia Ponta Grande** oder **Praia do Mutá** (11 km).

Sehenswertes

Einige historische Bauten aus der Entdeckerzeit sind im **historischen Zentrum** der Oberstadt (Cidade Histórica) noch gut erhalten, allen voran die **Igreja N. S. da Misericórdia** von 1526, die später im barocken Stil erheblich verändert wurde. Heute beherbergt sie das **Museu de Arte Sacra**. Bekanntestes Exponat ist eine Statue des heiligen Franz von Assisi, die 1503 nach Brasilien kam und das älteste gut erhaltene Heiligenbild des Landes ist. 🕒 Fr–Mi 9–13, 14.30–16.30 Uhr, R$2.

Zu sehen sind auch die Mauerreste des Jesuitenklosters mit der **Capela de São Benedito**

Porto Seguro

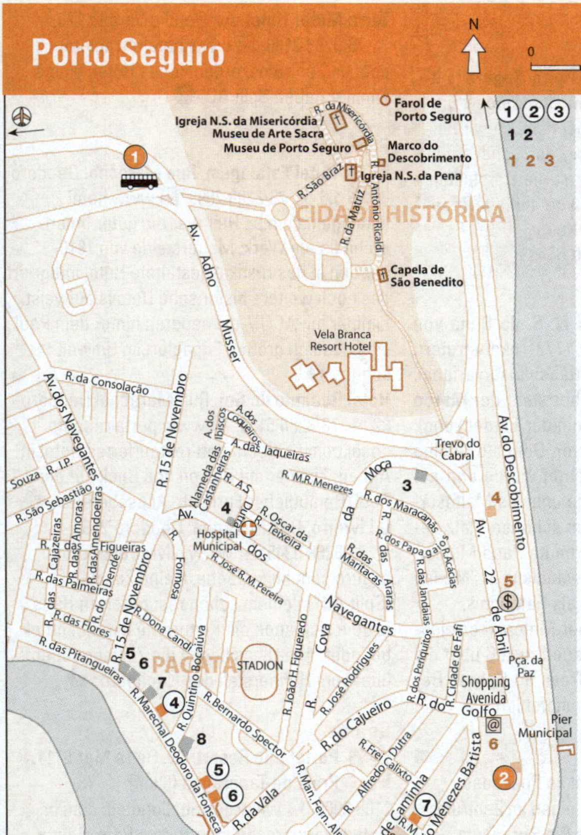

N

Farol de Porto Seguro
Igreja N.S. da Misericórdia / Museu de Arte Sacra
Museu de Porto Seguro
Marco do Descobrimento
Igreja N.S. da Pena
R. da Misericórdia
R. São Braz
R. Antônio Ricaldi
R. da Matriz
CIDADE HISTÓRICA
Capela de São Benedito
Av. Adno Musser
Vela Branca Resort Hotel
R. da Consolação
Av. dos Navegantes
R. 15 de Novembro
A. dos Ibiscos
A. dos Coqueiros
A. das Jaqueiras
Alameda das Castanheiras
Trevo do Cabral
Av. do Descobrimento
Souza
R. I.P.
R. São Sebastião
R. das Cajazeiras
R. das Amoras
R. das Amendoeiras
R. das Figueiras
R. das Palmeiras
R. do Dendê
R. das Flores
R. das Pitangueiras
R. M.R. Menezes
R. A.S. Quina
R. Oscar da R. Teixeira
Hospital Municipal
R. José R.M. Pereira
Av. da Moça
R. dos Maracanãs
R. dos Papagaios
R. das Acácias
R. das Maritacas
R. das Araras
R. das Jandaias
Av. 22 de Abril
R. Formosa
R. Dona Candi
R. Quintino Bocaiúva
PACATÁ
STADION
Cova dos Navegantes
R. João H. Figueiredo
R. José Rodrigues
R. dos Periquitos
R. Cidade de Fafi
Pça. da Paz
Shopping Avenida
R. do Golfo
Pier Municipal
R. Marechal Deodoro da Fonseca
R. Bernardo Spector
R. do Cajueiro
R. Frei Calixto
R. Alfredo Dutra
R. Man. Fern. Almeida
R. da Vala
Pero Vaz de Caminha
R. Antônio Osório Menezes Batista
R. M. Cancela
Pça. ACM
R. 13 de Maio
R. 7 de Stembro
R. General Freitas
Vargas
R. Aug. Borges
Av. Raimundo Costa (R. do Cais)
Pça. Visc. P. Seguro
FISCH-MARKT
R. Itagibá
Av. Getúlio
R. Armando R. Carneiro
Passarela do Álcool
R. 2 de Julho
R. Oscar Oliveira
CENTRO
Rio Buranhém
ILHA DOS AQUÁRIOS
R. São Pedro
Av. Pedro A. Cabral
R. A. Chateaubriand
Pça. da Bandeira
Pça. Dr. Manoel Ribeiro Coelho
Luis V. Filho
Pça. dos Pataxós
R. Rui Barbosa
R. Cons
R. Saldanha Marinho
Atlantischer Ozean

Übernachtung:

1. La Torre Resort (14 km)
2. Portobello Resort (6 km)
3. Hotel Mundaí Praia Camping (4 km)
4. O Livreiro
5. Hotel Recanto do Sol
6. Hotel Estalagem
7. Piazza Bella Hotel
8. Terra Mater Hotel
9. Hotel do Descobrimento

Essen:

1. Barraca do Gaúcho (7 km)
2. Cabana Colher de Pau (6 km)
3. Mirage
4. Mama's
5. Kame House Sushi Bar
6. Escritório
7. Sabor do Sul
8. Bar Baridade
9. Point Açaí
10. Colher de Pau
11. Esquina do Mundo
12. Sorveteria Coelhinho
13. Portinha
14. Sambuca

Sonstiges:

1. Tôa Tôa (4 km)
2. Axé Moi (6 km)
3. Barramares (8 km)
4. Bombordo Bar
5. Banco do Brasil (Filiale)
6. Internet Café Açaí
7. HSBC (Filiale)
8. Estação dos Ingressos
9. Ilha dos Aquários (Festgelände)

Transport:

1. Rodoviária
2. Costa Bahia
3. Mototaxi-Stand
4. Boote zur Ilha dos Aquários
5. Fähre nach Arraial d'Ajuda

Geschichte zum Anfassen

Das moderne **Museu de Porto Seguro** entführt den Besucher zu den Ursprüngen Brasiliens. Multimedial und übersichtlich wird die Geschichte der Entdeckung des Landes vorgestellt. Ein Schwerpunkt ist die Darstellung des Aufeinanderprallens von Indianerbräuchen und portugiesischer Kultur. ⌚ 9–17 Uhr (Do oder So geschl.), Eintritt R$5.

(1549). Die einfache **Igreja N. S. da Pena** von 1535 wurde von 1730 bis 1773 rekonstruiert. ⌚ ca. 9–12, 14–17 Uhr (Mittagspause variabel, Do/So geschl.). Ihr gegenüber steht der **Marco do Descobrimento** (Markstein der Entdeckung); eine Säule, die wohl 1503 von Gonçalo Coelho und seiner Expedition errichtet wurde und auf der die portugiesische Krone und das Malteserkreuz zu sehen sind. An dem schönen Platz befindet sich auch der 1722 erbaute Paço Municipal. Er diente vor seiner Umwandlung ins **Museu de Porto Seguro** (s. Kasten) als Gefängnis.

Die Oberstadt ist leicht per Mototaxi erreichbar (R$5 ab Zentrum), oder auch zu Fuß über die Treppen ab der Kreuzung Trevo do Cabral. Besuch bis Sonnenuntergang empfohlen.

ÜBERNACHTUNG

Es gibt eine enorme Auswahl an Pousadas und Hotels, die günstigeren liegen im Zentrum oder am idyllischen Ufer des Rio Buranhém. An den nördlichen Stränden finden sich größere Hotelanlagen und Resorts. In der Nebensaison sind Rabatte von 10–15 % möglich. Alle genannten Hotels bieten WLAN gratis.

Zentrum

Hotel do Descobrimento, Av. Getúlio Vargas 330, ☏ 73/3288 2004, 💻 www.hoteldodescobrimento.com.br. Gemütliches kleines Hotel, schöner Innenhof mit Pflanzen. Zentrale Lage, dennoch ruhig. ❶–❷

Piazza Bella Hotel, Praça Antônio C. Magalhães 48, ☏ 73/3288 1222, 💻 www.portonet.com.br/piazzabellahotel. Etwas größeres Hotel mit 23 Zimmern, gepflegt, Pool. Für den Preis wirklich in Ordnung. ❶–❷

Terra Mater Hotel, Av. Getúlio Vargas 170, ☏ 73/3288 2168, 💻 www.hotelterramater.com.br. Zentrales, ordentliches Hotel, einige Zimmer haben Split AC. ❷

Flussufer/Pacatá

Hotel Estalagem, Rua Marechal Deodoro 66, ☏ 73/3288 2095, 💻 www.hotelestalagem.com.br. Hier war ein guter Innenarchitekt am Werk: Mauersteine von 1810 wurden in das rustikal gestaltete Hotel integriert, das noch weitere historische Details aufweist. Zimmer mit AC/TV, die neueren hinter dem Pool sind deutlich größer. Engagiert im Umweltschutz. ❷

Hotel Recanto do Sol, Rua Marechal Deodoro 82, ☏ 73/3288 5195, 💻 www.portalrecantodosol.com.br. Recht nett restauriertes Hotel in Altbau, Zimmer mit Balkon und Blick auf den Pool. Gemütlicher Fernseh- / Lesebereich. ❷

O Livreiro, Rua Marechal Deodoro 298, ☏ 73/3268 0345, 💻 www.olivreirodeportoseguro.com.br. Einfache, kleine Zimmer (Split AC) in einem schön restaurierten Haus, in dem sich auch ein Kulturcafé mit Bibliothek befindet. Allerdings liegen die Zimmer gegenüber vom Hühnerstall des Nachbarn. ❷

Strände

Portobello Resort, Av. Beira Mar 6111, Praia de Taperapuã (6 km), ☏ 73/2105 6000, 💻 www.portobellohoteis.com.br. Nettes Ferienresort mit großem Pool, Sauna, schönem Garten und vielen Sport- und Freizeitmöglichkeiten. Die Zimmer haben Veranda und Hängematte (z. T. Split AC). Zum Strand von Taperapuã muss bloß die Straße überquert werden. Gut für Partyfreunde: die Bar Axé Moi liegt nur 100 m entfernt. Der Manager spricht Deutsch und hilft bei Fragen weiter. Restaurant. ❺–❻

La Torre Resort, Av. Beira Mar 9999, Mutá, ☏ 73/2105 1700, 💻 www.resortlatorre.com. All-Inclusive-Resort mit 230 Zimmern, 4 Pools, 2 Restaurants, Spa und Strandbar. Luxo-Zimmer R$1121, Mahlzeiten und Getränke inbegriffen. Viele Familien mit Kindern. ❽

Hotel Mundaí Praia Camping, Av. Beira Mar, KM 4, Praia de Mundaí, ☏ 73/3679 2287, www.campingmundai.com.br. Schattiger Campingplatz (R$28 p. P.), auch 30 gute DZ (R$68, ohne Frühstück). Pool, Fitnessraum und Restaurant. ❶

ESSEN

Kellner versuchen unablässig, Touristen ins Restaurant zu locken. Das kann nerven, aber man kann es auch gelassen nehmen: Daumen hoch und *„já jantei"* (ich habe schon zu Abend gegessen), damit hat sich die Sache erledigt.

Zentrum

Colher de Pau, Trav. Augusto Borges 52. Bahianisches Restaurant im Herzen der Passarela mit Live-Musik (tgl. ab 19.30 Uhr) und Open-Air-Veranda im 1. OG, von dort super Blick auf den Rio Buranhém, Riff und Meer. Große Portionen (um R$51–78/2–3 Pers.), eine wahre Festplatte ist der *Badejo a Moda do Cheff* (R$123/2–3 Pers.), ein gegrillter Fisch mit Shrimps, Kapernsoße, Salzkartoffeln, Champignons und Gemüsereis. Leckere Vorspeise: *Casquinha de Siri* (R$12), zum Nachtisch in Cognac flambierte Mango mit Creme-Eis und Kiwi-Soße (R$8). ⌚ tgl. 9–1 Uhr.

Sambuca, Praça dos Pataxós 216. Erste Pizzeria der Stadt in einem kleinen Häuschen, gilt auch als die beste, recht vornehm (um R$35/2 Pers.). ⌚ tgl. 18–24 Uhr.

Portinha, Rua Saldanha Marinho 33. Gutes Buffetrestaurant (R$40/kg), Ableger der Restaurants in Trancoso und Arraial d'Ajuda. ⌚ tgl. 12–22 Uhr.

Mama's, Av. dos Navegantes 670. Seitlich offenes Kilo-Restaurant mit Churrasco, Holzofenpizza und Sandwiches (ab R$14). ⌚ tgl. 11–16, 18–22 Uhr.

Esquina do Mundo, Passarela do Álcool 292. Gute bahianische Küche, nettes Ambiente mit Live-Musik, faire Preise, z. B. Moqueca ab R$60/2 Pers. ⌚ tgl. 12–24 Uhr.

Point Açaí, Rua General Freitas 42. Leckere Säfte und Açaí. Nebenan im Restaurant vegetarisches Mittagsbuffet (R$33/kg). ⌚ Mo–Sa Café 8–21, Restaurant 12–16 Uhr.

Mirage, Rua Cova da Moça 694. Ordentliches Buffet (R$15 pauschal oder R$33/kg). ⌚ Mo–Sa 11–15, 18–21 Uhr, So variabel.

Sorveteria Coelhinho, Rua Assis Chateaubriand 38. Köstliche, frische Eiscreme italienischer Art (R$36/kg). ⌚ tgl. 16–24 Uhr.

Pacatá

Kame House Sushi Bar, Rua Marechal Deodoro 356. Nettes Bücher-Café, auch Zimmervermietung. ⌚ Mo–Fr 9–19, Sa 9–13 Uhr.

Sabor do Sul, Rua Marechal Deodoro 328. Niedliche, kleine Bäckerei mit Café und Minimarkt. ⌚ tgl. 6–21 Uhr.

Strände

Cabana Colher de Pau, BR 367, KM 69 (6 km), Praia de Taperapuã. Idyllisch gelegenes Strandrestaurant, das die gleichen Gerichte wie das Stammhaus im Zentrum serviert, nur mit Meerblick (ohne Aufpreis). Man isst auf dem Deck im Restaurant oder an Tischen im Sand. ⌚ tgl. 8.30–17 Uhr.

Barraca do Gaúcho, Av. Beira Mar 7000, Praia de Taperapuã (7 km). Großes Strandrestaurant zwischen Axé Moi (15–20 Gehmin.) und Barramares (10 Gehmin.). Sehr gutes Churrasco (R$35 *all you can eat*) mit 18 Fleischsorten. Das Beilagenbuffet (Salate, Huhn, Fisch) eignet sich für Vegetarier (nur Buffet R$27), auch ein Omelette wird auf Wunsch gerne zubereitet. Dazu Gerichte à la carte. ⌚ tgl. 8–22 Uhr.

NACHTLEBEN

Porto Seguro ist in ganz Brasilien für sein intensives Nachtleben bekannt. Der Abend beginnt auf der **Passarela do Álcool**. Hier ist der Name Programm: Es wird ordentlich vorgeglüht für die Partys an den Stränden. Zu diesem Zweck bieten zahlreiche Cocktailstände mehr oder weniger gewagte Drink-Kombinationen an. Am beliebtesten ist Capeta (aus Guaraná, *Leite condensado*, Zimt, Ananas, Wodka und Eis) – aber Vorsicht, seine Wirkung wird leicht unterschätzt. Die Partys finden in täglich wechselnden Strandbars oder auf der Ilha dos Aquários statt. Ticketverkauf bei Gilbert in der **Estação dos Ingressos**, Praça da Bandeira 30. ⌚ Mo–Sa 15–23, So 18–22 Uhr.

Strandclubs

Zwischen der Praia Mundaí und der Praia Taperapuã befinden sich einige der größten **Strandbars** (Cabanas) Brasiliens, ausgestattet mit Bühnen, Restaurants, Bars und Lanchonetes sowie Platz für Tausende Gäste. Die berühmtesten sind: **Tôa Tôa** (Party Di), **Axé Moi** (Party Mo, nur im Sommer) und **Barramares** (Mi). Bereits tagsüber finden hier sommers Tanzspektakel statt: Gut gebaute Vortänzer bringen dem meist weiblichen Publikum die neuesten Schritte näher, zur Abkühlung wird regelmäßig Wasser auf die Menge gespritzt. Diese energiegeladene Strandpartykultur muss man einmal miterlebt haben. Abends ab 22 Uhr steigen dann an täglich wechselnden Orten große *Luaus* (Partys, Eintritt ab R$35–55). Anfahrt mit dem Bus ab Zentrum von der Rua do Cais.

Die beste Party steigt traditionell jeden Freitag auf der **Ilha dos Aquários**, 💻 www.ilhadosaquarios.com.br, einer Insel im Rio Buranhém (20–5 Uhr, Eintritt inkl. Überfahrt R$55). Außer einer großen Bühne für Live-Bands und einer Disco gibt es Restaurants, Bars und fünf große Salzwasser-Aquarien, u. a. mit Haien.

Zentrum

Bombordo Bar, Av. 22 de Abril 151. Traditionsbar seit 1993, große Anlage mit Live-Musik und Disco, nette Mischung aus Einheimischen und Touristen. Besitzer Carlinhos sorgt als Sänger seiner eigenen Band für mächtig Stimmung. 🕒 Do/Sa 23–4 Uhr (z. T. auch Mo), R$25.

Pacatá

Bar Baridade, Rua Marechal Deodoro 218. Hübsche Bar, die auch von Einheimischen besucht wird. Das Bierchen (600 ml, R$7) wird an Tischen auf dem Fußweg oder im klimatisierten Innenraum serviert. Kleine Petiscos, Fr/Sa Live-Musik (ab 21 Uhr, Couvert R$3). 🕒 Do 18–2, Fr, Sa 18–4 Uhr.

Escritório, Rua Marechal Deodoro 354. Einfache Bordsteinbar mit günstigen Gerichten (*Prato Feito* R$10–18) und kaltem Bier in der 600ml-Flasche. Man sitzt nett unter einem hohen Feigenbaum dicht bei den Mangroven, und wer gegen Schlagermusik immun ist, wird sich auch spätabends hier noch wohlfühlen. 🕒 tgl.10–22 Uhr.

Bahia-Karneval zum Zweiten

Besonders heiß geht es in Porto Seguro während des Karnevals her (zweitgrößter von Bahia, tgl. 100 000 Teilnehmer) – und auch nach Beendigung des offiziellen Treibens ist hier lange nicht Schluss. Denn dann setzen sich die bekannten Bands aus Salvador in Bewegung und kommen hierher, um für ein paar Tage beim **Carnaporto** einzuheizen (Mi–Sa). Festort ist die Arena Axé Moi, in der bis zu 25 000 Personen Platz finden. Wer den Axé-Karneval in Salvador verpasst hat, kann ihn hier nachfeiern!

TOUREN

Beliebtestes Ausflugsziel sind die 10 km im Meer gelegenen Korallenriffe des **Recife de Fora**. Der Bootsausflug dorthin wird schonend durchgeführt: Nur ein Bruchteil der Korallen (3 %) ist zugänglich, die Besucherzahl ist auf 400 pro Tag begrenzt und vor Ort geben ehrenamtliche *Park Guards* Auskünfte zur Tierwelt und zeigen, wo sich Seesterne und Seegurken verbergen. Beim Schnorcheln sind viele bunte Fische und 16 Korallenarten zu sehen. Der Beginn der Tour hängt vom Wasserstand ab (an ca. 14 Tagen/Monat keine Ausfahrten), Abfahrt ist am Pier Municipal. Die Bootsfahrt dauert 45 Min., reine Schwimmzeit 2 Std. (R$70, Hoteltransfer optional R$10; am Pier: Schnorchel/Maske R$5, Gummischuhe R$5).

Weitere Ausflüge

Bootstour auf dem **Rio Buranhém** (R$55, inkl. Transfer), **Indianerreservat Jaqueira** (R$70, 9–13 oder 13.30–17 Uhr), **Trancoso/Arraial d'Ajuda** (R$30, inkl. Transfer), **Praia do Espelho** (R$40, inkl. Transfer).

Alle Touren über: **Costa Bahia**, Av. 22 de Abril 264, ✆ 73/3268 2113, 💻 www.costabahia.com.br. 🕒 tgl. 7–22 Uhr.

SONSTIGES

Geld

Banco do Brasil, Av. dos Navegantes 22. ⌚ Mo–Fr 10–15, Geldautomat 6–22 Uhr (alle Karten, 22–6 Uhr max. R$100). Flughafen. ⌚ 24 Std. (alle Karten). **HSBC**, Av. Getúlio Vargas 343. ⌚ Mo–Fr 10–15, Geldautomat 6–22 Uhr (alle Karten).

Informationen

Tourist Info, Av. Portugal 350, 💻 www.portosegurotur.com. ⌚ tgl. 9–21 Uhr. Flughafen, ⌚ tgl. 8–18 Uhr.

Internet

Internet Café Açaí, Rua do Golfo 51. R$3. ⌚ Mo–Fr 9–22, Sa 9–13, 18–22, So 17–22 Uhr.

Medizinische Hilfe

Hospital Municipal, Av. dos Navegantes 640, ☎ 73/3288 5891.

NAHVERKEHR

Busse

In der Av. Getúlio Vargas halten die meisten Buslinien (R$2,50), darunter auch Bus *Cabrália* nach Santa Cruz Cabrália (R$4,40). Zur **Rodoviária** fahren unter anderem die Busse *Rodoviária, Baianão, Cambolo* oder *Fontana* (15 Min.). Zu den Stränden ab Av. Portugal (Passarela do Álcool) mit Bussen *Barramares* und *Village*, von den Stränden ins Zentrum (nahe Fähre) mit *Campinho* (etwa halbstdl.).

Zum **Flughafen**: Von der Rodoviária zwei Haltestellen (Busse *Casas Novas/Campinho* oder *M. do Povo/Campinho*), von da 5 Min. zu Fuß (oder gleich ganz laufen, 10 Min.).

Mototaxi und Taxi

Mototaxi-Stand in der Av. Getúlio Vargas (24 Std.), ☎ 73/3268 2738. Fahrt im Zentrum und zur Cidade Histórica R$5, Praia Taperapuã R$7–8.

Taxi: Von Rodoviária/Flughafen tabellierte Preise (Taximeterpflicht sollte kommen): Centro R$15/20, Balsa R$20/25, Taperapuã/Portobello Resort R$25/35, Barramares ca. R$45.

Fähre

Die Balsa (sprich „Bausa") über den Rio Buranhém verbindet Porto Seguro mit Arraial d'Ajuda. Von der anderen Seite pendeln Busse und Vans rund um die Uhr ins Zentrum von Arraial (10 Min., R$2,50) und – seltener – nach Trancoso (1 Std., R$8). Es gibt Fähren für Fußgänger (R$4) sowie Fußgänger / Autos (R$14–20/Auto): alle 15 Min., ab 19 Uhr nur noch Autofähre halbstdl., ab 1 Uhr stdl.; bezahlt wird nur nach Arraial d'Ajuda.

TRANSPORT

Flüge

Der kleine Flughafen liegt nah am Zentrum, ☎ 73/3288 1880. Flüge in alle größeren Städte Brasiliens.

Fluggesellschaften

Azul, ☎ 73/3268 1772; **Gol**, ☎ 73/3162 1031; **TAM**, ☎ 73/3268 1548.

Busse

Rodoviária, 2 km vom Zentrum, Nähe Centro Histórico.

Belo Horizonte: São Geraldo, ☎ 73/3288 1198, tgl. 14 und 15.30 Uhr, 18 Std., R$153–168.

Camamu und **Valença**: Águia Branca, ☎ 73/3288 1039, tgl. 19.15 Uhr, 7/8 Std., R$71/83.

Canavieiras: Brasileiro, ☎ 73/3288 3650, tgl. 5.50 und 16 Uhr, 6 Std., R$36.

Caravelas: Brasileiro, tgl. 14.30 Uhr, 6 1/2 Std., R$40.

Ilhéus: Rota, ☎ 73/3288 3791, tgl. 8.20, 9.40, 12.40 und 14.40 Uhr, 6 Std., R$47–63.

Itacaré: Rota, tgl. 12.40 Uhr, 7 Std., R$57 (oder bis Itabuna/Ilhéus, dort Anschluss).

Rio de Janeiro: São Geraldo, tgl. 17 oder 18 Uhr (Di, Do, Sa 17 Uhr), 18 Std., R$176–201.

Salvador: Águia Branca, tgl. 19 Uhr, 11–12 Std., R$161.

Santa Cruz Cabrália: Brasileiro, ca. halbstdl. bis 23 Uhr (danach stdl.), 40 Min., R$5 (oder Stadtbus).

Teixeira de Freitas: Brasileiro, tgl. 6, 8, 13 und 19 Uhr, 5 Std., R$35.

Trancoso: Águia Azul, tgl. 8 Uhr, 2 Std., R$11 (alternativ mit Fähre und Busanschluss).

Vitória: Águia Branca, tgl. 6.30 und 21 Uhr, 11 Std., R$93–132.

Nördlich von Porto Seguro

Wer von Porto Seguro Richtung Norden unterwegs ist, kann sich gut mit Bus und Fähre bis **Belmonte** durchschlagen. Dort endet die Straße und es geht in einer abenteuerlichen Bootsfahrt durch Mangrovenwälder weiter nach Canavieiras – eine der vielleicht schönsten Reisestrecken in Bahia.

Coroa Vermelha bis Santo André

Auf dem Weg liegen einige hübsche Orte und Strände, die eine Pause wert sind. Der erste Stopp könnte in **Coroa Vermelha** eingelegt werden, wo am 26. April 1500 die erste Messe auf brasilianischem Boden gehalten wurde. Ein symbolisches Kreuz am schönen Strand erinnert noch daran. Seit dem Jahr 2000 ragt auch ein knapp 15 m hohes Stahlkreuz von Mario Cravo in die Höhe. Auf dem autofreien Spazierpfad dorthin verkaufen Pataxós-Indianer Kunsthandwerk und in einem einfachen Museu Indígeno (🕒 tgl. 9–17 Uhr, R$1) sind einige interessante Fotos zu sehen. Ein weiterer schöner Strand ist die benachbarte **Praia Ponta do Mutá**.

Der nächste Halt ist **Santa Cruz Cabrália**, eine ruhige, historische Stadt mit 26 000 Einwohnern. Die auf einer Anhöhe in einem schattigen Park liegende **Igreja N. S. da Conceição** wurde Anfang des 18. Jhs. errichtet, von oben bietet sich eine schöne Aussicht.

Auf einer idyllischen Fährfahrt über den Rio João de Tiba wird als nächstes **Santo André** erreicht, ein Fischerdorf mit ursprünglicher Bewaldung und schönen Stränden. In dem reizenden Dorf gibt es einige gute Pousadas, die auch bei der Leihe von Fahrrädern helfen können: Die Region lässt sich gut per Drahtesel erkunden.

Informationen unter: 💻 www.portonet.com.br/cabralia, www.santoandre-bahia.com.br.

Bootstouren ab Belmonte

Wer in Belmonte übernachtet, kann zwischen mehreren schönen Bootsausflügen wählen, die sich direkt am Hafen vereinbaren lassen. Der klassische Tagesausflug geht bis Canavieiras (ca. 5–6 Std.) und kostet etwa R$300 (bis 8 Pers.). Der Bootsführer steht den ganzen Tag zur Verfügung, die genauen Uhrzeiten hängen vom Wasserstand ab. Unterwegs werden mehrere Punkte angesteuert, u. a. Ninhão das Garças („Reihernest"), Barra do Peso (Flussstrand) und Mangue da Siriba (Mangroven).

Belmonte

Vorbei an **Praia das Tartarugas**, **da Ponta de Santo Antônio** und **Praia Guaiú** geht es weiter bis zur Mündung des Rio Jequitinhonha. Hier, wo die Straße aufhört, liegt der friedliche Ort Belmonte. Die stark verfallenen Kolonialhäuser erinnern an bessere Zeiten des erfolgreichen Kakaoanbaus. Auf Flusstouren lassen sich alte Kakaofazendas besuchen, die wieder den Betrieb aufnehmen. Zentrum ist die Praça da Matriz mit der niedlichen **Igreja N. S. do Carmo** (1895), die bei einer Überschwemmung 1979 schwer beschädigt wurde. Etwas weiter in Richtung Hafen, vorbei an alten Kakaospeichern, gelangt man zur Praça da Bandeira, wo ein aus Glasgow stammender eiserner Brunnen aus dem 19. Jh. an die Blütezeit der Stadt erinnert. Am Fluss mit seiner charakteristischen rötlichen Färbung legen die Boote nach Canavieiras ab.

Bei **Cerâmica Quatorze Irmãos**, Rua São Domingo, kann man Dona Dagmar bei der Herstellung von Tontöpfen, Vasen u. a. Gegenständen zusehen und sich zeigen lassen, wie es geht.

Am Hauptstrand **Praia do Mar Moreno** (1,5 km vom Zentrum) empfängt ein übergroßer Guaiamum (blauer Wels) die Besucher, sonntagnachmittags finden hier beliebte Arrocha-Feste statt.

ÜBERNACHTUNG UND ESSEN

Nennung in der Reihenfolge ab Porto Seguro, WLAN ist gratis.

Maracaia Hostel, Praia de Coroa Vermelha, 📞 73/3672 1155, 💻 www.maracaiahostel.com.br. Solides HI-Hostel an der Hauptstraße im Indianergebiet, nahe beim schönen Strand. 6er-Dorms (R$30–35), DZ (R$60). Bus von Porto Seguro Richtung Cabrália (15 Min.), Ausstieg eine Station nach dem Supermarkt. ❶

Pousada Villa Rosada, Rua Costa Dórea 480, Santa Cruz Cabrália, 📞 73/3282 1058, 💻 www.villarosada.com.br. Pousada mit

BAHIA

Oase der Ruhe

Das Restaurant der **Pousada Corsário** in Santo André liegt wunderbar am Flussufer: Man isst auf einer Terrasse bei kühlender Brise und Blick auf den Rio João de Tiba leckeres Badejo-Filet mit Ingwersoße, Bananen-Püree und gegrillten Zucchini (R$46), anschließend Profiteroles, Windbeutel (R$12). Alles ist hier frisch – keine frittierten Gerichte! ⌚ Mi–So 13–22 Uhr (Mai geschl.).

Pousada Corsário, Av. Beira Rio 208, ✆ 73/3671 4080, ✉ mikie.iwakiri@hotmail.com. 11 freundliche Zimmer, z. T. mit Flussblick, antiken Möbeln („Orquídea") und Veranda. Flughafentransfer R$100–120. ❸–❺

mediterranem Touch, im Innenhof Pool und Palmen, Strandlage. ❹–❺

Pousada & Restaurant Gaili, Santo André, BA 001, KM 48 (2 km von der Fähre), ✆ 73/3671 4060, 💻 www.pousadagaili.com.br. Chalês auf großer Anlage am Fluss, 400 m zum Meer. Kajaktouren, Pool, eigene Bierherstellung: Gaili Beer. ❹

Costa Brasilis Resort, Av. Beira Mar 2000, Santo André, ✆ 73/3282 8200, 💻 www.costabrasilis.com.br. Großes Urlaubsresort, 50 m von einem schönen Strand in einer geschwungenen Bucht. Die 122 Zimmer befinden sich zum Teil in detailgetreuen Nachbildungen der Kolonialhäuser von Paraty, oder in einem mit Azulejos gefliesten „Kloster". Abendbuffet R$41 p. P., Fr Disco. ❻–❼

Pousada Canto da Reg, Rua da Amizade 18, Guaiú, ✆ 73/3671 2033, 💻 www.cantodareg.com. Kontrastprogramm zum Resort: Kleine Pousada mit Garten, in der man sich wie „auf dem Dorf" fühlt; 4 Zimmer (R$120), 2 Chalês (R$180–200, bis 4 Pers.), und ein Haus (R$250, bis 4 Pers.). 200 m von der Bushaltestelle, 1 km bis zum Strand. Keine Kreditkarten. ❸–❹

Maria Nilza, Praia do Guaiú, 1 km von der Hauptstraße. Idyllisches Restaurant an herrlichem Strand, sehr guter Fisch und Meeresfrüchte (ab R$90/2 Pers.), Prato Feito R$32. Kein Strom, gekocht wird am Holzkohleofen mit frischen Zutaten. ⌚ tgl. 9.30–16 Uhr.

Bar Lamarão, Rua da Alegria, Mogiquiçaba. Kurz vor Belmonte kann man die besten Pastéis der Region probieren (R$2), aus diversen Krebsarten, in absoluter Ruhe unter einem Mandelbaum. ⌚ tgl. 8–18 Uhr.

Pousada Rio, Av. Presidente Vargas 127, Belmonte, ✆ 73/3287 2202, 💻 www.belmontebahia.com/pousadario. Gepflegte Pousada am Flussufer. Pool, AC. Kein WLAN. ❶

SONSTIGES

Geld

Banco do Brasil, Rua Frei Henrique de Coimbra 83, Santa Cruz Cabrália. ⌚ Mo–Fr 10–15, Geldautomat 6–22 Uhr; Praça São Sebastião, Belmonte. ⌚ 9–13, Geldautomat 6–22 Uhr (alle Karten).

TRANSPORT

Von **Santa Cruz Cabrália** Richtung **Norden**: Fähre nach Santo André (bis 19.30 Uhr halbstdl., danach alle 1–2 Std.; 15 Min., R$1, R$11/Auto). Richtung **Porto Seguro**: Bushaltestelle vor der Apotheke Vida Nova oder an der Straßenecke vor Banco do Brasil (5 Min. vom Fähranleger), R$5.

Von **Santo André** nach **Santa Cruz Cabrália** mit Fähre (s. oben). Nach **Belmonte**: Bus Brasileiro (Verkaufsschalter an der Fähre in Cabrália), 6.50, 9.20, 13.50 und 17.50 Uhr, 1 Std., R$9.

Von der Fähre fahren stdl. bis 18.50 Uhr Busse nach Guaiú (R$2,75), zurück stdl. bis 18.20 Uhr.

Von **Belmonte** nach **Canavieiras**: herrliche 1 1/2-stündige Bootsfahrt durch Mangroven (Linienboot R$20/p. P., Charter R$100/Boot), möglichst 1 Tag vorher reservieren bei Sérgio, ✆ 73/9993 9472.

Nach **Santo André**: Bus Brasileiro, 5.20, 7.50, 11.50 und 16.20 Uhr, 1 Std., R$9.

Costa do Cacau

Der Name Costa do Cacau (Kakaoküste) erinnert an jene wechselvolle Zeit in der Geschichte Bahias, als die weiße Frucht über Reichtum und Armut ganzer Regionen entschied. Erst mit Ankunft deutscher und schweizerischer Einwanderer Anfang des 19. Jhs. wurde die ursprünglich aus dem Amazonas stammende Kakaopflanze hier systematisch angebaut. **Ilhéus**, die drittgrößte Stadt Bahias, war ab 1890 Zentrum des großen **Kakaobooms**. Prächtige Bauten entstanden und dokumentieren heute die Epoche dieser wirtschaftlichen Blütezeit.

Doch mit Eintritt der Weltwirtschaftskrise begann die Pracht schon zu verfallen. In den folgenden Jahren gab es massive Ernteausfälle und Nachfragerückgang zu beklagen, hervorgerufen durch sinkende Weltmarktpreise, Dürren und schließlich einen Pilz namens *Vassoura-de-bruxa*, der sich in den 1980er-Jahren verbreitete und noch heute jährlich bis zu 90 % der Ernte vernichtet. Somit ist es kein Wunder, dass Brasilien von den billiger produzierenden westafrikanischen Ländern überflügelt worden ist, dennoch ist die Region um Ilhéus nach wie vor wichtigstes Kakaoanbaugebiet Brasiliens. Die Kakaoküste reicht vom beschaulichen **Canavieiras** im Süden bis **Itacaré**, einem der bekanntesten Surfstrände Brasiliens.

Canavieiras

Wer mit genügend Zeit unterwegs ist, hat vielleicht Freude an einem kurzen Stopp in diesem verschlafenen 32 000-Einwohner-Ort. Die Architektur aus der Zeit des Kakaobooms ist durchaus sehenswert, besonders die schön restaurierten Bürgerhäuser (Ende des 19. Jhs.) an der Promenade des Rio Pardo.

Gut zum Entspannen sind die Strände der **Ilha de Atalaia**. Heilende Effekte werden den Schlammbädern auf der **Ilha das Garças** nachgesagt.

ÜBERNACHTUNG UND ESSEN

Im Zentrum liegen einfache Pousadas, bessere sind in Atalaia.

Pousada Frederic, Praça Dr. E. Campos 51, ✆ 73/3284 1091. Zentrale Lage am Hafen, saubere Zimmer mit Moskitonetz. ❷–❸

Kani Resort, Ilha de Atalaia Norte, KM 4, ✆ 73/9111 4967, 💻 www.kani-resort.com. Ferienanlage mit Bungalows am Strand unter Palmen. Der Besitzer organisiert Bootstransfer und Reitausflüge. Restaurant, Surf- und Kitesurfschule. ❻–❼

An der hübschen Uferpromenade Av. Felinto Melo serviert **O Armazém** typisch bahianische Küche (Moqueca ab R$34/2 Pers.). 🕒 tgl. 11–23 Uhr.

Auch in den Bar-Restaurants an der Praça Eduardo Campos sitzt man nett draußen, z. B. bei **Villa Imperialis**. 🕒 tgl. 11–24 Uhr.

SONSTIGES

Geld

Banco do Brasil, Praça da Bandeira 161. 🕒 Mo–Fr 10–15, Geldautomat 6–22 Uhr.

TRANSPORT

Taxi und Busse

Taxi vom Hafen zur Rodoviária ca. R$15.

Ilhéus: Cidade Sol, ✆ 73/3284 1594, 💻 www.viacaocidadesol.com.br, 10x tgl. bis 19 Uhr, 2–3 Std., R$19. Für Anschluss nach **Itacaré** bis 17 Uhr losfahren.

Salvador: Águia Branca, ✆ 73/3284 1399, tgl. 19.50 Uhr, 9–10 Std., R$89.

Boote

Belmonte: Linienboote nach Bedarf (1 1/2 Std., R$20, nicht bei Niedrigwasser), Charterboot R$100.

Ilhéus

Ohne die schöne Mulattin Gabriela hätte Ilhéus vermutlich nicht seinen heutigen Bekanntheitsstatus. Gemeint ist die Hauptfigur des wohl berühmtesten Werks von **Jorge Amado** (1912–2001), dem international bekannten Romancier und Sohn der Stadt. Wie in dem großen Liebesroman *Gabriela wie Zimt und Nelken (Gabriela, Cravo e Canela)* machte Amado Ilhéus zum Schauplatz vieler seiner Geschichten. So verarbeitete er auch sein damaliges Stammlokal literarisch, die legendäre **Bar Vesúvio**. Hier arbeitete Gabriela in seiner Fiktion als Köchin, doch es spielten sich nicht nur Romanzen ab. Die Bar war Treffpunkt einflussreicher Kakaobarone, der *Coronéis.*

Noch heute erzählen die historischen Gebäude der 185 000 Einwohner-Stadt die Geschichte jener vergangenen Hochepoche, als Ilhéus die reichste Stadt Brasiliens war und „Goldprinzessin von Bahia" genannt wurde. Auf einem Spaziergang durch die Innenstadt lässt sich alles bequem an einem Tag sehen. Richtig voll wird es eigentlich nur im Sommer, wenn ein Kreuzfahrtschiff im Hafen liegt und die Passagiere in der Vesúvio Bar bei Live-Musik an den Tischen tanzen. Die restliche Zeit des Jahres geht es recht ruhig zu. Dass Ilhéus erst seit relativ kurzer Zeit auf Tourismus setzt, ist teilweise auch noch an Infrastruktur und Dienstleistungen erkennbar.

Sehenswertes

Ein repräsentatives Beispiel für die prächtigen historischen Bauten ist der neoklassizistische **Palácio do Paranaguá** (1898–1907) an der Rua P. Valadares, der heutige Sitz der Stadtverwaltung. In der Rua Jorge Amado 21 befindet sich das **Casa de Cultura Jorge Amado**. Hier verbrachte der Dichter einen Teil seiner Jugend (1926–37). Heute beherbergt es eine kleine Ausstellung mit Fotos und Titelbildern seiner Bücher. ⌚ Mo–Fr 9–12, 14–18, Sa 9–13 Uhr, R$4. Nebenan befindet sich die **Casa dos Artistas** mit einem kleinen Theater und Ausstellungsfläche für Künstler. ⌚ Mo–Sa 14.30–18.30 Uhr.

Die pompöse **Catedral de São Sebastião** am belebten Hauptplatz **Praça Dom Eduardo** ist neueren Datums. Ihr Bau wurde 1931 begonnen, aber erst 1967 abgeschlossen. Im Januar, am Tag des São Sebastião, werden ihre Stufen in einer feierlichen Prozession gereinigt. ⌚ Mo–Fr 8–12, 14–18, Sa 8–11 Uhr, So Messen 8 und 19 Uhr. Wesentlich älter ist die mehrfach restaurierte **Igreja de São Jorge** (Ende 17. Jh.) mit einem kleinen **Museum** für sakrale Kunst. ⌚ Di–So 9–12, 14–18 Uhr. Die **Igreja N. S. da Piedade** (1928) ist abends stimmungsvoll angeleuchtet, von hier bietet sich eine schöne Aussicht über die Stadt. ⌚ tgl. 8–18 Uhr.

Die **Praia do Cristo**, ganz am Zipfel der Landzunge, wird von einer 7 m hohen Christus-Statue (1942) geziert. Besonders nett ist der Strand zum Sonnenuntergang mit Blick über die Bucht Baía do Pontal.

In der Welt des Kakao

Beim Bummel durch den **Mercado de Artesanato**, Rua Eustáquio Bastos 2, eine Markthalle mit über 80 Ständen, findet man günstige regionale Handwerkskunst und viele für die Region typische Lebensmittel, wie Kakaomarmelade *(geleia de cacau)*, nicht schmelzende Schokolade mit hohem Kakaoanteil sowie diverse Kakaoliköre: *Mel de Cacau* (aus dem weißen Fruchtfleisch), *Cacau* (aus den Fruchtkernen) oder *Chocolate* (aus dem zuckerfreien Kakaopulver). Kostenlose Probe bei **Delícias da Terra**, Loja 80, „Rua Gabriela". ⌚ tgl. 9–19.30 Uhr.

Strände

Die Strände in nördlicher Richtung sind ruhig und naturbelassen. Das Leben spielt sich eher an der südlichen Küste ab: an den Stränden **Praia do Sul**, **Praia Cururupe** und vor allem der belebten **Praia dos Milionários**. Hier ist das Wasser ruhig, der Sand fein und es gibt einige große Strandbars. Die Strände im 19 km entfernten Olivença (S. 441) sind vor allem für Surfer geeignet.

ÜBERNACHTUNG

Die Unterkünfte im **Zentrum** sind wenig modern, aber preiswert. Mehr Komfort findet sich an den **Stränden** ab Praia do Sul (4–7 km vom Zentrum). Der Stadtteil **Pontal** liegt genau zwischen Zentrum und Stränden (je 10 Min. per Bus). Im Sommer steigen die Preise enorm und es ist schwer, ohne Reservierung ein Zimmer zu finden. Alle genannten Häuser bieten WLAN gratis.

Zentrum

Pousada Brisa do Mar, Av. 2 de Julho 138, ✆ 73/3231 2644. Recht nette, familiäre Pousada im Zentrum. Zweckmäßige Zimmer (AC), einige mit Balkon und Strandblick. 5 Min. zur Kathedrale. ❶–❷

Pousada Gira Sol, Praça Florêncio Gomes 460, Cidade Nova, ✆ 73/3634 3400, 💻 www.pousadagirasol.com.br. Kleine, saubere Zimmer und ein großes Apartment für 5 Pers. 10 Gehmin. vom Zentrum. ❷

Ilhéus Praia Hotel, Praça Dom Eduardo, ✆ 73/2101 2533, 💻 www.ilheuspraia.com.br.

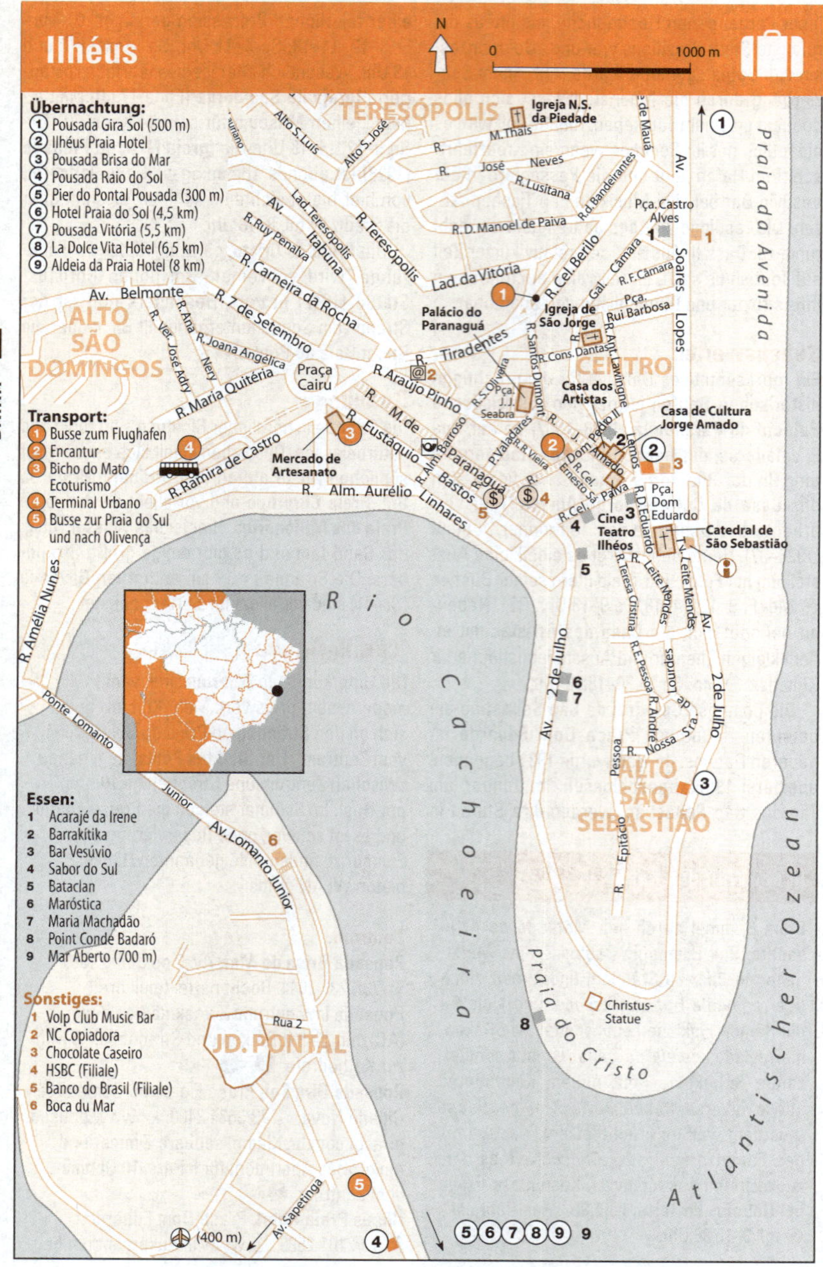
Übernachtung:
1 Pousada Gira Sol (500 m)
2 Ilhéus Praia Hotel
3 Pousada Brisa do Mar
4 Pousada Raio do Sol
5 Pier do Pontal Pousada (300 m)
6 Hotel Praia do Sol (4,5 km)
7 Pousada Vitória (5,5 km)
8 La Dolce Vita Hotel (6,5 km)
9 Aldeia da Praia Hotel (8 km)
Transport:
1 Busse zum Flughafen
2 Encantur
3 Bicho do Mato Ecoturismo
4 Terminal Urbano
5 Busse zur Praia do Sul und nach Olivença
Essen:
1 Acarajé da Irene
2 Barrakítika
3 Bar Vesúvio
4 Sabor do Sul
5 Bataclan
6 Maróstica
7 Maria Machadão
8 Point Condé Badaró
9 Mar Aberto (700 m)
Sonstiges:
1 Volp Club Music Bar
2 NC Copiadora
3 Chocolate Caseiro
4 HSBC (Filiale)
5 Banco do Brasil (Filiale)
6 Boca du Mar
N
0
1000 m
TERESÓPOLIS
ALTO SÃO DOMINGOS
CENTRO
ALTO SÃO SEBASTIÃO
JD. PONTAL
Igreja N.S. da Piedade
Palácio do Paranaguá
Igreja de São Jorge
Casa dos Artistas
Casa de Cultura Jorge Amado
Mercado de Artesanato
Cine Teatro Ilhéos
Catedral de São Sebastião
Christus-Statue
Praça Cairu
Pça. Castro Alves
Pça. Rui Barbosa
Pça. Dom Eduardo
Pça. J.J. Seabra
Rio Cachoeira
Praia da Avenida
Praia do Cristo
Atlantischer Ozean
Av. Soares Lopes
Av. Belmonte
Av. Itabuna
R. Teresópolis
Lad. Teresópolis
R. Ruy Penalva
R. Carneira da Rocha
R. 7 de Setembro
R. Joana Angélica
R. Maria Quitéria
R. Ramira de Castro
R. Araujo Pinho
R. M. de Paranaguá
R. Eustáquio Bastos
R. Alm. Aurélio Linhares
R. Alm. Barroso
R. Tiradentes
Lad. da Vitória
R. Cel. Berilo
R. D. Manoel de Paiva
R. Lusitana
R. José Neves
R. M. Thais
R. d. Bandeirantes
Alto S. Luís
Alto S. José
R. Santos Dumont
R. Cons. Dantas
R. Ant. Lavigne
R. Dom Pedro II
R. J. Amado
R. Cel. Paiva
R. Cel. Ernesto Sá
R. D. Eduardo
R. Teresa Cristina
R. Leite Mendes
Tv. Leite Mendes
Av. 2 de Julho
R. E. Pessoa
R. André
R. Nossa S.ra de Lourdes
R. Epitácio Pessoa
R. Amélia Nunes
Ponte Lomanto Junior
Av. Lomanto Junior
Av. Sapetinga
Rua 2
(400 m)
BAHIA

Zentraler geht's nicht. Großes Hotel gegenüber der Kathedrale (61 Zimmer, mit Ventilator billiger), sterile Einrichtung. 3 % Tax. ❸–❹

Pontal

Pousada Raio do Sol, Av. Lomanto Júnior 1408, ✆ 73/3231 4520, 💻 www.raiodosolpousada.com.br. Ordentliche Pousada neben der Pizzeria Pinocchio, einige Zimmer haben Buchtblick. TV, AC. ❷–❸

Pier do Pontal Pousada, Av. Lomanto Júnior 1650, ✆ 73/3221 4000, 💻 www.pierdopontal.com.br. Schickere Pousada mit Sky-TV, AC, Restaurants, schönem Pool, Sauna, Bar. ❸–❹

Südliche Strände

Hotel Praia do Sol, Praia do Sul, KM 0 (4,5 km vom Zentrum), ✆ 73/3234 7000, 💻 www.praiadosol.com.br. Große Hotelanlage mit Pool an einem der besten Strandabschnitte. Im Sommer reservieren. Zur selben Gruppe gehört das **Aldeia da Praia Hotel**, ✆ 73/3234 8000, 3,5 km weiter an der Praia dos Milionários. ❹

Pousada Vitória, Praia do Sul, KM 1 (5,5 km vom Zentrum), ✆ 73/3632 4997, 💻 www.pousadavitoria.com.br. Hübsche Pousada eines Schweizers in geschlossenem Wohngebiet (50 m zum Strand). Schöner Hof mit Pool. Gemütliche Zimmer, einige Suiten mit Balkon und Meerblick (Tipp: Nr. 11). 5 % Tax. ❷–❹

La Dolce Vita Hotel, Praia do Sul, KM 2 (6,5 km vom Zentrum), ✆ 73/3234 1212, 💻 www.ladolcevita.com.br. Sympathisches Hotel mit Pool und Strand vor der Haustür. 54 schöne, teils sehr geräumige Zimmer mit Split AC, Veranda und Hängematte (Tipp: *Executivo* ist nur wenig teurer als *Standard*). Der Besitzer engagiert sich für den Tourismus in der Region. Gutes Restaurant. ❸–❺

ESSEN UND NACHTLEBEN

In den Bars und Restaurants an der **Av. 2 de Julho** herrscht bei Sonnenuntergang eine nette Abendstimmung. Die **Praça Castro Alves** ist beliebter Treffpunkt der Einheimischen, hier sitzt man bei Cerveja und Acarajé bei **Irene** an Plastiktischen (neuerdings mit Blick auf zwei Fastfood-Lokale). Weitere Bars und Restaurants liegen in **Pontal**.

Zentrum

Bar Vesúvio, Praça Dom Eduardo 190. Bar von 1910, ein Muss für alle Jorge-Amado-Fans. Etwas touristisch, doch schöne Lage mit Blick auf den belebten Kathedralenplatz. Tipp: *Quibe* (R$5) und *Suco de Cacau* (R$4). Gelegentliche Inszenierungen mit Figuren aus Amados Werken (ab 21 Uhr), tgl. ab 18 Uhr Live-Musik (Couvert R$3). ⌚ tgl. 10–24 Uhr.

Barrakítika, Rua Dom Pedro II 39. Traditionelles Bar-Restaurant (1981) im Stil einer rustikalen Rock-Kneipe (Do/Sa Live-Musik), lokales und internationales Publikum. Draußen füllen sich abends die Tische auf dem Gehweg, drinnen führt Besitzer Bruno ein alternatives Kulturzentrum mit kleiner Bühne. Sehr gutes Essen zu fairen Preisen (Mittagstisch R$14–17), Tipp: Fischpfanne *Escabeche*, Riesenportion für R$45/2–3 Pers., oder Lasagne (R$22/1–2 Pers.). Leckere Maracuja-Mousse (R$4)! Am Tresen 150 Cachaças aus ganz Brasilien. Der richtige Ort für Fußballübertragungen. ⌚ Mo–Sa 10–2 Uhr.

Maria Machadão, Av. 2 de Julho 949. Nette Pizzeria (R$30/1–2 Pers.), gut sind z. B. *Gorgonzola Especial* mit Pilzen oder *Rúcula* (mit getrockneten Tomaten und Büffelkäse), wahlweise mit krossem, sehr dünnem Teig. Dazu gehört das (klimatisierte!) Sushi-Restaurant Kenko, in das sich auch Pizzabesteller setzen dürfen. Do–Sa Live-Musik ab 20 Uhr (Couvert R$3). ⌚ tgl. 18–24 Uhr.

Bataclan, Av. 2 de Julho 77. Das verruchte Cabaret der 1920er wurde schön restauriert und beherbergt nun ein Kulturzentrum mit kleiner Theaterbühne (Programm Mi–Sa ab 20.30 Uhr, Couvert R$6), Restaurant (Gerichte R$30–45, mittags Self-Service), Souvenirshop und „Memorial" (⌚ Mo–Sa 10–11.30, 14.30–19 Uhr), u. a. mit dem originalgetreuen Zimmer der legendären Bordellbetreiberin Maria Machadão. Sehenswert! ⌚ Mo–Sa 10–23 Uhr.

Maróstica, Av. 2 de Julho 966. Italienische Nudel- und Fischgerichte (R$36) in feinem Ambiente. ⌚ Mo–Sa 19–24 Uhr.

Sabor do Sul, Rua Cel. Paiva 53. Gutes Self-Service mit mehr als 50 Optionen (R$37/kg), leckerer Nachtisch. ⌚ Mo–Sa 11–15.30 Uhr.

Point Conde Badaró, Praia do Cristo. Lässige Strandbar mit Blick auf die Bucht, schön bei Sonnenuntergang, u. a. Kajak- und Stand-Up-Verleih. ⌚ tgl. 7–18 Uhr.
Volp Club Music Bar, Av. Soares Lopes 229 (über Bob's). Schöne Lounge-Bar auf einer Dachterrasse, Live-Musik ab 21 Uhr (Couvert R$5), darunter eine Disco (⌚ Do–Sa 24–4 Uhr, R$15–25). ⌚ Mi, Do 18–24, Fr, Sa 19–4 Uhr.

Pontal

Mar Aberto, Av. Litorânea Sul 129. Beliebte Rock-Kneipe direkt am Strand (am Ende der Av. Lomanto Junior). Am Wochenende geht bei Live-Musik die Post ab (Blues, Rock), Mi Forró, Do Arrocha, ab 23 Uhr ist es voll! Cocktails: *Frozen Mar* mit Wodka in Blau/Azul (mit Curação Blue), Rot/Vermelho (Red Bacardi) oder Grün/Verde (Minzlikör), R$14. ⌚ Mi–Sa 20–4 Uhr, Eintritt R$15–20, Frauen bis 23 Uhr gratis.
Boca du Mar, Av. Lomanto Júnior 15. Große Anlage an der Baía do Pontal für Konzerte (bis 5000 Zuschauer).

TOUREN

Reiseagenturen bieten Rundgänge im **historischen Zentrum** („Centro Histórico", R$35 p. P.) oder Ausflüge zu einer **Kakao-Fazenda** an (s. Kasten).
Ziele außerhalb von Ilhéus: **Lagoa Encantada** („verzauberte Lagune") mit Wasserfällen oder Bootstour durch Mangroven über den **Rio do Engenho** in die gleichnamige Ortschaft, in der eine der ersten Zuckerrohrfabriken Bahias und die vermutlich drittälteste Kirche Brasiliens (1537) steht. Beide Touren über Bicho do Mato Ecoturismo (s. u.).
Im **Ecoparque de Una**, 40 km südlich (nicht immer geöffnet), führen 20 m hohe Brückenpfade durch die Baumkronen des tropischen Regenwalds, mit etwas Glück sieht man seltene Affen- und Vogelarten. Reservierung: Órbita Turismo, ✆ 73/3234 3250, R$50.

Besuch auf einer Kakao-Fazenda

Auf der 100 ha großen **Fazenda Yrerê**, ✆ 73/3656 5054, einer der hübschesten der Region, werden die einzelnen Kakaosorten sowie die Verarbeitung bis zur Trocknung der Kakaobohnen anschaulich erklärt. Ein Rundgang über die Fazenda führt an weiteren tropischen Pflanzen vorbei. Den Abschluss bildet ein Mittagessen (vorher reservieren) mit Kakaosaft und Schokolade, bei dem der lachende Papagei „Loura" die Gäste unterhält. Buchung bei Encantur (R$55 p. P.).

Touranbieter

Encantur, Rua Jorge Amado 64, ✆ 73/2101 3900, 💻 www.encantur.com.br. Gut organisiertes Reisebüro. Viele Touren, Bustickets, Flüge, Geldwechsel. Englisch. Filiale am Flughafen. ⌚ Mo–Fr 8–18, Sa 9–13 Uhr.
Bicho do Mato Ecoturismo, Mercado de Artesanato, ✆ 73/3634 1710, 💻 www.bichodomato.tur.br. Trekking, Tauchen, Rafting, u. a. nach Itacaré und Maraú. ⌚ Mo–Fr 8–18, Sa 8–14 Uhr.

SONSTIGES

Einkaufen

Chocolate Caseiro Ilhéus, gegenüber der Kathedrale. Souvenirs wie Schokoladenlikör oder frische Schokolade (in teils obszönen Formaten), auch köstliche kalte Trinkschokolade *(Chocolate gelado,* R$4). ⌚ tgl. 8–20 Uhr.

Geld

In der Rua Marquês de Paranaguá: **HSBC** (Nr. 63) und **Banco do Brasil** (Nr. 112). ⌚ Mo–Fr 11–16, Geldautomat 6–22 Uhr (alle Karten).

Informationen

Info-Kiosk neben der Kathedrale. ⌚ variabel. Internet: 💻 www.brasililheus.com.br, www.jorgeamado.org.br.

Internet

NC Copiadora, Rua Araújo Pinho 79A. R$2. ⌚ Mo–Fr 8–18.30, Sa 9–13 Uhr.

Medizinische Hilfe

Hospital Regional, Av. Brasil, Conquista, ✆ 73/3634 3274.

NAHVERKEHR

Zentrale Haltestelle der Stadtbusse (R$ 2,40) ist das **Terminal Urbano** am Rand der Altstadt. Zur **Rodoviária** mit den Bussen *Circular II*, *Salobrinho* oder *Teotônio Vilela* (10–20 Min.). Gegenrichtung: Bus *Terminal Urbano*, Haltestelle an der Rückseite der Rodoviária.

Zum **Flughafen** ab Haltestelle in der Rua Cel. Berilo, u. a. mit *Nelson Costa*, *N. S. da Vitória*, *Olivença* oder *Hernani Sá*.

Nach **Olivença** und zu den südlichen Stränden: Stadtbus *Olivença* ab Terminal Urbano / Rodoviária, São Miguel oder Rota, alle 30 Min., 30–45 Min., R$3.

Taxi vom Zentrum zur Rodoviária (R$15–18), zum Flughafen (R$13–16). **Chame Táxi**, ✆ 73/8827 8949. **Mototaxi** vom Zentrum zur Rodoviária/Flughafen R$5.

TRANSPORT

Flüge

Aeroporto Jorge Amado, ✆ 73/3234 4000. Ein neuer Flughafen ist in Planung.

Fluggesellschaften

Avianca, ✆ 73/3231 7957; **Gol**, ✆ 73/3633 7862; **TAM**, ✆ 73/3234 5259; **Trip/Azul**, ✆ 73/3231 1212. Direktflüge nach Salvador. Nach Rio mit Umstieg (u. a. in São Paulo). Trip/Azul fliegt Do/Sa 9 Uhr über Salvador nach Lençóis (ca. R$360).

Busse

Ticketverkauf für Águia Branca auch bei Encantur (s. Touren).

Camamu und **Valença**: Águia Branca, ✆ 73/3634 4121, tgl. 7.50 und 14.10 Uhr (Sommer öfter), 3/5 Std., R$21/32.

Canavieiras: Cidade Sol, ✆ 73/3231 3392, 10x tgl. bis 19.40 Uhr, 2 3/4 Std., R$19.

Eunápolis (für Arraial d'Ajuda, Trancoso): Rota/Brasileiro, 7x tgl. bis 17.40 Uhr, 5 Std., R$34–50.

Itacaré: Rota, ✆ 73/3634 3161, ca. stdl. bis 20.40 Uhr, 2 Std., R$13.

Porto Seguro: Rota, tgl. 7.15, 9, 15.50 und 17.40 Uhr, 6 Std., R$47–63.

Salvador: Águia Branca, tgl. 8.30, 12.45 und 22 Uhr, 7 Std., R$102–157.

Olivença

Die schönen Strände des beschaulichen Küstenortes **Olivença** (20 km südlich von Ilhéus) sind von Mandelbäumen und Palmen umgeben; das Meer brandet an diesem Abschnitt mit hohen Wellen an die Küste. Die **Praia Back Door** gehört zu den besten Surfstränden Brasiliens. Etwas ruhiger sind die **Praia Batuba** und die sehr hübsche **Praia Cai n'Água** (Praia dos Milagres). Weiter südlich gelangt man an noch ruhigere Abschnitte, wie die **Praia do Jairi**. Lebendig wird es in Olivença immer dann, wenn Passagiere von Kreuzfahrtschiffen zu Besuch kommen oder Veranstaltungen im Batuba Beach Club stattfinden, 💻 www.batubabeach.com.br.

Das aus mehreren Quellen gespeiste Naturfreibad **Balneário Tororomba** ist zwar nicht besonders „chic" und am Wochenende auch recht voll, liegt aber hübsch im Grünen. Vor dem Sprung ins Becken spült man sich unter „Naturduschen" ab. ⏲ Di–So 9–18 Uhr, R$2.

Übernachtung: **Pousada Vila Verde**, Rua Lúcio A. Soub 192, ✆ 73/3269 1211, 💻 www.olivencailheus.com.br, sympathische Pousada beim Zentrum, AC, Pool, WLAN gratis. ❷

Nach Ilhéus stdl. mit dem Rota-Bus aus Canavieiras (20 Min., R$6) oder im Stadtbus (R$2,40).

Itacaré

Nur das alte Zentrum um die **Igreja de São Miguel** (1723) am Hafen erinnert noch daran, dass Itacaré Anfang des 18. Jhs. als Jesuitensiedlung begann. Heute ist der 25 000-Einwohner-Ort bekannt für traumhaft unberührte Strände vor Regenwaldhängen sowie perfekte Wellen – nach Meinung vieler Experten liegen hier die besten **Surfstrände** Bahias.

Entsprechend tummeln sich vor allem Surfer im Ort, Trendtouristen und Hippies komplettieren die gesamte Szenerie. In der Abendluft hängen meist Reggaemusik und der Duft bewusstseinserweiternder Substanzen. Besonders voll wird es im Sommer und vor allem zum Karneval, dann vibriert der Ort zum Sound der diversen Partys.

Doch auch in puncto Naturerleben bietet die Region interessante Möglichkeiten, z. B. einen adrenalinfördernden **Rafting-Trip** auf dem Rio de Contas oder eine **Walbeobachtungstour** (Juli–Okt).

Strände

Leicht zu erreichen ist die belebte **Praia da Concha**, mit kleinen Wellen und Strohhüttengastronomie zwischen Palmen. Schon etwas weiter vom Zentrum liegen die bei Surfern beliebten **Praia do Resende** und **Praia Tiririca**, gefolgt von der kleinen **Praia do Costa** (ebenfalls kräftige Wellen, teilweise starke Strömungen). Von der hübschen **Praia do Ribeira** (mit Riffen, Süßwasserlagune und Strandbars) führt ein Wanderweg (50 Min.) durch den Urwald zum „Strändchen", der **Prainha**. Eine glatte Untertreibung, denn es handelt sich um einen der schönsten Strände Bahias. Der Weg ist jedoch nicht leicht zu finden, schon mancher Surfer irrte mit Brett unterm Arm durch Urwald und Palmenhaine. Es empfiehlt sich daher, einen Guide zu nehmen (hin und zurück R$15–20 p. P.) oder einem Ortskundigen zu folgen.

Die sich südlich anschließenden, abgeschiedenen Strände sind von Itacaré nur motorisiert und über längere Fußwege zu erreichen. Der wohl schönste ist die **Praia Jeribucaçu**. Von einem Flusslauf umspielt, ist er über eine Sandstraße zugänglich – oder interessanter über einen abenteuerlichen Pfad durch Urwald, Tümpel und Mangrovensümpfe vorbei am Wasserfall **Cachoeira da Usina** (45 Min., mit Guide).

Näher an der Straße liegt die schöne **Praia Havaizinho** (10 Min., ohne Guide), von oben betrachtet ein wahres Bilderbuchmotiv. Von dort führt ein Weg (20 Min., ohne Guide) nach Norden zu der nicht minder attraktiven **Praia Engenhoca**, wo sich häufig Surfanfänger tummeln. In südlicher Richtung erreicht man über die **Praia da Camboinha** nach einigen spektakulären Ausblicken die **Praia Itacarezinho** (20 Min., ohne Guide), der einzige Strand, der ein (exzellentes) Restaurant aufweist, und folglich an den Wochenenden gut besucht ist (s. Essen). Über einen steilen Pfad ist man in rund 15 Min. zurück an der Hauptstraße. Busse nach Itacaré kommen etwa stündlich vorbei, alternativ lässt sich vorab ein Bring- und Abholservice vereinbaren (s. Transport).

BAHIA

ÜBERNACHTUNG

Die meisten Pousadas liegen an der **Rua Pedro Longo** (oder: **Rua Pituba**, vom Busbahnhof ca. 15 Min. zu Fuß) und an der **Praia da Concha** (20–25 Min., Taxi R$12–15). Tipp: Mit dem Taxi-Fahrer einen Preis für das Anschauen mehrerer Pousadas vereinbaren. Alle genannten Pousadas bieten WLAN gratis, viele präsentieren sich auf 💻 www.itacare.com.

Zentrum

Albergue O Pharol (HoLa), Praça Santos Dumont 7, ✆ 73/3251 2527, 💻 www.albergueopharol.com.br. Beliebtes Hostel, modernere Zimmer im Anbau. 4–6er-Dorms (R$19–23), DZ R$55–75. Kein Frühstück. ❶

Ché Lagarto Hostel, Rua Pedro Longo 58, ✆ 73/3251 3019, 💻 www.chelagarto.com. Etwas schmuddelige Filiale der Partyhostel-Kette, auf der Hauptmeile in der Nähe der wichtigsten Bars. Dorms (R$26–29), DZ (R$85). ❶–❷

Pousada Estrela, Av. Pedro Longo 34, ✆ 73/3251 2006, 💻 www.pousadaestrela.com.br. Pousada mitten im Zentrum, hinten ein überraschend netter Garten mit Aufenthaltsbereich. Ventilator/AC. ❷

€ **Pousada do Tio Zé**, Rua Pedro Longo 488, ✆ 73/3251 2084, 💻 www.pousadadotioze.blogspot.com. Gute Lage zwischen Zentrum und Stränden. 7 geräumige, moderne Apartments, teils mit Veranda und Hängematte. AC, DVD. ❷–❸

Praia da Concha

Camping Pop, ✆ 73/3251 2305, 💻 www.pousadanavio.com.br. Alternativer Campingplatz in schattiger Lage, beliebt im Sommer. Gemeinschaftsräume mit Bar. Camping (R$15 p. P.), einfache Dorms, DZ. Frühstück extra. ❶

Pousada Casa Zazá, ✆ 73/3251 3022, 💻 www.casazaza.com. Hier fühlt man sich auf Anhieb zu Hause: Pousada mit individuell gestalteten Apartments (Split AC, TV), eines mit riesigem Bad. Schöner Outdoor-Bereich mit Pool, selbst gefertigten Holz-Liegestühlen, bunten Kissen, Hängematten

Itacaré

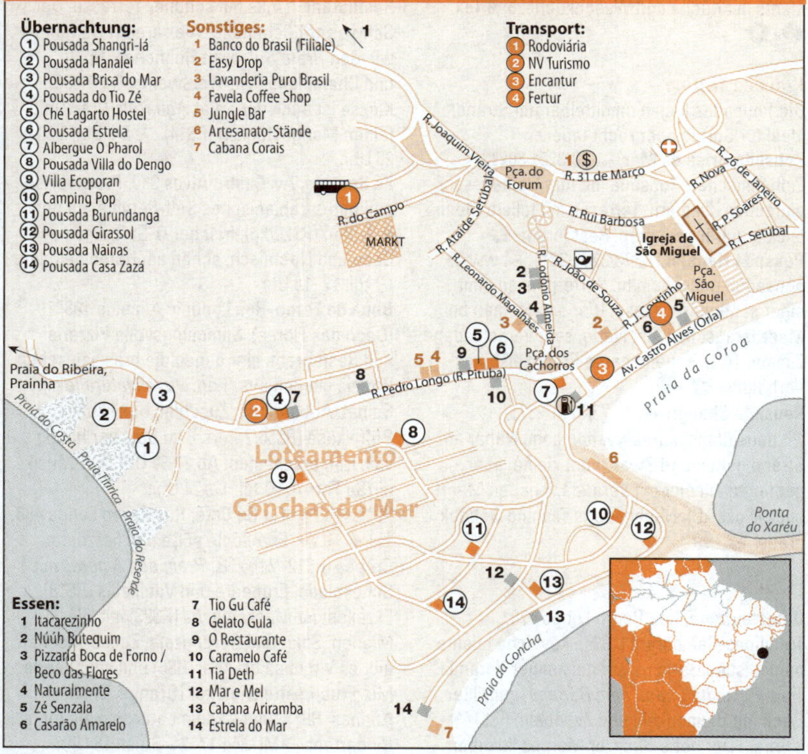

Übernachtung:
1. Pousada Shangri-lá
2. Pousada Hanalei
3. Pousada Brisa do Mar
4. Pousada do Tio Zé
5. Ché Lagarto Hostel
6. Pousada Estrela
7. Albergue O Pharol
8. Pousada Villa do Dengo
9. Villa Ecoporan
10. Camping Pop
11. Pousada Burundanga
12. Pousada Girassol
13. Pousada Nainas
14. Pousada Casa Zazá

Sonstiges:
1 Banco do Brasil (Filiale)
2 Easy Drop
3 Lavanderia Puro Brasil
4 Favela Coffee Shop
5 Jungle Bar
6 Artesanato-Stände
7 Cabana Corais

Transport:
1 Rodoviária
2 NV Turismo
3 Encantur
4 Fertur

Essen:
1 Itacarezinho
2 Núúh Butequim
3 Pizzaria Boca de Forno / Beco das Flores
4 Naturalmente
5 Zé Senzala
6 Casarão Amarelo
7 Tio Gu Café
8 Gelato Gula
9 O Restaurante
10 Caramelo Café
11 Tia Deth
12 Mar e Mel
13 Cabana Ariramba
14 Estrela do Mar

R. Joaquim Vieira
R. Ataíde Setúbal
R. do Campo
MARKT
Pça. do Forum
R. 31 de Março
R. Rui Barbosa
R. Nova
R. 26 de Janeiro
R. P. Soares
R. L. Setúbal
Igreja de São Miguel
Pça. São Miguel
R. Leonardo Magalhães
R. Lodônio Almeida
R. João de Souza
R. J. Coutinho
Av. Castro Alves (Orla)
Praia da Coroa
Pça. dos Cachorros
R. Pedro Longo (R. Pituba)
Praia do Ribeira, Prainha
Praia do Costa
Praia Tiririca
Praia do Resende
Loteamento Conchas do Mar
Ponta do Xaréu
Praia da Concha

und Kerzen – perfekt zum Entspannen. Der nette holländische Besitzer Eddy führt die Pousada mit viel Hingabe und sieht sein Haus als „Ort der Begegnung". ❷

Pousada Girassol, ✆ 73/3251 2089, 💻 www.itacare.com. Eine der wenigen Pousadas in erster Strandreihe, gepflegt, Split AC. ❷–❸

Pousada Nainas, ✆ 73/3251 2683, 💻 www.nainas.com.br. Geschmackvolle Pousada unter Leitung zweier Frauen. Außendeck mit Hängematten, Pool. Zum Frühstück selbstgemachtes Brot, Kuchen, Kekse und Marmelade. Englisch. ❸

Pousada Vila do Dengo, ✆ 73/3251 3098, 💻 www.viladodengo.com.br. Pousada mit Garten und großem Pool (25m-Bahn), Whirlpool, Sauna und Squash-Court. Rustikale Holzkonstruktion, mit vielen Blumen. Gutes Frühstück. ❹

Pousada Burundanga, ✆ 73/3251 2543, 💻 www.burundanga.com.br. Niveauvolle Pousada mit afrikanischem Thema, schöner grüner Garten mit Bananenstauden. Komfortable, geschmackvoll dekorierte Zimmer (Tipp: „Strelítzia"). ❹–❺

Villa Ecoporan, Av. Ecoporan, ✆ 73/3251 2470, 💻 www.villaecoporan.com.br. Nettes, farbenfrohes Feriendorf, besonders komfortabel ist der geräumige Zimmertyp *Luxo*, die Standardzimmer sind kleiner. Drei Pools,

unter anderem 25m-Kraulbahn, Whirlpool, Fitnessraum und ein Baumpfad für Kinder (unter Aufsicht, R$40). Auch Familienapartments mit Küche und Waschküche. 5 % Tax.

Praia de Tiririca

Die Pousadas liegen unmittelbar am Strand: ideal für Surfer, aber recht teuer.

Pousada Brisa do Mar, ✆ 73/3251 3021. Einheimischen-Pousada mit fünf kleinen, sehr einfachen Zimmern. Terrasse mit tollem Meerblick und Hängematten. Restaurant. ❷

Pousada Hanalei, ✆ 73/3251 2311, 💻 www.pousadahanalei.com.br. Surferpousada mit einer schönen Terrasse. Hier schläft man bei Meeresrauschen ein. Nette, sehr verschiedene Zimmer (AC), annehmbares Preis-Leistungs-Verhältnis. ❷–❺

Pousada Shangri-lá, ✆ 73/3251 2571, ✉ pousadashangrila@yahoo.com. Näher am Strand geht nicht! Zwar recht kleine, aber gepflegte Zimmer mit Veranda, 5 haben Meerblick (Split AC). Nachmittags Tee und Gebäck gratis. ❺–❼

ESSEN

O Restaurante, Rua Pedro Longo 170. Traditions-Restaurant (1994), köstliche leichte bahianische Gerichte auf heimeliger Veranda. Tipp: *Peixe na Chapa com Banana* (gegrillter Fisch mit Blumenkohl und Zwiebeln, R$61/ 3 Pers.). Der nette Besitzer Marcos kümmert sich um alles persönlich, alle Zutaten sind stets frisch. 🕒 Di–So 11–23 Uhr.

Casarão Amarelo, Av. Castro Alves. Restaurant in Villa mit schöner Terrasse. Der Schweizer Küchenchef Alex kreiert Gerichte wie den *Prato Suíço* mit Hühnchen, Rösti und Champignons in Weißweinsoße (R$32). Klasse ist auch der Salat *Aquarela Brasil* mit feinen Mangostücken (R$14). 🕒 Di–So 18.30–23 Uhr.

Zé Senzala, Av. Castro Alves 360. Preiswertes und gutes bahianisches Self-Service auf dem Holzofen (R$29/kg), frischer O-Saft, Água de Coco und Nachtisch; schön am Hafen gelegen. 🕒 tgl. 12–18 Uhr.

Boca de Forno, Rua Lodônio Almeida 108 (Beco das Flores). Stimmungsvolle Pizzeria und Restaurant, hier gehen die brasilianischen Promis ein und aus. Tipp: *Pizza Naturalle* mit Spinat, Auberginen, Zucchini, Basilikum und Büffelkäse (R$56/2 Pers.). Im Sommer häufig voll, früh erscheinen. Ab 20.30 Uhr Live-Musik (Fr/Sa Forró). 🕒 tgl. 17–24 Uhr.

Tio Gu Café, Rua Pedro Longo 488. Exzellente süße und herzhafte Crêpes (R$12–24), z. B. *Praia dos Amores* mit Schokolade, Erdbeere und Vanilleeis (R$18). Exzellent ist *Massambaba* (R$23) mit Filé Mignon, Salat und Gorgonzola. Zum Erfrischen gibt es Vitamina de Açaí (R$6) und spannende Mix-Fruchtsäfte wie *Thor* (Orange, Cashew, Ananas, R$7). Vieles kommt aus dem eigenen Biogarten. 🕒 Mi–Mo 17–24, So ab 18 Uhr.

Schmausen am Strand

Zwei der besten Strandrestaurants in Itacaré und Umgebung sind:

Cabana Ariramba, Praia da Concha. Strandcabana mit gutem Fisch, Meeresfrüchten, Fleisch und Salaten. Den *Prato Executivo* gibt es für R$26, z. B. *Peixe grelhado* mit Reis, Feijão und Pommes; oder *Camarão Tailandês* (R$69/2 Pers.): Krabben in Honig-Ingwer-Soße mit Bananenpüree und Kokosmilch. Sehr hübsche Lage unter Palmen, nett dekoriert, freundliche Besitzer. 🕒 tgl. 9–18 Uhr.

Itacarezinho, Rodovia Ilhéus-Itacaré, KM 50. Traumhaft in einem Palmengarten am Strand von Itacarezinho gelegen, mit Lounge-Liegen, Meerblick und exzellenten Fischgerichten (40–55 R$). Der Fisch in Bananenblatt ist ein Gedicht (R$45), auch das Krabbenrisotto in Weißwein mit Kokosraspeln hält, was es verspricht (R$55). Es ist sinnvoll, für den Besuch einen längeren Aufenthalt einzuplanen, der Mindestverzehr beträgt R$50 p. P., was wegen der Lage und der Qualität der Speisen aber gerechtfertigt ist. Im Sommer Partys mit berühmten Bands. 🕒 Sa–Do 9–17 Uhr.

Ein Tänzchen in Ehren ...

Mar e Mel, Praia da Concha. Klasse Kombination aus Restaurant und Tanzlokal, in gepflegtem Ambiente. Sehr gut ist *Camarão Mar e Mel* (R$39): mit Käse überbackene Krabben in Soße nach Hausrezept. Danach Cupuaçu-Creme mit Schoko-Likör (R$12)! Im Anschluss sind Gäste eingeladen, zu schmissigem Forró das Tanzbein zu schwingen (Di/Do/Sa ab 21 Uhr, Eintritt R$10, Restaurant-Gäste gratis). ◷ Mo–Sa 16–24 Uhr.

Núúh Butequim, Rua Lodônio Almeida 84. Bar-Restaurant mit Minas-Küche (viel Fleisch), nett eingerichtet im Tapas-Bar-Stil, hinten ein Hof mit Bäumen; im Sommer tgl. Live-Musik, oft Klänge aus Minas Gerais, der Heimat der Besitzer (20–23 Uhr, Couvert R$3). ◷ Mo–Sa 18–23 Uhr.

Tia Deth, Av. Castro Alves. Die Einheimische „Tante Deth" macht eine Spitzen-Moqueca (ab R$50/2 Pers.). ◷ tgl. 12–22 Uhr.

Caramelo Café, Rua Pedro Longo 43. Hier gibt es super Kaffee und Torten, leckeres Eis sowie Salgados. Tipp: *Torta de Chocolate* (R$5) mit Vanilleeis (R$3). Schön am Nachmittag und frühen Abend. ◷ tgl. 9–24 Uhr.

Estrela do Mar, Praia da Concha. Prächtige Lage am Strand, hübsches Ambiente, gut für einen Drink am Nachmittag (Caipi R$8). ◷ tgl. 12–22 Uhr.

Gelato Gula, Rua Pedro Longo 388. Prima Eis (R$35/kg), u. a. Nutella, Jabuticaba, Tapioca, Mango ... ◷ tgl. 15–22.30 Uhr.

Naturalmente, Rua Lodônio Almeida 37. Nettes vegetarisches Restaurant, z. B. Auberginen-Burger (*Beringela*, R$9). ◷ Mo–Sa 13–22 Uhr.

NACHTLEBEN

Der Abend beginnt in den Bars im Zentrum, meist rund um die **Jungle Bar** und den **Favela Coffee Shop**. Dort erfährt man auch, wo ggf. weitere Partys steigen. Die legendären Feste in der Strand-Cabana **Corais**, die zu Itacarés Ruf als Party-Hochburg beigetragen haben, finden leider nur noch selten statt. Bei Strandfesten besteht bei Stromausfall (nicht selten) die Herausforderung darin, durch die stockfinstere Nacht unfallfrei den Rückweg zu finden. Ansonsten bewegt man sich gerne auch zur Hafenpromenade, z. B. zur Bar **Casarão Amarelo** (Partys im Sommer).

AKTIVITÄTEN

Touren

Beliebt sind **Kanutouren** (9–12 Uhr, R$35) und **Rafting-Trips** (9–16 Uhr, R$75) auf dem **Rio de Contas** ab Taboquinhas, teilweise mit Abseiling.

Eine abenteuerliche Tour führt per Allrad-Jeep durch unwegsames Gelände auf die **Halbinsel Maraú**, vorbei an Regenwäldern und einsamen Stränden bis zum Schnorchelstrand **Taipú de Fora** (7.30–17 Uhr, R$75). Auf der Tagestour „4 Praias" werden vier der schönsten Strände besucht (Engenhoca, Havaizinho, Camboinha, Itacarezinho, 8–16 Uhr, R$35), diese Tour kann auch selbständig durchgeführt werden.

Encantur, Av. Castro Alves 484, ✆ 73/3251 3649, 💻 www.encantur.com.br. Große Agentur mit Sitz in Ilhéus, alle Touren. ◷ Mo–Fr 8–12, 15–19, Sa 8–12 Uhr.

Rafting und mehr

Die Agentur des Deutschen Otto Hassler bietet an mehreren Standorten Brasiliens Raftingabenteuer, auch in Itacaré. Reine Rafting-Zeit ist 1 1/2 Std., mit Mutsprung von einem 5–8 m hohen Felsen (9–16.30 Uhr, R$75, Mittagessen R$20 optional).

Auch eine **Kakao-Fazenda** kann besucht werden: Anfahrt mit dem Linienbus, Zeit auf der Fazenda ca. 5–6 Std. – kein Mittagessen, aber man darf den ganzen Tag Früchte verdrücken (9–17 Uhr, R$70).

Weitere interessante Touren führen entlang der **Costa do Dendê** zu Orten, an die normale Touristen nicht so einfach kommen, mit viel Kontakt zu Einheimischen, Infos auf der Website. Alle Touren werden nachhaltig durchgeführt, der Schwerpunkt liegt auf direktem Naturerleben.

Ativa Rafting e Aventuras, ✆ 73/9928 1372, ✉ itacare@ativarafting.com.br, 💻 www.ativarafting.com.br.

Surfen

Easy Drop, Rua João Coutinho 140, ✆ 73/3251 3065, 🖳 www.easydrop.com. Surfschule unter schweizerischer Leitung. ⏲ Mo–Fr 7–13, 14–18, Sa 7–12 Uhr.

SONSTIGES

Geld

Banco do Brasil, Rua 31 de Março. ⏲ Mo–Fr 10–15, Geldautomat 6–21 Uhr (alle Karten).

Wäscherei

Lavanderia Puro Brasil, Rua Leonardo Magalhães 66. R$9/kg. ⏲ Mo–Fr 8–12, 13–19, Sa 8–12, 16–19 Uhr.

BAHIA

TRANSPORT

Anfahrt: Von Süden ab Ilhéus und Itabuna. Von Norden seit 2009 auf direktem Weg von Itaparica (Bom Despacho), über Valença und Camamu.

Flughafentransfer Ilhéus: **Fertur**, Av. Castro Alves 92, ✆ 73/3251 3463, 🖳 www.fertur.com.br; **NV Turismo**, ✆ 73/3634 4101, 🖳 www.nvturismo.com.br; ca. R$120/3 Pers., R$150/4 Pers.

Zu den entfernteren **Stränden** fahren stdl. Busse ab Rodoviária (Rota, R$3), die an den Eingängen aller Strände halten. Um Wartezeiten auf dem Rückweg zu vermeiden, kann man vorab mit Fertur (s. o.) einen Bring-/Abholdienst vereinbaren (R$20–25 p. P., mind. R$50/Auto).

Der Weg nach **Barra Grande** über die Sandpiste ist Camel Trophy pur, v. a. bei Regen. Anfahrt nur mit Allradfahrzeug (s. Touren). Tipp: keine weißen Sachen tragen, wenn man sie danach nochmal benutzen möchte. Bequemer geht's mit dem Bus nach Camamu und von dort per Fähre.

Busse ab Rodoviária:
Auskünfte: ✆ 73/3251 2181.
Cidade Sol und Águia Branca fahren 8x tgl. bis 16.30 Uhr nach **Camamu** (1 Std., R$10), **Valença** (3 Std., R$22) und **Bom Despacho (Itaparica)** (5 Std., R$37).
Eunápolis und **Porto Seguro**: Rota, ✆ 73/3251 2181, tgl. 7.15 Uhr, 7/8 Std., R$48/57.
Ilhéus und **Itabuna**: Rota, ca. stdl. bis 19.45 Uhr, 1 3/4 bzw. 2 1/2 Std., R$13/18.
Salvador (ab Ilhéus): Águia Branca, tgl. 8.30, 12.45 und 22 Uhr, 8 Std., R$80–150.

Costa do Dendê

Die Costa do Dendê ist geprägt von Inselwelten, Buchten, Urwaldresten und Plantagen der *Dendê*-Palme, sie beginnt südlich von Salvador und reicht bis kurz vor Itacaré. Mit geruhsamen Fähren, schicken Katamaranen oder kleinen Bötchen hüpft man von Insel zu (Halb-)Insel.

Berühmtester Ort ist **Morro de São Paulo** auf der Urwaldinsel Ilha de Tinharé. Hierher kommen Touristen aus aller Welt, um die Mischung aus Stränden und Nachtleben kennen zu lernen. Abgeschiedene Paradiese findet man auf der Nachbarinsel **Boipeba** und dem weltentrückten **Barra Grande** auf der Halbinsel Maraú.

Barra Grande

Es ist schon erstaunlich, dass mehr als 500 Jahre nach der Entdeckung Brasiliens immer noch Gegenden existieren, die bis vor Kurzem wie von der Außenwelt abgeschnitten waren. Barra Grande, 250 km von der Millionenstadt Salvador, ist einer dieser Orte. Bis Ende der 1990er-Jahre gab es hier weder öffentliche Beleuchtung noch Trinkwasserleitungen oder Telefon. Dabei hatte bereits der Autor Antoine de Saint-Exupéry auf seinen Südamerika-Flügen hier Station gemacht.

Heute ist der traumhafte kleine Hauptort der naturgeschützten **Halbinsel Maraú** ein echter Insidertipp – man findet alles, was man zum Abschalten braucht: Ruhe, schöne Strände, geschmackvolle Pousadas und das Flair einer hippen Urlaubslocation. Besonders nett ist die Abendstimmung mit der sanften Beleuchtung im autofreien Dorfzentrum, rund um die **Praça da Tainha** und die winzige **Igreja de Santo Antônio**. So charmant die Sandwege auch sind, nach Regenfällen ist Geschick erforderlich, um die tiefen Pfützen zu überwinden. In der Hauptsaison ist Barra Grande belebt, aber nicht überfüllt. In der restlichen Zeit findet man Abgeschiedenheit. Vielleicht wurde ja auch der Kleine Prinz von dieser Ruhe inspiriert.

Von den zentrumsnahen Stränden **Praia de Barra Grande** und **Praia Três Coqueiros** empfehlen sich Strandwanderungen nach Süden zur **Praia Ponta do Mutá**, wo sich am Nachmittag von rustikalen Strandhütten aus ein fantastischer Sonnenuntergang verfolgen lässt – Brasilien wie aus dem Bilderbuch. Richtung Westen am Strand entlang gelangt man zum **Rio Carapitangui** und zu der rustikalen „Bar da Ró". Schöne Tagesausflüge per *Jardineira* (Klein-LKWs) führen zu den 11 bzw. 20 km südlich liegenden Stränden **Taipú de Fora** (Kasten S. 448) und **Praia do Cassange**. Infos: www.barragrande.net.

ÜBERNACHTUNG

In der Nebensaison schließen einige Pousadas, daher Reservierung empfohlen. WLAN ist überall gratis, keine Tax.

Barra Grande

Albergue Barra Grande, Caminho dos Três Coqueiros (10 Gehmin. vom Zentrum), 73/3258 6117. Nettes Hostel mit einfachen DZ/Gemeinschaftsbad (R$60) und 8er-Dorms (R$30, kalte Duschen). Garten, luftiger Aufenthaltsbereich, kein Frühstück, Küchenbenutzung. ❶

Pousada Ponta da Baleia, 100 m vom Pier, 73/3258 6168, pousadapontadabaleia@hotmail.com. 14 einfache, gepflegte Zimmer. Rezeption hat bis 19 Uhr geöffnet. ❶–❷

Pousada Lagosta Azul, Ponta do Mutá, 73/3258 6144, www.lagostaazul.com. Rustikale Urwald-Pousada an einsamem Strand mit Robinson Crusoe-Feeling (ganzj.). Campingplatz, Bar und Restaurant. ❷

€ **Flat Barra**, Rua José M. Pirajá, 73/3258 6124, www.flatbarra.com.br. Neuere Apartmentanlage mit gepflegtem Rasen und Pool. Die großen rustikalen Suiten haben Veranda, Küche und Waschküche. Klasse Preis-Leistungs-Verhältnis. ❸

Pousada Búzios, 73/3258 6261, www.pousadabuzios-ba.com.br. Hübsche Pousada mit schönem Garten und Strandbar, nette Zimmer, Frühstück mit Meerblick. Nur nach Anmeldung. ❹–❺

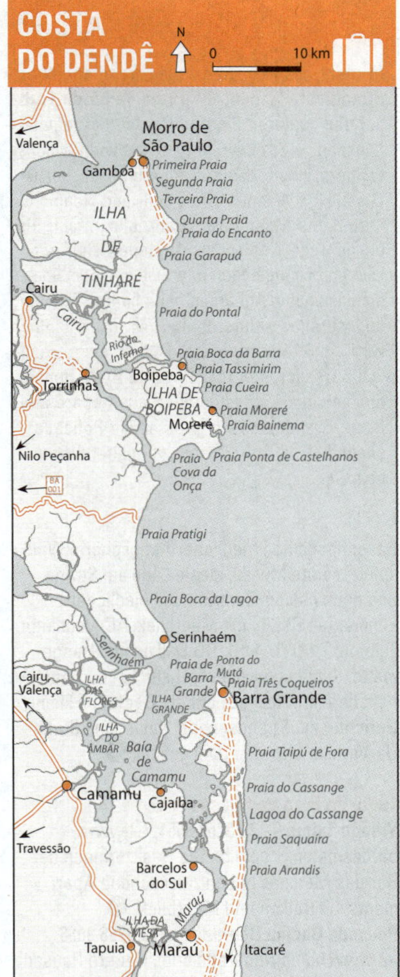

Pousada Porto da Barra, Rua do Anjo, 73/3258 6349, www.pousadaportodabarra.com. Nette Pousada mit Garten zum Strand, gepflegte DZ mit AC/TV und Hängematte, einige mit Whirlpool, üppiges Frühstück, nachmittags Kaffee und Kuchen. ❹–❻

Pousada Ponta do Mutá, Rua do Anjo, 73/3258 6028, www.pousadapontadomuta.com.br. Traumpousada mit großer

Ein Traumstrand

In den meisten Rankings brasilianischer Strandführer landet die **Praia Taipú de Fora** auf den vorderen Plätzen. Der lang gezogene, feinsandige Strand wird begrenzt von Palmenwäldern, das türkis schimmernde Wasser ist kristallklar. Wenn sich um Voll- und Neumond herum das Meer zurückzieht, bilden sich für einige Tage Naturpools, in denen sich nach Lust und Laune baden oder wie in einem überdimensionalen Aquarium nach bunten Fischen und Korallen **schnorcheln** lässt (Ausrüstung wird am Strand verliehen, R$8). In einer Hand voll Bars, darunter das elegante Buda Beach, tummeln sich Tagestouristen aus Itacaré und Barra Grande, dazu gibt es einige Pousadas, ansonsten ist der Strand weitgehend naturbelassen.

BAHIA

Rasenfläche und friedlicher Atmosphäre (Windspiele, sanfte Musik), ideale Lage am Strand, und doch nah am Zentrum. Die niedlichen Zimmer (ab R$320) mit Meerblick, AC, Ventilator, Telefon, TV/DVD. Im 1. OG Balkon und Hängematte. Stimmungsvoller Frühstücks- und Aufenthaltsbereich. Ausgezeichnete Bar (auch kleine Gerichte) mit Strandservice. Kajak- und Stand-Up-Verleih. Mai oder Juni geschl. ❼

Taipú de Fora und Cassange

Village Taipú, ✆ 73/3258 9051, 💻 www.bardasmeninas.com.br. Die Besitzerinnen der Bar das Meninas haben zwei schöne Apartments mit Balkon und Meerblick. ❹

Pousada Bambu Dourado, ✆ 73/3258 9056, 💻 www.bambu-dourado.com. Neuere Pousada eines deutsch-bras. Paares, 50 m vom Strand. Geschmackvolle Zimmer, *Superior Suite* mit Jacuzzi, AC, LCD-TV. Restaurant. ❹

Pousada Lagoa do Cassange, Praia do Cassange, ✆ 73/3258 2166, 💻 www.lagoadocassange.com.br. Entspannung und Naturgenuss an einem tollen Strand 9 km südlich von Taipú de Fora. 14 Bungalows in einem Palmengarten (R$266, kein TV), viele Ausflüge, z. B. Inseltour per Katamaran. Das junge Besitzerteam um den Stuttgarter Flavio engagiert sich für umwelt- und sozialverträglichen Tourismus und erhielt 2012 einen bedeutenden Preis für nachhaltig geführte Hotels. Transfer ab Itacaré (1 1/2 Std., R$200) oder Barra Grande (30 Min., R$66). Ab Camamu: tgl. 12 Uhr Fähre bis Porto do Jobel (1 3/4 Std., R$8) oder Charterboot über die Pousada (35 Min., R$180 bis 6 Pers.). ❺–❻

Pousada Encanto da Lua, ✆ 73/3258 9020, 💻 www.pousadaencantodalua.com.br. Schöne Pousada mit Garten und Pool, ruhige Lage rund 300 m nördlich der Bars. Strandbar und Deck, von dem man abends den Mond anschauen kann. Komfortable Zimmer mit Balkon/Terrasse. DZ inkl. Abendbuffet. ❼

ESSEN

Donanna, Rua do Anjo. Bestes Restaurant im Ort, die sympathische Besitzerin serviert in heimeligem Ambiente exzellente Fisch- und Meeresfrüchtegerichte (R$61–81/2 Pers.), mit Gartenbewirtung. Himmlisch ist *Camarão com Manga e Gengibre* (R$76/2 Pers.), Krabben in Mango-Ingwer-Soße mit einem „richtigen" Salatteller, wie man ihn in Brasilien selten findet. Auch der gegrillte Fisch mit Aipim-Püree ist top (R$68/2 Pers.). ◷ Mo–Sa 12–22 Uhr (Juni geschl.).

Nicius, Praça da Tainha. Ein gemütliches Eckrestaurant, bei Claudio und Eliene bekommt man gute und günstige Nudelteller (ab R$18) und Crêpes (R$13–24), z. B. Schoko-Crêpe mit Eis und Banane (R$19). ◷ tgl. 17–24 Uhr.

Restaurante da Zene, Zentrum. Authentische Einheimischenküche, Spezialität Meeresfrüchte (*Arroz de Polvo*, R$75/2 Pers.), auch Pizzeria. ◷ Mo–Sa 17–23 Uhr.

A Tapera, Rua Dra. Lili. Traditionelles Restaurant für regionale Küche (ab R$55/2 Pers.): *Moqueca de Siri* (Krebsmoqueca), Langusten, gebratene Fische. ◷ Mi–Mo 13–22 Uhr.

Tubarão. Lockeres Bar-Restaurant am Strand, beim Bootsanleger. Spezialität gegrillte Meeresfrüchte (R$65–70/2 Pers.). ◷ tgl. 9–18 Uhr.

Pinocchio, Praça do Tamarindo. Pizza (R$35/2 Pers.), man sitzt nett draußen. Fr Rodízio für R$14. ◷ Mi–Mo 18–24 Uhr.

O Papagaio, Rua Dra. Lili 8. Nett mit Veranda und Garten, moderne Küche mit francobrasilianischem Einschlag, z. B. *Filé Mignon* mit Bordelaise-Soße (Rotwein und Zwiebeln), Roquefort oder Dijon-Senf *à l'ancienne* (R$53–65/2 Pers.), dazu drei Beilagen nach Wahl. Berühmt ist der Petit Gâteau mit Creme-Eis, der einzige Nachtisch auf der Karte (nicht immer vorrätig). ⏲ Di–So 16–23 Uhr.

€ **Dri & Dani**. Nettes argentinisches Café neben der Kirche: Kuchen, Espresso (R$3) und üppige, knusprige Hamburger, z. B. „Dri & Dani" (R$19) mit gewürzter Mayo, Mozzarella, Gorgonzola, Provolone, Tomate und Salat, ein prima Snack! Auch gute Tapiocas. ⏲ Do–Di 15–24 Uhr.

Sol do Mutá, Praia Ponta do Mutá. Einfach und rustikal, die perfekte Strandbar mit Sonnenuntergangsblick. Auch Zimmervermietung (DZ R$100). ⏲ tgl. 8–19 Uhr.

NACHTLEBEN

Im Zentrum sind die Bars an der **Praça da Tainha** ein beliebter Treffpunkt. Das **Três Coqueiros** ist eine einfache Stranddisco, Thailand lässt grüßen: sporadische Partys an einem entzückenden Strandabschnitt, allerdings gibt es Arrocha statt Techno. Weitere Treffpunkte sind die **Bar do Louro** und **Santo Forte Dancing Bar** (Fr, Sa ab 24 Uhr, Live-Musik). Die Strandbar **O Deck** veranstaltet Sommerpartys (sonst Di–So 10–18 Uhr).

TOUREN

Die beliebtesten Ausflüge: Bootstour **„Ilhas"** durch die Bucht, besucht werden Coroa Vermelha, Ilha da Pedra Furada, Ilha do Goió, Ilha do Sapinho und Ilha do Campinho, entweder per Schoner (10–16 Uhr, R$30) oder Schnellboot (R$75).

Auf der **„Jeep Tour"** wird zunächst Taipú de Fora angesteuert (3 Std. Aufenthalt), danach geht es in einen Regenwald mit Riesenbromelien *(Bromélias Gigantes)*. Nach einem Besuch an der Süßwasserlagune **Lagoa do Cassange** bietet sich vom **Morro do Celular** (Morro da Bela Vista) eine beeindruckende Aussicht über die Halbinsel (9–16 Uhr, R$40). Ein weiterer schöner Bootsausflug führt zum **Tremembé-Wasserfall** (9–16 Uhr, R$110).

Touranbieter

Farol da Barra, Praça da Tainha, ✆ 73/3258 6081, 💻 www.faroldabarra.tur.br.

BAHIA

Auf dem Spaziergang nach Ponta do Mutá stößt man auf idyllische Strände und Badebuchten.

Luzimar D'El Rey organisiert alle Touren in der Region. Außerdem Flüge, Transfers nach Ilhéus, Itacaré und Salvador, Quadriciclo- und Fahrradverleih, Hotelreservierungen usw., nicht teurer als bei Direktbuchung. Auch Ayurveda- und hawaiianische Massagen (1 Std., R$120). ⌚ Mo–Sa 8–12, 16–22 Uhr.
Afonso Mergulho, ☏ 73/9924 8558, Nachttauchen an der Praia Taipú de Fora (ab 18 Uhr, 1 Std., R$70), an ca. 15 Tagen im Monat.

SONSTIGES

Geld

Weder Bank noch Geldautomat.

Internet

Farol da Barra, Praça da Tainha. R$4. ⌚ Mo–Sa 8–12, 16–22 Uhr.

TRANSPORT

Anreise: Am besten per Boot von Camamu. Alternativ von Itacaré Tagestour mit Allrad-Jeep nach Taipú de Fora (S. 445, nach Regen häufig unpassierbar), von dort nachmittags weiter mit *Jardineira*.
Von der Haltestelle Nähe Fähranleger pendeln robuste *Jardineiras* nach **Taipú de Fora** (30 Min., R$10) und zur **Lagoa do Cassange** (R$40 p. P., H/R). Bei Buchung über die Agentur Farol da Barra (selber Preis, ab 2 Pers.) wird man von der Pousada abgeholt.

Boote

Camamu: Linienboote stdl. bis 17 Uhr, 1 1/2 Std., R$6. Schnellboote von Camamu Adventure, ☏ 73/3258 6236, 💻 www.camamuadventure.com.br, stdl. Mo–Sa 6–17, So 8–17 Uhr, 30 Min., R$30 (1 Tag vorher reservieren).
Boipeba: Variante 1: Nach Camamu, von da per Bus nach Nilo Peçanha (R$10), dort fahren Vans nach Torrinhas, dann Linienboot (11 und 14 Uhr, R$14) oder Charterboot (ca. R$200) nach Boipeba. Variante 2: Einfacher (aber längere Strecke): von Camamu nach Valença, von da Direktboot nach Boipeba. Variante 3: Schneller, aber teurer und oft schwere See: mit direktem Charterschnellboot über Farol da Barra (1 1/4 Std., R$100 p. P., mind. 6 Pers., rechtzeitig anmelden). Ein direktes Linienschnellboot von Camamu Adventure war in Planung (2x wöchentl., ca. 90–100 p. P.).
Morro de São Paulo: Von Camamu nach Valença, dort Linienboot. Oder direktes Charterschnellboot (2 Std., R$150 p. P., mind. 6 Pers.), oft schwere See.

Taxi

Taxis bei der Fähre, ☏ 73/3258 6291: Fahrt (bis 4 Pers.) im Zentrum (R$20), nach Taipú de Fora (R$30 bis 3 Pers.), Três Coqueiros (R$20), Itacaré (1 1/2 Std., R$150), Ilhéus (2 1/2 Std., R$250), Bom Despacho (5 Std., R$500).

Camamu

Das Beste an Camamu (34 000 Einw.) ist die wunderschöne Anfahrt mit dem Boot durch die Inselwelt der **Baía de Camamu**, der drittgrößten Bucht Brasiliens. Eine bunte Häuserfront ziert den palmenreichen Hügel, und schon von weitem sieht man die Jesuitenkirche **Igreja de N. S. da Assunção** von 1802. Vom Ankerplatz des Rio Acaraí legen Boote ab zu den Stränden der Halbinsel Maraú oder zu Touren durch die Bucht. An der netten Uferpromenade liegen ein kleiner Kunstmarkt (Mercado de Artesanato) und eine Tourist Info, ⌚ Mo–Fr 8–17 Uhr. Die **Banco do Brasil** in der Av. Djalma Dutra hat einen Geldautomaten (⌚ tgl. 6–22 Uhr), der im Allgemeinen internationale Karten akzeptiert.

ÜBERNACHTUNG UND ESSEN

Wer hier auf der Durchreise strandet, findet einige einfache Unterkünfte.
Pousada Green House, Rua Djalma Dutra 61, ☏ 73/3255 2178. Einfache Pousada mit Supermarkt. ❶
Hotel Rio Acaraí, Praça Dr. Francisco X. Borges, ☏ 73/3255 2315, 💻 www.hotelrioacarai.com.br. Das Hotel hat seine besten Tage schon gesehen, aber der Blick über die Bucht entschädigt. WLAN gratis. ❸
Estrela Dourada, Rua dos Craveiros. Beliebtes Restaurant (R$26/kg) am Flussufer, bahianische Küche. ⌚ tgl. 7–20 Uhr.

TRANSPORT

Busse

Die Haltestelle von Cidade Sol liegt gegenüber dem Pier von Camamu Adventure, die anderen Busgesellschaften ganz in der Nähe.

Bom Despacho: Cidade Sol, ✆ 73/3255 2443, 12x tgl. bis 17.20 Uhr (u. a. 9, 9.50, 12, 13, 15, 16 und 17.20 Uhr); Camurujipe, tgl. 10.30 und 13.40 Uhr; Águia Branca, ✆ 73/3255 1823, tgl. 10.15 und 16.35 Uhr; 3 1/2–4 Std., R$31.

Ilhéus: Águia Branca, tgl. 16.40 Uhr (oft verspätet), im Sommer häufiger, 2 1/2 Std., R$21.

Itabuna (dort weitere Anschlüsse Richtung Süden): Águia Branca, tgl. 13, 16.40 und 23 Uhr, 3 Std., R$26.

Itacaré: Cidade Sol, tgl. 6.50, 9, 12, 15, 18.20 und 19.40 Uhr, 1 Std., R$9.

Porto Seguro: Águia Branca, tgl. 23.50 Uhr, 5 1/2 Std., R$70.

Valença: Cidade Sol und Camurujipe, 18x tgl. bis 18.20 Uhr, 2 Std., R$10; dort per Boot nach Morro de São Paulo und Boipeba.

Boote

Barra Grande: Mehrmals tgl. Schnellboote vom Pier der Agentur **Camamu Adventure**, ✆ 73/3255 6236, zu jeder vollen Stunde(bis 17 Uhr, 30 Min., R$30, Gepäck frei).
Boote der **Associação Marítima**, ✆ 73/3258 6274, fahren die Strecke für R$25 (R$5/Koffer), aber erst bei voller Besetzung des Boots.
Auch mehrmals tgl. langsame Linienboote (bis 17.30 Uhr, 1 1/2 Std., R$6).

Morro de São Paulo

Der offizielle Name der Insel lautet **Ilha de Tinharé**, aber alle Welt kennt sie nur als Morro de São Paulo, nach ihrem Hauptort, wo sich das touristische Angebot konzentriert. Ein Besuch der tropisch-grünen, (fast) autofreien Insel war in den 1970er-Jahren ein Geheimtipp für Hippies und Aussteiger; und für viele ist Morro de São Paulo auch heute noch der Inbegriff einer Trauminsel. Man kann in Naturschwimmbecken im Meer schnorcheln, an einsamen Stränden spazieren gehen oder von einem der Hügel einen einmaligen Panoramablick genießen. In ihrer Mischung aus Woodstock und Jetset erinnert das Eiland an andere lebendige Küstenorte wie Arraial d'Ajuda.

Die in den 1980er-Jahren noch fast unberührte Insel hat sich in atemberaubendem Tempo zu einem der größten Urlaubsziele Brasiliens entwickelt. In Spitzenzeiten sind heute viermal so viele Menschen auf der Insel wie es Einwohner gibt. Das unkontrollierte Wachstum hat aber auch Narben hinterlassen: So war der *Erste Strand* noch Mitte der 1990er-Jahre derart verschmutzt, dass man nicht mehr baden konnte, der *Zweite Strand* wurde im hinteren Bereich chaotisch zugebaut. Mittlerweile jedoch wird die Erschließung der Insel etwas besser kontrolliert. So wird beim Betreten eine *Taxa de Turismo* fällig (einmalig R$15 p. P.), die der Entwicklung von Infrastruktur, Sauberkeit und Umweltschutz dienen soll.

Strände und Sehenswertes

Die durchnummerierten Strände beginnen am Hauptort und werden nach Süden hin immer einsamer. Zentraler Strand ist die kleine **Primeira Praia**, die man vom Hauptweg aus kaum bemerkt, da sie hinter einer Häuserzeile liegt. Begrenzt wird sie vom „Leuchtturmhügel", von dem sich Wagemutige 400 m mit einer Seilbahn *(Tirolesa)* ins Wasser stürzen (R$35). Ganz in der Nähe des Leuchtturms **Farol do Morro** (1835) liegen die Ruinen der Festung **Fortaleza de São Paulo**, die 1630 zur Abwehr französischer und holländischer Angriffe errichtet wurde. Nachmittags lassen sich hier im Winter Delphine beobachten, abends genießt man von dort einen prächtigen Sonnenuntergang. Ganz in der Nähe des Hafens lohnt sich noch ein Blick in die **Igreja da N. S. da Luz** (1845).

Die **Segunda Praia** ist ein von Felsen geschützter Party-Strand: beliebt wegen der Naturschwimmbecken, Musik-Bars und der nächtlichen Mondfeste *(Luaus)*. Gut zum Wandern ist die knapp 800 m lange und in 15–20 Minuten zu erreichende **Terceira Praia** mit der gegenüberliegenden Insel Ilha do Caitá. Am schönsten ist jedoch die immer ruhiger werdende **Quarta Praia** (5 km), an der man schier endlos entlang spazieren und an vielen einsamen Stellen baden kann (bei Ebbe auch in Naturpools). Vom Zentrum aus ist für Hin- und Rückweg je nach Kondition ein halber Tag einzuplanen.

An der ausgedehnten **Quinta Praia** findet man dann Idylle pur. Ihr schließt sich die **Praia Garapuá** an, deren Korallenriffe allerdings oft von Schnorchel-Touristen überlaufen sind. An der **Praia do Pontal** trennt der Meeresarm „Rio do Inferno" die Ilha de Tinharé von der **Ilha de Boipeba**. Noch deutlich ursprünglicher ist die nordwestliche Seite der Insel mit der **Praia Porto de Cima** über **Praia Ponta da Pedra** bis hin zum pittoresken Fischerdörfchen **Gamboa** (s. Wandern), das einen schönen, durch die Bucht geschützten Strand besitzt.

BAHIA

ÜBERNACHTUNG

Eintreffende Boote werden von Jugendlichen bestürmt, die den Gästen verlockende Pousada-Angebote offerieren. Man sollte sich aber nicht vorschnell festlegen; die Auswahl ist groß. Einfache und preiswerte Pousadas liegen in der Rua da Fonte Grande sowie auf dem Weg vom Pier zum Ersten Strand, außerdem im hinteren Bereich des Zweiten Strandes. Der Weg vom Hafen zum 3. und 4. Strand wird zur Plackerei, ein Gepäcktransport in Schubkarren entlastet (Preis vorher abstimmen, ca. R$10/Koffer). In der Hauptsaison Reservierung empfohlen. Alle genannten Pousadas bieten WLAN gratis.

Zentrum

Pousada Aconchego, Rua da Fonte Grande, ✆ 75/3652 1005, 💻 www.pousadaconchego.com.br. Nette Pousada von Einheimischen, ordentliche Zimmer (AC). ❷–❸

€ **Pousada Colibri**, ✆ 75/3652 1056, 💻 www.pousada-colibri.com. Schöne Pousada auf einem Hügel abseits des Trubels, eingebettet in tropischem Garten mit atemberaubendem Ausblick aufs Meer – der Anstieg lohnt sich! Runde Bungalows (R$105), Apartments (R$135) und eine Suite (R$170) mit Veranda und Hängematte (Ventilator, AC). Die deutschen Besitzer Helmut und Marga empfangen Gäste herzlich. Bar, exzellentes Frühstück, fantastischer Pool mit Panoramasicht. Abholservice mit Lastenesel. ❷–❹

Portaló Hotel, Ladeira da Igreja, am Pier, ✆ 75/3652 1373, 💻 www.hotelportalo.com. Sehr schöne Zimmer (R$205), Chalês (R$318) und Suiten (R$345/4Pers.) inmitten tropischer Natur. Vom Pool herrlicher Meerblick, v. a. bei Sonnenuntergang. Ebenfalls nett: die Portaló Music Bar, Lounge mit DJ (🕒 tgl. 15–23 Uhr). Vom Fähranleger nur wenige Schritte. Wassersport (Wasserski, Segeln). ❺–❼

Pousada Natureza, Praça da Amendoeira 46, bei der Kirche, ✆ 75/3652 1044, 💻 www.hotelnatureza.com. Suiten mit Whirlpool und Panoramablick (R$420), Bungalows (R$310) und Zimmer (R$230, die besseren im 1. OG). Pool. Restaurant (🕒 tgl. 14–23 Uhr). Deutsch. ❺–❽

Erster Strand (Primeira Praia)

Pousada Porto dos Milagres, Rua da Prainha, ✆ 75/3652 1380, 💻 www.portodosmilagres.com. Neuere Pousada mit kleinen, gepflegten Zimmern, einige mit frontalem Meerblick. ❸–❹

Pousada Vista Bela, Rua da Biquinha 15, ✆ 75/3652 1001, 💻 www.vistabelapousada.com. Schöne Pousada mit Sonnenterrasse, hübsche Zimmer (die teureren mit Meerblick). Toller Pool mit Fernsicht. ❸–❺

Pousada Via Brasil, Rua da Prainha 76, ✆ 75/3652 1218, 💻 www.pousadaviabrasil.com.br. Persönliche, kleine Pousada mit künstlerisch gestalteten Zimmern, Nr. 3–6 haben Aussicht. Frühstücksterrasse mit tollem Meerblick. Freundliche Besitzer. Englisch. ❹–❺

Zweiter Strand (Segunda Praia)

Pousada Sambass, ✆ 75/3652 1484. Pousada der Strandbar (s. Essen), mit Lounge-Deck und Pool, gute Zimmer (Split AC). ❻

Pousada Villa das Pedras, ✆ 75/3652 1075, 💻 www.villadaspedras.com.br. Luxus direkt am Strand. Apartments bis 4 Pers., schöner Garten, Pool. ❼–❽

Dritter Strand (Terceira Praia)

Pousada Aradhia, ✆ 75/3652 1341, 💻 www.pousadaaradhia.net. Recht gepflegte Pousada, alle Zimmer mit Veranda und Hängematte.

Nett ist das Frühstück auf dem Stranddeck. Preis verhandeln. ❷–❸

Pousada Fazenda Caeira, ✆ 75/3652 1310, 💻 www.fazendacaeira.com.br. Am hinteren Teil des 3. Strandes, weitläufiges Gelände mit Palmen, adrette Zimmer, großer Pool. ❺–❻

Pousada Villa dos Corais, Ecke 3. und 4. Strand, ✆ 75/3652 1560, 💻 www.villadoscorais.com.br. Schicke Anlage am ruhigen Ende des 3. Strandes, direkt bei den Naturpools. Moderne Zimmer in 10 Blöcken à 4 Apartments (die oberen haben Balkon mit Blick in den Garten, ab R$390). Wunderbarer Pool mit Bar, Whirlpool; hervorragendes Frühstück, sehr gutes Restaurant. Abends pendelt ein Shuttle-Service zum Ort. Bei Reservierung Abholung vom 2. Strand. Ticketverkauf für Fähren/Flüge. ❼–❽

ESSEN

Zentrum

Bianco e Nero, Rua Caminho da Praia. Exzellente Fischgerichte zu einem gemessen an der Qualität fairen Preis. Köstlich der *Peixe Rústico* mit Kapern, Salat, Kartoffeln, Reis (R$66/2Pers.), auch gutes Fleisch *(Picanha Uruguaia)*. Nette Terrasse, schnelle Bedienung. 🕒 Di–So 12–23.30, Mo 17–23.30 Uhr.

El Sitio do Luís, Hauptplatz. Lockeres Crêpe- und Nudellokal (Auswahl aus 4 Sorten und 20 Soßen, R$19), auch gut sind *Filé Mignon* mit Fettuccine sowie *Camarão no Abacaxi*, Krabben in Zwiebel-Käse-Weißwein-Soße in einer Ananas (R$35). Die Gäste dürfen ihre Kommentare gleich an den Wänden hinterlassen. Zum Nachtisch das sündhaft gute *Pecado da Gula:* Schoko-Crêpe mit Eis (R$15). Frische Säfte! 🕒 tgl. 15–24 Uhr.

O Casarão, Hauptplatz. Stimmungsvolles Restaurant in altem Kolonialhaus mit Blick über den Hauptplatz. Spitze ist das *Filé Mignon a Dois Aromas* mit Gorgonzola und Himbeere (R$37). Ruhige Live-Musik (ab 19.30 Uhr). 🕒 Mo–Sa 17–23 Uhr.

Ponto de Encontro, Rua Caminho da Praia 152. Belebtes Restaurant mit netter Atmosphäre und Tischen auf der Straße. Nudeln (R$16–21), Filet Mignon (R$27) und Gegrilltes (*Grelhados*, R$19–35). Dazu gehört eine Crêperie. 🕒 tgl. 16–23 Uhr (Juni geschl.).

Café das Artes, Hauptplatz. Gutes Café-Restaurant mit Veranda und Blick auf den Platz. Hauptgerichte ab R$46/2 Pers., große Auswahl an Sandwiches, Säften, Kuchen *(Bolo de Tapioca com Abacaxi* – Ananas – probieren!). 🕒 tgl. 15–23 Uhr.

Dice 10, Rua da Fonte Grande. Kultiges Bar-Restaurant der stadtbekannten Frohnatur Dice. Gute und günstige Tagesgerichte (R$16), sowie das beste Filet Mignon in Morro (R$20). Gemütliche Sofaecke und schöner Garten, Gäste dürfen die Musik auswählen. 🕒 Di–So 18–23 Uhr (Bar länger).

Strände

Club do Balanço, 2. Strand. Nett mit Holzdeck und Rasen, gut sind z. B. Spaghetti mit frischem Thunfisch (R$28) oder gegrillter Fisch (R$68/2 Pers.). Auch gemischte Säfte wie Acerola/Graviola (R$6). Auch Pousada mit modernen Zimmern ❹–❺. 🕒 tgl. 10–19 Uhr.

Sambass, 2. Strand. Klasse Mischung aus Beach Lounge und Restaurant, hier fließt die Daiquiri (R$11) zu guter Live-Musik und Drum 'n' Bass (Couvert R$4), und im Strandsessel lässt man sich unter Mandelbäumen ein Fischfilet schmecken (um R$30). Auch üppige Sandwiches (R$15–20). 🕒 tgl. 9–24 Uhr (oft länger).

Chez Max, 3. Strand. Gute Holzofenpizza und hausgemachte Pasta, z. B. große Calzone „Italiano" (R$32) oder Tonnarelli mit weißer Zitronensoße (R$25). Direkt am Meer, rustikales Ambiente mit Live-Musik. 🕒 tgl. 17–23.30 Uhr (HS ab 13 Uhr).

Bar e Restaurante Piscina, 4. Strand. Große Restaurant-Strandbar. 🕒 tgl. 10–23 Uhr.

Pimenta Rosa, 4. Strand. Coole Bar im Thai-Stil, ideal zum Abhängen. 🕒 tgl. 9–17 Uhr.

NACHTLEBEN

Der Abend beginnt mit der Huldigung der untergehenden Sonne. Wer sich nicht gerade am Strand von Gamboa, beim Fort oder auf dem Leuchtturmhügel befindet, genießt den *pôr-do-sol* andächtig bei loungiger Musik in der **Toca do Morcego** nahe dem Leuchtturm,

der ältesten Bar-Disco der Insel (18–20 Uhr Live-Musik, danach DJ, gelegentlich Themenpartys). ⌚ Di–So 16.30–21 Uhr, R$5.
Später bauen am Hauptplatz **Praça Aureliano Lima** Verkäufer ihre Stände für Kunstgewerbe und tropische Cocktails auf: häufig mit beeindruckend bunten Fruchtbouquets. Bei **Pastel do Fom** kann man frische Pastéis kaufen, außerdem veranstaltet Fom jeden Abend eine Jamsession; wer mag, kann mitmachen.
Zu vorgerückter Stunde geht die Party am Ende des **2. Strandes** weiter (rund um die **Funny Bar**), wo Mo und Do ab Mitternacht die berühmten **Luaus** mit Axé und Reggae steigen.
Der schickste Club der Insel ist die **Pulsar Disco** nahe dem Pier (Sa Schaumparty), die allerdings etwas unsensibel in den Urwald integriert wurde. Dagegen knüpft das **Teatro** auf dem Morro de Mangaba an alte Inseltraditionen an: Mi ab 23 Uhr Jamsession, später legen DJs auf und es wird ausgelassen getanzt.

BAHIA

AKTIVITÄTEN

Segeln

Horst von der **Pousada Natureza** hat in Gamboa den Segelclub **Clube de Vela Natureza** aufgebaut, ✆ 75/3652 1044. Sehr gute Boote: Tornado, A-cat, Tiger, 30ft-speed-Katamaran. Vermietung und Kurse.

Tauchen

Tauchen und Schnorcheln ist besonders schön am 1. und 2. Strand. Tauchausflüge u. a. über **Bonjour Bahia** (s. Touranbieter).

Wandern

Ein Spaziergang, den man ohne Hilfe schafft, führt (nur bei Ebbe) in gut 45 Min. vorbei an den fast unberührten Stränden **Praia do Porto de Cima** und **Praia da Ponta da Pedra** zum Dorf **Gamboa**. Dort gibt es einige nette Strandrestaurants wie das Nativa's (gute Meeresfrüchte, auch die *Mousse de Limão* probieren!) und ein paar einfache Pousadas (am besten ist Pousada Biônica, ✆ 75/3653 7001, ❷).
Tipp: kurz vor Gamboa ein Schlammbad am Strand, die Haut fühlt sich danach seidenweich an. Man kann die Wanderung am Hafenpier beginnen oder über die Rua do Porto de Cima zum Strand gelangen. Hin-/Rückfahrt auch per Linienfähre (R$2).

TOUREN

Viele Agenturen bieten **Dschungelwanderungen** und **Reitausflüge** (R$25/Std.) an. So genannte **Volta à Ilha-Bootstouren** („Inselumrundung") im Flexboat oder Lancha führen nach Garapuá, Boipeba und Cairu, Abfahrt am 3. Strand (9.30–17 Uhr, R$60–80). Die Ilha de Cairu bildet den westlichen Teil des Tinharé-Archipels, ihr Hauptort Cairu ist der zweitälteste Bahias. Größte Attraktion ist das Kloster Convento de Santo Antônio (1650).

Touranbieter

Bonjour Bahia, Rua da Praia 150, ✆ 75/3652 1165, 💻 www.bonjourbahia.com.br. Authentische Erlebnistouren, möglichst mit Kontakt zu Einheimischen (alle Angestellten stammen aus der Region), unter anderem Wanderungen, Bootstouren (z. B. Gamboa, R$30), Tauchen. Gute Inselkarten (R$5). ⌚ tgl. 8–21 Uhr.

Inovatur, Praça Aureliano Lima, ✆ 75/3652 1174. Touren und Bootstickets nach Salvador. ⌚ tgl. 8–22 Uhr.

SONSTIGES

Feste

In den Tagen nach Karneval, der sogenannte **Ressaca** („Kater"), steht die Insel Kopf. Aus Salvador und anderswo fallen junge Menschen ein und feiern einfach weiter.

Geld

Banco do Brasil, Geldautomat am Hauptplatz (alle Karten; nicht immer Geld vorrätig!). ⌚ tgl. 6–22 Uhr.

Informationen

C.I.T. (Centro de Informações ao Turista), Praça Aureliano Lima, ✆ 75/3652 1083, 💻 www.morrosp.com.br. Infos zu allen Touren (inkl. Buchung), Bootsverbindungen, Transfers, Vermittlung von Miethäusern. ⌚ tgl. 8–22 Uhr.

TRANSPORT

Flüge

Direktflüge von/nach Salvador mit Propellermaschinen (6–8 Plätze, 20 Min., ca. R$275):
Addey, ✆ 71/3204 1393, 💻 www.addey.com.br. 3–4x tgl., Piste der Pousada Vila dos Corais (3. Strand).
AeroStar, ✆ 75/3652 1312, 💻 www.aerostar.com.br. 2–4x tgl., landet am 4. Strand, Bustransfer bis zum 2. Strand.

Boote

Anfahrt: Am einfachsten per Katamaran/Schnellboot vom Terminal Náutico in Salvador (ggf. Tabletten gegen Seekrankheit parat haben). Linienboote auch ab Valença. Informationen zu aktuellen Abfahrtszeiten hat das **C.I.T.** (s. Informationen).
Salvador: Variante 1: Katamaran/Schnellboot, tgl. 9, 11.30, 13 und 15 (im Sommer öfter), 2–2 1/2 Std., R$75. Variante 2 (billiger): Mit dem Boot bis **Valença**, dann Bus bis Bom Despacho (Itaparica), von da Fähre nach Salvador (ca. 4 Std., R$30–35). Variante 3: Kombinierter Boot/Bus-Transfer mit Cassi Turismo, 2. Strand, Abfahrt 6.30, 10.30, 15.30 Uhr, R$85 bis Terminal Náutico, R$100 bis Flughafen Salvador.
Boipeba: Am einfachsten mit einer **Volta-à-Ilha-Tour**, Abfahrt 9.30 Uhr am 3. Strand, 2 1/2 Std., R$60–80. Umständlich: Mit Boot zurück nach Valença, dann Boot nach Boipeba. Oder über Agentur buchen: per Jeep bis Rio do Inferno, dort mit Fähre übersetzen (R$20), Abfahrt ab 2. Strand, R$70 p. P. (mind. 4 Pers.).
Valença: Schnellboot *(Lancha Rápida)*, stdl. bis 18 Uhr, 30 Min., R$18. Viele Linienboote *(Convencional)*, bis 18 Uhr, 1 1/4 Std., R$7.
Itacaré / Barra Grande: Mit Boot/Auto (Itacaré) bzw. Boot/Auto/Boot (Barra Grande, inkl. Linienboot ab Camamu), 3 bzw. 3–4 Std., ca. R$70–90 (mind. 4 Pers.). Infos bei Inovatur.

Ilha de Boipeba

Obwohl so nah am pulsierenden Morro de São Paulo scheint die Ilha de Boipeba wie eine andere Welt: ein abgeschiedenes Paradies mit mehr als 20 km verlassenen Stränden; nicht umsonst trägt sie den Beinamen „Polynesien Bahias" *(Polinésia baiana)*. Die besten Strände der Insel lassen sich von der **Praia Boca da Barra** beim Hauptort **Velha Boipeba** zu Fuß erreichen: wunderschöne Wanderungen an einsamen palmenreichen Traumstränden. Eine knappe halbe Stunde ist es zu den lang gestreckten **Praia Tassimirim** und **Praia Cueira**. Der von Palmen bestandene Strand von **Moreré** ist beliebt bei Schnorchelfreunden (1 1/2 Std., einige Pousadas). Sehr wenig besucht ist das kleine Fischerdörfchen **Bainema** (2 Std.).

Strandwanderung nach Moreré

Das kleine Fischerdörfchen Moreré bietet klarstes Wasser zum Schnorcheln und einige Strandrestaurants (gut ist **Paraíso**). Bei Ebbe lässt sich von Boipeba in gut 90 Minuten hinwandern: zunächst durch ein Stück Urwald, danach einfach den traumhaften Stränden folgen. Unterwegs empfiehlt sich ein Stopp in der Strandbar **Parada Ponto Chic**, mit Hängematten unter Palmen. Bei Flut enthält der Weg einen „Abenteueranteil": die Überquerung des anschwellenden Rio Oritibe. Bei Hochstand lässt er sich in Brusthöhe durchwaten, doch kleinere Leute müssen schwimmen. Hierbei aufpassen: Auf der Seite von Moreré liegen Steine im Wasser und weiter im Fluss scharfe Austern, am besten mit Turnschuhen durchlaufen. Alternativ führt eine Sandstraße durchs Inland nach Moreré *(caminho por dentro)*, auf der Coletivos pendeln. Wer in Moreré bleiben möchte: Im Dorf gibt's einige Pousadas (s. Übernachtung).

ÜBERNACHTUNG

Auf der Insel finden sich Unterkünfte für jeden Geldbeutel: An den Stränden ist es etwas teurer, im Zentrum günstig und einfacher. Alle Pousadas präsentieren sich auf 💻 www.ilhaboipeba.org.br. Die hier genannten Pousadas bieten gratis WLAN.

Strände

Pousada Pouso da Maré, Praia Boca da Barra, 5–10 Min. zum Dorf, ✆ 75/3653 6069.

Relaxte Pousada am Strand mit Urwaldgarten. Die hübschen Apartments haben Ventilator, Veranda, Tisch, Kerzen und Hängematte (kein TV). ❷–❹

Pousada Santa Clara, Boca da Barra, ✆ 75/3653 6085, 💻 www.santaclaraboipeba.com. Individuell eingerichtete Zimmer mit Kolonialbetten (Ventilator oder AC, kein TV), einige sind ein Schnäppchen (z. B. Nr. 9 und 11). Künstlerischer Touch, Holzstege führen durch den Garten (Mai/Juni geschl.). ❸–❹

Horizonte Azul Pousada, Boca da Barra, ✆ 75/3653 6080, 💻 www.pousadahorizonteazul.com. In einem Urwaldgarten liegen Häuser mit 7 großen Zimmern (Ventilator billiger, kein TV); alle mit Moskitonetz, Veranda, Hängematte. Einziges vegetarisches Restaurant der Insel (Mo–Sa 19–21 Uhr), hausgemachte Nudeln Salate und wechselnde Tagesgerichte (R$18–30). Juni geschl. ❸

Pousada Tassimirim, Praia Boca da Barra, 15 Min. vom Zentrum, ✆ 75/3653 6030, 💻 www.tassimirim.com.br. Frühstück unter Palmen am Strand – dieser kleine Garten Eden ist mit einer traumhaften Lage gesegnet, ganz am Ende der Praia Boca da Barra. Gemütliche Zimmer (einige haben Meerblick) mit AC/Ventilator, besonders schön ist die Suite am Strand. Der deutsche Besitzer Achim engagiert sich für eine nachhaltige Entwicklung der Insel. ❸–❺

Pousada Vila Sereia, Praia Boca da Barra, ✆ 75/3653 6045, 🖂 vilasereia@gmail.com. Vier kleine Stelzen-Häuschen in schöner Strandlage, für das Gebotene aber überteuert. ❻–❼

Pousada Mangabeiras, am Ende der Praia Boca da Barra, rund 20 Min. vom Zentrum, ✆ 75/3653 6153, 💻 www.pousadamangabeiras.com.br. Eine der schönsten Pousadas Bahias (Mitglied bei Roteiros de Charme)! Der Aufstieg auf den Hügel ist beschwerlich, aber oben schnell vergessen. Die 9 geschmackvollen Bungalows (DVD, Sky-TV), haben unglaublichen Panoramablick (selbst aus der Dusche) Richtung Morro de São Paulo oder zu den südlichen Stränden. Vom Pool dieselbe Aussicht. Der Preis dafür wirklich moderat (ab R$385, mind. 2 Nächte). Die netten Besitzer Leandro und Manoela sind auch im sozialen Bereich und beim Umweltschutz engagiert. Abholservice vom Hafen mit Lastenschubkarre. Juni geschl. (außer 2014). ❼–❽

Zentrum

Pousada Nativa, am Hafen, ✆ 75/3653 6029, 🖂 pousadanativaboipeba@hotmail.com. Blitzblanke, familiäre Pousada einer Einheimischen-Familie. Im neuen Gebäude große Terrasse mit Blick auf den Fähranleger. ❶–❷

Sossego Pousada, Rua Nova 52, ✆ 75/3653 6009. Nette Atmosphäre, Veranda mit Hängematte. Die Besitzer vermieten auch zwei kleine Häuser (4–6 Pers.). ❷

Moreré

Es gibt Pousadas von „ganz einfach" bis „ganz teuer". In der Mitte: **Pousada Chalés Colibri**, am Strand, ✆ 75/ 9815 5214, 💻 www.pousadaboipeba.com. Am Hang gelegene rustikale Chalês mit Veranda und einer kleinen Küche. Restaurant. ❸–❹

Nett ist es auch in zweiter Strandreihe (schöner Garten) in der **Pousada A Mangueira**, ✆ 75/3653 8915, 💻 www.pousadamangueira.com. ❹

ESSEN UND NACHTLEBEN

Santa Clara, hübsches Restaurant mit drei wechselnden Tagesgerichten (R$35–40). Gehört zur gleichnamigen Pousada. ⏲ Di–So 18–21 Uhr (Mai/Juni geschl.).

€ **Restaurante da Anália**, Rua do Porto 2. Niedliches Straßenrestaurant einer Einheimischen, beim Hafen. Spezialität: *Moqueca de Camarão com Banana* (R$40/2 Pers.). ⏲ tgl. 17–24 Uhr.

Quintal, Rua do Ribeirinho 4. Gemütliches Bar-Restaurant in schönem Garten. ⏲ tgl. 16–23 Uhr.

Caminho de Pedras, am Pfad zum Pier. Nettes Restaurant mit Veranda (um R$40/2 Pers.), oben Zimmer mit AC/TV. ⏲ tgl. 12–22 Uhr.

Estrela do Mar, Praça Santo Antônio, ✆ 75/3653 6075. Pizzeria mit Lieferdienst (R$21/3 Pers.), auch 4 saubere Zimmer zu mieten. ⏲ Mi–Mo 18–23 Uhr.

Janaina, Rua Nova 30. Meeresfrüchte (ab R$33/2 Pers.). ⏲ tgl. 11–21 Uhr.

Toca do Lobo, Praia Boca da Barra. In einigen der einfachen Strandbars isst man recht ordentlich, die „Wolfshöhle" serviert gegrillten Fisch (R$55/2 Pers.) und frische Mangosäfte (R$4). ⌚ tgl. 8–18 Uhr.
Am Dorfplatz **Praça Santo Antônio** gibt es einige Bars (zum Teil nur im Sommer geöffnet), wie die Traditionskneipe **Zumbi**.

SONSTIGES

Informationen

Posto de Serviços Boipeba, Rua Nova 10, ✆ 75/3653 6130, 💻 www.psboipeba.com.br. Flüge, Schnellboot- und Bustickets. Internet R$6. ⌚ tgl. 8–12, 13–21 Uhr.

Touren

Bahia Terra, Rua do Porto, ✆ 75/3653 6017, 💻 www.boipebatur.com.br. Bootsausflüge ab Boca da Barra zu den Naturpools von **Moreré** (9–16 Uhr, R$35); **Inselumrundung** „Volta à Ilha" (9–16 Uhr, R$60). ⌚ tgl. 8–20 Uhr.
Zu den Mangrovenregionen am **Rio Catu** und **Rio do Inferno** über lokale Guides bei den Strandbars; **Asconturb**, ✆ 75/3653 6357.

TRANSPORT

Von Salvador: Über Valença, dort Direktboote vom Hafen. Am Pier in Boipeba warten Gepäckträger mit Schubkarren (R$10/Stück).
Von Süden: Seltene Linienboote ab Torrinhas (45 Min., R$10), öfter ab Valença.
Boote zum Festland mit Olivence, ✆ 75/3653 6035:
Valença: *Lancha Rápida,* tgl. 6, 7, 9, 12 und 16 Uhr, 1 Std., R$38; *Convencional,* tgl. 6, 11 und 14 Uhr, 3 Std., R$15.
Torrinhas: tgl. 6, 11 und 14 Uhr, 1 Std., R$10. Dort Busanschluss nach Valença (1 1/4 Std., R$15 gesamte Strecke) oder Taxi nach Camamu (1 1/2 Std., R$150, über die Pousada reservieren).
Nach **Morro de São Paulo**: Entweder über Valença (2–5 Std., R$25–55). Oder mit Jeep (Reservierung z. B. bei Bonjour Bahia, S. 454, R$70, mind. 4 Pers.), am Hafen übersetzen R$20/Fahrt. Oder ca. 14 Uhr auf dem Rückweg einer Volta-à-Ilha-Bootstour (2 1/2 Std., R$60), Kauf bei Posto de Serviços.

Valença

Die Kolonialstadt (89 000 Einw.) aus dem 18. Jh. am Rio Una dient für die meisten als Durchgangsstation nach Morro de São Paulo oder Boipeba, doch hat Valença durchaus eine Hand voll Sehenswürdigkeiten zu bieten. Die Ruinen einer Fabrik von 1844 zeugen davon, dass die Stadt früher einmal eines der größten Textilzentren des Landes war. Auch ist Valença bekannt für ihre jahrhundertealte Schiffsbaukunst, zu besichtigen am Hafen. Zur Überbrückung von Wartezeit bietet sich ein Spaziergang durchs lebendige Stadtzentrum an oder zur **Igreja N. S. do Amparo** (1757) mit ihren hübschen Azulejos.

ÜBERNACHTUNG UND ESSEN

Hotel Ondazul, Rua Conselheiro Ferraz 5, ✆ 75/3641 5005. Gute Zimmer mit AC, TV. ❸
Hotel Portal Rio Una, Rua Maestro Barrinha, Graça (2 km), ✆ 75/3641 5050, 💻 www.portalhoteis.tur.br. Bestes Hotel der Stadt, in den 1990ern renoviert. Zwei Pools, Tennisplätze, Zugang zum Rio Una. Nach Rabatt fragen. WLAN gratis, 3 % Tax. ❺–❻
Mega Chic, Av. Maçônica 11, am Hafen. Familiengeführte, gut besuchte Lanchonete mit Snacks und Self-Service-Buffet (R$28/kg), sehr guter Vitamina de Banana mit *Chocolate.* ⌚ tgl. 7–22 Uhr.

GELD

Bradesco-Geldautomat im Busbahnhof (alle Karten). **Banco do Brasil**, Rua Gov. Gonçalves 87. ⌚ Mo–Fr 10–15, Geldautomat tgl. 6–22 Uhr.

TRANSPORT

Vom Hafen zur Rodoviária mit Taxi (R$14) oder Mototaxi (R$5), zu Fuß 15 Min. Mototaxis stehen vorm Restaurant Mega Chic.

Busse

Boipeba: Expresso Boipeba, ✆ 75/3653 6035, tgl. 11 und 14 Uhr nach Torrinhas (Einstieg beim Taxistand am Busbahnhof, 1 1/4 Std.), dort Anschluss mit dem Boot (1 1/2 Std.), R$15.
Bom Despacho: Viele Busse (Cidade Sol, Camurujipe, Águia Branca), bis 19.20 Uhr, 1 1/2–2 Std., R$17.

Cachoeira/São Felix (über Mangabeira): Santana, ✆ 75/3641 0622, 6x tgl. bis 17.20 Uhr, 2 1/2 Std., R$22. Wegen Anschluss bis mittags losfahren. Direktbus Di/Do 10.30, So 15.30 Uhr, 3 Std., R$24.
Camamu: Cidade Sol, ✆ 75/3641 3884, Santana und Camurujipe, ✆ 75/3641 4037, ca. stdl. bis 20 Uhr, 2 Std., R$11.
Feira de Santana (Umstieg nach **Lençóis**): Santana, 6x tgl. bis 17.20 Uhr, 4 Std., R$31; nach Lençóis den 12 Uhr-Bus nehmen, Anschluss in Feira ca. 17.30 Uhr.
Ilhéus (über Itacaré): Águia Branca, ✆ 75/3641 4805, tgl. 10.45 und 14.55 Uhr, 4–5 Std., R$29.
Itacaré: Cidade Sol, 6x tgl. bis 17.50 Uhr, 3 Std., R$20.
Porto Seguro: Águia Branca, tgl. 22.10 Uhr, 9 Std., R$76.
Salvador: Águia Branca, Mo 14 und Do 15 Uhr, 4 Std., R$38. Sonst über Bom Despacho.

Boote

Morro de São Paulo: Schnellboote *(Lancha Rápida)* stdl. bis 18 Uhr, 30 Min., R$18; Linienboote *(Convencional)* alle 30–60 Min. bis 18.20 Uhr, 1 1/2 Std., R$7.
Boipeba: Schnellboote 6–9x tgl. zwischen 10 und 17 Uhr, 1 Std., R$38. Linienboote tgl. 6, 11, 12.30 und 14 Uhr, 3–4 Std., R$15.

Die Nordküste (Litoral Norte)

Die Region nördlich von Salvador ist als **Costa dos Coqueiros** bekannt, die Küste der Kokospalmen. Der Name ist Programm, denn der Landstrich besticht durch ein endloses Palmen- und Mangrovenmeer, unterbrochen lediglich von Lagunen und Dünen – eine 225 km lange Idylle mit wunderschönen Stränden. Die beiden gebührenpflichtigen Straßen Estrada do Coco („Straße der Kokospalmen", bis Praia do Forte) und Linha Verde („Grüne Linie", bis Sergipe) wurden 1993 fertig gestellt und haben seitdem für einen touristischen Aufschwung gesorgt. Aufgrund der guten Erreichbarkeit ist der **Litoral Norte** inzwischen beliebter Fluchtpunkt für die Großstädter aus Salvador und zunehmend auch Ziel internationaler Touristen.

Reisende sollten sich vorab fragen, ob sie einen eher verträumten und touristisch weniger entwickelten Ort suchen – dann kämen vor allem **Imbassaí** oder **Mangue Seco** infrage (noch ruhiger ist es sich in **Diogo** oder **Itacimirim**). Wird auch auf etwas kulturelles Leben und Abendprogramm Wert gelegt, dann ist der oft pulsierende Badeort **Praia do Forte** die richtige Wahl.

Praia do Forte

Praia do Forte (60 km von Salvador) ist eines der beliebtesten Ausflugsziele Brasiliens und hat sich in den letzten zehn Jahren zu einem regelrechten Luxusbadeort entwickelt. In der Hauptsaison und an Wochenenden herrscht ein lebendiges Strand- und Partyleben, ansonsten geht es aber noch eher ruhig zu. Charmant ist das autofreie und von Boutiquen und Restaurants gesäumte Zentrum entlang der makellos gepflegten Hauptstraße **Alameda do Sol**, wo Fahrradtaxis die Besucher auf und ab fahren. Wer die Wurzeln des alten Fischerortes erspüren möchte, braucht nur durch die schmalen Seitengassen zu schlendern. Die einfachen Behausungen und Lanchonetes der Einheimischen bilden einen Kontrast zum sonstigen Edel-Tourismus.

Die hohe Bekanntheit von Praia do Forte geht auch auf die marketinggerechte Verbindung von Ökologie und Tourismus zurück. Aushängeschilder sind das **Projeto Tamar** zum Schutz der Meeresschildkröten (Kasten S. 462) sowie das Walforschungsinstitut **Instituto Baleia Jubarte** (Kasten S. 463). Lange Zeit befand sich das Dorf praktisch im Besitz eines deutschstämmigen Unternehmers aus São Paulo, Auflagen aus den 1970er-Jahren sorgen bis heute dafür, dass die örtliche Architektur der Landschaft angepasst ist: So darf die Bebauung nicht die Höhe einer ausgewachsenen Palme (10 m) überschreiten und für jede gefällte müssen vier neue gepflanzt werden. Auch durften die Einheimischen lange ihre Häuser nur innerhalb der Familie weiter vererben. Inzwischen wird aber wieder nach Belieben verkauft; mit der Folge, dass überall Ferienhäuser und Wohn-Condomínios aus dem Boden sprießen.

Strände und Sehenswertes

Das Meer vor Praia do Forte ist geprägt von felsigen Stellen, die zwar bei Ebbe ansehnliche Naturschwimmbecken entstehen lassen, ansonsten aber richtiges Schwimmen erschweren. Am besten zum Baden eignet sich die etwas nördlich vom Zentrum gelegene **Praia do Lord**, wo Sonnenschirme, Stühle und Getränke bereitstehen (bei Flut nur über einen Weg durchs Inland erreichbar, vgl. Karte). Hier muss bloß ein wenig auf vereinzelte Steine im Wasser geachtet werden. Die sich anschließende **Praia do Papa-Gente** ist vor allem bei Surfern beliebt. Am pittoresken Hauptstrand **Praia do Porto** steht die kleine **Capela de São Francisco de Assis**, die 1900 von Fischern errichtet wurde und heute ein begehrtes Fotomotiv ist. Hier lässt sich recht gut schwimmen, ebenso wie Richtung Süden in der geschwungenen Bucht der **Praia do Resort**.

Auf einer Anhöhe, umgeben von Kokospalmen, liegen die Ruinen des 1551 errichteten **Castelo Garcia D'Ávila**, Hauptsitz des damaligen königlichen Verwalters. Dem burgenähnlichen Aussehen des Bauwerks verdankt Praia do Forte seinen Namen. Das Castelo war eine der ersten großen Militärresidenzen und gilt als ältestes Steinbauwerk Brasiliens. Sehenswert ist die noch gut erhaltene sechseckige Kapelle. Durch die Ruinen führen Wege und Brücken, von denen sich eine schöne Aussicht aufs Meer bietet. ⌚ tgl. 9–17 Uhr, R$10.

Itacimirim

5 km südlich von Praia do Forte liegt der kleine Strandort **Itacimirim**, der aus einigen Pousadas, Ferienhäusern, einer Lagune sowie schönen Stränden besteht. Sportliche Aktivitäten sind vor allem Wind- und Kitesurfen sowie Schnorcheln. Auch befindet sich hier ein Denkmal des brasilianischen Abenteurers **Amyr Klink**, der 1984 von Namibia per Ruderboot in 100 Tagen den Atlantik überquerte. Die ungewöhnliche Reise endete an der **Praia da Espera**. Schöne Strandwanderungen führen nach **Praia do Forte** (2 Std., nur bei Ebbe) oder Richtung Süden nach **Guarajuba** (40 Min.), wo es etliche Strandbars gibt.

ÜBERNACHTUNG

In der Hauptsaison und an Wochenenden ist Reservierung empfohlen, von So–Do sind Rabatte möglich. Die genannten Häuser bieten WLAN gratis und erheben keine Gebühren (Tax), sofern nichts vermerkt ist.

€ **Praia do Forte Hostel**, Rua da Aurora 155, ✆ 71/3676 1094, 💻 www.albergue.com.br. Jugendherberge der Spitzenklasse, eins der besten HI-Hostels Brasiliens. Gepflegte 6er-Dorms (R$42–57), nette DZ (R$115–145), AC oder Ventilator. Um einen grünen Patio angelegt, mit Blumen und Hängematten, ideal zum Kontakte knüpfen. Gut organisiert, sehr freundlich. Viele Touren, u. a. Kanu. Hostel-Gäste haben freien Eintritt beim Projeto Tamar und Instituto Baleia Jubarte; im Castelo 50 % Rabatt. PC-Nutzung gratis. ❷–❸

Montreux Pousada, Rua da Aurora 22, ✆ 71/3676 1494, 💻 www.praiadofortepousada.com.br. Eine der wenigen preiswerten Pousadas im Ort. Gepflegtes, gastfreundliches Haus unter französischer Leitung. Gemütliche Zimmer mit TV, Balkon, Ventilator (R$100) oder AC (R$135). Rabatt ab 3 Tagen Aufenthalt. ❷–❸

Pousada dos Artistas, Praça dos Artistas 37, ✆ 71/3676 1147, 💻 www.pousadadosartistas.tur.br. Künstlerische Pousada, die kleinen, aber gemütlichen Zimmer im 1. OG haben Blick in den hübschen Garten. AC, Ventilator. ❹

Pousada Rosa dos Ventos, Alameda da Lua, ✆ 71/3676 1271, 💻 www.pousadarosadosventos.com. Sehr ansprechend mit gepflegten, modernen Zimmern (Sky-TV) und kleinem Pool. Nachmittags gratis Kaffee und Kuchen. ❺

Porto Zarpa Hotel, Rua da Aurora 256, ✆ 71/3676 1414, 💻 www.portozarpa.com.br. Nettes Familienhotel 200 m vom Strand (über Privatweg erreichbar). An dem Pool im hübschen Garten fühlen sich Jung und Alt wohl. 30 großzügige Zimmer (R$250) mit Balkon, teils Blick in den Garten, sehr breite Betten. Preiswertes Restaurant. Flughafentransfer (R$140/2 Pers.). ❺–❻

Hotel-Pousada Tatuapara, Praça dos Artistas 149, ✆ 71/3676 1015, 💻 www.tatuapara.com.br. Geschmackvolle Pousada mit hübscher bahianischer Deko und einem grünen Innenhof mit Pool und hohen Bananenstauden. 29 Zimmer (AC/Ventilator, bis 5 Pers.), TV-Lounge, kleine Bar mit entspannter Musik, Schnorchelverleih (10 R$/Tag). Ruhig gelegen zwischen den Naturpools, Hauptstrand und Zentrum. In der Nebensaison unter der Woche nach Rabatt fragen. Besitzer Manfred Westerich spricht Deutsch. 10 % Tax. ❺

Pousada Refúgio da Vila, Lote Aldeia dos Pescadores, ✆ 71/3676 0114, 💻 www.refugiodavila.com.br. Luftiges Haupthaus, Garten und schöner Pool (Mitglied bei Roteiros de Charme). Die 30 Zimmer haben Veranda, sind aber recht klein (R$330–600). 10 % Tax. ❽

Tivoli Ecoresort, Av. do Farol (700 m), ✆ 71/3676 4000, www.tivolihotels.com. Eins der besten Resorts Brasiliens, das schon für das „ZDF Traumhotel" Pate stand. 287 komfortable Zimmer (ab R$900 inkl. Abendessen) in 300 ha großem Gartenparadies mit 8 Pools und riesiger Spa-Anlage. Direkter Strandzugang, mehrere Restaurants, breites (Wasser-)Sportangebot (u. a. Windsurfen, Tauchen, Schnorcheln). Erstes „Öko-Resort" Brasiliens mit umfangreichem Umwelt- und Sozialprogramm. Ab 7 Tagen Rabatt. 15 % Tax, WLAN R$35/Tag. ❽

Itacimirim

Pousada Praia das Ondas, Praia de Itacimirim, ✆ 71/9630 9030, 💻 www.praiadasondas.com.br. Ferienanlage mit 30 hübschen Zimmern am Strand. Zwei Pools, einer mit herrlichem Meerblick und Whirlpool. Restaurant. ❺–❻

Pousada Jambo, Praia da Espera, Itacimirim, ✆ 71/3626 1091, 💻 www.pousadajambo.com.br. Familiäre, wunderschön am Strand gelegene Pousada mit Zimmern in mehreren Kategorien (ab R$325), sehr hübsch sind die *Premium Superior* im 1. OG. Großartiger Pool im Garten unter Palmen, Fitness-Studio, Leseraum, Souvenirladen. Das sympathische Besitzerpaar Arno und Iolanda Drescher organisiert auch Touren und Aktivitäten, z. B. Walbeobachtung (Juli–Sep); ganzjährig auch Sichtung von Meeresschildkröten. Sehr gutes, für jedermann offenes Restaurant (ab R$36/2 Pers., tgl. 12–21 Uhr). Tipp: *Fettuccine com*

Camarão e Abobrinha (R$71/2 Pers.), dazu ein guter Wein oder eine Zigarre? Abholservice aus Salvador (R$120–150). ❼

ESSEN UND NACHTLEBEN

An der **Alameda do Sol** liegt ein Restaurant neben dem anderen, meist mit Außenterrasse und Live-Musik.

Sabor da Vila. Man sollte den Ort nicht verlassen, ohne einmal in diesem beliebten Restaurant einer Einheimischen-Familie gegessen zu haben. Besitzerin Rai serviert erstklassige Moquecas (*Moqueca de Camarão!)*, Fisch- und Krabbengerichte (R$72–98/2 Pers.), außerdem Salate und Nudeln (ab R$32). Top sind die Fischbällchen zur Vorspeise (*Bolinhos de Peixe*, R$19/2 Pers.). Gutes Essen, bei dem der Preis stimmt. ⌚ tgl. 11.30–23 Uhr.

Terreiro Bahia. Feinschmecker-Restaurant für bahianische und Nordostküche, z. B. Krabben in Mangabasoße (R$62) oder günstige, großzügig servierte Fisch-Moquecas (R$69/2 Pers.). Rustikal-künstlerisches Ambiente mit Recyclinganteil: Alte Türen wurden zu Fenstern und das Bett der Urgroßmutter fungiert nun als Sofa. ⌚ So–Di, Do 12–22, Fr, Sa 12–23 Uhr.

Terra Brasil. Dass die Besitzer Reco und Vânia früher ein deutsches Restaurant hatten, zeigt sich noch auf der Karte, z. B. mit der Vorspeise *Salsichão alemão com mostarda* (Weißwürste mit Senf, R$25). Ansonsten dominieren sehr gute gegrillte Meeresfrüchte und Fleisch, wie *Filé mignon* in Wein-Champignon-Soße (R$45). Schöne Terrasse, Filialen in Imbassaí und im Salvador Shopping. ⌚ tgl. 12–23 Uhr.

7 Pizzas, Praça da Música. Klasse Pizzeria mit nettem Open-Air-Ambiente und Kerzen auf den Tischen. Die leicht verdaulichen Pizzas (R$37–63/2 Pers.) tragen phantasievolle Namen wie z. B. 7 Sünden, 7 Ringe, 7 Wünsche, 7 Sterne, 7 Träume, 7 Wellen … Besonders gut sind die 7 Rubine mit Brie, Parmaschinken, getrockneten Tomaten und einer „magischen" Spur getrockneten Apfels, der aus São Paulo, dem Pizzeria-Hauptsitz der Familie, kommt. Auch vegetarische Optionen und Mittagsteller (R$17–22). ⌚ Do–Di 12–16, So–Do 18–23.30, Fr, Sa 18–2 Uhr.

Tango Café. Charmantes Café mit köstlichen Torten, das bereits als Institution gilt. Der richtige Ort für eine Pause und abends beliebter Treffpunkt, im Sommer immer voll. Besitzer Vitor hat das Café-Handwerk in Buenos Aires gelernt, lecker: die patentgeschützte, aus 11 Schichten bestehende *Torta Milenium* (R$13). Weiterhin Torten mit Eis (R$16), herzhafte Torten (R$10) und *Empanada Gallega* – eine galizische Spezialität, die selbst von Spaniern in höchsten Tönen gelobt wird (R$14). Auch Hamburger, Snacks, Sandwiches. ⌚ Mo–Do 14.30–23.30, Fr, Sa 11–1, So 11–23.30 Uhr.

Souza Bar. Seit Jahren *der* Nightlife-Spot. Am Wochenende kommt die Szene aus Salvador und tanzt bis zum Morgengrauen zu Live-Axé. Auch die Fischbällchen (*Bolinho de Peixe*, R$3) sind prima. ⌚ tgl. ab 11 Uhr.

€ **Casa de Farinha**. In einer einfachen Lehmhütte auf dem Hauptplatz kann man bei der Herstellung der leckeren Tapiocas zusehen. Süß oder herzhaft gefüllt kosten sie

Die Rettung der Meeresschildkröten

Von den sieben verschiedenen Meeresschildkrötenarten der Erde leben fünf in Brasilien. Bis zur Gründung des **Projeto Tamar** (1980) waren sie durch rücksichtslose Jagd vom Aussterben bedroht. Die auf internationalen Druck eingerichtete staatliche Forschungs- und Schutzorganisation kümmert sich auf 1100 km um den Schutz der Brut und die Aufzucht der Jungen. Auf diese Weise können inzwischen jährlich 900 000 Jungtiere freigesetzt werden. Hauptsitz des Projekts ist Praia do Forte. Der **Litoral Norte von Bahia** ist größtes Laichgebiet des Landes, mehr als 70 % der Eier werden hier abgelegt. In der Fortpflanzungsperiode von **September bis März** kommen die Weibchen bis zu acht Mal an den Strand um jeweils etwa 120 Eier im Sand abzulegen, von denen jedoch viele sofort den Vögeln zum Opfer fallen. Nach etwa 50 Tagen schlüpfen die verbliebenen Jungen und machen sich auf den Weg zum Meer. Tamar sorgt dafür, dass der Nachwuchs etwa durch helle Strandbeleuchtung nicht die Orientierung verliert. Nach gut 25 Jahren kehren die Weibchen exakt an jenen Strand zurück, an dem sie geschlüpft sind, um nun selbst dort ihre Eier abzulegen – ein endloser Kreislauf der Natur.

Im **Besucherzentrum** befinden sich Wasserbecken mit Meeresschildkröten, Rochen, Haien und anderen heimischen Fischen. Interessant für Kinder ist die interaktive Fütterung der Schildkröten (Di/Do/Sa 16 Uhr), die Haie werden tgl. um 16.30 Uhr gefüttert. Von Sep–März (v. a. Nov/Dez) kann man mit etwas Glück um 17 Uhr beim von Biologen begleiteten Schlüpfen der Schildkröten aus dem Nest zusehen (ab 10 Uhr an der Kasse erfragen).

Die Ausstellung „Submarino Amarelo" zeigt lebende, kurios anmutende Schauerwesen aus großen Meerestiefen, 6x tgl. finden Führungen statt, für die vor Beginn Eintrittskarten *(senhas)* von Guides verteilt werden (R$5, max. 12 Pers.). ⌚ tgl. 9–17.30 Uhr, R$16 (R$8 ermäßigt, über 60 J./unter 18 J., mit Ausweis).

Walbeobachtung

Nach erfolgreichen Schutzmaßnahmen sind seit 1988 wieder **Buckelwale** an der bahianischen Küste zu sehen (Jul–Okt). Vor allem in Süd-Bahia (S. 407), doch auch vor Praia do Forte bestehen gute Chancen, diesen Meeresriesen zu begegnen. Der 3-stündige Bootsausflug beginnt um 11 Uhr, vorher gibt's eine ausführliche Einweisung (9–15 Uhr, R$155 p. P., bis 35 Pers.). Kleingruppen (4–6 Pers.) können zum selben Preis bei flexibler Uhrzeit ein kleineres Boot *(Lancha privativa)* buchen (3 Std., davon 2 Std. auf dem Meer). Infos bei Portomar (s. Touren).

Das **Instituto Baleia Jubarte**, ✆ 71/3676 1463, 💻 www.baleiajubarte.org.br, hat ein Informationszentrum nebst imposantem Walskelett und einigen Modellen, die die Dimensionen der Großsäuger veranschaulichen (z. B. eine Fluke). 🕒 Di–Sa 12–18, So 13–17 Uhr, R$6.

nur R$4–6, günstiger wird man in Praia do Forte nicht satt! 🕒 tgl. 13–22 Uhr.

Pastelaria Calma (Ponto do Pastel), Alameda da Lua 358. Treffpunkt der Einheimischen, einfache Bar mit lockerer Atmosphäre unter einem Mandelbaum. 🕒 Mi–Mo 18–24 Uhr.

SONSTIGES

Einkaufen

Supermercado Oliveira, Alameda do Sol 135. 🕒 tgl. 7–21.30 Uhr.

Geld

HSBC-Geldautomat (alle Karten), Rua da Aurora.

Informationen

Tourist Info (SAT), Ortseingang. 🕒 tgl. ca. 9–21 Uhr (variabel). Internet: 💻 www.praiadoforte.org.br.

Touren

Portomar, Rua da Aurora 1, ✆ 71/3676 0101, 💻 www.portomar.com.br. Großes Tourenangebot, z. B. Mangue Seco (9–17 Uhr, R$150 p. P.). 🕒 Mo–Sa 8–17 Uhr.

TRANSPORT

Salvador: Linha Verde, ✆ 71/3460 3636, ca. halbstdl. bis 19 Uhr, 1 1/2 Std., R$7. Zudem fahren laufend z. T. schnellere und billigere *Coletivos* (meist bis Rodoviária).

Imbassaí (R$2,50) und **Conde**: Häufige Busse an der Hauptstraße (2 km). Im Ort halten *Subaúma*, *Sítio do Conde* und *Porto do Sauípe*, allerdings oft Wartezeit.

Itacimirim: Bus bis Entrada Itacimirim (Barra do Pojuca, KM 48), dort Mototaxi (2 km) oder ggf. mit Pousada Abholung vereinbaren.

Aracaju: Umständlich: Mit Linha Verde bis Subaúma, weiter bis Sítio do Conde, dort in den Bomfim-Bus umsteigen (vorher Platz reservieren!). Alternative: mit Umstieg in Salvador.

Imbassaí

Das kleine Imbassaí liegt reizvoll am parallel zum Strand verlaufenden Flüsschen **Rio Barroso**. Um ans Meer zu gelangen, überquert man entweder eine Holzbrücke oder nimmt eine kleine Barke über den Fluss (R$2). Wie eine große Sandbank liegt der schmale Strandabschnitt zwischen dem turbulenten Ozean und dem ruhigen Flusslauf, in dem man sich nach dem Bad das Salzwasser abspülen kann.

Imbassaí besitzt kein eigentliches Zentrum, am Flussufer und am Strand gruppieren sich einfache Bars, entlang der **Alameda das Amendoeiras** findet man Restaurants, Supermarkt, Gesundheitszentrum und Polizei. In den letzten Jahren wurde der Ort moderner, so hat man u. a. auch einige der Sandstraßen asphaltiert (inkl. Fahrradstreifen). Dies hat dem Charme des Ortes aber keinen Abbruch getan. Auch wenn es am Wochenende und in der Hauptsaison etwas voller werden kann, ist Imbassaí die meiste Zeit des Jahres immer noch ein kleines, idyllisches Paradies. Infos: 💻 www.praiaimbassai.com.br.

Eine einstündige Strandwanderung führt in nördlicher Richtung zur abgeschiedenen **Praia de Santo Antônio**. Von dort sind es 30 Min. durch die Dünen bis zum kleinen Ort **Diogo**. Übernachtungsmöglichkeit ist vorhanden (S. 464), hervorragendes Essen serviert das Restaurant **Sombra da Mangueira** (🕒 tgl. 10–17 Uhr).

ÜBERNACHTUNG

Die Pousadas liegen verstreut in der weitläufigen Ortschaft, nur zwei sind direkt am Strand. In der Nebensaison sind So–Do Rabatte üblich. WLAN ist überall gratis.

Imbassaí Eco Hostel Lujimba, Rua P, 10–15 Min. von der Alam. das Amendoeiras, ✆ 71/3677 1056, 💻 www.imbassaihostel.com.br. HI-Hostel mit schattigem Garten, sehr ruhig und versteckt. 6er-Dorms (R$38–45), DZ (R$100–120). Internet R$3. ❶–❷

Casa Imbale, am Strand, über die Brücke, dann 200 m rechts, ✆ 71/36771438, 💻 www.imbale.altervista.org. Bunt angemaltes Häuschen auf der Düne mit Robinson-Crusoe-Charme. Eher einfach, aber liebevoll gepflegt. 4 Zimmer (eins mit Küchenecke), sowie 2 im neuen Stelzenhaus über der Düne (kein AC). Der italienische Besitzer Corrado ist immer zu einem Plausch aufgelegt und den Frühstückskaffee auf der Terrasse mit Meerblick serviert er natürlich in original-italienischen Espressomaschinen. Englisch. ❷

Pousada Tulipa Rosa, Alameda das Bromélias, ✆ 71/3677 1269, 💻 www.praiaimbassai.com.br/tuliparosa. 6 saubere, geräumige Bungalows (bis 5 Pers.) in einem Garten. Holländischer Besitzer. Ventilator, TV. WLAN gratis. ❷–❸

€ **Pousada Vila Imbassaí**, Alameda das Bougainvilles, ✆ 71/3677 1212, 💻 www.imbassai.de. Pousada des Deutschen Habu, gepflegte Zimmer mit AC (R$160) oder Standventilator (R$140). Netter Garten, Pool, Volleyballfeld. ❸

Pousada Jasmim dos Poetas, Alameda dos Cajueiros, ✆ 71/3677 1146, 💻 www.jasmimdospoetas.com.br. 4 moderne Chalês (Split AC, Ventilator, Sky-TV) in kleinem, gepflegtem Garten mit Pool. Alles ist gut in Schuss, sehr persönlich. ❹

Pousada Luar da Praia, am Strand auf der Düne, ✆ 71/3677 1030, 💻 www.luardapraia.com.br. Der Schweizer Eigentümer Jürg sorgt für eine lockere Atmosphäre. Zimmer in mehreren Kategorien, nette Apartments im Nebenhaus mit Veranda und Meerblick. Schöner Pool, fast auf dem Strand. Restaurant. ❹

Pousada Entre as Águas, am Strand, ✆ 71/3677 1028, 💻 www.entreasaguas.com.br. 6 Chalês (R$210) hinter den Dünen am Fluss, 5 Apartments (R$180) im Haupthaus. Frühstück auf schöner Strandterrasse. Restaurant. Deutsche Leitung. ❹–❺

Pousada Caminho do Mar, Rua da Igreja, ✆ 71/3677 1177, 💻 www.pousadacaminhodomar.com.br. Familienpousada (deutsche Leitung. 13 Bungalows mit Wohnküche, Frühstück auf der Terrasse. Pool. 5 % Tax. ❺

Vilangelim Eco-Pousada, Alameda dos Angelins, ✆ 71/3677 1144, 💻 www.vilangelim.com.br. Gemütliche Chalês in tropischem Garten, harmonisch in die Natur integrierter Pool. Tauschbücherei (auch deutsche Titel). Restaurant. Keine Kleinkinder. ❻

Pousada Too Cool na Bahia, Diogo (5 km), ✆ 71/9952 2190, 💻 www.toocoolnabahia.com.br. Kleine Pousada auf einer Anhöhe mit Flussblick. Einfache, geschmackvolle Zimmer (z. T. AC). Zum Strand längerer Marsch durch die Dünen. Anfahrt mit Bus bis KM 69, dann Mototaxi oder Abholung vereinbaren. ❹–❺

ESSEN

Die genannten Restaurants liegen an der Alameda das Amendoeiras und haben ganzjährig geöffnet. Sa abends Live-Musik im **Fundo de Quintal**.

Jerimum Café / Nega Fulô, schönes Café-Restaurant mit stimmungsvoller Beleuchtung. Leckere Holzofenpizza (ab R$40), hausgemachte Nudeln und Risottos, z. B. mit Shiitakepilzen, Broccoli und Gorgonzola (R$45). Auch gute Torten (R$9). ⏲ Mo/Di, Do/Fr 17.30–23, Sa 13–1, So 12–23 Uhr.

Restaurante da Vânia, Alameda dos Ibiscos. Sehr nettes, authentisches Restaurant mit bahianischen Gerichten, köstliche Moqueca (R$45/2 Pers., mit Krabben R$58), mittags auch Prato Feito (R$12). ⏲ Di–So 11–21 Uhr.

Terra Brasil, Filiale des Restaurants in Praia do Forte, der Sohn der Besitzerin hat hier eine luftige und rustikale Zweigstelle eröffnet, ebenfalls mit guten gegrillten Meeresfrüchten (R$74/2 Pers.). ⏲ Mi–Mo 12–23 Uhr.

3 Marias, modernes Restaurant mit Tapas Bar, leichte Gerichte (ab R$40). Spanier Alfredo hat lange ein vegetarisches Restaurant in Madrid

© NICOLAS STOCKMANN

Der am Atlantikstrand verlaufende Rio Barroso trägt wesentlich zum Charme von Imbassaí bei.

betrieben. Angeboten wird, was frisch auf dem Markt zu haben ist. Spezialität Fisch, Reispfanne, hausgemachtes Eis! ⌚ Mo–Fr 12–15, 19–23, Sa, So 12–23 Uhr (April/Mai geschl.).
É Massa, günstige Pizza (R$14–20/2 Pers.), Nudeln (R$15), Sandwiches, Säfte usw. auf rustikaler Terrasse. ⌚ tgl. 12–24 Uhr.

TRANSPORT

Anfahrt: Mit Bus oder Van ab **Salvador** und **Praia do Forte** bis zur Haltestelle auf der BA 099. Von dort 10–25 Gehmin. ins Zentrum (je nach Ziel); möglichst Abholung mit Pousada vereinbaren, sonst Mototaxi (R$3) oder Taxi, ✆ 71/9216 6884.
Nach **Praia do Forte**: Per Mototaxi/Taxi zur Bushaltestelle, einige der Vans (R$3) fahren ins Zentrum, andere halten nur an der BA099 – fragen! **Taxi** ca. R$45, zum Flughafen ca. R$180.

Mangue Seco

Mangue Seco ist nur per Allrad-Jeep oder Boot über den Rio Real erreichbar – doch die Mühe lohnt sich! Das kleine Dünendorf (900 Einw.) liegt am nördlichsten Strand Bahias, auf einer Halbinsel an der Grenze zu Sergipe. Hauptattraktion ist die beeindruckende, weite Dünenlandschaft, in Brasilien berühmt geworden durch eine Telenovela nach einem Roman von Jorge Amado.

Tagsüber kann man an der schönen **Praia de Mangue Seco** in Strohhütten Meeresfrüchte genießen und am Strand wandern. Auch lassen sich mit Buggys kleinere Ausflüge oder Tagestouren unternehmen (R$200/Tag). Sehr empfehlenswert ist eine Übernachtung im Ort, denn beim Sonnenuntergang über dem Meeresarm ist die Atmosphäre der Abgeschiedenheit besonders eindrücklich.

Etwa 36 km südlich liegt im größten Kokosanbaugebiet Bahias der hübsche Palmenstrand von **Sítio do Conde**. Am Hauptstrand verläuft eine hoffnungsvoll im Copacabana-Muster gestaltete Strandpromenade, die aber vom Sand fast zugeweht ist. Ähnlich einsam geht es im 13 km südlich gelegenen Fischerörtchen **Barra do Itariri** zu. Übernachtungsmöglichkeit bietet **Apoena Ecopousada**, Straße von Sítio do Conde nach Barra do Itariri, KM1, ✆ 75/3449 1291, 💻 www.apoena.ch. Strand-Bungalows mit Meersicht und Veranda. Pool, WLAN gratis. ❹

ÜBERNACHTUNG

Vom Dorf zur Praia da Costa per Buggy (R$15) oder zu Fuß am Strand (5–10 Min.). Überall WLAN gratis.

Pousada Suruby, ✆ 75/3445 9061, 💻 www.pousadasuruby.com.br. Stimmungsvolle Lage am Fluss, sehr einfache Zimmer mit Ventilator/AC. ❷–❸

Pousada Asa Branca, ✆ 75/3445 9054. Lachsfarbenes Haus, das schon bei der Anfahrt über den Rio Real ins Auge sticht. 21 Zimmer auf zwei Etagen um einen Pool mit Flussblick. Saubere Zimmer. ❸–❹

Pousada Fantasias do Agreste, Praça da Igreja, ✆ 75/3445 9011, 💻 www.pousadafantasiasdoagreste.com.br. Geräumige Zimmer mit Meerblick, Holzbalkon und Hängematten. Im Innenhof Teich mit Felsen und bunten Matratzen auf Rattanmöbeln. AC, Ventilator. ❸–❹

Pousada O Forte, Praia da Costa, ✆ 75/3445 9039, 💻 www.pousadaoforte.com. In den Dünen gelegen, mit kleinem Strand. Gemütliche Zimmer, Moskitonetz, Veranda, Hängematte (AC oder Ventilator). Pool, Kajakverleih. Der frz. Besitzer Yves spricht Englisch. Bootstransfer ab Pontal (R$40 bis 4 Pers.). Restaurant. ❺–❻

ESSEN

Asa Branca, es gibt zwei Restaurants: eins in der Pousada idyllisch am Fluss. 🕒 tgl. 8–22 Uhr. Das andere am Strand von Mangue Seco: einfache, gemütliche Struktur, spitzenmäßiges Essen. Sensationell sind die überbackenen Krabben *(Camarão ao forno com Creme de Macaxeira*, R$72/2–3 Pers.). 🕒 tgl. 7–16.30 Uhr.

Frutos do Mar, Praça da Igreja. Zwei schöne Terrassen am alten Bootsanleger. Meeresfrüchte, regionale Gerichte. 🕒 tgl. 9–22 Uhr.

Recanto da Dona Sula, Praça da Igreja. Nettes kleines Café, ideal für einen Espresso am Nachmittag. Auch Eis, Torten, Säfte. 🕒 tgl. 8.30–22 Uhr.

TRANSPORT

Die **Anfahrt** per Bus und Boot ist nicht einfach. Am bequemsten ist ein Tagesausflug von **Aracaju** (Sergipe) mit einer Agentur (S. 489), hierbei kann man die Rückfahrt auch für einen anderen Tag vereinbaren und in Mangue Seco übernachten. Alternativ Transferservice einer Pousada, z. B. O Forte (Salvador R$400, Aracaju R$190). Per Bus:

Eine Dünen-Tour im Buggy: Im Bundesstaat Bahia ist dies nur in Mangue Seco möglich.

Von **Salvador**: Mit Linha Verde bis Indiaroba (tgl. 7 und 11 Uhr, 5 Std., R$29), dort Taxi nach **Pontal** (R$40). Von Pontal steuern *Lanchas* (Motorboote) jede Pousada auf der anderen Flussseite an (15 Min., ca. R$40/Boot, bis 5 Pers.).
Von **Aracaju**: Bus Rota Sul in Richtung **Porto do Mato**, dann Lancha über den Rio Real (20 Min., R$50).

Chapada Diamantina

Etwa 420 km westlich von Salvador, inmitten eines ansonsten knochentrockenen Hinterlands (Sertão), liegt die aus drei parallelen Gebirgszügen bestehende grüne Hochebene Chapada Diamantina. Teile der östlichen Kette **Serra do Sincorá** wurden 1985 als Nationalpark ausgewiesen – heute einer der größten Brasiliens. Die Natur ist atemberaubend und bietet mit ihren rauschenden Wasserfällen, natürlichen Schwimmbecken, Flüssen, Höhlen und Sumpflandschaften eine schöne Abwechslung zu den Stränden in Nordost-Brasilien.

Durch Winderosion haben sich in Jahrmillionen gewaltige Tafelberglandschaften entwickelt, deren zum Teil bizarre Sandsteinformen besonders bei Sonnenuntergang und Vollmond ein beeindruckendes Bild abgeben. Die reiche **Pflanzenwelt** (über 300 Orchideenarten, Bromelien, Kakteen und Kletterpflanzen) zeigt sich in der Hauptblütezeit im Dezember und Januar am vielfältigsten. Zudem haben mehr als 350 Vogelarten wie Papageien, Kolibris und Finken hier ihren Lebensraum, ebenso wie Nasenbären, Affen, Ozelot, Gürteltiere, Pumas, Jaguare und Kaimane.

Der Name Chapada Diamantina (Hochebene der Diamanten) entstand nach **Diamantenfunden** Mitte des 19. Jhs., der die Region zu einem wahren Eldorado werden ließ. Neue Ortschaften schossen aus dem Boden und die wichtigste Stadt jener Zeit, Mucugê, war über Jahrzehnte bedeutender als São Paulo. Doch der Traum vom Reichtum währte nur kurz: Bereits Ende des 19. Jhs. waren die Minen erschöpft und viele der neu entstandenen Städte verfielen.

Heute, über 100 Jahre nach den Diamanten- und Goldsuchern, liegt wieder ein Geist von Freiheit und Aufbruch in der guten Bergluft. Doch dieses Mal beruht er auf dem Naturerleben der Region. Touristen, Künstler und spirituell Interessierte werden von den landschaftlichen Reizen und der wohltuenden Ruhe, die das Gebiet ausstrahlt, angezogen. Wer in die Chapada Diamantina aufbricht, begegnet Natur pur, Abgeschiedenheit und teilweise auch prekärer Infrastruktur, besonders beim öffentlichen Verkehr. Die größeren Orte bieten aber allesamt einen guten bis gehobenen touristischen Komfort.

Attraktives Eintrittsportal mit dem größten Angebot ist **Lençóis**, von wo aus die meisten Touren starten. Weitere reizvolle Orte sind das Aussteiger-Tal **Vale do Capão**, sowie die alten Diamantengräberdörfer **Mucugê** und **Igatu**. Ideale Besuchszeit für die Chapada sind vier bis sieben Tage (auch wegen der Flugverbindungen, S. 475).

Lençóis

Hübsch herausgeputzt und ausgestattet mit sehr guten Pousadas, Restaurants und Touranbietern ist Lençóis (5000 Einw.) wichtigster Ausgangspunkt für Ausflüge in die Chapada Diamantina und in den Nationalpark. Wer nicht wandern mag, wird sich in den romantischen Gassen mit ihren Bars und Straßencafés ebenfalls wohlfühlen. Die ersten Diamantensucher hausten Mitte des 19. Jhs. noch in improvisierten Zeltunterkünften, die aus der Ferne wie weiße Tücher in der Landschaft aussahen, daher auch der Name Lençóis („Bettlaken"). Mit zunehmendem Reichtum entstanden die bunten Kolonialbauten, die bis heute das Stadtbild prägen. Das ehemalige **französische Vize-Konsulat** steht stellvertretend für die Architektur jener Zeit, die stark von den Migranten aus Minas Gerais geprägt wurde. Der wirtschaftliche Abstieg begann um 1870 mit der

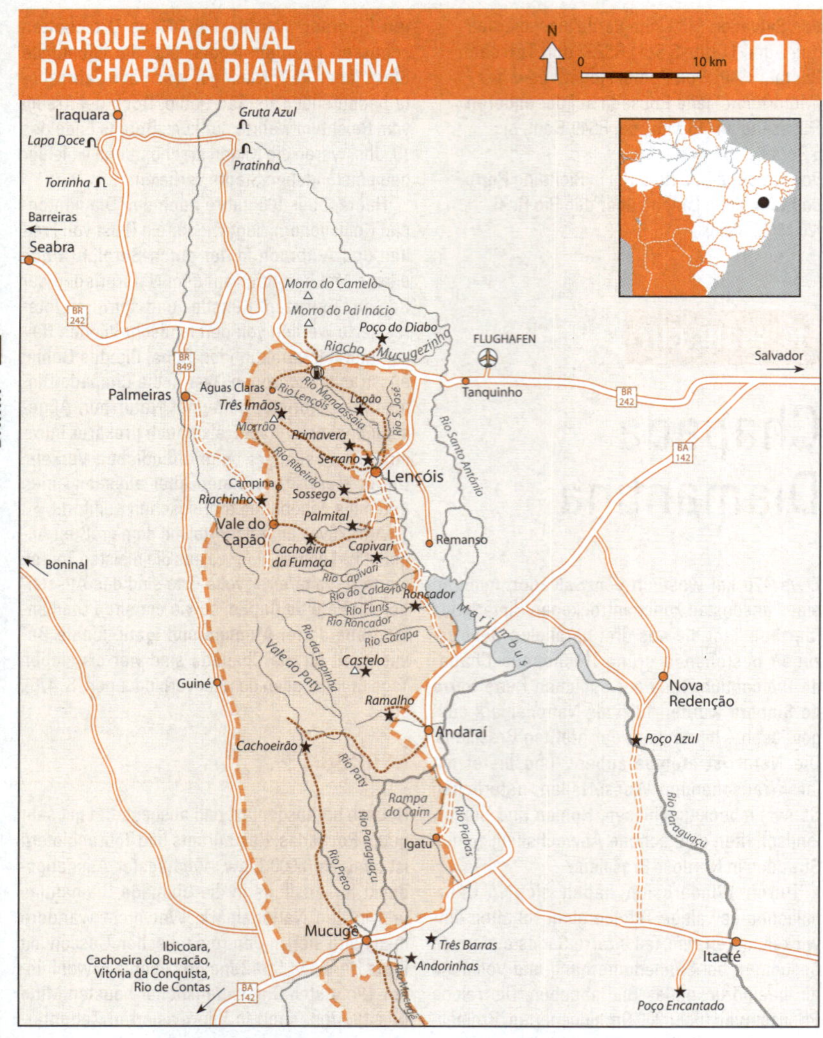

Befreiungsbewegung der Sklaven, dem Ausbleiben neuer Diamantenminen und der Entdeckung von Minen in Südafrika. Die Geschichte der Diamantenschürfer, der **Garimpeiros**, lebt bei verschiedenen Feierlichkeiten wieder auf.

Weithin sichtbares Wahrzeichen der Stadt ist die **Igreja Senhor dos Passos** aus der zweiten Hälfte des 19. Jhs. Die **Igreja N. S. do Rosário** wurde zur gleichen Zeit von Sklaven in angeblich nur 90 Tagen errichtet. Sie gilt als Kirche der Schutzheiligen der Garimpeiros. Das alte Marktgebäude **Mercado Municipal** am Flussufer ist heute ein Kulturzentrum. Der ehemalige Regierungssitz, das **Antigo Prédio da Prefeitura** mit neoklassizistischen Details von 1860, wurde vor einigen Jahren ansehnlich restauriert.

In der Umgebung von Lençóis gibt es eine Vielzahl von **Tourzielen** unterschiedlicher Entfernung. Einige liegen ganz in der Nähe und lassen sich leicht auf eigene Faust erkunden – ideal, um einen ersten Eindruck von der Gegend zu bekommen. Bei den meisten Ausflügen sind jedoch lokale Guides unverzichtbar, da die Wege nicht ausgeschildert sind.

Ein intensives Naturerlebnis garantieren **mehrtägige Trekkingtouren** (meist 3–5 Tage). Übernachtet wird dabei in Höhlen, Zelten oder einfachen Familienunterkünften. Den Proviant trägt man in der Regel bei sich, der Guide kocht für die Gruppe. Oft kann man sogar aus den sauberen Quellen und Bächen trinken.

Klassische Alternative sind die überall angebotenen **Tagestouren** (Gruppen von 3–14 Pers.) zu schönen Plätzen der Region, die man auf recht komfortable und oft nicht allzu anstrengende Weise kennen lernt. Diese Ausflüge eignen sich vor allem für Besucher, die in relativ kurzer Zeit möglichst viele der Naturschönheiten sehen möchten. Bei der Buchung der Touren muss beachtet werden, dass die Qualität der Touranbieter erheblich variiert (s. Kasten).

Über Wander- und Trekkingtouren hinaus ist die Chapada Diamantina auch ein Paradies für alle Abenteuersportler, beliebt sind **Abseilen** (Rapel), **Klettern**, **Mountainbiking** und **Gleitschirmfliegen**.

Kurzausflüge in der Umgebung von Lençóis (ohne Guide)

Schnell zu erreichen ist das **Serrano** (20 Min.): viele Naturschwimmbecken im Rio Lençóis (vor 15 Uhr losgehen). Von dort kann man sich von einem Guide zur **Salão de Areias**, einer farbigen Sandhöhle, oder zu den Wasserfällen **Cachoeirinha** und **Primavera** und dem Aussichtspunkt **Mirante** führen lassen (2 km, ca. R$100).

Etwas weiter ist es zum **Ribeirão do Meio** (4 km, 1 Std., vor 14 Uhr losgehen), einer beliebten Natur-Wasserrutsche mit Fluss-Schwimmbecken. Der Weg ist kaum zu verfehlen: Aus dem Ort raus (Karte S. 471), nach etwa 10 Min. und einer Steigung an der ersten Wegweisung links halten, dann bei der Pousada Canto no Bosque geradeaus in einen kleinen Pfad hinein, diesem folgen.

Wanderungen mit Guide (1 Tag)

Zu einem der schönsten Wasserfälle der Region, dem **Cachoeira do Sossego**, gelangt man über die Felsen eines Gebirgsflusses (7 km, 3 Std.). Der anspruchsvolle Weg erfordert eine gute Kondition und Gleichgewichtssinn (R$150 bis 4 Pers.).

Empfehlenswert ist auch die Wanderung vom **Morro do Pai Inácio** nach **Lençóis** (ca. 6 Std.). Der Morro do Pai Inácio (22 km, 1150 m) ist der berühmteste Tafelberg der Chapada, in einer halben Stunde ist er erklommen. Oben eröffnet sich eine majestätische Aussicht in alle Himmelsrichtungen. Der Blick bleibt an interessan-

BAHIA

Touranbieter

Es gibt viele Touranbieter, deren Programm sich sehr ähnelt. Oft sind die Erklärungen der Führer jedoch dürftig, auch hat Umweltschutz nicht immer Priorität. Empfehlenswert sind:

Nas Alturas, Praça Horácio de Matos 130, ✆ 75/3334 1054, 💻 www.nasalturas.net. Die dynamischen Besitzer aus Rio bieten neben den üblichen Touren auch Klettern, Biking und Abseilen. Zuverlässig und auf Qualität bedacht. Englisch. 🕒 tgl. 8–13, 14–22 Uhr.

Chapada Adventure Daniel, Praça Horácio de Matos 114, ✆ 75/3334 1933, 💻 www.chapada adventure.com. Seriöser Veranstalter, der freundliche Daniel hat alle Standardausflüge im Programm, auch maßgeschneiderte Touren. 🕒 tgl. 7.30–22 Uhr.

Diamantina Bike, ✆ 75/9864 0865, 💻 www.diamantinabike.com. Der Holländer Erik bietet geführte Radtouren und Vermietung von Mountainbikes an. Die Bikes sind in sehr gutem Zustand (R$75/Tag, Guide R$125/Tag). Bei längeren Touren Preisnachlass möglich.

Rony Bike, Rua do Lajedo 68, ✆ 75/3334 1700, 💻 www.ronybikes.com. Standard- und Mountainbike-Touren für Anfänger und Fortgeschrittene. Englisch.

Brasilien Adventure, 💻 www.brasilien-adventure.de. Die Chapada Diamantina aus der Luft kennenlernen: Paragliding-Expeditionen, Rundtrips und Tandemflüge mit dem Schweizer Daniel Krattinger.

ten Felsformationen hängen, z. B. dem gigantischen **Morro do Camelo**, der tatsächlich einem liegenden Kamel ähnelt. Am schönsten ist die Stimmung bei Sonnenuntergang. Der Morro do Pai Inácio liegt nahe der Hauptstraße und ist daher auch in den meisten Tourprogrammen enthalten (s. u.).

Eine weitere sehr schöne Tageswanderung führt von **Lençóis** nach **Capão** (mit Übernachtung in Capão), oder in umgekehrter Richtung, wobei man sich morgens von einer Agentur nach Capão bringen lässt (25 km, 6–8 Std.).

Die 1 km lange Höhle **Gruta do Lapão** (4,5 km, 1 3/4 Std.) ist eine der größten Quarzsteingrotten Brasiliens. Am imposanten Eingang besteht Gelegenheit zum Abseilen (Rapel) oder Bungee Jumping (50 m).

Klassische Tagestouren (über Touranbieter)

Alle Agenturen haben die folgenden Tagestouren im Programm (Abfahrt 8.30, Rückkehr ca. 18 Uhr, alle Preise pro Person):

Grutas bzw. „Roteiro 1"

Diese Tagestour durch den nördlichen Nationalpark eignet sich für Neuankömmlinge. Sie gibt einen ersten Überblick über die Region und ist nicht allzu fordernd (insgesamt ca. 2 1/2 Std. zu Fuß zu den Attraktionen). Tourpreis R$110, plus gesonderte Eintritte (R$40).

Erstes Ziel ist das Flüsschen **Mucugezinho** (20 km), dem man über ein steiniges Flussbett bis zum Wasserfall **Poço do Diabo**, dem „Teufelspool", folgt (20 Min.). Das Bad im Naturschwimmbecken ist eine angenehme Abkühlung. Beliebt sind hier auch Abseilen am Fels und Tirolesa.

Es folgt die **Gruta da Pratinha** (75 km, R$20), die sich – optional – auch schwimmend mit Schnorchel, Flossen und wasserfester Taschenlampe erkunden lässt (R$15, empfehlenswert): Ein glasklarer See führt tief in die geheimnisvolle Grotte hinein – es hat etwas Unheimliches, dem in einem Kanu voraus fahrenden Guide in die pechschwarze, immer dunkler werdende Höhle zu folgen. Wer dies nicht mag, kann im Außenbereich der Höhle zwischen kleinen Fischen schnorcheln, sich am Flussbadestrand Prainha sonnen oder den 18 m tiefen Höhlensee der benachbarten **Gruta Azul** besuchen. Hier entsteht durch Lichtreflexe gegen 15 Uhr der Eindruck tiefblauen Wassers (wirklich beeindruckend nur von Mai–Sept., Schwimmen nicht erlaubt). Das Mittagessen im Restaurant ist kein Leckerbissen, lieber ein Lunchpaket mitbringen.

Nächste Station ist die **Gruta da Lapa Doce** (68 km, R$15), eine 850 m lange und bis zu 30 m hohe Tropfsteinhöhle mit beeindruckenden Gesteinsformationen. Die Grotte wurde lange als Süßwasserquelle benutzt, daher der Name „süße Höhle". Zu guter Letzt wird meist der **Morro do Pai Inácio** (R$5) angefahren, wo sich an schönen Tagen ein spektakulärer Sonnenuntergang bietet (steiler, recht anstrengender Aufstieg).

Hinweis: Gelegentlich muss die Route dem Wetter angepasst werden, so lässt sich z. B. die Gruta da Pratinha nicht nach Regenfällen besuchen. Stattdessen wird oft die **Caverna da Torrinha** angefahren (64 km, R$15), in der in labyrinthartigen Gängen seltene Kalksteinformationen zu sehen sind. Aufgrund der z. T. niedrigen Decken ist hier Gelenkigkeit erforderlich.

Cachoeira da Fumaça

Die Tour zum 340 m hohen Wasserfall **Cachoeira da Fumaça** *por cima* (von oben) ist eine der schönsten Tagestouren (R$125), aber auch recht fordernd. Den spektakulären Ausblick muss man sich erarbeiten. Nach der Anfahrt (1 1/4 Std.) nach Capão folgt ein 50-minütiger Aufstieg bis auf 1300 m Höhe, danach geht es auf ebe-

Gesundheitstipps

Regel Nummer eins: stets Wasser und Sonnencreme bei sich tragen. Helle Kleidung, Kopfbedeckung sowie gute Turn- oder Wanderschuhe gehören ebenfalls zur Grundausrüstung. Insgesamt ist die Chapada Diamantina ein sicherer Ort zum Wandern und Sport treiben. Trotzdem sind Vorsicht und Respekt gegenüber Flora und Fauna geboten. In seltenen Fällen kann Gefahr von Tieren ausgehen, am ehesten durch Bienen oder Schlangen. Daher sollte man bei jeder längeren Tour einen erfahrenen Guide an seiner Seite haben.

Lençóis
N
0
100 m
Gruta do Lapão,
Morro do Pai Inácio
R. São Felix
R. Alto do Bonfim
R. do Hospital
R. Gal. Viveiros
BR 242
Hospital Municipal
Av. Senhor dos Passos
Igreja Sr. dos Passos
R. Pirilo Benjamin
R. do Cajueiro
Alto do Cajueiro
Tv. do Cajueiro
R. Prof. Assis
R. da Muritiba
Av. Senhor dos Passos
Pça. Aureliano Sé
MERCADO MUNICIPAL
Pça. Horácio de Matos
R. Rui Barbosa
ehemaliges frz. Konsulat
R. das Pedras
R. Cel. José Florêncio
R. do Curral
R. Afrânio Peixoto
Ribeirão de Baixo,
P.N. da Chapada Diamantina
R. Voluntários da Pátria
R. dos Mineiros
Beco da Chocolateira
R. 10 de Novembro
Av. 7 de Setembro
R. do Papagaio
R. Fundo do Papagaio
R. do Rosário
Markt
R. S. Jardim
R. S. Sales
R. da Baderna
R. do Azougue
Prefeitura
R. São Francisco
R. Urbano Duarte
Pça. do Rosário
Igreja N. S. do Rosário
Pça. Otaviano Alves
FREILUFT-THEATER
R. Santana
Casa de Cultura Afrânio Peixoto
R. do Riachuelo
Pça. de Belém
Pça. S. Benedito
R. N.S. da Vitória
R. do Ciriaco
R. do Pires
R. do Lajedo
R. São Benedito (R. dos Negros)
Rio Lençóis
Salão de Areias,
Cachoeirinha,
Primavera
Serrano
Vale do Capão,
Cachoeira da Fumaça
Serrano
Wasserwerk
Ribeirão do Meio,
Cachoeira do Sossego
Übernachtung:
1 Pousada Alto do Cajueiro
2 Pousada Vila Serrano
3 Albergue de Lençóis
4 Estalagem Alcino
5 Pousada da Fonte
6 Pousada Casa de Hélia
7 Hotel Canto das Águas
8 Pouso da Trilha
9 Hostel Chapada
10 Camping Lumiar
11 Hotel de Lençóis
12 Pousada dos Duendes
13 Pousada Canto no Bosque (700 m)
Essen:
1 Azul
2 Cozinha Aberta Slow Food
3 Grisante
4 Burritos y Taquitos Santa Fé
5 Bodega
6 Fazendinha
7 Os Artistas da Massa
8 El Jamiro Bar
9 Pizza da Gente
10 Café Ba-Cana
Sonstiges:
1 Dois Irmãos
2 Banco do Brasil (Filiale)
3 Club 7
4 Ecotur
5 Secretaria de Turismo
6 Lavanderia Lençóis
Transport:
1 Rodoviária
2 Coletivos nach Palmeiras und Seabra
3 Nas Alturas
4 Chapada Adventure Daniel
5 Dieter Herzberg (Guide & Massagen)

ner Strecke weiter (1 Std.). Am Ziel angekommen, wird man mit einem sensationellen Blick belohnt – hier stürzt der Wasserfall in die Tiefe. Um ihn zu sehen, muss man sich flach auf einen Felsvorsprung legen – nur etwas für Schwindelfreie! Der „Rauchwasserfall" erhielt seinen Namen, weil er sich unterwegs fast komplett in Nebel auflöst. Die Kaskade hielt lange den Titel „höchster Wasserfalls Brasiliens", muss sich aber nun mit dem zweiten Platz zufrieden geben, seit im Amazonas ein noch höherer entdeckt wurde. Da er nicht immer ausreichend Wasser führt, sollte man sich diesbezüglich vorher erkundigen. Mittagessen gibt's oben nicht, also Lunchpaket mitnehmen! Vor und nach der Tour kann man sich am Fuße des Berges mit Getränken eindecken. Um den Wasserfall von unten *(por baixo)* zu sehen, ist eine 3-tägige, anspruchsvolle Tour von Lençóis erforderlich.

Auf dem Rückweg wird oft noch ein Stopp am kleinen Wasserfall **Cachoeira do Riachinho** eingelegt, wo ein ungemein erfrischendes Bad im Naturschwimmbad wartet. Verspannte Rücken erhalten hier eine wohltuende Wassermassage. Auf den warmen Felsflächen kann man sich beim Sonnenbaden vom Wasser umspülen lassen und den idyllischen Blick ins Tal genießen. Ein wenig aufpassen, die Steine sind rutschig.

Marimbus

Diese Tour (R$140) führt zunächst in einer einstündigen Fahrt über eine Waldpiste zum kleinen Ort Remanso, einem *Quilombo,* also einem von geflüchteten Sklaven gegründeten Dorf, in dem noch heute 40 Nachfahren leben. Von dort schließt sich eine idyllische 2-stündige Ruderbootsfahrt durch die Marimbus-Sumpflandschaft an („Mini-Pantanal"). Die Sumpfregion entstand durch den Zusammenfluss zweier Flüsse (Rio Santo Antônio und Rio Utinga) und fasziniert besonders wegen der abwechslungsreichen Flora und Fauna. Unterwegs sieht man viele Vögel und gelegentlich auch einen Affen, ganz selten bekommt man Capybaras (Wasserschweine) oder Kaimane zu Gesicht.

Am Ende der Bootstour folgt ein 20-minütiger Spaziergang zu einem alten Landhaus, wo Mittagessen serviert wird (R$20). Wer damit keine Zeit verlieren möchte, kann sich ein Lunchpaket mitbringen, denn im Anschluss warten die **Piscinas do Roncador**, tolle natürliche „Whirlpools" mit mehreren kleinen Wasserfällen und Rutschen, in denen sich nach Herzenslust planschen lässt. Zudem bietet sich von dort ein fantastischer Panoramablick über die Chapada. Manchmal wird noch ein weiterer idyllischer Wasserfall mit Sandstrand besucht. Die Rückfahrt erfolgt erneut per Ruderboot oder zu Fuß. Wichtig bei dieser Tour: Viel Sonnencreme mit hohem Schutzfaktor und Kopfbedeckung!

Cachoeira do Mosquito

Einer der schönsten Ausflüge der Chapada führt zum **Wasserfall** Mosquito (R$150 inkl. Mittagessen/Eintritt). Zunächst geht es im Auto 65 km nach Norden (1 1/4 Std.) bis zu einer Fazenda,

Tourguides

Nicht alle Führer, die sich anbieten, sind ausreichend qualifiziert. Eine Liste zertifizierter Guides hat **ACVL**, ✆ 75/3334 1425. Empfehlenswert sind:

Dieter Herzberg, Rua São Benedito 45, ✆ 75/9984 2720, ✉ dieterherzberg@yahoo.com.br. Deutscher Guide, der schon lange in der Chapada lebt. Spezialität: Tagestour Pai Inácio–Lençóis (25 km, R$150 bis 4 Pers.). Auch Mehrtagestouren durchs Vale do Paty. Per Email möglichst 4 Wochen vorher anfragen, sonst auch kurzfristig per Handy.

Tay, ✆ 75/9925 4347. Der deutschsprachige Elsässer kennt die Gegend sehr gut und weiß viel zu erzählen.

Eric, ✆ 75/9131 9121. Sehr kompetent und zuverlässig. Englisch.

Carlinhos, ✆ 75/9966 1168. Als Sohn von Garimpeiros kennt der stets gut gelaunte Carlinhos die Gegend wie seine Westentasche und ist auch in Flora und Fauna sehr bewandert. Englisch.

Nilton, ✆ 75/9830 8999. Maßgeschneiderte Touren zu fairen Preisen. Besitzt eigenes Fahrzeug (Toyota bis 10 Pers.). Deutsch.

Roy Funch, ✆ 75/3334 1305. Mitbegründer des Nationalparks, profundes Wissen zur Botanik. Nicht billig.

wo schon ein Imbiss wartet. Die anschließende Wanderung zum Wasserfall (ca. 1 Std.) beinhaltet einen sehr steilen Abstieg, doch das Bad unter dem aus 50 m hinabstürzenden Katarakt ist die Mühe wert (Aufenthalt 1–2 Std.). Nach dem schweißtreibenden Aufstieg zurück besuchen einige Agenturen noch den Wasserfall von oben, mit Bademöglichkeit in zwei großen Naturbädern – lohnenswert, auch wenn ein erneuter Ab- und Aufstieg zu bewältigen ist. Auf weitgehend ebener Strecke geht es dann zurück zur Fazenda (etwa 1 Std.), wo ein üppiges regionales Buffet die Wandersleute erfreut. Nach dem Mittagessen besteht außerdem die Möglichkeit, den **Poço do Diabo** (S. 470) oder die Felsmalereien bei der **Serra das Paridas** zu besuchen (R$15).

Mehrtägige Trekkingtouren (mit Guide)

Mehrtägige Touren durch den Nationalpark können flexibel mit dem Guide geplant werden. Rundwege von 3–5 Tagen sind Standard; beliebte Ziele sind das **Vale do Paty**, **Canion do Michila** oder **Cachoeira da Fumaça** *por baixo*, d. h. die Route „von unten" (anstrengend).

ÜBERNACHTUNG

Lençóis hat eine große Auswahl an guten Unterkünften für jeden Geldbeutel. Traditionell gibt es hier hervorragende Frühstücksbuffets. Alle hier gelisteten Unterkünfte bieten gratis WLAN.

Albergue de Lençóis, Av. General Viveiros 275, ✆ 75/9859 6315, 💻 www.alberguelencois.com. Nette kleine Herberge mit Gemeinschaftsküche und Terrasse. Dorms R$25–30, DZ R$60. ❶

Hostel Chapada, Rua Urbano Duarte 121, ✆ 75/3334 1497, 💻 www.hostelchapada.com.br. HI-Hostel mit rustikaler Atmosphäre, gemütlichem Aufenthaltsbereich, Garten und Gemeinschaftsküche. 3–6er-Dorms (R$40–48), DZ (R$90–110). ❷

Pousada Casa de Hélia, Rua da Muritiba, ✆ 75/3334 1143, 💻 www.casadehelia.com.br. Beliebt bei Backpackern, die Häuser wurden kreativ in die Felsen integriert, Steinmauern im Badezimmer. 4–5er-Dorms (R$40), DZ (R$90). Ventilator oder AC. Pool mit Holzdeck. ❷

Pousada da Fonte, Rua da Muritiba, ✆ 75/3334 1953, 💻 www.pousadadafonte.com. Kurz hinter Casa de Hélia, ähnlicher Stil, aber kleiner und persönlicher. Sehr grün und ruhig, natürliche Baumaterialien. 5er-Dorms (R$50), DZ (R$110). ❷

Pousada dos Duendes, Rua do Pires, ✆ 75/3334 1229, 💻 www.pousadadosduendes.com. Lässige Backpackerunterkunft mit Chillout-Musik im Aufenthaltsbereich, die besseren Zimmer haben Bad und Veranda (Dorms R$40, DZ R$90–120). Abendessen, auch vegetarisch und vegan (R$25). Mithilfe in Kindergarten möglich. ❷–❸

Pouso da Trilha, Rua dos Mineiros 60, ✆ 75/3334 1192, 💻 www.pousodatrilha.com. Teilrenovierte Pousada, die sowohl für preisbewusste als auch anspruchsvollere Reisende interessant ist. Schön restaurierte Zimmer. ❷–❹

Pousada Vila Serrano, Rua Alto do Bonfim, ✆ 75/3334 1486, ✉ pousadavilaserrano@gmail.com, 💻 www.vilaserrano.com.br. Wer sich etwas Besonderes gönnen möchte, sollte dies hier tun! Eine Traumpousada des sympathischen Zürchers Chris in wunderschöner, ruhiger Gartenlage. Die Häuschen sind im Kolonialstil und nach ökologischen Gesichtspunkten gebaut. Geschmackvolle Zimmer mit hübschem Holzbalkon, Hängematte, AC, Ventilator und Moskitonetzen. Wunderbarer Whirlpool mit Aussicht über die Dächer der Stadt. Erstklassiges Frühstück. Beratung bei der Planung von Ausflügen. Tauschbibliothek, PC-Nutzung gratis. ❹

Estalagem Alcino, Rua General Viveiros 139, ✆ 75/3334 1171, 💻 www.alcinoestalagem.com. Der Künstler Alcino hat das Haus an Hand eines alten Fotos aus Ruinen rekonstruiert. Entstanden ist eine schöne Pousada mit einladendem Aufenthaltsbereich, gusseiserner Wendeltreppe und alten Möbeln. Ein Paradies für Antiquitätenliebhaber. Einige Zimmer ohne Bad, aber es gibt genügend auf dem Flur. Fantastisches Frühstück (sehr lecker die Tapioca-Suppe). ❹–❺

Pousada Alto do Cajueiro, Rua Alto do Cajueiro 151, ✆ 75/3334 2002, 💻 www.alto

docajueiro.com.br. Ruhige Pousada hoch über den Dächern der Stadt, ideal, wenn man Abgeschiedenheit sucht. Von der gemütlichen Holzterrasse toller Blick, Liegewiese mit DVD. Der Besitzer holt Gäste vom Bus ab. ❹–❺

Pousada Canto no Bosque, Loteamento do Ribeirão (15 Min. vom Zentrum), 75/3334 1704, www.cantonobosque.com.br. Nette Pousada in Tropenpark (12 000 m²). Hübscher Pool, ruhig, schattig und kühl. 9 Zimmer, u. a. für Gruppen. Abholen vom Bus nach Absprache. Restaurant. Deutsche Besitzerin. ❺

BAHIA

Hotel de Lençóis, Rua Altina Alves 747, 75/3334 1102, www.hoteldelencois.com. Die Zimmer mit Terrasse sind netter als die Standardzimmer und kaum teurer. Schöner Garten mit Pool. ❻–❼

Hotel Canto das Águas, Av. Senhor dos Passos 1, 75/3334 1154, www.lencois.com.br. Von den Hotels am Ort das Beste. Herrlicher Pool in wunderschönem Garten am Fluss mit loungeartigen Liegeflächen. Zimmer in mehreren Preisklassen (ab R$345), einige mit großartigem Blick auf den Fluss (Typ „Canto do Rio"). Sehr engagiert im Umweltschutz und als erstes nachhaltiges Hotel Brasiliens zertifiziert; Mitglied bei Roteiros de Charme. Exzellentes Restaurant „Azul" (s. Essen)! ❼

Camping Lumiar, Praça do Rosário 70, 75/3334 1241. Camping-Stellplätze auf einer großen Rasenfläche unter hohen Bäumen (R$20 p. P.). ❶

ESSEN

Azul, Av. Senhor dos Passos 1, im Hotel Canto das Águas. Schönes Ambiente mit Flussblick, man diniert bei Kerzenlicht und genießt die beste Küche der Chapada: *Pato Confit,* die gebratene Ente an klassischer Orangensoße ist ein Gedicht (R$55). Zum Nachtisch gibt's *Tortinha de Nozes,* Nusstörtchen mit Datteln und Cachaça-Creme (R$20) – nichts für Linienbewusste! tgl. 12–16, 19–22.30 Uhr.

Burritos y Taquitos Santa Fe, Rua Cel. José Florêncio 3. Mexikanisches Restaurant mit nettem Ambiente und Flussblick. Wer es scharf mag, bestellt *Burrito de Carne Adobada* (R$20). Auch vegetarische Burritos (ab R$13). Di–So 18–22 Uhr.

Cozinha Aberta Slow Food, Rua Rui Barbosa 42. Romantisches Fusion-Restaurant mit netter Terrasse gleich am Fluss. Besitzerin Deborah serviert hervorragende thailändische, indische, italienische sowie ungarische Gerichte. Tipp: *Roupa Velha* („alte Klamotten"), sonnengetrocknetes Fleisch mit rotem Reis und Kochbananenpüree (R$36), danach Chocolate Brownie mit Kardamom-Eis (R$13). tgl. 12.30–16, 19–22.30 Uhr.

Os Artistas da Massa, Rua da Baderna 49. Köstliche Nudelgerichte aus selbst hergestellter Pasta. Spezialität des Hauses: Capeletti, Ravioli und Lasagne (R$20–25). Inhaber Stefano ist Jazz-Fan, bei der Bestellung darf man die Musik wählen, z. B. Bossa Nova, Classic, Acid Jazz. Kein Bier, nur Wein, Säfte und Caipirinha. tgl. 12.30–22.30 Uhr (Sep–Nov geschl.).

Bodega, Rua das Pedras 121. Besitzerin Luanda serviert abwechslungsreiche Fusion-Küche, bei der v. a. Fleischesser und Pizzafans (argentinischer Teig) auf ihre Kosten kommen. Tipp: *Boconccini de Carne,* ein gulaschähnliches Gericht mit Gemüselasagne (R$ 28). Oben coole Bar und gute Drinks aus bestem Minas-Cachaça. tgl. 17–24 Uhr.

Grisante, Praça Horácio de Matos. Einfaches, aber gutes Restaurant mit regionaler Küche (große Portionen). Man sitzt nett draußen bei schönem Blick auf die zentrale Praça. Tipp: *Filé Parmegiana,* mit Käse überbackenes, paniertes Filet mit Tomatensoße und Maniokpüree (R$40/2–3Pers.). tgl. 11–23.30 Uhr.

Pizza da Gente, Rua da Baderna 103. Bei guter Musik lässt man sich auf Barhockern oder draußen an einfachen Blechtischen von Marco eine leckere, echt italienische Pizza backen (ab R$12). Do–So 19–23 Uhr.

Café Ba-Cana, Rua Urbano Duarte 60. Kaffee und Kuchen, Torten und frischer Apfelstrudel (R$5), aber auch Spätzle mit Gulasch und brasilianische Küche kommen beim Österreicher Peter auf den Tisch. Fr viel los bei Live-Musik. Mi–Mo 12–2 Uhr.

NACHTLEBEN

Die **Rua das Pedras** ist die klassische „Ausgehmeile" von Lençóis (zunehmend auch die Rua da Baderna). Etliche Bar-Restaurants stellen abends ihre Tische aufs abschüssige Kopfsteinpflaster, während die Gäste versuchen, auch nach diversen Likören nicht das Gleichgewicht auf den wackligen Klappstühlen zu verlieren. Es geht lustig zu.

Besonders lässig ist die **El Jamiro Bar**, deren Name auf die englische Band Jamiroquai zurückgeht. Laura und Max aus Buenos Aires spielen klasse Musik und machen leckere Cocktails. Das Essen ist so gut, dass man die Bar eigentlich als Restaurant-Tipp führen müsste, z. B. *Picanha Argentina* mit Chimichurri-Soße (R$30). ⌚ tgl. 16–24 Uhr.

Das traditionelle **Fazendinha** ist beliebt wegen der urigen Atmosphäre und der 50 Cachaça-Sorten aus Familienbetrieb. Die Schnäpse sind nichts für Sockenbügler. Wer es süßer mag, bestellt von den köstlichen Fruchtlikören (Tipp: Chocolate, Coco, Goiaba!). Im Speisenangebot sticht *Furdunço* hervor, auf einer heißen Platte gebratenes Gemüse mit Fleischstücken und Sojasoße (R$32/2–3 Pers.). ⌚ tgl. 18.30–1.30 Uhr.

Zu späterer Stunde gelangt man im **Club 7** in ein tanzendes Inferno, denn der Beiname der Tanzgarage lautet *Inferninho*, die „kleine Hölle". Von allem ein bisschen: Elektronik, Reggae, Forró. ⌚ Fr, Sa 23–4 Uhr, Eintritt R$3–5.

SONSTIGES

Einkaufen

Dois Irmãos, Praça Horácio de Matos. Outdoor-Equipment, Trekkingschuhe. ⌚ tgl. 8–23 Uhr.

Feste

Populärstes und farbenfrohestes Fest ist das **São João** (Ende Juni). Die **Festa dos Passos** (23.1.–2.2.) findet unter lautstarken Gebeten, Knallern und viel Blasmusik statt. Bis zum Morgengrauen spielen unterschiedlich gute Livebands (lärmempfindliche Gäste sind dann auf Ohrstöpsel angewiesen).

Festival de Lençóis (zwischen Sep und Okt): Mehrere Tage Live-Musik, proppenvolle Straßen und alle Pousadas bis Seabra ausgebucht.

Geld

Banco do Brasil, Praça Horácio de Matos 56. ⌚ Mo–Fr 9–13, Geldautomat 6–22 Uhr (alle Karten).

Informationen

Secretaria de Turismo, Av. 7 de Setembro 35, ✆ 75/3334 1378. ⌚ Mo–Fr 8–21, Sa, So 8–12, 16–20 Uhr.

Lehrreiche Infos enthält das im Ort erhältliche Buch *A Visitor's Guide to the Chapada Diamantina Mountains* von Roy Funch, eine gute Wanderkarte (1:100 000) gibt es von **Trilhas e Caminhos**, 💻 www.guialencois.com.

Internet

Ecotur, Praça Horácio de Matos. R$4. ⌚ tgl. 8–23 Uhr.

Massagen

Wenn nach der Wanderung die Muskeln streiken, helfen die erfahrenen Hände von **Dieter Herzberg**, ✆ 75/9984 2720, R$100/Std. (Akupunktur R$50). **Celso Amohi**, ✆ 75/9861 3005, ist ein erfahrener Massagetherapeut, der diverse Techniken kombiniert (R$100/Std.).

Medizinische Hilfe

Hospital Municipal, Rua do Hospital, ✆ 75/3334 1587. Kostenlose medizinische Basisversorgung (Ausweis vorlegen).

Wäscherei

Lavanderia Lençóis, Av. 7 de Setembro 59. R$8/kg, unter 2 kg: Stückpreise. ⌚ Mo–Sa 8.30–20 Uhr.

NAHVERKEHR

Mototaxi: R$3/Fahrt. Diego, ✆ 75/9942 5009; Gustavo, ✆ 75/9988 8586.

Taxi: R$10–15/Fahrt. Samuca, ✆ 75/9974 6759; Zé, ✆ 75/9984 1012.

TRANSPORT

Flüge

Aeroporto de Lençóis, ✆ 75/3625 8100.

Trip, 💻 www.voetrip.com.br, fliegt Do/So von/nach Salvador.

Busse

Anfahrt von Süden (ohne über Salvador zu fahren): Nachtbus z. B. ab Ilhéus um 22 Uhr mit Águia Branca nach Feira de Santana, Ankunft ca. 6 Uhr. Weiterfahrt gegen 8.20 Uhr mit Rápido Federal.
Brasília: Emtram, ✆ 75/9926 7014, tgl. auf der Durchfahrt ab 8.40 Uhr, 18 Std., R$130. Oder Rápido Federal (ab Tanquinho bzw. Seabra), tgl. 14.30 bzw. 16 Uhr, 16/15 Std., R$158.
Salvador: Rápido Federal, ✆ 75/3334 1112, tgl. 7.30, 13.15, 23.15 und 23.30 Uhr, 6–7 Std., R$60.
Capão: zunächst bis **Palmeiras**: Rápido Federal (oft verspätet), tgl. 4.30, 12.30, 18.30, 22.30 Uhr, 1 Std., R$4. Von da unregelmäßige Sammeltaxis (45 Min., R$10), Exklusivfahrt ca. R$70.
Andaraí und **Mucugê**: Emtram, Mo–Sa ab 9.30 Uhr (oft verspätet), 1 1/4 bzw. 2 1/2 Std., R$ 19/24; nach **Igatu** von Andaraí mit Taxi (R$60–80). Alternativ mit Tourveranstalter zum Poço Encantado oder Poço Azul und vor Ort bleiben, Rücktransfer vereinbaren.

Busse ab Feira de Santana:
Richtung Süden oder Norden ist es oft schneller, in „Feira" umzusteigen (Salvador-Bus von Lençóis 4–5 Std.):
Aracaju (mit Anschluss u. a. nach **Maceió**, **João Pessoa**): Bomfim, ✆ 75/3221 4948, 4x tgl. bis 21 Uhr, 5 Std., R$48–67.
Cachoeira: Santana, ✆ 75/3221 0827, 10x tgl. bis 19 Uhr, 1 1/2 Std., R$7.
Eunápolis und **Porto Seguro**: Águia Branca, ✆ 75/3223 0856, tgl. 19.50 Uhr, 9 bzw. 11 Std., R$146/162.
Itabuna: Bomfim, 4x tgl. bis 23.40 Uhr, 5–6 Std., R$58.
Valença und **Camamu**: Santana, 7x tgl. bis 16.40 Uhr, 3 1/2 bzw. 5 Std., R$31/43.

Vale do Capão

Das faszinierende Vale do Capão ist noch ein Geheimtipp. Schwerer zu erreichen als Lençóis, liegt es abseits des Weges und ist doch touristisch gut erschlossen. Es gibt Pousadas aller Preisklassen, Restaurants, Tour-Guides und „Natur pur" vor der Haustür. Hier haben sich alternativ denkende Brasilianer und europäische Aussteiger niedergelassen, oft mit einem Hang zu Esoterik oder Astrologie.

Treffpunkt ist das kleine Dorf **Capão** (offiziell Caeté-Açu). Die Häuser und Pousadas sind weit verstreut und nicht immer leicht zu finden. Das Tal lässt sich von Lençóis aus in einer strammen Tageswanderung erreichen (25 km, 6–8 Std.). Für sportlich weniger Ambitionierte gibt es öffentliche Verkehrsmittel (s. Transport).

Ausflüge

Capão ist ein guter Ausgangspunkt für Wanderungen aller Art. Die beliebteste Tour führt zum Wasserfall **Cachoeira da Fumaça**, eine der bekanntesten Attraktionen des gesamten Nationalparks, sowie dem **Cachoeira do Riachinho**, einem Wasserfall mit natürlichem Schwimmbecken (S. 472).

Durchtrainierte Naturen können von hier aus herrliche mehrtägige Touren ins abgeschiedene **Vale do Paty** und bis nach **Andaraí** unternehmen, beides nur mit Guide. Touren lassen sich über die Pousadas organisieren oder über die Agentur Tatu na Trilha Ecoturismo (Dorfzentrum). 🖳 www.infochapada.com.

ÜBERNACHTUNG UND ESSEN

Überall ist WLAN gratis.
Pousada Tatu Feliz, Dorfzentrum, ✆ 75/3344 1124, 🖳 www.infochapada.com. Einfache DZ und Dorms (R$35). Budget-Option für alle, die sowieso meistens unterwegs sind. ❶
Hostel Pousada Candombá, Rua das Mangas, ✆ 75/3344 1102, 🖳 www.infochapada.com. Rustikale, nette Chalês mitten in der Natur, etwas abgelegen. Selbst angebaute Früchte, Kräuter und Kaffee. Englisch. ❷–❸
Pousada und Albergue Pé no Mato, Ortseingang, ✆ 75/3344 1105, 🖳 www.penomato.com.br. 4er-Dorms (R$35 ohne Frühstück), Apartments und Suite. Kleiner Trekking-Laden, Ausrüstungsverleih, Touren. Englisch. ❷–❸
Pousada Vila Esperança, Rua dos Gatos, ✆ 75/3344 1384, 🖳 www.vilaesperanca.com.br. Kleine, charmante Pousada mit schönem Garten, 10 Gehmin. vom Zentrum. Gutes Preis-Leistungs-Verhältnis. WLAN R$6/Std. ❷–❸

Pousada Lendas do Capão, Rua dos Gatos 201, ✆ 75/3344 1141, 💻 www.valedocapao.com.br. Wunderschön an kleinem Flusslauf, etwas außerhalb. Highlight ist die indianische Sauna mit Abkühlung in natürlichem Pool. Gemütliche Bungalows und Apartments (eins in 9 m hohem Baumhaus). Restaurant. ❸–❹

Villa Lagoa das Cores, 3 km vom Zentrum, ✆ 75/3344 1114, 💻 www.pousadalagoadascores.com.br. Herrlich, hier nach einem Wandertag anzukommen. Im 30 ha großen Garten gibt's Aussichtspunkt, indianische Sauna und Pool (chlorfrei). Toll die verglaste Dampfsauna in den Baumwipfeln. Kleine und gemütliche Zimmer (AC) mit duftenden Kräuterkissen, von der Veranda Blick auf die Berge. Bibliothek, Restaurant mit Kamin. Zum Zentrum Mototaxi (R$7) oder Taxi (R$50 hin und zurück). ❻–❽

Pizza Integral Capão Grande, bei der Dorfkirche. Der Schweizer Thomas verfährt nach der Strategie „weniger ist mehr", er hat 2 Sorten vegetarische Holzofen-Pizza: *Integral* mit dunklem Teig und Möhren sowie *Banana* (sehr knuspriger Teig), ab R$18. Dazu selbst gemachten *Mel com Pimenta* (Honig mit Pfeffer). 🕒 Di–Fr 16–22, Sa, So 12–23 Uhr.

Comida Caseira Dona Beli, Zentrum. Hausmannskost zu fairen Preisen. Prato Feito mit Salat, Fleisch, Gemüse, Reis und Bohnen: R$6. 🕒 tgl. 11–21 Uhr.

TRANSPORT

Nicht ganz einfach, man sollte Flexibilität mitbringen (oder genug Geld für Taxis).
Im Ort fahren **Mototaxis** (R$4–15), z. B. Viviu, ✆ 75/3344 1186.
Die 20 km lange Piste nach **Palmeiras** wird von zwei alten Ford bedient (6.30, 10.30 und 20.30 Uhr, 45 Min., R$10), reservieren über Lanchonete Dreger, ✆ 75/3344 1025.
Busse ab Palmeiras: Nach **Salvador** über **Lençóis**: tgl. 6.30, 12.15, 14 und 22.30 Uhr, 8 bzw. 1 Std., R$62/8. Nach **Brasília**: Mit Van um 13 Uhr nach Seabra, dort Anschluss tgl. 16 Uhr.

Mucugê

Das 1000 m hoch gelegene Mucugê gilt als Geburtsort der Chapada Diamantina: Hier soll 1844 der erste Diamant gefunden worden sein.

Die besten mehrtägigen Wanderungen führen durch das idyllische Vale do Capão.

Der Wasserfall Buracão

© NICOLAS STOCKMANN

Der bei Ibicoara liegende Wasserfall **Buracão** („das große Loch") ist eines der spannendsten Ausflugsziele der Chapada Diamantina. Am einfachsten ist er über **Touranbieter** von Mucugê oder als Zweitagestour von Lençóis zu besuchen. Alternativ ist die Fahrt per **Mietwagen** machbar, allerdings ist dafür fahrerisches Können nötig.

Selbstfahrer sollten in Mucugê um 8 Uhr starten. Zunächst geht es 80 km (1 Std.) auf der ordentlichen BA-142 bis zur Ortschaft **Ibicoara**, wo man sich einen Guide sucht (Voraussetzung für den Parkzutritt, R$60/Tag bis 3 Pers.). Empfehlenswert ist Luciano Nunes (Englisch) von **Bicho do Mato Turismo**, Av. Luís E. Magalhães 248, ✉ ecobicho@hotmail.com; weitere Guides über ACVIB, z. B. Hélder und Edriano (nur Port.).

Von Ibicoara führt eine von Schlaglöchern und Spurrillen übersäte Piste (29 km, 1 1/4 Std.) hinauf zum Parkeingang (R$3 p. P.) und weiter zum Parkplatz, dem Ausgangspunkt der Wanderung. Die ersten 3 km (45 Min.) verlaufen meist auf ebener Strecke mit nur kurzen Kletterpassagen, der folgende Abstieg (10 Min.) enthält den einzigen schwierigeren Teil des Treks. Am Fluss werden Schwimmwesten vergeben, Mutige springen von einem 4 m hohen Felsen ins Wasser (vom Guide die richtige Stelle zeigen lassen!), die anderen klettern über Steine. Von hier schwimmt man durch einen schmalen Canyon zwischen 80 m hohen Steilwänden Richtung Wasserfall. Das Wasser ist erfrischend kühl und wirkt wegen der Gerbstoffe des organischen Materials (Blätter, Wurzeln usw.) teefarben. Bei höherem Wasserstand muss man evtl. gegen eine Strömung schwimmen.

Am Ende des Canyons eröffnet sich ein großes Becken, in das der majestätische Buracão aus 85 m Höhe hinabstürzt. Man kann bis kurz vor den Wasserfall schwimmen, hinter die Wasserwand kriechen (vom Guide den Weg zeigen lassen) und durch den Wasserschleier hindurch springen. Auf den Felsen liegend genießt man das spektakuläre Panorama.

Gegen 15 Uhr wird der **Rückweg** angetreten, der oft noch zum oberen Rand des Buracão führt, sowie zu einer Stelle mit zwei kleineren Wasserfällen (Cachoeira das Orquídeas, Rückenmassage). Wer hier übernachten will, findet bei **Portal dos Avataras**, Barrinha do Mel, 4 km von Ibicoara, ✆ 77/9104 5620, ✉ portaldosavataras@hotmail.com, einen Hort, in dem selbst Krishna sich wohlfühlen würde. Gutes Frühstück, schöner Garten. ❸

Im 19. Jh. war es die wichtigste Stadt der Region und zählte eine Zeitlang sogar mehr Einwohner als São Paulo (30 000). Heute ist der beschauliche Ort eine gefällige Ausgangsstation für Touren in die südliche Chapada, dabei geht es deutlich ruhiger zu als in Lençóis. Im Zentrum mit den pastellfarbenen Kolonialhäusern gibt es mehrere kleine Plätze mit Restaurants und Touranbietern.

An der **Praça do Garimpeiro** steht eine Freilichtbühne für Musik- und Theateraufführungen, gleich nebenan ein lebendiger Bar- und Kneipen-Komplex. Auffälligstes Denkmal aus der Diamantenzeit ist der am Fuß eines Berges angelegte Friedhof **Cemitério Santa Izabel**, der abends effektvoll beleuchtet wird und aus der Ferne wie eine weiße Mini-Totenstadt wirkt. Obwohl die Gräber sich stilistisch unterscheiden, wird das Gesamtensemble oft als „byzantinisch" bezeichnet.

Der auf **Tagestouren** zu erreichende Wasserfall **Buracão** (s. Kasten) zählt zu den schönsten Ausflugszielen der Chapada Diamantina.

ÜBERNACHTUNG UND ESSEN

Alle Pousadas bieten gratis WLAN.

Pousada Pé de Serra, Rua da Biquinha, ☎ 75/3338 2066, 💻 www.pousadapedeserra.com.br. Nett in den Fels gebaute Zimmer mit Veranda und Hängematte. Auf der dahinter liegenden Felswand schöne Aussicht. ❷

Pousada Monte Azul, Av. Antonito P. Medrado 3, ☎ 75/3338 2113, 💻 www.pousadamonteazul.com.br. Bunt dekorierte Zimmer, zum Teil mit Aussicht auf den nahegelegenen Friedhof. Reichhaltiges Frühstück, der nette Besitzer spricht etwas Deutsch. ❸

Refúgio na Serra, Rua Caitité 40, ✉ refugionaserra@gmail.com. Hübsche kleine Pousada mit schönem Garten. Besitzer und Polyglott Zé Rubens hilft beim Organisieren von Touren. Restaurant. ❹

Pousada Mucugê, Rua Dr. R. Lima 30, ☎ 75/3338 2210, 💻 www.pousadamucuge.com.br. Gute Adresse, im vorderen Haus hübscher Kolonialstil, im Anbau 30 renovierte Zimmer. Pool und Garten. ❹

Point da Chapada, Praça do Garimpeiro. Spitzen-Pizza (R$28/2 Pers.) in nettem Ambiente: geschmackvolle Deko, hübsche Terrasse, prima Caipi (R$7). ⏱ tgl. 18–22 Uhr.

€ **Dona Nena**, Rua Prof. Honório Pina 140. Beste Adresse für regionale Küche. Einfach durchs Wohnzimmer von Dona Nena schreiten und schon kann man sich im Innenhof an sonnengetrocknetem Fleisch mit Kürbispüree, Zwiebeln und gehäckseltem Kaktus sattessen (R$25/kg). ⏱ tgl. 11.30–15 Uhr.

Tempero Carioca, Rua Prof. Honório Pina 212. Kilo-Restaurant mit sehr gut gewürzten Gerichten (R$28/kg). Zum Nachtisch gibt's Zitronentorte (R$3/Stück)! ⏱ Mi–So 8–16 Uhr.

TOUREN

Von Mucugê aus lassen sich hervorragende Touren unternehmen, vor allem zum Wasserfall **Buracão** (s. Kasten) und zu den **Marimbus**-Sumpflandschaften bei Andaraí (S. 472).

Sehr beeindruckend ist auch ein Besuch des kobaltblauen Höhlensees **Poço Encantado** (Eintritt R$20, keine Kinder unter 12 J.) sowie des „blauen Sees" **Poço Azul**, in dem auch gebadet werden darf (für den Abstieg ist etwas Klettergeschick nötig, Eintritt R$15).

Auch das 4 km vor Mucugê liegende **Projeto Sempre Viva**, in dem die vom Aussterben bedrohte endemische *Sygonanthus Mucugensis* gezüchtet wird, ist sehenswert. Die Blume, die nur in einer Höhe von mehr als 1000 m wächst, zählte 1974 bis 1996 zu den teuersten Pflanzen der Welt und wurde in großem Stil nach Europa exportiert. Neben einem Forschungszentrum befinden sich hier das **Museu Vivo do Garimpo** (Geschichte des Diamantenabbaus) sowie einige Wasserfälle. ⏱ tgl. 8.30–17.30 Uhr, R$10.

Touranbieter

KM Turismo, Praça Cel. Medrado 17, ☎ 75/3338 2152, 💻 www.kmchapada.com.br. Buracão (R$150 p. P. inkl. Guide/Eintritt, ab 4 Pers.), Marimbus (R$80), Poço Azul, Poço Encantado und Igatu (R$120). Autovermietung: R$150/Tag (bis 300 km, inkl. Versicherung), Kaution R$1500–2000 (Kreditkarte). ⏱ Mo–Fr 8–12, 14–18, Sa 14–18 Uhr.

SONSTIGES

Geld

Banco do Brasil, Praça Cel. Propércio. ⏱ 9–13, Geldautomat 7–19 Uhr (alle Karten).

Einkaufen

Trilhas e Caminhos, Rua Dr. Rodrigues Lima 172, beim Hotel Mucugê. Regionale Andenken und gute Karten zur Chapada. Der freundliche Besitzer und Kartograf Roberto Sapucaia ist fundierter Kenner der Gegend und gibt gerne Auskunft (Port.). ⏱ Mo–Sa 9–12, 16–21, So 10–12 Uhr.

Krämerladen mit Seele

„Entre e compre alguma coisa" – „Komm rein und kauf irgendwas" steht auf dem Schild geschrieben. Wer der Einladung folgt, steht schon mitten in Amarildo dos Santos' Wohnzimmer, das zum Krämerladen umfunktioniert wurde. Wer nichts kaufen möchte, kann auch einfach auf seinem Sofa Platz nehmen und mit Amarildo ein Schnäpschen trinken. Dabei zeigt er seine handgeschriebenen Bücher, die von seinem Leben und den Einwohnern von Igatu erzählen. Wer hat wen geheiratet und wie viele Schwarz-Weiß-Fernseher gibt es noch im Ort? Dorflegende Amarildo lüftet alle Geheimnisse.
O Ponto, Rua 7 de Setembro. ⌚ Mo–Fr 12–14.30, 18–22, Sa, So 8–22 Uhr.

TRANSPORT

Busse

Nach **Lençóis** (über Tanquinho) und **Ibicoara** gibt es nur sehr unzuverlässige Verbindungen. Novo Horizonte und Emtram fahren angeblich dann und wann, konnten aber keine genauen Zeiten nennen. Aktuelle Infos am besten bei Senhor Gordinho von Emtram einholen.
Salvador: Águia Branca, ✆ 75/3338 2152, Mo–Sa 4.30 Uhr (mit Umstieg in Itaberaba), 9 Std., R$67. Haltestelle: Praça Cel. Medrado.

Igatu

Die beeindruckendsten Spuren des Diamantenbooms finden sich im 800 m hoch gelegenen Igatu (400 Einw.). Von Andaraí schlängelt sich eine prekäre Straße 7 km hinauf in den von der Außenwelt vergessenen Ort. Hier besteht auch heute noch alles aus Stein und Fels, sodass das Dorf oft als Filmkulisse dient. Vom geruhsamen Zentrum aus gelangt man vorbei an der **Igreja São Sebastião** und einer Eukalyptusallee zu einem byzantinischen Friedhof und kurz danach zu den Ruinen der ehemals boomenden Minenstadt **Xique-Xique** – auch „brasilianisches Machu Picchu" genannt. Die Steinruinen erinnern an den damaligen Wohlstand der Kleinstadt (6000 Einw.). Von hier aus bietet sich ein schöner Blick auf die Tiefebene des in der Nähe entspringenden **Rio Paraguaçu**.

In der Nähe trifft man auf die moderne **Galeria Arte & Memória**. In einem Freilichtmuseum sind Objekte aus der Diamantenzeit in Glasvitrinen zwischen den Überresten der alten Stadt ausgestellt. Zudem gibt es einen Ausstellungsraum für Gegenwartskunst sowie ein Café mit leckeren Crêpes (ab R$16). ⌚ tgl. 9–18 Uhr, R$2.

Den Alltag der Garimpeiros kann man im alten Diamantenstollen **Mina Brejo-Verruga** nachvollziehen. Ehemalige Schürfer führen Besucher in die Mine, in der aufgebahrte Lehmfiguren die verstorbenen Kollegen ehren. Der Stollen liegt 10 Min. außerhalb des Zentrums, hinter dem Fußballplatz (R$5).

ÜBERNACHTUNG UND ESSEN

Hospedagem Flor de Açucena, Rua Nova, ✆ 75/3335 7003, 💻 www.igatur.com. Nette Pousada (auch Camping), harmonisch in die Felslandschaft gebaut; großer Garten, Bar, Pool, schöne Sicht. Zimmer mit TV, Ventilator, Minibar, Moskitonetzen. WLAN gratis. ❷
Água Boa, Rua Nova 13. Bar-Restaurant; Moqueca de Tucunaré auf bahianische Art mit Kokosmilch (R$38/2Pers.). ⌚ tgl. 10–22 Uhr.

TOUREN

Nach **Andaraí** führt ein alter Goldgräberpfad (7 km, 2 Std.), der schöne Aussichten bietet und einfach zu laufen ist. Im Ort angekommen, erfrischt man sich in der **Sorveteria Apollo** mit dem besten Eis der Chapada (Tipp: Cachaça mit Limone). Auch nach **Mucugê** führt ein Wanderweg (nur mit Guide).
Centro de Atendimento ao Turista (CAT), Praça José Gomes. Tour-Info, vermittelt Guides (nach Ex-Garimpeiro Chiquinho fragen). ⌚ Di–So 8–12, 14–18 Uhr.

Der Nordosten

Stefan Loose Traveltipps

11 **Nordküste von Alagoas** Das süße Nichtstun und verträumte weiße Palmenstrände genießen. S. 503

12 **Olinda** Durch Altstadtgassen schlendern, Barockkirchen bewundern und zum Maracatu-Rhythmus tanzen. S. 521

13 **Fernando de Noronha** An paradiesischen Stränden Delphine beobachten und mit Meeresschildkröten schwimmen. S. 531

João Pessoa Von der entspanntesten Stadt des Nordostens einen Ausflug zum traumhaften Strandrestaurant Canyon de Coqueirinho unternehmen. S. 539

Praia da Pipa Sich ins heiße Nachtleben stürzen und mit Delphinen baden. S. 559

14 **Jericoacoara** Unterm Sternenhimmel der legendären Hippie-Vergangenheit nachspüren. S. 581

Parnaíba-Delta Auf einer Bootsfahrt die Mangrovenwelt an sich vorüberziehen lassen. S. 595

15 **São Luís** Sich für den Charme der historischen Altstadt begeistern. S. 597

Parque Nacional dos Lençóis Maranhenses Eine einmalige Wüstenlandschaft aus bis zu 40 m hohen Dünen entdecken. S. 607

Der Nordosten gehört zu den beliebtesten Tourismusgebieten Brasiliens. Neben Bahia, das wegen seiner Bedeutung in einem eigenen Kapitel behandelt wird, zählen nach der offiziellen Landesgliederung weitere acht Staaten dazu: Sergipe, Alagoas, Pernambuco, Paraíba, Rio Grande do Norte, Ceará, Piauí und Maranhão. Die tropischen Strände der Region und das milde Klima ziehen viele Besucher an. Zu entdecken gibt es entspannte Badeorte, moderne Metropolen, romantische Kolonialstädtchen und urwüchsige Nationalparks. Geprägt wird der Nordosten auch von vielfältigen musikalischen Rhythmen, die dem Besucher allerorts begegnen, vor allem Forró, Maracatu und Frevo. Auch der **Karneval** wird hier so lebendig gefeiert wie fast nirgendwo sonst. Zudem locken im Juni die populären *Festas Juninas,* große Volksfeste im Zeichen des Forró.

Die Menschen im Nordosten wirken fröhlich und gastfreundlich, allgemein herrscht ein Klima der Unbekümmertheit und Gelassenheit. Am Strand schmelzen die Alltagssorgen unter der tropischen Sonne dahin, bei den Tanzfesten vergnügt man sich wie kaum anderswo auf der Welt. Doch der stark agrarwirtschaftlich bestimmte Nordosten stand lange Zeit gleichzeitig für krasse **Armut**, besonders im von wiederkehrenden Dürreperioden geplagten Landesinneren. Die Küstenstädte konnten den Zustrom Arbeitsuchender aus den Provinzen nicht bewältigen, die Löhne lagen weit unter dem Landesdurchschnitt. Als Folge haben Millionen *Nordestinos* ihr Glück im reicheren Südosten versucht, zuletzt vermehrt auch im Zentralen Westen und Norden, beste Beispiele sind die Migranten Luiz Gonzaga, der „König des Forró", und der frühere Staatspräsident Lula, die beide auswanderten. Seit einigen Jahren jedoch hat sich das Bild geändert: So ist beispielsweise Pernambuco momentan der Bundesstaat Brasiliens, dessen Wirtschaft am schnellsten wächst. Im Umkreis des Industriehafens von Suape siedeln sich zahlreiche Industriebetriebe an; die neuen Arbeitsplätze ziehen Arbeiter sogar aus dem Südosten an.

Wegen der Wanderungsbewegungen ist die nordestinische Kultur im ganzen Land verbreitet – vielen gilt sie als das „wahre Brasilien". Dass der Ursprung der brasilianischen Kultur

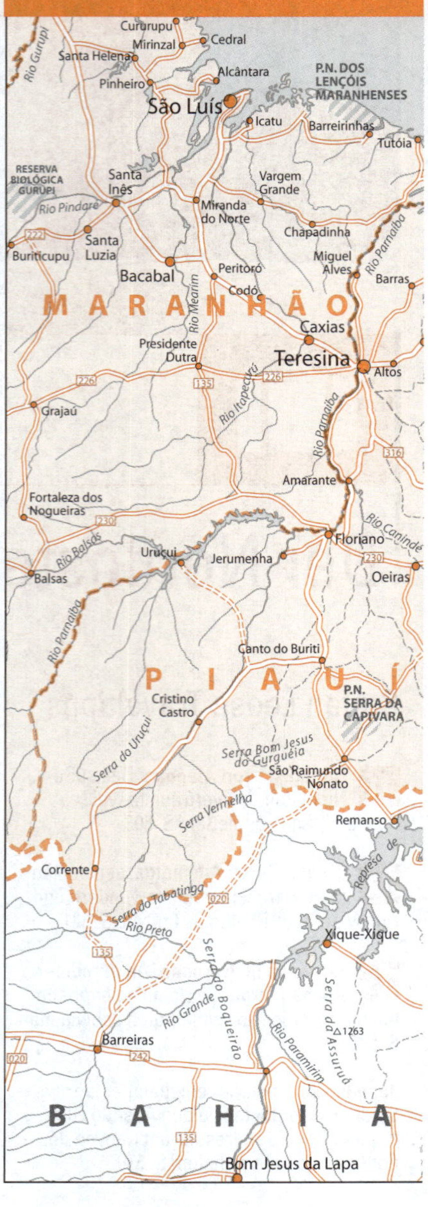

Atlantischer
Ozean
0
150 km
Parnaíba
Camocim
Jericoacoara
Jijoca
Acaraú
Luís Correia
P.N. DE JERICOACOARA
Sobral
Fortaleza
Aquiraz
Cascavel
Beberibe
Aracati
Canoa Quebrada
Mossoró
Natal
João Pessoa
Campina Grande
Caruaru
Recife
Olinda
Maceió
Aracaju
São Cristóvão
Feira de Santana
Petrolina
Juazeiro
Juazeiro do Norte
Paulo Afonso
C E A R Á
RIO GRANDE DO NORTE
P A R A Í B A
P E R N A M B U C O
ALAGOAS
SERGIPE
Fernando de Noronha
Salvador
Lençóis
P.N. DA CHAPADA DIAMANTINA
DER NORDOSTEN

im Nordosten liegt, ist heute Teil des Selbstverständnisses.

Um die Ursprünge Brasiliens zu verstehen, muss man somit den Nordosten gesehen haben. Wie nirgendwo sonst im Land haben sich indianische, afrikanische und europäische Einflüsse zu einer eigenen Kultur geformt, mit regional unterschiedlichen Ausprägungen. Hier im Nordosten findet man den größten Reichtum an traditioneller Folklore, Gastronomie, Musik und Tanz; hier ist Brasilien vielleicht am exotischsten.

Sergipe und **Alagoas** sind die beiden kleinsten Bundesstaaten Brasiliens. Ihre natürliche Grenze ist der Rio São Francisco, Zuckerrohr- und Kokospalmenpflanzungen prägen die Landschaft. Während Alagoas mit seinen unberührten Strandparadiesen Bade- und Naturfreunde begeistert, liegen die Reize Sergipes mehr in Geschichte und Architektur, zu sehen z. B. in São Cristóvão, der viertältesten Stadt Brasiliens.

Pernambuco und **Paraíba** hüten neben Bahia die ältesten Schätze kolonialer Geschichte im Nordosten. Kirchen und Gebäude aus dem 17. Jh. dokumentieren in **Recife, Olinda** und **João Pessoa** die Einflüsse der Portugiesen und Holländer. Pernambuco ist eine der größten Tourismusdestinationen Brasiliens mit interessanten Reisezielen wie der Trauminsel **Fernando de Noronha**. Nicht minder schön, aber weniger besucht, sind die Strände in Paraíba – der Staat wirkt teilweise noch wie in einem Dornröschenschlaf.

Die Hauptstädte von **Rio Grande do Norte** und **Ceará** sind zwei touristische Hochburgen des Nordostens: **Natal** und **Fortaleza**. Sie sind bei Brasilianern und Europäern gleichermaßen beliebt. Geografisch unterscheiden sich die Staaten jedoch deutlich voneinander, denn bei Natal macht Südamerika einen Knick nach Westen. Während die östliche Seite von Rio Grande do Norte von üppigem atlantischem Regenwald geprägt ist, dominieren an der Nordküste endlose Dünenregionen. Beide Staaten sind gespickt mit schönen Stränden und charmanten Badeorten.

Maranhão und **Piauí** sind die größten Staaten des Nordostens und gemessen am Bruttoinlandsprodukt auch die ärmsten. Beide sind touristisch noch recht wenig erschlossen, man findet unverfälschtes Leben und in Maranhão den neben Bahia stärksten afrikanischen Einfluss. Bekannteste Attraktion ist das Dünengebiet **Lençóis Maranhenses**, daneben gibt es reizvolle Landschaften wie das größte Flussdelta Amerikas, das **Parnaíba-Delta**. Kulturelles Highlight ist die Hauptstadt von Maranhão, **São Luís**, deren Altstadt Unesco-Weltkulturerbe ist.

Klima und Reisezeit

Der Nordosten ist ein ganzjährig angenehm zu bereisendes Feriengebiet, mit Temperaturen um 30 °C. Vor allem an der Küste könnte das Wetter dank des angenehmen Windes kaum besser sein, Baden ist das ganze Jahr über möglich. Die **Ostküste** wird vom Südost-Passat getroffen, der vor allem zwischen Mai und Juli Niederschläge mit sich bringt. Die **Nordwest-Küste** zwischen Natal und São Luís liegt im „Regenschatten" des Passats, hier ist es deutlich trockener. Der meiste Regen fällt von Januar bis Juni, in der zweiten Jahreshälfte ist es windig und die Sonne scheint fast täglich. Im trockenen **Binnenland** *(Sertão)* wird es dagegen extrem heiß, bei Niederschlägen von weniger als 300 mm pro Jahr.

Sergipe

Mit einer Bevölkerung von 2 Mio. Einwohnern und einer Fläche von 22 000 m² ist Sergipe der kleinste Bundesstaat Brasiliens (0,003 % der Landesfläche) – und einer der wirtschaftlich erfolgreichsten des Nordostens. Neben der Förderung von Erdöl und Erdgas werden vor allem Zuckerrohr, Apfelsinen und Kokosnüsse produziert. Eine besondere ökonomische, ökologische und touristische Bedeutung hat der **Rio São Francisco**, auch wegen des Wasserkraftwerks Xingó in Canindé do São Francisco. Der internationale Tourismus hat sich dagegen eher verhalten entwickelt, was angesichts der Konkurrenz nicht verwundert. Zwischen den Traumstränden von Bahia und Alagoas hat man es nicht leicht im Wetteifer um Touristen. Doch auch Sergipe hat seine Reize.

Neben dem Rio São Francisco sind die moderne Hauptstadt **Aracaju** sowie die historischen Kolonialorte **São Cristóvão** und **Laranjeiras** die interessantesten Reiseziele. Feste von überregionaler Bekanntheit sind das im Juni stattfindende **Forró-Caju** sowie der Vor-Karneval **Pré-Caju**.

Aracaju

Aracaju (571 000 Einw.) ist eine ruhige Stadt mit moderner Infrastruktur und urbanem Ambiente. Unter den Küstenhauptstädten des Nordostens gilt sie als touristischer Außenseiter, dafür zählt sie zu den preiswertesten Städten der Region, ist freundlich, sicher und ungekünstelt. Laut einigen Statistiken soll hier sogar die beste Lebensqualität Brasiliens zu finden sein. Gegründet wurde die Stadt 1855 wegen der günstigen Lage am **Rio Sergipe** zur besseren Verteilung des Zuckerrohrs. Nach Teresina (1852) gilt sie als zweite systematisch geplante Stadt Brasiliens. Ihr Name entstammt dem Sprachgebrauch der Tupi-Indianer und ist eine Verbindung der Worte *Arara* und *Cajueiro* („Caju-Baum der Papageien"). Die Caju-Frucht ist auch heute noch allgegenwärtiges Markenzeichen, häufig sieht man sie in Form von Telefonzellen.

Der städtische Hauptstrand **Atalaia** ist geprägt durch seine enorme Breite und die Aussicht auf den einen oder anderen Ölbohrturm. Hier liegen auch die meisten Bars, Restaurants und Hotels. Durch ein umfangreiches Revitalisierungsprogramm wurde die 6 km lange *Orla* (Strandpromenade) aufgewertet, u. a. durch abendliche Wasserspiele und Sportanlagen. Schöne und ruhige Strände finden sich weiter südlich (**Praia Aruana**, **Praia do Refúgio**, **Praia da Caueira**).

Im Dorf **Atalaia Nova** auf der anderen Seite des **Rio Sergipe** scheint die Zeit stehen geblieben zu sein. Hier, auf der **Ilha de Santa Luzia**, gibt es 30 km einsamer Strände mit ein paar Bars, Strandhütten, Palmen und vereinzelten Surfern – sowie einem großen neuen Wohnkomplex. Anfahrt per Stadtbus nach **Barra das Coqueiros** über die 2006 errichtete Brücke **Ponte Construtor João Alves** oder per *Tototó* – kleine Personenbarken, die tagsüber von dem Steg gegenüber der Rua Santa Rosa ablegen (R$1, So bis 12 Uhr). Ein Bus pendelt zwischen den Inselorten halbstündlich bis ca. 22 Uhr.

Sehenswertes

In der jungen Stadt gibt es natürlich keine bedeutenden historischen Bauten zu entdecken. Am auffälligsten ist die zentrale **Catedral Metropolitana** (1875) an der Praça Olímpio Campos. Der kleine **Parque Teófilo Dantas** ringsum ist grün und schattig und eine Oase im innerstädtischen Trubel. Weitere sehenswerte Gebäude sind der neoklassizistische und später reformierte Gouverneurspalast **Palácio Olímpio Campos** (1863), in dem sich ein hübsches Museum zur Geschichte Sergipes befindet (🕒 Di–Fr 9–17, Sa, So 9–13 Uhr), und das **Centro de Turismo & Artes** von 1911. Hier befinden sich eine Tourist Info, Geschäfte mit lokalem Kunsthandwerk, ein Hof mit Lanchonetes und Restaurants sowie eine angeschlossene Einkaufspassage.

Sehr interessant sind die drei großen Märkte am nördlichen Ende der Innenstadt entlang der Rua José do Prado Franco. Von Nord nach Süd sind dies zunächst der **Mercado Albano Franco**, ein Großmarkt für Lebensmittel, Bekleidung, Baumaterialien u. v. m.; einige Meter weiter befindet sich der **Mercado Thales Ferraz**, in dem u. a. Gewürze, Käse und Blumen angeboten werden. In dem angrenzenden **Mercado Antônio Franco**, ein überdachter, im Jahr 2000 vollständig renovierter Bau aus den 1920er-Jahren, wird vor allem Kunsthandwerk verkauft, auf dem Dach gibt es ein Restaurant mit Flussblick. Die beiden zuletzt genannten Märkte sind auch als **Mercado Municipal de Aracaju** bekannt. 🕒 Mo–Sa 8–18, So 8–12 Uhr.

Im hervorragenden neuen **Museu da Gente Sergipana**, Av. Ivo do Prado 398, 💻 www.museudagentesergipana.com.br, werden in sechs thematischen Abschnitten auf oft interaktive Weise Kultur, Folklore und Natur Sergipes vorgestellt. So können Besucher einen der typischen Kordelgesänge aufnehmen und das Video auf YouTube posten oder eine virtuelle Bootsfahrt durch Flora und Fauna der Region unternehmen. Zum Museum gehört das exzellente **Café da Gente**, das auch warme Mahlzeiten serviert (s. Essen). 🕒 Di–Fr 10–16, Sa, So 10–17 Uhr, Eintritt frei.

DER NORDOSTEN

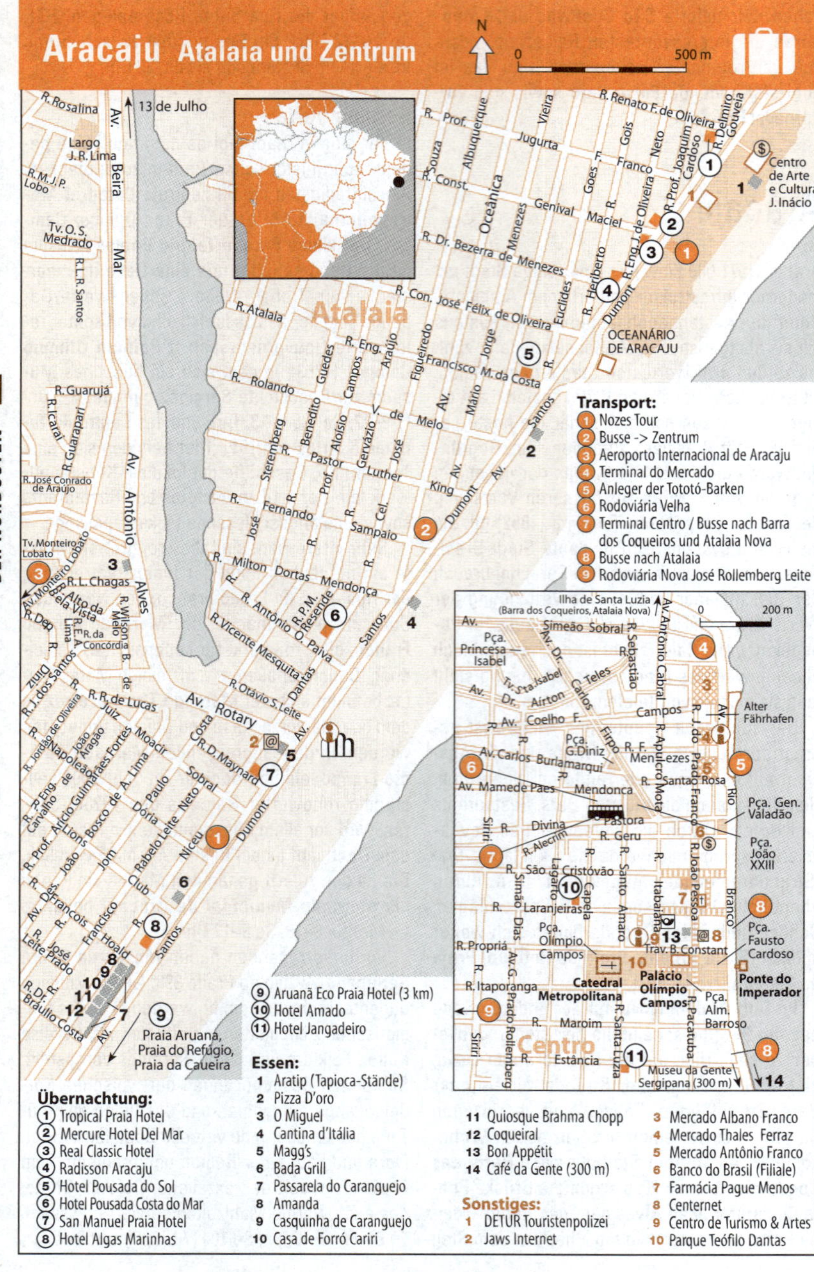

Das **Oceanário de Aracaju** in Atalaia beherbergt etwa 70 lokale Spezies, u. a. Piranhas, Rochen, Moränen und Haie. Das 1700 m³ große Meeresaquarium versteht sich auch als Projekt zur Umweltbildung von Kindern und Jugendlichen. Neben 18 Aquarien und vier Tanks gibt es ein Amphitheater für Vorträge und Videos. Ab 16.30 Uhr kann man bei der Fütterung der Tiere zusehen. ⌚ Di–So 9–21 Uhr, Eintritt R$12.

ÜBERNACHTUNG

Im Zentrum abzusteigen bietet eher praktischen Nutzen, z. B. bei kurzen Aufenthalten oder während des São-João-Festes. Interessanter ist es an den Stadtstränden. Sofern nicht anders vermerkt, bieten die Hotels gratis WLAN und erheben keine Zusatzgebühren.

Atalaia

Hotel Pousada Costa do Mar, Rua Niceu Dantas 325, ☎ 79/3243 1349, 💻 www.costadomar.com.br. Kleine Pousada mit hübschem Garten, die Zimmer sind okay, einige haben Steinwände. ❷

Tropical Praia Hotel, Rua Renato F. Oliveira 55, ☎ 79/3255 2799, 💻 www.tropicalpraiahotel.com.br. Das früher leicht abgewetzt wirkende Hotel wurde renoviert und bietet jetzt moderne und saubere Zimmer. Qualität und Preis stehen im richtigen Verhältnis. Gegenüber dem Centro de Arte e Cultura. ❷–❸

€ **Hotel Algas Marinhas**, Av. Santos Dumont 690, ☎ 79/3218 1983, 💻 www.algasmarinhas.com.br. Trumpf ist die perfekte Lage bei der Passarela do Caranguejo. Die renovierten Zimmer sind für den Preis voll in Ordnung. ❸–❹

Hotel Pousada do Sol, Rua Eng. Francisco Manoel da Costa 43, ☎ 79/3255 1074, 💻 www.psol.com.br. Eine Oase in der Großstadt – kleines Bungalowdorf mit 7 Chalês um einen Pool. Daneben drei Apartmentkomplexe, die besseren Zimmer im 1. OG haben Meerblick. ❸–❹

San Manuel Praia Hotel, Rua Niceu Dantas 75, ☎ 79/3218 5200, 💻 www.sanmanuelpraiahotel.com.br. Schickes Hotel mit hellen und modernen Zimmern (Blick in den Garten oder Richtung Strand), nach Zimmer mit Balkon fragen. Alles ruhig, gepflegt und geschmackvoll gestaltet. Restaurant, Pool. 5 % Tax. ❺

🌳 **Aruanã Eco Praia Hotel**, Rod. Pres. José Sarney 1000, Praia de Aruana, ☎ 79/2105 5200, 💻 www.aruanahotel.com.br. Neueres Hotel im Stil eines kleinen tropischen Urlaubsresorts, 3 km südlich von Atalaia. Schöner Garten mit Pool, regionale Dekoration, Café, Bar und Restaurant. Beim Bau wurden Materialien aus Wiederverwertung verwendet. Gemütliche Zimmer, gutes Frühstücksbuffet. Nach Atalaia mit Bus *Circular Praia 1* bis Terminal Atalaia, Taxi ca. R$17. ❻–❼

Mercure Hotel Del Mar, Av. Santos Dumont 1500, ☎ 79/2106 9100, 💻 www.mercure.com.br. Das frühere Del Mar Hotel wurde von der Accor-Gruppe rundherum renoviert und bietet nun schicke, moderne Zimmer und einen der schönsten Pools der Stadt mit einer Bar hinter einem Wasserfall. 5 % Tax. ❼

Radisson Aracaju, Rua Dr. Bezerra de Menezes 40, ☎ 79/3711 3300, 💻 www.atlanticahotels.com.br. Offene Lobby mit Holzmöbeln, Gäste werden von einer Hostess empfangen. Der große, schöne Pool blickt Richtung Strand und damit auch zur Straße. Die Zimmer (R$360–500) sind hell und hübsch dekoriert, einige haben zwei Queensize-Betten. 15 % Tax. ❼–❽

Centro

Hotel Amado, Rua Laranjeiras 532, ☎ 79/3211 9937, 💻 www.infonet.com.br/hotelamado. Nettes Familien-Hotel (seit über 60 Jahren), geräumige Zimmer mit AC, eines der besten ist die Nr. 4 im 1. OG. ❷

Hotel Jangadeiro, Rua Santa Luzia 269, ☎ 79/3211 1350, 💻 www.jangadeirose.com.br. Bestes Hotel im Zentrum. Freundliches Personal, die Zimmer sind in Ordnung. Der Aufpreis für die Suite ist nicht nötig. ❸

ESSEN

Ein Muss in Aracaju sind *caranguejos* (Krebse), die man bevorzugt in einem der typischen Restaurants an der **Passarela do Caranguejo** in Atalaia isst. Mithilfe eines Hämmerchens wird versucht, an das Fleisch der Krustentiere zu gelangen; bei Schwierigkeiten kann man sich von den *Sergipanos* helfen lassen.

Atalaia

Zwei traditionelle Caranguejo-Restaurants an der Passarela sind:

Amanda, Av. Santos Dumont 527. Der Klassiker seit 30 Jahren. Beliebt bei Studenten, im Sommer jeden Tag Hochbetrieb. ⌚ tgl. 9–1 Uhr (und länger).

Casquinha de Caranguejo, Av. Santos Dumont 751. Neben den legendären Caranguejos zählt *Moqueca de Peixe* (R$60/2 Pers.) zu den Spezialitäten des Hauses. Guter Service, immer voll. ⌚ tgl. 10–1 Uhr (und länger).

Cantina d'Itália, Av. Santos Dumont. Schönes italienisches Restaurant am Strand. Tipp: Das Buffet aus hausgemachten Nudeln (Mo–Mi ab 18 Uhr, R$24/2 Pers.). Gut auch der Fisch (R$50/2 Pers.). Nachtisch-Tipp: *Pavê de Chocolate*. ⌚ Mo–Do 12–16, 18–24, Fr, Sa 12–2, So 12–24 Uhr.

Pizza D'oro, Av. Santos Dumont. Bei Jung und Alt beliebte Pizzeria in einem großen Haus mit natürlicher Belüftung. Do gibt's Rodízio: 15 Pizza- und 3 Nudelsorten satt (R$23). Sehr gut ist die Pizza „Rúcula Light" (R$25/2 Pers.), alles aus italienischer Hand. ⌚ tgl. 18–24 Uhr.

Bada Grill, Av. Santos Dumont 526. Nettes Ambiente auf einer offenen Terrasse, gegrillter Fisch zu akzeptablen Preisen (R$48/2–3 Pers.). Ab 20 Uhr Live-Musik (Couvert R$3). ⌚ Di–Sa 12–24, So 11–18 Uhr.

O Miguel, Av. Antônio Alves 340, Atalaia Velha. Überregional bekannt für *Carne de Sol* (R$52/2 Pers.) sowie exzellente Fischgerichte *(Surubim na brasa)*, frisch aus dem Rio São Francisco. ⌚ Di–So 11–16, 18–23, Mo 11–16 Uhr.

€ **Magg's**, Av. Rotary 71. Kilo-Buffet (R$25) für den schnellen Hunger mittags (11–15 Uhr) und abends (18–22 Uhr), sonst Sandwiches. ⌚ So–Do 11–1, Fr, Sa 11–5 Uhr.

€ **Tapioca-Stände** bieten auf der Strandpromenade im sog. **Aratip** (einer kleinen Fressmeile) regionale Spezialitäten an. ⌚ tgl. 17–24 Uhr.

Centro

Café da Gente (Gastronomia & Arte), Museu da Gente Sergipana. Exzellentes Café-Restaurant, u. a. guter Mittagstisch (*Almoço Executivo* ab R$20), auch Sandwiches, Kuchen, Torten, Tapiocas (R$5–12). Nettes, künstlerisches Ambiente (oft Vernissagen und Ausstellungen), ruhige Musik, eine wohltuende Oase. ⌚ Di–So 10–20 Uhr.

Bon Appétit, Rua João Pessoa 76. Kilo-Restaurant (R$28), Buffet von 11–15 Uhr, sonst Imbiss. Gute Nachtischauswahl. ⌚ Mo–Fr 9–18, Sa 9–15 Uhr.

Weitere Lanchonetes im **Centro de Turismo**. ⌚ Mo–Fr 11–20, Sa 11–15 Uhr.

NACHTLEBEN

Zentrum des Nachtlebens ist die **Passarela do Caranguejo** in Atalaia, am südlichen Ende der Av. Santos Dumont zwischen Rua Francois Hoald und Rua Bráulio Costa. Die besten **Nachtclubs** liegen an der Av. Beira Mar im Stadtteil Farolândia (mit dem Taxi von Atalaia schnell erreichbar). Hier kann man beispielsweise die schwer angesagte **Sancho Panza Bar** aufsuchen. Auch das **Boteco** im Shopping Jardins ist zur Happy Hour ein beliebter Treffpunkt, hier empfehlen sich die köstlichen *Coxinhas de Caranguejo*.

Casa de Forró Cariri, Av. Santos Dumont. Das Zentrum im Zentrum. Vorne Bar mit Live-Musik (Couvert R$8), dahinter ein Restaurant mit typischer Nordestino-Küche und leckeren tropischen Cocktails wie z. B. Umburosca oder Cajurosca (R$11). Tipp: der regionale Cachaça und dazu eine heiße Wurzelsuppe (*Caldinho de Macaxeira,* R$9). Ganz hinten gibt's eine Disco mit Tanzfläche für 500 Personen. Witzige, detailreiche Deko, unter anderem Barhocker mit Sattel und Steigbügel. ⌚ tgl. 11–2; Disco Do–Sa 22–4 Uhr, Eintritt R$20.

Coqueiral, Av. Santos Dumont. Gute Live-Musik-Bar, u. a. Mi MPB/Samba, Do bekannte Bands, Sa Pop/Axé, So Pagode. Ab 22 Uhr wird an den Tischen getanzt. ⌚ Mi, Do 18–24, Fr, Sa 18–4, So 16–2 Uhr; Couvert R$7, Do, So Eintritt R$10–30.

Quiosque Brahma Chopp, Av. Santos Dumont 870. Neue Choperia mit netter Terrasse, Mi–Sa Live-Musik ab 22 Uhr (Couvert R$4). ⌚ Di, Mi 17–2, Do, Fr 17–4, Sa 12–4, So 12–1 Uhr.

FESTE

Das **Forró-Caju** im Juni zählt zu den drei größten São-João-Festen in Brasilien (neben Caruaru und Campina Grande). Ein Spektakel mit Quadrilha-Wettbewerben (folkloristische Gruppentänze) und viel Forró. Die Hauptbühne steht auf dem Platz vor dem Mercado Albano Franco.

Pré-Caju ist einer der größten Vor-Karnevals Brasiliens (300 000 Besucher), der es in puncto Leidenschaft mit den „richtigen" Karnevals im Nordosten aufnehmen kann. Beginn der viertägigen Party ist meistens Mitte Januar, Veranstaltungsort der Stadtteil 13 de Julho. Zur Teilnahme an einem *Bloco* braucht man ein Abadá-T-Shirt (R$80–300). Infos: 💻 www.precajuverao.com.br.

TOUREN

Tagestouren

Die beliebteste Tour führt mit einem Schoner auf dem Rio São Francisco zum **Canyon von Xingó** (R$130, 7–19 Uhr), wo 50 m hohe Felsen das kristallklare, bis 190 m tiefe Wasser umschließen. Zunächst geht es in einer 2 1/2-stündigen Busfahrt durchs Inland zum Wasserkraftwerk Canindé do São Francisco (213 km). Erst seit dem Bau des Staudamms ist der Fluss hier überhaupt schiffbar. Während der Flussfahrt geht es vorbei an seltenen Felsformationen, schwimmenden Inseln und Reihernestern. Beim Canyon besteht Gelegenheit zu einem ausgedehnten, sehr erfrischenden Bad. Die Bootstour zurück ist dann ganz *brazilian style* mit Musik, Tanz und Cerveja.

Weitere Touren: im Katamaran zum **Delta de São Francisco** (R$130, 7–17.30 Uhr) oder per Bus, Schoner und Buggy in die Dünenregion von **Mangue Seco**/Bahia (S. 465, 8–17 Uhr, R$90).

Eine tolle Tour bietet **Aquatur**, ✆ 79/3222 0111, 💻 www.aquatur.com.br: Mit dem Schoner „Gazzela" geht es an die Flussmündung vor Mangue Seco, wo man an herrlichen Stränden an der Ilha da Sogra oder Ponta do Saco ausgiebig badet und an Tischen im Wasser Krebse und Caipirinha genießt; danach bleibt noch etwas Zeit, um Mangue Seco kennen zu lernen (8 Std., Anfahrt im Van ca. 1 Std., R$80 p. P., Essen/Getränke extra).

Touranbieter

Nozes Tour, zwei Büros auf der Av. Santos Dumont, Atalaia, ✆ 79/3243 7177, 💻 www.nozestur.com.br. Alle Touren, auch Ausflüge nach Laranjeiras oder São Cristóvão: 9–13 bzw. 13–17 Uhr (R$75); Flüge. 🕒 tgl. 7–22 Uhr.

SONSTIGES

Apotheke

Farmácia Pague Menos, Rua João Pessoa 225, Centro, ✆ 79/4002 8282 (Lieferung). 🕒 Mo–Fr 7–20, Sa 7–18 Uhr.

Einkaufen

Souvenirs und Kunsthandwerk: **Centro de Turismo & Artes**, Trav. Benjamin Constant, Centro, auch Stände auf der Praça Olímpio Campos. 🕒 Mo–Fr 9–18, Sa, So 9–13 Uhr.

Feira de Artesanato de Atalaia, Kunst- und Flohmarkt auf der Strandpromenade, in der Nähe des Centro de Arte e Cultura J. Inácio. 🕒 tgl. 17–23 Uhr.

Mercado Antônio Franco, S. 685.

Geld

Banco do Brasil, Rua Geru 341, Centro. 🕒 Mo–Fr 10–16, Geldautomat tgl. 6–22 Uhr (alle Karten). Weitere Automaten **Rodoviária Nova** und **Centro de Arte e Cultura J. Inácio**, Atalaia (je 24 Std.).

Informationen

EMSETUR, 💻 www.turismosergipe.net, hat Infostände in **Atalaia** und im **Centro de Turismo & Artes**, ✆ 79/3214 8848, 🕒 je Mo–Fr 8–18, Sa, So 9–15 Uhr; sowie nach Bedarf am **Flughafen** und in der **Rodoviária Nova**.

Die Prefeitura betreibt einen Stand im **Mercado Thales Ferraz**, Centro, ✆ 79/3214 5990, 🕒 Mo–Fr 8–12, 13–17, Sa 9–15, So 9–12 Uhr.

Internet

Jaws Internet, Av. Rotary 71, Atalaia. Versteckt im Restaurant Magg's (R$3). 🕒 Mo–Sa 9–22 Uhr.

Centernet, Rua João Pessoa 64, Centro. Modern (R$4). 🕒 Mo–Fr 8–18, Sa 9–14 Uhr.

Medizinische Hilfe

Hospital Governador João Alves Filho, Av. Pres. Tancredo Neves 7501, ✆ 79/3216 2600.

Touristenpolizei

DETUR, Av. Santos Dumont. ✆ 79/3255 2155. 🕒 24 Std.

NAHVERKEHR

Busse

Vom **Zentrum** nach **Atalaia** Busse *Circular Cidade 2, Circular 500, Circular Praias* oder *Santa Teresa*, zentrale Haltestelle gegenüber dem alten Bootsterminal. In die Gegenrichtung fährt alle 10 Min. Bus *Circular Cidade 1* (ca. 25 Min., R$2,25). Seltener, aber schneller ist Bus *Santa Teresa*.

Taxi

Aracaju ist eine Stadt der langen Wege, Taxis werden rasch unentbehrlich. Mehrere Unternehmen bieten Rabatte an, die am Taxameter berechnet werden. Rodoviária Nova bis Atalaia ca. R$25–35. **Disk Taxi**, ✆ 79/3241 1342.

TRANSPORT

Flüge

Aeroporto Internacional de Aracaju, Av. Sen. Júlio Cesar Leite, Atalaia, 12 km vom Zentrum, ✆ 79/3212 8500.

Fluggesellschaften: **Avianca**, ✆ 79/3212 8562; **Azul**, ✆ 79/3212 8558; **Gol**, ✆ 79/3212 8589; **TAM**, ✆ 79/3212 8565.

Busse

Es gibt zwei Busbahnhöfe: Die **Rodoviária Nova** wickelt den Fernverkehr ab, die **Rodoviária Velha** ist zuständig für Ziele in Sergipe.

Rodoviária Nova (José Rollemberg Leite)
Av. Pres. Tancredo Neves, 5 km vom Zentrum, ✆ 79/3238 3900. Fahrkarten im 1. OG.
Bomfim, ✆ 79/3211 2210, liefert Tickets ins Hotel (R$5), außerdem Gepäck-Check-in und Warte-Lounge.
João Pessoa: Progresso, ✆ 79/3259 3020, Mo/Mi/Fr 23.30 Uhr; Bomfim, ✆ 79/2107 1988, Di/Do/So 23.50 Uhr; 10–11 Std., R$101–127.
Maceió: Real Alagoas, ✆ 79/3259 2832, tgl. 6.15, 12.30 und 18.30 Uhr; Bomfim, tgl. 12.30, 17.30, 0.30 und 1.30 Uhr; 5 Std., R$44–71.
Penedo: am schnellsten über Neópolis (s. u.), dort Fähre.
Recife: Progresso, tgl. 12 Uhr; Real Alagoas, tgl. 23 Uhr; 8 Std., R$78–103.
Salvador: Bomfim, tgl. zu wechselnden Uhrzeiten, Expressbusse *(Executivo/Gold)* meist 7, 12.45, 16.30 und 1 Uhr, 5 Std., R$72–95; Busse *Convencional* 5–6x tgl. von 10 bis 11.30 sowie 18 bis 24 Uhr, 5–6 Std., R$51.

Rodoviária Velha
Praça João XXIII, Centro. Kleinbusse ins Landesinnere, Bussteige sind beschriftet.
Laranjeiras / São Cristóvão: Coopertalse, ✆ 79/3211 2179, und São Pedro, alle 15–30 Min. (So seltener) bis 22 Uhr, 40 bzw. 50 Min., R$3,50.
Neópolis / Propriá: Coopertalse, 11–13x tgl. bis 17 Uhr, 2 bzw. 1 3/4 Std., R$12. Auch ab Rodoviária Nova (20 Min. später).

Laranjeiras

Nur 23 km von Aracaju befindet sich die verträumte Kolonialstadt Laranjeiras (27 000 Einw.), eine der Wiegen **afro-brasilianischer Kultur** und ein architektonisches **Freilichtmuseum**. Die 1605 von Jesuiten gegründete Stadt war während der Kolonialzeit einer der wichtigsten Zuckerproduzenten Sergipes, doch trotz ihrer historischen Sehenswürdigkeiten finden nur wenige Touristen den Weg hierher, um zwischen Kirchen, Ruinen und bröckelnden Hausfassaden umherzubummeln. Immerhin ist nach dem Umzug einiger Fachbereiche der Universität von Sergipe etwas studentisches Leben eingezogen.

Das **Trapiche** ist ein imposantes ehemaliges Handels- und Lagerhaus vom Anfang des 19. Jh., das heute als Museum und Kulturzentrum *(Centro de Tradições)* genutzt wird. Hier stehen bei der Tourist Info oft Guides, Stadtführungen sind in der Regel kostenlos, ein kleines Trinkgeld wird aber erwartet. 🕒 tgl. 8–18 Uhr.

Die meisten Kirchen wurden von den Jesuiten im 18. Jh. gebaut, einige liegen auf den Hügeln der näheren Umgebung und bieten einen prächtigen Blick auf das **Vale do Cotingüiba**. Hierzu zählen die **Igreja do Retiro** (1701) im Ortsteil Comandaroba (4 km) und die mächtige **Igreja N. S. da Conceição da Comandaroba**. Letztere ist auch die interessanteste Kirche der Stadt, sie wurde 1734 im frühbarocken Stil errichtet. Beide sind am besten per Mototaxi zu erreichen. Ebenfalls außerhalb liegt die älteste Kirche des Ortes, die **Igreja de Santo Antônio** von 1701. Im Ortszentrum kann man sich die einfache **Igreja N. S. da Conceição** mit ihren portugiesischen Azulejos und Heiligenfiguren aus dem 18. Jh. anschauen, sowie die „spätbarocke" **Igreja de Bom Jesus dos Navegantes** (1905). Die **Igreja Matriz do Sagrado Coração de Jesus** von 1791 hat eine deutsche Orgel aus dem 19. Jh.

Schwerpunktthema des interessanten **Museu Afro Brasileiro de Sergipe**, Rua José do Prado Franco 70, ist das Leben der Sklaven auf den Zuckerrohrfarmen. Ausgestellt sind Arbeitswerkzeuge, Foltergeräte, Bilder, Fotos u. a. Vor allem die Zeichnungen vermitteln ein beklemmendes Gefühl der damaligen Zustände. Im 1. OG befindet sich eine Abteilung mit bunten Trachten der Candomblé-Gottheiten *(Orixás)*. Das **Museu de Arte Sacra**, Praça Heráclito D. Gonçalves 39, enthält eine Kollektion sakraler Kunst aus dem 18. Jh. ⌚ Museen Di–Fr 10–17, Sa, So 10–16 Uhr, Eintritt R$2.

In der **Casa de Artesanato**, Av. Rotary, werden hübsche Stickereien und anderes Kunsthandwerk angeboten. ⌚ tgl. 8–18 Uhr.

Von der Praça da Bandeira fahren **Busse** nach Aracaju, alle 15 Min. (So seltener) bis 22 Uhr, 35–40 Min., R$4. Hier stehen Mototaxis.

São Cristóvão

São Cristóvão (77 000 Einw.) ist die viertälteste Stadt Brasiliens (1590) und war bis 1855 blühende Hauptstadt Sergipes. Dank ihrer reichen **Kolonialarchitektur** ist sie ein interessantes Ausflugsziel und dabei deutlich lebendiger als Laranjeiras. Besonders das bauliche Ensemble rund um die 2010 zum Unesco-Welterbe erklärte **Praça São Francisco** gilt als wichtiges Zeugnis brasilianischer Kolonialgeschichte. Gut erhaltene weiße Kolonialhäuser, Museen und Barockkirchen aus dem 17. bis 19. Jh. säumen die gepflasterten Straßen und machen den Besuch zu einer kleinen Zeitreise. Die Stadt wurde von den Franzosen und später den Holländern (1637–45) besetzt und von Letzteren praktisch vollständig zerstört. In der bequem zu Fuß zu erkundenden Oberstadt liegen alle Sehenswürdigkeiten, Öffnungszeiten für Kirchen und Museen sind: ⌚ Di–So 10–16 Uhr. Da es keine Pousadas gibt, empfehlen sich Tagesausflüge von Aracaju (29 km).

Zu den sehenswertesten Kirchen zählen die 1608 im kolonialen Barockstil errichtete **Igreja N. S. da Vitória** an der Praça da Matriz sowie das Karmeliterkloster **Convento do Carmo** aus dem 18. Jh. an der Praça do Carmo. Das bedeutendste Bauwerk der Stadt ist das Franziskanerkloster samt Kirche **Igreja e Convento de São Francisco** an der Praça São Francisco. Gegründet wurde es 1657, doch erst 36 Jahre später fand die Grundsteinlegung für das Kloster statt; die Bauzeit dauerte etwa 100 Jahre. Obwohl heute keine Mönche mehr hier leben, ist das Kloster samt dem schönen grünen Innenhof für die Öffentlichkeit nicht zugänglich. Zur Besichtigung muss man um Einlass bitten.

In einem Flügel des Gebäudekomplexes befindet sich das **Museu de Arte Sacra** (Eintritt R$5), eines der bedeutendsten Museen für sakrale Kunst in Brasilien, mit mehr als 500 Exponaten aus dem 17. bis 19. Jh. Hervorzuheben sind neben den liturgischen Gegenständen (besonders Skulpturen des Hl. Antonius) drei hochwertige Altäre aus Blattgold. Von einer Galerie lässt sich ein Blick ins Innere der Franziskanerkirche werfen. Das renovierte Museum bietet mit seinen Steinböden und Holzdecken eine angenehme Besuchsatmosphäre.

Am gleichen Platz gegenüber befindet sich ein weiteres Museum, das **Museu Histórico de Sergipe** (Eintritt R$5) mit Ausstellungsstücken zur Geschichte des Staates. Es residiert seit 1960 im früheren Provinzpalast, dem **Antigo Palácio Provincial**, der Anfang des 19. Jh. im Barockstil errichtet wurde. Nebenan steht die vermutlich älteste Kirche des Ortes, die **Igreja N. S. da Visitação** (17. Jh.).

An der Praça Lauro de Freitas fahren etwa alle 10 Min. Busse nach Aracaju, bis 22.30 Uhr, 45–50 Min., R$3,50.

Propriá

In der lebhaften Handelsstadt am Rio São Francisco (28 000 Einw.) ist besonders die samstägliche **Feira Aberta** sehenswert, ein turbulenter Markt am Hafen für alles, was sich irgendwie verkaufen lässt. Der tägliche **Fischmarkt** ist ein wichtiger Umschlagplatz für Fischer der Region, die mit ihren Booten von weither angesegelt kommen. Bekannt sind die regionalen Süßspezialitäten wie *Batata Doce,* eine mit reichlich Zucker und Kokosnuss versehene Kartoffel, die ausgelöffelt wird; oder *Quebra queixo* („Kieferbruch"), sehr süße Bonbons aus Kokosnuss, Zucker und Guave.

Gegenüber der Igreja Santo Antônio befindet sich in einem alten Stadthaus das **Hotel Imperial**, ✆ 79/3322 1294. Kleine Zimmer, z. T. ohne Fenster. ❶ Am Flussufer gibt es einfache Restaurants: schauerliche Musik, aber guter Fisch und schöner Blick. Coopertalse fährt stdl. nach Aracaju (bis 17 Uhr, 1 3/4 Std., R$12).

Neópolis

Neópolis ist ein charmanter kleiner Ort an den Hügeln des Rio São Francisco. Von den steilen Gassen der alten Oberstadt bieten sich einige eindrucksvolle Blicke auf den großen Strom. Nahe dem Ortseingang in **Santana do São Francisco** kann man günstig im **Centro de Comercialização de Artesanato** hübsche Holz- und Keramikfiguren erstehen. Das in Penedo verkaufte Kunsthandwerk wird zumeist hier hergestellt. Strategisch interessant ist Neópolis vor allem wegen der Fährverbindung nach Penedo: halbstdl. bis 22 Uhr, R$3, Fähranleger u. a. in der Nähe des Busbahnhofs.

Übernachten und essen lässt sich in der **Pousada Cambraia**, nahe Busbahnhof, ✆ 79/3344 1839. Ordentlich, mit Balkon und Flussblick. Restaurant mit solidem Self-Service. ❶–❷ **Busse** nach Aracaju: stdl. bis 17 Uhr, 2 Std., R$12.

Alagoas

Der kleine Staat Alagoas (3 Mio. Einw.) ist einer der touristischen Geheimtipps des Nordostens. Entlang seiner 230 km langen Küste sind einige der schönsten Strände des Landes zu entdecken, oft noch nahezu unberührt. Zur bildschönen Szenerie zählen auch **Lagunen** – portugiesisch *Lagoas,* daher der Name des Staates – und Flüsse, wie der imposante Rio São

Der Rio São Francisco

Der Rio São Francisco, im Volksmund liebevoll *Velho Chico* („Alter Kumpel") genannt, ist von den rein brasilianischen Flüssen mit 3161 km der längste des Landes. Er entspringt in der Serra da Canastra in **Minas Gerais**, führt durch **Bahia** (nicht weit von der Gebirgsgegend der Chapada Diamantina) und mündet zwischen Aracaju und Maceió in den Atlantik. Seine ökologische Bedeutung ist unschätzbar, als größter Wasserversorger des semi-ariden Landesinneren des Nordostens wären ohne ihn große Regionen unfruchtbar. Daneben versorgt er in Canindé do São Francisco eines der zehn größten Wasserkraftwerke Brasiliens.

Wie der Amazonas wird auch der Rio São Francisco für den Tourismus genutzt. Die beliebteste Kurztour führt zu den beeindruckenden Canyons von **Xingó** (s. Touren S. 489). Nett ist auch die Katamaran-Fahrt ab **Brejo Grande**, vorbei an historischen Kleinstädten bis zur Flussmündung *(Foz),* wo der Zusammenfluss mit dem Atlantik zu besichtigen ist. Die Sergipanos schwören Stein und Bein, dass der dortige Sonnenuntergang der schönste des Nordostens sei.

Unter der Regierung Lula wurde damit begonnen, den Rio São Francisco mit dem Rio Jaguaribe durch einen Kanal zu verbinden *(Canal do Sertão)* und so die trockenen Regionen in Paraíba, Ceará und Rio Grande do Norte mit Wasser zu versorgen. Während Umweltschützer den Bau heftig kritisieren, verteidigt die Regierung ihn als humanitäres Projekt. Derzeit sind die Arbeiten stillgelegt.

Francisco. In den historischen Städten **Marechal Deodoro**, der ersten Hauptstadt des Staates, und **Penedo** manifestieren sich Geschichte, Kultur und Folklore der Region. Die junge Hauptstadt **Maceió** ist kulturelles, wirtschaftliches und geografisches Zentrum des Staates, von hier aus lassen sich alle sehenswerten Orte leicht besuchen. Viele geschmackvolle Pousadas, eine spannende Gastronomieszene sowie die durchschnittliche Temperatur von 28 °C machen Alagoas zu einem der angenehmsten Reisestaaten des Nordostens. Wirtschaftlich zählt die Region dagegen zu den ärmsten des Landes.

Maceió

Das sonnige Maceió (933 000 Einw.) darf die wohl schönsten **Stadtstrände** des Nordostens sein Eigen nennen. Besonders in Jatiúca und Ponta Verde geben die von Palmen gesäumten Strände vor leuchtend türkis-grünem Meer eine beeindruckende Kulisse ab. In diesen erst seit den 1950er-Jahren entstandenen Stadtteilen nördlich des Zentrums liegen auch fast alle Hotels sowie die besten Restaurants und Ausgehmöglichkeiten. Zwar kann die Stadt nicht mit dem kulturellen und historischen Reichtum von Salvador oder Recife konkurrieren, ein angenehmer und abwechslungsreicher Zwischenstopp ist sie aber allemal. Berühmt ist Maceió auch für interessantes **Kunsthandwerk** sowie exotische und farbenfrohe Krabben- und Fischgerichte, die frisch und preiswert mit einer köstlichen Kokosnussmilch-Soße zubereitet werden. Die Ausfahrt mit den typischen Fischerbooten, den **Jangadas**, zu natürlichen Korallenschwimmbecken ist ein weiteres Markenzeichen.

Entstanden ist Maceió an den drei Lagunen **Anta**, **Mundaú** und **Manguaba** aus einer Ansiedlung um eine Zuckerrohrplantage. Das Wachstum wurde forciert durch den Bau eines Forts im Hafen von **Jaraguá** (1673), das die Franzosen am Schmuggel des Brasilholzes hindern sollte. Der in der Folge stetig wachsende Handel mit Holz, Kokosnuss, Tabak und Zuckerrohr brachte eine rapide Entwicklung mit sich: 1815 erlangte Maceió Stadtstatus und wurde 1839 zur Hauptstadt von Alagoas. Nur wenige historische Bauten in Jaraguá und im Zentrum sind aus dieser Zeit übrig geblieben; hier und im südlichen Teil ist Maceió vor allem Hafen- und Industriestadt. Das Zentrum ist laut und hektisch, Herzstück ist die viel befahrene Rua João Pessoa.

Das **Museu Théo Brandão** (UFAL), Av. da Paz 1490, ist ein interessantes Museum für Anthropologie und Folklore, es residiert in einem kolonialen Gebäude von Anfang des 20. Jhs. ⏲ Di–Fr 9–17, Sa 14–17 Uhr, Eintritt R$2.

Strände

Am schönsten sind die Strände von **Ponta Verde** und **Jatiúca**: leicht abfallende, weiße Sandstrände in einer geschwungenen Bucht mit Palmen. Der breite Strand von **Pajuçara** hat ebenfalls Palmen, Rasen und Strandbars. Hier legen die Jangadas zu den Naturpools ab. An der attraktiven **Praia Sete Coqueiros** wird sonntags die Uferstraße für den Autoverkehr gesperrt und es gibt ein kleines Straßenfest. Die südlichen Stadtstrände sind teils verschmutzt und nicht empfehlenswert.

ÜBERNACHTUNG

Die Preise steigen in der Hauptsaison stark an. Wenn nicht anders angegeben, bieten alle Häuser gratis WLAN und erheben keine Tax.

Pajuçara

Pousada da Orla, Av. Dr. Antônio Gouveia 1359, ✆ 82/2123 5488, 💻 www.pousadadaorlamaceio.com.br. Kleine, recht einfache Pousada mit einigen renovierten Zimmern. Budget-Option. AC, TV. ❷

Pousada da Sereia, Rua Araújo Bivar 57, ✆ 82/3231 0231, 💻 www.pousadadasereia.com.br. Gepflegte Pousada in ruhiger Seitenstraße. Hübscher Frühstücksraum, gutes Preis-Leistungs-Verhältnis. ❸–❹

Hotel Praia Bonita, Av. Dr. Antônio Gouveia 943, ✆ 82/2121 3700, 💻 www.praiabonita.com.br. Nettes Hotel an der Uferpromenade, recht kleine, aber schön renovierte Zimmer, einige mit Meerblick (reservieren). Neue Filiale in Jatiúca. ❸–❹

Hotel Ibis, Av. Dr. Antônio Gouveia 277, ✆ 82/2121 6699, 💻 www.ibishotel.com.br.

DER NORDOSTEN

Belebtes Hotel am Strand, nicht neu, aber gut in Schuss. Nach Zimmer mit Meerblick fragen (gleicher Preis). Frühstück kostet extra (R$14). ❸–❹

Ponta Verde

€ **Hotel Pousada Gogó da Ema**, Rua Francisco Laranjeiras 97, ✆ 82/ 3327 0329, 🖳 www.hotelgogodaema.com.br. Gepflegtes Hotel mit künstlerischem Touch. Einige Zimmer sind einen Tick zu dunkel, aber für den Preis ist das in Ordnung. Insgesamt sehr gutes Preis-Leistungs-Verhältnis, gutes Frühstück, Internet (R$3). Reservierung empfohlen. ❷

Hotel Porto Maceió, Rua Gen. João S. Pitão 29, ✆ 82/3202 4200, 🖳 www.hotelportomaceio.com.br. Neueres Hotel mit kleinen Zimmern, sehr gepflegt. Eine brauchbare Alternative. ❸–❹

Hotel Ritz Coralli, Rua Eng. Mário de Gusmão 126, ✆ 82/3177 6400, 🖳 www.ritzcoralli.com.br. Schickes, neueres Designhotel. Die Flure sind grellbunt im 70er-Jahre-Stil gehalten, doch die Zimmer sind augenverträglich weiß. Der Typ *Luxo* hat zwei große Betten. AC, TV, alles tipptopp. 10 % Tax. ❺–❻

Maceió Mar Hotel, Av. Álvaro Otacílio 2991, ✆ 82/2122 8000, 🖳 www.maceiomarhotel.com.br. Großes, stark frequentiertes Beachfront-Hotel. Die meisten Zimmer haben frontalen Meerblick, einige mit Veranda. 10 % Tax.

Jatiúca

Pousada do Lampião, Rua José P. de Magalhães 321, ✆ 82/3325 3713, 🖳 www.pousadadolampiao.com.br. Pousada mit kleinem Garten und Veranda, nah am Nachtleben. Rezeption abends nicht immer besetzt. ❷–❸

St. Patrick Praia Hotel, Av. Dr. Júlio M. Luz 186, ✆ 82/3325 7785, 🖳 www.stpatrickpraiahotel.com.br. Gutes, preiswertes Hotel unter französischer Leitung. Möglichst Zimmer in den oberen Etagen reservieren (EG ohne Fenster). Organisation von Ausflügen, PC gratis. ❸

Pousada Cais da Praia, Av. Álvaro Otacílio 4353, ✆ 82/2121 3636, 🖳 www.caisdapraia.com.br. Gepflegte Pousada in gelbem Backsteinhaus,

Maceió

Übernachtung:
① Hotel Ritz Lagoa da Anta (1000 m)
② Pousada Cais da Praia
③ Pousada do Lampião
④ St. Patrick Praia Hotel
⑤ Maceió Mar Hotel
⑥ Hotel Porto Maceió
⑦ Hotel Pousada Gogó da Ema
⑧ Hotel Ritz Coralli
⑨ Pousada da Orla
⑩ Hotel Praia Bonita
⑪ Pousada da Sereia
⑫ Hotel Ibis

Essen:
1 Divina Gula
2 Tapioca-Stände (300 m)
3 Maikai Choparia / Show B
4 Cachaçaria Água Doce
5 Bendita Massa
6 Massarella
7 Boteco
8 Bodega do Sertão
9 Wanchako
10 Spettus
11 Camarão Pimenta
12 Anamá

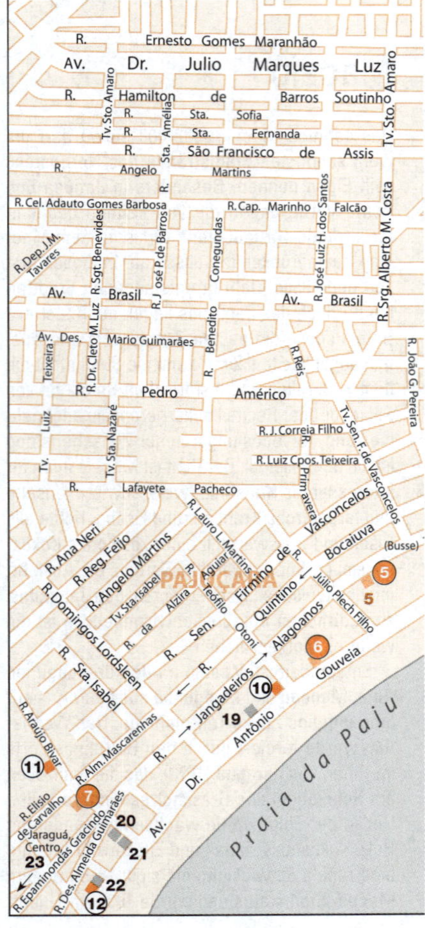

N
0
500 m
13 Kani Mambo
14 Coconut / Le Hotel
15 Clube do Pirata
16 Lopana
17 Nakaffa
18 Kanoa
19 Paraíso Lanches
20 Sarah's Esfihas
21 Bali Café
22 Terraço
23 Orákulo Chopperia
Sonstiges:
1 Internet Games
2 Banco do Brasil (Filiale)
3 Lavanderia do Futuro
4 Pavilhão do Artesanato
5 Farmácia do Trabalhador
6 Feirinha de Artesanato da Pajuçara
Transport:
1 Posto Mar Azul / Sammeltaxis Litoral Norte (1800 m)
2 Pedala Maceió
3 Busse zur Rodoviária
4 Busse nach Ponta Verde
5 Busse zur Rodoviária
6 Aeroturismo
7 Busse aus Jatiúca
Parque Vera Arruda
Praia de Jatiúca
Praia de Ponta Verde
Praia dos Sete Coqueiros
JATIÚCA
PONTA VERDE
Av. Álvaro Otacílio
R. Carlos da Silva Nogueira
Av. Dr. Antônio Gomes de Barros
Av. Dr. Julio Marques Luz
R. Hamilton de Barros Soutinho
R. Sta. Fernanda
R. São Francisco de Assis
R. Pref. Abdon Arroxelas
R. Dep. José Lages
R. Mario Pradínes
R. Senador Rui Palmeira
R. Prof. Sandoval Arroxelas
Av. Prof. Vital Barbosa
Av. Dr. José Sampaio Luz
Pça. Muniz Falcão
R. João S. Pitão
R. Durval Guimarães
R. Eng. Mário de Gusmão
R. Dep. Rubens Canuto
Av. Sílvio Carlos Viana
R. Desportista Humberto
R. Vinícius de Moraes
R. Pio XII
R. Cabral Acioli
R. Hélio Pradines
R. José Julio Sawer
R. M.Oliveira
Tv. Ant.
R. R.G.Nascimento
R. Elizeu Teixeira
R. Dep.
R. Odilon Vasconcelos
R. Lourenço M. Silva
R. Dr. Noel Nuteles
Av. Eng. P.B. Nogueira
R. Alfr. G.Mendonça
R. Esc. A. Mendonça Jr.
R. Mal. Ant. C. Muniz
R. Ind. Climeri Sarmento
R. Ind. José O. Moreira
R. Carlos Cavalcante
R. Ind. B. Lins Cansanção
R. O.M. Ribeiro
R. Augusto Ribeiro
R. José Maia Gomes
R. Dep. Luís G. Coutinho
R. Claudio Lima
R. Ver. Pedro Moura
R. José Pontes de Magalhães
R. Carlos Tenório
R. Gaspar Ferrari
R. José Freire Moura
R. Mach. Lemos
Omena
Valdo
R. Dr. Pompeu M. Sarmento
R. Claudio Ramos
R. Prfa. Vasconcelos
R. F. Laranjeiras
(Busse)
Carmo
çara

gegenüber vom Strand. Ansprechende und schlichte Zimmer, einige mit seitlichem Meerblick. ❸–❹

Hotel Ritz Lagoa da Anta, Av. Brig. Eduardo Gomes 546, ✆ 82/2121 4000, 💻 www.ritzlagoadaanta.com.br. Hervorragendes 5-Sterne-Hotel, sozial- und umweltengagiert, mit einem gesunden Schuss Folklore. Viele Zimmer (ab R$330) mit Meerblick, toll dekoriert sind die Zimmer im 5. OG ("Bali", um R$560) und 6. OG ("Design", um R$670). Das 3. OG („Eco Floor") ist ganz der Umwelt gewidmet, z. B. mit Wassersparduschen. Schöner Pool und Spa. Gute Lage an der Praia Lagoa da Anta, an der überwachten Strandpromenade 15 Gehmin. bis Jatiúca. 14 % Tax. ❼–❽

ESSEN

Maceió hat eine interessante und kreative gastronomische Szene. Berühmt ist *Sururu* (auch: *Siriri*): kleine Weichtiere *(moluscos)*, die gerne für Suppen und Fischsoßen verwendet werden. Eine weitere regionale Spezialität sind die Süßwasser-Fische wie der schmackhafte Surubim, den man am besten als Eintopf isst *(Peixada de Surubim)*. Leckere Tapiocas bekommt man am Strand.

Pajuçara

Sarah's Esfihas, Rua Dr. Lessa de Azevedo 59. Imbiss mit schmackhaften arabischen Spezialitäten: Esfihas, Beirute, Kibes, Tabule. 🕒 tgl. 15–24 Uhr.

Bali Café, Av. Dr. Antônio Gouveia 451. Zentraler Treffpunkt in Pajuçara. Leckeres Eis, Kaffee, Torten und Shakes. 🕒 tgl. 11–24 Uhr.

€ **Paraíso Lanches**, Av. Dr. Antônio Gouveia 877, ✆ 82/3231 8446. Köstliche Sucos, Obstsalate und super Sandwiches (ab R$6, auch vegetarisch). Lieferservice. 🕒 tgl. 16–24 Uhr.

€ **Terraço**, Av. Dr. Antônio Gouveia 293. Open-Air-Restaurant mit netter Terrasse. Sehr gutes Buffet für nur R$22 *(all you can eat)*. 🕒 tgl. 11.30–24 (16–18 Uhr kein Buffet).

Ponta Verde

Kani Mambo, Av. Sílvio C. Viana 2299. Spitzen-Self-Service mit sehr nettem Ambiente, rustikal und natürlich belüftet. Das abwechslungsreiche Buffet (R$37/kg)

Neben einer interessanten Gastronomie-Szene kann Maceió mit schönen Sandstränden aufwarten.

bietet jede Menge internationale und nationale Speisen: von Meeresfrüchten bis Salaten, dazu ein *Churrasco*. Souvenirshop. ⌚ tgl. 11–15 Uhr.
Anamá, Av. Sílvio C. Viana 2501, Ponta Verde. Restaurant mit Lounge-Atmosphäre, mittags Self-Service (R$50/kg), abends à la carte (R$39–65). Auch nett nur für eine Caipirinha. ⌚ tgl. 11.30–15, Di–Sa 18–2 Uhr.
Spettus, Av. Álvaro Otacílio 3115. Steakhouse in einer immensen Burg-Imitation, bekannt für das *Rodízio* (R$60 p. P.). ⌚ tgl. 12–24 Uhr.
Lopana, Av. Sílvio C. Viana. Super Strandbar, auf einer hübsch dekorierten Terrasse trinkt man unter Palmen eine Caipirinha oder isst ein leckeres Fischgericht (Tipp: *Peixe à Bananeira*, R$38). Auch Bootsausflüge (R$35 p. P.). Im Sommer wird der Strand hier zur Partyzone, DJs und Bands heizen von 12–1 Uhr ein (früh kommen, R$10). ⌚ Di–So 10–24 Uhr (Juni geschl.).
Camarão Pimenta, Av. Álvaro Otacílio. Strandrestaurant mit Fr/Sa Live-Musik ab 19 Uhr (Couvert R$4). Gegenüber vom Maceió Mar Hotel. ⌚ Mo–Do 11–22.30, Fr–So 11–23.30 Uhr.
Nakaffa, Av. Sílvio C. Viana 1785. Nettes Café mit Kaffeespezialitäten (R$9–18), auch gute Sandwiches und Salate (R$14–21). ⌚ tgl. 12–24 Uhr.

Jatiúca

Wanchako, Rua São Francisco de Assis 93. Exzellentes peruanisches Restaurant, das auch lokale Zutaten verarbeitet (Banane, Kokosnuss usw.). Das Haus ist mit Inka-Folklore verziert, zum Einstieg empfiehlt sich *Pisco Sauer* (R$15), ein leichter Cocktail aus Weintraubenschnaps. Zum Hauptgericht *Chankay* (gegrilltes Fischfilet mit Krabben an Bananen-Kokos-Creme in leicht pikanter Soße, in Pisco flambiert, R$62). Auch sehr gute Vorspeisen, wie die in Butter und Parmesankäse gratinierten Krabben. ⌚ Mo–Fr 12–15, 19–23, Sa 19–24 Uhr.
Divina Gula, Rua Eng. Paulo B. Nogueira 85. Eins der besten Restaurants der Stadt und Szene-Treffpunkt. Großer Außenbereich, urig-geschmackvolle Deko mit interessanten Details. Gute Fleischgerichte (R$45–60/2 Pers.), auch viele Bio-Lebensmittel aus eigener Herstellung und kleine Cachaçaria. Nebenan weitere belebte Bars. ⌚ Di–So 12–24 Uhr.
Bodega do Sertão, Av. Júlio M. Luz 62. Regionales Self-Service (R$45/kg) mit klasse Nachtischbuffet. Nette Deko im rustikalen Stil des Sertão, kleines Souvenirgeschäft. ⌚ Mo–Sa 12–22, So 7–22 Uhr.
Massarella, Rua José P. Magalhães 271. Italienisches Restaurant für die ganze Familie: hausgemachte oder importierte Nudeln (R$26–35/1–2 Pers.) und Holzofenpizza (R$28–35/2 Pers.). Großer Innenraum, gemütliche Terrasse. ⌚ Di–So 12–24 Uhr.
Bendita Massa, Rua José P. Magalhães 337, ✆ 82/3305 4406. Große Pizza-Bar, in der man auch nett im Freien sitzen kann. Lieferservice. ⌚ tgl. 18–24 Uhr.

NACHTLEBEN

Traditionell spielt die Musik in **Stella Maris**, einem Unterbezirk von **Jatiúca** (v. a. entlang der Rua Carlos da Silva Nogueira). Die meisten Bars bieten Live-Musik, besonders gern werden die Werke des aus Maceió stammenden Liedermachers Djavan (S. 117) intoniert.

Maikai, Rua Alfredo G. de Mendonça, Stella Maris. Das Maikai ist *the place to be*. Es besteht aus einer klimatisierten **Choparia** mit tgl. Live-Musik (Couvert R$7) sowie der **Show Bar**, in der zwei lokale Bands pro Abend auftreten (Do Axé, Fr Forró, Sa Axé/Forró, So Pagode/Axé). Mi *Noite do Turista* mit Forró und fetzigen Tanzshows zum Mitmachen. ⌚ Choparia Di–Do 17–1, Fr, Sa 17–3, So 16–23 Uhr; Show Bar Mi 20–24, Do–Sa 23–5, So 18–1 Uhr, Eintritt R$20–50.
Coconut, Av. Sílvio C. Viana 2167, Ponta Verde. Angesagte Bar, zur Happy Hour Chope zum halben Preis (Mo–Do bis 19 Uhr), tgl. wechselnde Live-Musik (Mo, Di ab 21, Mi–Sa ab 19, So ab 17 Uhr, Couvert R$7). Darüber befindet sich die Disco **Le Hotel** (Do–Sa, Eintritt R$20–50). ⌚ Mo–Do 16–1, Fr, Sa 16–3, So 12–24 Uhr.
Cachaçaria Água Doce, Rua Climério Sarmento 15, Jatiúca. Nette offene Cachaçaria, exzellent um den Abend zu starten. Über 200 in Holzfässern gelagerte Cachaças, tgl. entspannte Live-Musik ab 16 Uhr (Couvert R$5). ⌚ Di–Do 16–2, Fr, Sa 11–2, So 11–20 Uhr.

Boteco, Rua José P. Magalhães 272. In dem ehemaligen Landhaus-Restaurant ist nun eine belebte Bar mit Live-Musik (Mi–Sa ab 21 Uhr, Couvert R$5), schön sind die Tische im Garten. ⌚ Mo–Fr 17–2, Sa, So 12–2 Uhr.

Orákulo Chopperia, Rua Barão de Jaraguá 717, Jaraguá. Disco in rustikalem Lagerhaus, geworben wird mit dem „heißesten Montag Brasiliens". Stets drei Live-Bands (Forró, Swingueira, Rock), dazwischen DJs. Günstige Petiscos und Drinks (Caipiroska R$6). ⌚ Mo, Mi–Sa 22.30–5 Uhr, Eintritt R$15–20.

TOUREN

Beliebt sind die Ausflüge zu den 2 km im Meer gelegenen Naturpools von **Pajuçara** (R$16–20, nur bei Ebbe), außerdem Touren zu den Stränden **Praia do Francês** und **Praia do Gunga** (8–17 Uhr, R$60 p. P.). Die meisten Tourveranstalter besuchen beide Strände an einem Tag, was jedoch den Beigeschmack von Fastfood-Tourismus hat. Auch Schonerfahrten von **Pontal da Barra** zu den neun Inseln der **Lagoa Mundaú** („Nove Ilhas", 5–6 Std., R$65–70). Alle Touren können bei Veranstaltern gebucht werden, die mit ihren Vans tgl. zwischen etwa 14 und 22 Uhr an der Feirinha de Artesanato stehen.

SONSTIGES

Apotheke

Farmácia do Trabalhador, Rua Jangadeiros Alagoanos 1422. ⌚ Mo–Fr 7–22, Sa 7–21 Uhr.

Einkaufen

Souvenirs und Kunsthandwerk: Berühmt ist die lokale Spitzenklöppelei *(Renda de Filé)*, erhältlich u. a. in der **Feirinha de Artesanato da Pajuçara**, Av. Dr. Antônio Gouveia, ⌚ tgl. 9–22 Uhr, oder schräg gegenüber im **Pavilhão do Artesanato**, ⌚ tgl. 10–22 Uhr. Günstiger direkt von der Herstellung in **Pontal da Barra** (Lagoa Mundaú). Größtes Einkaufszentrum ist **Maceió Shopping**, Mangabeiras. ⌚ Mo–Sa 10–22, So 12–21 Uhr.

Fahrradverleih

Pedala Maceió hat entlang der Orla einige Verleihstationen, Registrierung mit Reisepass (R$10/Std., ab 17 Uhr Rabatt, auch Tagestarife). ⌚ tgl. 6–23 Uhr.

Geld

Banco do Brasil, Av. Álvaro Otacílio 2963, Ponta Verde. ⌚ Mo–Fr 7–18, Geldautomat 6–22 Uhr (alle Karten).

Geldautomaten in **Pajuçara**, Av. Dr. Antônio Gouveia, und **Jatiúca**, Av. Álvaro Otacílio (Tankstelle).

Informationen

Infostände in Rodoviária und Flughafen. ⌚ Mo–Fr 8–17, Sa, So 8–20 Uhr.

Internet

Internet Games, Rua Lourenço M. da Silva 44, Jatiúca. R$2. ⌚ Mo–Sa 9–21 Uhr.

Medizinische Hilfe

Hospital Santa Casa de Misericórdia, Rua Barão de Maceió 288, Centro, ✆ 82/2123 6000.

Reisebüro

Aeroturismo, Av. Dr. Antônio Gouveia, Pajuçara, ✆ 82/2126 6060, 💻 www.aeroturismo.com.br. Flüge. ⌚ Mo–Fr 8–18, Sa 8–12 Uhr.

Wäscherei

Lavanderia do Futuro, Av. Eng. Mário de Gusmão 215, Ponta Verde. R$15/kg (T-Shirts, Unterwäsche). ⌚ Mo–Fr 8–19, Sa 8–12 Uhr.

NAHVERKEHR

Busse

Der Busverkehr in Maceió ist recht unkompliziert, die meisten Linien (R$2,30) verlaufen entlang der Strände bzw. einen oder zwei Blocks parallel dazu. Zur **Rodoviária** mit Bus *Jacintinho/Ponta Verde/Rodoviária* oder *711 UFAL* (ca. 25 Min.). Haltestellen in **Ponta Verde** an der Uferstraße, z. B. gegenüber Hotel Maceió Mar; in **Pajuçara** entlang der Rua Jangadeiros Alagoanos. Entsprechend fährt vom Busbahnhof Bus 711 über Pajuçara (Av. Jangadeiros Alagoanos) bis Ponta Verde (Av. Álvaro Otacílio).

Taxi

Vom **Flughafen** zu den Stränden ca. R$50, vom **Busbahnhof** ca. R$10–15.

Real Taxi, ✆ 0800/284 8448 (kostenl. von jeder Telefonzelle), gibt nach telefonischer Bestellung 20 % *Desconto*. Das Taxameter läuft normal mit, am Ende wird auf einer Tabelle der Rabatt abgelesen.

TRANSPORT

Flüge

Aeroporto Zumbi dos Palmares, Rio Largo, 25 km, ✆ 82/3036 5200. Der Bau einer Schnellbahntrasse (VLT) vom Zentrum war zur Zeit der Recherche in Planung.

Fluggesellschaften: **Azul**, ✆ 82/3036 5379; **Gol**, ✆ 82/3036 5322; **TAM**, ✆ 82/3036 5332; **Trip**, ✆ 82/3036 5382.

Busse

Rodoviária João Paulo II, Feitosa, ✆ 82/3221 4081. Fahrkartenschalter im 1. OG. Gepäckaufbewahrung, Internet (R$2).

Aracaju: Real Alagoas, im EG, ✆ 82/3356 1324, 💻 www.realalagoas.com.br, tgl. 6.15, 12.30 und 18.30, Bomfim, im EG, ✆ 82/3336 1112, tgl. 6.30 und 18.30 Uhr; 4–5 Std., R$46.

Barra de Santo Antônio: DEF, ✆ 82/3326 2553, 10x tgl. bis 18.50 Uhr, 1 Std., R$3.

Coruripe: Real Alagoas, ca. stdl. bis 18 Uhr, 2 Std., R$9.

João Pessoa: São Geraldo, ✆ 82/3223 3560, Di/Do 9.30, So 14.30 Uhr, 6 Std., R$73.

Maragogi / Japaratinga: Real Alagoas, tgl. 4.15 und 11 Uhr, 3 Std., R$19. DEF, tgl. 8.30, 13 und 16.20 Uhr, 3 Std., R$13.

Natal: São Geraldo, tgl. 22.10 Uhr, 9 Std., R$97.

Penedo: Real Alagoas, tgl. 6, 11.30 und 12.50 Uhr; 16.45 Uhr *Expresso*, 3–4 Std., R$16.

Porto da Rua / Porto de Pedras: DEF, tgl. 6.20, 9, 11.20, 13.50, 17 und 18.50 Uhr, 3 Std., R$12.

Praia do Francês / Marechal Deodoro: Real Alagoas, Shuttlebus halbstdl. bis Praça da Faculdade, dort umsteigen, bis 22 Uhr, 1 Std., R$3. Einfacher: Von der Tankstelle „Posto Ipiranga" (Nähe Hospital Santa Casa, Centro) bis 21 Uhr alle 10 Min. Vans (R$2,50).

Recife: Real Alagoas, 11x tgl. bis 24 Uhr, 4 1/2 Std., R$35–60.

Salvador: Bomfim, 2x tgl., siehe Aracaju, 10 Std., R$96.

Sammeltaxis

Richtung Norden bis **Porto de Pedras** verkehren **Sammeltaxis** *(Lotação)*, die Gäste bis vor die Haustür bringen (R$17, etwa 1 1/2 Std.), ein normales **Taxi** kostet R$120–150. Da zahlreiche Pousadas an der Nordküste schwer erreichbar sind, ist dies die günstigste und beste Option. Zentraler Haltepunkt der Sammeltaxis ist die Tankstelle **Posto Mar Azul**, Anfahrt dorthin von den Stadtstränden mit dem Taxi ca. R$10–15 oder mit Linienbus *Ipioca* (Haltestelle unter anderem vor Hotel Maceió Mar). Die Sammeltaxis fahren los, wenn sich vier Gäste eingefunden haben, letzte Abfahrt ca. 17 Uhr.

Südlich von Maceió

Smaragdfarbenes Meer, Lagunen und historische Ortschaften prägen den **Litoral Sul** von Alagoas, der wegen seiner immensen Kokospalmenplantagen auch als **Costa dos Coquerais** bekannt ist.

Penedo

Das Barockstädtchen Penedo (61 000 Einw.) war 1565 erste koloniale Siedlung von Alagoas und gilt heute als eine der wichtigsten historischen Städte Brasiliens. Im Laufe der Jahrhunderte haben sich hier Holländer und Portugiesen verewigt, etliche Kirchen und gut erhaltene Häuser aus der Blütezeit des 19. Jhs. zeugen vom Einfluss der Europäer sowie der Franziskaner-Missionare. Stolz trägt die Stadt daher heute auch den Beinamen „Ouro Preto des Nordostens". Doch wer Ouro Preto oder auch Olinda kennt, mag dies für etwas hoch gegriffen halten. Dennoch bietet Penedo neben viel Geschichte auch einigen Charme. Dazu trägt insbesondere die schöne Lage auf einem Hügel am Rio São Francisco bei, von dem aus man prächtige Aussichten auf den mächtigen Strom genießt.

In den Märkten am Hafen wird schöne **Handwerkskunst** verkauft, besonders Tonkrüge und -töpfe sowie geschnitzte Heiligenbilder.

Sehenswertes

Das Franziskanerkloster **Convento de São Francisco** mit der **Igreja de N. S. dos Anjos** (1660), Praça Rui Barbosa, ist das bedeutendste Kunstdenkmal der Stadt. Es wird geprägt von seinen Erweiterungsbauten aus dem 18. Jh., vor allem der spätbarocken Fassade von 1759. Herausragend ist das Deckengemälde (1784). Im Kloster leben noch einige Mönche. 🕒 Di–Sa 8–11.30, Di–Fr 14–17 Uhr.

Ebenfalls bedeutend ist die kleine **Igreja de N. S. da Corrente**, Praça 12 de Abril. Das eklektische Bauwerk zählt zu den schönsten der Stadt, es wurde Ende des 18. Jhs. (1720–65) von einer Familie errichtet. Bemerkenswert sind die farbigen Schnitzwerke des Hauptaltars und der neoklassizistischen Seitenaltäre. Alte portugiesische Azulejos ergänzen das Gesamtkunstwerk. Eine Besonderheit ist das auf der linken Seite in die Wand eingelassene Geheimverlies, ein altes Sklavenversteck. 🕒 Mo–Fr 8–17, Sa 9–16, So 10–16 Uhr.

An der **Praça Barão do Penedo** steht die frühere Festung **Forte Mauricio de Nassau** (1637), gegenüber das **Oratório**, ein kleines Gebetshaus von 1782. Die Hauptkirche am selben Platz, die **Catedral Matriz** von 1690, ist eine einfache Barockkirche.

Das Gebäude des **Museu Paço Imperial**, Praça 12 de Abril, hat Ruhm erlangt, als Kaiser Pedro II. hier 1859 eine Nacht verbrachte. Seit 1982 beherbergt der frühere Palast ein gut organisiertes Museum mit Ausstellungsstücken aus der Kolonialzeit des 18. und 19. Jhs. Vom Holzbalkon bietet sich eine wunderschöne Aussicht auf den Rio São Francisco. 🕒 Di–Sa 11–17, So 8–12 Uhr, Eintritt R$3.

Die **Casa do Penedo**, Rua João Pessoa 126, ist ein kleines Museum mit Wissenswertem über die Geschichte Penedos sowie über die Sklaven- und Indianerkultur. 🕒 Di–So 8–12, 14–18 Uhr, Eintritt R$2. Das **Teatro 7 de Setembro** (1884), Av. Floriano Peixoto, ist das älteste Theater von Alagoas. 🕒 Mo–Sa 8–17 Uhr.

Montags ist vieles geschlossen.

ÜBERNACHTUNG UND ESSEN

Pousada Braz Familiar, Trav. Siqueira Campos 77, ☏ 82/8855 3370. Budget-Option, einfache Zimmer ohne Fenster mit eigenem Bad; gutes Nordestino-Frühstück, auch günstige Mahlzeiten. ❶

Pousada Colonial, Praça 12 de Abril 21, ☏ 82/3551 2355, 💻 www.pousadacolonialdepenedo.com.br. Altes Haus in guter Lage am Flussufer mit hübscher Lobby, aber teilweise etwas lieblos gestaltete Zimmer. AC. ❷–❸

Hotel São Francisco, Av. Floriano Peixoto 237, ☏ 82/3551 2273, 💻 www.hotelsaofrancisco.tur.br. Hotelklotz, von außen ein ästhetisches Desaster. Die Standard-Zimmer sind recht einfach, die Luxus-Zimmer aber komfortabel, mit Balkon und Ausblick. ❸–❺

Forte da Rocheira, Rua da Rocheira 2. Traditionsrestaurant, bekannt für den *Jacaré* (Kaiman aus eigener Zucht). Gute Aussicht. 🕒 tgl. 11–16, Fr, Sa 18–22 Uhr.

Oratório, Av. Beira Rio. Schöne Lage am Flussufer, das Deck ist der Treffpunkt bei Sonnenuntergang. Frischer Fisch aus dem Fluss oder Meer. Spezialität: *Pituzada*, eine Art *Moqueca* mit großen Flusskrabben *(pitu)*. 🕒 tgl. 10–24 Uhr.

EINKAUFEN

Auf dem **Mercado Público** mit der **Feira Livre** (Praça Floriano Peixoto und Seitengassen) werden Keramik und Korbwaren, Fisch, Fleisch, Früchte und aphrodisierende Getränke mit Cachaça feilgeboten. 🕒 Mo–Sa 8–17 Uhr. Tonkrüge und Schnitzwerk sind an den Ständen des **Mercado de Artesanato de Barro** an der Praça São Cristóvão am Hafen erhältlich (noch günstiger in **Santana do São Francisco**, andere Flussseite, S. 492).

SONSTIGES

Geld

Banco do Brasil, Av. Duque de Caxias 137, nahe Rodoviária. 🕒 Mo–Fr 10–15 Uhr.

Informationen

Tourist Info, Praça Barão de Penedo 77, ☏ 82/3551 2727. 🕒 Mo–Fr 8–13.30 Uhr.

Touren

Im Sommer bieten Agenturen Bootsausflüge zur Flussmündung *(Foz)* des **Rio São Francisco** an (3–4 Std., R$140 bis 4 Pers.). Abfahrt des Bootes ist ab Piaçabuçu (45 Min. per Bus dorthin). Die Mündung sieht man entfernt von einer Düne aus, am schönsten ist das Bad an einem Süßwasserstrand.

TRANSPORT

Busse

Rodoviária, Av. Duque de Caxias, 5 Min. von der Tankstelle.

Aracaju: Bomfim, ✆ 82/3551 4300, tgl. 6 Uhr, 4 Std., R$17.

Maceió: Real Alagoas, tgl. Expressbus 5.30, 12 und 16.30 Uhr, 3 1/2 Std.; oder stdl. Vans bis 16 Uhr, je R$15.

Pontal de Coruripe: Real Alagoas, tgl. 5.30 und 16.30 Uhr, 1 bzw. 2 1/2 Std., R$9, bis Coruripe, von dort Taxi.

Boote

Fähren halbstdl. nach **Neópolis**, dort Busse nach **Aracaju**.

Pontal de Coruripe

Pontal de Coruripe (4000 Einw., nicht zu verwechseln mit Coruripe) ist ein ruhiges Fischerdörfchen mit Sprenkeln von Tourismus – ein guter Stopp zwischen Penedo und Maceió. Der Strand ist berühmt für seine schönen Sonnenuntergänge; Naturpools können mit Fischerbooten angesteuert werden. Eine aufs Meer zulaufende, kopfsteingepflasterte **Straße** mit hohen Ficus-Bäumen verleiht dem Zentrum Flair. Bekannt ist der Ort für seine Artesanato-Produktion, vor allem die bunten Körbe aus getrockneten Palmenblättern der Ouricuri-Zwergpalme. Ausflüge zu einer Zuckerrohrfabrik, zur Mündung des **Rio São Francisco** oder zu den Stränden von **Miaí de Baixo** und **Miaí de Cima** sind weitere Freizeitmöglichkeiten in diesem Ort, wo die Zeit noch stillzustehen scheint.

Ein schöner Ausflug führt zur **Fazenda Maresia** an der Praia Miaí de Cima, 19 km, 💻 www.fazendamaresia.com.br. Der österreichische Besitzer Werner Grecht bietet u. a. Reiten an einsamen Stränden an. Mit Restaurant. Reservierung erwünscht.

ÜBERNACHTUNG UND ESSEN

As Casinhas da Ada, ✆ 82/3273 7210, 🖂 as_casinhas_da_ada@yahoo.com.br. Naturnahe Pousada mit drei Chalês im Ferienhausstil sowie 3 Zimmern (Ventilator, Moskitonetze), eine Oase der Ruhe. Großer Garten, humanistisch-alternatives Flair. Das Stammpublikum besteht aus Künstlern, Gays und Familien. Die Besitzerin Ada spricht fließend Deutsch und bietet Portugiesisch-Kurse an. Das beliebte Essen, das es früher in der Pousada gab, erhält man nun im nahe gelegenen Restaurant von Ana Borboletas. ❷

Pousada Casarão do Pontal, Rua Macário N. Lessa 482, ✆ 82/3273 7144, 💻 www.casaraodopontal.net. Nette Pousada in einem Haus im Kolonialstil, schöner Garten mit tollem Blick auf die Bucht und den Sonnenuntergang. Freundliche Besitzer. ❷–❸

TRANSPORT

Bushaltestelle am Ortseingang. Busse von Real Alagoas, ✆ 82/3273 1447, ab Coruripe:

Maceió: ca. stdl. bis 16.30 Uhr, 2–2 1/2 Std., R$8. Oder ab Pontal Sammeltaxis *(Lotação)*, ab 4 Pers., 1 Std., R$15 p. P.

Penedo: tgl. Expressbusse *(direto)* 7.30, 13.20 und 16 Uhr (15.30 Uhr über Pontal), 1 Std., R$9.

Praia do Francês

Nur 20 km südlich von Maceió liegt Praia do Francês, einer der beliebtesten Strandbadeorte in Alagoas. Am von Riffen geschützten Hauptstrand befinden sich viele Bars. Dieser Abschnitt ist gut zum Baden geeignet und wird vor allem von Familien und Tagesausflüglern genutzt. Etwas weiter südlich tummeln sich Surfer an einem der besten Surfstrände des Landes. Hier geht es noch ursprünglicher und ruhiger zu und man findet einige typische Surfer-Bars, aus denen Reggae oder elektronische Musik schallt.

Praia do Francês ist insgesamt ein recht hübscher grüner Ort, in dem es viele sympathische und auch bezahlbare Pousadas gibt. Die meiste Zeit über geht es hier ruhig zu, nur in den Sommerferien und an Wochenenden wird kräftig gefeiert. Infos: www.praiadofrances.net.

ÜBERNACHTUNG

In der Ruas Cavalo Marinho und Vermelha liegen mehrere gute Pousadas nah beieinander. Man kann sich vor Ort einige ansehen und dann entscheiden. Von Weihnachten bis Karneval erhöhte Preise (Reservierung empfohlen). Alle genannten Häuser bieten WLAN gratis und erheben keine Tax.

Pousada Lua Cheia, Rua Cavalo Marinho 85, 82/3260 1622, www.pousadaluacheia.com.br. Nette Pousada mit Pool, Palmen und Rasen. Die Zimmer im 1. OG sind heller. ❷–❸

Pousada Sempre Graciosa, Rua Cavalo Marinho 21, 82/3260 1197, www.sempregraciosa.com.br. Rustikal, viel Holzmobiliar, die Zimmer sind um einen Garten gruppiert. ❷–❸

Pousada Papillon, Rua Cavalo Marinho 4–5, 82/3260 1236, www.pousadapapillon.com.br. Sehr gepflegte Pousada mit drei schönen Apartments in einem grünen Garten. Frühstück auf der gemütlichen Veranda des Haupthauses. Die Schweizer Besitzer geben Tipps zur Region. ❷–❸

Pousada Capitães de Areia, Rua Vermelha 13, 82/3260 1477, www.capitaesdeareia.com.br. Eine der besten Pousadas im Ort, freundlich und gut geführt. 21 saubere, geschmackvolle Zimmer, die besseren liegen im 1. OG; Pool im Hof, prima Frühstück. Die nette Besitzerin Adriana lernt Deutsch und hilft bei der Planung von Ausflügen. Oft Sonderangebote. ❸

ESSEN

Parada de Taipas, Av. Caravelas. Luftiges Restaurant mit buntem Mobiliar, ca. 400 m stadtauswärts, der Weg lohnt aber. Das berühmte *Chiclete de Camarão* („Krabbenkaugummi", R$34) – Krabben in der Pfanne mit zwei Käsesorten in Tomatensoße – wurde schon zum brasilianischen „Sommergericht des Jahres" gewählt. Ebenfalls top: die Vorspeise *Casquinha de Siri* (R$5). Di–Sa 12–21, So 12–17 Uhr (HS länger).

O Piano Eco-Pizza, Av. Caravelas 288. Öko-Pizzeria mit schöner Open-Air-Terrasse, u. a. verwendet man Briketts (kein Holz), angesagter Point. Kleine Pizza ab R$19, große ab R$24. Di–So 17–24 Uhr.

Dona Madalena, Av. dos Corais. Hübsches und günstiges Meeresfrüchte-Restaurant, z. B. *Risoto de Polvo* (R$18). Do–Di 12–22 Uhr.

Armazém Brasil, Rua Carapeba 1. Hier kann man abends ein Bier im Freien trinken, das Essen ist akzeptabel. Mo–Sa 17–22 Uhr.

Cantinho d'Lara, Rua das Algas (gegenüber der Schule). Ganztägig Prato Feito (R$13), alles sehr einfach, aber man sitzt nett unter Bäumen. Mo–Sa 6–19, So 6–16 Uhr.

TRANSPORT

Nach Maceió fährt ein **Bus** von Real Alagoas halbstdl. bis 19 Uhr, **Minibusse** verkehren bis 21 Uhr (R$2,50).

Taxi mit Vanderley, 82/9334 8273, zur Rodoviária R$50, Flughafen R$80; Ausflüge: Praia do Gunga (R$70), Marechal Deodoro (3 Std., R$50).

Marechal Deodoro

Die traditionsreiche Stadt wurde benannt nach Manoel Deodoro da Fonseca (1889–1979), dem ersten Präsidenten der Republik Brasilien, der hier geboren wurde. Sie war erste Hauptstadt von Alagoas und steht heute unter Denkmalschutz. Der Ort liegt idyllisch an den Ufern der **Lagoa Manguaba**; von der Oberstadt bietet sich ein weiter Blick über die Lagune. Zentraler Platz ist die hübsche **Praça Pedro Paulino**. Die Stadt birgt einen der größten Vorräte an Gold- und Silberobjekten, Holzmöbeln und Heiligenskulpturen aus dem 16.–18. Jh. Am besten lernt man sie auf einem Tagesausflug kennen, von Maceió sind es 28 km, von Praia do Francês 7 km.

Bedeutendstes Bauwerk ist das Franziskanerkonvent **Convento de São Francisco** mit der **Igreja de Santa Maria Madalena**, Praça João XXIII; der Bau wurde 1684 begonnen und erst 1793 abgeschlossen. Hervorzuheben sind die ornamentale Bemalung der Chorkapelle sowie der Hauptaltar mit seinen üppigen Barockornamenten aus dem 18. Jh. Vor einiger Zeit wurde mit einer umfangreichen Restaurierung des Komplexes begonnen. Das seit 1984 in einem Teil des Konvents befindliche **Museu de Arte Sacra** besitzt eine beeindruckende Sammlung von Heiligenfiguren. Die ältesten Stücke sind filigran gefertigte Prozessionsgegenstände aus dem 17. Jh.

Gleich neben dem Kloster steht die **Igreja Terceira Ordem de São Francisco**, die Kirche der Schwarzen Bruderschaft. Die **Igreja N. S. da Conceição** ist eine recht simple, doch hübsch restaurierte Kirche aus dem 18. Jh. Hier wurde Marechal Deodoro getauft.

Nördlich von Maceió

Endlos scheinende Palmenhaine, einfache, romantische Dörfer, nahezu unberührte, wilde Strände und Pousadas der Spitzenklasse – das ist der **Litoral Norte** von Alagoas, eine „versteckte" Region, wo der große Tourismus bisher noch nicht angekommen ist.

Die auch als **Costa dos Corais** (Küste der Korallenriffe) oder **Rota Ecológica** (s. Kasten) bekannte Gegend ist mit ihren Naturpools, Flüssen, Mangroven und der maritimen Artenvielfalt ein kleines ökologisches Paradies. Dabei ist die Gegend nichts für Urlauber, die nach Animation Ausschau halten. Hier lässt man sich in seiner Pousada verwöhnen, macht Strandspaziergänge und fühlt sich wie weg von allem. Wer Ruhe und Komfort in einer natürlichen, unverbauten Umgebung sucht, ist hier richtig. In den letzten Jahren ist die Region besonders bei Paaren und GLS-Publikum beliebt geworden.

Praia de Tabuba

Der von Riffen geschützte Strand des kleinen Örtchens Praia de Tabuba zählt zu den schönsten im näheren Umkreis von Maceió (35 km). Hier lässt sich gut baden und Wassersport betreiben. Der nahe Ort Barra de Santo Antônio lebt vom Tourismus zur **Ilha da Croa** (Zufahrt über eine neue Brücke). 7 km weiter liegt die **Praia de Carro Quebrado**, die mit ihren farbigen Klippen ein attraktives Ausflugsziel darstellt (zu Fuß in ca. 1 1/2 Std. oder per Buggy erreichbar). Barra de Santo Antônio hat keine nennenswerten Pousadas oder Restaurants.

ÜBERNACHTUNG UND ESSEN

Pousada Arco-Íris, Rua 10, ✆ 82/3291 1250, 💻 www.tabuba.tk. Natur und Ruhe pur –schöne Pousada eines Schweizers, geschmackvolle, große Zimmer mit Balkon (AC, Ventilator), bis

DER NORDOSTEN

Rota Ecológica

Die Rota Ecológica („ökologische Route") erhielt ihren Namen vom brasilianischen Journalisten Ricardo Freire. Er hätte sie jedoch ebenso gut „romantische Route" nennen können. Auf der Küstenstrecke zwischen **Barra do Camaragibe** und **Porto de Pedras** liegen, fernab von Immobilienspekulation und Massentourismus, mehr als 40 km nahezu unberührte Strände, wie geschaffen für Entspannung und Nichtstun. Hier kann man in der Hängematte ein Buch lesen oder an den einsamen Stränden von **Toque, Tatuamunha** und **Patacho** stundenlang spazieren gehen; sanfte Naturpools laden zu einem Bad ein. Wenn die Energie sich nicht mehr zäumen lässt, unternimmt man einen Bootsausflug auf dem **Rio Tatuamunha** und hält nach dem zur Reproduktion ausgesetzten Seekuhpärchen und dessen Nachkommen Ausschau. Dass diese schöne Gegend bislang von großen Hotelanlagen, Jetski und Jetset verschont blieb, ist auch dem „günstigen" Verlauf der Hauptstraße AL-101 durchs Landesinnere zu verdanken, sodass die Region lange von der Außenwelt unentdeckt blieb. Eine Reihe von Pousadas an der Rota Ecológica engagiert sich im Umweltschutz, indem sie z. B. die Strände säubern oder diese von Autos freihalten.

Fahrer für Transfers

Nördlich von Maceió gibt es keinen wirklichen Nahverkehr, man ist auf zuverlässige Fahrer angewiesen, wie den in Maragogi wohnenden **Roberto Simplicio**, ✆ 82/9977 0066, ✉ roberto@maragogitravel.com.br. Er fährt sämtliche **Transfers** an der Rota Ecológica (z. B. Maragogi/Japaratinga < > Recife R$180, Maceió R$200, Porto da Rua R$110, Boqueirão R$50). Außerdem **Buggytouren** (3–4 Std., R$160 bis 4 Pers.) oder **Tagesausflüge** im Auto, z. B. Porto de Galinhas (R$200), Carneiros (R$180), am Zielort 5 Std. zur freien Verfügung. Kontakt auf Englisch möglich, etwas Zeit für Antwort lassen.

6 Pers., gut für Gruppen. Pool, Kajak, Fahrräder, Jangada-Touren. Rabatt bei längerem Aufenthalt. Restaurant. Von der Bushaltestelle 700 m Richtung Strand. Keine Tax. ❸

TRANSPORT

Anfahrt bis **Santa Luzia** (4 km vor Barra de Santo Antônio).
Minivans *(Bestas)* verkehren unregelmäßig nach **Barra de Santo Antônio** und weiter nach **Porto da Rua** und **Porto de Pedras** (R$9).
Taxi bis Maceió (Busbahnhof) ca. R$60.

Porto da Rua und Porto de Pedras

Das kleine Dorf **Porto da Rua** gehört zur Gemeinde São Miguel dos Milagres (7200 Einw.). Viel ist hier, ebenso wie in den Nachbarorten, nicht los. Ein aparter Dorfplatz am Strand und ein Kirchplatz an der Hauptstraße, wo manchmal Kunsthandwerk aus Kokosnuss oder Holzgeschnitztes verkauft werden, sind die Zentren. Wer Ruhe zum Abschalten sucht, ist goldrichtig: Die wunderbaren Strände **Praia Tatuamunha**, **Praia do Riacho** und **Praia do Toque** sind idyllisch und praktisch menschenleer.

Das Zentrum des 10 km lang gezogenen Dorfes **Porto de Pedras** liegt an der Mündung des **Rio Manguaba**: ein romantisches Panorama mit gelber Kirche vor einem palmenreichen Hügel und schwarz-weiß gestreiftem Leuchtturm. Von den kleinen Ortschaften der Region ist hier noch am meisten Dorfleben zu beobachten. Im Zentrum stehen einige hübsch restaurierte bunte Häuser; traditionelle Fischer-Strohhütten und einfache Barracas säumen die Uferpromenade, an der manchmal Märkte stattfinden.

Die näheren Strände gehören nicht zu den schönsten der Region, denn die Farbe des Wassers ist durch den Rio Manguaba getrübt, außerdem kommen Algen vor. Spaziert man jedoch Richtung Süden, gelangt man bald an herrliche, elegant geschwungene Palmenstrände wie vor allem die **Praia Patacho**. Auch auf der anderen Seite des Rio Manguaba reiht sich ein schöner Strand an den nächsten: **Boqueirão**, **Barreiras do Boqueirão** und **Bitingui**. Auf einer romantischen Sand- und Kopfsteinpflasterstraße zwischen Kokoshainen erreicht man schließlich Japaratinga. Die gesamte Region lässt sich hervorragend per Mototaxi erkunden, Fahrer können über die Pousada bestellt werden.

ÜBERNACHTUNG

Die meisten Pousadas sind mit normalen Bussen schlecht zu erreichen, da sie am Strand liegen und von der Straße durch einen etwa 1 km breiten Palmenwald getrennt sind.

Hoch die Flossen!

Auf dem **Rio Tatuamunha** lässt sich mit einer Jangada eine schöne **Flusstour** unternehmen (ca. R$35 p. P., Buchung über Pousadas), auf der man die hier ausgesetzte *Peixe-Boi*-Familie (Seekühe) zu Gesicht bekommt. Die Dickhäuter kommen direkt zum Boot geschwommen und geben zur Begrüßung die Flosse. Los geht's am Strand, wo man abgeholt wird und über das Meer in den Fluss hinein segelt. Auf der Rückfahrt kann man ein erfrischendes Bad nehmen. Übrigens kann es hier jederzeit passieren, dass sich einer der bis zu 700 kg schweren Säuger ahnungslosen Schwimmern annähert. Keine Angst, die Tiere sind harmlos und zeigen bloß ihre Neugier.

Am besten nimmt man sich in Maceió ein **Sammeltaxi** oder ein Taxi (S. 499). In einigen Zimmerpreisen sind **Frühstück und Abendessen** (HP) für 2 Pers. enthalten. Zwischen der Pousada do Toque und der Pousada do Sonho kann man in rund 30 Min. am Strand entlang laufen und alle Pousadas von Porto da Rua besichtigen. Überall ist WLAN gratis, Tax nur wenn angegeben.

Porto da Rua

Pousada do Toque, Praia do Toque, ✆ 82/3295 1127, 💻 www.pousadadotoque.com.br. Exotisch, stilvoll, komfortabel – die Pousada gehört zu den Top Five in Brasilien (2012 wurde sie zur besten des Landes gewählt) und ist schon eine Sehenswürdigkeit für sich. In einem tropischen Garten liegen 17 rustikale Chalês (bis 160 m²) mit Kingsize-Betten, DVD, CD-Player, Sky-TV, einige mit eigenem Pool und Meerblick. Das Ganze in unverkrampftem, persönlichem Klima. Weiterer Trumpf ist der Traumpool am Meer mit Holzdeck. Im Preis enthalten sind Abendessen, Internet, Fahrräder, Kajak, Windsurfen und Tennis. Frühstück ganztägig. Die Besitzer sind sozial engagiert und Vorreiter im Umweltschutz, z. B. organisieren sie eine Förderschule und pflegen einen eigenen Bio-Gemüsegarten. Die „kleinen" Chalês gibt es in der Nebensaison ab R$500/HP (nach Rabatt fragen). Reservieren! 10 % Tax. ❽

Pousada do Caju, Praia do Toque (150 m vom Strand), ✆ 82/3295 1103, 💻 www.pousadacaju.com. Ein echtes Highlight! Wunderschöne, helle Pousada, schick im Design, mit tollem Pool und großem Garten, abends stimmungsvoll beleuchtet. Das Haus hat eine hübsche Veranda und sehr ansprechend dekorierte Zimmer mit TV/DVD (R$490–590/HP), zudem höchst luxuriöse Bungalows mit Jacuzzi (ab R$590, bis 180 m²), die größeren mit eigenem Pool. Eins der besten Restaurants der Region, super Frühstück à la carte, Top-Service, dabei lockere Atmosphäre. Nette portugiesische Besitzer, denen man ihre Hotellerie-Erfahrung anmerkt. Fahrräder gratis. 10 % Tax. ❽

Pousada da Amendoeira, Praia do Toque, ✆ 82/3295 1213, 🖳 www.pdamendoeira.com.br. Schlichte, aber stilvolle Chalês (R$430–650/HP) in Palmenanlage, mit Veranda und Hängematte, 20 m vom Strand (Sonnendeck). Alte Holzmöbel und liebevolle Details schaffen Wohlfühlklima. Nett: Einige Chalês haben ein einladendes *ofurô* (Holzbadewanne). TV-Lounge im Haupthaus, Restaurant mit Meeresfrüchten und Bio-Lebensmitteln. Tipp: der Nachtisch *Devil's Cake*. Die jungen Besitzer Jessy und Tsarri engagieren sich im Umweltschutz. 10 Min. zur Hauptstraße. Fahrräder gratis, Windsurfen möglich. 10 % Tax. ❽

Pousada Origami, Praia do Toque, ✆ 82/3295 1247, 🖳 www.pousadaorigami.com.br. Fünf schöne Chalês (R$290–390, nur Frühstück) mit japanischem Einschlag, gepflegter, grüner Garten. AC, DVD (kein TV). ❻–❼

Pousada Côté Sud, Praia de Porto da Rua, ✆ 82/3295 1283, 🖳 www.pousadacotesud.com.br. Chalês in schöner Strandlage (R$305–495/HP), Garten mit Pool, Jangada-Ausflüge. 10 Min. zur Hauptstraße. Belgische Leitung. Keine Kinder. Modemnutzung gratis. ❼–❽

Pousada do Sonho, Praia de Porto da Rua, nah am Dorfzentrum, ✆ 82/9910 9221, 🖳 www.pousadadosonhoalagoas.com. Persönlich geführte Pousada mit gemütlichem, schattigem Garten und hübschen Zimmern (AC, TV/DVD, R$190, nur Frühstück). Besitzer Fabrizio bietet sportliche Öko-Touren an: Radfahren, Kajak, Surfen. In der Nebensaison Rabatte. ❹

Porto de Pedras

Pousada Xuê, Praia do Patacho, ✆ 82/3298 1197, 🖳 www.pousadaxue.com.br. 5 nette Häuschen am Strand, alle Zimmer mit Split AC und Sky-TV (R$450/HP). Strandzugang mit Deck, aber kein Pool. Zum Haus gehört ein Top-Restaurant, der italienische Besitzer Guido hat bei Brasiliens Starkoch Alex Atala gelernt. Super Gerichte aus frischen Zutaten (R$42–62), z. B. Fischfilet in Mandiocakruste. ❽

Pousada Aldeia Beijupirá, Praia do Lages, ✆ 82/3298 6520, 🖳 www.aldeiabeijupira.com.br. Stilvolle Pousada mit cool-exklusivem Touch (keine Kinder). Sanfte Musik berieselt die weitläufige Anlage, geräumige Chalês mit DVD, Stereoanlage und Whirlpool (DZ ab R$320, nur Frühstück). Toller großer Pool, beliebt bei Paaren und Gay-Publikum. Restaurant. ❼

ESSEN

In der Nähe des Fähranlegers Porto de Pedras gibt es Bars und kleine Restaurants. Am besten isst man aber in den Pousadas, wo das Abendessen oft schon im Preis enthalten ist.

Barraca do Tibiro, Porto da Rua, am Strand. Strohhütten statt Plastik – einfache Traditions-Strandbar mit leckeren Meeresfrüchten und kaltem Bier, die nette Dona Simone hat hier alles im Griff. Von den Pousadas aus über den Strand zu erreichen. 🕒 tgl. 9–18 Uhr.

Luna, Porto da Rua, am Strand. Nett dekoriertes Bar-Restaurant mit Meerblick. Gerichte ab R$30/2 Pers., auch mexikanische und vegetarische Küche, abends Barbetrieb. 🕒 Mi–So 12–22 Uhr.

TRANSPORT

Von **Recife**: **Bus** bis Japaratinga, dann mit dem **Mototaxi** nach Pontal do Boqueirão, mit der **Fähre** übersetzen und von der Pousada abholen lassen. Alternativ bis Porto Calvo und von dort mit Kleinbus, oder Privattransfer (S. 506).

Nach **Maceió**: DEF-Busse 6x tgl. bis 17.30 Uhr (3 Std., R$12). Schneller und bequemer mit Sammeltaxi (*Coletivo*, R$15–20 p. P.), von der Pousada bestellen lassen.

Nach **Japaratinga**: Eine brüchige **Autofähre** setzt über den Rio Manguaba (Pkw R$10, Fußgänger gratis, tgl. 6–24 Uhr). Wer nicht auf den nächsten Pkw warten möchte, kann ein kleines **Personenboot** nehmen (bis 24 Uhr).

Die Fahrt in der Jolle mit Außenbordmotor macht Spaß und kostet R$1. Nach Japaratinga sind es dann noch 10 km. Bis 17 Uhr stehen am Anleger meist **Mototaxis** (R$5), später sollte man sich von seiner Pousada abholen lassen oder vor Überfahrt ein Mototaxi ordern. Sollte abends am Anleger nach Porto de Pedras keine Fähre kommen, kann man diese anrufen, die Nummer steht auf einem Schild.

Japaratinga

Japaratinga ist ein kleines Juwel unter den Fischerorten. Das sympathische Dorf liegt in einer von Klippen umgebenen Bucht mit schönem Strand und Naturpools aus kristallklarem Wasser. Hier geht es entspannter zu als im 11 km nördlich gelegenen Maragogi. Auf der Strandpromenade kann man den Fischern dabei zusehen, wie sie unter den Palmen ihre Netze für den Fang vorbereiten. Abends schaut die Gemeinde auf dem Dorfplatz die Novela. Zentrum des Ortes ist die hübsche Praça N. S. das Candeias mit Springbrunnen, Blumen und warmer Beleuchtung. Informationen: www.japaratinga.org.br.

ÜBERNACHTUNG

Japaratinga

Pousada dos Mares, Rua Noé da Rocha Calaça 4, 82/3297 1398, www.pousadadosmares.com.br. Farbenfrohe Budget-Pousada mit Traveller-Atmosphäre, etwas versteckt. Einfache Zimmer, die besseren sind in einem Anbau mit Dachterrasse. Gemeinschaftsküche und Internet. Der Besitzer organisiert Fahrten mit den Fischern. ❶

Pousada Mama Pereira, Rua F. de Barros Regis 36, 82/3297 1365. Recht einfache, aber nette und gut geführte Pousada mit Garten. Saubere Zimmer (AC). ❶–❷

Pousada do Alto, Sítio Biquinha, 82/3297 1210, www.pousadadoalto.com.br. Honeymoon-Pousada auf einem Hügel mit tollem Aussichtsdeck und umwerfendem Meerblick! Die Zimmer im 1. OG haben Balkon und Sicht (R$480/HP), drei Suiten mit Whirlpool (R$550). Grandios ist auch der Pool mit „endlosem" Horizont. Sehr gutes Restaurant. Zum Strand längerer Spaziergang oder per Mototaxi. Nur mit Reservierung (keine Kinder), Abholmöglichkeit. Am Wochenende mind. 2 Tage, Rabatt ab 5 Tagen. ❽

Richtung Fähre

Estalagem Caiuia, Praia de Bitingui, 2 km von Japaratinga (5 Min. mit Mototaxi), 82/3297 1381, www.estalagemcaiuia.com.br. Schöne, thematisch gestaltete Apartments (R$310/HP) mit Meerblick, Holzveranda und Hängematte – praktisch *auf* dem Strand! Naturpools liegen vor der Haustür. Pool, Kajakverleih. Das exzellente Restaurant bürgt für Qualität, es gehört den Besitzern des Divina Gula in Maceió. Modem gratis. ❼

Bitingui Praia Hotel, Sítio Bitingui, 3 km von Japaratinga, 82/3297 1500, www.bitinguipraiahotel.com. Resorthotel unter deutscher Leitung, 30 Zimmer und 2 Pools am Strand (R$145–185, HP R$200), weitere Zimmer etwas ruhiger auf der anderen Straßenseite, ebenfalls mit Pools. Viele Familien mit Kindern. ❸–❹

Pousada Vila de Taipa, Praia Barreiras do Boqueirão, 3 km zur Fähre, 82/3297 1271, www.viladetaipa.com. Rustikale Pousada am Meer, die hauptsächlich aus Lehmwänden („Taipa") und Palmendächern besteht, Zimmer mit Split AC und teils herrlicher Aussicht (R$170–230). Restaurant, Strandbar, Pool. 5 % Tax. ❹–❺

Pousada Doze Cabanas, Praia Barreiras do Boqueirão, 3 km zur Fähre, 82/3297 1338, www.www.dozecabanas.com.br. Romantische Hütten zwischen Palmen, gut zum Abschalten, unmittelbar am Strand (kein TV/WLAN). Der freundliche Besitzer Fred organisiert den lokalen Umweltschutz. Ab zwei Übernachtungen Rabatt, Abendessen R$15 p. P., Ausrüstung für Surfen und Windsurfen. Englisch. ❸–❹

Hotel Pousada Igarakuê, Praia Pontal do Boqueirão 6000, 82/3297 0022, www.pousadaigarakue.com. Nette Strandpousada, Nähe Fähranleger (1,5 km). Die Zimmer sprühen nicht vor Charme, sind aber sauber und haben einen Balkon zum Meer. Pool. Kein WLAN. ❹

ESSEN

Am besten isst man in den Pousadas (reservieren). Ein besonderes Erlebnis ist ein Mittagessen in der **Pousada do Alto** mit sensationellem Blick über die Bucht. Ebenfalls toll sind Essen und Ambiente direkt am Meer in der **Estalagem Caiuia** (R$50–60).
Venezia Tropicale, nettes italienisches Restaurant am Strand, kleine Bar. ◷ tgl. 10–17 Uhr (abends nach Reservierung).
Mama Pereira, Rua Amaro C. Wanderley 37. Freundliches Familienrestaurant am Strand. ◷ tgl. 8–23 Uhr.

SONSTIGES

Geld

Bradesco, Rua Maria das Mercês, Geldautomat (alle Karten).

TRANSPORT

Busse

Haltestelle der Fernbusse auf der AL 101, nahe Mototaxi-Stand.
Maceió: Real Alagoas, tgl. ca. 3 Std. nach Abfahrt in Recife (dort 4.15 und 11 Uhr), sonntags oft später, 3–3 1/2 Std., R$18.
Recife: Real Alagoas, tgl. ca. 3 Std. nach Abfahrt in Maceió (dort 4.15 und 11 Uhr), sonntags oft später, 3–3 1/2 Std., R$18.

Boote

Porto de Pedras: Fähre vom Anleger Pontal do Boqueirão (10 km), tgl. bis 24 Uhr.
Mototaxi dorthin R$5 (10–15 Min.).

Maragogi

Maragogi (29 000 Einw.) ist nach Maceió der zweitgrößte Tourismusort in Alagoas und einer der wenigen mit überregionaler Bekanntheit. Grund des Ruhms sind die so genannten **Galés**: 6 km im Atlantik durch Korallenriffe gebildete Naturpools, die aus der Luft betrachtet smaragdgrün glitzern. Hier lässt sich gut schnorcheln.

Die natürlichen Badestellen liegen in einem Naturschutzgebiet, die Bootsfahrten mit einer zugelassenen Höchstzahl an Touristen werden inzwischen genau kontrolliert. Genau genommen gibt es drei Stellen im Meer, die angesteuert werden: Zunächst werden die Boote zu den **Galés** aufgefüllt. Nachdem das Tageslimit (700 Pers.) erreicht wurde, fahren die nächsten Boote etwas weiter nach Norden zu einem Punkt, der sich **Taocas** nennt (300 Pers.), ist auch der voll, geht es weiter nach **Barra Grande** (300 Pers.). An allen Stationen zählen im Wasser watende Militärpolizisten die Touristen nach. Die Galés sind zwar am bekanntesten, aber auch am vollsten. Wenn man sich von den anderen 699 Schwimmern etwas absetzt, kann man aber einiges Interessante unter Wasser sehen. Schöner ist eigentlich noch Taocas, hier ist das Wasser tiefer und man sieht auch mehr von den bunt schillernden Fischen, wie den blaugelben *Budião pilotos*. Barra Grande ist am ehesten für Familien mit kleinen Kindern geeignet, da das Wasser hier sehr flach ist. Möchte man zu einer bestimmten „Piscina", dann sollte dies direkt bei der Buchung angegeben werden, die Agenturen versuchen, Wünsche zu berücksichtigen.

Besonders im Sommer sind die Hotels und Pousadas gut ausgelastet, in der Nebensaison geht es eher ruhig zu. Das kleine Zentrum um den Kirchplatz wurde durch Fußgängerzonen verkehrsberuhigt und ist dadurch deutlich angenehmer geworden.

Bedrohte Korallenriffe

Das Meeresschutzgebiet **Costa dos Corais** (APA) wurde 1997 zwischen Riacho Doce in Alagoas und dem Rio Formoso im Süden Pernambucos geschaffen. Mit einer Fläche von 413 ha an 135 km Küste ist es das größte maritime Schutzgebiet Brasiliens. Geschützt werden neben den zahlreichen Korallenriffen auch Strände und Mangroven. Bei einem Ausflug ist zu beachten, die Korallen weder anzufassen noch sich auf sie zu stellen.

ÜBERNACHTUNG UND ESSEN

WLAN ist überall gratis.
Pousada Solar da Praia, Av. Beira Mar 781, ✆ 82/3296 2025, 💻 www.maragogi.tur.br/solar. Einfache Pousada im Zentrum des Geschehens. Zimmer 5 und 6 mit Meerblick. ❷

Pousada & Guest House Agua de Fuego, Rua Santa Cruz do Capibaribe 20, ✆ 82/3296 1326, 💻 www.aguadefuego.com. Etwas außerhalb am Strand. Familiäre Atmosphäre, Pool. Geräumige Zimmer (AC), im 1. OG mit Veranda und Meerblick. Besitzer Osvaldo hat lange in Hamburg gelebt und spricht fließend Deutsch. Abholung möglich. ❷

Pousada Olho d'Água, Av. Beira Mar 94, ✆ 82/3296 1263, 💻 www.pousadaolhodagua.com. Sympathische Pousada am ruhigeren Ende der Strandpromenade. Nette, kleine Zimmer, z. T. mit Balkon oder Veranda; größere, modernere im neuen Trakt. 10 % Tax. ❸

Pousada Praiagogi, Praia de Camacho, 3,5 km, ✆ 82/3296 1206, 💻 pousadapraiagogi.com. Persönliche Pousada der netten Besitzerin Fernanda, praktisch mit Privatstrand. Nur 5 rustikale Zimmer (R$297–317), oben Balkon mit Hängematte. Schöner Garten, Holzdeck, Lounge-Liegen, Restaurant (R$40–55). Keine Kinder, Juni geschl. ❼

Frutos do Mar, Av. Beira Mar 876. Gutes Meeresfrüchte-Restaurant am Strand (R$72/2 Pers.), auch *Picanha Argentina*. Terrasse mit Meerblick. ⏲ tgl. 8–22 Uhr.

Gaivotas, Av. Beira Mar 800. Ein hübsches Restaurant mit Strandveranda und Artesanatos. Von Fleisch bis Meeresfrüchte (R$39–60/2 Pers.). ⏲ tgl. 9–16 Uhr.

SONSTIGES

Geld

Banco do Brasil, Praça Batista Acioly 74. ⏲ Mo–Fr 10–15, Geldautomat 8–22 Uhr (alle Karten).

Informationen

Costa dos Corais Convention & Visitors Bureau, Trav. Lourenço Wanderley 34 (1. OG), ✆ 82/3296 1305, 💻 www.maragogi.org.br. Infos zur Region. ⏲ Mo–Fr 8–12, 14–18 Uhr.

Internet

Cyber-Cafés an der Praça Santo Antônio (R$3).

Touren

Restaurants an der Strandpromenade verkaufen Touren zu den **Galés** (R$65 p. P., 2 1/2 Std., Beginn je nach Wasserstand zwischen 8 und 14 Uhr, bis 60 Pers.), an Bord kein Alkohol.

TRANSPORT

Japaratinga: 100 m vom Kirchplatz stehen **Vans** Richtung **Porto Calvo** (alle 10 Min., bis 17.30 Uhr, R$3), oder **Mototaxi** (R$10).

Maceió: Busse von DEF halten vor dem Mototaxi-Stand, bei Banco do Brasil, tgl. 5, 9, 12 und 16.30 Uhr, 3 Std., R$12.

Recife: Real Alagoas-Busse halten an der Bundesstraße AL 101 bei der Ipiranga-Tankstelle: 10–15 Min. später als in Japaratinga (R$15).

Pernambuco

Der Staat Pernambuco – mit 98 000 km² etwa so groß wie Portugal – vereint wie kein zweiter im Nordosten Kunst, Kultur und Geschichte; Natur und Strände; Gastronomie, Karneval und Nachtleben. Herausragendes Reiseziel ist der charmante Künstlerort **Olinda**, dessen Altstadt mit barocken Kirchen und Kolonialhäusern aus dem 16. und 17. Jh. beeindruckt und zum Weltkulturerbe der Menschheit gehört. Die Küste südlich von Recife und die Atlantikinsel **Fernando de Noronha** bieten Natur und Strandgenuss vom Feinsten. Starke folkloristische, kunsthandwerkliche und religiöse Traditionen findet man im **Binnenland**. All diese Einflüsse bündeln sich in der Millionenstadt **Recife**.

Geschichte

Als Standort für die erste Hauptstadt von Pernambuco wählten die Portugiesen 1537 das hügelige Olinda, schnell wuchsen Stadt und Umland zu einer der wichtigsten Exportregionen für Zuckerrohr. In den folgenden 40 Jahren ließen sich Jesuiten-, Franziskaner-, Karmeliter- und Benediktinerorden nieder und schufen prächtige Kirchen und Klöster. Recife war zu dieser Zeit kaum mehr als eine Häuseransammlung in einer Sumpfniederung zwischen Inseln und Flussläufen. Dies änderte sich mit der hollän-

ÖSTLICHES PERNAMBUCO UND PARAÍBA

dischen Besatzung unter Prinz Moritz von Nassau ab 1630: Fast alle Kirchen Olindas wurden niedergebrannt; die Holländer verlagerten den administrativen Mittelpunkt nach Recife. Dort befand sich ein für den Zuckerexport wichtiger Hafen; geschützt von einem langen Riff (portug. Recife). In der Zeit der holländischen Herrschaft bis 1654 entwickelte sich Recife vom Dorf zur prosperierenden Kleinstadt. Erhalten aus dieser Zeit sind heute nur noch die Befestigungsanlagen **Forte do Brum** und **Forte das Cinco Pontas**; beide wurden nach der Rückeroberung von den Portugiesen weiter ausgebaut, sodass sich die Expansion Recifes auch in der Folgezeit fortsetzte. Dagegen war Olinda nun wirtschaftlich hoffnungslos im Hintertreffen. 1823 erlangte Recife offiziell Stadtstatus, im 19. und 20. Jh. wuchs die Stadt zu einem Zentrum intellektueller und politischer Bewegungen mit landesweitem Einfluss. Olinda war fortan nur noch ein Denkmal vergangenen Glanzes – jedoch ein wunderschönes.

Recife

Recife (1,54 Mio. Einw.) liegt über drei Inseln verteilt an den Flüssen Beberibe und Capibaribe. Mit ihren 39 Brücken und 50 Kanälen vergleicht sich die Stadt gern mit Venedig („Veneza Brasileira"). Dies ist mit Sicherheit übertrieben, doch die Nähe zum Wasser ist allgegenwärtig. Besonders sehenswert ist das lebendige **Zentrum**, in dem sich die historischen und kulturellen Attraktionen ballen: Märkte, Kirchen, Forts, Kolonialbauten und Museen. Hier liegt auch die farbenfreudig restaurierte erste Stadtsiedlung **Recife Antigo** mit den meisten Spuren kolonialer Vergangenheit. Der Stadtteil **Boa Viagem**, wegen seines Strandes und der Hochhausskyline auch „Copacabana des Nordostens" genannt, bildet das moderne Gegenstück dazu. Hier befinden sich die meisten Hotels, Restaurants und Ausgehmöglichkeiten.

Ein Pluspunkt der Stadt ist neben dem berühmten Karneval (S. 525) das großartige gastronomische Angebot. Nirgendwo im Nordosten lässt es sich so gut essen wie hier. Zudem gibt es hervorragende und in ihrer Art einzigartige **Museen**, von denen einige alleine schon einen Besuch Recifes rechtfertigen. Wer hinter die Fassaden schaut, entdeckt noch weitere Seiten: Die Stadt ist wohl die avantgardistischste des Nordostens mit einer **Kunst- und Musikszene**, die Ihresgleichen sucht. Recife ist außerdem eine Stadt im Umbruch: Zur Vorbereitung der Fußball-WM und mit dem neuen wirtschaftlichen Wohlstand werden überall in der Stadt Straßen und das öffentliche Verkehrssystem ausgebaut, Plätze und Gebäude saniert. Auch die Flüsse, die noch unter der jahrzehntelangen Verschmutzung leiden, sollen gesäubert werden. Recife war lange eher eine Liebe auf den zweiten Blick; doch wer mit Interesse ihre Schätze hebt, der findet reichlich Charme und Schönheit in der Stadt.

Orientierung

Selbst nach mehreren Besuchen kann Recife mit seinen vielen Brücken und Inseln noch verwirren. Zum Zentrum zählen die Stadtteile **Recife Antigo**, **Boa Vista**, **Santo Antônio** und **São José**. Südlich des Zentrums erstrecken sich schnurgerade über 7 km die urbanen Strände von **Boa Viagem** und **Pina**. Zwischen alten Bäumen versteckt liegen Kolonialhäuser in Wohnvierteln wie **Poço da Panela** oder **Casa Forte**.

Sehenswertes

Ein guter Ausgangspunkt für Erkundungen im **Recife Antigo** ist die zentrale **Praça do Marco Zero**, Markstein der Stadtgründung, von wo kleine Barken zum gegenüberliegenden Riff ablegen (bis 19 Uhr, R$5). Von hier sind es nur wenige Schritte in die hübsch restaurierte **Rua Bom Jesus** mit schönen Gebäuden vom Anfang des 20. Jhs. Hausnummer 197 ist die **Sinagoga Kahal Zur Israel**, die erste Synagoge Amerikas. Ausstellungen informieren über die jüdische Geschichte in Pernambuco. 🕒 Di–Fr 9–16.30, So 14–17 Uhr, Eintritt R$6.

Gleich links davon befindet sich die **Embaixada dos Bonecos Gigantes**, Rua Bom Jesus 183, wo die Riesenpuppen des Karnevals ausgestellt sind. Die Figuren sind brasilianischen und internationalen Prominenten nachempfunden und sehr lebensnah. Wer will, kann sich selbst als kleinere Puppe bestellen (Lieferzeit vereinbaren, um R$500). ◷ tgl. 7–17 Uhr, Eintritt R$5.

Etwas weiter, an der Praça do Arsenal, steht der **Torre Malakoff**, eine restaurierte Sternwarte aus dem 19. Jh., in deren Räumen wechselnde Ausstellungen zu sehen sind. ◷ Di–Fr 8–18, Sa, So 14–18 Uhr. Die Aussichtsplattform bietet bei klarem Himmel einen schönen Blick über die Altstadt. ◷ So 17–19 Uhr. Ganz am Ende der Insel steht das **Forte do Brum**, das älteste Bauwerk der Stadt (1629). ◷ Di–Fr 9.30–12, 13.30–16.30, Sa, So 14–17 Uhr, Eintritt R$2.

Herausragende Sehenswürdigkeit im Zentrum ist die **Capela Dourada** in der **Igreja de Santo Antônio** (1697). Betritt man die von blauweißen Azulejos gezierte Kirche, sieht man zur Linken durch ein Gitter die berühmte „goldene Kapelle" (1696–1724). Das angeschlossene Museum für sakrale Kunst verschafft direkten Zutritt (Eintritt R$3). Das mit wertvollem Palisander- (Jacarandá) und Zedernholz vertäfelte Innere ist fast komplett goldüberzogen, eine ähnliche Barockpracht findet man nur noch in Salvador und Ouro Preto. ◷ Mo–Sa 8–11.30, Mo–Fr 14–17 Uhr.

Im Herzen des geschäftigen Viertels **São José** liegt an der Praça Dom Vital der **Mercado São José** von 1875, eine markante grüne Metallkonstruktion, deren Eisenträger aus Frankreich importiert wurden. Im Gebäude wird von Fisch über religiöse Amulette bis zu günstigem Kunsthandwerk alles verkauft, außen herum befinden sich unzählige kleine Stände. ◷ Mo–Sa 6–17, So 6–12 Uhr.

Von hier in nordwestlicher Richtung dringt man in den lebhaftesten Teil der Altstadt ein. Er ist geprägt von Einkaufsstraßen, reizvollen Kirchen aus dem 17. und 18. Jh. und schönen Plätzen, wie dem urigen **Pátio de São Pedro**. Hier kann man in einer der Bars eine Pause einlegen und das Treiben auf dem Platz verfolgen. Oder man besucht die kleinen Kulturzentren, von denen zwei an Ikonen der Musik Pernambucos erinnern: **Memorial Chico Science** (Mangue Beat) und **Memorial Luiz Gonzaga** (Forró). Das dritte, **Arte Popular**, zeigt Kunsthandwerk aus dem Nordosten. ◷ Mo–Fr 9–17 Uhr, Eintritt frei.

Folgt man der Rua das Águas Verdes bis an ihr Ende, kommt man zum **Forte das Cinco Pontas** (1630), dem zweiten erhaltenen, und frisch restaurierten Fort aus holländischer Besatzungszeit. Hier befindet sich das **Museu da Cidade do Recife** mit interessanten wechselnden Fotoausstellungen. ◷ Di–So 9–17 Uhr.

Die besten Museen Recifes liegen außerhalb und sind am einfachsten per Taxi zu erreichen. Neben dem Museum von Francisco Brennand (Kasten S. 513) ist an erster Stelle zu nennen das **Museu do Homem do Nordeste**, Av. 17 de Agosto 2187, Casa Forte, ✆ 81/3073 6340, ein interessantes und aufwändig modernisiertes Museum zur Geschichte und Kultur der Nordestinos. Ein farbenprächtiges Video liefert die passende Einstimmung. Vom Zentrum mit Bus *Dois Irmãos/Rui Barbosa* oder *Alto Santo Isabel*, von Olinda *Dois Irmãos/Rio Doce*. ◷ Di–Fr 8.30–17, Sa, So 13–17 Uhr, Eintritt R$4.

WM-Arena Pernambuco – geplante Stadtentwicklung

Das Stadion von Recife ist die einzige brasilianische WM-Arena, die in ein urbanes Gesamtkonzept integriert wurde. Sie steht außerhalb des Stadtgebiets in **São Lourenço da Mata**, 22 km vom Zentrum Recifes, 3 km von der Rodoviária und 19 km vom Flughafen. Ziel war es vor allem, die hoch bevölkerten Küstenregionen zu entlasten und das Wirtschaftswachstum auch in Gegenden des Inlands zu lenken. Rund um die Arena wird auf 257 ha am Rio Capibaribe eine komplett neue Stadt entstehen, die **Cidade da Copa**, zu der neben dem Stadion auch 4500 Wohnungen, Hotels, Büros, ein Kongresszentrum und ein Universitäts-Campus (UFPE) zählen werden, und in der einmal bis zu 100 000 Menschen leben, studieren und arbeiten sollen. 50 % der Fläche ist für Naturschutzgebiete reserviert.

In das 46 500 Zuschauer fassende Stadion sollen nach Wunsch der Projektbetreiber die lokalen Clubs von Sport, Náutico und Santa Cruz einziehen, die jedoch eigene und mit den Fans tief verwurzelte Stadien mitten in den Wohngebieten Recifes haben. Die Anfahrt zur Multi-Use-Arena führt per Metro zur neuen Station Cosme Damião, von dort sind es 2 km zu Fuß oder im Shuttlebus.

Die 1001 Werke des Francisco Brennand

Francisco Brennand (geb. 1927) ist einer der bedeutendsten brasilianischen Bildhauer der Gegenwart. Während seiner Studienzeit in Frankreich wurde er von Picasso, Miró und Gaudi beeinflusst, 1993 standen seine Werke in der Kunsthalle von Berlin. Sein **Atelier** in Recife liegt mitten in einem tropischen Waldgebiet 16 km vom Zentrum. Hier betrieb der Vater des Künstlers Anfang des vergangenen Jhs. eine Ziegelfabrik, heute werden hier die beliebten Brennand-Kacheln gebrannt. Auf dem Weg durch den Park kommt man am wohl imposantesten Teil des Geländes vorbei, dem **Pátio de Esculturas**. Zur Rechten steht eine mit unzähligen Vogelfiguren bestückte, 7 m hohe und 70 m lange Mauer, zur Linken die alte Ziegelfabrik, in der man viele weitere der Skulpturen bei klassischer Musik studieren und einen Blick in die Produktionswerkstatt werfen kann.

Brennand sieht seine Kunst im Archaischen und Mythologischen verwurzelt und wehrt sich gegen das Etikett des „Phallischen", welches seiner Arbeit oft verliehen wird. Zu seinem Material, dem Ton, sagt er: „Wer ihn bearbeitet, ist sofort in der Welt der Archetypen, mit allen ihren Mythen und Symbolen." Die angrenzende *Accademia* ist ein **Museum** mit den wichtigsten Gemälden des Künstlers: Im fortgeschrittenen Alter hat er sich wieder verstärkt der Malerei zugewandt.

Die genaue Anzahl seiner Werke kannte selbst Brennand lange nicht, er nannte sie nur „meine 1001 Werke". Inzwischen sind sie katalogisiert und es stehen knapp 1900 Skulpturen sowie 1500 Gemälde und Zeichnungen zu Buche. Zur Besichtigung der weitflächigen Parkanlage sollte man 1–2 Stunden einplanen. Francisco Brennand selbst ist manchmal für einen Plausch mit Gästen anwesend. Im Café mit Souvenirshop kann man Keramiken kaufen (R$30–600).

Oficina Cerâmica Francisco Brennand, Várzea, 💻 www.brennand.com.br. Anfahrt mit dem Taxi (30–40 Min.), Preis für Hin- und Rückfahrt vereinbaren (R$80). Mit Bus: von Recife Antigo *Dois Irmãos/Rui Barbosa* bis Statue Padre Cícero, von dort Taxi (R$15–20); von Boa Viagem *CDU/Caxangá/Boa Viagem* bis Viaduto Caxangá, von dort Taxi (R$15–20). 🕒 Mo–Do 8–17, Fr 8–16 Uhr, Eintritt R$10.

In seinem Schloss in Várzea stellt der Cousin von Francisco Brennand, ein Wirtschaftsmagnat und Kunstsammler, im **Instituto Ricardo Brennand** ein buntes Sammelsurium aus, darunter Gemälde des Holländers Frans Post (17. Jh.) und Tausende Waffen aus dem 16.–19. Jh. 🕒 Di–So 13–17 Uhr, Eintritt R$15.

Strände

Der gepflegte Strand von Boa Viagem ist ab Höhe Hotel Jangadeiro belebt mit vielen *Volei-* und *Futevolei*-Feldern. Hier in der Nähe liegt auch die beim Szene-Volk beliebte **Praia do Acaiaca**. Die laute, dreispurige Uferstraße Av. Boa Viagem bietet leider keinen schönen Hintergrund. Surfen ist überall verboten, da es zu **Haiangriffen** kommen kann. Wo der Strand von Riffen geschützt ist, kann man aber sicher baden. Die Ursache des Haiproblems reicht zurück in die 1970er-Jahre, als durch den Bau des Hafens **Porto de Suape** natürliche Jagdgründe der Haie zerstört wurden.

Der 2011 eingeweihte **Parque Dona Lindu** klingt nach grüner Oase, ist aber mehr eine Betonwüste Niemeyer'scher Prägung. Auf dem Asphalt stehen zwei kreisrunde Gebäude, das Teatro Luiz Mendonça und die Galeria Janete Costa, sowie drei Flutlichtmasten, dahinter liegt eine kleine Grünfläche. Das Gelände wird für Open-Air-Veranstaltungen genutzt.

ÜBERNACHTUNG

Im Zentrum befinden sich einige billigere Unterkünfte, die meisten besseren Hotels liegen an den Stränden von Boa Viagem und Pina, insgesamt ist das Niveau eher gering. Viele Hotels berechnen Service- und/oder Tourismus-Tax (5–15 %). Unter der Woche füllt sich die Stadt mit Kongressteilnehmern, am Wochenende ist es leerer und es gibt

Ermäßigungen. Eine Nebensaison mit Preisnachlässen ist kaum bekannt. WLAN ist meistens gratis.

Boa Viagem und Pina

€ **Piratas da Praia Hostel** (HI/HoLa), Av. Cons. Aguiar 2034, 3. OG, im Wohnhaus Edf. Barão de Camaçari (kein Schild), ✆ 81/3326 1281, 🖳 www.piratasdapraia.com. Kleines, lebendiges Hostel, das auch Feste am Strand veranstaltet; farbenfrohe regionale Deko, 8 Dorms (R$35–40), 1 DZ (R$135–140), AC oder Ventilator. Gute Lage. ❷–❹

Pousada Vitória, Rua Capitão Zuzinha 234, ✆ 81/3462 6446, 🖳 www.pousadavitoriarecife.com.br. Kleine, charmante Pousada mit gemütlichen Zimmern, am besten sind die neuen im 1. OG; gutes Frühstück. Im südlichen Teil von Boa Viagem, nahe Flughafen, vier Blocks vom Strand. AC und Kabel-TV. ❹

Marolinda Cult Hotel, Av. Cons. Aguiar 755, Pina, ✆ 81/2123 2777, 🖳 www.marolinda.com.br. Das Hotel betont seinen künstlerischen Anspruch, wirkt aber reichlich zusammengewürfelt. Vorzüge sind der relativ akzeptable Preis und die Lage bei Bars und Restaurants. Schlichte Zimmer. 5 % Tax. ❹–❺

Boa Viagem Praia Hotel, Av. Boa Viagem 5576, ✆ 81/3462 6454, 🖳 www.boaviagempraia.com.br. Modernes Hotel im südlichen Teil von Boa Viagem, eines der günstigsten am Strand. Freundliche Apartments; kleiner Pool und Fitnessraum. 5 % Tax. ❻

Hotel Aconchego, Rua Félix de Brito e Melo 382, ✆ 81/3464 2989, 🖳 www.hotelaconchego.com.br. Belebtes Hotel mit 70er-Jahre-Flair, freundlicher Service. Innenhof mit Pool, 24-Std.-Restaurant. Zimmer des Typs A sind besser und kosten kaum mehr. Vier Blocks vom Strand. 10 % Tax. ❺–❻

Navegantes Praia Hotel, Rua dos Navegantes 1997, ✆ 81/3326 9609, 🖳 www.navegantespraiahotel.com.br. Aufgeräumtes Hotel in ruhiger Gegend mit Restaurants um die Ecke. Recht einfache Zimmer, einige haben Balkon, alle AC und Kabel-TV. 5 % Tax. ❻

Hotel LG Inn, Av. Eng. Domingos Ferreira 3067, ✆ 81/2122 3939, 🖳 www.lginn.com.br. Gutes Business-Hotel, die billigeren Standard- und Luxo-Zimmer sind nur etwas kleiner. Pool, Restaurant. Am Wochenende Nachlässe von 30–40 %. WLAN R$15/Tag, 15 % Tax. ❼–❽

Golden Tulip Recife Palace Hotel, Av. Boa Viagem 4070, ✆ 81/3201 8200, 🖳 www.bhg.net/hoteis. Referenzpunkt in exzellenter, zentraler Lage an einem der besten Strandabschnitte von Boa Viagem. Geräumige, komfortable Zimmer (R$430), viele mit tollem Panorama-Meerblick. Schöne Pool-Terrasse im 2. OG. WLAN R$30/Tag, 5 % Tax. ❽

Transamérica Prestige, Av. Boa Viagem 420, ✆ 81/3039 9000, 🖳 www.transamericagroup.com.br. Neuer, hoch moderner Hotel-Tower in Pina mit exzellenten Zimmern und Suiten auf 35 Etagen, alle mit Kingsize-Betten, Split AC und einem kleinen Balkon, einige mit Meerblick. Dynamische Tarife (ca. R$445–545). Schöner Pool im 1. OG. 5 % Tax. ❽

Boa Vista

Pousada Villa Boa Vista, Rua Miguel Couto 81, ✆ 81/3223 0666, 🖳 www.pousadavillaboavista.com.br. Nette Pousada in der Nähe des historischen Zentrums, gut ausgestattete Zimmer mit AC und Kabel-TV. Restaurant. ❹–❺

ESSEN

Recife hat eine exzellente Gastronomieszene, nirgendwo im Nordosten kann man so gut essen wie hier. Besonders in Pina und Boa Viagem finden sich etliche hochklassige Restaurants. Dabei trifft man sowohl auf traditionelle Spezialitäten *(Moque ca, Peixada)* und Deftiges wie Ziegenmagen *(Buchada),* als auch auf Einflüsse der zeitgenössischen Küche. Ein Aushängeschild der Region ist die Kuchenspezialität *Bolo de Rolo,* besonders lecker in der knusprig flambierten Variante im Bistrô & Boteco (s. u.).

Boa Viagem

Guaiamum Gigante, Av. Boa Viagem, 2o Jardim. Beliebtes Bar-Restaurant am Strand mit klasse Meeresfrüchtetellern, z. B. *Encantada* (R$64/2–3 Pers.), mit Provolone gefüllte Shrimps, oder köstliche gefüllte Kürbisse *(Moranga).* Große Portionen. Nett auch nur für einen Drink. ⏲ Mo–Sa 12–1, So 12–23 Uhr.

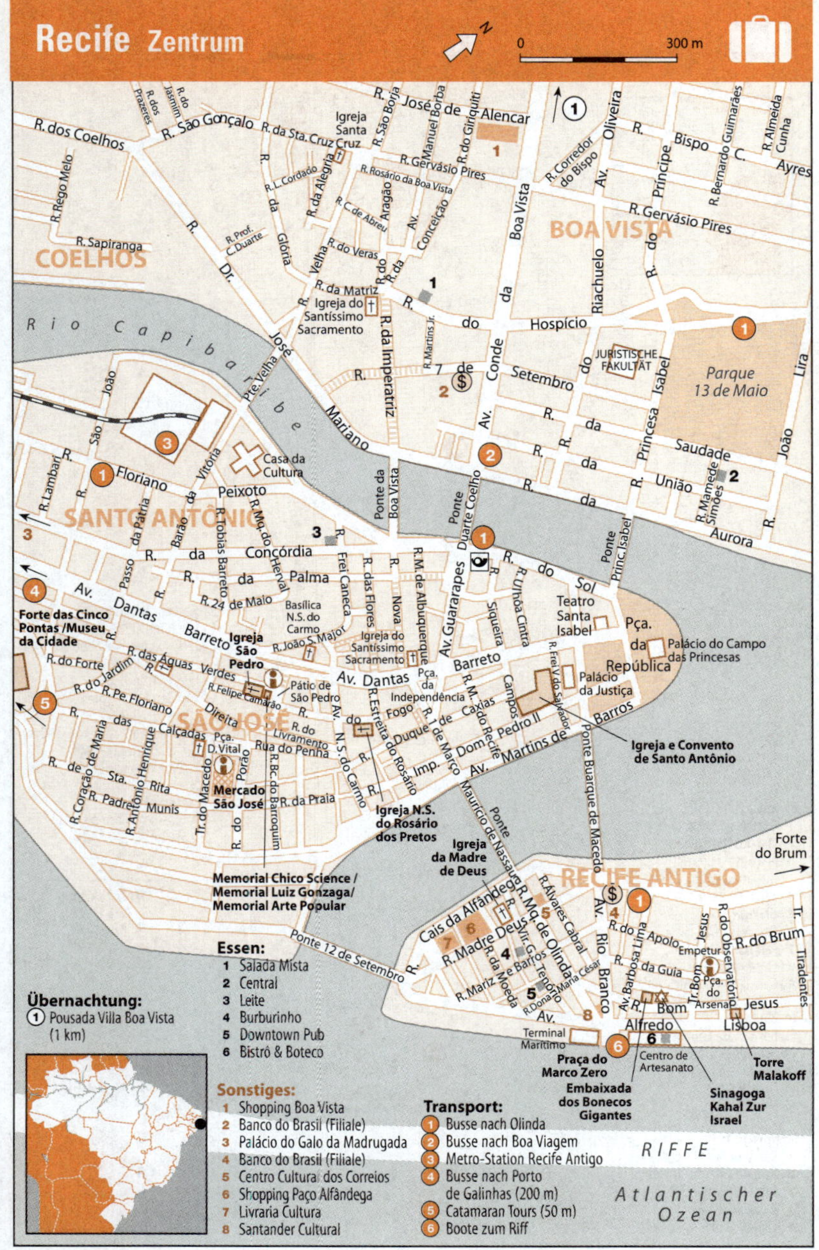
Recife Zentrum
N
0
300 m
Rio Capibaribe
COELHOS
BOA VISTA
SANTO ANTÔNIO
SÃO JOSÉ
RECIFE ANTIGO
Parque 13 de Maio
Casa da Cultura
Forte das Cinco Pontas /Museu da Cidade
Igreja São Pedro
Igreja e Convento de Santo Antônio
Igreja N.S. do Rosário dos Pretos
Igreja da Madre de Deus
Memorial Chico Science / Memorial Luiz Gonzaga/ Memorial Arte Popular
Mercado São José
Palácio do Campo das Princesas
Palácio da Justiça
Teatro Santa Isabel
Forte do Brum
Praça do Marco Zero
Embaixada dos Bonecos Gigantes
Sinagoga Kahal Zur Israel
Torre Malakoff
Centro de Artesanato
Terminal Marítimo
RIFFE
Atlantischer Ozean
Essen:
1 Salada Mista
2 Central
3 Leite
4 Burburinho
5 Downtown Pub
6 Bistrô & Boteco
Übernachtung:
1 Pousada Villa Boa Vista (1 km)
Sonstiges:
1 Shopping Boa Vista
2 Banco do Brasil (Filiale)
3 Palácio do Galo da Madrugada
4 Banco do Brasil (Filiale)
5 Centro Cultural dos Correios
6 Shopping Paço Alfândega
7 Livraria Cultura
8 Santander Cultural
Transport:
1 Busse nach Olinda
2 Busse nach Boa Viagem
3 Metro-Station Recife Antigo
4 Busse nach Porto de Galinhas (200 m)
5 Catamaran Tours (50 m)
6 Boote zum Riff

Recife Boa Viagem und Pina
N
0
500 m
R. Pe. Bernardino Pessoa
R. Maria Carolina
R. Pina
Ten. João Cícero
1, Pina, Segundo Jardim
R. Antônio Falcão
R. Mamanguape
Carrefour
R. Francisco da Cunha
Hotel Jangadeiro
R. Félix de Brito e Melo
R. Prof. Júlio Ferreira
R. Faustino Porto
Av. Cons. Aguiar
Praia do Acaiaca
Atlantischer Ozean
Jordão
R. Pe. Carapuceiro
Ramalho
Ferreira
R. Dhália
R. dos Navegantes
Shopping Recife
R. Jack Ayres
R. José Trajano
Av. Prof. João Medeiros
Domingos
R. Bruno Veloso
R. Dr. R. Lafayete
Av. Boa Viagem
Praia da Boa Viagem
R. Jorge da Costa Eiras
R. Dr. João G. de Pontes Sobrinho
R. Vísc. de Jequitinhonha
R. Ribeiro de Brito
Av. Eng.
Av. Cons. Aguiar
R. Ernesto de Paula Santos
Av. Hélio Falcão
Av. Fernando Simoes Barbosa
R. Carlos Pereira Falcão
R. Des. João Paes
R. D. José Lopes
Araújo
R. Cel. Benedito Chaves
R. Pde. Giordano
R. Petrolina
R. Mq. de Valença
Pessoa de
R. Dra. Magina Pontual
R. Cel. Sérgio H. Cardim
Aluísio
R. Dr. N. D. Câmara
Pça. Boa Viagem
R. Barão de Sousa Leão
Igreja N. S. da Boa Viagem
R. Fel. J. de Freiras
R. Vísc. Jequitinhonha
Prof. R.
R. Setubal
R. Cap. Zuzinha
R. Pe. Cabral
R. Da. Uzinha
Parque Dona Lindu (650 m)
Übernachtung:
1 Piratas da Praia Hostel (800 m)
2 Navegantes Praia Hotel
3 Hotel LG Inn
4 Hotel Aconchego
5 Golden Tulip Recife Palace Hotel
6 Pousada Vitória
7 Boa Viagem Praia Hotel (300 m)
8 Transamérica Prestige
9 Marolinda Cult Hotel
Transport:
1 Turismo Exótico do Brasil
2 Martur
P11 Bushaltestelle
Essen:
1 Guaiamum Gigante (1 km)
2 Ilha dos Navegantes
3 Ilha Sushi / Ilha do Guaiamum / Ilha da Kosta II
4 Sabor de Beijo
5 UK Pub
6 Cipó Nativo
7 Parraxaxá
8 Chica Pitanga
9 Galeria Joana d'Arc / Anjo Solto / Boratcho (300 m)
10 Biruta
11 Boi & Brasa Churrascaria
12 Pomodoro Café
13 Fiteiro
14 Ça Va Bistrô
15 Mingus
Sonstiges:
1 Banco do Brasil (Filiale)
2 Real Hospital Português
3 Extra Supermercado 24h
4 Europa Câmbio
5 Clinical Center
Av. Herculano Bandeira
R. Estudante Jerônimas Bastos
Av. Cons. Aguiar
Av. Eng. Domingos Ferreira
R. Cap. Rebelinho
R. Ondina
Av. Boa Viagem
R. Pereira da Costa
Pina
R. Vicência
R. Atlântico
Boa Viagem

Cipó Nativo, Rua Dr. João G. Sobrinho 245. Klasse Pizza in einer großen Strandhütte mitten in der Stadt. Gut ist die „Light" mit Büffelkäse, getrockneten Tomaten und Rucola (R$42/2–3 Pers.). Als Vorspeise *Pastel de Vento* (hauchzarte Pizzateigblätter) mit drei Dips nach Wahl oder die leckeren Krabben-Empadas. Zum Nachtisch *Quiche de Banana com Chocolate* … sehr lecker! Prima für Familien mit Kindern (viel Platz zum Spielen). ⌚ Di–So 17.30–24 Uhr.

Chica Pitanga, Rua Petrolina 19. Exzellentes Self-Service (R$50–54/kg, abends R$44). Üppiges Buffet, immer voll, z. T. Warteliste. ⌚ tgl. 11.30–15.30, 18–22 Uhr.

Sabor de Beijo, Av. Cons. Aguiar 2994. Salgados, Torten und ein gutes Self-Service: mittags R$40–42/kg (11–15 Uhr), abends R$30 (16.30–20 Uhr). ⌚ Mo–Fr 9–21, Sa 9–18, So 10–16 Uhr.

Ilha dos Navegantes, Rua dos Navegantes 2055. Großes Bar-Restaurant mit netter Außenterrasse, Chope R$6, teure Hauptgerichte. Kostenl. Hoteltransfer hin und zurück, ✆ 81/3466 2122. ⌚ So–Do 12–2, Fr, Sa 12–4 Uhr.

Ilha Sushi / Ilha do Guaiamum / Ilha da Kosta II, Rua Maria Carolina. Komplex aus drei Restaurants: Japanisch, Meeresfrüchte und Pizzeria. ⌚ tgl. 11–2 Uhr.

Parraxaxá, Av. Fernando S. Barbosa 1200. Beste Adresse für die typische Sertanejo-Küche des Nordostens, super Kilo-Buffet (R$40–45), alles stilecht dekoriert. Unbedingt das Nachtischbuffet testen! ⌚ tgl. 11.30–16, 17.30–23 Uhr.

Pina

Mingus, Rua Atlântico 102. Eine der kulinarischen Top-Adressen! Großartig sind die Shrimps mit Ingwerkruste und Shitake-Risotto in Thai-Soße (*Camarão em Crosta perfumada*, R$69). Fleischliebhaber wählen Filet Mignon in Estragon-Soße mit gratinierten Penne (R$52). Schickes Ambiente mit seichter Hintergrundmusik. Ab 22 Uhr (Do–Sa) kleine Jazz- oder Bossa-Nova-Konzerte, bei denen Besitzer Nicola Sultanum gerne mitwirkt. ⌚ Mo 19.30–24, Di–Fr 12–15, 19.30–24, Sa 20–1, So 12–16 Uhr.

Ça Va, Rua Capitão Rebelinho 519, Pina. Nennt sich „modernes Bistrô", ist aber weit mehr als das. Tolles Ambiente, stimmungsvoll ausgeleuchtet und angenehm ruhig. Erstklassige Gerichte, man wählt einen Hauptgang und die Beilagen extra, z. B. *Filé de Salmão ao molho de tangerina* (Lachs in Mandarinensoße, R$39) mit Spargelrisotto (R$10) oder Tartiflette (R$9). Der Petit Gâteau mit Tapioca-Eis (R$15) ist ein Traum! Sehr gute Weine, perfekter Service. ⌚ Mo–Mi 12–15, 19–23, Do, Fr 12–15, 19–1, Sa 19–1, So 12.30–16 Uhr.

Biruta, Rua Bem-Te-Vi 15, Brasília Teimosa. Stimmungsvolles Bar-Restaurant am Strand (Nord-Ende von Pina). Toll bei Vollmond: Holzveranda, gedämpfte Beleuchtung und Meerblick, romantisch. Do ab 20 Uhr: Rock! ⌚ tgl. 12–1 Uhr.

Anjo Solto, Av. Herculano Bandeira 513, Galeria Joana d'Arc. Seit Jahren beste Creperia der Stadt. Treff der Kulturszene, Ausstellungen und Bar. Klimatisierter Innenraum oder Tische draußen. ⌚ tgl. ab 18 Uhr.

Pomodoro Café, Rua Capitão Rebelinho 424. Beliebter Italiener in nett dekoriertem Haus, Pasta R$24–39, Fisch/Fleisch R$36–58. ⌚ tgl. 19–24, So 12–15 Uhr.

Boi & Brasa Churrascaria, Av. Boa Viagem 97. Fleisch bis zum Abwinken (Rodízio R$45). Riesenbuffet mit Salaten, Meeresfrüchten und Sushi. ⌚ tgl. Mo–Do 12–16, 18–24, Fr–So 12–24 Uhr.

Zentrum

Die meisten Restaurants haben am Wochenende geschlossen.

Leite, Praça Joaquim Nabuco 147, Santo Antônio. Institution seit 1882, schon Jean-Paul Sartre und Orson Welles saßen hier. Tipp: *Cartola,* ein regionaler Nachtisch. ⌚ So–Fr 11–16 Uhr.

Bistrô & Boteco, Marco Zero. Gutes Self-Service (R$49/kg), Buffet mit vielen Salaten, abends auch à la carte, toller Blick aufs Wasser. ⌚ So–Do 11.30–24, Fr, Sa 11.30–2 Uhr.

Salada Mista, Rua do Hospício 59, Boa Vista. Gepflegtes Self-Service mit Auswahl an Nudeln und Salaten (R$32/kg). ⌚ Mo–Fr 11–20, Sa 11–16 Uhr.

NACHTLEBEN

Recife Antigo wirkt zurzeit wie in einer inoffiziellen zweiten Revitalisierung (die erste – offizielle – war vor ca. 10 Jahren), besonders am Wochenende ist in den Bars der **Rua da Moeda** viel los, es stehen Tische auf der Straße, Musik dröhnt aus den Boxen oder wird live gespielt – alternative Straßenszenerie.
Am gemütlichen Kirchplatz **Pátio São Pedro** in Santo Antônio herrscht abends ebenfalls Straßenbar-Atmosphäre. Di ab 19 Uhr gibt es **Terça Negra** („Schwarzer Dienstag"), lokale Bands heizen mit „schwarzen" Rhythmen ein.
Im Hinterhof der netten, von außen unscheinbaren **Galeria Joana d'Arc** in Pina trifft sich eine alternative Szene (auch GLS) in trendy Bars und Restaurants.
Folklore-Shows (Maracatu, Frevo, Afoxé) finden Do ab 19 Uhr im **Palácio do Galo da Madrugada**, Praça Sérgio Loreto, Santo Antônio, dem Hauptsitz des berühmten Karnevalsvereins statt, Eintritt R$20.
In Boa Viagem geht man gerne in den **2o (Segundo) Jardim** („zweiter Garten"), wo einige gute Bars und Restaurants Tür an Tür liegen.
Übrigens sollte man sich nicht über die vielen Whiskey-Flaschen in etlichen Bars wundern – Recife ist die Stadt mit dem höchsten Pro-Kopf-Konsum Brasiliens und es gehört zum guten Ton, eine Flasche mit dem eigenen Namen in der Stammkneipe stehen zu haben.

Recife Antigo und Boa Vista

Burburinho, Rua Tomazina 106. Lässig-alternative Bar mit Live-Musik lokaler Nachwuchsbands. Gemischtes Publikum, auch gute *Pastéis.* ⌚ Mi–Sa ab 17 Uhr.
Downtown Pub, Rua Vigário Tenório 105. Pub mit Billardtischen *(Sinuca)*, am Wochenende Dance-Club mit Live-Bands. ⌚ Do–Sa 23–5 Uhr, Eintritt um R$15.
Central, Rua Mamede Simões 144. Beliebter Treffpunkt der Künstler- und Akademikerszene. Tipp: Shrimps in Mango-Curry (R$32). ⌚ Mo–Fr 12–2, Sa 20–2 Uhr.

Boa Viagem und Pina

Boratcho, Galeria Joana d'Arc, Pina. Öfters ausgelassene Partys, House, Drum'n'Bass, Samba-Rock. Sonst lässiges Bar-Restaurant (mexikanisch) mit Biergarten-Hinterhof-Atmosphäre. ⌚ tgl. ab 19 Uhr.
Fiteiro, Rua Capitão Rebelinho 520. Halboffenes Bar-Restaurant, beliebt bei Jurastudenten, etwas schicker, aber lockere Stimmung, gute Live-Musik (Mi–Sa ab 22 Uhr, Couvert R$5–12), Chope R$8. ⌚ So–Do 11–24, Fr, Sa 11–3 Uhr.
UK Pub, Rua Francisco da Cunha 165. Eine der besten Dance-Adressen, Edel-„Pub" mit Sofas und Holztischen. Diverse Importbiere, auch frisches Chope. ⌚ Di 20–2, Do–Sa 20–5, So 18–2 Uhr, Eintritt R$15–20.

KULTUR

€ Die Kulturzentren der Bankinstitute **Centro Cultural dos Correios**, Av. Marquês de Olinda 262 (⌚ Di–Fr 9–18, Sa, So 12–18 Uhr) und **Santander Cultural**, Av. Rio Branco 23, (⌚ tgl. 12–20 Uhr) bieten in liebevoll restaurierten Jahrhundertwendegebäuden in Recife Antigo ein hervorragendes wechselndes Kulturprogramm von Ausstellungen (gratis) bis Tanz, Theater und Musik (zivile Preise).
Aktuelle Infos zur **Kulturszene** gibt es auf der Homepage der Kulturbehörde: 💻 www.recife.pe.gov.br/agendacultural, oder im Monatsheft „Agenda Cultural" bzw. im Faltblatt „Acontece", die an vielen Stellen verteilt werden.

EINKAUFEN

Einkaufszentren

Das schönste Einkaufszentrum der Stadt ist das **Shopping Paço Alfândega**, Rua da Alfândega 35, Recife Antigo. Errichtet auf den Grundmauern des alten Zollamtes (1732) ist es eine architektonisch gelungene Melange aus Tradition und Moderne. Die Dachterrasse bietet einen Ausblick über den Rio Beberibe und Santo Antônio. Im Gebäude befindet sich das **Espaço Histórico-Cultural** mit einer interessanten Ausstellung zur Geschichte Recifes. ⌚ Mo–Sa 10–22, So 12–21 Uhr.

Souvenirs und Kunsthandwerk

Nett ist der Sonntagsmarkt **Domingo na Rua** in der Rua Bom Jesus, Recife Antigo, mit kleinen Kunstständen und regionalen Speisen. ⌚ So 14–21 Uhr.

Hängematten und Kunsthandwerk gibt es in der **Casa da Cultura**, Rua Floriano Peixoto, Santo Antônio. ⏲ Mo–Fr 9–19, Sa 9–18, So 9–14 Uhr.
Neben dem Marco Zero in Recife Antigo ist im alten Hafengebäude das **Centro de Artesanato** eingerichtet, in dem 16 000 Beispiele des Kunsthandwerks aus ganz Pernambuco ausgestellt sind. Interessante Werke zu allerdings gesalzenen Preisen. ⏲ Mo 14–20, Di–So 10–20 Uhr.

TOUREN

Bootstouren

Catamaran Tours, ✆ 81/3424 2845, 💻 www.catamarantours.com.br.
Recife vom Wasser aus: Schöne Bootsfahrt (1 1/4 Std., R$38) zum Sonnenuntergang über den Rio Capibaribe. Unter jeder Brücke wird geklatscht und man darf sich etwas wünschen. Abfahrt tgl. 16 und 20 Uhr (So auch 10 Uhr) am Cais das Cinco Pontas (50 m hinter dem Fort). Andere Ausflüge führen in die Stadtviertel Recifes, in die Mangroven oder bis Itamaracá.

Touranbieter

Martur, ✆ 81/3465 7778, 💻 www.martur.com.br, Flughafen, Ankunftshalle unten, ⏲ tgl. 7–22 Uhr; Praça de Boa Viagem, ⏲ Mo–Fr 10–18 Uhr; Ausflüge, Flüge, Autovermietung, Bustickets u. a.

SONSTIGES

Bücher

Livraria Cultura, Rua Madre de Deus, beim Shopping Paço Alfândega, Recife Antigo, 💻 www.livrariacultura.com.br. Große Buchhandlung u. a. mit englischen Titeln. Deutsche Bücher auf Bestellung. ⏲ Mo–Sa 10–22, So 14–21 Uhr.

Geld

Banco do Brasil, ⏲ Mo–Fr 10–16 Uhr (alle Karten): Av. Rio Branco 240, Recife Antigo (Geldautomat Mo–Fr 8–18 Uhr); Av. 7 de Setembro, Boa Vista (Geldautomat Mo–Fr 8–18, Sa 8–16 Uhr); Av. Eng. Dom. Ferreira 3452, Boa Viagem (Geldautomat tgl. 8–18 Uhr).
Geldwechsel: **Confidence Câmbio**, Flughafen, Gate A2, Desembarque Norte. ⏲ tgl. 24 Std. **Europa Câmbio**, unter anderem Praça de Boa Viagem. ⏲ Mo–Fr 9–17, Sa 9–12 Uhr.

Informationen

Infostände: u. a. **Recife Antigo**, Rua da Guia, ✆ 81/3232 2942, ⏲ tgl. 8.30–20.30 Uhr; **Mercado de São José**, ⏲ Mo–Fr 9–17 Uhr; **Praça de Boa Viagem**, ✆ 81/3182 8297, ⏲ tgl. 8–20 Uhr; **Flughafen**, ✆ 81/3182 8299, ⏲ 24 Std; **Rodoviária**, ✆ 81/3182 8298, ⏲ tgl. 7–19 Uhr; **Pátio de São Pedro**, ⏲ Mo–Fr 9–17 Uhr. Informations-Telefon: ✆ 81/3232 8409.

Internet

Internet-Cafés gibt es vor allem in der Av. Conde da Boa Vista (R$2), wenige in Boa Viagem.

Medizinische Hilfe

Real Hospital Português, Av. Cons. Aguiar 147, Boa Viagem, ✆ 81/3416 1800.

NAHVERKEHR

Busse

Die **Haltestellen** in Boa Viagem an den Achsen Av. Eng. Domingos Ferreira (nach Süden) und Av. Cons. Aguiar (nach Norden) sind durchnummeriert, nur sind die Schilder teilweise unlesbar oder verschwunden (Fahrt R$2,25, einige Linien R$3,45, So halber Preis, Einstieg vorn).
Von Boa Viagem zur Rodoviária: Bus *080 Joana Bezerra/Boa Viagem* bis Metro Joana Bezerra oder *039 Setúbal (Príncipe)* bis Metro Estação Central.
Recife Antigo über Boa Vista nach Boa Viagem (und zurück): Bus *032 Setúbal/Conde Boa Vista* oder *042 Aeroporto*.
Nach Olinda: Von Boa Viagem Bus *910 Rio Doce/Piedade*, Haltestellen entlang der Av. Cons. Aguiar, außer Nr. 17 (alle 20 Min., 30–45 Min., R$3,45). Von Santo Antônio (Rua Floriano Peixoto) Busse *983 Rio Doce/Princesa Isabel*, *992 Pau Amarelo* und *973 Casa Caiada* (15–25 Min., R$2,25).

Vom Flughafen
Bus *033 Aeroporto* fährt alle 20 Min. nach **Boa Viagem** (15 Min.) und weiter zur Av. Dantas Barreto im **Zentrum** (30 Min., Haltestelle auf der anderen Seite der Hauptstraße). Oder der klimatisierte, schnellere *042 Aeroporto Opcional* (R$2,65, Haltestelle vor dem Flughafengebäude).
Ins Zentrum fahren auch Busse *153 Jordão Alto, 152 Jordão Baixo* (via Boa Viagem), *161 Brigadeiro Ivo Borges* und *163 Cajueiro Seco* (Haltestelle auf der anderen Seite der Hauptstraße).
Nach **Olinda**: Bus bis Boa Viagem (Av. Cons. Aguiar), dort Bus *Rio Doce/Piedade*.

DER NORDOSTEN

Metro
Eine Metro-Linie verbindet Recife Antigo (Estação Central) mit der Rodoviária (30 Min., R$1,60). Vom Zentrum: Richtung Camaragibe. Vom Busbahnhof: jeder Zug.
Seit 2009 existiert die Linie vom **Flughafen** nach Recife Antigo (zur Rodoviária in der Estação Joana Bezerra umsteigen). Die Station liegt ca. 400 m außerhalb des Flughafengebäudes, eine Fußgängerbrücke war im Bau.

Taxi
Recife Taxi, ✆ 81/3424 3020.
Vom **Busbahnhof** nach Olinda ca. R$45–50, bis Boa Viagem R$40–45. Vom **Flughafen** nach Boa Viagem R$10–20, ins Zentrum R$30–35, nach Olinda R$45–50. Die Flughafen-Taxis *(Especial)* sind teurer, besser sind die roten Taxis *Comum,* vorher Fixpreis festlegen, etwas Handeln ist möglich.

TRANSPORT

Flüge
Aeroporto Internacional do Recife/ Guararapes, ✆ 81/3322 4353. Einer der modernsten Flughäfen Südamerikas. Internationale Direktflüge nach Frankfurt (Condor) und Lissabon (Tap).

Fluggesellschaften: **Avianca**, ✆ 81/3322 4647; **Azul/Trip**, ✆ 81/4003 1118; **Gol**, ✆ 0300/ 115 2121; **TAM**, ✆ 0800/570 5700; **TAP**, ✆ 81/3341 0654.

Busse
Der Busbahnhof **TIP** (Terminal Integrado de Passageiros), ✆ 81/3207 1088, ist gut ausgestattet (Post, Geldautomaten, Internet etc.), liegt aber weit außerhalb (Metro-Anschluss ins Zentrum und zum Flughafen). **Real Alagoas**, ✆ 81/3452 9400, liefert Fahrkarten.
Aracaju: Real Alagoas, ✆ 81/3452 1211, tgl. 12 Uhr; Progresso, ✆ 81/2121 9000, tgl. 23 Uhr; Transbrasil, ✆ 81/4141 0614, tgl. 8.40, 13.20 und 19.30 Uhr; 7–9 Std., R$75–80.
Caruaru: Progresso, 16x tgl. bis 23.30 Uhr, 2 Std., R$25.
Fortaleza: Guanabara, ✆ 81/2101 1992, tgl. 8.15, 19 und 19.15 Uhr, 12 Std., R$131–194.
João Pessoa: Progresso und Bonfim, ✆ 81/3452 1155, halbstdl. bis 19.30 Uhr, 2 1/2 Std., R$24–29.
Maceió: Real Alagoas, 12x tgl. bis 24 Uhr; 4 1/2 Std., R$30–60.
Maragogi/Japaratinga: Real Alagoas, tgl. 4.15 und 11 Uhr, 3 Std., R$21. Oder 5x tgl. „via Litoral", aber voller Fahrpreis nach Maceió.
Natal: Progresso, 9x tgl. bis 24 Uhr, 4 1/2 Std., R$44–63.
Petrolina: Progresso, tgl. 6, 20.30, 20.40 und 21 Uhr, 10 Std., R$85–120. Weiterfahrt nach **São Raimundo Nonato** (Serra da Capivara).
Salvador: Itapemirim, ✆ 81/3452 2111, tgl. 13.30 und 19 Uhr; Transbrasil, 8.40, 13.20 und 19.30 Uhr; 13 Std., R$126–205; Ticketschalter auch in Olinda, Rua 15 de Novembro, Nähe Mercado Eufrásio Barbosa.

Von der Haltestelle **Av. Dantas Barreto** im Zentrum fahren Busse in den **Litoral Sul**, teils mit Umstieg in **Cabo de Santo Agostinho** (alle 15–20 Min., 1–2 Std., R$4):
Gaibu: Vom Umsteigebusbahnhof *Terminal Integrado* in Cabo ohne zusätzliche Kosten, ca. alle 15 Min. (40 Min.).
Porto de Galinhas: Cruzeiro, 18x tgl. bis 21 Uhr, 2 Std., R$6. Dieser Bus hält auch am Flughafen (vor dem alten Flughafengebäude). Ab Rodoviária: Mit Metro bis Flughafen, dort umsteigen.
Tamandaré/Carneiros: Cruzeiro, tgl. 7, 10, 14 und 17.30 Uhr, 3 1/2 Std., R$14, Ausstieg an der Strandeinfahrt von Carneiros.

Nördlich von Recife

12 HIGHLIGHT

Olinda

Das nur 6 km entfernte Olinda (376 000 Einw.) liegt idyllisch auf grünen Hügeln und gilt als kleine Schwester von Recife. Wegen der romantischen Altstadt mit ihren bunten Kolonialhäuschen, teils mit maurischen Balkonen oder portugiesischen Fliesen, den 22 gut erhaltenen Kirchen, elf Kapellen sowie mehreren Museen quartieren sich viele Besucher gleich hier ein. Ihren architektonischen Reichtum verdankt Olinda der Rolle als erste Hauptstadt Pernambucos (1676–1827) und der Ansiedlung von Jesuiten-, Karmeliter-, Benediktiner- und Franziskanermönchen. Ihr Gründer Duarte de Coelho soll beim Anblick der sanften Hügel ausgerufen haben: „Ô, linda posição para uma vila!" (Oh, schöne Lage für eine Stadt!), woraus später der Name der „Schönen" entstanden sein könnte. 1982 wurde sie von der Unesco wegen ihres geschlossenen kolonialen Bildes zum Weltkulturerbe erklärt.

Olindas Charme liegt in der Kombination von historischen Gebäuden und zahlreichen Bars und Restaurants an steilen Altstadtgassen, in deren Häusern zudem mehr als 70 Ateliers und Kunstgeschäfte eingerichtet sind. Auch die Musik hat einen prägenden Einfluss. Der **Straßenkarneval** von Olinda zählt zu den lebendigsten und bekanntesten in Brasilien; Maracatu und Frevo sind die bestimmenden Rhythmen. Die lebendige Tradition zeigt sich auch in freitäglichen Musik-Umzügen durch die Altstadt, sog. **Serestas** oder Serenatas (Abmarsch gegen 22 Uhr von der Praça João Alfredo).

Ebenfalls ein Erlebnis sind die bunten Folklore-Darbietungen, die oft Samstag- und Sonntagabend auf dem **Alto da Sé** stattfinden. Die Aussicht von der höchsten Stelle ist majestätisch. Vor allem sonntags gehört es zum „Programm", einen der berühmten *Tapiocas* (Maniok-Pfannkuchen) zu essen. Die traditionelle Variante ist mit Kokosraspeln und weißem Käse gefüllt, aber auch süße Varianten oder Versionen mit Fleisch sind zu haben. Sonntags finden auf dem Platz außerdem oft mitreißende Maracatu- oder Samba-Shows statt.

Olindas Altstadt ist so klein, dass mit Straßenkarte alle Sehenswürdigkeiten leicht allein zu finden sind. In den Gassen kann man sich treiben lassen und dabei neben der **Rua do Amparo** auch in den ebenfalls hübschen **Ruas Bernardo Vieira de Melo** oder **13 de Maio** in Ateliers oder Cafés einkehren. Die sich überall anbietenden Guides sind nicht nötig, zumal kaum einer ausreichend Englisch spricht. Die Führungen sind nicht umsonst, auch wenn etwas anderes behauptet wird (Preis vorher vereinbaren). Englischsprachige Guides der örtlichen Vereinigung (ACNO) können über Pousadas gebucht werden.

Sehenswertes

Fast alle Kirchen wurden 1631 von den Holländern niedergebrannt und später wieder aufgebaut. Auf einem schönen Rundgang kann man die meisten besichtigen. Zunächst erfordert der Spaziergang etwas Kondition, aber nach dem ersten steilen Aufstieg geht es fast nur noch bergab.

Über die steile Ladeira da Misericórdia (oder Rua Saldanha Marinho) gelangt man zur **Igreja N. S. da Misericórdia** mit dem Krankenhaus Santa Casa (1540, ab 1654 restauriert). Wunderschöne Azulejos zieren den Eingangsbereich; Decke, Kanzel und Altar sind voluminös geschnitzt und farbenfroh im spätbarocken Stil bemalt. In der Sakristei verbirgt sich ein Taufbecken aus Marmor. Die Kirche kann nur zu Gebetsstunden besucht werden. ⏲ Mo–Sa 6.20, 11.45, 18, So 7.30–9, 11.45, 18 Uhr.

Einige Schritte weiter liegen in einer Sackgasse die **Igreja da Conceição** (17. Jh.) mit dem **Convento de N. S. da Conceição**. Beide Gebäude sind für die Öffentlichkeit geschlossen, doch ihr beschaulicher Garten ist einen Besuch wert. Der Straße weiter folgend gelangt man zur Hauptkirche von Olinda, der **Igreja da Sé** (1537, 1656 restauriert), seit 1677 Sitz des Erzbischofs von Recife und Olinda. Als erste Kirche Olindas zeigt sich die Kathedrale in schlichter, aber eindeutiger Renaissance-Bauweise. Der goldverzierte Seitenaltar und die portugiesischen Azulejos blieben die einzigen Verzierungen. Von der Terrasse bietet sich ein traumhafter Panoramablick über Olinda und Recife. 🕒 Di–So 9–17 Uhr.

Noch besser ist der Blick nur von der **Aussichtterrasse** des alten Wasserturms davor, der jetzt renoviert und mit einem Fahrstuhl versehen ist, vor dem sich meist Warteschlangen bilden. 🕒 tgl. 9–12, 13–17 Uhr, Eintritt frei.

Weiter bergab führt ein kleiner Weg links hinauf zur **Igreja N. S. das Graças** (1550). Trotz der Brandschäden blieben architektonische Merkmale aus der Renaissance erhalten. Die Kirche besitzt Brasiliens älteste Seitenaltäre aus Stein (17. Jh.). Eingang durch eine kleine Seitentür. Besichtigung vorher vereinbaren, ✆ 81/3429 0627, oder vor Ort um Einlass bitten. 🕒 Mo–Fr 11–13 Uhr.

Etwas weiter erreicht man das **Convento de São Francisco** (1585), die älteste und bedeutendste Anlage des Franziskanerordens in Brasilien und wichtigste kirchliche Sehenswürdigkeit in Olinda. Der Komplex ist außergewöhnlich gut erhalten: Er beherbergt drei prachtvolle Kapellen, eine überwältigende Sakristei, einen romantischen Klosterhof und mehrere Konventräume. Die Hauptattraktion des Konvents ist die **Igreja N. S. das Neves** (1585) mit der **Kapelle São Roque** (1753), die das Seitenschiff bildet. Mit ihrer facettierten Deckenbemalung, den portugiesischen Azulejos und den vergoldeten Stuckarbeiten bilden diese Räume einen Gegeneindruck zu anderen Kirchen dieser Zeit. Die **Kapelle Capítulo** (1577) und die **Capela de Santa Anna** (1754) gehen vom Klosterhof ab, der angrenzende Klostergarten samt Terrasse ist ein Geheimtipp. 🕒 Mo–Fr 9–12.30, 14–17.30, Sa 9–12 Uhr, Eintritt R$3.

Weiter der Rua de São Francisco folgend, erreicht man die zentrale **Praça do Carmo**. Hier steht das Wahrzeichen der Stadt: die **Igreja de Santo Antônio do Carmo** (1580), älteste Karmeliterkirche Brasiliens. Auch sie blieb von den Brandstiftungen nicht verschont, lediglich der Altar aus dem 16. Jh. und das Renaissanceportal der Fassade zeugen noch von der ursprünglichen Konzeption. 🕒 Mo–Sa 8–17 Uhr.

Im Südteil der Altstadt liegt das Benediktinerkloster **Basílica e Mosteiro de São Bento** (1599 gebaut, 1761 neu errichtet). Seine **Kirche** besitzt einen der beeindruckendsten Altäre Brasiliens (1783–86): Der 14 m hohe, geschnitzte und vergoldete Altar wurde 2001 acht Monate lang

Höhepunkt jedes Olinda-Besuches: die spätbarocke Kirche São Bento mit ihrem vergoldeten Altar

DER NORDOSTEN

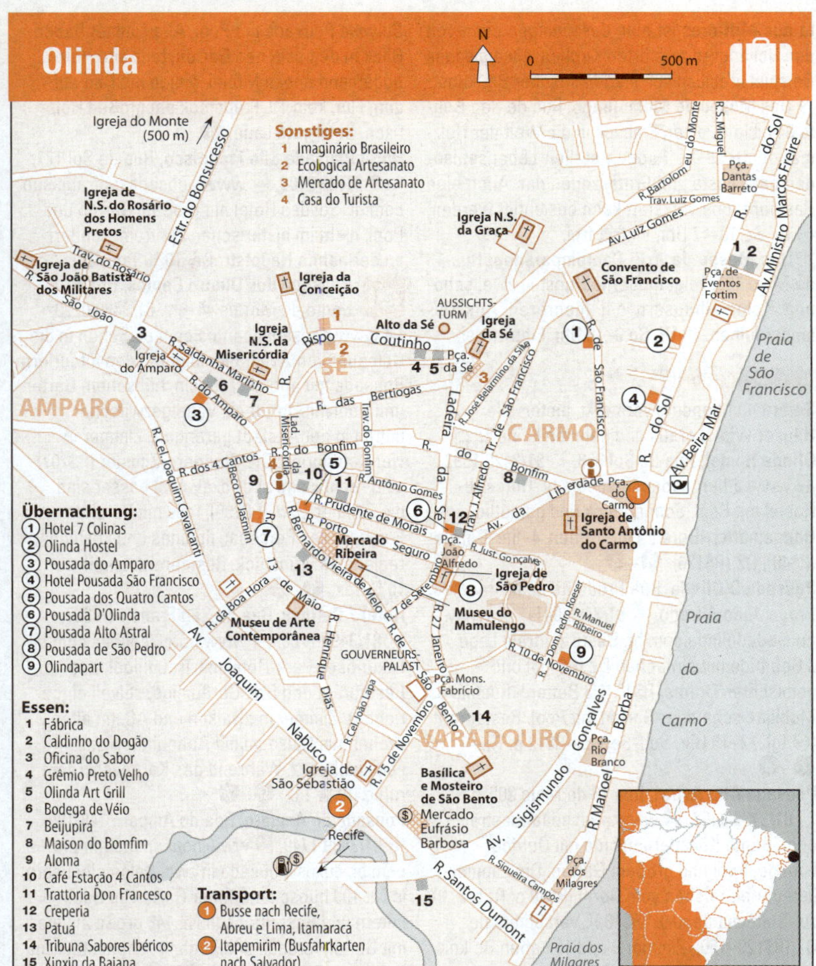

restauriert und in 52 Einzelteilen zu einer Ausstellung ins New Yorker Guggenheim Museum verschickt. Das **Kloster** samt Sakristei ist für die Öffentlichkeit geschlossen. 🕒 tgl. 5.30–11.45, 14–18.30 Uhr, So 10 Uhr Messe mit gregorianischen Gesängen.

Im Westen der Altstadt liegen drei kleinere Kirchen: Die **Igreja de N. S. do Rosário dos Homens Pretos** (17. Jh.) wurde von Sklaven errichtet und kürzlich restauriert. Die in Juwelenform bemalten Kreuzbögen, die schwarzen Heiligenfiguren und die als Altar dienende Holztruhe sind einzigartig in Olinda. Die Kirche ist für die Öffentlichkeit geschlossen, aber wer ruft oder klopft, darf eintreten. Etwas weiter den Berg hinauf liegt die **Igreja do Monte**, womöglich die älteste Kirche Brasiliens. Die im angrenzenden Kloster lebenden Nonnen singen täglich um 17 Uhr ihr Gebet. 🕒 tgl. 9–11, 11.30–17 Uhr. Die am Rande einer Favela liegende **Igreja de São João Batis-**

ta dos Militares ist eine der wenigen nicht von den Holländern zerstörten Kirchen, ein typisches Beispiel brasilianisch manieristischer Baukunst.

Das **Museu do Mamulengo**, Rua de São Bento 344, bietet einen Einblick in die Welt der Holzmarionetten. Die Puppen stellen Lebensepisoden oder Feste und Ernteszenen dar. Auch eine Restaurationswerkstatt kann besichtigt werden. ⏲ Di–So 10–17 Uhr, Eintritt frei.

Das **Museu de Arte Contemporânea**, Rua 13 de Maio 153, zeigt moderne Kunst in zwei schönen Kolonialhäusern mit mehreren Ausstellungsräumen. ⏲ Di–So 9–18 Uhr, Eintritt frei.

ÜBERNACHTUNG

DER NORDOSTEN

Sofern nicht anders vermerkt, bieten alle Häuser WLAN gratis und nehmen keine Tax.

Olinda Hostel, Rua do Sol 233, ✆ 81/3429 1592, 💻 www.alberguedeolinda.com.br. Gutes HI-Hostel mit Pool, Sonnendeck und gemütlichem Hängematten-Bereich im Grünen. 4–8er-Dorms (R$40), DZ (R$120). ❷–❸

Pousada D'Olinda, Rua Prudente de Morais 178, Praça João Alfredo, ✆ 81/3493 6011, 💻 www.pousadadolinda.com.br. Beste zentrale Lage, 3 Gebäude mit einfachen DZ (R$150) und gemischten Dorms (R$40, 4/8 Betten). Rustikales Mobiliar, schattiger Garten mit Pool. Restaurant (⏲ tgl. 12–15 Uhr, Self-Service R$12 p. P.). ❷–❸

Pousada Alto Astral, Rua 13 de Maio 305, ✆ 81/3439 3453, 💻 www.pousadaaltoastral.com. Bunte Künstlerpousada mit Outdoor-Lounge, Pool und großem Garten. Die Zimmerkategorien reichen vom Dorm (R$40 p. P.) bis zur Suite mit Jacuzzi (R$180). Verschiedene DZ (R$120–150), Zimmer 9 und 10 haben Balkon und super Blick, werden aber sehr warm, Nr. 8 hat denselben Blick, Nr. 2 unten ist luftiger und besser ausgestattet. ❷–❹

€ **Olindapart**, Rua 10 de Novembro 93, ✆ 81/3429 4183, 💻 www.olindapart.com. Das weiße runde Gebäude bietet 8 Künstlern Raum zum Arbeiten und enthält mehrere Mini-Apartments mit Kochgelegenheit, die tage- oder monatsweise vermietet werden (DZ ab R$120). Schöner Garten und ruhige Lage. ❸

Pousada de São Pedro, Rua 27 de Janeiro 95, ✆ 81/3439 9546, 💻 www.pousadapedro.com. Stilvolle Pousada mit Pool. Alle Zimmer haben Blick in den schönen Garten, teils alte Holzböden und antike Möbel, einige mit Bad auf dem Flur, kein TV. Frühstück am großen Holztisch. Sehr gute Lage. ❹

Hotel Pousada São Francisco, Rua do Sol 127, ✆ 81/3429 2109, 💻 www.pousadasaofrancisco.com.br. Solides Hotel mit großem Garten und Pool, nicht im historischen Zentrum, sondern an der nahen Hauptstraße. 10 % Tax. ❹

Pousada dos Quatro Cantos, Rua Prudente de Morais 441, ✆ 81/3429 0220, 💻 www.pousada4cantos.com.br. Schön in die Gemäuer von zwei Kolonialgebäuden integrierte Pousada mit antiken Möbeln, hübschem Garten und Pool mit Holzdeck. Vogelgezwitscher mitten in der Altstadt garantiert. Zimmer in vier Kategorien: Die Standard-Zimmer (R$207) sind recht klein, aber okay. Viel besser sind die Zimmer *Luxo* (R$290), teils mit Veranda. Freundliches Personal, üppiges und köstliches regionales Frühstück. Restaurant. Englisch. 10 % Tax. ❺–❻

Hotel 7 Colinas, Rua de São Francisco 307, ✆ 81/3493 7766, 💻 www.hotel7colinas.com.br. Luxuriöses Park-Hotel mit Traumpool, Jacuzzi, Restaurant und Bar. Geräumige, stilvoll eingerichtete Zimmer mit Balkon und AC. Im alten Wohnhaus Museum mit Antiquitäten aus Familienbesitz. Während des Karnevals recht ruhig. 10 % Tax. ❻–❼

Pousada do Amparo, Rua do Amparo 148/199, ✆ 81/3439 1749, 💻 www.pousadadoamparo.com.br. Luxus-Pousada in zwei Kolonialhäusern, in Nr. 199 hübscher offener Garten im Hausinnern und Restaurant, in Nr. 148 große Zimmer mit Gartenveranda und Zugang zum Restaurant Beijupirá (DZ R$240–460). ❺–❽

ESSEN

Tapiocas werden an vielen Ständen am Alto da Sé auf Holzkohlen zubereitet (R$3–8). ⏲ tgl. 15–23 Uhr.

Patuá, Rua Bernardo V. de Melo 79. Sehr gutes Restaurant mit brasilianisch-internationaler Küche und hübscher Deko. Tipp: *Peixe Kyoto* (R$33): Fischfilet gegrillt, in Shitake-Soße mit Basilikumöl. Dazu ein leckerer Fruchtsaft, z. B. Ananas mit Pfefferminz *(Abacaxi*

Karneval in Olinda und Recife

Der Karneval von Olinda/Recife gilt von den drei großen Karnevals Brasiliens als der traditionellste und am wenigsten kommerzialisierte. Die Pernambucanos nennen ihn stolz „demokratischer Karneval" – alle dürfen mitmachen, auch ohne teures Abadá-T-Shirt, wie in Salvador verlangt. Die Teilnehmer, die *Foliões,* verkleiden sich gerne mit Freunden in Gruppen als Hexen, Mediziner, Fantasiegestalten. Die feiernde Menge zieht durch die engen Altstadtgassen, begleitet von Blasorchestern, Rhythmusgruppen und riesigen Pappmaché-Puppen *(Bonecos gigantes),* wie man sie aus Mainz kennt. Statt Samba und Axé sorgen hier **Frevo** und **Maracatu** für zuckende Beine.

Die Vorbereitungen beginnen bereits im Januar mit Proben der Blocos und dem Schmücken der Straßen, ab Dezember ist an jedem Wochenende ein kleiner Karneval in der Altstadt. Am Samstag vor dem offiziellen Beginn findet das Wettrennen **Corrido dos Bonecos** statt, am Sonntag die Parade der **Virgens do Bairro Novo**, ein bunter Umzug, bei dem sich Männer in Frauenkleidern zeigen (beides etwa 10–16 Uhr). Während des eigentlichen Karnevals wird zwischen Samstag und Dienstag tagsüber in Olinda gefeiert, abends verlagert sich das Fest nach Recife. Die größte Bühne für Live-Konzerte steht in Olinda an der Praça do Carmo. Ringsherum versorgen Dutzende Stände die Feiernden mit Getränken und Snacks. Hotelzimmer sind in dieser Zeit teuer und schwer zu finden, doch viele Einheimische vermieten Privatzimmer.

Karneval in Recife

Der Karneval von Recife beginnt am **Samstag** um 10 Uhr mit dem riesigen Umzug **Galo da Madrugada** – bis zu eine Million Menschen füllen die Brücken und Straßen der Altstadt (bis ca. 16 Uhr). Am Vorabend findet hier die *Abertura* statt, die offizielle Eröffnung mit Live-Musik und vielen Ständen, aber eher noch ein Vorgeplänkel. Von **Sonntag bis Dienstag** laufen tagsüber kleinere Blocos durch Recife Antigo, abends geht's los: Große Festumzüge, Live-Konzerte und Musik bis zum Umfallen an jeder Ecke der Altstadt! Die Hauptbühne steht an der Praça do Marco Zero, weitere Shows u. a. auf dem Pátio de São Pedro. **Mittwoch** ist offizieller Abschluss des Karnevals, dazu trifft man sich in Olinda (Alto da Sé) zum Bloco *Bacalhau do Batata* (7–12 Uhr).

Die Stadt Recife verteilt an vielen Stellen **Programmhefte** mit einer Übersicht aller Veranstaltungen, einschließlich der Proben der Maracatu-Gruppen in den Wochen vor dem Karneval. Tipp: In anderen Stadtteilen sind die Shows oft weniger überlaufen.

com hortelã). Zum Nachtisch muss man unbedingt „Huuuuuuum!!!" probieren, wie der Name sagt: leeecker! Hinten ein klimatisierter Raum mit Recife-Blick. 🕒 Di–So 11–16, Mi–Sa 18–22 Uhr.

Oficina do Sabor, Rua do Amparo 335, ✆ 81/3429 3331. Preisgekröntes Restaurant mit moderner regionaler Küche. Romantische Terrasse mit Blick über das Lichtermeer Recifes. Tipp: *Jerimum recheado* (gefüllter Kürbis mit Krabben in Mango-Creme) (R$120/2 Pers.). Reservieren. 🕒 Di–Fr 12–16, 18–24, Sa 12–1, So 12–17 Uhr.

Trattoria Don Francesco, Rua Prudente de Morais 358. Zu Jazz-Musik reicht Besitzer Francesco Gerichte nach alten venezianischen Rezepten. Viele Zutaten hausgemacht, eigener Gemüse- und Kräutergarten. Tipp: Carpaccio venezianische Art. 🕒 Mo–Fr 11.30–15, 18.30–23, Sa 18–24, So 11.30–16 Uhr.

€ **Olinda Art Grill**, Alto da Sé. Gemütliches Restaurant auf einer Terrasse mit super Aussicht, typische regionale Gerichte, günstig und lecker, manchmal Live-Musik: Forró, Capoeira (Couvert R$6). 🕒 Di–Sa 12–23, So 12–19 Uhr.

Creperia, Praça Cons. João Alfredo 168. Leckere Crêpes (ab R$14), Pizza und Salate in rustikalem Haus mit Gärtchen. Internationale Atmosphäre. 🕒 tgl. 11–23 Uhr.

Maison do Bomfim, Rua do Bomfim 115. Exotisch inspirierte, hervorragende französische

Küche (Tipp: *Crevettes à l'Orange*, Garnelen in Orangensauce, R$42), abends auch Pizza. Nettes Gärtchen mit nur zwei Tischen und Kerzen. ⌚ Mo 18–24, Di 12–16, Mi–Sa 12–16, 18–1, So 12–21 Uhr.

Beijupirá, Rua Saldanha Marinho. Das Lokal verteilt sich über mehrere Terrassen am Hang hinter der Igreja da Sé, leckere Meeresfrüchte und Fischgerichte (R$60–70). ⌚ Mo, Do–Sa 12–24, Mi 18–24, So 12–17 Uhr.

Tribuna Sabores Ibéricos, Rua de São Bento 210. Schlichtes Restaurant des portugiesischen Spitzenkochs Jaime Alves. Spezialität: zehn verschiedene Stockfisch-Zubereitungen. Danach: *Cocada mole* mit Portwein. Hinten Terrasse mit Kräutergarten. ⌚ Di–So 11–16, 18–1 Uhr.

Café Estação 4 Cantos, Rua Prudente de Morais 440. Gemütliches Café im Hof einer Galerie. Espresso, heiße Schokolade, Quiches, Kuchen und Sandwiches (R$4–12). Tipp: *Bolo de Mainha* (Kuchen nach Mamas Art) mit Schoko und Sahne. Fr/Sa Live-Musik. ⌚ Di–Do 11.30–21, Fr, Sa 11.30–22.30, So 12.30–21 Uhr.

NACHTLEBEN

Nette, gut besuchte Open-Air-Bars liegen an der Praça de Eventos Fortim, z. B. **Caldinho do Dogão** oder **Fábrica**, ab 20 Uhr Live-Musik. ⌚ Di–So ab 17 Uhr.

Xinxin da Baiana, Av. Sigismundo Gonçalves 742. *Die* Adresse für lange Abende und neue Bekanntschaften ist ein unscheinbares Straßenlokal mit schmalem Schankraum. Hier spielt Diogo LPs mit Jazz, Reggae oder regionaler Musik, dazu Bier und Häppchen oder günstige Hausmannskost. ⌚ Di–So 19–2 Uhr.

Bodega de Véio, Rua do Amparo 212. Treffpunkt der Künstlerszene, Do ab 19.30 Uhr lässige Straßenparty mit Live-Musik (Forró) auf dem Gehsteig gegenüber. ⌚ Mo–Sa 8–23, So 8–14 Uhr.

Grêmio Preto Velho, Alto da Sé. Reggae, Samba, Billigwein – volkstümliche Bar einer Sambaschule, So meist Live-Samba, sonst unterschiedliche Stile und Publikum. Terrasse mit Blick aufs nächtliche Recife. ⌚ Do–So 18–2 Uhr.

Aloma, Rua do Amparo 3. Beliebte Bar und Kunstatelier, kleine Snacks und Suppen. Do Open Stage für Musiker aller Stilrichtungen. ⌚ Di–So 19–24 Uhr.

SONSTIGES

Geld

Banco do Brasil-Geldautomat in der Tankstelle schräg gegenüber dem Mercado Eufrásio Barbosa. ⌚ So–Fr 7–23 Uhr, Sa 24 Std. Filiale: Av. Getúlio Vargas 1470, Bairro Novo. ⌚ Mo–Fr 10–16 Uhr.

Informationen

Casa do Turista, Rua Prudente de Morais 472, ✆ 81/3305 1060. ⌚ Mo–Fr 8–18, Sa, So 9–18 Uhr.

Tourist Info (Empetur), Av. da Liberdade, ✆ 81/3429 0244. ⌚ tgl. 8–18 Uhr.

Märkte

Mercado Ribeira, Rua Bernardo Vieira de Melo. Ehemaliger Sklavenmarkt, in dem lokale Handwerkskunst verkauft wird: Decken, Hüte, Bilderrahmen. Hier auch Ausstellung der riesigen Karnevalspuppen (bis 3 m hoch und 30 kg schwer). Die ältesten stammen aus den 1930er-Jahren. ⌚ tgl. 9–18 Uhr.

Imaginário Brasileiro, Rua Bispo Coutinho 814. Kunsthandwerksladen mit tropischem Garten, Teich und schöner Panoramasicht. ⌚ tgl. 9–18.30 Uhr.

Ecological Artesanato, Rua Bispo Coutinho. Produkte aus Naturmaterialien. ⌚ Di–So 8.30–18.30 Uhr.

Mercado de Artesanato, Alto da Sé. Kleine Galerie mit mehreren Läden, z. B. CDs mit regionaler Musik, Instrumente, Kleidung, Strandtücher und eine Lanchonete mit tollem Blick. ⌚ tgl. 9–19 Uhr.

TRANSPORT

Recife ist leicht mit Tages- oder Abendausflügen zu erkunden. **Taxi** bis Recife Antigo ca. R$25, Boa Viagem R$40, Rodoviária R$40, Flughafen R$60. Viele Pousadas arbeiten mit einem Taxifahrer ihres Vertrauens.

Busse halten an der Praça do Carmo.

Nach **Recife (Zentrum)**: *973 Casa Caiada* (20 Min., R$2,25) oder *983 Rio Doce/Princesa*

Isabel bzw. *992 Pau Amarelo* (20–25 Min., R$3,45). Bus *999 Pau Amarelo via Conde da Boa Vista* fährt nach **Santo Antônio** (Anfang Av. Dantas Barreto, 35 Min., R$3,45).
Nach **Boa Viagem**: Bus *910 Rio Doce/Piedade* (30–40 Min., R$3,45).
Von Norden ist Olinda per Bus kompliziert zu erreichen (zeitaufwendiger Umweg über Recife). Am einfachsten Ausstieg im Vorort **Abreu e Lima** beim Busterminal, dort Taxi (R$45). Alternativ Bus *Abreu e Lima/Olinda,* der aber nur alle 30–60 Min. verkehrt (30 Min., R$3,45).
Nach Norden: Mit Taxi oder Bus *(Abreu e Lima/Olinda)* nach **Abreu e Lima**, dort halten an der Hauptstraße vor dem Busterminal Fernbusse nach **João Pessoa** (alle 60 Min. bis 20 Uhr, 1 1/2 Std., R$20) oder **Natal** (4 Std., R$62). Von/nach **Süden** über Recife Rodoviária.

Ilha de Itamaracá

Nördlich von Olinda liegt die Insel Itamaracá (22 000 Einw.), mit viel schöner Natur aber wenig Infrastruktur. Größte Sehenswürdigkeit neben den Stränden ist das **Forte Orange**, das 1631 von den Holländern gebaut und 1654 von den Portugiesen neu errichtet wurde. Zu sehen ist eine kleine Kapelle, von den Mauern bietet sich eine tolle Aussicht auf den Atlantik. ⏲ tgl. 9–17 Uhr, Eintritt frei.

Vom Strand beim Fort setzen Boote über zur winzigen Insel **Coroa de Avião** (R$10 p. P.), auf der rustikale Bars Erfrischungen und Fischgerichte anbieten (z. B. Bar do Júnior).

In dem benachbarten **Centro Peixe-Boi** sind bedrohte Seekühe (Manati), *Peixe-Boi marinho* zu beobachten, die es nur in Brasilien gibt (nur noch etwa 400 Exemplare). ⏲ tgl. 9–16 Uhr, Eintritt R$10.

Eine schöne 40-minütige Wanderung (Guide über Pousadas buchen) führt ins verwunschene Kolonialdörfchen **Vila Velha**, wo eine der ältesten Kirchen Brasiliens steht.

Zum **nördlichen Teil** der Insel fährt der *Trenzinho,* eine offene Bummelbahn (tgl. 8–16 Uhr, R$2). Dort lässt sich mit einem Bötchen von Jaguaribe aus (R$1) zur schönsten und einsamsten Seite der Insel übersetzen: den Stränden **Sossego, Enseada dos Golfinhos** und **Pontal**. Türkises Wasser, weißer Sand, strahlend blauer Himmel, paradiesisch! Einfache Strandbars bieten Fischgerichte – außerhalb der Saison nur am Wochenende.

ÜBERNACHTUNG UND ESSEN

Pousada do Alemão, Estrada do Forte, ✆ 81/3544 1952, 💻 www.itamaracapeter.com.br. Freundliche Pousada in Privathaus mit Garten, Pool, persönlicher Atmosphäre, Restaurant. Deutsch. ❶
Hotel Orange, Estrada do Forte, ✆ 81/3544 1170, 💻 www.hotelorange.com.br. Großzügiges Hotel im Kolonialstil am Strand. Pool, Garten, Restaurant, gemütlicher Aufenthaltsraum. ❻–❼
Coco Louco, Praia Forte Orange. Relaxte Strandbar an einem der schönsten Strandabschnitte, frische Säfte und Cocktails sowie gutes Essen (z. B. Paella R$44/3 Pers.)

TRANSPORT

Von **Olinda** (Praça do Carmo): Busse *Casa Caiada* bzw. *Jardim Atlântico* (R$2,25) oder *Rio Doce/Princesa Isabel* bzw. *Pau Amarelo/Metrô* (R$3,45) bis Shopping Tacaruna (10–15 Min.). Dort Straße überqueren und Bus *Igarassu* (R$3,45) bis zum Terminal *Integração Igarassu.* Dort ohne neu zu zahlen Bus *Itamaracá.* Die Busse sind am Wochenende oft überfüllt. Fahrtdauer ca. 1 1/2 Std.

Südlich von Recife

Der erste schöne Badestrand mit Infrastruktur im Süden ist **Gaibu**. Von einem beschaulichen Badeort hat sich Gaibu allerdings durch den Zuzug von Arbeitern des nahen Industriehafens in ein etwas unordentliches urbanes Zentrum verwandelt. Strand und Avenida sind aber weiterhin einen Besuch wert.

Gut essen kann man bei **Opará**, Av. Beira Mar 79, ⏲ Mo–Sa 8–21.30, So 8–19.30 Uhr. Eine nette Unterkunft bietet **Acquaresidenz**, Rua Calhetas 6, ✆ 81/3512 0906, ✉ acqua@hotmail.de, mit herrlichem Blick, auf halbem Weg zur traumschönen, felsengesäumten Bucht von Calhetas. ❸–❺

Porto de Galinhas, Maracaípe und Carneiros

Porto de Galinhas ist der beliebteste **Strandbadeort** in Pernambuco. Die Region besticht durch eine Bilderbuch-Landschaft: Palmen säumen das 4 km lange Ufer, der Sand ist feinkörnig und weiß, das Wasser türkisblau und sauber. In den natürlichen Pools sammeln sich bei Ebbe bunte Fische. Vor allem junge Europäer, brasilianische Familien und den nordostbrasilianischen Jetset zieht es hierher. Restaurants und Geschäfte prägen das Zentrum, und an den Wochenenden sowie im Sommer herrscht ein reges Nachtleben.

Zweifellos ist durch unkontrolliertes Wachstum viel des ursprünglichen Charmes verloren gegangen und Porto de Galinhas nicht mehr das ideale Ziel für Ruhesuchende. Doch auch wenn es hier touristischer als in anderen Strandorten des Nordostens zugeht, kann man außerhalb der Spitzenzeiten immer noch schöne Strandtage in herrlicher Natur verbringen.

Dies gilt auch für das etwa 40 Gehminuten am Strand entfernte **Maracaípe**, ein entspannter Surfer-Ort mit einigen Strandbars und Pousadas. In der Nebensaison ist hier fast nichts los, deswegen ist „Maracá" eine gute Alternative für Urlauber, die Ruhe suchen. Schön ist eine Wanderung mit einem lokalen Guide zum Rio Maracaípe, wo man nach Seepferdchen tauchen kann.

Von Sklaven und Hühnern

Obwohl die Sklaveneinfuhr in Brasilien Mitte des 19. Jhs. offiziell verboten war, wurden in vielen Häfen zunächst weiter Afrikaner angelandet. Versteckt wurden sie unter dreckigen Hühnerkäfigen, offiziell hieß die Fracht *Galinhas d'Angola* (angolanische Hühner). Das Eintreffen einer neuen Ladung sprach sich per Code herum: „Es gibt neue Hühner im Hafen" *(tem galinha nova no porto)*. Heute grinst in Porto de Galinhas das Huhn als Maskottchen an allen Ecken aus bunt angemaltem Holz, Plastik oder Pappmaschee.

Einer der schönsten Strände von Pernambuco ist die 8 km lange **Praia dos Carneiros**, per Buggy oder Katamaran in gut einer Stunde zu erreichen. Ehemals eine Kokosplantage, haben die Erben und Käufer auf den Strandgrundstücken geschmackvolle Pousadas und Restaurants gebaut. Bootstouren fahren von hier aus weitere schöne Stellen an. Zu Fuß lässt es sich ins benachbarte **Tamandaré** wandern.

ÜBERNACHTUNG

An Wochenenden und in der Hauptsaison ist Reservierung empfohlen. Die genannten Häuser haben gratis WLAN und erheben keine Tax.

Porto de Galinhas

Hostel A Casa Branca, Praça 18, ✆ 81/3552 2332, www.pousadaacasabranca.com.br. Nettes HI-Hostel mit sauberen Dorms (R$32–47, Ventilator, AC), DZ (R$120). Gemütlicher Aufenthaltspavillon im Garten. 10 Min. vom Strand, ruhig. ❶–❸

Pousada das Galinhas, Praça 19, ✆ 81/3552 1796, www.pousadadasgalinhas.com.br. Unzählige Hühner schmücken die farbenfrohe Pension mit Jacuzzi im Garten, Kuschelküken liegen auch im Bett. Restaurant. ❸

Pousada Porto Verde, Praça 1, ✆ 81/3552 1410, www.pousadaportoverde.com.br. Wohlfühl-Pousada mit schönem Garten voller liebevoller Details. Die kleinen EG-Zimmer haben gemütliche Lounge-Ecken mit Sofa und Hängematte, AC und Ventilator. Pool, gutes Frühstück. ❹–❺

Pousada Luar das Marés, Beira Mar, ✆ 81/3552 1216, www.luardasmares.com.br. Farbenfrohe und ruhige Pousada am Strand mit Bar, Pool, Rasen und Massage. Die Zimmer sind allesamt ohne Meerblick, aber gemütlich. Tipp: Zimmer Nummer 4 hat eine Riesenterrasse. ❻

Maracaípe

Pousada Maracaípe, ✆ 81/3552 1434, www.pousadamaracaipe.com.br. Einfache Pousada mit schönem Garten und künstlerischer Atmosphäre. Zimmer mit Ventilator, Balkon/Terrasse. ❷

Pousada dos Coqueiros, ✆ 81/3552 1294, 💻 www.pousadadoscoqueiros.com.br. Schöne, ruhige Pousada am Strand mit Garten und Pool: Schlafen bei Meeresrauschen (manchmal Strandpartys!). Alle Zimmer mit Teil-Meerblick und Veranda/Hängematte (AC). ❺

Xalés de Maracaípe, ✆ 81/3552 1133, 💻 www.xalesdemaracipe.com.br. Auf dem Gelände einer Kokosplantage verteilen sich rustikale Bungalows, freilaufende Ziegen und Ponys: Leben auf dem Land am Strand! Reitausflug am Strand oder durch Mangroven R$80. ❹–❼

Carneiros

Pousada Praia dos Carneiros, ✆ 81/3576 1342, 💻 www.pousadapraiadoscarneiros.com.br. Hübsche Zimmer und schlichte Bungalows auf großem Grundstück, direkt am Strand, gutes Restaurant. Bootsausflug im Zimmerpreis enthalten. ❻–❼

ESSEN

Domingos, Rua Beijupirá, Galeria Paraoby. Exzellentes und dafür günstiges Restaurant. Zum Live-Piano servieren aufmerksame Kellner Fisch, Fleisch, Nudeln und Crêpes (ab R$60/2 Pers.). Tipp: *Trouxinho* (mit Meeresfrüchten und Champignons gefülltes Crêpe, R$29). In luftiger Galerie, abends voll! ◷ So–Mi 12–23, Do–Sa 12–24 Uhr.

Beijupirá, Rua Beijupirá, ✆ 81/3552 2354. Hervorragendes Fischrestaurant mit ausgefallenen Gerichten. Tipp: *Beijumanga* (Beijupirá-Filet gegrillt mit Sesamkruste, Kokosreis und Mangosoße, R$69). Nicht billig, abends oft Schlangen, evtl. reservieren. ◷ tgl. 12–24 Uhr.

Peixe na Telha, Av. Beira Mar 40-B. Weiteres sehr gutes Fischrestaurant, Trumpf ist die schöne Terrasse am Strand. Der Fisch wird dampfend in einer Ziegelpfanne serviert. Lecker: *Peixe* in Krabbensoße mit Reis und Kartoffelbällchen (R$79/2 Pers.). ◷ So–Do 10–17, Fr, Sa 10–22 Uhr.

Barcaxeira, Rua da Esperança 458. Fröhlich dekoriertes Restaurant, wo es das rustikale Wurzelgemüse Maniok *(Macaxeira)* traditionell mit Trockenfleisch, aber auch mit Stockfisch oder Brokkoli gibt. Tipp: *Macaxeira gratinada com camarão* (mit Garnelen, R$33). ◷ tgl. 12–24 Uhr.

Evoke, Rua das Piscinas Naturais. Klassisch eingerichtetes Edelrestaurant mit Garten, Holzdeck, klimatisiertem Saal. Tipp: *Filet Marricone,* Rinderfilet in köstlicher Rotweinsauce mit Käse-Reiscreme (R$39). ◷ tgl. 12–23 Uhr.

€ **La Crêperie**, Rua Beijupirá. Gemütliche Open-Air-Crêperie unter Palmen, köstliche Crêpes, kreative Salate, Suppen, Nudeln und frische Fruchtsäfte. Jede Sünde wert: Eiscreme mit geschmolzener Schokolade und Rum-Rosinen *Vitória Régia* (R$19). ◷ tgl. 13.30–22.30 Uhr.

NACHTLEBEN

Birosca da Cachaça, Rua Beijupirá 5. Urige Cachaça-Bar mit kleiner Tanzfläche. Viel elektronische Musik. ◷ Mo–Sa ab 22 Uhr, Eintritt ab R$7.

Lua Morena, Galeria Espaço Porto Convivência. Angesagter und einzig größerer Tanztempel, in dem vorwiegend Forró gespielt wird. ◷ Mi–Sa ab 22 Uhr, Eintritt R$20.

In Maracaípe gibt es im Sommer Strandpartys, z. B. in der **Bar do Marcão**.

SONSTIGES

Geld

Banco do Brasil, Rua Beijupirá. ◷ Geldautomat 7–22 Uhr (alle Karten).

Informationen und Internet

Central de Informações Turísticas, Ortseingang, ✆ 81/3552 1461. Kostenlos WLAN auf netter Sitzgruppe im Freien, innen gratis PC-Nutzung. ◷ tgl. 9–21 Uhr.

Touren

Beliebt sind Kajakausflüge durch **Mangroven**, eine Bootsfahrt zur **Ilha Santo Aleixo** und v. a. die **Jangada-Fahrten** zu den Korallenriffen (45 Min., R$15). Bei wechselhaftem Wetter ist die Sicht in den Naturpools jedoch eingeschränkt, Fische sind dann nicht zu sehen.

Per Buggy oder Auto kann man Tagesausflüge nach **Calhetas** oder zur **Praia dos Carneiros** machen (je R$200 bis 4 Pers.). Klassisch ist die Buggy-Tour **„Ponta à Ponta"** von Maracaípe bis Muro Alto mit Badestopps an den schönsten Stellen (3 Std., R$160).

TRANSPORT

Die **Bushaltestelle** liegt am Ortseingang bei der Tankstelle (5 Min. vom Zentrum). Hier halten auch Mototaxis, Taxis und Minibusse.

Nach **Carneiros** keine direkte Verbindung, nur Buggytouren (s. o.).

Maracaípe: Bus alle 20 Min. bis 17 Uhr (R$2,20). Am einfachsten mit Mototaxi (R$5). Taxi R$15.

Recife: Cruzeiro, stdl. bis 19 Uhr, 2 Std., R$11. Wer in Recife/Olinda bleiben will, fährt bis

Schnorcheln mit Seepferdchen

In **Maracaípe** gehört der Hauptstrand den Surfern, Baden ist nur am Meeresarm **Pontal de Maracaípe** möglich, wo auch nach Seepferdchen geschnorchelt werden kann. Ein Stück landeinwärts fahren **Jangadas** Touren durch die Mangroven und zeigen dabei Seepferdchen und andere Natur (ca. 40 Min., R$15). Zwar gibt es hier weniger Fische als in Porto de Galinhas, dafür werden die Touren ökologischer durchgeführt (kein Anlocken durch Fischfutter usw.).

Endstation Av. Dantas Barreto. Wer weiter nach Norden reist, steigt in Cabo um und fährt mit Borborema zur Rodoviária Recife.
Maragogi: Zuerst mit Bus, Kombi oder Sammeltaxi bis Ipojuca (30–45 Min, R$2,20), dort Fernbus Borborema Richtung Maceió (tgl. 11 Uhr, 40 Min., R$11).

13 HIGHLIGHT

Fernando de Noronha

Menschenleere Strände, kristallklares Wasser, Delphine, Meeresschildkröten und geschützte Natur – die kleine Atlantikinsel Fernando de Noronha (2700 Einw.) gleicht einem der letzten Paradiese. Regelmäßig werden die Strände do Sancho, do Porco und do Leão zu den schönsten Brasiliens gekürt. Seit um die Inselgruppe ein **Meeresnationalpark** geschaffen wurde, gilt sie als ökologische Vorzeigeregion.

Dank einer Durchschnittstemperatur von 28 °C (Wasser 26 °C) und 3000 Sonnenstunden im Jahr ist Noronha eines der begehrtesten Reiseziele des Landes und für viele Besucher ein echter Brasilien-Höhepunkt. Allerdings schlägt sich die Entfernung zum Festland (Natal 360 km, Recife 545 km) auch in deutlich höheren Preisen nieder. Zudem werden eine Umweltsteuer und eine Eintrittsgebühr in den Nationalpark erhoben. Die Uhrzeit ist eine Stunde später als auf dem Festland (Nordosten). Bargeld sollte man in ausreichender Menge mitbringen, da die Geldautomaten nicht immer funktionieren (Kreditkarten werden aber weitgehend akzeptiert).

Sehenswertes

Die 21 Inseln des Archipels wurden vor mehr als 12 Mio. Jahren durch unterseeische Vulkanausbrüche geformt. Seither bilden sie in 4000 m Tiefe eine „Gebirgskette" im Meer, von der wir nur die Spitzen sehen. Entdeckt wurde der Archipel 1503 von Amerigo Vespucci und geriet danach gleich wieder in Vergessenheit. Erst im 18. Jh. nutzte man die Inseln wieder – als Strafkolonie. Zu dieser Zeit wurde unter anderem das gut erhaltene **Forte N. S. dos Remédios** erbaut. Weitere sehenswerte Bauwerke dieser Epoche sind die **Igreja N. S. dos Remédios** (1772) und der **Palácio São Miguel**. Während des Zweiten Weltkriegs war Noronha Marinestützpunkt der US-Streitkräfte. Seit 1988 sind die Inseln Teil eines 113 km² großen Meeresnationalparks.

Das **Museu Memorial Noronhense**, Praça do Cruzeiro, mit Infos zur Inselgeschichte war zuletzt wegen Renovierung geschlossen. Beim **Museu dos Tubarões** („Museum der Haie") am Hafen handelt es sich mehr um einen Souvenirshop mit Snack-Bar (Spezialität Haifischbällchen), aber die Infotafeln mit Statistiken z. B. zum Angriffsverhalten der heimischen Haie und die imposanten Zahnreihen sind interessant. ⌚ Mo–Sa 8.30–19.30, So 9–18 Uhr.

Strände

Südküste (Mar de Fora): Der schönste Strand der raueren Meerseite ist die **Praia do Leão**. Exzellent zum Tauchen und Schnorcheln sind die ruhige Bucht **Baía do Sueste**, wo Meeresschildkröten zu sehen sind, und die **Praia da Atalaia**. Alle drei Strände liegen im Nationalpark, der Eintritt wird kontrolliert, Atalaia kann nur in geführten Gruppen bei Ebbe besucht werden (max. 100 Pers./Tag, 30 Min. Aufenthalt).

Nordküste (Mar de Dentro): An der Festland-Seite liegen zwölf tolle, leicht zugängliche Strände. Obwohl teils durch Felsen voneinander getrennt, kann man bei Ebbe von der **Praia do Cachorro** bis zur **Baía dos Porcos** acht von ihnen in einer Wanderung ablaufen (ca. 2–3 Std.). Lediglich zwischen den Stränden Conceição und Boldró (um den 323 m hohen **Morro do Pico**) sowie zwischen Boldró und Americano gibt es steinige Passagen, bei denen guter Gleichgewichtssinn und festes Schuhwerk nötig sind.

Schnorchelparadiese sind die Praias **de Santo Antônio** (am Hafen) sowie die wunderschönen **Baía dos Porcos** und **Baía do Sancho**. Letztere ist am besten per Boot zu erreichen; alternativ über einen steilen Abstieg über Klippen. Surfstrände von Weltruf sind die **Praias do Meio**, **da Conceição**, **do Americano** und **Cacimba do Padre** (mit der Postkartenansicht der Inseln **Dois Irmãos**). Zwischen November und März erreichen die Wellen hier bis zu 4 m Höhe – dann finden auch internationale Surf-Wettbewerbe statt.

Die **Praias do Boldró** und **do Bode** sind hübsch anzuschauen, allerdings sollte hier wegen starker Strömungen nicht gebadet werden. Auch an den anderen Stränden der Nordküste ist immer eine gewisse Vorsicht angeraten.

Rund um die Insel gibt es Haie, dank intakter Natur ist es aber seit Jahrzehnten zu keinem Angriff auf Menschen gekommen. Unentbehrlich sind Sonnencreme, Schirmmütze, Sonnenbrille, Mückenschutz und Turnschuhe für Wanderungen.

Faszinierende Umwelt

Schon Charles Darwin studierte 1832 Fauna und Flora von Fernando de Noronha: Neben einzigartigen Nistvögeln gab es vor allem die **Meereswelt** zu entdecken, darunter unzählige Fisch- und Korallenarten sowie Meeresschildkröten. Zudem leben heute mehr als tausend **Delphine** in den Gewässern vor Noronha. In der **Baía dos Golfinhos** kann man frühmorgens von den Klippen aus beobachten, wie große Gruppen eintreffen, aus dem Wasser springen und sich um die eigene Achse drehen. Mitarbeiter des Schutzprojektes Golfinho Rotador geben vor Ort Auskunft. Touren zum Aussichtspunkt können über Agenturen gebucht werden (um R$40). Mückenspray mitnehmen!

Die Geschichte der heimischen **Flora** ist weniger erfreulich. Als Noronha noch Gefängnisinsel war, wurde die komplette Vegetation abgeholzt, sodass die heutige Begrünung noch kein halbes Jahrhundert alt ist.

Zwei **Umweltprojekte** sind auf der Insel aktiv: Das **Projeto Tamar** schützt die seltenen Meeresschildkröten, die zwischen Dezember und Juni ihre Eier ablegen. Die gepanzerten Tiere sind das ganze Jahr hier unterwegs und von Booten oft mit bloßem Auge sichtbar. Das **Projeto Golfinho Rotador** erforscht mit Unterstützung lokaler Fischer die heimischen Delphine. **Videos** und **Vorträge** im Tamar/ICM-Bio-Besucherzentrum (tgl. ab 20 Uhr, u. a. Mi Thema Wale, Fr Haie), früh kommen!

ÜBERNACHTUNG

Noronha ist eins der teuersten Reiseziele Brasiliens, ein einfaches Zimmer kostet in der Nebensaison R$160–250. Für Aufenthalte von Nov–Jan und Juli sollte man weit im Voraus reservieren. Zu den übrigen Zeiten, besonders in der etwas regnerischen Nebensaison (März–Juni), ist das nicht nötig, dann gibt es sogar Preisnachlässe. Fast alle Pousadas bieten AC, TV und WLAN, viele auch gratis Flughafentransfer.

Pousada Tubarão, ✆ 81/3619 1391. Einfache Privatunterkunft mit 3 Zimmern an der Einfahrt zur Vila dos Remédios, DZ um R$130, ohne Frühstück, aber mit Gemeinschaftsküche. ❸

Pousada Atlântica, Alameda das Acácias 560, Floresta Nova, ✆ 81/3619 0145, ✉ pousadaatlantica@hotmail.com. Nana betreut ihre Gäste liebevoll in drei gemütlichen Zimmern und einem Aufenthaltsraum in weißem Holz – sie wohnt selbst hinten im Haus. Ab R$200. ❺

€ **Pousada Monsieur Rocha**, Rua Dom Juquinha I 139, Vila do Trinta, ✆ 81/3619 1227, 💻 www.pousadamrocha.com. Gut organisierte Pousada mit 10 gepflegten Zimmern, Veranda mit Sky-TV. R$230 (Transfer gratis). ❺

Pousada do Mano, Vila da Floresta Nova 4, Floresta Nova, ✆ 81/3619 1535, 💻 www.pousadadomano.com.br. Nette Pousada mit persönlichem Flair, herzliche Betreuung durch Besitzerin Nilda. Üppiges Frühstück, Beratung bei Ausflügen. R$280 (inkl. Transfer, April/Mai evtl. billiger). ❻

Pousada Verdes Mares, Alameda dos Cajueiros, Floresta Nova, ✆ 81/3426 8398, 💻 www.verdesmaresnoronha.com.br. Wirkt wie das Ferienhaus von guten Freunden mit exquisitem Geschmack: Nur 3 Zimmer, geräumiger Aufenthaltsraum, hübsche Veranda, Snackservice. Ab R$300 (inkl. Transfer). ❼

Pousada Mar Aberto, Alameda das Flores 2, Floresta Nova, ✆ 81/3619 1178, 💻 www.pousadamaraberto.com.br. Liebevoll

FERNANDO DE NORONHA

ausgestattete Pousada mit 8 Zimmern, Pool, hübschem Frühstücksraum und Terrasse. Nachmittagstee und Gebäck kostenlos. R$360 (inkl. Transfer). ❼

Pousada Fortaleza, Alameda do Pau d'Arco 9, Floresta Nova, ✆ 81/3619 1198, 💻 www.pousadafortalezanoronha.com.br. Kleine und gepflegte Pousada mit 6 Zimmern (ab R$330, inkl. Transfer, 10 % Tax), neue AC und hübsche Deko. Außen nettes Holzdeck mit Liegestühlen, Schnorchel für R$15/Tag. ❼

Pousada Colina dos Ventos, Estrada da Colina 6, Vila do Trinta, ✆ 81/3619 1257, 💻 www.pousadacolinadosventos.com.br. Geschmackvolle Pousada mit Traumblick auf das Mar de Dentro und Fort, 2 der 6 Zimmer haben Veranda mit frontalem Meerblick, großer Garten. Zu Recht oft Monate im Voraus ausgebucht. R$450 (inkl. Transfer). ❽

Pousada Teju-Açu, Estrada da Alamoa, Boldró, ✆ 81/3619 1571, 💻 www.pousadateju.com.br. Eine der schönsten Pousadas der Insel, sehr persönliche Atmosphäre, liebevolle Gästebetreuung. Die stilvoll mit Holz und Naturmaterialien eingerichteten 12 Apartments mit Super-Kingsize-Betten stehen auf Stelzen in einem üppigen tropischen Garten. Toller Pool, hervorragendes Restaurant. R$854 (inkl. Transfer), 15 % Tax. ❽

Pousada Zé Maria, Rua Nice Cordeiro 1, Floresta Velha, ✆ 81/3619 1258, 💻 www.pousadazemaria.com.br. Das erste Nobelhotel der Insel wurde schon mehrfach zur schönsten Pousada Brasiliens gekürt und ist bis heute der richtige Ort für alle, die sehen und gesehen werden wollen. 15 luxuriöse Bungalows (R$1200–1800) in tropischem Hanggarten, kleinere Apartments (R$600–900) finden sich weiter unten. Traumpool mit Blick auf den Morro do Pico, Restaurant. Transfer R$30 p. P., 5 % Tax. ❽

ESSEN UND STRANDBARS

Ecologiku's, Estrada Velha do Sueste, Nähe Flughafen. Super Restaurant mit hübscher Deko, großem Garten und Hängematten. Die Meeresfrüchte sind hervorragend, Besitzerin Iraci bereitet alles frisch zu. Tipp: *Sinfonia Ecológica* (Fisch, Tintenfisch, Krabben, Languste, R$110–120/2 Pers.). ⌚ tgl. 19–23 Uhr.

€ **Du Mar**, Alameda do Boldró, Boldró. Open-Air-Restaurant mit So Live-Samba/Choro und sehr guter Küche. Tipp: Moqueca mit Kokossoße (R$80/2 Pers.). Transfer zu jedem Punkt der Insel gratis, ebenso der Check-in-Service: erst Transfer zum Flughafen, dann Mittagessen im Du Mar, anschließend Abflug. ⌚ tgl. 12–24 Uhr.

Teju-Açu, Estrada da Alamoa, Boldró. Verglastes Restaurant der Edel-Pousada: Köstlichkeiten wie Shrimps in Mandarinensoße oder Dorade in Kaperncreme mit Yamswurzelpüree. Die Spezialitäten (um R$70) sind jeden Centavo wert. ⌚ tgl. 12–16, 19–23 Uhr.

Restaurante da Edilma, gegenüber Palácio São Miguel, Vila dos Remédios. Ein nettes Familienrestaurant, exzellenter Haifisch – den es nur bei Edilma gibt – mit üppigen Salaten, z. B. gegrilltes Haifischfilet (R$62/2 Pers.). ⌚ tgl. 11–23 Uhr.

Die Bar zwischen den Stränden

In der **Bar do Meio**, einer Strandbar auf einem kleinen Felsen schaut man zur Rechten auf die zauberhafte Praia do Meio, zur Linken auf die ebenso reizvolle Praia da Conceição. Hier fühlt man sich eins mit Noronha und der Welt … Besitzer Beto serviert kühles Skol, erfrischende Caipirinha oder *Peixe ao molho de coco* (R$72/2 Pers.). ⌚ Di–So 9–19 Uhr.

Varanda, Av. Major Costa 130, Vila do Trinta. Italienisch inspiriertes Restaurant mit Aussichtsterrasse. Tipp: *Gratinado de Frutos de Mar* (mit Käse gratinierte Meeresfrüchte, R$120/2 Pers.). Süß: geeiste Jackfruchttorte *Torta de Jaca* (R$17). ⌚ tgl. 12–23 Uhr.

Xica da Silva, Alameda das Acácias 11, Floresta Nova. Minimalistisch eingerichtetes Restaurant der Spitzenklasse mit kleiner Terrasse. Besonders empfehlenswert der Fisch mit Kürbiscreme: Ein Gedicht! Hauptgerichte um R$70 p. P. ⌚ Di–So 12–24 Uhr.

Flamboyant, Bosque Flamboyant, Vila dos Remédios. Self-Service-Buffet mit Fisch, Fleisch, Huhn und Salaten (R$49/kg), mittags sehr belebt, abends à la carte. ⌚ tgl. 11.30–23.30 Uhr (16–19 Uhr Snacks).

€ **Cheiro Verde**, Alameda do Boldró, Boldró. Kleines Restaurant mit Tischen in einem Garten, So ab 17 Uhr Live-Samba. Besonders lecker: gegrillter Fisch mit Sesamkruste, Cashewreis und Curry-Kartoffelcreme (R$29). ⌚ Mo–Sa12–23, So 17–23 Uhr.

Bar Duda Rei, Praia da Conceição. Die entspannteste Strandbar weit und breit. Hier kann man bei elektronischer Musik (oder Jazz) im Schatten der Kokospalmen eine Caipi trinken und Kleinigkeiten essen (z. B. *Isca de Peixe*, R$38). ⌚ tgl. 10–18 Uhr.

NACHTLEBEN

Der Abend beginnt zum Sonnenuntergang bei Live-Musik in der idyllischen **Bar do Fortinho** am Forte São Pedro do Boldró, mit traumhaftem Blick auf die Praia Americano und die Dois Irmãos (Mückenspray!). ⌚ Mo–Sa 16–22, So 16–18 Uhr. Nach Mitternacht trifft man sich in der **Bar do Cachorro**, getanzt wird zu Forró (Mi/Fr) oder Samba (Sa), Mo ab 22 Uhr Maracatu-Show (Eintritt R$10). ⌚ Mo–Sa ab 19 Uhr.

Auch in der Open-Air-Pizzeria **Espaço Cultural Muzenza** neben der Kirche gibt's ab und zu Live-Musik. ⌚ tgl. 18–24 Uhr. Neuester Treffpunkt am So ist das Bar-Lounge-Boutique-Restaurant **O Pico** neben der Schule, zum Bier gibt es Ceviche, Pasta oder Wraps, dazu Live-Samba. ⌚ tgl. 12–24 Uhr.

AKTIVITÄTEN

Abseilen

Die Jungs von **ATM**, ✆ 81/3619 0447, 💻 www.atmesportesnoronha.com.br, seilen Schwindelfreie vom Morro do Pico aus 50 oder 25 m Höhe ab: vermutlich der tollste Ausblick der Insel (R$150).

Bootstouren

Eine **Bootstour** entlang der Küste – begleitet von Delphinen und (vielleicht) Meeresschildkröten – gehört zu den Highlights jeder Noronha-Reise (3–3 1/2 Std., R$100 inkl. Transfer). In der **Baía do Sancho** wird ein ca. 40-minütiger Schnorchelstopp eingelegt (Ausrüstung am Hafen, R$15).

Eine besondere Variante ist das in Noronha erfundene **Planasub**. Dabei wird der Taucher von einem Boot gezogen und hält sich an einer Scheibe aus Plexiglas fest, mit der er ab- und wieder auftauchen kann. Schnorchelzeit bei vollem Boot ca. 60 Min., ansonsten genießt man die Landschaft (2 Std., R$100 inkl. Transfer).

Eine Kombination bietet Sérgio Morais, ✆ 81/3619 1228, mit seinem Boot **Travão dos Mares** an: Nach dem Bad an der Baía do Sancho gibt es ein leckeres Mittagessen an Bord, auf dem Rückweg lässt man sich per Planasub ziehen. Die Unterwasserwelt ist auf dieser Strecke nicht so abwechslungsreich, doch schon das schnelle Gleiten durch das Wasser macht Spaß (R$150).

Unter dem Namen **NAVI**, ✆ 81/3619 0230, 💻 www.projetonavi.com.br, fährt ein russisches Schnellboot mit Plexiglaslinse im Schiffsboden vom Hafen aus zu zwei verschiedenen Tauchrevieren: Haie, Schildkröten und andere Meerestiere lassen sich so bequem beobachten (1–1 1/2 Std., R$130).

Eine Bootstour zum Traumstrand Baía do Sancho ist ein unvergessliches Erlebnis.

Alle Ausflüge auf der Insel kann Touranbieter **Atalaia**, Alameda do Boldró, ✆ 81/3619 1328, organisieren. Englisch. ⌚ tgl. 7–20.30 Uhr.

Reiten

Reittouren zum Sonnenuntergang bietet **Anderson**, ✆ 81/3619 1388, für R$150 an, sie starten an der Alameda da Alamoa und führen zum Hafen und über verwunschene Pfade bis zu den Stränden Conceição und Boldró.

Schnorcheln

Ein besonders schönes Erlebnis ist das Schnorcheln in der **Baía do Sueste**, wo man quasi mit den Meeresschildkröten Seite an Seite schwimmt – nur Streicheln ist leider verboten. Zum Schutz der Korallen ist das Tragen einer Schwimmweste Pflicht (R$5), empfehlenswert ist ein Guide, der die besten Stellen kennt (1 Std. R$30 p. P., R$40/2 Pers.). Leihausrüstung (R$15/Tag) gibt es an der Baía do Sueste, in vielen Pousadas, in der Bar do Meio oder am Hafen.

Tauchen

Die Gewässer vor Fernando de Noronha zählen mit einer Sichtweite bis 50 m und ganzjährigen Temperaturen um 26 °C zu den besten Tauchrevieren der Welt. Die Region ist Habitat unzähliger Korallen- und Fischarten, Schiffswracks sind weitere Anziehungspunkte.
Anfänger üben meistens vor der **Ilha da Rata**: Das sog. *Batismo* (R$360) beinhaltet einen 30-minütigen Tauchgang, bei dem der Neuling von einem Lehrer an der Hand durch die Unterwasserwelt geführt wird (bis 12 m Tiefe). Außer bunten Fischen sieht man mit etwas Glück Wasserschildkröten oder einen Hai. Selbst Nichtschwimmer können teilnehmen.
Atlantis Divers, Terminal Turístico do Cachorro, ✆ 81/3619 1371, 💻 www.atlantisdivers.com.br. Eine gut geführte Agentur mit modernem Equipment und erfahrenen Tauchlehrern. ⌚ tgl. 9.30–20 Uhr.
Águas Claras, Alameda do Boldró, ✆ 81/3619 1225, 💻 www.aguasclaras-fn.com.br.
Noronha Divers, Terminal Turístico do Cachorro, ✆ 81/3619 1112, 💻 www.noronhadivers.com.br. ⌚ 8–22 Uhr.

Wandern

Zu Fuß lässt sich die ganze Insel erkunden. Die Deutsche Sabine Vargas und ihr einheimischer Mann Filipe, ✆ 81/9705 0584, 💻 www.happy-planet.de, kennen alle Wege: neben dem Klassiker zur Praia da Atalaia (5 km, 4 1/2 Std.) auch den seltener besuchten Trail „Capim Açu" (ca. 7 Std.) und kürzere Touren. Je nach Dauer und Anzahl rund R$100 p. P., telefonisch vereinbaren.
Eine selbständig machbare Tour führt vom Mirante dos Golfinhos zur Baía do Sancho (2 km, 45 Min.).

SONSTIGES

Einkaufen

Harmonia 5 Ateliê, Alameda da Harmonia 5, Floresta Nova. Nette Souvenirs: handbemalte T-Shirts und andere Kunstartikel. ⌚ Mo–Sa 9–19, So 17–22 Uhr.
Loja Tamar, Alameda do Boldró: Hier gibt's das T-Shirt mit Schildkrötenmotiv. ⌚ tgl. 9–22 Uhr. **O Pico**, neben der Schule, Floresta Nova, hat Edel-Souvenirs wie Holzschnitte der Insel, Papierwaren und exklusive Mode. ⌚ Di–Sa 12–24, So 17–24 Uhr.

Geld

Banco Real und **Bradesco**, Geldautomaten am Flughafen und beim Projeto Tamar, Alameda do Boldró (MC und Visa). ⌚ 24 Std.

Informationen

Infostände am Flughafen (bei Ankunft der Flüge) und am Hafen. ⌚ tgl. 8–17 Uhr.
Setor de Turismo, Palácio São Miguel, EG, ✆ 81/3619 1378, 💻 www.noronha.pe.gov.br. ⌚ Mo–Fr 8–12, 13–17 Uhr.

Internet

Cia. da Lua, Bosque dos Flamboyants. Café mit Eisdiele, WLAN R$15/3 Std., R$28/Tag. ⌚ Mo–Sa 9–23, So 17–23 Uhr.

Umweltsteuer und Nationalparkgebühr

Bei Einreise wird eine **Umweltsteuer** erhoben, die an den ersten fünf Tagen ca. R$45 pro Person und Tag beträgt. Vom 6.–10. Tag sinkt sie auf R$30/Tag ab, danach steigt sie sprung-

haft an. Bei 30 Tagen Aufenthalt würden mehr als R$100/Tag fällig. Die Gebühr ist bei Ankunft am Flughafen zu entrichten. Wer länger bleiben möchte, muss einen Werktag vor Ablauf des Aufenthalts die Zusatzgebühr zahlen, sonst wird der doppelte Betrag fällig!
Zusätzlich muss nun auch eine Eintrittsgebühr für den **Nationalpark** (also für sämtliche Bootsausflüge sowie den Besuch der Strände Sancho, Sueste, Atalaia und Leão) entrichtet werden, für bis zu 10 Tage Aufenthalt R$130, Kinder unter 11 und Senioren über 60 Jahre sind befreit. Eintrittskarten am Kiosk Cia. da Lua/Bosque dos Flamboyants, im Centro Tamar und in den Informationszentren PIC (Baía do Sueste bzw. Eingang Mirante dos Golfinhos).

NAHVERKEHR

Am besten erkundet man die Insel per **Buggy** (ca. R$120/Tag; Benzin ca. R$4,20/l); unzählige Vermieter, z. B. **Locbuggy**, Vila do Trinta, ✆ 81/3619 1490. Nicht alle Gefährte sind in gutem Zustand, möglichst Proberunde drehen.
Eine preiswerte Alternative sind die **Inselbusse**, die halbstdl. bis 23.30 Uhr zwischen Hafen und Sueste pendeln (R$3,10). Auch **Taxis** können bestellt werden (R$15–33). **Fahrräder** werden von einigen Pousadas sowie gegenüber dem Restaurant Xica da Silva (R$30/Tag) verliehen, allerdings auf der hügeligen Insel schweißtreibend!
Motorradfahren ist wegen der steilen Geröllhänge nur für geübte Fahrer empfehlenswert.

TRANSPORT

Flughafen, ✆ 81/3619 1196.
Zwei Flüge tgl. von **Recife** (hin/zurück ca. R$1000) mit Gol bzw. Azul/Trip (ca. 80 Min.); ein Flug tgl. von **Natal** mit Azul/Trip (1 Std., R$850). Tickets über Reisebüros oder direkt bei **Azul**, ✆ 81/4003 1118, 💻 www.voeazul.com.br. Von Dez–Feb und Juli frühe Reservierung empfohlen. Mit Glück ist der Ticketkauf am Flughafen möglich (nur Barzahlung). Surfboards gelten als Übergepäck (R$5/kg).
In **Noronha**: **Trip/Azul**, ✆ 81/3619 1487; **Gol**, ✆ 81/3619 0424.

Das Landesinnere

Caruaru

Caruaru (315 000 Einw.) liegt 140 km westlich von Recife im Landwirtschaftsgürtel Agreste Pernambucano. Die industriell geprägte Stadt ist ein Textilmanufakturzentrum und gilt als wirtschaftliche Hauptstadt des binnenländischen Nordostens. Doch Caruaru entpuppt sich außerdem als Kultur- und Kunstzentrum; die Handwerkskunst aus Keramik, Stroh und Ton gehört zu den besten des Landes und wird auf riesigen Märkten angeboten. Das Forró-Festival **Festa de São João** im Juni ist eine der größten Partys des Landes, stolz nennt sich Caruaru daher auch **Hauptstadt des Forró**. Der Forró-Legende **Luiz Gonzaga** ist hier ein eigenes Museum gewidmet, der Sänger stammt allerdings aus einem Dörfchen weit im Landesinneren.

Sehenswertes

Zentraler Platz ist der **Parque 18 de Maio**. Auf Bänken kann man sich vom Marktbummel erholen und den typischen Kordelgesängen lauschen, die hier aufgeführt werden. Die singenden Künstler *(Repentistas)* erfinden stegreifartig Geschichten über einzelne Zuhörer, das Ganze mit einem Augenzwinkern serviert. Hier ist auch Anfangs- bzw. Endpunkt der **Feira de Caruaru**, einem der größten öffentlichen Märkte Brasiliens (20 000 m²) und Markenzeichen der Stadt. Zwischen Plätzen, Gassen und Straßen werden an ca. 4000 Ständen Textilien, Schuhe, Haushaltswaren, Hängematten, Leder und vieles mehr verkauft. Der Markt ist so groß, dass er zur besseren Übersicht in 16 kleinere Märkte unterteilt wird. Nur Einheimische sind in der Lage, in dem riesigen Labyrinth ein System auszumachen. Samstags drängen sich 40 000 Menschen an den Ständen vorbei. Die **Feira da Sulanca** ist ein turbulenter wöchentlicher Spezialmarkt für Konfektionsware; Beginn ist Dienstag um 3 Uhr. 🕒 8–17 Uhr.

Das **Museu do Forró Luiz Gonzaga**, Praça Cel. José de Vasconcelos 100, ist ein schönes, angenehm klimatisiertes Museum über Leben und Werk des berühmten Forró-Sängers (1912–89).

São João – bunte Volksfeste im Zeichen des Forró

Wer im Juni den Nordosten oder Norden Brasiliens bereist, wird allerorten auf ein Volksfest treffen, das von seiner Bedeutung her fast dem Karneval gleicht: Die aus der portugiesischen Tradition stammenden **Festas Juninas** *(Festas de São João)*. Sie ranken sich um die Feierlichkeiten zu Ehren der Heiligen Santo Antônio (13. Juni), São João (24. Juni) sowie São Pedro und São Paulo (29. Juni), gehen jedoch weit über religiöse Zeremonien hinaus. Überall werden Buden und Bühnen aufgebaut, Bands spielen und alles tanzt in farbenprächtigen, fantasievollen Kostümen.

Rhythmisch dominiert der **Forró**, die traditionellste Musikrichtung des Nordostens (Anfang des 20. Jhs.), kulinarisch dreht sich alles um den in dieser Jahreszeit reifen Mais, der unter anderem geröstet, mit Kokosmilch gekocht *(Munguzá)* und als Pudding *(Canjica)* verzehrt wird.

Als größtes São João-Festival Brasiliens gilt das von Caruaru – eine 30-tägige Nonstop-Party. Mehr als 1,5 Mio. Besucher strömen in das 40 000 km² große Areal Parque de Eventos Luiz Gonzaga, das zur Festivalzeit einfach **Vila do Forró** heißt. Am Wochenende kommen bis zu 160 000 Menschen, um sich die kostenlosen Musik-Shows auf der Hauptbühne **Pólo Pátio do Forró** und den etwa 12 Nebenbühnen *(Pólos)* anzuschauen. Und natürlich um Forró zu tanzen.

Am **Pólo das Quadrilhas** konkurrieren allabendlich Folkloregruppen aus dem ganzen Nordosten um die jährliche Auszeichnung als beste *Quadrilha*. Das jüngere Publikum zieht es eher zum überdachten **Pólo da Feira**, wo es etwas alternativer zugeht.

Zu sehen und hören sind Bücher, Platten, Memorabilien und biografische Daten der Ikone, sowie zum Forró allgemein.

Im gleichen Haus befindet sich das beste Museum der Stadt, das **Museu do Barro – Espaço Zé Caboclo**. Ausgestellt sind vor allem *Figuras de Barra*, kleine Tonfiguren, die Szenen des Alltags der Nordestinos darstellen. Auch religiöse Motive sind charakteristisch. Zu sehen sind vor allem Werke von Zé Caboclo (1921–73), dessen Themen häufig um die regionalen Folklore-Tanzzyklen des **Maracatu** und **Bumba-meu-boi** kreisen. In der angegliederten **Sala Mestre Vitalino** sind Werke von Meister Vitalino (1909–63) – dem Erschaffer der ersten Tonfiguren – sowie von einigen seiner Familienmitglieder zu sehen. Die **Coleção de Cerâmica Abelardo Rodrigues** zeigt religiöse Motive, Vasen und Krüge. 🕒 Di–Sa 8–17, So 9–13 Uhr, Eintritt frei.

Alto do Moura

7 km von Caruaru befindet sich das von der Unesco anerkannt größte Zentrum figurativer Kunst Amerikas. In dem Dorf arbeiten und leben etwa 200 Künstler, die meisten sind Nachkommen und Schüler von **Mestre Vitalino** und **Mestre Galdino**. In den Werkstätten lernen Besucher die Töpferkunst kennen und können die Tonprodukte, die meist Alltagsszenen darstellen, auch gleich kaufen. **Casa Museu Mestre Vitalino** ist das frühere Wohnhaus des Meisters und heute Museum. 🕒 Mo–Sa 8–12, 14–17, So 9–17 Uhr.

Bezerros

Im Nachbarort Bezerros (1,5 km) sind im **Centro de Artesanato** u. a. Drucke, Holzschnitte, *Figurinas* und Tonprodukte des Künstlers **Jota Borges** zu sehen. 🕒 Di–Sa 9–18, So 9–13 Uhr. In der Nähe liegt das Atelier der Künstlerfamilie Borges, das **Memorial J. Borges** (Nr. 420). Hier kann man auf T-Shirts oder Bilder gedruckte Holzschnitte *(Xilogravuras)* kaufen. Anfahrt per Mototaxi.

ÜBERNACHTUNG UND ESSEN

Für Besuche in der São-João-Zeit so früh es geht reservieren.

Hotel Central, Rua Vigário Freire 71, Centro, ✆ 81/3721 5880, 💻 www.hotelcentralcaruaru.com.br. Zentrales, schon älteres Hotel; sauber und freundlich. Tagsüber Verkehrslärm. ❷–❸

Maysa Plaza Hotel, Rua Teófilo Dias 93, Maurício de Nassau, ✆ 81/2103 1900, 💻 www.maysaplazahotel.com.br. Neueres Hotel mit Kabel-TV und AC. Ruhiger als im Zentrum. 5 Gehmin. zu den Museen, 20 Min. zu den Märkten. ❹

Don Peppone, Av. Agamenon Magalhães 426, Maurício de Nassau. Gute regionale Küche, auch Self-Service. ⌚ tgl. 11.30–24 Uhr.

TRANSPORT

Mototaxis stehen an den größeren Plätzen. Allerdings wirken die Motorräder nicht immer verkehrssicher.
Recife: Progresso, 16x tgl. bis 22 Uhr, 1 1/2–2 Std., R$25.

Paraíba

Während sich mancher Brasilianer noch einmal im Bett umdreht, geht in Paraíba schon die Sonne auf: um 5 Uhr morgens. Denn in Ponta do Seixas, nahe der Hauptstadt João Pessoa, liegt der östlichste Punkt Amerikas. Die 147 km lange Küste von Paraíba ist gekennzeichnet durch Kokospalmen und einsame, teilweise schwer erreichbare Strände. Aufgrund seiner touristisch noch weitgehend unberührten Regionen erscheint Paraíba wie ein unentdeckter Schatz. Dabei können es die Strände, besonders des Litoral Sul, in puncto Attraktivität mit den besten des Nordostens aufnehmen. Ökonomisch ist Paraíba traditionell von der Landwirtschaft geprägt, besonders vom Zuckerrohranbau.

João Pessoa

João Pessoa (724 000 Einw.) gilt als die grünste Stadt Amerikas. Viele Grünanlagen, Parks und Wälder verleihen ihr ein attraktives Gesicht, darunter der **Jardim Botânico**, der die größte städtische Fläche Atlantischen Regenwalds in Brasilien beherbergt (515 ha). Darüber hinaus bietet João Pessoa ein gut erhaltenes historisches Zentrum und mit den Vororten Tambaú und Cabo Branco zwei der attraktivsten Stadtstrände des Nordostens. Die Schönheit der weit geschwungenen Bucht zeigt sich am besten vom Leuchtturm in Cabo Branco.

Im gemächlichen João Pessoa geht es ruhiger und entspannter zu als bei den Nachbarn Recife und Natal, auf den Hauptstraßen der Stadt zuckeln noch Pferdekarren. Zudem steht João Pessoa im Ruf, eine recht sichere Metropole zu sein.

Geschichte

Erste Europäer in der Region waren Franzosen auf der Suche nach Brasilholz. Endgültig vertrieben wurden sie von den Portugiesen 1585, mit diesem Datum ging auch die Gründung der Stadt *Filipéia de Nossa Senhora das Neves* einher. Unter dem Kommando der Holländer von 1634 bis 1654 hieß sie Fredriksstad, nach der Rückeroberung Pahrayba, aus der indianischen Tupi-Sprache. Nach einem Attentat auf João Pessoa, den Gouverneur von Paraíba, der mit Getúlio Vargas für das Präsidentenamt kandidieren wollte, wurde die Stadt 1930 nach seinem Namen umbenannt.

Sehenswertes

Bedeutendstes Bauwerk der Stadt ist die barocke Franziskanerkirche **Igreja de Santo Antônio** mit dem Kloster **Convento de Santo Antônio**. Der gesamte Komplex **Centro Cultural São Francisco**, zu dem auch die Kirche des Dritten Ordens gehört, wurde 1589 begonnen und 1779 fertig gestellt, eine bunte Stilmischung war die Folge. In beiden Kirchen sind imponierende perspektivische Deckengemälde zu sehen. Herausragende künstlerische Elemente sind die goldüberzogene Kanzel der Kirche des Dritten Ordens, die reich vergoldeten Holzschnitte der von Fledermäusen bewohnten Goldenen Kapelle (Capela Dourada) sowie die ebenso üppig verzierte Sakristei der Hauptkirche. Von der Kirche des Dritten Ordens und dem Oberrang der Hauptkirche bieten sich weite Ausblicke auf die tiefer liegenden Mangrovengebiete des Rio Sanhauá.

Im Kloster befinden sich auch zwei Museen: das **Museu de Arte Popular Brasileira**, u. a. mit hübscher Keramikkunst, sowie das **Museu de Arte Sacra**, vor allem mit kircheneigenen barocken Exponaten. ⌚ tgl. 9–17 Uhr, Eintritt R$4.

Fast nebenan befindet sich die städtische Kathedrale, die vielfach baulich veränderte **Igreja de N. S. das Neves** von 1586. Sie ist die Basilika der Schutzheiligen der Stadt. Läuft man die Ladeira São Francisco hinab, kommt man vorbei

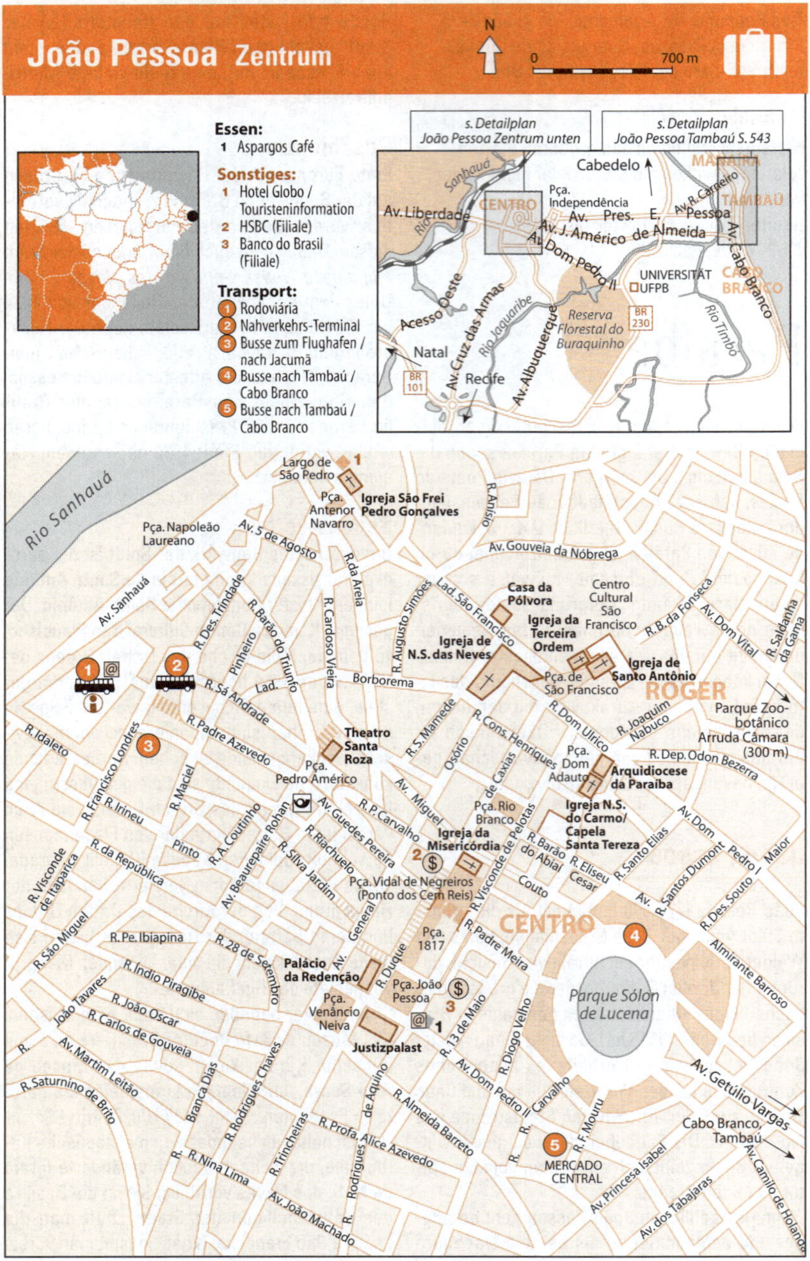

João Pessoa Zentrum
N
0
700 m
Essen:
1 Aspargos Café
Sonstiges:
1 Hotel Globo / Touristeninformation
2 HSBC (Filiale)
3 Banco do Brasil (Filiale)
Transport:
1 Rodoviária
2 Nahverkehrs-Terminal
3 Busse zum Flughafen / nach Jacumã
4 Busse nach Tambaú / Cabo Branco
5 Busse nach Tambaú / Cabo Branco
s. Detailplan João Pessoa Zentrum unten
s. Detailplan João Pessoa Tambaú S. 543
Cabedelo
Manaíra
Tambaú
Cabo Branco
Rio Sanhauá
Centro
Pça. Independência
Av. Liberdade
Av. Pres. E. Pessoa
Av. R. Carneiro
Av. J. Américo de Almeida
Av. Dom Pedro II
Av. Cabo Branco
Universität UFPB
Acesso Oeste
Av. Cruz das Armas
Rio Jaguaribe
Av. Albuquerque
Reserva Florestal do Buraquinho
BR 230
Rio Timbó
Natal
BR 101
Recife
Rio Sanhauá
Largo de São Pedro
Pça. Antenor Navarro
Igreja São Frei Pedro Gonçalves
Pça. Napoleão Laureano
Av. 5 de Agosto
R. da Areia
R. Anísio
Av. Gouveia da Nóbrega
Av. Sanhauá
R. Des. Trindade
R. Barão do Triunfo
R. Cardoso Vieira
R. Augusto Simões
Lad. São Francisco
Casa da Pólvora
Centro Cultural São Francisco
Igreja da Terceira Ordem
Igreja de N.S. das Neves
Pça. de São Francisco
Igreja de Santo Antônio
R. B. da Fonseca
Av. Dom Vital
R. Saldanha da Gama
Pinheiro
Lad.
Borborema
R. Sá Andrade
ROGER
R. Idaleto
R. Padre Azevedo
Theatro Santa Roza
Pça. Pedro Américo
R. S. Mamede
Osório
R. Cons. Henriques
R. Dom Ulrico
R. Joaquim Nabuco
Parque Zoobotânico Arruda Câmara (300 m)
R. Dep. Odon Bezerra
Pça. Dom Adauto
Arquidiocese da Paraíba
R. Francisco Londres
R. Maciel
R. Irineu
Pinto
R. A. Coutinho
Av. Beaurepaire Rohan
Av. Guedes Pereira
R. P. Carvalho
Av. Miguel
de Caxias
Pça. Rio Branco
Igreja N.S. do Carmo/ Capela Santa Tereza
Igreja da Misericórdia
R. Visconde de Pelotas
R. Barão do Abiaí
R. Eliseu Cesar
R. Santo Elias
Av. Dom Pedro I
Maior
R. Visconde de Itaparica
R. da República
R. Riachuelo
R. Silva Jardim
Pça. Vidal de Negreiros (Ponto dos Cem Reis)
Couto
R. Santos Dumont
R. Des. Souto
Av.
R. São Miguel
R. Pe. Ibiapina
R. 28 de Setembro
Av. General
Pça. 1817
R. Padre Meira
CENTRO
Almirante Barroso
R. Indio Piragibe
João Tavares
R. João Oscar
R. Carlos de Gouveia
Palácio da Redenção
R. Duque
Pça. João Pessoa
Pça. Venâncio Neiva
R. 13 de Maio
Parque Sólon de Lucena
Justizpalast
R. Diogo Velho
Av. Martim Leitão
R. Saturnino de Brito
Branca Dias
R. Rodrigues Chaves
de Aquino
Av. Dom Pedro II
R. Carvalho
Av. Getúlio Vargas
Cabo Branco, Tambaú
R. Almeida Barreto
R. F. Mouru
R. Profa. Alice Azevedo
R. Trincheiras
R. Nina Lima
R. Rodrigues
Av. João Machado
Mercado Central
Av. Princesa Isabel
Av. dos Tabajaras
Av. Camilo de Holanda

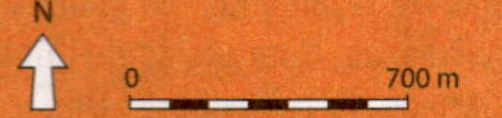

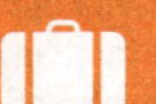

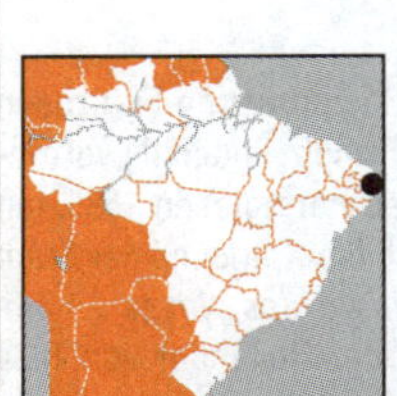

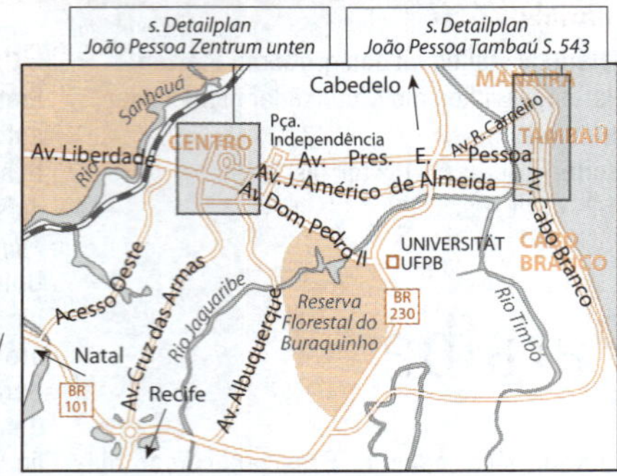

an der **Casa da Pólvora**, einem steinernen Gebäude von 1710, und gelangt schließlich etwas weiter zu einer hübsch restaurierten neoklassischen Gebäudereihe an der **Praça Antenor Navarro**. In der Nähe, am Largo de São Pedro, steht das frühere **Hotel Globo**, das erste Luxushotel der Stadt (1929). Heute residiert hier das spanische Konsulat, es gibt eine Tourist Info, eine kleine Ausstellung mit Stücken aus den frühen Hoteltagen und eine Terrasse mit herrlicher Aussicht über das Tiefland von Paraíba.

Von der Igreja de São Francisco gelangt man über die Rua Dom Ulrico zur **Igreja N. S. do Carmo** mit der **Capela Santa Tereza** (Praça Dom Adauto). Hier werden während der Karwoche *(Semana Santa)* Passionsspiele in großer Manier aufgeführt.

Das **Theatro Santa Roza** (1889) an der Praça Pedro Américo ist eines der ältesten Theater Brasiliens. Eingeweiht wurde es wenige Tage vor der Proklamation der Republik. Wer die Zeit hat, sollte sich das Innere ansehen, am besten bei einem Theaterstück oder einer Tanzaufführung.

Die zentrale Praça João Pessoa wird auch Praça dos Poderes (Platz der Gewalten) genannt; an ihr stehen zwei neoklassizistische Gebäude: der **Justizpalast** und der **Palácio da Redenção** (1586), gegenwärtiger Sitz der Landesregierung (früheres Jesuitenkloster). Der schönste Platz ist aber die **Praça Rio Branco**, wo samstagmittags (bis 16 Uhr) Chorinho-Konzerte stattfinden; Tische und Stühle werden aufgebaut, man isst Feijoada und tanzt dazu.

Auch was moderne Bauwerke angeht, hat die Stadt inzwischen Vorzeigbares zu bieten. So wurde 2008 das von Oscar Niemeyer entworfene Kulturzentrum **Estação Cabo Branco** eingeweiht. Der aus drei Gebäuden und einer Freilichtbühne bestehende Komplex trägt ganz die Handschrift seines Schöpfers. Das achtkantige, wie über einem See schwebende Hauptgebäude bietet Platz für Ausstellungen und Kongresse, von der Panorama-Terrasse bietet sich ein toller Blick auf die Bucht.

Strände

Die gepflegten Strände **Tambaú** und **Cabo Branco** liegen in einer lang gezogenen Bucht und zeichnen sich durch ruhiges Wasser und viel Grün aus. Entlang der hübschen Strandpromenade liegen zahlreiche Bars und Imbisse, die Atmosphäre ist auch während der Hauptsaison entspannt und ein breiter Fahrradstreifen lädt zum Radeln ein. Weil am Strand keine Hochhäuser mit mehr als drei Stockwerken gebaut werden dürfen, ist die Umgebung kaum verschandelt. Das einzige Hochhaus in Tambaú (Hausnr. 380) wurde kurz vor der Gesetzgebung fertig gestellt, die glücklichen Bewohner genießen heute den besten Buchtblick der Stadt. Der Abriss der Holzbaracken rund um die Bar Bahamas Chopp wurde von den Einheimischen zwar begrüßt, leider hat der Platz durch die Asphaltierung auch an Leben und Charme verloren.

Von hier nach Süden zur **Praia de Seixas** ist es ein schöner Spaziergang (ca. 1 3/4 Std). Weiter südlich liegen u. a. die noch zum Stadtgebiet gehörenden, aber dennoch fast unberührten Strände **Jacarapé**, **Praia do Sol** und **Barra de Gramame**. Gleich angrenzend ist die schöne **Praia do Amor** mit der Pedra Furada, einem in der Mitte ausgehöhlten Felsen. Nach der Legende finden Paare, die gemeinsam hindurchgehen, ewiges Glück. Geht man aber nebenher oder steigt gar darüber, steht eine Trennung bevor …

Nördlich von Tambaú liegt der schmale Strand von **Manaíra**, etwas weiter schließen sich die bei Surfern und Kitesurfern beliebten Strände **Bessa** und **Intermares** an.

ÜBERNACHTUNG

An den Stränden gibt es viele Hotels und Pousadas, die Sehenswürdigkeiten im Zentrum sind leicht per Tagesausflug zu erkunden. In der Nebensaison sollte man nach Rabatt fragen. Überall WLAN gratis und keine Tax, wenn nicht anders vermerkt.

Manaíra

€ **Manaíra Hostel**, Rua Major Ciraulo 380, ☏ 83/3247 1962, 💻 www.manairahostel.com.br. Schönes HI-Hostel in ehemaligem Wohnhaus, mit Pool. 4–8er-Dorms (R$30–42), DZ (R$65–75), Ventilator oder AC. Gutes Frühstück. Bis Tambaú 15 Gehmin. Vom Busbahnhof Bus 510 oder 513 bis Haltestelle Av. Jacinto Dantas, von da 5 Min. zu Fuß. WLAN R$2/Tag. ❶–❷

DER NORDOSTEN

Pousada Xamã Tour, Av. Franca Filho 55, ✆ 83/3226 2112, 💻 www.pousadaxamatour.com.br. Farbenfrohe Pousada mit persönliche Atmosphäre, schon etwas ältere Zimmer, aber noch okay. 5 Min. von Tambaú. Kein WLAN. ❷

€ **Pousada Verde Mar**, Av. João Maurício 293, ✆ 83/3576 1718, 💻 www.pousadaverdemar.com.br. Nette kleine Pousada mit 10 sauberen Zimmern (Split AC) in einem Privathaus, die Besitzer wohnen im oberen Stock. ❷–❸

Verdegreen Hotel, Av. João Maurício 255, ✆ 83/3044 0000, 💻 www.verdegreen.com.br. Die grünste Stadt Amerikas hat auch Brasiliens grünstes Hotel (u. a. ISO 14001 zertifiziert). Das „Öko-Design-Hotel" arbeitet konsequent nach Umweltgesichtspunkten und bietet besten Komfort und Service. Moderne Zimmer, einige mit Meerblick, Pool; Fahrräder gratis. Zwar primär auf Geschäftsreisende eingestellt, aber auch für Ferientouristen attraktiv. Gäste können Umweltideen einreichen und Gratis-Übernachtungen gewinnen. 5 % Tax. ❼

Tambaú

Pousada Mar de Tambaú, Av. Nego 406, ✆ 83/3021 2108, 💻 www.pousadamardetambau.com.br. Saubere Zimmer, teilweise mit Gemeinschaftsbalkon. Frühstück auf der Terrasse im 1. OG. ❷

Pousada do Caju Praia Mar, Av. Alm. Tamandaré 864, ✆ 83/3226 2515, 💻 www.grupocaju.com.br. Kleine Pousada am Strand, farbenfrohe Zimmer, nette Veranda mit Bar und Hängematte. 5 % Tax. ❷–❸

Pousada do Caju 1, Rua Helena M. Lima 269, ✆ 83/2107 8700, 💻 www.grupocaju.com.br. Weitläufige Pousada mit modernen Zimmern, zwei Blocks vom Strand. Pool und Restaurant (R$40/kg). Stammhaus einer insgesamt 11 Häuser umfassenden Kette. Rabatt bei Barzahlung. ❸–❹

Pousada Casa Branca, Av. Olinda 155, ✆ 83/3021 4379, 💻 www.pousadacasabranca.com. Schöne Apartments in einer alten Wohnvilla. Die Zimmer sind unterschiedlich, einige haben nur Fenster zum Korridor, dennoch ist alles gut gemacht (Springbox-Betten, Split AC usw.). Das Zimmer *Luxo* hat eine große Veranda. ❸–❹

Hotel Village Premium, Av. Epitácio Pessoa 4851, ✆ 83/2107 4000, 💻 www.hoteisvillage.com.br. Businesshotel, zwar nicht am Strand (4 Blocks), aber prima Zimmer und der Preis ist okay. Hübscher City-Pool, Leihfahrräder (R$5/2 Std.). 5 % Tax. ❺

Tropical Hotel Tambaú, Av. Alm. Tamandaré 229, ✆ 83/2107 1900, 💻 www.tropicalhotel.com.br. Der futuristische Betonbau von 1971 ist v. a. eine Landmarke der Stadt. 15 % Tax. ❺–❻

Imperial Hotel, Av. Alm. Tamandaré 612, ✆ 83/2107 7777, 💻 www.imperialhoteis.com.br. Komfortable, gut geschnittene Zimmer (WLAN, AC, Safe, Kabel-TV etc.). Sehr gute Lage: direkt am Strand und nah zum Zentrum von Tambaú. 15 % Tax. ❻

Cabo Branco

Xênius Hotel, Av. Cabo Branco 1262, ✆ 83/3015 3535, 💻 www.xeniushotel.com.br. Etwas betagt, aber schöne Strandlage. Saubere Zimmer, Dachterrasse mit Pool und tolle Sicht. 10 % Tax. ❹

Quality Hotel Solmar, Av. Cabo Branco 2870, ✆ 83/3041 7000, 💻 www.hotelsolmar.com.br. Schickes Hotel draußen in Cabo Branco an einem schönen Strand. Die großen, sehr komfortablen Apartments haben Wohnzimmer und Küche. Pool auf dem Dach mit toller Sicht und Hängematten. 15 % Tax. ❼

ESSEN

Tapiocas gibt es an den Ständen an der Feirinha in Tambaú. Beliebt ist auch *Rodízio de Pizza* in den Restaurants am Strand.

Manaíra

Canoa dos Camarões, Av. João Maurício 121, ✆ 83/3247 2055. Exzellente Krabbengerichte in freundlichem Ambiente. Heißer Tipp ist das *Rodízio de Camarão* (R$53 p. P.), bei dem 13 leckere Variationen wie Risotto oder „Krabben in Kartoffelsalat" laufend an den Tisch gebracht werden. Gerichte von der Karte um R$65/2 Pers. (auch Fisch, Fleisch und Nudeln). Lieferservice. 🕒 tgl. 11–23 Uhr.

João Pessoa Tambaú

Übernachtung:
1. Manaíra Hostel
2. Pousada Xamã Tour
3. Pousada Verde Mar
4. Verdegreen Hotel
5. Tropical Hotel Tambaú
6. Pousada Casa Branca
7. Pousada Mar de Tambaú
8. Imperial Hotel
9. Pousada do Caju 1
10. Pousada do Caju Praia Mar
11. Hotel Village Premium
12. Xênius Hotel
13. Quality Hotel Solmar (1,5 km)

Essen:
1. Mangai
2. Bessa Grill (8 km)
3. Canoa dos Camarões
4. Bahamas Chopp
5. Boi Bumbar
6. Appetito Trattoria
7. Empório Café
8. John People
9. Tia Rita
10. Famiglia Muccini
11. Mr. Spettus
12. Meio do Mangue
13. Sapore d'Itália
14. Pontal do Cabo (3 km)

Sonstiges:
1. Mag Shopping
2. PBTUR, S&N Serviços, Centro Turístico Tambaú
3. Banco do Brasil (Filiale)
4. Banco do Brasil (Geldautomat)
5. Centro de Artesanato de Tambaú
6. Mercado Público
7. Mercado de Artesanato Paraibano (MAP)
8. Zodíaco
9. Pasteleria Ponto Certo
10. Artesanato-Stände
11. Carboni Bárbaro
12. On the Rocks Pub
13. Expo Feira Tambaú
14. Mondeo Tour
15. Farmaflora

Transport:
1. Busse zur Rodoviária
2. Cliotur
3. Haltestelle für Busse 510, 511, 513 von Rodoviária
4. Classic Viagens e Turismo

Mangai, Av. Edson Ramalho 696. Herausragendes Self-Service-Restaurant (R$43/kg), der beste Ort zum Kennenlernen der Nordostküche (über 80 Wahlmöglichkeiten). Kein Alkohol. 🕒 tgl. 11–22 Uhr.

Tambaú

Famiglia Muccini, Av. N. S. dos Navegantes 140. Tolles Familienrestaurant mit Live-Piano-Musik. Das Mittagsbuffet (R$50/kg) plus Nachtisch und Käseplatte ist der Hammer. Alles ist hausgemacht, darunter auch viele leichte Diät-Gerichte. Abends tgl. wechselnde Angebote, u. a. *Rodízio de Pizza* (Mo/Di R$23 p. P.) und Fondue-Abend (Mi/Do R$40 p. P.). Die Besitzer haben am Strand ein weiteres gutes Restaurant, das **Sapore d'Itália** (Av. Cabo Branco 1584, tgl. 18–23 Uhr). 🕒 tgl. 12–15, 18–24 Uhr.

Appetito Trattoria, Rua Osório Paes 35. Sehr guter Italiener in ruhiger Seitenstraße, Nudeln aus eigener Herstellung, Weinkarte. Nett zum Draußensitzen. Tipp: Rondelle mit Spinat und Käse (*Espinafre e Ricota*, R$23), zum Nachtisch *Profiterole* (Windbeutel mit Eis und Schokolade, R$12). ⌚ Di–So 12–15, 18.30–24 Uhr.

Boi Bumbar, Rua Isidro Gomes 246. Self-Service mit hervorragendem Angebot, u. a. Sushi (R$50–55). ⌚ Mo–Fr 11.30–15, Sa, So 12–16 Uhr.

Mr. Spettus, Av. Alm. Tamandaré. Netter Mix aus Strandhütte und Chopperia, Fleisch am Spieß (*Espetinho*, ab R$4). ⌚ Di–So 18–24 Uhr.

€ **Tia Rita**, Feirinha. Bewährter *Prato Feito* (ab R$10). Leckere Tapiocas, Torten und Kuchen. ⌚ tgl. 9–24 Uhr.

Cabo Branco

Meio do Mangue, Av. Cabo Branco 1630. Gutes Meeresfrüchte-Restaurant mit künstlerischem Touch und netter, offener Terrasse. Leckere tropische Säfte (R$4). ⌚ Mo 17–24, Di–So 12–24 Uhr.

Pontal do Cabo, Av. Cabo Branco. Ganz am Ende von Cabo Branco, schöne Terrasse mit Blick über die Bucht und auf die Skyline der Stadt, schön am Abend. Petiscos und Gerichte ab R$42/2 Pers., Caipi R$7. ⌚ tgl. 11–24 Uhr.

Centro

Aspargos Café, Praça João Pessoa 63. Modernes City-Café in einer kleinen Ladengalerie, gut für einen Espresso, auch Mittagsbuffet. ⌚ Mo–Fr 8–17.30 Uhr.

NACHTLEBEN

Bevorzugte Ausgehgegend sind die Straßen um Rua Coração de Jesus und Av. Olinda in Tambaú, mit dem renovierten Platz **Feirinha** im Zentrum (gegenüber Hotel Tambaú). Ein strategischer Punkt ist die **Pasteleria Ponto Certo** (beim Empório Café): zentral und mit dem billigsten Bier. Ansonsten trifft man sich am Wochenende v. a. in Bessa (8 km von Tambaú), entlang der Av. Gov. Argemiro de Figueiredo liegen hippe Bars wie **Vila São Paulo, Chopp Time** oder **Dona Branca**.

Empório Café, Av. Coração de Jesus. Trendige Bar im Herzen des Nachtlebens, Mi–Sa voll mit DJ und Tanz. Viel GLS-Publikum. Gute Salate, Sandwiches und klasse Schokokuchen (R$10). ⌚ tgl. ab 19 Uhr.

John People, Av. Olinda 57. Nette Bar zum Draußensitzen. Frisches Chope vom Fass (R$4), ab 21.30 Uhr Live-Musik mit guten Bands (Mi Forró, Do Sertanejo, Fr MPB, Sa Samba, Couvert R$10–15). Immer mal Angebote, z. B. ein Eimer *(balde)* mit 8 Flaschen Bier für R$24 oder Sekt und Caipi für Frauen umsonst bis 23 Uhr. ⌚ Di–Do 18–3, Fr, Sa 18–5 Uhr.

On the Rocks Pub, Av. Targino Marques. Bar mit alternativem Vibe, Musik von Blues und Jazz bis Rock'n'Roll. ⌚ Mi–So 19–2 Uhr.

Carboni Bárbaro, Av. Targino Marques 280. „Underground"-Bar für schwarz gekleidete Rock-Liebhaber, klasse ist der bis über den Rand quellende Cocktail „Nevada" (R$7). ⌚ Mi–So 19–3, Fr, Sa bis 5 Uhr.

Bahamas Chopp, Av. João Maurício. Für ein gepflegtes Chope am frühen Abend. Schöner Meerblick, Live-Musik (Couvert R$3). Auch gute Speisekarte. ⌚ tgl. 11–24 Uhr.

Zodíaco, Rua Isidro Gomes 63. Stylische Dancing Bar – getanzt wird zwischen den Tischen, überall wo Platz ist. Bis Mitternacht Bar und Videoclips, danach elektronische Tanzmusik. Ab 1 Uhr Live-Bands, tgl. ein anderer Stil (Samba, Forró, Pop-Rock). ⌚ Do–Sa ab 22 Uhr, Eintritt R$10–20.

Bessa Grill, Av. Artur M. Paiva 1190, Bessa. Schön an der Orla gelegenes Bar-Restaurant, auf der Außenterrasse frische Seebrise, innen AC. Spezialität ist Fleisch, aber auch die gratinierten Krabben sind klasse (R$69/2–3 Pers.). Do–Sa ab 21 Uhr Live-Musik und Tanz (Couvert R$10–30), danach geht's in der eigenen Disco weiter. Am So ab 18.30 Uhr lebhaft, Do *der* Point in João Pessoa. Sa/So Fußball im TV. ⌚ So–Mi 9–24, Do–Sa 9–3 Uhr.

FESTE

Folia de Rua: Eine Woche vor Karneval präsentieren sich Blocos, die eine enorme Menschenmengen auf die Straßen bringen. Beim Bloco *Virgens de Tambaú* (mehr als 300 000 Menschen) verkleidet man sich gegengeschlechtlich.

São João (Juni): eine Woche Tanz auf der Praça V de Negreiros (Ponto dos Cem Reis), Fest-Pavillon mit viel Forró.

TOUREN

Die beliebtesten **Bootsausflüge** gehen nach **Picãozinho**, einer Korallenbank mit Naturpools (3 Std., R$50), und **Areia Vermelha**, einer 2 km entfernten Sandbank (4 Std., R$45), schön zum Baden und Schnorcheln. Beide Ausflüge finden tidenabhängig statt (nicht tgl.).
Weitere beliebte Touren: Sonnenuntergang von **Jacaré** (2 1/2 Std., R$30, Kasten S. 645), **Litoral Sul** (bis Tambaba, 7 Std., R$60) oder **Litoral Norte** (4 Std., R$30). Neu sind Exkursionen, die die Geschichte des **Zuckerrohranbaus** thematisieren und u. a. zu historischen Stätten führen. Der Ausflug *Civilização do Açúcar* (R$95) vereint Kultur und Strände und endet in Jacaré. Die Tour *Caminho dos Engenhos* kann auch mit Übernachtung gebucht werden (ca. R$150 p. P. bei 2 Pers.).

Touranbieter

Cliotur, Av. Alm. Tamandaré 310, im Bristol Victory Hotel, Tambaú, ✆ 83/3247 4460, 24-Std.-Telefon: 83/9981 7670, 💻 www.cliotur.com.br. Professionelle und freundliche Agentur, die sich auf Ecoturismo spezialisiert hat: Touren an die Küste und ins Binnenland von Paraíba (Cariri). Alle oben genannten Touren, Beratung auf Englisch, auf Wunsch englischsprachige Guides (gegen Aufpreis). Neu: Mi ab 20 Uhr 2-stündige Folklore-Show „Asa Branca" mit regionalen Tänzen wie Xaxado oder Côco de Roda, dazu Churrasco (R$67 p. P., inkl. Transfer). 🕒 tgl. 8–18 Uhr.

Sol e Vento Turismo, ✆ 83/3337 2972, 💻 www.soleventoturismo.no.comunidades.net. Der aus Berlin stammende Klaus Ciesielski bietet seit 1988 interessante Touren durch Paraíba (u. a. Festas Juninas in Campina Grande) und ganz Brasilien an.

Sonnenuntergang in Jacaré

Die bekannteste Attraktion von Jacaré ist der Sonnenuntergang über dem Rio Paraíba (ab 17 Uhr) samt einer tagein, tagaus wiederkehrenden Show: Es ist ein romantisches Bild, wenn der Saxophonist Jurandy auf einem Holzboot vor der sinkenden Sonne den Fluss herauf gefahren kommt und dabei Ravels *Bolero* intoniert. Im Anschluss spielt er in wechselnden Bars Samba und Bossa Nova, rundherum Artesanato-Stände und Volksfest, und man genießt die schöne Abendstimmung. Gegen 18 Uhr läutet das *Ave Maria* den Abschied ein, dann ist auch der letzte Tourist ergriffen.

Es gibt vier auf Holzstegen in den Fluss gebaute Bars, am schönsten ist der **Jacaré Grill**. 🕒 tgl. 11–19 Uhr, Couvert R$7. Anfahrt per Taxi (ca. R$30) oder mit Reiseagentur (2 1/2 Std., R$30 p. P.). Um 16 Uhr kann man in den Bars Bootsausflüge buchen.

SONSTIGES

Apotheke

Farmaflora, Av. N. S. dos Navegantes 370, Tambaú. 🕒 Mo–Sa 7–23, So 7–22 Uhr.

Einkaufen

Manaíra Shopping, Av. Flávio Ribeiro Coutinho 805, Manaíra. Größtes Einkaufszentrum, Bus 5600 oder 511 von Tambaú (10–15 Min.).
Mag Shopping, Av. Flávio Ribeiro Coutinho 115, Manaíra. Zu Fuß von Tambaú 20–30 Min. am Strand.
Souvenirs und Kunsthandwerk: Günstige und schöne Hängematten u. a. im **Centro de Artesanato de Tambaú** (🕒 tgl. 8–20 Uhr) oder **Mercado de Artesanato Paraibano** (MAP), Av. Rui Carneiro, Tambaú, ein Rotklinkergebäude mit Innenhof und vielen Cafés und Geschäften. 🕒 Mo–Sa 9–19, So 9–18 Uhr (So viele Stände geschl.). **Expo Feira Tambaú**, Artesanato und regionale Lebensmittel. 🕒 Mi–So 17–22 Uhr.

Geld

HSBC, Rua Peregrino Carvalho 162, Centro. 🕒 Mo–Fr 9–15, Geldautomat 6–22 Uhr (alle Karten). **Banco do Brasil**, Praça 1817, Centro, und Av. Rui Carneiro, Tambaú. 🕒 10–16, Geldautomat 7–22 Uhr (alle Karten). Weitere Automaten vor dem **Centro Turístico** (7–18 Uhr), Flughafen und Busbahnhof.
Geldwechsel: **Mondeo Tour**, Av. Nego 46. 🕒 Mo–Fr 9–17, Sa 9–12 Uhr.

Informationen

PBTUR Infostände: **Centro Turístico**, Av. Alm. Tamandaré 100, ✆ 83/3214 8185, ⏱ tgl. 8–19 Uhr; **Flughafen**, ⏱ tgl. 12–17, 23–4 Uhr; **Rodoviária**, ✆ 83/3218 6655; **Hotel Globo**, ✆ 83/3221 6374, ⏱ tgl. 8–17 Uhr. 💻 www.paraiba.pb.gov.br.

Internet

S&N Serviços, Av. Alm. Tamandaré 100, Centro Turístico. R$4. ⏱ Mo–Sa 8–19, So 14–19 Uhr.
Rodoviária, R$2. ⏱ Mo–Sa 8–20, So 13–20 Uhr.

Medizinische Hilfe

Hospital Humberto Lucena, Av. Orestes Lisboa, Jardim América, ✆ 83/3216 5700.

Reisebüro

Classic Viagens e Turismo, Av. N. S. dos Navegantes 370, Tambaú, ✆ 83/3247 2010. Flüge. ⏱ Mo–Fr 8–18, Sa 8–12 Uhr.

NAHVERKEHR

Busse

Vom **Flughafen** fahren alle 20 Min. Busse zum **Busbahnhof** und weiter ins Zentrum (20–25 Min., R$3). Zum Flughafen mit Bus *Aeroporto*, Haltestelle 200 m außerhalb der Rodoviária.
Von der **Rodoviária** nach **Tambaú** mit Bus 510 oder 513 (hintere Plattform des Nahverkehrsterminals, alle 15 Min., 30 Min., R$2,20). Bus 511 fährt bis zur Haltestelle *Esquina Duzentos* in der Av. Nego (vor der Apotheke), von dort 3 Min. zum Strand.
Nach **Cabo Branco** mit Bussen 507 / 508 (zweite Plattform).

Taxi

Von **Tambaú** oder **Cabo Branco** zur Rodoviária ca. 12 km (20 Min., R$25–30). Zum Flughafen 30 Min. (R$45–50). Taxis stehen vor dem Hotel Tambaú.

TRANSPORT

Flüge

Aeroporto Presidente Castro Pinto, Bayeux, ✆ 83/3041 4209.
Fluggesellschaften: **Avianca**, ✆ 83/3232 7193; **Azul**, ✆ 83/3232 4044; **Gol**, ✆ 83/3253 1146; **TAM**, ✆ 83/3232 2002.

Busse

Rodoviária, ✆ 83/3221 9611.
Aracaju: Bomfim, ✆ 83/3221 0784, Mo/Mi/Fr 19 Uhr; Progresso, ✆ 83/3221 0904, Di/Do/So 19.30 Uhr; 9–10 Std., R$97–125.
Fortaleza: Nordeste, ✆ 83/3241 1170, tgl. 20 Uhr, 10 Std., R$101–152 *(Leito)*.
Jacumã: Santa Maria, Bus 5301 via BR-101, ca. halbstdl. bis 22 Uhr, 1 Std., R$6. Haltestelle s. Flughafenbus.
Maceió: São Geraldo, ✆ 83/3241 1464, Mo/Mi/Fr 9.30 Uhr, 6 Std., R$58.
Natal: Nordeste, 8x tgl. bis 19.30 Uhr, 3 Std., R$29–40.
Praia da Pipa: Bus nach Natal bis Goianinha, dort weiter mit Minivan (S. 563). Taxi ca. R$130–150.
Recife: Progresso oder Bonfim, ✆ 83/3221 4507, halbstdl. bis 19.30 Uhr, 2–3 Std., R$22–27.
Salvador: Bomfim (mit „m"), Mo/Mi/Fr 19 Uhr; Progresso, Di/Do/So 19.30 Uhr; 14 Std., R$122–185.

Südlich von João Pessoa

Rote Klippen, weißer Sand, türkis-blaues Meer und kräftige Wellen – die wunderschönen Strände des Litoral Sul von Paraíba sind in der Nebensaison oft menschenleer. Da die Region in ihrer touristischen Infrastruktur noch recht wenig entwickelt ist, stellt der Litoral Sul von Paraíba ein interessantes und preisgünstiges Reiseziel dar für alle, die unberührte Strände und unverfälschte Ortschaften mögen.

Jacumã und Strände

Jacumã (4500 Einw.) ist ein einfacher Strandbadeort 22 km südlich von João Pessoa mit perlweißen Stränden – ideal für einen Tagesausflug. Herrlich ist der etwa dreistündige Strandspaziergang nach **Tambaba**, dem ersten offiziellen Nacktbadestrand Brasiliens (1989). Stopps können entlang des Weges in diversen Bars und Restaurants eingelegt werden. Erste Station

Richtung Süden ist die noch recht lebendige **Praia de Carapibus**, hier gibt es die meisten Pousadas. Wenig später erreicht man die in einer kleinen Bucht liegende **Praia de Tabatinga**, kurz darauf die **Praia de Coqueirinho**, einen der berühmtesten Strände Paraíbas. Am Wochenende wimmelt es auf dem schmalen Strandstreifen von Menschen. Einmal um die Landspitze herum, wird es jedoch sofort ruhiger. und schöne, einsame Strandabschnitte erwarten den Spaziergänger. Nach kurzer Zeit erscheint bereits das großartige Strandrestaurant **Canyon de Coqueirinho**, der beste Einkehrpunkt unterwegs. Von hier kann man sich ein Taxi oder Mototaxi für die Rückfahrt rufen lassen oder noch etwa eine gute Stunde bis Tambaba weiterlaufen (in letzter Zeit kam es zu einigen Übergriffen, besonders Frauen sollten diesen letzten Abschnitt der Strecke derzeit nicht alleine entlang gehen). Beim Zutritt zum FKK-Bereich wird übrigens genau hingeschaut: Männer sind nur in Begleitung einer Frau zugelassen, und alle Gäste müssen die „Kleiderordnung" befolgen.

ÜBERNACHTUNG

Überall ist WLAN gratis.

Jacumã

€ **Pousada dos Arcos**, ✆ 83/3290 1044, 💻 www.pousadadosarcos.com. Familiäre kleine Pousada mit gutem Preis-Leistungs-Verhältnis. Die sauberen Zimmer haben Frigobar und AC. Schattige Veranda und Pool. 3 Min. vom Strand. ❷

Jacumã's Lodge Hotel, Av. Beira Mar, ✆ 83/3290 1977, 💻 www.jacuma.tur.br. Luftige Pousada, nette Terrasse mit Palmen Pool, Meerblick und einer kleinen Bar. Recht gute Zimmer. ❸–❹

Strände

Pousada da Luz, Praia de Carapibus, ✆ 83/3290 1779, 💻 www.pousadadaluz.com. Hübsche Pousada hoch über dem Strand mit tollem Meerblick. Die kleinen Zimmer sind allerdings recht einfach (ab 3 Tage Rabatt). ❸–❹

Aruanã Pousada, Praia de Carapibus, ✆ 83/3290 1234, 💻 www.aruanapousada.com.br. Große Hotelanlage mit Pool und toller Sicht auf das Meer. 51 Apartments (Tipp: *Luxo* im 1. OG) und Doppelhäuser mit privatem Whirlpool (R$250–290). Restaurant (🕒 tgl. 12–15, 19–21 Uhr, reservieren). ❻

Mussulo Resort, Lot. Cidade Balneário Novo Mundo, ✆ 83/3298 2750, 💻 www.mussuloby mantra.com.br. Mal was anderes: Die Investoren kommen aus Angola und haben ein *All inclusive*-Ferienresort in die Landschaft gesetzt. Komfortable Bungalows, nur die Palmen müssen noch etwas wachsen. Im Preis (um R$590) sind alle Mahlzeiten und Getränke enthalten (auch Minibar). Strand-Shuttle. 10 % Tax. ❽

Conchas Pousada, Praia de Tabatinga, ✆ 83/3290 1303, 💻 www.conchaspousada.com.br. Hübsche Pousada mit nett dekorierten Zimmern und Garten. Restaurant in exzellenter Lage mit Traumblick, ein toller Einkehrpunkt für alle Tagesausflügler (🕒 tgl. 12–20 Uhr). Die schwedische Besitzerin spricht Englisch und organisiert Reitausflüge. ❹

Pousada Tambaba Naturista, Praia de Tambaba, ✆ 83/3298 1140, 💻 pousadatambabanaturista.com.br. Die einzige Nudistenpousada Brasiliens hat 8 einfache Zimmer. ❸

ESSEN

Jacumã

Zekas, Rua José F. Damasceno 4. Ordentliches Restaurant der gleichnamigen Pousada (❷–❸). Terrasse mit schönem Meerblick, auf Anfrage Poolbenutzung (R$8). 🕒 Fr–So 11–19 Uhr.

O Púkaro, Rua Ilza Ribeiro. Einfaches Lokal an der Hauptstraße, Fischteller R$40–50/2–3 Pers. 🕒 Di–So 10–19 Uhr.

Im **Lambada** am Strand finden am Wochenende Forró- oder Reggae-Partys statt.

Strände

Tabatinga Arte Bar, Praia de Tabatinga. Relaxte Strandbar mit Hängematten; schattig, grün, hübsch in die Natur integriert, leider mit Neubau nebenan, dennoch toll für einen Cocktail zum Sonnenuntergang. 🕒 tgl. 8–17 Uhr.

Canyon de Coqueirinho, Praia de Coqueirinho. Restaurant auf zwei Ebenen mit hübschen Mosaiktischen, Strohdach, Rasen und Palmen sowie Traumblick auf den Strand. Gute Fisch- und Meeresfrüchtegerichte (ab R$89/2 Pers.), top sind die *Pastel de Camarão* (R$36) und der Suco de Cajá (Karaffe R$16). Ein Gedicht ist die *Torta de Banana da Vovó Dulce* (R$14), die fast nur aus Banane und kaum aus Teig besteht, nach dem Rezept der seligen Mutter der Besitzerin. Die Preise sind etwas höher, aber der Ort ist es wert! Am Strand gibt's eine Lounge für Snacks. Wer zu müde zum Zurückwandern ist, kann Besitzerin Ana Luiza ansprechen. Wenn die Zeit es zulässt, fährt sie Gäste nach Jacumã oder ruft ein Mototaxi (R$7) bzw. Taxi (R$15). ◷ tgl. 9–17.30 Uhr.

A Arca de Bilú, Praia de Tambaba, an der Hauptstraße. Ideal zum Sundown-Suco oder Bierchen in der Hängematte, während man auf den Bus wartet. Wenn man ihn verpasst hat: Es gibt auch eine Pousada (❸). ◷ tgl. 11–18 Uhr.

DER NORDOSTEN

TRANSPORT

Nach **João Pessoa**: Bus *5301 Jacumã* hält an der Hauptstraße (bis ca. 22 Uhr). Endstation in João Pessoa außerhalb der Rodoviária, am besten bereits an der **Lagoa** umsteigen: Bus 510 oder 513 nach Tambaú oder 507 nach Cabo Branco.

Nach **Tambaba** Bus mit Aufschrift *Tambaba* (nur 2x tgl., ca. 7 und 17 Uhr). Alternativ Mototaxi (R$7–10), Taxi (R$30) oder per Anhalter. Von Tambaba nach **Jacumã** und **João Pessoa**: Bushaltestelle die Straße hoch (10 Min.), vor dem Restaurant Arca de Bilú. Bus *Tambaba/ João Pessoa* fährt 2x tgl. gegen 7 und 17 Uhr (sehr unregelmäßig). Auf dem Parkplatz vorm Strand finden sich nachmittags öfters Mitfahrgelegenheiten *(Carona)*.

Mototaxi: Naldo, ✆ 83/9650 3288.

Nördlich von João Pessoa

Am Litoral Norte von Paraíba liegen Fischerdörfchen, die sich langsam dem Strandtourismus öffnen. Zudem findet man vergessen geglaubte Indianerkultur und viel geschützte Natur. Ein interessanter Zwischenstopp an der Hauptstraße ist die Stadt **Rio Tinto**. Sie wurde von der deutschen Industriellenfamilie Lundgren geprägt und ist bekannt für ihre deutsche Architektur. So stehen hier viele für Brasilien untypische Rotklinkergebäude, wie die wuchtige Igreja Santa Rita de Cássia und eine alte Stofffabrik.

Baía da Traição

Bereits 1501 ankerten Portugiesen in dieser idyllischen Bucht. Der Name „Bucht des Verrats" geht vermutlich auf ein Blutbad zurück, das die Entdecker unter Vespucci im selben Jahr unter Indianern anrichteten. Die Gegenwart ist weniger aufregend: Im Ort stehen beschauliche Ferienhäuser, und nur zum Karneval spielt Baía da Traição (8000 Einw.) verrückt. Ein schöner Ort zum Sonnenuntergang ist die Ruine **Igreja e Forte de São Miguel** aus dem 16. Jh. Sehenswert sind außerdem die **Praia de Coqueirinho** sowie die einsame **Praia de Tambá**. Anfahrt mit Busgesellschaft Rio Tinto, ✆ 83/3221 2262, vom Busbahnhof João Pessoa (2 Std., R$18).

Barra de Camaratuba

Barra de Camaratuba ist ein fast unberührtes Fischerdorf mit ein paar Pousadas und einer Dorfdisco. Die einsamen Strände sind gut zum Surfen geeignet, weniger zum Baden (starke Strömungen). Wunderbare Bootsausflüge lassen sich auf dem Rio Camaratuba unternehmen. Ein kurzer Spaziergang führt zur Flussmündung, wo bei Ebbe eine geschwungene Sandbank entsteht. Hier kann man am Wochenende in einfachen Strohhütten leckeren Fisch essen.

Die indianische Abstammung von den Potiguaras ist vielen Bewohnern der Region noch anzusehen. Diese Volksgruppe hat ein 300 km² großes Reservat in der Nähe *(Reserva dos Potiguaras)*, wo heute 9000 Menschen in 24 Dörfern *(Aldeias)* leben. Es ist eines der ältesten Reservate Brasiliens und kann besucht werden.

ÜBERNACHTUNG UND ESSEN

Baía da Traição

Pousada Baía, ✆ 83/3296 1077. Hübsche Familienpousada mit Artesanato und schönen Möbeln. Pool. ❶

Catumbaé Pousada, Rua do Coronel 100, ✆ 83/3296 1515, 💻 www.catumbae.com.br.

Nette Pousada im Stil einer kleinen Fazenda, Haus mit wenigen Zimmern, 300 m vom Strand. Restaurant. ❷

Forasteiro, am Strand, bei der Kirche. Freundliches Strandrestaurant, lecker und günstig. Tipp: *Peixada* mit *Leite de Coco.* 🕒 tgl. 10–17 Uhr.

Barra de Camaratuba

Pousada Porto das Ondas, 📞 83/3297 7029, 💻 www.barradecamaratuba.com.br. Pousada mit großem Pool. Schöne Zimmer *Luxo* mit Balkon. Restaurant. ❷–❹

Rio Grande do Norte

Rio Grande do Norte (3 Mio. Einw.) liegt an der nordöstlichen Spitze Brasiliens, die afrikanische Küste ist hier näher als mancher Ort im Süden des Landes oder im Amazonas. Dank der spektakulären Strände ist der Bundesstaat eines der beliebtesten Tourismusziele des Nordostens, jährlich strömen mehr als zwei Millionen Besucher hierher. Die Strände der 410 km langen Küste sind oft umgeben von roten Klippen und schier endlosen Dünen, die sich auf Buggyfahrten erkunden lassen. Highlights sind die Hauptstadt **Natal**, der Strandort **Praia da Pipa** sowie die **Dünenregionen** im Norden.

Rio Grande do Norte ist auch der größte Shrimp-Produzent des Landes; der Name der Einheimischen, Potiguar, bedeutet im Indianischen so viel wie „Krabbenesser". Den köstlichen **Camarão**, der hier serviert wird, sollte man einmal probiert haben.

Natal

Natal gehört zu den klimatisch angenehmsten Städten des Nordostens und wird auch „Stadt der Sonne" *(Cidade do Sol)* genannt: 300 Sonnentage, Durchschnittstemperatur 26 °C. Zudem hat sie dank der steten Winde laut NASA die zweitsauberste Luft der Welt, lediglich übertroffen von der Antarktis. Die touristisch stark wachsende Stadt am **Rio Potengi** (804 000 Einw.) wirbt vor allem mit dem architektonisch schönsten Fort Brasiliens sowie einem abwechslungsreichen Kultur- und Nachtleben.

Wie so häufig im Nordosten stellen jedoch auch in Natal die Strände die eigentliche Attraktion dar. Man besucht hauptsächlich die 13 km südlich vom Zentrum gelegene, reizvolle **Praia Ponta Negra** mit ihrer schönen autofreien Strandpromenade. Das türkis-grüne Meer ist hier sauber und ruhig, Dutzende von Strandbuden säumen die Bucht, und im Hintergrund erhebt sich eines der Wahrzeichen der Stadt: der 120 m hohe Morro do Careca („Glatzenberg"), eine steil ins Meer führende Düne, die aus Naturschutzgründen nicht mehr bestiegen werden darf. In Ponta Negra liegen die meisten Hotels, Bars und Restaurants.

Sehenswertes

Das sternförmige **Fortaleza dos Reis Magos** (1598) an der Praia do Forte liegt malerisch zwischen dem Atlantik und der Mündung des Rio Potengi; es enthält das älteste portugiesische Monument Brasiliens: einen Besitzmarkstein von 1501 (Marco de Touros), der heute als Symbol der Entdeckung gilt. Errichtet wurde die Festung zum Schutz vor französischen und holländischen Invasionen, anfangs auch gegen aufständische Potiguar-Indianer. Zu erreichen ist sie über einen 830 m langen, vorbei an Mangroven führenden Steinwall, von dem sich schöne Aussichten auf die bis zu 76 m hohe und 1900 m lange **Newton-Navarro-Brücke** sowie die Skyline Natals bieten. 🕒 tgl. 8–16.30 Uhr, Eintritt R$3, inkl. Führung.

Bereits ein Jahr nach dem Bau entstand um das Fort herum die Stadt Natal, zunächst im Gebiet des heutigen Stadtteils **Ribeira**. Zwischen 1633 und 1654 gelang es den Holländern, die Gegend zu besetzen, und Natal wurde zeitweise zu Neu Amsterdam (Nova Amsterdã). Eine Militärbasis der US-Amerikaner während des 2. Weltkriegs brachte der Stadt einen kommerziellen

RIO GRANDE DO NORTE UND CEARÁ
N
0
100 km
Atlantischer Ozean
CEARÁ
RIO GRANDE DO NORTE
PARAÍBA
PERNAMBUCO
Luís Correia
Camocim
Jericoacoara
Jijoca
Acaraú
Mundaú
Praia de Fleixeiras
Trairi
Lagoinha
Paracuru
Taíba
Cumbuco
Meruoca
Tianguá
Sobral
Itapipoca
Ubajara
P.N. DE UBAJARA
Guaraciaba do Norte
Caucaia
Fortaleza
Praia do Futuro
Maracanau
Aquiraz
Pacatuba
Caponga
Praia de Morro Branco
Beberibe
Canindé
Pacoti
Cascavel
Santa Quitéria
Guaramiranga
Serra de Baturité
Nova Russas
Serra da Ibiapaba
Madalena
Canoa Quebrada
Majorlândia
Aracati
Castelo do Piauí
Crateús
Boa Viagem
Quixadá
Russas
Serra Grande
Morada Nova
Areia Branca
Ponta do Mel
Mossoró
Macau
Costa Branca
Galinhos
São Bento do Norte
São Miguel do Gostoso
Touros
Tauá
Apodi
João Câmara
Maracajaú
Campo Grande
Genipabu
Serra dos Cariris Novos
Serra da Batista
Iguatu
Natal
Praia Ponta Negra
Parnamirim
Búzios
Tibau do Sul
Icó
Alexandria
Caicó
Picos
Rio Piranhas
Goianinha
Praia da Pipa
Sousa
Barra do Cunhaú
Campos Sales
CHAPADA DO ARARIPE
Cajazeiras
Pombal
Canguaretama
Baía Formosa
Crato
Juazeiro do Norte
Barra de Camaratuba
Baía da Traição
Patos
Araripina
Milagres
Serra dos Cariris Velhos
Chapada da Borborema
Campina Grande
Lucena
Cabedelo
Santa Rita
João Pessoa
Ouricuri
Salgueiro
Jacumã

Aufschwung, in dessen Folge sich das Zentrum nach Süden verschob, in die heutige **Cidade Alta**.

Zwar finden sich entlang der **Rua Chile** im teilweise restaurierten Hafenviertel **Ribeira** die ältesten Gebäude der Stadt (19. Jh.); doch wirkt der Bezirk an vielen Stellen, besonders tagsüber, noch recht verfallen. Nur am Wochenende wandelt sich das Revier zur Ausgehgegend der alternativen Szene.

Das **Zentrum** besteht im Wesentlichen aus den Einkaufsstraßen Av. Rio Branco und Rua Princesa Isabel. Ein Farbtupfer ist die kleine **Igreja Santo Antônio**, die „Hahnenkirche" (Igreja do Galo) von 1766. Das hübsche, 2004 renovierte **Teatro Alberto Maranhão** (1904), Praça Augusto Severo, ist der wichtigste Veranstaltungsort für Musik-, Tanz- und Ballettaufführungen.

Lohnenswert ist ein Besuch des rosafarbenen **Centro de Turismo**, Rua Aderbal Figueiredo 980, Petrópolis. Das Gebäude stammt aus dem 19. Jh. und war bereits Waisenhaus, Gefängnis und US-Militärstützpunkt. Seit 1976 fungiert es als Besucherzentrum und beherbergt einen Markt für Kunsthandwerk, eine Galerie sowie ein gutes Restaurant (s. Essen) mit Flussblick. Am Donnerstagabend tanzen hier Touristen und Einheimische Forró, und Tia Lúcia und Tia Chica verkaufen dazu köstliche *Bolinhos de Macaxeira* (Maniokwurzelbällchen). ◷ tgl. 8–19 Uhr.

Der 1172 m² große **Parque das Dunas** zwischen dem Zentrum und Ponta Negra ist Brasiliens zweitgrößte städtische Grünfläche (nach der Floresta da Tijuca in Rio de Janeiro), drei Wanderwege führen durch ihn hindurch.

An Regentagen könnte man das privat finanzierte **Aquário Natal**, 💻 www.aquarionatal.com.br, in Redinha Nova besuchen. Vor allem Kinder freuen sich über die Schlangen, Süß-und Salzwasserfische, Haie in Streichelbecken, Pinguine oder Pirarucus, die größten Süßwasserfische der Welt. Zugleich ist die Anlage Aufzuchtstation für verletzte und ausgesetzte Tiere. Anfahrt am einfachsten im Rahmen einer Buggy-Tour (per Taxi ca. R$50 hin und zurück). ◷ tgl. 8–17 Uhr, Eintritt R$15.

Die zur Fußball-WM 2014 unter nachhaltigen Gesichtspunkten errichtete **Arena das Dunas** liegt 6 km von Ponta Negra, am Standort des alten Stadions „Machadão". Das an die Rundungen einer Düne erinnernde Stadion soll später von den lokalen Proficlubs ABC und América sowie als Multi-Use-Arena für Feste, Konzerte und Kongresse genutzt werden. Anfahrt mit Bus 46, der Bau einer Tramlinie (VLT) war in Überlegung.

ÜBERNACHTUNG

Die meisten Unterkünfte liegen in **Ponta Negra**, von hier lässt sich alles gut zu Fuß erledigen. Die Großhotels an der 9 km langen **Via Costeira** liegen zwar am Strand, aber man ist auf Auto bzw. Bus angewiesen. In der Nebensaison lohnt es, nach Rabatt zu fragen. Die genannten Hotels erheben keine Tax, wenn nichts anderes angegeben ist, und WLAN ist gratis.

Ponta Negra

€ **Republika Hostel**, Rua Porto das Oficinas 8944, ✆ 84/3236 2782. Klasse Independent-Hostel mit einer sympathischen Besitzern, man fühlt sich wie bei Freunden zuhause. Ruhige Lage in Ponta Negra, 4–6er-Dorms (R$30), schöne DZ (R$80), Ventilator. Auf dem Dach Lounge mit Blick über das Häusermeer, ab und zu Feste. Bar, Küchenbenutzung, Bar, 10 Min. vom Strand. ❶–❷

Albergue da Costa (HoLa), Av. Praia de Ponta Negra 8932, ✆ 84/3219 0095, 💻 www.alberguedacosta.com.br. Lockeres Hostel, Lounge mit Hängematten und Grillecke, gemütliche Gemeinschaftsküche, Bar. 3–5er-Dorms (R$40), DZ (R$100). Surf- und Capoeira-Kurse, Buggytouren. Englisch. Lage an Hauptstraße. ❷

Lua Cheia Hostel (HI), Rua Dr. Manoel A.B. de Araújo 500, ✆ 84/3236 3696, 💻 www.luacheia.com.br. Berühmtes Hostel im Ritterburg-Stil. Zentral im Ausgehviertel (mit belebter Bar), deshalb nicht immer ruhig. Recht einfache Dorms à 4–6 Betten (R$49–59), DZ (R$130–150), Ventilator. ❷–❸

€ **Pousada Porta do Sol**, Rua Francisco Gurgel 9057, ✆ 84/3236 2555, 💻 www.pousadaportadosol.com.br. Eine der wenigen Mittelpreis-Optionen direkt am Strand. Mit Holzmöbeln und Pool. 7 Zimmer haben Meerblick. Kabel-TV, AC. ❷–❹

Pousada La Luna, Rua Francisco Gurgel 9045, ✆ 84/3642 1349, 💻 www.pousadalaluna.com.br. Gemütlich-rustikale Pousada am ruhigen

Strandende, DZ mit und ohne Meerblick. Netter Außenbereich mit sehr kleinem Pool, Palmen und Hängematten. Nicht ganz modern, aber okay. Rabatt bei Barzahlung. 3

Pousada Manga Rosa, Av. Erivan França 240, 84/3219 0508, www.mangarosanatal.com.br. Pousada am Strand aus natürlichen Baustoffen: kleine Mauersteine, Holzbalkon mit Geländer aus Segeltauen. Die besseren Zimmer haben Meerblick und Veranda. Frühstück auf der Dachterrasse. 3–4

Areia de Ouro Hotel, Rua Elias Barros 250, 84/3219 3745, www.areiadeouro.com.br. Gepflegtes Hotel, das sich über drei Häuser erstreckt, in der Mitte ein Pool. Große Suiten mit Küche und Esszimmer. 4

Praia Azul Mar Hotel, Rua Francisco Gurgel 92, 84/4005 3555, www.praia-azul.com. Einige Möbel sind zwar etwas abgewetzt, aber top Lage in erster Strandreihe mit frontalem Meerblick. Alle Zimmer haben Wohnzimmer und Küche. Pool. 4–6

Holiday Inn Express, Av. Eng. Roberto Freire 2622, 84/3311 0220, www.holidaynatal.com.br. Moderne Ausgabe des Kettenhotels, hübsch designte Zimmer und kleiner City-Pool. Aus den oberen Etagen tolle Sicht, die Differenz für den frontalen Meerblick ist nicht groß. 5 % Tax. 5

Ponta do Sol Praia Hotel, Rua Pituba 3165, 84/4006 6333, www.pontadosolpraiahotel.com.br. Prima Hotel in vorzüglicher Lage, wenige Meter vom Strand und zu Bars/Restaurants.101 Zimmer auf 3 Etagen, viele mit Meerblick. Schöner Pool. Kleine Aufmerksamkeiten, z. B. Upgrades in der Nebensaison. Hohe Umwelt- und Sozialstandards, u. a. Weihnachtsfeier für behinderte Kinder (Hotelgäste können teilnehmen). Restaurant (R$25 *all you can eat*). 10 % Tax optional. 5–6

Best Western Premier Majestic, Av. Eng. Roberto Freire 8860, 84/3642 7000, www.majesticnatal.com.br. Neues Hotel in gediegen-klassischem Look; schöne Zimmer, in den höheren Etagen tolle Fernsicht. Restaurant, kleiner Pool mit Deck. 7–8

Coral Plaza Apart Hotel, Rua Francisco Gurgel 9005, 84/3642 7400, www.coralplaza.com.br. Ganz in Blau gehaltenes Ferienhotel am Strand. Schöner großer Pool mit Bar. Die geräumigen Zimmer (ab R$430) haben Küche und Meerblick. 10 % Tax. 8

Manary Praia Hotel, Rua Francisco Gurgel 9067, 84/3204 2900, www.manary.com.br. Das schönste Hotel in Natal (Mitglied bei Roteiros de Charme) zeigt sich in neo-kolonialem Stil; 23 geschmackvoll dekorierte Zimmer (R$450–563) mit Balkon und Hängematte, einige mit zauberhaften Blick auf Pool und Meer. Tolle Strandlage, abends romantische Honeymoon-Stimmung am beleuchteten Pool. Exzellentes Restaurant; das Hotel ist ökologisch sehr engagiert. 10 % Tax. 8

ESSEN

Am Strand von Ponta Negra liegen Snackbars und Restaurants. Spezialität der Region sind Krabbengerichte in allen erdenklichen Variationen – ein „Muss" für Natal-Besucher.

Ponta Negra

Camarões, Av. Eng. Roberto Freire 2610. Klasse Krabbengerichte in mehr als 30 Varianten. Tipp: *Camarão Ponta Negra*, panierte Riesengarnelen mit Käsefüllung (R$ 95/2–3 Pers.), oder *Papa Jerimum* in Kürbis (R$66/2 Pers.). Als Vorspeise *Casquinha de Caranguejo* (R$9), zerkleinertes Krebsfleisch verfeinert mit Kokosmilch, Zwiebeln, Tomaten und Knoblauch – lecker! Super auch der *Pastel de Camarão* (R$9), gefüllt mit Krabben, geschmolzenem Käse und Kräutern. Exzellenter Service! Von März–Nov Reservierung möglich. Mo–Sa 11.30–15.30, 18.30–24, So 11.30–16, 18.30–23 Uhr.

Camarões Potiguar, Rua Pedro Fonseca Filho 8887. Top-Restaurant für Fisch und Krabben. Feines Ambiente mit Steinwänden, Holzdielen und großen Deckenlampen aus Bast, nur der Service kann mit dem „kleinen Bruder" (s. o.) nicht mithalten. Mo–Sa 12–15.30, 18.30–23, So 12–16, 18–23 Uhr.

Cipó Brasil, Rua Aristides P. Filho 3111. Tarzan würde sich zuhause fühlen: Hervorragende Pizzeria mit Holztischen im Sand und Lianen an der Decke. Tipp: *Pizza Cipó Brasil* mit Huhn, Erbsen, Zwiebeln, getrock-

Natal Zentrum

N 0 300 m

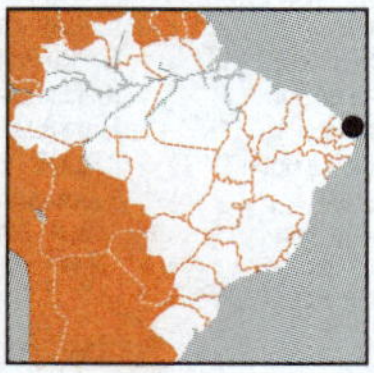

Essen:

1 Marenosso

Sonstiges:

1 Hospital Walfredo Gurgel
2 Midway Mall
3 Forró com Turista
4 Banco do Brasil (Filiale)
5 Barraco / Medievo Disco
6 Seven Pub

Transport

1 Rodoviária
2 Busse zum Flughafen
3 Bus-Terminal Ribeira
4 Busse nach Ponta Negra (Bus 56)

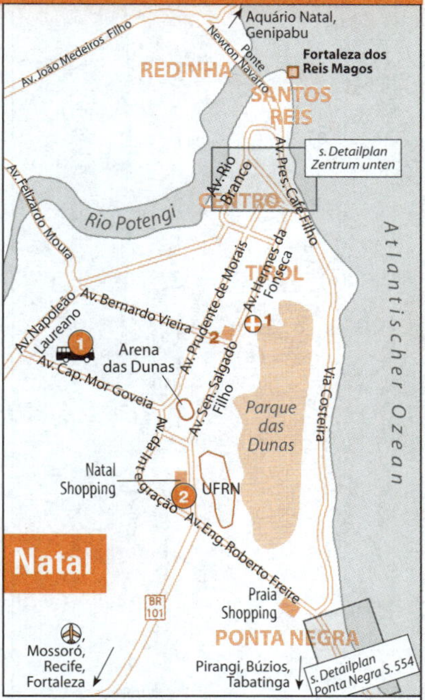

Natal
Aquário Natal, Genipabu
Fortaleza dos Reis Magos
REDINHA
SANTOS REIS
CENTRO
TIROL
PONTA NEGRA
Av. João Medeiros Filho
Ponte Newton Navarro
Av. Rio Branco
Av. Pres. Café Filho
s. Detailplan Zentrum unten
Av. Felizardo Moura
Rio Potengi
Atlantischer Ozean
Av. Prudente de Morais
Av. Hermes da Fonseca
Av. Bernardo Vieira
Av. Napoleão Laureano
Av. Cap. Mor Goveia
Arena das Dunas
Av. Sen. Salgado Filho
Parque das Dunas
Via Costeira
Av. da Integração
Natal Shopping
UFRN
Av. Eng. Roberto Freire
BR 101
Praia Shopping
Mossoró, Recife, Fortaleza
Pirangi, Búzios, Tabatinga
s. Detailplan Ponta Negra S. 554

RIBEIRA
CENTRO
PETRÓPOLIS
Rio Potengi
Atlantischer Ozean
Fortaleza dos Reis Magos
Praia do Meio
Praia dos Artistas
Praia de Areia Preta
Teatro Alberto Maranhão
Aureliano
Sachet
Centro de Turismo
Av. Tavares de Lira
R. Gen. Elycério
R. Teotónio Freire
R. Chile
Av. Duque de Caxias
R. Henrique Castriciano
R. Gen. Gustavo de Farias
R. Dr. Manoel Dantas
R. do Areal
R. Monte Carlos
R. Rodrigues Dias
R. 25 de Dezembro
Av. Pres. Café Filho
R. do Motor
Av. A. Gurgel
Pça. André de Albuquerque
Palácio Felipe Camarão
Memorial Câmara Cascudo
Palácio Potengi
Igreja Santo Antônio
Av. Rio Branco
Av. Deodoro da Fonseca
Av. Prudente de Morais
Av. Hermes da Fonseca
Pça. Pedro Velho
Av. Getúlio Vargas
R. Joaquim Fabrício
Pça. das Flores
R. Potengi
R. Mipibu
Av. Gov. Silvio Pedrosa
R. Fabrício Pedrosa
R. Jundiaí
Av. Açu

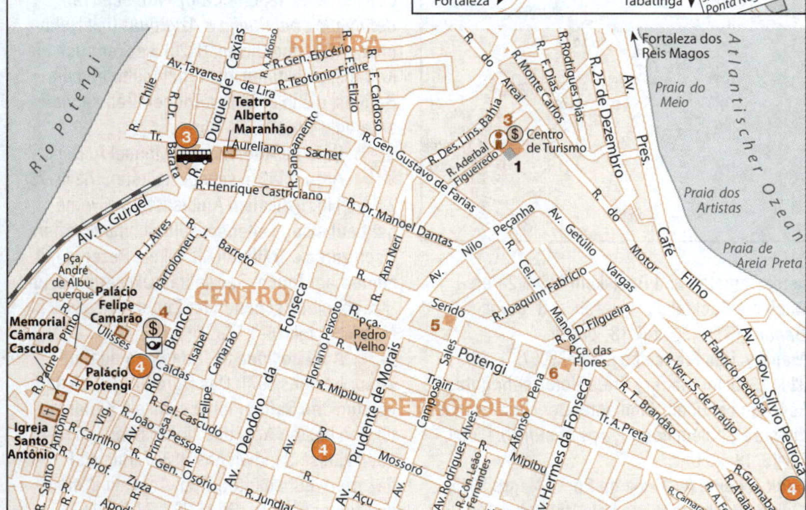

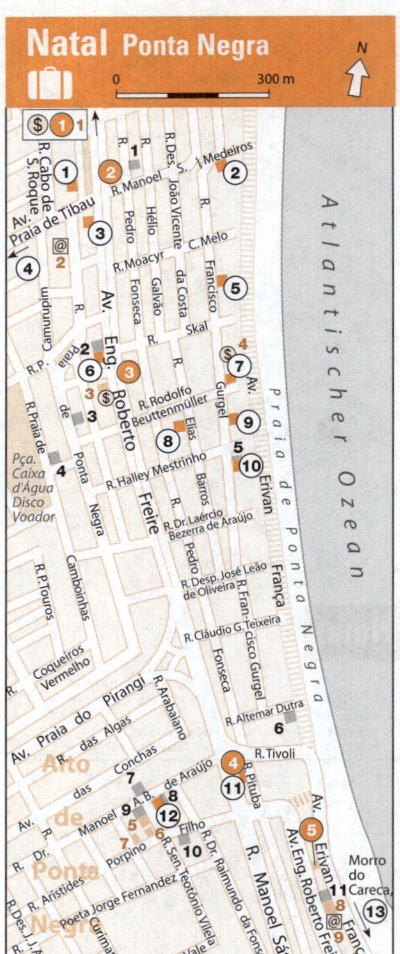

Übernachtung:

1. Albergue da Costa
2. Praia Azul Mar Hotel
3. Best Western Premier Majestic
4. Republika Hostel (300 m)
5. Coral Plaza Apart Hotel
6. Holiday Inn Express
7. Pousada La Luna
8. Areia de Ouro Hotel
9. Pousada Porta do Sol
10. Manary Praia Hotel
11. Ponta do Sol Praia Hotel
12. Lua Cheia Hostel
13. Pousada Manga Rosa (300 m)

Essen:

1. Camarões Potiguar
2. Camarões
3. Cook & Luxo
4. Açaí do Joca Jr.
5. Manary
6. Astral Sucos
7. Galo do Alto
8. Taverna Pub
9. Casa de Taipa
10. Cipó Brasil
11. Tranquilo

Sonstiges:

1. Praia Shopping, Delegacia do Turista, Geldautomaten, Shopping do Artesanato Potiguar (1 km)
2. Internet Express
3. Vilarte, Banco do Brasil (Geldautomat)
4. Espaço Praiamar Beach (Geldautomat)
5. Alma Brasileira
6. Rastapé
7. Sancho Music Bar
8. Actual Câmbio
9. Santa Fé Mall

Transport:

1. Luck Viagens (200 m)
2. Busse ins Zentrum zur Rodoviária
3. Busse ins Zentrum
4. Busse ins Zentrum zur Rodoviária
5. Marazul

neten Tomaten und Basilikum (R$46/2 Pers.). Auch die Cocktails probieren, z. B. *Caipi Banana* (R$12). ⌚ tgl. 18–24 Uhr.

Manary, Rua Francisco Gurgel 9067, ✆ 84/ 3204 2900. Im Manary Praia Hotel, sehr gutes Essen in schönem Ambiente. Der Nachtisch ist die pure Schlemmerei *(Taça Manary!)*. ⌚ tgl. 12–16, 19–23 Uhr.

Cook & Luxo, Av. Praia de Ponta Negra 9045. Kleines Restaurant in einem Häuschen mit Veranda und Garten. Gute, zeitgenössische mediterrane Küche (R$38–50 p. P.). ⌚ Di–Fr 18–24, Sa 12–16, 18–24, So 12–16 Uhr.

Casa de Taipa, Rua Dr. Manoel A. B. de Araújo 130 A. Verspieltes und buntes Restaurant mit Hawaii-Feeling. Spezialität sind neben den ca. 40 Tapiocas verschiedene Couscous-Variationen. Tipp: *Tapioca Frango defumado com Queijo e Azeitonas* (mit Hühnchen, Käse und Oliven, R$20). Lecker auch die Kaffeespezialitäten, die Fruchtsäfte und die Batidas, die in stilvollen Tongefäßen serviert werden. ⌚ tgl. 17–24 Uhr.

Galo do Alto, Rua Dr. Manoel A. B. de Araújo 142. Fischspezialitäten (R$50–73/ 2 Pers.) in rustikalem Ambiente. Der Name geht auf einen seltenen, sehr schmackhaften Fisch zurück. Traditionelle lokale Rezepte mit modernem Touch. Spezialität: Öko-Austern und -Krabben aus schonender Zucht. Tgl. Live-Musik. ⌚ tgl. 18–1 Uhr.

Açaí do Joca Jr., Rua Praia de Camboinhas 9071. Das Durchfragen zu der versteckten Saftbar lohnt sich: ein Kandidat für den besten Açaí des Nordostens (ab R$4); auch klasse Sandwiches R$3–7. Rustikal dekoriert, gut belüftet. Tipp: Açaí mit Creme de Cupuaçu. ⌚ Di–So 15.30–23 Uhr.

€ **Tranquilo**, Av. Erivan França 94 Preiswertes „Buffet livre" *(all you can eat)* für R$11, von 12–16 und 18– 22 Uhr, sonst à la carte. ◷ tgl. 12–24 Uhr.
Astral Sucos, Av. Erivan França 102. Nette Saftbar am Strand, Sucos für R$7 (500 ml), interessant ist „Suco de Clorovila", ein Mix aus grünem Gemüse. Besonders schön bei Live-Musik (Di 17– 20, Sa, So 16– 19 Uhr, Couvert R$2). ◷ tgl. 8–22 Uhr.

Petrópolis

Marenosso, Rua Aderbal Figueiredo 980, Centro de Turismo. Prima Restaurant mit herrlicher Aussicht. Tipp: *Parmegiana Matuto* (gratiniertes und paniertes sonnengetrocknetes Fleisch mit roten Zwiebeln, Bohnen und Maniokwurzelpüree, R$21). Sehr lecker auch die Bolinhos (R$5) und die Säfte (R$3). ◷ Fr–Mi 10–18, Do 10–20.30 Uhr.

NACHTLEBEN

Die Bars in **Alto de Ponta Negra** ziehen viele Nachtschwärmer an. Zentrum ist die **Rua Manoel A. B. de Araújo** („Rua do Agito"), in der ständig neue Läden eröffnen. Ansonsten geht man vor allem nach **Petrópolis** und **Tirol**. Im Hafenviertel **Ribeira** hat sich an der Esplanada Silva Jardim/Rua Chile eine Szene mit alternativen Clubs angesiedelt, hier ist v. a. am Wochenende was los.

Ponta Negra

Rastapé, Rua Aristides P. Filho 2198. Live-Forró im rustikalen Sertanejo-Stil, v. a. am Mi geht es hoch her, getanzt wird in mehreren klimatisierten Räumen, im großen Saal spielen nacheinander zwei Bands vor bis zu 1500 Gästen. ◷ Mi, Fr, Sa 22–4 Uhr, Eintritt R$15–20.
Taverna Pub, Rua Dr. Manoel A. B. de Araújo 500. In den Katakomben der Jugendherberge, tgl. wechselnde Feste mit Live-Musik; Mo Flirtparty „Segundas Intenções", bei der süße Engelchen und Teufelchen Botschaften unter die Gäste bringen. ◷ Mo–Sa ab 22 Uhr, Eintritt R$15–45.
Sancho Music Bar, Rua Aristides P. Filho 3163. Nette spanische Tapas-Bar mit Live-Musik zum Tanzen, v. a. Samba. Besonders gut am So (Pagode). ◷ Fr, Sa 22–4, So 20–3 Uhr, Eintritt R$10–15.

Andere Viertel

Forró com Turista, Centro de Turismo, Petrópolis, ✆ 84/3211 6218, 💻 www.forrocomturista.com.br. Do ist Forró-Nacht, hier finden sich auch immer spontan Tanzlehrer. Ticket und Transfer über Marazul (s. Touren, R$45). ◷ Do 21–0.30 Uhr, Abendkasse R$15–20.
Barraco / Medievo Disco, Rua Seridó 706, Petrópolis. Zwei beliebte Feste: Fr meist Forró, Sa Samba, auch Live-Bands. ◷ Fr 23–5, Sa 16–23 Uhr, Eintritt R$20–40.
Whiskritório, Rua Enico Monteiro 1851, Capim Macio. Ausgehtipp für eher jüngeres Publikum, der angesagte Club bietet gute Rockmusik, Do–Sa auch Live-Bands, super Atmosphäre. Nahe Ponta Negra. ◷ Mo–Sa 20–3 Uhr.

EINKAUFEN

Einkaufszentren

Natal Shopping, Av. Sen. Salgado Filho 2234, Candelária. ◷ Mo–Sa 10–22, So 14–22 Uhr.
Praia Shopping, Av. Eng. R. Freire 8790, Ponta Negra. ◷ Mo–Sa 10–22, So 15–21 Uhr.
Die neue **Midway Mall** in Tirol ist eines der größten Einkaufszentren Lateinamerikas.

Souvenirs und Kunsthandwerk

Vilarte, Av. Eng. R. Freire 2107, Ponta Negra. ◷ Mo–Sa 10–22, So 13–21 Uhr.
Shopping do Artesanato Potiguar, Av. Eng. R. Freire 2622, Ponta Negra, neben Praia Shopping. Kunstmarkt mit nettem Hof, Sandwiches und Mittagessen im Restaurant Carne de Sol. ◷ Mo–Sa 10–22, So 9–21 Uhr.
Alma Brasileira, Rua Sen. Teotônio Vilela, Ponta Negra. Schöner Artesanato-Laden. ◷ Mo–Sa 16–22 Uhr.
Centro de Turismo, (S. 557).

TOUREN

Buggy- und Landrovertouren

Die Fahrt von **Natal nach Fortaleza** über 800 km und 80 Strände gilt als „Mutter aller Buggy-Touren". Man sollte die Strecke in

nordwestlicher Richtung fahren (sonst starke Gegenwinde). Die 4-tägige Reise kostet ca. R$2000–3000 (2 Pers., inkl. Unterkunft). Infos: **Marazul** (s. u.).
Bequemer und ggf. trockener ist die Tour mit einem Landrover. Am Strand entlang bis Fortaleza (4 Tage, ca. R$1750 p. P.) fährt **Aventura Turismo**, ✆ 84/3206 4949, 💻 www.aventuraturismo.com.br.
Buggytouren nach **Genipabu** („Litoral Norte") oder **Praia da Pipa** („Litoral Sul") kosten etwa R$280 (9–16 Uhr, 4 Pers.). Aus Sicherheitsgründen sollte man darauf achten, dass Fahrer und Fahrzeug von der Tourismusbehörde Setur zertifiziert wurden („credenciado"). Dies ist bei Agenturen wie Marazul der Fall.

DER NORDOSTEN

Touranbieter

Alle Agenturen erhöhen im Sommer die Preise.

Marazul, Av. Erivan França 3180, Ponta Negra, ✆ 84/3219 2221, 💻 passeiodebuggy.com.br. Exzellente Agentur mit zentral gelegenem Büro am Strand. Sämtliche Buggy-, Van- oder Bustouren, z. B. City Tour (R$50), Litoral Sul bzw. Litoral Norte per Buggy (9–16/17 Uhr, R$80 p. P. plus Fähren), Schnorcheln in Maracajaú (R$100), Pipa im Van (R$50). Die Agentur legt Wert auf Sicherheit, alle Fahrer und Wagen sind offiziell zugelassen.
🕒 tgl. 8–22 Uhr.

Luck Viagens, Av. Praia de Ponta Negra 8884, ✆ 84/3219 2966, 💻 www.luckviagens.com.br. Große, gut organisierte Agentur, bequeme Tagesausflüge in AC-Bussen, z. B. Galinhos (R$100), Praia da Pipa (R$75), Baía Formosa (R$75) oder João Pessoa (R$95). Die dazugehörige **Nataltur** kann Reisen nach Fernando de Noronha organisieren.

Cariri Ecotours, ✆ 84/9660 1818, 💻 www.cariricotours.com.br. Touren ins Landesinnere mit ökologisch-kulturellem Schwerpunkt. Kleine Gruppen, persönliche Betreuung. Mehrsprachige Guides. Mit Filipe sprechen.

SONSTIGES

Feste

Carnatal, 💻 www.carnatal.com.br. Rauschendes 4-tägiges Fest am ersten Wochenende im Dez – einer der lebendigsten Out-of-Season-Karnevals des Landes mit Trio Elétricos und Stars wie Ivete Sangalo. Wer nicht zur Karnevalszeit in Brasilien ist, kann hier einen Vorgeschmack auf den bunten Axé-Karneval Salvadors bekommen. Zur Teilnahme an einem Bloco ist ein Abadá-Hemd nötig.

Die Dünen von Genipabu

Die Dünen von Genipabu, 25 km nördlich von Natal, erlangten landesweit Berühmtheit als Schauplatz einiger TV-Novelas. Heute werden hier die berühmtesten Buggy-Fahrten Brasiliens angeboten. Die Frage des Chauffeurs, ob man *com ou sem emoção* („mit oder ohne Emotion") kutschiert werden möchte, bezieht sich nicht auf romantische Gefühle, sondern auf die persönliche Abenteuerbereitschaft. Wie in der Achterbahn geht es die bis zu 30 m hohen Dünen rauf und runter, oder man rutscht seitwärts ab und glaubt, das Fahrzeug könne jeden Moment kippen. Auch wenn solche Manöver Spaß machen, sollte man sich bewusst sein, dass sie ein gewisses Risiko beinhalten.
Von den Dünen des Hinterlandes bietet sich eine schöne Aussicht auf die **Lagoa de Genipabu** und den Atlantik. Hier und an der **Lagoa de Jacumã** gibt es die berühmt-berüchtigte *Aerobunda* („Lufthintern", R$10): eine Schnur, an der man von der Düne mit dem Po zuvorderst ins Wasser rutscht. Ebenfalls empfehlenswert ist die belebte **Lagoa de Pitangui** mit etlichen Strandbars. Ein witziges Fotomotiv ist die Überfahrt zwischen Genipabu und **Barra do Rio** auf den mit Muskelkraft betriebenen Flößen, welche die Buggys im Akkord über den Rio Ceará-Mirim befördern. Doch aufpassen: Die angebotenen Fotos sind teuer. Genipabu wird vor allem von Tagestouristen besucht, abends hat fast alles geschlossen. Auf den Dünen und am Strand wimmelt es von fliegenden Händlern und Touristen lassen sich mit importierten Dromedaren ablichten.

Geld

Banco do Brasil: Geldautomaten u. a. im Einkaufszentrum **Vilarte**, Ponta Negra, ⌚ Mo–Sa 10–22, So 13–21 Uhr; **Espaço Praiamar Beach**, Ponta Negra, ⌚ tgl. 8–21 Uhr; **Centro de Turismo**, ⌚ tgl. 8–19 Uhr; **Flughafen** und **Praia Shopping** (alle Karten). **Filiale**: Av. Rio Branco, Centro. ⌚ Mo–Fr 10–16, Geldautomat 6–20 Uhr (alle Karten).
Geldwechsel: z. B. **Actual Câmbio**, Santa Fé Mall, Ponta Negra. ⌚ Mo–Fr 9–19, Sa 9–15 Uhr.

Informationen

Infostände u. a. Flughafen, ⌚ Mo–Fr 8–12, 13–17 Uhr; Rodoviária, ⌚ Mo–Sa 8–18 Uhr; Centro de Turismo, ⌚ tgl. 8–18 Uhr.

Internet

In Ponta Negra gibt es Internet-Cafés (R$4) z. B. in der Santa Fé Mall.
Internet Express, Av. Praia de Ponta Negra 8956. Modernes Zubehör (R$3), Scanner, CDs brennen usw. AC und Snacks, Telefon. ⌚ Mo–Sa 8–21 Uhr.

Medizinische Hilfe

Hospital Walfredo Gurgel, Av. Sen. Salgado Filho, Tirol, ✆ 84/3232 7500.

Touristenpolizei

Delegacia do Turista, Praia Shopping (Central do Cidadão, 1. OG, über Seiteneingang), Ponta Negra, ✆ 84/3232 7402. ⌚ Mo–Fr 8–18 Uhr.

NAHVERKEHR

Die meisten **Stadtbusse** verkehren alle 20 Min. bis 24 Uhr (R$2,40, So R$1,20).
Zum **Flughafen** mit Bussen 08, 30, 54 oder 63 zunächst bis Natal Shopping (20 Min.). Dort Bus *Parnamirim A/Aeroporto* der Gesellschaft *Trampolim da Vitória* (20 Min., RS2,60), Einstieg andere Straßenseite, übernächste Haltestelle (Richtung Ponta Negra). Vom Flughafen Trampolim-Bus *Alimentador* bis Natal Shopping, dann Busse wie oben. **Hinweis:** Ein **Direktbus** war in Planung!
Vom **Flughafen** fahren zudem Kleinbusse der Agentur **Van Service**, 🖳 www.vanservice.com.br, zu jedem Hotel in Ponta Negra, Büro in der Ankunftshalle (bis 3 Pers. R$40, bis 4 Pers. R$50, bis 5 Pers. R$60). Weitere Transfers u. a. nach Pipa (R$60 p. P., Abfahrt bis 16 Uhr, nach Anmeldung!).
Vom **Busbahnhof** Bus 66 nach **Ponta Negra** (40–60 Min.). Haltestelle andere Straßenseite, 50 m rechts.
Von **Ponta Negra**: Busse 46, 54 bis **Zentrum** (45 Min., weiter bis Ribeira). Schneller mit Bus 56 (über *Via Costeira* und Stadtstrände, 20 Min.). Bus 66 fährt bis **Rodoviária** (40–60 Min.), Haltestellen nur Nr. 2 und 4 auf der Karte S. 554.

Taxi

Ponta Negra bis Flughafen R$35–40, bis Rodoviária R$30–35.
Anatal Táxi, ✆ 84/3213 6913.

TRANSPORT

Flüge

Aeroporto Internacional Augusto Severo, 18 km vom Zentrum, Parnamirim, ✆ 84/3087 1270. Der 40 km außerhalb liegende Großflughafen **Aeroporto São Gonçalo do Amarante** sollte 2014 eröffnet werden.
Fluggesellschaften: **Avianca**, ✆ 84/3087 1302; **Azul**, ✆ 84/3087 1412; **Gol**, ✆ 84/3087 1466; **TAM**, ✆ 84/3087 1303; **TAP**, ✆ 84/3087 1384; **Trip**, ✆ 84/3087 1379.

Busse

Rodoviária, Cidade da Esperança, ✆ 84/3232 7312.
Aracati (Canoa Quebrada): Nordeste, ✆ 84/3205 6161, 5–7x tgl. bis 23 Uhr (Sa bis 22 Uhr); Guanabara, tgl. 9.30 Uhr; 6 Std., R$56–72.
Baía Formosa / **Barra do Cunhaú**: 2–4x tgl., 2 Std., R$13.
Fortaleza: Nordeste, 5–7x tgl. bis 23 Uhr, Sa bis 22 Uhr, 8 Std., R$78–110.
João Pessoa: Nordeste, 6–8x tgl. bis 19.30 Uhr, 3 Std., R$28–38.
Maceió: São Geraldo, ✆ 84/3205 4858, tgl. 18.45 Uhr, 10 Std., R$98.

Maracajaú: Cabral (EG), 84/3205 4272, www.expressocabral.com.br, Mo–Sa 10 und 13.30 Uhr, 2 1/2 Std., R$17.
Praia da Pipa / Tibau do Sul: Oceano, 84/3205 8222, 12x tgl. bis 18 Uhr (So 6x tgl. bis 18 Uhr), 2 bzw. 1 1/2 Std., R$12/11.
Recife: Progresso, 84/3205 6881, 8–9x tgl. bis 23.55 Uhr, 4 1/2 Std., R$44–62.
Salvador: São Geraldo, tgl. 9.30 und 17 Uhr, 20 Std., R$177.
São Miguel do Gostoso: Cabral, 5x tgl. bis 16.45 Uhr, 2 3/4–3 1/2 Std., R$21.

Kombis

Transporte Opcional, 84/3205 6868, Rückseite EG. Mikrobusse tgl. u. a. nach **Praia da Pipa** (10, 14.30 Uhr), **Baía Formosa** (8.15, 12.20, 16.40 Uhr), **Barra do Cunhaú** (9.40, 13.55 Uhr), 2 Std., R$12–15.

Südlich von Natal

Alle südlichen Strände lassen sich von Natal per Buggy in Tagesausflügen erreichen.

Baía Formosa und Barra do Cunhaú

Genau zwischen João Pessoa und Natal, an der Grenze zu Paraíba, liegt das kleine Fischerdorf **Baía Formosa** (8500 Einw.), das sich einer der schönsten Panoramaaussichten des Bundesstaates rühmen kann. Der von Klippen und Dünen eingeschlossene Strand eignet sich mit seinen hohen Wellen bestens zum Surfen. Ansonsten geht das Leben hier einen gemächlichen Gang. Abwechslung verschaffen Ausflüge zur **Mata Estrela**, dem größten Regenwaldreservat Brasiliens auf Dünen (2365 ha) mit vielen Lagunen, darunter der **Lagoa Araraquara** (im Volksmund Lagoa Coca-Cola), deren Name auf ihre dunkelrote Färbung durch Wurzelpigmente zurückgeht. Ein Bad in dieser Lagune soll die Wirkung eines Jungbrunnens haben. Sehenswert sind auch die nördlichen Strände, wie die einsame **Praia da Cotia**, oder in südlicher Richtung die attraktive **Praia do Sagi**, ein gern angefahrener Buggy-Stopp. Hier mündet auch der Rio Guaju, der die natürliche Grenze zu Paraíba bildet. Am Ufer werden für R$10 Kanutouren angeboten, auf denen die Technik des Krabbenfangs demonstriert wird – wer möchte, kann unterwegs auch ein Schlammbad nehmen. www.baiaformosa.com.br, www.praiadebaiaformosa.com.br.

Auf dem Weg zwischen Baía Formosa und Praia da Pipa liegt **Barra do Cunhaú**, 88 km südlich von Natal, in einer der größten Krabbenzucht-Regionen Brasiliens. Im Ort gibt es einige Pousadas und Restaurants, sehenswert ist der hübsche Strand mit seinen Naturpools und den nahen Mangrovengebieten. Am Hafen veranstaltet **Naturezatur**, www.naturezatur.com.br, Ausflüge zu den Stränden der Umgebung und Bootstouren auf dem Rio Curimataú. Infos: www.barradocunhau.com.br.

ÜBERNACHTUNG UND ESSEN

Baía Formosa

Miranda's Pousada, Rua Sen. Antônio A. de Farias 115, 84/3244 2207, www.praiadebaiaformosa.com.br. Familiäre Pousada (Zimmer mit AC), kleiner Pool und eine sagenhafte Aussicht. Besitzer Junior spricht Englisch und hilft bei Fragen zur Region gerne weiter. Abholservice. WLAN gratis. ❸

Pousada La Bonita, Rua Francisco F. Freire 361, 84/3244 2056, www.pousadalabonita.com. In die Steilküste integrierte Pousada über mehrere Ebenen. Schöne Suiten (einige mit Holzbalkon und toller Aussicht), nette Standardzimmer und einfache Chalês. Pool. WLAN gratis. ❸–❽

Pôr do Sol, Rua Dr. Manoel F. de Melo 77. Einfache Bar, in der man abends mit den Dorfbewohnern bei traumhaftem Blick über die Bucht den Tag ausklingen lassen kann. Guter Açaí! tgl. 7–22 Uhr.

Barra do Cunhaú

Pousada Vento das Marés, Av. Beira Mar, 84/3241 4431, www.ventodasmares.com.br. Von außen keine Schönheit, doch innen eine putzige, gemütliche Pousada. Rustikale

Chalês in den Dünen mit Veranda, Strandpavillon mit Hängematte. ❷–❸

Solimar, Rua da Praia. Spitzen-Meeresfrüchte und gegrillte Spezialitäten ab R$52/2 Pers., verdauen kann man in einer Hängematte oder auf einer Strandliege. ⌚ Di–So 10–17 Uhr.

Barraca do Tonho, Av. do Pontal. Köstlichen Fisch und was das Meer sonst noch hergibt serviert der einheimische Tonho bei genialem Blick auf die Flussmündung. Tipp für süße Schleckermäuler: Nachtisch *Banana Rica* (R$6). Direkt am Meer dazugehörige Strandbar **Canoas Grill** (gegrillter Fisch). Mit Pousada. ⌚ tgl. 8–19.30 Uhr.

TRANSPORT

Natal: Minibusse ab Baía Formosa (6 und 14 Uhr), ab Barra do Cunhaú (7.30, 11.30 und 16 Uhr); 2 Std, R$13.

Praia da Pipa

Praia da Pipa ist einer der beliebtesten Strandbadeorte Brasiliens. Die ersten Karten der Region datieren zurück auf die Zeit der portugiesischen Entdeckung, doch „neu entdeckt" wurde Pipa (4000 Einw.) erst wieder in den 1980er-Jahren, als Surfer, Hippies und ausländische Touristen sich für die attraktive Kombination aus Stränden, Dünen, Klippen und Regenwald begeisterten. Heute wird Pipa bevölkert von einer bunten Melange aus einheimischen Fischerfamilien, Surfern, Naturliebhabern, Auswanderern, Pauschaltouristen, Künstlern und Backpackern. Neben einem wunderschönen Strand zur **Delphin-Beobachtung** locken Künstlerateliers, Boutiquen und gute Restaurants. Von den kulinarischen Künsten kann man sich beim Gastronomie-Festival im Oktober überzeugen. Berühmt-berüchtigt sind die Silvesterpartys, alle Hotels der Region sind dann ausgebucht.

An dem kleinen Hauptstrand gibt es einige Strandbars und Naturpools. Nach Norden gelangt man zunächst zur wunderschönen **Praia do Curral** (Baía dos Golfinhos), ein von Klippen umgebener Strand mit Aussichtspunkten, der oft von Delphinen besucht wird. Dieser Strand ist nur bei Ebbe erreichbar! Von dort kann man

Über die Lagune

Eine herrliche Bootsfahrt über die **Lagoa de Guaraíra** bietet der Einheimische **Djair** an (2–4 Std., R$50 p. P., max. 7 Pers.). Toll zum Sonnenuntergang, wenn in den Mangroven blaue Reiher und weitere Vogelarten zu sehen sind. Der erfahrene Bootsmann kennt jede Sandbank und fährt auch bei Niedrigwasser, wenn andere Kapitäne nicht mehr auslaufen. Kontakt: ✆ 84/9929 7811 oder über Agenturen.

(ebenfalls nur bei Ebbe) weiter um die nächste Klippe zur **Praia do Madeiro** spazieren und dann weiter zur **Praia da Cacimbinhas**. Tipp: Hier am Nachmittag einen Saft in einer der Strandbars trinken und dann über die Treppen zur Straße hoch kraxeln. Im Süden liegt die schöne **Praia do Amor (Praia dos Afogados)**, allerdings ist hier auf gefährliche Strömungen zu achten!

Auf dem 120 ha großen Naturschutzgebiet **Santuário Ecológico de Pipa** (beim Ortseingang) liegen Aussichtspunkte zur Delphin-Beobachtung und 14 gut ausgeschilderte Wanderpfade. 🕒 tgl. 8–16 Uhr, Eintritt R$5.

Im Schatten der schönen Schwester Pipa liegt das ein wenig unscheinbare **Tibau do Sul** (11 500 Einw.). Hier lohnt sich eine Bootstour auf der **Lagoa de Guaraíra**. Der schönste Strand ist die zur Enseada dos Golfinhos gehörende **Ponta do Madeiro**. Die **Praia Guaraíras** kann man per Boot über die Lagune ansteuern oder von Pipa zu Fuß am Strand lang (ca. 90 Min., nur bei Ebbe).

ÜBERNACHTUNG

Überall WLAN gratis und keine Tax (wenn nicht anders vermerkt).

€ **Albergue da Rose**, Rua da Mata, ✆ 84/3246 2538, ✉ comsorriso78@yahoo.com.br, 💻 www.pipa.com.br/alberguedarose. Süße Herberge der netten Rose, sehr persönlich, liebevoll eingerichtete DZ (R$65) und Dorms bis 5 Pers. (R$25), Ventilator oder AC, TV. Draußen Hängematten auf der Veranda. Fast wie zuhause: gemütliches Wohnzimmer und Frühstück in der Gemeinschaftsküche. ❶

Sugar Cane Hostel (HoLa), Rua Arara 19, ✆ 84/3246 2723, 💻 www.sugarcanehostel.com.br. Großes Hostel mit Surfschule. Gemütliche Terrasse und Bar, samstags wird gegrillt. 2–6er-Dorms (R$25–30), DZ (R$60–70), Ventilator. ❶

Pipa Hostel (HI), Rua Arara 105, ✆ 84/3246 2151, 💻 www.pipahostel.com.br. Neues Hostel mit Garten, Pool. 8er-Dorms (R$30–38) und DZ (R$70–90), AC oder Ventilator. ❶–❷

€ **Pousada Xamã**, Rua dos Cajueiros 12, ✆ 84/3246 2267, 💻 www.pousadaxama.com.br. Gute Budget-Option nahe der Disco, Garten mit Pool, Hängematten, Billard. ❶–❷

Pousada Pomar da Pipa, Rua da Mata 222, ✆ 84/3246 2256, 💻 www.pomardapipa.com. Nette Pousada mit großem Garten. Gepflegte Apartments, Veranda und Hängematte, lockere Atmosphäre. Gutes Frühstück. ❷

Pousada Mirante de Pipa, Rua do Mirante 1, ✆ 84/3246 2251, 💻 www.mirantedepipa.com.br. Öko-Pousada mit herrlichem Blick von einer Düne, auf der die Besitzer 18 000 m² Wald angepflanzt haben. Tipp: Das *Chalé Vista Mar* hat Traumaussicht. 10 % Tax. ❸–❹

Pousada Tartaruga, Av. Baía dos Golfinhos 508, ✆ 84/3246 2385, 💻 www.pousadatartaruga.com. Stilvolle Pousada mit komfortablen Apartments (DVD) und Pool. Offener Frühstücksbereich mit Leseecke. Das Frühstück bietet viele süße Versuchungen. 9 % Tax. ❺

Hotel Pousada Oka da Mata, Estrada Tibau do Sul, 1 km, ✆ 84/3246 2326, 💻 www.okadamata.com.br. Schönes, ruhiges Hotel mit herrlichem Pool und 18 großzügigen Suiten, alle mit Kingsize-Betten und Balkon, die Mehrzahl hat Meerblick. Eleganter Frühstückssaal. Bis 22 Uhr Gratistransfer zum/vom Zentrum bzw. Stränden. Gutes Preis-Leistungs-Verhältnis. ❻–❼

Pousada Terra dos Goitis, Rua das Acácias, Praia do Amor, ✆ 84/3246 2261, 💻 www.terradosgoitis.com. Tolle Chalês in grüner Anlage, mit kompletter Küche und großer Veranda. Das Frühstück wird zu jeder Tageszeit serviert, Minibar-Getränke sind im Preis enthalten. Nett: ein Antiquitätenschrank voll mit Tropenfrüchten und Eiern zur Selbstbedienung. Pool. ❻–❼

Marlin's Boutique Hotel, Rua Beija Flor 61, ✆ 84/3246 2219, 💻 www.hotelmarlins.com. Noble Pousada im Treppenviertel, vom Pool Strandzugang. Einige Zimmer sind etwas klein, aber der traumhafte frontale Meerblick entschädigt. ❼–❽

Pousada Toca da Coruja, ✆ 84/3246 2226, 💻 www.tocadacoruja.com.br. Aus einer einfachen Hippie-Herberge hat Besitzer Luiz Henrique eine der besten Pousadas Brasiliens geformt (u. a. Mitglied bei Roteiros de Charme). Dabei wird Komfort vorbildlich mit sozialem und ökologischem Engagement kombiniert. In 25 000 m² Urwald liegen luxuriöse Chalês (mit Whirlpool unter freiem Himmel, ab R$935) und große Apartments *Especial* (R$580, Veranda/Balkon). Sanfte Elektronikmusik oder Jazz beschallt den Garten und die zwei traumhaften Pools. Etwas Besonderes, das den Preis wert ist! In der Nebensaison nach Rabatt fragen. Das hervorragende Restaurant ist offen für jedermann. Keine Kinder unter 10 Jahren. Eigene Strandbar mit Gratis-Shuttle. ❽

ESSEN

Tapas, Rua Bem-Te-Vis 8. Gilt als bestes Restaurant im Ort, serviert werden, na klar, Tapas (R$5–31). Pro Person sind meist zwei ausreichend. Tipp: *Tapa de Atum com Crosta de Gergelim* (Thunfisch in Sesamkruste, R$28), am besten roh bestellen *(cru)*. Dazu eine Beilage, z. B. *Arroz indiano* (Reis mit Cashewnüssen, Früchten und geraspelter Kokosnuss, R$10). Früh kommen, die Tische sind begehrt (oft Warteliste). ◷ Di–Sa 18.30–23.30 Uhr (Mai–Juli geschl.).

Rancho da Pipa, Rua da Gameleira 47. Churrascaria mit bestem argentinischem Rindfleisch *(Picanha, Filé Mignon)*, z. B. mit Knoblauch *(com alho)* und 6 leckeren Beilagen für R$60/2 Pers. Auch guter Fisch und Salate, große Portionen! ◷ Mi–Mo 17–23 Uhr.

Pipa Café, Av. Baía dos Golfinhos 965. Fast ein Geheimtipp: Terrasse mit herrlicher Aussicht; zu entspannter Musik isst man guten Fisch (*Peixe ao molho de camarão*, R$57/2–3 Pers.). ◷ Mo, Mi–Fr 17–23, Sa, So 12–22 Uhr.

€ **Fases da Lua**, Av. Baía dos Golfinhos. Man sitzt nett auf der erhöhten Terrasse und blickt auf die Flaniermeile. Knusprige, saftige Crêpes (R$10–20), süß oder herzhaft, in einer Größe, die satt macht. Tipp: *Frango Misto*, mit Mozzarella, Huhn, Schinken und einer leichten Basilikumcreme. Auch Sandwiches (R$8–14) und leckere Säfte (R$4). ◷ Mo–Sa 17–24 Uhr.

Lampião, Av. Baía dos Golfinhos 223. Eins der wenigen Self-Service-Lokale, sehr gutes regionales Buffet, frisch und lecker (R$50/kg oder pauschal R$75/Paar). Auch die Nachtische können sich sehen lassen. Nette Folklore-Deko. ◷ tgl. 8–15 Uhr.

Eine gastronomische Abenteuerreise

Camamo, Fazenda Pernambuquinho, Tibau do Sul, ✆ 84/3246 4195. Tadeu Lubambo nennt einen Abend in seinem Restaurant eine gastronomische Abenteuerreise – zu Recht. Das Camamo zählt zu den besten Restaurants des Nordostens und ist ein Erlebnis für alle Sinne. Fackeln beleuchten den Weg zur Fazenda, wo exotische Cocktails warten. Auf der Veranda stehen vier Tische; Kerzenlicht und Jazz schaffen romantisches Ambiente. Die experimentelle Küche von Tadeu ist eine kleine Weltreise, das 7-gängige Überraschungsmenü und Dekoration sind inspiriert von der Gästeliste.
◷ tgl. 20–1 Uhr, Reservierung. R$150 p. P., inkl. Transport (Abholung vom Hotel um 19.30 Uhr), Getränke extra, 10 % Tax. Keine Kreditkarten.

NACHTLEBEN

Die Nacht beginnt – nicht zu verfehlen – in der **Tribus Bar** und gegenüber der **Oz Music Bar**. Im Tribus treffen sich die verschiedenen „Stämme" (port. *tribos*), es läuft gemischte Musik vom DJ, Fr gibt's Live-Samba ab 22 Uhr (kein Couvert). ◷ Mi–Mo ab 19 Uhr. Im Oz ist die Samba-Party Mi ab 22 Uhr, sonst DJ, unten Disco, oben Lounge. ◷ Di–So 19–3 Uhr.

Der Klassiker ist die Disco **Boate dos Calangos**, am Wochenende gegen 2 Uhr findet eine Völkerwanderung dorthin statt. Getanzt wird zu elektronischer Musik, z. T. Live-Bands (Forró, Pop-Rock, Eintritt R$20).

Das **Garagem** ist eine nette Strandbar in Schiffsform, schön bei einer Caipi zum Sonnenuntergang. ⌚ tgl. 10–18 Uhr. Am Hauptstrand lockt der **Pipa Beach Club** mit Cocktails und Lounge-Flair. ⌚ tgl. ab 11 Uhr. An der Praia do Amor werden regelmäßig *Luaus* (Vollmond-Partys) veranstaltet.

TOUREN

Bootstouren

Einen tollen Ausflug bietet **Capitão Galego** mit seinem Boot **Maria Maria** an (9.45–16 Uhr, R$130 p. P.). Abfahrt ist am Strand von Pipa, man fährt mit dem Schoner an der Küste entlang bis Tibau do Sul und dort in die Lagoa Guaraíras (Bademöglichkeit). Im Ort Senador Georgino Avelino genießt man die tolle Aussicht auf die Lagune, danach gibt es ein köstliches Essen, das Galego in der Zwischenzeit persönlich gezaubert hat. Klasse die Austern und der gegrillte Fisch mit dem eigens vom Chef komponierten herzhaften tropischen Fruchtsalat. Kontakt: ✆ 84/3246 2166.

Buggytouren

Es gibt verschiedene Routen, eine der schönsten ist die Tour **Litoral Sul da Pipa** (6–7 Std., R$350–400 bis 4 Pers.). Sie führt über Barra do Cunhaú und Baía Formosa bis zur **Praia do Sagi**, wo man eine Pause in der **Nativos Cachaçaria** einlegen kann: Direkt am Meer probiert man den leckeren *Pastel de Camarão* (oder *de Arraia,* Rochen, R$5) und frisch gepresste Säfte (R$4), die Cachaça-Probe dazu ist gratis. Am billigsten sind die Touren direkt bei den Bugueiros (am Wagen auf das Zertifikat „Permissão SETUR" achten). Einige Fahrer kürzen die Tour ab, vertrauenswürdig ist **Josinaldo,** ✆ 84/9984 0596, dessen "weißer Blitz" auch einer der schönsten und bequemsten Buggys im Ort ist. Ebenfalls gut: **Junior,** ✆ 84/9918 7266.

Kajaktouren

Bicho do Mangue, ✆ 84/9928 1087, ✉ bichodomangue@uol.com.br. Besitzer Farmácia bietet tolle Kajaktouren für Aktive an (2 1/2 Std., R$30 p. P., 1–20 Pers.). Die 8 km lange Strecke führt im Einer- oder Zweierkajak vom Strand in Tibau do Sul in die Lagoa Guaraíras (mit Bademöglichkeit und Wanderung in den Mangroven). Dabei wird die Meeresströmung ausgenutzt, daher tgl. wechselnde Uhrzeiten. Zu buchen einen Tag vorher über Agenturen oder Pousadas.

Wellness unter Palmen

Ecological Day-Use Ponta do Pirambu, Rua Sem Pescoço 252, zwischen Pipa und Tibau do Sul, ✆ 84/3246 4333, 💻 www.pontadopirambu.com.br. Wellness-Park im Bali-Stil, wunderschön unter Klippen am Strand. Vom Beckenrand des Pools lassen sich die Gezeiten verfolgen. Bars und Restaurant mit leichten Gerichten, Salaten und frischen Säften; Reiki, Shiatsu-Massagen und Öko-Philosophie, u. a. wurde die Anlage aus Recycling-Holz gefertigt. Reservierung empfohlen, da Gäste-Limit. ⌚ tgl. 9–17 Uhr, Eintritt R$50 p. P. (wird mit Konsum verrechnet).

Pau de Arara

Eine unterhaltsame, etwas „andere" Tour führt mit einem sog. **Pau de Arara** einen ganzen Tag zu Stränden und Dünen der Region (R$85 p. P.). Die Passagiere sitzen auf Bänken der Ladefläche eines Geländewagens, und kommen schnell ins Gespräch miteinander. Zu buchen über Pousadas oder bei Caio Pereira, ✆ 84/3246 2011.

Touranbieter

Luck Viagens, Av. Baía dos Golfinhos, neben dem Parkplatz, ✆ 84/9405 2096, 💻 www.luckviagens.com.br. Alle Touren. ⌚ Mo, Di 10–13, Do–Sa 10–13, 15–19 Uhr.

SONSTIGES

Geld

Banco do Brasil, Falésia Galeria. ⌚ Geldautomat tgl. 8–22 Uhr.

Internet

Calls.net, Av. Baía dos Golfinhos. 5 Std./R$12. ⌚ Mo–Sa 10–22, So 14–22 Uhr.

Wäscherei

Lavanderia Monte Sinai, Av. Baía dos Golfinhos, 1. OG, über der Churrascaria. Tolle Wäscherei (R$4/kg) mit Abhol- und Bringservice. ⌚ tgl. 9–18 Uhr.

TRANSPORT

Busse

Anfahrt: Von Süden bis **Goianinha**, dort weiter per Taxi oder (billiger) mit **Minivan**. Diese halten bei der Kirche, 5–10 Min. von der Bushaltestelle (50 Min., R$4, bis ca. 21 Uhr).

Ab Pipa:
Natal: Oceano (Bus), ✆ 84/3311 3333, Mo–Sa 12x tgl. bis 18 Uhr, um 10, 12 und 18 Uhr über Flughafen, So nur 6x tgl. bis 18 Uhr, 2 Std., R$12. Kombi, 3x tgl., 8, 12.20, 16.30 Uhr, 1 3/4 Std., R$11.
Tibau do Sul: Minivans, alle 10 Min. bis ca. 22 Uhr, 10 Min., R$2.

Ab Goianinha (Haltestelle BR-101, Wartezeit im Restaurant Mirante do Vale verbringen):
João Pessoa: Nordeste, 6–8x tgl., ca. 1 Std. nach Abfahrt in Natal, bis 20.30 Uhr, 1 1/2 Std., R$38. Alternativ: private Sammeltaxis (Preis nach Verhandlung, auf Sicherheit achten) oder Taxi ab Pipa (ca. R$110–150).
Recife: Progresso, 8–9x tgl. bis 0.55 Uhr, 3 1/2 Std., R$62 (hält nicht in João Pessoa).

Taxi

Zuverlässig ist **Maurício**, ✆ 84/9993 6339, Fahrten im Ort R$10–15, bis Goianinha R$45, Flughafen Natal R$120, João Pessoa R$180.

Búzios und Tabatinga

Búzios ist ein beliebter Naherholungsstrand der *Natalenses* mit Wochenendhäuschen und Pousadas. Der fantastische Strand des lang gezogenen Küstenortes ist umgeben von Dünen, das Meer hat türkis-blaues Wasser und ist ideal zum Surfen. 10 km südlich kann man im idyllischen **Tabatinga** von einem Aussichtspunkt Delphine beobachten und dabei ein köstliches *Pastel* mit Krabbenfüllung in der Bar Nugrau zu sich nehmen. ⌚ Sa, So 10–17 Uhr. Der Weg von Süden verläuft über eine malerische Landstraße vorbei an Bananenplantagen und Palmenhainen. Man passiert das charmante Dörfchen **Nísia Floresta**, in dessen Zentrum ein gigantischer Affenbrotbaum *(Baobá)* mit 10 m Durchmesser steht. Anfahrt mit Bus *Tabatinga* ab Ponta Negra (30 Min.).

Übernachtungsmöglichkeit und Essen bietet die hübsche **Pousada Porto Parus**, Praia Barra de Tabatinga, ✆ 84/3230 2090, 💻 www.portoparus.com.br, mit Garten, Pool und Restaurant (Reservierung empfohlen, ⌚ tgl. 10–16 Uhr, Gäste bis 21 Uhr). ❹

Nördlich von Natal

Maracajaú

Hauptattraktion des kleinen Fischerdorfs Maracajaú (2000 Einw.) sind die 7 km vor der Küste gelegenen **Korallenriffe**. Der in einem Naturschutzgebiet 60 km nördlich von Natal gelegene Ort zählt zu den besten Tauch- und Schnorchelspots der Region. Der Bootsausflug bei Ebbe dauert etwa zwei Stunden (R$80, Ausrüstung R$15). Zum Schutz der Korallen wurden die Touristenzahlen beschränkt, auch Flossen werden nur an Tauchscheininhaber ausgegeben. An rund vier Tagen im Monat können die Touren wegen des hohen Wasserstands nicht angeboten werden, aktuelle Infos über Agenturen: **Corais de Maracajaú**, Rua da Igreja 8, ✆ 84/3261 6313, 💻 www.coraisdemaracajau.com (auch Pousada), **Maracajaú Diver**, 💻 www.maracajaudiver.com.br.

Der **Farol São Roque**, der einzige im Wasser befindliche Leuchtturm Brasiliens, komplettiert die Strandszenerie, die nach und nach auch von der Kitesurfer-Szene entdeckt wird. Das Meer hat hier in den letzten 20 Jahren jedoch ganze Straßenzüge mit Häusern geschluckt, mit weiterem Landverlust wird gerechnet.

Schöne Tagesausflüge führen zur **Lagoa Grande** (1 1/2 Std.) oder Richtung Süden zu einsamen Stränden wie der **Praia de Caraúbas**.

Auch Buggytouren in die umgebenden Dünen gehören zum Programm. Eine der schönsten Touren führt zur nahen Lagune **Barra do Punaú**: Hier, wo der Rio Punaú ins Meer mündet, begegnen sich Dünen, Palmen, Salz- und Süßwasser, und am Rande des Flusses hat das Punaú Praia Hotel, 💻 www.punaupraiahotel.com.br, eine herrliche Day-Use-Anlage errichtet. Die Gäste sitzen an einem Bier nippend im Fluss, relaxen bei Live-Musik im Liegestuhl oder lassen sich am Tisch *Peixe a Punaú* servieren, gratinierter Fisch mit Soße nach Geheimrezept (R$52/2 Pers.). Auch Kajaktouren sind möglich. 🕒 tgl. 9.30–16.30 Uhr.

Nahe dem Ort befindet sich der 52 000 m² große **Ma-Noa Park**, 💻 www.manoapark.com.br, eine Freizeitanlage mit tropischer Badelandschaft, Strömungsbecken, Wasser-Volleyball, Wasserrutschen und Strandbar. Auch Bootstouren (Katamaran, R$70) und Banana-Boat-Trips (R$25) werden angeboten. 🕒 tgl. 10–16 Uhr, Eintritt R$45, Kinder unter 1 m R$32.

ÜBERNACHTUNG UND ESSEN

Hotel Enseada Maracajaú, Rua Francisco A. Cavalcante 44, Ortseingang, 📞 84/3261 6205, 💻 www.enseadamaracajau.com.br. Nennt sich Hotel, hat aber mehr das Feeling einer charmanten Pousada. Moderne, gepflegte Zimmer in Doppel-Chalês, hübscher Garten mit Bar und tollem Pool, an dem man locker den ganzen Tag verbringen kann. Gut geeignet für Familien. Nette brasilianische Besitzer, Daniel spricht Deutsch. Klasse Preis-Leistungs-Verhältnis. WLAN gratis. ❸–❹

Portal de Maracajaú, am Strand Richtung Süden, 📞 84/9981 9320, 💻 www.portaldemaracajau.com.br. Restaurant mit Terrasse und Traumblick auf die Landzunge Ponta dos Anéis, davor ein himmelblauer Pool – ein tolles Fotomotiv! Fisch- und Krabbenteller (R$69–82/2 Pers.), auch Tauchtouren. 🕒 8–16 Uhr, nur an Tagen mit Ausflügen.

Ponto de Encontro, Av. Manoel R. Eugênio, 📞 84/9972 9970. Der Einheimische Assis zaubert leckere Hausmannskost (fangfrischer Fisch, R$43/2–3 Pers.). Die Öffnungszeiten sind eher Anhaltspunkte, am besten vorher anrufen. 🕒 Mi–Mo 11–21 Uhr.

TOUREN

Tagestouren am besten über Pousadas buchen. Auch Ausflüge im Mietwagen sind möglich (über Pousadas, ca. R$85/Tag).

São Miguel do Gostoso

Touristisch im Kommen ist das kleine Fischerdorf São Miguel do Gostoso (8700 Einw.), 102 km nördlich von Natal. Der Ort mit seinen wilden, von Palmen und Dünen umgebenen Stränden wurde lange Zeit nur von eingeweihten Wind- und Kitesurfern besucht, doch inzwischen ist er schon mehr als ein Geheimtipp. Immer mehr brasilianische und auch internationale Touristen entdecken den rauen Charme dieses Küstenabschnitts und genießen die hier immer noch reichlich vorhandene Ruhe.

São Miguel besteht im Prinzip aus einer Hauptstraße (Av. dos Arrecifes) und drei weitläufigen Stränden: Am südlichen Ende liegt die **Praia do Cordeiro**, näher am Zentrum sind **Praia da Xêpa** (die meisten Bars und Restaurants) und im Norden **Praia do Maceió**. Noch gibt es keine Bank für ausländische Karten.

ÜBERNACHTUNG

Überall gilt: WLAN gratis, keine Tax.

Albergue da Jangada, Ponta do Santo Cristo, 📞 84/3263 4071, 💻 www.alberguedajangada.com. Schlichte, naturnahe Herberge (Kaltwasser, kein TV/AC), 4–6er-Dorms (R$50), 6 DZ (R$150). Hübscher Garten, Bar. ❷–❸

Pousada Porto do Trapiá, Praia do Maceió, 📞 84/3263 4162, 💻 www.portodotrapia.com.br. In einem netten Blumengarten liegen 6 Chalês mit Terrasse, Futon und Hängematte. In den Dünen Pool mit Meerblick. ❸

Pousada Chantilly, Praia da Xêpa, 📞 84/3263 4216, 💻 www.pousadachantilly.com. Sympathische Pousada am Strand in zentraler Lage, 4 gepflegte Zimmer mit Veranda. Lounge und Liegestühle, schöne Holzmöbel. Garten mit Pool. ❸

Pousada Enseada do Gostoso, Praia do Maceió, 📞 84/3263 4051, 💻 www.pousadaenseadadogostoso.com.br. Süße Pousada einer älteren Dame, eines der wenigen Häuser mit frontalem Meerblick (1. OG). Perfekte Zimmer mit Split AC, Balkon, alles tipptopp! Unten luftige Terrasse, sehr liebevoll, ruhig und entspannt. ❸–❹

Pousada Casa de Taipa, Rua Bagre Caia Coco 99, ✆ 84/3263 4227, 💻 www.pousadacasadetaipa.com.br. Künstler-Pousada mit Atelier und Verkaufsraum. Das Haupthaus ist den Lehmwänden *(Taipa)* nachempfunden, nebenan moderne Zimmer (AC) und Garten mit Pool. Zu besichtigen ist auch ein typisches Lehmhaus, das zeigt, wie noch heute Menschen im Nordosten leben. Restaurant. Lage etwas abseits. Englisch. ❹

Pousada dos Ponteiros, Praia do Maceió, ✆ 84/3263 4007, 💻 www.pousadadosponteiros.com.br. Schöne Pousada mit 18 Chalês in charmantem Garten, einige mit Meerblick. Geschmackvoll dekoriert. Pool, gutes Restaurant „Flor de Pitanga" (🕒 tgl. 12–16, 18–22 Uhr). ❹–❺

Pousada Só Alegria, Rua Cavalo Marinho 52, ✆ 84/3263 4355, 💻 www.pousadasoalegria.com.br. 16 große Zimmer sowie 5 neuere Chalês für Familien, alles sehr modern und bequem mit Split AC, Ventilator usw. Pool mit Blick in die Dünen und Aussichtsturm. Gastfreundliche Besitzer aus São Paulo, eigener Bio-Garten, sehr gutes Restaurant. ❻–❼

ESSEN UND NACHTLEBEN

Hibiscus, Rua das Ostras 289. Tolles Restaurant mit bahianisch-internationaler Küche, wunderbares Ambiente! Nahe der Perfektion ist das Badejo-Filet in Sesamkruste mit Spinatrisotto (R$42). Weltklasse der Mangosaft, genial die gegrillte Ananas mit Eis. Alles in einem hohen, offenen Holzhaus, spannend dekoriert von der jungen Besitzerin Marcileide. 🕒 tgl. 18–24 Uhr (Juni geschl.).

Bamboo/Spaço Mix, Rua Cavalo Marinho. Tagsüber werden leckere Dinge serviert wie Tapioca-Lasagne oder Riesengarnelenteller (R$18–25), abends Pizzeria und „Batataria" (gefüllte Kartoffeln). Sa Live-Musik ab 22 Uhr, von Forró bis Rock (Couvert R$10–30). Schöne rustikale Anlage auf Sandboden, mit Lounge-Ecken, großem Garten und Strandzugang. Auf dem Aussichtsturm kann man unter Sternen abhängen. 🕒 Mi–Mo 11–16, 17–1 Uhr.

La Brisa, Rua dos Búzios 175. Traditionelle Fischgerichte in nettem Ambiente. 🕒 Do–So 11–16, 18.30–22 Uhr.

Quintal, Rua Praia da Xêpa 100, ✆ 84/3263 4297. Stimmungsvoll beleuchtete Pizzeria mit Tischen im Sand und klasse Musik. Die dünne Krustenpizza tut ihr Übriges zum gelungenen Abend (Tipp: „Nordestina" mit *Carne de Sol*, R$35). Auch gut gezapftes Chope. Lieferservice. 🕒 tgl. 17–24 Uhr.

Nossa Maloca, Rua Praia da Xêpa 86. Lässige Cocktail-Bar, wenn hier Feierabend ist, dann ist auch woanders nichts mehr los. 🕒 tgl. ab 19 Uhr.

Madame Chita, Praia do Maceió. Süßes Café mit kleinem Garten, Tischen auf dem Bürgersteig und guter Musik. Mme. Chita ist eine echte Stimmungskanone, die zu später Stunde Schwänke aus ihrem Leben erzählt, bis die Gäste sich vor Lachen auf dem Boden kugeln. Unterstützend wirkt dabei die leckere Caipirinha mit Cajá und Siriguela („Frutas Amarelas"). Auch gute Crêpes sowie Verkauf von Kunsthandwerk, Strandmode und Schmuck. 🕒 tgl. 18–24 Uhr.

J. Sparrow's, Ponta do Santo Cristo. Schönes Strandrestaurant, entspannte Lounge-Musik und am frühen Abend eine Caipi (R$5) am Lagerfeuer. 🕒 Mi–Mo 10–19 Uhr.

SONSTIGES

Touren

Die beliebtesten Tagesausflüge führen nach **Tourinhos** (R$70–80 bis 4 Pers.), im Buggy bis **Galinhos**, dabei 85 km über den Strand (R$300–350 bis 4 Pers.) und zum **Rio Punaú** (R$50 p. P.). Zu buchen bei:

Passeios em Gostoso, Av. dos Arrecifes 1830, ✆ 84/3263 4326, 💻 www.passeiosemgostoso.com.br. 🕒 Mo–Sa 8–12, 15–19, So 8–12 Uhr.

Wind Cab, Av. dos Arrecifes 1185, ✆ 84/9171 1228, ✉ ismateus30@hotmail.com. Alle Touren sowie Van-Transfers, z. B. von/nach Natal R$160 (als Mitfahrer einer Gruppe R$50 p. P.). Ismael spricht ein wenig Englisch. 🕒 Mo–Sa 9–12, 14–18, So 8–14 Uhr.

TRANSPORT

Im Ort und zu den Stränden fahren Mototaxis (R$2).

Natal: Cabral-Busse tgl. 16.15 (So 15.15 Uhr), 2 1/2–3 Std., R$18; Sammeltaxi R$20 (Vortag reservieren); Taxi s. Touren.

Maracajaú: Per Bus umständlich, besser Taxi (R$50–60).

Ceará

Dank Meer und Strand hat sich der einst bettelarme Bundesstaat Ceará zu einem der beliebtesten Reiseziele Brasiliens gemausert; wozu nicht zuletzt die 2800 Sonnenstunden im Jahr beitragen. Durch geothermische Umstände wehen ständig kräftige Winde, sodass es an der Küste kaum richtig heiß wird. Dies haben in den letzten Jahren auch die Wind- und Kitesurfer entdeckt, die zahlreich nach Ceará strömen. Die moderne Hauptstadt **Fortaleza** ist der erste Anlaufpunkt. Die 563 km lange Küste wird in östlicher Richtung als **Litoral Leste** oder **Costa do Sol Nascente** (Küste der aufgehenden Sonne) bezeichnet. Nach Westen hin heißt sie **Litoral Oeste** oder **Costa do Sol Poente** (Küste der untergehenden Sonne). Hier gibt es vor allem einfache Fischerdörfer und ausgedehnte Dünenlandschaften. Der bekannteste Ort ist **Jericoacoara**, dessen Strand oft zu den schönsten in Brasilien gezählt wird. Im Binnenland sorgen die grüne Hochebene **Serra de Baturité** und der **Nationalpark Ubajara** für landschaftliche Abwechslung. Ansonsten ist der Staat weitgehend von der Vegetationszone **Caatinga** geprägt, in der es meist staubtrocken ist und nur von März bis Juni grünt.

Geschichte

Die Kolonialisierung der Region begann später als in anderen Landesteilen (1603), offizielle Besitznahme durch die Portugiesen war 1612. Erste Hauptstadt wurde im 18. Jh. **Aquiraz**. Stolz ist man in Ceará darauf, als erster Staat Brasiliens die Sklavenhaltung abgeschafft zu haben (1884), vier Jahre vor den anderen. Zu einem Wegbereiter und Idol der Widerstandsbewegung wurde in Fortaleza ein Mann namens **Francisco José do Nascimento**. Als Anführer der Jangada-Fischer *(Jangadeiros)* verweigerte er Sklaventransporte in den Süden, eine mutige Auflehnung gegen den kaiserlichen Hof. Bald wurde er zum Volkshelden und für die *Cearenses* Symbol für die Widerstandsfähigkeit und Freiheitsliebe ihres Volkes. Er erhielt den ehrenvollen Beinamen **Dragão do Mar** – Drache des Meeres.

Fortaleza

Fortaleza (2,48 Mio. Einw.) ist die fünftgrößte Stadt Brasiliens und erfreut sich bei brasilianischen Touristen hoher Beliebtheit, v. a. wegen des beständigen tropischen Klimas, der weitläufigen Strände, interessanter Tagesausflüge, eines breiten Kulturangebots und pulsierenden Nachtlebens. Da die Stadt auch zu den größten Kongressstandorten des Landes zählt, sind ihre Hotels durchgehend ausgelastet. Ein neues Kongresszentrum schraubt die Besucherzahlen weiter nach oben. Anlässlich der WM 2014 wurden lang überfällige Infrastrukturmaßnahmen in Angriff genommen, darunter ein integriertes Bussystem, eine neue Metro- bzw. Straßenbahnlinie (VLT), die Erweiterung und Modernisierung des Flughafens sowie ein neues Kreuzfahrtterminal in Mucuripe. Das größte Meerwasseraquarium Lateinamerikas („Acquário Ceará") mit 4D-Theater soll ein weiterer Anziehungspunkt werden.

Orientierung

Die ersten Spaziergänge führen meist über die Strandpromenaden von Iracema und Meireles bzw. Mucuripe. Obwohl der historische Kern von **Iracema** aufwendig restauriert und Teile der Praia de Iracema erneuert wurden, wirkt die Gegend zum Teil immer noch etwas heruntergekommen. Dies liegt auch an den diversen Kontaktbars, in denen der Sextourismus recht unverblümt in Erscheinung tritt und die Einheimischen von einem Besuch abschreckt. Dies ist schade, denn das eigentlich hübsch renovierte Viertel bietet neben historischem Charme auch seriöse Restaurants und Bars, wie das weltbekannte Pirata (S. 573). Der Name des landes-

Urtümliche Fischerboote

Es gibt diese eigenartigen Boote nur im Nordosten Brasiliens, besonders in Fortaleza und Canoa Quebrada: **Jangadas** heißen die in der Kolonialzeit erfundenen primitiven Segelflöße aus vier bis zehn Rundhölzern, mit einer Länge von 5–8 m, großen dreieckigen Segeln und einem biegsamen Mast. Gebaut werden sie im Wasser, um ein Verziehen der Hölzer zu verhindern. Früher mussten sie nach nur einem Jahr zum Austrocknen wieder auseinander montiert werden, doch neuere Materialien erlauben inzwischen eine Nutzung von bis zu fünf Jahren. Die Fischer lieben diese archaisch anmutenden Fangflöße und geben ihnen poetische Namen wie „Die Hoffende" oder „Die Sehnsuchtsvolle".

Die technische Leistungsfähigkeit ist verblüffend. Kaum 20 cm ragen sie aus dem Wasser, verfügen aber über hervorragende Segeleigenschaften und sind so gut wie unsinkbar. Daher verwundert es nicht, wenn sich die *Jangadeiros* auf ihren fragil wirkenden Schwimmgeräten recht weit aufs Meer hinaus wagen. Selbst nachts wird die Ausfahrt nicht gescheut, auch wenn Kompass oder andere nautische Hilfsmittel fehlen. Orson Welles drehte sogar einen Film über besonders mutige *Jangadeiros. It's all true* beschreibt die Odyssee von vier Fischern, die 1941 mit ihren Jangadas 3000 km von Fortaleza nach Rio de Janeiro segelten, um beim damaligen Präsidenten Getúlio Vargas bessere Absatzbedingungen für ihren Fang zu erwirken. Seitdem hat sich die schwierige Lage eher noch verschlechtert. Moderne Trawler automatisieren zunehmend das Geschäft, Nachwuchskräfte finden sich immer weniger. Während nur noch die älteren *Jangadeiros* an ihrem Beruf festhalten, entdecken andere die Jangadas als touristisches Geschäft, Kurzausflüge sind z. B. in Canoa Quebrada, João Pessoa oder Maceió möglich. Ein sichtbares Symbol dieses Wandels sind die Segel, deren klassisches Weiß durch bunte Werbeaufdrucke ersetzt wird.

weit bekannten Stadtteils geht übrigens auf ein Werk des berühmten Schriftstellers **José de Alencar** zurück, dessen zentrales Thema die Beziehung zwischen Indianern und Weißen war. Eine seiner Figuren, Iracema, die „Indianerin mit den Honiglippen", war 1925 Namensgeberin. Auf einem Platz am Strand ist ihr eine Statue gewidmet, eine weitere steht in Mucuripe.

Wesentlich aufgeräumter zeigt sich der attraktive, von vielen Wolkenkratzern geprägte Stadtstrand **Meireles**. Entlang der hübschen, von Laubbäumen beschatteten Strandpromenade kann man bis zum Hafen- und Fischerquartier **Mucuripe** spazieren und das Treiben der *Jangada*-Fischer beobachten. Vormittags und nachmittags starten von hier Bootsausflüge.

Die sich südlich bzw. östlich anschließenden **Aldeota** und **Varjota** sind zwei gehobene Wohnviertel mit vielen guten Bars und Restaurants, die nicht vom Tourismus überlaufen sind.

Von Iracema in die andere Richtung gelangt man erst zum sehenswerten **Centro Cultural Dragão do Mar** (s. u.) und bald darauf ins geschäftige **Zentrum**.

Der einzige zum Baden geeignete Strand ist trotz unruhiger Brandung die 8 km entfernte,

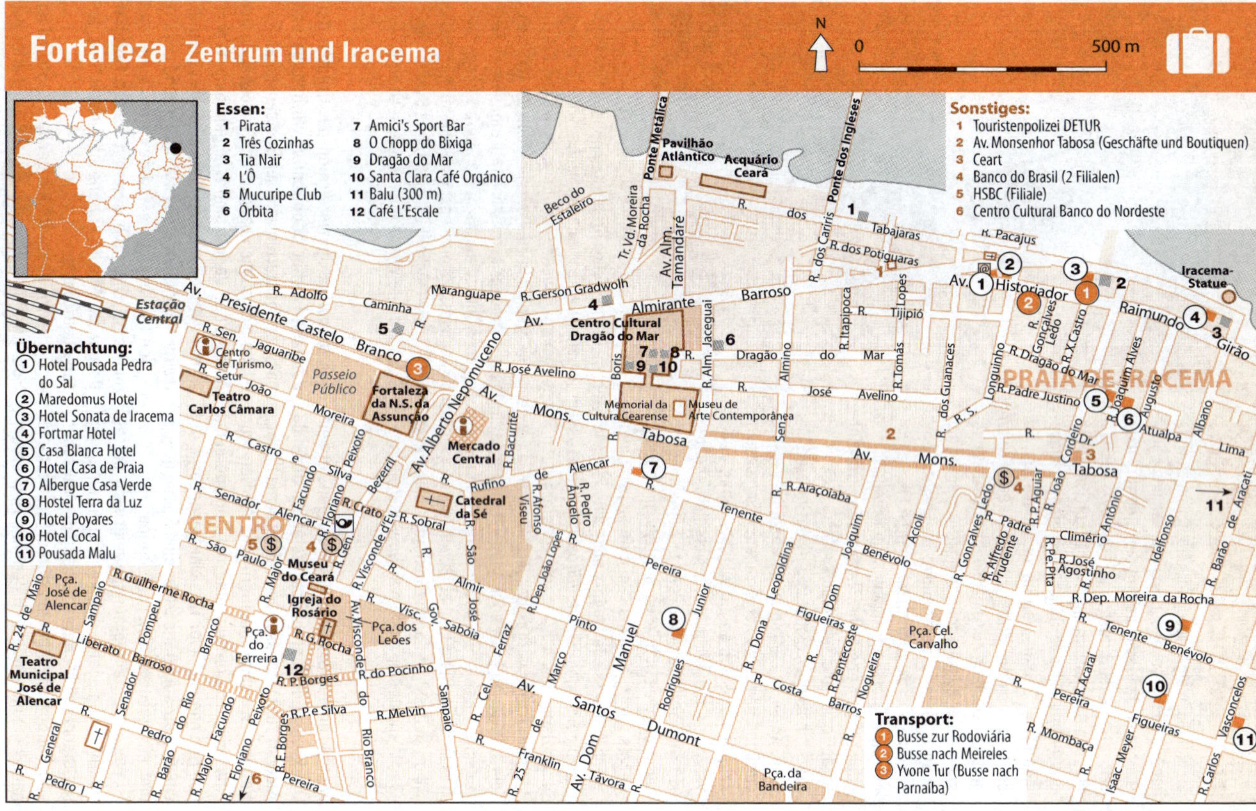
Fortaleza Zentrum und Iracema
N
0
500 m
Essen:
1 Pirata
2 Três Cozinhas
3 Tia Nair
4 L'Ô
5 Mucuripe Club
6 Órbita
7 Amici's Sport Bar
8 O Chopp do Bixiga
9 Dragão do Mar
10 Santa Clara Café Orgánico
11 Balu (300 m)
12 Café L'Escale
Sonstiges:
1 Touristenpolizei DETUR
2 Av. Monsenhor Tabosa (Geschäfte und Boutiquen)
3 Ceart
4 Banco do Brasil (2 Filialen)
5 HSBC (Filiale)
6 Centro Cultural Banco do Nordeste
Übernachtung:
1 Hotel Pousada Pedra do Sal
2 Maredomus Hotel
3 Hotel Sonata de Iracema
4 Fortmar Hotel
5 Casa Blanca Hotel
6 Hotel Casa de Praia
7 Albergue Casa Verde
8 Hostel Terra da Luz
9 Hotel Poyares
10 Hotel Cocal
11 Pousada Malu
Transport:
1 Busse zur Rodoviária
2 Busse nach Meireles
3 Yvone Tur (Busse nach Parnaíba)
Ponte Metálica
Pavilhão Atlântico
Acquário Ceará
Ponte dos Ingleses
Iracema-Statue
PRAIA DE IRACEMA
CENTRO
Estação Central
Centro Cultural Dragão do Mar
Memorial da Cultura Cearense
Museu de Arte Contemporânea
Passeio Público
Fortaleza da N.S. da Assunção
Mercado Central
Catedral da Sé
Teatro Carlos Câmara
Centro de Turismo, Setur
Museu do Ceará
Igreja do Rosário
Pça. José de Alencar
Teatro Municipal José de Alencar
Pça. do Ferreira
Pça. dos Leões
Pça. Cel. Carvalho
Pça. da Bandeira
Av. Presidente Castelo Branco
Av. Alberto Nepomuceno
Av. Almirante Barroso
Av. Historiador Raimundo Girão
Av. Mons. Tabosa
Av. Santos Dumont
Av. Dom Manuel
Av. Visconde do Rio Branco

weißsandige **Praia do Futuro**. Am Wochenende bevölkern die *Fortalenzes* die großen Strandbars und vergnügen sich bei Live-Musik, Schönheitswettbewerben, Meeresfrüchten und viel Bier – urbane brasilianische Strandkultur!

Sehenswertes

Ein Stadtrundgang könnte beim architektonisch interessantesten Bauwerk beginnen, dem im Jugendstil errichteten und unter Denkmalschutz stehenden **Teatro Municipal José de Alencar** (1910) am gleichnamigen Platz. Die Teile der Metallstruktur wurden aus Schottland importiert, informative Führungen auf Englisch jeweils zur vollen Stunde. ⏲ Di–Fr 8–16, Sa, So 13–16 Uhr, Eintritt R$4; Aufführungen oft gratis, Programm: 💻 www.secult.ce.gov.br.

In den Seitenstraßen um das Theater laden kleine Stände tagsüber zum Bummeln ein. Weiter Richtung Norden gelangt man zur 1978 fertig gestellten **Catedral da Sé**, deren Baustil auf mehrere Epochen zurückgeht. So wurden unter anderem neogotische und romanische Elemente vermengt, als Vorbilder nannten die Architekten Nôtre Dame und den Kölner Dom. Nebenan befindet sich der **Mercado Central**, wo in kleinen Kunsthandwerksbutzen auf vier Stockwerken günstige handgemachte Artesanato-Produkte verkauft werden.

Das gegenüberliegende große Fort ist das 1816 von den Portugiesen errichtete **Fortaleza da N. S. da Assunção**. An gleicher Stelle hatten die Holländer 1649 mit dem **Fort Schoonenborch** den Grundstein der Stadt gelegt. Derzeit residiert hier eine Militäreinheit, Besichtigung von innen nur nach Anmeldung (Mo–Fr), ✆ 85/3255 1674, Führung über die Außenanlage jederzeit.

Nicht weit vom Fort erreicht man über die Rua João Moreira und vorbei am einladenden Park **Passeio Público** das **Centro de Turismo**, Rua Senador Pompeu 350, einem hübschen Gebäude mit Verkauf von Textilien, Decken, Kleidern und Fruchtlikören aus *Genipapo* oder *Caju*. ⏲ Mo–Fr 8–18, Sa 8–15, So 8–12 Uhr. Im 1. Stock befindet sich das **Museu de Arte e Cultura Popular**, wo bis zu 2 m hohe religiöse Holzfiguren ausgestellt sind, ebenso eine mehr als 30 Jahre alte, noch nach alter Technik aus mehreren Stämmen gefertigte *Jangada*. ⏲ Mo–Fr 8–17 Uhr, Eintritt frei.

Das 1999 eingeweihte **Centro Cultural Dragão do Mar** in der Av. Almirante Barroso ist einer der Trümpfe Fortalezas und wichtigster Gastronomie- und Freizeitkomplex der Stadt. Mit 30 000 m² gilt es als größtes Kunst- und Kulturzentrum Brasiliens (Mo geschl.). Das moderne Areal umfasst neben Restaurants, Bars und Diskotheken auch Theater, ein Programmkino, Planetarium, Amphitheater für Konzerte und Tanzaufführungen sowie zwei sehenswerte Museen: Das **Museu de Arte Contemporânea** (MAC), ein ambitioniertes Museum für Gegenwartskunst, und das **Memorial da Cultura Cearense** (MCC) mit wechselnden Expositionen zu folkloristischen Traditionen Cearás. ⏲ beide Di–Do 9–18, Fr–So 14–20 Uhr, Eintritt frei.

Weiter führt der Spaziergang in den Stadtteil Iracema zur berühmten **Ponte dos Ingleses**, einem Wahrzeichen Fortalezas. Der weit aufs Meer hinausführende, schön restaurierte Holzsteg ist ein wenig touristisch, doch bietet sich ein beeindruckender Blick auf die Bucht mit ihrer Skyline. Gleich davor entsteht schon das nächste Wahrzeichen, das gewaltige Acquário Ceará, das mit 21 500 m² Fläche und 15 Mio. l Beckenvolumen voraussichtlich größte Ozeanarium Lateinamerikas (geplante Eröffnung 2014).

Oft verwechselt wird die Ponte dos Ingleses mit der nahen **Ponte Metálica**, die jedoch nicht aus Metall, sondern aus Zement besteht. Von hier aus ist gut das Wrack eines 1983 gesunkenen griechischen Frachters zu sehen. Direkt vor dem Steg befindet sich der **Pavilhão Atlântico**, ein auf historisch getrimmter Bau für Kunstausstellungen.

Auf der Orla zwischen Ponte Metálica und Meireles können Interessierte übrigens „paläontologische" Studien betreiben, denn in den aus der Region Cariri stammenden Gehwegplatten sind einige uralte Fossilien eingeschlossen. Die Verwendung der wertvollen Steine als Fußwegpflaster ist inzwischen verboten.

Die WM-Arena von Fortaleza, das **Castelão** („großes Schloss"), liegt 9 km von Meireles und 3,5 km vom Flughafen. Zur WM wurde das Stadion für 64 000 Zuschauer konzipiert, danach soll es für die beiden lokalen Profivereine Fortaleza und Ceará verkleinert werden. Zudem ist ein Fußball-Museum geplant.

ÜBERNACHTUNG

Für eine Unterkunft in **Iracema** sprechen die günstigeren Preise sowie die Lage zwischen Centro Cultural Dragão do Mar und Meireles. Demgegenüber hat **Meireles** das gepflegtere Flair und den schöneren Strand, ist aber teurer. Zur Orientierung: Die Hausnummern auf der Av. Beira Mar signalisieren die Entfernung zum Beginn der Straße (in Metern). Im Sommer steigen die Preise überall an, Reservierungen sind dann nötig und viele Hotels verlangen eine Anzahlung *(Depósito)*. Wenn nichts anderes angegeben ist, gilt WLAN gratis und keine Tax.

Iracema und Centro

Hostel Terra da Luz, Rua Rodrigues Junior 278, ✆ 85/3082 2260, www.hostelterradaluz.com. Günstiges, sauberes Hostel. Dorms (R$30–40), DZ (R$75–90), Fr–So teurer: Dorms (R$5 mehr), DZ (R$110–165). ❶–❹

Albergue Casa Verde (HoLa), Rua Rufino de Alencar 336, ✆ 85/3047 3799, ✉ alberguecasaverde@hotmail.com. Recht neues Hostel in günstiger Lage beim Centro Cultural. Nette Besitzerin, ordentliche Zimmer mit AC, 6er-Dorms (R$35), 1 fensterloses DZ (R$90). ❶–❷

Hotel Pousada Pedra do Sal, Av. Alm. Barroso 1006, ✆ 85/3022 0069. Preiswertes Haus mitten in Iracema, DZ mit AC (R$120). Internet-Café. ❷–❸

Hotel Casa de Praia, Rua Joaquim Alves 169, ✆ 85/3219 1022, www.hotelcasadepraia.com.br. Äußerst gepflegtes Mittelklassehotel, persönlich und freundlich, die aus Süd-Brasilien stammenden Besitzer Sid und Daniela sind immer vor Ort. 40 Zimmer mit Split AC, Pool auf dem Dach. Lage in ruhiger Straße. Deutsch. ❷–❸

Fortmar Hotel, Av. Beira Mar 1160, ✆ 85/3219 5363, www.fortmar.com.br. Ordentliches Hotel in hübschem, kleinem Haus. Netter Frühstücksraum, ruhig. Kleine Zimmer, einige ohne Fenster, die besseren sind im 1. OG. ❸

Casa Blanca Hotel, Rua Joaquim Alves 194, ✆ 85/3219 0909, www.casablancahoteis.com.br. Zehnstöckiges Hotel, vom Pooldeck auf dem Dach schöne Sicht auf die Skyline von Iracema. Etwas ältere Zimmer, aber okay, Typ *Luxo* ist besser. ❸–❹

Maredomus Hotel, Av. Alm. Barroso 1030, ✆ 85/4005 4500, www.maredomushotel.com.br. Hochhaus-Hotel, gute Qualität zu relativ günstigen Preisen. Sonnenterasse mit Pool und Buchtblick. Kabel-TV. ❹–❺

Hotel Sonata de Iracema, Av. Beira Mar 848, ✆ 85/4006 1600, www.sonatadeiracema.com.br. Modernes, geschmackvoll gestaltetes Hotel. Attraktiver Poolbereich, hübsche Zimmer (mit Meerblick). 10 % Tax. ❺

Meireles und Mucuripe

Pousada Malu, Rua Carlos Vasconcelos 735, ✆ 85/3244 2151, www.pousadamalu.com.br. 24 einfache, aber ordentliche Zimmer (Ventilator), im hinterem Trakt mit AC (R$10 teurer). ❷

Hotel La Maison, Av. Desembargador Moreira 201, ✆ 85/3242 7017, www.hotellamaison.com.br. Sehr gutes Budget-Privathotel unter frz. Leitung mit zum Teil geräumigen Zimmern, einige neu und sehr schick (Split AC). Exzellentes Preis-Leistungs-Verhältnis, fast ganzjährig gilt ein Preis: DZ R$110–120. Gruppenangebote (3–4 Pers.). Zentrale Lage. Englisch. ❷–❸

Hotel Cocal, Rua Barão de Aracati 786, ✆ 85/4006 0066, www.hotelcocal.com.br. Eine angenehme Überraschung: nettes, helles Hotel, zwar nicht am Strand, aber auch nicht aus der Welt. 32 gepflegte, moderne Zimmer, top Preis-Leistungs-Verhältnis. ❸

Hotel Poyares, Rua Barão de Aracati 670, ✆ 85/3254 3133, www.hotelpoyares.com.br. Wenn alles voll ist, gibt's hier eine solide Option. Zwar wenig geschmackvolle Lobby, aber recht moderne Zimmer. ❸

Villa Mayor, Rua Visconde de Mauá 151, Meireles, ✆ 85/3466 1900, www.villamayor.com.br. Mal kein Hochhaus: Themen-Hotel im Stil des 19. Jhs., der Pool mit Springbrunnen schafft warme Atmosphäre. Zimmer bis 4 Pers., zwei Blocks vom Strand. Reservierung empfohlen. 10 % Tax. ❻–❼

Mareiro Hotel, Av. Beira Mar 2380, ✆ 85/3266 7200, www.mareiro.com.br. Nett renoviertes, immer belebtes Hotel, zentral auf der Promenade. Hübscher Pool. 10 % Tax. ❻–❼

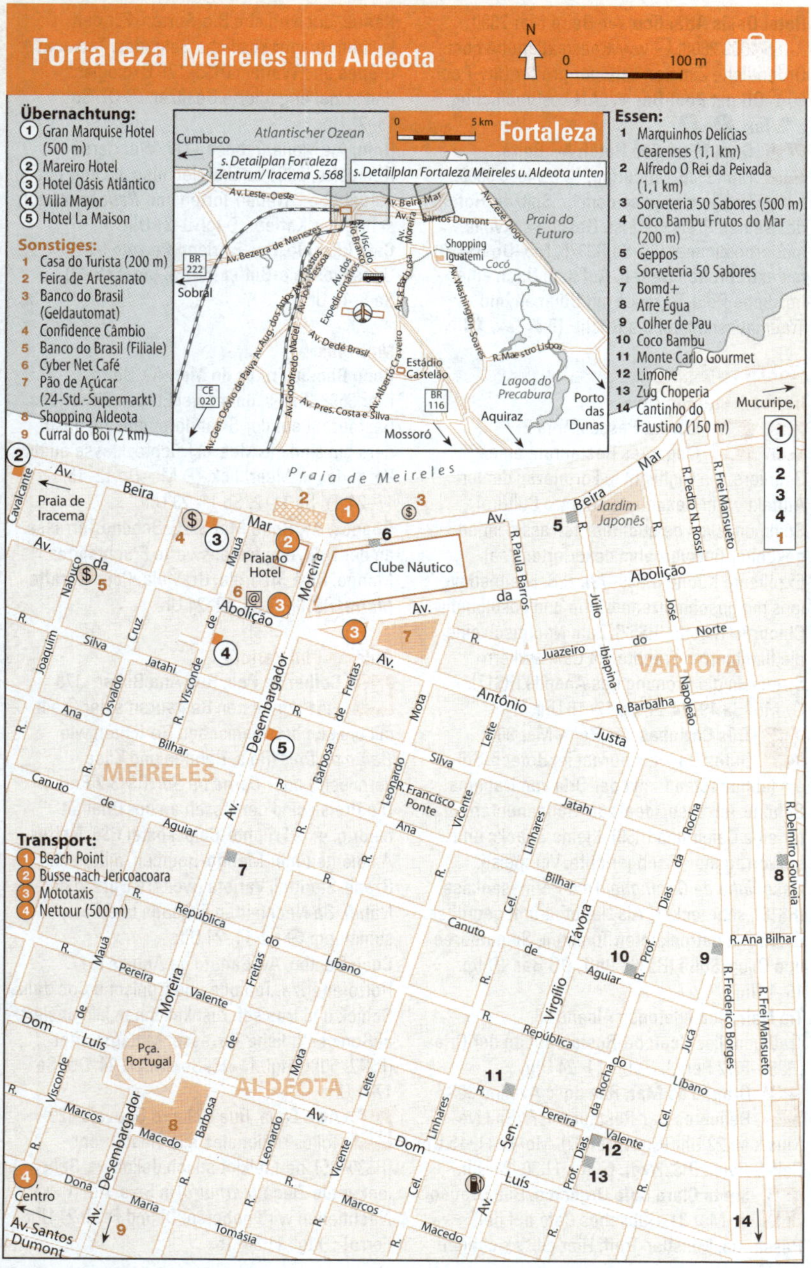

Fortaleza Meireles und Aldeota
N
0 100 m
Übernachtung:
1 Gran Marquise Hotel (500 m)
2 Mareiro Hotel
3 Hotel Oásis Atlântico
4 Villa Mayor
5 Hotel La Maison
Sonstiges:
1 Casa do Turista (200 m)
2 Feira de Artesanato
3 Banco do Brasil (Geldautomat)
4 Confidence Câmbio
5 Banco do Brasil (Filiale)
6 Cyber Net Café
7 Pão de Açúcar (24-Std.-Supermarkt)
8 Shopping Aldeota
9 Curral do Boi (2 km)
Fortaleza
0 5 km
Atlantischer Ozean
Cumbuco
s. Detailplan Fortaleza Zentrum/ Iracema S. 568
s. Detailplan Fortaleza Meireles u. Aldeota unten
Av. Leste-Oeste
Av. Beira Mar
Av. Santos Dumont
Av. Zezé Diogo
Praia do Futuro
Shopping Iguatemi
Cocó
Av. Bezerra de Menezes
Av. Washington Soares
R. Maestro Lisboa
Av. Dedé Brasil
Estádio Castelão
Lagoa do Precabura
Porto das Dunas
Aquiraz
Mossoró
Sobral
Av. Pres. Costa e Silva
Av. Alberto Craveiro
Av. Gen. Osório de Paiva
Av. Godofredo Maciel
Av. dos Expedicionários
Av. Aug. dos Anjos
Av. João Pessoa
Av. Visc. do Rio Branco
Av. Moreira
Av. R. Barbosa
BR 222
CE 020
BR 116
Essen:
1 Marquinhos Delícias Cearenses (1,1 km)
2 Alfredo O Rei da Peixada (1,1 km)
3 Sorveteria 50 Sabores (500 m)
4 Coco Bambu Frutos do Mar (200 m)
5 Geppos
6 Sorveteria 50 Sabores
7 Bomd+
8 Arre Égua
9 Colher de Pau
10 Coco Bambu
11 Monte Carlo Gourmet
12 Limone
13 Zug Choperia
14 Cantinho do Faustino (150 m)
Mucuripe,
1 1 2 3 4 1
Praia de Meireles
Praia de Iracema
Av. Beira Mar
Av. da Abolição
Praiano Hotel
Clube Náutico
Jardim Japonês
MEIRELES
VARJOTA
ALDEOTA
Av. Antônio Justa
Av. Dom Luís
Av. Desembargador Moreira
Pça. Portugal
Av. Santos Dumont
Centro
Transport:
1 Beach Point
2 Busse nach Jericoacoara
3 Mototaxis
4 Nettour (500 m)

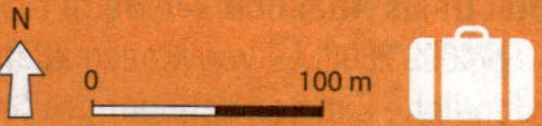

Hotel Oásis Atlântico, Av. Beira Mar 2500, ✆ 85/4009 2800, 🖳 www.oasisatlantico.com. Ordentliche Zimmer, schöner großer City-Pool im 1. OG mit Pool-Bar. WLAN kostenpflichtig, 5 % Tax. ❼–❽

Gran Marquise Hotel, Av. Beira Mar 3980, Mucuripe, ✆ 85/4006 5000, 🖳 www.granmarquise.com.br. Spitzen-Hotel, das seinen Preis wert ist: Geschmackvolle, moderne Zimmer (Fr–So R$375, Mo–Do R$435) mit extrabreiten Betten. Auf dem Dach eine herrliche Pool-Terrasse mit Bäumen und Traumaussicht auf die Bucht. 15 % Tax. ❽

ESSEN

Iracema und Centro

L'Ô, Av. Pessoa Anta 217. Elegantes Restaurant eines Spaniers, ein Highlight in Fortaleza, idealer Auftakt vorm Besuch des Centro Cultural. Stimmungsvoll beleuchtete Terrasse, innen gekühlter und vornehm dekorierter Saal. Exzellente Küche (R$29–79), z. B. Filetmedaillons mit geschmolzenem Brie und köstlichem Chicorée-Risotto (R$52). Zum Nachtisch sind die flambierten Früchte mit Cashewkern-Streuseln die Krönung des Abends (R$17). 🕒 Mo–Sa 19–24, Fr, So 12–15 Uhr.

€ **Três Cozinhas**, Av. Beira Mar 904. Gutes Bar-Restaurant im Boteco-Stil am lebhaftesten Punkt der Orla von Iracema. Schöne Terrasse, ideal zum Sonnenuntergang für eine Caipirinha (R$6). Kleine Snacks und hervorragende Fischgerichte. Vorspeise: *Casquinha de Caranguejo* mit Parmesankäse (R$18), sehr lecker! Als Hauptgericht gegrillter Lachs mit getrockneten Tomaten, Spinatpüree und Dijon-Soße (R$36). Im 1. OG Bar. 🕒 tgl. 15–1 Uhr.

Tia Nair, Rua Ildefonso Albano 68. Traditionelles Seafood-Restaurant an der Orla (R$55–87/2 Pers.). 🕒 tgl. 11–24 Uhr.

€ **Dragão do Mar**, Rua José Avelino 303. Beliebtes Bar-Restaurant, Fr/Sa Live-Musik ab 22 Uhr (Couvert R$2). Mo–Fr 11–15 Uhr Self-Service (R$22/kg). 🕒 tgl. 11.30–24 Uhr.

Santa Clara Café Orgânico, Rua Dragão do Mar 81. Hübsches Café auf der Passarela, Künstler-Treff. Hier gibt's richtigen Kaffee, auch etliche Bio-Sorten. Für den kleinen Hunger köstliche Salgados, Tapiocas, Crêpes und Waffeln (R$5–12). Ökologisch und sozial engagierte Besitzer. 🕒 Di–So 15–22 Uhr.

Balu, Av. Mons. Tabosa 1717. Wer gerne raffinierte, süße Leckereien mag, ist hier gut aufgehoben. Neben Torten und *Petit Four* auch sehr guter Kaffee. 🕒 tgl. 9–21 Uhr.

Café L'Escale, Rua Floriano Peixoto 587. Günstiges Kilo-Buffet (R$23). Mo–Fr 8–20, Sa 8–16 Uhr.

Meireles

Coco Bambu Frutos do Mar, Av. Beira Mar 3698. Tolles, über zwei Etagen führendes Restaurant auf der Strandpromenade, besonders gut sind die Meeresfrüchte; klasse auch Veranda mit Meerblick. 🕒 Mo–Do 12–15, 17–24, Fr, Sa 11–2, So 11–23 Uhr.

Geppos, Av. Beira Mar 3222. Schöne Terrasse an der Orla, empfehlenswerte Fruchtsäfte: Mango, Cajá, Acerola, Graviola, Caju, Karaffe *(Jarra)* R$10. 🕒 tgl. 12–24 Uhr.

Aldeota und Varjota

Colher de Pau, Rua Ana Bilhar 1178. Eins der besten Restaurants der Stadt mit typisch brasilianischen Gerichten wie *Baião de Dois* (Reis, Bohnen und Käse vermischt) oder *Carne de Sol* (R$43/2 Pers.). Die Preise sind gemessen an der Qualität niedrig, eine Früchte-Caipi kostet R$6. Nettes Ambiente unter Mango-Bäumen, mitten im Szene-Stadtteil Varjota (weitere Bars in der Nähe). Sa Nachmittag Feijoada und Partystimmung. 🕒 tgl. 11–24 Uhr.

Coco Bambu, Av. Canuto de Aguiar 1317. Holzofenpizza, Tapioca und tropische Cocktails. Schick und tropisch rustikal: innen klimatisiert, außen gemütliche Terrasse. Mittagsbuffet (R$47–50) 🕒 tgl. 11–15, So–Mi 17–24, Do–Sa 17–1 Uhr.

Arre Égua, Rua Delmiro Gouveia 420. Tolles regionales Kilo-Restaurant (R$30–35), nett folkloristisch dekoriert. Sehr lecker die Ziege *(carneiro)* in Reis. Auch Nachtleben wird geboten: Di und Fr ab 21 Uhr Forró! 🕒 tgl. 11.30–15.

Cantinho do Faustino, Rua Frei Mansueto 1560. Der sympathische Faustino verwendet Bio-Zutaten aus dem eigenen Kräuter- und Gemüsegarten und ist Vorbild an sozialem Unternehmertum. So stammen seine Angestellten aus dem Landesinneren und werden systematisch ausgebildet und betreut. Leckere Gerichte (ab R$65/2 Pers.) sowie exotische Eissorten: *Buriti*, *Azeitonas* (Oliveneis mit Öl), *Manjericão* (Basilikum). ⌚ Mo 12–16, Di–Sa 12–24, So 12–17 Uhr.

Bomd+, Av. Desembargador Moreira 469. Der Name „Bom demais" („zu gut!") des Self-Service-Lokals (R$30/kg) ist nicht übertrieben. ⌚ Mo–Sa 11–15 Uhr.

Monte Carlo Gourmet, Av. Sen. Virgílio Távora 820. Delikatessenladen mit *Salgados*, Sandwiches und leckerem Gebäck. Tipp: *Mini Sonhos* (kleine Windbeutel). Treffpunkt der Nachtschwärmer am frühen Morgen. ⌚ 24 Std.

Limone, Rua Pereira Valente 1146. Nettes Café mit Tischen auf der Veranda. Mittags gibt's Edel-Buffet (R$53– 57/kg). ⌚ Buffet tgl. 12–15, Café Di–Sa 16–20 Uhr.

Mucuripe

In Mucuripe, ganz am Ende der Strandpromenade, wo die Jangada-Fischer ihre Boote am Strand liegen haben, gibt es auch die besten und traditionellsten Fischrestaurants der Stadt. Beim dortigen Fischmarkt (Mercado de Peixe) lassen sich die Einheimischen ein Pfund Krabben abwiegen und gleich daneben frittieren. Die Wanderung dorthin kann man unterwegs mit einem köstlichen Eis krönen.

Alfredo O Rei da Peixada, Av. Beira Mar 4616. Seit 1958 isst man hier bei frischer Seeluft den gegrillten Fisch in Krabbensoße (R$65/2 Pers.). Zur Begrüßung gibt's gratis einen Welcome Drink und Fischbällchen. ⌚ tgl. 11–24 Uhr.

Marquinhos Delícias Cearenses, Av. Beira Mar 4566. Auch schon seit 17 Jahren am Start. Heißer Tipp ist hier Fischfilet am Spieß (*Grelhado Azul do Mar*, R$94/3 Pers.). ⌚ tgl. 11–24 Uhr.

Sorveteria 50 Sabores, Av. Beira Mar 3958 und 2982. Der Name ist irreführend, denn der Laden hat über 100 Eissorten (vor der Auswahl darf man einige kosten). Ansonsten wird einem die Wahl leicht gemacht: eine Kugel für R$9, zwei für R$12. ⌚ tgl. 10–24 Uhr.

NACHTLEBEN

Die Einheimischen bevorzugen die Bars und Discos im **Dragão do Mar** und in **Aldeota**, östlich der Av. Sen. Virgílio Távora, zwischen Rua Ana Bilhar und Av. Dom Luís. Ein „Muss" sind Fr **Mucuripe** und Mo **Pirata Bar**.

Dragão do Mar

Órbita, Rua Dragão do Mar 207. Einheimische und Touristen steppen in dieser bekannten Rock 'n' Roll-Bar. ⌚ Do–So ab 21 Uhr, Eintritt R$15–20.

O Chopp do Bixiga, Rua Dragão do Mar 108. Nettes Open-Air-Lokal vor der berühmten Häuserzeile im Centro Cultural. Spezialität: Chope mit Rotwein, allerdings gewöhnungsbedürftig. Ab 21 Uhr Live-Musik (MPB, Couvert R$4). ⌚ tgl. 17–2 Uhr.

Amici's Sport Bar, Rua Dragão do Mar 80. Sehr gut zum Tanzen: Brasil, Black Music und Latin, Fr/Sa Samba ab 21 Uhr. Eingang zur Party an der Hausrückseite. ⌚ So–Do 16–1, Fr, Sa 16–3 Uhr, Eintritt R$20–30.

Iracema

Pirata, Rua dos Tabajaras 325. Der Klassiker von Fortaleza, bekannt als „verrücktester Montag der Welt". Bis zu 2500 Gäste tanzen im Open-Air-Piratenschiff bis Mitternacht zu Live-Forró, danach Axé und Pop-Rock. Palmen und hohe Schiffsmasten bilden die Seeräuberkulisse, Kellner mit Kopftuch und Kreolen

Krebse schnabulieren am Strand

Am Donnerstag ist es gute Sitte, in einer der großen Strandbars an der **Praia do Futuro** Caranguejo zu essen, Bier zu trinken und Live-Musik zu hören. Empfohlene Bars an der Av. Zezé Diogo sind: **Crocobeach**, Nr. 3125, **Itapariká**, Nr. 6801, und **Vira Verão**, Nr. 3345, für das jüngere Publikum. **Vorsicht**: Die Gegend ist abends unsicher, nicht zu Fuß zwischen den Bars hin und her wandern.

servieren kleine Snacks. Ab 3 Uhr Piratensuppe für die „Überlebenden". ⌚ Mo 20–4 Uhr, Eintritt R$40.

Mucuripe Club, Tv. Maranguape 108. Heißester Tanztempel der Stadt für bis zu 8000 Leute, viele Säle für jeden Musikgeschmack. Fr *the place to be*. ⌚ Fr, Sa ab 22 Uhr, Eintritt ab R$30.

Meireles und Varjota

Zug Choperia, Rua Prof. Dias da Rocha 579, Aldeota. Klasse Open-Air-Bar (sprich: *Suggi*) mit Live-Musik (Mi–Sa, Rock-Pop bis Jazz, Couvert R$6) und super Stimmung. Gutes Essen, u. a. schweizerisch-deutsche Gerichte. ⌚ Mo–Fr 17–3, Sa 12–3 Uhr.

Arre Égua, s. Essen.

Andere Stadtteile

Curral do Boi, Av. Pontes Vieira. Authentischer Forró-Laden für bis zu 2000 Pers. ⌚ Do–Sa ab 22 Uhr.

EINKAUFEN

Shopping Center

Shopping Aldeota, Av. Dom Luís 500, bietet gehobenes Einkaufsflair. ⌚ beide Mo–Sa 10–22, So 15–20 Uhr.

Av. Monsenhor Tabosa, zwischen Av. Dom Manoel und Rua João Cordeiro. Einkaufsmeile mit Boutiquen, Schuhläden und Geschäften (Tipp: günstige Bikinis in guter Qualität). ⌚ Mo–Fr 9–19, Sa 9–17 Uhr.

Souvenirs und Kunsthandwerk

Fortaleza ist bekannt für seine Artesanato-Produkte aus Leder und Ton, Klöppelarbeiten, Stickereien, Flechtarbeiten aus Stroh und Lianen, Keramik und besonders die günstigen, gut gefertigten Hängematten. Zu erhalten außer im **Centro de Turismo** (S. 575) v. a. im **Mercado Central**, Av. Alberto Nepomuceno 199, Centro. ⌚ Mo–Fr 8–18, Sa 8–16, So 8–13 Uhr.

Auch im Straßenverkauf wird man fündig: auf der **Feira de Artesanato** (Feirinha da Beira Mar) am Strand von Meireles, ⌚ tgl. 17.30–23 Uhr, sowie günstiger an Ständen in Iracema, ⌚ Do–So 17–21.30 Uhr.

Ceart, Rua Monsenhor Tabosa 777, Iracema. ⌚ Mo–Fr 9–18, Sa 9–17 Uhr.

TOUREN

Die beliebtesten Tagestouren führen nach **Cumbuco** (R$25), **Lagoinha** (R$35) und **Morro Branco** (R$35). Von einem Tagesausflug nach **Canoa Quebrada** (R$40) ist wegen der Entfernung (2–3 Std. Busfahrt) eher abzuraten, am besten man verbringt einige Tage dort. Familien mit Kindern besuchen gern den 29 km östlich liegenden **Beach Park** in Aquiraz, 💻 www.beachpark.com.br, ein Erlebnisbad mit 41 m hoher Wasserrutsche. Eintritt R$140 p. P., Dreitagepass R$179 (Kinder unter 1 m gratis). ⌚ Fr–Di 11–17 Uhr (Sommer tgl.).

Die Hotels helfen bei der Buchung von Ausflügen, allerdings ggf. mit Aufschlag. Eine empfehlenswerte Agentur ist:

Nettour, Av. Santos Dumont 2456, Aldeota, ☎ 85/3263 3333, 💻 www.nettour.com.br. Einer der besten Tourenanbieter der Stadt, alle o. g. Touren sowie diverse weitere, wie „Shopping Tour" zu den besten Märkten (4 Std.), „Fortaleza by night" (5 Std.), City Tour (2 1/2 Std.), Museu da Cachaça in Maranguape (5 Std.), Buggy-Touren (bis 3 Pers.). Auch zuverlässige Transfers, z. B. Abholung vom Flughafen, nach Jericoacoara usw.

SONSTIGES

Feste

Fortal, 💻 www.fortal.com.br, ist einer der größten Neben-Karnevals des Landes, 300 000 Menschen tanzen am letzten Juli-Wochenende zu Axé, Forró u. a.

Geld

Banco do Brasil (alle Karten): **Iracema**, Av. Mons. Tabosa 634. ⌚ Geldautomat Mo–Fr 8–19, Sa 8–16, So 8–13 Uhr.

Meireles: Av. da Abolição 2308. ⌚ Mo–Fr 10–16 (Geldautomat 7–20 Uhr). Weiterer Geldautomat: Av. Beira Mar. ⌚ 6–22 Uhr.

Centro: **Banco do Brasil**, Geldautomaten beim Mercado Central, ⌚ tgl. 6–22 Uhr, und im Centro de Turismo, ⌚ Mo–Fr 8–17 Uhr.

HSBC, Rua Major Facundo 302. ⌚ Mo–Fr 10–16, Geldautomat 6–22 Uhr (alle Karten).

Geldwechsel u. a. bei **Confidence Câmbio**, Av. Beira Mar 2500, Meireles. ⌚ Mo–Fr 9–19.30, Sa, So 9–13.30 Uhr.

Informationen

Infostände von **Setur**, ✆ 85/3101 4669:
Centro de Turismo, ⏲ Mo–Fr 8–17 Uhr;
Rodoviária, ⏲ Mo–Fr 8–18, Sa 8–12 Uhr;
Flughafen, ⏲ tgl. 6–24 Uhr.
Infostände der Stadt **(Setfor)**: **Praça do Ferreira** und **Mercado Central**, Centro, ⏲ Mo–Fr 8–18, Sa 8–12 Uhr; **Casa do Turista**, Av. Beira Mar (Höhe ca. Nr. 3700), Meireles, ✆ 85/3105 2670, ⏲ tgl. 9–21 Uhr.

Internet

Cyber Café, Av. Alm. Barroso 1006, Hotel Pedra do Sal, Iracema. R$2. ⏲ tgl. 7–21 Uhr.
Cyber Net Café, Av. Abolição 2655, Meireles. R$5. ⏲ tgl. 9–22 Uhr.

Kulturzentrum

Centro Cultural Banco do Nordeste, Rua Floriano Peixoto 941, Centro, 💻 www.bnb.gov.br/cultura. Ausstellungen, Lesungen, Kino, Live-Musik. ⏲ Di–Sa 10–20 Uhr, Eintritt frei.

Medizinische Hilfe

Hospital Geral, Rua Ávila Goulart 900, Papicu, ✆ 85/3101 3272.

Touristenpolizei

Av. Alm. Barroso 805, Iracema, ✆ 85/3101 2488. ⏲ 24 Std.

NAHVERKEHR

Busse und Metro

Das gesamte Busnetz sollte bis zur WM neu strukturiert werden, zudem soll eine neue Schnellbahnlinie („Mucuripe/Parangaba", VLT) zukünftig den östlichen Hotelsektor an Flughafen und Rodoviária anbinden.
Der für Touristen wichtigste Bus (*Circular 1*, R$2), fährt von Meireles an der Av. da Abolição und Av. Antônio Justa über Iracema, Av. Hist. Raimundo Girão, zum Dragão do Mar und weiter ins Zentrum (Rua Dr. Moreira).

Taxi

Von Mucuripe/Meireles/Iracema zur Rodoviária ca. R$20–25 (20 Min.), zum Flughafen ca. R$25–30.
Günstig kann man zwischen Meireles und Iracema per **Mototaxi** pendeln (R$5–6). Auf Sicherheit bei den Fahrern achten.

TRANSPORT

Flüge

Aeroporto Internacional Pinto Martins, ✆ 85/3392 1030.
Fluggesellschaften: **Avianca**, ✆ 85/3392 1525; **Azul**, ✆ 85/3392 1888; **Gol**, ✆ 85/3392 1937; **Passaredo**, ✆ 85/3392 1464; **TAM**, ✆ 85/3392 1809; **TAP**, ✆ 85/3392 1884.

Busse

Rodoviária Engenheiro João Tomé, Fátima, ✆ 85/3230 1111. An der Av. Mons. Tabosa, nahe Banco do Brasil, verkaufen Reisebüros Busfahrkarten.

Busse innerhalb von Ceará (Intermunicipal)
Canoa Quebrada: São Benedito, ✆ 85/3444 9999, tgl. 6, 8.30, 11, 13.30 und 17.30 Uhr, 3 1/2 Std., R$19. Alternativ bis **Aracati** (3 Std., R$18), weiter per Minivan oder Taxi.
Cumbuco: Vitória, ✆ 85/3342 1148, tgl. ca. 9, 11, 15.50 Uhr (je 1 Std.) und 18.20 Uhr (1 3/4 Std.) mit Kleinbus, Einstieg entlang der Av. Beira Mar, R$5.
Guaramiranga: Fretcar, ✆ 85/3256 0238, 💻 www.fretcar.com.br, 12x tgl. bis 17 Uhr, Schnellbusse (3 1/4 Std.) 8, 11, 14 und 17 Uhr, sonst 4 Std., R$11.
Jericoacoara: Fretcar, tgl. 8 und 19 Uhr, 5–6 Std., R$58; zunächst bis Jijoca, Anschluss im Dünen-Shuttle (1 Std.) enthalten. Abfahrt 8 und 19 Uhr am Busbahnhof, ca. 15 Min. später am Flughafen und ca. 9 bzw. 20 Uhr in Meireles

Ein Ausflug als Transfer

Viele Agenturen bieten günstige **Tagestouren** mit bequemer morgendlicher Abholung vom Hotel an, u. a. nach Canoa Quebrada, Cumbuco und Lagoinha. Wer länger in einem dieser Orte bleiben möchte, kann solche Ausflüge auch als „One-Way-Transfer" nutzen und sein Gepäck mitnehmen (vorher mit Agentur absprechen). Buchung u. a. über Nettour (s. Touren).

(vor Praiano Hotel, Av. Beira Mar 2800). Kartenverkauf bei Beach Point, Meireles, vor Clube Náutico, ✆ 85/3242 2911, ⌚ tgl. 8–22 Uhr.
Unitur Viagens, ✆ 88/9746 4536, 💻 www.uniturviagens.com.br, bietet Kleinbus-Transfer mit Tür-zu-Tür-Service: Abfahrt 6 Uhr ab Flughafen, 7.30 Uhr ab Meireles, Ankunft etwa 14 Uhr (R$60 p. P.).
Lagoinha: Fretcar, 12x tgl. bis 18 Uhr, 2 Std., R$9; per Bus bis **Paraipaba**, dort weiter mit Taxi (R$10) oder Sammeltaxi vor der Tankstelle (R$3).
Ubajara: Guanabara, ✆ 85/4005 1992, 5x tgl. bis 20 Uhr, 7 Std., R$33–42.

Nationale Busse (Interestadual)
João Pessoa: Nordeste, ✆ 85/3256 2342, tgl. 20 Uhr, 11 Std., R$99–155.
Natal: Nordeste, 7x tgl. bis 23 Uhr, 9 Std., R$80–115.
Parnaíba: Guanabara, tgl. 9, 19, 21, 22 und 22.30 Uhr, 10 Std., R$64–103. Auf dem Parkplatz vor dem Mercado Central (s. Karte) fahren Busse von Yvone Tur So/Mo/Do 16 Uhr, 8 Std., R$40.
Recife: Guanabara, 4x tgl. bis 20.45 Uhr, 12 Std., R$128–177.
Salvador: Itapemirim, ✆ 85/3256 4511, Mo/Mi/Fr/Sa 19 Uhr, 22 Std., R$207.
São Luís: Guanabara, tgl. 12.30 und 20 Uhr, 18 Std., R$161.
Teresina: Guanabara, 7x tgl. bis 22 Uhr, 10 Std., R$70–108.

Costa do Sol Nascente

Palmenstrände, rote Klippen und Gläser mit kunstvoll geschichtetem buntem Sand *(Garrafas de Areias coloridas)* sind die Markenzeichen dieses attraktiven Küstenabschnitts. Bekanntestes Ziel ist das alte Hippie-Dorf **Canoa Quebrada**.

Aracati

Der historische Ort ist für seinen lebhaften Karneval bekannt, ansonsten dient er vor allem als Umsteigeplatz nach Canoa Quebrada.

TRANSPORT

Busse
Canoa Quebrada: São Benedito, ✆ 88/3421 2520, 7x tgl. bis 20 Uhr, 15 Min., R$2. **Kombis** halten vor der Kirche (10 Min. vom Busbahnhof), R$2. Oder per **Taxi** (ca. R$20–25).
Fortaleza: São Benedito und Nordeste, 13x tgl. bis 20.30 Uhr, 2 1/2–3 Std., R$16.
João Pessoa: Nordeste, ✆ 88/3421 1640, tgl. 22 Uhr, 9 Std., R$71.
Natal: Nordeste, 6–7x tgl. bis 1 Uhr, 6 Std., R$62.
Recife: Guanabara, tgl. 21.30 Uhr, 10 Std., R$132.

Canoa Quebrada

Etwa 160 km südöstlich von Fortaleza liegt die frühere Hippie-Kolonie Canoa Quebrada. Hauptattraktionen sind der 13 km lange, feinsandige Strand, die knallroten Klippen und das grün schimmernde Meer, auf dem Jangadas kreuzen. Faszinierend sind die von einem weißen Halbmond gezierten Klippen, aus denen an einigen Stellen Bäche herausfließen. Leider hat in den letzten Jahren der steigende Meeresspiegel stark am Strand genagt, sodass mehrere *Barracas* von der Schließung bedroht waren. Ein Umzug an andere Stellen des Strandes wäre die Alternative.

Schöne Buggy-Touren führen an die Strände **Praia Lagoa do Mato**, **Praia Ponta Grossa** und **Praia Redondas** über **Majorlândia** und **Quixaba** oder zur **Lagoa de Cumbi**, wo es einen Aussichtspunkt gibt. Das ganze Jahr über kann man Jangada-Fahrten unternehmen – einfach mit den Fischern am Strand sprechen. Am Abend treffen sich Jung und Alt auf dem so genannten **Broadway** (Rua Dragão do Mar), dann wird Canoa zur Partymeile. Dank steter Winde lässt sich in der zweiten Jahreshälfte gut Kite- und Windsurfen. Infos: 💻 www.portalcanoaquebrada.com.br.

ÜBERNACHTUNG

Es gibt viele hübsche und recht preiswerte Pousadas, oft mit schönem Ausblick.
Während des Fortal-Festes in Fortaleza ist es voll und teuer. Ansonsten sind unter der Woche oft Rabatte möglich. Viele Pousadas

organisieren Ausflüge mit Buggy, Jangada oder Pferden. WLAN ist überall gratis, Tax nur wenn angegeben.

€ **Pousada Residência Oceanus**, Rua Descida da Praia, ✆ 88/3421 7104, 💻 www.canoaquebrada-oceanus.com. Trumpf dieser strandnahen Pousada ist die Veranda des Vorderhauses mit herrlicher Aussicht im 1. OG. Einfache, aber gepflegte Zimmer, sympathisches Ambiente. Im Sommer 10 % Tax. ❷–❸

Pousada Luaestrela, Rua Nascer do Sol 106, ✆ 88/3421 7040, 💻 www.pousadaluaestrela.com. Entspannte Pousada mit schattiger Terrasse und schöner Sicht, die besseren Zimmer sind oberhalb des Pools. Rustikaler Stil, Möbel aus *Cipó*. ❸

Pousada Azul Marinho, Rua Leandro Bezerra, ✆ 88/3421 7003, 💻 www.azul-marinho.com. Fünf Zimmer mit Split AC, Kabel-TV, Wohnraum und Veranda. Kleiner Pool und herrlicher Meerblick. Ruhige Lage. ❸

Pousada Dolce Vita, Rua Descida da Praia, ✆ 88/3421 7213, 💻 www.canoa-quebrada.it. Gepflegte Rasenanlage mit Palmen; großer Pool und Loungebereich. Die Chalês haben eine Sitzecke und kleine Veranda, im 1. OG Balkon. AC. ❸–❹

Pousada Lua Morena, Praça Dragão do Mar, ✆ 88/3421 7030, 💻 www.pousadaluamorena.com.br. Eine der ersten Pousadas von Canoa (1968) und echte Hippie-Legende. Inzwischen sorgen Soraya und Pier dafür, dass auch der Komfort nicht zu kurz kommt. Niedliche Chalês (Split AC), einige mit Veranda und herrlicher Aussicht (Tipp: Nr. 9), toller Pool und Traumterrasse, tropischer Garten, direkter Strandzugang. Nach Rabatt fragen. Sozial engagierte Besitzer. 10 % Tax. ❸–❹

Pousada Vale do Luar, Rua Caminho do Mar, ✆ 88/3421 7090, 💻 www.canoa-quebrada.com/valedoluar. Charmante Pousada mit Pool und Aussicht von den Zimmern im 1. OG (Tipp: Nr. 1).

Das Frühstück wird Gästen auf ihrer Veranda serviert. Chalês im Garten. Deutsch. ❸–❹

Hotel Long Beach, Rua Quatro Ventos, ✆ 88/3421 7404, 💻 www.longbeachcanoa.com. Schöne Pousada in Strandnähe, Chalês mit Kingsize-Bett und geschmackvollem Design, einige mit Dachterrasse. Die günstigeren Standardzimmer sind eher klein. Toller Pool am Meer. 10 % Tax. ❹–❻

ESSEN

Bar Evolução, Rua Francisco Eliziário 1060. Leckere, original italienische Holzofen-Pizza (R$15–30) in nettem Garten mit Holztischen und Lampen in den Bäumen. Tipp: *Pizza Canoa* (Krabben, Zucchini, Tomaten, R$28/2 Pers.). 🕒 Do–Di 18–24 Uhr (Sommer tgl.).

Lazy Days, am Strand. Schönes Ambiente auf einem Holzdeck: Liegestühle, Hängematte und Mosaiktische. Tagsüber Strandbar, abends romantisches Candlelight-Restaurant im Mondschein. 🕒 tgl. 9–17 Uhr (Sommer bis 24 Uhr).

El Argentino, Rua Dragão do Mar. Gutes argentinisches Steakhouse, alle Gerichte kommen mit einer kleinen Vorspeise. Von der Karte *Baby beef argentino* (R$60/ 2 Pers.), zartes Hereford- oder Angus-Steak, mit Baião de Dois oder Reis, Pommes Frites, Backkartoffeln oder Püree. Auch unbegrenzt Rodízio vom Grill möglich (R$55 p. P.). 🕒 tgl. 11–23.30 Uhr.

Costa Brava, Rua Dragão do Mar 2022. Diverse spanische Gerichte, auch Paella (ab R$34/1–2 Pers.), auf kleiner, stimmungsvoller Terrasse. 🕒 tgl. 17–22.30 Uhr.

Café de Paris, Rua Dragão do Mar. Künstlerisch verziertes Café mit leckeren süßen und herzhaften Törtchen (R$4), eine Oase der Ruhe. 🕒 tgl. 6–22 Uhr.

NACHTLEBEN UND STRANDBARS

In Canoa wird oft bis zum Sonnenaufgang gefeiert, entweder in den Bars am Broadway oder am Strand. Nur in der Nebensaison ist es unter der Woche ruhiger. In Vollmondnächten gibt es die berühmten *Luaus* (Vollmond-Strandfeste). Sa kommt die Jugend aus Aracati und es wird voll. Traditionell einfache Barracas gibt es am Broadway, z. B. **Bar do Reggae**, **Bar no Meio**, **Coração de Canoa**, **Meu Xodó** oder **Canoa Central**. Daneben überbieten sich Discos und Clubs in den Dezibelstärken.

Freedom Bar, kultige Strandbar, strahlt noch Hippie-Atmosphäre aus. Die *Luaus* am Lagerfeuer sind ein Erlebnis. 🕒 Fr, So ab 24 Uhr.

Bar Caverna, Broadway. In der „Höhle" mischen sich Touristen und Einheimische auf nette Weise. Die Bar eines sympathischen Schweizers hat Billardtische und spielt eine große Bandbreite an musikalischen Stilen, Do Live-Musik ab 23 Uhr (kein Couvert). Snacks, Cocktails. 🕒 tgl. 16–2.30 Uhr oder länger.

Regart, Rua Dragão do Mar. Am Rande des Trubels eine Bar mit internationaler Musik und Tanz, Sa ab 22 Uhr Live-Musik (Couvert R$4). 🕒 Di, Mi 15–2, Do–Sa bis 5 Uhr.

Strandbars

Gleich am Anfang liegt das Bar-Restaurant **Bom Motivo** mit Deck und schöner Aussicht, nett für einen Suco am Nachmittag, wenn nicht gerade ein Ausflugsbus da ist. Hier gibt's Schließfächer. 🕒 tgl. 9–17 Uhr. Das zentraler gelegene **Antônio Coco** ist beliebter Treffpunkt und schön zum Sonnenuntergang. Im **Lazy Days** (s. Essen) lässt sich auf dem Holzdeck loungen.

SONSTIGES

Einkaufen

Schöne, ortstypische Souvenirs hat **Ceart** am Ortseingang. 🕒 Di–Sa 10–12, 15–19, So 9–15 Uhr.

Geld

Banco do Brasil, Geldautomat, Broadway, bei der Pousada Latitude.

Internet

Canoa.com, Rua Dragão do Mar, Galeria Espaço Livre. R$3. 🕒 Mo–Sa 9–12, 14–22, So 14–22 Uhr.

Reisebüro

Canoa Viagens, Rua Dragão do Mar, ✆ 88/3421 7366, 💻 www.canoaviagens.com.br. Flüge, Hotels, Touren. 🕒 Mo–Fr 9–21, Sa 9–12, 16–21 Uhr.

TRANSPORT

Verkaufsstelle für Bustickets Richtung Süden bei **São Benedito** (bis 17.30 Uhr). Busse nach Natal, João Pessoa oder Recife sind vor Wochenenden und Feiertagen sehr früh ausgebucht.

Fortaleza: São Benedito, ✆ 88/3421 2020, Mo–Sa 6, 9.30, 12.30, 14.30, 15.30 und 17.30, So seltener, 3 1/2 Std., R$17. Auch ab Aracati.

Aracati: **Minivans** vom Ortseingang, etwa alle 25 Min. bis 19 Uhr, Fr, Sa 24 Std., R$2 (ab 19 Uhr R$3). **Taxi** R$20–30.

Costa do Sol Poente

Die Costa do Sol Poente umfasst zwei Drittel der Küste Cearás und ist geprägt von Wanderdünen, Steilküsten und Lagunen. Entlang der Strände liegen ursprüngliche Fischergemeinden, die sich langsam dem Tourismus öffnen. Zu den schönsten Strandabschnitten zählen **Cumbuco**, **Lagoinha** sowie das legendäre Aussteigerdorf **Jericoacoara**.

Cumbuco

Die kleine Fischergemeinde Cumbuco (35 km von Fortaleza) war bis 2003 ein verschlafenes Nest mit nur einigen Wochenendhäusern. Dann begann sich die Kunde von den beständigen Winden zwischen **Juli** und **Januar** herumzusprechen: optimale Bedingungen für die Trendsportart **Kitesurfing**. Inzwischen gilt Cumbuco als einer der besten Kite-Orte der Welt; Kiter aus aller Herren Länder (und „normale" Strandurlauber) strömen in das entzückende Dorf, in dem eine beachtliche touristische Infrastruktur entstanden ist. Viele Gringos haben Pousadas, Bars oder Restaurants eröffnet und am Ortsrand sind große Hotels und Ferienanlagen mit Golfplatz entstanden. Etliche Wohncondomínios sowie ein Hafen (Porto do Pecém) sind im Bau, auch deshalb sind koreanische Ingenieure derzeit kein ungewöhnlicher Anblick. Trotz des Wachstums besitzt Cumbuco immer noch genügend natürlichen Charme; bis vor kurzem gab es weder Post, Internet-Café noch Geldautomat (inzwischen vorhanden), und das Zentrum ist so klein, dass die Straßen keine offiziellen Namen haben. Am Hauptstrand stehen weiterhin einfache Restaurants und Strohhütten, Jangadas dümpeln in den Wellen und in westlicher Richtung sieht man die Dünen, zu denen Buggytouren führen.

ÜBERNACHTUNG

Überall: WLAN gratis, keine Tax.

Pousada Jardim Cumbuco, Av. dos Coqueiros, ✆ 85/3318 7466, 💻 www.jardim-cumbuco.com. Im Haupthaus 5 geräumige Gästezimmer mit schönem Balkon oder Terrasse (AC), im Garten einfache Chalês mit Ventilator. Pool. Deutscher Besitzer. ❷–❸

Pousada Maracujá, Av. Central 2293, ✆ 85/3318 7225, 💻 www.pousadamaracuja.com.br. Hübsche, rustikale Pousada mit 14 Zimmern, sehr ruhig, toller Pool mit Holzdeck. Etwa 200 m vom Zentrum. ❸–❹

Pousada 0031, Av. das Dunas 2249, ✆ 85/8617 9119, 💻 www.0031.com. Schöne Pousada von jungen Holländern. Hübsche, natürlich ventilierte Apartments im marokkanischen Stil. Toller Garten, Pool. AC, teils TV. ❸–❹

Hotel Duro Beach, Rua Beatriz Correia 64, ✆ 85/3318 7491, 💻 www.durobeach.com. Relaxte Kitesurf-Pousada am Strand mit Pool und Palmengarten. Die meisten der 18 komfortablen, aber schlichten Zimmer haben Meerblick, alle Split AC (kein Kabel-TV). Die Bar im Garten ist tagsüber Kiter-Treffpunkt, So Nachmittag DJ. ❸–❹

Hotel Golfinho, Praia do Cumbuco, ✆ 85/3318 7444, 💻 www.hotelgolfinho.com.br. Attraktives Ferienhotel mit direktem Zugang zu einem der schönsten Strandabschnitte. Herrlicher, großer Pool, dazu Whirlpool, Garten, Billard, Tischtennis, Kite-Kurse und Materialverleih. Sehr komfortable, um den Pool gruppierte Zimmer (auch für Familien), Restaurant. Die 2 km zum Dorf sind leicht per Bus machbar (alle 15 Min., bis 23 Uhr, danach Taxi). ❹

Casa Dona Rosa, Av. das Dunas, ✆ 85/3318 7433, 💻 www.casadonarosa.com. Familiäre

DER NORDOSTEN

Kitesurfen in Taíba

Das 62 km von Fortaleza gelegene Taíba ist einer von mehreren Orten an der Westküste, die gerne von Kitesurfern und Wassersportlern aufgesucht werden. Der weitläufige Ort besitzt eine lange Hauptstraße, einen Aussichtspunkt (Mirante), Dünen, Windräder und eine schöne Badebucht, in der Jangadas am Strand liegen.

Übernachtung bietet die strandnahe **Pousada Arco Mundial**, Praia da Taíba, ✆ 85/3315 6117, 💻 www.arcomundial.com, mit großem Garten, Pool, Bar, Sky-TV-Lounge und modernen Zimmern. Die netten Besitzer Helena und Michael organisieren auch Transfers und Touren (deutsch). WLAN gratis. ❸–❹

Im angeschlossenen **All Natural** gibt es Fruchtsäfte, Shakes, Crêpes, XXL-Sandwiches, Açaí, Kaffee und Eis. 🕒 Di–So 12–20 Uhr.

Von **Fortaleza**: 5–8x tgl. Direktverbindung (u. a. 10, 14, 16 Uhr), ab Rua Castro e Silva/Av. Imperador (Centro), Nähe Bahnhofsplatz Praça da Estação, Taxi ab Meireles dorthin ca. R$15–20. Auf die Aufschrift „Taíba" an der Frontscheibe achten.

Pousada mit Rasenfläche, Pool und Whirlpool, holländische Besitzer. Nette, geräumige Apartments (AC), die Zimmer im Haupthaus sind etwas dunkler. Apartments im Zentrum für längere Aufenthalte. ❹

Eco Paradise Hotel, Rua Suécia 28, ✆ 85/3318 7700, 💻 www.paradisecumbuco.com.br. Trumpf des Strandhotels ist der Pool, an dem man den ganzen Tag abhängen und die Kiter beim Fliegen beobachten kann. ❺

ESSEN UND NACHTLEBEN

Eine schöne Abendstimmung herrscht in der kleinen Gasse am Strand: Restaurants stellen ihre Tische raus und bei elektronischer Musik entfaltet sich das Nachtleben in Bars wie **Laranja Mecânica** oder der Strand-Disco **Pimenta Doce**.

Pizzaria Itália, Rua Alm. Tamandaré 221, ✆ 85/3318 7390. Echte italienische Nudeln (*Spaghetti ao Frutos do Mar*, R$51), aber auch die Pizza mit dünnem, knusprigem Boden ist wirklich gut (R$18–38/1–2 Pers.). Außerdem exzellente Grillteller, Meeresfrüchte und Fleisch. Besitzer Germano überwacht persönlich die Qualität, nur frische Zutaten kommen ins Essen. Lieferservice. 🕒 tgl. 18–24 Uhr (März–Juni 17–24 Uhr).

Castanha, Av. dos Coqueiros 101. Gemütliches Bar-Restaurant mit Lounge. 🕒 Mo–Sa 18–22 Uhr.

Churrascaria do Gaúcho, Rua Alm. Pedro Frotim 174, 1. OG. Das beste Fleisch des Ortes und Fisch am Spieß (inkl. Salatbuffet, R$54–66/2–3 Pers.). 🕒 Di–So 11.30–23 Uhr.

Velas do Cumbuco, am Strand 500 m westlich vom Zentrum. Große Anlage mit Musik und Pool. Tipp: gegrillter Fisch mit Krabbensoße (R$47). 🕒 tgl. 8–17 Uhr (ganzj.).

Tá na Onda, Rua dos Tabajaras. Kleine, sehr gemütliche und persönliche Bar der sympathischen Besitzerin Aytala, die deliziöse Cocktails aus frischen Früchten zaubert. Da die Zubereitung ganz liebevoll geschieht, kann sie etwas dauern. Super ist der Kiwi-Cocktail mit Wodka (R$7). 🕒 tgl. 20–2 Uhr (März/April geschl.).

Bacana Bar, Rua dos Tabajaras. Eine der besten Bars im Ort, nettes Strohhüttenambiente am Strand. Am Wochenende Feste mit Live-Musik und 600 Tanzwütigen. Klasse Cocktails *(Bacana Tropical)*. 🕒 Di–Do 18–2, Fr, Sa 18–4 Uhr, Eintritt frei.

TOUREN

Touren lassen sich über Pousadas oder die Associação dos Bugueiros, ✆ 85/3318 7309, organisieren. Schöne Buggy-Ausflüge führen zur **Lagoa do Parnamirim** und **Lagoa do Banana** (4 Pers., 1–2 Std., R$200–240).

Unterhaltsam ist das Beobachten der Kitesurf-Anfänger an der **Lagoa Cauípe**. Bei einem

Teller frischer Garnelen lässt sich bestens den ersten Flugversuchen zusehen –oder selbst probieren.

TRANSPORT

Bushaltestelle am Dorfplatz.
Vitória, ✆ 85/3342 1148, hat Busse („Jardineira") nach **Fortaleza** (Iracema, Meireles): tgl. 10 und 14.35 Uhr direkt (1 Std.), 6.30 und 17 Uhr über die Innenstadt (1 1/2 Std.); stdl. bis 17 Uhr weitere Busse bis Zentrum, R$5.
Oder: Alle 10 Min. Bus nach **Caucaia** (bis 23 Uhr, 20 Min., R$2), da Anschluss mit Vitória ins Zentrum von Fortaleza (alle 25 Min. bis 21.30 Uhr, 40 Min., R$2), von dort Taxi.
Taxi nach Fortaleza R$60–70 (Gegenrichtung R$50–60).

Praia da Lagoinha

Lagoinha wird manchmal auch als „Mini-Jericoacoara" bezeichnet, dieses Kompliment bezieht sich aber hauptsächlich auf den idyllischen Strand. Ansonsten geht es hier sehr gemächlich zu. Der Tourismus besteht vor allem aus Tagesausflüglern aus Fortaleza. An den Wochenenden sind die Hotels dennoch häufig ausgebucht. In den letzten Jahren sind viele Europäer zugezogen, neue Restaurants und Pousadas haben eröffnet. Ein schöner Ausflug zum Kennenlernen der Region führt per Buggy zur nahen **Lagoa Almécegas** (2 Std., R$100 bis 4 Pers.). Nach Fortaleza gelangt man zunächst mit Sammeltaxis bis Parnaipaba, von dort fahren Fretcar-Busse (12x tgl., 2 Std., R$9).

ÜBERNACHTUNG UND ESSEN

Pousada Villa Lagoinha, ✆ 85/9120 7535, 💻 www.brazil-kitesurf.com. Hübsche Pousada eines Schweizer Paares mit bunten Bodenfliesen. Die Zimmer haben Balkon oder Terrasse zum Meer. Strandzugang, Kite-Kurse möglich. ❸–❹

Fullxico, Rua Petronilha Barroso. Gemütliches Restaurant mit Blick auf das Marktplatztreiben. Viele Nudel-, Fleisch- und Fischgerichte (R$26–50/2 Pers.). 🕒 Di–So 11–24 Uhr.

14 HIGHLIGHT

Jericoacoara

Um die ehemalige Hippie- und Aussteigerkommune Jericoacoara ranken sich Legenden. Das abgeschiedene Fischerdorf hat schon Generationen von Travellern fasziniert, sodass ganze Reisepläne verworfen und Aufenthalte verlängert wurden. Ursächlich hierfür ist nicht nur einer der vielleicht schönsten Strände des Landes, Jericoacoara hat auch seinen ganz eigenen Rhythmus. Einige Eigenheiten und Rituale haben sich bis heute nicht geändert: So streunen noch immer Kühe durch die sandigen Gassen des Dörfchens und am Abend pilgert man auf eine hohe Düne, um die über dem Meer untergehende Sonne zu bewundern – ein in Brasilien seltener Anblick. Auf dem Rückweg ist es gute Sitte, die athletischen Capoeira-Darbietungen am Strand zu verfolgen. Durch starken touristischen Zuwachs (es gibt mehr als 100 Pousadas) ist *Jeri* heute nicht mehr das beschauliche, hip-alternative Fischerdörfchen früherer Zeiten, eher präsentiert es sich als modernes Wind- und Kitesurf-Resort. Doch sucht man den Geist von Freiheit und Aufbruch damaliger Tage, genügt im Prinzip ein Blick in den Sternenhimmel, um zu begreifen, dass dies trotz allen Fortschritts kein gewöhnlicher Urlaubsort ist. Hier scheint eine besondere Magie in der Luft zu liegen, der viele Besucher gern verfallen …

Hinweis: Jericoacoara hat keinen Geldautomaten.

ÜBERNACHTUNG

Im Sommer explodieren die Preise, zu Silvester/Karneval gibt es Übernachtungen nur mit Reservierung. In der (langen) Nebensaison winken dafür Rabatte. Überall ist WLAN gratis, Tax nur wenn angegeben.

€ **Jeri at Home** (HoLa), Rua Principal, ✆ 88/3669 2078, 💻 www.jeriathome.com. Prima Hostel, das mehr an eine Pousada erinnert: Die neueren Zimmer sind sehr modern, alles in bester Qualität (Split AC, Veranda);

die älteren sind einfacher (Ventilator, kein TV). Auch eine Mezzanin-Suite mit Küche für 3 Pers. Deutsch. ❶–❷

Pousada Paraíso, Rua Principal, ✆ 88/3669 2093. Gemütliche, einfache Pousada mit Blumengarten und Tradition. Rabatt bei längerem Aufenthalt. AC. ❷

€ **Pousada Ibiscus**, Rua do Forró 570, ✆ 88/3669 2208, 💻 www.pousadaibiscus.com. Sehr nette, gepflegte Pousada; farbenfrohe, geschmackvolle Deko mit Kerzen auf den Zimmern (Tipp: Nr. 8). Ventilator oder Split AC. Optimales Preis-Leistungs-Verhältnis. ❷

Pousada Chalé dos Ventos, Rua São Francisco, ✆ 88/3669 2023, ✉ chaledosventos@yahoo.com.br. Nette, kleine Pousada mit 4 Zimmern, alle mit Veranda. ❷–❸

Pousada Carioca, Rua São Francisco 472, ✆ 88/8812 6040, 💻 www.pousadacarioca.com. Ruhige, familiäre Pousada mit Hängematten im Garten. 3 gepflegte Apartments mit Kühlschrank und geräumigem Bad. AC oder Ventilator (billiger). Reservierung über Site empfohlen. ❷–❸

Pousada Cabana, Rua das Dunas, ✆ 88/3669 2294, 💻 www.pousadacabana.com.br. 11 recht hübsche Zimmer mit Split AC. Schattige Anlage, hausgemachtes Frühstück. Nach Rabatt fragen. ❷–❸

Pousada Aqua, Rua do Forró 147, ✆ 88/9955 6160, 💻 www.pousadaaqua.com. Süße Pousada mit 8 Zimmern, die oberen z. T. mit Meerblick (AC/TV). Die nette Besitzerin Letícia ist aus Rio, Frühstück bis 12 Uhr. ❸–❹

Pousada Naquela, Rua do Forró, ✆ 88/3669 2111, 💻 www.naquela.com.br. Schöne große Anlage mit Garten und einem klasse Pool, Die Zimmer sind sauber und bequem. ❹–❺

Hotel Villa Terra Viva, Rua do Forró, ✆ 85/4062 9365, 💻 www.hotelterraviva.com.br. Tolles Haus im Kolonialstil mit zauberhaftem Garten, Bougainvillea und Jasmin, herrlichem Pool, Whirlpool und Deck mit Meerblick. Die geräumigen, nett dekorierten und modernen Zimmer haben Balkon/Veranda und Hängematte (vom 1. OG Sonnenuntergang!). Zentrale, ruhige Lage, nah am Strand. Gutes Restaurant (🕒 Di–So 12–22 Uhr), Frühstück mit frischen Crêpes, Omelettes und Tapiocas. Touren und Transfers, auch Laptop-Verleih. ❺–❼

My Blue Hotel, Rua Ismael, ✆ 88/3669 2203, 💻 www.mybluehotel.com.br. Großes Hotel mit abwechslungsreicher Architektur, von Blumen umspielte Holzbalkone. Wenige Zimmer haben Meerblick, aber zwei tolle Pools mit Whirlpool. ❻–❽

Pousada Jeribá, Rua do Ibama, ✆ 88/3669 2206, 💻 www.jeriba.com.br. Wunderschöne Pousada mit Strandzugang, gut ausgestattete Zimmer, die besseren mit Sicht aufs Meer, einige auch Jacuzzi. Traumhafter Pool. ❻–❽

Vila Kalango, Rua das Dunas 30, ✆ 88/3669 2290, 💻 www.vilakalango.com.br. „Back to Nature Pousada" in bester Lage am Strand. Highlight sind die romantischen Stelzenhütten (ohne TV/AC), einige Zimmer haben AC. Leuchtend roter Pool und ein 5000 m² Garten mit Outdoor-Lounge. Restaurant mit Meerblick. 5 % Tax. ❼–❽

ESSEN

Tamarindo, Rua Ismael. Charmantes Restaurant mit großartigen Gerichten; Spezialität Fisch, Meeresfrüchte und Grillfleisch, alles im Holzofen zubereitet (R$23–43). 🕒 tgl. 18–23.30 Uhr.

Carcará, Rua do Forró 530. Uriges Ambiente, gute Antipasti, Nudeln, Risottos und Meeresfrüchte. Tipp: *Moqueca* (ab R$58/2 Pers.). Gekocht wird nach alten Familienrezepten. 🕒 Mo–Sa 12–23 Uhr.

Na Casa Dela, Rua Principal. Idyllisches Gartenrestaurant auf Sandboden mit hervorragender lokaler Küche und liebevoll gestaltetem Ambiente. Die Preise sind dafür moderat, z. B. *Paçoca* (luftgetrocknetes Fleisch) mit Kürbismousse (R$45/2 Pers.), eine Köstlichkeit! Wer nach dem Schlemmerabend noch Lust auf ein selbstgemachtes Eis hat, zieht ein Haus weiter zur **Casa de Pedra** (🕒 tgl. 10–24 Uhr). Hier erwarten einen Eisspezialitäten aus einheimischen Fruchtsorten, Schokoladenvariationen, Säfte und Vitaminas (ebenso wie günstige Hamburger und Sandwiches). 🕒 So–Fr 18.30–24 Uhr (März–Mai geschl.).

Pimenta Verde, Rua São Francisco. Gutes Restaurant mit wenigen Tischen, Spezialität ist *Camarão Manga Rosa ao Curry* (Shrimps mit gegrillter und in Cognac flambierter Mango), Gerichte R$60–75/2 Pers. 🕒 tgl. 12–23 Uhr.

Nômade, Trav. Ismael. Ob Pizza, Nudeln, Fleisch oder raffinierte Salate, die freundliche Besitzerin Denise kreiert gerne neue Gerichte. Tipp: *Salada com manga, roquefort e gergelim* (grüner Salat mit Mango, Roquefort und Sesam, R$16). Abends mediterrane Küche (R$17–40). 🕒 tgl. 16–24 Uhr.

Peixe Brasileiro – O Rei do Peixe, Rua São Francisco. So macht das Spaß: Im Fischgeschäft nebenan wählt man erst den eisgekühlten Fisch aus (R$30/kg, alternativ Shrimps R$70/kg), den man sich dann frisch zubereiten lässt; leckere Beilagen gibt's von der Karte (R$6–10). 🕒 tgl. 19–24 Uhr.

€ **Restaurante do Sapão**, Rua São Francisco, ✆ 88/3669 2210. Uriges, informelles Restaurant mit ein paar Holztischen im Sand. Hier kann man günstig und gut Pizza (R$21–40/2 Pers.), Nudeln, Salate oder Sandwiches essen. Zahlung in Euro zu fairem Kurs möglich. Tgl. Live-Musik ab 20 Uhr (Couvert R$4 p. P.). Lieferservice. 🕒 tgl. 12–24 Uhr.

Naturalmente, Rua da Praia 305. Toll am Strand gelegene Creperia, schon ein Klassiker. Leckere Crêpes (ab R$7), Açaí, Salate und Spaghetti. 🕒 tgl. 12–24 Uhr.

Café Brasil, Beco do Guaxêlo 65. Kaffee und Kuchen in gemütlicher Atmosphäre, Sandwiches (ab R$4), gute Salate. 🕒 Di–So 9–23 Uhr.

Am Strand sitzt man am besten in der **Bar Alexandre**, hervorragend für einen frischen Fruchtsaft oder ein kühles Bier am Nachmittag. Öfters Live-Musik (12–17 Uhr).

NACHTLEBEN

Die Nacht beginnt in der **Rua Principal** am Strand. Im legendären **Planeta Jeri** wärmt man sich für die im Sommer tgl. stattfindenden Partys auf, „rollende" Händler mixen dazu Cocktails. Zum Forró-Tanzen geht es danach zu **Dona Amélia** (Mi, Fr, Sa ab 24 Uhr, Tanz ab ca. 2 Uhr, R$5–10), oder Di zur „Samba da Piscina" in die Pousada Hippopótamus (ab 22 Uhr). Im Morgengrauen gehört es zum Ritual, in der Bäckerei **Padaria Santo Antônio** einen Kaffee oder erste feste Nahrung zu sich zu nehmen (ab 2 Uhr).

AKTIVITÄTEN

Wind- und Kitesurfen

Die beste Zeit ist von Juli bis Dezember.
Clube dos Ventos, Rua da Praia, Jericoacoara, 💻 www.clubedosventos.com. Windsurf-Zentrum am Strand, moderne Ausrüstung und Unterricht. Auch Bar und Restaurant, trendige Musik, gut zum Abhängen.
Rancho do Kite, Praia do Preá, 💻 www.ranchodokite.com.br. Eine gute Mischung aus Professionalität, moderner Ausrüstung und relaxter Atmosphäre. Englisch.

TOUREN

Beliebt sind Ausflüge zur **Lagoa Tatajuba** bzw. Lagoa Torta (9–15 Uhr, R$160, Sommer R$250, Buggy bis 4 Pers.), einer von Dünen eingerahmten Lagune mit Strandbars und relaxter Atmosphäre. Am besten ist die **Barraca do Didi**, wo man den köstlichen gegrillten Fisch in einer Hängematte über dem Wasser baumelnd verdauen kann. 🕒 tgl. 8–17 Uhr. Wer mit Buggy Richtung Camocim unterwegs ist, kann hier einen Stopp vereinbaren. Tatajuba ist auch ein anschauliches Beispiel für die zunehmende Verwüstung der Region: Der Ort **Tatajuba Velha** wurde in den 1950er-Jahren von den Dünen verschluckt, nur einige Ruinenreste liegen noch im Sand. Etwas weiter auf der anderen Flussseite wurde daraufhin **Tatajuba Nova** errichtet.

Ein weiterer schöner Ausflug führt zur **Lagoa Azul** (R$140–200/4 Pers.). Zum Felsen **Pedra Furada** ist es ein etwas längerer Strandspaziergang (1 Std., nur bei max. Ebbe!). Alle Preise sind tabelliert, Buchung von Touren direkt bei den Buggyfahrern oder über Agenturen, sehr gut ist **Unitur Viagens**, Rua São Francisco (neben der Bäckerei), ✆ 88/ 9746 4536, 💻 www.uniturviagens.com.br. 🕒 tgl. 8–12, 13–21 Uhr.

SONSTIGES

Einkaufen

Fleur d'Amazonie, Rua Principal. Schöner Schmuck aus Naturmaterialien, ideal für Geschenke. 🕒 tgl. 10–22 Uhr.

Geld

Wichtig: Genug Bargeld mitbringen, der nächste **Banco do Brasil**-Geldautomat ist in Jijoca (ca. 30 Min. per Pick-up oder Jeep). 🕒 Mo–Fr 9–14, Geldautomat 8–17 Uhr. Oder noch umständlicher in Camocim: Rua José de Alencar 54. 🕒 Mo–Fr 10–15 Uhr.

Internet

Global Connection, Rua do Forró. R$2. 🕒 tgl. 7.30–22.30 Uhr.

Wäscherei

Lavanderia Central, Rua São Francisco. R$8/kg. 🕒 tgl. 8–22 Uhr.

TRANSPORT

Zwischen Fortaleza und Jijoca verkehren komfortable AC-Busse, weiter nach Jericoacoara geht's im lustigen **Jerimobil** *(Jardineira)*, einem Shuttle-Gefährt, über eine staubige Landstraße und den Strand von Preá (1 Std.). Den Weg durch die Dünen- und Lagunenlandschaften des Nationalparks nehmen nur noch die kleineren 4x4-Fahrzeuge.
Fortaleza: Fretcar, tgl. 8 und 15 Uhr über Meireles (Praiano Hotel, 5 1/2 Std.), Rodoviária (6 1/4 Std.) und Flughafen (6 1/2 Std.), R$58; sowie 22.30 Uhr zur Rodoviária (5 3/4 Std., R$43), mit Weiterfahrt zum Flughafen, hierfür vorher Anschlussticket kaufen (R$13). Tickets bei Global Connection, Rua do Forró, im Sommer

Rota das Emoções

Als **Rota das Emoções** wird der Küstenstreifen zwischen Fortaleza und São Luís bezeichnet. Die durch herrliche Landschaften entlang von Dünen, Mangroven und einem Flussdelta führende Strecke hält für den abenteuerlustigen Reisenden viel unwegsames Gelände und drei Nationalparks bereit: Jericoacoara, Parnaíba-Delta, Lençóis Maranhenses. Der öffentliche Transport ist schwierig, für die verschiedenen Offroad-Touren vertraut man sich am besten einem seriösen Touranbieter an. Es sind einzelne Abschnitte buchbar oder die gesamte Strecke. Ein guter Anbieter in Jeri ist:
Jeri Emoções, Rua São Francisco, ✆ 88/9903 2453, ✉ info@lencoismaranhenses.it. Der Italiener Fabrizio, ein alter Naturbursche, spricht Deutsch und bietet vom Standard abweichende Offroad-Touren an, z. B. Fortaleza–São Luís (8 Tage), Jericoacoara–São Luís (2–4 Tage), Trekking in den Lençóis Maranhenses mit Lastenmaultieren. Dazu Transfers, u. a. Fortaleza–Jericoacoara via Strände (R$750), Jericoacoara–Parnaíba via Strände (R$450), Jericoacoara–Barreirinhas (R$1200); und Touren rund um Jericoacoara im Geländewagen: Tatajuba und Lagoa Paraíso (8 Std., R$300), Lagoas Paraíso, Azul und Coração (R$250). Alle Preise bis 4 Pers.

früh besorgen, der Bus ist oft ausgebucht. Umtausch bis 3 Std. vor Abfahrt; keine Kreditkarten. ⌚ tgl. 7.30–22.30 Uhr.

Unitur Viagens (s. Touren) hat einen Kleinbus-Transfer nach Fortaleza mit Tür-zu-Tür-Service: Abfahrt 9 Uhr, mit Besuch der Lagoa Paraíso, Ankunft ca. 18 Uhr (R$60 p. P.). Auch die Fahrt im 4x4 Hilux via Straße (R$400–450) oder via Strände (R$700–900) ist möglich.

Richtung Westen: Jericoacoara in westlicher Richtung zu verlassen, stellt eine kleine Hürde dar. Nach **Camocim** gibt es mehrere Möglichkeiten:

1. Transfer mit den Toyotas von Carlinhos da Helena oder Zé Odécio (Mo–Sa 7.30 Uhr, 2 Std., R$35 p. P., bis 14 Pers.), Abholung vom Hotel, Verkauf in Agenturen, z. B. Unitur Viagens. Mo–Fr direkter Anschluss mit Van um 10.30 Uhr nach **Parnaíba** (2–3 Std., R$40), das Ticket für die gesamte Strecke bis Parnaíba *(„conexão")* kann schon bei Unitur gekauft werden (R$75); oder mit Guanabara-Bus, 16 Uhr, 3 Std., R$19.
2. Mit gechartertem Buggy; am Vortag Uhrzeiten/Preis absprechen (R$260–300, je nach Gepäck bis 3 Pers.). Ein Abstecher zur Lagoa Tatajuba kann vereinbart werden.
3. Die 185 km bis Parnaíba im Geländewagen, z. B. mit Unitur (3–4 Std., R$400, bis 4 Pers.).

Bis Barreirinhas 7 Std. (R$250 p. P., mind. 4 Pers., in der Nebensaison R$600 pro Auto).

Anfahrt von Westen: Der 7.15-Uhr-Bus von Parnaíba kommt um 9.30 Uhr in Camocim an, vom Busbahnhof begibt man sich zu Fuß oder mit Taxi zum Buggy-Halteplatz an der Tankstelle gegenüber dem Mercado Municipal, dort warten Buggys nach Jericoacoara. Oder von Camocim mit Fretcar-Bus nach Jijoca (11.30 und 16 Uhr, 1 1/2 Std., R$8–10), dort nach Jeri (13.15 und 18.30 Uhr, 1 1/2 Std., R$10–23; möglichst reservieren).

Ein internationaler Flughafen sollte 2013 eröffnet werden.

Das Binnenland

Im Umland von Fortaleza liegen grüne Hochebenen und Mittelgebirge, eine Abwechslung im sonst heiß-trockenen Ceará. Die Gemeinden sind wenig auf Tourismus ausgerichtet, die Infrastruktur kaum ausgebaut. Busreisende sollten etwas Geduld mitbringen.

Serra de Baturité

Die feuchte und angenehm kühle Hochebene Serra de Baturité (21 °C) hat eine üppige tropische Vegetation, Wasserfälle und atemberaubende Panoramaaussichten von bis zu 850 m hohen Gebirgskämmen. Auf Wanderwegen kann man im Atlantischen Regenwald eine einzigartige Flora bewundern: wilde Orchideen, Bromelien, Bougainvillea, riesige Bananenstauden, kerzengerade Königspalmen und Zuckerrohrplantagen. Eine besondere Attraktion sind die Sonnenuntergänge über den lang gestreckten Höhenzügen und Tälern.

Als Ausgangspunkt empfiehlt sich das Bergdorf **Guaramiranga** (4200 Einw.), das bekannt ist für seine würzige, klare Luft und das jährliche Jazz-Festival im Februar, 💻 www.jazzeblues.com.br. An der **Igreja Matriz** auf einem Hügel ist es am idyllischsten, vom Vorplatz bietet sich ein schöner Blick zum Kapuzinerkloster auf dem gegenüberliegenden Hang. Von der zentralen **Praça da Prefeitura** fahren Mototaxis zu Sehenswürdigkeiten der Region, wie dem **Pico Alto**, einem 1150 m hohen Berg mit grandioser Aussicht. Über eine Bambusallee und vorbei an Eukalyptusbäumen erreicht man die Nachbarstadt **Pacoti** (11 000 Einw.).

ÜBERNACHTUNG UND ESSEN

Einige Pousadas empfangen Gäste nur nach Reservierung (So–Do Rabatt). Vieles hat nur am Wochenende geöffnet.

Cedros Pousada, Rua Cel. Batista de Queiroz 340, ✆ 85/3321 1117, 💻 www.cedroshoteldeserra.com.br. Ruhiges Hotel in verwunschenem Garten, schöne Terrasse, Chalês mit kleiner Küche. Unter der Woche geöffnet. ❺–❻

Pesqueiro Guaramiranga / Manjericão, Sítio Guaramiranga, Nähe Parque das Trilhas. Idyllisch an einem Weiher, die Fische werden vom Gast geangelt und vom Koch frisch zubereitet. 🕒 Fr–So 8–17 Uhr.

TOUREN UND AKTIVITÄTEN

Die meisten Wälder der Umgebung sind in Privatbesitz, Zutritt oft nur in Begleitung eines Guides. Durch den 114 ha großen **Parque das Trilhas**, 💻 www.parquedastrilhas.com.br, führen ausgeschilderte Wege; nach Regen gleicht der Spaziergang einem Urwaldtrekking. 🕒 Sa, So 9–17 Uhr, oder nach Anmeldung, R$15.

TRANSPORT

Fortaleza: Fretcar, 11x tgl. bis 16 Uhr, 4 Std., R$11.

Nahverkehrsbusse sind selten, man ist auf **Mototaxis** angewiesen.

Parque Nacional de Ubajara

Der Nationalpark liegt in der **Serra da Ibiapaba**. Meist hängt morgens dicker Nebel über den Wäldern, der erst mittags den Sonnenstrahlen weicht. Berühmteste Attraktion ist eine 400 m lange Höhle mit mehreren Kammern; zu erreichen mit einer steil hinab führenden **Seilbahn** (R$4) oder zu Fuß auf einem anstrengenden Weg (6 km, ca. 3 Std.). Mehrere **Wanderwege** führen zu Wasserfällen, oft verbunden mit weiten Aussichten. 🕒 Di–So, Parkeintritt frei, Guide R$5 bergab, R$15 bergauf; Eintritt zur Höhle R$5.

Weitere beliebte Ausflüge gehen zu den Wasserfällen **Cachoeira do Frade** (26 km) oder **Cachoeira do Boi Morto** (13 km westlich).

In der Hauptstraße in **Ubajara** (32 000 Einw.) gibt es Internet-Cafés (R$2), Post und Banco do Brasil (alle Karten), 🕒 Mo–Fr 9–15 Uhr.

ÜBERNACHTUNG UND ESSEN

Sítio do Alemão, Sítio Santana, 1,5 km vom Nationalpark, ✆ 88/9961 4645, 💻 www.sitio-do-alemao.20fr.com. Mehrere Chalês in einem riesigen Park, Frühstück in einem Pavillon. Aussichtspunkt mit fantastischem Blick (bis 100 km weit). Der deutsche Besitzer ist Kenner der Gegend (Ausflüge, Informationen und Karten). Von Ubajara per Taxi (R$20) oder Mototaxi (R$5). WLAN gratis. ❶–❷

Neblina Park Hotel, Estrada do Teleférico, ✆ 88/3634 1270, 💻 www.neblinaparkhotel.com.br. Großes Hotel aus den 1970er-Jahren. Geräumige, renovierte Zimmer, im 1. OG Aussicht in den Wald. ❹

Nevoar, solides Restaurant mit gutem Sushi. 🕒 tgl. 11–22 Uhr.

TRANSPORT

Von **Fortaleza** Direktbusse nach **Ubajara** (5x tgl.), sonst bis **Tianguá** (18 km) und weiter per Bus (R$2), Van (R$3) oder Taxi (R$50).

Von **Ubajara**:

Jericoacoara: Mit Gontijo bis Camocim (Mo–Sa ca. 9.30 Uhr, 2 1/2 Std., R$14); dort 16 Uhr mit Fretcar nach Jijoca (1 1/2 Std., R$8) und weiter 18.30 Uhr nach Jericoacoara (1 1/2 Std., R$10, möglichst reservieren).

Fortaleza: Guanabara, 6x tgl. bis 23.30 Uhr, 7–8 Std., R$31–40.
Teresina: Barroso, tgl. 10.30 Uhr, 5–6 Std., R$38.

Von **Tianguá** (mit Guanabara):
Fortaleza/Sobral: 11x tgl. bis 24 Uhr, 6–8 bzw. 2 1/2 Std., R$30–45/9–24.
Parnaíba: tgl. 0.30 Uhr, 6 1/2 Std., R$45.
São Luís: tgl. 19 und 1.45 Uhr, 13 Std., R$107.
Teresina/Piripiri: 8x tgl. bis 3 Uhr, 5 bzw. 1 1/2 Std., R$31–52/14–23.

Piauí

Piauí (2,8 Mio. Einw.) ist bei der „Verteilung" der Küstenlinie nicht besonders gut weggekommen. Ein Landtausch mit Ceará gegen Ende des 19. Jhs. führte dazu, dass die *Piauienses* heute wenigstens 66 km Strand ihr Eigen nennen können (ein kleiner Landstrich gehört offiziell zu keinem der beiden Staaten). Der größte Teil des Territoriums ist dagegen trockene *Sertão*, die in den vergangenen Jahrzehnten immer wieder von verheerenden Dürren heimgesucht wurde. Auch deswegen gehört Piauí nach wie vor zu den ärmsten Bundesstaaten Brasiliens.

Trotzdem gibt es viel Interessantes zu entdecken. Der Staat hat unter anderem einen relativ hohen Anteil an Naturschutzgebieten und ist mit seinen drei Nationalparks ein beliebtes Reiseziel für Individual- und Ökotouristen. Der bekannteste Nationalpark ist der archäologisch bedeutende **Parque Nacional Serra da Capivara**, seit 1991 Unesco-Weltkulturerbe. Eine der sehenswertesten Küstenregionen Brasiliens liegt im faszinierenden **Parnaíba-Delta**, einem der größten Meerdeltas der Erde. Attraktiver Ausgangspunkt für Ausflüge ist die Stadt **Parnaíba**. Trotz streckenweise miserabler Straßenbedingungen ist Piauí ein atmosphärisch angenehm zu bereisender Staat, der die Möglichkeit bietet, mit ursprünglichen Lebensweisen des Nordostens in Kontakt zu kommen. Piauí gilt darüber hinaus trotz der Armut als einer der sichersten Staaten Brasiliens.

Teresina

Teresina (815 000 Einw.), benannt nach Teresa Cristina, der Gattin von Kaiser Pedro II, ist die einzige Hauptstadt des Nordostens, die nicht an der Küste liegt. Die Stadt zwischen den Flüssen Rio Parnaíba und Rio Poty ist 1852 auf dem Reißbrett entstanden und wirkt vielleicht deshalb zunächst etwas nordamerikanisch. Die junge Universitätsstadt trägt den Beinamen „Stadt des Wissens" *(Cidade do Conhecimento)* und ist als Messestadt ebenso bekannt wie als eines der besten Gesundheitszentren des Landes. Der zweite Spitzname *Cidade Verde* („Grüne Stadt") spielt auf die reichlich vorhandenen Parks und Grünanlagen an. Touristisch gesehen ist Teresina vor allem eine Basis für Ausflüge in die Nationalparks der Umgebung (Sete Cidades, Ubajara, Capivara, Lençóis Maranhenses), aber auch die Stadt selbst hat – neben den offenen und freundlichen Menschen sowie guten Ausgehmöglichkeiten – einiges Sehenswerte zu bieten.

Mit einem Jahresmittel von 28 °C ist Teresina eine der heißesten Städte Brasiliens. Besonders zwischen September und Dezember herrscht brütende Hitze, mit Temperaturen meist mehr als 40 °C. Im Sprachgebrauch der Menschen beginnt der Sommer entgegen den meteorologischen Definitionen deshalb konsequenterweise auch im Juli.

Sehenswertes

Im Zentrum ist das restaurierte **Teatro 4 de Setembro** an der Praça Dom Pedro II der erste Blickfang. Schräg gegenüber liegt das **Central de Artesanato Mestre Dezinho**, das kleine Kunsthandwerksläden beherbergt. Es hat einen großen Innenhof mit Bühne, eine schattige Bar (s. Essen) sowie den zentralen *Árvore da Macrofauna*, eine ca. 10 m hohe Metallstruktur. Ihre vom Künstler erdachte Bestimmung ist es, der Fauna des Nationalparks Serra da Capivara einschließlich der bereits ausgestorbenen Arten zu gedenken. 🕒 Mo–Fr 8–18, Sa 9–15 Uhr.

Das **Museu do Piauí**, Praça Marechal Deodoro, ist ein eklektisches Museum in einem schön restaurierten, luftigen Haus von 1934. Hier dürfte für jedermann etwas dabei sein, denn ausgestellt wird alles, was in Piauí jemals für interessant befunden wurde. Ausführliche Infos zur Geschichte Piauís und Brasiliens dürfen ebenso wenig fehlen wie antiquierte Radio- und Tontechnik. ⌚ Di–Fr 8–17, Sa, So 8–12 Uhr, R$3.

Die **Ponte Estaiada** (2011) über den Rio Poty ist eine der weltweit wenigen Brücken mit Aussichtsplattform („Mirante", 95 m) in einem Brückenpfeiler, allerdings ist die Auffahrt in dem gläsernen Fahrstuhl nichts für Höhenangstgeplagte. Von der klimatisierten 360°-Plattform aus bietet sich ein weiter Blick über die Stadt mit ihren zahlreichen Grünflächen. Am Fuß des Turms sind Souvenirshops und ein offenes Café. ⌚ tgl. 11–19 Uhr, R$3.

Ein schöner Ausflug führt zum **Parque Ambiental Encontro dos Rios** mit einem idyllisch gelegenen schwimmenden Restaurant („Flutuante", s. Essen). Unterwegs durchquert man das Viertel **Poty Velho**, in dem unweit von Wolkenkratzern die Menschen noch in Lehmhütten leben. Es ist der älteste Stadtteil mit der ältesten Kirche, der **Igreja São Pedro**. Wenige Meter vom Park werden im **Pólo Cerâmico Artesanal do Poty Velho** in einfachen Geschäften handgefertigte Töpfer- und Keramikwaren verkauft. Der Ausflug ist über eine Agentur (s. Touren) oder auch selbständig per Bus oder Van möglich (u. a. „Nova Teresina", ab Praça Marechal Deodoro vor dem Museum, ca. alle 15 Min.).

ÜBERNACHTUNG

Teresina hat viele Business-Hotels und wenige auf Tourismus spezialisierte Unterkünfte. Überall ist WLAN gratis.

Metro Hotel, Rua 13 de Maio, Centro, ✆ 86/3222 6544, ✉ metro_hotel@hotmail.com. Helles, freundliches Budget-Hotel in zentraler Lage (gegenüber Clube dos Diários). Altes Mobiliar, aber für den Preis okay. Ohne Frühstück (Bäckerei um die Ecke). AC. ❷

Hotel Cidade do Sol, Av. Barão de Gurguéia 1160, Vermelha, ✆ 86/3211 0200, 💻 www.cidadedosolhotel.com.br. In Zentrumsnähe (zu Fuß 15 Min.). Kein Glanz und Glamour, aber in Ordnung. (TV, AC). ❸

Luxor Piauí Hotel, Praça Marechal Deodoro 310, Centro, ✆ 86/3131 3000, 💻 www.luxorhoteis.com.br. Älteres Hotel in zentraler Lage, einige Zimmer mit Blick auf den Rio Parnaíba bis nach Maranhão. Pool. Am Wochenende Rabatt. ❹–❻

Blue Tree Towers Rio Poty, Av. Mal. Castelo Branco 555, Ilhotas, ✆ 86/4009 4009, 💻 www.bluetree.com.br. Älteres Hotel, das von der Blue-Tree-Kette modernisiert wird. Der Garten stammt noch von Burle Marx. Sehr komfortable Zimmer, Restaurant und American Bar. Größtes Kongresshotel der Stadt, 6 km vom Flughafen, zwischen Zentrum und Ausgehviertel Zona Leste. Wochenende Angebote. ❻–❼

ESSEN

Gerne wird das erfrischende Kaltgetränk **Cajuína Nordestina** (ohne Kohlensäure) getrunken.

Coco Bambu, Rua Prof. Joca Vieira 1227, Jóquei. Angesagtes Bar-Restaurant, drinnen angenehm klimatisiert. Die Caipi Banana gibt es für R$9, Chope R$5. Gute Pizza. ⌚ Mo–Do 18–24, Fr, So, 12–15, 18–24, Sa 12–2 Uhr.

€ **Carnaúba**, Praça Dom Pedro II. Im Central de Artesanato sollte man eine Pause bei Pelé einlegen, eine Flasche Cajuína trinken und die regionalen Snacks probieren: Paçoca (mit getrocknetem Fleisch), „Maria e Isabel" (Reis mit Trockenfleisch), Creme de Galinha (Hühnerpastete) oder „Arrumadinho" (von allem ein bisschen), R$3–6. ⌚ Mo–Fr 8–18, Sa 9–15 Uhr.

Longá, Av. Ininga 1245, Fátima. Großes Restaurant mit guter regionaler Küche. Tipp: *Arroz Pegado*. Mit Taxi. ⌚ tgl. 11–16, 18–24 Uhr.

Flutuante, Parque Ambiental Encontro dos Rios. Schönes Tagesausflugsziel, man sitzt bei leichter Brise auf dem Fluss, genießt ein kaltes Getränk oder gute Fischgerichte (R$36–66/2–3 Pers.). Toll am späten Nachmittag. ⌚ tgl. 9–19 Uhr.

NACHTLEBEN

Das **Centro Cultural Clube dos Diários**, Praça Dom Pedro II, ist ein Kulturzentrum mit netter Bar und Live-Musik (Mi 18–22 Uhr), beliebt beim GLS-Publikum. ⌚ tgl. ab 18 Uhr. Die angesagten Bars und Clubs liegen im noblen Stadtteil **Jóquei Club**, im Studentenviertel **Fátima** sowie am Flussufer in **Poty**.

Água de Chocalho, Av. N. S. de Fátima 1439. Beliebter Live-Musik-Schuppen in farbenfroher Nordost-Deko. Meist Forró oder Sertanejo (am besten Mi „Quartaneja", ab 22.30 Uhr). ⌚ Mi–Sa 19–3 Uhr, Eintritt R$15–20.

Boteco, Av. Homero C. Branco 1889, Jóquei. Ungewöhnliche Location: Praktisch auf einem Supermarktparkplatz befindet sich eine der hipsten und wildesten Live-Musik-Bars der Stadt; schickes, feierfreudiges Publikum. Beste Tage Di (Forró), Do (Mix), ab ca. 21 Uhr, Couvert R$11. Mo ein Drittel der Karte für „2 for 1" *(Segunda dobrada)*. ⌚ Mo–Do 17–2, Fr–So 12–3 Uhr.

Diploma Bar, Av. Centenário, Aeroporto. Größte Forró-Party der Stadt (bis 4000 Pers.), in nettem Hof mit Bäumen. ⌚ Fr 22–3 Uhr, Eintritt R$15–20.

Cantinho do Biela, beim Uni-Gelände, Fátima. Open-Air-Pagode der High Society, immer voll. ⌚ Fr ab 22 Uhr, Eintritt R$10.

TOUREN

Piauitour Receptivo, Av. Joaquim Ribeiro 1986, Centro, ✆ 86/3227 9100, 💻 www.piauitour.com. Sehr gute Agentur, u. a. Flughafentransfer, City Tour (3 Std., R$160/2 Pers. mit Fahrer; R$220/2 Pers. plus Guide), Sete Cidades (6–17 Uhr, R$650/2 Pers.), auch mehrtägige Touren (Parnaíba-Delta, Serra da Capivara, Rota das Emoções). Englisch.

SONSTIGES

Einkaufen

Mercado Central, Praça Marechal D. da Fonseca. ⌚ tgl. 7–17 Uhr.

Das neueste Shoppingcenter ist **Shopping Rio Poty**, außerdem **Shopping Teresina** und die offene Mall **Shopping Riverside**.

Geld

Banco do Brasil, Rua Álvaro Mendes 1313, Centro. ⌚ Mo–Fr 9–15, Geldautomat 6–22 Uhr.

Informationen

Der Infostand von **Piemtur** im Central de Artesanato sollte angeblich wieder öffnen.

Medizinische Hilfe

Hospital Getúlio Vargas, Av. Frei Serafim 2352, Centro, ✆ 86/3221 3040.

NAHVERKEHR

Busse

Vom Busbahnhof ins Zentrum: Haltestelle gegenüber Rodoviária (über die Fußgängerbrücke). Linienbusse „via Barão" fahren bis **Praça Saraiva**, „via Av. Miguel Rosa" bis **Praça João Luís**, beides zentral.

Taxi und Mototaxi

Taxi: Rodoviária bis Zentrum (9 km) ca. R$18, Flughafen bis Zentrum R$13–15. **Teletaxi**, ✆ 86/3222 3030. ⌚ 24 Std.

Mit dem **Mototaxi** kommt man günstig durch die Stadt, Haltestellen um die Praça Dom Pedro II. **Brasil Moto Taxi**, ✆ 86/3225 2626. ⌚ 24 Std.

TRANSPORT

Flüge

Aeroporto Petrônio Portella, 4 km vom Zentrum, ✆ 86/3133 6270. Fluggesellschaften: **Azul**, ✆ 86/4003 1118; **Gol**, ✆ 0300/115 2121; **TAM**, ✆ 86/4002 5700.

Busse

Rodoviária Lucídio Portella, ✆ 86/3229 9047.

Belém: Guanabara, ✆ 86/2106 1992, tgl. 17 Uhr, 16 Std., R$126. Busse auf Durchfahrt ca. 7.45 und 15 Uhr.

Fortaleza: Guanabara, tgl. 9, 19.30, 20, 21 und 21.45 Uhr, auf Durchfahrt ca. 19, 21 und 23 Uhr, 10 Std., R$65–105.

Parnaíba: Guanabara, 8x tgl. bis 23.30 Uhr, 6 Std., R$46–80.

Pedro Segundo: Barroso, ✆ 86/3218 1707, tgl. 7.30, 13 und 17.15 Uhr, 4 Std., R$35.

Piripiri: Barroso, stdl. bis 18.15 Uhr, 3 Std., R$27.

Recife/Caruaru: Progresso, tgl. 14.30 und 20.30 Uhr, 17/15 Std., R$142–152/113.

Salvador: São Geraldo, ✆ 86/3218 1668, tgl. 14 Uhr, 20 Std., R$172.

São Luís: Guanabara, tgl. 7.30, 9, 12, 16, 22 (je R$67) und 23 Uhr (R$96), 7 Std.; Progresso, tgl. 14.30 Uhr; 7 Std., R$61.

São Raimundo Nonato: Transpiauí, ✆ 86/3218 1761, tgl. 14.45 und 20.30 Uhr, 8–9 Std., R$76.

Parque Nacional Serra da Capivara

Auf den Spuren der Menschheitsgeschichte – größte Attraktion des riesigen Nationalparks Serra da Capivara 509 km südlich von Teresina sind die mehr als 40 000 prähistorischen **Höhlenzeichnungen**. Mit einem Alter von bis zu 35 000 Jahren sind sie die vermutlich ältesten menschlichen Hinterlassenschaften des amerikanischen Kontinents (einige Spuren werden gar auf 100 000 Jahre datiert). Der Park zählt mit gegenwärtig etwa 1200 Fundorten zu den wichtigsten archäologischen Fundstätten der Erde, etwa 170 davon stehen Besuchern offen. Die Zeichnungen und Gravuren auf den rötlichen Felswänden zeigen Tänze, Rituale, Jagd-, Sex- und Alltagsszenen aus dem Leben der Vorzeitmenschen. Auch wurden ominöse Strichlisten geführt, über deren Bedeutung bis heute gerätselt wird. Der aus einem franco-brasilianischen Forschungsprojekt 1979 hervorgegangene Nationalpark zählt seit 1991 zum Weltkulturerbe der Unesco und erstreckt sich über vier Gemeinden (1291 km²). Tageswanderungen durch die Canyons der *Caatinga* sind möglich. Der Nationalpark hat eine exzellente Infrastruktur, Ausgangspunkt für Besuche ist der Ort **São Raimundo Nonato**, 17–45 km von den Parkeingängen entfernt.

Neben den archäologischen Fundstätten sind die Landschaften und geologischen Formationen sehenswert, ebenso die Tierwelt. Ein Netz von gut gewarteten **Wanderwegen** *(Trilhas)* durchzieht den Park mit seinen bizarren Felsformationen. Die wichtigsten Sehenswürdigkeiten sind in vier **Touren** *(Circuitos)* zusammengefasst, die – durchaus schweißtreibend – einen halben bis ganzen Tag dauern. Der Besuch des Parks ist nur mit Auto in Begleitung eines Guides erlaubt (R$75 bis 8 Pers., Kontakt über das Hotel). Parkeintritt R$11, Ausländer R$22, Auto etwa R$150/Tag (bis 4 Pers.). Die Fahrt von São Raimundo Nonato dauert etwa 30–45 Min.

Highlight ist die **Boqueirão da Pedra Furada**, ein 70 m hohes und 100 m breites Felsmassiv mit über 1150 katalogisierten Höhlenmalereien, den ältesten des Parks. Auf einem Holzsteg wandert man die bis zu 29 860 Jahre alten Zeichnungen ab. Auf Wunsch wird die Felswand abends beleuchtet, dies muss am Parkeingang bestellt werden (R$50 bis 10 Pers.). Eine beeindruckende Szenerie in der Abendstimmung, die von in Baumwipfeln kreischenden Affen *(Macacos Pregos)* begleitet wird. Dieser Punkt sollte möglichst am späten Nachmittag angesteuert werden.

Die **Pedra Furada** ist ein hoher Fels mit einem großen, kreisrunden Loch. Ein besonderer Anblick ist das Amphitheater für 1000 Zuschauer vor dem riesigen Felsen, hier finden gelegentlich kulturelle Veranstaltungen statt. In der Nähe befindet sich das moderne Besucherzentrum **Centro de Visitantes** mit Imbissstube und Souvenirshop. Auf dem Parkgelände liegt auch das kleine Dorf Barreirinho mit einer **Keramikmanufaktur**, wo sich günstige Keramikware mit Höhlenmotiven erstehen lässt.

Die meisten Niederschläge fallen zwischen Januar und Mai, dann blüht die Vegetation auf. Die beste Zeit für einen Besuch ist am Ende der Regenzeit (Mai/Juni), wenn es noch grünt. Zwischen Oktober und Dezember ist es trocken und heiß (über 40 °C), bräunlich-graue Farben dominieren den Park. In den Ferien (Juli, Januar) bilden sich Schlangen vor den Hauptattraktionen. Infos: **Fundação Museu do Homem Americano (FUMDHAM)**, ✆ 89/3582 1612, 💻 www.fumdham.org.br.

São Raimundo Nonato

Die sympathische Kleinstadt (30 000 Einw.) ist Ausgangspunkt für den Nationalpark. Obwohl viele Bewohner vom wachsenden *Ecoturismo* in der Region leben, ist hier nach wie vor das typische, einfache Leben des Hinterlands von Piauí präsent.

Das moderne **Museu do Homem Americano**, Centro Cultural Sérgio Motta, 2 km nördlich, zeigt eine interessante Ausstellung zur Entwicklung von Mensch, Flora und Fauna über 100 000 Jahre. Außerdem bietet es Informationen zu geologischen Formationen und zur Geomorphologie. 🕒 Di–So 9–17 Uhr, Eintritt R$8.

ÜBERNACHTUNG UND ESSEN

Hotel Serra da Capivara, Pl 140, KM 0, Santa Luzia, ✆ 89/3582 1389. Hier kommt man nach einer langen Busfahrt gerne an. Angenehmes Hotel mit Pool, Bar und Restaurant. Gutes und günstiges Restaurant; Käse und Brot ganz frisch. ❷–❸

Manga Rosa Bar, Av. dos Estudantes, nahe dem Real Hotel. Beste Bar der Stadt. Fr Live-Musik. ⌚ Do–Sa 17–4 Uhr.

TRANSPORT

São Raimundo Nonato ist per Bus am einfachsten von Recife (via Petrolina) oder Teresina zu erreichen. Die Straßen sind in miserablem Zustand, streckenweise Schrittgeschwindigkeit. Nach Petrolina bestehen Flugverbindungen.

Petrolina: Gontijo, tgl. 11 Uhr, 6 Std., R$49. Von dort Anschluss mit Progresso nach **Recife** im komfortablen *Leito*-Bus, tgl. 20.50 Uhr, 7–8 Std., R$75.

Salvador: Mit Gontijo um 11 Uhr bis Caraibas (2 1/2 Std., R$20), dort um 18.35 Uhr Anschluss (11–12 Std., R$97).

Teresina: Transpiauí, tgl. 13 und 20.30 Uhr, 8–9 Std., R$75.

Parque Nacional de Sete Cidades

Der Nationalpark Sete Cidades nördlich von Teresina ist bekannt für seine etwa 190 Mio. Jahre alten Gesteinsformationen, die Namen wie „Kuss der Echsen" oder „Kamelfelsen" tragen. Die skurril aufragenden Formen haben schon zu kontroversen Diskussionen geführt, so wird behauptet, die Felshaufen seien Ruinen urzeitlicher Kolonien (wahlweise Phönizier, Wikinger, Indianer) oder das Werk außerirdischer Zivilisationen. Wahrscheinlich wurden sie aber einfach durch Wind, Hitze und Wassererosion geformt. Der Gesamtparcours durch die sieben Stationen (genannt Cidades, „Städte") hat eine Länge von 19 km. Bei den Cidades handelt es sich um bis zu 100 m hohe Felsgruppen, die in teilweise anstrengenden Aufstiegen zu erklimmen sind. Zur Belohnung werden beeindruckende Aussichten auf die *Caatinga* gewährt.

Von archäologischer Bedeutung sind die 1500 prähistorischen Zeichnungen in mehr als 20 Fundstätten, die vermutlich von Tabajaras-Indianern angefertigt wurden; ihr Alter wird auf 6000–10 000 Jahre geschätzt. Der Nationalpark ist wegen seiner günstigen Lage einer der bestbesuchten des nördlichen Nordostens. Weil sich Touristen neben den Inschriften der Ureinwohner verewigt haben, darf der Park nur noch in Gegenwart eines Guides besichtigt werden. Eine komplette Tour dauert zu Fuß 5–6 Stunden. ⌚ tgl. 8–17 Uhr, Eintritt frei, Guide: je nach Tour R$ 40–80 pro Gruppe.

Praktische Hinweise

Wegen der **Hitze** (oft über 40 °C) sollte man Touren frühmorgens oder am späten Nachmittag machen. Abkühlung für die qualmenden Füße verschafft ein Sprung in das Naturschwimmbad neben dem Besucherzentrum.

Die **Anfahrt** mit öffentlichen Transportmitteln von Teresina, Parnaíba oder Pedro Segundo ist nicht einfach, am besten bucht man den Ausflug über eine Agentur, z. B. **Piauitour Receptivo** in Teresina (S. 589). Wer mit dem Bus in Piripiri ankommt, muss noch 25 km bis zum Park zurücklegen, ein Mototaxi kostet ca. R$30, Taxi ca. R$90 (hin und zurück). Gelegentlich dürfen Besucher am Nachmittag mit dem Shuttlebus für die Parkangestellten nach Piripiri fahren.

Unterkunft bietet die am südlichen Parkeingang gelgene **Fazenda Sete Cidades**, ✆ 86/3276 2222,  www.hotelfazendasetecidades.com.br. ❹–❺

Pedro Segundo

In der Region rund um Pedro Segundo (auch Pedro II, 19 000 Einw.) liegen die einzigen Opal-Minen Südamerikas, hier lässt sich günstig schöner Opalschmuck erstehen. Wegen des milden Höhenklimas (600 m) ist die Gegend auch ein beliebtes Naherholungsgebiet. Attraktionen sind der 40 km entfernte **Sítio Arqueológico da Lapa** mit großen Gesteinsformationen sowie einige nahe Wasserfälle.

Beim sympathischen **Festival de Inverno**, www.festivaldeinvernodepedro2.com.br, können im Juni neben kostenlosen Jazz- und Blues-Konzerten auch Ausstellungen zu Kunsthandwerk und *Ecoturismo* besucht werden. Das Festival ist gut besucht, vor der Anreise sollte man eine Unterkunft reservieren. Bewohner vermieten Privatzimmer, die **Central de Reservas**, ✆ 86/9555 7460, hilft bei der Vermittlung.

ÜBERNACHTUNG UND ESSEN

Opala Hotel, Av. José L. Mourão 813, ✆ 86/3271 1166. Gepflegtes Hotel mit Verkaufsraum für Opal-Schmuck. ❷
Estação Vila, Av. José L. Mourão. Gutes Grillfleisch und leckere Pizza (Tipp: *Tomate seco*, getrocknete Tomaten mit Thunfisch, R$20/ 2 Pers.). ◷ tgl. 8–14, 17–24 Uhr.

SONSTIGES

Geld

Banco do Brasil, Av. Coronel Cordeiro 496. ◷ Mo–Fr 9–14, Geldautomat 6–22 Uhr.

Juweliere

Opalas Pedro II, Av. Coronel Cordeiro 672, ✆ 86/3271 1559. Verkaufsräume und Werkstatt, Ausflüge zu Opal-Minen. ◷ tgl. 8–18 Uhr.
Opala Artes e Gemas, im Opala Hotel. ◷ tgl. 7–22 Uhr.

TRANSPORT

Busse von **Pedro Segundo** nach:
Piripiri: Barroso, ✆ 86/3271 1316, tgl. 5.10 und 13 Uhr, 1 Std., R$6.
Teresina (über Piripiri): Barroso, tgl. 6, 12 und 17 Uhr, 4 Std., R$38.

Busse von **Piripiri** nach:
Fortaleza: Guanabara, 5x tgl. bis 24 Uhr, 8–9 Std., R$50–65 (23.30 Uhr *Leito*, R$84).
Parnaíba: Guanabara, 6x tgl. bis 2 Uhr, 3 Std., R$31.
Pedro Segundo: Barroso, 86/3276 1566, tgl. 9.40 und 15.15 Uhr, 1 Std., R$6.
Teresina: Barroso und Guanabara, 18x tgl. bis 2 Uhr, 3–4 Std., R$29.

Parnaíba

Parnaíba (146 000 Einw.) liegt am **Rio Igaraçu**, 330 km nördlich von Teresina, und gilt als heimliche Hauptstadt von Piauí. Dank ihrer günstigen Lage und dem entspannten Ambiente ist die Stadt ein netter Ausgangspunkt für Ausflüge in die Mangroven- und Inselwelt des Parnaíba-Deltas oder zu den Stränden der Umgebung. Im seit Jahrzehnten kaum veränderten Stadtkern stehen schöne Kolonialbauten. Grüne Parks, wie die zentrale **Praça da Graça**, und von Bäumen gesäumte Straßen erzeugen ein freundliches Klima.

Die Hafengegend **Porto das Barcas** mit Häusern aus dem 18. und 19. Jh. wurde vor einiger Zeit restauriert. Hier gibt es Restaurants, Kunsthandwerksläden und ein Kulturzentrum. Im Viertel **Beira Rio** am Flussufer ist die größte Konzentration an Restaurants, entlang der **Avenida São Sebastião** im Stadtteil Fátima befinden sich Bars und Ausgehmöglichkeiten.

Ein interessanter Ausflug führt zur **Lagoa do Portinho**, einer 7 km langen Süßwasser-Badelagune zwischen steil abfallenden Wanderdünen; umgeben von Carnaúba-Palmen, Bars und Restaurants. Besonders schön ist die Stimmung frühmorgens, wenn es noch weniger voll ist. Durch die Dünenbewegung droht die Lagune von Sand zugedeckt zu werden.

Ein einfaches und ursprüngliches Stück Brasilien findet man am Strand von **Pedra do Sal** (15 km) auf der Ilha Grande de Santa Isabel, der größten Insel des Parnaíba-Deltas. Der vegetationslose Strand ist von Felsen unterbrochen, umgeben von sandigem Hinterland. Auf der offenen Meerseite tummeln sich Surfer im rauen Meer, die Buchtseite ist ruhiger. *Brega*-Musik klingt aus den rustikalen Strandhütten, in einer Hängematte unter getrockneten Palmenblättern kann man die letzten Sonnenstrahlen des Tages genießen. Bus *Pedra do Sal* fährt bis ans Ende der Landzunge, Abfahrt vor der Casa Inglesa bis ca. 18.30 Uhr, 25–30 Min., R$2. Mototaxi R$7.

ÜBERNACHTUNG

Überall: WLAN gratis, keine Tax.
Pousada Porto das Barcas, Rua da Praia 100, ✆ 86/3321 1281. Recht hübsch dekorierte Pousada mit 10 einfachen Zimmern, in einem denkmalgeschützten Haus aus dem 18. Jh., im historischen Zentrum. ❶
Residencial Pousada, Rua Alm. Gervásio Sampaio 375, ✆ 86/3322 2931, 💻 www.residencial pousada.com.br. Aufgeräumte Budget-Pousada, guter Deal. Schattiger Sitzbereich im grünen

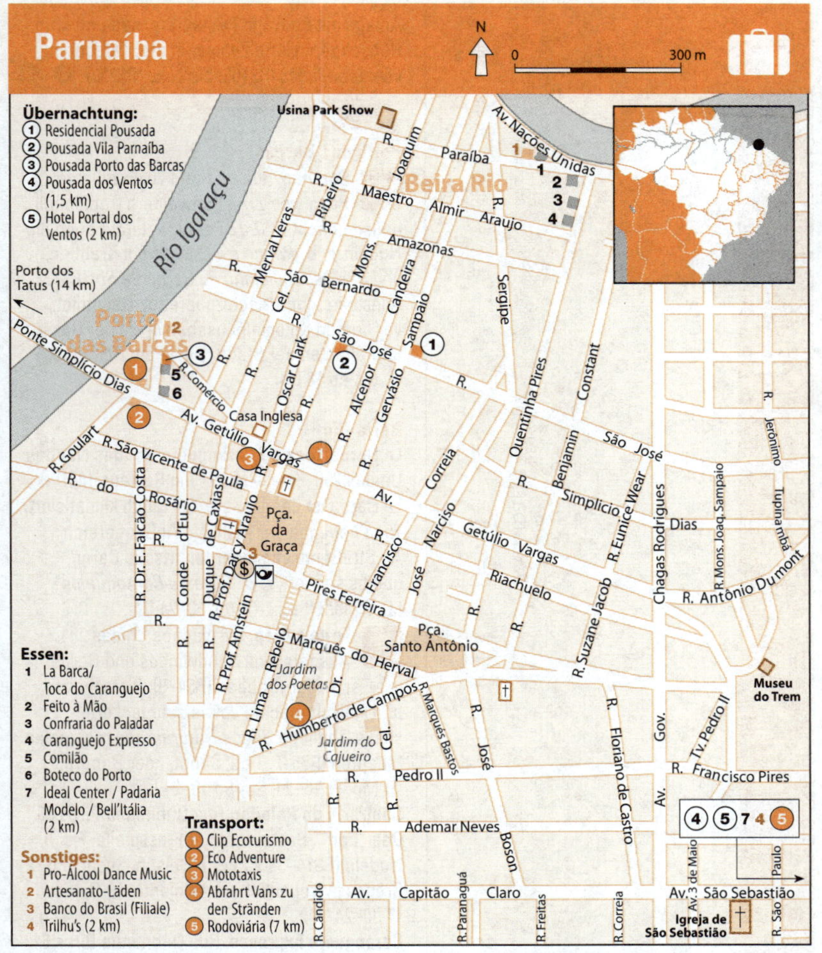

Innenhof. 10 Gehmin. zum Hafen, 5 Min. zum Flussufer. AC oder Ventilator. ❶–❷

€ **Hotel Portal dos Ventos**, Rua Antônio Guthemberg 160, Reis Veloso, ✆ 86/3321 3236, 💻 www.hotelportaldosventos.com.br. Neueres Hotel (2010) mit 18 hellen Zimmern (AC Split, LCD-TV), sehr gepflegt und gut geführt. Etwas außerhalb in ruhiger Nebenstraße, nahe Ideal Center, eine gute Wahl, mit Mototaxi ist man schnell im Zentrum (R$5). März–Mai Rabatte. ❸–❹

Pousada Vila Parnaíba, Rua Mons. Joaquim Lopes 500, ✆ 86/3323 2781, 💻 www.pousadavilaparnaiba.com.br. Charmante Pousada mit farbenfrohen Zimmern, tropischem Garten und kleinem Pool. Die *Luxo*-Zimmer liegen um den Garten, die günstigeren *Standard*-Zimmer im Haupthaus. Die Besitzer führen die Agentur Clip Ecoturismo. ❹

Pousada dos Ventos, Av. São Sebastião 2586, gegenüber Universität UFPI, ✆ 86/3323 2555, 💻 www.pousadadosventos.com.br. Großzügige

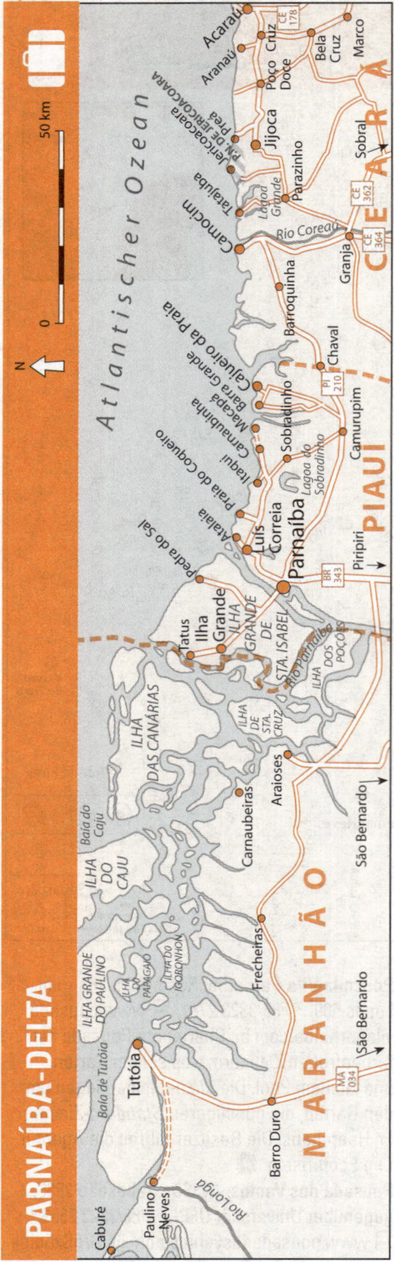

Anlage mit Pool und Restaurant, nett und grün. Hübsch renovierte Zimmer in drei Kategorien, von *Econômico* (R$105) bis *Luxo* (R$220). ❷–❺

ESSEN

Porto das Barcas

Comilão, Rua da Praia 70. Exzellente Pizza, von zwei Schwestern traditionell hausgemacht (R$24/2 Pers.). Sehr gut auch die Nudeln, z. B. *Penne à 4 Queijos* mit Krabben, und das *Escondidinho de Carne de Sol* (R$12). Alles wird ganz frisch zubereitet. Gemütlich vor bunten Kolonialhäuschen in kleiner Gasse (der ältesten der Stadt). Filiale am Beira Rio. ⌚ tgl. ab 18 Uhr.

Beira Rio

La Barca/Toca do Caranguejo, Av. das Nações Unidas 200. Zwei Namen, ein Restaurant: Das La Barca ist der größere Teil (auch klimatisiert), Toca nebenan der rustikale Außenbereich. An Straßentischen werden frische Caranguejos serviert, z. B. *Torta de Caranguejos* (ab R$48/3 Pers.). ⌚ tgl. 10–24 Uhr.

Feito à Mão, Av. Nações Unidas 284. Ausgefallene Sandwiches und Burger mit Fisch oder Krabben (R$4–9), Pizza, Fisch- und Fleischgerichte sowie sehr leckere, shake-ähnliche *Sucos Naturais* aus regionalen Früchten (R$5–8, Tipp: Sapoti oder Bacuri). ⌚ Mo–Fr 16–24, Sa–So 10–24 Uhr.

Confraria do Paladar, Rua Quentinha Pires 36. Das „Edel"-Restaurant der Fressmeile. Fisch, Nudeln (R$14–33/2 Pers.), Fleisch, Sushi und Crêpes in freundlichem Ambiente. ⌚ Di–So 17.30–24 Uhr.

Caranguejo Expresso, Rua Quentinha Pires 64. Authentisches Caranguejo-Essen (Fischeintopf mit Krebsen und Shrimps ab R$50/2 Pers.), schummriges, gemütliches Lokal mit bemalten Fischmotiven. ⌚ tgl. 11–23 Uhr.

Padaria Modelo, Av. São Sebastião 3000, Ideal Center. Großes Sortiment an guten Backwaren und *Lanches*. ⌚ tgl. 6–22 Uhr.

NACHTLEBEN

Ideal Center, Av. São Sebastião 3030. Der Treffpunkt der Stadt. Zwei italienische Open-Air-Restaurants bieten gute Live-Musik. Nett zum

Das Parnaíba-Delta

© NICOLAS STOCKMANN

Das Parnaíba-Delta ist ein ökologisches und touristisches Paradies und eine Region der Superlative. Der **Rio Parnaíba**, mit 1485 km der zweitlängste Fluss des Nordostens, formt auf 2700 km² das einzige Meerdelta Amerikas und das drittgrößte der Erde (nach dem Nil und dem Mekong). Auf seinem Weg zum Atlantik teilt sich der Fluss in fünf große Arme auf: Igaraçu, Canárias, Caju, Melancieira und Tutóia. Der Flusslauf verliert sich in einem Labyrinth aus über 70 Inseln, unzähligen Seitenarmen und Mangrovensümpfen.

Die tropischen Regenwälder, Dünen und Lagunen sind Heimat einer außergewöhnlich reichen Tier- und Pflanzenwelt; Kaimane, Affen, Hirsche und unzählige Vogelarten sind nur einige der Bewohner dieses einmaligen Ökosystems. Ein ganz besonderer Reichtum besteht an **Krebsen**, Piauí ist einer der größten Krebslieferanten der Welt. Auf einer Bootsfahrt durch das Delta sieht man Menschen bis zur Brust im Wasser stehen und im schlammigen Ufer der Mangroven nach den flinken Schalentieren graben. Wer möchte, kann das Krebsfangen auf einer Tour selbst ausprobieren.

Die Kraft des Wassers beim Zusammentreffen von Rio Parnaíba und Atlantik wird deutlich bei den regelmäßig stattfindenden Surfmeisterschaften. Gesurft wird auf einer großen Flusswelle, der so genannten **Pororoca**, ein spektakuläres Schauspiel.

Plaudern, immer viel los. Bei **Bell'Itália** leckere Pizza. ⌚ tgl. ab 18 Uhr.

Trilhu's, Av. N. S. de Fátima. Groß-Disco und Choperia, zum Teil Open Air. Am Wochenende Partys mit Live-Musik u. a. Reggae, Forró, Pagode, Funk. ⌚ Fr und/oder Sa ab 21 Uhr.

Boteco do Porto, Av. Getúlio Vargas 37. Hübsches Bar-Restaurant, sehr schön zum Draußensitzen, Sa Live-Musik. ⌚ tgl. ab 16 Uhr.

Pro-Álcool Dance Music, Rua Paraíba 415, Beira Rio. Dance-Bar im Wohnviertel. GLS-Publikum und Gäste sagen hier „Ja zum Alkohol" und tanzen zu Drum 'n' Bass, Tribal oder Reggae, dazu Gogo-Boys und Poledance. Selbst aus Teresina kommt man angereist. ⌚ Sa 24–7 Uhr, Eintritt R$10.

TOUREN

Touren ins **Parnaíba-Delta** beginnen im Hafen **Porto dos Tatus**, 14 km von Parnaíba, auf der Ilha Grande de Santa Isabel. Die Standard-Tour durchs Delta dauert 6 Std. (R$50, 20–30 Pers.),

Ilha das Canárias

Ein schöner Halbtagesausflug führt zum charmanten Restaurant **Recanto dos Pássaros** auf der Ilha das Canárias (5000 Einw.), ✆ 86/9977 4411. Osvaldo und Claudiana empfangen ihre Gäste mit viel Herzlichkeit und einem sehr guten Essen. In beeindruckender Stille isst man auf der Veranda des Hauses und kann danach in einem Pavillon bei herrlicher Aussicht in der Hängematte entspannen. Spezialität ist gegrillter Fisch (R$40/2 Pers.), hervorragend aber auch die Spaghetti mit Krabben und Kapern, dazu ein *Suco de Murici-Pitanga* und zum Nachtisch himmlische süße Banane in Maracuja-Soße (R$4). Falls man länger bleiben möchte, stehen schöne Chalês zur Verfügung (DZ R$180), zudem bieten die Besitzer Kanuausflüge an. Anfahrt mit Linienboot ab Porto dos Tatus, Mo–Sa ca. 12 Uhr, R$3. Rückfahrt mit dem Boot der Besitzer (R$60–70). ◷ tgl. 10–22 Uhr.

DER NORDOSTEN

dazu viele weitere Ausflüge, z. B. zur artenreichen Baía do Feijão Bravo oder Ilha das Canárias. Moskitoschutz mitnehmen!
Alle **Touren** bzw. **Transfers** im Geländewagen über Agenturen, z. B. Lençóis Maranhenses/ Barreirinhas (ca. R$630), Caburé (4 Std., etwa R$500), Jericoacoara (ca. R$500); bis 4 Pers., Abholung vom Hotel.

Touranbieter

Anne Knapp, 💻 www.deltaparnaiba.com. Anne hat lange in Parnaíba gelebt und organisiert von Deutschland aus Touren ins Delta sowie entlang der Rota das Emoções. Neben den üblichen Trips gibt's ein ausgefallenes Programm mit starkem Regional- und Umweltbezug. Individuelle Wünsche werden berücksichtigt.

José Ribamar, ✆ 86/3323 0201, ✉ joseribamar@deltaparnaiba.com, Buchung auch über Anne Knapp (s. o.).
Der Einheimische José bietet drei nachhaltige Bootstouren an: Vom Porto dos Tatus nach Pontal (6 Std., exkl. Transfer); Tierbeobachtung im Kanu abends (Schlangen, Kaimane und Leguane, 19–21 Uhr) oder tagsüber „Passeio dos Macacos" (v. a. Affen und Vögel, 4 Std.), je R$250 bis 5 Pers. Alles als Ganztagestour R$450, oder zwei der Touren für R$350.
Auch Sichtung der Guarás am abendlichen Ruhepunkt der Vögel (Morro do Meio), Tagesausflug mit 2 1/2-stündiger An- und Abfahrt (9–21 Uhr, R$400 bis 5 Pers., exkl. Transfer).

Clip Ecoturismo, Av. Presidente Vargas, ✆ 86/3322 3129, 💻 www.clipecoturismo.com.br. Alle Transfers und Touren, Filiale am Hafen (◷ Mo–Sa 8–22 Uhr) mit Verkauf von Kunsthandwerk. ◷ Mo–Fr 8–12, 13.30–18, Sa 8–12 Uhr.

Eco Adventure, Av. Presidente Vargas 26, ✆ 86/3323 9595, 💻 www.ecoadventure.tur.br. ◷ Mo–Sa 8–22 Uhr (Sommer tgl.).

SONSTIGES

Geld

Banco do Brasil, Praça da Graça 340. ◷ Mo–Fr 10–15, Geldautomat 6–22 Uhr.

NAHVERKEHR

Mototaxis stehen bis Mitternacht an der Ecke der Av. Getúlio Vargas/R. Prof. Darcy Araújo am Platz vor der Casa Inglesa (Sa 24 Std.). Zur Rodoviária R$5, innerhalb der Stadt R$3.

Taxi vom Hafen zur Rodoviária ca. R$15.

TRANSPORT

Busse

Rodoviária, 7 km vom Zentrum.

Belém: Boa Esperança, ✆ 86/3323 7600, tgl. 11 Uhr, 19 Std., R$175.

Camocim: Guanabara, ✆ 86/3323 7619, tgl. 7.15 und ca. 18.30 Uhr, 2 1/2 Std., R$20.

Fortaleza: Guanabara, 4–5x tgl. bis 22 Uhr, 10 Std., R$76 (22 Uhr *Leito*, 7 Std., R$99).

Jericoacoara: Anfahrt per Bus/Buggy (S. 584), optional über Agentur mit Geländewagen, z. B. Jeri Emoções (S. 585), ca. R$500 bis 4 Pers.

Pedro Segundo: über Piripiri.

Piripiri: Guanabara, 9x tgl. bis 23.55 Uhr, 3 Std., R$30.

São Luís: Guanabara, tgl. 6.30 und 20.15 Uhr, 10 Std., R$75.

Teresina: Guanabara, 10x tgl. bis 23.55 Uhr, 6 Std., R$45–82.
Tutóia: Coimbra, ✆ 86/3323 7412, 6x tgl. bis 16.30 Uhr, 3 Std., R$16.

Strände östlich von Parnaíba

Die besten Strände von Piauí liegen im Munizip **Luís Correia** (von Parnaíba einfach zu erreichen). Am nächsten ist die meist gut besuchte **Praia Atalaia**, bekanntester Strand ist die **Praia do Coqueiro**, der „Strand der Kokospalme", von Dünen umgeben und gesäumt mit Hotels, Bars, Restaurants und Ferienhäusern. Je weiter man sich von Parnaíba entfernt, umso einsamer wird es. Der letzte Strand, den man noch einigermaßen leicht über eine befestigte Straße erreichen kann, ist die **Praia Macapá** (43 km), geprägt durch weißen Sand, Dünen und kleine Wellen. Hier hängt bisweilen eine schwermütige Aura in der Luft, in der Nebensaison sieht man keine Menschenseele und die losen Planken der verwaisten Strandrestaurants knarren im Wind.

Ab Parnaíba gelangt man mit Vans (R$5) zu den Stränden. Abfahrt an unterschiedlichen Stellen beim Jardim dos Poetas, am besten man fragt sich vor Ort durch. Richtung Strand fahren die blauen Busse (Mo–Sa ca. 10–11 Uhr). Letzter Van zurück ab Praia do Coqueiro gegen 17 Uhr.

ÜBERNACHTUNG UND ESSEN

Praia do Coqueiro

Aimberê Eco Resort, Rua Projetada, ✆ 86/3366 1143, 💻 www.aimbereecoresorthotel.com.br. Ferienhotel mit teils hübschen Möbeln, aber auch etwas unpersönlich. ❺–❻
Hotel Islamar, Av. Lagoa Doce 315, ✆ 86/3366 1304, 💻 www.islamar.com.br. Rustikal-charmantes Luxushotel. Toller Pool mit Panoramablick. ❻–❽
O Dedé, Rua José Quirino. Sehr gutes Restaurant mit Rezepten nach Art des Hauses, z. B. Garnelen für 2 Pers. ab R$50. 🕒 tgl. 11–23 Uhr.
Dona Maria, Rua José Pinto. Leckere Fisch- und Krabbengerichte(ab R$45/2 Pers.), die man mit Meerblick oder direkt am Strand serviert bekommt. 🕒 tgl. 9–20 Uhr.

Maranhão

Maranhão (6 Mio. Einw.) ist im internationalen Tourismus eine noch weitgehend unbekannte Größe. Dennoch gibt es hier einige der interessantesten Reiseziele des Nordostens zu entdecken. Zum Beispiel die Hauptstadt **São Luís** mit ihrer charmanten historischen Altstadt, ein Weltkulturerbe. Eine weitere Attraktion ist der Nationalpark **Lençóis Maranhenses**, eine einmalige Dünen- und Lagunenwelt mit 70 km einsamen Stränden. Die Küste zwischen São Luís und dem Bundesstaat Pará ist in unzählige Inseln, Halbinseln und Landzungen zersplittert, viele von ihnen sind bis heute kaum zugänglich oder nur auf langen Bootsfahrten zu erreichen. Als Folge sind ungestörte Naturreservate für Vögel, Fische und Säugetiere entstanden. Maranhão ist bekannt für seine reiche Folklore, die afrikanische, indianische und europäische Traditionen vereint. Da viele Menschen afrikanischer Abstammung sind, ist die Bevölkerung hier dunkler als in anderen Staaten des Nordostens. Zugleich zählt Maranhão zu den ärmsten Staaten des Landes.

15 HIGHLIGHT

São Luís

São Luís (1 Mio. Einw.) ist die einzige brasilianische Hauptstadt, die nicht von Portugiesen gegründet wurde, sondern 1612 von Franzosen. Dennoch gilt sie heute als die „portugiesischste" des Landes. Grund hierfür ist die vielfältige **Kolonialarchitektur** aus dem 18. und 19. Jh. und die reiche Ausstattung mit kunstvollen Azulejo-Kacheln. Hauptattraktion – vergleichbar mit dem Pelourinho von Salvador – ist die unter Denkmalschutz stehende **Altstadt** (Centro Histórico) mit über 1100 Häusern, seit 1997 Weltkulturerbe der Unesco. Sie wurde im Rahmen des „Projeto Reviver" zu großen Teilen restauriert und ist heute historisch-kultureller Mittelpunkt der Stadt. Mit ihren Kopfsteinpflastergassen und romantisch beleuchteten Plätzen erinnert sie fast ein wenig an eine mediterrane Kleinstadt. Das historische Zentrum befindet sich im Ortsteil **Praia Grande**. Der Rio Anil trennt es von den modernen nördlichen Vororten São Francisco, Renascença, Ponta d'Areia sowie den anschließenden Stadtstränden.

Die auf einer Insel gelegene Hauptstadt von Maranhão bietet zudem eine ausgeprägte **Folklore**: Im Juni und Juli ist sie Hauptaustragungsort des farbenfrohen **Bumba-meu-boi-Festivals**, das stark auf afrikanische Riten zurückgeht. Darüber hinaus gilt sie als brasilianisches Zentrum des **Reggae**.

Für Ausflüge in die Dünen- und Lagunenwelt des Nationalparks **Lençóis Maranhenses** und zur historischen Nachbarstadt **Alcântara** ist São Luís eine gute Basis. Alles in allem ist sie wohl eine der reizvollsten Küstenstädte des Nordostens; touristisch noch relativ wenig bekannt und daher kaum überlaufen.

Geschichte

Schiffbrüche und feindliche Indianer verhinderten, dass die Portugiesen das schwer zugängliche Gebiet von Maranhão Anfang des 17. Jhs. systematisch besiedeln konnten. Die Küste und das Hinterland des heutigen Maranhão waren somit praktisch verlassen, als die Franzosen 1612 das Land einnahmen; die neue Hafenstadt benannten sie nach dem französischen König Louis XIII. Doch schon drei Jahre später übernahmen die Portugiesen die Kontrolle, die sie zwischen 1641–44 kurzfristig an die Holländer verloren.

Die europäischen Kolonisten hinterließen der Stadt ein architektonisches Kolonialensemble, das heute als das homogenste Lateinamerikas angesehen wird. Bei der Restaurierung des Altstadtviertels wurde auch ein mehr als 200 Jahre altes unterirdisches Gängesystem entdeckt. Man vermutet, dass die Konstruktion ihren Ursprung in alten Legenden hat, wie der Sage von der „Seeschlange von São Luís" *(Serpente de São Luís)*, nach der ein lange ruhendes Seeungeheuer erwacht und eine hohe Flutwelle auslöst.

Sehenswertes

An der Praça Dom Pedro II, nahe der hübsch renovierten Praça Benedito Leite, befindet sich die ursprünglich barocke **Catedral da Sé** (1690–99). Trotz der neoklassizistischen Überarbeitung (1922) ist sie eines der bedeutendsten Baudenkmäler der Stadt. 🕒 Di–Do 8–18 Uhr. Die **Igreja São José do Desterro**, im südlichen Teil des Zentrums, gilt als älteste Kirche von Maranhão. Sie wurde von den Holländern vollständig zerstört und im 19. Jh. neu errichtet. 🕒 tgl. 7–11.30, 14–19 Uhr.

Die **Museen** und **Kulturzentren** *(Centros de Cultura)* befinden sich in wunderschönen Häusern, die jedes für sich eine Sehenswürdigkeit darstellen. Das **Museu Histórico e Artístico do Maranhão**, Rua do Sol 302, in einem Haus von 1836, zeigt originalgetreue Interieurs von Residenzen aus dem Maranhão des 19. Jhs. Ein hübscher Innenhof mit Garten verbindet es mit dem **Museu de Arte Sacra do Maranhão**. 🕒 Di–So 9–17.30 Uhr, Eintritt R$5 für beide Museen. Im **Museu de Artes Visuais**, Rua Portugal 273, sind europäische *Azulejos* aus dem 18. bis 20 Jh. zu sehen, darunter einige aus Dresden. Im 1. OG sind Zeichnungen, Gemälde und Skulpturen von Künstlern aus Maranhão ausgestellt. 🕒 Di–So 9–18 Uhr, Eintritt R$2.

Die **Centros de Cultura Popular Domingos Vieira Filho (GESC)** haben drei große Ausstellungsflächen, für alle gilt: 🕒 Di–Fr 9–18, Sa, So 9–17 Uhr, Eintritt frei: Die **Casa da Festa**, Rua do Giz 221, zeigt auf vier Etagen sinnenfrohe folkloristische Kostüme, besonders von der dem Candomblé verwandten Religion *Tambor-de-Mina*, dem Tanz *Tambor de Crioula, Bumba-meu-boi* oder Karneval. Die **Casa de Nhozinho**, Rua Portugal 185, beleuchtet u. a. die Indianerkultur in Maranhão, zu sehen sind Handwerkszeug wie Fischerreusen, Boote oder Produkte aus *Buriti*-Fasern. Die sehenswerte **Casa do Maranhão** im alten Zollgebäude von 1873, Rua Trapiche, hat eine permanente Ausstellung über Bumba-meu-Boi, mit Darstellung der regionalen Unterschiede und farbenprächtigen Kostümen (zuletzt wegen Renovierung geschlossen).

Der 1766 am Standort des Fort Saint Louis, der ersten Bebauung der Stadt, errichtete **Palá-**

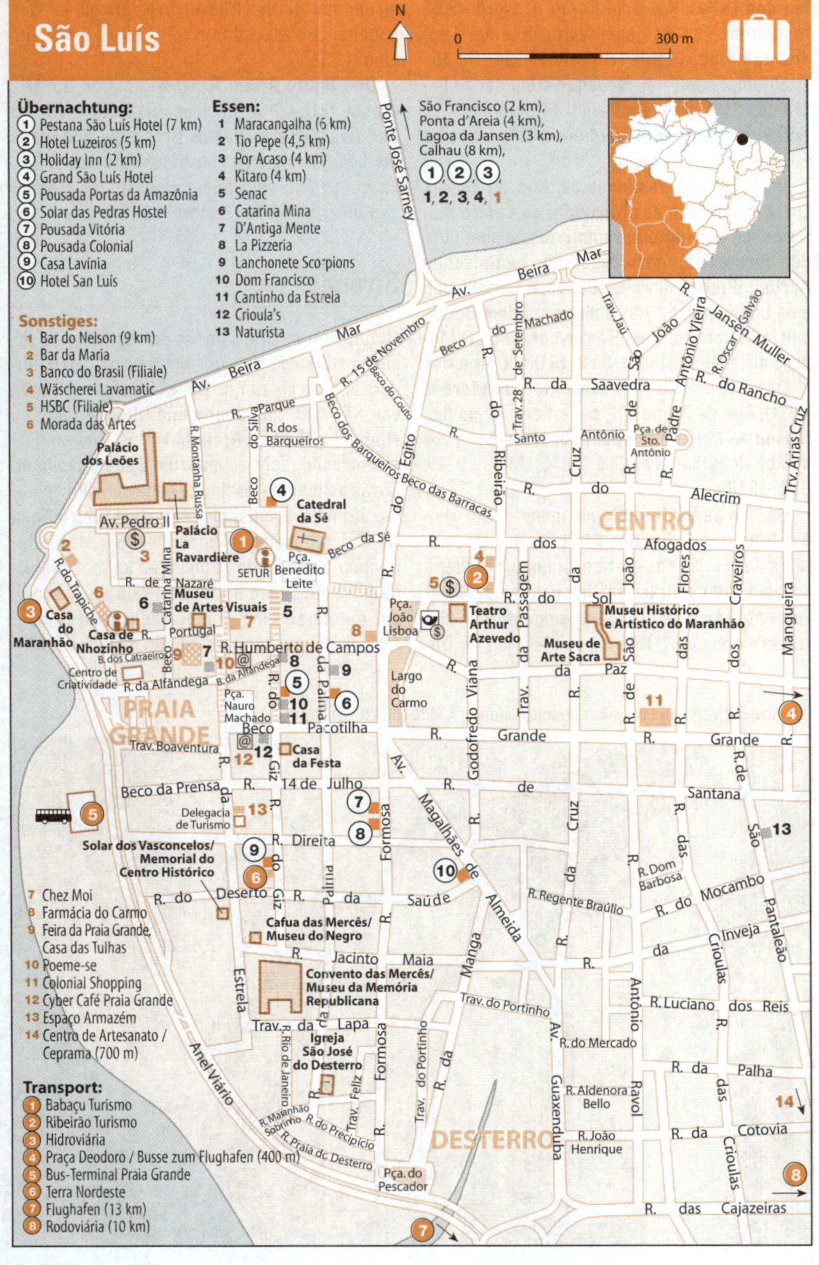
São Luís
N
0
300 m
Übernachtung:
1 Pestana São Luís Hotel (7 km)
2 Hotel Luzeiros (5 km)
3 Holiday Inn (2 km)
4 Grand São Luís Hotel
5 Pousada Portas da Amazônia
6 Solar das Pedras Hostel
7 Pousada Vitória
8 Pousada Colonial
9 Casa Lavínia
10 Hotel San Luís
Essen:
1 Maracangalha (6 km)
2 Tio Pepe (4,5 km)
3 Por Acaso (4 km)
4 Kitaro (4 km)
5 Senac
6 Catarina Mina
7 D'Antiga Mente
8 La Pizzeria
9 Lanchonete Scorpions
10 Dom Francisco
11 Cantinho da Estrela
12 Crioula's
13 Naturista
Sonstiges:
1 Bar do Nelson (9 km)
2 Bar da Maria
3 Banco do Brasil (Filiale)
4 Wäscherei Lavamatic
5 HSBC (Filiale)
6 Morada das Artes
7 Chez Moi
8 Farmácia do Carmo
9 Feira da Praia Grande, Casa das Tulhas
10 Poeme-se
11 Colonial Shopping
12 Cyber Café Praia Grande
13 Espaço Armazém
14 Centro de Artesanato / Ceprama (700 m)
Transport:
1 Babaçu Turismo
2 Ribeirão Turismo
3 Hidroviária
4 Praça Deodoro / Busse zum Flughafen (400 m)
5 Bus-Terminal Praia Grande
6 Terra Nordeste
7 Flughafen (13 km)
8 Rodoviária (10 km)
São Francisco (2 km), Ponta d'Areia (4 km), Lagoa da Jansen (3 km), Calhau (8 km),
Ponte José Sarney
Av. Beira Mar
CENTRO
PRAIA GRANDE
DESTERRO
Palácio dos Leões
Palácio La Ravardière
Catedral da Sé
Av. Pedro II
SETUR
Pça. Benedito Leite
Museu de Artes Visuais
Casa do Maranhão
Casa de Nhozinho
Centro de Criatividade
R. Humberto de Campos
R. da Alfândega
Pça. Nauro Machado
Beco Pacotilha
Casa da Festa
Trav. Boaventura
Beco da Prensa
R. 14 de Julho
Delegacia de Turismo
Solar dos Vasconcelos/ Memorial do Centro Histórico
R. Direita
R. do Desterro
R. da Saúde
Cafua das Mercês/ Museu do Negro
R. Jacinto Maia
Convento das Mercês/ Museu da Memória Republicana
Trav. da Lapa
Igreja São José do Desterro
Anel Viário
R. Praia de Desterro
R. do Precipício
Pça. do Pescador
Largo do Carmo
Pça. João Lisboa
Teatro Arthur Azevedo
Museu Histórico e Artístico do Maranhão
Museu de Arte Sacra
R. da Paz
R. do Sol
R. dos Afogados
R. do Alecrim
R. da Saavedra
R. do Rancho
R. Jansen Muller
Pça. de Sto. Antônio
R. Grande
R. de Santana
Av. Magalhães de Almeida
R. Godofredo Viana
R. Regente Bráulio
R. do Mocambo
R. da Inveja
R. Luciano dos Reis
R. do Mercado
R. da Palha
R. da Cotovia
R. das Cajazeiras
R. Aldenora Bello
R. João Henrique
Trav. do Portinho
Av. Guaxenduba

cio dos Leões, Av. Dom Pedro II, wurde 2002 restauriert und ist gegenwärtig Sitz der Landesregierung. ◷ Mi–Fr 14–17.30, Sa, So 15–17.30 Uhr, Eintritt frei. Nebenan steht der zu Ehren des Stadtgründers Daniel de La Touche errichtete **Palácio La Ravardière** (1689), aktueller Sitz der Stadtverwaltung.

Im **Solar dos Vasconcelos**, Rua da Estrela 562, befindet sich das **Memorial do Centro Histórico** mit einer interessanten Ausstellung über den Revitalisierungsprozess der historischen Altstadt (Projeto Reviver). Daneben befasst sich eine umfangreiche Ausstellung mit dem Bootsbau in Maranhão, viele Bootstypen sind als Modelle ausgestellt. ◷ Mo–Sa 8–18 Uhr, Eintritt frei.

Das frühere Kloster **Convento das Mercês** (1654), Rua da Palma 502, beherbergt heute das **Museu da Memória Republicana** des Ex-Präsidenten José Sarney (1985–90). ◷ Mo–Fr 9–19, Sa 8–12 Uhr.

Ganz in der Nähe steht ein unauffälliger kleiner Bau, das **Cafua das Mercês**, Rua Jacinto Maia 43. Es ist der einzige original erhaltene Sklavenmarkt in Brasilien, hier wurden die Sklaven nach Ankunft zunächst eingepfercht und später versteigert. Heute befindet sich im Gemäuer das winzige **Museu do Negro** mit einigen schönen Holzskulpturen. ◷ Mo–Fr 9–17 Uhr, Eintritt R$2.

Das **Teatro Arthur Azevedo**, Rua do Sol 180, erbaut 1815–17 im neoklassizistischen Stil, ist das zweitälteste Theater Brasiliens und eines der bedeutendsten und größten Lateinamerikas. Es wurde 2005 vollständig renoviert. ◷ Führungen Di–Fr 14–17 Uhr, Eintritt R$2.

Strände

Nirgendwo in Brasilien ist der Gezeitenwechsel so stark wie hier, der Meeresspiegel verändert sich um bis zu 7 m. Die weitläufigen Strände von São Luís sind aber keine Offenbarung; die stadtnahe **Ponta d'Areia** (4 km) ist wegen Verschmutzung nicht einmal zum Baden geeignet. Etwas schönere Abschnitte liegen an den belebten Stränden von **Calhau** (8 km) und **Olho d'Água** (12 km), wo man am Wochenende in den zahlreichen Strandbuden abhängen kann. Ein Kontrast ist die 19 km entfernte **Praia do Araçagi**, ein Autostrand mit grasbewachsenen Dünen. Außerhalb von São Luís gibt es einfache Strän-

Die Altstadt von São Luís – historisch-kultureller Mittelpunkt der Stadt

DER NORDOSTEN

de in **Raposa** (35 km) und **São José do Ribamar** (Praia de Panaquatira, 32 km), die hübschesten Strände der Region befinden sich in **Alcântara** (S. 605).

ÜBERNACHTUNG

Brasilianer brauchen Sand und Wasser um sich herum – nur so ist zu verstehen, warum die Mehrzahl der Hotels an den örtlichen Stränden liegt. Europäische Reisende bevorzugen meist das wesentlich interessantere **Centro Histórico**. Wenn nicht anders vermerkt, gilt: WLAN gratis, keine Tax.

Zentrum

Solar das Pedras Hostel, Rua da Palma 127, ✆ 98/3232 6694, 🖳 www.ajsolardaspedras.com.br. HI-Hostel in renoviertem Kolonialhaus, perfekte Lage, recht bescheidenes Frühstück. Reservierung empfohlen, v. a. im Sommer. Dorms R$30–35, DZ R$70–80 (Ventilator). ❶–❷

Hotel San Luís, Av. Magalhães de Almeida 220, ✆ 98/3232 1944, ✉ hotelsanluis00@gmail.com. Ordentliches Budgethotel mit heller Lobby in renoviertem Altbau. Von den Billighotels eines der besten, allerdings einige Zimmer ohne Fenster, dafür alle mit AC. Kein Internet. ❷

Pousada Vitória, Rua Afonso Pena 98, ✆ 98/3231 2816, ✉ pousadavitoria@hotmail.com. Familiengeführte Pousada, gemütlich und freundlich. Ruhige, zentrale Lage. Wäscheservice. AC oder Ventilator. ❷–❸

€ **Pousada Colonial**, Rua Afonso Pena 112, ✆ 98/3232 2834, 🖳 www.pousadacolonial.com.br. Helle, luftige Pousada in einem schönen Haus mit Azulejos. Zentrale Lage, ordentliche Innenausstattung, sehr freundliches Personal. Reservierung empfohlen. ❸

Casa Lavínia, Rua do Giz 380, ✆ 98/8118 1710, 🖳 www.casalavinia.com. Neuere Pousada, ruhig und persönlich, mit nur 4 Zimmern in restauriertem Haus im Kolonialstil. Hübscher Innenhof, rustikal dekorierte Räume. ❹–❺

Pousada Portas da Amazônia, Rua do Giz 129, ✆ 98/3182 8787, 🖳 www.portasdaamazonia.com.br. Gemütliche Pousada in drei schön restaurierten Häusern aus dem 19. Jh., das Mauerwerk wurde komplett erhalten. 36 stilvoll eingerichtete Zimmer, am geräumigsten ist der Typ *Master*. Sehr gute Lage im Zentrum, zur Pousada gehört eine Pizzeria. 5 % Tax. ❹–❺

Grand São Luís Hotel, Praça Dom Pedro II 299, ✆ 98/2109 3500, 🖳 www.grandsaoluishotel.com.br. Business- und Familienhotel im Zentrum mit allen Standards eines 4-Sterne-Hauses. Einige Zimmer haben Buchtblick. Großer Pool. 15 % Tax. ❺–❻

Strände

Holiday Inn, Av. Castelo Branco 375, São Francisco, ✆ 98/4009 2255, 🖳 www.holidaysaoluis.com.br. Businesshotel in zentraler Lage zwischen Altstadt und Stränden. ❺

Pestana São Luís Hotel, Av. Aviscênia 1, Calhau, ✆ 98/2106 0505, 🖳 www.pestanasaoluis.com.br. Modernes 5-Sterne-Hotel mit großem Garten am Strand. Schöner Poolbereich. WLAN R$30/Tag, 15 % Tax. ❻

Hotel Luzeiros, Rua João P. Damasceno 2, Ponta do Farol, ✆ 98/3311 4949, 🖳 www.luzeirossaoluis.com.br. Das Top-Hotel der Stadt bietet eine zeitgemäße Einrichtung, natürlich auch Spa und Restaurant. 15 % Tax. ❼

ESSEN

Ein typisches Gericht in Maranhão ist *Arroz de Cuxá:* Reis mit besonderen, leicht säuerlichen Kräutern *(Vinagreira)*, Gemüse und Shrimps. Gern gegessen wird auch *Casquinha de Caranguejo* (Flusskrebs serviert in der Schale, das Fleisch wird mit Gewürzen und Kräutern verfeinert) oder *Vatapá* (eine Masse aus Brot, Dendê-Palmöl und Shrimps). Keinesfalls auslassen sollte man die Frucht-Nachspeisen *Mousse de Bacuri* und *Mousse de Cupuaçu*.

Zentrum

D´Antiga Mente, Rua da Estrela 220. Restaurant-Bar im Herzen der Altstadt. An einem Tisch unter dem großen Mangobaum fühlt man sich wirklich in São Luís angekommen. Umfangreiche Karte mit etwas überteuerten, aber guten regionalen Gerichten. Abends oft Live-Musik. ⏲ tgl. 10–24 Uhr.

Dom Francisco, Rua do Giz 155. Regionale Küche in hübsch gestaltetem Haus. Mittags

Self-Service (R$27/kg), abends à la carte (R$35–45/2 Pers.) oder günstiger Tellerservice *(executivo)* für R$12. ⏲ Mo–Sa 11–15.30, 18–23 Uhr.

Espaço Armazém, Rua da Estrela 401. Eigentlich der schönste Ort zum Ausgehen in der Altstadt, der schon als Restaurant, Bar und Kulturzentrum fungierte. Leider wechseln oft die Pächter, sodass man sich vor Ort erkundigen muss, ob das Geschäft gerade in Betrieb ist. Falls ja, dürfte sich ein Besuch schon aufgrund des Ambientes im schön restaurierten Kolonialhaus lohnen.

La Pizzeria, Rua do Giz. Gute Pizza, gemütliches Ambiente in einer ehemaligen Lagerhalle. ⏲ tgl. 18–24 Uhr.

Senac, Rua de Nazaré 242. Historisches Haus, seit 1981 befindet sich hier die Restaurantfachschule, guter Ruf und guter Service (*All you can eat*-Buffet R$30–35), abends à la carte. Eine der besten Optionen im Zentrum. Tolles Meeresfrüchte-Buffet am Freitag. ⏲ Mo–Sa 12–15, Do, Fr 19–23 Uhr.

Crioula's, Rua do Giz 204. Freundliches Self-Service-Restaurant mit regionalem Essen (R$30/kg), auch *Prato Feito* (R$10). ⏲ tgl. 11–22 Uhr.

Catarina Mina, Beco Catarina Mina 121. Uriges, einfaches Restaurant auf den Treppenstufen einer Altstadtgasse. Self-Service (R$22/kg). ⏲ Mo–Fr 8.30–16 Uhr.

Cantinho da Estrela, Rua do Giz 175. Self-Service (R$30/kg), Buffet mit regionalen Spezialitäten. ⏲ Mo–Fr 11–15 Uhr.

Naturista, Rua São Pantaleão 147. Gutes vegetarisches, aber recht bescheidenes Buffet (R$33/kg) in klimatisiertem Ambiente. Eine Abwechslung zur sonst sehr meeresfrüchtelastigen Kost in Maranhão. ⏲ Mo–Fr 11–14.30 Uhr.

Lanchonete Scorpions, Rua da Palma 83. Günstiger Self-Service neben dem Hostel (R$25/kg). Nicht zu spät kommen, das Buffet ist schnell abgegrast. ⏲ Mo–Sa 11–15 Uhr.

Außerhalb

Maracangalha, Rua Mearim 13, Zufahrt über Av. dos Holandeses (6 km), Renascença II. Exzellentes, bei Einheimischen beliebtes Fischrestaurant. Nicht billig, aber große Portionen. ⏲ Mo–Sa 11.30–24, So 11–17 Uhr.

Tio Pepe, Rua dos Maçaricos 215, Ponta do Farol. Gutes, günstiges und beliebtes Restaurant an der Lagoa da Jansen. ⏲ tgl. 11–24 Uhr.

NACHTLEBEN

Am Wochenende zieht es die *Ludovicenses*, die Bewohner von São Luís, an die 5 km lange Strandmeile Av. Litorânea in Calhau oder an die Lagoa da Jansen, z. T. auch ins historische Zentrum. Straßencafés spielen dort Live-Musik, besonders beliebt ist MPM – *Música Popular Maranhense*, eine Abwandlung der *Música Popular Brasileira* (MPB). Aktuelle Veranstaltungsinfos in der Tageszeitung *O Estado do Maranhão*, Beilage *Alternativo*.

Bar do Nelson, Av. Litorânea, Calhau. Für Reggae-Fans ein Muss, einmal hierher zu pilgern und das nächtliche Treiben auf engstem Raum mitzuerleben. Drum herum viel Straßentrubel. ⏲ Sa ab 21 Uhr.

Bar da Maria, Rua do Trapiche. Die angesagte Reggae-Bar im Zentrum. ⏲ Mi/Fr ab 20 Uhr.

Por Acaso, Lagoa da Jansen 1. Choperia mit Buffet und Live-Musik, beliebt bei jüngerem Publikum. ⏲ Di–Sa ab 18 Uhr.

Kitaro, Lagoa da Jansen 2. Der beste Sushi-Mann der Stadt und angesagter Treffpunkt. Schöne Lage an der Lagune. ⏲ tgl. ab 19, So ab 12 Uhr.

Chez Moi, Rua da Estrela 143, Centro. Der Ort zum Tanzen (Reggae, Rock, Forró), junges Publikum. ⏲ Do–Sa ab 21 Uhr, Eintritt R$20–30.

KULTUR

Im **Centro de Criatividade Odylo Costa Filho**, Rua da Alfândega 200, trifft sich die lokale Künstlerszene. Hier gibt es das **Teatro Alcione Nazaré** mit regelmäßigen Theater- und Tanzaufführungen, eine **Kunstgalerie** und ein **Programmkino**. Angeboten werden auch kunsthandwerkliche Kurse, u. a. Bemalen von Azulejos. ⏲ Mo–Fr 8–12, 14–19 Uhr.

FESTE

Das populärste Fest in Maranhão ist das Volksspiel **Bumba-meu-boi** im Juni – ein bunter Reigen aus Theater, Tanz, Musik und Folklore.

Es vereinigt portugiesische, afrikanische und indianische Elemente und wird an Dutzenden Spielstätten *(Arraial)* aufgeführt. Die mehr als 100 Bumba-meu-boi-Gruppen in São Luís beginnen mit den Vorbereitungen bereits kurz nach Karneval. Die gesamte Gemeinde ist beteiligt, von der Herstellung der Kleider bis zur Liedkomposition. Offizielle Eröffnung ist am 13. Juni, dem **Dia de Santo Antônio**. Die Feierlichkeiten finden ihren Höhepunkt am Vorabend des 24. Juni, dem **Dia de São João**. Am 29. Juni, dem **Dia de São Pedro**, treffen sich alle Gruppen im Viertel Madre Deus, beendet wird das Fest am 30. Juni mit der riesigen **Festa de São Marçal** im Stadtteil João Paulo, wo alle Gruppen sich nochmals einem großen Publikum präsentieren. In der Regel plätschern die Feierlichkeiten dann noch in den Juli hinein. Im Unterschied zu den großen **Festas Juninas** anderer Regionen im Nordosten wird beim Bumba-meu-boi kein Forró gespielt. Verbreitet ist vielmehr **Tambor-de-Crioula**, ein Bauchtanz mit afrikanischen Wurzeln; aufgeführt wird er von Frauen in bunten Röcken und mit weißen Turbanen, begleitet von rhythmischen Trommeln.

In der zweiten Jahreshälfte treffen sich nationale und internationale Reggae-Bands beim **Festival Maranhense do Reggae** (Zeit und Ort wechselnd, Infos über Setur).

Zwei traditionelle afro-brasilianische Feste sind **Tambor de Mina** (Juli) und **Festa do Divino**, 40 Tage nach der Karwoche. Letzteres wird besonders spektakulär in Alcântara begangen, ist jedoch touristisch etwas überzüchtet.

SONSTIGES

Apotheke

Farmácia do Carmo, Praça João Lisboa 149. ⌚ Mo–Fr 8–19, Sa 8–17 Uhr.

Einkaufen

Größtes Einkaufszentrum ist **São Luís Shopping**, Av. Euclides Figueiredo 1000, Jaracati. ⌚ Mo–Sa 10–22, So 12–22 Uhr. Die **Rua Grande** im Zentrum ist eine belebte Einkaufsstraße, dort liegt das kleinere **Colonial Shopping**. ⌚ Mo–Fr 8.30–19, Sa 9–14 Uhr.

Der alte Markt **Feira da Praia Grande** liegt etwas versteckt in der Altstadt, innerhalb des Gebäudekomplexes Casa das Tulhas. Hier gibt es Krabben, Meeresfrüchte u. a. regionale Produkte. ⌚ Mo–Sa 6–21, So 6–13 Uhr.

Souvenirs und Kunsthandwerk

Centro de Artesanato (Ceprama), in einer alten Fabrikhalle, Rua São Pantaleão 1332, Madre de Deus. ⌚ Mo–Sa 9–19, So 9–13 Uhr.

Casa das Tulhas (s. Märkte). Bekannt sind die Bastprodukte aus der Buriti-Palme und Klöppelspitze der Fischerfrauen aus Raposa. ⌚ Mo–Sa 6–21, So 6–13 Uhr.

Morada das Artes, Rua Trapiche 155. Künstler verkaufen ihre Gemälde. ⌚ Mo–Sa 8–18 Uhr.

Mercado das Artes, Rua Trapiche. Geschmackvolles regionales Kunsthandwerk. ⌚ Mo–Fr 8–12, 14–18 Uhr.

Geld

Banco do Brasil, Av. Pedro II 78. ⌚ Mo–Fr 10–16, Geldautomat 6–22 Uhr (alle Karten). Weiterer Automat in der Postfiliale, Praça João Lisboa. ⌚ Mo–Fr 8–17, Sa 8–12 Uhr.

HSBC, Rua do Sol 105. ⌚ Mo–Fr 10–16, Geldautomat 6–22 Uhr.

Informationen

Die städtische **Setur** hat eine hübsche Touristeninformation an der **Praça Benedito Leite**, ✆ 98/3212 6211. ⌚ Mo–Fr 8–19, Sa 8–13, So 8–12 Uhr. Weitere Infostände in der Rua Portugal 165, ✆ 98/3231 4696, ⌚ Mo–Fr 8–19, Sa 9–18, So 9–13 Uhr; **Flughafen**, ✆ 98/3244 4500, ⌚ 24 Std.; **Rodoviária**, ⌚ tgl. 8–20 Uhr. 💻 www.turismo.ma.gov.br (Engl.), www.guiasaoluis.com.br (Port.).

Internet

Cyber Café Praia Grande, Beco Pacotilha 48. Modern, klimatisiert (R$3). ⌚ tgl. 9–21 Uhr.

Poeme-se, Rua Humberto de Campos 52. Im Buchladen (R$2). ⌚ Mo–Fr 8.30–18.30, Sa 8.30–13.30 Uhr.

Medizinische Hilfe

UDI Hospital, Av. Prof. Carlos Cunha 2000, Jaracati, ✆ 98/3216 7979. Privatkrankenhaus.

Reisebüros

Ribeirão Turismo, Rua do Sol 141, Centro, ✆ 98/3231 1621. Bustickets von Transbrasiliana und Itapemirim. ⌚ Mo–Fr 8–18, Sa 8–12 Uhr.
Babaçu Turismo, Av. Pedro II, ✆ 98/3231 4747. Flüge. ⌚ Mo–Fr 8–18, Sa 8–12 Uhr.

Touristenpolizei

Delegacia de Turismo, Rua da Estrela 427, ✆ 98/3214 8682. ⌚ Mo–Fr 8–18 Uhr. Außerhalb der Dienstzeiten hilft nebenan die **Companhia de Policiamento de Turismo**, ✆ 98/3254 0317. ⌚ 24 Std.

Wäscherei

Lavamatic, Rua Riberão 141. R$16/kg, Bringservice. ⌚ Mo–Fr 8–12, 14–18, Sa 8–12 Uhr.

NAHVERKEHR

Busse

Der Weg zur **Rodoviária** ist kaum zu verfehlen: Vor dem Bus-Terminal **Integração Praia Grande** halten etliche Buslinien (R$2,10) mit Aufschrift „Rodoviária". Alternativ im Terminal z. B. Bus *T-066 São Raimundo/Rodoviária* (alle 15 Min.) oder von der Praça Deodoro (30–40 Min.). Von der Rodoviária mit *Rodoviária/João Paulo* ins Zentrum (Terminal Praia Grande, alle 15 Min.). Von der Praça Deodoro Bus *São Cristóvão* zum **Flughafen** (35 Min.). Busse nach **Calhau** am Terminal Praia Grande (z. B. *Calhau, Cal Litorânea* oder *Praia Grande/Cohama*).

Taxi

Rodotaxi, ✆ 98/3243 4242. Vom Zentrum zur Rodoviária R$20, zum Flughafen R$30. ⌚ 24 Std.

TRANSPORT

Flüge

Aeroporto Marechal Cunha Machado, Av. dos Libaneses, Tirirical, 13 km vom Zentrum, ✆ 98/3217 6100.
Fluggesellschaften: **Azul**, ✆ 98/3217 6120; **Gol**, ✆ 98/3217 6216; **TAM**, ✆ 98/3217 6174.

Busse

Rodoviária, Av. dos Franceses, Santo Antônio, 10 km vom Zentrum, ✆ 98/3275 9886.

Tour durch die Lençóis Maranhenses

Terra Nordeste, Rua do Giz 380, Centro, ✆ 98/3221 1188, 💻 www.terra-nordeste.com. Auf Öko-Tourismus spezialisierte, sehr gut organisierte Agentur, u. a. spektakuläre, mehrtägige Lençóis-Durchquerungen fernab der üblichen Routen, z. B. zu Fuß von Atins bis Santo Amaro, vorbei an winzigen Siedlungen wie Queimada dos Britos (nur Mai–Okt). Übernachtungen bei Bewohnern des Nationalparks, z. T. in Hängematten. Außerdem Touren entlang der Rota das Emoções bis Fortaleza. Deutschsprachige Beratung durch die hilfsbereite Juliane, mehrsprachige Guides. Preise auf Anfrage.

Einige Fahrkarten können im Zentrum gekauft werden (s. Reisebüros).
Barreirinhas: Cisne Branco, ✆ 98/3243 2847, tgl. 6, 8.45, 14 und 19.30 Uhr, 4 Std., R$28. Oder Kleinbus **Brtur**, 98/3082 8825, man wird um 7 Uhr abgeholt, Ankunft ca. 11 Uhr (Frühstück unterwegs), zurück 17 Uhr, über Pousada buchen, R$40.
Belém: Transbrasiliana, ✆ 98/3243 2077, tgl. 20 Uhr, 12 Std., R$119–276 *(Leito)*.
Fortaleza: Guanabara, ✆ 98/8122 6845, tgl. 8.30, 11.30 und 17.30 Uhr, 18–20 Std., R$156.
Parnaíba: Guanabara, tgl. 8.30 *(Executivo)* und 20 Uhr, 10 Std., R$60–74.
Teresina: Guanabara, 6x tgl. bis 23 Uhr, 7 Std., R$58–94 *(Leito)*.

Boote

Von der **Hidroviária**, ✆ 98/3211 0053, Av. Beira Mar, Praia Grande, fahren Boote über die Baía de São Marcos nach **Alcântara**. Die **Fähren** *Diamantina* und *Bahia Star* von **Navegações Pericumã**, ✆ 98/3232 0692, legen tgl. um 7 und 9.30 Uhr ab (plus/minus 1 Std., je nach Tide), Rückfahrt 8.30 oder 16 Uhr (plus/minus 2 Std.), Fahrtdauer 1–1 1/2 Std., R$24 (hin und zurück). Bei unglücklicher Tiden-Konstellation kann die Hinfahrt erst um 10 Uhr, die Rückfahrt aber bereits um 14 Uhr sein. Es ist deshalb sinnvoll, die Uhrzeiten einen Tag vorher zu erfragen. Manchmal schafft es die Fähre auf dem Rückweg wegen Ebbe nur bis

Ponta d'Areia, dann fährt ein Shuttlebus den restlichen Weg. Wegen des oft starken Seegangs sollte ein Mittel gegen Seekrankheit zur Hand sein.
Eine Alternative für sensible Mägen ist ein etwas stabilerer **Katamaran**. Uhrzeiten nach Vereinbarung, die Besitzer sind morgens am Anleger in São Luís anzutreffen. Am Nachmittag fährt zudem das langsamere **Holzschiff** *Mensageiro da Fé* (R$5), die Rückfahrt ist frühmorgens.

Alcântara

Der interessanteste Kurzausflug von São Luís führt ins 1648 gegründete Alcântara (7000 Einw.), der ehemaligen Hauptstadt von Maranhão. Hierhin sollte man einen Tagesausflug machen, besser noch eine oder zwei Nächte bleiben, um die besondere Stimmung in sich aufzunehmen. Der kleine Ort steht seit 1948 unter Denkmalschutz. In den etwa 300 historischen Gebäuden aus dem 17. und 18. Jh. wohnten einst die reichsten Familien der Provinz, einige mit über 8000 Sklaven. Markantes Zeugnis dieser Epoche ist die letzte noch im Original erhaltene **Strafsäule** *(Pelourinho)* Brasiliens. Der heute mehr und mehr verfallende Ort ist kurioserweise gleichzeitig Sitz des modernsten Raumfahrtzentrums Lateinamerikas. Am besten, man wandert einfach zwischen den faszinierenden Gebäuden und Ruinen umher, wie der des **Palácio do Imperador**, dem „Kaiserpalast" an der Praça da Matriz (Praça Gomes do Castro). Gebaut wurde er von einer Großgrundbesitzerfamilie, die mit einer anderen darin wetteiferte, wer Kaiser Dom Pedro angemessener empfangen könne. Doch das Geld wurde vergebens investiert, denn am Ende ließ sich der Imperator nie blicken. Auf der großen Rasenfläche an der Praça da Matriz befinden sich auch der **Pelourinho** und das **Museu Histórico**. ⏲ Di–So 8–14 Uhr. Sehenswert sind weiterhin die Häuserreihe der doppelstöckigen Sobrados mit ihren Azulejos in der **Rua Grande** und die Ruinen des alten Sklavenmarkts **Palácio Negro**. Die **Igreja N. S. do Carmo** von 1784 ist das insgesamt noch am besten erhaltene Bauwerk. ⏲ tgl. 8–15.30 Uhr. Die **Casa de Cultura Aeroespacial**, Praça N. S. do Rosário, informiert über die Raumfahrtaktivitäten Brasiliens. ⏲ tgl. 9–15 Uhr.

In der Umgebung von Alcântara gibt es noch weit über 100 ehemalige **Sklavendörfer** (Quilombos), in denen mehr als 3000 Familien leben. Ein interessanter Ausflug führt zu einem dieser Dörfer, dem 28 km entfernten **Mamuna**. Hier kann man der traditionellen Verarbeitung von Maniok zu Maniokmehl in der alten „Casa da Farinha" zuschauen oder der Gewinnung von Babaçu-Öl beiwohnen. Danach lockt ein schöner Strand zum Baden, während Frau Fátima in einer einfachen Hütte gleich am Strand ein Huhn oder frischen Fisch zubereitet. Im 62 km entfernten **Itamatatiua** stellen die Bewohner Keramik und Musikinstrumente für regionale Feste her. Kontakt für diese Ausflüge über die Pousada Bela Vista (Danilo).

Zu den Sehenswürdigkeiten zählen auch die abgelegenen Strände, wie die nur mit einem Kanu zu erreichende **Praia de Itatinga** (ab Praia da Baronesa). Ausflüge zu **Inseln** der Umgebung, wie der **Ilha do Livramento**, lassen sich am Hafen organisieren. Diesen schönen Nachmittagsausflug sollte man unbedingt noch mit einem Besuch der **Ilha Cajual** oder dem **Igarapé da Tainha** verbinden, wo man die vom Aussterben bedrohte Vogelart der roten Ibisse (Guarás) beobachten kann, die hier noch zahlreicher vorkommen als in Caburé (R$50/Boot).

ÜBERNACHTUNG UND ESSEN

Pousada Bela Vista (Pousada da Zinha), Rua Jericó 5, ✆ 98/3337 1569. Die Künstlerin Zinha führt diese außergewöhnliche, sehr einfache und ruhige Pousada. Sie besteht aus zwei Baumhäusern, eines mit genialem Blick auf São Luís, und drei weiteren Zimmern. Auch gibt es ein gutes Restaurant mit Meerblick (R$44–64/2 Pers.) und Pferde. Zinhas Sohn Danilo ist ein ausgezeichneter Führer und kennt die Gegend wie seine Westentasche. Kein WLAN, keine Tax. ❸

Pousada dos Guarás, Praia da Baronesa, ✆ 98/3337 1339, ✉ pousadadosguaras@terra.com.br. Hübsche Pousada mit alternativem Touch, sehr schöne Lage an ruhigem Strand. Die Hütten im urwüchsigen Garten haben Veranda und Hängematten;

naturnahe, saubere Zimmer (Ventilator oder AC). Charmantes Strandrestaurant (🕒 tgl. 11–20 Uhr). Kein WLAN, keine Tax. ❷

Palácio dos Nobres, Rua Direita 1. Günstiger Fisch, Meeresfrüchte und Huhn (R$20–30/2 Pers.). 🕒 tgl. 8–24 Uhr.

Restaurante da Josefa, Rua Direita 33. Einfaches Restaurant in etwas sterilem Raum mit guter *Peixada de Camarão* (R$45–55/2Pers.). 🕒 tgl. 7–22 Uhr.

Ein kulinarischer Tipp sind die *Doces de espécie,* eine Süßigkeit aus Kokosnuss, die es nur in Alcântara gibt. Gemäß lokalen Schleckermäulern sollen die besten bei Antônio, Rua das Mercês 401, zu kaufen sein (R$1).

FESTE

Wer zufällig an einem August-Vollmond in der Nähe ist, sollte sich die 3-tägige **Festa de São Benedito** in der Igreja de Rosário dos Pretos ansehen. Praktisch durchgehend wird hier der Rhythmus des nur in Maranhão vorkommenden **Tambor de Crioula** getrommelt. Noch immer wird das alte Sklavenfest in originalgetreuer Form durchgeführt: Die Männer trommeln, die Frauen tanzen sich in einen tranceähnlichen Zustand.

Wesentlich bekannter, aber auch etwas überlaufen, ist die 12-tägige **Festa do Divino** (40 Tage nach Ostern). Das religiöse Fest beginnt an einem Mi und endet am folgenden Wochenende. Besonders die letzten Tage sind ein großes Spektakel.

Tutóia und Paulino Neves

Tutóia (53 000 Einw.) ist eine Durchgangsstation auf dem Weg zum Nationalpark Lençóis Maranhenses. Tagsüber herrscht auf dem Markt ein reges Treiben. Junge Burschen auf Mototaxis versuchen den Touristen Ausflüge zu den Stränden oder den östlichen Dünenausläufern, den **Pequenos Lençóis** (37 km), schmackhaft zu machen. Die endlosen Dünengebiete der Umgebung erinnern an surreale Mondlandschaften, so auch die verwaisten Strände **Praia do Amor** (18 km) und **Praia Arpoador** (16 km). Vom Stadtstrand (zu Fuß in 15 Min. erreichbar) fällt der Blick auf eines der vielen Schiffswracks, die aufgrund der tückischen Sandbänke in der Bucht auf Grund gelaufen sind.

Sehr schön ist die Abendstimmung am kleinen Hafen. Zu empfehlen ist auch eine **Delta-Tour** (R$150/Boot, bis 6 Pers.), nach Besuch der Sanddünen auf der Ilha do Caju kehrt man im Restaurant des Einheimischen Cacau auf der Ilha do Cajueiro ein (hervorragender Fisch). Der Ausflug endet mit einem Farbfeuerwerk, der Rückkehr der Guarás (S. 611).

Nur wenige werden sich länger im durch und durch sandigen Ort **Paulino Neves** aufhalten, dabei ist es interessant zu beobachten, wie der Mensch es schafft, sich in unwirtlichen Lebensumgebungen wie dieser einzurichten. Sehr hübsch ist es am Flussufer, zu Fuß ist man in 20 Min. in den Pequenos Lençóis.

Pau-de-Araras

Den Nahverkehr der Region betreibt eine Großfamilie mit sogenannten Pau-de-Araras (Toyota Pick-ups), übersetzt „Papageienstangen", weil die Fahrgäste wie Federvieh gedrängt auf den harten Holzpritschen sitzen. Wer die Chance auf den Beifahrersitz hat, sollte sie nutzen. Die Fahrt ist ein kleines Abenteuer – wenn man sie nicht jeden Tag machen muss, sogar unterhaltsam.

ÜBERNACHTUNG UND ESSEN

Tutóia

Pousada e Restaurante Tremembés, Praça Tremembés, 📞 98/3479 1354. Einfache Zimmer (Ventilator), neuere Apartments mit AC, sauber und gepflegt. Restaurant. Der Besitzer hilft beim Organisieren von Ausflügen. Kein WLAN. ❶

Tutóia Palace, Av. Paulino Neves 1096, 📞 98/3479 1115, ✉ margaridaaragao@uol.com.br. Hübsche kleine Pousada am Hafen. Zimmer möglichst weit entfernt vom Generator wählen. Kein WLAN. ❸

Pousada Jagatá, Av. Beira Mar 1000, 📞 98/3479 1551, 💻 www.pousadajagata.com.br. Wunderschön an der Bucht gelegen mit Zugang zum Strand, großer Garten. Besitzer Marcos setzt sich für nachhaltigen Tourismus ein. Gute Internetseite mit vielen Infos zur Region. WLAN gratis. ❸

Lua Branca, Av. Beira Mar. Familienrestaurant am Strand. Sehr lecker: *Peixe à delícia* (Fisch mit Banane und Käse überbacken, R$50/2 Pers.).

Paulino Neves

Pousada Oásis dos Lençóis (Pousada da Mazé), Av. Rio Novo, ✆ 98/3487 1012. Nette Pousada von Dona Mazé, neben der Bushaltestelle. Direkter Zugang zum Fluss. Kein WLAN. ❷

TRANSPORT

Ein Toyota **Pick-up** fährt mehrmals tgl. zwischen Tutóia und Paulino Neves, mit Anschluss nach **Barreirinhas** (1 1/2 Std., R$25). Abfahrt Mo–Sa ab 9 Uhr (42 km, 1 Std., R$10), ab Kirchplatz. Die Pousadas können eine Abholung bestellen.

Alternative: Im **Geländewagen** nach Barreirinhas oder **Caburé** (2 Std., ca. R$250). In Caburé Übernachtung oder per Boot weiter nach Barreirinhas.

Nach **Parnaíba** per Bus: Coimbra, tgl. 14.30 Uhr, 3 Std., R$15.

Parque Nacional dos Lençóis Maranhenses

Nicht jeder weiß, dass es in Brasilien eine oft mit der Sahara verglichene Wüste von den Ausmaßen des Großraums São Paulo gibt (1550 km^2), in der die Temperaturen auf bis zu 50 °C ansteigen können. Lençóis Maranhenses, der größte Nationalpark des Nordostens, liegt etwa 280 km östlich von São Luís und gehört zu den außergewöhnlichsten Attraktionen des Landes. Er zieht sich 70 km an der Küste entlang und reicht bis 50 km ins Landesinnere hinein.

Die Eigenart dieser Region erschließt sich schon aus dem Namen Lençóis: Wie flatternde weiße „Bettlaken" wirken die durch den Wind ständig in Bewegung befindlichen Dünen. Sie erreichen mitunter eine Höhe von bis zu 40 m. Was diese Landschaft von „normalen" Wüsten unterscheidet, sind ihre zahlreichen kristallklaren Lagunen und Flussläufe (bis zu 300 000 wurden gezählt); sie entstehen in der Regenzeit (Jan–Juni) und beherbergen eine reiche Flora und Fauna. In der nachfolgenden Dürreperiode

(Juli–Dez) trocknen die Seen aus und werden von den wandelnden „Bettlaken" zugedeckt. Erstaunlicherweise haben es selbst Fische geschafft, sich den unwirtlichen Bedingungen anzupassen. Sie legen ihre Eier rechtzeitig im warmen Sand ab, und zu Beginn der nächsten Regensaison tummelt sich eine neue Generation in den Lagunen.

Ausgangszentrum für die meisten Exkursionen in den Nationalpark ist **Barreirinhas**, wo sich viele Unterkünfte und Reiseagenturen befinden. Von Barreirinhas geht es per Boot auf dem **Rio Preguiças** vorbei an einer reizvollen Mangrovenlandschaft und Buriti-Palmen bis zur Halbinsel **Caburé**. In der Nähe liegen einige kleine Fischerdörfer; vom Leuchtturm in **Mandacaru** erschließt sich einer der schönsten Rundblicke der Region. Von **Atins** aus kann man den nördlichen, weniger berührten Teil des Nationalparks entdecken und stundenlang an einsamen Stränden spazieren.

Am faszinierendsten ist die Zeit zwischen Mai und August, wenn die blaugrünen Oasen gefüllt sind und das Weiß der Dünen durchbrechen. Die Vegetation ist dann am üppigsten und viele Zugvögel machen hier Station. Zwischen September und Dezember schrumpfen die Lagunen und sind weniger beeindruckend. Zudem ist es dann sehr heiß und Ausflüge sind nur nachmittags möglich.

Ausflüge in den Nationalpark

Auch wenn einen das Warten auf Gruppenmitglieder in der sengenden Sonne zur Weißglut treiben kann – um **organisierte Touren** in den Nationalpark kommt man kaum herum. Die am meisten gebuchten Tagesausflüge von Barreirinhas gehen zu den Süßwasserlagunen **Lagoa Azul** und **Lagoa do Peixe**, Letztere auch nachmittags zu beeindruckenden Sonnenuntergängen (9.30–14, 14–18.30 Uhr, R$50). In letzter Zeit werden auch Ausflüge zu der weniger besuchten **Lagoa da Esperança** angeboten (ganzjährig möglich), die jedoch weit am Rand des Nationalparks liegt.

Weitere von Agenturen angesteuerte Ausflugsziele sind **Caburé** (R$70, S. 611) und die **Lagoa Bonita** (R$80). Die Lagunen werden von den Rändern des Nationalparks her zu Fuß besucht, Autos sind nicht erlaubt. Unter der Woche ist es wesentlich leerer.

Abenteuerlustige können auch das **Innere des Nationalparks** erkunden. So kann man in 1 1/2 Tagen von Barreirinhas nach Atins wandern, mit Übernachtung in einfacher Unterkunft beim Fischer Antônio in Canto do Atins. Mehrtägige Touren können zudem von der weniger entwickelten Ortschaft **Santo Amaro** aus gestartet werden und führen über das Dünendorf **Queimada dos Britos** und **Baixa Grande** nach Atins. Es muss dabei mit knöcheltiefem Sand, starkem Gegenwind und sengender Sonne gerechnet werden. Zwischen Mai und September spenden aber die blau-grünen Lagunen willkommene Abkühlung und die Strapazen sind schnell vergessen. Eine wahre Wüstenwanderung! Zu buchen über Terra Nordeste in São Luís (S. 604) oder Agenturen in Barreirinhas (S. 609).

Einfacher ist ein Besuch der Fischerdörfer **Vassouras**, **Mandacaru**, **Caburé** und **Atins**, zu erreichen per Boot über den Rio Preguiças.

Noch einige Tipps: Beim Fahren mit den Toyota Bandeirantes am Rand auf spitze Äste achten, zur Schonung von Gesäß und Rücken Beine locker im Rhythmus des Wagens mitwippen lassen. Beim Durchqueren der teilweise tiefen Pfützen sollten keine Taschen auf dem Boden stehen. Auch wenn die Fahrt im Toyota etwas beschwerlich ist, an der ersten blauen Lagune ist die Anstrengung meist vergessen. Wichtig sind Sonnencreme, Schirmmütze und viel Wasser. Unautorisierte Wanderungen und Camping sind verboten.

Barreirinhas

Barreirinhas (48 000 Einw.) liegt idyllisch an den Ufern des Rio Preguiças und ist der quirlige Ausgangspunkt für Touren in den Nationalpark Lençóis Maranhenses sowie die Fischerorte Caburé, Atins oder Mandacaru. In den letzten Jahren ist hier eine vollständige touristische Infrastruktur gewachsen mit Pousadas, Restaurants und Reiseagenturen. Am Wochenende und in der Hauptsaison (Juli) strömen Touristen in den Ort und Unterkünfte sind schwer zu bekommen. Die schönen Dünen, die der Stadt so viel Wachstum gebracht haben, sind jedoch auch ein Problem – die gefräßigen Sandhaufen verschlingen alles, was ihnen im Weg steht. So droht die Hauptstraße am Stadteingang unter einer 10–15 m hohen Sanddüne zu verschwinden.

ÜBERNACHTUNG

Pousada do Porto, Rua Anacleto de Carvalho 475, ✆ 98/3349 0654. Recht charmante Pousada, die Räume im 1. OG haben z. T. schönen Flussblick (AC oder Ventilator). Kein WLAN, keine Tax. ❶–❷

Pousada do Rio, Rua Cazuza Ramos 700, ✆ 98/3349 1255, 💻 www.pousadadorioma.com.br. Sympathische, bunte Häuschen am Fluss; die neueren Zimmer liegen weiter hinten (AC). Schöner Garten, ruhige Atmosphäre. Rabatte möglich. WLAN R$10/Aufenthalt, keine Tax. ❸

Pousada Murici, Rua Domingos Carvalho 590, ✆ 98/3349 1192, 💻 www.pousadamurici.com.br. Einfache, aber recht hübsche, kleine Apartments, Pool, Privatstrand, Garten und Frühstück am Fluss. WLAN kostenpflichtig. ❸–❹

Pousada do Buriti, Rua Inácio Lins, ✆ 98/3349 1338, 💻 www.pousadadoburiti.com.br. Wer Komfort sucht, findet hier eine ruhige Anlage mit Pool und viel Asphalt. Renovierte Zimmer. Restaurant und Bar (🕒 tgl. 11.30–22 Uhr). WLAN gratis, 5 % Tax. ❹

Pousada Sossego do Cantinho, Rua Principal 2, ✆ 98/3349 0753, 💻 www.sossego-do-cantinho.com. Nette Pousada eines Schweizers in ruhiger Lage, 15 Min. außerhalb, am Rio Preguiças. Gepflegte Chalês; reichhaltiges Frühstück, abends Speisekarte. WLAN gratis. ❹–❺

Pousada Encantes do Nordeste, Rua Boa Vista, 4 km vom Zentrum, ✆ 98/3349 0288, 💻 www.encantesdonordeste.com.br. Gepflegte, rustikale Pousada mit niedlichen Chalês und hübschem Garten. Zugang zum Fluss, am Ufer befindet sich das nette Bar-Restaurant Bambaê (🕒 tgl. 11–22 Uhr), das auch ein schönes Tagesausflugsziel ist: Ausspannen in absoluter Ruhe und Kajaktouren. Mototaxi zum Zentrum R$6. WLAN gratis, keine Tax. ❺

ESSEN

In der Hauptsaison Reservierung empfohlen.

Barlavento, Av. Beira Rio. Einfaches Restaurant, das regelmäßig gute Noten für das Essen erhält. Nach einhelliger Meinung der beste Fisch der Stadt (R$40/2 Pers.), beliebt sind die exotischen Fruchtsoßen. Auch sehr gute Pizza. Alle Gerichte gibt's ganz frisch, die Zubereitung kann 30–40 Min. dauern. Oft Live-Musik. 🕒 tgl. 9–24 Uhr.

Marina Tropical, Av. Beira Rio. Regionale Küche mit französischem Einschlag. Schöne Lage am Fluss, auf dem Bootssteg kleine Bar. Mittags gutes Self-Service (R$35/kg), abends Pizzeria und Meeresfrüchte à la carte. Oft Live-Forró. 🕒 tgl. 11.30–24 Uhr.

A Canoa, Av. Beira Rio 300. Charmantes und rustikal dekoriertes Lokal beim Fluss mit leckeren Fischgerichten und Krabben (R$30–60/2 Pers.). Romantisches Ambiente, aufmerksamer Service. 🕒 tgl. 16–24 Uhr.

Bela Vista, Rua Anacleto de Carvalho 617. Warum nicht den Tag bei einem Glas Wein und einem Fisch in diesem hübschen Lokal mit Blick auf den Fluss ausklingen lassen? Ein Gericht für ca. R$40/2 Pers. (auch halbe Portionen). 🕒 tgl. 8.30–22 Uhr.

SONSTIGES

Einkaufen

Centro do Artesanato, Praça do Trabalhador. Die handgefertigten Bastgegenstände aus der Açaí- oder Buritipalme sind schöne Mitbringsel.

Geld

Banco do Brasil, Av. Joaquim S. de Carvalho. 🕒 Mo–Fr 9–15, Geldautomat 6–22 Uhr (Visa).

Internet

Net Point Internet, Av. Joaquim S. de Carvalho. R$3. 🕒 Mo–Sa 8–22, So 18–22 Uhr.

Touranbieter

Terra Nordeste, S. 604.

Eco Dunas, Rua Inácio Lins 164, ✆ 98/3349 0545, 💻 www.ecodunas.com.br. Breite Tourenpalette: vom Nationalpark bis Jericoacoara. 🕒 tgl. 7.30–12, 14–17.30 Uhr.

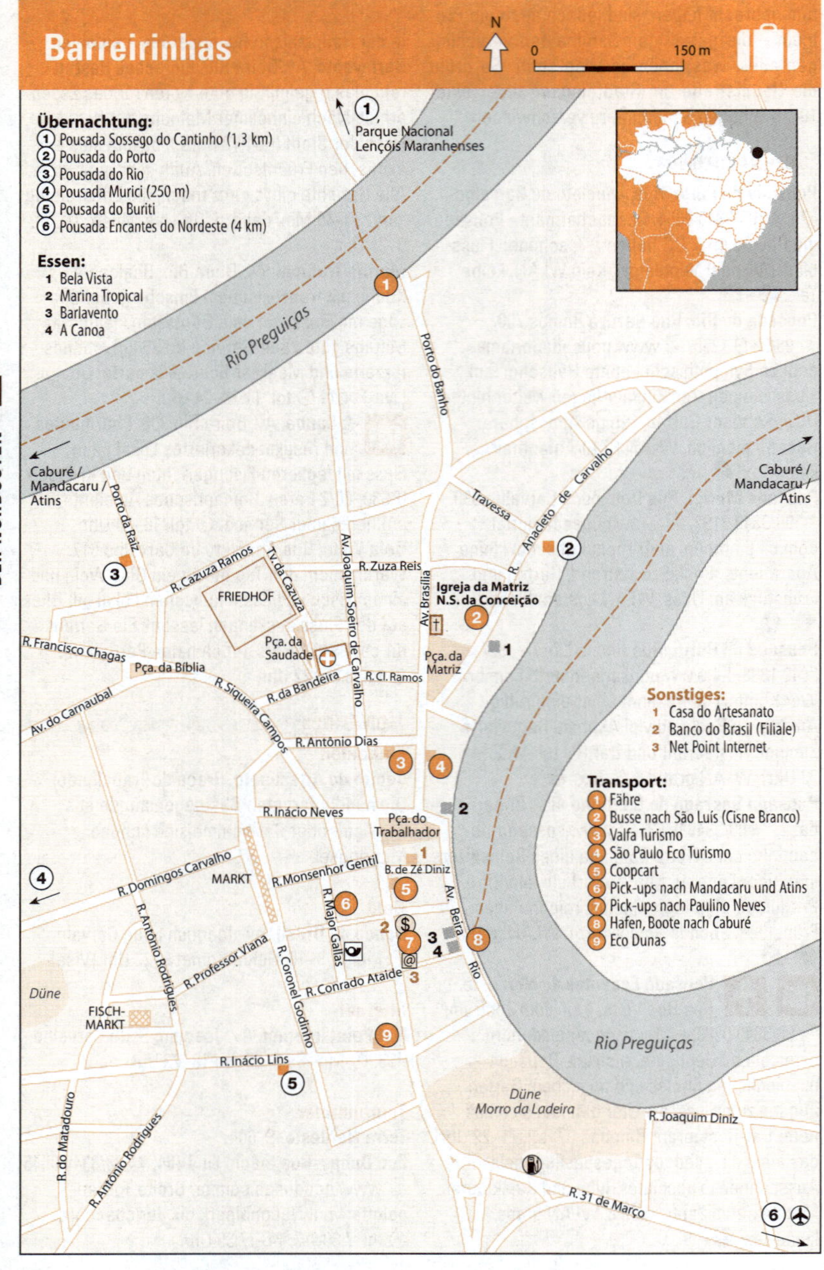
Barreirinhas
N
0
150 m
Übernachtung:
1 Pousada Sossego do Cantinho (1,3 km)
2 Pousada do Porto
3 Pousada do Rio
4 Pousada Murici (250 m)
5 Pousada do Buriti
6 Pousada Encantes do Nordeste (4 km)
Essen:
1 Bela Vista
2 Marina Tropical
3 Barlavento
4 A Canoa
Sonstiges:
1 Casa do Artesanato
2 Banco do Brasil (Filiale)
3 Net Point Internet
Transport:
1 Fähre
2 Busse nach São Luís (Cisne Branco)
3 Valfa Turismo
4 São Paulo Eco Turismo
5 Coopcart
6 Pick-ups nach Mandacaru und Atins
7 Pick-ups nach Paulino Neves
8 Hafen, Boote nach Caburé
9 Eco Dunas
Parque Nacional Lençóis Maranhenses
Rio Preguiças
Porto do Banho
Caburé / Mandacaru / Atins
Porto da Raiz
Travessa
R. Anacleto de Carvalho
R. Cazuza Ramos
Tv. da Cazuza
Av. Joaquim Soeiro de Carvalho
R. Zuza Reis
Av. Brasília
Igreja da Matriz N.S. da Conceição
FRIEDHOF
R. Francisco Chagas
Pça. da Saudade
Pça. da Matriz
Pça. da Bíblia
R. Cl. Ramos
R. da Bandeira
R. Siqueira Campos
Av. do Carnaubal
R. Antônio Dias
R. Inácio Neves
Pça. do Trabalhador
B. de Zé Diniz
R. Domingos Carvalho
MARKT
R. Monsenhor Gentil
R. Major Gallas
Av. Beira Rio
R. Antônio Rodrigues
R. Professor Viana
R. Coronel Godinho
R. Conrado Ataíde
Düne
FISCH-MARKT
R. Inácio Lins
Rio Preguiças
Düne
Morro da Ladeira
R. Joaquim Diniz
R. do Matadouro
R. Antônio Rodrigues
R. 31 de Março
DER NORDOSTEN

Valfa Turismo, Rua Antonio Dias 3, 📞 98/3349 1490, ✉ valfaturismo@terra.com.br. Der freundliche Marcone hilft bei Ausflügen und Fragen, Touren bis Fortaleza. 🕒 tgl. 8–11 Uhr.
São Paulo Eco Turismo, Av. Brasília 108, 📞 98/3349 0079, 💻 www.saopauloecoturismo.com. Organisierte Agentur mit gut ausgebildeten Guides. 🕒 tgl. 7–19 Uhr.

TRANSPORT

Busse

Parnaíba: Am schnellsten mit dem 14-Uhr-Bus nach São Luís, Ankunft 18.30 Uhr, Weiterfahrt 20 Uhr. Alternativ Geländewagen oder Toyota Pick-up über Paulino Neves und Tutóia.
São Luís: Cisne Branco, Av. Brasília, 📞 98/3349 0463, tgl. 6, 9, 14 und 18.30 Uhr, 4 Std., R$28.
Besser mit Kleinbussen von **Brtur**, **Fantur** oder **Lock Bem** (über Agentur São Paulo), tgl. 5 und 7 Uhr, 4–5 Std. (je nachdem, ob das Hotel am Anfang oder Ende der Route liegt), R$40. Vorteil: Man wird abgeholt und in São Luís bei seinem Hotel abgesetzt. Früh im Voraus reservieren!
Oder per **Sammeltaxi** über Coopcart, 📞 98/3349 1511 (4 Pers., R$40 p. P.).
Santo Amaro: Cisne Branco, tgl. 6 und 14 Uhr, erst bis **Sangue**, 1 Std., dort 2 Std. Aufenthalt, dann weiter im Toyota Pick-up (inkl.), insgesamt 5 Std., R$20.

Pick-ups

Nach **Mandacaru** (27 km, 1 3/4 Std., R$15) und **Atins** (32 km, 2 Std., R$15) schwierige Strecke durch Sand und Dünen, „Haltestelle" in der Rua Major Gallas. Abfahrt Mo–Sa 9.30 Uhr. In der Regenzeit (Jan–Juni) kein Verkehr. Beide Orte sind auch mit dem **Boot** erreichbar (über Agentur buchen).
Paulino Neves: tgl. 9 und 14 Uhr, R$20. Dort Anschluss nach **Tutóia** (1 Std., R$10).

Flüge

Diverse Reiseagenturen bieten eindrückliche Panoramaflüge über den Rio Preguiças und die Dünen an (ca. 30 Min., ab R$250 p. P.).

Caburé

In idyllischer Lage zwischen dem Rio Preguiças und dem Atlantischen Ozean liegt auf einem schmalen Sandstreifen die kleine Häuseransammlung von Caburé. Auf der Flussseite gibt es eine Hand voll Pousadas und Restaurants. Es ist interessant, wenn auch ein wenig deprimierend, den täglichen Windmühlenkampf der Bewohner gegen den Sand zu beobachten. Auf manche Reisende wirkten die halb im Sand verschütteten Häuser wenig ansprechend. Auch sind einige der Pousadas nicht vollständig isoliert, sodass sich Gäste morgens unter einer dünnen Sandschicht wiederfinden können. Eine Alternative ist das kleine Fischerdorf Atins, das mehr „Seele" hat und auch Unterkünfte besitzt, die mit etwas mehr Qualität aufwarten können.

Wenn sich genügend Personen zusammenfinden, lassen sich bei Sonnenuntergang Bootstouren zur Beobachtung von **Guarás** unternehmen: große Vögel mit leuchtend rotem Gefieder und langen, krummen Schnäbeln. Die Daunen der Jungvögel sind zunächst schwarz-weiß, das bunte Federkleid bekommen sie erst später dank ihrer Ernährung von Krabben, sog. *Maracoanim*. Das Boot fährt zu einer Stelle zwischen Caburé und Atins, wo sich Schwärme zur Nachtruhe versammeln. Leider werden die Guarás immer noch in weiten Teilen von Maranhão illegal gejagt.

ÜBERNACHTUNG UND ESSEN

Pousada Porto da Lua, 📞 98/3349 1802, 💻 www.portodaluacabure.com.br. Geräumige Chalês mit windgeschützter Terrasse. Der Schutz vor dem Sand macht die Extra-Reais zu einer sinnvollen Investition. Das Restaurant (🕒 tgl. 11–22 Uhr) ist im Sommer mittags überlaufen. Kein WLAN, keine Tax. ❹
Pousada do Paulo, 📞 98/9909 1340. Saubere Chalês, relativ wenig Sand. Ruhiger und persönlicher. Kein WLAN, keine Tax. ❷
Alle Pousadas haben Restaurants.

TRANSPORT

Boote

Es gibt mehrere Möglichkeiten, Caburé per Boot zu erreichen:

Von **Barreirinhas** mit **Barco Voadeira** (Schnellboot), als Ausflug mit einer Agentur (R$70 p. P.), Abholung vom Hotel. Die Hinfahrt dauert 3 1/2 Std. mit Stopps in Vassouras und Mandacaru, Rückfahrt (1 Std.) um ca. 16 Uhr. Ein Charter-Schnellboot kostet ca. R$350 (bis 4 Pers.).

Wer nur von Caburé nach **Barreirinhas** möchte, muss im Voraus reservieren, schon mancher Tourist musste in Caburé übernachten und konnte erst am nächsten Morgen die Reise antreten.

Von **Atins** ist die Überfahrt mit einem Segelboot möglich, aber Passagiere und Gepäck beenden die Fahrt meist durchnässt. Dies ist häufig auch der Fall, wenn die Bootsleute Gegenteiliges versichern. Mit Glück kann man sich von **Mandacaru** in wenigen Minuten (trocken) übersetzen lassen – vor Ort herumfragen.

Geländewagen

Es ist möglich, von Caburé direkt nach **Parnaíba** zu fahren (über Reiseagentur organisieren). Die schöne Strecke am Strand entlang nach **Paulino Neves** kann man mit einem Pau-de-Arara zurücklegen, die Pousada fordert diesen an (1 1/2 Std., ca. R$15–30 p. P.).

Mandacaru und Atins

Das Highlight von **Mandacaru** ist im wahrsten Sinne des Wortes sein **Leuchtturm**. Von der Plattform bietet sich ein spektakulärer Panoramablick über den Nationalpark. Manchem Touristen wurden erst hier in 35 m Höhe die Dimensionen des Parks bewusst. Der Aufstieg hilft auch, um sich einen Überblick über die kompliziert verschachtelten Flussarme, Dünen und Strände der Region zu verschaffen.

Eine Oase der Ruhe findet der Reisende in **Atins**, einem noch sehr authentischen Fischerdorf mit zart wachsender touristischer Infrastruktur. Von hier ist es möglich, die weniger touristische Seite des Nationalparks kennen zu lernen. Die einsamen Strände sind ideal für lange Spaziergänge oder Reitausflüge. Der Bootstransport von und nach Caburé erfordert in der Regel etwas Improvisationstalent. Wer eine Bootstour ab Barreirinhas nach Caburé bucht, sollte die Weiterfahrt nach Atins vorankündigen. Gegen ein kleines Trinkgeld wird man abgesetzt. Von und nach Barreirinhas verkehren Toyota Pick-ups (So–Fr 4 und 13 Uhr).

ÜBERNACHTUNG UND ESSEN

Atins

Pousada do Irmão, ✆ 98/8195 5314, 💻 www.pousadairmaoatins.blogspot.com. Neuere Pousada mit Restaurant nahe dem Bootsanleger, 8 nett eingerichtete Apartments und 6 rustikale Chalês. Familienbetrieb, einfach und sehr sauber. Besitzer Irmão organisiert Ausflüge. Kein WLAN, keine Tax. ❷–❸

Pousada Rancho do Buna, ✆ 98/3349 5005, 💻 www.ranchodobuna.com.br. 200 m vom Nationalpark am Strand; hübsche Chalês, Pool, Bar und Restaurant. Der freundliche Besitzer Buna bietet Touren mit Katamaran, Pferden und Kajak an. Tipp: Ankunft ankündigen und sich vom Strand abholen lassen (erspart einen anstrengenden Fußmarsch). Kein WLAN, keine Tax. ❹

DER NORDOSTEN

Der Norden

Stefan Loose Traveltipps

16 **Belém** Parks und Gärten der schönsten Amazonasstadt erkunden und in der Estação das Docas die Pará-Küche ausprobieren. S. 619

Ilha de Marajó Ausspannen unter Wasserbüffeln: Badeurlaub auf der Amazonasinsel. S. 634

Santarém Schuppen ansetzen in und am Rio Tapajós. S. 639

17 **Alter do Chão** Auf der Ilha do Amor unterm Sternenhimmel von der Liebe träumen. S. 644

Der Amazonas Mit dem „Vogelbauer" den Strom der Ströme befahren. S. 650

18 **Urwald-Lodges um Manaus** Dschungeltouren im Regenwald unternehmen. S. 663

Mamirauá-Reservat Im Kanu an Baumkronen vorbeigleiten und Uakari-Affen in die Augen schauen. S. 667

Mount Roraima Auf dem geheimnisvollen Tafelberg durch Conan Doyles „Verlorene Welt" trekken. S. 673

Jalapão Sensationelles Wildwasser-Rafting fernab von jeder Steckdose. S. 681

KOLUMBIEN
VENEZUELA
PERU
BOLIVIEN
RORAIMA
AMAZONAS
ACRE
RONDÔNIA
Mount Roraima
2875
Santa Elena de Uairén
1860
Pacaraíma
174
Lethem
Bonfim
Serra do Catrimani
Alto Alegre
Boa Vista
PARQUE INDÍGENA YANOMAMI
Serra da Mociadad
Caracaraí
Serra
Rio Orinoco
Rio Negro
Cucuí
2340
3014
P. da Neblina
P. N. DO PICO DA NEBLINA
São Gabriel da Cachoeira
Rio Negro
R. I. WAIMIRI ATROARI
Represa de Balbina
Presidente Figueiredo
P. N. DO JAÚ
Rio Japurá
MAMIRAUÁ-RESERVAT
Manaus
Manacapuru
Rio Içá
Tefé
Rio Juruá
Rio Solimões (Amazonas)
Careiro
Leticia
Rio Purus
Rio Javari
Rio Tefé
319
R. B. DE ABUFARI
Novo Aripuanã
R. I. VALE DO JAVARI
Rio Juruá
Lábrea
Apuí
Humaitá
230
Prainha Nova
Rio Purus
Cruzeiro do Sul
P. N. DA SERRA DO DIVISOR
Porto Velho
Rio Aripuanã
Sena Madureira
Boca do Acre
364
Ariquemes
Rio Branco
317
Aripuanã
Assis Brasil
Brasiléia
Iñapari
Cobija
Rio Madre de Dios
Guajará-Mirim
Riberalta
P. N. DE PACAÁS NOVOS
Ji-Paraná
Cacoal
429
Costa Marques
S. Joaquín
Vilhena

N
0
250 km
Atlantischer
Ozean
FRANZ. GUYANA
GUYANA
SURINAME
Kourou
Cayenne
Oiapoque
P.N. DO CABO ORANGE
Calçoene
Amapá
R.B. DO LAGO PIRATUBA
AMAPÁ
PARÁ
PARQUE INDÍGENA DE TUMUCUMAQUE
Serra do Tumucumaque
562
Jari
de Acari
1009
R.I. MAPUERA
Serra do Navio
Porto Grande
Rio Araguari
Macapá
Santana
Rio Paru
ILHA DE MARAJÓ
Soure
Algodoal
Salinópolis
Bragança
Castanhal
Mosqueiro
Belém
Almeirim
Prainha
Oriximiná
Óbidos
Alenquer
Monte Alegre
Rio Amazonas
Alter do Chão
Santarém
Parintins
Itacoatiara
Autazes
Vitória do Xingu
Cametá
Tomé-Açu
Rio Tocantins
Altamira
FLORESTA NACIONAL DO TAPAJÓS
Rio Tapajós
Itaituba
P.N. DA AMAZÔNIA
São Luís do Tapajós
Rurópolis
Tucuruí
Represa de Tucuruí
Rio Xingu
Santa dos Carajás
Marabá
Imperatriz
RESERVA FLORESTAL MUNDURUCÂNIA
Serra do Cachimbo
Rio Araguaia
Xinguara
RESERVA FLORESTAL GOROTIRÉ
Redenção
Araguaína
Carolina
MARANHÃO
Santa dos Gradaús
Rio Teles Pires
R.N. DOS CRAÓS
Guaraí
Rio Parnaíba
Caseara
Paranaita
Alta Floresta
Peixoto de Azevedo
Vila Rica
Paraíso do Tocantins
Palmas
Chapada das Mangabeiras
Jalapão
PIAUÍ
Colíder
São José do Xingu
P.N. DO ARAGUAIA
TOCANTINS
Lagoa da Confusão
Sinop
MATO GROSSO
Liquilândia
São Felix de Araguaia
Ilha do Bananal
Gurupi
Dianópolis
Natividade
Peixe
Alvorada
PARQUE INDÍGENA DO XINGU
Rio Arinos
Lucas do Rio Verde
Nova Mutum
Canarana
GOIÁS
BAHIA
010
163
222
230
210
153
158
060

DER NORDEN

Die „grüne Hölle" oder „die Lunge der Erde" und „die biologische Schatztruhe des Globus" – die Bezeichnungen signalisieren bereits die (auch sprachliche) Hilflosigkeit der Menschen angesichts der Natur dieser Region. Das brasilianische Amazonasgebiet umfasst etwa 5,1 Mio. km² – rund 60 % des nationalen Territoriums. Hier liegt das größte Flusssystem der Erde, und sich dorthin zu begeben bedeutet in jedem Fall ein Abenteuer.

Die Dimensionen der amphibischen Welt von Amazonien übersteigen die menschliche Vorstellungskraft. Im Grunde bleiben Besuchern nur zwei Perspektiven, das größte Biotop der Erde zu erfassen: die Vogelperspektive, d. h. der Blick aus dem Flugzeug hinunter auf das Gekröse der Flüsse, Lagunen und Seen, oder die Froschperspektive und der Hautkontakt mit dieser wuchernden Natur, und das bedeutet verschwitzte Klamotten, Insektenstiche, Durst und Hitze. Die halbnahe Perspektive (etwa vom Busfenster oder von Bord eines Schiffes) aber ist monoton: Stunden um Stunden, ja viele Tage lang zieht das Land – das verbrannte neben der Piste – vorüber oder bleibt das Ufer am Horizont wie ein schwacher Kreidestrich stehen.

Manaus und **Belém** sind die Tore und Ziele im brasilianischen Amazonasgebiet. Für „**Dschungeltourismus**" ist Manaus besser geeignet – und ein paar Tage auf einer Lodge im Regenwald zu verbringen, gehört zu den Highlights, die sich dem Traveller anbieten. Dazu zählt auch eine Reise auf einem **Amazonas-Dampfer**, um ein Gefühl für Land und Leute zu bekommen. Von der interessanten Millionenstadt Belém mit ihren Parks, Museen und den von Mangobäumen gesäumten Alleen ist ein weiterer Höhepunkt zu erreichen: die **Insel Marajó** im Amazonasdelta mit ihrer einzigartigen Kombination von Savanne und Dschungel.

Reisen in Amazonien bedeutet, viele Stunden mit Warten zu verbringen. Die Verkehrsverbindungen (traditionell per Boot) sind prekär, von einem Verkehrswegenetz kann nicht die Rede sein. Es gibt kaum Querverbindungen von einer Provinzstadt zur anderen – man kommt nur sternförmig über die Hauptstädte ins Landesinnere.

Die amphibische Welt Amazoniens lässt sich nicht zwischen Buchdeckel packen. Man ahnt aber schon nach kurzer Zeit vor Ort, dass der Mensch in diesem Bauch der Erde nur ein Winzling ist, und erfährt das Gefühl der Verlorenheit und der Verletzlichkeit, das die ersten Weißen beschlichen haben mag, als sie den Fluss hinab trieben, trotz der vermeintlichen Fülle der Natur kurz vor dem Verhungern waren und im Fieberwahn Nymphen aus der griechischen Mythologie erblickten: Amazonen, die dem Strom der Ströme später den Namen verliehen.

Geschichte

Abenteurer des 16. Jhs. wie Francisco de Orellana, der erste Europäer, der das ganze Amazonasbecken durchquerte, waren weniger an Ruhm oder Heidenbekehrung als am Gold von El Dorado interessiert. Orellana fand kein Gold, dafür aber eine matriarchalische Gemeinschaft inmitten des Dschungels, die von den so genannten **Amazonen** angeführt wurde. Carvajal, der nüchterne Bordgeistliche, hielt die mysteriösen Wesen zunächst für die Bewohner eines Gebiets, das die Indianer „Amacunu" nannten: ein Begriff für Wasser-Wolken-Lärm – vermutlich ein großer Stromkatarakt. Die überschwängliche Schilderung seiner Begegnung mit den Amazonen, notiert Carvajal, wurde Orellanas Nachruhm als Entdecker des größten Stroms der Erde zum Verhängnis. Zwar hielt sich, zu Ehren des Erstbefahrers, unter den Zeitgenossen für eine Weile die Bezeichnung Rio Orellana, doch sie wurde nach und nach von dem viel eindrucksvolleren Begriff Rio Amazonas verdrängt und schließlich vergessen.

Wasserwelt

Seither sind Trilliarden und Abertrilliarden Tonnen Wasser den Amazonas hinab geflossen. Er speist sich aus den drei großen Quellflüssen **Rio Marañón**, **Rio Huallaga** und **Rio Ucayali** in den Anden, sowie – im Mittellauf – dem durch das brasilianische Tiefland fließenden **Rio Solimões**, um dann, nach dem Zufluss des **Rio Negro**, als Rio Amazonas unter Mitnahme von drei Dutzend Nebenflüssen in den Atlantik zu münden. Selbst diese Nebenflüsse weisen noch Dimensionen auf, die alle europäischen Flüsse in den Schatten stellen. Dazu gehören im Norden der Rio Napo, der Putumayo Icá, der Rio Japura und im Süden der Rio Tapajós, der Xingu, der Tocantins und der Araguaia.

Der Amazonas im brasilianischen Tiefland variiert zwischen 6 und 8 km Breite, und seine Tiefe zwischen 20 und 200 m; in der Nähe der Mündung zum Atlantik sind auch schon Tiefen von 500 m gemessen worden. Der Amazonas ist der Fluss mit den größten Wassermassen überhaupt: Sie sind so gigantisch, dass eine Minute Durchfluss reichen würde, um den Durst der ganzen Weltbevölkerung für einen Tag zu stillen. In den Atlantik entlässt er pro Sekunde 175 Mio. Liter Wasser – mehr als alle Flüsse Europas zusammengenommen.

Wasser ist also das entscheidende Element in Amazonien – und die Zeit. Geologen haben festgestellt, dass vor nicht einmal 70 Mio. Jahren der Amazonas sozusagen in Gegenrichtung geflossen ist. Damals, als sich die Kontinentalplatte Südamerikas von Afrika trennte und nach Westen abdriftete, baute sich am pazifischen Rand gewissermaßen eine steinerne Bugwelle auf: die Anden. Damit war der Weg des Wassers aus dem Kontinent nach Westen versperrt und erst nach dem Aufstau im Inneren und der Überwindung des östlichen Kontinentalrandes richtete sich das Flusssystem nach Osten aus und bildete sich so, wie wir es heute kennen.

Die Amazonasebene ist, vereinfacht gesagt, nichts anderes als eine gigantische Sandbank aus dem Abrieb der Anden. Darauf steht der Regenwald. Der Boden gibt ihm Halt – aber keine Nahrung. Ein komplizierter Kreislauf innerhalb des **Regenwaldes** sorgt für die Erhaltung des Biotops; beseitigt man größere Flächen daraus, trocknet der Boden schnell aus und wegen der in ihm kaum vorhandenen Mineralien bricht sich die Wüste Bahn. Die Nahrungs- und Energiezufuhr des Regenwaldes kommt im Wesentlichen von oben. Der Regenwald heißt so, weil er den Regen braucht – und ihn auch wieder durch Verdunstung hervorbringt.

Klima

In den Tropen gibt es keine ausgeprägten (astronomischen) Jahreszeiten, weil der Sonnenstand nicht wie in den polnäheren Gebieten aufgrund der Neigung der Erdachse jahreszeitlich stark schwankt. Am Äquator herrscht der Zwölfstundentag, jahrein, jahraus mit 24–28 °C Durchschnittstemperatur. Ein typischer Tag in dieser Region nimmt seinen Anfang mit einem steilen Sonnenaufgang zwischen sechs und sieben Uhr früh: Es ist, als würde das Licht angeknipst, so schnell wird es hell – und am Abend bricht die Nacht fast schlagartig herein. Der klare Morgenhimmel bedeckt sich bis mittags mit Quellwolken und zur Siesta kommt der Regen (meist mit Gewitter) kübelweise runter: Man kann beinahe die Uhr danach stellen. Kaum ist der Wolkenbruch vorüber, klart der Himmel wieder auf und der kurze Abend bricht an.

Abhängig von der globalen Wetterlage regnet es in Amazonien von Januar bis Juni mehr, von Juli bis Dezember weniger. In Zeiten des Klimawandels ist darauf allerdings immer weniger Verlass. Es kann vorkommen, dass im Januar, eigentlich einer der regenreichsten Monate, tage-

Dürre und Flut

Mal Dürre, mal Flut: Die Bewohner des Amazonasbeckens leiden seit Jahren unter heftigen Wetterschwankungen, und 2009 war es besonders schlimm. Dutzende Menschen kamen in den Fluten um, Hunderttausende wurden obdachlos. Überschwemmungen sind hier keine Seltenheit, doch in den letzten Jahren spielten die Wassermassen besonders verrückt. Wo Mitte 2009 Landschaften komplett überflutet waren, herrschte 2005 eine solche Dürre, dass die Fische auf dem Trockenen verendeten. Experten vermuten die globale Erwärmung als Ursache für diese Klimaschwankungen, und viele Forscher glauben, dass dies erst der Anfang ist. Nach Ansicht der Fachleute ist in den kommenden Jahren mit weiteren Wetterextremen zu rechnen. Touristen werden die Wettereskapaden zwar oft kaum spüren, doch für die *Ribeirinhos* (Flussbewohner), ist der Klimawandel schon jetzt hart. Die Uferbewohner ernten nach Ende der Regenzeit, nur hörte zuletzt der Regen im April einfach nicht mehr auf. Verdorbene Bananen, Bohnen, Mais und Maniok waren die Folge.

lang die Sonne scheint. Aktuelle Studien haben gezeigt, wie schnell und heftig besonders das fragile Ökosystem des Amazonas auf die Erderwärmung regiert. Die schwere Dürrekatastrophe 2005, bei der Flüsse austrockneten und Orte wochenlang von der Außenwelt abgeschnitten waren, und heftige Überschwemmungen 2009 haben dies auf beunruhigende Weise verdeutlicht (Kasten S. 617).

Der Regen aus der Tiefdruckrinne über Amazonien sorgt dafür, dass die Wassermassen in den Flüssen von West nach Ost steigen. Die Niederschlagsmengen sind am oberen Amazonas und im östlichen Schatten der Anden und in der Amazonastiefebene am höchsten, sie nehmen deutlich nach Norden (Guayana-Schild) und Süden (zentralbrasilianische Platte *Cerrado*) ab.

Dass das feuchtheiße Klima Amazoniens eine besondere Sorgfalt bei der **Reisevorbereitung** erfordert, ist offensichtlich. Das bedeutet aber nicht, mit Mondgepäck und einer prallen Reiseapotheke anzureisen. Im Gegenteil – weniger ist mehr! Wer kiloschwere Rucksäcke mit sich herumschleppt, macht schnell schlapp. Mit Kohletabletten (gegen Durchfall), Insektensalbe, Sun Blocker und einigen Pflastern ist man pharmazeutisch bestens ausgerüstet. Denn alles, was über Verdauungsprobleme, Sonnenbrand und Moskitostiche hinausgeht, lässt sich nicht mit einer Reiseapotheke lösen. Aber mit kluger Voraussicht. Das gilt auch für die Kleidung. Leichte T-Shirts, zwei lange und zwei kurze Hosen, Handtuch (auch gegen Schweiß), Unterwäsche, Socken, Wanderschuhe: fertig. Man kann unterwegs alles waschen lassen oder sogar billig neu kaufen. Die Gegenwart von Menschen, gleich welcher Farbe und Kultur, am Fluss und im Wald ist eine Überlebensgarantie für Reisende.

Indianer

Pro forma sind 11 % der Fläche Brasiliens – innerhalb Amazoniens sind es sogar 20 % – für **Indianervölker** reserviert, die meisten Schutzzonen liegen in Amazonien. 11 Prozent des Landes reserviert für 300 000 Indios – was sagen die anderen 190 Mio. Brasilianer dazu? Man kann sich vorstellen, dass viele, besonders europäische, Bürgerinitiativen zugunsten der bedrohten Völker in Brasilien auf herzliches Unverständnis stoßen und dass vor Ort in Amazonien weitab von staatlicher Macht und öffentlicher Kontrolle Konflikte um Land und Bodenschätze, um die Abholzung des Waldes und die Überfischung der Flüsse, an der Tagesordnung sind.

Die Figur des „Edlen Wilden", die für viele Europäer herhält, wenn sie an Waldindianer denken, ist eine Schimäre. Dass sie in einem Paradies gelebt hätten, bevor die Weißen mit allem Bösen kamen, ist ein Märchen. Indianische Gemeinschaften künstlich wie in einem Zoo am Leben zu erhalten angesichts des wachsenden Drucks der „Moderne", mag Ethnologen befriedigen. Fragt man einen Indianer, was er sich wünscht, so sind es: Motorboot, Gewehr und Fernseher. Eine humane Politik gegenüber den Amazonas-Ureinwohnern beinhaltet daher v. a. eine Anerkennung der Landrechte, angemessene Bezahlung für Arbeit und Bereitstellung ihres Landes, Schutz vor Krankheiten und insbesondere Respekt durch Reiseveranstalter und deren Personal, sowie Touristen, die auf Ausflügen in Kontakt mit Indianern gebracht werden. Die Intelligenz des Menschen ist herausgefordert, mit dem Regenwald, seinen indigenen Völkern und mit Amazonien überhaupt sinnvoll umzugehen.

Pará

Der Amazonasstaat Pará umfasst 1,25 Mio. km², ist also ungefähr dreieinhalbmal so groß wie Deutschland. Tropischer Regenwald bedeckt ihn zum überwiegenden Teil, doch von Süden her und entlang der Landstraßen wird der Wald immer weiter abgeholzt.

Nur knapp 6 Mio. Einwohner leben innerhalb der Grenzen von Pará, davon beinahe die Hälfte im Großraum der Hauptstadt **Belém**. Die Menschen siedeln am Wasser, die Flüsse sind auch heute noch die Verkehrsadern, allen voran der Amazonas. Ausgehend von der Drehscheibe Belém bietet Pará Besuchern nicht bloß **Schiffstouren** in das Labyrinth des unteren Amazonas: Drei Busstunden von Belém laden endlose **Atlantikstrände** ein, die vom internationalen Tourismus noch völlig unberührt sind. Und auf der Amazonasinsel **Marajó** mag man sich in die ostafrikanische Savanne versetzt fühlen und das Glück der Erde auf dem Rücken eines Pferdes suchen. Die blendend weißen Flussstrände des Rio Tapajós um **Alter do Chão** zählen zum Schönsten, was die Amazonasregion zu bieten hat.

16 HIGHLIGHT

Belém

Die Stadt mit vollständigem Namen „Santa Maria de Belém do Grão Pará" verdankt ihre Existenz ihrer strategischen Lage am Südrand des Amazonasdeltas. Von hier aus konnte man den Zugang ins Hinterland kontrollieren, hier hatte man den Schlüssel für ganz Amazonien in der Hand. Auf dem Hügel über der Mündung des **Rio Guamá** in die **Bucht von Guajará** legten die Portugiesen 1616 eine erste Befestigung an und nannten sie „Forte do Presépio" – „die Festung, die die Krippe (von Bethlehem) bewacht". Um 1910 hatte Belém 100 000 Einwohner, war der Hauptausfuhrhafen des Rohgummis und profitierte vom Kautschukboom. So stellten die Erlöse aus den Gummiexporten 39 % der nationalen Gesamteinnahmen dar. Die Stadt Belém verfügte über Elektrizität, Telefone, Straßenbahnen und hatte trotz Tropenhitze eine deutlich europäische Atmosphäre.

Der Kautschukboom verhalf zu den nötigen finanziellen Mitteln für die Errichtung der schönen Denkmäler der Stadt, wie das **Teatro da Paz** und den **Palácio Antônio Lemos**. Viele historische Belle Époque-Bauwerke erinnern noch heute an die Blütezeit Beléms. Der Traum vom grenzenlosen Reichtum war aber schlagartig zu Ende, als die Kautschukplantagen der Engländer in Malaysia das Angebot der Brasilianer mengenmäßig überboten und preislich unterboten.

Während des Zweiten Weltkrieges – Malaysia war von den Japanern besetzt – kam es zu einer zweiten, kurzzeitigen Blüte der Kautschukwirtschaft. Nordamerika brauchte dringend Latex, daher versuchte Henry Ford (erfolglos), eine Plantage südlich von Santarém anzulegen: Brasilien setzte „Dschungelbataillone" ein, um den Kautschuk zu zapfen. Und nach Belém zog es viele tausend *Nordestinos* aus dem verarmten Nordosten Brasiliens.

Belém, diese 1,4-Millionen-Einwohner-Stadt, die nur ein Grad südlich des Äquators und 145 km vom offenen Meer entfernt liegt, ist auch das Tor zum Hinterland. Am **Hafen** der Stadt erkennt man die Orientierung des wirtschaftlichen Lebens zum Wasser hin; auch die **Altstadt**, der Markt und die wichtigsten Kirchen sind in der Nähe der **Baía do Guajará** gelegen.

Einer der bekanntesten und farbenprächtigsten Märkte ganz Brasiliens mit unglaublich skurrilen Waren ist der **Ver-o-Peso** – „Achte auf das Gewicht!". Der Name ist auf die Tatsache zurückzuführen, dass der Markt als eine Art Kontrollstelle gegründet wurde, an der die Portugiesen das Gewicht maßen, um darauf Steuern erheben zu können.

Die grüne Stadt

Anders als in Manaus hat man in Belém nicht den städtischen Baumbestand großflächig vernichtet. So besitzt die Stadt noch heute zahlreiche von Mangobäumen gesäumte Alleen sowie gepflegte Parks und Plätze. Schnell fällt dem Besucher die zentrale **Praça da República** ins Auge, oder auch die **Praça Dom Pedro II** in der Altstadt. Ein „verstecktes" Kleinod ist dagegen die **Praça Batista Campos** an der Av. Serzedelo Correa mit ihren Seen und Brücken, die 2005 zum schönsten Platz Brasiliens gewählt wurde.

Von den Parks sind in erster Linie zu nennen der **Parque Zoobotânico** (S. 624), der auch das Goeldi-Museum beherbergt, der nahe **Parque da Residência** (S. 624), das Naturschutzgebiet **Mangal das Garças** (S. 621 und S. 628) und natürlich der **Jardim Botânico Bosque Rodrigues Alves**, Av. Almirante Barroso 2305, der mit 16 ha ursprünglichem Regenwald eine grüne Lunge der Metropole ist. Über 2000 Baum- und Pflanzenarten sind dort zu bewundern. ⌚ Di–So 8–17 Uhr, Eintritt R$2.

Hafen in der Altstadt von Belém – von hier fahren die Boote zu den kleineren Dörfern und Inseln in der Umgebung der Stadt.

Sehenswertes

Altstadt

Das Zentrum von Belém mit seiner kleinen Altstadt ist einfach zu Fuß zu erkunden. Einen Rundgang sollte man am besten dort beginnen, wo alles anfing: am **Forte do Presépio** (Forte do Castelo). Die Kanonen des Forts zielen immer noch in die Ferne, aber sie sollen auch Besucher anziehen. Deshalb wurden das gesamte Fort und das unter ihm liegende Ufer einem Umbau unterzogen. Von hier aus bietet sich ein prächtiger Blick auf den gegenüberliegenden Ver-o-Peso-Markt, die Bucht und das Treiben der Altstadt.

Im alten Mauerwerk befindet sich das moderne **Museu do Encontro**, das über die Geschichte der Besiedlung der Region informiert. Es zeigt Keramiken, Werkzeuge und Waffen von Tupinambás-Indianern und Portugiesen. Beeindruckend ist die wandgroße Replik eines Gemäldes von Antônio Parreiras (1907), das den Zusammenprall der Kulturen illustriert (das Original befindet sich im Museu do Estado, s. u.). ⌚ Di–Fr 10–18, Sa, So 10–14 Uhr, Eintritt Fort und Museum R$2, Di frei.

Einige Schritte weiter gelangt man zur Jesuitenkirche **Igreja Santo Alexandre** (1719) mit einem der bedeutendsten Museen der Stadt, dem **Museu de Arte Sacra**. Im klimatisierten, schön gestalteten Museum sind von Indianern geschnitzte Heiligenbilder zu sehen, erkennbar an den kürzeren Gliedmaßen, die der damaligen indianischen Physiognomie entsprachen. In einem grünen Innenhof ist ein hübsches Café. ⌚ Di–Fr 10–18, Sa, So 10–14 Uhr, Eintritt R$4, Di frei.

Gleich neben dem Fort liegt der aus dem 18. Jh. stammende Stadtpalast **Casa das Onze Janelas**, der zeitweise als Militärhospital fungierte und heute neben einem hervorragenden Restaurant (s. Essen) ein interessantes Kulturzentrum beheimatet. In vier Sälen werden Gemälde, Fotografien und Keramiken moderner und zeitgenössischer Künstler präsentiert. Vom großen Balkon aus eröffnet sich ein schöner Blick auf die Baía do Guajará. ⌚ Di–Fr 10–18, Sa, So 10–14 Uhr, Eintritt R$2, Di frei.

Halbkreisförmig gruppiert sich um Kastell, Konvent und Kathedrale die **Altstadt im Kolonialstil** mit zierlichen Balkongittern und gefliesten Fassaden aus handbemalten Kacheln. Eine der kunstgeschichtlich bedeutendsten Perioden Beléms war das Schaffen des italienischen Architekten António Landi. Er war 1754 in die Stadt gekommen; hier entwarf er ein Vierteljahrhundert lang nicht nur Sakralbauten, sondern auch den Gouverneurspalast im damals bahnbrechenden klassizistischen Stil. Eine vergleichbare Baulust stellte sich erst wieder um die Jahrhundertwende in der Zeit des Kautschukbooms ein, wobei freilich Quantität oft Vorrang vor Qualität hatte.

Wer aus dem Fort heraustritt, sieht die restaurierte Fassade der **Catedral da Sé** (1748–71), die im Oktober Ausgangspunkt der großen Prozession do Círio de Nazaré ist. Die von Barock und Neoklassik geprägte Kathedrale beherbergt Werke des Malers Domenico de Angelis. ⌚ Mo–Fr 6–20, Sa 10–16, So 6–10, 14–20 Uhr.

Aus der Kirche tretend rechts über die Praça Frei Caetano Brandão (Largo da Sé) erreicht man zwei sehenswerte Museen: Zunächst das **Museu Histórico do Estado do Pará** (MHEP) im Palácio Lauro Sodré (1771), der über 200 Jahre Sitz der Staatsregierung von Pará war. Zu sehen sind einige Möbel und Gemälde aus dieser Zeit, darunter das Werk „Conquista do Amazonas“ von Antônio Parreiras (1907), das mit 8,75 x 4,50 m größte Gemälde Brasiliens. ⌚ Di–Fr 10–18, Sa, So 10–14 Uhr, Eintritt R$2, Di frei.

Gleich links davon liegt im schönen Palácio Antônio Lemos das aufwändig restaurierte **Museu de Arte de Belém** (MABE), in dessen prunk-

Der Park der Reiher

3 km vom Zentrum liegt am Ufer des Rio Guamá der 40 ha große **Parque Ecológico Mangal das Garças**, ein schöner innerstädtischer Park mit Vogel- und Schmetterlingshaus, Orchidarium und Aussichtsturm. Auf seinen Wegen begegnet man freilaufenden Enten, Leguanen und Schildkröten. In einem zwischen Mangroven errichteten Stelzenhaus befinden sich außerdem ein Schifffahrtsmuseum und das außergewöhnliche Restaurant **Manjar das Garças** (s. Essen), mit wunderschönem Ambiente und Flussblick. ⌚ Di–So 9–17.30 Uhr, jede Sehenswürdigkeit R$4, Tagespass R$12.

DER NORDEN

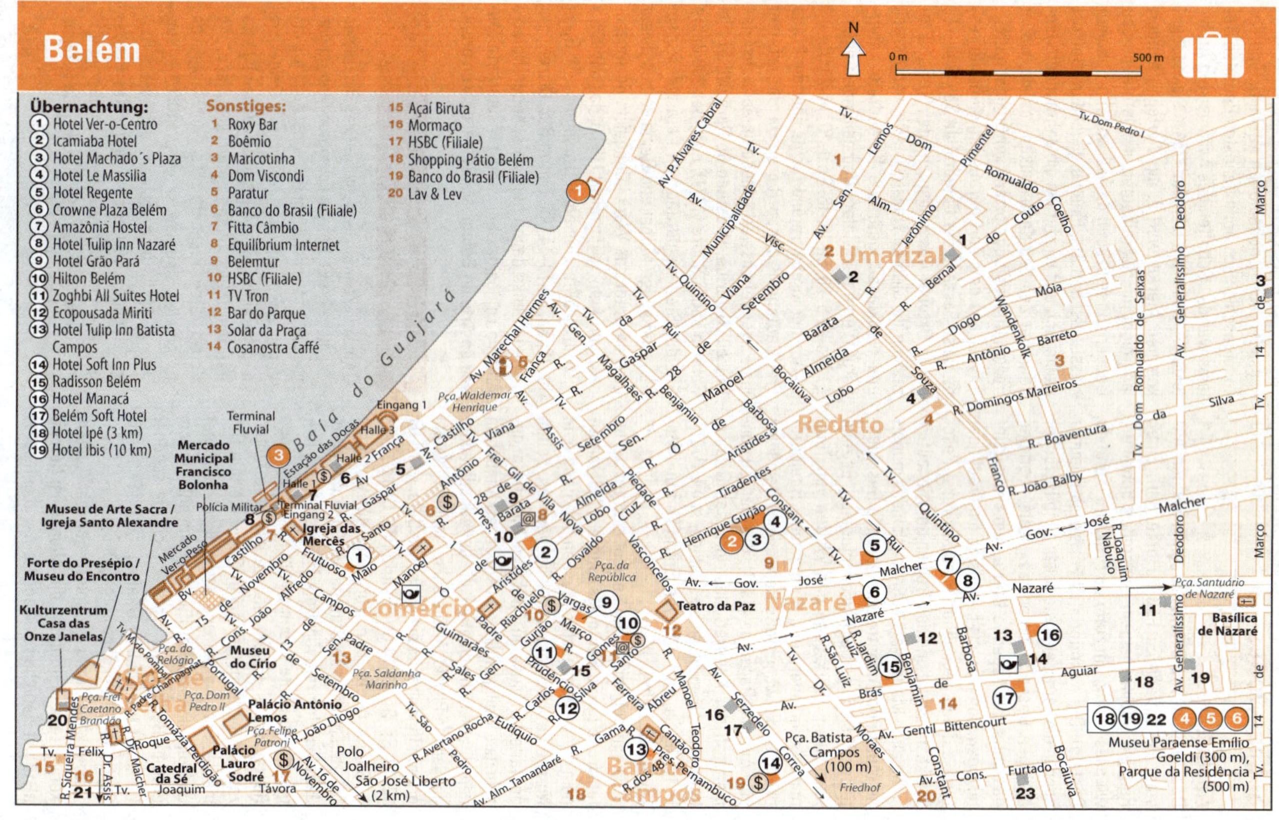
Belém
Übernachtung:
1 Hotel Ver-o-Centro
2 Icamiaba Hotel
3 Hotel Machado´s Plaza
4 Hotel Le Massilia
5 Hotel Regente
6 Crowne Plaza Belém
7 Amazônia Hostel
8 Hotel Tulip Inn Nazaré
9 Hotel Grão Pará
10 Hilton Belém
11 Zoghbi All Suites Hotel
12 Ecopousada Miriti
13 Hotel Tulip Inn Batista Campos
14 Hotel Soft Inn Plus
15 Radisson Belém
16 Hotel Manacá
17 Belém Soft Hotel
18 Hotel Ipê (3 km)
19 Hotel Ibis (10 km)
Sonstiges:
1 Roxy Bar
2 Boêmio
3 Maricotinha
4 Dom Viscondi
5 Paratur
6 Banco do Brasil (Filiale)
7 Fitta Câmbio
8 Equilíbrium Internet
9 Belemtur
10 HSBC (Filiale)
11 TV Tron
12 Bar do Parque
13 Solar da Praça
14 Cosanostra Caffé
15 Açaí Biruta
16 Mormaço
17 HSBC (Filiale)
18 Shopping Pátio Belém
19 Banco do Brasil (Filiale)
20 Lav & Lev
N
0 m
500 m
Baía do Guajará
Umarizal
Reduto
Nazaré
Comércio
Batista Campos
Cidade Velha
Terminal Fluvial
Mercado Municipal Francisco Bolonha
Museu de Arte Sacra / Igreja Santo Alexandre
Forte do Presépio / Museu do Encontro
Kulturzentrum Casa das Onze Janelas
Polícia Militar
Mercado Ver-o-Peso
Estação das Docas
Halle 1
Halle 2
Halle 3
Eingang 1
Eingang 2
Igreja das Mercês
Pça. Waldemar Henrique
Pça. da República
Teatro da Paz
Pça. Saldanha Marinho
Pça. do Relógio
Pça. Dom Pedro II
Pça. Frei Caetano Brandão
Pça. Felipe Patroni
Museu do Círio
Palácio Antônio Lemos
Palácio Lauro Sodré
Catedral da Sé
Polo Joalheiro São José Liberto (2 km)
Pça. Batista Campos (100 m)
Friedhof
Pça. Santuário de Nazaré
Basílica de Nazaré
Museu Paraense Emílio Goeldi (300 m), Parque da Residência (500 m)
Av. Marechal Hermes
Av. P. Álvares Cabral
Tv. Dom Pedro I
Av. Gov. José Malcher
Av. Nazaré
Av. Generalíssimo Deodoro
Tv. Dom Romualdo de Seixas
R. Boaventura da Silva
R. Domingos Marreiros
R. Antônio Barreto
R. Diogo Móia
Wandenkolk
R. Jerônimo Pimentel
Romualdo Coelho
Av. Visc. de Souza Franco
R. João Balby
R. Joaquim Nabuco
Tv. Quintino Bocaiúva
Tv. Rui Barbosa
Av. Almeida Lobo
R. Henrique Gurjão
R. Tiradentes
R. Aristides Lobo
R. Ó de Almeida
R. Manoel Barata
R. 28 de Setembro
R. Gaspar Viana
Tv. Frei Gil de Vila Nova
Av. Pres. Vargas
R. Osvaldo Cruz
R. Vasconcelos
R. Benjamin Constant
Av. Assis
R. Carlos Gomes
R. Riachuelo
R. Santo Antônio
R. Manoel Dias
Av. Serzedelo Corrêa
R. Ferreira Cantão
Tv. Padre Eutíquio
R. Gama Abreu
R. Pres. Pernambuco
R. dos 48
Av. Alm. Tamandaré
R. Avertano Rocha
Tv. São Pedro
R. João Diogo
R. Tomázia Perdigão
R. Siqueira Mendes
R. Dr. Malcher
Dr. Assis
Tv. Félix Roque
Tv. Joaquim Távora
Av. 16 de Novembro
R. Padre Champagnat
Tv. Campos Sales
Tv. 1° de Março
R. Jardim Luiz
R. São Luiz
R. Brás de Aguiar
Av. Gentil Bittencourt
Av. Cons. Furtado
Tv. 14 de Março
R. Teodoro

vollen Sälen zahlreiche Kunstwerke und Zeugnisse aus der Geschichte Beléms ausgestellt sind. ⌚ Di–Fr 10–18, Sa, So 9–13 Uhr, Eintritt frei.

Gegenüber, in der Rua Padre Champagnat, befindet sich da **Museu do Círio**, das der Geschichte der berühmtesten Prozession Brasiliens gewidmet ist (S. 631). ⌚ Di–Fr 10–18, Sa, So 10–14 Uhr, Eintritt R$2, Di frei.

Am Hafen

Wer die hübsche **Praça Dom Pedro II** – ein typischer Platz der Gründerjahre mit Palmen und einem kleinen See – überquert und sich am Wasser hält, sieht schon von weitem die markantesten Zeugnisse der früheren Blütezeit der Stadt: die Markthalle mit den Spitzgiebeln am Flusshafen. Das Gebäude mit den Türmen beherbergte ehemals die Staatskasse, Baujahr 1688. Die Halle, die als schmiedeeiserner Bausatz aus Glasgow importiert worden war, dient heute als **Fischmarkt**, umgeben von rund 2000 Verkaufsständen und dem nach vierjähriger Restauration 2011 wiedereröffneten Fleischmarkt **Mercado Municipal Francisco Bolonha**, in dem auch Kunsthandwerk und andere Artikel verkauft werden (⌚ Di–So 8–18 Uhr).

Das tägliche Spektakel von Belém ist der berühmte **Markt Ver-o-Peso**: „Achte auf das Gewicht". Im Hafenbecken dümpeln Holzboote, aus deren Leibern gekühlte Fische an Land geworfen und in der lärmigen Fischhalle angeboten werden. Zwischen Straße und Ufer schließt sich ein Labyrinth aus einigen hundert Buden an, die duftende Gewürze, Heilkräuter, tropische Früchte, gebratenen Fisch, Fleischspießchen und Suppe verkaufen. Der interessanteste Teil des Marktes ist der, wo Heilkräuter und Heilwurzeln, Schlangenhäute, Jacaré-Zähne und Amulette mit geheimnisvollen Kräften angeboten werden. Dort gibt es auch Geschäfte mit Zaubersachen und wunderschönen religiösen Gegenständen für die afro-brasilianischen Umbanda-Rituale. Am Vormittag ist das Markttreiben allgemein am interessantesten.

Auf dem Markt werden Frugalien nicht nur gehandelt, sondern auch gleich verspachtelt. Rund 100 **Futterkrippen** will man gezählt haben – jedenfalls gibt es kaum einen besseren Tipp, als sich hier mal umzusehen und den Löffel in die Hand zu nehmen. Ängste vor möglicher Vergiftung sind unangebracht: Die Zubereitung ist durchaus hygienisch, nur bei Salaten ist ein wenig Zurückhaltung geboten.

Soweit gestärkt sollte man ein wenig die Uferpromenade entlang spazieren. Man stößt nach rund 500 m auf die zu Erlebniszentren umgebauten Lagerhallen **Estação das Docas**. Am **Terminal Fluvial**, gleich zu Beginn, befinden sich die Anleger für Bootsausflüge, in den Hallen 1 und 2 gibt es Restaurants, Bars, Souvenirstände und Geschäfte. Am Abend trifft sich in den Docas *tout* Belém – eine wahrlich erfolgreiche Umwandlung der ehemals heruntergekommenen Zone!

Praça da República und Nazaré

Der Rückweg führt durch die Travessa Frutuoso Guimarães. An der ersten Ecke links steht die **Igreja das Mercês**, die Kirche des Klosters N. S. das Mercês aus dem Jahr 1640. Sie wurde im 18. Jh. angeblich unter Beteiligung des italienischen Architekten António Landi restauriert.

Aus der Kirche heraustretend geht's nach links bis zur Avenida Presidente Vargas; sie verbindet die Altstadt (Cidade Velha) mit der Neu-

stadt (Cidade Nova) und ist eine der geschäftigsten Straßen Beléms. Ein Stück nach rechts hinauf ist mit der **Praça da República** das Zentrum der Neustadt erreicht. Dort befindet sich am Ende des Platzes das mächtige neoklassizistische **Teatro da Paz** (1868–78) mit seinen imposanten Marmorsäulen sowie Spiegeln und Leuchtern aus venezianischem Kristall. Zur Zeit des Kautschukbooms fanden hier bedeutende Aufführungen von internationalem Rang statt. Und hier versuchte Carlos Gomes, der noch vom Kaiser geförderte Komponist von Opern im italienischen Stil *(O Guarani)*, sein Lebenswerk zu vollenden. Das vollständig renovierte Theater kann besichtigt werden. Die Führungen sind auch ohne Portugiesisch-Kenntnisse interessant, man beachte z. B. das ausgeklügelte natürliche Belüftungssystem mit Luftschächten unter den Sitzen. ⌚ Di–Fr 9–17, Sa 9–11 Uhr, Führungen jede volle Stunde, Eintritt R$4, Mi frei.

Hinter dem Theater, am äußersten Ende des Platzes, geht's nach links in die Avenida Nazaré und ein längeres Stück bis zur farbenfrohen **Basílica de Nazaré** an der rechten Straßenseite. Der mächtige Bau im romanischen Stil (1909–23) wurde nach dem Vorbild der römischen Basílica de São Paulo errichtet, die Standortwahl geht zurück auf eine im Jahr 1700 hier gefundene Statue der Hl. Nossa Senhora de Nazaré. Alljährlich am zweiten Sonntag im Oktober findet ihr zu Ehren die berühmte Prozession do Círio de Nazaré statt, das größte religiöse Fest Brasiliens (S. 631). Ihr Verlauf entspricht fast unserem Stadtrundgang: Catedral da Sé, Boulevard Castilho França (Hafen und Mercado Ver-o-Peso), Av. Presidente Vargas und Av. Nazaré bis zur Basílica (5 km). ⌚ tgl. 6–20 Uhr.

Wer die Av. Nazaré etwas weiter geht, kommt zum **Museu Paraense Emílio Goeldi**, Av. Magalhães Barata 376. 1866 vom Naturforscher Domingos Soares Ferreira Pena gegründet, hatte der Deutschschweizer Emil Goeldi 1900 aus dem Raritätenkabinett ein modernes Museum geschaffen, das heute in der Erforschung Amazoniens führend ist. Hier befindet sich – neben zahlreichen archäologischen Objekten und Ausstellungsstücken indianischer Herkunft – ein schöner zoologisch-botanischer Garten mit beeindruckender Vegetation und über 1000 Tieren, darunter einigen bedrohten Arten. ⌚ Di–So 9–17 Uhr, Eintritt R$2.

Der Spaziergang lässt sich noch ein Stück fortsetzen, nur einen Block weiter erreicht man den **Parque da Residência**, dessen Hauptgebäude Gouverneurssitz war und heute das Kulturministerium beherbergt. In dem hübschen Anwesen befindet sich neben einem Theater (Estação Gasômetro) und einem guten Restaurant (s. Essen S. 626) noch ein alter Eisenbahnwaggon mit integrierter Eisdiele (derzeit in Restauration) – ein schöner Abschluss des Rundgangs!

Ein schmuckes Ausflugsziel

Ein lohnenswerter Ausflug führt zum **Pólo Joalheiro São José Liberto**, Praça Amazonas. Das 1749 als Franziskanerkloster errichtete Gebäude fungierte von 1843 bis 2000 als Gefängnis für Schwerverbrecher, ehe es nach Gefangenenaufständen geschlossen wurde. Die alte Gefängniskapelle ist noch gut erhalten, ebenso eine der Zellen. Im Innern befinden sich das **Museu de Gemas do Pará**, ein Edelsteinmuseum, und der **Pólo Joalheiro**, wo man bei der Schmuckherstellung zuschauen und auch Schmuck kaufen kann. In der dahinter liegenden **Casa do Artesão**, eine Halle mit Amphitheater, werden Kunsthandwerk, Kleidung, Likör oder Kosmetik aus dem Amazonas verkauft, auch Café und Eisdiele sind vorhanden. Im Innenhof des gepflegten Areals beeindrucken Tausende um einen Springbrunnen liegende Rosenquarze und Bergkristalle. ⌚ Di–Sa 9–19, So 10–19 Uhr, Eintritt Museum R$4, Di frei.

ÜBERNACHTUNG

Es gibt eine ganze Reihe sauberer und sicherer Komfort- und Mittelklassehotels, auf der anderen Seite Dutzende Mottenburgen, die wegen mangelnder Hygiene und Sicherheit kaum zu empfehlen sind.
Billighotels befinden sich im **Geschäftsviertel** (Comércio). Hier ist man zwar nah an den Sehenswürdigkeiten der Altstadt, aber die Gegend ist abends und ab Sa Mittag wie ausgestorben. Je näher an der **Praça República**, desto besser. Am schönsten (und sichersten)

sind die Wohnviertel rund um den Stadtteil **Nazaré**.

Grundsätzlich empfiehlt es sich in Belém, nach **Rabatt** zu fragen *(desconto)*, besonders an Wochenenden, bei längeren Aufenthalten (ab 3 Tage) und/oder Barzahlung (10–20 % möglich). Problematisch wird es während des Karnevals und des Círio-Festes – dann sind Buchungen beinahe sinnlos, die Hotels verdreifachen die Preise.

In der Regenzeit (Jan–Mai) sollten die Hotelfenster geschlossen bleiben, um das Hab und Gut vor Kondenswasser und Muff zu schützen. Sofern nichts anderes angegeben ist, bieten die genannten Hotels WLAN gratis und es werden keine weiteren Gebühren erhoben.

Zentrum

Hotel Ver-o-Centro, Trav. Frutuoso Guimarães 215, ✆ 91/3212 8348, 💻 www.verocentro.com.br. Eines der besten Hotels seiner Kategorie, kürzlich renoviert. Einfach, aber sauber und gepflegt. Geräumige Zimmer mit AC, TV, Frigobar. Frühstück wird auf dem Zimmer serviert. Kein WLAN. ❷

Icamiaba Hotel, Rua Ó de Almeida 476, ✆ 91/3224 7700, 💻 www.icamiabahotel.com.br. Das schon ältere Hotel ist einem Facelifting unterzogen worden und nun mit frischen Farben und neuen Betten durchaus akzeptabel. ❷

Hotel Grão Pará, Av. Pres. Vargas 718, ✆ 91/3321 2121, 💻 www.hotelgraopara.com.br. Die orange-grüne Farbgebung am Eingang ist nicht jedermanns Sache, doch insgesamt ist dieses Hotel ein guter Deal – vor allem dank der Lage an der Praça República. 150 großzügige Zimmer auf 15 Etagen, modernes Bad. Tipp: Zimmer mit Aussicht auf die Praça wählen, ansonsten Blick in den Innenhof. ❷–❸

Ecopousada Miriti, Trav. Padre Prudêncio 656, ✆ 91/3252 2218, 💻 www.miritipousada.com.br. Eine kleine Oase im Zentrum von Belém: 13 nette Apartments (AC) sowie ein hübscher Innenhof und Küche, alles ist hell, ruhig und familiär. Auf Anfrage auch Mehrbettzimmer. ❸

Zoghbi All Suites Hotel, Rua Ferreira Cantão 100, ✆ 91/3230 3555, 💻 www.zoghbi.com.br. 70er-Jahre-Hotel in ruhiger Straße und zentral gelegen. Die 54 Suiten haben AC, TV, Frigobar, Bad, Wohnzimmer und Küche. Pool auf dem Dach, Restaurant. 5 % Tax. ❸

Hotel Soft Inn Plus, Av. Gentil Bittencourt 85, Batista Campos, ✆ 91/3323 7171, 💻 www.gruposolare.com.br. Neues „super-ökonomisches" Hotel der Tulip-Gruppe, 238 Zimmer auf 6 Etagen, kleine Zimmer (12–15 m²) mit Split AC und schmalen Betten, alles recht charmefrei, aber okay. Frühstück R$12 p. P., 5 % Tax. ❸–❹

Hotel Tulip Inn Batista Campos, Trav. Pres. Pernambuco 116, ✆ 91/3342 2121, 💻 www.bhg.net/hoteis. Smartes Business-Hotel nahe Shopping Pátio Belém mit 90 freundlich hellen Zimmern. 5 % Tax. ❻–❼

Hilton Belém, Av. Presidente Vargas 882, ✆ 91/4006 7000, 0800/728 0888, 💻 www.belem.hilton.com. Das Hilton ist fast schon ein Wahrzeichen der Stadt. 361 Zimmer und alle Einrichtungen, die in dieser Preisklasse üblich sind: AC, Minibar, Kabel-TV, Pool, Sauna usw. Die Zimmer in den obersten Stockwerken bieten eine großartige Aussicht auf die Praça da República. Ein eigener Flügel ist für Frauen reserviert („Lady Room"), mit speziell dekorierten Zimmern. Das sehr gute Frühstück wird im rund um die Uhr geöffneten Buffet-Restaurant **Açaí** serviert (Lunch/Dinner R$55 p. P.). Do ab 19 Uhr Live-Musik am Pool (kein Couvert). Angebote bei Buchung übers Internet. WLAN R$32/Tag (R$6 langsamere Verbindung), 5 % Tax. ❻–❽

Nazaré

Amazônia Hostel, Av. Gov. José Malcher 592, Nazaré, ✆ 91/3278 4355, 💻 www.amazoniahostel.com.br. HI-Hostel in restauriertem 19.-Jh.-Haus mit kleinem Vorgarten. Lage an stark befahrener Straße, aber in guter Gegend. Gemeinschaftsraum mit Parkett und hohen Fenstern. 6er-Dorms (R$48–58) mit AC und Ventilator (kleine Duschzellen ohne Warmwasser). Einfache DZ, z. T. ohne Bad (R$95–115). Wäsche (R$20), Transfer zu Rodoviária (R$20) oder Flughafen (R$40–50, bis 4 Pers.). ❷

Belém Soft Hotel, Av. Brás de Aguiar 612, ✆ 91/3323 3400, 💻 www.belemsofthotel.com.br.

Kahle Flure, alles ist etwas düster, dafür ist man in einer der besten Gegenden, in der man abends vieles zu Fuß erreichen kann. ❹

Hotel Le Massilia, Rua Henrique Gurjão 236, ✆ 91/3222 2834, 💻 www.massilia.com.br. Geschmackvolle und sehr gepflegte Pousada mit 21 großen, ganz unterschiedlichen Zimmern. Charmant sind die Sofas und Hängematten auf der Laubengangveranda. Im Hof Pflanzen, Palmen und ein großer Pool mit Holzliegestühlen. Die direkte Umgebung ist zwar nicht die hübscheste, aber man ist nah an Nazaré. Insgesamt eine exzellente Option unter französischer Leitung, möglichst früh reservieren (mind. 1 Woche vorher). 10 % Rabatt bei Barzahlung. Restaurant. ❸–❹

Hotel Manacá, Trav. Quintino Bocaiúva 1645, ✆ 91/3222 9224, 💻 www.manacahotel.com.br. Nettes Hotel in einer Villa, die 19 renovierten Zimmer sind hübsch gestaltet und gut in Schuss. An den Wänden Kunsthandwerk, netter Pool mit Sitzgelegenheit unter einem Mangobaum. Tipp: Zimmer zum Garten wählen (ruhiger). 20 % Rabatt bei Barzahlung. ❺

Hotel Tulip Inn Nazaré, Av. Nazaré 569, ✆ 91/3321 7177, 💻 www.tulipinnnazare.com. Beste Lage in Nazaré, 100 Zimmer, Pool, Restaurant. 5 % Tax. Am Wochenende billiger (R$200). ❺–❼

Hotel Machado s Plaza, Rua Henrique Gurjão 200, Reduto, ✆ 91/4008 9800, 💻 www.machadosplazahotel.com.br. Gutes Hotel neben dem Le Massilia. Geschmackvolle Lobby mit Ledersesseln, neues Mobiliar auch auf den Zimmern, dazu ein Mini-Pool auf der Dachterrasse. Offizieller Preis R$260, doch es gibt *Descontos*. ❻

Hotel Regente, Av. Gov. José Malcher 485, ✆ 91/3181 5000, 💻 www.hotelregente.com.br. Bewährtes Hotel, angenehmer Aufenthalt garantiert, v. a. dank der zentralen Lage. Die älteren Zimmer hinken stilistisch etwas hinterher, sind aber funktional und bequem, einige sind bereits modernisiert. Von den Top-Hotels in Belém das preiswerteste. Gutes Restaurant, schöner Pool. WLAN R$20/Tag. ❻–❼

Crowne Plaza Belém, Av. Nazaré 375, ✆ 91/3202 2000, 💻 www.crownebelem.com.br. Schon von weitem fällt das schmale, eigelbe Luxushotel ins Auge. 173 Zimmer auf 17 Etagen, toll ist der Pool auf dem Dach mit Blick über Belém. Sehr komfortable Zimmer (R$385–415, Fr–So ab R$310), z. T. recht niedrige Decken. 10 % Tax. ❼–❽

Radisson Belém, Av. Braz de Aguiar 321, ✆ 91/3205 1399, 💻 www.atlanticahotels.com.br. Hervorragendes neues Luxushotel, 153 Zimmer auf 14 Etagen, sehr große Zimmer mit Kingsize-Betten, schickes Design, große LCD-Fernseher, 2 Split AC, Work Station usw. Auf dem Dach herrlicher Pool mit Lounge und super Aussicht. Fr–So ab R$219. 15 % Tax. ❼–❽

Nähe Rodoviária

Hotel Ipê, Av. Gov. José Malcher 2953, São Brás, ✆ 91/3204 4100, 💻 www.hotelipe.com.br. Ordentliches Budgethotel, helle Zimmer, sehr kleines Bad. Fußläufig zur Rodoviária (200 m). Zimmer zur Hauptstraße vermeiden! ❷–❸

Nähe Flughafen

Hotel Ibis, Av. Júlio César 1675, Val-de-Cans, ✆ 91/3344 5650, 💻 www.ibis.com.br. Neuer Hotelklotz, praktisch im Vorgarten des Hotel Vila Rica. Eine Option, wenn man früh abfliegen muss. Frühstück kostet extra. ❹

ESSEN

Belém ist voller Bordsteinbars und Futterkrippen – selbst wer knapp bei Kasse ist, braucht hier nicht zu hungern. Um den Ver-o-Peso-Markt herum muss man geradezu aufpassen, um nicht in Suppentöpfe zu treten. Ein absoluter Hit sind die Saftstände mit Mixgetränken von **Früchten**, für deren Namen es oft keine deutsche Entsprechung gibt. Die regionale Küche von Pará ist in den letzten Jahren in ganz Brasilien bekannt geworden und erfährt in den Spitzenrestaurants des Landes Wertschätzung. Schon die Namen der Zutaten verraten die **indianischen Wurzeln**: *Caruru, Tacacá, Tucupi, Vatapá, Maniçoba, Jambu, Açaí* ... dafür gibt es keine deutschen Bezeichnungen. Wie der Schweinsbraten in Bayern, so ist die Ente à Tucupi hier das

In der Heimat des Açaí

Keinesfalls darf man Belém verlassen, ohne **Açaí** gegessen zu haben, eines der Hauptnahrungsmittel der *Paraenses*. Anders als im übrigen Brasilien, wo Açaí als süße Nachspeise mit Bananen und Müsli daherkommt, liebt man die lilafarbene Creme hier als Beilage zu Fleisch, Fisch oder Krabben. Dabei wird Açaí entweder pur beigegeben, oder man isst es mit viel Zucker sowie dem grobkörnigen *Farinha d'Água* (aus Maniok). Der Kontrast aus „sehr salzig" und „sehr süß" mag für manchen gewöhnungsbedürftig sein, Touristen wird es daher nachgesehen, wenn sie die Beilage getrennt essen. Zu unterscheiden ist das „weiße Açaí" *(branco)*, das zwar eher grünbraun wirkt, dennoch sehr lecker ist.

Bester Ort zum Probieren ist der **Point do Açaí**, Boulevard Castilho França 744, gegenüber Estação das Docas (zwei weitere Filialen in der Cidade Velha), in einem renovierten Kolonialhaus mit Tischen auf drei klimatisierten Etagen. Der Açaí ist hier cremig, frisch und in bester Qualität (nichts Eingefrorenes). Tipp: *Chapa Mista Paraense* (R$82/3 Pers.), eine große Platte u. a. mit Fisch, Carne-de-Sol, Krabben, Gemüse, Pommes – und 1 l Açaí. Natürlich gibt es auch süßen *Açaí na Tigela*, dazu sehr gute Sucos. Fr/Sa Live-Musik ab 20 Uhr. ◷ Di–Sa 11–22.30, So, Mo 11–16 Uhr.

Flaggschiff auf dem Teller. **Pato no tucupi** muss man gegessen haben! Als Sättigungsbeilage Maniok in allen Formen. Die Maniokblätter *(Maniva)* bedürfen einer besonderen Behandlung und werden sparsamst als Kraut *(Tucupi)* eingesetzt, das beim Verzehr die Zunge in einen kribbeligen und beinahe betäubten Zustand versetzt. Als Zwischengericht auch an der Straßenecke: **Tacacá-Suppe**, zum Schlürfen aus der Schale *(Cuia)*. Und dann natürlich die **Speisefische** aus dem Amazonas, darunter der Gigant Pirarucu, der bis zu 2,5 m lang werden kann, und der köstliche Filhote (eine Art Wels).

Neben den indianischen Einflüssen gibt es weitere: So lebt in Pará die zweitgrößte japanische Kolonie Brasiliens, deshalb ist es nicht verwunderlich, dass es in Belém ein Dutzend Sushi-Bars gibt. Auch eine eigene **Brauerei** hat Belém, die Cerpa/SA, die unter bayerischer Regie ein leichtes Bier braut. An manchen Orten bekommt man es sogar frisch vom Fass.

Zentrum

Estação das Docas, Boulevard Castilho França. Dieser Fress- und Vergnügungstempel ist aus Belém nicht mehr wegzudenken. Eine gelungene Umwandlung von Docks und Lagerschuppen in eine luftige Konstruktion am Wasser, unter deren Dach sich ein Dutzend Kneipen, Bars und Restaurants zusammengefunden haben – darunter Top-Restaurants wie Lá em Casa, Capone und Spazzio Verdi. ◷ Mo–Mi 10–24, Do–Sa 10–3, So 9–24 Uhr.

Lá em Casa, Estação das Docas, Halle 2. Das Restaurant rühmt sich verdientermaßen vieler Auszeichnungen. Es gibt keinen besseren Ort in Belém, um die Bandbreite der Amazonasküche auszuprobieren (R$32–50), wie Ente in Manioksauce *(Pato no tucupi)*, gegrillter Fisch *(Pirarucu na chapa)*, gesottener Wels *(Filhote)*, Fischsuppe mit aromatischen Kräutern und Maniokbrei *(Caldeirada)* oder das Menu Paraense (von allem etwas, R$78/2 Pers.). Besonders gut ist *Corridinho de Peixe* (R$56/1–2 Pers.), eine Auswahl aus 6 Amazonasfischen mit Jambu-Reis, Feijão und Cupuaçu-Saft. Mittags köstliches *All-you-can-eat*-Buffet inkl. Nachtisch (12–15 Uhr, R$45–49). Ab 17 Uhr Tacacá (R$12). ◷ So–Mi 12–24, Do–Sa 12–2 Uhr.

Mãe Natureza, Rua Sen. Manoel Barata 889, Comércio. Der erste Vegetarier der Stadt hat ein kleines, aber feines Buffet (R$39/kg) mit guten Gerichten wie *Caranguejo Naturalista* (aus Kohl) oder Gemüselasagne. Dazu vegetarische Feijão, Jambu-Pizza und frische Salate. ◷ Mo–Fr 11.30–15, Sa 12–14.30 Uhr.

Higashi, Rua Ó de Almeida 509. Guter Kilo-Japaner, aber nicht billig (R$48). Mit Sushi teurer (R$60). Im 2. OG kleineres Buffet für R$16 (*all you can eat*, ohne Sushi). ◷ tgl. 11–15 Uhr.

K' Delícias, Rua Carlos Gomes 237. Gutes Kilo-Restaurant (R$39–44), belebtes und nettes Ambiente. Weitere Filialen im Zentrum. ⌚ tgl. 11–15 Uhr.

Manjar das Garças, im Parque Mangal das Garças, Cidade Velha. Fantastisches Restaurant in ganz besonderem Ambiente, sehr schön zum Sonnenuntergang mit Blick auf den Rio Guamá (Barbetrieb 16–20 Uhr). Mittags köstliches *all you can eat*-Buffet (R$54, inkl. Nachtisch), abends à la carte. Stets Live-Musik: Jazz, MPB (Couvert R$4). Ein lohnenswerter Ausflug! ⌚ Di–So 12–16, Di–Sa 20–1 Uhr.

Nazaré und São Brás

Avenida, Av. Nazaré 1086, 1. OG. Eins der ältesten Restaurants im Amazonas (1945), auch einige Kellner sind schon seit 30 Jahren dabei. Serviert wird gute regionale Küche nach Slow-Food-Ansatz, besonders das *All you can eat*-Buffet (R$31–34, nur Fr und So Mittag) eignet sich bestens, um mal unverfänglich *Pato do Tucupi* zu probieren. Ideal in Kombination mit Besuch der Basílica. ⌚ Di–So 11.30–15.30, 19.30–24 Uhr.

Divina Comida, Av. Serzedelo Correa 168. Nettes, klimatisiertes Self-Service (R$49–52/kg). ⌚ So–Fr 11.30–15 Uhr.

Hikari Sushi, Av. Serzedelo Correa 610. Bester Japaner der Stadt, z. B. 5 Sushi und 15 Sashimi für R$46. ⌚ Di–So 12–15, 19–24 Uhr.

Spazzio Verdi, Av. Brás de Aguiar 824. Hervorragendes Self-Service mit großer Auswahl an Pasta, Fisch, Fleisch, Sushi und frischen Torten (R$39–50/kg). Dazu wechselnde Angebote, z. B. Pizza für R$10. ⌚ tgl. 11–24, Sa/So Frühstück 7–10.45 Uhr.

Tasca Mercado, Trav. Quintino Bocaiúva 1696. Charmante Atmosphäre in restauriertem Haus mit Steinmauern und Holzbalken. Sehr guter Kaffee, frisch gebackener Kuchen und Sandwiches, die man sich am Tresen zusammenstellen kann (R$60/kg). ⌚ tgl. 11–24 Uhr.

Famiglia Sicilia, Av. Cons. Furtado 1420, Batista Campos. Das Restaurant ist berühmt für seine Fusion von italienischer mit Pará-Küche. Selbst wer sonst nicht auf Ente steht, dem wird sie hier schmecken: *Arancini de Pato,* 4 leckere Bällchen (R$18). Ebenfalls genial: die hausgemachten Ravioli mit Ricota und Physalis-Gelee in Pilzsoße (R$39) und *Peixe à Jean Nunes* (R$59), Fischstreifen in Tomaten-Krabben-Soße mit leichtem Kürbispüree. Ein toller Nachtisch ist „Dolce Paula": Brownie in Schokosoße mit Creme-Eis und Sahne (R$16). Alle Nudeln, Brot usw. sind hausgemacht, dazu gute Weine. Hervorragender Service mit gelegentlichen Showelementen wie Tanz- und Gesangseinlagen der Kellner (mit Light-Show). Vor Weihnachten speziell choreographierte Auftritte, dann nur mit Reservierung. ⌚ Mo–Sa 18.30–24, So 11.30–15.30 Uhr.

Spoleto, Trav. Quintino Bocaiúva 1704. Beliebtes Nudelrestaurant. Die Pasta wird an einem Tresen nach den Wünschen der Gäste zubereitet. Zur Wahl stehen 16 Nudelsorten und über 30 Zutaten für die Soße, z. B. Penne mit 8 Zutaten für R$18. ⌚ tgl. 11.30–23 Uhr.

Benjamin, Trav. Benjamin Constant 1361. Vornehme Gourmetadresse, auch hier werden regionale und internationale Küche kombiniert. Qualität und Service rechtfertigen die höheren Preise, abends à la carte, mittags Menü (R$40). ⌚ Di–Sa 12–16, 19–24, So 12–16 Uhr.

Pomme d'Or, Av. Gen. Deodoro 1513. Beliebtes, sehr gutes Mittagsbuffet in einer hübschen Villa (R$48/kg). ⌚ tgl. 11.30–15.30 Uhr.

Restô do Parque, Av. Mag. Barata 830, Parque da Residência. Gutes Self-Service (R$50/kg) im ehemaligen Park der Gouverneure. Umliegend große Grünfläche, alles ist hübsch restauriert. ⌚ Di–So 12–15.30 Uhr.

Sorveteria Cairu, Estação das Docas (Halle 2). Hier gibt's das beste Eis der Stadt (mehrere Filialen), köstliche Sorten aus frischen Amazonasfrüchten (Tipp: *Paraense* aus Açaí und Tapioca), eine Riesenkugel kostet R$4. ⌚ Mo–Sa 10–24, So 9–22 Uhr.

Umarizal

A Forneria, Trav. Antônio Barreto 948. Zeitgenössische Küche mit italienischen Wurzeln in edlem, aber nicht unterkühltem Ambiente (schöner Innenhof mit Springbrunnen). Tolles Vorspeisenbuffet. Tipp: Filhote ao Curry Paraense (R$80/2 Pers.), ein sehr zart gegrillter Wels mit 17 regionalen Gewürzen in Shitake-Jambu-Bett, dazu Santarém-Püree!

Lecker auch die hausgemachte Rondelle mit geräuchertem Huhn, Provolone und Basilikum (R$68/2 Pers.). Man kann zwei Gerichte bestellen, die getrennt auf die Teller kommen. Auch Pizza und Spitzen-Sucos (Erdbeer-Kiwi!). ◷ Di–Sa 19–23.30, So 12–15, 19–23.30 Uhr.

Xícara da Silva, Av. Visconde de Souza Franco 978. Pizzeria und Café, schön draußen unter Bäumen oder innen klimatisiert, künstlerische Speisekarten. Tipp: *Pizza da Vovó* mit Jambu-Kräutern und Krabben (R$49). ◷ tgl. 18–24 Uhr.

Cia. Paulista de Pizza, Av. Visconde de Souza Franco 559. Beliebtes Restaurant mit Nudeln, Salaten und einer der besten Pizzas der Stadt. Die „Große" gibt es für R$44–50. ◷ tgl. 12–15.30, Mo–Sa 18–1 Uhr.

Picanha & Cia., Rua Bernal do Couto 260. Wer einen Eiweißschock nicht fürchtet oder ausgehungert ist, darf an dieser Churrascaria (à la carte) nicht vorübergehen! Der Grillpalast bietet das beste Fleisch vom Rost in Belém, die Picanha ist einfach Spitze. Die Preise sind angemessen (R$27–41). ◷ Di–So 12–15, 18.30–24 Uhr.

Außerhalb der City

Marulho's und **Trapiche**, Av. Bernardo Sayão 4906 bzw. 4804, Guamá, sind zwei benachbarte Restaurants auf Stelzen im Rio Guamá und begeistern nicht nur durch ihre Lage, sondern auch durch die leckeren Fischteller. Im Marulho's gibt es Sa/So ein gutes Mittagsbuffet (R$29–33 pauschal), à la carte sollte man *Filhote na Brasa* bestellen: der Preis variiert nach Gewicht des Filetstücks (ab R$39, 250 g reichen für 2 Pers.). ◷ Marulho's (im Hotel Beira Rio): tgl. 12–15, 19–21.30 Uhr; Trapiche: So–Do 12–15.30, Fr, Sa 12–2 Uhr.

NACHTLEBEN

Die Nächte von Belém sind heiß, aber erträglicher als die Tage. Kein Wunder, dass die halbe Stadt ab Sonnenuntergang bis weit nach Mitternacht auf den Beinen ist. Bevorzugt ist die Flussnähe, wo eine kühle Brise weht. Der Umbau der alten **Docks** zu einer überdachten Vergnügungsmeile wurde in Belém als größter Fortschritt seit Jahrzehnten begrüßt. Weitere nette Bars und Cafés befinden sich in den Stadtteilen **Nazaré** und **Umarizal**, hier vor allemum die Av. Visconde de Souza Franco – oft mit hervorragender Live-Musik, in die sich karibische Rhythmen mischen. Tradition und Moderne begegnen sich in einzigartigen Musikstilen wie *Carimbó*, *Boi-Bumbá* oder auch dem (gewöhnungsbedürftigen) *Tecno-brega*. Die **Cidade Velha** (Altstadt) ist wegen ihrer Bars ebenfalls einen Besuch wert (Anfahrt per Taxi ca. R$12–20).

Zentrum

In der **Estação das Docas** gibt es neben Restaurants auch zwei beliebte Open-Air-Bars (s. u.). Durch die Anlage „schwebt" eine unter dem Hallendach montierte, fahrbare Bühne, auf der ab 21 Uhr Live-Musik gespielt wird (Couvert überall R$2 p. P.).

Amazon Beer, Halle 1. Eine Kneipe, die ihr eigenes Bier braut (ohne Konservierungsstoffe). Am besten schmeckt das süffige *Forest* mit üppigem Schaumrand. Mo–Mi Happy Hour „All you can eat and drink" (18.30–21 Uhr, R$42). ◷ Mo–Do 17–24, Fr 17–2, Sa 11–2, So 11–24 Uhr.

Marujos, beim Terminal Fluvial. Schöne Atmosphäre bei Sonnenuntergang mit Blick auf den Strom. Die Karte birgt angenehme Überraschungen wie den *Grão Pará* (gegrilltes Fischfilet in cremiger Tucupi-Soße, Shrimps und Jambu-Reis, R$41). Von Mo–Mi „Happy Hour do Chopp" (18–21 Uhr); der 2,5-l-Bierturm (Torre de Chopp) kostet R$27. Einzige Bar in den Docas mit eigener Live-Musik (MPB, Couvert R$4 p. P.). ◷ So–Do 10–24, Fr, Sa 10–2 Uhr.

Sicherheit

Wie in allen großen Städten ist es ratsam, Wertsachen im Hotelsafe zu lassen und unauffällig gekleidet zu sein. Nach Einbruch der Dunkelheit sollte man nicht mehr durch Straßen laufen, die man nicht kennt. Dies gilt v. a. für die Gegend um den **Ver-o-Peso-Markt** und die **Cidade Velha** (Altstadt). Auch um die **Praça República** herum ist spätabends Vorsicht angebracht. Wer in einem Hotel in der Altstadt logiert oder dort eine Bar besuchen will, sollte Taxi fahren (tagsüber nicht nötig).

Bar do Parque, Praça da República. Der Pavillon unter den Mangobäumen neben dem Teatro da Paz ist der klassische Treffpunkt der Bohème von Belém. Auf der Speisekarte: eisgekühltes Bier aus Flasche und Dose, nett am frühen Abend. ⌚ 24 Std.

Solar da Praça, Rua Praça da Bandeira 72. Abtanzen zu Forró, Brega und v. a. Samba/ Pagode in Haus mit hübscher Kolonialfassade. ⌚ Fr, Sa 18–2 Uhr, Eintritt frei.

Cidade Velha

Boteco das Onze, Casa das Onze Janelas, Largo da Sé. Edles Bar-Restaurant in historischen Mauern; dazu passt der Live-Jazz und die Bossa Nova, die man im Café auf der Veranda spielt (ab 21 Uhr, Couvert R$6–10 p. P.). Beliebter Ort zur Happy Hour mit tollem Blick auf Fluss und Fort – herrlich, sich hier von der Brise abkühlen zu lassen. Auch die Küche ist hervorragend: 3-Gänge-Mittagsmenü (R$40), abends *Filhote à la Belle Munier* (in Champignon-Krabben--Soße mit Jambu-Reis und Kartoffeln, R$56) – ein Gedicht! Am Wochenende Tanz und gute Stimmung. ⌚ Mo 17–24, Di–So 12–1 Uhr.

Açaí Biruta, Rua Siqueira Mendes 186–314. Große Open-Air-Location am Fluss mit diversen Bühnen, Bars, Sofas und Hängematten. Lockere Atmosphäre und günstige Drinks. Fr Pagode/ Sertanejo, Sa zum Sonnenuntergang Reggae/ Rock. ⌚ Fr 23–5, Sa 16–24 Uhr, Eintritt R$15–20, Touristen oft gratis („Tourist for free").

Nazaré

Cosanostra Caffé, Trav. Benjamin Constant 1499. Das „Cosa" ist bekannt für gute Live-Musik: u. a. Chorinho, MPB, Jazz (tgl. ab 22 Uhr, Couvert R$5). Am meisten ist Di los (Rock, Pop), Mi gibt's Salsa und Merengue. Auch kann man gut essen in dieser schick gestalteten Bar. ⌚ tgl. 12–3 Uhr (oder länger).

Umarizal

Roxy Bar, Av. Senador Lemos 231. Schön dekorierte Bar mit gemusterten Fliesen, Spiegel, alten Schreibmaschinen, Antiquitäten, Videoleinwand – und einer Mona Lisa, wie man sie noch nicht gesehen hat ... Das Publikum ist schick, aber nicht überkandidelt. Dazu gute Küche und Chope schon für R$4. An der Kreuzung weitere Bars und Clubs, zu denen man hoppen kann. ⌚ tgl. 19.30–1 Uhr, Fr, Sa bis frühmorgens.

Maricotinha, Rua Domingos Marreiros 279. Tolle Lounge-Bar mit guten Drinks, gestyltes Publikum, Sa Live-Pagode ab 16 Uhr. ⌚ Do, Fr 18–4, Sa 16–24 Uhr.

Boêmio, Av. Visc. de Souza Franco 555. Nettes Bar-Restaurant mit Tischen draußen und drinnen (AC). Fr/Sa ist die Bude rappelvoll (Couvert R$5). ⌚ Mo–Fr 18–2, Sa, So 12–2 Uhr.

€ **Dom Viscondi**, Av. Visc. de Souza Franco 1032. Gemütliche Bar mit Tischen auf dem Gehsteig. Beliebter Treffpunkt von Studenten, immer was los auch dank der günstigen Bierpreise (Happy Hour bis 24 Uhr). ⌚ Mo–Do 17–1, Fr, Sa 16–3, So 17–1 Uhr.

Andere Stadtteile

A Pororoca, Av. Senador Lemos 3316, Sacramenta. Riesiger Open-Air-Tanztempel für volkstümliche Tecnobrega- und Reggae-Partys. Fr mit 6000 Leuten zum Bersten voll. ⌚ Do–Sa 22–4, So 21–2 Uhr, Eintritt R$10–15.

Hier tanzt Belém

Mormaço, Pass. Carn. da Rocha, Beira Rio. Achtung, Kulturschock! Wer nach einem Dinner im benachbarten Edelrestaurant Manjar das Garças diese lässig-legere Bar aufsucht, gelangt vorbei an einem spelunkigen Schiffsanleger zu einem Steg, auf dem ganz Belém sonntags den Sonnenuntergang verfolgt und ab 18 Uhr auf den Tischen tanzt. An den anderen Tagen geht es ruhiger zu. Live-Musik: Fr Rock/ Reggae, Sa DJ, So regionaler Rock. ⌚ Fr 16–4, Sa 12–23, So 11–24 Uhr, Eintritt R$15.

SONSTIGES

Einkaufen

Auf der Praça República findet So ein **Markt für Kunsthandwerk** statt (Feira de Artesanato). ⌚ So 9–14 Uhr. Das **Shopping Pátio Belém**, Trav. Padre Eutíquio, ist eine moderne Mall. ⌚ tgl. 10–22 Uhr.

Geld

Banco do Brasil, Av. Pres. Vargas 248, ⌚ Mo–Fr 10–16, Geldautomat 6–20 Uhr (alle Karten); Av. Gentil Bittencourt, ⌚ Mo–Fr 10–16, Geldautomat 6–22 Uhr. **HSBC**, Av. Pres. Vargas und Rua João Diogo 140. ⌚ Mo–Fr 10–16, Geldautomat 7–20 Uhr (alle Karten). Geldautomaten auch in der **Estação das Docas** (zwischen Halle 1 und 2) und vor dem **Hilton Hotel** (alle Karten).
Geldwechsel (mit Reisepass!): **Fitta Câmbio**, Estação das Docas (Terminal Fluvial), ⌚ Mo–Fr 10–19, Sa, So 10–14 Uhr; Flughafen, Mo–Sa 8–24, So 10–18 Uhr.

Informationen

Paratur, Praça Waldemar Henrique, ✆ 91/3110 8700, 💻 www.paraturismo.pa.gov.br. Hochkompetent und sehr hilfreich mit Infos, inkl. Stadtpläne. ⌚ Mo–Fr 8–17 Uhr. Infostand am Flughafen, ✆ 91/3210 6330. ⌚ tgl. 8–22 Uhr.
Belemtur, Av. Gov. José Malcher 257, Memorial dos Povos, ✆ 91/3230 3920.
Der monatliche Kulturkalender *Informativo Cultural* informiert über Events, sonst noch die Tageszeitungen *O Liberal* und *Diário do Pará* mit ihren Veranstaltungstipps (So).

Internet

Equilíbrium, Rua Ó de Almeida 533. R$3. ⌚ Mo–Sa 8–18 Uhr.
TV Tron, Av. Pres. Vargas 882. Im Hilton. R$6. ⌚ tgl. 8–18 Uhr.

Medizinische Hilfe

Hospital Porto Dias, Av. Almirante Barroso 1454, Marco, ✆ 91/3084 3000.

Touranbieter und Reisebüros

Valeverde, Terminal Fluvial (Estação das Docas) und Flughafen, ✆ 91/3212 3388, 💻 www.valeverdeturismo.com.br. Stadtrundfahrten (ab 9 oder 14 Uhr, 3 1/2 Std., R$90 bzw. R$113 Engl.), Ausflüge nach Icoaraci (3 1/2 Std., R$90/113) sowie diverse Bootstouren, u. a. bei Sonnenuntergang (Kasten S. 632) sowie Inseln Mosqueiro (7 Std., R$190/238), Marajó (2 Tage, R$390) und Papagaios (Di, Do, Sa ab 4.30 Uhr, 4 Std., R$160). Auf den Booten gibt es oft Live-Musik. Bei einigen Touren englisch-

DER NORDEN

Círio de Nazaré

So nennt sich das **größte religiöse Fest** in Brasilien, das seit 1793 gefeiert wird. Es geht auf ein Wunder zurück, das die Patronin der Fischer, die Heilige Mutter von Nazareth, vollbracht haben soll. Böllerschüsse dröhnen durch die feuchtwarmen Dunstschwaden der erwachenden Stadt. Es ist zweiter Oktobersonntag in Belém, Höhepunkt im Festkalender der Hauptstadt an der Amazonasmündung. Seit mehr als 200 Jahren wiederholt sich das Ritual des Círio, der größten Wallfahrt Brasiliens zu Ehren der Patronin Parás **„Unserer Lieben Frau von Nazareth"**. Bis zu zwei Mio. Menschen sind dann auf den Beinen und klammern sich an das Seil, das wie ein langer Schwanz dem Gnadenbild folgt. Auf dem Platz vor der Kathedrale sammeln sich die Wallfahrer um einen Schrein, in den nach dem ersten Hochamt die kleine Marienfigur mit dem Jesuskind gestellt wird. Langsam setzt sich der Zug im ersten Morgenlicht in Bewegung. Religiöse Lieder rauschen auf, durch Lautsprecher bis zur Unkenntlichkeit verstärkt, durch Klatschen und Feuerwerkskörper immer wieder überstimmt. Jeder Fensterplatz der mit Fahnen und Spruchbändern geschmückten Häuser an der 6 km langen Via Sacra ist besetzt. Die Gehsteige und die grünen Tunnel der Mango-Alleen können die Schaulustigen kaum fassen. Sogar die Taschendiebe haben Mühe, sich nach vollzogener Tat von ihren Opfern zu entfernen.
Nach sechs Stunden erschöpfender Prozession ist das Gnadenbild wieder da, wo es vor 250 Jahren von einem Jäger im Urwald an einem Rinnsal gefunden wurde. Heute erhebt sich an der Stelle die Basilika „Unsere Liebe Frau von Nazareth", eine Nachbildung von Sankt Paul in Rom. Die Marienfigur ist bester alpiner Barock aus der Werkstatt des aus Südtirol stammenden Jesuiten Hans Xaver Treyer, der von 1703–37 in Belém gewirkt hat.

Bootsfahrt mit Folklore

Ein nettes Programm am Spätnachmittag sind die stimmungsvollen Flusstouren zum Sonnenuntergang **„Orla ao entardecer"** (Di–So 17.30 Uhr, 1 1/2 Std., R$40), die eine schöne Aussicht auf die abendlich beleuchtete Stadt gewähren. Zunächst gibt es einige Infos zu Belém, doch die meiste Zeit werden an Bord sinnliche regionale Tänze aufgeführt (auch zum Mittanzen), dazu spielt eine klasse Band um Sänger Allan Roffé eingängige Rhythmen, v. a. Carimbó, Lundu, Xote und Retumbão. Eine schöne, nicht anstrengende Tour (auch für Kinder), buchbar bei Valeverde, s. Touranbieter.

sprachige Guides (25 % Aufschlag). ⌚ Di–So 10–22 Uhr.

Brazil Amazon Turismo, Tv. Vileta 2456, Marco, ✆ 91/3246 7573, 💻 www.brazilamazontur.com.br. Sehr gute Agentur, alle Standardtouren, dazu City-Tour zu den schönsten Parks der Stadt (3 1/2 Std., R$150), Salinópolis (12 Std., R$510), Marajó (2–3 Tage, auf Anfrage), Mosqueiro (7 Std., R$310/2 Pers.) oder Flusstouren; Preise für 2 Pers. Englisch.

Amazon Star, Rua Henrique Gurjão 210, Reduto, ✆ 91/3241 8624, 💻 www.amazonstar.com.br. ⌚ Mo–Fr 8–18, Sa 8–12 Uhr.

Wäscherei

Lav & Lev, Trav. Dr. Moraes 576, ✆ 91/3223 7247. Selberwaschen (R$20 bis 7 kg), Waschenlassen (R$30). Lieferservice (R$10/Fahrt). ⌚ Mo–Sa 8–18 Uhr.

NAHVERKEHR

Busse

Die vorbildlich gekennzeichneten Busse verkehren bis ca. 24 Uhr (R$2,20), schon an der Farbe ist das Fahrtziel zu erkennen. Busse zum **Flughafen** fahren entlang der Av. Hermes an der Estação das Docas vorbei *(E. Marex/Arsenal)*, noch besser (weil näher zu den meisten Hotels) ist ein Zustieg an den Haltestellen der Av. Pres. Vargas, Bus *Pratinha/Pres. Vargas* (30–40 Min.). Alle Busse nach „São Brás" halten am **Busbahnhof**, Einstieg Av. Pres. Vargas.

Taxis

Águia Rádio Taxi gibt 20 % Rabatt bei Fahrten über R$10, ✆ 91/3276 2212.

Zentrum bis Flughafen R$33–38, zur Rodoviária R$15–18, von Praça da República bis Estação das Docas R$10.

TRANSPORT

Flüge

Aeroporto Internacional de Belém, Val-de-Cans, 12 km vom Zentrum, ✆ 91/3210 6039, moderner, sehr angenehmer Flughafen.

Fluggesellschaften

Azul/Trip, ✆ 91/3210 6519;
Gol, ✆ 91/3210 6326; **Sete**, ✆ 91/3210 6450;
TAM, ✆ 91/3210 6405.
Surinam Airways, ✆ 91/3210 6436 fliegt u. a. nach Paramaribo (Surinam).

Lufttaxis

Kleinflugzeuge starten vom Lokalflughafen **Júlio César**, Av. Senador Lemos, nahe Flughafen Val-de-Cans. **Soure Táxi Aéreo**, ✆ 91/3233 4986, bietet Charter-Lufttaxi-Service nach Soure/Marajó (30 Min., R$1500 bis 5 Pers., reservieren).

Busse

Rodoviária, ✆ 91/3266 2625, São Brás, 3 km vom Zentrum. Im Busbahnhof Gepäckaufbewahrung, Bankautomaten, Internet usw.

Fortaleza: Guanabara, ✆ 91/3323 1953, tgl. 7.30, 11.30 und 13 Uhr, 27 Std., R$263.

Marudá: Rápido Excelsior, ✆ 91/3249 6365, tgl. 6, 9, 12.30, 14.30 und 16.30 Uhr, 3 1/2 Std., R$23. Weiter nach Algodoal: Fähre um 9, 11, 13.30 und 17 Uhr, Fr–So 9, 10.30, 12.30, 14.30 und 17 Uhr (30–45 Min., R$6).

Salinópolis: Boa Esperança, ✆ 91/3266 0033, tgl. 6, 9, 13, 16.15 und 18 Uhr, 4 Std., R$29.

São Luís: Boa Esperança und Transbrasiliana, ✆ 91/3226 1243, tgl. 9, 19 und 20 Uhr, 12 Std., R$123.

Boote

Terminal Hidroviário (Schuppen 10 der Docks von Pará), Av. Marechal Hermes, am Ende der Av. Visconde de Souza (nachts unsicher).

Zum Kauf der Tickets ist keine Agentur nötig – diese nehmen z. T. happige Kommissionen – alle Karten sind bis kurz vor Abfahrt am Hafen erhältlich. Infos zu Abfahrtszeiten an den Kais.

Camará (Ilha de Marajó): Banav, ☎ 91/8047 2440, und Arapari, ☎ 91/3212 0785, tgl. 6.30 und 14.30 (So nur 10 Uhr), 3 Std., R$19. Von Camará mit Minibus Edgar weiter über **Salvaterra** mit Flussfähre nach **Soure** (30–40 Min., R$12), oder Minibus nach **Joanes** (20 Min., R$6).

Macapá: São Francisco de Paula, ☎ 91/8151 7762, Mi 11, Sa 13 Uhr, 20–24 Std., Hängematte (R$130), Kabine mit Bett/AC (R$450/2 Pers.); AR Transportes, ☎ 91/3224 1225, Di, Fr 10 Uhr, 24 Std., Hängematte (R$130), Bett (R$200).

Manaus (5 Tage, Hängematte ca. R$250, Kabine ca. R$500 p. P.) und **Santarém** (3 Tage, Hängematte ca. R$200, Kabine ca. R$400 p. P.): Abfahrt Mi und jeden 2. Fr 18 Uhr. Infos: 💻 www.artransporte.com.br, ☎ 91/3224 1225.

Umgebung von Belém

Icoaraci

Ein schöner Tagesausflug führt nach Icoaraci (25 km, Anfahrt mit Stadtbus „Icoaraci/Paracuri via Base", zurück „Icoaraci/Ver-o-Peso"). Hier leben viele Kunsthandwerker, die die berühmten, einst von der indianischen Urbevölkerung angefertigten **Marajoara-Keramiken** nachbilden (auch der Tapajônica und Maracá). Praktisch das gesamte Viertel **Paracuri** ist mit 200 Produktions- und Verkaufsstätten ein einziger Markt. Von hier werden die Produkte in über 170 Länder exportiert. Die farbigen Stücke, besonders Vasen, kann man günstig kaufen, auch ist es möglich bei der Produktion zuzusehen, z. B. bei **Mestre Anísio** in der Tv. Soledade 740, 💻 www.anisioartesanato.com.br. 🕒 Mo–Fr 8–12, 14–18, Sa 8–12 Uhr.

Im Anschluss empfiehlt sich ein Spaziergang an der Strandpromenade, wo man in einigen gu-

DER NORDEN

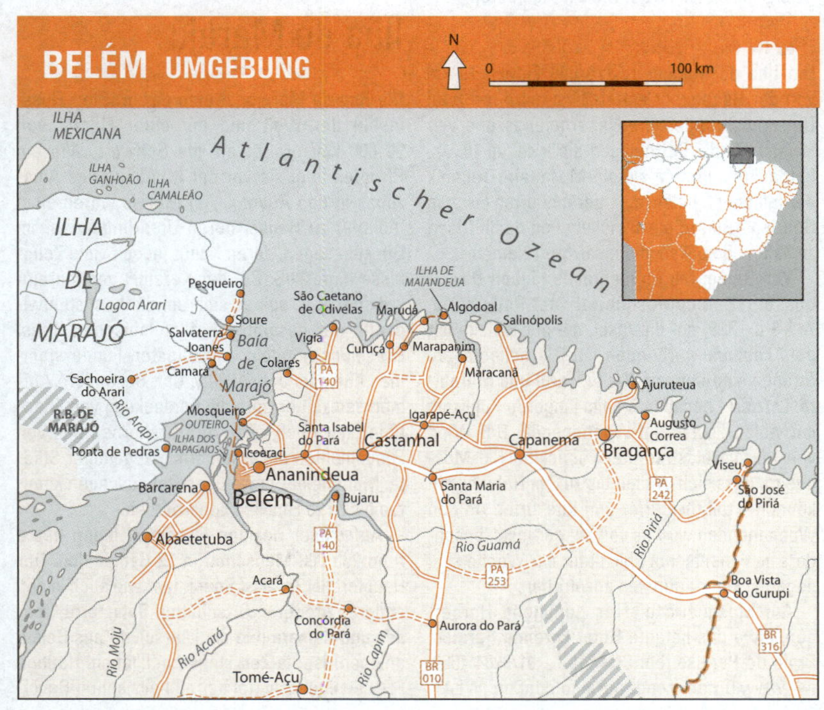

ten **Fischrestaurants** einkehren kann, z. B. bei **Na Telha**, Rua Siqueira Mendes 263, hier wird der Fisch im heißen Ziegelstein serviert, man bestellt am besten *Peixe na Telha* (R$66), fangfrischer Fisch in der Spezialsoße des Hauses mit Reis und Pirão. ⏱ tgl. 11–16, 18–23 Uhr (Anfahrt mit Mototaxi).

Bei ausreichender Zeit und Lust lässt sich noch ein Ausflug auf die **Ilha do Outeiro** anschließen, wo ein lockeres Strandambiente, z. B. an der Praia do Amor oder Praia Grande, mit Holzhüttengastronomie wartet.

Ilha dos Papagaios

Wer wenig Zeit hat, Amazonasluft zu schnuppern, sollte einen Kurzausflug zur Papageieninsel in der Bucht von Guajará machen, rund 10 km von den Kais von Belém entfernt. Hier findet sich sozusagen in der Nussschale das Flussleben der *Caboclos* (Häusler, Kleinbauern) und ihrer Stelzenhäuser am Strom. Touren zur Papageieninsel bieten so gut wie alle Agenturen an.

Ilha do Mosqueiro

Die Ilha do Mosqueiro (70 000 Einw.), 70 km von der Hauptstadt entfernt, ist mit ihren zwei Dutzend Stränden *die* Naherholungszone von Belém. Als die Portugiesen die Insel im 18. Jh. entdeckten, lernten sie die Mosqueiro-Technik der Indianer kennen, d. h. geräucherten Fisch in Guarumã-Blätter einzuwickeln und damit frisch zu halten. So bekam die Insel ihren Namen.

Von Belém fahren mehrmals täglich Direktbusse („Belém/Mosqueiro" ab Rodoviária, 1–2 Std., R$8) auf die Insel, die per Brücke mit dem Festland verbunden ist. Die beliebtesten Strände sind **Chapéu Virado**, **Farol** und **Murubira**, Letzterer besonders beim jüngeren Publikum mit vielen Festen am Wochenende. Der Wind von Marajó bläst so stark über den Rio Mosqueiro, dass sich Wellen bis zu 2 m Höhe bilden können – toll für Surfer und Kitesurfer. An den Wochenenden wird es voll auf der Insel, besonders im Ferienmonat Juli, unter der Woche sind dagegen kaum Touristen anzutreffen.

Auf Mosqueiro gibt es genügend Herbergen, etwa das betagte **Hotel Fazenda Paraíso**, Praia do Paraíso (am Strand), ✆ 91/3204 4666, 💻 www.hotelfazendaparaiso.com.br, WLAN R$20/Tag, ❹; das an ein Badehotel aus alten Zeiten erinnernde **Hotel Farol**, Praça Princesa Isabel 3295, ✆ 91/3771 1219, WLAN R$5/Tag, ❸–❹; oder das einfache **Hotel Pouso dos Arirambas**, Estrada São Francisco, ✆ 91/3772 2020, 💻 www.pousodosarirambas.com.br, dessen Besitzer Gilvana Tavares auch Ausflüge organisiert. ❶–❷

Kulinarisch sucht man die **Tapiocaria** an der Praça da Matriz gegenüber vom Mercado Municipal auf, wo in 19 Boxen frische Tapiocas angeboten werden. Am Wochenende ist hier nur schwer ein freier Stuhl zu finden. Sehr lecker sind die „feuchten", auf einem Bananenblatt servierten *Tapiocas molhadas* mit Kokosraspeln (R$3–7). ⏱ Mo–Do 5–24 Uhr, Fr–So durchgehend.

Auf der Insel verkehren Mototaxis (ca. R$5) und Inselbusse (R$2,25), auch das Ausleihen von Fahrrädern oder Motorrädern bietet sich an.

Ilha de Marajó

Die Ilha de Marajó ist eine der größten Flussinseln der Welt und mit einer Fläche von 50 000 km² größer als die Schweiz. Wie ein Pfropfen liegt sie vor der Mündung des Amazonas in den Atlantik. Auf Marajó waren einst Indianer zu Hause, deren Ursprünge zwar im Dunkeln liegen, deren Kultur jedoch viele Zeugnisse hinterließ. Bei der Keramik der Marajó-Indianer z. B. soll es sich um die höchstentwickelte der gesamten präkolumbischen Kunst Brasiliens handeln. Die ältesten Funde stammen aus dem Jahr 1000 v. Chr. Besondere Aufmerksamkeit erregte die Entdeckung von Friedhöfen mit reich verzierten Graburnen und von Fundamenten terrassenförmig angelegter Städte. Manche der gewaltigen Behausungen konnten bis zu 20 Familien beherbergen.

Auf dieser riesigen Flussinsel leben heute rund 250 000 Menschen in 12 Gemeinden. Der Hauptort der Insel ist **Soure**. Hier wie auch in den anderen größeren Ortschaften **Salvaterra**, **Joanes** und **Camará** (wo die Fährschiffe aus Belém anlegen) ist die Zeit stehen geblieben. Häufige Fortbewegungsmittel der einheimischen Bevölkerung sind Büffel. Der im 19. Jh. aus Südostasien eingeführte Wasserbüffel hat sich bestens angepasst, und die gesamte Landwirtschaft Marajós basiert auf ihm. Autos sind dagegen kaum verbreitet. Stattdessen bewegt man sich neben dem erwähnten Büffel viel mit Kanu, Pferd, Fahrrad und Motorrad fort. Die östlichen Gemeinden lassen sich übrigens auch gut mit einem Mietrad erkunden.

Die noch weitgehend unberührte Inselvegetation ist im Westen mit dichtem **tropischem Regenwald**, im Süden und Osten von **Grassavanne** bedeckt und fast menschenleer. Nur der westliche Teil wird während der **Regenzeit** (Jan–Juni) überflutet, das Leben im bewohnten östlichen Teil läuft dagegen normal weiter. Die Flüsse sind sehr fischreich mit riesigen Wels- und Barscharten. Außerdem existieren auf der Insel Tausende von Vogelarten, darunter Reiher, Tukan, Roter Ibis, Greifvögel und Kuckucksarten sowie Affen, Tapire, Alligatoren, Kaimane und sehr selten auch Riesenschildkröten.

Die **Strände** auf Marajó sind meist feinsandig und schlammfrei. Während der Trockenzeit (Sep–Dez) vermischen sich hier Süßwasserströme mit dem Salzwasser des Atlantiks. Eine Alternative zum Badeurlaub sind „Ferien auf dem Bauernhof" auf einer Fazenda.

Soure

Die lebhafte „Hauptstadt" von Marajó (rund 20 000 Einw.) wurde vor knapp 150 Jahren nach New Yorker Vorbild mit nummerierten Straßen konzipiert und bietet die beste Infrastruktur für einen Aufenthalt auf der Insel. Von der Nachbarstadt Salvaterra wird Soure durch einen breiten Fluss getrennt, der nur mittels einer umständlich operierenden Autofähre oder kleinen Personenbarken überquert werden kann. Da auch der Fährhafen in Camará auf der anderen Flussseite liegt, sind An- und Abreise entsprechend zeitaufwendig.

Dennoch lohnt sich ein Besuch, denn neben den meisten Hotels, Restaurants und Bars der Insel liegen im Umkreis von 20 km auch zahlreiche attraktive Flussstrände. Besonders empfehlenswert ist ein Ausflug zur nahe gelegenen **Praia Barra Velha** (3 km), ein schöner und sauberer Strand mit teils kristallklarem, blauem Wasser, der über einen 350 m langen Steg durch Mangrovenwald erreicht wird. Am Strand bieten Barracas *Água de Coco* und Fischgerichte an. Zur Linken sieht man die sehr hübsche **Praia de Araruna** (4 km), ebenfalls umgeben von Mangrovenwäldern – sehr eindrucksvoll bei Niedrigwasser, wenn die Roten Ibisse auf ihren Bäumen sitzen und sich auf Krustentieren stürzen, die im Schlamm auftauchen. Die **Praia do Pesqueiro** (12 km) ist der Favorit der Einheimischen, viele Strandbars und Musik bestimmen das Bild. Alle Strände sind an den Wochenenden und im Juli sehr belebt, unter der Woche ist man dagegen oft fast für sich.

ÜBERNACHTUNG

Nirgendwo wird Tax erhoben. WLAN ist, wenn vorhanden, meist gratis.

€ **Casa Alemã**, Rua 8, Nr. 1975, ✆ 91/3741 1234, 💻 www.bernardo-pe.com. Nette Pousada eines deutsch-brasilianischen Paares mit großem Garten, in dem Gänse, Katzen und Hunde herumlaufen und 40 Tropenfrüchte wachsen. Im Haupthaus gibt es eine schöne Suite (R$90, AC), das Gästehaus hat 4 Zimmer (eins mit AC und Bad), Veranda mit Hängematten und Küche. Tolles Frühstück im Tropengarten. Besitzer Bernd hilft bei Ausflügen. Fahrradverleih (R$10/Tag). ❶–❷

Pousada Ilha Bela, Rua 1, Ecke Trav. 13, ✆ 91/3741 1313, 💻 www.ilhabelamarajo.blogspot.com. Einfache Unterkunft in bester Lage mit 8 Zimmern, Restaurant und Snack-Bar. Kein WLAN. ❷

Pousada O Canto do Francês, Rua 6, Ecke Trav. 8, ✆ 91/3741 1298, 💻 www.ocantodofrances.blogspot.com. Charmantes franko-brasilianisches Haus mit 9 gepflegten, modernen Zimmern (AC, TV), eine exzellente Option. Außen Veranda mit Hängematten. ❷–❸

Fazenda São Jerônimo, Tucumanduba (5 km), ✆ 91/3741 2093, 💻 www.marajo.tk. Verfügt über 5 Suiten (AC, Frigobar), einen eigenen hübschen Strand und über Senhor Brito, den freundlichen Patron. Die Fazenda bietet sich als Tagesausflug an (R$150, inkl. Kanu, Büffel-

Grassavanne und feinsandige Strände prägen den östlichen Teil der Ilha de Marajó.

reiten und Mittagessen) oder für 2–3 Std. (R$50). Gutes Restaurant, mit Reservierung. Kein WLAN. ❸

ESSEN

Die Restaurants in Soure und allgemein auf Marajó sind von der schlichten, rustikalen Art. Fischgerichte neben Fleischküche auf der Basis von Büffel (kein Geschmacksunterschied zum Normalrind).

Paraíso Verde, Trav. 17, Ecke Rua 10. Die erste Wahl für ein mageres Büffelfilet, z. B. *Filé Marajoara* (Büffel mit Käse überbacken in tropischer Fruchtsoße wie Mango oder Cupuaçu). Die Tische stehen idyllisch unter Bäumen, alle Zutaten sind frisch, Früchte kommen aus dem eigenen Garten. ⌚ tgl. 11.30–14, 19–22 Uhr.

Solar do Bola, Rua 8, Nr. 872. Nettes Restaurant mit Tischen auf dem Gehweg. Gerichte für R$15–20 (Krabben, Fisch, Büffel usw.), auch Sandwiches und Pizzas. ⌚ tgl. 11.30–14, 18–24 Uhr.

Ponto Certo, Rua 4, zw. Trav. 15/16. Guter und günstiger *Prato Feito* (R$10). ⌚ Mo–Sa 9–24, So 16–24 Uhr.

SONSTIGES

Einkaufen

Keramikherstellung: In der Trav. 23, zwischen Rua 11/12, führt Töpfer **Ronaldo** vor, wie die indianischen Keramiken entstehen und erläutert die Symbolik der ansprechenden Stücke. Auch bei **M'barayo Cerâmica** von Carlos Amaral (zw. Rua 3/4). ⌚ tgl. 8–12, Mo–Sa 14–18 Uhr.

Lederherstellung: Den gesamten Fertigungsprozess von der frischen Tierhaut bis zum Endprodukt (Taschen, Schuhe, Gürtel usw.) erläutert José Antenor in seiner **Curtume Marajó**, Rua 1, Nr. 450. Wer günstig hochwertige Sachen aus Büffelleder erstehen will, wird hier fündig. ⌚ tgl. 8–12, Mo–Sa 14–18 Uhr.

Geld

Banco do Brasil, Rua 3, Nr. 1560. ⌚ tgl.10–15 Uhr, Geldautomat 6–22 Uhr.

TRANSPORT

Boote nach Belém (von Camará): Banav und Arapari, tgl. 6.30 und 15 Uhr (So nur 15 Uhr), 3 Std., R$19.

Von/nach **Camará**: Der Van von **Edgar** fährt vom Hafen bis vor die Haustür, zurück wird

man in der Pousada abgeholt (R$12). Möglichst früh reservieren.
Fähren nach **Salvaterra** fahren 12x tgl. bis 19 Uhr, Personenbarken (*Rabeta*, R$2) permanent.
In Soure ist **Mototaxi** das beste Verkehrsmittel (R$4, bis Praia Barra Velha R$5, bis Praia do Pesqueiro R$10).

Salvaterra und Joanes

Gegenüber von Soure auf der anderen Flussseite befindet sich **Salvaterra** (8000 Einw.), ein meist ruhiger Ort, der einen im Juli sehr belebten Party-Strand (**Praia Grande**, 1 km vom Zentrum) sowie ein paar Geschäfte, Restaurants und Hotels vorweisen kann.

Wer es noch ruhiger haben will, fährt ein paar Kilometer weiter ins beschauliche Fischerdorf **Joanes** (1500 Einw.). Hier befindet sich ein schöner Strand mit kleinen Fischrestaurants, ansonsten ist nichts los. Hauptanziehungspunkt ist die **Pousada do Ventania Rio-Mar**. Der öffentliche Transport ist prekär, es fährt nur 2x tgl. ein Van nach Salvaterra (R$6).

ÜBERNACHTUNG

Salvaterra

Pousada Boto, Rua Alcindo Cancela, ✆ 91/3765 1539, 💻 www.pousadaboto.com.br. Nette Pousada, in der man auch zelten kann, mit schattigem Garten und 11 gemütlichen Zimmern, Restaurant, Fahrradverleih. 10 Gehmin. vom Zentrum. WLAN R$5/Aufenthalt. ❷

Pousada dos Guarás, Praia Grande (2 km), ✆ 91/4005 5656, 💻 www.pousadadosguaras.com.br. Pousada im Stil eines Ferienresorts, direkt am Strand gelegen mit Pool, Restaurant und eigenem Hochseilklettergarten (R$10), man balanciert über den im Teich badenden Wasserbüffeln. 50 Zimmer mit AC und Moskitoschutz. ❹

Joanes

Pousada Ventania do Rio-Mar, Rua 4, Nr. 3, ✆ 91/3646 2067, 💻 www.pousadaventania.com. Die Besitzer haben sich hier ihr kleines Paradies erschaffen, v. a. morgens tolle Aussicht auf den Strand. 13 individuell gestaltete, sehr naturnahe Zimmer mit Ventilatoren und Moskitonetzen, der stets starke Wind sorgt für Erfrischung. Kanutouren, Ausfahrten mit Fischern oder Wandern in den Mangroven. Gut geeignet für Gruppen, für Einzelreisende eher zu einsam. Kein WLAN. ❷–❸

Die Atlantikküste

Algodoal

Der autofreie Inselarchipel **Maiandeua** mit seinem Hauptort Algodoal (182 km von Belém) wirkt wie ein touristischer Nachzügler, dabei verfügt er über die schönsten Strände des Staates Pará, z. B. die **Praia da Princesa**; erreichbar bei Ebbe vom Dorf aus. Dort gibt es keine Palmen, aber viele Dünen, Strandkneipen und einen Leuchtturm. Auch die übrigen Strände, wie Fortalezinha und Mococa, sind hübsch anzuschauen, man trinkt dort ein Bier oder isst einen Fisch, ansonsten besteht das Urlaubsprogramm vor allem aus Inselwanderungen oder Kanufahrten durch die Kanäle. Aufpassen muss man auf die Flut, die in kurzer Zeit um bis zu 4 m ansteigen kann.

ÜBERNACHTUNG UND ESSEN

Auf der Insel gibt es hauptsächlich einfache Pousadas, oft ohne Warmwasser, am Wochenende steigen die Preise kräftig an.

Pousada Marhesias, Rua Bertoldo Costa 47, ✆ 91/3854 1129, 💻 www.marhesias-algodoal.com. Ein Hort der Qualität und des Sich-Wohlfühlens. Besitzer Bergot kommt aus dem Süden und ist Künstler, daher auch die schöne Deko. Sehr komfortable Zimmer (AC, Warmwasser). Englisch. ❹
Das Marhesias hat auch das beste Restaurant der Insel, rustikales Ambiente mit Jazz-Musik bei offenen Fenstern. Leckere Nudelteller und Pizzas (ab R$18), viele kreative Erfindungen, auch gute Weine. Tipp: Nudeln in Fisch-Weißweinsoße *(Molho de Peixe e Vinho branco)*. 🕒 Di–So 19–22 Uhr.

DER NORDEN

TRANSPORT

Der Eselkarren vom Hafen zur Pousada kostet R$10–15. Fähre nach **Marudá** tgl. 8, 10.30 und 13.30, Fr–So auch 15 und 17 Uhr (30–45 Min., R$6). In Marudá warten schnelle, meist klimatisierte Mikrobusse nach Belém (3 1/2 Std., R$25).

Salinópolis

Salinópolis oder kurz: Salinas, ist eine Gemeinde von 38 000 Einwohnern, deren Zahl sich in der „Saison" im Juli und zum Jahreswechsel glatt verdoppeln kann. Denn die Stadt ist als *das* **Strandresort** in Pará in Mode gekommen, obgleich es 220 km weit von Belém entfernt liegt. Wie der Name schon andeutet, sind es die **Salinen**, die die Jesuiten nach der Gründung 1781 einrichteten, die der Stadt den Namen gaben. Einige von ihnen sind noch heute in Betrieb. Die große Attraktion von Salinópolis aber sind die geradezu endlosen feinsandigen Strände, die flach in den Atlantik hineinlaufen.

Ihrer geselligen Natur entsprechend, ballen sich die Brasilianer v. a. am Wochenende unter gehöriger Geräuschentfaltung an einigen wenigen Punkten der Salinas-Strände zusammen. Dazu zählen in erster Linie die **Praia Farol Velho** und die **Maçarico-Promenade** sowie die **Praia do Atalaia** (20 km Ausdehnung). Eine besondere Attraktion ist die „**Coca Cola-Lagune**", ein artesischer See in den Dünen, der sich mit dunklem, aber sauberem Grundwasser gefüllt hat.

ÜBERNACHTUNG UND ESSEN

Breites Angebot an Pensionen und Hotels, vom Einfachquartier bis zur Komfortklasse. Überall gilt: WLAN gratis, keine Tax.

Ayahuasca – ein Gebräu mit Nebenwirkungen

*Von Marco Walter**

Ein indianisches Teeritual? „Warum nicht", denkt sich so mancher aufgeschlossene Brasilienreisende und schlittert unvermutet in eine Erfahrung der besonderen Art. Denn was sich nach esoterischer Grüntee-Zeremonie anhört, ist in Wirklichkeit ein Trip, der es in sich hat. **Ayahuasca** ist der gebräuchlichste Name des „Tees", der zu einem der stärksten Halluzinogenen überhaupt gehört. Weitere Namen sind Yajé, Mii, Natem oder Dapa. Der bittere Sud wird aus der Ayahuasca-Liane, dem Chacruna-Strauch und je nach regionalen Vorlieben weiteren Zutaten gebraut. Im Amazonasgebiet wird Ayahuasca seit Jahrhunderten von Indianervölkern im **rituellen Rahmen** getrunken und als Mittel zur körperlichen und seelischen Reinigung eingesetzt. Starkes Erbrechen ist Teil des Rituals.

Seit einigen Jahrzehnten hat sich der Ayahuasca-Genuss in weiteren Teilen Südamerikas etabliert, vor allem im Zusammenhang mit Aktivitäten der Santo-Daime-Religion. Auch außerhalb Südamerikas findet die Droge zunehmend Anhänger, insbesondere in spirituellen Kreisen. Denn Ayahuasca hat den Ruf, tief greifende Erfahrungen und Bewusstseinserweiterungen mit sich zu bringen, ohne dabei körperlich abhängig zu machen. In den meisten Ländern ist der Gebrauch freilich verboten, enthält der Lianen-Trunk doch mehrere Alkaloide sowie die LSD-verwandte Substanz DMT und einen kräftigen Schuss Monoaminooxidase-Hemmer (MAOs). Letztere Zutat macht die Einnahme von Ayahuasca denn auch über die psychogenen Wirkungen hinaus gefährlich. Isst der Konsument beispielsweise im Vorfeld Bananen, kann dies aufgrund der radikalen Umstellung des Stoffwechsels zu lebensgefährlichen Krisen wie Kreislaufkollaps führen. Der deritualisierte Gebrauch kann zudem eine erhebliche psychologische und spirituelle Verwirrung verursachen. Auch Horrortrips können zu den unerwünschten Nebenwirkungen gehören.

Bei Menschen, die Psychopharmaka nehmen, unter Borderline-Störung leiden oder Leberprobleme haben (Gefahr durch starkes Erbrechen) kann der Konsum von Ayahuasca erhebliche Verschlimmerung mit sich bringen. Wer von freundlichen Menschen zu einem Tee-Ritual eingeladen wird, sollte sich daher besser vorher erkundigen, was ihm dort verabreicht wird.

**Marco Walter ist Diplom-Psychologe und hat den Amazonas ausgiebig bereist.*

Pousada Recanto do Sal, Rua Assis de Vasconcelos 430, Farol, ✆ 91/3423 2375, 💻 www.recantodosal.com.br. Nette, familiäre Pousada mit Garten, Pool und Liegestühlen. Alle Zimmer haben AC und Minibar. ❸

Hotel Solar, Av. Atlântica, an der Uferpromenade, ✆ 91/3423 1823, 💻 www.hotelsolar.tur.br. Große Zimmer (AC, Frigobar), Restaurant, sehr angenehm. ❸

Paraíso do Atlântico, Rua 17 (3 km), ✆ 91/3423 2030, 💻 www.paraisodoatlanticohotel.com.br. Das Top-Hotel des Ortes, Restaurant, Pool. ❹

Hotel Privê do Atalaia, Praia do Atalaia, ✆ 91/3464 1317, 💻 www.privedoatalaia.tur.br. 141 moderne Apartments mit AC, Minibar und Meerblick. ❻

Restaurante do Nicolau, Av. Alm. Barroso 594, Porto Grande. Meeresfrüchte und Fisch frisch vom Fang. 🕒 tgl. 12–23 Uhr, Nebensaison nur Fr–So.

Casemirão, Av. São Tomé 287, Caranã. Einfache, aber köstliche Fischgerichte beim freundlichen Zé Carlos. 🕒 tgl. 11–24 Uhr.

TRANSPORT

Ständig fahren Vans und Boa Esperança-Linienbusse nach Belém (4 Std., R$29). Salinópolis verfügt auch über einen Flugplatz für Lufttaxis.

Am Rio Tapajós

Santarém

Auf halber Strecke von Belém nach Manaus erreicht man die Mündung des **Rio Tapajós**, der sich hier mit seinem fast grünlichen Klarwasser breit wie ein See in die lehmgelben Fluten des Amazonas ergießt. An dieser Stelle liegt Santarém (295 000 Einw.), Brasiliens drittgrößte Amazonasstadt.

Das Tapajós-Gebiet wurde bereits vor 8000 Jahren intensiv besiedelt. Zeugen dieser noch weithin unbekannten Hochkultur sind die wenigen Töpferwaren und Amulette, die man gefunden hat. Waren die Vorfahren der Tupaius-Indianer am Ende die „Amazonen", die Orellana gesehen haben will?

Mitte des 17. Jhs. ließen sich hier Jesuiten nieder, und 1697 errichtete man zu ihrem Schutz ein Fort (Fortaleza Tapajós), um das herum sich eine Siedlung entwickelte, die 1848 ihren heutigen Namen erhielt. Santarém ist trotz seines Wachstums ein charmantes Amazonasstädtchen geblieben, zu dessen Sehenswürdigkeiten eine **Kathedrale** aus dem 19. Jh. (Nossa Senhora da Conceição) und einige kachelgeschmückte Häuser („Solare" genannt) an der Hauptstraße zählen. Das Leben spielt sich an der teils durch Mango-Bäume beschatteten **Uferpromenade** ab. Hier am Cais de Arrimo legen die Boote im „Nahverkehr" an und ab. Der Einschiffungspunkt für den Langstreckenverkehr liegt aber 4 km außerhalb des Zentrums flussaufwärts am Ende der Av. Cuiabá: **Porto Docas do Pará**. Unterwegs kommt man am umstrittenen Speicher des US-Soja-Exporteurs Cargill vorbei, der an einem ehemals schönen Strand ohne rechtsgültige Umweltprüfung gebaut wurde.

Santarém verkörpert besser als der Moloch Manaus oder das umtriebige Belém die Trägheit des Lebens am Amazonas. Trotz der schwülen Hitze sollte man aber Exkursionen nicht scheuen und sich keinesfalls das Schauspiel vom **Zusammenfluss** der beiden Ströme **Amazonas** und **Tapajós** entgehen lassen. Bei Ausflügen in den

Natürlich schön

Im kleinen **Museu Dica Frazão**, Rua Floriano Peixoto 281, zeigt die über 90-jährige Dona Frazão, was sich so alles aus Naturfasern von Amazonasbäumen und -pflanzen herstellen lässt: Handtaschen, Hüte, Mäntel, Röcke, Blusen, Sommer- und sogar Hochzeitskleider. Das reißfeste und waschbare Rohmaterial wird ihr seit 1950 von Indios aus der Region geliefert, der Name des Baumes wurde bisher noch nicht verraten. Dazu präsentiert die rüstige Designerin gerne Accessoires aus der gut riechenden Patschuli-Wurzel, der Buriti-Palme oder eine aus Kürbis hergestellte Krone. 🕒 tagsüber, im Haus der Familie, einfach anklopfen.

Santarém
N
0 200 m
Porto Docas do Pará
Terminal Fluvial Turístico (TFT)
Pça. da Matriz
Pça. do Pescador
MERCADO MODELO
Catedral N.S. da Conceição
Museu Dica Frazão
Centro Cultural João Fona (Museu de Santarém)
Rio Tapajós
Av. Tapajós
R. Senador Lameira Bittencourt
R. Adriano Pimentel
R. Joaquim Braga
R. Ignácio Corrêa
R. Siqueira Campos
R. Floriano Peixoto
R. Galdino Veloso
Av. Rui Barbosa
Av. São Sebastião
Av. Mendonça Furtado
Av. Nazaré
R. dos Artistas
R. do Imperador
R. 24 de Outubro
R. Silvério Sirotheau Corrêa
Tv. A. Montenegro
Tv. Padre João
Tv. Senador Lemos
Tv. João O. de Matos
Tv. dos Mártires
Tv. 15 de Novembro
Tv. Francisco Corrêa
Tv. Moraes Sarmento
Tv. Silvino Pinto
Tv. Barão do Rio Branco
Tv. 15 de Agosto
Tv. Dom Armando
Av. Turiano Meira
Übernachtung:
1 Hotel Mistura Brasileira
2 Rio Dourado Hotel
3 Hotel Sandis
4 Horizonte Hotel
5 Barão Center Hotel
6 Amazônia Boulevard Hotel (2 km)
Essen:
1 Mistura Brasileira
2 Mascote
3 Massabor Orla
4 Mascotinho
5 Toka do Pagode
6 Piracaia
7 Sabor Caseiro
8 Piracema (100 m)
Sonstiges:
1 Amazon's Star Cyber
2 Yamada Kaufhaus
3 Tourist Info
4 Farmácia Bandeirante
5 Santarém Tur
6 Entretantos
7 Banco do Brasil (Filiale)
8 HSBC (Filiale)
9 Boteco do Sorriso
Transport:
1 Mototaxi-Stand
2 Boote nach Alenquer
3 Amazon Travel
4 Busse nach Alter do Chão

Tapajós hinein kommt man zwangsläufig am Zusammenfluss vorbei – man kann auch von der Uferpromenade einen Blick darauf werfen.

Das hübsche **Centro Cultural João Fona (Museu de Santarém)** an der Praça Barão de Santarém ist im alten Gefängnis und Rathaus untergebracht und zeigt eine Sammlung von Einrichtungsgegenständen und bis zu 11 000 Jahre alte Tapajós-Keramik. ◷ Mo–Fr 8–17 Uhr, Eintritt frei.

ÜBERNACHTUNG

Im Zentrum befindet sich eine Palette von Absteigen der einfachsten Art, oft ohne Fenster auf den Zimmern. Nette und preiswerte Unterkünfte sind rar. Überall ist WLAN gratis, Tax ist nicht üblich.

Horizonte Hotel, Trav. Senador Lemos 737, ✆ 93/3522 5437, ✉ horizontehotel_santarem@hotmail.com. Einfach, aber sauber und hell, nahe Mercado Modelo. Einige Zimmer mit Fenster, AC und Bad. ❶

Hotel Mistura Brasileira, Av. Tapajós 23, ✆ 93/3522 4819. Kleines, gepflegtes Hotel über dem Restaurant, hebt sich von den Billigabsteigen positiv ab. Nette Lobby, einige Zimmer ohne Fenster, dafür andere mit Flussblick. AC, TV, Frigobar. ❷

€ **Rio Dourado Hotel**, Rua Floriano Peixoto 799, ✆ 93/3522 4021, ✉ reservasriodourado@yahoo.com.br. Zwar etwas kitschig mit Kunstblumen, aber immerhin bemüht man sich hier um eine Dekoration. Die Zimmer haben teils Parkett, Bad (kein Warmwasser), TV. DZ R$120 (bar R$100). Netter Aufenthaltsbereich im 1. OG mit Korbstühlen, kleinem Balkon und Blick auf Markt und Fluss. ❷

Amazônia Boulevard Hotel, Av. Mendonça Furtado 2946, Fátima, ✆ 93/2101 1800, 💻 www.amazoniaboulevard.com.br. Neuer Business-Bunker mit Ladenzeile und Tagungssälen. Mit Mototaxi 5 Min. zum Zentrum. ❸

Hotel Sandis, Rua Floriano Peixoto 609, ✆ 93/2101 2700, 💻 www.hotelsandis.com.br. Neueres Hotel im Zentrum mit aparter Lobby in Pastellfarben. Komfortable Zimmer mit etwas schlichter, aber ordentlicher Einrichtung und Warmwasser. Die Zimmer *Master* (R$270) haben PC/Internet und DVD, *Superior* (R$210) und *Standard* (R$180) sind nur etwas kleiner. Bei Barzahlung 10 % Rabatt (im Jan 20–30 %). ❹–❻

Barão Center Hotel, Av. Barão do Rio Branco 344, ✆ 93/3064 9950, 💻 www.baraocenterhotel.com.br. Elegantes Hotel, eins der besten der Stadt, alles macht hier einen guten Eindruck, Luxo-Zimmer mit moderner AC, LCD-TV, Schreibtisch und WLAN, die Standard-Zimmer sind etwas schlichter. Restaurant. ❻–❼

ESSEN

Neben Bordsteinbars und Imbissständen gibt es eine Palette von relativ guten Restaurants (viele davon auf Fisch spezialisiert), überwiegend aber brauchbare Kilo-Buffet-Lokale.

Mascote, Praça do Pescador 10. Der Klassiker in Santarém seit 1934. Innen mit AC, abends Tische auf der Praça do Pescador (sehr nett!). Mittags (11–15 Uhr) Self Service (pauschal R$25 p. P. oder R$35/kg) und Fischgerichte. Tipp: Gegrillter Fisch mit Shrimps und Kapernsoße *(Peixe Grelhado à Belle Munier)* für R$41, reicht für 2 Pers. ◷ So–Mi 11–24, Do–Sa 11–1 Uhr.

Piracaia, Rua Floriano Peixoto 557. Gute Lunch-Adresse, schönes Kilo-Restaurant, reizend dekoriert im Innenbereich, mit Artesanato verzierte Tische. Sehr gute regionale Gerichte, klasse Buffet und dazu noch günstig (R$26). ◷ Mo–Sa 11–15 Uhr.

Massabor Orla, Av. Tapajós, Terminal Fluvial. Am Bootsanleger lässt es sich besonders nett draußen sitzen, toll auf dem Holzsteg zum Sonnenuntergang! Beste Pizza der Stadt (R$27–30/2 Pers.), Tipp: „Santarena" (geräucherter Flussfisch Surubim, Zwiebeln, Oliven) oder „Paraense" (Krabben und Jambu). Auch Tacacá (R$7) und leckere Säfte wie Murici (R$3), Burger, Sandwiches. Auch sehr gutes hausgemachtes Eis (Caipirinha!). ◷ tgl. 17–23 Uhr.

Piracema, Av. Mendonça Furtado 73. Für einen Abend zu zweit: Sehr nettes à-la-carte-Restaurant für Amazonasküche, vor allem natürlich Fisch. Tipp: Peixe à Piracema (R$50/2–3 Pers.) oder mit Käse und Banane gefülltes Filé de Pirarucu mit Püree und „Arroz do Mar" (mit Krebsfleisch). Besser noch: Costela de Tambaqui (R$55/2–3 Pers.), frittiert oder gegrillt mit in Butter gedünstetem Gemüse und Reis mit Jambublättern. Hübsche rustikale Deko mit regionalem Kunsthandwerk. ⌚ Di–Sa 11.30–15, 19–23.30, So 11.30–15 Uhr.

Sabor Caseiro, Rua Floriano Peixoto 521. Feines Self-Service (R$28/kg) mit reich-haltigem Buffet: Salate, Sushi, Churrasco und Lasagne. Klimatisiert, Fr–So gute Live-Musik. ⌚ tgl. 11–15 Uhr.

Mistura Brasileira, Av. Tapajós 23. An der Uferpromenade, ein netter Ort zum Mittagessen, Riesenbuffet (R$29/kg). ⌚ tgl. 11–15 Uhr.

Toka do Pagode, Rua Siqueira Campos 70. Buffet-Restaurant (R$25/kg) in einem Kolonialhaus mit Garten. ⌚ Mo–Sa 11–14 Uhr.

DER NORDEN

NACHTLEBEN

Das Nachtleben in Santarém beginnt am Donnerstag, von Mo bis Mi trifft man sich in den kleinen Bars am Flussufer.

Mascotinho, Av. Tapajós. Open-Air-Bar direkt am Wasser, abends klasse Live-Musik (ab 20 Uhr, Couvert R$3 p. P.), schön zum Sonnenuntergang, Caipirinha R$4–5. ⌚ So–Do 17–23, Fr, Sa 17–1 Uhr.

Boteco do Sorriso, Rua do Imperador 622. Der Point von Santarém, ab 23 Uhr voll, oft Live-Musik, netter Hof und innen klimatisiert. ⌚ Di–Sa 19–2 Uhr.

Entretantos, Trav. Silva Jardim 140, Jardim Santarém. Do Live-Pagode und Tanz im kleinen Hof (Couvert R$10), Fr und Sa eher Barbetrieb. Mit Mototaxi ab Zentrum R$3. ⌚ Do–Sa 22–3 Uhr.

Zum Forró-Tanzen geht man ins **Simbora**, Av. Barão do Rio Branco, Jardim Santarém. Sonntags führen alle Wege ins **Fênix**, Av. Mendonça Furtado, Santa Clara (Eintritt R$10–15, Taxi R$10). Gut ist auch das **Celeiro Beer** in Liberdade (Mi–So ab 22 Uhr), mit Billardtischen und Live-Musik: Mi/Sa Sertanejo, So Pagode.

SONSTIGES

Apotheke

Farmácia Bandeirante, Rua Lameira Bittencourt 209. ⌚ Mo–Fr 8–18, Sa 8–14 Uhr.

Geld

In der Av. Rui Barbosa haben **HSBC**, ⌚ Mo–Fr 10–15 Uhr, und **Banco do Brasil**, ⌚ Mo–Fr 9–14 Uhr, Geldautomaten (alle Karten, je 6–22 Uhr). Außerdem am **Flughafen** (alle Karten).

Informationen

Tourist Info, Av. Tapajós, Terminal Fluvial Turístico. ⌚ Mo–Fr 8–22, Sa, So 17–22 Uhr.

Centro de Informações Turísticas (CIT), Bosque da Vera Paz, vor dem Cargill-Speicher. ⌚ Mo–Fr 8–18 Uhr.

Internet

Amazon's Star Cyber, Av. Tapajós 418. Klimatisiert (R$4). ⌚ Mo–Fr 8–18, Sa 8–13 Uhr.

Märkte

Santarém hat zwei Märkte an seiner Uferpartie: einmal den **Mercado Modelo**, 200 m links von der Praça da Matriz, mit Haushaltswaren, Reiseutensilien und Anglerausrüstung, außerdem den **Mercado 2000**, rund 1 km weiter auf der Av. Tapajós Richtung Docks, mit Fisch, Fleisch und Früchten.

Medizinische Hilfe

Hospital Imaculada Conceição, Trav. 7 de Setembro 611, Aparecida, ✆ 93/3522 5051.

Reisebüros

Amazon Travel, Trav. 15 de Agosto 213, ✆ 93/3523 1717. Flüge im Amazonasgebiet, Beratung bei einem Cafezinho. ⌚ Mo–Fr 8–18, Sa 8–13 Uhr.

Touranbieter

Santarém Tur, Av. Adriano Pimentel 44, ✆ 93/3522 4847, 💻 www.santaremtur.com.br. Tagesausflüge u. a. zum Floresta Nacional do Tapajós (ca. R$120 p. P.). ⌚ Mo–Fr 8–18, Sa 8–12 Uhr.

NAHVERKEHR

Schnell und günstig kommt man mit **Mototaxis** voran (R$3–4).

Zu/von den **Docas do Pará**: Minibusse (sog. *Bondinhos da Orla*, R$1,50) fahren ab Ufer-

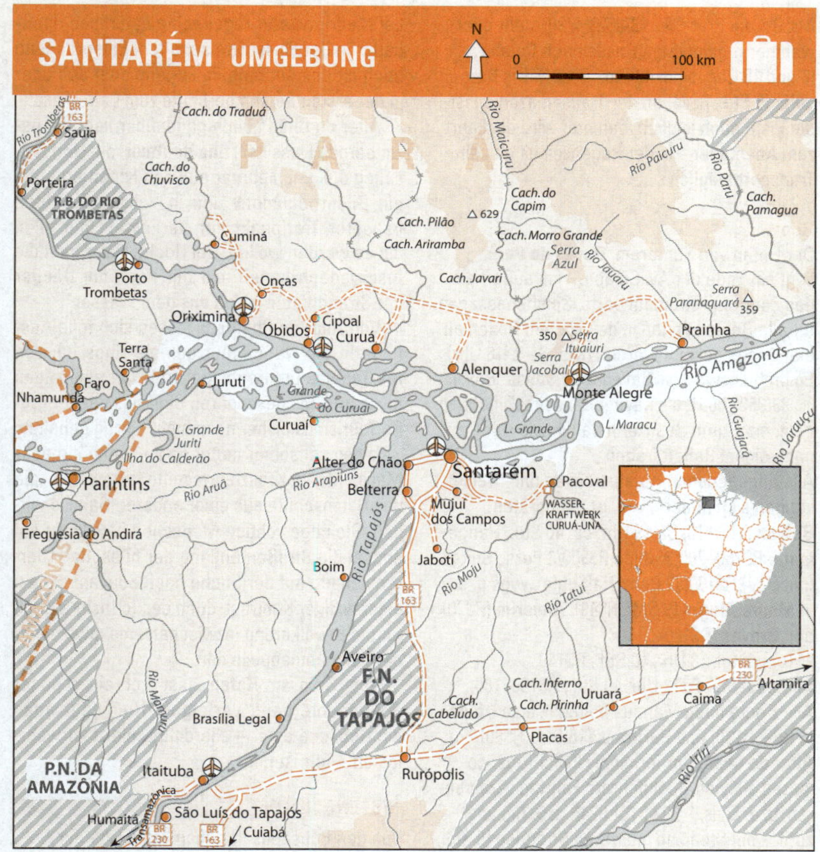

promenade laufend die Av. Tapajós entlang. Außerdem Stadtbuslinie *Circular Esperança* ab Av. Rui Barbosa oder Taxi (R$10–12). Zum/vom **Flughafen**: Busse *Aeroporto* (R$1,90) ab Av. Rui Barbosa stdl. bis ca. 18 Uhr (aufpassen: Bus *Aeroporto V.* fährt ins Stadtviertel Aeroporto Velho und nicht zum Flughafen). Busse vom Flughafen tgl. zur vollen Stunde in die City. Mit dem Taxi in die Stadt ca. R$50–60.

TRANSPORT

Flüge

Der winzige Flughafen **Aeroporto de Santarém Maestro Wilson Fonseca**, Praça Eduardo Gomes, ✆ 93/3522 4328, liegt 13 km außerhalb, auf dem Weg nach Alter do Chão. Mehrmals tgl. Flüge von/nach **Belém** und **Manaus** (ca. 1 Std., R$250–310).

Fluggesellschaften: **Gol**, ✆ 93/3522 3386; **TAM**, ✆ 93/3523 9741; **Trip**, ✆ 93/3523 3287.

Busse

Nach **Alter do Chão**: Ab Haltestelle Av. Rui Barbosa ca. alle 30 Min. bis 19 Uhr, danach nur noch 20.30 und 22.30 Uhr (vorher erkundigen!), So zu Stoßzeiten alle 10 Min., 1 Std., R$2,50–3.

Terminal Rodoviário Dr. Jonathas de Almeida e Silva, Av. Cuiabá, ✆ 93/3523 4940, 3 km außerhalb. Zufahrt mit Bus *Rodagem*, Taxi R$20.

Mit Ouro e Prata, ✆ 93/3523 4730, mehr oder weniger regelmäßige Busse nach **Cuiabá** (6 und 15 Uhr, mind. 48 Std., R$304). Bis **Rurópolis** (5 Std., R$44) an der Transamazônica ist die Piste noch leidlich, dahinter wird die Fahrt zum Abenteuer – in der Regenzeit ist oft kein Transport möglich.

Boote

Der Hafen von Santarém, **Docas do Pará**, liegt am Ende der Av. Cuiabá, 4 km außerhalb des Zentrums stromaufwärts. Schiffspassagen für alle Boote können in den kleinen Boxen an den Docas gekauft werden (Mo–Sa 7–18 Uhr). Empfehlenswert ist **Navegação Sousa**, Box 4, ✆ 93/3522 6061, ✉ navegacaosousa@hotmail.com, man kann Besitzerin Valdileusa ruhig nach einem Rabatt fragen.

Alle angegebenen Abfahrtszeiten und Preise können sich ändern, vor Ort nachprüfen!

Belém: Fr/So 10, Sa 19 Uhr, ca. 48 Std., Hängematte R$160–200; Kabine R$800/2 Pers., Suite (mit Bad) R$1000/2 Pers. Halt unterwegs u. a. in **Monte Alegre** (9 Std., R$40), **Almerim** (R$70) und **Breves** (R$140).

Macapá: tgl. 18 Uhr, 40 Std., R$140.

Manaus: Mo–Fr 12 Uhr, 40 Std., R$150–180. Alle Boote nach Manaus halten u. a. in **Óbidos** (6 Std., R$30) und **Parintins** (16 Std., R$80).

Alter do Chão: Am Terminal Fluvial Turístico lassen sich mit Bootsführern Fahrten vereinbaren, u. a. Elvis, ✆ 93/9131 9245, z. B. hin und zurück mit Stopp an mehreren Stränden (5 Std., R$350 bis 4 Pers.), nur hin R$250 (1 1/2 Std.).

17 HIGHLIGHT

Alter do Chão

Der bukolische Ort mit 6800 Einwohnern liegt 32 km von Santarém flussaufwärts am Rio Tapajós – und es gibt wohl keine andere Stelle in Amazonien, die durch ihre Schönheit alle Besucher derart entzückt, weil das türkisfarbene Klarwasser des Tapajós hier zahlreiche **Inseln**, **Sandbänke** und **Strände** bildet, die namentlich bei Niedrigwasser regelrechte natürliche Spaßbäder in der Flussmitte schaffen. Entsprechend hoch ist der Andrang im Ferienmonat Juli oder in der ersten Septemberhälfte zum Çairé-Fest.

Alter do Chão gleich gegenüber liegt die bezaubernde Flussinsel **Ilha do Amor**, die sich zwischen Juli und Februar aus den Fluten erhebt – ein Bilderbuchmotiv und in Vollmondnächten beliebter Treffpunkt der Verliebten und aller, die es werden wollen. Bei Hochwasser geht die Insel jedoch baden und nur noch die Dächer der Strandhütten ragen aus dem Wasser.

Von Alter do Chão aus lassen sich tolle Ausflüge in die Naturschutzgebiete rings um den **Rio Tapajós** unternehmen. Trotz der einmaligen Idylle und des besonderen Charmes hat der große Tourismus bisher noch nicht Einzug gehalten.

Umso seltsamer mutet es an, wenn ein paar Mal im Monat Kreuzfahrtschiffe festmachen, die wie Raumschiffe aus einer anderen Galaxie wirken. Bleichgesichtige Menschen bevölkern auf einmal die Straßen entlang der hübschen Uferpromenade auf der Suche nach Souvenirs – ein eigenwilliger Kontrast, doch der Tourismus stellt für die Bevölkerung inzwischen eine unverzichtbare Einnahmequelle dar.

Vom Steg am Hafen lässt sich ein schöner Sonnenuntergang verfolgen. Hier liegt auch ein Gebäude einer – allerdings zuletzt verwahrlosten – Tourist Info.

ÜBERNACHTUNG

Von den Pousadas darf man keine Wunder erwarten: Die meisten haben kein Warmwasser, dafür aber Ventilator oder AC, liegen naturnah und sind sauber. Mit gelegentlichen Stromausfällen muss gerechnet werden. WLAN ist, wenn vorhanden, gratis.

€ **Hostel Pousada do Tapajós** (HI), Rua Lauro Sodré 100, ✆ 93/9210 2166, 💻 www.pousadadotapajos.com.br. Gepflegtes HI-Hostel mit 6er-Dorms (R$35–45, Split AC, Ventilator) und 2 DZ (R$100–115, Warmwasser, TV, Split AC). Gemeinschaftsraum mit TV, großer Außenbereich mit Hängematten und „Zen-Lounge", Organisation von Ausflügen (in Gruppen günstiger). Nette Besitzerin. ❶–❷

Pousada Vila da Praia, Av. Copacabana, ✆ 93/3527 1346, ✉ pousadaviladapraia@

DER NORDEN

bol.com.br. Recht aparte Pousada ein paar Blocks vom Hauptplatz. Kleine Zimmer in bunt getünchten Bungalows, einige haben eine Veranda mit Tisch und Stühlen. Große Chalês für 5 Pers., Split AC. Kein WLAN. ❷

Pousada Tupaiulândia, Rua Pedro Teixeira 300, ✆ 93/3527 1157, 💻 www.pousada-tupaiulandia.blogspot.com. Gutes Preis-Leistungs-Verhältnis: zwei kreisrunde Häuser aus rotbraunen Ziegeln mit 7 Zimmern (bis 5 Pers.). Alle haben AC, Frigobar, TV und eine kleine Veranda. Frühstück auf der schattigen Terrasse des Haupthauses mit Blick in den Garten auf einen kleinen Acerola-Baum. Viele Pflanzen und Blumenampeln sorgen für nette Stimmung. Ideale Lage, da 2 Blocks vom Zentrum: ruhig, aber nicht ab vom Schuss. Freundliche Besitzerin, Wäscheservice. Kein WLAN. ❷–❸

Agualinda Hotel, Rua D. Macedo Costa 777, ✆ 93/3527 1314, 💻 www.agualindahotel.com.br. Gepflegtes Hotel mit nettem, hellem Hof. Die Zimmer 120–133 im dem neuen Bereich 50 m nebenan sind moderner. Der engagierte Besitzer Pedro Paulo hilft beim Vermitteln von Ausflügen in die Naturreservate. Kein WLAN. ❷–❸

Pousada Sombra do Cajueiro, Rua Pedro Teixeira 200, ✆ 93/3527 1370, 💻 www.pousadasombradocajueiro.com.br. Ruhige, sehr nett in die Natur eingebettete Pousada inmitten von Caju- und Mangobäumen; 6 hübsche, gepflegte Zimmer mit Hängematte. Freundliche Besitzerin. ❷–❸

Pousada do Mingote, Trav. Antônio A. Lobato, ✆ 93/3527 1158, 💻 www.pousadadomingote.com.br. Die ehemals kleine Pousada im Zentrum hat sich erheblich vergrößert, die 21 modernen Zimmer im Anbau über dem Supermarkt sind eine gute Option, die *Superior* (mit Split AC) im 1. OG sind am besten. ❷–❸

Hotel Mirante da Ilha, Rua Lauro Sodré 369, ✆ 93/3527 1268, 💻 www.hotelmirantedailha.com.br. Sehr schönes Hotel an der Strandpromenade mit bester Sicht auf die Ilha do Amor und den Lago Verde. Charmant dekoriert (Pflanzen, helles Holz aus Wiederverwertung), zehn der 60 Zimmer haben Flussblick (danach fragen, nur wenig teurer). AC, TV, Frigobar, Telefon. Eigener Generator, somit unabhängig von Stromausfällen, Warmwasser aus Sonnenenergie. Unter der Woche Rabatt bis 20 % möglich (ab 3 Tage). Gutes Restaurant (auch für Nichtgäste). ❹–❺

Beloalter Hotel, Rua Pedro Teixeira, ✆ 93/3527 1230, 💻 www.beloalter.com.br. Eine angenehme Oase 15 Min. zu Fuß vom Zentrum mit großem Garten, Pool, Restaurant und Privatstrand. Von den 29 Zimmern sind die renovierten *Luxo* am besten (größer, Split AC), die noch nicht erneuerten Zimmer sind okay. Sehenswert das romantische Baumhaus, durch das ein dicker Ast verläuft. Nach Rabatt fragen. ❹–❻

ESSEN UND NACHTLEBEN

Nach Einbruch der Dunkelheit strebt alles zum Flussufer, wo die Bars ihre Tische rausstellen. Die Praça ist schön beleuchtet und hat Imbissstände sowie einen Pavillon. Man sitzt unter Bäumen, Hippies verkaufen Naturschmuck und Kinder spielen, dabei wird musiziert.

Tribal, Tv. Antônio Lobato. Eins der besten Restaurants im Ort, gut ist besonders der Fisch (R$45/2–3 Pers.). Nette Atmosphäre in der oberen Etage. ◷ tgl. 12–15, 18–23 Uhr.

Mirante da Ilha, Rua Lauro Sodré 369. Hotel-Restaurant mit Terrasse und Flussblick. Fischgerichte ab R$35/2 Pers. Getränke-Tipp: *Suco de Cupuaçu com leite*. Gut belüftet, offen für alle. ◷ tgl. 12–15, 19–22 Uhr.

Pizzeria Alter, Praça 7 de Setembro. In der kleinen Pizza-Bar sollte man, wenn Mitbesitzerin Fátima vor Ort ist, einen der hervorragenden Nudelteller bestellen, z. B. Penne all' arrabbiata (R$28), die immer schön *al dente* serviert werden. ◷ tgl. 16–1 Uhr.

Mãe Natureza, Praça 7 de Setembro. Sandwiches, Pizza und leckere Fruchtsäfte (Tipp: *Manga com Leite*). Gelegentlich Feste und Live-Musik. ◷ abends.

€ **Sabores da Baiana**, Rua Juvêncio Navarro. Die aus Bahia stammende Maria serviert einen ordentlichen Prato Feito (R$8), leckeren Acarajé (R$4) und gute Fruchtsäfte (R$2). Etwas abseits vom Zentrum. ◷ Mo–Fr 8–19, Sa, So 8–21.30 Uhr.

Espaço Alter do Chão, Rua Lauro Sodré 74. Wunderbares, rustikales Bar-Restaurant, das

Ausflüge auf eigene Faust

Wer selbständig einen kleinen Ausflug unternehmen möchte, kann sich auf die **Ilha do Amor** übersetzen lassen und in einer Stunde am Strand an die **Ponta de Cururú** wandern. Dies ist allerdings nur am späteren Nachmittag zu empfehlen, da auf dieser Seite der Insel kein Lüftchen für Abkühlung sorgt. Der Sonnenuntergang an der Ponta de Cururú ist spektakulär und mit ein wenig Glück kann man Flussdelphine sehen. Oft finden sich abends Ausflugsboote ein, die einen für ein kleines Trinkgeld (ca. R$10) mit zurück nehmen. Unbedingt einpacken: Strandsandalen (z. T. steinige Abschnitte), Wasser, Sonnenschutz, Taschenlampe (für evtl. Rückmarsch nach Sonnenuntergang).
Wer auf eigene Faust eines der kleinen Fischerdörfer im **Floresta Nacional do Tapajós (FLONA)** kennenlernen möchte, muss den etwas beschwerlichen Umweg über Santarém auf sich nehmen. Ein Bus fährt dort um 11 Uhr nach **Maguary** (3–4 Std.), dem am besten auf Touristen eingestellten Dorf (Übernachtung in Hängematten am Strand). Tagsüber kann man interessante, von lokalen Guides geführte Touren in den Urwald mit seinen riesigen Samaúma-Bäumen unternehmen. Weitere Aktivitäten sind Fischen, Vogelbeobachtung, Kanufahren und Schnorcheln. Auch die Dörfer Jamaraquá, Tauri und Pini können besucht werden. Der Bus von Maguary nach Santarém fährt um 3 Uhr früh zurück.

sich am Wochenende ab Mitternacht zu Live-Musik-Partys füllt. ⌚ Di, Do 19–22, Fr, Sa 19–4 Uhr (bei Festen, Eintritt R$10, vor 24 Uhr R$5).

TOUREN

Mãe Natureza Ecoturismo, Praça 7 de Setembro, ☎ 93/3527 1264, 💻 www.maenaturezaecoturismo.com.br. Touranbieter mit viel Erfahrung und Umweltbewusstsein. Die Argentinier Jorge und Claudio bieten alle Touren in der Region an (von Kurztrip bis 2 Wochen). Zur Orientierung kann man sich Videos zeigen lassen. Die beliebtesten Ausflüge gehen in den Floresta Nacional, in die Reserva Extrativista (Resex), zum Furó do Jari (R$250 p. P.) und zum Lago Verde (R$150 p. P. und Tag). Die Inhaber engagieren sich seit Jahren im Dorf, arbeiten nachhaltig und im Einklang mit der Gemeinde. Nebenbei machen sie exzellente Fotos. Englisch. ⌚ ganztägig.

Areia Branca, Trav. Lago Verde, ☎ 93/3527 1317, 💻 www.areiabrancaecotour.com.br. Die sympathischen indianischen Schwestern Neila und Vândria bieten authentische Touren in und um Alter do Chão an, von Bootsausflügen bis zu Kanutouren und Wanderungen, z. B. zur FLONA de Tapajós (8–17 Uhr, R$160–200 p. P., inkl. Mittagessen und Gebühren, max. 5 Pers.). Am Hauptplatz links halten, etwa 400 m am Flussufer. Auch Verkauf von indianischem Kunsthandwerk. Englisch. ⌚ tagsüber.

TRANSPORT

Anfahrt vom Flughafen Santarém nur mit Taxi (1/2 Std., ca. R$90), oder sehr umständlich mit Flughafenbus Richtung Santarém bis Haltestelle N. S. do Perpétuo Socorro (gegenüber Busgesellschaft), dort Umstieg in Bus *Alter do Chão* (ca. 2–3 Std., R$4). Am besten ist es, am Flughafen mit anderen Reisenden eine Gruppe zu bilden und eines der größeren Taxis aufzusuchen (bis 5 Pers.). Der Rückweg zum Flughafen ist günstiger (ca. R$80).
Von Alter do Chão nach **Santarém** fahren Borges-Busse bis 20 Uhr, etwa alle 30 Min., danach nur noch um 21.30 und gelegentlich 23.30 Uhr (dann nicht übers Zentrum), 1 Std., R$2,50–3. Haltestelle ist an der Kreuzung einen Block hinter der Pousada Tupaiulândia oder bei der großen Station an der Hauptstraße.

Amapá

Amapá ist der östlichste und kleinste aller Amazonasstaaten (145 500 km² – doppelt so groß wie Bayern); er befindet sich am Nordrand des Amazonasdeltas an der Grenze zur französischen Überseeprovinz Französisch-Guayana. Zum größeren Teil liegt Amapá nördlich des Äquators und ist fast durchweg mit Wald bedeckt.

Die Spanier überließen diesen sumpfigen Küstenabschnitt 1750 den Portugiesen, die sich mit Mühe und Not gegen die französischen Korsaren und englischen Bucaneers wehrten. Im Vergleich zu anderen Amazonas-Staaten wird in Amapá deutlich mehr an die Bewahrung der natürlichen Schätze gedacht: 82 % der Fläche sind vor Raubbau geschützt.

Macapá

Macapá (398 000 Einw.) ist eine kleine Hafenstadt in schöner Lage am Nordrand des Amazonasdeltas, die durch schattige Straßen, koloniales Flair und ruhigen Rhythmus besticht. Die Stadt ist zwar nicht so attraktiv wie Belém, dafür bietet sie günstige Preise und relativ hohe Sicherheit. Die Anreise ist nur per Flugzeug oder per Schiff von Belém aus möglich. Von hier aus lassen sich Abstecher in den Regenwald unternehmen – sogar mit der Bahn – oder Bootsfahrten den Amazonas hinauf. Wer Heimweh nach Europa hat, kann per Bus ins französische Überseedepartement Französisch-Guyana fahren, das rund 600 km nördlich an Amapá grenzt.

Die **Orientierung** in Macapá ist relativ einfach. So gut wie alle wichtigen Adressen liegen in der Nähe der Uferpromenade, wo sich der in den letzten Jahren umfangreich modernisierte Gastronomie-Komplex **Complexo Beira Rio** befindet, sowie in den parallel laufenden Hauptstraßen Rua Cândido Mendes und Rua São José, an der die gleichnamige, weiß gekalkte Kirche **São José do Macapá** liegt, das älteste Bauwerk der Stadt (1761), gleich dahinter die Stadtbushaltestellen und die Praça Veiga Cabral.

Eine Kuriosität ist der 18 m hohe **Marco Zero-Monolith**, der die Äquatorlinie markiert; er steht 3 km außerhalb des Zentrums, mit Bussen „Fortaleza" oder „Santana" zu erreichen. In seinem Sockel befindet sich ein Informationszentrum. ⌚ tgl. 7–18 Uhr. In Sichtweite liegen das Fußballstadion „Zerão" sowie das im Karneval zu Leben erwachende **Sambódromo**.

Karneval in Macapá

Während im Nachbarort Santana ein 8-tägiger Axé-Karneval im Stile Bahias tobt („Micareta", Fr–Sa), konkurriert Macapá mit Manaus um den drittgrößten Samba-Karneval Brasiliens, hinter Rio und São Paulo. Im Stadtteil Universidade, 3 km vom Zentrum, liegen das Sambódromo mit 20 000 Plätzen, sowie die „Cidade do Samba", ein Hallenkomplex, in dem die zehn Sambaschulen (bis 3000 Teilnehmer) proben und Kostüme lagern. Karneval in Macapá – ein Geheimtipp für Brasilien-Fans, die schon (fast) alles gesehen haben.

Sehenswertes

Ausgangs- und Endpunkt aller Wege durch die Stadt ist die Uferpromenade, und hier der 1930 errichtete Pier **Trapiche Eliézer Levy**. Eine kleine Tram fährt auf den Pier hinaus bis zum Restaurant Trapiche, von wo sich ein schöner Blick aufs Wasser bietet. Die gesamte Anlage, einschließlich des **Complexo Beira Rio**, wurde umfangreich renoviert. Falls die Tram gerade nicht in Betrieb ist und der Fußmarsch bis zum Ende des Piers in brütender Hitze zu weit erscheint, kann man sich in einer klimatisierten Eisdiele erfrischen.

Ebenfalls am Pier liegt die hübsche **Casa do Artesão**, Rua Azarias Neto 1, gegenüber den Läden und Kneipen des Beira-Rio-Komplexes. Hier findet sich eine enorme Auswahl an Töpferarbeiten, Kunstgewerbe und Volkskunstgegenständen. ⌚ Mo–Fr 9–19, Sa, So 15–21 Uhr. Nebenan trifft man auf die unregelmäßig geöffnete **Casa do Índio (APITU)**; wo sich Perlenketten aus Samen und Zähnen, Federschmuck und handgeknüpfte Hängematten erwerben lassen. Auf dem Vorplatz findet ab dem späten Nachmittag ein kleiner Markt statt. ⌚ tgl. 17–23 Uhr.

Wenn man rechts auf die Av. Mendonça Jr. geht, den Kanal überquert und links in die Rua Cândido Mendes biegt, stößt man auf ein Freilichtmuseum: die Festung **Fortaleza de São José de Macapá**. Sie wurde zwischen 1764 und 1782 zur Abwehr der europäischen Konkurrenten und Seeräuber errichtet und kann besichtigt werden. ⌚ Di–Sa 8–12, 14–18, So 14–18 Uhr, Eintritt frei.

Das hübsche **Museu Histórico Joaquim Caetano da Silva** in der Rua Binga Uchôa enthält

Urkunden und Pläne aus der Kolonialzeit, Objekte der Ureinwohner und gelbstichige Fotos aus der Zeit des Kautschukbooms. ⌚ Di–Fr 9–18, Sa, So 9–14 Uhr, Eintritt frei.

Die aus Holz und Glas errichtete **Catedral São José**, Av. General Rondon, ist eine der modernsten katholischen Kirchen im Amazonasgebiet (2006), bemerkenswert ist ihre natürliche Belüftung. Davor ragen eine Statue des Hl. Josef mit immensem Hirtenstock und Jesuskind auf dem Arm, sowie ein 15 m hoher Glockenturm, auf.

Der wohl sehenswerteste Ort in Macapá ist das Freilichtmuseum **Museu Sacaca**, Av. Feliciano Coelho 1509, Trem (4 km vom Zentrum). Auf einem Lehrpfad durch einen botanischen Garten lernt man die heimische Fauna und Flora kennen (auf Tafeln erklärt), wie z. B. die weit verbreitete Pfirsichpalme (Pupunheira). Dazu gibt es mehrere Modellhütten, die das Leben in der Region veranschaulichen, darunter „Casa do Ribeirinho" (Flussbewohner), „Casa do Castanheiro" (saisonale Arbeitshütten der Paranuss-Sammler), „Casa de Farinha" (Farinha-Herstellung) sowie eine Hütte der Palikur-Wajãpi-Indios, die von Stammesmitgliedern errichtet wurde. Auf einem See kann ein „Regatão-Boot" besichtigt werden, ein „schwimmender Markt", der selbst die abgelegensten Flussbewohner mit den nötigsten Waren versorgt bzw. diese gegen Früchte oder Nüsse eintauscht. Das Museum gehört zum staatlichen Forschungsinstitut IEPA, das auf dem Gelände auch eine Naturapotheke mit Verkauf von Naturmedizin sowie ein schönes Café (⌚ Do ab 19 Uhr Live-Musik) betreibt. ⌚ Di–So 10–18 Uhr, Eintritt frei.

ÜBERNACHTUNG

Das feuchtheiße Klima taucht selbst bessere Hotels oft in eine leicht muffige Atmosphäre. AC oder Ventilator auf dem Zimmer sind unverzichtbar. WLAN ist gratis und es wird keine Tax erhoben, sofern nicht anders angegeben.

Hotel Norte, Av. Padre Júlio M. Lombaerd 1976, Santa Rita, ✆ 96/3223 3747, ✉ hotelnorteap@hotmail.com. Kleine, recht moderne Zimmer, die so weit okay sind, aber der Lärmschutz im Umfeld muss noch besser werden. ❷

Mara Hotel, Rua São José 2390, ✆ 96/3223 0087, 💻 www.marahotel.com.br. Großer bunter Kasten mit 98 Zimmern, nur 2 Min. vom Fort entfernt. Anständige Zimmer (AC) und 2 größere Suiten. ❷–❸

Hotel Ibis, Rua Tiradentes 303, ✆ 96/2101 9050, 💻 www.ibishotel.com. Alles in gewohnter Ibis-Qualität, Kabel-TV, Frühstück R$16 p. P., am Wochenende billiger. ❸

Frota Palace Hotel, Rua Tiradentes 1104, ✆ 96/2101 3999, 💻 www.hotelfrota.com.br. Saubere und ansprechende Zimmer, alle mit AC, Bad, Frigobar. Restaurant. ❸–❹

Pousada Ekinox, Rua Jovino Dinoá, ✆ 96/3223 0086. Ein kleiner Garten Eden unter französischer Leitung (der Besitzer ist Honorarkonsul), mit 10 gemütlichen Zimmern (Kabel-TV, AC) und gut belüftetem Aufenthaltsbereich. Auf Wunsch kocht Gattin Cecília frischen Amazonasfisch. Nur nach Reservierung, Kontakt auch über Facebook. Englisch. ❸–❹

Hotel do Forte, Rua Beira Rio 248, ✆ 96/3223 2855, 💻 www.hoteldoforte.com. Modernes Hotel mit Blick auf den Amazonas. 105 Zimmer, nett ist der Typ *Standard*, die *Executivo* sind größer. Schöner Frühstückssaal, Pool. Nach Rabatt fragen (bis 20 %). ❹–❻

Amazon Plaza Hotel, Rua Beira Rio 208, ✆ 96/3312 5450, 💻 www.amazonplazahotel.com. Neues Hotel beim Bootsanleger Santa Inés, mit seitlichem Blick auf das Fort. Alles ist recht funktional, geräumige Zimmer, einige mit Kingsize-Betten (Split AC). Gutes Restaurant. ❹–❻

Magnu's Plaza Hotel, Rua São José 1689, ✆ 96/3223 2202, 💻 www.magnusplazahotel.com.br. Das Hotel macht von außen nicht viel her, aber innen überrascht es mit heller und freundlicher Design-Optik. 38 moderne Zimmer mit Kingsize-Betten, einige Suiten, kleiner Pool auf dem Dach. Nach Rabatt fragen. ❺

ESSEN

Cantinho Baiano, Av. Beira Rio 328. Wunderbare Fischgerichte mit Flussblick am Kai: Amazonas-Flussfisch auf bahianische Art, Tipp: der prämierte „Peixe Região dos Lagos" (Filet mit Banane, Paranuss und Krabbenpüree, R$67/2–3 Pers.), exzellent! Auch sehr gute Moquecas. ⌚ Mo–Do 11.30–16.30, 18–24, Fr, Sa 11–24, So 11–17 Uhr.

Estaleiro, Av. 1 de Maio 52, Trem. Maritimes Fischrestaurant (z. B. „Traineira", Filet in Senfsoße, R$58/2 Pers.), die Kellner tragen Kapitänsuniformen, an den Wänden Bilder mit den schönsten Schiffsunglücken; als Bar dient ein alter Fischkutter, in dem alte Fotos ausliegen – skurril! ⌚ Di–Sa 19.30–24, Sa, So 11.30–15 Uhr.

Amazonas Peixaria, Rua Beira Rio 218-C. Klimatisiert mit großer Fensterfront, Blick auf den Anleger Santa Inés und das Fort. Gute Fischteller (ab R$55/2 Pers.), ein – auch optisches – Schmankerl ist der in Buttersoße gedünstete Tucunaré, ein 2-Kilo-Fisch für R$110/4 Pers. ⌚ tgl. 11.30–16, 18.30–24 Uhr.

Só Assados, Av. Henrique Galúcio 294. Super Self-Service (R$39/kg), über 20 Grillfleischsorten vom Spieß, 16 Salate und regionale Gerichte; nettes Ambiente (AC). ⌚ tgl. 11–15 Uhr.

Acqua, Av. Raimundo A. da Costa 2408-A, Santa Rita. Hausgemachte oder importierte Nudeln (R$52–70/1–2 Pers.), wirklich lecker ist die „Penne All' Àrrabbiata" (R$60). Alles ist sehr vornehm, durchs Fenster sieht man in die Lake Lounge (s. Nachtleben). ⌚ Di–Sa 19–24, So 12–15, 19–24 Uhr.

Sarney Lanches, Rua Gen. Rondon 1483. Üppiges Buffet in zwei Preiskategorien (R$34–38/kg), gut besucht. ⌚ tgl. 11.30–16, Mo–Fr 18–22 Uhr.

Authentisches Flusslokal

Auf dem Weg nach Santana liegt am Hafen des **Igarapé da Fortaleza** das Restaurant **Flora**, wo man am Wasser sitzend auf die ankernden Boote schauen und köstlichen Fisch essen kann (R$50–75/2–3 Pers.). Die authentisch regionale Küche von Dona Flora wird sogar von Brasiliens Starkoch Alex Atala aufgenommen, der sich hier schon inspirieren ließ. Der Hit ist „Chutney de Açaí" mit energiereichen Regenwaldfrüchten und Tucumã-Risotto (R$80/2 Pers.), auch optisch ein Genuss. Das Gericht steht nicht auf der Karte, mind. 40 Min. Wartezeit. ⌚ tgl. 11–16.30, Mi–Sa 18–24 Uhr, Taxi (R$30–35) oder Busse *Santana* bzw. *Fortaleza*.

NACHTLEBEN

Während Macapá tagsüber einen schläfrigen Eindruck vermittelt, blüht es nach der Blauen Stunde auf. Krethi und Plethi zieht es zum Wasser und zum eiskalten Bier. Drei Dutzend Imbissstände und Ausschänke unterm Sternenhimmel stehen an der Rua Azarias Neto. Der **Complexo Beira Rio**, dem Pier ggü., ist dann gerammelt voll, Bars und Restaurants wetteifern mit Schnellgerichten und Bierausschank. Für gehobeneres Flair geht man in die **Lokau American Bar**, Rua Binga Uchôa 17, mit Tischen auf dem Gehweg und an einigen Tagen Live-Musik (ab 23 Uhr, Couvert R$ 5). ⌚ Mi–Do, So 18–2, Fr, Sa 18–4 Uhr.

Vitruviano, Av. Machado de Assis 333. Prima Bar-Restaurant mit Außenterrasse, einer der schicksten *Points* der Stadt. Live-Musik Mi–Sa *Voz e Violão* (22–24 Uhr), Fr/Sa im Anschluss Bands (Couvert R$6). Longnecks à R$5 im Eimer („Balde"), klasse Petiscos und Nudeln. Sehr umweltbewusst, u. a. Holzmobiliar aus Wiederaufforstung. ⌚ Mi, Do, Sa 18–2, Fr 16–2 Uhr.

Lake Lounge, Av. Raimundo A. da Costa 2804, Santa Rita. Schicke Lounge-Bar, Fr Happy Hour und „2 Chopes für 1" (20–21.30 Uhr), Sa Disco (Eintritt R$30). ⌚ Fr 20–2, Sa 21–6 Uhr.

SONSTIGES

Geld

HSBC, Rua Padre J. Lombaerd/Rua São José 2089. ⌚ Mo–Fr 11–16, Geldautomat 6–22 Uhr (alle Karten); auch Flughafen und Rodoviária.

Informationen

Setur, Rua Binga Uchôa 29, ✆ 96/3212 5335, 💻 www.setur.ap.gov.br. ⌚ Mo–Fr 8–12, 14–18 Uhr; auch Flughafen, ⌚ tgl. 0–18 Uhr, und am Pier, ⌚ tgl. 10–22 Uhr.

Internet

Cyber Play, Av. Gen. Rondon 1467. R$2,25. ⌚ Mo–Fr 8–23, Sa 8–22 Uhr.

Reisebüros

Sonave Turismo, Rua Santos Dumont 2562 A, Buritizal (4 km vom Zentrum), ✆ 96/3223 9090,

💻 www.sonaveturismo.com.br. Flüge/Boote nach Belém.

Touranbieter

Ética Turismo e Receptivo, Av. Mário Cruz 14A, ✆ 96/3242 4158, ✉ etica.turismo@yahoo.com.br. Pietrina organisiert sehr schöne Flusstouren.

Wäscherei

Lava Bem Lavanderia, Av. Mendonça Furtado 815 A. ⌚ Mo–Fr 8–18, Sa 8–12 Uhr.

NAHVERKEHR

Viele **Stadtbusse** halten an der Rua São José gegenüber der Kathedrale São José de Macapá (R$2,50, Sa/So 50 %). **Mototaxis** kosten R$4–5.

TRANSPORT

Flüge

Der kleine, schlecht belüftete **Aeroporto Internacional de Macapá**, ✆ 96/3223 2323, liegt 4 km westlich, Rua Hildemar Maia, Santa Rita. Direktflüge nur nach **Belém** (1 Std.).

Fluggesellschaften
Gol, ✆ 96/3223 7481; **TAM**, ✆ 96/3223 1028.

Busse

Rodoviária de Macapá, 4 km vom Zentrum, São Lázaro, ✆ 96/3251 2009.
Oiapoque: Amazontur, ✆ 96/3251 3435, und Santanense, ✆ 96/3251 2067, tgl. 17, 18 und 19 Uhr, 9–11 Std., R$99.
Cayenne/Frz.-Guyana: Die neu asphaltierte Strecke bis zum Grenzort Oiapoque (560 km) ist nun auch in der Regenzeit meistens befahrbar. Per Fähre geht es nach Saint-Georges, dort weiter nach Cayenne (180 km) in teuren Vans (ca. 40 €). Eine 2012 fertiggestellte Brücke über den Grenzfluss wartet seither auf Eröffnung.

Boote

Der **Hafen** größerer Boote ist in **Santana**, 30 Automin. südlich (21 km). Über aktuelle Fahrtzeiten und Preise informieren **Setur, Sonave Turismo** (s. Reisebüros) oder Agenturen an der Av. Mendonça Furtado.

Belém: 1–2x tgl., meist zwischen 9 und 14 Uhr, 24–30 Std., R$130 Hängematte, R$450–500/2 Pers. Kabine oder Suite mit WC/Bad.
Santarém: Mo–Sa 17 Uhr, 36–40 Std., R$130–160 Hängematte, R$450–650 Kabine/2 Pers. In der Hauptsaison (Juli/Dez) auch Schnellboote (24 Std.).

Amazonas

Der größte brasilianische Bundesstaat, der Staat Amazonas, umfasst 1,56 Mio. km² (18 % der Landesfläche), damit ist er fast vierzig Mal so groß wie die Schweiz. 80 % des Staates sind mit Regenwald bedeckt, nur rund 2,6 Mio. Menschen wohnen innerhalb seiner Grenzen – mehr als die Hälfte davon in der Hauptstadt Manaus. Diese Insel-Metropole ist mit Ausnahme der BR 174, die nach Venezuela führt, nur auf dem Wasser- oder Luftweg vom Rest des Landes aus zu erreichen.

Der Amazonas und seine Ströme sind auch heute noch die wichtigsten Verkehrswege. Das bedeutet für den Besucher, dass er in erster Linie Zeit mitbringen muss. Von Juli bis Dezember ist es relativ trocken (Sommer), zwischen Januar und Juni herrscht Regenzeit (Winter) mit 80 % Luftfeuchtigkeit und mehr.

Manaus

Es gibt Leute, die sich fünf Tage lang in Manaus aufhielten, und als sie abreisten, nichts vom Urwald oder vom Fluss gesehen hatten. Weil sie beispielsweise das Tropical Hotel nie verließen. Aber selbst wer sich auf eigene Faust und mit besten Vorsätzen aufmacht, „Amazonien" in und um Manaus zu entdecken, wird sein blaues Wunder erleben. Deshalb eine kleine Vorwarnung: Man kann hier nicht einfach an den Stadtrand fahren und dort im Wald spazieren gehen. Was man dort finden kann, sind Müllberge und Kloaken, vielleicht eine Lektion in Sozialkunde, aber mehr nicht. Auf eigene Faust wird man

Karneval in Manaus

Wenig bekannt ist bisher, dass in Manaus einer der lebhaftesten **Karnevals** Brasiliens stattfindet, kaum kommerzialisiert und deutlich preiswerter als in anderen Hochburgen. Dabei sind es eigentlich gleich mehrere Karnevals: Die ersten Tage ähneln dem **Samba-Karneval** von Rio. Wie in Rio gibt es ein **Sambódromo**, in dem die Sambaschulen ihre farbenprächtigen Kostüme und die aufwendig gestalteten Umzugswagen zur Schau tragen. Los geht's am Donnerstag und Freitag mit den Schulen der unteren „Ligen" („Grupos Acesso" A, B und C, ab 21 Uhr), am Samstag folgen die acht Gruppen der „Grupo Especial" (20–6 Uhr). Schon Monate vorher finden Proben *(Ensaios)* statt, die auch Besuchern offen stehen. Bekannte Sambaschulen sind die „Rosagrünen" von Vitória Régia aus dem Stadtteil Praça 14, Balaku Blaku (Centro) oder Unidos do Alvorada. 🖳 www.manausamba.com.br.
Am Montag und Dienstag wird der Karneval zum **Carnaboi**, plötzlich erklingt die mitreißende, für den Amazonas typische „Música do Boi". An beiden Tagen ziehen zehn Umzüge in je 40 Minuten durchs Sambódromo, darunter auch die berühmten Boi-Bumbá-Gruppen *Garantido* und *Garanhão* aus Parintins (S. 665). Die Kostüme sind an indianische Folklore angelehnt; Hunderte Teilnehmer führen choreographierte Tänze auf – ein akustischer und optischer Glanzpunkt!
Neben den Umzügen im Sambódromo gibt es in mehreren Stadtteilen einen **Straßenkarneval** *(Blocos, Bandas de Rua)* mit improvisierten Bühnen und Live-Musik. 🖳 www.blocosdemanaus.blogspot.com.br. Auch Traditionen aus anderen Regionen Brasiliens werden gepflegt, wie der 12-stündige Umzug „Galo de Manaus", der an den Frevo-Karneval Recifes erinnert, 🖳 www.galodemanaus.com.br.
Und dann gibt es noch die **„Bailes"**, rauschende Motto-Partys, die auf dem Gelände des **Tropical Hotel** stattfinden. Zunächst am Freitag die **Baile do Hawaii** (22–5 Uhr, ab R$40), dann Montag die vielleicht beste Party des Manaus-Karnevals, die traditionelle **Baile Fantasy** (22–5 Uhr, Eintritt R$60, mit Open Bar R$100). Mehrere Live-Bands und DJs heizen dem verkleideten und mächtig stimulierten Publikum bis in die frühen Morgenstunden ein! Die besten Kostüme werden mit bis zu R$5000 prämiert.
Alles in allem präsentiert sich der Karneval in Manaus sehr divers. Es geht nicht so pompös wie in anderen großen Karnevalsstädten Brasiliens zu, dafür ist man als Besucher „näher dran". Viele Umzüge beziehen sich auf regionale Kultur- oder Naturthemen. Der Eintritt ins Sambódromo ist erschwinglich, die Hotels nehmen bis heute keine Aufschläge.

nur wenig erkunden können – ohne vertrauenswürdige Ortskundige geht es nicht.

Manaus ist eine moderne City mit 1,8 Mio. Einwohnern am Ufer des Rio Negro. Rund 1600 km vom Atlantik entfernt, liegt die Stadt nur 67 m über dem Meeresspiegel. Neben ihrer Bestimmung als Industriestandort hat sich Manaus zu einem Mekka der **Ökotouristen** entwickelt. Wer hierher kommt, will in aller Regel einen Trip in die „grüne Hölle" bzw. zu den Dschungel-Lodges unternehmen. Doch auch die Stadt selbst bietet genügend Interessantes für einen mehrtägigen Aufenthalt.

Das Zentrum erstreckt sich vom Rio Negro leicht ansteigend hoch bis zum Teatro Amazonas – diese „Altstadt" ist zu Fuß bestens erkundbar und überdies sehenswert, nicht nur wegen der berühmten Oper oder dem schwimmenden Pier.

Zum Mindestprogramm in Manaus gehört eine **Bootsfahrt**, um zu der Stelle zu gelangen, wo das dunkle Wasser des Rio Negro mit dem hellen Wasser des Rio Solimões zusammentrifft. Man kann die beiden Farben flussabwärts verfolgen, die viele Kilometer weit nebeneinander her fließen, bis sie sich schließlich vermischen und von da an offiziell den Namen Rio Amazonas tragen.

Geschichte

Bis ins Jahr 1669, als eine kleine Festung errichtet wurde, lagen hier mehrere Dörfer der Manaú-Indianer. Im 17. Jh. war das flussaufwärts am Rio Negro liegende Barcelos Provinzhauptstadt. 1850 musste es diesen Titel im Zuge der Einwan-

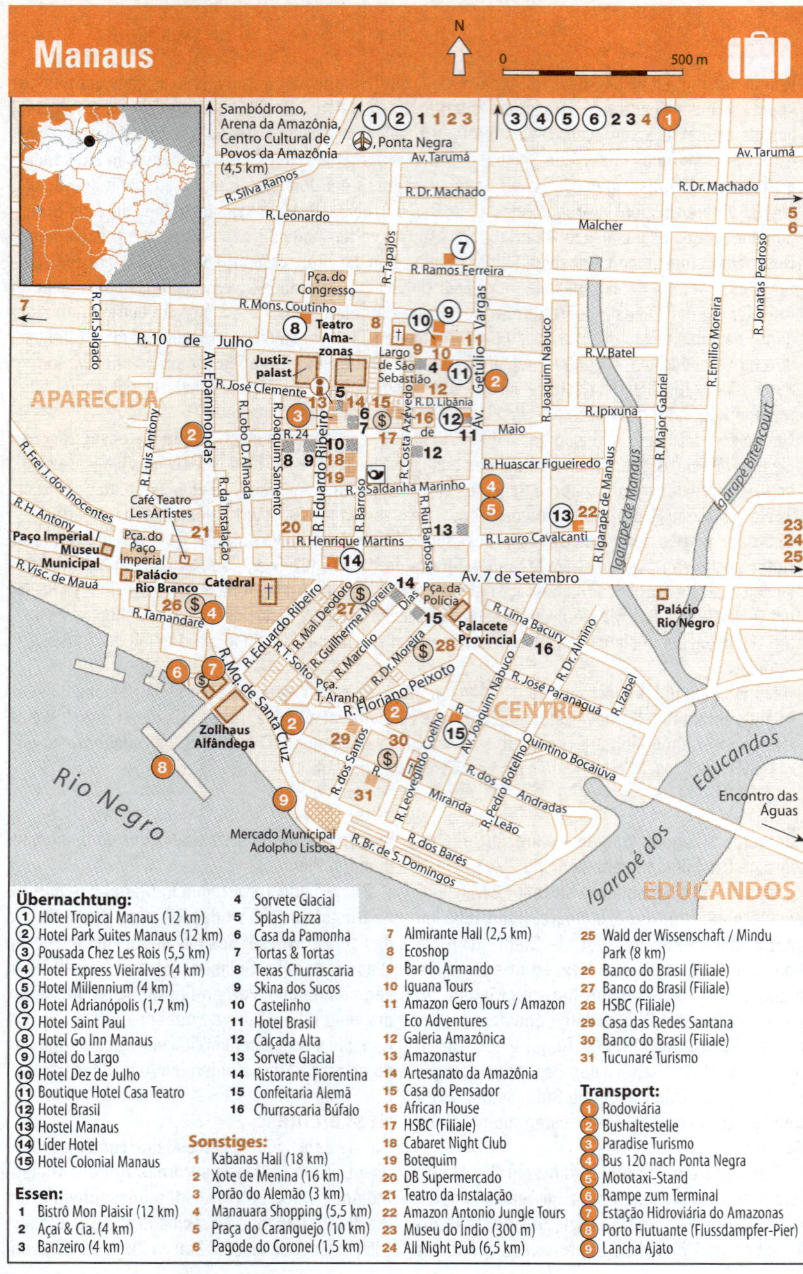
Manaus
N
0
500 m
Sambódromo, Arena da Amazônia, Centro Cultural de Povos da Amazônia (4,5 km)
Ponta Negra
Av. Tarumá
R. Silva Ramos
R. Dr. Machado
R. Leonardo
Malcher
R. Ramos Ferreira
R. Tapajós
Pça. do Congresso
R. Mons. Coutinho
Teatro Amazonas
R. 10 de Julho
R. Cel. Salgado
Justizpalast
Largo de São Sebastião
Av. Getúlio Vargas
R. Joaquim Nabuco
R. V. Batel
R. Emílio Moreira
R. Jonatas Pedroso
R. Major Gabriel
R. Ipixuna
APARECIDA
Av. Epaminondas
R. José Clemente
R. Lobo D. Almada
R. Joaquim Sarmento
R. Eduardo Ribeiro
R. D. Libânia
R. 24 de Maio
R. Costa Azevedo
R. Luis Antony
R. Huascar Figueiredo
Igarapé de Manaus
Igarapé Bitencourt
R. Frei J. dos Inocentes
R. da Instalação
R. Barroso
R. Saldanha Marinho
R. Rui Barbosa
Café Teatro Les Artistes
R. H. Antony
Paço Imperial / Museu Municipal
Pça. do Paço Imperial
R. Henrique Martins
R. Lauro Cavalcanti
R. Igarapé de Manaus
Palácio Rio Branco
R. Visc. de Mauá
Catedral
Av. 7 de Setembro
Pça. da Polícia
R. Tamandaré
R. Mal. Deodoro
R. Guilherme Moreira
R. Dias
Palacete Provincial
R. Lima Bacury
R. Dr. Almino
Palácio Rio Negro
R. T. Solto
R. Marcílio
R. Dr. Moreira
Pça. T. Aranha
R. Mq. de Santa Cruz
R. Floriano Peixoto
R. José Paranaguá
R. Izabel
CENTRO
Zollhaus Alfândega
R. dos Santos
R. Leovegildo Coelho
Av. Joaquim Nabuco
R. Quintino Bocaiúva
Educandos
Rio Negro
R. dos Andradas
R. Pedro Botelho
R. Miranda Leão
Encontro das Águas
Mercado Municipal Adolpho Lisboa
R. Br. de S. Domingos
R. dos Barés
Igarapé dos Educandos
EDUCANDOS

Übernachtung:
1 Hotel Tropical Manaus (12 km)
2 Hotel Park Suites Manaus (12 km)
3 Pousada Chez Les Rois (5,5 km)
4 Hotel Express Vieiralves (4 km)
5 Hotel Millennium (4 km)
6 Hotel Adrianópolis (1,7 km)
7 Hotel Saint Paul
8 Hotel Go Inn Manaus
9 Hotel do Largo
10 Hotel Dez de Julho
11 Boutique Hotel Casa Teatro
12 Hotel Brasil
13 Hostel Manaus
14 Líder Hotel
15 Hotel Colonial Manaus

Essen:
1 Bistrô Mon Plaisir (12 km)
2 Açaí & Cia. (4 km)
3 Banzeiro (4 km)
4 Sorvete Glacial
5 Splash Pizza
6 Casa da Pamonha
7 Tortas & Tortas
8 Texas Churrascaria
9 Skina dos Sucos
10 Castelinho
11 Hotel Brasil
12 Calçada Alta
13 Sorvete Glacial
14 Ristorante Fiorentina
15 Confeitaria Alemã
16 Churrascaria Búfalo

Sonstiges:
1 Kabanas Hall (18 km)
2 Xote de Menina (16 km)
3 Porão do Alemão (3 km)
4 Manauara Shopping (5,5 km)
5 Praça do Caranguejo (10 km)
6 Pagode do Coronel (1,5 km)
7 Almirante Hall (2,5 km)
8 Ecoshop
9 Bar do Armando
10 Iguana Tours
11 Amazon Gero Tours / Amazon Eco Adventures
12 Galeria Amazônica
13 Amazonastur
14 Artesanato da Amazônia
15 Casa do Pensador
16 African House
17 HSBC (Filiale)
18 Cabaret Night Club
19 Botequim
20 DB Supermercado
21 Teatro da Instalação
22 Amazon Antonio Jungle Tours
23 Museu do Índio (300 m)
24 All Night Pub (6,5 km)
25 Wald der Wissenschaft / Mindu Park (8 km)
26 Banco do Brasil (Filiale)
27 Banco do Brasil (Filiale)
28 HSBC (Filiale)
29 Casa das Redes Santana
30 Banco do Brasil (Filiale)
31 Tucunaré Turismo

Transport:
1 Rodoviária
2 Bushaltestelle
3 Paradise Turismo
4 Bus 120 nach Ponta Negra
5 Mototaxi-Stand
6 Rampe zum Terminal
7 Estação Hidroviária do Amazonas
8 Porto Flutuante (Flussdampfer-Pier)
9 Lancha Ajato

derung von Zehntausenden von *Nordestinos*, die in der Kautschuk-Gewinnung arbeiteten, an das strategisch günstiger liegende heutige Manaus abgeben, das durch den **Kautschukboom** für die nächsten 60 Jahre zu einer der wichtigsten und wohlhabendsten Städte der Welt wurde. Wenig später war es vorbei mit dem Reichtum, und das „Paris der Tropen" verfiel in Agonie. 1967 kam zwar die wirtschaftliche Erholung, denn in die neu geschaffene Freihandelszone zogen wegen der Steuererleichterungen zahlreiche Firmen aus aller Welt und machten aus der ehemaligen Kautschuk-Metropole eine Hightech-Industriestadt, doch schöner und humaner wurde sie dadurch nicht. Die Hoffnung auf einen Arbeitsplatz in einer der Fabriken zog viele tausend Emigranten in die Stadt, deren Infrastruktur noch aus den 1940er-Jahren stammt. Es ist schwer, sich in Manaus vorzustellen, dass man mitten im größten Urwald der Erde ist!

Sehenswertes

Am Hafen

Ein interessantes Phänomen ist der **Encontro das Águas**, der „Treffpunkt der Gewässer", wo das tintenblaue Wasser des Rio Negro auf das milchkaffeebraune des Rio Solimões trifft. Das passiert 12 km stromabwärts von Manaus. Die Flüsse vermischen sich erst nach etwa 10 km, da sie verschiedene Dichte, Temperaturen und Geschwindigkeiten haben. Ab und zu tauchen sogar rosa Flussdelphine hier auf.

Dort, wo die Bootstouren losgehen, am **Porto Flutuante** (S. 662), ist Manaus zugleich am interessantesten. An dem 1902 errichteten, 1313 m langen schwimmenden Kai liegen zahlreiche Boote vor Anker, selbst Kreuzfahrtschiffe. Es war die einzige Methode, um die jährlichen Wasserstandsschwankungen auszugleichen; große Eisentanks halten das 150 m lange Gebilde über Wasser. An einem Pegel an der Kaimauer kann der aktuelle Wasserstand abgelesen werden.

Nebenan gelangt man über eine Rampe zur **Estação Hidroviária do Amazonas**, einer Halle mit Geschäften und Terrasse am Flussufer. Hier kann man etwas trinken und bei Live-Musik auf's (nicht ganz saubere) Wasser schauen.

Sicherheit

Manaus ist eine relativ sichere Stadt. Tagsüber kann man problemlos durch die Innenstadt laufen. Wenn Taschendiebe in Aktion treten, dann am ehesten im Menschengewirr der Märkte und Kais am Hafen. Die zahlreichen Pfahlbauten-Viertel sind zu jeder Zeit zu meiden.

Wenige Schritte weiter befindet sich das alte, 1906 errichtete **Zollhaus** Alfândega, das Stein für Stein aus Schottland hergebracht wurde.

Ein paar hundert Meter flussabwärts liegt der **Mercado Municipal Adolpho Lisboa**, eine unter Denkmalschutz stehende Markthallenkonstruktion von 1882. Das Eisengerüst wurde bei Gustave Eiffel in Paris hergestellt, die bunten Glasfenster sind den Pariser „Les Halles" nachempfunden. Genauso sehenswert wie seine Architektur ist der Markt selbst, vor allem die Prachtexemplare von Flussfischen aus dem Rio Negro (der renovierte Markt sollte Ende 2013 wiedereröffnet werden).

Altstadt

Ein wiederbelebtes Denkmal aus der Kautschuk-Blüte und das Wahrzeichen der Amazonasstadt schlechthin ist das **Teatro Amazonas**, das am Abend des 31. Dezember 1896 mit der Oper „La Giaconda" von Ponchielli eröffnet wurde. Das mehrfach restaurierte Gebäude, eine Mischung aus Barock, Renaissance, Neoklassik und Jugendstil, ist ein gesamteuropäischer Luxustempel, reich bestückt mit italienischem Marmor, französischem Dekor, schottischer Kuppelverzierung, lothringischen Ziegeln, englischem Schmiedeeisen und 700 roten Samtsitzen. Es ist das bedeutendste Zeugnis aus der Blütezeit des 1870 einsetzenden Kautschukbooms. Im Teatro Amazonas haben jahrelang die Mäuse gepfiffen, doch im Jahr 1989 wurde es wieder zu musikalischem Leben erweckt und zu einem Mekka der Musikliebhaber. Das Opernfestival von Manaus (Kasten S. 654) ist inzwischen fester Bestandteil des internationalen Kulturkalenders. Im Erdgeschoss befindet sich das schöne La Gioconda Caffè. ⌚ Mo–Sa 9–17 Uhr, halbstdl. Führungen, auch Englisch, R$10.

Der gegenüberliegende **Justizpalast** (Palácio da Justiça), der zwischen 1884 und 1900 erbaut wurde, bildet gemeinsam mit dem Teatro Amazonas das wichtigste architektonische Ensemble der Stadt. Seit 2006 ist hier ein Kulturzentrum. ◷ Di–Fr 13–16, So 17–21 Uhr, Eintritt frei.

Unmittelbar vor dem Teatro Amazonas liegt ein hübscher, von Bäumen umrahmter Platz, der **Largo de São Sebastião**, der vor allem abends ein beliebter Treffpunkt ist. Hier finden regelmäßig kulturelle Veranstaltungen statt. Mit dem Postkartenblick auf das Theater und die restaurierten Kolonialhäuser, sowie den zahlreichen nahen Straßenbars, Restaurants, Galerien und Cafés ist dies der mit Abstand schönste und stimmungsvollste Ort der Innenstadt.

Viele solcher Plätze hat Manaus leider nicht mehr zu bieten, denn die meisten der alten Kolonialhäuser mussten modernen Geschäftsbauten weichen, historische Gassen wurden in Einkaufszonen umgewandelt. Eine der lebendigsten von ihnen ist die **Rua Marechal Deodoro**. In der engen Straße geht es hoch her, durch „compra ouro"-Rufe sollen Touristen zum Kauf von Gold animiert werden. Die meisten der übrig gebliebenen alten Häuser mit den charakteristischen Kachel-Fassaden befinden sich in wenig ansprechendem Zustand, ein wenig Glanz lässt sich hie und da erahnen.

In den letzten Jahren hat man jedoch begonnen, das historische Zentrum aufzufrischen. So sind weitere freundliche Innenstadtbereiche entstanden, insbesondere an der Praça Heliodoro Balbi, besser bekannt als **Praça da Polícia**. Der umfangreich renovierte Park mit beleuchteten Springbrunnen und Musikpavillons liegt wie eine grüne Oase im verkehrsumtosten Geschäftszentrum. Das frühere Polizeihauptgebäude wurde zu einem sehenswerten Kulturzentrum umgewandelt – **Palacete Provincial** – und beherbergt heute u. a. eine Pinakothek, ein Café, Ausstellungsräume und mehrere Museen, darunter ein historisches und eines für Münzen, unter anderem mit europäischen Münzen aus der Kolonialzeit. Im Hof befindet sich eine Bühne für Live-Konzerte. ◷ Di–Mi 9–17, Do–Sa 9–19, So 16–20 Uhr, Eintritt frei.

Ein weiterer Platz, der bereits z. T. umgestaltet wurde, ist die **Praça do Paço Imperial**. Hier befinden sich zwei restaurierte historische Gebäude: der **Palácio Rio Branco** sowie der **Paço Imperial** mit dem **Museu Municipal**. Einen Straßenblock weiter trifft man auf ein neues Kulturzentrum mit Café, das **Café Teatro Les Artistes**.

Ganz in der Nähe liegt das **Teatro da Instalação**, Rua Frei J. dos Inocentes, ein schönes, mit blauen Azulejos verkleidetes Theater der vorletzten Jahrhundertwende, das 2001 im Rahmen des Projektes „Manaus Belle Epoque" restauriert wurde. Leider finden nur noch selten Theater-, Folklore- oder Tanzaufführungen statt (Programm im Teatro Amazonas).

Der **Palácio Rio Negro**, früher einmal Residenz des deutschen Kautschukhändlers Wal-

DER NORDEN

Stadt der Festivals

Außer dem Karneval finden in Manaus noch drei ambitionierte **Festivals** statt:
Das dreiwöchige **Festival Amazonas de Ópera**, 💻 www.amazonasfestivalopera.com, im April/Mai zieht seit 1997 Künstler und Zuschauer aus aller Welt an. So sorgte 2007 die Aufführung von Wagners *Der fliegende Holländer* unter der Leitung von Christoph Schlingensief für Furore. Mehr als 10 000 Zuschauer wohnen der Abschlussfeier am Largo de São Sebastião bei. Spielstätte ist das Teatro Amazonas (sonst Heimstatt der *Companhia de Dança* und des *Orquestra Filarmônica do Amazonas)*, Konzerteintritt R$5–70.
Das sechstägige **Jazz-Festival**, 💻 www.festivalamazonasjazz, im Juli bietet Konzerte (R$10–40), Workshops und Filme mit Schwerpunkt Jazz. Die Musiker kommen v. a. aus Brasilien, der Karibik und Nordamerika. Zentrale Bühne ist auch hier das Teatro Amazonas. Das einwöchige **Film-Festival** im November schließt den Reigen. Geboten werden nationale und internationale Filme, Vorträge, Seminare und Workshops. Hier gewann 2006 *Die weiße Massai* von Hermine Huntgeburth den Spezialpreis der Jury.

demar Scholz, war lange Amtssitz der Landesregierung, 1997 wurde er restauriert und dient seither als Kulturzentrum und Hauptsitz der staatlichen Kulturbehörde. Neben temporären Kunstausstellungen sind auch schön restaurierte Säle mit manuelinischen Möbeln aus den 1930er-Jahren zu sehen. Im 1. OG befindet sich eine Jugendstilterrasse mit Sitzgelegenheit und Blick ins Grüne. ⌚ Di–Fr 10–16, So 17–20 Uhr.

Parks, Strände und Museen

Der **Wald der Wissenschaft (Bosque da Ciência)** im Stadtteil Aleixo, 8 km vom Zentrum, besitzt eine reiche Flora der Region, durch die zahlreiche Wanderwege führen. Besucher lernen dort die wissenschaftlichen Namen der Arten sowie deren pharmazeutischen Nutzen kennen. Hier befinden sich auch drei Becken mit über 50 Exemplaren des größten im Süßwasser lebenden Tieres, dem *Peixe Boi*, der Seekuh. Der Park gehört dem Amazonasforschungsinstitut Instituto Nacional de Pesquisas da Amazônia (INPA), Av. André Araújo 2936, 💻 www.inpa.gov.br. Anfahrt per Bus (u. a. 125, 439, 447, ca. 20–30 Min.). ⌚ Di–So 8–17 Uhr, Eintritt R$5.

Nicht weit von hier kann man im 408 ha großen und derzeit modernisierten **Parque Municipal do Mindu** (Parque 10 de Novembro) Orchideen bewundern und auf Hängebrücken, die fast bis an die Baumwipfel reichen, entlanggehen. Mit etwas Glück begegnet man dem Sauim-de-Manaus, einem Äffchen, das mit knapp 40 cm zu den kleinsten Primaten der Welt zählt. Diese vom Aussterben bedrohte Art ist nur in Manaus zu finden. Die Wahrscheinlichkeit auf eine Sichtung beträgt nach Einschätzung erfahrener Guides etwa 70 %. Mehrere Wanderpfade führen durch den Park, Führungen sind kostenlos (auch Englisch). Anfahrt mit Bussen 422, 427, 804, 850 (20–25 Min.). ⌚ Di–So 8–17 Uhr, Eintritt frei.

Die „Copacabana" von Manaus ist der **Strand von Ponta Negra**, der rund 12 km außerhalb des Zentrums stromaufwärts vor den Toren des Tropical Hotel liegt. Die gesamte Strandpromenade wurde in den letzten Jahren aufwendig saniert. War der Strand früher für Touristen fast eine „No-go-Area", so ist heute alles hübsch und gepflegt. Familien mit Kindern flanieren abends und am Wochenende auf der „Orla" mit ihren Bars, Imbissen, Amphitheater und Sportanlagen. Besonders gut ist ein frischer Açaí bei „Açaí no Ponto" (R$6–8, ⌚ tgl. 9–1 Uhr). Bis zur WM sollte die Renovierung abgeschlossen sein.

In Europa geht man gern bei Regen und Kälte ins Museum – vielleicht sollte man das in Manaus bei Sonne und Hitze tun. Zwar nicht sehr modern, dennoch sehenswert ist das in einem Nonnenkloster liegende **Museu do Índio**, Rua Duque de Caxias 296. Von Macheten, Körben, Jagdwaffen, bis zu Keramiken ist alles über das Leben und die Gewohnheiten der Indianervölker des Amazonas, speziell aus der Region des Rio Negro, zu sehen. Der Kauf von indianischem Kunsthandwerk ist möglich. ⌚ Mo–Fr 8.30–11.30, 14–16.30, Sa 8.30–11.30 Uhr, Eintritt R$8.

Arena da Amazônia

Die von einem Hamburger Architekturbüro mit 42 000 Plätzen konzipierte **Arena da Amazônia** liegt im Stadtteil Alvorada, etwa 20 Min. vom Zentrum bzw. Ponta Negra entfernt. Nach der WM soll sie für Konzerte, Messen und Sportveranstaltungen genutzt werden. Auch plant man, einzelne Spiele der Serie A hierher zu verlegen. Die Arena befindet sich in einem Komplex, zu dem auch das **Sambódromo** (bzw. im Juni „Bumbódromo"), die 15 000 Zuschauer fassende Mehrzweckhalle **Arena Amadeu Teixeira**, das Kongresszentrum **Centro de Convenções do Amazonas (CCA)** sowie das Kulturzentrum **Centro Cultural de Povos da Amazônia**, 💻 www.povosdamazonia.am.gov.br, zählen – hier befindet sich die Ausstellung des früheren Museu do Homem do Norte (⌚ Mo–Fr 9–17 Uhr). Besonders zwischen März und Juni wird das Areal mit den wöchentlichen Proben *(Ensaios)* für das Boi-Bumbá-Festival in Parintins zum folkloristischen Zentrum der Stadt.

ÜBERNACHTUNG

Manaus hat inzwischen eine ganze Reihe von Luxushotels, aber auch viele Absteigen. Was noch fehlt, ist der solide Mittelbau. Von Dez–März sinken die Preise. WLAN ist meist gratis, Tax wird nicht erhoben, wenn nicht anders angegeben.

Zentrum

€ **Hostel Manaus**, Rua Lauro Cavalcante 231, ✆ 92/3233 4545, 💻 www.hostelmanaus.com. Sehr gutes HI-Hostel in einem Kolonialhaus mit offenem Innenhof, Bäumen und Tropenfeeling. Gepflegte Dorms (R$23–30) und DZ (R$50–80) mit z. T. Split AC. Nette Lobby, Sofas und Fernseher/DVD, oben eine luftige Frühstücksterrasse mit Blick auf die Stadt. Agentur für Ausflüge. ❶

Hotel Dez de Julho, Rua 10 de Julho 679, ✆ 92/3232 6280, 💻 www.hoteldezdejulho.com.br. Traveller-Treffpunkt in Manaus, gute Lage nahe dem Opernhaus. 70 recht einfache Zimmer und Dorms mit Ventilator (R$30 p. P.) über 5 Etagen, die oberen sind heller und freundlicher, der Typ *Especial* hat AC, TV, Frigobar und Warmwasser. Touranbieter im Haus. ❷

Hotel Colonial Manaus, Rua Quintino Bocaiúva 462, ✆ 92/3233 3216, 💻 www.hotelcolonialmanaus.com. Kleines, privat geführtes Hotel in einem Kolonialhaus mit Zimmern, die höher als breit oder lang sind. Gepäckaufbewahrung während Exkursionen möglich, freundliche Besitzer. PC-Nutzung gratis. ❷

Hotel Brasil, Av. Getúlio Vargas 657, ✆ 92/2101 5000, 💻 www.hotelbrazil.com.br. Günstige Option an der Hauptstraße. Keine schöne Aussicht, aber die Zimmer sind okay, winziges Bad. Unten günstiges Kilo-Restaurant. ❷–❸

Boutique Hotel Casa Teatro, Rua 10 de Julho 632, ✆ 92/3633 8381, 💻 www.casateatro.com.br. Hübsch restaurierte und schön dekorierte Altstadtvilla in top Lage im Zentrum, aber einige der 21 Zimmer sind wirklich winzig, 7 m²-Kammern mit Stockbetten und Gemeinschaftsbad. Ab 3 Tagen Rabatt. ❸–❺

Hotel Saint Paul, Rua Ramos Ferreira 1115, ✆ 92/2101 3800, 💻 www.manaushoteis.tur.br. Modernes Hotel in ausgezeichneter Lage, nur wenige Minuten vom Opernhaus. Große Apartments auf 13 Etagen, mit zum Teil herrlichem Blick über die Stadt sowie auf den Amazonas bzw. Rio Negro. Zimmer zum Wohlfühlen (ab R$175) mit AC, Telefon, Kabel-TV, Frigobar, Safe. Von der Kombination Preis/Lage/Komfort ist dies die derzeit mit Abstand beste Wahl in der Innenstadt. Kleiner Pool. ❹

Hotel do Largo, Rua Mons. Coutinho 790, ✆ 92/3304 4751, 💻 www.hoteldolargomanaus.com.br. Neueres Mittelklassehotel beim Theater. Die Einrichtung der 45 Zimmer wirkt ein wenig wie von der Stange, z. T. altes Mobiliar, dennoch eine noch passable Alternative. Einige Zimmer mit Fenster zum Schacht. ❹

Líder Hotel, Av. 7 de Setembro 827, ✆ 92/3621 9700, 💻 www.liderhotelmanaus.com.br. Zentral gelegenes Hotel mit 59 komfortablen Zimmern (AC, Kabel-TV, DVD, Frigobar). ❹

Hotel Go Inn Manaus, Rua Monsenhor Coutinho 560, ✆ 92/3306 2600, ✉ reservas.gmao@atlanticahotels.com.br. Neues „Economy-Hotel" der Atlantica-Kette, der gesamte Aufenthalt muss schon beim Einchecken bezahlt werden. Kleine Zimmer auf 5 Etagen, Restaurant, 24-Std.-Shop, kein Pool. 2 % Tax. ❺

Andere Stadtteile

Hotel Tropical Manaus, Av. Cel. Teixeira 1320, Ponta Negra (12 km vom Zentrum, 5 km vom Flughafen), ✆ 92/2123 5000, 💻 www.tropicalhotel.com.br. Eine Institution – viele haben außer diesem Resort und Tagungshotel mit seinen 609 Zimmern nichts anderes von Manaus gesehen. Die Anlage besitzt einen gepflegten, 400 ha großen tropischen Park und traumhaft schöne Badelandschaft mit 2 Pools. Weiterhin Tennisplätze, Fitnessstudio, Restaurants, Animationsprogramm. Geräumige Zimmer, der Preis demgegenüber beinahe moderat (mit Reservierung ab R$231, 10 % Tax); die renovierten, sehr guten *Superior* sind zu bevorzugen. Tipp: Die Taxis vor der Haupteinfahrt sind günstiger als die auf dem Hotelgelände. Vom hoteleigenen Pier gehen Bootsfahrten der Agenturen ab. WLAN R$18/Tag. ❺–❼

Hotel Park Suites Manaus, Av. Cel. Teixeira 1320-A, ✆ 92/3306 4500, 💻 www.atlanticahotels.com.br. Modernes Businesshotel auf dem Gelände des Tropical, sensationeller Pool mit Blick auf den Rio Negro. Der offizielle Preis beginnt bei R$385, doch es gibt häufig Rabatte (z. B. *Promoção Longa Permanência* ab 3–4 Tagen: R$280, inkl. Abendessen). Auf der Dachterrasse fantastisches Bar-Restaurant „Bistrô Mon Plaisir" (s. Essen). 2 % Tax. ❻–❽

Hotel Express Vieiralves, Rua Rio Ituxi, Vieiralves, ✆ 92/3303 9933, 💻 www.expressvieiralves.tur.br. 200 sehr kleine, gepflegte Zimmer, in einem Viertel mit vielen Ausgehmöglichkeiten. Restaurant, Cafeteria (24 Std.), im selben Gebäude Sandwichläden und Shopping. Viele Busse halten an der Hauptstraße (Taxi 15 Min. zum Zentrum, R$15–20). Frühstück R$15 p. P. ❹

Pousada Chez Les Rois, Trav. dos Cristais 1, Nossa Senhora das Graças, ✆ 92/3584 3549, 💻 www.chezlesrois.com.br. Sympathische Pousada im Wohnviertel, 10 saubere Zimmer (früh buchen), gutes Frühstück. Pool. ❹

Hotel Millennium, Av. Djalma Batista 1661, Chapada, ✆ 92/3655 3131, 💻 www.manaushoteis.tur.br. Design-Hotel in guter Lage, 12 km vom Flughafen und 1 km vom WM-Stadion/Sambódromo. Das Hotel zählt zu den besten der Stadt und liegt im schicken Millennium Shopping Center. Großzügige Zimmer mit Küche. Auf dem Dach Pool und weiter Blick über die Stadt. ❻

Hotel Adrianópolis, Rua Salvador 195, Adrianópolis, ✆ 92/2101 2000, 💻 www.hoteladrianopolis.tur.br. Gut für längere Aufenthalte, zentral in einem der begehrtesten Wohnviertel der Stadt. Große Suiten mit Küche und Wohnzimmer. Restaurant, Pool. ❻–❼

ESSEN

Es gibt an jeder Ecke Säfte, Snacks und vor allem *Tacacá* (um R$13), am besten bei „Gisela" am Largo de São Sebastião, 🕒 tgl. 16–22 Uhr. Beliebt sind auch Fischgerichte und Fleisch in allen Variationen.

Zentrum

Ristorante Fiorentina, Rua José Paranaguá 44, Praça da Polícia. Nudeln, Fleisch und stets frischer Amazonas-Fisch wie Tambaqui, Pirarucu und Tucunaré, in italienischem Ambiente über 2 Etagen. Bis 15 Uhr hervorragendes Buffet mit leckerem Nachtisch (R$55/kg), danach à la carte (R$24–42/1–2 Pers.). Auch gute Weine und frische Säfte. 🕒 tgl. 11–22.30 Uhr.

Confeitaria Alemã, Rua José Paranaguá 126. Hamburger- und Snack-Restaurant mit großer Auswahl: Self-Service (R$47/kg), Prato Feito (ab R$12), Torten und Kuchen. 🕒 Mo–Sa 10–19 Uhr.

Casa da Pamonha, Rua Barroso 375. Der Vegetarier-Treff in Manaus: bis 14 Uhr gutes Buffet (34 R$/kg) mit aus Mais, Gluten und Soja hergestellten Gerichten, danach Tapiocas, Sandwiches, Kuchen, Säfte. 🕒 Mo–Fr 7–19 Uhr.

Splash Pizza, Largo de São Sebastião. Es gibt wenige Orte im Zentrum, an denen man abends netter sitzt. Pizza unter freiem Himmel mit Blick aufs Teatro Amazonas, dazu Live-Musik (19–22 Uhr, Couvert R$3). 🕒 tgl. 11–23 Uhr.

Calçada Alta, Rua Costa Azevedo 102. Gemütliches portugiesisches Bordsteinrestaurant, etwas erhöht unter Mangobäumen schaut man auf das Treiben der kleinen Straße. Spezialität natürlich *Bacalhau* (Kabeljau), aber auch Krabben und Fleisch. Auch gut für ein kühles Bier am Abend, Fr gute Stimmung und Live-Musik (18–22 Uhr, Couvert R$5/Tisch). 🕒 Mo–Sa 9–23 Uhr.

€ **Skina dos Sucos**, Rua Eduardo Ribeiro. Frische Fruchtsäfte und cremige Vitaminas (mit Milch, R$5–6), z. B. Orange mit Möhre *(Laranja com Cenoura)* oder Jenipapo. Gut sind auch der Açaí und die verschiedenen Guaraná-Mixturen. Zudem Tapiocas, Sandwiches, Eis, Torten ... Die Gäste sitzen eng beieinander und bestellen direkt am Tresen. 🕒 Mo–Sa 7–20 Uhr.

Hotel Brasil, Av. Getúlio Vargas 657. Ordentliches, günstiges Kilo-Restaurant, das auch abends öffnet (R$20), im EG des Hotels. 🕒 Mo–Sa 12–15, 18–21 Uhr.

Churrascaria Búfalo, Av. Joaquim Nabuco 628 A. Die Spitzen-Churrascaria in Manaus. Buffet mit 28 Sorten Fleisch sowie 45 Salaten, Sushi, Nudeln, Fisch und Geflügel. Pauschalpreis R$35–40 p. P. (plus 10 %) oder R$47–51/kg. Exzellenter Service. Eine Filiale mit Rodízio-Service befindet sich in der Rua Pará 491, Vieiralves (🕒 tgl. 11–15, Mo–Sa 19–23 Uhr). 🕒 tgl. 11–15 Uhr.

Castelinho, Rua Barroso 317. Gutes Buffet (R$35/kg) in einem urigem Kolonialhaus mit knarzendem Holzboden. Auch *Quentinha* zum Mitnehmen (R$7). 🕒 Mo–Sa 11–15 Uhr.

Texas Churrascaria, Rua 24 de Maio 188. Der Name ist irreführend – beste brasilianische Steaks, die die Texaner in den Schatten stellen. Reichhaltiges, sehr feines Buffet, auch mit Fisch (R$37/kg). ⌚ Mo–Sa 11–15 Uhr.

Sorvete Glacial, u. a. Largo de São Sebastião und Rua Henrique Martins 585. Hmm, Natureiskrem ... hier gibt's die Beste der Stadt. ⌚ Mo–Sa 10–23, So 15–22 Uhr.

Tortas & Tortas, Rua Barroso 345. Doceria mit Terrasse und Innenraum (AC). Torten nach Gewicht (R$62/kg), im Stück ca. R$7. ⌚ Mo–Sa 9–20 Uhr.

Andere Viertel

Bistrô Mon Plaisir, Av. Cel. Teixeira 1320-A, Dachterrasse des Hotel Park Suites Manaus, Ponta Negra. Großartiges Bar-Restaurant hoch über dem Rio Negro, unschlagbares Ambiente. Alleine das Lounge-Flair mit dem weiten Blick auf den Fluss rechtfertigt schon einen Besuch, doch auch Speisen und Cocktails sind exzellent. Toll zur Happy Hour. ⌚ Di–Sa 17–23, So 12–22 Uhr.

Açaí & Cia., Rua Acre 98, Vieiralves. Zum Amazonas gehört Açaí: mittags prima Self-Service (R$26/kg, Mo–Fr 11–15 Uhr), danach à la carte. Leckerer Açaí-Saft (R$4), köstlicher Açaí in der Schale (R$9). ⌚ Mo–Do 9–24, Fr, Sa 9–3 Uhr.

Banzeiro, Rua Libertador 102, Adrianópolis. Ein Amazonas-Restaurant, zu dem die Anfahrt lohnt (Taxi ca. 15 Min.). Besitzer Felipe Schaedler wurde mehrfach zu Manaus' Chefkoch des Jahres gewählt. Zu Beginn gibt's eine leckere Fischbrühe, danach empfehlen sich mit Murupi gewürzte Tapiokawürfel an Cupuaçu-Gelee (R$25/2 Pers.). Sehr gut ist auch „Pirarucu Amazônico", gegrillter Fisch mit Pacovã-Banane und Coalho-Käse (R$80/2 Pers.). Dezente regionale Deko inkl. Indianereinbaum. Sa/So reservieren! ⌚ Mo–Do 12–15, Fr–So 12–16, tgl. 19–23 Uhr.

NACHTLEBEN

Zentrum

Am nettesten ist es am **Largo de São Sebastião** vorm Opernhaus, besonders bei gelegentlichen Live-Konzerten (Mi). Beliebter Treff ist hier die Straßenkneipe **Bar do Armando**, wo sich vom Vagabunden bis zum Rechtsanwalt eine bunte Klientel versammelt. ⌚ tgl. 17–2 Uhr.

Gediegener (und teurer) ist es in den Straßenbars auf der anderen Seite des Platzes, **African House**, ⌚ tgl. 19–23 Uhr, und **Casa do Pensador**, ⌚ tgl. 15–23 Uhr.

Für einen Cocktail empfiehlt sich das **Botequim**, Rua Barroso 279, mit Live-Musik (MPB, Bossa Nova, Couvert R$6–8). ⌚ Do–Sa 20–3 Uhr. Nebenan ist die Disco **Cabaret Night Club**, mit Pool. ⌚ Fr, Sa 23–6 Uhr.

Hier beginnt die Nacht

Der beste Ort, um in den Abend zu starten, ist die **Praça do Caranguejo** im Viertel Eldorado (15 Min. vom Zentrum, Taxi ca. R$25). Auf einem von Bäumen bestandenen Platz stehen viele Tische, die von den umliegenden Bars bedient werden, auf Großleinwänden laufen Musikshows. Ab 20 Uhr trifft man sich hier mit Freunden, um später gemeinsam weiterzuziehen. Am bekanntesten ist **Mika's Chopp**, aber im Grunde ist es egal, wo man sich hinsetzt – die Getränkepreise sind überall gleich und alle Bars bieten gutes Essen an.

Ponta Negra

Eine Reihe guter Bars und Kneipen liegt in **Ponta Negra** sowie an der **Estrada do Turismo**, der Verbindungsstraße zum Flughafen. Leider sind nur wenige zu Fuß erreichbar, zudem ist eine nächtliche Taxifahrt nach Ponta Negra nicht billig. An der Strandpromenade sollten nach der Restaurierung einige Open-Air-Bars (wieder-)eröffnen.

Andere Stadtteile

Es gibt zahlreiche **Casas de Forró**, die samstags bis zu 6000 Menschen anziehen (Eintritt R$10–15). Allerdings liegen sie recht weit vom Zentrum entfernt. Beginn ist 22 Uhr, richtig los geht's ab 23.30 Uhr.

Kabanas Hall, Rua do Riacho Ecológico, Tarumã. Einer der erfolgreichsten Forró-Tempel, sozusagen die Edelversion. Riesige, offene Halle fast schon im Urwald. 3 Live-Bands pro

Abend, brodelnde Stimmung. Allerdings weit draußen (20 Min. von Ponta Negra). ⌚ Sa 22–5 Uhr, Eintritt R$15–20.

Xote de Menina, Estrada Ramal do Baiano 6, Tarumã. Ein offener Hof mit Wellblechdach, in dem die Post abgeht: Live-Forró bis zum Morgengrauen. ⌚ So 22–5 Uhr, Eintritt R$10–15.

Almirante Hall, Av. Padre Agostinho 15, São Raimundo. Outdoor-Disco „at its best", Sa ab 22 Uhr ist der Teufel los. 3 Ambientes, u. a. Pagode und Forró, auf der hinteren Terrasse super Blick auf die neue Brücke. ⌚ Do–Sa ab 22 Uhr, Eintritt R$15.

Angesagte Tanzschuppen (ohne Forró) sind Do der **All Night Pub**, Av. Ephigênio Salles 2085, Aleixo (⌚ Do–Sa ab 22 Uhr), oder Mi die Rock-Kneipe **Porão do Alemão**, Estrada da Ponta Negra 1986, São Jorge (⌚ Mi–Sa 21–6 Uhr). Im **Pagode do Coronel**, Rua Japurá, Cachoeirinha, findet Fr eine lebhafte Open-Air-Pagode-Show mit guter Stimmung statt. ⌚ Fr 20–2 Uhr.

Um herauszufinden, was aktuell läuft, hilft ein die Tageszeitung *A Crítica* (Rubrik *Bem Viver*).

Manaus by Night: Djalma Oliveira, ✆ 92/ 8216 7722 (Tim), ✉ djalmatour@hotmail.com, zeigt Touristen das Nachtleben von Manaus (bis 4 Clubs nach Wahl). Je mehr Teilnehmer, desto preiswerter für den Einzelnen (z. B. R$65 p. P. bei 4 Pers., exkl. Eintritt), mit Abholung vom Hotel. Wegen der großen Distanzen und hoher Taxipreise eine echte Alternative! Auch Flughafentransfers und City-Touren, man trifft Djalma im Hotel 10 de Julho.

TOUREN UND AKTIVITÄTEN

Fluss- und Dschungeltouren

Der Markt für Bootstrips in den „Dschungel" ist hart umkämpft. Auf Schritt und Tritt werden einem Angebote gemacht, aber häufig handelt es sich um Bauernfängerei mit wenig kompetenten Führern. Da ist es besser, sich einem Touranbieter anzuvertrauen. Der am meisten gebuchte Tagesausflug führt zum **Encontro das Águas** und beinhaltet i. A. einen Abstecher in den **Parque Ecológico Janauary** zu einer Stelle, an der die beeindruckenden Seerosen *Vitória régia* mit ihren riesigen Blättern zu sehen sind. Dazwischen tauchen immer mal wieder *jacarés* aus dem Wasser auf und strecken einem ihr Maul entgegen. Die Ausflüge sind interessant für Reisende, die den Amazonas noch nicht so gut kennen, doch kann ihnen – besonders wenn

DER NORDEN

Einfache Holzboote mit Außenborder sind für die „Ribeirinhos" oft das einzige Fortbewegungsmittel.

sie in großen Tourgruppen stattfinden – auch der Beigeschmack von schnellem Massentourismus anhaften. Wer dies vermeiden will, sollte sich vom Touranbieter vorab den genauen Verlauf der Tour und die Größe der Gruppe nennen lassen. Wer über gute Portugiesisch-Kenntnisse und ein wenig Verhandlungsgeschick verfügt, kann versuchen, auf eigene Faust am Hafen mit einem Bootsführer einen Ausflug im kleinen Motorboot zu vereinbaren. Dies kann unter Umständen eine interessante und für Kleingruppen von 4 bis 6 Personen auch günstige Alternative darstellen, um die labyrinthartigen *Igarapés* (Kanäle) und Überschwemmungswälder der Umgebung kennen zu lernen. Ein guter Anbieter für individuelle Tagestouren ist Amazon Eco Adventures (s. u.).

Touranbieter

Amazon Gero Tours, Rua 10 de Julho 695, ✆ 92/3232 4755, www.amazongerotours.com. Der hilfsbereite Gero bietet maßgeschneiderte mehrtägige Exkursionen mit Übernachtung in der einfachen, aber stilvollen Ararinha Jungle Lodge an, Abenteuerlustige können auch bei Einheimischen oder im Dschungelcamp schlafen. Expeditionen führen ins unberührte Gebiet um den Igarapé Meireles (ab 6 Pers.). Gero hilft beim Schulbau und der medizinischen Versorgung der Flussbewohner, außerdem unterstützt er Dorfgemeinschaften und motiviert sie, die Fischereigesetze einzuhalten. Mitarbeit bei lokalen Projekten möglich. ⌚ Mo–Sa 8–18 Uhr.

Amazon Eco Adventures, Rua 10 de Julho 695, ✆ 92/8831 1011, www.amazonecoadventures.com. Alle gängigen Tagestouren, z. B. in einem schicken Schnellboot *(Lancha rápida)* mit 2–7 Pers. auf dem Rio Negro bis zu einer Stelle, wo man mit rosa Flussdelphinen schwimmen kann, anschließend Besuch eines Indianerdorfs (9–17.30 Uhr, R$250 p. P bei 3–7 Pers., R$300 p. P. bei 2 Pers., inkl. Mittagessen und Transfer). Außerdem Dschungelexpeditionen, Survival Training und schöne Tagesausflüge zu den Grotten und Wasserfällen im Gebiet um Presidente Figueiredo (R$200–250 p. P.).

Amazon Clipper Cruises, Rua Sucupira 249, Redenção, ✆ 92/3656 1246, 92/9983 6273 (24 Std., Engl.), www.amazonclipper.com.br. Flusstouren auf komfortablen Booten mit Doppelkabinen und Dusche/WC, Außenduschen am Deck. Ausflüge mit dem Beiboot, Dschungelwanderungen mit örtlichen Führern und Piranha-Fischen. Man kann auch in der Hängematte im Urwald übernachten.

Iguana Tours, Rua 10 de Julho 679, ✆ 92/3633 6507, www.amazonbrasil.com.br. Preiswerte Touren, z. B. zum Lago Juma, einfacher Standard mit Übernachtung in der Hängematte (R$240/Tag/Pers.) oder Privatbungalow (R$300/Tag/Pers.). Arbeitet mit Juma Lake Inn zusammen.

Amazon Antonio Jungle Tours, Rua Lauro Cavalcante 231, ✆ 92/3234 1294, www.antoniojungletours.com. Empfohlene Agentur des Guides Antonio Gomes, der ein umfangreiches Wissen über Flora, Fauna und Einwohner des Amazonasgebiets besitzt. Englisch.

Tucunaré Turismo, Rua Miranda Leão 194, ✆ 92/3234 5071, www.tucunareturismo.com.br. City Tour im Doppeldecker-Bus (2 1/2 Std., R$60), Start am Informationsstand, Rua Eduardo Ribeiro: 9 und 14 Uhr. ⌚ Mo–Fr 8–18, Sa 8–12 Uhr.

Delphine füttern in Novo Airão

Marilda Medeiros hatte vor Jahren den Einfall, die Flussdelphine mit den Touristen bekannt zu machen. Herausgekommen ist keine Delphin-Show à la Florida, sondern ein Plätzchen, wo man Delphine beobachten, füttern und mit ihnen schwimmen kann. Zur Fütterung kaufen die Besucher einen Eimer voller Fische und verteilen sie an die lachsroten Schnabeldelphine, die zutraulich angeschwommen kommen. ⌚ tgl. 9–12, 14–17 Uhr, R$20.

Der Weiler liegt rund 195 km entfernt, Anreise in 4 Std. per Bus (S. 662) oder von den Dschungel-Lodges am Rio Negro/Anavilhanas in ca. 1 Std. per Außenborder.

Übernachtung: **Pousada Bela Vista**, Av. Pres. Vargas 47, ✆ 92/3365 1023. ❷–❸

Die Sage von den Flussdelphinen

Delphine sind gute Liebhaber – behaupten die Leute am Amazonas. Sie kommen zu den Dorffesten als in Zylinder und Frack gekleidete Galane und verführen die jungen Mädchen beim Tanz. Wenn dann später eine einen dicken Bauch bekommt: Der Flussdelphin war es, der Boto-Tucuxi! Vaterschaftsklagen aussichtslos.

Tree Climbing

Amazon Tree Climbing, ✆ 92/8195 8585, 💻 www.amazontreeclimbing.com. Raufhangeln auf die Baumriesen! Sicher und professionell, empfehlenswert!

SONSTIGES

Einkaufen

Hängematten gibt es am Hafen, viele Läden um die Rua dos Santos / Rua Miranda Leão. Bei **Casa das Redes Santana**, Rua dos Andradas 106, kosten sie R$14–199 (für 2 Pers. ab R$60). 🕒 Mo–Fr 8–18, Sa 8–13 Uhr.

Eine große **Feira de Artesanato** für Kunsthandwerk und Amazonas-Produkte (auch indianisch) findet So Vormittag in der Rua Eduardo Ribeiro statt. 🕒 So 7–14 Uhr.

Kunstgewerbe und schöne Indianerkunst findet man (etwas günstiger) bei **Artesanato da Amazônia**, Rua José Clemente 500. 🕒 Mo–Fr 9–19, Sa 9–16 Uhr.

Ecoshop, Rua 10 de Julho 509. Auswahl an Naturprodukten, klimatisiertes Café. 🕒 Mo–Fr 9–18, Sa 9–15 Uhr.

Galeria Amazônica, Rua Costa Azevedo 272. Schöne Galerie einer NGO mit von Indianern gefertigten Gegenständen, Gemälden und Skulpturen; auch Verkauf von Produkten von Flussbewohnern und mehr als 20 Indio-Stämmen, unter anderem Waimiri Atroari, Ticuna, Baniwa und Yanomami. 🕒 Mo, Mi–Sa 10–20, So 16–20 Uhr.

Manauara Shopping, Av. Recife 1300, Adrianópolis. Außergewöhnliche Mall im Urwalddesign, brasilianische Läden mit angemessenen Preisen. 🕒 Mo–Sa 10–22, So 14–21 Uhr.

Geld

Banco do Brasil, Rua Guilherme Moreira 315, Rua Miranda Leão und Rua Marques de Santa Cruz. **HSBC**, Rua Dr. Moreira 226 und Rua 24 de Maio. 🕒 Mo–Fr 9–15, Geldautomat 6–22 Uhr. Weitere Geldautomaten: Flughafen, Rodoviária, Estação Hidroviária (alle Karten).

Informationen

Info-Kiosk (Amazonastur), Rua Eduardo Ribeiro 666, 💻 www.visitamazonas.am.gov.br. 🕒 Mo–Fr 8–17, Sa, So 8–12 Uhr.

ManausCult, Av. André Araújo 2767, Aleixo, ✆ 92/3215 3470. Tourismus- und Kulturbehörde. 🕒 Mo–Fr 8–17 Uhr.

Programm: 💻 www.culturadoam.blogspot.com.

Medizinische Hilfe

Hospital Universitário Getúlio Vargas, Av. Apurinã 4, Praça 14, ✆ 92/3305 4764.

Reisebüros

Paradise Turismo, Rua Eduardo Ribeiro 520, ✆ 92/3633 8301, 💻 www.paradisetur.com.br. Nationale Flüge, Filiale am Flughafen. 🕒 Mo–Fr 8–18, Sa 8–12 Uhr.

Supermarkt

DB Supermercado, Rua Eduardo Ribeiro. Wasser! Hier gibt's 1,5 l für R$1,20. 🕒 Mo–Sa 8–20, So 8–14 Uhr.

NAHVERKEHR

Die **Stadtbusse** (R$2,75) halten an der Praça da Matriz, Av. Epinamondas, Av. Floriano Peixoto und Av. Getúlio Vargas. Die Haltestellen erstrecken sich z. T. über mehrere Hundert Meter und man muss sich orientieren, welche Linie wo hält. Hierzu sollten Schilder mit Busnummern weiterhelfen – falls keine vorhanden sind, muss man sich durchfragen. Mittags und abends ist die Stadt verstopft.

Vom Zentrum nach **Ponta Negra** fährt Bus 120 (alle 5–10 Min., bis ca. 23 Uhr, 30–55 Min.).

Zum **Busbahnhof** u. a. mit Bus 301, 306, 813 (306/813 fahren weiter zum Flughafen).

Mototaxi: Associação Raiz, ✆ 92/9417 1381, im Zentrum ca. R$5–10, bis Eldorado R$15–20, bis Ponta Negra R$20–40.

Fahrten mit dem Amazonasdampfer

Mehrtägige Bootsfahrten auf dem Amazonas und seinen Nebenflüssen sind ein einmaliges und sehr authentisches Erlebnis, das von den meisten Reisenden häufig gerade wegen des unmittelbaren Kontaktes zu den Einheimischen als eindrucksvoll beschrieben wird.
Einen besonderen Luxus darf man auf diesen Touren zwar nicht erwarten, der gebotene Komfort ist aber in aller Regel anständig. Das Trinkwasser an Bord ist jedenfalls (meistens) genießbar – im Zweifelsfall empfiehlt es sich, sich an den einheimischen Mitreisenden zu orientieren. Wer dagegen lieber auf Nummer sicher gehen will, bringt einfach einige Liter Wasser in Plastikflaschen mit. Abschließend noch ein Tipp: Ein Beutel frisches Obst sorgt für Abwechslung bei der Ernährung und versüßt die aus viel Reis und Bohnen bestehende Bordküche.

Vom **Flughafen**: In die City mit Bus 306 oder schneller im klimatisierten Minibus 813 (R$4,20). Die **Flughafen-Taxis** nehmen Pauschalpreise; selbst zum nahen Ponta Negra: R$58 (Tipp: am Gepäckband Fahrgemeinschaften bilden). Der Weg zum Flughafen ist billiger (R$40–50).
Amazonas Rádio Taxi, ✆ 92/3233 1625.

TRANSPORT

Flüge

Aeroporto Internacional Eduardo Gomes, Av. Santos Dumont 1350, Tarumã, 13 km vom Zentrum, ✆ 92/3652 1212.

Fluggesellschaften
Azul, ✆ 92/3652 1831; **Gol**, ✆ 92/3652 1601; **TAM**, ✆ 92/3652 1142.

Busse

Rodoviária: Rua Recife 2784, Flores.
Boa Vista: Eucatur, ✆ 92/3301 5800, 5x tgl. bis 23 Uhr, 12 Std., R$120.
Novo Airão: Aruanã, ✆ 92/3236 8305, tgl. 6.30, 11.30 und 16 Uhr, 4 Std., R$35.
Presidente Figueiredo: Aruanã, 5x tgl. bis 21.20 Uhr, 2 Std., R$20.
Santa Elena de Uairén (Venezuela): Bis Boa Vista, dort Bus nach Pacaraíma, dann Taxi.

Boote

Praktisch alle **Passagierschiffe** (im Volksmund *gaiolas* – „Vogelbauer") legen vom **Porto Flutuante** ab, dem schwimmenden Pier. Zentrum der Hafenanlage ist die moderne **Estação Hidroviária do Amazonas**, mit Snackbars, Internet-Café und Geldautomaten. An den Ticketschaltern an der Hauptstraße, ✆ 92/3088 5764, erhält man Auskünfte zu Abfahrtszeiten. Generell empfiehlt es sich bei Bootsreisen in Amazonien, die Angaben zu Fahrplänen stets persönlich vor Ort zu prüfen. Nicht alle Tickets enthalten Bordverpflegung.
Belém: Mi/Fr 12 Uhr, 4 Tage, Hängematte ca. R$325, Kabine R$1000, Suite R$1200/2 Pers., u. a. über Parintins und Santarém.
Parintins: Di–Sa 6 Uhr, 20 Std., R$99.

Porto Velho: 1x wöchentl., wechselnde Tage (oft Di), 18 Uhr, 4 Tage, R$177.
Santarém: Mo–Sa zwischen 7 und 9 Uhr, 40 Std., R$135.
Tefé: Di–So 5 Uhr, 36 Stunden, R$135.

Schnellboote von **Lancha Ajato**, ✆ 92/9212 5292, fahren nach **Parintins** (Do/Sa 4 Uhr, 8 Std., R$150) und **Tefé** (6x wöchentl., Mi–Mo, 12 Std., R$220). Möglichst 2–3 Tage vorher buchen, da oft voll.

18 HIGHLIGHT

Dschungelhotels

Bis zur Uno-Umweltkonferenz in Rio de Janeiro 1992 gab es nur eine Hand voll Dschungelhotels in Amazonien. Seither sind sie wie Pilze aus dem Boden geschossen – die Nachfrage ist enorm. Speziell europäische Touristen wollen etwas vom Regenwald sehen und spüren und lassen sich nicht mit Kurztrips auf ein paar Inselchen oder *Igarapés* im Weichbild der Stadt abspeisen.

Um die Amazonasmetropole im Radius von 200 km dürften mindestens ein halbes Hundert Dschungelpensionen und -camps unterschiedlichster Ausstattung zu finden sein. Die logistischen Herausforderungen zur Unterhaltung dieser Lodges sind enorm, daher verwundert es nicht, dass die Preise gesalzen sind. Je interessanter die Lage und Umgebung dieser Herbergen, desto weiter liegen sie in der Regel von Manaus entfernt. Das bedeutet lange Transfer-Zeiten. Oft ist aber die – fast immer von den Hotels organisierte – Anfahrt zur Lodge schon ein Erlebnis und eine Einstimmung auf das, was die Gäste erwartet.

Was erwartet sie? Üblicherweise eine einfache Unterbringung, ausreichendes, oft sehr originelles Essen (selbst geangelte Fische), ein lockerer Umgangston und v. a.: eine Unmenge von Aktivitäten. Dazu gehören fast immer mehrstündige Dschungelbegehungen bzw. Flussfahrten, Piranha-Angeln, Kaimane sichten, Besuch in einem Indianerdorf, Einführung in Dschungel-Überlebenstechniken, botanische Exkursionen usw. Alles zusammengerechnet ist der Ausflug gar nicht mal so teuer. Es liegt in der Natur der Sache, dass der Mindestaufenthalt drei, vier Tage beträgt. Dabei kommen dann schon mal mehr als R$2000 zusammen – doch wo in Europa bekommt man so etwas für schlappe 800 Euro?

Man sollte also durchaus den Aufenthalt in einer Amazonas-Lodge erwägen, auch wenn es ein bisschen nach „Instant Amazonas" riecht. Der Reisende in Amazonien ist eben einfach auf menschliche Hilfe angewiesen. Nachfolgend eine Aufstellung und Kurzcharakterisierung von Lodges, die vor Ort in Manaus oder über Reisebüros gebucht werden können. Wenn möglich, sollte man sich vorab einen aus der Region stammenden „Local Guide" zusichern lassen. Ausländische Guides sprechen (vielleicht) besser Englisch, verfügen jedoch oft nicht über denselben Erfahrungsschatz bzw. Detailkenntnis. Wer Ausflüge in großen Gruppen vermeiden möchte, kann auch Privattouren direkt mit Guides vereinbaren, z. B. mit dem empfohlenen Enilson, ✆ 92/8131 9248, ✉ enilsonmesquita@hotmail.com, der mit mehreren Lodges zusammenarbeitet (Englisch).

ÜBERNACHTUNG

Am Rio Negro

Amazon Jungle Palace, Enseada do Tatu, ✆ 92/3212 5600, 💻 www.naturezaturismo.com.br. Schwimmende Lodge mit einer recht gelungenen Mischung aus Komfort und Naturerlebnis. Großer Pool, AC und warme Duschen in den 68 Zimmern machen den Aufenthalt im Regenwald behaglich. Praktisch ist die Nähe zu Manaus: Da in nur 1 1/2 Std. bequem mit dem Dampfer erreichbar, ist die Lodge beliebtes Ziel von Reiseveranstaltern. 2 Tage/1 Nacht R$785 p. P. inkl. VP/Touren, Buchung über Agentur Natureza Turismo (Englisch).

Ariaú Amazon Towers, im Lago Ariaú, 2 Std. von Manaus stromaufwärts, ✆ 92/2121 5000, 💻 www.ariau.tur.br. Die Lodge von 1986 ist mit 294 Zimmern ein über dem Wasser hängendes Dorf für sich und wurde bereits von allen Promis besucht. Dennoch darf man nicht allzu viel Luxus erwarten, die Zimmer sind sehr

MANAUS UMGEBUNG

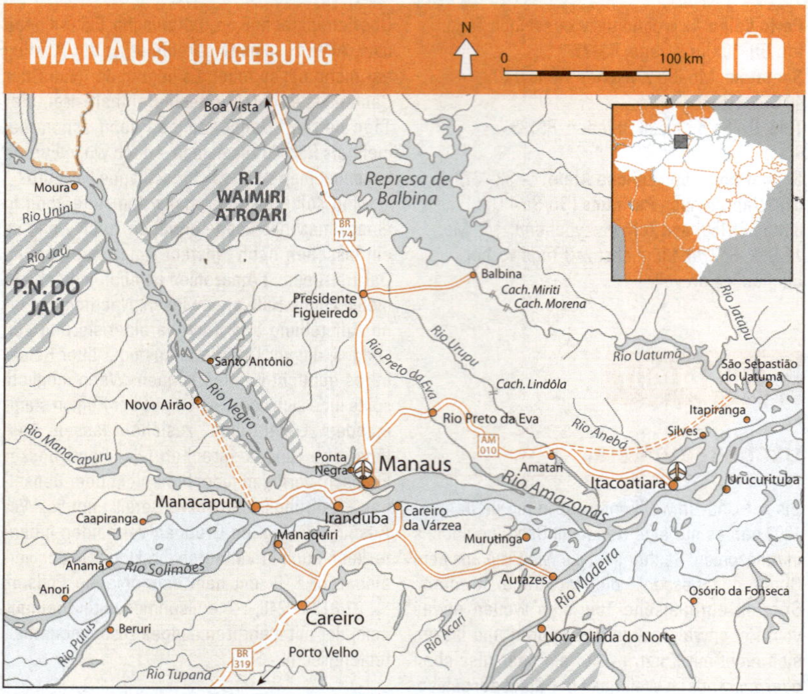

einfach, am komfortabelsten sind die 9 Baumhäuser mit Split AC, Veranda und eigenem Pool. Ausflüge für bis zu 20 Pers.

Anavilhanas Jungle Lodge, Novo Airão (110 km), ✆ 92/3622 8996, 💻 www.anavilhanaslodge.com. Eines der besten Dschungelhotels in Amazonien. Tolle Pousada (Mitglied bei Roteiros de Charme) im riesigen, naturgeschützten Archipel Anavilhanas mit über 400 Inseln. 20 stilvolle Zimmer mit Kingsize-Betten, schöner Pool mit Flussblick, interessante Ausflüge. Anreise (3 1/2 Std.) per Van bis Novo Airão, von dort 15 Min. im Boot. Im Preis sind Transfer, VP und Touren enthalten.

Am Rio Solimões

Mamirauá Jungle Lodge / Pousada Uacari, ✆ 97/3343 4160, 💻 www.pousadauacari.com.br. Die Lodge liegt in der Gemeinde Tefé in der größten geschützten Flussaue Brasiliens (Infos S. 667).

Am Rio Amazonas (östlich von Manaus)

€ **Ararinha Jungle Lodge**, Paraná do Mamori, ✆ 92/3232 4755, 💻 www.amazongerotours.com. Kleine Lodge zwischen dem Lago Mamori und dem Lago Juma. 10 geräumige Bungalows bieten den nötigen Komfort, um einen ersten Eindruck über den Dschungel und seine Flussbevölkerung zu gewinnen. Wer bis in den Primärurwald vordringen möchte, braucht dafür eine gute Woche.

Juma Lodge, Lago do Juma (Munizip Autazes), ✆ 92/3232 2707, 💻 www.jumalodge.com.br. 100 km östlich von Manaus in schöner, relativ moskitofreier Lage. Rund 3-stündige Anreise mit Speedboot über den Rio Negro und den Zusammenfluss mit dem Amazonas (kostenl. Beiprogramm!) durch das Wald-Wasserlabyrinth; in der Trockenzeit 30 Min. über Dschungelpiste. 20 Apartments/Chalês (ohne AC) auf Stelzen, die mit den übrigen Einrichtungen über

Stege verbunden sind. Praktische, „dschungelnahe" Chalês mit Panoramafliegengitter vor dem Bett. Lustige Abwechslung: Papageien und Affen, die gerne vorbeischauen.

Aldeia dos Lagos Lodge, ✆ 92/3528 2045, 💻 www.aldeiadoslagos.com. Die Lodge mit 12 Apartments, 1996 mit Unterstützung des WWF und anderer NGOs erbaut, liegt auf einer Flussinsel in der Gemeinde Silves, ca. 250 km flussabwärts von Manaus. Neben Dschungeltouren kann man auch soziale Projekte kennenlernen. Anreise: Landweg ca. 4 Std. und kurze Bootsfahrt.

Mittlerer und oberer Amazonas

Presidente Figueiredo

Presidente Figueiredo (27 000 Einw.) ist erst mit dem Bau der BR 174 (Manaus–Boa Vista) und der Errichtung des Balbina-Wasserkraftwerkes entstanden. Der Ort liegt „nur" 140 km nördlich von Manaus an der Abbruchkante des Guayana-Schildes zur Amazonastiefebene. Wegen der zahlreichen **Wasserfälle**, **Höhlen** und **Stauseen** ist die Gegend zum Naherholungsziel gestresster Manaus-Bewohner geworden. Gleichzeitig ist der Zugang zu großen Dschungelgebieten versperrt – südlich und östlich vom Ort finden sich Indianerschutzgebiete der Waimiri Atroari, weswegen man die BR 174 an manchen Stellen ohne Halt durchfahren muss.

Für einen Besuch der romantischen Wasserfälle (Iracema, Araras, Santuário, Onça, Porteira – um nur einige zu nennen) sollte man einen lokalen Führer engagieren. Die entferntesten von ihnen (etwa Pedra Furada beim Staudamm Balbina) lassen sich per Taxi ansteuern. Noch bekannter sind die Höhlen **Maroaga** und **Gruta da Judeia**. Die in einem Naturschutzgebiet gelegenen Kavernen dürfen nur von höchstens 60 Personen täglich und in Begleitung eines Guides besucht werden; Infos: Centro de Atendimento ao Turista, Rua Araras, ✆ 92/3324 1308.

ÜBERNACHTUNG

Überall: WLAN gratis, keine Tax.

Pousada da Jibóia, Rua Copaíba 69, ✆ 92/3324 1228, 💻 www.pousadajiboia.com. Einfache, saubere Herberge. ❶–❷

Pousada Cuca Legal, Rua Manaus 1, Centro, ✆ 92/3324 1138. 29 Zimmer mit AC. ❸–❹

Hotel Iracema Falls, BR 174, KM 115 (10 km vom Zentrum), ✆ 92/3301 6200, 💻 www.iracemafalls.com.br. 92 komfortable Zimmer, gutes Restaurant; ringsherum Wasserfälle und Höhlen. ❹–❺

TRANSPORT

Manaus: Aruanã, ✆ 92/3324 1231, 7x tgl., 2 Std., R$20.

Parintins

Parintins (102 000 Einw.) liegt auf einer Flussinsel an der Grenze zwischen den Bundesstaaten Amazonas und Pará. Lange war der Ort ein blinder Fleck auf der touristischen Landkarte. Bis die Stadtväter, alle Immigranten aus dem Nordosten, 1965 auf die pfiffige Idee kamen, ihren eigenen „Karneval" zu veranstalten, um Besucher anzulocken.

Und das Pfund, mit dem sie wucherten, war nichts anderes als das alte **Mysterienspiel** *Bumba-meu-boi* – „Bumms den Bullen!", das im ganzen Nordosten populär ist. Es geht dabei um die etwas verwirrende Geschichte unerhörter Liebe und einer Ochsenzunge als ihr Pfand. In Parintins hat man daraus ein enormes Ausstattungsspektakel gemacht, die gesamte Stadt kleidet sich dann in den Farben Blau oder Rot, je nachdem ob man sich den Boi-Gruppen *Garantido* (rot) oder *Caprichoso* (blau) zugehörig fühlt. Das Fest findet Ende Juni (wenn es nicht mehr regnet) im Stadion Bumbódromo statt und zieht Pilgerscharen aus ganz Brasilien an.

Freie Betten findet man in dieser Zeit kaum, aber die Bewohner von Parintins schlafen lieber unter Palmen, als dass sie sich das Geschäft entgehen lassen, Besuchern ihre Ehebetten zu vermieten.

Mit Charterflug oder Boot in der Zeit des *Bumba* nach Parintins zu gelangen, ist fast aussichtslos; es sei denn, man wendet sich rechtzeitig, d. h. schon ab Februar, an ein Reisebüro in Manaus/Belém. Außerhalb der drei tollen Tage bietet Parintins das verschlafene Gesicht von einem unter tausend Amazonasstädtchen. Infos: 💻 www.parintins.com.

ÜBERNACHTUNG

Während des Festivals bieten die Hotels nur Komplettpakete an, die Preise steigen rapide. Viele Besucher schlafen in Hängematten auf den aus Manaus anreisenden Booten.

Amazon River Hotel, Lagoa da Francesa 697, Santa Rita, ✆ 92/3533 1342. Festivalkarten sind im Preis enthalten. Keine Tax. ❸–❹

TRANSPORT

Flüge: Azul fliegt 1x tgl. ab Manaus (1 Std.).
Boote ab Manaus oder Santarém 18–20 Std. (zurück 24–27 Std.), oder Schnellboot Lancha Ajato (Fr/Mo 6 Uhr, R$170).

DER NORDEN

Tefé

Tefé (70 000 Einw.), die quirlige Stadt am mittleren Amazonas, wurde Ende des 17. Jhs. vom spanischen Jesuiten Samuel Fritz gegründet. Sie dient in erster Linie als Ausgangspunkt für Besuche in das Mamirauá-Reservat (s. Kasten).

ÜBERNACHTUNG UND ESSEN

Hotel Visual, Rua Benjamin Constant 417, ✆ 97/3343 5778. Zentrales, sauberes Hotel mit gutem Preis-Leistungs-Verhältnis. Frühstück auf luftiger Terrasse mit Flussblick. ❷

Quitutes da Fátima, Praça Santa Tereza. Gutes Kilo-Restaurant (R$26). 🕒 Mi–So 11–24 Uhr.

SONSTIGES

Geld

Banco do Brasil, Rua Olavo Bilac.
🕒 Mo–Fr 9–14 Uhr.

Reisebüros

Instituto Mamirauá, Estrada do Bexiga 2584, Fonte Boa, ✆ 97/3343 9700, 💻 www.mamiraua.org.br. 3x wöchentl. Organisiert Touren ins Reservat mit Übernachtung in der Uacari Lodge. Flug- und Bootstickets (Aufschlag 10–15 %). 🕒 Mo–Fr 8–12, 14–18, Sa 8–12 Uhr.

Motivos Viagens, Rua Quintino Bocaiúva 528, ✆ 97/3343 5633. Flüge.

TRANSPORT

Die Stadt ist nur per Schiff oder Flugzeug erreichbar.

Flüge

Azul fliegt tgl. nach **Manaus**.
Regionalflüge bei Motivos Viagens.

Boote

Manaus: 6x wöchentl., 48 Std.;
Schnellboot Lancha Ajato 12 Std.
(So–Di, Do, Fr, R$220).

Dreiländereck

Tabatinga / Leticia (Kolumbien)

Die am Ufer des Amazonas gelegenen Zwillingsstädte **Tabatinga** (Brasilien) und **Leticia** (Kolumbien) sind, gemeinsam mit der Gemeinde **Santa Rosa** (Peru) auf einer nahen Flussinsel, Ausgangspunkte für Ausflüge sowie die Weiterreise per Boot oder Flugzeug in eines der drei Länder. Zwischen den zusammen 100 000 Einwohner zählenden Orten sind die Grenzen offen, ein Einreise- bzw. Ausreisestempel ist nur nötig, sofern man über diese Region hinaus in ein anderes Land reisen möchte. Die Mehrzahl der Einwohner im **Dreiländereck** spricht Portugiesisch und Spanisch, sowohl der brasilianische Real als auch kolumbianische Pesos werden überall akzeptiert.

Obwohl die Siedlungen für viele Touristen weniger interessant sein dürften, empfiehlt es sich, aus praktischen Gründen eine Nacht dort zu verbringen: um die Reise zu entzerren und für Grenzformalitäten. Leticia besitzt die deutlich bessere Infrastruktur und wird als Unterkunftsort meist bevorzugt.

Das Mamirauá-Reservat

Das Mamirauá „Reservat zur nachhaltigen Entwicklung" ist Brasiliens größte geschützte Flussaue (12 400 km²). Dieser zyklisch mit nährstoffreichem Weißwasser überschwemmte Urwald bildet zusammen mit dem **Amanã-Reservat** und dem **Parque Nacional Jaú** eines der weltweit größten zusammenhängenden Schutzgebiete tropischen Regenwaldes (57 000 km²).

Das Mamirauá-Institut entwickelt hier in Zusammenarbeit mit dem Ministerium für Wissenschaft und Technologie ein Musterprojekt nachhaltiger Entwicklung, das mehrfach als beste Ökotourismus-Destination Brasiliens ausgezeichnet wurde. Neben Forschungsprojekten wird auch die **Uacari Lodge** betrieben, welche die einzige Übernachtungsmöglichkeit im Reservat bietet. Der Ertrag wird zur Überwachung und zum Schutz des Reservats eingesetzt und kommt auch lokalen Dorfgemeinschaften zugute.

Die Fauna zeigt sich hier noch intakt und **Tierbeobachtungen** sind einfacher als anderswo in Amazonien, jedoch hängen sie von der Jahreszeit ab. In der Trockenzeit (Sep–März) migrieren Tausende Vögel zu den Seen im Reservat, wo sie sich neben Kaimanen und rosa Delphinen am enormen Fischbestand gütlich tun. In dieser Jahreszeit sind auch geführte Dschungelwanderungen möglich. Während des Hochwassers (Apr–Aug) gleitet man im Kanu durch den Dschungel und ist den Baumkronen um einiges näher, was das Beobachten von Faultieren und den sechs Affenarten, die durch die Wipfel turnen, erleichtert. Darunter ist auch der seltene weiße Uakari (Scharlachgesicht).

Die Uacari Lodge

Die Lodge besteht aus fünf schwimmenden Doppeleinheiten, die über Holzstege mit dem Haupthaus verbunden sind. Hier befinden sich Restaurant, Wohnzimmer, Bibliothek und ein Deck mit Naturpool. Die 10 Zimmer aus Holz mit Strohdach sind einfach, aber geräumig (25 m²) und haben Veranda, Hängematte, Mini-Ventilator und Bad mit Warmwasser. Jede Einheit wird über ein eigenes Solarsystem mit Elektrizität versorgt und das Abwasser durch Filter gereinigt. Der Begriff „Ökologie" ist hier nicht nur Floskel, sondern wird tatsächlich detailliert umgesetzt.

Im fairen **Übernachtungspreis** ist der 90-minütige Transfer zur Lodge per Schnellboot ab Tefé enthalten, außerdem drei tägliche Mahlzeiten aus frischen lokalen Produkten (Fisch, Huhn, Gemüse, Beilagen, kein Rind), sowie sämtliche Touren mit gut ausgebildeten Führern. Manchmal schauen auch Wissenschaftler aus den naheliegenden Forschungsstationen vorbei und halten Vorträge über ihr Spezialgebiet.

Nachts prallen öfters jagende Kaimane gegen die schwimmende Lodge und auch die aus dem Wasser schnellenden Aruanãs (eine Fischart, die auf Insektenjagd bis zu 2 m hoch springt) verursachen ein ziemliches Spektakel. Reisende mit leichtem Schlaf sollten daher Oropax mitbringen. Baden im Fluss ist wegen der bis zu 6 m großen schwarzen Kaimane und Piranhas untersagt. Es ist ratsam, die Lodge frühzeitig zu buchen, um nicht in Tefé festzusitzen.

Pousada Uacari, 97/3343 4160, www.pousadauacari.com.br. Mind. 3 Nächte, vorteilhaft sind Pakete mit 4 Übernachtungen.

DER NORDEN

ÜBERNACHTUNG UND ESSEN

Leticia

Hostal Casa del Kurupira, Carrera 9, 0057/8/592 3977. Sehr einfache, aber gut gelegene Unterkunft (Dorm R$22). ❶

Amazon B&B, Calle 12, Nr. 9–30, 00578/592 4981, www.amazonbb.com. In einer ruhigen Straße am Rand des Zentrums, gute DZ (ab R$141) und Cabañas (ab R$178). ❸–❹

Hotel Waira, Carrera 10, 0057/8/592 4428, www.wairahotel.com.co. Zentrales Hotel mit modernen Zimmern (ab R$232). Gutes Restaurant. ❺–❻

Rund um die **Calle 8** finden sich zahlreiche gute Restaurants.

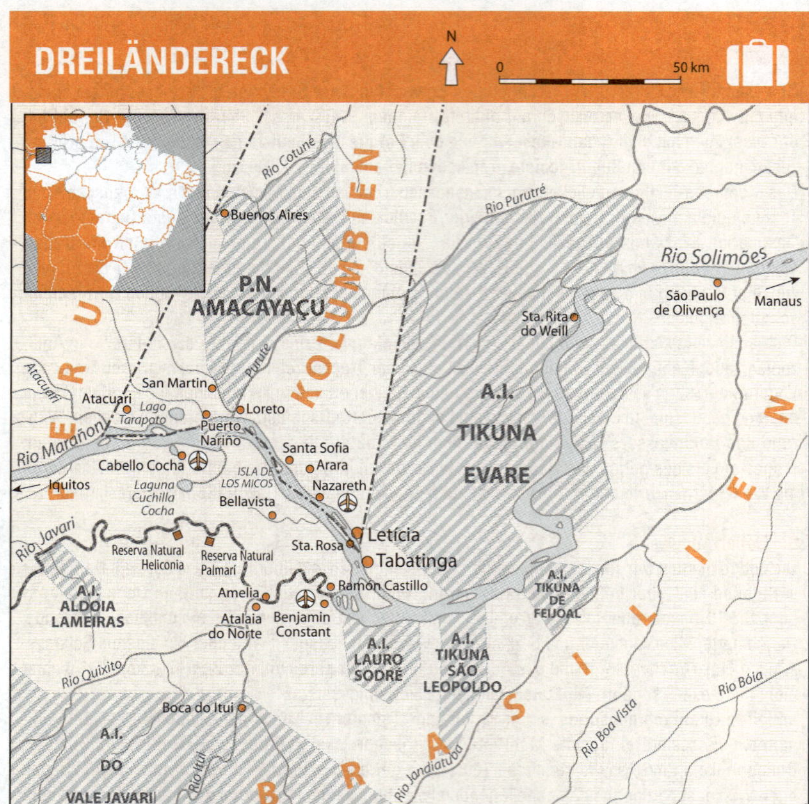

Tabatinga

Hotel Takana, Rua Osvaldo Cruz, ✆ 97/3412 3557, 💻 www.takanahotel.com.br. Empfehlenswerte DZ (ab R$88). ❷

SONSTIGES

Geld

Tabatinga: **Banco do Brasil**, Av. da Amizade; Leticia: **Bancolombia**, Calle 8. 🕒 24 Std. (alle Karten).

Grenzformalitäten

Für Reisen über Leticia/Tabatinga hinaus sind Einreise- bzw. Ausreisestempel erforderlich. Man bekommt sie bei der kolumbianischen Grenzpolizei **Migración** (🕒 tgl. 8–18 Uhr) am Flughafen von Leticias, sowie bei der brasilianischen **Polícia Federal**, Av. da Amizade, Tabatinga (🕒 tgl. 8–12, 14–18 Uhr, Achtung: Zeitverschiebung!). Peruanische Stempel gibt es im Konsulat (Carrera 10).

TRANSPORT

Das Dreiländereck ist nur per Flugzeug oder Schiff erreichbar.

Flüge

Trip fliegt von Tabatinga 2–3x wöchentl. unter anderem nach **Manaus** (ab R$436) und **Tefé** (ab R$269); LAN und Copa Airlines von Leticia fliegen nach **Bogotá** (ca. US$100).

Boote

Von Tabatinga fährt ein Dampfer nach **Manaus** (3x wöchentl., 4 Tage, Hängematte R$170, Kabine R$800), von Santa Rosa ein Schnellboot nach **Iquitos/Peru** (10 Std., US$80). Oft wechselnde Abfahrtszeiten, aktuelle Infos, Reservierung und Touren bei Felipe im Reisebüro **Selvaventura**, Carrera 9, ✆ 0057/311/287 1307, 💻 www.selvaventura.org.

Rio Javari

Nicht weit von Tabatinga mündet der 1180 km lange Rio Javari in den Amazonas, die Region gilt als eine der besten zur Wildtierbeobachtung im Amazonasbecken. Vier Bootsstunden flussaufwärts liegt die vom Deutschen Axel Antoine-Feill geführte Lodge **Reserva Natural Palmarí**, ✆ 0057/1/610 3514, 💻 www.palmari.org, die über komfortable Cabañas mit WC/Dusche verfügt. Von hier sind geführte Regenwald- und Flusstouren möglich, zudem gibt es einen Baumwipfelpfad durch den Dschungel. Die Lodge hat abends für einige Stunden Strom (Aufladen von Kameras!), Internet- und Mobilfunkverbindung. Deutlich rustikaler ist die einige km entfernte **Reserva Natural Heliconia**, ✆ 0057/311/508 5666, 💻 www.amazonheliconia.com.

Die Preise beider Lodges richten sich nach Gruppengröße und Zahl der Übernachtungen.

Das Öko-Dorf Puerto Nariño

Zwei Bootsstunden von Leticia liegt der idyllische Ort **Puerto Nariño** (7000 Einw.), der als ökologische Modellgemeinde gilt. So gibt es hier weder Autos noch Motorräder, und Recycling genießt höchsten Stellenwert. In der Nähe befinden sich der **Lago de Tarapoto** (Süßwasserdelphine) und der **Nationalpark Amacayacu** (Regenwalderkundung).

Das **Hotel Casa Selva**, Carrera 6, ✆ 0057/320/233 7318, 💻 www.casaselvahotel.com, bietet moderne Zimmer (DZ 60 €) und viele Ausflüge.

Das **Hostal Alto del Aguila**, ✆ 0057/311/502 8592, ist eine einfache, jedoch ganz besondere Unterkunft (DZ 20 €). Auf einer Anhöhe außerhalb des Dorfes hat Seelsorger Fray Hector ein „Paradies" geschaffen, wo behördlich beschlagnahmte Äffchen, Papageien und andere Wildtiere ein Zuhause finden. Die frei lebenden Tiere sind an Menschen gewöhnt und sehr zutraulich. Um den Weg zu verkürzen, kann man am Steg mit Fischern einen Bootstransfer vereinbaren.

Roraima

Roraima ist der nördlichste aller brasilianischen Bundesstaaten, neun Zehntel seines Territoriums liegen nördlich des Äquators. Der junge Bundesstaat wurde erst 1988 ins Leben gerufen, bis dahin unterstand das Territorium (224 100 km^2) direkt der Bundesregierung. Mehr als die Hälfte des Staatsgebietes steht unter Naturschutz oder ist als Indianerreservat ausgewiesen. Hier leben verschiedene Völker wie die Ingarikó, Wapixana oder Patamona. Die Einwohner Roraimas werden auch als Macuxi bezeichnet, eine Referenz an den größten Stamm bekannter Ureinwohner.

Nur der Süden von Roraima ist von dichtem Regenwald bedeckt, im Norden hingegen befindet sich eine Savanne, aus der die Tafelberge ragen, die die Grenze zu Venezuela markieren. Hier liegt auch der geheimnisvolle **Mount Roraima** (2723 m), der Sir Arthur Conan Doyle zur Novelle *The Lost World* (dt. *Die verlorene Welt*) inspirierte. Von brasilianischer Seite ist der Tafelberg mit den ältesten geologischen Formationen nicht zugänglich. Um ihn zu ersteigen, muss man von Boa Vista zur venezolanischen Grenzstadt Santa Elena de Uairén fahren (S. 672). Von dort beginnt die mehrtägige Expedition und der Aufstieg, der eine gute körperliche Verfassung voraussetzt.

Boa Vista

Die Landeshauptstadt (285 000 Einw.) mit dem Namen „Schöne Aussicht" am Ufer des Rio Branco wurde in den 1950er-Jahren angelegt. Die glühend heiße Stadt liegt genau genommen näher an der Karibik als am Amazonas – und ihre Bedeutung als Relais- und Durchgangsstation nach Venezuela nimmt deutlich zu.

Im 18. Jh. siedelten sich die ersten Viehfarmer rund um das Forte São Joaquim an. Das heutige Boa Vista entstand etwa zeitgleich mit Brasília und gilt als die dritte geplante Stadt Brasiliens. Dem Rio Branco zeigte Boa Vista lange die kalte Schulter, denn die Stadt entwickelte sich konzentrisch von der Praça do Centro Cívico aus, wo der **Palácio do Governo Estadual** aufragt und ein geschmackloses Denkmal von einem Goldsucher, das Monumento ao Garimpeiro, die Rotunde „schmückt". Zur Erinnerung an den „Goldrausch", der in den 1980er-Jahren selbst vor den Reservaten der Yanomami-Indianer nicht Halt machte. Fast alle großen Straßen gehen strahlenförmig von diesem Platz ab – darunter auch der Weg zum 3 km entfernten Busbahnhof und zum 4 km entfernten Flughafen. Das städtische Leben pulsiert zwischen diesem Platz und der Uferzone des Rio Branco.

Boa Vista ist auf dem Landwege über die BR-174 von Manaus erreichbar. Die Straße führt 122 km durch das Reservat der Waimiri Atroari, das zwischen 18 und 6 Uhr für jeglichen Durchgangsverkehr gesperrt ist.

ÜBERNACHTUNG

Die meisten Hotels dienen Geschäftsreisenden. Die genannten Häuser liegen alle im Zentrum, in der Nähe des Palácio do Governo. WLAN ist gratis.

Ferrari Palace Hotel, Av. Benjamin Constant 2011, ✆ 95/3623 7338, ✉ ferraripalacehotel@hotmail.com. Zimmer zum Einheitspreis (bis 3 Pers.), sauber und gepflegt. Warmwasser, Kabel-TV, netter Frühstücksbereich mit Pool. Oft Sonderangebote. ❷–❸

Hotel Euzébio's, Rua Cecília Brasil 1517, ✆ 95/2121 0300, 💻 www.hoteleuzebios.com.br. Ruhiges, etwas farbloses Hotel. Die Zimmer (Bad, TV und AC) sind großzügig geschnitten. Restaurant, Pool. Rabatt bei Barzahlung. ❷–❸

Uiramutam Palace Hotel, Av. Cap. Ene Garcez 427, ✆ 95/3624 4700, 💻 www.uiramutam.com.br. Gutes Hotel mit Restaurant und großzügigen Zimmern, prima Preis-Leistungs-Verhältnis. Ruhiges, nettes Ambiente, Pool und grüner Garten. ❸–❹

Aipana Plaza Hotel, Praça Centro Cívico 974, ✆ 95/3224 4800, 💻 www.aipanaplaza.com.br. Schickes Hotel mit Kronleuchter in der Lobby. Moderne Zimmer mit AC, Frigobar und TV. Im grünen Innenhof gibt es eine Bar, Pool und Palmen, sehr nett. ❺

ESSEN

Flussfische sind auf Boa Vistas Speiseliste ebenso vorhanden wie Bife von den Rinderfarmen.

Café Expresso, Av. Ville Roy 5023, São Pedro, zwei Blocks nach der Av. Major Williams. Der 10-Minutenweg dorthin lohnt sich, weil das Café gutes Frühstück sowie kleine Gerichte und Salate serviert. Guter Cappuccino. 🕒 Mo–Fr 7–19.30, Sa 7–12, 15.30–19.30 Uhr.

Marina Meu Caso, Av. Santos Dumont 40, São Pedro. Zu erreichen über die Av. Getúlio Vargas nach Osten, dann rechts auf die Av. Santos Dumont. Schönes, einfaches Lokal auf einem Ponton im Fluss unter schattigen Bäumen. Frische Fischgerichte, besonders gut: gegrillter Tambaqui (ab R$30/2 Pers.). Ein Bootsmann fährt Gäste auch samt Tisch und Essen ans andere Ufer des Rio Branco, wo man baden kann. 🕒 tgl. 8–24 Uhr.

Peixada Tropical, Rua Ajuricaba 1525. Gutes Fischrestaurant, gleich um die Ecke vom Uiramutam Palace. 🕒 tgl. 11–24 Uhr.

NACHTLEBEN

Die **Orla Taumanan** (das Wort bedeutet „Frieden" in der Sprache der Macuxi-Indianer) ist ein am Fluss gelegener Ausgehkomplex bestehend aus zwei Plattformen, die auf Stelzen aus dem Wasser ragen: **Plataforma Weiquepá** („Sonnenaufgang") und **Plataforma Meremê** („Regenbogen"). Auf beiden Plattformen sind kleine Restaurants, ideal um abends etwas zu essen und ein Bier zu trinken. Weiterhin gibt es einen Platz für Open-Air-Konzerte. Gleich hinter dem Monumento aos Pioneiros beim Eingang liegt ein kleinerer Platz, der sich für eine *Água de Coco* anbietet – alles mit tollem Blick auf den Rio Branco. Nachdem

die Orla Taumanan nach ihrer Eröffnung 2004 zuletzt etwas verwahrlost wirkte, sollte eine umfassende Renovierung Besserung bringen. ⌚ tgl. ca. 17–2 Uhr.
Zum Komplex gehört das Restaurant **Ver o Rio**, das sich zum Sundowner mit Blick über den Fluss und die entfernten Berge anbietet. Dazu Fischgerichte (ab R$40/2–3 Pers.), kleine Happen und Live-Musik. ⌚ tgl. 10–1 Uhr.
Folgt man hinter dem Palácio do Governo der Av. Cap. Ene Garcez gelangt man zu einer Ansammlung kleiner Futterkrippen, die günstige lokale Spezialitäten anbieten. Hier ist auch unter der Woche viel los.

SONSTIGES

Einkaufen

Centro de Artesanato, Orla Taumanan. ⌚ Mo–Sa 9–18 Uhr.

Geld

HSBC, Av. Ville Roy 292 E. ⌚ Mo–Fr 8–13, Geldautomat 7–24 Uhr (alle Karten).
Banco do Brasil, Av. Glaycon de Paiva 74. ⌚ Mo–Fr 8–13 Uhr. Weitere Automaten am Flughafen, Busbahnhof und Orla Taumanan.

Informationen

Tourist Infos, auf der Orla Taumanan, hinter Plataforma Weiquepá, sowie im Busbahnhof, 💻 www.turismo.rr.gov.br.

Konsulate

Venezuela, Av. Benjamin Constant 968, ✆ 95/3623 9285. ⌚ Mo–Fr 9–12 Uhr.

Medizinische Hilfe

Hospital Geral, Av. Brig. Eduardo Gomes 3308, ✆ 95/2121 0623.

Touranbieter

Der Tourismus in Roraima ist noch nicht weit entwickelt, doch das Programm der folgenden Anbieter ist durchaus interessant und authentisch.
Makunaima Expedições, Rua Floriano Peixoto 136, ✆ 95/3624 6004, 💻 www.makunaima.com. Auf sanften Tourismus bedacht, von der Fahrrad-City-Tour bis zu mehrtägigen Dschungeltreks. Auch Flughafen- bzw. Rodoviária-Transfer. ⌚ Mo–Sa 8–12, 14–18 Uhr.
Roraima Adventures, Rua Coronel Pinto 86, ✆ 95/3624 9611, 💻 www.roraima-brasil.com.br.

NAHVERKEHR

Stadtbusse (R$2,25) fahren von der Rodoviária Urbano, Av. Dr. Sílvio L. Botelho (zwischen Av. Getúlio Vargas und Av. Sebastião Diniz). Bus 206 *Aeroporto* fährt zum Flughafen, Bus 215 (*Novo Cidade* oder *Jockei Clube*) zur Rodoviária.
Taxi vom Busbahnhof ins Zentrum ca. R$15, vom Flughafen ca. R$30. Billiger sind die **Sammeltaxis** („Lotação"), die feste Routen abklappern (R$3). Diese halten aber nicht am Busbahnhof, sondern auf der gegenüberliegenden Seite der Hauptstraße.

TRANSPORT

Flüge

Aeroporto Internacional, Rua Chico Lira, São Francisco, 4 km vom Zentrum, ✆ 95/3198 0117.
Fluggesellschaften: **Gol**, ✆ 0300/115 2121; **TAM**, ✆ 95/3198 0140.

Busse

Rodoviária Internacional José A. de Oliveira-Baton, Av. das Guianas 1523, 3 km vom Zentrum, ✆ 95/3623 9446.
Manaus: Eucatur, ✆ 95/3623 1318, 5x tgl. bis 21 Uhr, 10–12 Std., R$120.
Pacaraíma (dort Weiterfahrt per Taxi nach **Santa Elena de Uairén/Venezuela**): Eucatur, tgl. 7 Uhr, 3–4 Std., R$22.

Sammeltaxis

Vom **Terminal de Integração João Firmino Neto** fahren Sammeltaxis u. a. nach **Bonfim** (Grenze Guyana, R$25) und **Pacaraíma** (Grenze Venezuela, R$30). In dem modernen Gebäude gibt es Imbisse und gratis Internet. Die Sammeltaxis fahren los, sobald sich vier Passagiere eingefunden haben.

Santa Elena de Uairén (Venezuela)

Das Nest Santa Elena (18 000 Einw.) liegt gleich an der brasilianischen Grenze und ist Ausgangspunkt für Ausflüge in die **Gran Sabana** in Venezuela. In dieser landschaftlich spektakulären Gegend findet man Wasserfälle, Regenwald und eine 1000 m hoch gelegene Savanne mit etlichen endemischen Spezies, darunter Orchideen, Bromelien, Farne und fleischfressende Pflanzen.

Die 6-Tage-Wanderung zu den ältesten Bergen der Welt – wie dem geheimnisumwitterten Tafelberg **Mount Roraima** (2723 m) – zählt zu den touristischen Highlights Venezuelas, zugleich ist sie auch für Brasilien-Reisende, die das Amazonasgebiet erkunden, ein lohnenswerter Abstecher. Wer mit ausreichend Zeit (und Geld) unterwegs ist, wird auch den 4-tägigen Ausflug zum **Nationalpark Canaíma** und dem **Salto Angel**, dem höchsten Wasserfall der Welt (983 m), nicht bereuen. Alleine die 6-stündige Bootsfahrt hinauf zum Wasserfall, über Stromschnellen in einem Indianereinbaum mit Außenborder, ist ein Abenteuer für sich.

Alle genannten Touren können in Santa Elena bei Reisebüros gebucht werden. Die Stadt selbst besteht im Wesentlichen aus drei größeren Straßen, von denen die lebhafte **Calle Bolívar** die netteste ist. Hier haben sich neben Geschäften und einer Bank auch ein paar Hotels, Cafés und Bars angesiedelt.

ÜBERNACHTUNG

Es gibt eine recht große Auswahl an Hotels, die jedoch meist einfacher Natur sind.

Posada Backpacker Tours, Calle Urdaneta, ✆ 0058/289 416 0602, 💻 www.backpacker-tours.com. Der Deutsche Eric Buschbell leitet diese zentrale und preiswerte Posada. Geräumige Zimmer (bis 5 Pers.), alle mit Fenster und Ventilator. EZ 9 €, DZ 14 €. Warmwasser. ❶

Hotel Lucrecia, Av. Perimetral, ✆ 0058/289 995 1105. Von außen hässlich, doch drinnen ist ein lieblicher Innenhof mit Blumengarten und Sesseln sowie ein Pool. Die DZ (17 €) sind unspektakulär, aber okay. ❶

Posada Los Pinos, Urb. Akurimá, Sector Los Pinos, ✆ 0058/289 995 1415, 💻 www.posadapinos.com. Wer sich nach anstrengender Mount-Roraima-Tour etwas gönnen möchte, logiert in Eric Buschbells neuer Posada (DZ 29 €). Thematisch dekorierte Zimmer mit AC, Ventilator, Kabel-TV. Fantasievoll gestalteter Pool, Restaurant, Wäscheservice. ❷–❸

ESSEN

Zwar gibt es viele Restaurants und Imbissbuden, doch schwankt die Qualität der Speisen. Zwischen 14 und 18 Uhr ist es überhaupt schwierig, etwas Warmes in den Magen zu bekommen. Verlässlich sind:

Nova Opção, Av. Perimetral. Ordentliches brasilianisches Self-Service. 🕒 Mo–Sa 11–14 Uhr.

Panadería Gran Sabana, Calle Bolívar/Calle Augusta. Bäckerei mit großer Auswahl an Sandwiches und Patisserie. Angenehm kühles Ambiente. 🕒 tgl. 6–20 Uhr.

Tumá Serö, Calle Bolívar. Im Boulevard de Comida, gleich neben der Bäckerei, kann man für wenig Geld lokale Spezialitäten wie *Arepas* (gefüllte Maisfladen) oder *Tumá*, einen scharfen indianischen Suppeneintopf mit Fleisch oder Fisch, probieren. 🕒 tgl. 8–22 Uhr.

NACHTLEBEN

Zu Beginn des Abends empfiehlt sich das **Goldrausch Café**, die Bar der Posada Backpacker Tours (auch gute Pizza). Nächste Station könnte die **I Bar** sein (zwei Blocks vor der Calle Bolívar rechts ab, dann 400 m), eine nette Tasca-Bar mit langem Tresen (es gibt Caipirinha!) und Großleinwand, auf der brasilianische Axé-Konzerte laufen. 🕒 Mi–Mo 19–1 Uhr. Von den diversen Tanzschuppen ist das **Topacio Imperial** in der Calle Bolívar der beste. Hier wird bis zum Morgengrauen geschwoft (Musik querbeet). 🕒 Fr–Sa.

SONSTIGES

Geld

Wechseln auf dem Schwarzmarkt ist offiziell verboten, doch kommt es niemandem in den Sinn, zum von der Regierung fixierten, viel tiefer liegenden Kurs zu wechseln. An der Kreuzung

Mount Roraima – Aufstieg in die „verlorene Welt"

*Von Christoph P. Müller**

Als sich mitten im Präkambrium vor gut 2 Mrd. Jahren der Mount Roraima bildete, entstand eine der **ältesten Gebirgsformationen der Erde**. Über Jahrmillionen ist hier – durch mehrere Hundert Meter hohe Steilwände vom darunterliegenden Urwald abgegrenzt – eine eigene Welt entstanden. Wer Abenteuergeist und die nötige Kondition mitbringt, sowie den 3-tägigen, schweißtreibenden Aufstieg nicht scheut, dem offenbart sich auf diesem von Spalten durchzogenen Hochplateau eine bizarre, mit Flechten, Orchideen und Bromelien überzogene Mondlandschaft. Der nährstoffarme Sandsteinboden bietet die idealen Lebensbedingungen für fleischfressende Pflanzen wie Reusenfallen, Sumpfkrüge und Sonnentauarten. Über 80 % der Lebewesen auf dem Roraima sind endemisch, kommen also nur hier oben vor. Dazu gehören auch eine schwarze Minikröte, Insekten, Vögel und Lurche, sowie kleine Reptilien und Mäuse. Mit ein wenig Glück sieht man im Tiefland auch den Großen Ameisenbär. Einmal oben auf dem Hochplateau, ist die Aussicht auf die Gran Sabana schlicht atemberaubend.

Praktische Tipps

Die Standardtour dauert 6 Tage und man verbringt einen ganzen Tag oben auf dem Tafelberg. Wer das 60 km² große Hochplateau noch besser kennenlernen möchte, kann noch 1–3 Tage dranhängen und bis zum **Triplepoint** wandern, dem Dreiländereck von Venezuela, Guyana und Brasilien (mit Touranbieter oder Guide absprechen). Auch in den Tropen können Nächte auf dieser Höhe empfindlich kalt werden (bis 5–10 °C). Deshalb sind ein guter Schlafsack, Isomatte und warme Kleidung unerlässlich. Die Reiseveranstalter vermieten Ausrüstung, die aber nicht immer von genügender Qualität ist. Das Wetter kann auf dem Roraima sehr schnell umschlagen und es ist jederzeit mit Regen und dickem Nebel zu rechnen. Damit die Tour nicht zur Tortur wird, gehört auch guter Regenschutz ins Gepäck, ebenso wie Hut oder Käppi, starke Sonnencreme, Taschenlampe sowie Ohrstöpsel gegen schnarchende oder feiernde Gruppenmitglieder. Auch Insektenschutz und lange Kleidung gegen die lästige Puri-Puri-Stechmücke sowie eine Reiseapotheke sollten nicht fehlen.

Vorsicht: Auf dem Hochplateau kann man sich leicht verirren oder in eine der Spalten fallen. Das gilt v. a. bei schlechtem Wetter und eingeschränkter Sicht. Der Mount Roraima ist ein Nationalpark und man darf auf keinen Fall Kristalle oder Pflanzen als Souvenirs mitnehmen (es gibt Polizeikontrollen auf der Rückfahrt!). Auch sollte man sich an die Wege halten und nicht auf der empfindlichen Vegetation herumtrampeln. Wenn nötig, sollte man andere Gruppenmitglieder darauf aufmerksam machen.

**Christoph P. Müller, auch als die „Schweizer Bergziege" bekannt, würde den Mount Roraima trotz Strapazen jederzeit wieder in Angriff nehmen.*

Calle Urdaneta/Calle Bolívar gibt es viele fliegenden Händler. Wer einen größeren Betrag wechseln möchte, wendet sich aber besser an einen der Ladenbesitzer in gleicher Umgebung. Aufgrund der hohen Inflationsrate des Bolívar werden die Preise hier in Euro angegeben.

Internet

Es gibt Internet-Cafés an der Calle Urdaneta und Calle Bolívar, überall im Ort kann die Verbindung ins Netz jedoch quälend langsam sein.

Touren

Tagesausflüge können von den zahlreichen Agenturen organisiert werden. Eindrucksvoll sind die längeren Touren zum **Nationalpark Canaíma** (4 Tage), per Jeep zum Camp **Mantopai** in der Gran Sabana (4 Tage) sowie der körperlich anspruchsvolle 6-Tage-Trek zum **Mount Roraima** (ca. 300 € p. P., s. Kasten).

Backpacker Tours, Calle Urdaneta, ✆ 0058/289 995 1524, 💻 www.backpacker-tours.com. Seriöser Anbieter für alle Touren (auch per Fahrrad); z. T. etwas teurer als die Konkurrenz, dafür sind Service und Equipment gut (z. B. Hilleberg-Zelte). Preise inkl. Transport, Verpflegung und Träger für Essen und Zelte. Wer nach **Georgetown (Guyana)** fahren will, sollte **Cesar** und **Karelis Khazen** kontaktieren, ✆ 0058/414 853 7903, 💻 www.adventuretours.com.ve. Man erhält Tipps zum Grenzübertritt, außerdem Transfer nach Boa Vista mit Stopp bei der Pedra Furada (archäologische Stätte mit Felsmalereien, US$100).

TRANSPORT

Busse

Von Pacaraíma:
Boa Vista: Eucatur, tgl. 13 und 16 Uhr, 3–4 Std., R$22.
Von Santa Elena: tgl. Busse nach **Caracas** (22 Std.), **Ciudad Bolívar** (9 Std.) und **Puerto Ordaz** (8 Std.).

Sammeltaxis

Boa Vista: Hinter dem brasilianischen Zollgebäude warten Sammeltaxis (R$30 p. P.).

Grenzübertritt Brasilien / Venezuela

Einreise nach Brasilien: Von Santa Elena zunächst per Sammeltaxi zur Grenze (20 Min., 1,50 €). Abfahrt der Busse auf brasilianischer Seite am Busbahnhof, einige 100 m weiter. Wegen der z. T. langwierigen Grenzformalitäten rechtzeitig losfahren (mind. 1–2 Std. vor Abfahrt des Busses). Brasilianische Zöllner machen Mittagspause zwischen 12 und 14 Uhr.
Einreise nach Venezuela: Wer per Bus von Brasilien einreist, muss sich während der Fahrt auf mehrfache Kontrollen durch venezolanische Grenzpolizisten und Militär gefasst machen, auch nachts. Ein Visum ist für EU-Bürger und Schweizer nicht erforderlich. Auch die venezolanischen Zöllner gönnen sich eine Siesta, meist im Anschluss an die Brasilianer, sodass man bis zu 3 Stunden festsitzen kann.

Acre

Der zweitkleinste (152 000 km²) und westlichste Amazonasstaat Brasiliens liegt nur 800 km Luftlinie vom Pazifik entfernt und ist zu 90 % mit Regenwald bedeckt: dem Biotop, aus dem der Kautschuk stammt, der das Schicksal Acres bestimmt hat und noch bestimmt. Das wurde der Weltöffentlichkeit zuletzt 1988 mit dem Meuchelmord an **Chico Mendes** bewusst. Der charismatische Kautschuksammler und Führer der Gummizapfer aus Xapuri setzte sein Leben dafür ein, den Regenwald als Naturkapital zu erhalten.

In die Weltgeschichte trat Acre als Zankapfel von Bolivien und Brasilien. Das Gebiet gehörte laut **Vertrag von Ayacucho** (1866) formell zu Bolivien, aber ein Aufstand der Kautschukbarone, der von Brasilien heimlich unterstützt wurde, führte 1902 erst zur Ausrufung der Unabhängigkeit und dann zur Angliederung an Brasilien. (Der brasilianische Romancier Marcio Souza hat das in seinem Werk *Galvez, Imperador von Acre* beschrieben). Brasilien musste dafür den Bolivianern den Bau einer Eisenbahn versprechen, die die Stromschnellen des Rio Madeira/Mamoré umfahren und den Bolivianern einen Zugang zum Amazonasbecken für den Export ihres Kautschuks ermöglichen sollte.

Rio Branco

Die gerade mal 131 Jahre alte Hauptstadt von Acre (336 000 Einw.) liegt am nördlichen Ufer des Rio Acre, einem Rinnsal (für Amazonas-Verhältnisse), das von vier Brücken überspannt wird. Mit etwas Glück lassen sich vom Ufer aus Flussdelphine *(Botos)* beobachten. Alle Amtsgebäude sowie die Kathedrale liegen rings um die **Praça do Seringueiro** im 1. Distrikt. Im 2. Distrikt, südlich des Rio Acre, befinden sich die Busstation und die billigeren Hotels. Das Stadtbild hat sich in den letzten Jahren sehr zum Positiven verändert. Die öffentlichen Plätze sind gepflegt, die Hauptverkehrsadern ausgebaut und ein Radweg durchquert die Stadt entlang eines kanalisierten Igarapés.

Vor ein paar Jahren wurde das Zentrum um eine **Fußgängerbrücke** über den Rio Acre erweitert. Diese ist so modern, dass man fast meinen könnte, sie wäre von der Pioniereinheit eines außerirdischen Raumschiffs hier aufgehängt worden. Zu beiden Seiten der Brücke wurden die vormals heruntergekommenen Häuserzeilen (vieles davon Art-déco) renoviert und zwei ansehnliche Uferpromenaden (**Calçadão da Gameleira** und **Calçadão do Mercado Velho**) geschaffen, wo man flanieren und abends ein Bier im Freien trinken kann. Außerdem stehen hier auch die renovierten Gebäude des historischen **Mercado Velho**, Praça da Bandeira, wo allerhand Produkte aus Amazonien verkauft werden und man mittags in Volksküchen gute und preiswerte lokale Speisen geboten bekommt. ⏲ Mo–Sa 7–11, 16–21 Uhr.

Sehenswertes

Die Sehenswürdigkeiten beschränken sich auf Kuriosa aus der Kautschukzeit, wie etwa das **Museu da Borracha**, Av. Ceará 1441, nahe dem Rathaus, das über Dokumente vom Kautschukboom sowie das Modell eines Kautschukzapferhauses verfügt. ⏲ Di–Fr 8–18, Sa, So 16–20 Uhr, Eintritt frei.

Der Kautschukboom war längst vorüber, aber wohl noch etwas Geld in der Staatskasse, und damit wurde dann der **Palácio Rio Branco** gebaut. Der Gouverneurspalast (1930) ist noch deutlich vom Art-déco inspiriert (Av. Getúlio Vargas, Ecke Av. Benjamin Constant). ⏲ Di–Fr 8–18, Sa, So 16–20 Uhr, kostenlose Führungen.

Ebenfalls pathetische Staatskunst verkörpert das **Memorial dos Autonomistas**, Av. Getúlio Vargas 309, an der Praça dos Seringueiros, ein Denkmal und Museum, das die Erinnerung an die Separatisten (Autonomistas) wach hält, die Acre dem Nachbarn Bolivien entrissen. In dem neuen Kulturzentrum befindet sich das **Teatro Hélio Melo**. ⏲ Di–Fr 8–18, Sa, So 16–20 Uhr, Eintritt frei.

Ein Ruhepol im Zentrum ist der **Parque da Maternidade**, Av. Ceará, der zum Joggen und Radfahren einlädt. Hier befindet sich auch die interessante, einer Indianerhütte ähnelnde **Casa dos Povos da Floresta**. In dem Haus werden Geschichte und Lebensgewohnheiten der „Waldvölker", also Indios, Kautschukzapfer und Flussbewohner *(Ribeirinhos)*, nähergebracht. ⏲ Di–Fr 8–12, 14–18, Sa, So 16–20 Uhr, Eintritt frei. Auch die beim Park gelegene **Biblioteca dos Povos da Floresta** ist einen Abstecher wert. In dem mit einer Holzpyramide geschmückten Gebäude informiert eine Ausstellung über Chico Mendes und seine Familie. ⏲ Mo–Fr 8–21, Sa 14–20 Uhr. Ebenfalls zum Park gehört die **Casa do Artesão**, in der Kunsthandwerk, Süßwaren, Liköre, Seifen oder Keramiken zu erstehen sind. ⏲ Mo–Sa 9–19 Uhr.

Der **Parque Ambiental Chico Mendes** wurde zum Gedenken an den Kautschukzapfer Chico Mendes eingerichtet. Etwa die Hälfte seiner 52 ha Fläche besteht aus ursprünglichem Wald, die andere Hälfte wird wieder aufgeforstet. Unweit des Eingangs finden sich Memorabilien über Chico Mendes und die Kautschuksammler. Im Park gibt es einige Wanderwege und einen kleinen Zoo. Er liegt 8 km außerhalb am Rande der AC 040, KM 7. ⏲ Di–So 7–17 Uhr.

ÜBERNACHTUNG

Die besseren Hotels liegen im Zentrum und in den angrenzenden Vierteln auf der Nordseite des Rio Acre. Alle genannten Häuser bieten gratis WLAN.

AFA Hotel, Rua Franco Ribeiro 109, ✆ 68/3224 1396. Kleines Hotel mit modernen Zimmern. Nebenan beliebtes Restaurant, gute, zentrale Lage. ❸

João Paulo Hotel, Av. Ceará 2090, ✆ 68/2106 8000. 58 Zimmern, alle mit AC und Minibar. Schöner, schlossartiger Flur. ❸–❹

€ **Hotel Majú**, Av. Nações Unidas 302, Bosque, ✆ 68/3223 0812, 💻 www.hotelmaju.com.br. Eine gute, neuere Option (2005). 52 Zimmer mit Split AC und Internet, Kabel-TV und weiteren Extras. ❸–❹

Hotel Guapindaia Bosque, Rua Cel. José Galdino 230, Bosque, ✆ 68/3223 6352, 💻 www.hoteisguapindaia.com.br. Quittengelbes Hotel, einige Zimmer nach vorn mit Balkon. Alle mit AC, Kabel-TV, Bad und Frigobar. In der Stadt gibt es zwei weitere Hotels der Kette: „Praça" und „Centro". 10 % Tax. ❹

Terra Verde Hotel, Rua Mal. Deodoro 221, ✆ 68/3213 6000, 💻 www.terraverdehotel.

com.br. Keine überragenden, aber komplett ausgestattete Zimmer, großer Pool, Restaurant. ❹–❺

Pinheiro Palace Hotel, Rua Rui Barbosa 450, ✆ 68/3214 7100, 🖳 www.irmaospinheiro.com.br. 80er-Jahre-Hotel mit geräumigen Zimmern, Pool, Restaurant und Flughafen-Shuttle (R$30 p. P.). ❻

ESSEN UND NACHTLEBEN

Die Imbissbuden rund um den Mercado Velho sind für preisbewusste Traveller die günstigste Option – hier gibt's natürlich auch die Amazonas-Küche mit Tacacá-Suppe und *Pato no tucupi*. Gute Angebote in gemütlichem Ambiente auch an der Praça Antônio Maia nahe der Kathedrale.

O Paço, Parque da Maternidade. Gutes Restaurant im Park, Buffet oder à la carte, nicht billig, aber schöner Außenbereich. Am Wochenende Live-Musik. 🕒 tgl. 7–24 Uhr.

Esquina Verde, Rua Piauí 126. Eine gute Wahl für Fisch und Meeresfrüchte. 🕒 tgl. 12–15, Do–Sa 19–23 Uhr.

Elcio, Av. Ceará 2513. Nur 10 Min. vom Zentrum. Spezialität: *Moqueca baiana* – eine Portion reicht für zwei. 🕒 tgl. 12–14.30, 19–22 Uhr.

Tacacá da Base, Av. Epaminondas Jácome 3158. Nett im Grünen, bester Tacacá der Stadt. 🕒 tgl. 14–22 Uhr.

SONSTIGES

Einkaufen

Casa do Artesão, Parque da Maternidade. Ausstellung und Verkauf heimischen Kunsthandwerks, u. a. aus Holz und Keramik, sowie Naturschmuck. 🕒 Mo–Sa 9–19 Uhr.

Mercado Municipal, Rua Elias Mansour, am Ende der Rua Benjamin Constant. Lebensmittel und günstige Reiseutensilien.

Geld

Banco do Brasil, Rua Arlindo Porto Leal 85. 🕒 Mo–Fr 9–14 Uhr.

Informationen

Centro de Atendimento ao Turista (CAT), Rua Quintino Bocaiúva 299 (OCA), Centro, ✆ 68/3215 2400; auch Flughafen und Rodoviária.

Setul, Via Chico Mendes, Arena da Floresta, ✆ 68/3901 3000, 🖳 www.acreturismo.com.

Internet

In der modernen **Biblioteca Pública**, Av. Getúlio Vargas 389, ist Internet gratis. 🕒 Mo–Fr 10–21, Sa 10–20, So 16–21 Uhr.

Medizinische Hilfe

Hospital de Urgência e Emergência, Av. Nações Unidas, Bosque, ✆ 68/3223 3080.

Polícia Federal

Rua Floriano Peixoto 874, ✆ 68/3212 1200.

Reisebüros

Inácios Tur, Rua Rui Barbosa 450, ✆ 68/3214 7100. Im Pinheiro Palace Hotel; Flüge, Flughafentransfer.

NAHVERKEHR

Die Stadtbusse (R$2,40) halten am kürzlich modernisierten **Terminal Urbano**, Av. Ceará, ggü. Mercado Municipal. Mehrere Busse fahren zur neuen Rodoviária Internacional, Bus 304 *(Custódio Freire)* pendelt zwischen Flughafen und Terminal Urbano (ca. 40 Min.). **Taxi** vom Zentrum zur neuen Rodoviária etwa R$25–30, zum Flughafen ca. R$65–80, vom Flughafen ins Zentrum R$80–100. **Executiva Rádio Táxi**, ✆ 68/3227 2727.

TRANSPORT

Flüge

Aeroporto Internacional Plácido de Castro, BR 364, ca. 20 km vom Zentrum, ✆ 68/3211 1126.
Fluggesellschaften: **Azul**, ✆ 68/3211 1025; **Gol**, ✆ 68/3211 1070; **TAM**, ✆ 68/3211 1073.

Busse

Der neue Busbahnhof **Rodoviária Internacional** (2012) liegt an der BR-364, Via Verde, KM 125, ✆ 68/3221 3693.

Cuiabá: Eucatur, ✆ 68/3224 4984, tgl. 22 Uhr, 35 Std., R$214.

Porto Velho: Eucatur, 4x tgl. bis 22 Uhr, 8–9 Std., R$66.

Puerto Maldonado/Peru: Movil Tours, ✆ 68/3224 4971, tgl. 10.30 Uhr, 9 Std., R$65.

Rondônia

Der Nordteil Rondônias wurde 1650 bei der Erkundung des **Rio Madeira** von Portugiesen eingenommen und dann im Zuge des Kautschukbooms im 19. Jh. von Weißen besiedelt. 1943 gründete Getúlio Vargas das Territorium Guaporé aus Teilen von Amazonas und Mato Grosso. 1981 wurde daraus der Bundesstaat Rondônia, und zwar zu Ehren von Marechal Cândido Mariano da Silva Rondon. Rondon war eine legendäre Figur, schon weil er die Indianer nicht als Feinde betrachtete. Er trug dazu bei, Cuiabá, Porto Velho und Rio Branco per Telegraphen mit dem Rest Brasiliens zu verbinden.

In den letzten Jahren zogen verbesserte Straßen und ein Goldrausch die *Nordestinos* aus den von Dürren geplagten Gebieten und Indianer aus den Urwäldern in die Städte. Die Bevölkerung von Rondônia hat sich durch diese Zuwanderungswellen seit den 1980er-Jahren glatt verzehnfacht. In der gleichen Zeit sind aber auch 25 % der Wälder des Bundesstaates abgeholzt worden. Mit dem Bau der Wasserkraftwerke Santo Antônio und Jirau am Rio Madeira, die zu den 50 größten Wasserkraftwerken der Welt zählen werden, sorgte der Staat für Kontroversen. Beide Werke sollten bis 2013 in Betrieb gehen.

Porto Velho

Die gastfreundliche, schachbrettartig angelegte Stadt (427 000 Einw.) wuchs während des Kautschukbooms von einer kleinen Handelsstation am oberen Rio Madeira zu einer Großstadt heran, die wenig architektonische Höhepunkte hat außer den **drei Wassertürmen**, die über der schattigen Praça das Três Caixas d'Água thronen. Ihrem Namen macht die Stadt wenig Ehre, denn sie zeigt dem Strom die kalte Schulter, wenn man von ihren Kais, die den Namen „Fall ins Wasser" *(Cai na Água)* tragen, absieht.

Die wichtigste Sehenswürdigkeit ist eine Industrieruine: die Überreste der Eisenbahnlinie, deren Bau durch den Dschungel viele hundert „Gastarbeiter" das Leben kostete (vgl. dazu den Roman *Mad Maria* von Marcio Souza). Das **Museu Ferroviário**, Praça Madeira-Mamoré, ist ein Friedhof der Stahlrösser, die einst die Madeira-Mamoré-Strecke entlang ratterten, der Nabelschnur Boliviens zum Atlantik. Das Museum, das sich lange in einem alten Lokomotivschuppen befand, wurde wie der gesamte Platz renoviert und soll in einer angrenzenden Halle mit Ausstellungsstücken der Kautschukbahn „Mad Maria" neu eröffnet werden. Auf dem Parkgelände steht die älteste **Maria Fumaça** von 1878, dazu eine weitere Lokomotive aus Philadelphia (1925) sowie eine Lok der „Berliner Maschinenbau-Aktien-Gesellschaft" von 1936. Der Park und die Uferpromenade sind Anziehungspunkte für Familien und Jugendliche, besonders am frühen Abend und am Wochenende. 🕒 Museum tgl. 8–18 Uhr, Eintritt frei.

Von der Uferpromenade aus bietet sich ein Ausflug auf dem **Rio Madeira** an: Einschiffung gegenüber dem alten Eisenbahnschuppen (die Abfahrtzeiten sind variabel, nur bei genug Nachfrage, meist zum Sonnenuntergang, ab 10–20 Pers.). Die übliche Tour (1 Std., R$10–20) geht den Fluss stromaufwärts bis zur Usina de Santo Antônio.

Auf der gegenüberliegenden Straßenseite befindet sich im **Prédio do Relógio** die staatliche Tourismusbehörde. Hier beginnt auch die belebte Einkaufsstraße Av. 7 de Setembro, die vom Rio Madeira bis zur Av. Marechal Deodoro ansteigt. Ein paar Blocks hoch und dann nach links zur Praça Getúlio Vargas, stößt man auf den **Mercado Cultural**, der ein Kulturzentrum für Ausstellungen und Konzerte sowie ein Café be-

Trip aufs Land

Ein Kurzausflug führt zur kleinen **Igreja de Santo Antônio**, der ersten Kirche in Rondônia (1913), am Ufer des Rio Madeira (7 km vom Zentrum, Taxi R$20) mit Blick auf das Wasserkraftwerk Santo Antônio. Neben der Kirche steht das **Memorial Indígeno**, ein Kulturzentrum mit Museum, Indianerhütte (Oka) und Imbissen. 🕒 tgl. 8–18 Uhr (ab ca. Ende 2013 sollte ein Zug vom Eisenbahnmuseum hierher führen).

herbergt. Ein Teil der 1966 fast völlig abgebrannten Markthallen wurden sehenswert restauriert und 2009 wiedereröffnet. Do–Sa 19–24 Uhr. Gegenüber liegt der **Mercado Central**, ein lebhafter Großmarkt für Tropenfrüchte, Gemüse, medizinische Kräuter aus dem Amazonas u. v. m. tgl. 8–16 Uhr. Etwas weiter folgen der **Palácio do Governo** (1954) und dahinter die **Kathedrale** (1930).

ÜBERNACHTUNG

Wegen reger Bautätigkeit waren die Hotels mit der Beherbergung auswärtigen Personals viele Jahre gut ausgelastet – mit hohen Preisen als Folge. Allmählich scheint sich der Markt wieder zu normalisieren. Überall ist WLAN gratis, Gebühren werden nicht erhoben, wenn nicht anders vermerkt.

Hotel Tia Carmem, Av. Campos Sales 2895, 69/3221 7910. Travellertreff im Zentrum. Einfache, zum Teil sehr kleine Zimmer mit Bad/ Ventilator, teils AC. Nett: der kleine Krämerladen im Hotel und eine Sandwich-Bar nebenan. Kein Frühstück. ❶–❷

Hotel Samaúma, Rua Dom Pedro II 1038, Ecke Av. Campos Sales, 69/3224 5300, reservas@hotelsamauma.com.br. Ordentliches Budget-Hotel, die aus Ziegelstein erbauten Häuser liegen schattig unter Bäumen, alle Zimmer haben AC, Bad, Frigobar und Sky-TV. Gute zentrale Lage. ❷

Hotel Ecos Classic, Av. Nações Unidas 90, 69/2182 0707, www.ecoshotel.com.br. Businesshotel mit 78 gepflegten Zimmern, kein Pool. 5 % Tax. ❸

Hotel Marrocos, Rua Joaquim Nabuco 2471, 69/3224 4444, hotelmarrocos@gmail.com. Anständiges Hotel mit 20 großen Zimmern. Die Besitzer haben von einer Marokko-Reise etliche Dekorationsobjekte mitgebracht. Nach Rabatt fragen. ❸–❹

Hotel Porto Madeira, Av. Alexandre Guimarães 3310, Nova Porto Velho, 69/3219 2002, www.hotelportomadeira.com.br. Freundlich gestaltetes Hotel mit 58 hellen, modernen und sehr komfortablen Zimmern auf 3 Etagen, alle mit kleiner Veranda. Zum Zentrum mit Taxi oder Mototaxi. Gutes Preis-Leistungs-Verhältnis. ❹

Oscar Hotel Executive, Av. 7 de Setembro 934, 69/2182 0600, www.oscarhotelexecutive.com.br. Neues, sehr gutes Hotel, 96 moderne Zimmer in zentraler Lage. Auf dem Dach ein schöner Pool mit „unendlichem Horizont" und Blick auf den Rio Madeira. Die geräumigen Executive-Zimmer haben LCD-TV, Split AC, viele auch Kingsize-Betten. ❻–❼

Golden Plaza Hotel, Av. Gov. Jorge Teixeira 810, Nova Porto Velho (Nähe Rodoviária), 69/ 3225 9000, goldenplaza.reservas@gmail.com. Hotel (2012) mit 108 guten Zimmern, Pool, Fitnessraum, Restaurant und Bar. Per Taxi 10 Min. zum Zentrum. Nach Rabatt fragen. 5 % Tax. ❻–❼

Außerhalb von Porto Velho

Salsalito Jungle Park, BR 364, KM 43, Candeias do Jamari, 69/3230 1307, www.salsalito.com.br. Ehemalige Fazenda 30 Min. außerhalb mit 7 Chalês; Erkundung des Regenwalds, Reit- und Sportmöglichkeiten, schönes schwimmendes Restaurant (s. Essen). Besuch auch als Day-Use: Bad im Wasserfall, Lagune, Strand (Di–So 7–18 Uhr, R$12 p. P., Transfer R$80). ❺

Três Capelas Eco-Resort, BR 364, KM 673, Candeias do Jamari, 69/3224 3682, www.trescapelas.com.br. 19 gepflegte Chalês im Stil von Holzblockhütten (R$370/VP), ca. 30 Min. von Porto Velho, nette Anlage mit See, schöner Pool, Ausflüge (Reiten, Kajak). Transfer über Reisebüros oder mit Taxi, auch Day-Use (8–16 Uhr, R$70 inkl. Mittagsbuffet). ❼

Pousada Rancho Grande, Cacaulândia, 69/3532 2300, www.ranchogrande.com.br. Fazenda der deutschen Familie Schmitz; in einem weitläufigen Tal, umgeben vom Regenwald, durch den mehr als 15 km markierte Pfade führen. 10 Apartments, Pool. Anreise mit Bus nach Ariquemes (ca. 5 Std.), weiter 60 km mit Taxi oder Abholung nach Absprache. ❷–❹

ESSEN

Emporium, Av. Pres. Dutra 3366. Gilt als bester Ort, um in den Abend zu starten. Hübsches Bar-Restaurant mit ansprechender Fin-de-Siècle-Dekoration, ein Orientierungspunkt auf der Ausgehmeile. Fantastisch ist „Especial da Casa", gegrillter Amazonasfisch mit Tucupi-Jambu-Soße, frittierter Banane und Macaxeira-Püree (R$65/2–3 Pers.)! Eher Geschmackssache dagegen ist die „Cerveja Suja": Bier mit Eis, Limone und Salzrand. Live-Musik (tgl. MPB ab 22 Uhr, Couvert R$4). ◷ Mo–Mi 18–24, Do–Sa 18–2 Uhr.

Debate, Av. Pinheiro Machado 811. Auch hier sitzt man gut an der Calçada da Fama, Spezialität Filé Mignon, z. B. mit Mozzarella und Bacon („Gepeto", R$52/2 Pers.). ◷ Di–Sa 11–15, 17–24 Uhr.

A Tasca, Av. Pinheiro Machado. Portugiesisches Restaurant in typisch schlichter Deko, mit einigen (imitierten) Azulejos. Die Besitzer haben länger in Portugal gelebt. Mittagsmenü R$25 p. P. ◷ Mo 19–24, Di–So 12–15, 19–24, So 12–15 Uhr.

Zagaia Gourmet, Rua Major Amarante 263. Sehr gutes Buffet (R$35/kg) mit schöner Terrasse und weitem Blick, ideal nach dem Besuch des Museums Rio Madeira; wegen AC häufig auch Fluchtpunkt vor der Mittagshitze. ◷ Mo–Sa 12–15 Uhr (Sa Feijoada).

Caravela do Madeira, Rua José Camacho 104, Arigolândia. Schöne Aussicht von einer Anhöhe auf den Rio Madeira, in einem typischen Amazonas-Holzbau gibt es z. B. Dourado auf Ananas- und Bananenscheiben in Maronensoße (R$71/2 Pers.). ◷ Di–Sa 11–15, 18–22.30, So 11–16 Uhr.

Fiorella Pizzaria, Rua Joaquim Nabuco 2357. Wer satt werden möchte, könnte das Rodízio (R$14, Di–Do) ausprobieren. Unermüdlich bringen die Kellner Pizza, Lasagne, Gnocchi und Spaghetti vorbei, in variierender Güte und Temperatur, aber es ist günstig. ◷ Di–So 17–24 Uhr.

€ **Gulla Açaí**, Rua Dom Pedro II 637, Centro Empresarial. Erfrischend klimatisiertes Café, leckerer cremiger Açaí, Guaraná-Mixturen und leichte Sandwiches. Im selben Haus befindet sich das Self-Service-Lokal **Canguru** (R$18/kg, ◷ Mo–Fr 11–15.30 Uhr). ◷ Mo–Fr 8–19 Uhr.

Caffé Restaurante, Av. Carlos Gomes 1097. Gutes regionales Buffet (R$28/kg), vor 14 Uhr kommen. ◷ Mo–Sa 11–15 Uhr.

Restaurante Flutuante, im Salsalito Jungle Park (s. Übernachtung). Schwimmendes Urwald-Restaurant im Rio Jamari mit Dach aus Palmblättern und Blick auf einen kleinen Wasserfall. Eine herrliche Idylle, wenn nicht gerade Jetskis umhertoben. Tipp: Dourado mit Kapern und Champignons (R$48/2 Pers.). ◷ Fr–So 11–18 Uhr.

NACHTLEBEN

Am frühen Abend kommt Leben in die Bude, z. B. auf der **Praça Marechal Rondon** an der Av. 7 de Setembro: Auf der oberen Terrasse serviert eine Lanchonete eiskaltes Flaschenbier, darunter gibt's ein paar Kioske.

Zur Happy Hour (ca. 18–20 Uhr) sowie später am Abend wird die sog. **Calçada da Fama** zur Ausgehmeile: Auf zwei Straßenblocks (Av. Pinheiro Machado zwischen Av. Pres. Dutra und Rua José Bonifácio) liegen rund um das **Emporium** diverse Bars, Restaurants und

Mirantes 1, 2, 3 – Ausgehen mit Aussicht

Den schönsten Blick hat man von den renovierten **Mirantes 1-3**: am Hang gelegene Lokale mit weitem Blick auf den Strom, toll für einen Sundowner. Am nächsten liegt das Bar-Restaurant **Mirante II**, mit Blick auf den Fluss und die Estação Madeira-Mamoré. ◷ tgl. 11–23 Uhr. Am **Mirante 1** lockt das **Café Madeira** mit großer Aussichtsterrasse, Biergartenatmosphäre, klimatisiertem Innenbereich, dem besten Blick zum Sonnenuntergang und Live-Musik (ab 18.30 Uhr MPB, Pop-Rock, Couvert R$4). ◷ Mo–Fr 16–1, Sa, So 10–2 Uhr. Am **Mirante 3**, bei der eigentümlich verwitterten Igreja N. S. do Perpétuo Socorro, bietet das Restaurant **Tacacá da Dona Izaura** neben der Aussicht auch gute regionale Küche (Tacacá R$15). ◷ Di–Fr, So 15–23, Sa 11–23 Uhr.

Mirante 1 und 2 sind zu Fuß von der Estação Madeira-Mamoré erreichbar (ca. 5–10 Min.), Anfahrt zu Mirante 3 mit Mototaxi.

Clubs, Fr/Sa kommt nach Mitternacht vor den Discos der Verkehr zum Erliegen: u. a. **Deep Club** (elektronische Musik, Fr/Sa ab 24 Uhr, R$20–30) und **Barcaça** (Sertanejo, Fr ab 24 Uhr, R$20). Weitere nette Bars sind **Buda's Bar**, **Confraria** (Live-Musik, Couvert R$5), **Bistrô do Pedro** und **Country Conveniência** mit Straßenkneipenatmosphäre.

Boteco da Fama, Av. Pinheiro Machado 1356 (Verlängerung der Calçada da Fama). Große, gepflegte Boteco, Di–Sa Live-Musik auf kleiner Bühne (Couvert R$4), Fr/Sa geht's ab 24 Uhr in der Disco nebenan weiter. ⌚ Mo 19–24, Di–Sa 19–3 Uhr.

Informal, Av. Brasília 1962, Centro. Kleiner, schicker Pub, in dem ab Mitternacht Hautkontakt unvermeidbar ist. Gespielt wird Rock und Pop-Rock (live ab 24 Uhr), vom Zentrum 5 Min. mit Taxi. ⌚ Mi–Sa ab 19 Uhr, Eintritt R$20–30.

Über die Stadt verteilt liegen mehrere Samba-, Pagode- und Forró-Lokale, z. B. im Stadtteil Areal zwei offene Hallen mit Live-Pagode: **Takanã**, Rua Jaci Paraná (Do, Sa 19–24 Uhr, Eintritt frei) und 1 km weiter **Amarelinho** (Do, Sa 20–2 Uhr, Eintritt frei).

SONSTIGES

Einkaufen

Porto Velho Shopping, Av. Rio Madeira 3288, Flodoaldo Pontes Pinto (20 Min. vom Zentrum). Hoch modernes Einkaufszentrum! ⌚ Mo–Sa 10–22, So 14–20 Uhr.

Geld

HSBC, Rua Prudente de Moraes 2600, Ecke Av. 7 de Setembro; **Banco do Brasil**, Av. Dom Pedro II. ⌚ beide Mo–Fr 9–14, Geldautomat 6–22 Uhr (alle Karten).

Informationen

Centro de Atendimento ao Turista (CAT): Flughafen, ⌚ Mo–Fr 8–18 Uhr; Estação Madeira-Mamoré (im alten Wärterhäuschen), ⌚ tgl. 8–18 Uhr.

Setur, Av. de Setembro 237, ✆ 69/3216 5924. ⌚ Mo–Fr 8–13 Uhr.

Eine App fürs Smartphone: „Guia Porto Velho", auch offline nutzbar.

Medizinische Hilfe

Hospital Central, Rua Afonso Pena 50, ✆ 69/3217 0900.

Reisebüro

Voa Brasil, Av. Campos Sales 2577, ✆ 69/3224 4225. Flüge. ⌚ Mo–Fr 8–18, Sa 8–12 Uhr. Filiale am Flughafen.

TRANSPORT

Flüge

Aeroporto de Porto Velho, ✆ 69/3219 7450, 7 km vom Zentrum. Kleiner, moderner Flughafen mit Restaurants, Geldautomaten (alle Karten), Internet usw. In die Stadt mit Taxi (R$30–35) oder Bus 201B *H. Base/ Aeroporto* (ca. 30 Min.).

Fluggesellschaften

Avianca, ✆ 69/3219 7479; **Gol**, ✆ 69/3219 7494; **TAM**, ✆ 69/3219 7508; **Trip**, ✆ 69/3225 7534.

Busse

Rodoviária, Av. Jorge Teixeira 1296, 3 km vom Zentrum. Anfahrt mit Taxi (R$13–20) oder Bussen 201-B *H. Base/Aeroporto*, 201-A *Hosp. de Base* oder 301 *Presidente Roosevelt*, die alle die Av. 7 de Setembro entlangfahren.

Cuiabá: Andorinha, ✆ 69/3222 7730, tgl. 15 und 17 Uhr, 23 Std., R$147.

Rio Branco: Real Norte, ✆ 69/3222 7730, tgl. 7, 12, 21, 23 und 24 Uhr, 8 Std., R$65.

Boote

Vom neu gestalteten Hafen **Porto Cai n'Água** (500 m links von der Praça Madeira-Mamoré, dann rechts) legen die Boote nach Manaus ab. Hier gibt es auch ein paar Hafenspelunken und eine neue Halle mit Fischmarkt (Mercado do Pescado, tgl. 6–12 Uhr) und Geschäften.

Manaus: Di und Sa, meist 16–18 Uhr, 60 Std., Hängematte R$200, Kabine R$400 (AC, 2 Pers.). Tickets gibt's bei **Agência Parintins**, Rua João Alfredo 175, ✆ 69/3223 8348; Hängematten (R$20) nebenan. Unbedingt Abfahrtszeiten am Kai persönlich überprüfen oder bei Agência Parintins anrufen.

Tocantins

Der Bundesstaat Tocantins ist der jüngste von allen – er wurde erst 1988 durch die Abtrennung der nördlichen (und ärmeren) Hälfte von Goiás gegründet. Die Eigenständigkeit wird von der Bevölkerung des heutigen Tocantins als glückliche politische Entscheidung angesehen, denn zuvor wurde ihre Region stets als „Ausrangierlager" alter Technologien behandelt, während der Süden Goiás von Investitionen profitierte. Durch diesen jungen Bundesstaat fließt einer der größten Flüsse Brasiliens, nämlich der gleichnamige Rio Tocantins.

Die Hauptstadt von Tocantins ist **Palmas** (229 000 Einw.), deren Name auf den Bezirk São João da Palma zurückgeht, Sitz der ersten Separatistenbewegung der Region. Auch die Vielzahl an Palmen trug zur Namensgebung bei. Wie Brasília, ist auch Palmas eine geplante Stadt. Gerne bezeichnet man sie als „ökologische" Landeshauptstadt, aus touristischer Sicht hat sie jedoch weniger Anziehungskraft. Die Regierung von Tocantins setzt besonders auf Investitionen in den Ökotourismus, wie z. B. in die trockene Hochebene **Jalapão**, die von zahlreichen kristallklaren Gewässern durchflossen wird und wo die Winderosion eine archaische Dünenlandschaft geformt hat. Dies ist eine eindrucksvolle Gegend für Expeditionen in die „Wildnis" mit großartigen Rafting-Möglichkeiten.

Ausflüge in die wunderbare Natur

Kilometerangaben ab Ponte Alta do Tocantins:

Cachoeira da Velha, ein 100 m breiter Wasserfall des Rio Novo, zu erreichen auf der Piste zur Fazenda Triagro (98 km).

Dunas, Sanddünen bis zu 40 m Höhe mit feinem gelbem und rötlichem Sand; faszinierende Sonnenuntergänge; zu erreichen auf der Piste nach Mateiros (135 km).

Poço do Fervedouro, „Kochende Quelle" – artesische, nicht aber kochende Quellen, die das Wasser aus dem Boden drücken, dabei geht man wie auf einem Wasserbett. Ort: Piste nach São Félix do Tocantins (187 km).

Cascata do Rio Formiga, Stromschnellen des Rio Novo und zahlreiche kristallklare Lagunen; zu erreichen auf der Piste nach São Félix do Tocantins (195 km).

Jalapão

Jalapão ist ein 34 113 km² großes Übergangsgebiet zwischen der Caatinga und dem Cerrado im Osten des noch jungen Bundesstaates Tocantins. Der Name leitet sich her von der Pflanze *Jalapa-do-brasil.* Bekannt unter der Bezeichnung „Wüste des Jalapão" handelt es sich in Wirklichkeit um eine riesige Oase. Trotz des sandigen Bodens verfügt dieses Hochplateau über viele Quellen und Bächen, die auf ihrem Weg zum Rio Tocantins nicht nur ansehnliche Wasserfälle und Stromschnellen entstehen lassen, sondern auch einer überaus vielfältigen und einzigartigen Fauna und Flora Lebensraum bieten.

Die Mischung aus **Buschsteppe**, **Savanne** und **Wüste** birgt vielfältige Attraktionen. Beste Reisezeit ist die Trockenperiode zwischen Mai und September; dann treten die Sandbänke in den Flüssen deutlich hervor. Eine Gelbfieberimpfung ist angesagt.

Die Gegend von Jalapão hat die niedrigste Bevölkerungszahl im ganzen Staat Tocantins: nur 0,8 Einwohner pro km². Die Bewohner betreiben hauptsächlich Viehzucht sowie Landwirtschaft für den Eigenverbrauch. Darüber hinaus stellt man modische Accessoires aus *Capim dourado* her, einem natürlich goldfarbenen Gras. Sogar Supermodel Gisele Bündchen schmückt sich mit Armringen und Handtaschen aus dem Jalapão.

Im Gebiet des Jalapão gibt es wenig touristische Einrichtungen. Die Entfernungen sind groß, die Besiedelung dünn und die Pisten voller Schlaglöcher. Wer nicht über ein geländegängiges Auto verfügt, ist auf organisierte Touren von Reisebüros angewiesen. Diese sitzen vorwiegend in São Paulo. **Korubo Expedições**, ✆ 11/ 8222 5028, bietet z. B. eine 7-tägige Tour inklusive fantastischen Rafting-Trips an (ab R$1980).

In **Ponte Alta do Tocantins**, 200 km östlich von Palmas, bieten Guides mit Geländewagen mehrtägige Abenteuertouren an: darunter auch **Belêco Turismo**, ✆ 63/3378 1119, 💻 www.beleco

turismojalapao.com.br. 2- oder 3-tägige Ausflüge kosten R$1000–1300 (bis 6 Pers., einschließlich Transport im Geländewagen sowie Führungen).

ÜBERNACHTUNG

Überall ist WLAN gratis.

Pousada Planalto, Ponte Alta do Jalapão, ✆ 63/3378 1141, 💻 www.jalapao-pousada planalto.com.br. Nette Pousada, AC oder Ventilator, auch Ausflüge im 4x4-Geländewagen. ❶–❸

Pousada Buritis do Jalapão, Rua Piauí, Mateiros, ✆ 63/3534 1139. 16 Zimmer, alle mit AC. ❷–❸

Pousada Panela de Ferro, Av. Tocantins, Mateiros, ✆ 63/3534 1038, 💻 www.panela deferro.tur.br. Restaurant. ❸

Pousada Santa Helena, Av. Maranhão, Mateiros, ✆ 63/3534 1050, 💻 www.pousada santahelenajalapao.com.br. Beste Pousada im Ort. Pool. ❸–❹

SONSTIGES

Informationen

ADTUR, Praça dos Girassóis, Palmas, ✆ 63/3218 2357, 💻 www.jalapao.to.gov.br.

Einkaufen

Körbe, Handtaschen und Flechtwaren aus dem hier endemischen *Capim dourado* gibt es im Dorf **Mumbuca** zu kaufen, 30 km von Mateiros entfernt, sowie in allen größeren Orten der Umgebung, v. a. in Mateiros.

Rio Araguaia und Ilha do Bananal

Die **Ilha do Bananal** ist mit einer Fläche von rund 20 000 km² und 300 km Länge die größte Flussinsel der Welt. Sie liegt zwischen den Armen des 2630 km langen **Rio Araguaia** (der rechte, kleinere Arm trägt auch den Namen Rio Javaés). Im Nordteil der Insel liegt der 1956 gegründete **Parque Nacional do Araguaia**, der jedoch nicht für den Tourismus geöffnet ist. Im Süden leben einige Indianervölker, darunter die Javaé und Xerente.

Hauptattraktionen des Rio Araguaia sind sein kristallklares Wasser und die zwischen Mai und September entstehenden weißen **Sandstrände**, die in der Nähe größerer Ortschaften zu regelrechten Spaßbädern mutieren. Von Oktober bis April ist Regenzeit, dann werden die Strände von lehmigem Wasser überspült. Die Abgeschiedenheit und Vielfalt der Ökosysteme des Rio Araguaia erlauben auch eine intensive Beobachtung der Fauna und Flora. In den vielen Teichen und Seen gibt es Unmengen von Fischen, darunter Piranhas, sowie Alligatoren und Schildkröten. Zur Erkundung bieten sich **Bootstouren** an. Zwar ist der Fluss in der Trockenzeit wegen der zahlreichen Sandbänke und Untiefen mit größeren Booten nicht zu befahren, aber mit leichten Außenbordern und Einbäumen lassen sich tagelange Touren unternehmen. Besonders zwischen April und Juli werden die Dörfer entlang dem Rio Araguaia von Anglern aus der ganzen Welt bestürmt.

Die beste Infrastruktur für einen Besuch bietet der Ort **Aruanã** in Goiás (ca. 200 km südlich der Ilha do Bananal, 324 km von Goiânia). Übernachten kann man in der **Pousada Recanto do Araguaia**, Av. Altamiro Caio Pacheco, ✆ 62/3376 1950, 💻 www.recantodoaraguaia.com.br, große Anlage mit Pool, Zimmer mit AC, WLAN gratis, ❹–❺, oder in der **Pousada Dom Lucas**, Rua Agostinho de Melo, Qd. 12, ✆ 62/3376 1978, in Fluss- und Zentrumsnähe, mit AC und Pool, WLAN gratis, ❸.

Die **Anfahrt** ist recht umständlich. Es ist möglich, Aruanã von Goiânia aus anzusteuern (über die Stadt Goiás). Mehr Informationen dazu finden sich im Internet: 💻 www.rioaraguaia.com.br.

Der Zentrale Westen

Stefan Loose Traveltipps

Brasília Das Monument der vergangenen Zukunft durchstreifen. S. 685

Chapada dos Veadeiros Nach anstrengender Wanderung ein erfrischendes Bad im Wasserfall oder einem natürlichen Badeteich nehmen. S. 701

19 **Pirenópolis** Im bezaubernden Goldgräberstädtchen den Atem der Provinz verspüren. S. 705

20 **Pantanal** Reiterferien, Birdwatching, Jaguare und Kaimane satt im größten Süßwassersumpf der Erde. S. 709

21 **Bonito** In kristallklaren Flüssen mit den Fischen Aug in Aug schnorcheln. S. 728

Corumbá Von der Oberstadt aus die glühend rote Sonne über den Pantanalsümpfen untergehen sehen. S. 735

DER ZENTRALE WESTEN
N
0
100 km
Brasília
Taguatinga
Sobradinho
Planaltina
Gama
Luziânia
Cristalina
Paracatu
Patos de Minas
Anápolis
Goiânia
Pirenópolis
Corumbá de Goiás
Padre Bernardo
Alto Paraíso, São Jorge
Morro Alto
Catalão
Caldas Novas
Itumbiara
Uberlândia
Barretos
São José do Rio Preto
Birigüi
Araçatuba
Três Lagoas
Selvíria
Paranaíba
São Simão
Lagoa Santa
Itajá
Rio Verde
Jataí
Paraúna
Iporá
Cidade de Goiás
Araguapaz
Aruanã
Barra do Garças
Caiapônia
Serra do Caiapó
Mineiros
Chapadão do Céu
Chapadão do Sul
Alto Araguaia
Primavera do Leste
Jaciara
Rondonópolis
Cuiabá
Chapada dos Guimarães
P.N. DA CHAPADA DOS GUIMARÃES
Jangada
Cáceres
Nördlicher Pantanal
Pantanal
Mato-Grossense
Südlicher Pantanal
P.N. DO PANTANAL MATOGROSSENSE
s. Detailplan Pantanal S. 710
Coxim
Rio Verde de Mato Grosso
Campo Grande
Aquidauana
Sidrolândia
Maracaju
Serra de Maracaju
Bonito
Miranda
Serra da Bodoquena
Corumbá
Puerto Suárez
Porto Murtinho
BOLIVIEN
PARAGUAY
MATO GROSSO
GOIÁS
MATO GROSSO DO SUL
MINAS GERAIS
SÃO PAULO
DF
Rio Araguaia
Rio Paranaíba
Rio Sucuriú
Rio Aporé
Rio Corrientes
Rio Verde
Rio Claro
Rio Corumbá
Rio São Marcos
Rio Paraná
Rio Cuiabá
Rio São Lourenço
Rio Alegre
Rio Paraguai
Rio Taquari
Rio Negro
Rio Miranda

Der Zentrale Westen (Centro Oeste oder Brasil Central) umfasst die Bundesstaaten Mato Grosso, Mato Grosso do Sul, Goiás und den Regierungsdistrikt – Distrito Federal (DF) – von Brasília.

Während noch vor hundert Jahren dieses leere und trockene Hochland-Herz Brasiliens nur von nomadisierenden Indianern, Goldsuchern und Fallenstellern durchstreift wurde und es so gut wie keine Straßen und sicheren Wege gab, zählt das Gebiet heute zu den dynamischsten Regionen Brasiliens. Dazu hat die kühne Tat, inmitten dieser Steppe *(Cerrado)* eine neue Hauptstadt zu errichten, ebenso beigetragen wie die Entwicklung einer äußerst expansiven Agroindustrie. Die ungeliebte Hauptstadt Brasília hat geholfen, das vernachlässigte Innere des Riesenlandes zu erschließen. Sie ist das Tor zum Mittleren Westen, dem boomenden Bauch Brasiliens. Die riesigen Bundesstaaten Mato Grosso, Goiás und Mato Grosso do Sul wären ohne die Verlegung der Hauptstadt ins Landesinnere vermutlich immer noch weitgehend vergessen und isoliert. Seitdem ist der Zentrale Westen ist so etwas wie die Kornkammer (Soja) von Brasilien geworden. Aber immer noch gehören die nördlichen und westlichen Teile dieses Gebiets (Amazonas-Regenwald und Pantanal) zu den am spärlichsten besiedelten Regionen des Landes.

Reisende, die Naturerlebnisse suchen, kommen im Zentralen Westen besonders auf ihre Kosten. Da ist einmal der **Pantanal**, der größte Süßwassersumpf der Erde, mit seiner spektakulären Fauna, südlich davon die Region **Bonito** mit Kalksteinhöhlen und kristallklaren Flüssen, nördlich des Pantanal die **Chapada dos Guimarães**, ein uraltes Sandsteingebirge mit spektakulären Ausblicken, und dann natürlich **Brasília**, das moderne Gesamtkunstwerk – und darum herum eine **archaische Landschaft** mit kleinen Weilern, die noch im Dornröschenschlaf verharren.

Tipps für Brasília- und Goiás-Reisende

Brasília und **Goiânia** werden v. a. von Politikern und Geschäftsreisenden besucht. Folglich herrscht unter der Woche Gedränge in den Hotels – und am **Wochenende** „tote Hose". Dies ist der beste Zeitpunkt für Touristen: Die Hotelpreise sinken um die Hälfte (schon ab 60 € kann man in Luxushotels logieren), die Sehenswürdigkeiten sind weniger überlaufen und zudem kann man das attraktive Nachtleben der beiden Städte in vollem Gang erleben.

Genau entgegengesetzt verhält es sich mit den Ferienorten der Umgebung (**Pirenópolis**, **Cidade de Goiás**, **Alto Paraíso**, **São Jorge**), die am Wochenende von den Großstädtern gestürmt werden (mit hohen Preisen als Folge). Unter der Woche sind die Hotels dagegen deutlich billiger (außer in der Hauptsaison). Eine Reiseplanung, die dies berücksichtigt, bringt eine erhebliche **Ersparnis** bei den Übernachtungskosten mit sich.

Brasília

Modern sollte sie sein, die neue Hauptstadt der Nation, supermodern. Großartig und aus einem Guss. „In fünf Jahren 50 Jahre überspringen" – so lautete der Marschbefehl des Präsidenten **Juscelino Kubitschek**. Und in tausend Tagen stand die Stadt, die am 21. April 1960 offiziell eingeweiht wurde. Die Reißbrett-Täter waren Schüler des Schweizer Stararchitekten Le Corbusier, der Paris abreißen wollte zugunsten von einem Dutzend Wolkenkratzern und der nichts mehr hasste als die mittelalterliche, enge europäische Stadt mit ihren „Eselsgängen".

In Brasília konnten die Corbusier-Schüler **Lucio Costa** und **Oscar Niemeyer** ihre kommunistische Utopie einer funktionalen Stadt mit Transportbändern, Grünzonen und Wohnmaschinen in Stahlbeton gießen. Daraus ist dann etwas ganz anderes geworden. Denn nur der „Plano Piloto", also der Masterplan der 300 000 Seelen zählenden Beamtenstadt, ist vorzeigewürdig. Die restlichen 2,3 Mio. Einwohner des 5822 km² großen Distrito Federal (DF), der ähnlich wie Washington D.C. ein eigenes Bundesland bildet, hausen in so genannten Satellitenstädten weit draußen.

Die „Stadt des Dritten Jahrtausends" ist somit heute eher ein „Denkmal der vergangenen Zukunft". Sie hinterlässt auch 53 Jahre nach ihrer Einweihung noch eine zwiespältige Wirkung bei Besuchern. Abhängig vom Blickwinkel und den eigenen Erwartungen wird man sich für das weltweit einzigartige städtebauliche Konzept mit seiner wuchtigen Betonarchitektur begeistern können – oder sich eher befangen fühlen. Doch abseits aller architektonischen Debatten bietet Brasília natürlich auch die Vorzüge einer modernen brasilianischen Großstadt, wozu besonders eine exzellente gastronomische Szene sowie ein lebendiges, durch viele junge *Brasilienses* geprägtes Nachtleben zählen.

Orientierung

Aus der Vogelperspektive mag Brasília ja tatsächlich wie ein Flugzeug aussehen: die **Zentralachse** (**Eixo Monumental**) mit den Ministerien wäre der Rumpf, der Kongress das Cockpit. Und auf den „Tragflächen" im Norden und Süden (Asa Norte und Asa Sul) würden sich entlang der Mittelachse **Eixo Rodoviário** (oder kurz Eixão) dann die Wohngebiete erstrecken.

Wie bei einer Maschine besitzen die einzelnen Teile Brasílias keine Namen, sondern nur Funktionsbezeichnungen (Bankensektor Nord/Süd, Hotelsektor Nord/Süd, Kommerzsektor Nord/Süd usw.).

Um sich in Brasília zu orientieren, wird dem Vorstellungsvermögen einiges abverlangt, aber das System der Blöcke und Straßen hat seine Logik. Es hilft, sich die Stadt wie ein Koordinatensystem vorzustellen (bestehend aus den beiden großen, sich schneidenden Hauptachsen). Keine Angst also, wenn man eine Adresse sucht, die beispielsweise die Bezeichnung **SHS Q6, Bl. F** trägt: Das erste S steht immer für Setor (Sektor), der mittlere Buchstabe bezeichnet die Funktion des Sektors (in diesem Fall H für Hotel) und das letzte S kommt von Sul = Süd. Q ist Quadra (Block) und Bl. Bloco (eine Art „Unterblock"). In diesem Fall lautet die richtige Lösung also: Setor Hoteleiro Sul (Hotelsektor Süd), Quadra 6, Bloco F.

Süden oder Norden – das sind die Pole für die Adressen – aber auch Osten (L) und Westen (W). Die **Via W3 Sul** ist die Achse, die von Nord nach Süd am Westrand verläuft, und zwar südlich von der Eixo Monumental (nördlich davon heißt sie Via W3 Norte). Je größer übrigens die Zahl, desto weiter befindet sich die Straße von der Nord-Süd-Achse Eixão entfernt... Die Av. L1 Sul wäre dann – na?

Auch die **Nummern** der Wohnblöcke (Quadras) haben eine Bedeutung, z. B. **210 Sul**: Ist die erste Ziffer gerade (wie im Beispiel die 2), dann befindet sich die Adresse östlich der **Achse Eixo Rodoviária**, also in Richtung Kongress (2, 4, 6, 8). Ist die erste Ziffer ungerade, dann liegt der gesuchte Ort westlich der Eixão (1, 3, 5, 7, 9). Je höher die Nummer, desto weiter weg von dieser Achse. Die letzten beiden Ziffern zeigen an, wie viele Quadras (Blöcke) der Ort von der Eixo Monumental entfernt ist (hier also 10 Blöcke). Unter dem Begriff Superquadras werden schließlich mehrere Quadras zusammengefasst. So weit die Adressen in den Wohnvierteln, die dann noch nach Blocos und Lojas unterteilt werden. Loja 7 deutet an, dass es im Block mehrere Geschäfte gibt, hier also Geschäft Nr. 7.

Nun gibt es aber noch Sondersektoren mit Adressen wie Setor de Clubes Sul, Trecho 2, Conjunto 35. Die Abkürzungen dieser vielen Sektoren kennt nur der Briefträger.

Sehenswertes

Wegen der enormen Entfernungen und der unbarmherzigen Sonne – Brasília liegt auf beinahe 1000 m Höhe wenige Grade südlich des Äquators – sollte man sich einer der Stadtrundfahrten (S. 696) anvertrauen, um einen Überblick zu gewinnen. Danach kann es sich lohnen, einzelne Bauwerke herauszupicken.

Der 224 m hohe **Fernsehturm** (Torre de TV) ist ein Besichtigungspunkt, den man keinesfalls auslassen sollte. Er befindet sich an der höchstgelegenen Stelle der Zentralachse (Eixo Monumental), die das Stadtzentrum durchzieht. Von einer offenen Plattform in 75 m Höhe eröffnet sich ein Panoramablick über die Stadt. In etwa 3 km Entfernung nach Osten ragt der Doppelturm vom Kongress in den Himmel: rechts davon die Schale des Senats und links die Kuppel des Abgeordnetenhauses. In mittlerer Entfernung der Busbahnhof (Nahverkehr), zu beiden Seiten große Einkaufszentren und im Hintergrund die neue Brücke Ponte JK. ⌚ tgl. 8–20 Uhr, Aufzug frei.

Schöpfer und Schamane der Moderne: Oscar Niemeyer

Brasiliens berühmtester Architekt und Schöpfer Brasílias wurde 1907 in Rio de Janeiro geboren. Nach dem Architekturstudium 1934 trat er in Kontakt mit Lucio Costa, dem damaligen Direktor der Kunstakademie und Verfechter der modernen Architektur. Es war kein Zufall, dass sich in den 30er-Jahren in Brasilien der Boden als fruchtbar für die Entfaltung des neuen Stils erwies. Mit Getúlio Vargas war ein Caudillo an die Spitze gekommen, der die „Republik der Großgrundbesitzer" in einen modernen Industriestaat umkrempeln wollte. „Ordnung und Fortschritt", der Wahlspruch in Brasiliens Flagge – das war eine Formel, die in die berühmte „Charta von Athen" gepasst hätte, jenem Manifest, mit dem unter der Führung von Le Corbusier das ideologische Fundament für den modernen Städtebau gelegt wurde.

Le Corbusier war 1936 an die Copacabana gekommen; er steuerte Baupläne für ein neues Bildungsministerium bei, die Oscar Niemeyer begeisterten. Hier zeigte sich die Hand eines Meisters, der sich über alle Konventionen und Traditionen hinwegsetzte und seine Bauten als „Maschinen" pries. Gegen viel Widerstand setzten Costa und Niemeyer einen Entwurf für das Ministerium durch, der nur geringfügig von der Skizze Le Corbusiers abwich. 1940 bekam Niemeyer seinen ersten eigenen Bauauftrag. Er errichtete im Vergnügungspark Pampulha des aufstrebenden Belo Horizonte eine Kirche, ein Kasino und ein Klubhaus. 1947 baute er ein riesiges Luftwaffen-Ausbildungszentrum und wurde bei der Errichtung des UN-Hauptquartiers am East River zu Rate gezogen. Niemeyer hatte sich in kurzer Zeit einen Namen gemacht als einer, der seine kühnen Entwürfe nahezu spielerisch in dynamische Bauten umsetzt.

Der Mann, der ihm den Auftrag von Pampulha erteilt hatte, Juscelino Kubitschek, wurde 1957 Präsident von Brasilien. Kubitschek machte Ernst mit dem alten Traum, im Zentrum des Landes eine neue Hauptstadt zu errichten – Lucio Costa als Stadtplaner und Niemeyer als Architekt wurden mit der Herkulesarbeit betraut. Brasília wurde in 1000 Tagen aus dem roten Steppenboden gestampft und 1960 eingeweiht. Niemals zuvor haben zwei Männer so viel freie Hand gehabt, um eine Stadt für 300 000 Bewohner bis ins kleinste Detail zu planen. Brasília gleicht aus großer Höhe einem Flugzeug, und aus der Nähe einem Gesamtkunstwerk, in dem die Menschen auf ihren Trampelpfaden nur stören. 1987 wurde Brasília von der Unesco zum Weltkulturerbe erhoben.

Über 200 große Bauten hat Oscar Niemeyer errichtet, dabei ist er seiner Formensprache stets treu geblieben, sein Werkstoff blieb immer der Beton und als Betonkopf weigerte er sich, ästhetische Kompromisse einzugehen. Der große alte Mann starb am 5. Dezember 2012 im Alter von 104 Jahren in seiner Heimatstadt Rio de Janeiro. In ganz Brasilien liegen seine Stahlbeton-Raumschiffe vor Anker: viele Denkmäler für einen einzigen Mann, den Schamanen des Modernismus und Musterschüler Le Corbusiers.

Ganz in der Nähe steht das **Estádio Nacional Mané Garrincha**, das für die Fußball-WM 2014 mit 71 000 Plätzen errichtet wurde. Es ist, wie könnte es für Brasília anders sein, schon von seiner Architektur her einzigartig. Die Arena besteht aus zwei Elementen: einem äußeren Ring, dessen 288 je 48 m hohe Betonsäulen das Dach tragen, sowie dem eigentlichen Stadion im Inneren. Absicht war es, hier einen „Kunstpalast" zu erschaffen, einen „Palácio das Artes", der nach der WM als Multifunktionsarena für Konzerte und Veranstaltungen als neues Freizeitzentrum der Stadt dienen soll (auch mit Kinos, Theater, Bars, Geschäften, Fußball-Museum usw.). Das Stadion gilt als eines der „grünsten" der Welt, von den Hotelsektoren kann man es zu Fuß erreichen.

Vom Fernsehturm ist es nicht weit bis zur 40 m hohen **Catedral Metropolitana**, ein Meisterwerk von Oscar Niemeyer. Ihre Symbolik ist umstritten: Dornenkrone Christi, Blüte, betende Hände oder Krone Marias werden als Interpretation angeboten. Unumstritten gilt der Bau als gelungenes Beispiel der Betonarchitektur Niemeyers.

Brasília

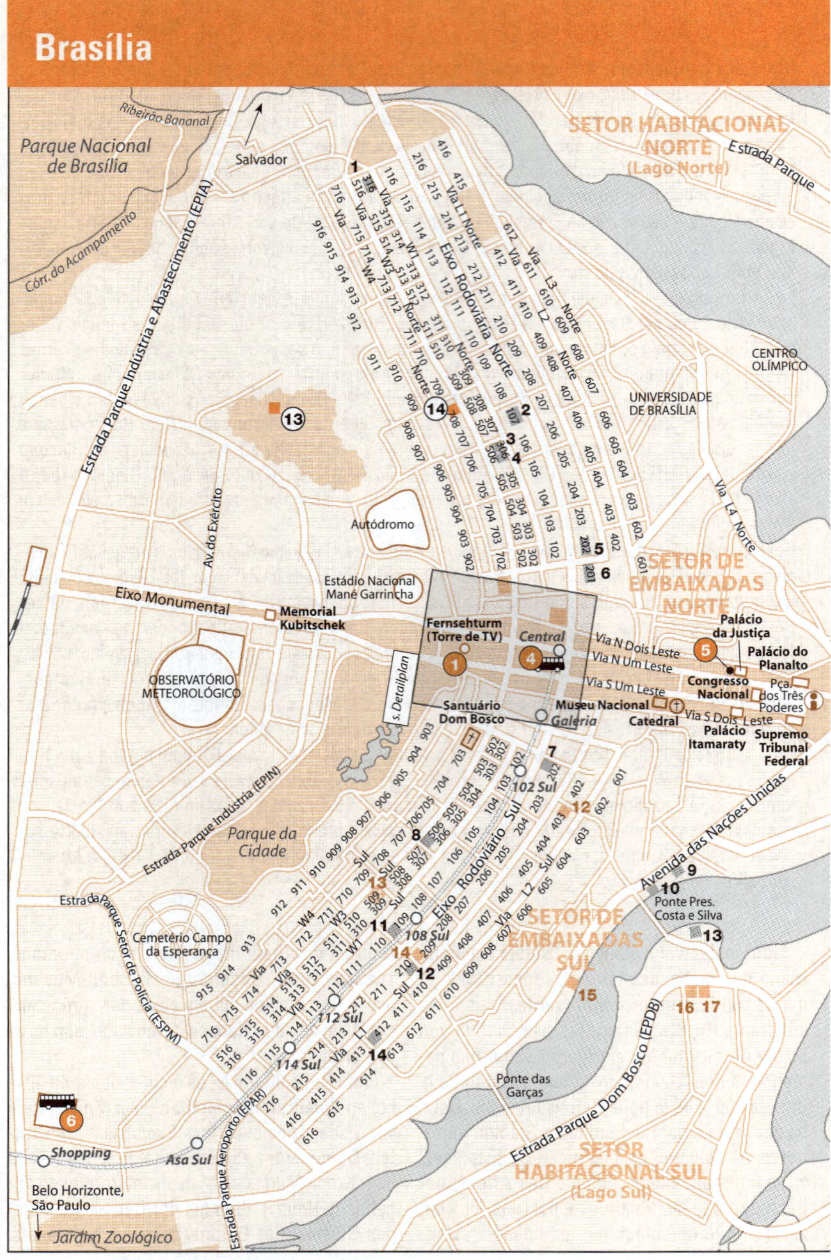

DER ZENTRALE WESTEN

N
0
3 km
Península Norte (EPPN)
Estrada Parque Paranoá (EPPR)
Lago Paranoá
Estrada Hotéis de Turismo
Palácio da Alvorada
Lagoa do Jabaru
SETOR HABITACIONAL SUL (Lago Sul)
Ponte JK
Estrada Parque Dom Bosco (EPDB)
MANSÕES URBANAS DOM BOSCO
Jardim Botânico
Via W5 Sul
Via W4 Sul
Fernsehturm (Torre de TV)
Via W5 Norte
Via S2
Via S1
FONTE
Via N1
Via N2
Via W3 Sul
Via W3 Norte
Hotelsektor Süd (SHS)
Hotelsektor Nord (SHN)
Eixo Monumental
0
300 m
Eixo Rodoviário
Übernachtung:
1 Hotel Meliã Brasil 21
2 Hotel Brasil 21 Suítes
3 Hotel Brasil 21 Convention
4 Naoum Plaza Hotel
5 Bristol Hotel
6 Hotel Naoum Express
7 Hotel Casablanca
8 Monumental Bittar Hotel
9 Hotel Diplomat
10 Kubitschek Plaza
11 Manhattan Plaza
12 Hotel Nacional
13 Brasília Hostel
14 Hostel 7
Essen:
1 Panelinha
2 Bar Beirute
3 Feitiço Mineiro
4 Gordeixo
5 Armazém do Ferreira
6 Balaio Café
7 Piantella
8 Bar Brasília
9 Pier 21 (Bar do Ferreira / Roschti / Duetto)
10 Porcão
11 Bar Beirute
12 Universal Diner
13 Pontão do Lago Sul (Manzuá / Bierfass / Mormaii Surf Bar)
14 Rayuela Livraria e Bistrô
Sonstiges:
1 Feira da Torre
2 Banco do Brasil (Filiale)
3 Media Cyber
4 Brasília Shopping
5 Confidence Câmbio
6 Vega
7 Shopping Pátio Brasil
8 Banco do Brasil (Geldautomaten)
9 Centro de Atendimento ao Turista
10 Cleaners Club
11 Shopping Conjunto Nacional
12 Gate's Pub
13 Mercado Municipal
14 Choperia Chiquita Bacana
15 Caribeño
16 Gilberto Salomão
17 Calaf
Transport:
1 Brasília City Tour
2 ITS Rent a Car
3 Berlin Turismo
4 Rodoviária (Stadtverkehr)
5 Bus 16 zum Hotelsektor
6 Rodoviária Interestadual

Vor dem unterirdischen Eingang stehen Bronzeskulpturen der vier Evangelisten. Der Eingang liegt im Schatten, um die Gläubigen vom Dunkeln ins Helle zu führen. Im Inneren ist die kreisrunde Kathedrale ganz schlicht. Keine Ausschmückungen stören die meditative Atmosphäre. Ein Altar, helle Holzbänke, zwei Beichtkanzeln und drei große Engelsfiguren von Alfredo Ceschiatti und Dante Croce, die unter der Kuppel hängen – das ist fast alles. Seit 1989 befindet sich auch eine 1,74 m hohe und 600 kg schwere Marmorskulptur im Kircheninnern, eine originalgetreue Replik der Pietà von Michelangelo, die von Papst Johannes Paul II. gesegnet wurde. Auch ans Geschäft wird gedacht: Neben einem gewaltigen Holzkreuz steht ein Souvenirladen in der Kirche, der allerlei Sakralartikel an die Gläubigen verkauft. ⌚ Mo 8–17, Di–Fr 8–18, Sa 8–17, So 8–18 Uhr, keine Besichtigung während der Messen (Di–Fr 12.15, 18.15, Sa 17, So 8.30, 10.30 und 18 Uhr), kein Zutritt in Shorts.

Gleich neben der Catedral fällt eine weiße Kuppel ins Auge, das letzte Werk Niemeyers in Brasília: das 2006 eröffnete **Museu Nacional da República**. Zusammen mit der benachbarten Biblioteca Nacional bildet es das sog. Conjunto Cultural da República. Das Museum bietet wechselnde Kunst- und Fotoausstellungen, doch die eigentliche Attraktion ist das Gebäude selbst. In der unteren Etage befindet sich ein großes Auditorium, darüber ein beeindruckender Kuppelsaal, der über eine Außenrampe erreicht wird. ⌚ Di–So 9–18.30 Uhr, Eintritt frei.

Weiter den Eixo Monumental nach Osten hinab liegt an der Esplanada dos Ministérios rechter Hand der **Palácio Itamaraty**, das Außenministerium. Unter den 17 Ministerien fallen zwei aus dem Rahmen: Das Außenministerium und das auffällige **Justizministerium** (Palácio da Justiça) mit den künstlichen Wasserfällen an der Fassade. Beide Gebäude stehen sich auf der Achse gegenüber und sind dem Kongress am nächsten. Das Itamaraty ist eines der elegantesten Gebäude Brasílias; zierliche Bogenkolonnen tauchen aus dem Wasser auf und scheinen sich in seinen Spiegelungen zu verlängern, was dem Baukörper eine harmonische Leichtigkeit verleiht. Die Plastik vor dem Palast, „Der Meteor", symbolisiert die durch Diplomatie friedlich vereinten fünf Kontinente und ist ein Werk von Giorgi. Lohnenswert ist die 40-minütige kostenlose Führung durch das Gebäude, das einen der

Die eleganten Bogenfolgen von Niemeyers Palácio Itamaraty spiegeln sich im Wasserbecken.

© NICOLAS STOCKMANN

größten Säle der Welt ohne Stützen birgt und in dem man sich vor lauter Gemälden, Plastiken und wertvollen persischen Teppichen fast wie in einer Kunstgalerie vorkommt (Führungen Mo–Fr 14–16.30, Sa, So 10–15.30 Uhr, Gruppen bis 30 Pers., Englisch nach Anmeldung, ✆ 61/ 2030 8051, 💻 www.itamaraty.gov.br).

Am Ende der Eixo Monumental liegt der **Congresso Nacional** wie ein Gebirge. Dies ist Oscar Niemeyers eigentliches Meisterwerk. Hier lässt sich am ehesten sein architektonisches Konzept nachvollziehen; die konvexen und konkaven Linien bzw. das utopische Element der „fliegenden Untertassen" beweisen am deutlichsten seine Antihaltung gegenüber rigiden Modellen der Bauhaus-Architektur sowie rationalistischen Gestaltungen der Postmoderne. In der Schale tagt der **Senado Federal** (Senat), in der Kuppel ist die **Câmara dos Deputados** (Abgeordnetenhaus) beheimatet, und dahinter angrenzend die gewaltigen Zwillingstürme der Abgeordnetenbüros. Auf den Führungen kann man im Innern zahlreiche Kunstwerke bewundern, darunter ein Wandgemälde von di Cavalcanti, Azulejos von Athos Bulcão und Sitzmöbel von Le Corbusier. Jeder Besucher erhält zudem eine Postkarte, die bei Abgabe vor Ort kostenlos in die ganze Welt verschickt wird. In den labyrinthartigen Gängen des Kongresses verbergen sich auch einige preiswerte Kantinen (Lanchonetes), die zwar grundsätzlich für Mitarbeiter gedacht sind, doch Touristen, die danach fragen, wird meist eine kurze Pause nicht verwehrt. Dies ist eine der wenigen Möglichkeiten für eine Lunch- oder Kaffeepause während des Sightseeings im Zentrum. 🕒 tgl. 9–17 Uhr, Eintritt frei, halbstdl. Führungen in Gruppen bis 50 Pers., Mo–Fr kein Zutritt in T-Shirt, kurzen Hosen oder Badesandalen, an einigen Eingängen nur mit Lichtbildausweis.

Auf der östlichen, von der Zentralachse abgelegenen Seite, liegt die **Praça dos Três Poderes**, d. h. Platz der drei Gewalten; das Forum, auf dem sich die drei Gewalten sozusagen begegnen: Judikative (Justiz, Supremo Tribunal Federal), Legislative (Parlament, Congresso Nacional) und Exekutive (Regierung, Palácio do Planalto), alle drei in bemerkenswerten Bauwerken untergebracht. Niemeyer schwebte ein Markusplatz vor. Aber bis auf die Taubenschwärme besteht keine Ähnlichkeit. Nichts bewegt sich auf dem baumlosen, gepflasterten Geviert in der sengenden Hitze: die mageren „Candangos" (Pioniere Brasílias; eine Stahlplastik von Bruno Giorgi) warten auf Besucher und die „Justiça" (Alfredo Ceschiatti) sitzt mit verbundenen Augen vor dem Justizpalast. Oscar Niemeyer hat einen haushohen Taubenschlag aus Beton beigesteuert, der an eine enorme Wäscheklammer gemahnt.

Man sollte ein paar Stufen unter die Betonplatten steigen, um im **Espaço Lucio Costa** eine kleine Dauerausstellung zur Stadtplanung Brasílias (mit einem 170 m² großen Modell des Plano Piloto) zu besuchen. Daneben thront das

Kritische Annäherung an die Hauptstadt

Brasília: das ist, als ob man im Hochsommer mit aufgedrehter Heizung die Avus auf und ab fährt; statt Grunewald rechts und links eine rote Steppe mit Plattenbauten. So kommt man dem Brasília-Gefühl schon recht nahe. Bis auf den blauen Himmel; den muss man sich malen. An den Wohnblocks, den „Superquadras", fahren die Touristenbusse schnell vorbei, es gilt, die Besucher an die Kathedrale zu karren, an den Kongress und auf den „Platz der drei Gewalten". Auf dem Weg dorthin durchquert man einige leere Raumkilometer.

Des Öfteren wird man die Schnellstraßen hakenschlagend wie ein Hase überqueren müssen – Brasília ist auf Zweibeiner schlecht vorbereitet. Der Neugierige kann natürlich wie das Heer der Dienstmädchen, Büroboten und Parkwächter einen Omnibus nehmen, bloß braucht man dazu viel Zeit und kommt auch nicht so einfach zu den „Sehenswürdigkeiten" dieser Stadt, die sich alle an der Zentralachse, der „Esplanada dos Ministérios" aufreihen. Diese Esplanada ist eine Art Flugfeld, das von den Ministerien beiderseits begrenzt wird und das, von zwei Einkaufszentren und dem Busbahnhof kommend, auf den Kongress zuläuft. Hier befindet man sich in dem Teil der Stadt, wo alles ordentlich und geplant abläuft. Nur an Fußgänger, an die hat man leider nicht gedacht ...

Museu da Cidade, ein monumentaler Balken, in dessen Innern eine in die Marmorwände geschlagene Chronologie der Stadtgründung mit Zitaten von Kubitschek und Niemeyer zu sehen ist. ⌚ Di–So 9–18 Uhr, Eintritt frei. Der 100 m hohe Fahnenmast mit einer gigantischen Staatsflagge (286 m²) und das **Panteão da Pátria** (seit 2012 mit einem „Museum zur Ehrung der Nationalhelden") vervollständigen diese Bühne der monumentalen nationalen Selbstdarstellung, die im **Palácio do Planalto**, dem Regierungspalast – das Pendant zum Kanzleramt in Berlin –, ihren besonderen architektonischen Ausdruck findet. Es ist ein enormer, aber beinahe transparenter Baukörper, der über dem Boden zu schweben scheint. Die Rampe, die vom Platz der drei Gewalten hinaufführt, ist die politische Bühne für feierliche Anlässe. ⌚ So 9.30–14.30 Uhr.

An dem entgegengesetzten Ende der Zentralachse, 2 km westlich vom Fernsehturm, liegt das Museum für denjenigen, der Brasília gegen alle Widerstände durchgesetzt hatte: Präsident Juscelino Kubitschek. Das **Memorial Kubitschek** (Niemeyer) ist ein riesiger Betonsarg für den Staatsmann, der über seinem Mausoleum von einer Säule grüßt. Die Dokumenten-Sammlung in dem Staatsbunker reicht von der Geburtsurkunde bis zum Totenschein des Protagonisten; fehlt nur noch der Nachttopf. ⌚ Di–So 9–18 Uhr, R$10.

Wem von so viel Staatsdarstellung und Kulissenarchitektur schwindlig wird, der kann in das **Santuário Dom Bosco** (1970) entfliehen. Die würfelförmige Kirchenfassade besteht praktisch von oben bis unten aus nuancenreichen blauen und malvenfarbigen Glasstücken, die zwischen 16 m hohen gotisch inspirierten Kolumnenbögen angeordnet sind. In der Mitte schwebt ein enormer, 2,5 t schwerer Leuchter aus Bergkristall. Besonders im Innern entsteht eine höchst beeindruckende Wirkung, wenn das Tageslicht die Kirche in zwölf verschiedene Blautöne taucht. Das Santuário Dom Bosco ist von allen Sehenswürdigkeiten Brasílias vielleicht die überraschendste und auf jeden Fall einen Besuch wert. Die Kirche ist gut zu Fuß erreichbar, vom Shopping Pátio Brasil aus ist man in 10 Min. da. ⌚ Mo–Sa 7–19, So 7–12, 14–20 Uhr.

Unter Brasiliens Präsidenten haben sich einige über die „Scheune" beklagt, in der sie der Staat zu wohnen zwang – es handelt sich um den **Palácio da Alvorada** (1958), den Palast der Morgenröte, die Residenz des Staatsoberhauptes. Geschwungene Trapeze statt Säulen geben dem Bau Dynamik und erinnern entfernt an die Segel der Jangadas; sie wurden zum Symbol von Brasília. Zufahrt mit Taxi oder City Tour (s. Tagestouren, 10 Min. Stopp). ⌚ Mi 15–17 Uhr, Eintritt frei, fünf halbstdl. Führungen bis max. 30 Pers., jedoch nicht bei Regen oder wenn die Präsidentin zugegen ist.

ÜBERNACHTUNG

Brasília ist die „Insel der Seligen", ein beinahe exterritoriales Biotop für Politiker, Diplomaten und Lobbyisten. So verfügt die Hauptstadt fast ausschließlich über teure Business-Hotels für Spesenritter. Sie sehen fast alle aus wie überdimensionierte Streichholzschachteln aus Beton und befinden sich in den offiziellen **Hotelsektoren Nord** (SHN) und **Süd** (SHS). Der zuerst angegebene Preis bezieht sich auf ein DZ am Wochenende, der zweite (höhere) gilt unter der Woche (jeweils Standardzimmer). Wenn nichts anderes angegeben ist, ist WLAN gratis.

Untere Preisklasse

Brasília Hostel (HI), Setor Recreativo Parque Norte, Quadra 2, Lote 2 D, ✆ 61/3343 0531, 🖳 www.brasiliahostel.com.br. Nichtssagendes Hostel im Niemandsland, aber für Brasília billig: Dorm R$45/57, DZ R$85/105 (HI/Non-HI). Ab Rodoviária Bus 143 bis vor die Haustür (15 Min., R$2, bis 22 Uhr). ❷

Hostel 7, SCLRN 708, Bl. I, Lj. 20, Asa Norte, ✆ 61/3033 7707, 🖳 www.hostel7.com.br. Das fehlte bisher: Ein gutes Hostel (2013) mit internationalem Anspruch. 8–12er-Dorms (R$95), keine DZ, in der Nähe Restaurants und Supermarkt. ❹

Mittlere Preisklasse

Im SHN finden sich in den Quadras 2 und 3 auf gut 200 m ein Dutzend ähnlicher Mittelklassehotels, leicht erkennbar an ihrer niedrigeren Bauweise.

Hotel Diplomat, SHN Q2, Bloco L, ✆ 61/3204 2010. Ordentliches Hotel mit sauberen

Gut zu wissen

Von Dienstag bis Donnerstag tagt der Congresso Nacional, dann sind alle Hotels voll. An den anderen Tagen kommt man einfacher und günstiger an Zimmer. Die Preise am Wochenende liegen bei R$160–250 (DZ), unter der Woche um R$210–350, bei Top-Hotels bis R$490 (jeweils plus 5–10 % Service-Tax).
Eine gute Strategie also: Unter der Woche im Mittelklassehotel logieren, von Fr–Mo Luxus zum (relativen) Schnäppchenpreis genießen. Vor dem Minibar-Konsum die Preise prüfen!

und großen Zimmern, für den Preis okay. Abends gibt's ein Süppchen gratis (Mo–Do). Im Souterrain ermäßigte Zimmer. R$189/209. Keine Tax. ❹–❺

Hotel Casablanca, SHN Q3, Bloco A, ✆ 61/3328 8586, 💻 www.casablancabrasilia.com.br. Unter der Woche eine preislich annehmbare Option, Zimmer und Bad sind geräumig und gepflegt. Wegen des Verkehrs sollte man nach einem Zimmer zur ruhigen Parkplatzseite fragen. R$160/180–250 plus 10 %, WLAN R$10/Tag. ❹–❻

Monumental Bittar Hotel, SHN Q3, Bloco B, ✆ 61/3704 4000, 💻 www.hoteisbittar.com.br. Eines von mehreren Hotels der Bittar-Kette in Brasília. Sehr ordentliche, gepflegte Zimmer mit gutem Bad. R$230/270 plus 5 %. ❻

Obere Preisklasse

Hotelsektor Süd

Bristol Hotel, SHS Q4, Bloco F, ✆ 61/3204 6162, 💻 www.bristolhotel.com.br. Hotel von 1974 mit modernen Einsprengseln. Saubere, komfortable Zimmer mit AC, Minibar, TV. Auf dem Dach ein Hallenbad mit Liegestühlen. R$170/300 plus 10 %, WLAN R$20/Tag. ❹–❼

Hotel Nacional, SHS Q1, Bloco A, ✆ 61/3321 7575, 💻 www.hotelnacional.com.br. Für Nostalgiker. Das Hotel von 1962 verströmt immer noch die Aura der Anfangsjahre der Stadt. Alte Teppiche, biederes Mobiliar und viel Beton – Niemeyer in Reinkultur. Vor dem Hotel Reisebüros und Flugliniencounter. R$220/350 plus 10 %. ❺–❼

Hotel Meliã Brasil 21, SHS Q6, Bloco D, ✆ 61/3218 4700, 💻 www.solmelia.com. Das 5-Sterne-Hotel begeistert schon beim Eintritt in die Lobby, wo ein gläserner Fahrstuhl bis ins 20. OG saust. Fast eine Touristenattraktion für sich (aber nur für Schwindelfreie). Tipp: Die *Luxo*-Zimmer sind am schönsten (ca. R$100 teurer als die *Premier*). Unten Lounge mit Piano-Bar, auf dem Dach Sauna und Pool für Kurzbahntrainierer. Ab R$219/400 plus 5 %. ❺–❽

Hotel Brasil 21 Suítes und **Hotel Brasil 21 Convention**, SHS Q6, Bloco F/B, ✆ 61/3218 4700, 💻 www.solmelia.com. Direkt neben dem Meliã Brasil 21 (gleiche Kette) bieten diese beiden Hotels moderne und geschmackvolle Zimmer und besonders am Wochenende ein gutes Preis-Leistungs-Verhältnis. Die *Superior*-Zimmer haben die Größe einer Suite (43 m²), die Zimmer *Brasília* (60 m²) sind nur wenig teurer. Begehbarer Kleiderschrank, 2 Fernseher und alle Annehmlichkeiten eines Top-Hotels. Fluktuierende Preise, ab und zu Angebote auf der Homepage. R$220/250–375 plus 5 %. ❺–❼

Hotel Naoum Express, SHS Q3, Bloco J, ✆ 61/3212 4545, 💻 www.naoumhoteis.com.br. Kleiner Ableger des Naoum Plaza, alles ist modern, hell und freundlich. Die Einrichtungen des Haupthauses können mit genutzt werden. Preislich interessant am Wochenende. Restaurant. R$240/320 plus 10 %. ❻–❼

Naoum Plaza Hotel, SHS Q5, Bloco H, ✆ 61/3322 4545, 💻 www.naoumhoteis.com.br. Anfang der 90er noch bestes Hotel der Stadt, klassische Deko. Geräumige, gemütliche Zimmer z. T. mit Teppich und Balkon. Hübscher Pool mit Whirlpool. R$298/484 plus 10 %, WLAN R$20/Tag. ❼–❽

Hotelsektor Nord

Manhattan Plaza, SHN Q2, Bloco A, ✆ 61/3319 3060, 💻 www.plazabrasilia.com.br. Schickes 4-Sterne-Hotel, gemütliche, helle Zimmer mit Wohnraum und kleiner Küchenzeile. Nett: der in der Wand drehbare Fernseher für Schlaf- und Wohnzimmer. R$200/320–460 plus 10 %. ❺–❽

Kubitschek Plaza, SHN Q2, Bloco E, ✆ 61/3329 3333, 💻 www.plazabrasilia.com.br. Tolles 5-Sterne-Hotel, das den

DER ZENTRALE WESTEN

Geschichtskurs gleich mitliefert: in der Lobby viele Fotos von JK aus den Tagen der Stadtgründung. Die renovierten Zimmer bestechen durch ihr edles Design. R$200/490–565 plus 10 %. ❻–❼

ESSEN

Da in Brasília alles, was zwei Beine hat, auf Reifen rollt, sind **Shoppingcenter** mit ihren Parkplätzen besonders verbreitet, und viele gute Restaurants verbergen sich in diesen Konsumtempeln, die aus dem sozialen Leben – auch wegen AC und Sicherheit – nicht mehr wegzudenken sind. In den **Praças de Alimentação** der Shoppings stößt der Besucher auf ein geballtes Angebot, das von Fastfood über Buffet-Restaurants bis zu Gourmettempeln reicht. Reisende, die in der Hotelzone Nord eine Unterkunft haben, werden das Gastronomieangebot des nahen **Brasília Shopping** zu schätzen wissen, in der Hotelzone Süd gilt das für das **Shopping Pátio Brasil**. Darüber hinaus hat Brasília etliche großartige Restaurants und Bars, die über die ganze Stadt verstreut sind.

Feitiço Mineiro, 306 Norte, Bloco B. Uriges Traditionsrestaurant mit herzhafter Küche aus Minas Gerais. Abends hervorragendes Kilo-Buffet (R$59/kg), mittags *all you can eat* für R$35. Man kann auch draußen in der Bar sitzen und einfach das frisch gezapfte Chope genießen – es wird unaufgefordert neu gebracht. Wer genug hat, gibt ein Zeichen. Live-Musik ab 22 Uhr: Jazz, Beatles-Cover, MPB (R$10–25 p. P.), Mo–Mi ab 19 Uhr (Mi Chorinho). ⌚ Mo–Sa 12–3, So 12–17 Uhr.

€ **Gordeixo**, 306 Norte, Bloco B. Nebenan ein guter und günstiger Italiener. Pasta satt gibt's abends für R$23, am Stand frisch zubereitet, die Zutaten für die Soße kann man selber wählen. Mittags R$30 inkl. Salatbuffet. ⌚ Mo–Fr 12–15, 18–24, Sa, So 12–24 Uhr.

Universal Diner, 210 Sul, Bloco C. Hervorragendes Bar-Restaurant, Inhaberin Mara Alcamim steht nicht nur für Spitzengastronomie, sondern auch für ausgefallene Inneneinrichtungen. Wie überall in Brasília nicht billig (europäische Preise, Cocktail z. B. R$19), dennoch unbedingt einen Besuch wert. ⌚ Mo 19–24, Di–Sa 12–15, 19–24, So 12–16 Uhr.

Piantella, 202 Sul, Bloco A. Edelrestaurant mit Kronleuchtern und befrackten Obern, ein Klassiker. Teuer, aber hier ist alles exzellent, auch der Service. Die Gerichte (v. a. französisch) befriedigen anspruchsvolle Diplomaten-Gaumen. Tipp: Lachs-Risotto mit Roquefort (R$78). ⌚ tgl. 12–15, Mo–Sa 19–1 Uhr.

Porcão, Setor de Clubes Sul, Trecho 2, Conjunto 35, neben Pier 21. Fleisch-Rodízio (R$97) mit ausgezeichneter *Picanha* und schöner Aussicht. Was will man mehr? Tipp: Die Beilagen vom Buffet kann man sich an den Tisch bringen lassen, dann kommen sie knackfrisch aus der Küche. ⌚ tgl. 12–23 Uhr.

Panelinha, 316 Norte, Bloco E. Wunderbar, hier im Sommer unter den Ipê-Bäumen ein kaltes Chope zu trinken, gute Musik zu hören und lecker zu essen. Tipp: *Tábua vegetariana* (vegetarische Platte, R$32) und *Escondidinho de carne de charque* (mit Käse überbacken und Macaxeira-Püree, R$32). ⌚ So, Mo 12–15, Di–Sa 12–24 Uhr.

NACHTLEBEN

Die Jeunesse dorée fährt natürlich mit dem Wagen vor. In Mode gekommen:

Das **Pier 21**, ein Shopping-Freizeit- Komplex am Stausee, nicht weit von der Brücke Costa e Silva, mit Sportkneipen im US-Stil (Roschti), Lounge Bars (Duetto) und einer wunderbar stilechten Boteco, der **Bar do Ferreira** (Live-Musik Mi–So ab 21 Uhr, Couvert R$10).

Noch reizvoller ist es auf der anderen Seite, wo der Bar-Komplex **Pontão do Lago Sul** sehr nett am See liegt (schöne Uferpromenade!). Hier kann man bei hübscher Aussicht gut essen, z. B. im **Manzuá** (bahianische Küche), dazu gibt's viele Bars, die direkt am Wasser liegen und auch warme Gerichte servieren, wie **Bierfass**, **Devassa**, **Café Antiquário** oder die lockere **Mormaii Surf Bar** (sehr guter Açaí!). Taxi zwischen den beiden Zentren: ca. R$10.

„In" ist auch noch der Bar- und Restaurant-Komplex **Gilberto Salomão** im Villenviertel Lago Sul, sowie im Mercado Municipal, 509 Sul, die schwer angesagte **Bar do Mercado**.

Darüber hinaus finden sich die jüngeren Trendkneipen v. a. in der **Asa Norte**, in der Asa Sul ist am meisten los in den Revieren 109/110, 210, 405/406.

Bar Brasília, 506 Sul, Bloco A. Der Abend für Intellektuelle, Journalisten und Politiker startet hier, statt Hintergrundmusik Hintergrundgespräche. Schöne Boteco-Bar mit Fotos aus den Gründerjahren, das Chope (R$5,50) wird aus Behältern gezapft, die von einer zentimeterdicken Eisschicht eingehüllt sind. Ein echtes Stück Brasília! Ab 19 Uhr voll. ⌚ Mo–Di 18–2, Mi–So 12–2 Uhr.

Bar Beirute, 109 Sul, Bloco A. Fast schon ein Biergarten aus der Pionierzeit von Brasília – der Klassiker seit Generationen serviert gebremste Araber-Küche (*Kibe cru* probieren, R$20) und ein Bier, das richtig fließt. Rustikales Ambiente. Treff der Künstler-, Bohème- und Gay-Szene. Die Bauchladenverkäuferin Bonbon, eine Drag Queen, ist ein Stadtoriginal. Neuere Filiale in der Asa Norte, 107 Norte, Bloco D. ⌚ tgl. 11–1 Uhr.

Calaf, Edifício Empire Center, Quadra 2, Bloco S. Unbedingt am Montag hingehen, dann gibt's Black Music und es wird reichlich geflirtet. An den Wochenenden Samba und Pagode (ansonsten spanisches Restaurant). ⌚ Mo–Sa 12–3 Uhr, Couvert R$10–25.

Armazém do Ferreira, 202 Norte, Bloco A. Angesagter Treffpunkt, der gesamte Häuserblock besteht praktisch aus einer Bar, mit Tischen rund ums Quadrat. Sehr nett, im Sommer draußen zu sitzen, hinten ein grüner Garten. Exzellentes kaltes Chope mit cremigem Schaumrand (R$6,30), dazu köstliche Snacks wie Kibe oder Essen vom Buffet, Fr/Sa ab 12 Uhr Feijoada im Rio-Stil mit Samba. ⌚ Mo–Do 17–2, Fr, Sa 11–2 Uhr.

Balaio Café, 201 Norte, Bloco B. All in one: Mittags Spitzenbuffet (R$32/kg), abends à la carte (top sind der gegrillte Lachs und das vegetarische *Escondidinho do Cerrado* mit regionalem Gemüse wie Maxixe und Quiabo/Okra, R$20–30). Dazu Live-Musik und sehr nette Stimmung, die Bar wird zum Szenetreff. Super Samba-Feste am Do, unten auch eine Kellerdisco. Barhopping mit dem gegenüberliegenden Armazém do Ferreira und weiteren Bars möglich. ⌚ Mo–Sa 9–2, Buffet 12–15, So 16–24 Uhr.

Rayuela Livraria e Bistrô, 412 Sul, Bloco B. Sehr nettes, künstlerisch angehauchtes Bistro mit Bücherei und Lesesesseln, das sich über zwei Häuser erstreckt. ⌚ Mo 18–24, Di–Sa 18–1 Uhr.

Choperia Chiquita Bacana, 209 Sul, Bloco A. Mexican Bar mit bemerkenswert feuchtfröhlicher Stimmung. ⌚ Mo–Fr 18–2, Sa, So ab 15 Uhr.

Caribeño, SCES, Trecho 1. Latin-Music-Fans (Salsa, Merengue), aber auch Anhänger brasilianischer Rhythmen (Forró, Sertanejo etc.) kommen hier auf ihre Kosten. Innen kann man sich auf einer überdachten Terrasse mit Blick auf den See vom Tanzen erholen. Nahe der deutschen Botschaft. ⌚ So, Di 19–24, Fr 21–5, Sa 22–5 Uhr.

Gate's Pub, 403 Sul, Bloco C. Traditionsrenner mit viel studentischem Publikum im „britischen" Stil. Musik querbeet, Live von Jazz bis Rock. Jeden Tag andere Musik und folglich auch wechselndes Publikum (Di/Mi/So GLS). ⌚ Di–So ab 22 Uhr, Eintritt R$10–25.

SONSTIGES

Autovermietung

Wer sich den verwirrenden Kreiselverkehr in Brasília zutraut: Ein Mietwagen kann sich lohnen, die Entfernungen sind enorm, die Taxikosten entsprechend und die öffentlichen Transportmittel verkehren nur in großen Abständen.

Localiza, am Flughafen, ☎ 61/3365 1288, 0800/979 2000, 💻 www.localiza.com.br. ⌚ tgl. 24 Std.

ITS Rent a Car, vor dem Hotel Nacional, SHS Q1, ☎ 61/3224 8000, 💻 www.itsrentacar.com.br. Verschiedene Pakete, z. B. R$560/Woche. ⌚ Mo–Fr 8–18, Sa 8–12 Uhr.

Einkaufen

Der Trödel-, Kunst- und Kleidermarkt **Feira da Torre** findet Fr–So hinter dem Funkturm statt. Es findet sich immer etwas Originelles, z. B. Trockenblumen aus dem Cerrado oder Kristalle aus dem Planalto.

Zwei Einkaufszentren lohnen einen Besuch: das moderne **Shopping Pátio Brasil** und **Brasília Shopping**, das durch seine auffällige Architektur das Stadtbild mitprägt. Nicht so schnieke, aber auch mit allem Wesentlichen ausgestattet, ist das **Shopping Conjunto Nacional**, Nähe Manhattan Plaza Hotel.

Geld

Banco do Brasil, Filialen u. a. im Brasília Shopping und 201 Norte (neben Balaio Café), ◷ Mo–Fr 11–16 (Geldautomat 9–22 Uhr); weitere Automaten in der Galerie vorm Kubitschek Plaza (6–22 Uhr, alle Karten); Flughafen und neue Rodoviária (alle Karten). Geldwechsel u. a. am Flughafen oder bei Reisebüros vor dem Hotel Nacional. Auch: **Confidence Câmbio**, Brasília Shopping und Shopping Pátio Brasil. ◷ Mo–Fr 10–21, Sa 10–18 Uhr.

Informationen

Centro de Atendimento ao Turista (CAT), 💻 www.vemviverbrasilia.com.br, Tourist Infos u. a. Flughafen und neue Rodoviária (◷ tgl. 7–22 Uhr); Praça dos Poderes sowie Hotelsektor Süd (Quadra 3) und Nord (Quadra 2, gegenüber Kubitschek Plaza; und Quadra 5); ◷ tgl. 8–18 Uhr.

Internet

In den Shoppingzentren, z. B. **Media Cyber**, Brasília Shopping, und **Vega**, Shopping Pátio Brasil; beide im Untergeschoss (R$8/Std.). ◷ Mo–Sa 10–22, So 14–20 Uhr.

Medizinische Hilfe

Hospital de Base do Distrito Federal, 101 Sul, ✆ 61/3315 1380.

Reisebüros

In den Galerien vor Hotel Nacional (SHS) und Manhattan Plaza (SHN), z. B.: **Berlin Turismo**, SHS Q1, ✆ 61/3878 3030, 💻 www.berlinturismo.com.br. Flüge und Hotels. ◷ Mo–Fr 8.30–19, Sa 9–12 Uhr.

Stadtrundfahrten

Brasília City Tour, am Fernsehturm, ✆ 61/ 9298 9116. Touren im offenen Doppeldeckerbus (2 Std., R$25), Abfahrt Di–So 3–4x tgl. zwischen 10.30–17 Uhr, Aus- und Wiedereinstieg möglich an der Catedral und Praça dos Três Poderes.

Transportdienste

Mobi Transporte, ✆ 61/3202 0218, 💻 www.mobitransporte.com.br. Transporte aller Art, z. B. Flughafentransfer, private City-Touren in Brasília (3 Std., ab 5 Pers.) oder bis Pirenópolis, Englisch. Top ausgestattete Wagen, professionelle Chauffeure.

Wäscherei

Cleaners Club, u. a. Galerie vorm Manhattan Plaza, Loja 294. ◷ Mo–Fr 8–13, 14–17 Uhr.

NAHVERKEHR

Busse

Zusammen mit den Hieroglyphen der Ortsangaben ist die Nutzung öffentlicher Verkehrsmittel ein Kniffel. Einen Überblick verschafft man sich am besten in der Rodoviária (für Stadtbusse, R$2). Prinzipiell gibt es folgende vier Kategorien:
Busse in die Satellitenstädte, wie Taguatinga, Paranoá etc.; Zirkular-Busse, die über die W- und L-Avenidas Asa Norte und Asa Sul verbinden; Busse mit Spezialzielen wie *Campus UnB* (Uni) oder *Aeroporto*; „Zebrinhas", Kleinbusse, die zwischen den Wohnblocks verkehren.
Einzelne Busse, die für Touristen wichtig sind: **Bus 107** fährt von der Rodoviária zu den Superquadras Asa Sul, hin über die W3 Sul, zurück über L2 Sul. **Bus 116** macht dasselbe nur mit Asa Norte. **Busse 104** und **108** verkehren zu den Ministerien, zum Kongress und zur Praça dos Três Poderes. **Bus 108.8** fährt von der Rodoviária Interestadual (Fernbusse) in die Hotelzone Süd (30 Min.) und weiter zur lokalen Rodoviária.

Flughafentransport

Am einfachsten mit dem gut organisierten Shuttlebus **Ônibus Executivo Aeroporto (113)**, ✆ 61/3344 2769, Abfahrt vom Flughafen ca. halbstdl. Mo–Fr 6.30–24, Sa, So bis 23 Uhr, R$8, der Bus fährt über die Esplanada dos Ministérios bis zu den Hotelzonen Nord und Süd (dort mehrere feste Haltepunkte), dann zurück zum Flughafen.
Bus 102 fährt alle 20 Min. vom Flughafen zum städtischen Busbahnhof (Rodoviária, 30 Min.).

Mikrobus 30 fährt halbstdl. entlang der Tangente W3 Sul und W3 Norte bis zur Hotelzone (ca. 25 Min.).

Metro

Eine noch im Ausbau befindliche Metrolinie verbindet das Zentrum (Station „Central" am Busbahnhof) mit der Asa Sul und den südlichen Vorstädten. Die Züge fahren in recht schneller Taktfolge (alle 5–15 Min.), Fahrt R$3 (Sa/So R$2), tgl. bis 23.30, So bis 19 Uhr.

Taxi

Radio Taxi Brasília, ✆ 61/3344 1000, 24 Std. Hotelzone bis Flughafen ca. R$40, bis neue Rodoviária ca. R$35.

TRANSPORT

Flüge

Brasília liegt zentral wie eine Spinne im nationalen Flugnetz. Wer von Rio/São Paulo nach Amazonien fliegt, wird in der Hauptstadt zwischenlanden. Jede Länder-Hauptstadt wird von Brasília mehrmals täglich angeflogen. Der **Aeroporto Internacional Presidente Juscelino Kubitschek**, ✆ 61/3364 9000, liegt 11 km vom Zentrum.

Fluggesellschaften
Gol, ✆ 61/3364 9273; **TAM**, ✆ 0800/570 5700; **TAP**, ✆ 61/3364 9129.

Busse

Rodoviária Interestadual, SMAS, Trecho 4, Conj. 5/6, ✆ 61/3234 2185, neuer, moderner Busbahnhof, jiegt jedoch recht weit außerhalb.
Alto Paraíso: Real Expresso, ✆ 61/2106 7100, Disk Passagem ✆ 61/3233 8885, tgl. 10 und 21 Uhr, 3 1/2 Std., R$36.
Belo Horizonte: Itapemirim, ✆ 61/3361 4505, tgl. 19 und 21 Uhr; Expresso União, ✆ 61/3346 6808, tgl. 20 und 21 Uhr; 12 Std., R$121–149.
Campo Grande: Viação São Luiz, ✆ 61/3361 3622, tgl. 18.15 Uhr, R$173; Motta, ✆ 61/3233 7810, tgl. 9 und 19.30 Uhr, 19 Std., R$219.
Cidade de Goiás: über Goiânia.
Cuiabá: Eucatur, ✆ 61/3901 4511, 🖳 www.eucatur.com.br, tgl. 18 Uhr; Expresso São Luiz, ✆ 61/3233 7691, 5x tgl. bis 21 Uhr; 18 Std., R$169.
Goiânia: Araguarina, ✆ 61/3233 6694, 🖳 www.araguarina.com.br, ca. 18x tgl. bis 24 Uhr; Eucatur, tgl. 18 Uhr; Viação São Luiz, 8.30 und 18.15 Uhr; 3–3 1/2 Std., R$30–47.
Pirenópolis: Goianésia, ✆ 61/3233 7891, tgl. 7, 10, 14.30 und 17.30 Uhr; Santo Antônio, tgl. 8.30 und 14.30 Uhr; 3 Std., R$24.
Rio de Janeiro: Itapemirim, tgl. 12.30 Uhr (R$179), 3–4x wöchentl. 16.30 Uhr (R$229), 17 Std.
Salvador: Real Expresso, tgl. 8 und 16.30 Uhr, 23 Std., R$223; via **Seabra** (R$145), dort Weiterfahrt nach **Lençóis**.
São Paulo: Real Expresso, 5x tgl. bis 20 Uhr, 14 Std., R$161–179.

Goiás

Das trocken-heiße Hinterland wurde erst Ende des 17. Jhs. erschlossen: „Bandeirantes", Fähnlein von Sklavenjägern und Goldsuchern, drangen in die Hochsteppe ein und trafen hier auf einige nomadisierende Indianervölker, die sie schnell dezimierten. Ein bisschen ist das die brasilianische Version des „Wilden Westen" – und heute entwickelt sich diese Region in rapidem Tempo zur Kornkammer der Nation und zur Cash-Crop-Maschine von riesigen agroindustriellen Kombinaten, die hauptsächlich vom Soja-Anbau und -Export leben. Die nördliche Hälfte von Goiás wurde per Verfassung 1988 abgetrennt und in einen weiteren Bundesstaat – Tocantins – verwandelt. Die menschenleeren Staaten Goiás und Tocantins bieten für Ökotouristen und Naturliebhaber viele reizvolle Ziele.

Goiânia

Goiânia ist die heimliche Hauptstadt der großen Viehzüchter und Fazendeiros des zentralen Westens. Die Stadt wurde 1933, lange vor

Goiânia
N
0
300 m
Übernachtung:
1 Hotel Terra Cedro
2 Hotel Rio Vermelho
3 Umuarama Plaza Hotel
4 Castro's Park Hotel
5 Crystal Plaza Hotel
6 Tamandaré Plaza Hotel
7 Address West Side Hotel Residence
8 Blue Tree Towers Goiânia
9 Hotel Ibis
Essen:
1 Moara
2 Estação do Açaí
3 Tempero Brasileiro
4 Chão Nativo I
5 Árabe
6 Pitigliano
7 Celsin e Cia.
8 Piquiras
9 L'Etoile d'Argent
10 Toshca Arabian
11 Montana Grill
Sonstiges:
1 Posto de Cartucho
2 Goiânia Convention & Visitor's Bureau
3 Banco do Brasil (Filiale)
4 HSBC (Filiale)
5 Banco do Brasil (Filiale)
6 Samaúma
7 House Garden
8 Centro Cultural Oscar Niemeyer
9 Kabanas
Transport:
1 Rodoviária
2 Aeroporto Santa Genoveva
Bosque Botafogo
SETOR CENTRAL
SETOR OESTE
SETOR MARISTA
Centro de Cultura e Convenções de Goiânia
Teatro Goiânia
Pça. do Bandeirante
Catedral Metropolitana de Goiânia
Pça. Cívica
Monumento às Três Raças
Bosque dos Buritis
Museu de Arte de Goiânia
Monumento à Paz
Jardim Zoológico
Pça. Almirante Tamandaré
Pça. do Lynce
Pça. Latif Selba (Ratinho)
Parque Vaca Brava
Av. Anhanguera
Alameda dos Buritis
Av. Tocantins
Av. Goiás
Av. Araguaia
Av. Paranaíba
Av. Contorno
Av. República do Líbano
Av. Assis Chateaubriand (Av. 7)
Av. Mutirão
Av. Portugal
Av. 136

Brasília, unter Präsident Getúlio Vargas gegründet. Umschlossen wird sie von der weiten Landschaft der Serra Dourada, und ganz in der Nähe liegt die eigenartige Schwesterstadt Brasília, die ihr so viel Wachstum beschert hat. Die Stadt mit heute 1,3 Mio. Einwohnern hat eine recht angenehme Atmosphäre und viele Freiflächen, die um die im Kreis verlaufenden Straßen der Innenstadt angelegt sind – mit der zentralen **Praça Cívica** in ihrem Kern. Das dortige **Monumento às Três Raças** von 1968 stellt die drei Völker dar, die den Staat seinerzeit aufbauten: Schwarze, Weiße und Indianer. Man kann sich einfach einmal durch das Zentrum treiben lassen und das geschäftige Leben auf sich wirken lassen, besonders in den Avenidas Tocantins, Goiás und Anhanguera und in der Rua 4.

Die Stadtteile der Ausstellungs- und Messestadt Goiânia werden als Sektoren bezeichnet. Neben dem Zentrum (Centro) bieten sich für Touristen vor allem die Bezirke Marista, Oeste und Bueno für einen Besuch an. Es gibt einige hübsche Parks und Plätze, wie der schattige **Bosque dos Buritis** im Setor Oeste (◷ tgl. 7–20 Uhr), in dem sich Wanderwege, mehrere Seen und auch ein kleines Kulturzentrum mit Café befinden, oder der **Parque Vaca Brava** im Wohnviertel Setor Bueno, die bevorzugte Laufstrecke der Einheimischen um einen künstlichen See und nachmittags Treffpunkt der Pärchen.

Mit dem 2008 eröffneten **Centro Cultural Oscar Niemeyer**, ✆ 62/3201 5100, Rod. GO-020, nahe Flamboyant Shopping, hat sich der 2012 verstorbene Architekt eines seiner letzten Denkmäler gesetzt. Eine schiefwinklige, rote Pyramide bildet das Zentrum des Geländes, auf dem kulturelle Veranstaltungen aller Art stattfinden.

ÜBERNACHTUNG

Goiânia hat eigentlich nur Business-Hotels, die meisten liegen im **Setor Central** entlang der Av. Anhanguera oder Rua 4 (mittlerer Standard). Bessere Hotels findet man im **Setor Oeste** an der Av. República do Líbano. Die Hotels am **Busbahnhof** (Setor Norte) sind am preisgünstigsten, wenn auch nicht von hoher Qualität. Alle aufgeführten Hotels bieten WLAN gratis.

Hotel Terra Cedro, Av. Contorno 1808, Norte, ✆ 62/3229 3322, 💻 www.hotelterracedro.com.br. Gepflegtes Hotel beim Busbahnhof, geeignet für Spätankommer. Helle Zimmer (Ventilator, AC), günstige EZ. Nebenan weitere Hotels der gleichen Preisklasse. ❷–❸.

Hotel Rio Vermelho, Rua 4, Nr. 26, Central, ✆ 62/3227 2500, 💻 www.hotelriovermelho.com.br. Freundliches Hotel; saubere, gepflegte Zimmer. AC, Ventilator. ❷–❹

Umuarama Plaza Hotel, Rua 4, Nr. 492, Central, ✆ 62/3237 1555, 💻 www.umuaramaplaza.com.br. Traditionshotel in zentraler Lage, die renovierten Zimmer bevorzugen. ❸

Hotel Ibis, Rua 21, Ecke Rua K, Oeste, ✆ 62/2765 6050, 💻 www.ibishotel.com. Ibis-Standard: hell, gepflegt und komfortabel. Frühstück R$15. ❹

Crystal Plaza Hotel, Av. 85, Nr. 30, Sul, ✆ 62/3267 4500, 💻 www.crystalplazahotel.com.br. Ordentliches Business-Hotel mit moderner Einrichtung, alles hier ist gut in Schuss. ❹

Best Western Tamandaré Plaza Hotel, Rua 7, Nr. 1123, Oeste, ✆ 62/4012 1320, 💻 www.tamandareplaza.com.br. Nette Lobby mit geräumigen Zimmern, der Preis scheint verhandelbar (nach Rabatt fragen). 15 % Tax. ❺

Address West Side Hotel Residence, Av. República do Líbano 2526, Oeste, ✆ 62/3257 1000, 💻 www.addresshotel.com.br. Hotel mit Suiten (48 m²), wie eine kleine Wohnung. Nach Rabatt fragen, v. a. am Wochenende Angebote. 15 % Tax. ❺–❻

Blue Tree Towers Goiânia, Rua 22, Nr. 122, Oeste, ✆ 62/3235 5600, 💻 www.bluetree.com.br. Schickes neueres Hotel in guter Lage. Moderne Zimmer, der Typ *Standard* ist ebenso gut wie *Superior,* nur etwas kleiner. Die besten Zimmer haben Whirlpool. Pool auf der Dachterrasse, eine gute Wahl. 15,5 % Tax. ❺–❽

Castro's Park Hotel, Av. República do Líbano 1520, Oeste, ✆ 62/3096 2000, 💻 www.castrospark.com.br. 5-Sterne-Hotel, hübsche Zimmer „Goiano" mit Ipê-Holz, das an die indianischen Wurzeln der Region erinnert. Am Wochenende DZ ab R$270, inkl. Fitness-Trainer, Kinobesuch oder Disco-Eintritt durch den VIP-Eingang (sonst ab R$70 p. P.). Im EG Restaurant **Ipê** mit verführerischem Nachtischbuffet. 15 % Tax. ❻–❽

ESSEN

Eine regionale Spezialität ist *Arroz com Pequi*, Reis mit einer Cerrado-Frucht, deren Stacheln vorher abgeschält werden.

L'Etoile d'Argent, Rua 146, Nr. 528, Marista. Spitzenrestaurant, das für die gebotene Qualität erschwinglich ist. Köstlich das Carpaccio (R$39), das *Confit de Canard à l'orange* und die klassische Ente an Orangensößchen (R$85). Himmlisch auch der Petit Gâteau zum Nachtisch. Europäische Preise, exzellenter Service. ⌚ Di–Sa 12–15, 18–1, So 12–16 Uhr.

Piquiras, Rua 146, Nr. 464, Marista. Eines der besten Restaurants der Stadt, edel. Man diniert im gekühlten Untergeschoss neben auserlesenen Weinen oder auf der luftigen Terrasse. ⌚ Mo–Fr 11–15, 18–1, Sa, So 11–1 Uhr.

Montana Grill, Av. 85, Nr. 2330, Marista. Super Fleisch-Rodízio, so viel man schafft für R$55 p. P. (Sa/So R$65). ⌚ Mo–Do 12–16, 18–24, Fr, Sa 12–1, So 12–23 Uhr.

Chão Nativo I, Av. República do Líbano 1809, Oeste. Echte Regionalküche aus Goiás mit Nachtisch am Buffet für R$32 *(all you can eat)* oder R$40/kg. Nette Deko im Sertanejo-Stil. ⌚ tgl. 11–15.30 Uhr.

Pitigliano, Av. Portugal 539, Oeste. Gutes Pizzarestaurant mit Holztischen auf hübscher Terrasse, einschließlich Pflanzengrün und plätscherndem Wasserfall. ⌚ tgl. 18–24 Uhr.

Árabe, Rua 83, Nr. 205, Sul. Tausend und eine Nacht in Goiânia – Traditionsaraber, der Kibe und Esfiha als Rodízio darreicht (R$60 p. P.). ⌚ Mo–Sa 12–22.30, So 12–18 Uhr.

Toshca Arabian, Rua T-5 695, Bueno. Der Syrier Jack Korkis kocht nach alten Familienrezepten, gut ist das Buffet am Wochenende (R$40 p. P.). Lage etwas außerhalb (Taxi ca. R$15). ⌚ Mo–Fr 15–23, Sa 11.30–24, So 9.30–16 Uhr.

Estação do Açaí, Rua 4, Nr. 124, Central. Perfekt für die Mittagspause. Sehr nette Lanchonete im Zentrum: vegetarischen *Prato Feito* (R$9, 11–14.30 Uhr), dazu Sandwiches, Crêpes, Sucos oder einen Spitzen-Açaí. Hübsch die geschnitzten Holzmöbel aus umweltschonender Produktion. ⌚ Mo–Fr 9–19, Sa 9–14 Uhr.

Tempero Brasileiro, Rua 4, Nr. 800, Central. Kilo-Restaurant mit Buffet, Salaten und Nachtisch (R$21/kg). Nach 14 Uhr Ermäßigung (R$8). ⌚ Mo–Sa 11–15 Uhr.

Moara, Rua 28, Nr. 27, Central. Im Hotel Kananxuê, gutes Buffet (R$23–25, *all you can eat*), in ruhiger Lage. ⌚ tgl. 12–14.30, 19–22.30 Uhr.

NACHTLEBEN

Goiânias Nachtleben genießt in Brasilien zu Recht einen guten Ruf. Die besten Ausgehgegenden sind in **Bueno**, **Oeste** und vor allem **Marista**. Hier liegen zwischen den Ruas 146, 149, 138 und 139 angesagte Restaurants, Bars und Discos nah beieinander.

Celsin e Cia., Rua 22, Nr. 475, Oeste. Klassische Boteco, die traditionsreichste Bar der Stadt (bis 500 Pers.), hier ist immer was los. Auch Restaurantbetrieb mit guter Auswahl. ⌚ Mo–Fr 17–1, Sa 11–1, So 11–17 Uhr.

Kabanas, Av. T-3, Nr. 2693, Bueno. Beliebtes Bar-Restaurant vor dem Parque Vaca Brava. Gutes Essen und gezapftes Chope bei herrlicher Aussicht auf den See. ⌚ Di–Fr 11–15, 17–1, Sa, So 11–1 Uhr.

Samaúma, Rua 148 / Rua 139, Marista. Ein altersmäßig gut durchmischtes Publikum frequentiert die beliebte Live-Musik-Bar (jeden Abend anderer Stil). ⌚ tgl. 11–15, ab 18 Uhr.

House Garden, Rua 139, Nr. 121, Marista. Stylische Lounge mit viel elektronischer Musik. Es wird getanzt. ⌚ Fr, Sa 22–4, So ab 19 Uhr.

SONSTIGES

Einkaufen

Feira do Sol, Praça do Sol, Oeste. Der charmanteste der städtischen Märkte: Antiquitäten, Kleider, Blumen. ⌚ So 16–22 Uhr. Die **Feira Hippie**, Praça do Trabalhador, Centro, ist einer der größten Flohmärkte Lateinamerikas mit 6000 Ausstellern und 50 000 Besuchern. ⌚ So 7–14 Uhr. Auf der **Feira da Lua**, Praça Tamandaré, werden Kleider, Taschen, Schmuck und auch Kunst feilgeboten, eine Fressmeile gibt es ebenfalls. ⌚ Sa 16–22 Uhr.

Geld

HSBC, Av. República do Líbano 1713;
Banco do Brasil, Rua 4, Central, und Praça Tamandaré, Oeste. ⌚ alle Mo–Fr 10–16, Geldautomat 6–22 Uhr (alle Karten).

Informationen

Goiânia Convention & Visitor's Bureau, Rua 30, Centro de Convenções, ✆ 62/3217 1136, 💻 www.goianiaconvention.com.br. Informationen zu Veranstaltungen, Hotels, Restaurants. ⏲ Mo–Fr 8–18 Uhr.

Internet

Posto de Cartucho, Rua 4, Nr. 522, Central. Sehr groß (R$2). ⏲ Mo–Fr 8–18, Sa 8–13 Uhr.

Medizinische Hilfe

Hospital Geral de Goiânia, Av. Anhanguera 6479, Oeste, ✆ 62/3201 8200.

TRANSPORT

Flüge

Aeroporto Santa Genoveva, 8 km vom Zentrum, ✆ 62/3265 1500.

Fluggesellschaften
Azul, ✆ 62/3265 1649; **Gol**, ✆ 62/3265 1621; **Passaredo**, ✆ 62/3207 7400; **Sete**, ✆ 62/3265 1687; **TAM**, ✆ 62/3265 1698; **Trip**, ✆ 62/4004 1464.

Busse

Der **Busbahnhof**, ✆ 62/3240 0000, befindet sich in einem großen Shoppingcenter (Araguaia Shopping) auf der Av. Goiás mit Imbissbuden, Geldautomaten und Gepäckaufbewahrung. Ins Zentrum fährt Bus *Eixo T-7* über die Av. Goiás (R$2,75), per Taxi R$18. Taxi zum Flughafen ca. R$20–25. **Radio Taxi ABC**, ✆ 62/3285 1366.
Brasília: Araguarina, ✆ 62/3213 2901, 18x tgl. bis 24 Uhr, 3 Std., R$35–48.
Campo Grande: Viação São Luiz, ✆ 62/3224 1119, tgl. 17 und 22.40 Uhr, 13 Std., R$136.
Cuiabá: Expresso São Luiz, ✆ 62/3223 8801, 8x tgl. bis 0.30 Uhr, 16 Std., R$144.
Goiás: Empresa Moreira, ✆ 62/3225 1459, 12x tgl. bis 20 Uhr, 3 1/2 Std. (Direktbusse ohne Zwischenstopps 2 1/2 Std.), R$24.
Pirenópolis: Goianésia, ✆ 62/3223 1362, tgl. 17 Uhr, 2 1/2 Std., R$15.
Rio de Janeiro: Real Expresso, ✆ 62/3622 5500, und São Geraldo, ✆ 62/3225 1637, 15/16 Uhr, 19 Std., R$200.

Chapada dos Veadeiros

Der malerische Nationalpark, in dem der höchste Punkt des Westens (1676 m) liegt, ist ein beliebtes Ziel von Naturfreunden und Esoterikern. Die Hauptattraktionen des Parks sind die zahlreichen Wasserfälle und ungewöhnlichen Felsformationen. Natürliche Badeteiche laden zur Erfrischung nach anstrengenden Wanderungen ein. Neuerdings darf der Park auch wieder ohne Führer betreten werden, alle Wege sind mit Pfeilen gut markiert. Hierfür muss man sich am Parkeingang im Besucherzentrum registrieren und das geplante Wanderziel angeben. ⏲ Zutritt tgl. 8–12 Uhr (gratis), Aufenthalt bis 18 Uhr. Wer sich in Begleitung eines erfahrenen Guides sicherer fühlt, kann den Kontakt über Pousadas in **Alto Paraíso** oder **São Jorge** herstellen (s. Touren).

Auch außerhalb der Parkgrenzen lohnt sich das Trekking mit mehr als 100 Wasserfällen, wobei bei den meisten eine kleine Zugangsgebühr fällig wird (R$10). Die beste Zeit für einen Besuch ist die Trockenzeit zwischen Mai und Oktober. Anreise von Brasília auf der GO 118 nach Alto Paraíso de Goiás (38 km bis São Jorge, die letzten 14 km auf einer Erdstraße).

Alto Paraíso

Eingesponnen in die weite Dünung des Cerrado liegen die Nester Alto Paraíso und São Jorge. Geologisch hockt man hier auf uraltem Gestein (1,3 Mrd. Jahre) und auf einer ganzen Schicht von Bergkristallen – was Esoteriker zu vielerlei Annahmen verleitet, vor allem aber dazu, hier ihre Zelte aufzuschlagen. Zahlreiche alternative Kommunen haben sich hier niedergelassen. Die Landschaft hat aber auch ihren archaischen Reiz. Für die Aktiven gibt es Rapel, Trekking, Canyoning, Kanufahrten oder Klettertouren. Auf der Hauptstraße Av. Ary Valadão Filho befinden sich eine Reihe Restaurants, Banken, Internet-Lokale, Touranbieter usw., die Pousadas liegen mehr im Verborgenen.

Der **Rio dos Couros** bietet eine Serie imposanter Wasserfälle (Cataratas), die zugleich die höchsten der Chapada sind. Zufahrt mit Auto (48 km von Alto Paraíso, 86 km von São Jorge), von dort 1 km zum Flusslauf, weitere 2 km zum bis zum höchsten Wasserfall. Von Alto Paraíso aus ist diese Tour mittels einer Agentur einfacher durchzuführen und auch günstiger (R$250–300 bis 4 Pers.) als von São Jorge.

ÜBERNACHTUNG

Pousada do Sol, Trav. G. Barbosa 911, 62/3446 1201, www.pousadadosol.org. Sympathische Pousada etwas außerhalb (Anfahrt mit Taxi). Hier ist das „Paradies" – Gäste dürfen im Garten von den Bäumen pflücken, was reif ist. Bio-Frühstück. WLAN gratis, keine Tax. ❷

Pousada Portal do Beija-Flor, Rua D Q4, 62/3446 1806, www.portaldobeijaflor.com. Nette Pousada mit schattigem Garten, in dem die Cerrado-Vegetation erhalten wurde. Die Zimmer sind etwas eng, aber okay. ❷

Pousada Alfa e Ômega, Rua Joaquim de Almeida 15, neben der Post, 62/3446 1225, www.veadeiros.com.br. Gepflegte Chalês mit Backsteinwänden; dazu ein Hallenbad mit Sauna, Massagen, Meditationsraum. Rabatt bei Aufenthalt ab 3 Tagen. ❸–❹

Casa Rosa, Rua Gumercindo Barbosa 233, nahe Pousada do Sol, 62/3446 2065, www.pousadacasarosa.com.br. Große Zimmer, der japanische Besitzer Herr Yoda zeigt stolz seinen gepflegten Garten. Geheizter Pool, WLAN gratis. ❸–❹

Pousada Jardim do Eden, Rua Buritis 244, 62/3446 1395, www.pousadajardimdoeden.com.br. Schöner Garten mit medizinischen Heilpflanzen und einem Teich. Die Besitzerin ist Biologin und teilt ihr Wissen gerne mit den Gästen. Komfortable Zimmer. Vegetarisches Bio-Frühstück. Nur mit Reservierung! ❹–❺

Pousada Maya, Rua 11, Quadra 11, Lote 4/5, 62/3446 2062, www.pousadamaya.com.br. Bestes Haus am Platz, tolles Frühstück mit Sicht auf die Berge, besonders schön sind die Zimmer der Kategorie *Luxo* mit LCD-TV, AC und eigenem Whirlpool. Große Badezimmer, alles sehr geschmackvoll. Wer sich etwas gönnen möchte, nimmt die luxuriöse Suite „Maya". WLAN gratis, 10 % Tax. ❹–❽

ESSEN

Oca Lila, Av. João Bernardes Rabelo, Quadra 2. Vegetarisches Buffet von höchster Qualität (R$45/kg), abends à la carte. Zum Nachtisch Pfirsich-Mousse mit weißen Schokostreuseln! Souvenirladen. WLAN. Fr–Mi 12–16, Fr, Sa 19–23 Uhr.

Cantinho das Delícias, Rua 12 de Dezembro 288. Leckere Pizza aus dem Holzkohleofen ab R$16/2 Pers. tgl. 19–24 Uhr.

Jambalaya, Av. Ary V. Filho. Das beste Restaurant im Ort bietet eine nette Atmosphäre und Nudeln oder diverse Reisteller (ab R$25–30). Fr, Sa 18–23.30, So 12–18 Uhr (Juli tgl.).

Jatô, Rua Coleto Paulino 522. Gutes Naturkost-Buffet (R$28/kg). Fr–So 12–15 Uhr.

SONSTIGES

Apotheke

Farmácia Paraíso, Av. Ary V. Filho 824. tgl. 8–21 Uhr.

Geld

Banco do Brasil, Av. Ary V. Filho. Mo–Fr 10–15, Geldautomat 6–22 Uhr (alle Karten).

Informationen und Internet

Centro de Atendimento ao Turista (CAT), Av. Ary V. Filho, 3 Min. vom Busbahnhof, 62/3446 1159. Viele Broschüren und Infos, hilft auch bei Touren. tgl. 8–13, 15–18 Uhr.

Os Malukos, Av. Ary V. Filho 271, R$3.

Touranbieter

Travessia Ecoturismo, Av. Ary V. Filho 979, 62/3446 1595, www.travessia.tur.br. Veranstaltet Abenteuersport, u. a. Rapel (R$80 p. P., 3 Std., mind. 4 Pers.) oder Canyoning (Abseilen in Schluchten, R$150 p. P., 5–6 Std., mind. 4 Pers.). Mo–Fr 8–18, Sa, So 8–13 Uhr.

TRANSPORT

Rodoviária, Rua São José do Operário.

Brasília: Real Expresso, tgl. ca. 13.15, 2.30 Uhr, 3 1/2 Std., R$36, mit Weiterfahrt nach **Seabra/Lençóis** (Bahia); und Santo Antônio, tgl. ca. 7.40, 10.30, 15.30 Uhr, 4–4 1/2 Std., R$36.

Goiânia: São José, tgl. 23.15, Mo/Mi/Fr 13.30 Uhr, 7 Std., R$69.

São Jorge: Santo Antônio, tgl. ca. 17.30 Uhr, 45 Min., R$7.

São Jorge

Der 600 Einwohner zählende Ort war ursprünglich ein Camp von Bergkristallsuchern – heute ist es ein regionales Mekka für Aussteiger und Besucher des nahe gelegenen Nationalparks. Es gibt aber auch außerhalb des Parks zahlreiche interessante Wanderziele. São Jorge ist eine sehr gute Alternative zu Alto Paraíso, insbesondere für Reisende ohne eigenes Auto. Viele Attraktionen sind zu Fuß erreichbar, der Ort ist nicht so weitläufig und mit seinen sandigen Straßen und den charmanten Pousadas bildet er eine stimmungsvolle Basis zur Erkundung der Umgebung.

Ein Bus fährt um 7 Uhr nach Alto Paraíso (45 Min., R$7, oft verspätet). Am Hauptplatz gibt es inzwischen Internet (R$4), aber immer noch keinen Geldautomaten.

Beliebte Ausflugsziele

Cânions do Rio Preto ist eine solitäre Felsformation (20 m), dazwischen gibt es zum Baden Bachläufe und natürliche Pools sowie in 1 km Entfernung den Wasserfall **Cachoeira das Cariocas**. Der Besuch erfordert eine gute Kondition. Zugang: von São Jorge zu Fuß 1 km zum Nationalparkeingang, von dort 5 km (Tagesausflug mit Guide 9–17 Uhr, Parkeintritt gratis, Guide R$100–150, bis 10 Pers.).

Das Mondtal **Vale da Lua** dürfte vor rund 600 Mio. Jahren durch Erosion entstanden sein. Der Rio São Miguel formte hier auch kristallklare Wasserbecken, in denen gebadet werden kann. Zufahrt mit Auto von der Straße nach São Jorge, 6 km vor dem Ort links (Eintritt R$10). Die Tour kann von São Jorge aus auch zu Fuß durchgeführt werden (4 km, 8–12 Uhr, Guide R$100–150, bis 10 Pers.). Im Anschluss werden meist weitere Attraktionen besucht, wie der 40 m hohe **Canyon Raizama** (R$10) mit natürlichem Whirlpool.

ÜBERNACHTUNG

Besonders im Juli steigen die Preise, ebenfalls im Jan, Feb und Aug. Dafür geben zahlreiche Pousadas in der Nebensaison von So–Do großzügige Rabatte. Campingplätze im Ort. Bei der Angabe von zwei Preisen gilt der erstgenannte von So–Do, der zweite Fr/Sa.

€ **Shamballa Pousada**, Straße zum Parkeingang, ✆ 62/3455 1140, 💻 www.shamballapousada.com.br. Hat ein bisschen

Die Cânions do Rio Preto zählen zu den schönsten Ausflugszielen in der Chapada dos Veadeiros.

was von Reihenhaus, aber die Lage ist top. Im 1. OG tolle Aussicht in den Nationalpark. Die Zimmer sind gut in Schuss. In der Nebensaison ohne Frühstück. WLAN gratis. R$80/120. ❷–❸

Pousada Trilha Violeta, ✆ 62/3455 1088, 🖳 www.trilhavioleta.com.br. Gepflegte Pousada mit entzückendem Garten und Bougainvilleen. Enge, gusseiserne Wendeltreppen führen zu den einfachen Zimmern im 1. OG (Veranda, Hängematte). Sauna. WLAN gratis. R$100/120, mit TV/Frigobar R$120/135. ❷–❸

Pousada Pôr do Sol, ✆ 62/9667 9534, 🖳 www.pordosol.tur.br. Sympathische Pousada mit hübschen kleinen Chalês, alle haben Veranda und Hängematte. Gutes Preis- Leistungs-Verhältnis. WLAN gratis. R$110/150. ❷–❸

Pousada Alecrim do Campo, ✆ 62/3455 1118, 🖳 www.pousadaalecrimdocampo.com.br. Eine geschmackvolle Pousada mit geräumigen Zimmern und schönem Bad. Die Zimmer im 1. OG haben Balkon mit Blick in den Park. Unten nettes Café mit Terrasse. Kein Internet. R$147/167. ❸–❹

Pousada Bambu Brasil, Rua 1, ✆ 62/3455 1004, 🖳 www.bambubrasil.com.br. Sehr schöne Pousada mit gemütlichen Zimmern, großen Betten und Marmorwaschbecken (TV, Minibar). Im Garten eine wunderbare Lounge mit Sofa und Leseecke, die von jazziger Musik beschallt wird, vorne gibt es ein Café mit guten Torten und Cappuccino. Keine Kinder unter 12. WLAN gratis. R$120/170. ❸–❹

Pousada Casa das Flores, Rua Araçá, ✆ 62/3455 1055, 🖳 www.pousadacasadasflores.com.br. Romantische Pousada mit üppigem Garten; die Chalês sind in Kerzenlicht getaucht. 21 Zimmer in 7 Preiskategorien (Tipp z. B. Nr. 3 oder 8), auch mit HP/VP. Pool und Whirlpool, herrlich, hier nach der Wanderung die Beine auszustrecken. Nette TV-Lounge und gutes Restaurant, das für jedermann offen ist. WLAN gratis. Wochenende R$197–297, So–Do alle Zimmer R$197. 10 % Tax. ❺–❻

Baguá Pousada, Straße zum Parkeingang, etwas außerhalb, ✆ 62/3455 1046, 🖳 www.baguapousada.com.br. Schöne Bungalows (84 m²) mit Open-Air-Whirlpool und Parkblick. Aussichtsterrasse mit Lounge. Reservieren. R$275/380. 10 % Tax. ❻–❽

ESSEN

Am Hauptplatz Praça São Jorge gibt es eine Reihe einfacher Lanchonetes, die zum Teil auch Lunchpakete für Tageswanderungen (*Kit Caminhada*, R$15) zusammenstellen, z. B. **Lanches Hibisco**. Eine Parallelstraße weiter finden sich diverse Restaurants.

Lua de São Jorge, Straße zur Stadt hinaus. Leckere Riesenpizzas ab R$39/2 Pers. und „Massas". Nette rustikale Atmosphäre mit Holztischen und Kerzen. Öfters Live-Musik. 🕒 Do–So 18–1 Uhr.

Papa Lua, nahe Pousada Trilha Violeta. Gemütliches Lokal, leichte Kost wie Crêpes (R$15), Salate, Suppen. 🕒 Fr–Mi 18–24 Uhr.

€ **Buritis**, gleich nebenan. Nudelbuffet (R$14), die Soße wird nach Wünschen des Gastes zubereitet, Nachschlag ist möglich. 🕒 Do–Di 16–22, Sa, So 14–22 Uhr.

Nenzinha, Rua 6. Beliebtes Kilo-Restaurant (R$27) im Zentrum, man sitzt draußen an großen Holztischen. 🕒 tgl. 12–18 Uhr.

Sabor do Cerrado, Straße zum Parkeingang. Dona Valdete serviert solide Hausmannskost: mittags *All you can eat*-Buffet (R$20) oder R$25/kg. 🕒 Mo–Fr 12–15, 18–22, Sa, So 12–22 Uhr.

Dragão Gelado, am Hauptplatz. Im „eisigen Drachen" gibt's Kaffee und Kuchen sowie Açaí, Eis und Sandwiches. Souvenirladen. 🕒 tgl. 8–20 Uhr.

TOUREN

Das **Tourismuszentrum (CAT)** ist schon seit längerem außer Betrieb, aber die Pousadas helfen bei der Organisation von Touren. Es gibt etwa 70 lizenzierte Guides, kenntnisreich und gut Englisch sprechend ist **Rafael Teixeira**, ✆ 62/3455 1124, ✉ rafaelsaojorge@yahoo.com.br. Man kann vorab mit ihm ein Tourprogramm vereinbaren (R$150/Tag bis 6 Pers., inkl. Abholservice vom Bus), auch Transfer ab Brasilia.

Ebenfalls empfohlen wird Patricia (Engl.), ✆ 62/9655 8440.

19 HIGHLIGHT

Pirenópolis

Das bezaubernde alte **Goldwäscherstädtchen** (23 000 Einw.) hat sich zu einem ländlich-alternativen Kontrapunkt zur nahe gelegenen Retortenstadt Brasília entwickelt. Den Aussteigern der ersten Generation, darunter nicht wenige Gringos, sind vermögende Brasília-Bürger gefolgt, die hier ihr Shangri-La fern vom Getriebe gefunden haben. Das hat die Preise in die Höhe getrieben und der Bauwirtschaft geholfen. Doch Pirenópolis, das seinen Namen von dem markanten Höhepunkt, den „Pyrenäen" in der Nähe herleitet und neben dem Tourismus vom Abbau der Kalkschieferplatten lebt, hat seinen bukolischen Charakter bislang gewahrt. Ein beliebter Treffpunkt ist unten am Fluss, an der Holzbrücke, wo die Kinder ins wilde Wasser springen – und vielleicht noch Gold finden? Zwei historische Gebäude sind sehenswert: Die Hauptkirche **Igreja Matriz N. S. do Rosário** (1728) ist 2002 bis auf die Grundmauern abgebrannt, aber bereits rekonstruiert worden. ⌚ Mi–Mo 8–11, 13–17 Uhr, Eintritt R$2. Gleich nebenan steht ein kleines Stadttheater von 1899.

Der Höhepunkt im Kalender ist der Mai/Juni, wenn im Rahmen der Festa do Divino Espírito Santo halb Pirenópolis bei den dreitägigen **Cavalhadas** mitmacht, den farbigen Reiterspielen zwischen „Christen" und „Mauren", deren Ursprung im Spanien der Reconquista zu suchen ist.

In der näheren Umgebung lohnen besonders die schönen **Wasserfälle** Meia Lua, Abade und Dragões einen Besuch. Alle drei befinden sich in Privatbesitz (mit Eintritt), ein Ausflug dorthin kann von den zahlreichen Agenturen im Ort organisiert werden, ebenso wie weitere Outdoor-Aktivitäten wie Abseilen, Rafting, Tirolesa und „Arvorismo" (Wandern in Baumpfaden).

Des Weiteren sind einige sehenswerte historische Fazendas zu besichtigen, meist mit ordentlicher Infrastruktur, wo man mitunter auch gut regional essen kann. Empfehlenswert in dieser Hinsicht ist die 6 km vom Zentrum gelegene **Fazenda Vagafogo**, ✆ 62/3335 8515, die einen üppigen Brunch anbietet. Sämtliche Leckereien werden vor Ort von den Besitzern produziert. Die **Fazenda Babilônia**, ✆ 62/9291 1511, ist die älteste, unter Denkmalschutz stehende, Fazenda von Goiás. Ein gewaltiges Dach spannt sich über den gesamten ehemaligen Nutzungskomplex: Herrenhaus, Zuckermühle, Schnapsbrennerei, Werkstätten und Sklavenhütte. ⌚ Wochenende oder nach Vereinbarung.

ÜBERNACHTUNG

Am Wochenende steppt in Pirenópolis der Bär, unter der Woche ist es deutlich ruhiger, dann sinken auch die Hotelpreise um bis zu 40 %. Angegeben sind zuerst die Preise unter der Woche (So–Do), dann am Wochenende (Fr/Sa). Alle genannten Häuser bieten WLAN gratis und erheben keine Tax.

Pousada Imperial, Av. Sizenando Jaime 21, ✆ 62/3331 1382. Zimmer auch mit AC, sehr sauber und ordentlich. Ruhige Lage, Pool. R$80/120, EZ R$40. ❷–❸

Pousada Abacateiro, Rua Pireneus 61, ✆ 62/3331 1401, 💻 www.abacateiro.com.br. Für den Preis in Ordnung: aufgeräumt, himmelblaue Betten, kleiner Pool. R$90/180. ❷–❹

Pousada Lara, Rua Direita 11, ✆ 62/3331 1294. Unauffälliger Garageneingang, einfache, aber ordentliche Zimmer; alle mit TV, AC, Frigobar. Pool. R$120/150. ❸

Pousada Arvoredo, Av. Abércio Ramos, Alto da Lapa, ✆ 62/3331 3479, 💻 www.arvoredo.tur.br. Schöne Pousada im Grünen, der englischsprachige Besitzer Fabio engagiert sich im Umweltschutz (Solarkollektoren, Regenwasserspeicherung u. a.). Beim Frühstück schauen Äffchen oder Tukane vorbei. Pool, Sauna, Kingsize-Betten. Tolles Preis-Leistungs-Verhältnis. R$120/185. ❸–❹

Pousada Casa Grande, Rua Aurora 41, ✆ 62/3331 1758, 💻 www.casagrandepousada.com.br. Geräumige Zimmer in tropischem Garten, hübscher Pool. Im Haupthaus von 1920 wird ab 16 Uhr kostenlos Kaffee und Kuchen gereicht. Nette familiäre Atmosphäre. Ab R$130/200. ❸–❺

Pouso do Sô Vigário, Rua Nova 25, ✆ 62/3331 1206, 💻 www.pousadaspirenopolis.com.br. Das Haus vom Ende des 18. Jhs. war Wohnsitz

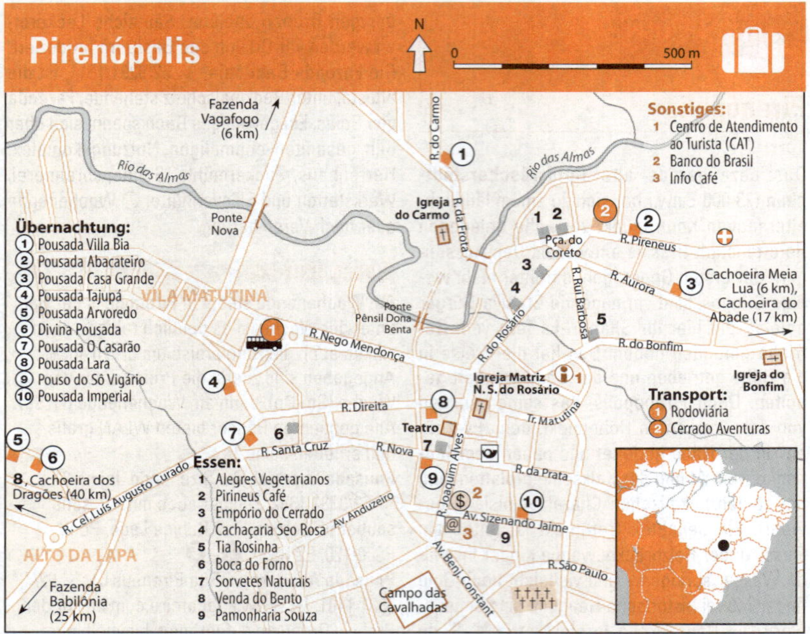

der katholischen Priester (entsprechend dekorierte Zimmer). Nett sind das Wohnzimmer und der Garten mit Pool. Ab R$165/195. ❹

Pousada O Casarão, Rua Direita 79, ✆ 62/3331 2662, 💻 www.ocasarao pirenopolis.com.br. Wunderschöne Pousada in Kolonialhaus. Flügel und Chaiselongue im Wintergarten, dazu sanfte Begleitmusik; geschmackvolle, rustikale Zimmer. Pool mit Hängematten unter Bäumen. Unter der Woche ein Schnäppchen. Ab R$170/240. ❹–❺

Pousada Tajupá, Praça Rodoviária, ✆ 62/3331 1305, 💻 www.pousadatajupa.com.br. 12 neue, komfortable Zimmer, Garten und Pool. R$180/220. ❹–❺

Pousada Villa Bia, Rua do Carmo 36, ✆ 62/3331 1788, 💻 www.pousadavillabia.com.br. Nette Pousada auf der anderen Seite der Brücke mit schattigem Garten, Pool, Palmen und Blumen. Die Standard-Zimmer (R$160/220) sind etwas veraltet, besser sind die Suiten (R$190/260) und das Zimmer *Imperador* mit Whirlpool (R$220/300). ❹–❼

Divina Pousada, Av. Abércio Ramos, Alto da Lapa, ✆ 62/3331 2282, 💻 www.divinapousada.com.br. Hochwertige Pousada, die moderne Bauweise des Hauses ist ein gelungener Kontrast zur rustikalen Einrichtung. Pool und Restaurant, keine Kinder unter 15 J., ab R$200/280. 13 % Tax. ❺–❼

ESSEN UND NACHTLEBEN

Es gibt eine breite Palette von Restaurants, Cafés und Imbissen. Die meisten liegen im Tal am Fluss (Rua do Rosário), an der Praça do Coreto oder um die Hauptkirche (Rua Direita).

Pirineus Café, Praça do Coreto. Sehr nettes Bar-Restaurant. Man sitzt auf dem Gehweg unter Bäumen mit Blick auf die Praça, drinnen läuft gute Musik auf der Videoleinwand (Wochenende live: Chorinho, Jazz, MPB, Couvert R$5–15). Tipp: die berühmte *Focaccia especial* aus selbst gemachtem Brotteig in ausgefallenen Variationen, z. B. mit gegrillten Auberginen, Honig, Cream Cheese und Nüssen (R$22). 🕒 Mo–Mi 15–22, Fr–So 9–1 Uhr.

Boca do Forno, Trav. Santa Cruz 45. Geschmackvoll eingerichtete Pizzeria mit Garten, Mi gibt's *Pizza à discrétion* (so viel man schafft) für R$18, sonst R$30/2 Pers. ⌚ Di–So 18–24 Uhr.

Empório do Cerrado, Rua do Rosário 21. Warum nicht mal Risotto do Cerrado (Reis mit Pequi-Frucht, dazu Huhn mit Orange, R$46) probieren? Die Küche ist experimentierfreudig und arbeitet mit regionalen Zutaten. ⌚ Mo–Fr 18–23, Sa, So 12–24 Uhr.

Alegres Vegetarianos, Rua dos Pireneus 35. Einfaches, kleines vegetarisches Restaurant mit Prato Feito (R$10), Nachschlag möglich. ⌚ Mo–Sa 12–14.30 Uhr.

Venda do Bento, GO-338 (KM 4), Fazenda Recreio. Ein schöner Ausflug am Wochenende: Es gibt feine regionale Küche auf einer Fazenda, nebenbei kann man alte Gegenstände bewundern, darunter 200 Jahre alte Kutschen. ⌚ Sa, So 12–17 Uhr.

Pamonharia Souza, Av. Sizenando Jayme 24. Hier kann man mit Käse gefüllte Maistaschen probieren (R$3), gut sind auch die mit Fleisch oder Huhn gefüllten *Empadas* (R$2). Ideal für den kleinen Hunger zwischendurch. ⌚ tgl. 8–23.30 Uhr.

Sorvetes Naturais, Rua Nova 16. Über 80 Eissorten, u. a. frische saisonale Cerrado-Früchte wie Gabiroba, Cagaita, Mangaba, Jatobá oder Pequi. ⌚ tgl. 8–22.30 Uhr.

Tia Rosinha, Rua do Bonfim 23. Schnuckeliges Kaffee mit Torten und Kuchen. ⌚ Do–Di 9–22 Uhr.

Fast alle **Bars** befinden sich in der **Rua do Rosário** (auch als Rua do Lazer bekannt). Abends stellt man hier Tische auf die Straße, wie beispielsweise die **Cachaçaria Seo Rosa**, die mitten im Geschehen liegt. Hier gibt es 300 Cachaça-Sorten (auch den süßen *Licor de Cachaça* aus Minas Gerais), gute Sandwiches und Suppen. ⌚ Mo–Fr 17–1, Sa, So 11–3 Uhr.

SONSTIGES

Geld

Banco do Brasil, Rua Sizenando Jayme 1. ⌚ Mo–Fr 11–16, Geldautomat 6–22 Uhr (alle Karten).

Informationen

Centro de Atendimento ao Turista (CAT), Rua do Bonfim, ✆ 62/3331 2633. Infos zur Region, auch Guide-Vermittlung (ca. R$120/ Tag). ⌚ tgl. 8–18 Uhr.

Internet

Info Café, Rua Sizenando Jaime 8. R$2, Säfte, Açaí, Snacks. ⌚ Mo–Sa 7–20, So 7–13 Uhr.

Touranbieter

Cerrado Aventuras, Praça do Coreto 45, ✆ 62/3331 3765, 💻 www.cerradoaventuras.com.br. ⌚ tgl. 9–18 Uhr.

TRANSPORT

Rodoviária, Av. Neco Mendonça, ✆ 62/ 3331 1248, Centro. An der Rückseite stehen manchmal **Taxis** (R$10). Zum Erkunden der näheren Umgebung bieten sich Mototaxis an: **Moto Taxi Central**, ✆ 62/3331 1948, **Rapidinho**, ✆ 62/3331 3238.

Brasília: Goianésia, ✆ 62/3331 2765, tgl. 8.30, 9.30, 16, 19 Uhr, 3 Std., R$22.

Goiânia: Goianésia, tgl. 9.15 Uhr, 2 1/2 Std., R$13. Alternativ bis **Anápolis**: 6.30, 9.30, 12.30,16, 17 Uhr, 1 Std., R$6. Dort halbstdl. Anschluss nach Goiânia (1 1/4 Std., R$6), von dort weiter nach **Goiás**.

Goiás

Goiás, oder auch Cidade de Goiás (früher als Goiás Velho bekannt), ist ein nettes Städtchen aus dem 18. Jh. – seither hat es sich kaum verändert. Man läuft über Kopfsteinpflaster und durch krumme Gassen und freut sich des Lebens umso mehr, als man vielleicht gerade die kalte Modernität Brasílias hinter sich gelassen hat.

Die frühere Provinzhauptstadt (25 000 Einw.) hat ihr koloniales Erbe gut bewahrt, wenn auch der Rio Vermelho, der durch den Weiler fließt, hin und wieder schwere Schäden angerichtet hat. Das alte Goiás war eine Gründung von Bandeirantes und Goldgräbern, und noch heute findet man weit draußen gelegentlich einen „Garimpeiro" beim Goldschürfen. In Goiás scheint die Welt noch in Ordnung, und eine kleine Schar von Künstlern setzt die Tradition fort, die von Cora Coralina begründet wurde. Die **Casa de Cora Coralina**, das Haus der Lokalpoetin, die Gedichte schrieb wie sie Bonbons buk, ist heute ein Heimatmuseum, Rua Dom Cândido 20. ◷ Di–Sa 9–16.45, So 9–15 Uhr, Eintritt R$5. Das Haus der Künstlerin **Goiandira do Couto**, Rua Joaquim Bonifácio 19, in dem lange ihre schönen Werke aus dem bunten Sand der Serra Dourada zu sehen waren, ist seit ihrem Tod leider geschlossen, Zukunft ungewiss. Auf beide Künstlerinnen sind die Bürger stolz.

Von der **Igreja Santa Bárbara**, erbaut im ländlichen Barock (1780), bietet sich ein schöner Blick über die Stadt, Zugang über eine breite Treppenfront. Die **Igreja São Francisco de Paula** (1761) auf der Praça Zacheu Alves de Castro ist ebenfalls ein Kleinod des Barock: mit wertvollen Wandmalereien von André Antônio da Conceição (1870). ◷ Mo–Fr 9.30–11, 13–17, Sa, So 9.30–12 Uhr. Im alten Gefängnis an der Praça Brasil Caiado befindet sich das **Museu das Bandeiras**, ein hübsches Heimatmuseum. ◷ Di–Sa 9–11, 13–17, So 9–13 Uhr, Eintritt R$4.

ÜBERNACHTUNG

Pousada do Sol, Rua Americano do Brasil 17, ✆ 62/3371 1717. Preiswerte, geräumige Pousada, zwei Ecken von der Rodoviária Velha. Ventilator. WLAN gratis. ❶

Hotel Casa da Ponte, Rua Moretti Foggia, ✆ 62/3371 4467. Charmantes, pfirsichfarbenes Haus im Zentrum, beim Fluss. AC, mit Ventilator billiger. Hübsche Veranda im 1. OG. ❸

Pousada do Ipê, Rua do Fórum 22, ✆ 62/3371 2065, 💻 www.pousadadoipego.com.br. Hinter der Igreja do Rosário am anderen Ufer des Rio Vermelho. Schattiger Patio, Pool und Garten. AC, Frigobar. WLAN gratis ❸–❹

Hotel Vila Boa, Morro do Chapéu do Padre, ✆ 62/3371 1000, 💻 www.hotelvilaboa.com.br. Hotel im Stil der 70er-Jahre. Zimmer mit Standard-Komfort dieser Preisklasse; Pool. Nach Rabatt fragen, am Wochenende VP-Angebote. WLAN gratis. ❹–❺

Fazenda Manduzanzan, Straße nach Mosquito, KM 8, ✆ 62/9982 3373, 💻 www.manduzanzan.com.br. Sehr schöne Fazenda, in der man von Vogelgezwitscher geweckt wird, Tukane flattern durch den Garten. Schwimmbad, Naturpool, Sauna, Restauran, Bar und Reitmöglichkeit. Von hier führt ein Pfad zum Cachoeira das Andorinhas (ca. 20 Min.). Frühstück und Mittagessen im Preis inkl., freundliche Besitzer. ❻–❼

ESSEN

Flor do Ipê, Praça Boa Vista 32. Self-Service mit regionalem Einschlag (R$27 inkl. Nachtisch). Offenes Ambiente mit Blick in den Garten. Abends à la carte. ◷ Di–Sa 12–15, 19.30–24 Uhr.

Dalí, Rua 13 de Maio 26. Zentrale Lage, gute regionale Küche, günstig: *Arroz com Pequi e Frango* R$25/2 Pers. ◷ Di–So 11.30–23 Uhr.

Mercado Municipal, Praça Vinicius Fleury. Am besten, man setzt sich an ein Tischchen bei **Emival** (regionales Gebäck ab R$3) und schaut dem Markttreiben zu – danach in der Nähe bei **Dona Inês** ein süßes Reisbällchen (*bolinho de arroz*, R$2). ◷ Mo–Sa 6–18 Uhr.

SONSTIGES

Geld

Banco do Brasil, Av. Dom Prudêncio. ◷ Mo–Fr 11–16, Geldautomat 6–22 Uhr (alle Karten).

Informationen

Eine neue Tourist Info (CAT) war angeblich in Planung, Standort unbekannt.

Touranbieter

Ipê Turismo, Praça do Coreto, ✆ 62/3371 3022, 💻 www.ipeturismo.com.br. Ausflüge in die Serra Dourada und historische City-Touren (R$120 bis 10 Pers., auch Engl.). ◷ Mo–Fr 9–12, 14–17 Uhr.

TRANSPORT

Die **Station** für Langstreckenbusse liegt ein gutes Stück außerhalb – man kann sich im Stadtzentrum an der Rodoviária Velha absetzen lassen.

Aruanã am Rio Araguaia: Empresa Moreira, ✆ 62/3371 1510, tgl. 11 und 17 Uhr, 3 Std., R$27.

Goiânia: Empresa Moreira, ca. stdl. zwischen 6 und 19 Uhr, 3 1/2 Std., Direktbusse ohne Zwischenstopps 6, 8.30 und 16 Uhr, 2 1/2 Std.; R$23.

20 HIGHLIGHT

Der Pantanal

Die Satellitenbilder zeigen eine Landschaft wie die Nahaufnahme eines Lungenflügels, der mit abertausend Adern und Äderchen durchsetzt ist. Naturforscher sprechen vom größten Schwamm der Erde, der die Wassermassen (178 Mio. Liter pro Stunde) aus den Anden und dem Herzen Südamerikas ein halbes Jahr lang aufsaugt und sie langsam wieder abgibt, fein dosiert mit der Geschwindigkeit von 1200 km in 180 Tagen. So meldet Buenos Aires am Rio de la Plata, 3000 km südlich, nicht „Land unter".

Dieser Schwamm heißt Pantanal und ist mit 240 000 km² so groß wie Portugal, Holland, Belgien und die Schweiz zusammen. Er umfasst große Teile der westbrasilianischen Bundesstaaten **Mato Grosso** und **Mato Grosso do Sul** sowie Randgebiete von Bolivien und Paraguay (80 % liegen auf brasilianischem Gebiet). Die Unesco hat den **größten Süßwassersumpf der Erde** 2001 zur schützenswerten Welt-Biosphäre erklärt. Damit dürfte das Gebiet auch weiterhin Mittel für den Naturschutz und die Förderung von Ökotourismus erhalten. Inwieweit jedoch ein langfristiger Schutz dieses einmaligen Naturparadieses gelingt, hängt in der Realität letztendlich von der Bereitschaft der einzelnen Fazendeiros ab, die über 95 % der Fläche des Pantanal besitzen.

Jedes Jahr lagern die Wassermassen im Pantanal Sedimente ab, die so viel wie zehn Cheops-Pyramiden wiegen: Dünger für die Pflanzen, Nahrung für die gezählten 278 Fischarten (in Europa sind es knapp 200). Wenn die Regenzeit endet und die Trockenzeit im Juli beginnt, aus Seen und Lagunen langsam Sümpfe oder Inseln werden, beginnt das große Fressen, zu dem selbst aus dem 10 000 km entfernten Kanada die Zugvögel einfallen. Wasserschweine, Kaimane, Otter, Reiher und Jabiru-Störche (ca. 700 Vogelarten, darunter der seltene blaue Ara) streiten sich um die schuppige Beute, die in die Wasseradern zu fliehen versucht. Auch etwa 8000 Ja-

Camp oder Fazenda?

Es gibt zwei Möglichkeiten, den Pantanal kennen zu lernen: auf mehrtägigen Ausflügen zu einem Camp (v. a. im südl. Pantanal) oder auf einer Fazenda. Die Qualität der **Camps** variiert stark. Die Unterbringung in Zelt, Matratzenlager oder Hängematte kann ein romantisches Abenteuer sein, oft ist sie bloß spartanisch (meist ohne Warmwasser). Im Winter kann es bitterkalt werden – eine Tortur, wenn man nicht die richtige Ausrüstung hat (kältetauglicher Schlafsack). Viele Budget-Camping-Touren werden von Agenturen an den großen Busbahnhöfen aggressiv beworben und wegen des Preises (ab R$350 für 3 Nächte) v. a. von internationalen Backpackern gebucht. Es gibt aber auch Anbieter, die bei ähnlichen Preisen mehr Qualität bieten. Essen und zwei Ausflüge am Tag sind i. A. im Preis enthalten, der Transport aber nicht immer (oder nicht komplett). Die Naturerfahrung kann sich lohnen (viel hängt vom Guide ab!), doch man kann in diesem Segment auch an schwarze Schafe geraten.

Die zweite – komfortablere – Möglichkeit ist der Besuch auf einer **Fazenda**. Dabei handelt es sich um ein rustikales, manchmal luxuriöses Haupthaus (z. T. auch Chalês), möglichst in die Natur eingebettet. Im Preis (DZ ab R$400–450) sind meist ein gutes Essen (Vollpension) und 1–2 Ausflüge pro Tag enthalten. Die Zimmer haben i. A. Klimaanlage oder Ventilator, Moskitonetze, Warmwasser und Strom. Alle Fazendas bieten ein Naturprogramm an, darunter Safaris, Wanderungen, Bootsfahrten, Vogelbeobachtungen, Piranha-Angeln, Reitausflüge usw. Um die Umgebung einer Fazenda zu erkunden, reichen 3–4 Tage. Die Guides sprechen oft nur Portugiesisch. Englisch oder gar Deutsch sprechende Führer sind selten und kosten extra (ca. R$200/Tag mehr). Die Anreise (per Jeep, Boot oder Flugzeug) muss über eine Agentur oder die betreffende Fazenda organisiert werden.

Wer bereits von Zuhause aus Pantanal-Touren buchen möchte, kann sich an die deutschsprachigen Agenturen Explore Pantanal (S. 727) oder Pantanal-/Amazonas-Tours (S. 720) wenden.

PANTANAL

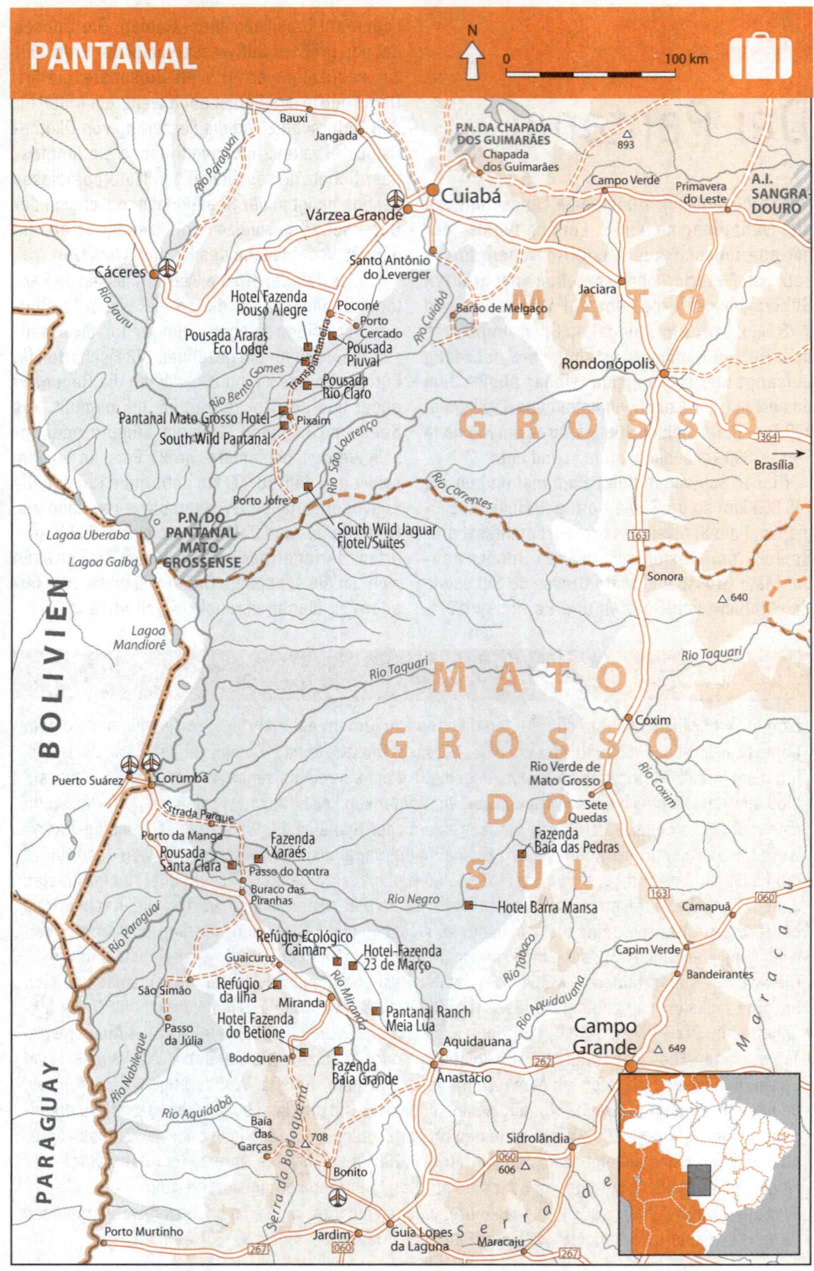
PANTANAL
N
0
100 km
Bauxi
Jangada
Rio Paraguai
P.N. DA CHAPADA DOS GUIMARÃES
Chapada dos Guimarães
893
Cuiabá
Várzea Grande
Campo Verde
Primavera do Leste
A.I. SANGRADOURO
Cáceres
Santo Antônio do Leverger
Rio Jauru
Hotel Fazenda Pouso Alegre
Poconé
Porto Cercado
Rio Cuiabá
Barão de Melgaço
Jaciara
MATO GROSSO
Pousada Araras Eco Lodge
Pousada Piuval
Transpantaneira
Rio Bento Gomes
Pousada Rio Claro
Rondonópolis
Pantanal Mato Grosso Hotel
Pixaim
South Wild Pantanal
Rio São Lourenço
364
Brasília
Rio Correntes
Porto Jofre
South Wild Jaguar Flotel/Suites
P.N. DO PANTANAL MATO-GROSSENSE
Lagoa Uberaba
Lagoa Gaíba
163
Sonora
640
Lagoa Mandiorê
BOLIVIEN
Rio Taquari
MATO GROSSO DO SUL
Coxim
Rio Verde de Mato Grosso
Rio Coxim
Sete Quedas
Puerto Suárez
Corumbá
Estrada Parque
Porto da Manga
Fazenda Xaraés
Pousada Santa Clara
Passo do Lontra
Fazenda Baía das Pedras
Buraco das Piranhas
Rio Negro
Hotel Barra Mansa
Camapuã
060
Rio Paraguai
Refúgio Ecológico Caiman
Hotel-Fazenda 23 de Março
Capim Verde
Guaicurus
Rio Miranda
Rio Tobaco
Rio Aquidauana
Bandeirantes
São Simão
Refúgio da Ilha
Miranda
Pantanal Ranch Meia Lua
Passo da Júlia
Hotel Fazenda do Betione
Campo Grande
649
Aquidauana
Bodoquena
Fazenda Baía Grande
Anastácio
262
Rio Nabileque
PARAGUAY
Rio Aquidabã
Baía das Garças
708
Serra da Bodoquena
Sidrolândia
060
606
Bonito
Serra de Maracaju
Porto Murtinho
Jardim
Guia Lopes da Laguna
Maracaju
267
060
267

guare soll es seit dem Abschluss eines Artenschutzabkommens wieder im Pantanal geben.

Dass dieser Garten Eden in den letzten Jahren immer mehr für den Natur-Tourismus erschlossen wurde, hat mehrere Ursachen. Die alten **Fazendas** (Rinderfarmen), einst so ausgedehnt wie europäische Kleinstaaten und mit Herden von mehreren tausend Rindern, sind durch Erbteilung geschrumpft und unrentabel geworden. Viele Fazendeiros wandeln ihre Fazendas in Ferienhotels um, obgleich der Zugang zu Lande oder zu Wasser oder gar durch die Luft immer noch ein kleines Abenteuer ist. Zweitens wächst der Bedarf nach naturnahem Tourismus. Und drittens haben zahlreiche globale Naturschutzorganisationen, darunter der WWF, erkannt, dass Ökotourismus ein sinnvolles Instrument ist, dieses einmalige Biotop zu erhalten.

Alles in allem mögen 200 Pensionen, Landhotels und Hotelschiffe im Pantanal vorhanden sein. Ansonsten ist die Gegend menschenleer: Auf einen einheimischen Bewohner entfallen statistisch rund sechs Rinder und 42 Kaimane *(jacarés)*.

Geografie und Klima

Der Pantanal ist eine sumpfige Tiefebene mit einzelnen darin verstreuten Erhebungen. Zum Süden hin neigt sich diese Ebene, im Norden bilden die Chapada dos Parecis und die Serra Azul eine Wasserscheide zum Amazonasgebiet hin. Im Westen und Südwesten geht der Pantanal unmerklich in die Trockensteppe Gran Chaco über. Das Klima im Pantanal ist vom Wechsel kühle Trockenzeit und heiße Regenzeit geprägt. Im „Winter" (Juli) streichen Kaltwinde aus Patagonien über den Pantanal und können die Temperaturen auf bis zu 5 °C herabsetzen. Aber im Allgemeinen werden 20 °C nicht unterschritten.

Von Dezember bis Mitte Januar regnet es so gut wie jeden Tag. Der inzwischen trockene „Schwamm" des Pantanal füllt sich auf, die feuchte Luft ist Nektar für Moskitos. Das ist die ungünstigste Reisezeit, obgleich sich die Landtiere in den höheren Landesteilen, die nun zu Inseln werdenden (den sog. *Cordilheiras* oder *Capões*, Sing. *Capão*) konzentrieren und daher leicht zu beobachten sind. Die beste Reisezeit ist in der Trockenperiode zwischen April und September/Oktober. Die beste Zeit, um Vögel zu beobachten, ist im letzten Teil der Trockenzeit von Juli bis Oktober. Die heftigsten Regengüsse fallen im Februar/März bzw. Dezember/Januar (südl. Pantanal); starke Hitze und Moskitoplage herrschen dagegen im November und Dezember mit Temperaturen um die 40 °C.

Die Arena Pantanal

Beim Bau des 44 336 Zuschauer fassenden WM-Stadions wurde besonders auf ökologische Gesichtspunkte geachtet, es gilt als die „grünste Arena" der WM 2014. Alle vier Ecken des Stadions wurden begrünt und sind offen, um eine optimale Belüftung zu gewährleisten. Das Armierungseisen des alten Stadions wurde eingeschmolzen und beim Neubau wiederverwertet, die alten Betonteile zerschreddert und im Fundament integriert. Auf dem Gelände um die Arena symbolisieren 2000 neu gepflanzte Bäume den Umweltgedanken. Erreichbar ist das Stadion per Bus oder mit der eigens für die WM gebauten VLT, einer Metro, die vom Flughafen direkt in die Nähe des Stadions fährt.

Tourismus

Für individuelle Touren ist der Pantanal eher ungeeignet. Man kann zwar einen Wagen mieten, (mit Glück) die Estrada Parque oder Transpan-

Hinweis

Dieses Kapitel gibt zunächst einen Überblick über das Ökosystem Pantanal (Geografie, Klima) und allgemeine Infos zum Tourismus in der Region. Reisende können das Gebiet von zwei Seiten her ansteuern: von Norden oder von Süden. Alle praktischen Infos hierzu finden sich in den Kapiteln **Cuiabá / Nördlicher Pantanal** (S. 712–719) sowie **Campo Grande / Südlicher Pantanal / Corumbá** (S. 721–735).

taneira abfahren und sich unterwegs in einer Lodge bzw. Hotel-Fazenda einquartieren. Wer aber ohne Landes- und Sprachkenntnisse den Pantanal besucht, sollte sich besser einer der zahlreichen Agenturen anvertrauen und den Aufenthalt über sie reservieren lassen bzw. anspruchsvollere Trekkingtouren, z. B. zu Pferde, dort buchen.

Auf intensive Naturbeobachtung fernab der Straßen und Trampelpfade sollte man sich besser vorbereiten: Ausgerechnet im Morgengrauen und in der Abenddämmerung, wenn sich der Pantanal von seiner wundervollsten Seite zeigt, schlagen Stechmücken und Zecken am heftigsten zu – Kleidung aus dichtem, widerstandsfähigem Stoff ist daher unverzichtbar. Auf unbedeckte Hautpartien trägt man Cremes und Sprays auf. Ein Regencape sollte ebenfalls zur Standardausrüstung gehören. In morastigem Gebiet besteht eine, wenn auch geringe, Wahrscheinlichkeit, auf Schlangen zu treffen oder gar zu treten, deshalb sind feste, wasserdichte Stiefel dringend zu empfehlen – einen erfahrenen Guide sollte man ohnehin an seiner Seite haben. Piranhas bevorzugen stehende Gewässer – daher besser nicht die Hand hineinhalten.

Anders ist es mit den Alligatoren: Sonnenbadend strecken einem etwa 3 m lange ausgewachsene Kaimane drohend den aufgerissenen Rachen entgegen. In Wirklichkeit aber sind die Kaimane beinahe friedliche Tiere; Pantanalkinder baden sogar in ihrer Nähe. Nur in der nahrungsarmen Trockenzeit ist eine gewisse Vorsicht angebracht.

Mato Grosso

„Undurchdringlicher Busch" – das ist wohl die richtige Übersetzung für den Namen der beiden Bundesstaaten Mato Grosso und Mato Grosso do Sul, die erst 1977 getrennt wurden. Mato Grosso im Norden ist mit 906 807 km² beinahe dreimal so groß, aber viel dünner besiedelt als Mato Grosso do Sul im Süden (358 159 km²). Was beide Bundesstaaten verbindet, ist ihre westliche Grenzlage, eine Bundesstraße (BR 163) und natürlich der Pantanal. 1890 wurde Mato Grosso telegrafisch mit dem Rest des Landes verbunden, eine Straßenverbindung kam im 20. Jh. hinzu.

Cuiabá

Cuiabá (552 000 Einw.) war die erste Siedlung im Westen, sie wurde 1719 von Sklavenjägern aus São Paulo gegründet, die auf Gold- und Diamantenlager gestoßen waren. Der Ansturm von Goldsuchern machte Cuiabá zur drittwichtigsten Stadt Brasiliens während der Kolonialzeit. 100 Jahre zuvor schon war sie als Hauptlieferant von exotischen Vogelfedern an Pariser Hutmacher zu Ansehen gekommen.

Die Perle der Stadt ist die kleine **Igreja São Benedito**, die wie eine Glucke über der Innenstadt hockt. Mit den charakteristischen einstöckigen Häusern, die aneinandergeklebt scheinen und eine beschwingte Straßenfront bilden, und den zahlreichen Gassen mit Kopfsteinpflaster vermittelt die Altstadt an einigen wenigen Stellen tatsächlich das Bild eines von der Zeit vergessenen Goldgräberstädtchens, das Cuiabá einmal war. Überwiegend wird man das Zentrum jedoch als laut, hektisch und auch etwas unstrukturiert erleben.

Das **Museu Histórico de Mato Grosso** an der Praça da República, eine der wenigen Sehenswürdigkeiten der Stadt, residiert in einem hübsch restaurierten Altstadthaus von 1897 und hat einige interessante Ausstellungsstücke zur Geschichte des Bundesstaates. Leider ist es seit einiger Zeit geschlossen, und selbst das Tourismusamt konnte nicht genau sagen, ob und wann das Museum wiedereröffnet.

Das **Museu Rondón**, auch als Museu do Índio bekannt, liegt 4 km außerhalb der Stadt an der Av. Fernando Corrêa da Costa bei der Universität (Bus: Universidade). Zu sehen ist im Vergleich zum Museu das Culturas in Campo Grande eine deutlich bescheidenere Kollektion indianischer Kulturen (Xavante, Karajá, Bororos). 🕒 Mo 13.30–17, Di–Fr 8–11, 13.30–17 Uhr.

Das Hafenviertel (Bairro do Porto) am Rio Cuiabá liegt am Ende der Av. 15 de Novembro. Von hier aus schipperten früher Barkassen den

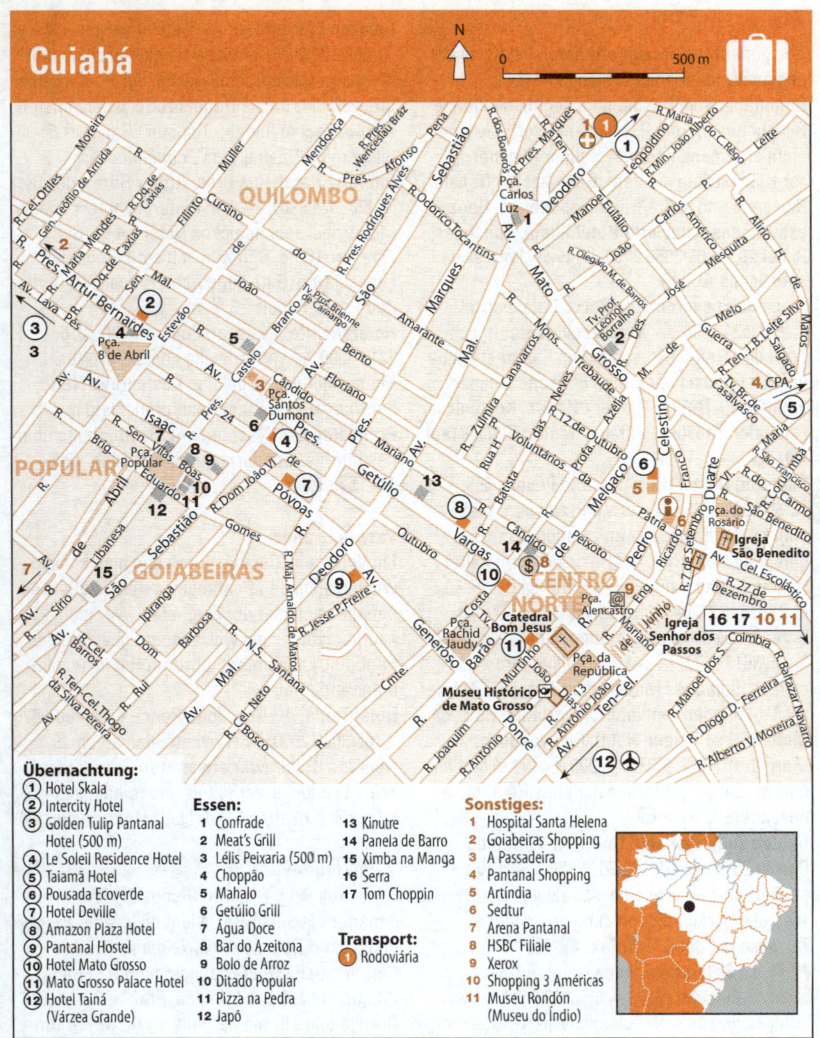

Rio Cuiabá hinab bis zum Rio Paraguai und weiter nach Süden bis zum Rio de la Plata. Der Besuch des nahe gelegenen **Fischmarktes** – frühmorgens – kann lohnen.

Das Leben der Stadt spielt sich rund um die Praça da República und die nahe Praça Alencastro ab, die beide an der Av. Getúlio Vargas liegen. Südlich davon, zwischen Av. Getúlio Vargas und Av. Isaac Póvoas, wird das unregelmäßige Straßennetz durch eine Schachbrett-Bebauung abgelöst, wobei im Osten die Rua 13 de Junho und im Westen die Rua Comandante Costa und die Rua Barão de Melgaço das Zentrum begrenzen.

ÜBERNACHTUNG

Alle genannten Häuser offerieren WLAN gratis und am Wochenende Preisnachlässe.

Gegenüber vom Busbahnhof liegen eine Reihe Billighotels (DZ um R$110, Ventilator). Sie sind nicht charmant, aber i. A. sauber (Zimmer zur Hauptstraße meiden). Geeignet für Transfer-Reisende und späte/frühe Einbuchung. Ganz okay ist das renovierte **Hotel Skala**, Rua Jules Rimet 26, ✆ 65/3055 6000, 💻 www.hotelskala.com.br, mit AC. ❸

Pousada Ecoverde, Rua Pedro Celestino 391, ✆ 65/3624 1386, 💻 www.ecoverdetours.com. Traveller-Treffpunkt, von einem Pantanal-Guide geführt (deutschsprachig). Einfache Zimmer (ohne Bad), R$50 p. P. oder DZ R$70. Kostenloser Flughafentransfer. Pantanal-Touren (R$380/Tag). ❶–❸

Pantanal Hostel (HI), Av. Isaac Póvoas 655, ✆ 65/3624 8999, 💻 www.portaldopantanal.com.br. Schlichte, an einer Hauptstraße gelegene Herberge, der Besitzer veranstaltet Pantanal- und Xingu-Touren. Dorms (R$35–45 p. P.), DZ (R$120–150), AC/Ventilator. ❷–❹

Hotel Mato Grosso, Rua Comandante Costa 643, ✆ 65/3614 7777, 💻 www.hotelmatogrosso.com.br. Einfaches Mittelklasse-Hotel, 63 Zimmer mit TV, AC oder Ventilator und großem Bad. ❸

Mato Grosso Palace Hotel, Rua Joaquim Murtinho 170, ✆ 65/3614 7000, 💻 www.hotelmt.com.br. Solides, zentral gelegenes Hotel ohne besondere Extras. ❸

Golden Tulip Pantanal Hotel, Av. Fernando Corrêa 93, Areão, ✆ 65/3616 3500, 💻 www.goldentulippantanal.com. Attraktives Hotel mit 104 hellen, freundlichen Zimmern, schöne Terrasse mit Pool. 13 % Tax. ❹–❺

Le Soleil Residence Hotel, Av. São Sebastião 2622, ✆ 65/3023 0433, 💻 www.hotellesoleil.com.br. Schickes Apart-Hotel mit großen Suiten (inkl. Küche, Ess- und Wohnzimmer). Für die exzellente Lage und das, was geboten wird, ist der Preis wirklich zivil. ❹–❺

Taiamã Hotel, Av. Rubens de Mendonça 1184, Baú, ✆ 65/2121 1000, 💻 www.hoteltaiama.com.br. Dank der Nähe zum Busbahnhof ist das Hotel eine gute Option (Taxi R$10–15). Ordentliche Zimmer, Bar, Restaurant. Mit dem Mototaxi ins Zentrum ca. R$7. ❺

Amazon Plaza Hotel, Av. Getúlio Vargas 600, ✆ 65/2121 2000, 💻 www.hotelamazon.com.br. Nettes Hotel im Dschungelstil, der Poolbereich grenzt leider an die Hauptstraße, ist ansonsten aber hübsch gemacht. Tipp: Im EG gibt es 5 billigere EZ/DZ des Typs *Econômico*. ❺

Intercity Hotel, Rua Pres. Arthur Bernardes 64, ✆ 65/3025 9900, 💻 www.intercityhoteis.com.br. Modernes, sehr schickes Hotel mit großen Zimmern (Sofa, Schreibtisch etc.), Pool und Fitnessraum. Gute Lage nahe Praça 8 de Abril und Praça Popular. 3 % Tax. ❻

Hotel Deville, Av. Isaac Póvoas 1000, ✆ 65/3319 3000, 💻 www.deville.com.br. Großes Komforthotel mit Pool und Restaurant. Nahe Zentrum, Geschäften, Restaurants und der Praça Popular (Nachtleben). Bei Buchung über das Internet Sonderangebote möglich. 13 % Tax. ❻–❼

Várzea Grande

Ein Vorort von Cuiabá, durch den man kommt, wenn man in den Pantanal vorstößt. Außerdem befindet sich hier der Flughafen. Wer nicht nach Cuiabá hinein will, sondern gleich in den Pantanal, kann unter mehreren Hotels wählen, unter anderem:

Hotel Tainá, Av. Gov. João Ponce de Arruda 820, ✆ 65/3046 2000, 💻 www.hoteltaina.com.br. Neueres Hotel, zwar etwas steril, aber gutes Preis-Leistungs-Verhältnis und reichliches Frühstück. Gratis 24-Std.-Flughafentransfer. ❹

ESSEN

Japô, Rua Brig. Eduardo Gomes 67. Szene-Japaner mit Sushi-Bar. Nicht billig, aber frisch und lecker. Tipp: *Usuzukuri Salmão* (Lachs-Carpaccio) R$37, die hausgemachte Soße (Molho Ponzo) aus Tabasco, Pfeffer, Shoyu, Orange und Zitrone hat Pfiff. ◷ tgl. 18–24 Uhr.

Pizza na Pedra, Praça Popular. Beliebte Pizzeria, Mo–Mi Rodízio mit 25 Sorten Pizza (davon 5 süße), 4 Nudelgerichten und einem Risotto (R$30 p. P.). Sonst Pizza ab R$38/3 Pers. ◷ tgl. 18–24 Uhr.

Choppão, Praça 8 de Abril. Das älteste Restaurant der Stadt serviert günstige und gute Mato Grosso-Küche, auch *Frango à Cubana* – paniertes Hühnerfilet mit Reis und frittierten Bananen (R$53/2 Pers.). Abends beliebte Bar mit frisch gezapftem Chope. Von außen erkennbar an den bemalten Rundbögen. ⌚ So/Mo/Mi/Do 10–2, Fr, Sa 10–6 Uhr.

Mahalo, Rua Pres. Castelo Branco 359, Quilombo. Die sympathische Chefin Ariani Malouf kreiert überraschende Gerichte mit vielen lokalen Zutaten (R$54–87 p. P.). Warmes Ambiente, sanfte Musik, und von der hohen Decke hängen 6 m lange weiße Gardinen – für einen schönen Abend zu zweit. ⌚ Mo–Sa 11.30–14.30, 19.30–24 Uhr.

Ximba na Manga, Av. São Sebastião 2045. Exzellente Peixaria in geschmackvollem Ambiente. Sehr gut ist das Rodízio mit Fisch in 5 Variationen (R$49), ein Hit der gegrillte Pintado *(grelhado)* an Kapernsoße (R$58/2 Pers.) und das verfeinerte Vatapá. ⌚ tgl. 11–15 Uhr.

Lélis Peixaria, Av. Lava Pés, Duque de Caxias. Schniekes Fischrestaurant, mittags Fisch-Rodízio (R$69 p. P.), abends à la carte (ab R$89/ 2–3 Pers.). Spezialität Süßwasserfisch und Alligatorschwanz (fettarm). ⌚ tgl. 11–15, Mo–Fr 18–24 Uhr.

€ **Bolo de Arroz**, Av. São Sebastião 2453. Nettes Kaffeehaus mit regionalem Süß- und Salzgebäck nach alten Familienrezepten. Tipp: das leckere namensgebende Reistörtchen (süß) für R$2. ⌚ Mo–Sa 7–20, So 7–12 Uhr.

Meat's Grill, Av. Mato Grosso 422, Araés. Gutes Fleischrestaurant, z. B. Filé Mignon für R$78/ 2 Pers. ⌚ tgl. 11–15 Uhr.

Confrade, Av. Mato Grosso 1000. Nette Freiluftschänke mit prima Essen, z. B. *Pintado à belle Munier* (Fischfilet in Kapern mit Krabben, R$82/2 Pers.). Oft Live-Musik (Couvert R$5). ⌚ tgl. 11–15, Mo–Sa 17–24 Uhr.

Kinutre, Av. Getúlio Vargas 714. Vegetarisches Kilo-Restaurant (R$33), auch vegane Gerichte. ⌚ So–Fr 11–14 Uhr.

Panela de Barro, Rua Cândido Mariano 435. Günstiges Buffet (R$25/kg) im Zentrum. ⌚ Mo–Sa 11–14.30 Uhr.

Serra, Shopping 3 Américas. Super Restaurant im Shopping-Center, mittags Self-Service mit riesiger Auswahl von Salaten, Sushi bis Minas-Küche (R$48/kg). Abends Pizza- und Pasta-Rodízio (R$21 p. P.). Filialen in zwei weiteren Shoppingcentern. ⌚ tgl. 10–15, 18–22 Uhr.

NACHTLEBEN

Das Nachtleben spielt sich v. a. in Goiabeiras ab, *the place to go* ist die belebte **Praça Popular**. Hier gibt's alles, was man für eine lange Nacht braucht: Restaurants, Bars (modern und *old school*), Pizzeria, Cafés, Eisdielen ...

Bar do Azeitona, Praça Popular. Ebenso wie die Nachbarkneipe **Ditado Popular** schön zum Draußensitzen. Wer will, bekommt hier die Flasche Erdinger für R$19. Herzhafte Appetizer und über 100 Cachaça-Sorten. ⌚ tgl. 17–3, Sa auch 11–15 Uhr.

Água Doce Cachaçaria, Praça Popular. Im 1. OG romantisches Restaurant mit netter Veranda, von der sich das Treiben auf der Praça verfolgen lässt. *Escondidinho com carne de sol,* sonnengetrocknetes Fleisch in Maniokpüree probieren (R$35/2 Pers.). Unten lebendige Bar mit Snacks, viel Cachaça, Whiskey und Chope. ⌚ tgl. ab 11 Uhr.

Getúlio Grill, Av. Getúlio Vargas 1147, gegenüber Praça Santos Dumont. Angesagter Treffpunkt fürs jüngere Publikum: außen mit Gehsteig-Bar, drinnen Restaurant (Di–So 11.30–15.30). Klasse die Freiluft-Disco oben mit Terrasse, durch die zwei hohe Mangobäume wachsen. ⌚ Di–So Bar 17–3, Disco Fr, Sa 23–6 Uhr.

Tom Choppin, Rua das Laranjeiras, Jardim Guanabara. Der Weg lohnt sich: auf dem höchsten Punkt der Stadt gelegene Bar mit Blick auf die Skyline von Cuiabá. Tgl. Happy Hour (18–21 Uhr) und Live-Musik (Bossa Nova, MPB). Später am Abend wird getanzt. Restaurant. ⌚ Mo–Sa ab 18 Uhr.

SONSTIGES

Autovermietung

Localiza, Av. Dom Bosco 965 und Flughafen, ✆ 65/3682 7900.

Einkaufen

Artíndia, Rua Pedro Celestino, der Laden der Indianerschutzbehörde Funai verkauft Indianerkunst (wegen Renovierung bis auf weiteres geschlossen).

Kunstmärkte bei der Praça da República (tgl.) sowie **Arte na Praça** auf der Praça Santos Dumont (Sa, So).

Das zentrale **Goiabeiras Shopping** hat Post, Geldautomaten, Internet, Schnellrestaurants. Weiter weg, aber größer und moderner sind **Shopping 3 Américas**, Av. Brasília 146, Jardim das Américas, und **Pantanal Shopping**, Av. Rubens de Mendonça 3300, Jardim Aclimação. ⌚ Mo–Sa 10–22, So 14–22 Uhr.

Geld

HSBC, Rua Getúlio Vargas 346. ⌚ Mo–Fr 11–16, Geldautomat 6–22 Uhr (alle Karten).

Informationen

Sind in Cuiabá schwer zu bekommen. Das Tourismusamt Sedtur zeigt erstaunlich wenig Interesse an einer Verbreitung touristischer Informationen. Wer dennoch sein Glück probieren möchte: **Sedtur**, Rua Voluntários da Pátria 118, ✆ 65/3613 9300, 💻 www.mt.gov.br. ⌚ angeblich Mo–Fr 8–12, 14–18 Uhr. Ob der Infostand an der Praça Rachid Jaudy wieder in Betrieb genommen wird, konnte niemand beantworten.

Internet

Xerox, Rua Pedro Celestino 8. R$4. ⌚ Mo–Fr 8–18, Sa 8–13 Uhr.

Medizinische Hilfe

Hospital Santa Rosa, Rua Adel Malufi 119, Santa Rosa, ✆ 65/3618 8000.

Touranbieter

Pantanal-/Amazonas-Tours, ✆ 030/ 8310 8968 in Berlin, 💻 www.pantanal.de. Touranbieter mit Schwerpunkt Pantanal, Sitz in Berlin/Poconé (S. 720).

Interativa Pantanal Expeditions, Av. Isaac Póvoas 557, Sala 2, Centro, ✆ 65/3023 8223, 💻 www.interativapantanal.com.br.

South Wild Pantanal, Trav. da Liberdade 70, Várzea Grande, ✆ 65/3682 3175, 💻 www.southwild.com. Vogel- und Jaguarbeobachtung.

Wäscherei

A Passadeira, Rua Pres. Castelo Branco 298, ✆ 65/3052 0005. Waschen R$8/kg, waschen und bügeln R$14/kg. ⌚ Mo–Fr 8–19, Sa 8–12 Uhr.

NAHVERKEHR

Vom **Busbahnhof** ins Zentrum: Alle Busse mit Aufschrift „Centro", u. a. 504, 204, 302 (alle 10 Min., 6–23 Uhr, 15 Min. Fahrzeit, R$2,95). **Moto Taxi Rodoviária**, ✆ 65/3621 3833, R$10, Taxi ca. R$15–20.

Vom **Flughafen** ins Zentrum: **Taxi** ca. R$30–40, zum Busbahnhof fährt Bus 07.

TRANSPORT

Flüge

Aeroporto Internacional Marechal Rondon, Av. João Ponce de Arruda, Várzea Grande (10 km), ✆ 65/3614 2500. Gepäckschließfächer (1. OG), Geldwechsel, Mietwagen.

Fluggesellschaften: **Gol**, ✆ 65/3682 1685; **Ocean Air**, ✆ 65/3614 2550; **Passaredo**, ✆ 65/3687 0877; **TAM**, ✆ 65/3614 2559; **Trip**, ✆ 65/3682 2555.

Busse

Terminal Rodoviário de Cuiabá, Rua Jules Rimet, ✆ 65/3621 1515. Duschen, Geldautomaten, Post und 24-Std.-Gepäckaufbewahrung (R$5–10/Tag).

Campo Grande: Motta, ✆ 65/3621 1159, tgl. 6.30, 19, 21.30 Uhr; Andorinha, ✆ 65/3621 3422, 4x tgl. bis 23.30 Uhr; 12 Std., R$88.

Chapada dos Guimarães: Rubi, ✆ 65/3621 1764, 10x tgl., 1 1/2 Std., R$13.

Goiânia / Brasília: Expresso São Luiz, ✆ 65/3621 5052, 5x tgl. bis 19.30 Uhr, 15/19 Std., R$136/165.

Nobres: Tut, ✆ 65/3621 1500, 7x tgl. bis 20 Uhr, 3 Std., R$30.

Poconé: Tut, tgl. 6, 9, 12, 15, 17, 19 Uhr, 2 1/2 Std., R$18.

São Paulo: Motta, tgl. 12 und 21 Uhr; Andorinha, 4x tgl.; 26–28 Std., R$189.

Chapada dos Guimarães

Nur 67 km nordöstlich von Cuiabá entfernt ragt ein **Gebirgsplateau** von durchschnittlich 600 bis 800 m Höhe aus der Ebene auf – es wird von Schluchten durchfurcht, an deren felsigen Wänden unzählige Wasserfälle herunter rauschen. Die Flora dieser gebirgigen Inseln im Cerrado und dem Amazonasvorland ist besonders artenreich und pharmakologisch interessant

Auf den Plateaus finden sich semiaride Pflanzen, in den Schluchten tropischer Regenwald und eine Vielfalt von Bromelien. Bedingt durch die zerklüftete Landschaft und die Lage in der ariden Übergangszone zum feuchten Tiefland des Amazonas treffen viele kleinere Biotope aufeinander, die untereinander durch ökologische Kreisläufe verkettet sind.

Die Chapada wurde erst im 18. Jh. von Waldläufern und Bandeirantes auf der Suche nach Gold durchstreift. Das Gebirge bzw. der Nationalpark gelten neben dem Pantanal als Hauptattraktion von Mato Grosso. Die überaus reiche Natur zieht neben Öko-Touristen auch esoterisch angehauchte Gruppen in die Gegend: Schließlich befindet sich hier der „Nabel" Südamerikas oder, geografisch gesprochen, der Mittelpunkt des Südkontinents.

Ohne lokalen Führer darf man den Park, der 2008 nach einem Unfall für über ein Jahr geschlossen wurde, i. d. R. nicht besuchen. Einzelne Attraktionen werden ohne nähere Erklärungen auf unbestimmte Zeit gesperrt; hier ist der Besucher gezwungen, vor Ort erst einmal selbst Erkundigungen einzuholen. Infos zu Tourenpreisen und welche Ziele überhaupt zugänglich sind, erhält man bei Agenturen oder (mit Glück) im **Tourismusbüro CAT**. ⌚ des Parks evtl. 8–17 Uhr.

Chapada dos Guimarães (Ortschaft)

Das historische Chapada dos Guimarães mit seiner 230 Jahre alten blau-weißen **Igreja N. S. de Santana** (1779), angeblich von versklavten Indios erbaut, ist ein altes Minenstädtchen. Das Leben in dem entspannten 18 000-Einwohner-Ort spielt sich um die schattige und grüne **Praça Dom Wunibaldo** ab.

Beste Reisezeit ist die Trockenperiode zwischen Mai und September; im Mai führen die Flüsse noch kräftig Wasser, von Juni–August kann es allerdings zu kalten Trockennebeln kommen, die die Sicht behindern.

Ausflüge in die Umgebung

Auf dem Terrain einer Fazenda, 43 km außerhalb, liegt **Aroe Jari**, auch Morada das Almas (Haus der Seelen) genannt: die größte Sandsteinhöhle Brasiliens mit Kavernen von 30 m Durchmesser. In der Nähe ist in einer Höhle die **Lagoa Azul** („Blauer See"), daneben ein Wasserfall zum Baden.

Die 6-km-Tour **Circuito das Cachoeiras** (Caminho das Águas) führt zu Wasserfällen mit Bademöglichkeit. 10 km außerhalb kann man den **Cachoeira do Véu de Noiva** (Brautschleier-Fall) besuchen, der 86 m tief in eine Schlucht stürzt. Ein schöner Anblick, Baden ist allerdings nicht möglich. Dies kann man bei dem schönen Wasserfall **Cachoeirinha** (10 km) tun, der auf eigene Faust angesteuert werden kann. Anfahrt mit Bus (ca. R$3) bis zum Parkeingang Cachoeirinha (Eintritt R$10, davon R$5 für Konsum im dortigen Restaurant). ⌚ tgl. 8–18 Uhr.

Weitere Ausflugsziele sind der **Morro de São Gerônimo** oder die „Felsenstadt" **Cidade de Pedras**, eine Schlucht, die von enormen Sandsteintürmen mit Höhen bis zu 350 m umgeben ist. Von oben bietet sich ein weiter Blick in die Pantanalsenke – die beste Aussicht der Chapada.

Bei klarem Wetter sollte man noch den **Mirante do Centro Geodésico** besuchen, ein Aussichtspunkt über die Chapada und die Pantanal-Tiefebene. Er markiert den geodätischen Mittelpunkt Südamerikas (der übrigens auch von Cuiabá für sich beansprucht wird). Zufahrt über die MT 251 Richtung Campo Verde, 8 km asphaltierte Straße, auch mit dem Rad zu erreichen.

ÜBERNACHTUNG

Der Ort ist bevorzugtes Ausflugsziel der Cuiabanos, das spiegelt sich in oft überzogenen Zimmerpreisen wider. Alle genannten Pousadas bieten gratis WLAN.

Pousada Bom Jardim, Praça Dom Wunibaldo 641, ✆ 65/3301 2668, 🖳 www.pousadabomjardim.com.br. Großflächige Pousada am Hauptplatz. 20 einfache Zimmer ohne besondere Note. Mit AC teurer. ❷–❸

Pousada Villa Guimarães, Rua Neco Siqueira 41, ✆ 65/3301 1366, 🖳 www.pousadavillaguimaraes.com.br. Schöne Pousada in Privathaus nahe dem Zentrum. Zimmer mit Ventilator und Gemeinschaftsbad, geschmackvolle Apartments *(Luxo)* und eine Suite. Gemütliche Aufenthaltsräume, Pool mit Hängematten, Fahrräder. So–Do Sonderangebote. ❸–❺

Park Eco Lodge (Pousada do Parque), 10 km plus 5 km Piste, ✆ 65/3391 1346, Reservierung 65/3682 2800, 💻 www.pousadado parque.com.br. Mitten im Nationalpark, mit schöner Aussicht, eigenem Wasserfall, Pool und Restaurant. Bus von Cuiabá bis zur Einfahrt, von dort abholen lassen. Reservieren! ❼

Pousada Penhasco, Av. Penhasco, ✆ 65/3301 1555, 💻 www.penhasco.com.br. Wie ein Freizeitpark: toll für Kinder und Sportbegeisterte. 2 Pools mit Wasserrutsche, beheiztes Hallenbad, Tennis-, Squash- und Fußballplatz, 2-km-Wanderweg. Aber v. a. spektakulärer Blick auf die Chapada! Alle Zimmer haben Veranda mit Sicht. Restaurant. DZ R$465/VP, Day-use R$60 p. P. ❽

ESSEN

Mama Mia, Rua Cipriano Curvo 750. Mittagsbuffet *(all you can eat)* für R$13. Nette Terrasse, abends Pizza. 🕒 tgl. 11–14, 18–23 Uhr.

Fellipe, Rua Cipriano Curvo 596. Gutes regionales Essen. Mittags Self-Service (R$30–33). Tipp: Die Lasagne mit Auberginen, Mandiocabällchen und/oder frittierte Banane. Abends à la carte. 🕒 tgl. 11–15, 18–23 Uhr.

Morro dos Ventos, Estrada do Mirante (2 km). Tolles Ausflugsziel: Terrasse mit Traumblick auf die Chapada, dazu Regionalküche im Eisentopf. Spezialität Fisch, große Portionen (bis 5 Pers., R$105–120), für 3 Pers. R$80. Eintritt zum Aussichtspunkt R$3 p. P. oder R$10 pro Auto. 🕒 tgl. 8–17 Uhr.

Bistrô da Mata, Estrada do Mirante, KM 1, ✆ 65/3301 3483. Hübsches Restaurant mit Terrasse und super Panorama. Schöne Deko, stimmungsvoll beleuchtet, romantisch mit Kerzen und Blumen – ein Ausflugsziel für Paare. Gerichte R$51–75 p. P. 🕒 Fr 18.30–1, Sa 11–16, 18.30–1, So 11–16 Uhr.

SONSTIGES

Geld

Bradesco, Rua Fernando Correia 868. 🕒 Mo–Fr 10–15, Geldautomat 6–22 Uhr.

Informationen

Centro de Atendimento ao Turista (CAT), Av. Perimetral, ✆ 65/3301 2045, 💻 www.chapadadosguimaraes.mt.gov.br. Ungünstige Lage. 🕒 tgl. 8–18 Uhr.

Internet

Virtual Net, Rua Cipriano Curvo. R$3. 🕒 tgl. 8–22 Uhr.

Touranbieter

Die Agenturen vermitteln Guides und bieten Führungen zwischen einem Tag und einer Woche, dazu Abenteuersport.

Chapada Off Road, Rua Quinco Caldas 164, ✆ 65/3301 2441, 💻 www.chapadaoffroad.com. Nationalpark-Touren, z. B. Caverna Aroe Jari, auch Sportlicheres (Rapel, Boia Cross, Fahrradverleih). 🕒 Mo–Fr 8–11.30, 13.30–18 Uhr.

TRANSPORT

Terminal Rodoviário Chico Moreira, Rua Cipriano Curvo (300 m vom Zentrum).

Cuiabá: Rubi, ✆ 65/3301 1280, 10x tgl. bis 19.30 Uhr, 1 1/2 Std., R$12.

Bom Jardim

Der Ort Bom Jardim (1000 Einw.) gehört zum Bezirk Nobres, etwa 145 km von Cuiabá. Entlang der einzigen geteerten Straße gibt es einige Pousadas, Reisebüros und einfache Restaurants. Viele natürliche Sehenswürdigkeiten liegen im Umkreis von 30 km: In glasklaren, fischreichen Flüssen lässt sich toll schnorcheln und an der **Lagoa das Araras** kann man bei Sonnenuntergang dem Spektakel der zurückkehrenden Gelbbrust-Aras beiwohnen (Eintritt R$10). Zudem gibt es zahlreiche schöne Wasserfälle mit Bademöglichkeit (Eintritt nur mit im Voraus gekauftem Voucher). Wer es nicht bis nach Bonito schafft, dem bietet sich zwei Autostunden von Cuiabá ein sehr ähnliches, nur deutlich weniger touristisches Ausflugsziel.

ÜBERNACHTUNG

Pousada Rota das Águas, MT 241, KM 65, Bom Jardim, ✆ 65/3102 2019, 💻 www.pousada rotadasaguas.com.br. Familiäre Pousada mit Garten und rustikalen Zimmern (AC, Minibar, TV; WLAN gratis). Die Besitzer können Ausflüge organisieren, nett: Aquário Encantado (R$60 p. P.), Cachoeira da Serra Azul (R$50 p. P.). ❹

Pousada Reino Encantado, 6 km von Bom Jardim, ✆ 65/9237 4471. Schön gelegene, ruhige Pousada mit sauberen Zimmern (AC, Minibar, Internet, kein TV). Besitzer Kleber verwöhnt seine Gäste, auch Ausflüge, gutes Restaurant, Bar. ❷–❹

TRANSPORT

Anfahrt **ab Cuiabá** per Mietauto oder mit Bus der Gesellschaft GM Tur, tgl. 14.30 Uhr, 4 1/2 Std., R$36 (zurück tgl. 5.30 Uhr).

Nördlicher Pantanal

Der wichtigste Zugang in den nördlichen Pantanal verläuft über **Poconé**, die Pforte zur Transpantaneira, einem glücklicherweise wieder aufgegebenen Straßenprojekt, das den Pantanal komplett zerschnitten und ökologisch schwer geschädigt hätte. So verläuft nun die Transpantaneira nach rund 149 km buchstäblich im Sumpf, d. h. sie endet in dem Fischer-Weiler **Porto Jofre**, der so gut wie keine Infrastruktur hat. Vorher aber muss man mehr als hundert teils wacklige Balkenbrücken überqueren, und in der Regenzeit ist die Gefahr, stecken zu bleiben, sehr hoch.

Barão de Melgaço ist ein kleiner Flusshafen am Rio Cuiabá und Ziel für Angler, die von hier aus Touren unternehmen. Für landgebundene Traveller ist der Ort kaum geeignet, zumal es wenig Pantanal-Lodges in der Gegend gibt. Gleiches gilt für **Cáceres**, den Flusshafen am Rio Paraguai. Theoretisch kann man von dort auf einem Frachtschiff quer durch den Pantanal schippern – in Corumbá ist allerdings Endstation. Die Zeiten, in denen Passagierdampfer bis nach Asunción oder gar Buenos Aires gingen, sind längst vorbei.

Poconé

Dieses Städtchen am Rand des Pantanal, 100 km südlich von Cuiabá, ist ein sympathischer Einstiegspunkt in das Naturparadies Pantanal von Norden her. Zentraler Platz ist die Praça da Matriz vor der Hauptkirche. Kurz hinter Poconé beginnt die **Transpantaneira**, die in das Naturschutzgebiet führt.

ÜBERNACHTUNG UND ESSEN

Pousada Pantaneira, Transpantaneira, KM 0, ✆ 65/3345 3357. Einfach, aber gepflegt und praktisch, da auch Grill-Restaurant vorhanden (bis 15 Uhr). Internet gratis. ❷

Skala Hotel, Praça Gen. Rondon, ✆ 65/3345 1407, 💻 www.skalahotel.com.br. 23 Zimmer, einfach, aber sauber; das beste Hotel im Ort, zentrale Lage. WLAN gratis. ❷–❸

Tradição, Praça Gen. Rondon 140. Pizzas und Gerichte à la carte. ⏲ Mi–Mo 11–14.30, 18.30–23 Uhr.

Hotel-Fazendas im nördlichen Pantanal

Auflistung nach Entfernung von Poconé, an Wochenenden füllen sich die Pousadas mit brasilianischen Touristen:

Pousada Piuval (10 km), ✆ 65/3345 1338, 💻 www.pousadapiuval.com.br. Schöne Pousada am Anfang der Transpantaneira mit leichtem Zugang. Der attraktive Pool und ein Pavillon mit Hängematten und Blick in den Pantanal laden zum Entspannen ein. Zwei Ausflüge pro Tag (Wanderung, Boot, Pferde). DZ ca. R$440/VP, mit englischsprachigem Guide ca. R$600. Komfortable Zimmer (TV, AC, Ventilator). Sehr gutes Essen.

Pousada Araras Eco Lodge (32 km), ✆ 65/9983 8633, 💻 www.araraslodge.com.br. Edel-Pousada an der Transpantaneira. Von zwei Beobachtungstürmen lässt sich ein wunderbarer Sonnenuntergang über dem Pantanal verfolgen. Komfortable, hübsch dekorierte Zimmer (auch Mehrbett) mit AC. Pool, schönes Restaurant. Viele Freizeitmöglichkeiten: Wandern, Radfahren, Reiten, Kanufahren. DZ ca. R$1313/VP.

Hotel Fazenda Pouso Alegre (33 km plus 7 km Piste), ✆ 65/3626 1545, 💻 www.pousalegre.com.br. Persönliche Fazenda mit familiärem Ambiente, Mitarbeit auf dem Hof möglich (viele Tiere). Schlichte, aber gemütliche Zimmer, AC oder Ventilator, DZ ca. R$425/VP inkl. 1 Ausflug/Tag mit Port. sprechendem Guide.

Pousada Rio Claro (42 km plus 3 km Piste), ✆ 65/3345 1054, 💻 www.pousadarioclaro.com.br. Schön am Rio Claro gelegen, recht komfortable Zimmer (AC), Veranda mit Hängematten, alles in einer großen, grünen Anlage, in deren

Die Rückkehr der Jaguare

Was sich wie der Titel eines Hollywood-Films anhört, ist ein kleines Naturwunder und eine Erfolgsstory des Ökotourismus. Strengerer Schutz und ein ausreichendes Futterangebot (Capivaras, Kaimane) haben in den letzten Jahren dazu geführt, dass sich der Jaguar-Bestand in einigen Pantanalregionen erholen konnte. Die Chance, die bis zu 150 kg schwere Raubkatze in freier Wildbahn zu sehen, ist v. a. in der Trockenzeit (Juni–Nov) hoch. In der Nähe der Flüsse Cuiabá, Três Irmãos, Piquiri und Corixo Negro kommt der Jaguar inzwischen recht häufig vor, die Raubkatzen scheinen sich sogar an Motorboote gewöhnt zu haben. Bisweilen lassen sie sich stundenlang beobachten, ganz im Gegensatz zu ihren Artgenossen im Amazonas oder den Dschungeln Zentralamerikas, wo Sichtungen sehr selten sind. Für eine erfolgreiche Pirsch muss man allerdings gute 3–4 Tage mitbringen und sich einer seriösen Agentur anvertrauen.

Bäumen sich Kapuzineräffchen tollen. DZ ca. R$423/VP (1 Ausflug/Tag inkl., per Boot oder Pferd). Pool.

Pantanal Mato Grosso Hotel (65 km, Pixaim), ✆ 65/3614 7500, 💻 www.hotelmt.com.br. Flusshotel mit renovierten Zimmern, um einen Pool herum (AC). Plattform zur Kaiman-Beobachtung. DZ ca. R$396/VP inkl. 1-Std.-Bootstour., weitere Touren extra, z. B. Pferd R$25/Std. oder Boot R$40/Std. Insgesamt mehr auf Massentourismus eingestellt.

South Wild Pantanal (Santa Tereza) (67 km), ✆ 65/3682 3175, 💻 www.southwild.com. Schön am Rio Pixaim gelegene, komfortable Lodge; viele Vögel, Riesenotter, Tapire und Kapuzineraffen, gelegentlich auch Jaguare. 2 Beobachtungstürme. DZ ca. R$650/VP inkl. 2 Aktivitäten/Tag (Engl.). Touren auch in Kombination mit Jaguar Flotel/Suites möglich (s. u.).

South Wild Jaguar Flotel und **Jaguar Suites**, ✆ 65/3682 3175, 💻 www.southwild.com. Zwei schwimmende Lodges, die von Porto Jofre per Boot den Rio Cuiabá hinauf erreichbar sind (16 km, 45 Min.). In der Jaguar-Saison (Jun–Nov) ankern sie an der Flussmündung des Rio Três Irmãos, mitten in der „Jaguarzone": gute Chancen, die Raubkatze in freier Wildbahn zu sehen. Flotel DZ R$950/VP, Suites DZ R$1250/VP. Tgl. Motorbootsafaris (Engl.).

SONSTIGES

Geld

Banco do Brasil, Rua Campos Sales 49. 🕒 Mo–Fr 9–14, Geldautomat tgl. 6–22 Uhr.

Touranbieter

Pantanal-/Amazonas-Tours, Av. Dom Aquino 103, ✆ 65/3345 2040 und 030/8310 8968 in Berlin, 💻 www.pantanal.de. Touranbieter für ganz Brasilien, Schwerpunkt Pantanal. Die kompetenten Guides sprechen Deutsch oder Englisch und stehen den Gästen samt Auto rund um die Uhr zur Verfügung. Individuelle Touren bis 2 Wochen (oder länger), z. B. Komfort-Package ab 3 Nächten mit mehreren Fazendas (ab R$2100/2 Pers.). Neu: Camping-Touren und Jaguar-Safaris mit Abenteueranteil. Die Agentur arbeitet sozial und ökologisch engagiert, verwendet versicherte, neuwertige Fahrzeuge, Touren werden durchgeführt, ohne in die Natur einzugreifen – also kein „Show-Tourismus". 🕒 tgl. 7–21 Uhr.

TRANSPORT

Die Busse aus Cuiabá halten zunächst an der **Rodoviária**, Av. Aníbal de Toledo, und fahren dann weiter zur zentraler gelegenen Praça da Matriz.

Cuiabá: Tut, ✆ 65/3345 1677, tgl. 6, 9, 12, 15, 17.30,19.30 Uhr, 2 Std., R$15.

Mato Grosso do Sul

Ausländische Touristen kommen beinahe ausschließlich wegen des Pantanal und der südlich davon gelegenen Bonito-Naturreservate nach Mato Grosso do Sul.

Den „undurchdringlichen Busch“ hat es immer nur entlang der Flussläufe und weit im Norden, im Einzugsbereich des Amazonas (Mato Grosso Nord) gegeben. Der weitaus größte Teil von Mato Grosso do Sul ist von Savanne bedeckt – und von der großartigen **Sumpflandschaft** des Pantanal. Zwei Schritte in den Pantanal hinein, und schon trifft man auf Jaguar und Gürteltier – wer mit dieser Erwartungshaltung anreist, wird arg enttäuscht: So leicht gibt die Natur ihre Geheimnisse nicht preis. Das Mindeste an Aufwand ist eine mehrstündige Tour per Jeep auf der Estrada Parque, zu Pferde oder zu Fuß. Zu einer solchen Exkursion braucht man keine spezielle Ausrüstung, sollte aber wegen der Moskitos unbedingt lange Hosen tragen (Aug–Feb) sowie Fernglas und Teleobjektiv nicht vergessen.

Wer nur wenig Zeit hat, fliegt am besten nach Campo Grande und startet von dort zu Exkursionen oder Aufenthalten bei den zahlreichen Fazendas, die sich neben der Viehhaltung auf Ökotourismus verlegt haben. Campo Grande erreicht man auch in komfortablen Langstreckenbussen, etwa von São Paulo. Auf bequeme Art lassen sich von hier aus (auch im Mietwagen) Exkursionen in den Süd-Pantanal und ins Bonito-Gebiet unternehmen – Mindestzeit eine Woche.

Campo Grande

Die junge Stadt (erst Anfang des 20. Jhs. errichtet) hat auch heute noch ein leicht pionierhaftes Flair, obgleich sie bereits 788 000 Einwohner zählt. Zur kulturellen Bereicherung haben auch die zahlreichen Zuwanderer aus Paraguay, Bolivien und Japan beigetragen. Als Aus- und Durchgangsstation zum Besuch des südlichen Pantanal und der Bonito-Region ist Campo Grande ein angenehmer, ruhiger und freundlicher Ort. Zentrale Verkehrsader ist die **Av. Afonso Pena**, mit der alten Rodoviária am einen und dem Parque das Nações Indígenas/Shopping Campo Grande am anderen Ende. In dem Viereck mit den Av. Calógeras, Rua Dom Aquino und Rua Pedro Celestino befindet sich das geschäftliche Herz der Stadt mit Geschäften, Agenturen und Restaurants. Hier ist die Avenida auch am schönsten, besonders wegen der mächtigen, jahrhundertealten Feigenbäume in ihrer Mitte.

Sehenswert ist das **Museu das Culturas Dom Bosco**, das sich etwa 4 km vom Zentrum im Parque das Nações Indígenas befindet, Av. Afonso Pena 7000, Eingang Portal Nandeva, ✆ 67/3326 9788, 💻 www.mcdb.org.br. Es enthält einen modernen Trakt mit Informationen und interessanten Ausstellungsstücken (Kopfschmuck, Körbe, Jagdgeräte, Tonschalen usw.) über die Xavante-, Karajá-, Moros-, Bororos- und Rio Uaupés-Indianer, sowie weitere Völker. Auch werden Handarbeiten zum Verkauf angeboten. In einem neuen Anbau soll dauerhaft eine umfangreiche Sammlung von Insekten, darunter vielen Schmetterlingen, und ausgestopften Tieren Platz finden. ⌚ Di–Fr 8–17, Sa, So 13–17 Uhr, Eintritt R$10. Der **Parque das Nações Indígenas** wird gerne für Spaziergänge oder zum Joggen genutzt. Der Haupteingang ist beim Portal 2 (Guarani), Anfahrt per Bus mit Ziel „TVE“ von der alten Rodoviária entlang der Av. Afonso Pena. ⌚ tgl. 6–20.30 Uhr, Eintritt frei.

Interessant ist auch ein Besuch der **Feira Central**, Rua 14 de Julho, einer der wohl am besten organisierten Märkte Brasiliens, auf dem Gemüse, Kunst und Importwaren aus Paraguay angeboten werden. Dazu gibt es eine schier unglaubliche Anzahl von Restaurants, die vor allem japanische Schnellgerichte servieren (Sobá ab R$10) und zu vorgerückter Stunde Anziehungspunkt der Nachtschwärmer werden. ⌚ Mi 10–24, Fr 17–24, Sa 10–1 Uhr.

Auf einer **City-Tour** im Doppeldeckerbus können die Sehenswürdigkeiten der Stadt besucht werden, Reservierungen unter ✆ 67/3321 0800 (Di–So, 2 1/2 Std., R$20).

ÜBERNACHTUNG

Beim alten Busbahnhof liegen zahlreiche Billigunterkünfte. Netter ist es in der Rua Allan Kardec, wo sich bessere Hotels und einige Restaurants befinden. Weitere gute Hotels liegen im Viertel Amambaí. AC im Zimmer erhöht den Preis und ist im Winter (Mai–Sep) meist nicht nötig. Alle genannten Unterkünfte bieten gratis WLAN.

Hostel Campo Grande, Rua Joaquim Nabuco 185, ✆ 67/3321 0505, 💻 www.hostelecological

Campo Grande
N
0
1 km
Übernachtung:
1 Indaiá Park Hotel
2 Exceler Plaza Hotel
3 Hotel Iguaçu
4 Hotel Nacional
5 Hotel Internacional
6 Turis Hotel
7 Hotel Colonial
8 Hostel Campo Grande
9 Jandaia Hotel
10 Pousada Dom Aquino
11 Bahamas Apart Hotel
Essen:
1 Casa do Peixe
2 Restaurante do Valle
3 Sabor Enquilo
4 Delícias do Cerrado
5 Comitiva Pantaneira
6 Ceará
7 Fogão de Minas
8 Casa Colonial
9 Fogo Caipira
Sonstiges:
1 HSBC (Filiale)
2 Centro de Atendimento ao Turista (CAT)
3 Casa do Artesão
4 Cyber Central
5 Galeria Dona Neta
6 Campo Grande Câmbio & Turismo
7 Hospital Sírio Libanês
8 Banco do Brasil (Filiale)
9 Drogaria Alvorada (24-Std.-Geldautomat)
10 HSBC (Filiale)
11 Café Mostarda
12 Miça
13 Bodega
14 Barbaquá
15 Mercearia
Transport:
1 Aeroporto Internacional
2 Localiza
3 Company
4 Alter Busbahnhof
5 Ecological Expeditions
6 Rodoviária
7 Impacto Turismo
CENTRO
VL. INDEPENDÊNCIA
VL. AURORA
VL. OLGA
VL. SOARES
AMAMBAÍ
VL. FORTUNA
VL. EVA
Pça. Ary Coelho
Pça. das Araras
Feira Central (300 m)
8, 11, 12, 13, 14, Museu das Culturas Dom Bosco (3 km), Parque das Nações Indígenas (3 km)
Av. Afonso Pena
Av. Calógeras
Av. Noroeste
Av. Fernando Corrêa da Costa
Av. Pres. Ernesto Geisel
Av. Duque de Caxias
R. 14 de Julho
R. 13 de Maio
R. 13 de Junho
R. José Antônio
R. Rui Barbosa
R. Dom Aquino
R. Barão do Rio Branco
R. 26 de Agosto
R. 7 de Setembro
R. 15 de Novembro
R. Maracaju
R. Pedro Celestino
R. Antônio Maria Coelho
R. Anhaduí

expeditions.com.br. Gegenüber vom alten Busbahnhof. Einfache Zimmer mit Ventilator und Bad, netter Poolbereich, geeignet für die Durchreise. EZ R$30/35, DZ R$70. Zum Haus gehört das Hotel Rocha, ✆ 67/3028 6874, größere DZ mit AC (R$80–90). ❶–❷

€ **Hotel Nacional**, Rua Dom Aquino 610, ✆ 67/3383 2461, 💻 www.hotelnacional pantanal.com.br. Gepflegtes Budget-Hotel mit üppigem Frühstück, Telefon, TV, AC oder Ventilator (Zimmer nahe der Treppe vermeiden). Tipp: Im Souterrain befinden sich 20 kleine, saubere Zimmer mit Ventilator und Gemeinschafts-Bad (EZ R$40, DZ R$60). ❶–❷

Hotel Iguaçu, Rua Dom Aquino 761, ✆ 67/3322 4621, 💻 www.hoteliguacu.com.br. Gepflegtes Hotel mit netter Atmosphäre. Die Zimmer sind mit Fliesen ausgelegt, geräumig, große Bäder. Nach hinten raus ist es ruhiger. ❷

Turis Hotel, Rua Allan Kardec 200, ✆ 67/3382 2461, 💻 www.turishotel.com.br. Fusion aus Design- und Budget-Hotel. Moderne Lobby, schicke Executive-Zimmer und einige ältere, einfache Zimmer mit Laubengang nach hinten raus. Ventilator, AC. ❸

Pousada Dom Aquino, Rua Dom Aquino 1806, ✆ 67/3384 3303, 💻 www.pousadadomaquino.com.br. Nette City-Pousada nahe Geschäftszentrum. Geleitet von zwei Schwestern, die gerne bei der Orientierung helfen (Engl.). Die z. T. geräumigen Zimmer sind zwar nicht sehr schick (Linoleumböden, alte Betten), eine Renovierung war aber in Aussicht. AC, Frigobar. ❸

Hotel Colonial, Rua Allan Kardec 211, ✆ 67/3382 6061. Kleine, aber sehr saubere Zimmer mit AC. Gäste haben Zugang zum reichhaltigen Frühstücksbuffet des Hotel Internacional nebenan. ❸

Hotel Internacional, Rua Allan Kardec 223, ✆ 67/3384 4677, 💻 www.hotelinter metro.com.br. Gutes Hotel mit ausgezeichnetem Preis-Leistungs-Verhältnis. Alles picobello, eine gute Wahl. Die Standardzimmer sind kleiner als die *Luxo,* bieten außer AC und Minibar aber das Gleiche. Die Zimmer im Neubau sind moderner, z. B. Glastüren in der Dusche. ❸–❹

Indaiá Park Hotel, Av. Afonso Pena 354, Amambaí, ✆ 67/2106 1000, 💻 www.indaiahotel.com.br. Wer sich vor oder nach dem Pantanal etwas gönnen möchte, findet hier ein sehr gutes, frisch renoviertes und auch bezahlbares Hotel, mit exzellentem Frühstücksbuffet. Alle 128 Zimmer haben AC, Kabel-TV und Minibar. Restaurant, Pool, Fitnesscenter. 5 % Tax. ❺–❻

Exceler Plaza Hotel, Av. Afonso Pena 444, Amambaí, ✆ 67/3312 2800, 💻 www.bristol hoteis.com.br. Ebenfalls sehr gut; geräumige, moderne Zimmer. In den oberen Etagen Blick auf Campo Grande. Restaurant, schöner Pool mit Sauna. 5 % Tax. ❻–❼

Bahamas Apart Hotel, Rua José Antônio 1117, ✆ 67/3303 9393, 💻 www.bahamasaparthotel.com.br. Moderne, zweigeschossige Wohneinheiten, unten Küche und Stube, oben Schlafzimmer und Bad. Pool und Fitnessraum, Restaurant. ❻–❼

Jandaia Hotel, Rua Barão do Rio Branco 1271, ✆ 67/3316 7700, 💻 www.jandaia.com.br. Wer es ganz fein möchte, steigt hier ab. Klassisches Design, am Wochenende Rabatt. Restaurant, Pool. ❻–❽

ESSEN

In der Rua 13 de Maio befinden sich zahlreiche Cafés und Kneipen. Wie überall im Zentralen Westen liebt man Fleisch, aber auch gezüchteter Kaiman und natürlich Fisch stehen auf der Speisekarte.

Comitiva Pantaneira, Rua Dom Aquino 2221. Gutes regionales Self-Service-Lokal (R$38–43/kg) mit schöner Deko im Fazenda-Stil des Pantanal, auch indianisches Kunsthandwerk, alles sehr nett gemacht. 🕒 Mo–Fr 11–14, Sa, So 11–15 Uhr.

€ **Sabor Enquilo**, Av. Afonso Pena 2223. Sehr gutes Self-Service mit Salaten, Nudeln, Sushi und Fleisch, Nachtisch gratis. Unter der Woche für Männer pauschal R$16, Frauen R$14, So nach Gewicht (R$43/kg). 🕒 tgl. 11–14.30 Uhr.

Casa do Peixe, Rua Dr. João R. Pires 1030, Nähe Praça das Araras. Exzellente regionale Fischgerichte (R$69/2 Pers.). Highlight ist das Rodízio mit 16 Fisch- und Meeresfrüchtevariationen, Salaten und Beilagen für R$63 p. P. Tipp: Nicht zu viel vom Buffet nehmen, das Rodízio ist traumhaft, v. a. die Moqueca und die

Piranha-Suppe. ◷ tgl. 11–14.30, Mo–Sa 18–23 Uhr.

Ceará, Rua Dom Aquino 2249. Traditionelles Fischrestaurant mit weißen Tischdecken und Neonröhren. Aber der Fisch ist wirklich gut, z. B. *Peixe a Urucum* (Filet in Soße aus Tomate, Zwiebeln, Kokosmilch, mit Käse überbacken). R$60–70 für 2 Pers. ◷ Di–So 11–14.30, Di–Sa 18.30–23 Uhr.

Fogo Caipira, Rua José Antônio 145. Gilt als bestes Restaurant der Stadt (Spezialität Carne de Sol) und ist schon wegen des Ambientes mit Garten einen Besuch wert. ◷ Di-Do 11-14, 19-23, Fr 11-15, 19-24, Sa 11-24, So 11-16 Uhr.

Casa Colonial, Av. Afonso Pena 3997. Köstliches Grillfleisch in romantischem Ambiente (R$64/2 Pers.). Mittagsbuffet R$45. ◷ Di–So 11–14.30, Mo–Sa 18.30–24 Uhr.

Fogão de Minas, Rua Dom Aquino 2200. Herzhafte Küche aus Minas Gerais vom Buffet (R$32–38/kg) in rustikalem Interieur. ◷ tgl. 11–14.30 Uhr.

Restaurante do Valle, Av. Calógeras 2126. Ordentliches Buffet für nur R$13 p. P. ◷ Mo–Sa 11–14.30 Uhr.

Delícias do Cerrado, Rua Barão do Rio Branco 1648. Über 40 Eissorten, die Cerrado-Früchte probieren! ◷ tgl. 10–22 Uhr.

NACHTLEBEN

Die junge Studentenstadt Campo Grande ist bekannt für ihr abwechslungsreiches Nachtleben. Um die Av. Afonso Pena 4100 herum ballen sich große Bars und Clubs.

Miça, Av. Afonso Pena 4104. Ab 18 Uhr fließt am Wochenende das Bier aus den 2,5 l fassenden „Biertürmen" (Torre de Chope, R$35), die auf den Tischen platziert werden. Dazu gibt's das volle Futterprogramm von Sushi bis Risotto. Tgl. Live-Musik, So ab 21 Uhr wird an den Tischen Samba getanzt. Wem es zu laut ist, geht gegenüber in die **Bodega**, wo (etwas) weniger los ist. ◷ Mo–Mi 17–2, Do–So 17–4 Uhr.

Barbaquá, Rua Rio Grande do Sul 382. Eine richtig gute Musikkneipe mit tgl. wechselnder Live-Musik (ab 22 Uhr). Am meisten los ist Fr (Rock, Blues, Jazz) und Sa (Samba, Forró). Die gemütlich-rustikale Deko wurde nach Umweltaspekten gestaltet, u. a. mit Holz aus Wiederverwertung. Leckere Caipis, gutes Essen. ◷ Do–Sa 22–3 Uhr, Eintritt R$15–25.

Mercearia, Rua 15 de Novembro 1064. Traditionsbar mit Bordsteinsitzecke und netter Atmosphäre. Die Kellner tragen Schiebermütze und servieren 130 Biersorten und kleine Snacks. ◷ Mo–Fr 17–1, Sa, So 11–20.30 Uhr.

Café Mostarda, Av. Afonso Pena 3958. Bar-Restaurant für jüngeres Publikum, ab Mi ist immer was los. ◷ Mo, Mi, Do 18–1, Fr, Sa 18–3, So 17–1 Uhr.

TOUREN

Auf dem Tourenmarkt herrscht ein harter Wettbewerb. Die meisten Agenturen oder Guides sind bei Embratur nicht registriert, in punkto Qualität, Komfort und Sicherheit gibt es große Unterschiede. Man sollte sich daher mit der Buchung genügend Zeit lassen und im Zweifelsfall für eine schöne Pantanal-Erfahrung lieber etwas mehr ausgeben.

Santa Clara, im neuen Busbahnhof, ✆ 67/3384 0583, 💻 www.pantanalsantaclara.com.br. Touren zur gleichnamigen, bei Backpackern beliebten Pantanal-Pousada (S. 727). ◷ tgl. 6–19 Uhr.

Ecological Expeditions, Rua Joaquim Nabuco 185, ✆ 67/3042 0508. Pantanal-Touren mit Übernachtung in einfachem Camp mit Hängematten und Schlafhütten (3 Nächte ca. R$400–550). Gehört zum Hostel, bei Buchung dort eine Nacht frei.

Explore Pantanal, Pantanal Ranch Meia Lua, Miranda, ✆ 67/9686 9064, 💻 www.explorepantanal.com. Agentur eines brasilianisch-schweizerischen Paares mit großem Angebot an Pantanal-Touren, umweltfreundlich und persönlich (S. 727).

SONSTIGES

Autovermietung

Ein Mietwagen kann eine Option für Bonito-Ausflüge sein, da der Transfer dort zu den Höhlen und Flüssen teuer ist.

Localiza, Flughafen, ✆ 67/3363 1401 (24-Std.-Service); und Av. Afonso Pena 318, ✆ 67/3311 0800. ◷ Mo–Sa 8–20, So 8–14.

Company, Av. Afonso Pena 470, ✆ 67/3026 4545, 🖳 www.companyrentacar.com. Flexibler und günstiger als die großen Anbieter. ⏲ Mo–Fr 7–18.30, Sa 7–12 Uhr.

Einkaufen

Casa do Artesão, Av. Calógeras 2050. Kunstgewerbe (auch indianisches) und schöne Handarbeiten in einem Haus von 1918 mit originalem Steinfußboden. Zeitweise auch Ausstellungen. ⏲ Mo–Fr 8–18, Sa 8–12 Uhr.

Geld

Banco do Brasil, Av. Afonso Pena 2202, und **HSBC**, Av. Afonso Pena 846 und 2440. ⏲ alle Mo–Fr 11–16, Geldautomat 6–22 Uhr (alle Karten). **24-Std.-Geldautomat** (alle Karten) in der Drogaria Alvorada, Av. Afonso Pena/Rua Rui Barbosa.
Geldwechsel: **Campo Grande Câmbio & Turismo**, Rua 13 de Maio 2470. ⏲ Mo–Fr 8–17, Sa 8–12 Uhr.

Gepäckaufbewahrung

Für einen Abstecher in den Pantanal/Bonito sollte man nicht das gesamte Gepäck mitschleppen. Einige Hotels sind zur Aufbewahrung bereit, außerdem möglich in der Rodoviária (R$4 pro Stück/24 Std., max. 30 Tage).

Informationen

Centro de Atendimento ao Turista (CAT), Morada dos Baís, Av. Noroeste 5140, ✆ 67/3314 9968, 🖳 www.pmcg.ms.gov.br. Kundig und zuvorkommend, Infos zum Pantanal, Stadtplan. Im Haus befindet sich ein Kulturzentrum (wechselnde Kunstausstellungen). ⏲ Di–Sa 8–18, So 9–12 Uhr.
Informationskioske auch am **Flughafen**, ✆ 67/3363 3116, ⏲ tgl. 6–24 Uhr, und in der neuen **Rodoviária**.

Internet

Cyber Central, Av. Afonso Pena 2081. R$3. ⏲ Mo–Fr 8–18, Sa 9–15 Uhr.

Medizinische Hilfe

Hospital Sírio Libanês, Av. Afonso Pena 2419, ✆ 67/3041 5255.

Reisebüro

Impacto Turismo, Rua Sleiman Abdalla 191, ✆ 67/3325 1333, 🖳 www.impactoturismo.com.br. Flugtickets und Touren. ⏲ Mo–Fr 8–17.30 Uhr.

NAHVERKEHR

Bus *080 Gal. Osório/Aerorancho/Circular* pendelt entlang der Av. Afonso Pena zwischen Terminal Bandeirantes und Terminal Aerorancho. Alternativ auch Bus *082* mit dem Ziel Shopping Center. Busse mit der Aufschrift „TVE" fahren zum Parque das Nações Indígenas, Busse *087* und *061* zur neuen Rodoviária (R$2,85).
Radiotaxi, ✆ 67/3387 1414. ⏲ 24 Std.
Vom Zentrum zum Flughafen ca. R$20, von der neuen Rodoviária zum Flughafen R$35–40.
Campo Grande Moto-Taxi, Rua Dom Aquino 69, ✆ 67/3325 2001. ⏲ 24 Std.

TRANSPORT

Flüge

Aeroporto Internacional, Av. Duque de Caxias (7 km), ✆ 67/3368 6000.
Fluggesellschaften: **Avianca**, ✆ 0800/286 6543; **Azul**, ✆ 0800/884 4040; **Gol**, ✆ 0800/704 0465; **TAM**, ✆ 0800/570 5700; **Trip**, ✆ 0800/722 8747.

Busse

Die Stadt hat seit 2010 eine neue **Rodoviária**, Av. Gury Marques, BR 163, Universitário, ✆ 67/3313 8700.
Bonito: Cruzeiro do Sul, ✆ 67/3321 8797, tgl. 7, 9, 15, 15.30, 18 Uhr, 5 Std., R$60.
Corumbá (über **Miranda**): Andorinha, ✆ 67/3389 3710, 🖳 www.andorinha.com (Fahrkartenkauf über das Internet), 11x tgl. bis 24 Uhr, 6/3 Std., R$82/43. Wichtig: Wer vom Buraco das Piranhas einen Bus zurück nach Campo Grande nehmen will, muss das Ticket vorher kaufen; der Bus hält nicht an, wenn er voll ist.
Cuiabá: Andorinha, Eucatur, ✆ 67/3901 2470, Ouro e Prata, ✆ 67/3324 9885, und Motta, ✆ 67/4009 9898; 14x tgl. bis 23 Uhr, 10–14 Std., R$92–106.
Foz do Iguaçu: Medianeira, ✆ 67/3382 7235, und Nova Integração, ✆ 67/3901 2470, tgl. 19.10 und 22.25 Uhr, 12–14 Std., R$118–126.

Goiânia: São Luiz, ✆ 67/3321 1890, tgl. 15.30 und 20 Uhr, 14–16 Std., R$142.
Miranda: Expresso Mato Grosso, ✆ 67/3324 2263, tgl. 6, 10, 12, 15.30 Uhr, 3 1/2 Std., R$42.
Rio de Janeiro: Andorinha, tgl. 10.15 und 15.30 Uhr, 24 Std., R$208.
São Paulo: Andorinha und Motta, 11x tgl. bis 23 Uhr, 14 Std., R$150.

Südlicher Pantanal

Miranda

Miranda ist eine freundliche Kleinstadt mit einer recht guten touristischen Infrastruktur, von der aus sowohl der Pantanal wie auch die Bonito-Region im Süden zugänglich sind. Und zentraler könnte die Lage wirklich nicht sein, denn sowohl nach Campo Grande, als auch nach Bonito und Corumbá fährt man per Bus je knapp drei Stunden.

Ein beliebtes Zentrum am Abend ist die parallel zum Eisenbahngleis verlaufende Av. Afonso Pena, an der sich ein Dutzend regionaler Imbissstände aufreiht. In der Umgebung der Stadt befinden sich ausgezeichnete Hotels und Fazendas.

ÜBERNACHTUNG UND ESSEN

Hotel Querência, Rua General Câmara 405, ✆ 67/3242 1045, 💻 www.hotelquerencia.com.br. Recht einfaches Hotel, die besseren Zimmer liegen im Neubau (etwas teurer). Restaurant mit Mittagsbuffet für R$17 *(all you can eat)* inkl. Nachtisch. WLAN gratis. ❸
Pousada Águas do Pantanal, Av. Afonso Pena 367, ✆ 67/3242 1242, 💻 www.aguasdopantanal.com.br. Plüschiges Hotel mit Pflanzen und einem Wohnzimmer wie bei Omi in der Stube. Große Zimmer mit vielen Betten, stilistisch etwas fragwürdig, doch nett. Pool im Innenhof. Reiseagentur, kostenloser Transfer zum Busbahnhof. WLAN gratis ❹
Pantanal Hotel, Av. Barão do Rio Branco 609, ✆ 67/3242 1068, 💻 www.pantanalhotel.com.br. Saubere und ruhige Zimmer (AC, Frigobar) in unterschiedlichen Größen. Pool. WLAN gratis. ❹
Pantanal, Rua Barão do Rio Branco 573. *All-you-can-eat*-Buffet mit Churrasco für R$18. ⏲ tgl. 10.30–15 Uhr.
Anjos da Gula, Av. Afonso Pena 562. Nettes Open-Air-Restaurant in günstiger Lage am Bahngleis. Man trinkt ein eiskaltes Bier und isst dazu *Isca de Pintado* (R$20) oder eine Fisch-Lasagne (R$25). ⏲ Di–So 18–24 Uhr.

Hotel-Fazendas in der Nähe von Miranda

Pantanal Ranch Meia Lua (15 km), ✆ 67/9686 9064, 💻 www.pantanalranchmeialua.com. Hübsche, sehr persönlich und familiär geführte Pousada von Mirjam und Marcello, den Betreibern der Agentur Explore Pantanal (Kasten S. 727). Die Pousada hat 8 Zimmer (AC, Ventilator) und einen Pool. DZ R$560/VP inkl. 2 Touren/Tag mit mehrsprachigen Guides (Reiten, Mountainbike, Vogelbeobachtung, Fotosafari, Aussichtsturm). WLAN gratis.
Fazenda Baía Grande (18 km), ✆ 67/9984 6658, 💻 www.fazendabaiagrande.com.br. Echtes Fazenda-Feeling (1800 ha), Veranda mit Hängematten und Aussicht auf einen großen See. Rustikale Zimmer (AC, Ventilator), Moskitonetze, Warmwasser. Schönes Wohnzimmer mit TV. Pool. DZ R$640/VP inkl. 2 Touren/Tag, u. a. Fotosafari, Vogelbeobachtung, Angeln, Reiten. Teilnahme am Vieheintrieb möglich. Sehr freundlich und persönlich, der Besitzer spricht Englisch. WLAN gratis.
Hotel-Fazenda 23 de Março (36 km), ✆ 67/9997 2303, 💻 www.fazenda23demarco.com.br. Traditionelle, sehr persönliche Fazenda (6500 ha) mit reicher Tier- und Pflanzenwelt. Die Gäste werden in das Fazenda-Leben einbezogen und können auf dem Bauernhof mithelfen. Auf dem Gelände lebt eine Kolonie von Wasserschweinen. Gemütliche Zimmer (AC, Ventilator) mit Moskitonetz, Pool. DZ R$560/VP inkl. 2 Touren/Tag (Wanderungen, Safari, Angeln, Nightspotting).
Refúgio da Ilha (38 km), ✆ 67/3306 3415, 💻 www.refugiodailha.com.br. Sehr beliebte und persönlich geführte Fazenda mit herrlichem Blick auf den Rio Salobra, einen der schönsten Flüsse des Pantanal mit kristallklarem Wasser. Komfortable Zimmer (AC).

Reiten, Wandern, Nachtsafari und Bootstouren. DZ R$810/VP inkl. 2–3 Ausflüge/Tag (mind. 3 Nächte). Englischsprachiger Guide R$200/Tag.

Refúgio Ecológico Caiman (42 km), ✆ 67/3242 1450, 💻 www.caiman.com.br. Eine der teuersten Fazendas im Pantanal (DZ R$1500/VP), die in die Kritik gelangte, als man auf dem Gelände großflächig Wald vernichtete. Das Ein- und Auschecken ist nur Do/So möglich (Nov–April geschl.).

Hotel Fazenda do Betione, Bodoquena (70 km), ✆ 67/9912 2666, 💻 www.hotelfazendadobetione.tur.br. Sehr schöne Hotel-Fazenda, die bereits im Cerrado-Ökosystem liegt. Es gibt 4 km Wanderwege (3 Std.), Hängebrücken führen durch den Urwald zu 13 Wasserfällen; am schönsten ist der 15 m hohe Cachoeira do Pedrossian mit Badeteich und Holzdeck zum Sonnenbaden. Unterwegs sind Wildschweine, Wasch- und Ameisenbären zu sehen. Große, von Blumen umrankte Chalês, die von putzigen Kapuzineräffchen besucht werden. DZ R$428/VP. Day-use R$90 mit Wanderung, Mittagessen und Poolbenutzung. Reitausflüge.

Hotel-Fazendas an der Estrada Parque

Pousada Santa Clara, 22 km vom Buraco das Piranhas, ✆ 67/9612 3500, 💻 www.pousadasantaclara.com.br. Sehr nette Pousada, die v. a. beim jüngeren Publikum beliebt ist, u. a. mit Pool, Billard, Tischtennis. 700 m vom Haupthaus befindet sich ein Camp am Ufer des Rio Abobral mit Lagerfeuerstelle. Pakete mit 3 Übernachtungen inkl. 2 Ausflüge/Tag (Reiten, Fischen, Wandern etc.): Camping R$400, Dorm R$650 p. P., DZ R$750 p. P. Englischsprachige Guides. Abholung ab Buraco das Piranhas (tagsüber gratis).

Fazenda Xaraés, 29 km vom Buraco das Piranhas, ✆ 67/9906 9272, 💻 www.xaraes.com.br. Geschmackvolle, großzügig angelegte Fazenda an der Estrada Parque. Nette Zimmer, alle mit Minibar und TV, schönes Esszimmer, Gemeinschafts-Kaminzimmer. Umfangreiches Tourenangebot: Kanu, Reiten, Safari, Nachtsafari, Wanderungen. Abholservice ab Buraco das Piranhas (R$70 p. P.). Internet, Tennisplatz, Pool. DZ R$600/VP (ohne Transport).

Weiter entfernte Hotel-Fazendas

Die folgenden Fazendas liegen bereits tiefer im Pantanal. Anreise in der Trockenzeit mit Jeep (R$1000 bis 4 Pers.), in der Regenzeit mit Kleinflugzeug ab Campo Grande (R$2250 oneway bis 5 Pers., 60–70 Min.) oder auch ab Aquidauana (ca. R$1250 bis 5 Pers., 30–50 Min.), zu buchen über Agenturen oder die Fazendas.

Fazenda Baía das Pedras, ✆ 67/3382 1275, 💻 www.baiadaspedras.com.br. Schöne Pousada im Pantanal von Nhecolândia, mit viel Komfort (AC) und sehr persönlich geführt. Es gibt alle üblichen Touren, besonders zu empfehlen sind Reitausflüge durch die über-

Umweltfreundliche Pantanal-Touren

Die Agentur **Explore Pantanal** der Schweizerin Mirjam und des Brasilianers Marcello Yndio (ein Kadiwéu-Indianer) bietet ein reichhaltiges Pantanal-Programm an, darunter **Adventure-Touren** in touristisch unerschlossene Gebiete mit Zelten im Wald oder auf komfortableren Fazendas (4–8 Tage). Enthalten sind tägliche Ausflüge: Fischen, Wandern, Reiten, Nachtwanderungen u. v. m. Weiterhin **Jaguar-Tracking** (mind. 4 Tage per Boot und zu Fuß) und mehrtägige Bootstouren auf dem Rio Miranda (unterwegs Naturwanderungen).

Die Agentur organisiert Fazenda-Aufenthalte im Süd-Pantanal auch in Kombination mit Bonito (inkl. Transport). Alle Gäste werden persönlich betreut, viel Wert wird auf Sicherheit gelegt. Marcello Yndio zählt zu den besten Pantanal-Guides und kann alles zur Tierwelt oder zur Heilwirkung der Pflanzen erklären. Auch die anderen eingesetzten Guides sprechen Englisch. Kontakt:

Explore Pantanal, Pantanal Ranch Meia Lua, 15 km von Miranda, ✆ 67/9686 9064, 67/9682 9456, 💻 www.explorepantanal.com. Am besten schon vor Anreise kontaktieren, Buchung von Europa aus möglich.

fluteten Schwemmgebiete (ab März). DZ etwa R$924/VP inkl. 2 Ausflüge/Tag, Guide (Englisch) R$180/Tag. Anreise s. oben (Flugpreise ca. R$200–300 teurer). Jan/Feb geschl.

Hotel Barra Mansa, ✆ 67/9912 8918, 💻 www.hotelbarramansa.com.br. Schön gelegene Pousada direkt am Rio Negro in einer amphibischen Landschaft; Ausflüge mit Pferd, Boot, Kanu und zu Fuß, Safariausflüge und Angeln. Mitarbeit auf der Fazenda ist möglich. Sie befindet sich im Besitz der Familie des Marschalls Rondón, die sich sehr im Umweltschutz engagiert. DZ R$890/VP inkl. 2 Touren/Tag. Englischsprachiger Guide R$200/Tag. WLAN gratis.

SONSTIGES

Geld

HSBC, Rua do Carmo 23. ⌚ Mo–Fr 9–14, Geldautomat 6–22 Uhr (alle Karten).

Rundflüge

ATT Aerotur, Rua Dinarte A. Moreira 71, Aquidauana, ✆ 67/3029 9523, 💻 www.attaerotur.com. Kommandant Amadeu ist einer der erfahrensten Piloten des Pantanal. Aus der Vogelperspektive sieht die amphibische Landschaft noch spektakulärer aus. Rundflüge oder Destinationen nach Vereinbarung, Preis auf Anfrage. Auch über Agenturen buchbar.

Touranbieter

Águas do Pantanal, Av. Afonso Pena 367, ✆ 67/3242 1242 (24 Std.), 💻 www.aguasdopantanal.com.br. Alteingesessener Touranbieter für Süd-Pantanal, Bonito und Serra da Bodoquena.

TRANSPORT

Rodoviária, Rua 7 de Setembro, 1 km vom Zentrum (Taxi R$10, Mototaxi R$5).
Bonito: Cruzeiro do Sul, ✆ 67/3242 1060, Mo–Sa 17 Uhr, 3 Std., R$26.
Campo Grande: Andorinha, ✆ 67/3242 1409, und Expresso Mato Grosso, 13x tgl. bis 21 Uhr, 3 Std., R$38–50.

Corumbá: Andorinha, 9x tgl. bis 20.40 Uhr, 3–3 1/2 Std., R$42–50

Bonito

Das Gebiet der karstigen Grotten, Flüsse und Wasserfälle südlich des Pantanal hat in den letzten 20 Jahren einen rasanten Aufstieg als **Ökotourismus-Ziel** erlebt. In der Gegend lassen sich Hunderte von Wasserfällen, Seen und Flüsse mit glasklarem Wasser und mahr als 80 Höhlen entdecken. Die sogenannte *Flutuação,* also das kilometerlange Sich-Treiben-Lassen mit Schnorchel und Maske auf einem dieser Flüsse, unterwegs Aug in Auge mit bunten Fischen, ist zum Symbol der Bonito-Region geworden. Die örtliche Tourismusbehörde hat dabei äußerst strenge Regeln erlassen. An den meisten Stätten gilt eine Besucherbegrenzung; die Begleitung durch einen Führer ist häufig obligatorisch. Was für die Natur ein Gewinn ist, hat für den Besucher praktische Auswirkungen, denn wer zu den touristischen Stoßzeiten kommt, muss die beliebtesten Touren schon weit im Voraus buchen.

Auf eigene Faust Touren zu den Zielen zu unternehmen, ist nur mit Mietwagen oder Mototaxis sowie einen im Vorwege bei einem der zahlreichen Touranbieter erworbenen Voucher möglich (nur bei den Balneários ist dies nicht nötig) – im Besichtigungspreis der Agenturen ist der Transfer meist nicht enthalten.

Als bester Besuchsmonat zum Tauchen gilt allgemein der Juli – bis das Wasser zum Jahresende wieder seinen Tiefstand erreicht hat. Angeln ist in dieser Region verboten. In der Regenzeit von Februar bis April sind manche Orte nur schwer erreichbar.

Der **Ort Bonito** (20 000 Einw.), von dem aus das gesamte Gebiet erschlossen wird, ist recht unspektakulär, bietet aber eine vollständige Infrastruktur. Auch hat man in den letzten Jahren damit begonnen, das Zentrum zu verschönern, so wird der Hauptplatz inzwischen von zwei überdimensionalen Fischen geziert: dem Wappentier Piraputanga. Noch ein Hinweis: Im Winter kann es abends sehr kühl werden, deshalb sollte man sich dann eine warme Jacke mitbringen.

ÜBERNACHTUNG

Alle genannten Unterkünfte bieten WLAN kostenlos.

Bonito Hostel (HI), Rua Dr. Pires 850, ✆ 67/3255 1462, 💻 www.ajbonito.com.br. Beliebtes Hostel mit 6er-Dorms (R$35–46), DZ (R$100–120), Camping (R$25 p. P.). Pool, Tourenorganisation (Rabatt für HI-Mitglieder auf einigen *Passeios*). Außerhalb des Zentrums, mit Mountainbike-Verleih (ab R$20/Tag). ❶–❷

Hostel Beija Flor, Rua Luiz da Costa Leite 1028. Kleines Hostel mit Dorms (R$35 p. P.) und DZ (R$82). Alles ist sehr sauber, eigenes Bad und AC. Die Schweizer Besitzerin Brigitte spricht Deutsch. Küchenbenutzung. ❷

Hotel Muito Bonito, Rua Cel. Pilad Rebuá 1444, ✆ 67/3255 1645, 💻 www.muitobonito.com.br. Netter Traveller-Treff. Rustikale Zimmer mit guten Matratzen, sehr gepflegt. Einige Zimmer haben Veranda und Hängematte. ❷

€ **Pousada Jarinu**, Rua 24 de Fevereiro 1895, ✆ 67/3255 2094, 💻 www.pousadaranchojarinu.com.br. Pousada im Ranch-Stil mit rotem Backstein und viel Holz. Saubere Zimmer, ein kleiner Wasserfall im Hof sorgt für ruhige Stimmung. ❸

Pousada Gira Sol, Rua Pércio Schamann 710, ✆ 67/3255 2677, 💻 www.girasolbonito.com.br. Freundliche Pousada im Zentrum, die 12 großen und gepflegten Zimmer haben Veranda und

Blick in den Garten. Organisation von Touren (eigene Agentur). Kleiner Pool. ❸

Hotel Pousada Solar do Cerrado, Rua das Camélias 135, ✆ 67/3255 1973, 💻 www.solardocerrado.com.br. Nette bunte Chalês. Trumpf ist der hübsche Garten mit einem Embaúba-Baum, in dem sich abends Tukane versammeln. Pool mit Holzdeck. ❸–❹

Pousada Olho D'Água, Straße nach Três Morros, KM 1 (3 km vom Zentrum), ✆ 67/3255 1430, 💻 www.pousadaolhodagua.com.br. Mini-Fazenda am Ortsrand. Backstein-Chalês mit komfortablen Zimmern, geräumig und hübsch dekoriert. Pool. Restaurant. 10 % Tax optional. ❹

Pousada Remanso, Rua Cel. Pilad Rebuá 1515, ✆ 67/3255 1137, 💻 www.pousadaremanso.com.br. Nette Pousada, zentrale Lage, mit 21 Zimmern. Kleiner Garten, viel Grün. ❹–❺

Pousada Chamamé, Rua Miguel Aivi 298, ca. 15 Gehmin. vom Zentrum, ✆ 67/3255 2275, 💻 www.pousadachamame.com.br. Hübsch gestaltet, großer Garten mit Pool. ❹–❺

Hotel Pirá Miúna, Rua Luís da Costa Leite 1792, ✆ 67/3255 1058, 💻 www.piramiunahotel.com.br. Imposante Holzkonstruktion mit viel Backstein, oben nettes Sonnendeck mit Blick auf Pool. Die Zimmer sind etwas klein. ❺–❻

Hotel Águas de Bonito, Rua 29 de Maio 1679, ca. 15 Gehmin. vom Zentrum, ✆ 67/3255 2330, 💻 www.aguasdebonito.com.br. Charmanteste Pousada im Ort. Geschmackvolle Deko, große Zimmer in hellen Farben mit liebevollen Details. Toller Garten mit Palmen, Pool, Kinderspielplatz, Sauna und Fitnessraum. 17 Uhr kostenloses Vorabendbuffet; Restaurant. Touren über hauseigene Agentur. ❻–❼

Wetiga Hotel, Rua Cel. Pilad Rebuá 679, ✆ 67/3255 1699, 💻 www.wetigahotel.com.br. Vorzeigehotel der Stadt, jedoch mit Hauch von Bettenburg. Das Wort *Wetiga* (sprich *Ue-tchi-ha*) bedeutet Stein, Markenzeichen sind aber die wuchtigen Säulen aus Aroeira-Holz. Pool, Restaurant. Zum Zentrum mit Taxi oder Mototaxi. ❼

ESSEN UND NACHTLEBEN

Eine der Spezialitäten in Bonito ist das fettarme Kaimanfleisch (Jacaré), das in jedem Restaurant von Sandwich bis Moqueca auf den Teller kommt. Hier wäre also der geeignete Ort, um sich mal an dem Reptil zu versuchen.

O Casarão, Rua Cel. Pilad Rebuá 1835. Wer den Fisch der Region kennen lernen möchte, ist hier richtig: abends Rodízio mit 7 Sorten Fisch plus Kaiman (R$49 p. P.). Mittags gutes Buffet mit Regionalküche (R$25 p. P.). 🕒 tgl. 11–15, 18.30–23 Uhr.

Cantinho do Peixe, Rua Cel. Pilad Rebuá 1437. Wunderbar zarter Flussfisch, u. a. Pintado-Filet *(à Moda da Casa)*, Dourado oder Pacu ab R$50/2 Pers. 🕒 Do–Di 11–15, Mo–Sa 18–23 Uhr.

Santa Esmeralda, Rua Cel. Pilad Rebuá 1831. Gemütliches Restaurant im Herzen der Stadt. Nudeln, Fisch und Fleisch, dazu ein guter Wein. 🕒 Di–So 11–14.30, 18–24 Uhr.

Tapera, Rua Cel. Pilad Rebuá 1961. Ein echtes Traditionslokal und das einzige in Bonito, das noch von Einheimischen geleitet wird und wo der Besitzer selbst am Herd steht. Hauptgerichte à la carte ab R$26. 🕒 tgl. 11–14.30, Mo–Sa 19–22 Uhr.

Sale & Pepe, Rua 29 de Maio 971. Nettes Bar-Restaurant mit Salaten, Fisch und sogar chinesischer und japanischer Küche (Yakisoba R$23). 🕒 Di–So 18.30–23 Uhr.

Restaurante da Vovó, Rua Sen. Filinto Muller 570. Hier kocht die (43-jährige) Oma persönlich. Gute Hausmannskost (R$35/kg oder R$24 pauschal). 🕒 tgl. 11–16 Uhr.

Taboa Bar, Rua Cel. Pilad Rebuá 1837. Traditionsbar, berühmt für den hausgemachten Cachaça. Der beste Ort für ein eiskaltes Skol nach einem Tag in der Natur. Es gibt auch gutes Essen (Tipp: *Jacaré a Moda Taboa*, Kaiman in Kokosmilch mit Ananas, R$75). Abends Live-Musik (Couvert R$4). 🕒 tgl. 16–3 Uhr.

Casa do João, Rua Cel. Nelson F. dos Santos 664. In einem schönem Ambiente isst man frischen Traíra an Pfeffersoße (R$60/2Pers.). Für alle, die es noch nicht wussten: Traíra ist (natürlich) ein Flussfisch. 🕒 Mi–Mo 11–14.30, 18–23.30 Uhr.

Tentação Sorvetes, Rua Cel. Pilad Rebuá 1866. Gute Eisdiele mit großer Auswahl, u. a. Cerrado-Früchte. 🕒 tgl. 13–23 Uhr.

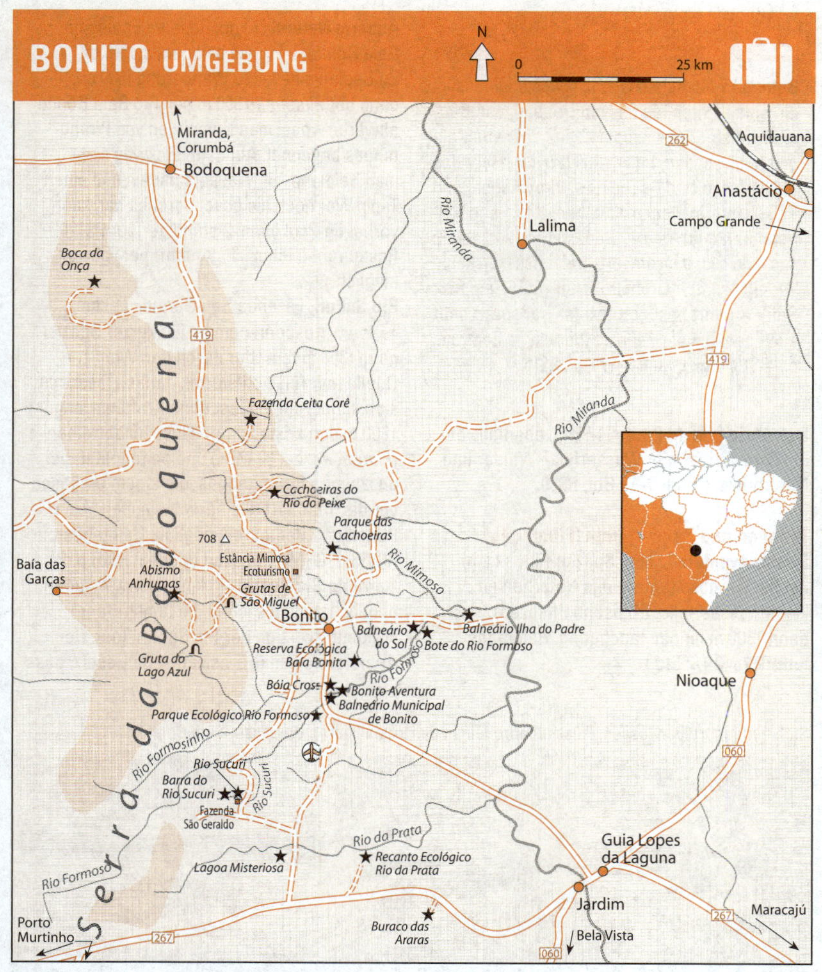

TAGESAUSFLÜGE

Touristen haben die Qual der Wahl. Von Bonito aus werden rund 40 Touren *(Passeios)* angeboten. Dabei ist man auf die Agenturen angewiesen, weil sie – bis auf die Besuche in den Balneários – auf Privatgebiete der Fazendeiros führen, die den Tourismus als Einnahmequelle entdeckt haben. Jede Tour muss mind. einen Tag im Voraus gebucht werden. Hierfür erhält man einen Voucher, der zu Beginn des Ausflugs vorzuweisen ist. Alle angegebenen Preise sind ohne Transport und beziehen sich auf die Nebensaison (von Dez–Feb sowie Juli und an Feiertagen bis zu 30 % teurer).

Öffentlich zugängliche Badestellen

Balneário do Sol (12 km), Badeort am Sandufer des Rio Formoso (viele Fischarten) mit Naturpools und Wasserfällen. 🕒 tgl. 8–18 Uhr, R$30.

Schönes Naturfreibad

Balneário Municipal (7 km), schön und günstig: ein entspannter Tag im Naturfreibad; von Bäumen umstandene Liegewiese, Volleyballfeld und Imbissbuden. Im kristallklaren Wasser des Rio Formoso sind Fische (v. a. Piraputanga) und Kalksteinformationen zu sehen. Holzwege führen durch den Wald zu Badestegen, von denen aus man sich flussabwärts treiben lassen kann. Verleih von Schnorchelzubehör (R$10/Tag, R$8/Std.). Anfahrt per Mototaxi (s. Transport) oder auch bequem per Fahrrad (Verleih im Zentrum, ca. R$15/Tag). ⌚ tgl. 8–17 Uhr, R$15.

Balneário Ilha do Padre (12 km), ebenfalls am Rio Formoso, es gibt Wasserfälle, Wälder und Naturpools. ⌚ tgl. 8–19 Uhr, R$30.

Tauchen und Schnorcheln (Flutuação)

Bonito Aventura (7 km), Spaziergang (2 km) am Rio Formoso (unterwegs Naturhöhlen, kleine Wasserfälle, tropische Pflanzen), dann 1500 m langer Tauchgang. Halbtagestour R$75 (2 1/2 Std.).

Aquário Natural (7 km), Reserva Ecológica Baía Bonita, 💻 www.baiabonita.com.br. Zu Beginn eine kurze Wanderung (500 m), dann per *Flutuação* 800 m den Rio Baía Bonito abwärts, wobei man Unmengen von Piraputangas begegnet. Auf dem Rückweg sieht man Kaimane, ein Wasserschwein und einen Tapir. Wer noch nie geschnorchelt hat, kann vorher im Pool üben. 2-stündige Tour R$120. Restaurant (nicht inkl.). Anfahrt per Fahrrad möglich.

Rio Sucuri, Fazenda São Geraldo (18 km), 💻 www.riosucuri.com.br. Ein kurzer Spaziergang (300 m) am Ufer durch den Wald zur Quelle (mit Aussichtsturm), danach lässt man sich schnorchelnd fast ohne Kraftanstrengung 1800 m den kristallklaren Fluss hinabtreiben (*Flutuação*, ca. 50 Min.) und begegnet dabei unzähligen Piraputangas, die einem praktisch vor der Taucherbrille herschwimmen. Auch Reiten und Radtouren möglich. Halbtagestour R$113 p. P. (Mittagessen optional R$26 p. P.).

Barra do Rio Sucuri (18 km), 💻 www.sucuri.com.br. Ist ein bisschen die (umstrittene) Freibeuterversion der Rio Sucuri-Tour. Der Anbieter nutzt das brasilianische Gesetz, dass

Sich einfach treiben lassen: Flussschnorcheln in den kristallklaren Gewässern um Bonito

Flüsse Gemeingut sind, man darf aber nicht das Land des Fazendabesitzers betreten. So fährt man paddelnd mit einem Boot den Fluss hinauf und lässt sich dann 1300 m mit Schnorchel wieder abwärts treiben (R$79).

Recanto Ecológico Rio da Prata (56 km), Hauptausflugsziel von Bonito. Alle 30 Min. startet eine Gruppe, Wanderung durch den Wald (viele Orchideen und Bromelien), danach Schnorcheln im kristallklaren, 24 °C warmen Wasser des Rio Olho D'Água. Man treibt den ruhigen Fluss mit der Strömung 2400 m flussabwärts *(Flutuação,* ca. 1 1/2 Std.), dabei sind Piraputangas, Dourados und Pintados zu sehen, Stromschnellen liefern den zusätzlichen Adrenalinkick, zudem muss man über Felsen und umgestürzte Bäume schwimmen (Gesamtdauer 4 Std., R$150, inkl. Mittagessen). Im Anschluss ist ohne Anmeldung Reiten auf der Fazenda möglich (R$45 p. P., 1 1/2 Std.), Aufenthalt bis 18 Uhr. Wegen der Nähe bietet es sich an, den Ausflug mit dem **Buraco das Araras** (S. 733) zu kombinieren.

Wandern, Wasserfälle und Bootstouren

Bote do Rio Formoso (13 km), Rafting *light*, man fährt mit Gummibooten zur 6 km entfernten Ilha do Padre, vorbei an Wasserfällen und Stromschnellen. Halbtagestour ca. R$79.

Estância Mimosa (24 km), leichte Wanderung (3 km) auf einem präparierten Pfad durch den Wald am Rio Mimoso, unterwegs acht kleinere Wasserfälle mit Naturpools (Bademöglichkeit). Spaß macht ein Sprung von dem 7 m hohen Turm ins glasklare Wasser. Sehr engagierte Besitzer. Vor und nach der Tour exzellentes regionales Essen in einer Fazenda (R$28). Reitmöglichkeit. Tagestour R$74.

Fazenda Ceita Corê (36 km), Wanderung (3 Std.) durch ein 4000 ha großes Gelände inmitten alter Bäume; Wasserfälle mit Bademöglichkeit. Tagestour R$111, inkl. Mittagessen auf einer Fazenda.

Trilha Ecológica da Boca da Onça, Fazenda Boca da Onça (58 km), 💻 www.bocadaonca.com.br. Auf einem hervorragend präparierten Naturwanderpfad (5 km, 4 Std.) durch den Wald am Rio Salobra kommt man an einer Serie spektakulär schöner Wasserfälle vorbei, wie dem 30 m hohen Cachoeira da Anta. Bademöglichkeiten an vier Stellen, das erste erfrischende Bad wird nach etwa 45 Min. erreicht: Um zu dem 11 m hohen Wasserfall Buraco do Macaco zu gelangen, muss man jedoch erst durch eine flache Fledermaushöhle hindurch tauchen (bei Hochwasser gesperrt). Zum Schluss gelangt man zum Cachoeira Boca da Onça, dem mit 156 m höchsten Wasserfall in Mato Grosso do Sul, von dessen Sonnendeck man sich gar nicht losreißen möchte. Tagestour R$135. Mit Abseil-Möglichkeit. 🕒 tgl. 8–18 Uhr.

Das Loch der Alligatoren

Die Schlucht **Buraco das Araras** (60 km) wurde 1912 entdeckt: ein gigantischer Einbruch mit 160 m Durchmesser, 500 m Umfang und einer Tiefe von 126 m, am Grund ein See. Nachmittags hängt eine große Anzahl von roten Aras in den Steilwänden, deswegen der Name „Loch der Aras". Man könnte es jedoch auch „Loch der Alligatoren" nennen, denn seit geraumer Zeit lebt hier ein isoliertes Jacaré-Paar. Es ernährt sich vor allem von Vögeln, die zum Trinken hinab fliegen, aber auch der eigene Nachwuchs steht auf dem Menü. Pro Jahr gebiert das Weibchen zweimal je ca. 40 Junge, die nacheinander von den Eltern gejagt und verspeist werden. Grund für das vermeintlich grausame Verhalten ist Platzmangel. Nach drei Monaten können die Heranwachsenden nicht aus der Falle, der normale Zyklus, die Eltern zu verlassen, ist unmöglich. Vom Aussichtspunkt sind die Alligatoren manchmal zu sehen, wie sie in der Sonne dösen. Das Abseilen hinunter ist aus Sicherheitsgründen nicht mehr möglich. 🕒 tgl. 8–17 Uhr, Eintritt R$38.

Grotten

Grutas de São Miguel (18 km), Zugang zur Grotte über eine 200 m lange Hängebrücke. In der Haupthöhle Stalagtiten und Stalagmiten sowie Eulen- und Fledermausnester. 90-minütige Tour R$36.

Gruta do Lago Azul (20 km), vermutlich 1924 von Terena-Indianern entdeckt und 1978 zum

Abismo Anhumas – ab in den Schlund

Wer sich in den Schlund dieser eindrücklichen Höhle vorwagen will, muss am Vorabend erst mal seine Fitness unter Beweis stellen: Abseilen und wieder Hochangeln am Seil werden geübt. Die Betreiber nehmen es mit der Sicherheit der Teilnehmer sehr ernst und alles ist auf internationalem Standard (auch der Preis). Dem Mutigen offenbart sich beim spektakulären 72 m-Abseilen eine Höhle, die Ihresgleichen sucht. Hier unten wird in kristallklarem Wasser geschnorchelt oder getaucht und/oder es werden mit dem Gummiboot die Stalagtiten/-miten bestaunt. Doch unter Wasser liegt der wahre Schatz von Anhumas: Eine Ansammlung von spektakulären „Cones", Unterwasserformationen die sich durch Kalkablagerungen über Jahrmillionen geformt haben, darunter der größte bekannte Cone der Welt. Nach 3–4-stündigem Aufenthalt in der Höhle folgt das Unvermeidliche: der schweißtreibende Aufstieg am Seil zurück nach oben (30–45 Min.). Preis für Schnorchler R$465, Taucher R$650. Tipp: Einen Snack und Pulli/Jacke mitbringen. Auch lange Socken oder Hosen sind wegen der Reibung des Seiles zu empfehlen.

historischen Wahrzeichen erklärt. Die Grotte entstand durch Wasserbewegung auf dem Kalkstein; man fand Säugetier-Fossilien (6000–10 000 Jahre). Nach einem zum Teil glitschigen Abstieg von ca. 100 m erreicht man einen bläulichen See (90 m tief). Aufenthalt in der Grotte ca. 1 1/2 Std. (R$36). Festes Schuhwerk ist Pflicht, Kinder erst ab 5 Jahren.

Touranbieter

Die unzähligen Agenturen haben alle die gleichen Preise. Auch die Hotels organisieren Ausflüge. Der Unterschied liegt im Wesentlichen in der Qualität der Beratung.
Ygarapé Tour, Rua Cel. Pilad Rebuá 1853, ✆ 67/3255 1733, 💻 www.ygarape.com.br. Seriös und gut sortiertes Equipment. Alle Ausflüge, Spezialitäten Höhlentauchen und Rafting. Organisiert auch Transfers. Einige Mitarbeiter sprechen Englisch. 🕒 tgl. 7–22 Uhr.

SONSTIGES

Feste

In der letzten Juliwoche findet das **Festival de Inverno** (Winterfestival) statt. Neben Straßentheater und Filmen zu ökologischen Themen geben MPB-Größen stimmungsvolle Konzerte. Manche der Ausflugsziele sind dann auch nachts bei spezieller Beleuchtung zugänglich.

Fotos

Foto Wadim, Rua Pilad Rebuá 2052. Unterwasserschutz für Digitalkameras (R$30/Tag, R$40 mit Kamera). 🕒 Mo–Sa 8–21, So 16–21 Uhr.

Geld

Banco do Brasil, Rua Luís da Costa Leite. 🕒 Mo–Fr 9–14, Geldautomat 6–22 Uhr (alle Karten).

Informationen

Centro de Atendimento ao Turista (CAT), Rodovia Bonito–Guia Lopes, KM 0, ✆ 67/3255 1850. Anfahrt per Mototaxi. 🕒 Mo–Sa 7–17 Uhr.

Internet

Taí Lan House, Rua 29 de Maio 805. R$2/Std. 🕒 Mo–Sa 8.30–23.30, So 14–23.30 Uhr.

Wäscherei

Lavanderia Jarinu, Rua 24 de Fevereiro 1925. R$28/kg. 🕒 Mo–Fr 7–19, Sa 7–18 Uhr.

TRANSPORT

Als Einzelperson kommt man mit dem Mototaxi am günstigsten zu den Attraktionen (für Kleingruppen evtl. im Taxi billiger), z. B. Gruta do Lago Azul (R$45), Rio Sucuri (R$45), Rio da Prata (R$90), jeweils Hin- und Rückfahrt, der Fahrer wartet. Zum Balneário Municipal (R$20) vereinbart man eine Uhrzeit zum Abholen. Einzelfahrt im Ort R$5. **Moto Taxi Bonito**, Rua 29 de Maio 891, ✆ 67/3255 2510, oder **Moto Taxi Lago Azul**, ✆ 67/3255 2529, neben Sale e Pepe (6 Uhr bis Mitternacht).
Taxi, Rua 29 de Maio, ✆ 67/3255 1270.
Rodoviária, Rua Vicente Jacques 1688. Cruzeiro do Sul, ✆ 67/3255 1606, fährt nach:

Campo Grande: tgl. 5.30, 9, 12, 14.30, 18 Uhr, 4–6 Std., R$57 (Ausstieg am Büro der Busgesellschaft möglich, von dort näher zum Flughafen oder ins Zentrum, Taxi ca. R$20).
Miranda und **Corumbá**: Mo–Sa 12 Uhr, 3/6 Std., R$24/64.
Der **Flughafen** von Bonito (10 km) wird von Trip, 💻 www.voetrip.com.br, angeflogen, u. a. von Rio (Santos Dumont), São Paulo (Congonhas), Foz do Iguaçu und Campo Grande (Do/So).

Corumbá

Die am Rio Paraguai und an der bolivianischen Grenze gelegene Hafenstadt Corumbá ist das westliche **Tor zum Pantanal**. Wer nicht weiter nach Bolivien oder Paraguay reisen will, braucht im Grunde nicht nach Corumbá zu fahren, um den Pantanal zu sehen – dabei ist die historische Stadt das charmanteste der drei Eintrittstore. Die Stadt (104 000 Einw.) neigt sich zum Rio Paraguai hin, sodass sie in Unterstadt (Hafen, Piers) und Oberstadt (Geschäftszentrum) gegliedert ist. Die Hauptstraße der Unterstadt, Rua Manoel Cavassa, verläuft parallel zum Fluss. Hier liegen die Boote der Sportangler, die in der Saison (Mai–Sep) Corumbá besuchen. Die von Palmen gesäumte **Hafenpromenade** wurde restauriert und bietet mit ihren bunten Altstadthäusern einen hübschen Anblick. Zum Sonnenuntergang kann man von hier, oder von der Praça Generoso Ponce in der Oberstadt, die glühend rote Sonne über den Pantanalsümpfen untergehen sehen. Das Hauptgeschäftszentrum liegt um die Praça da Independência, von dort und von der Praça da República fahren die lokalen Busse ab (auch zur Grenze, halbstdl.). Corumbá ist eine Stadt des kleinen Grenzverkehrs. Passkontrolle nur bei der Ausreise – Bolivianer können sich hier also relativ ungehindert bewegen.

In den letzten Jahren hat sich in Corumbá einiges bewegt, um die Hafengegend touristisch aufzuwerten. Neben einem neuen Kongresszentrum unmittelbar am Flussufer wurden gleich zwei interessante Museen eingeweiht. Das **Museu de História do Pantanal** (Muhpan), Rua Manoel Cavassa 275, stellt auf moderne Weise die über 8000 Jahre währende menschliche Besiedlung des Pantanal vor. So gibt es eine gut gemachte Licht- und Ton-Show *(Túnel de Imersão)* oder eine pfiffige Rekonstruktion der ersten Zugfahrt von Corumbá nach Santa Cruz in Bolivien. Überdies finden sich reichhaltige Informationen zur Flora und Fauna sowie auch zu den vielfältigen Unterschieden innerhalb des Gebietes, das sich in zehn Einzelregionen unterteilen lässt *(Dez Pantanais)*. Die Ausstellungsräume erstrecken sich über drei Stockwerke eines schönen Kolonialgebäudes mit originalen Fußboden-Azulejos. 🕒 Di–Sa 13–18 Uhr, Eintritt frei.

Ein weiteres ambitioniertes Projekt mit Naturschutzhintergrund ist die **Estação Natureza Pantanal**, Ladeira José Bonifácio 111. Auf unterhaltsame und interaktive Weise soll dem Besucher vor allem die Tierwelt des Pantanal mit seinen Jaguaren, Kaimanen und exotischen Vögeln sinnlich erfahrbar gemacht werden. 🕒 Di–Fr 9–12, 14–18, Sa 14–18 Uhr, Eintritt R$3.

ÜBERNACHTUNG

Die meisten günstigen Hotels liegen rund um die Praça da República und die Rua Delamare. Alle genannten Unterkünfte haben WLAN gratis und nehmen keine Tax, wenn nicht anders angegeben.
Salette Hotel, Rua Delamare 889, 📞 67/3231 6246, ✉ salettehotel@bol.com.br. Kann als bestes preiswertes Hotel an der Rua Delamare gelten; große Zimmer, sonst der übliche Standard. ❷
Hotel Timoneiro, Rua Cabral 879, 📞 67/3231 5530. Das kleine Hotel ist okay, die Lage abseits, aber dicht beim Busbahnhof. Wer einen Früh- oder Nachtbus nehmen will, hätte hier eine Alternative. 15 saubere Zimmer mit Bad, AC, TV. ❷
Hotel Laura Vicuna, Rua Cuiabá 775, 📞 67/3231 5874, 💻 www.hotellauravicuna.com.br. Ansprechendes kleines Hotel nahe Zentrum, alle Zimmer haben Bad, Minibar, AC, TV, sind aber etwas dunkel. ❸
Hotel El Dorado, Rua Porto Carreiro 554, 📞 67/3231 6677. Neueres Hotel mit üblichem Standard, gutes Preis-Leistungs-Verhältnis. ❸
Águas do Pantanal Palace Hotel, Rua Dom Aquino Corrêa 1457, 📞 67/3234 8800, 💻 www.aguasdopantanal.com.br. Freundliches,

zentral gelegenes Hotel, zwar etwas in die Jahre gekommen, aber noch akzeptabel. Internet gratis. ❸–❹

Santa Mônica Palace Hotel, Rua Antônio Maria Coelho 345, ✆ 67/3234 3000, 💻 www.hsantamonica.com.br. Traditionshotel, in der Lobby fächern Ventilatoren Luft zu. Alle Zimmer haben AC und TV, in den höheren Etagen mit spektakulärem Blick in den Pantanal. Netter Pool mit Palmen und Whirlpool. ❹

Nacional Palace Hotel, Rua América 936, ✆ 67/3234 6000, 💻 www.hnacional.com.br. Bestes Hotel der Stadt. Das Haus liegt ideal und verfügt über alle Einrichtungen eines 3-Sterne-Hotels. Die 130 Zimmer wurden erst kürzlich renoviert (AC, TV, Frigobar). Auch geräumige Suiten für Familien/Kleingruppen. Im Hof ein Pool mit Palmen. 5 % Tax. ❺

ESSEN UND NACHTLEBEN

Am Hafen gibt es nur wenige Gaststätten, die Restaurants befinden sich alle in der Oberstadt, um die Rua Frei Mariano. Das Nachtleben spielt sich am Wochenende entlang der Av. General Rondon ab.

Churrascaria do Gaúcho, Rua Frei Mariano 879. Nicht teuer, immer proppenvoll und Riesenportionen. Mittagsbuffet satt gibt's für R$18 oder ein Fleisch-Rodízio (R$30). Auch Pizza-Rodízio wird abends angeboten (R$22). 🕒 tgl. 11–24 Uhr.

Churrascaria Laço de Ouro, Rua Frei Mariano 556. Angebot und Preise fast identisch wie beim Gaúcho. 🕒 tgl. 11–24 Uhr.

Fiorella, Rua Delamare 647, bei der Praça da República. Leckere Pizzas aus dem Holzkohleofen (ab R$25/2Pers.). 🕒 tgl. 18–24 Uhr.

Avalom, Rua Frei Mariano 499. Empfehlenswertes Restaurant, hier gibt's den Wein aus echten Gläsern, innen klimatisiert. 🕒 Mo–Fr 18–24, Sa, So 11–15, 17–24 Uhr.

Vivabella, Rua Artur Mangabeira 1. Besticht durch angenehme Atmosphäre und vor allem die Terrasse mit traumhafter Aussicht auf den Pantanal. Toll zum Sonnenuntergang (ab 17 Uhr Happy Hour). Die Küche hat italienischen Einschlag, aber es gibt auch Fisch (R$64/2 Pers.), abends Live-Musik (Couvert R$3–5). 🕒 Mo–Sa ab 16 Uhr.

Studio 1054, Av. General Rondon. Die Keller-Disco bildet das heiße Zentrum der Partymeile. 🕒 Fr, Sa ab 23, So 20–1 Uhr, Eintritt R$15–20.

SONSTIGES

Autovermietung

Localiza, Rua Edu Rocha 969, ✆ 67/3231 6000, 💻 www.localiza.com.

Bootstouren

Die 46 m lange **Kalypso** (bis 150 Passagiere) unternimmt Flusstouren durch den Pantanal. Das Schiff hat recht komfortable Bordkabinen mit TV, AC und Warmwasser, dazu Pool, Restaurant, Bar und Hängematten. Touren von 1–5 Tagen (3 Tage ca. R$900 *all inclusive* mit Bordprogramm). Kontakt: **Pérola do Pantanal**, Rua Manoel Cavassa 255, ✆ 67/3231 1460, 💻 www.peroladopantanal.com.br.

Feste

Ende April findet das **Festival América do Sul** statt, ein großes Kulturfest mit Live-Musik und gastronomischen Beiträgen aller südamerikanischen Länder. Die Stadt ist außerdem für den lebhaftesten **Karneval** von Mato Grosso do Sul bekannt.

Geld

HSBC, Rua Delamare 1068. 🕒 Mo–Fr 10–15, Geldautomat 6–22 Uhr (alle Karten).

Informationen

Secretaria de Turismo, Centro de Convenções. 🕒 Mo–Fr 7.30–11.30, 13.30–17.30 Uhr.

Internet

Im Zentrum liegen viele Internet-Cafés, v. a. bei den Hotels.

Taxi

Mototaxis und Taxis finden sich um die Praças República und Independência.

Touranbieter

Die meisten Agenturen haben sich auf Angeltouren spezialisiert, aber auch Pantanal-Exkursionen sind im Angebot.

Übernachtung:

1. Salette Hotel
2. Santa Mônica Palace Hotel
3. Águas do Pantanal Palace Hotel
4. Hotel Laura Vicuna
5. Nacional Palace Hotel
6. Hotel El Dorado
7. Hotel Timoneiro

Essen:

1. Vivabella
2. Fiorella
3. Churrascaria Laço de Ouro
4. Avalom
5. Churrascaria do Gaúcho

Transport:

1. Pérola do Pantanal
2. Mutum Turismo
3. Busse nach Bolivien
4. Aeroporto Internacional de Corumbá
5. Mototaxi-Stand
6. Rodoviária

Sonstiges:

1. Secretaria de Turismo
2. Studio 1054
3. HSBC (Filiale)
4. Posto Portuário

Abstecher nach Bolivien

Der Kontrast zwischen Corumbá und **Puerto Quijarro** fällt sofort ins Auge. Auf der brasilianischen Seite ein Hauch von Erster Welt – auf der bolivianischen voll und prall die Dritte Welt mit Garküchen, Müll und viel Armut. Kurzbesucher kommen in aller Regel, um günstig einzukaufen. An den Straßenständen gibt es billige Fake-Ware. Empfehlenswerter ist das 4 km von der Grenze liegende zollfreie Einkaufszentrum **Zona Franca Shopping Center Puerto Aguirre** (Taxi ca. R$10), das auch vom Bahnhof aus leicht zu Fuß zu erreichen ist (200 m). ⌚ Mo–Sa 8–18 Uhr. Gut essen lässt es sich in der **La Bodeguita**, Calle 12 Octubre, einem bolivianisch-brasilianischen Restaurant mit Fischgerichten: *Filé de Pintado ao Urucum* (mit Käse überbackener Wels an Urucum-Soße, R$49/2 Pers.). ⌚ tgl. 8–18.30 Uhr.

Alle Geschäfte in Puerto Quijarro akzeptieren brasilianische Reais. Wer Pesos benötigt, sollten den **Geldwechsel** am besten an der Grenze bei einem der legalisierten Händler vornehmen, z. B. bei Douglas Barba, ✆ 67/9181 7670. Vorsicht: Nicht auf der Straße wechseln, es ist Falschgeld im Umlauf.

Für **längere Aufenthalte** in Bolivien benötigen Europäer i. A. kein Visum. Man geht direkt zur brasilianischen Grenze, um einen Ausreisestempel zu erwirken. ⌚ tgl. 8–20 Uhr. Auf bolivianischer Seite bekommt man den Einreisestempel ebenfalls an der Grenze am Schalter „Migración". ⌚ tgl. 8–12, 14–18 Uhr. Falls man nur einige Stunden nach Bolivien hinein fährt – etwa um Bahntickets zu kaufen – benötigt man keine Stempel. Wer ein Visum für Bolivien braucht, muss das Konsulat in Corumbá aufsuchen: **Consulado de Bolívia**, Rua Cabral 1607, ✆ 62/3231 5605. ⌚ Mo–Fr 8–15 Uhr.

Wer länger als einen Tag in Bolivien bleiben möchte, muss auch eine Gelbfieberimpfung vorweisen. Diese kann man notfalls kostenlos in Corumbá vornehmen lassen, allerdings ist die Einreise erst 10 Tage nach der Impfung möglich: **Posto Portuário**, Rua Colombo 723, ⌚ Mo–Fr 14–17 Uhr.

Busse an die Grenze („Fronteira") fahren von der Praça da República sowie der Praça da Independência (20 Min., R$2,70). Von der Grenze bis zum Bahnhof in Puerto Quijarro sind es noch gut 4 km (Taxi ca. R$10).

Mutum Turismo, Rua Frei Mariano 17, ✆ 67/3231 1818, 💻 www.mutumturismo.com.br. Flug- und Bustickets, Pantanal-Touren. ⌚ Mo–Fr 8–11, 13–18, Sa 8–12 Uhr.

TRANSPORT

Flüge

Aeroporto Internacional de Corumbá, Rua Santos Dumont, Stadtteil Aeroporto, ✆ 67/3231 3322. Flüge nach Campo Grande mit **Trip**, ✆ 67/3232 1876, auch andere Ziele wie Cuiabá und São Paulo.

Busse

Rodoviária, 5 Automin. vom Zentrum, Gepäckaufbewahrung (R$4/Tag). ⌚ 5.30–24 Uhr.

Bonito: Cruzeiro do Sul, ✆ 67/3231 9318, Mo–Sa 13 Uhr, 8 Std., R$60.

Campo Grande/Miranda: Andorinha, ✆ 67/3231 2033, 10x tgl. bis 24 Uhr, 7/3 Std., R$79/43 (*Executivo* R$95/50).

Cuiabá: Andorinha, 5x tgl. bis 23 Uhr, 18 Std., R$170.

São Paulo: Andorinha, tgl. 11.30, 16.30 Uhr, 22 Std., R$213.

Züge

Von Puerto Quijarro in Bolivien verkehrt tgl. der früher einmal so genannte *„tren de la muerte"* (Zug des Todes) ins bolivianische **Santa Cruz**. Es gibt mehrere Züge mit unterschiedlichem Komfort: **Regional Pullman**, Mo/Mi/Fr 11 Uhr, 19 Std., B$115; **Expresso Oriental** (Super Pullman), Di/Do/So, 16 Uhr, 16 Std., B$127; **Ferrobus** (Liege-/Schlafwagen), Mo/Mi/Fr 18.30 Uhr, 14 Std., B$257.

Anhang

Bücher

Der erste Klassiker brasilianischer Literatur war **Machado de Assis** (1839–1908). Seine psychologisch-realistischen Romane und Erzählungen gelten als Weltliteratur höchsten Ranges, besonders „Dom Casmurro" (1899) und „Quincas Borba" (1891). Mit ihnen begann die moderne Literaturgeschichte Brasiliens.

Bis heute können jedoch nur wenige brasilianische Autoren von der Veröffentlichung ihrer Bücher leben, viele arbeiten nebenher als Journalist oder in anderen Berufen. Eine Ausnahme macht der international bekannte Schriftsteller **Paulo Coelho** (geb. 1947). Etliche Kritiker sprechen seinen Werken zwar literarische Qualität ab, doch bleibt sein Name Dauergast auf den Bestsellerlisten. Thematisch geht es in den religiös-esoterischen Erbauungsfabeln stets um den Weg zum inneren Frieden; nur wenige der Geschichten haben allerdings direkt etwas mit Brasilien zu tun. Häufig gelesen sind die bei Diogenes erschienenen Romane **Der Alchimist** (1996), **Auf dem Jakobsweg** (2000) und **Elf Minuten** (2003). Zuletzt erschien 2013 **Die Schriften von Accra**.

Auch **Jorge Amado** (1912–2001) war ein Meister der Fabel, der Metaphorik und des fantastischen Stils. Aber gleichzeitig präsentierte der ehemalige Kommunist in seinen Romanen ein realistisches Bild des sozialen Lebens seiner Heimatregion Bahia. In späten Romanen nehmen die fantastischen Elemente, humoristischen Partien und vor allem drallen Sexschilderungen immer mehr zu. Das Frühwerk **Jubiabá** (1935) wird von Literaturkritikern oft als sein bestes Buch angesehen. Zentral sind außerdem: **Herren des Strandes** (Rowohlt Tb. 2002), **Gabriela wie Zimt und Nelken** (z. Z. nur gebraucht erhältlich) und **Dona Flor und ihre zwei Ehemänner** (Piper 2005).

Von den neueren Autoren gibt es nur einen, der Bahia ebenso lebendig und prall beschreiben kann: der in Rio de Janeiro lebende **João Ubaldo Ribeiro** (geb. 1941). Von ihm lohnt besonders die Lektüre **Ein Brasilianer in Berlin** (Suhrkamp 1994), eine köstlich-ironische Essaysammlung über die seltsamen Deutschen. Mit **Brasilien, Brasilien** (Suhrkamp 2000) ist ihm ein grandioser Epochenroman gelungen, in dem Herr-und-Knecht-Verhältnisse auf der Insel Itaparica bei Salvador über einen Zeitraum von 300 Jahren ausgebreitet werden. Lohnenswert weiterhin: **Das Lächeln der Eidechse** (Suhrkamp 2001).

Dass Brasilien ein Einwanderungsland ist, macht sich auch in der Literatur bemerkbar, oft wird das Aufeinandertreffen verschiedener Kulturen thematisiert, z. B. bei **Milton Hatoum** (geb. 1952), einem Sohn libanesischer Einwanderer (**Emilie oder Tod in Manaus**, Piper 1992; **Zwei Brüder**, Suhrkamp 2002). Die große Dame der dichterischen Prosa **Clarice Lispector** (1920–77) wurde in der Ukraine geboren, besonders lohnenswert: **Die Sternstunde** (Suhrkamp 1985).

Weitere Empfehlungen aus der Belletristik

Bernardo Carvalho. **Neun Nächte**. Taschenbuch: btb Verlag, 2002. Ein Anthropologe nimmt sich im amazonischen Urwald das Leben, ein Journalist forscht nach den Gründen.

Luiz Alfredo Garcia-Roza. **Ein Fenster in Copacabana**. Berliner Taschenbuch Verlag. Spannende Lektüre für Krimi-Freunde, aus der Feder eines ehemaligen Psychoanalyse-Professors. Der sympathische Delegado Espinosa ermittelt in Rio inzwischen schon in vier übersetzten Bänden (auch: Die Tote von Ipanema, Südwestwind, Das Schweigen des Regens).

Patrick Grainville. **Zorn**. Klett-Cotta, 1994. Der beste zeitgenössische Roman eines Ausländers über Rio de Janeiro.

Paulo Lins. **Die Stadt Gottes** (Cidade de Deus). Blumenbar, 2004. Großartiger Roman über das Leben in den Favelas von Rio; bekannt geworden als *City of God* im Kino.

Patricia Melo. **O Matador**. DTV, 1999. **Ich töte, Du stirbst**. Klett-Cotta, 2002. Kriminalgeschichten mit sozialem Hintergrund.

John Updike. **Brasilien**. Rowohlt, 1997. Aus dem Brasilienaufenthalt des Erfolgsautors entstandener Roman. Vergnüglich, aber voller Klischees.

Luis F. Veríssimo. **Vogelsteins Verwirrung**. Droemer Knaur, 2003. Ein brasilianischer Übersetzer fliegt zu einem Poe-Seminar nach Buenos Aires, wo er in einen Mordfall verwickelt wird.

Klassiker, die kein Brasilienfan versäumen sollte

Henry Walter Bates. **Am Amazonas**. Eichborn-verlag, 1989. Ein Klassiker, der zu den ganz großen Werken des „Darwin"-Zeitalters gehört.

Gilberto Freyre. **Herrenhaus und Sklavenhütte**. DTV, 1990. Eine elegant geschriebene Sozialstudie über das Werden der multirassischen Nation.

Alexander v. Humboldt. **Südamerikanische Reise**. Safari bei Ullstein, 1976. Er berührt Brasilien nur am Rande, doch die Natur-Beobachtungen im nördlichen Südamerika sind unübertroffen.

Claude Lévi-Strauss. **Traurige Tropen**. Suhrkamp, 1999. Hauptwerk des großen französischen Anthropologen über seinen Aufenthalt in Brasilien und seine Indianerstudien in den 1930er-Jahren. Selbstkritischer ethnografischer Klassiker.

Hans Staden. **In der Gewalt der nackten Menschenfresser**. M.-G. Schmitz Verlag, 2004. Das erste Buch über Brasilien überhaupt, geschrieben im 16. Jh.! Die tragischen Abenteuer des deutschen Söldners wirken aus der historischen Distanz heute bisweilen fast komisch.

Stefan Zweig. **Brasilien – ein Land der Zukunft**. Insel-Verlag, 1997. Reisebuch und Liebeserklärung an das Brasilien von 1940/41, von hohem sprachlich-literarischem Wert.

Interessantes zur Landeskunde

Dawid Danilo Bartelt. **Copacabana – Biographie eines Sehnsuchtsortes**. Verlag Klaus Wagenbach, 2013. Der deutsche Autor leitet das Brasilienbüro der Heinrich-Böll-Stiftung in Rio und hat das bisher beste Buch über die Copacabana geschrieben. Man muss es lesen, wenn man dort am Strand sitzt oder nahe dem Lido-Platz oder gegenüber dem Copacabana Palace Hotel.

Alex Bellos. **Futebol**. Bittermann, 2004. Exzellent recherchierte Geschichten und Anekdoten über die kulturelle Bedeutung des Phänomens Fußball in Brasilien.

Alexander Busch. **Wirtschaftsmacht Brasilien: Der grüne Riese erwacht**. Hanser Fachbuch, 2009. Hintergründe des wirtschaftlichen Wachstums und der zunehmenden politischen Bedeutung Brasiliens auf internationaler Bühne, mit Fallbeispielen.

Roland Garve. **Unter Amazonas-Indianern**. Herbig München, 2002. Wunderschöner Bildband mit fundierten und ausführlichen Hintergrundinformationen zu über 30 Indianervölkern (Kultur, Geschichte, Alltag, Regenwaldapotheke).

Carl D. Goerdeler. **Kulturschock Brasilien**. Reise Know How-Verlag, 2002. Unterhaltsame Betrachtungen des brasilianischen Alltags, die viel zum Verständnis der kulturellen Eigenheiten beitragen. Ideal als Vor- oder Nachbereitungslektüre der ersten Brasilien-Reise.

Joe Kane. **Wir bezwangen den Amazonas**. Droemer Knaur München, 1990. Über die erste vollständige Befahrung des Amazonas von der Quelle bis zur Mündung (1985).

Claus Schreiner. **Música Popular Brasileira**. Handbuch der folkloristischen und der populären Musik Brasiliens. Verlag Tropical Music GmbH, 1985.

Für Geschichtsinteressierte

Bernecker, Pietschmann, Zoller. **Eine kleine Geschichte Brasiliens**. Suhrkamp, 2000. Auch für Laien verständlicher und genau recherchierter geschichtswissenschaftlicher Abriss, präzise Zusammenstellung der Landesgeschichte.

Sprachführer

Brasilien ist das einzige Land Südamerikas, in dem **Portugiesisch** gesprochen wird (daneben existieren noch zahlreiche indianische Sprachen). Englisch wird kaum verstanden, geschweige denn gesprochen, am ehesten noch von Mitarbeitern in größeren Hotels oder Touristeninformationen, oder auch in den Großstädten im Süden/Südosten, besonders in São Paulo. Mit Spanisch kann man sich zwar überall recht gut durchschlagen, am besten sind aber Grundkenntnisse des Portugiesisch, sie erleichtern das Reisen und den Kontakt zu Brasilianern ungemein. Die Grundzüge der Sprache sind für Reisende aus dem deutschen Sprachraum – auch ohne Vorkenntnisse – relativ **schnell zu erlernen**. Ein Sprachführer und/oder Wörterbuch gehört daher unbedingt ins Reisegepäck, z. B. Langenscheidts kleines *Universal-Wörterbuch*

Brasilianisches Portugiesisch. Die Toleranz der Brasilianer gegenüber jedem noch so zaghaften Versuch eines Touristen, Portugiesisch zu reden, ist dabei wahrlich grenzenlos, nie wird man einen ungeduldigen Gesichtsausdruck erleben. Alles ist „richtig", solange man verstanden wird.

Wer schon öfters in Spanien oder Portugal war oder sogar Spanisch in der Schule oder in Abendkursen gelernt hat, wird auch mit dem brasilianischen Portugiesisch recht schnell klarkommen. Auf jeden Fall kann nur dazu geraten werden, sich vor der Reise so gut wie möglich mit der Sprache vertraut zu machen, und wenn es sich nur um die wichtigsten **Redewendungen** handelt. Denn je besser man sich mit den Brasilianern verständigen kann, umso intensiver werden die Kontakte, umso schöner und bereichernder die Einblicke, die man in das Land und seine Kultur bekommt. Schließlich gilt auch für Brasilien: Vieles Facetten des Landes, die seine Faszination ausmachen, erschließen sich nur demjenigen, der mit den Einheimischen kommunizieren kann (oder es wenigstens probiert).

Aussprache

Das europäische Portugiesisch weist deutliche Unterscheide in Vokabular, Idiomatik, Grammatik und Aussprache auf, sodass man zum brasilianischen Portugiesisch im Grunde **Brasilianisch** sagen müsste. An vielen Stellen hat sich das europäische Portugiesisch mit den indianischen Sprachen vermischt, besonders auffällig ist dies bei Ortsnamen, Flüssen, Früchten, Pflanzen und Tieren. Auch afrikanische Sprachen hatten einen Einfluss und vereinzelt hat sogar deutsches Vokabular Eingang gefunden, wie z. B. – wie könnte es anders sein – beim Bier: Ein frisch gezapftes im Glas heißt „chope" (von „Schoppen")!

Bei der **Aussprache** wird der Unterschied zum europäischen Portugiesisch am offenkundigsten. Die brasilianische Aussprache, vor allem in Rio und Bahia, ist weicher und melodischer. So werden **x, z** und **ch** sowie **g** vor hellen Vokalen (e, i) wie „sch" gesprochen (Cidade Baixa = „Baischa"), **j** wie jsch (wie in Garage), **ç** (und **c** vor hellen Vokalen) wie ein stimmloses „s" (Cachaça = „Caschassa").

Harte Konsonanten werden oft vokalisiert, z. B. wird **l** nach einem Vokal wie „u" ausgesprochen (Brasil = „Brasiu"), **lh** wie „ij" (Ilha = „Ilja"), **nh** wie „nj" („Alemanja"). Das harte **h** bleibt am Anfang eines Wortes stumm.

Am Wortende wird **e** häufig wie „i" ausgesprochen, **de** und **te** werden zu „dschi" oder „tschi" (Saudade = „Saudadschi").

Einer der gewöhnungsbedürftigsten Unterschiede in der Aussprache betrifft den Buchstaben **r**: Er wird in Brasilien oft wie „h" gesprochen, nämlich entweder am Wortanfang (Rodoviária = „Hodoviaria") oder wenn er im Wort verdoppelt auftaucht (Barra = „Baha"). Ein einzelnes r innerhalb eines Wortes wird dagegen gerollt, ähnlich wie im Spanischen, jedoch weniger akzentuiert. Weiterhin wird das **o** am Wortende wie u ausgesprochen.

Die **nasalen Vokale** klingen so, als hätte man eine schwere Erkältung. Sie treiben deutschsprachige Besucher zur Verzweiflung und sollen hier nur angedeutet werden, u. a.: -ão (wie in alemão), -ã (a alemã, die Deutsche), -ães (os alemães, die Deutschen), -ões (as situações).

Alle Regeln kombiniert ergeben teils lustige Wortgebilde, besonders, wenn **r**, **o**, **l**, **de** oder **te** vorkommen und das Wort auf **e** endet: **Rio de Janeiro** wird bei Brasilianern also zu „Hiu dschi Schaneiru" und die brasilianische Währung heißt „Heau" (Real). Auch ausländische Wörter klingen aus brasilianischen Mündern niedlich: So wird Rockmusik zu „Hockie", Beach zu „Bietschie" und Hip-Hop zu „Hippie-Hoppie".

Die **Betonung** liegt bei den meisten Wörtern im Portugiesischen auf der vorletzten Silbe, falls nicht Akzente (á, â) etwas anderes verlangen. Ausnahmen: Wörter, die auf l, r oder z enden, und keinen Akzent tragen, werden auf der letzten Silbe betont. Ebenso Wörter mit folgenden Endungen: -ã, -om, -ai(s), -ei(s), -ou, -eu, -iu, -ão(s), -ãe(s), -õe(s) sowie Wörter, die ein i oder u in der letzten Silbe haben: jardim (Garten).

Die **Artikel** sind männlich „o" (der) und weiblich „a" (die) bzw. „um"/„uma" (unbestimmt). Im Plural lauten sie: „os"/„as" sowie „uns"/ „umas".

Wörter und Wendungen

Drei wichtige Verben

sein (sich befinden, veränderlicher Zustand)	*estar*
Ich bin zu Hause	*Estou em casa.*
Ich bin	*(eu) estou („tô")*
Du bist, er/sie/es ist	*(você/ele/ela) está („tá")*
Wir sind	*(nós) estamos*
Ihr seid/sie sind	*(vocês/eles/elas) estão („tão")*

Aussprache: Die Anfangssilbe von estar-Formen wird fast immer „verschluckt".

sein (unveränderlicher Zustand)	*ser*
Ich bin Brasilianer	*Sou brasileiro*
Ich bin	*(eu) sou*
Du bist, er/sie/es ist	*(você/ele/ela) é*
Wir sind	*(nós) somos*
Ihr seid/sie sind	*(vocês/eles/elas) são*

haben	*ter*
Ich habe viele Freunde.	*Tenho muitos amigos.*
Ich habe	*(eu) tenho*
Du hast, er/sie/es hat	*(você/ele/ela) tem*
Wir haben	*(nós) temos*
Ihr habt/sie haben	*(vocês/eles/elas) têm*

Das Wichtigste zuerst

Danke	*obrigado* (sagen Männer)
Danke	*obrigada* (sagen Frauen)
Bitte/gern geschehen	*de nada*
Bitte (als Frage, Aufforderung)	*por favor*
Entschuldigung!	*Desculpe!*
Das macht doch überhaupt nichts	*Imagina*
Kein Problem	*sem problema*
Sie erlauben, ... (z. B. beim Ansprechen Fremder)	*com licença,...*
Nein	*não*
Vielleicht	*talvez*
Ja	*sim* (öfter wird benutzt: é. . .so ist es)
Hallo!	*oi! olá!*
Wie geht's?	*como vai? como está?*
Alles klar? Alles in Ordnung!	*tudo bem? tudo bom!*
Alles bestens! Alles prima! Alles in Butter!	*Tudo bem! Tudo ótimo! Tudo joia! Tudo em paz! Tudo tranquilo!*
Super!	*legal! ótimo! show de bola! massa!* (in Bahia)
In Ordnung (wunderbar, so machen wir das)	*Tá certo/Tá legal/ Tá joia/Tá bom/Tá ok*
Guten Morgen!	*Bom dia!* (bis 12 Uhr)
Guten Tag!	*Boa tarde!* (12 bis 18 Uhr)
Guten Abend, gute Nacht!	*Boa noite!* (ab 18 Uhr)
Tschüs	*tchau!* (möglichst lang gezogen, Tonhöhe abfallend)
Bis bald, bis zum nächsten Mal!	*até logo, até a próxima!*
Freund/ Bekannter/ Unbekannter	*Amigo*
Weißt du...?	*Você sabe...?*
Wissen Sie...?	*O senhor/a senhora sabe...?*
Ich weiß es nicht.	*Não sei.*
Nicht die entfernteste Ahnung!	*Sei lá!*
Wie heißt du?	*Como se chama? Qual é seu nome?*
Ich heiße…	*Meu nome é...*
Wie alt bist du?	*Você tem quantos anos?*
Ich bin ... Jahre alt.	*Tenho ... anos.*
Woher kommst du?	*Você é de onde?*
Ich bin Deutsche(r).	*Eu sou alemã (f), alemão (m).*

ANHANG

... Österreicher (in).	*... austríaca (f), austríaco (m).*
...Schweizer(in).	*...suíça (f), suíço (m).*
Ist es dort (in deinem Land) sehr kalt?	*Lá (na sua terra) é muito frio?*
Und wie!	*Nossa, muito!*
Manchmal ja, besonders im Winter.	*Às vezes sim, principalmente no inverno.*
Hat es dir gefallen?	*Gostou?*
Ja, das hat mir gut gefallen!	*Gostei!*
War super!	*Adorei!*
Ging so.	*Foi bem interessante.*
Überhaupt nicht.	*Mais ou menos.*
Es ist/war mir ein (großes) Vergnügen!	*(Muito) prazer!*
Ich spreche kein Portugiesisch.	*(Eu) não falo português.*
Aber ich spreche Englisch und Deutsch.	*Mas (eu) falo inglês e alemão.*
Sprichst du/sprechen Sie kein Englisch?	*Você/o senhor/ a senhora não fala inglês?*
Das habe ich nicht verstanden.	*Não entendi.*
Etwas langsamer bitte!	*Você pode falar mais devagar, por favor?*
Wie viel kostet das?	*Quanto custa? Quanto é?*
Wie spät ist es?	*Que horas são?*
Wie lange dauert es?	*Vai demorar quanto tempo?*
Es wird doch nicht lange dauern, oder?	*Não vai demorar muito, né?*
Ich würde gerne...	*(eu) gostaria de...*
Ich suche...	*estou procurando...*
Teuer/billig	*caro/barato*
Mehr/weniger	*mais/menos*
Mit/ohne	*com/sem*
Jetzt	*agora*
Morgen/heute/gestern/ vorgestern	*amanhã/hoje/ontem/ anteontem*
Hilfe!	*Socorro!* (Sprich: sock-o-ho)
Ich brauche Hilfe!	*Preciso de ajuda!*

In der Pousada

Haben Sie ein Zimmer frei?	*Tem um quarto livre? Tem vaga?*
Einzel-/Doppelzimmer	*o quarto solteiro/ quarto casal*
Gruppenzimmer (in der Jugendherberge)	*o quarto coletivo*
Ich habe eine Reservierung.	*Tenho uma reserva.*
Das Zimmer hat Klimaanlage, Ventilator, Kühlschrank und Fernseher.	*O quarto tem ar condicionado, ventilador, frigobar e TV.*
Wie viel kostet das Zimmer?	*Quanto é a diária?*
Darf ich es einmal ansehen?	*Posso ver? Posso dar uma olhada?*
Zimmerschlüssel	*a chave*
Treppe/Aufzug	*a escada/o elevador*
Es ist im 2. Stock.	*Fica no segundo andar.*
Frühstück gibt es bis zehn Uhr.	*Tem café da manhã até às dez horas.*
Bett	*a cama*
Toilette/Bad	*o banheiro*
Moskitonetz	*o mosqueteiro*
Hängematte	*a rede (sprich: Hädschi)*

Am Telefon

Hallo?	*Alô?*
Guten Tag, mein Name ist...	*Bom dia/boa tarde/ boa noite, meu nome é...*
Ich möchte gerne mit... sprechen.	*Gostaria de falar com...*
Ist er/ sie da?	*Ele/ela está? (vornehm: Ele/ela se encontra?)*
Kann ich eine Nachricht hinterlassen?	*Posso deixar um recado?*
Wenn Sie so freundlich wären...	*Por gentileza, ...*
Eine Umarmung! (Verabschiedung bei Männern/Bekannten)	*Um abraço!* (möglichst lang gezogen)

Ein Kuss! (Verabschiedung bei Frauen/Bekannten/ Freundinnen)	*Um beijo!* (möglichst lang gezogen)

Im Restaurant

Mittagessen/zu Mittag essen	*o almoço/almoçar*
Abendessen/zu Abend essen	*o jantar/jantar*
Kellner/in	*o garçom/a garçonete*
Hätten Sie eine Speisekarte, bitte?	*Tem um cardápio, por favor?*
Serviette	*o guardanapo*
Vorspeise	*a entrada*
Guten Appetit!	*bom apetite!* (selten gebräuchlich)
Fleisch	*a carne*
Fisch/Meeresfrüchte	*o peixe / os frutos do mar*
Hähnchen	*o frango*
Nudeln	*a massa*
Gemüse	*os legumes*
Reis	*o arroz*
Kartoffeln/ Pommes frites (auch Kartoffelchips)	*as batatas/ batatas fritas*
Salat	*a salada*
Salz	*o sal*
Pfeffer	*a pimenta*
Zucker	*o açúcar*
Bier	*a cerveja* (Flasche) / *o chope* (vom Fass)
Weißwein/ Rotwein	*o vinho branco / vinho tinto*
Kaffee	*o café, o cafezinho*
Tee	*o chá*
Nachspeise	*a sobremesa*
Buffet	*o bufê*
Torte	*a torta*
Früchte	*as frutas*
(Speise-)Eis	*o sorvete (sprich: sorvetschi)*
Eiswürfel	*o gelo*
Die Rechnung, bitte.	*A conta, por favor.*
Das Essen war sehr gut, vielen Dank!	*A comida (es)tava muito boa/excelente, obrigado!*
Der Fisch war äußerst lecker!	*O peixe foi uma delícia!*
Sehr lecker!	*Muito gostoso!*
Ich/wir kommen bestimmt wieder!	*Vou/vamos voltar com certeza!*

Nachtleben

Tanzschuppen/Disco	*a boate*
Strandbar	*a barraca (sprich: bahacka), a cabana*
Wird hier Live-Musik gespielt?	*Aqui toca música ao vivo?*
(abends) ausgehen	*sair (à noite)*
Bist du gestern ausgegangen?	*Você saiu ontem?*
Prost!	*Saúde! (oder: Timtim! sprich: Tsching-tsching)*
Möchtest du tanzen?	*Quer dançar?*
flirten	*paquerar*
Wo steigt die Party?	*Onde é que rola a festa?*
Um wie viel Uhr geht's los?	*Que horas vai começar?*
Ach du meine Güte!	*Ai, meu Deus!*
betrunken	*bêbado (m), bêbada (f)*
Oh je, wo stehen bloß die Taxis?	*Cadê os táxis?*

Auf Reisen

Omnibus	*o ônibus*
Busbahnhof	*a rodoviária*
Bushaltestelle	*o ponto de ônibus*
Wann fährt der Bus ab?	*Que horas sai o ônibus?*
Und wann kommt er an?	*E que horas chega?*
Wie viele Haltestellen sind es bis...	*São quantas paradas até...?*
Kann ich da vorne/an der Ecke aussteigen?	*Posso descer ali em frente/na esquina?*
Schiff	*o navio*
Boot	*o barco*

ANHANG

Schnellboot	*a lancha rápida*
Segelboot	*o veleiro*
Fähre	*a balsa*
Zug, Eisenbahn	*o trem*
Mitfahrgelegenheit	*a carona*
Flugzeug/Flug	*o avião/o voo*
Flughafen	*o aeroporto*
Mein Gepäck ist nicht angekommen.	*Minha bagagem não chegou.*
Rucksack	*a mochila*
Koffer	*a mala*
Hinfahrt/Hin- und Rückfahrt	*(a passagem de) ida / (passagem de) ida e volta*
Gibt es noch Sitzplätze am Fenster?	*Ainda tem (poltrona na) janela?*
Wo befindet sich...?	*Onde fica...? Onde está...?*
Wo gibt es...?	*Onde tem...?*
Hier/da/dort	*aqui/aí/ali, lá* (weit weg)
Links, rechts	*À esquerda, à direita*
geradeaus	*direto, reto, em frente*
nah/weit	*perto/longe*
Autovermietung	*a autolocadora*
Mietwagen	*o carro de aluguel*
Führerschein	*a carteira de motorista*
Taxi	*o táxi*
Touristeninformation	*Informação turística*
Reiseleiter	*o guia*
Reiseführer (Buch)	*o guia de viagem*
Reiseagentur	*a agência de viagens*
Stadtplan	*o mapa*
Straße	*a rua, a avenida*
Gasse	*o beco*
Platz	*a praça*
Kirche	*a igreja*
Museum	*o museu*
Denkmal	*o monumento*
Festung	*a fortaleza, o forte*
Brücke	*a ponte*
Hafen	*o porto*
Strand	*a praia*
Insel	*a ilha*
See, Lagune	*a lagoa*
Fluss	*o rio*
Wasserfall	*a cachoeira, as cataratas*
Meer	*o mar*

Gesundheit

Arzt	*o médico*
Krankenhaus	*o hospital*
Apotheke	*a farmácia*
Medikament	*o remédio*
Erste Hilfe	*Pronto socorro*
Notfall	*a emergência*
Unfall	*o acidente*
Ohnmacht	*o desmaio*
Schlangenbiss	*a mordida de cobra*
Insektenstich	*a picada*
Das Viech hat mich gestochen!	*O bicho me picou!*
Kakerlake	*a barata*
Knochenbruch	*a fratura*
Durchfall	*a diarreia*
Entzündung	*a inflamação*
Grippe	*a gripe*
Ich bin erkältet.	*Estou gripado (m). Estou gripada (f).*
Fieber	*a febre*
Schmerzen	*a dor*
Ich habe Kopfschmerzen.	*Tenho dor de cabeça.*
Kater	*a ressaca*
Aspirin	*a aspirina*

Zahlen

0	*zero*
1	*um (m), uma (f)*
2	*dois (m), duas (f)*
3	*três*

4	*quatro*
5	*cinco*
6	*seis*
7	*sete*
8	*oito*
9	*nove*
10	*dez*
11	*onze*
12	*doze*
13	*treze*
14	*catorze*
15	*quinze*
16	*dezasseis*
17	*dezassete*
18	*dezoito*
19	*dezanove*
20	*vinte*
21	*vinte e um*
22	*vinte e dois*
30	*trinta*
40	*quarenta*
50	*cinquenta*
60	*sessenta*
70	*setenta*
80	*oitenta*
90	*noventa*
100	*cem*
101	*cento e um*
200	*duzentos, -as*
300	*trezentos, -as*
400	*quatrocentos, -as*
500	*quinhentos, -as*
600	*seiscentos, -as*
700	*setecentos, -as*
800	*oitocentos, -as*
900	*novecentos, -as*
1000	*mil*
2000	*dois (duas) mil*
2500	*dois mil e quinhentos*

Wochentage

Sonntag	*domingo*
Montag	*segunda(-feira)*
Dienstag	*terça(-feira)*
Mittwoch	*quarta(-feira)*
Donnerstag	*quinta(-feira)*
Freitag	*sexta(-feira)*
Samstag	*sábado*

Monate

Januar	*janeiro*
Februar	*fevereiro*
März	*março*
April	*abril*
Mai	*maio*
Juni	*junho*
Juli	*julho*
August	*agosto*
September	*setembro*
Oktober	*outubro*
November	*novembro*
Dezember	*dezembro*

Farben

weiß	*branco (m), branca (f)*
schwarz	*preto (m), preta (f)*
rot	*vermelho (m), vermelha (f)*
grün	*verde*
blau	*azul*
gelb	*amarelo (m), amarela (f)*

Fragen

wer	*quem*
wie	*como*
was	*o que*
wo, woher, wohin	*onde, de onde, para onde*
warum	*porquê*
wann	*quando*
wie viel	*quanto, -a, os, -as*

ANHANG

Reisemedizin zum Nachschlagen

Mit fachlicher Unterstützung von Prof. Dr. Gerd-Dieter Burchard, Leiter Sektion Tropenmedizin, Universitätsklinik Hamburg-Eppendorf.

Hier eine alphabetische Aufstellung der wichtigsten Krankheitsrisiken. Aber bitte keine Panik – die meisten Risiken sind durch normales, umsichtiges Verhalten minimierbar.

Denguefieber

Diese Viruskrankheit ist in allen tropischen und subtropischen Regionen verbreitet, laut WHO erkranken weltweit jedes Jahr rund 50 Mio. Menschen daran. Die brasilianische Regierung hat in den letzten Jahren die Bekämpfung des Denguefiebers intensiviert, u. a. durch die zusätzliche Einstellung von Fachkräften. Die Übertragung des Denguefiebers erfolgt durch die tagaktive *Aedes aegypti*-Mücke, die an ihren schwarzweiß gebänderten Beinen zu erkennen ist. Es zeigen sich grippeähnliche Symptome, wie Fieber und Kopf- bzw. Gliederschmerzen. Die erstmalige Erkrankung verläuft i. d. R. schwach, bei einer erneuten Erkrankung kann es in seltenen Fällen zu Komplikationen kommen.

Die wichtigste Empfehlung gegen eine Infektion ist, auf ausreichenden Mückenschutz zu achten und zwar durch die einschlägigen Mittel zum Auftragen auf die Haut, aber auch durch entsprechende Kleidung. Wo viele Mücken auftreten, sollte man lange Hosen und langärmelige Hemden tragen, zudem sollte man sich dort am frühen Morgen und nach Regenfällen, wenn die Mücken am häufigsten auftreten, möglichst nicht im Freien aufhalten. Gegen Denguefieber gibt es keine Impfung oder spezielle Behandlung. Schmerztabletten, Fieber senkende Mittel und Wadenwickel lindern die Symptome. Keinesfalls sollten ASS, Aspirin oder ein anderes acetylsalicylsäurehaltiges Medikament genommen werden, da diese einen lebensgefährlichen hämorrhagischen Verlauf herausfordern.

Durchfallerkrankungen

Auch Brasilien-Reisende werden manchmal von Durchfall (Diarrhöe) geplagt, der durch Infektionen hervorgerufen werden kann. Verdorbene Lebensmittel, ungeschältes Obst, Salate, kalte Getränke oder Speiseeis sind häufig die Verursacher. Da auch Mikroorganismen im Wasser durchschlagende Wirkung zeigen können, sollte man es nur abgefüllt in Flaschen trinken. Wer ganz sicher gehen will, verzichtet zudem auf zerstoßenes Stangeneis.

Eine Elektrolyt-Lösung (*Elotrans* bzw. für Kinder *Oralpädon*), die verlorene Flüssigkeit und Salze ergänzt, reicht bei den meist harmlosen Durchfällen völlig aus. Man kann sich selbst eine Lösung herstellen aus 4 gehäuften Teelöffeln Zucker oder Honig, 1/2 Teelöffel Salz und 1 l Orangensaft oder abgekochtem Wasser. Zur Not, z. B. vor langen Fahrten, kann auf *Imodium,* das die Darmtätigkeit ruhig legt, zurückgegriffen werden (bei der Dosierung auf den Beipackzettel achten, da die Ausscheidung von Krankheitserregern verzögert wird!). Zudem hilft eine Bananen- oder Reis-und-Tee-Diät und Cola in Maßen, denn es enthält Zucker, Spurenelemente, Elektrolyte und ersetzt das verloren gegangene Wasser. Generell sollte man viel trinken und die Zufuhr von Salz nicht vergessen. Bei länger anhaltenden Erkrankungen empfiehlt es sich, einen Arzt aufzusuchen – es könnte auch eine bakterielle oder eine Amöben-**Ruhr** (Dysenterie) sein. Bei Durchfällen gilt zu bedenken, dass die Wirksamkeit anderer Medikamente, darunter die Antibabypille, beeinträchtigt werden kann.

Verstopfungen können durch eine große Portion geschälter Früchte, beispielsweise Ananas oder eine halbe Papaya (mit Kernen), verhindert werden.

Erkältungen

Erkältungen kommen in den Tropen und Subtropen häufiger vor, als man denkt. Schuld sind vor allem Ventilatoren und Klimaanlagen, sie bescheren abrupte Temperaturwechsel und zu viel Zugluft. Vermeiden sollte man daher, nass geschwitzt in klimatisierte Räume zu flüchten, sofern man nicht etwas zum Wechseln oder Überziehen dabei hat. Auch in klimatisierten Bussen und kühleren Höhenlagen ist wärmere Kleidung wichtig. Im Süden und Südosten kann es im Winter vor allem nachts sehr kalt werden, hier sieht man mehr schnupfende und niesende Brasilianer, als man für möglich gehalten hätte.

Gelbfieber

Gelbfieber ist eine tropische Viruserkrankung, die durch die so genannte Gelbfieber-Mücke übertragen wird. Sie tritt nur in Afrika und Lateinamerika auf. Nach einer Inkubationszeit von 3–8 Tagen kommt es meist zunächst zu Symptomen wie Fieber, Schüttelfrost, Kopf- und Gliederschmerzen sowie Erbrechen (Phase 1). Diese Symptome klingen in den meisten Fällen nach einigen Tagen wieder ab, manchmal verläuft das Krankheitsbild sogar so leicht, dass es nicht einmal bemerkt wird. In etwa 20 % der Fälle tritt jedoch eine zweite Phase ein, in der das Fieber auf über 40 °C steigt, es kommt zu Leberversagen sowie inneren und äußeren Blutungen. Eine Therapie für diese Phase steht bisher nicht zur Verfügung, sie verläuft in der Hälfte aller Fälle tödlich.

Gelbfieber tritt in Brasilien im gesamten Norden und Zentralen Westen auf. Im Nordosten sind Maranhão sowie der westliche Teil von Bahia und Piauí betroffen, im Südosten ganz Minas Gerais sowie der Westen von São Paulo. Im Süden gilt dies für den Westen von Rio Grande do Sul und Paraná, darunter auch die Wasserfälle von Foz do Iguaçu, sowie kleinere Gebiete in Santa Catarina. Nicht gefährdet sind unter anderem die Städte Florianópolis, Rio de Janeiro, São Paulo, Salvador, Recife, Natal und Fortaleza.

Die **Gelbfieberimpfung** bietet einen sicheren Schutz. Bei Einreise aus Infektionsgebieten (Länder in West- und Zentralafrika, Lateinamerika) muss ein gültiger Gelbfieber-Impfschutz im internationalen Impfausweis dokumentiert sein. Die Gelbfieberimpfung darf nur von besonderen Impfstellen verabreicht werden, darunter alle Tropeninstitute.

Giftige Meerestiere

Durchaus real ist in den Tropen die Gefahr, mit nesselnden und giftigen Meerestieren in Kontakt zu kommen. Dies gilt besonders für die nur schwer vom Meeresboden zu unterscheidenden **Stachelrochen**, deren Gift fürchterliche Schmerzen verursacht. Sie treten vor allem im Amazonasgebiet auf. Vor dem Baden in einem Fluss sollte man daher den Sand mit einem Stock vorsichtig auflockern.

Gerät man beim Schnorcheln im Meer mit **Feuerkorallen** in Kontakt, führt dies zu stark brennenden Hautreizungen. Giftige Muränen, Rotfeuerfische und Seeschlangen werden dagegen nur ganz selten gefährlich. **Seeigel** sind zwar nicht giftig, ein eingetretener Stachel verursacht aber lang eiternde Wunden.

HIV / AIDS

Die Übertragungswege von HIV *(Human Immunodeficiency Virus)* dürften mittlerweile jedem bekannt sein: ungeschützter Geschlechtsverkehr, verschmutzte Injektionsnadeln bei Drogenmissbrauch oder Bluttransfusionen, kurz gesagt alle Wege, auf denen infiziertes Blut oder andere Körperflüssigkeiten in den eigenen Blutkreislauf gelangen können. Brasilien gilt als einer der Vorreiter gegen die Immunschwäche. Behandlung und Therapie sind für aidskranke Brasilianer kostenlos, die Aids-Sterblichkeit sank seit 1997 um die Hälfte. Auch Prävention wird ernst genommen: An Schulen und auf der Straße werden Kondome verteilt (besonders zur Karnevalszeit) und Werbespots weisen auf kostenlose HIV-Tests hin. Dennoch ist die Gefahr einer Ansteckung nicht zu unterschätzen; vermutlich sind mehr als 600 000 Brasilianer HIV-infiziert.

Insektenstiche und -bisse

Krabbeltiere und Fliegen kommen in Brasilien an der Küste relativ selten vor, in den feuchten Gebieten, besonders natürlich der Amazonasregion, sind sie aber zu jeder Jahreszeit allgegenwärtig. Meist sind sie eher lästig als gefährlich. Vorsicht ist vor **Moskitos** geboten, da sie bestimmte Arten Denguefieber, Gelbfieber und Malaria übertragen.

An einigen Sandstränden treten vor allem am späten Nachmittag und Abend **Sandfliegen** auf, deren Bisse sich erst Stunden später durch juckende, extreme Hautrötungen bemerkbar machen. Kratzen erhöht die Gefahr einer Entzündung, die mitunter erst nach einem Monat abklingt und hässliche Narben hinterlässt. Da sich die kleinen Plagegeister nur in begrenzten Bereichen aufhalten, sollte man sich von diesen Stränden fern halten.

So genannte **Bichos do Pé** *(Tunga penetrans)* sind kleine Sandflöhe, die sich Mensch und Tier in den Fuß hineinfressen und mit einem kleinen Schnitt entfernt werden müssen. Dort, wo die Flöhe auftreten, wissen die Einheimischen, wie man dies am geschicktesten anstellt; im Zweifel kann man um Hilfe bitten oder einen Arzt aufsuchen. Das Insekt kommt vor allem in ländlichen Gegenden und an Stränden vor. Vorsicht ist besonders geboten, wenn freilaufende Hunde zu sehen sind. Das Eintreten in die Haut fühlt sich an wie ein Mückenstich. Zu sehen ist aber erst einige Tage später ein kleiner schwarzer Punkt mit hellem Hof, ähnlich einer Blase, meist an den Zehen.

Auf dem Land sind viele Tiere mit **Zecken** infiziert, die sich in gesättigtem Zustand von ihrem Wirt fallen lassen und auf das nächste Opfer warten, dem sie ihre mit Haken besetzten Köpfe ins Fleisch bohren können, um Blut zu saugen. Es ist wichtig, sie vorsichtig zu entfernen, damit keine Haken stecken bleiben.

Malaria

Die Deutsche Gesellschaft für Tropenmedizin und Internationale Gesundheit (DTG) rät (Stand 2013) nur beim Besuch der Bundesstaaten **Acre**, **Rondônia** und **Roraima** sowie anderen Gebieten des Amazonasbeckens zu einer **Stand-by-Therapie** (mit *Malarone* oder *Riamet);* das Medikament sollte vorsorglich mitgebracht werden. Eine regelmäßige medikamentöse Chemoprophylaxe wird für Brasilien nicht empfohlen. Die gesamte Ostküste zwischen São Luís und Rio Grande do Sul, einschließlich der meisten Stadtzentren, gilt als Malariafrei, dies gilt auch für die Wasserfälle von Iguaçu. Die Auswahl und persönliche Anpassung des Notfallmedikaments sowie mögliche Nebenwirkungen oder Unverträglichkeiten mit anderen Medikamenten sollten unbedingt vor der Einnahme mit einem Tropen- bzw. Reisemediziner besprochen werden. Aktuelle Infos: 💻 www.dtg.org.

Die beste **Vorbeugung** gegen Malaria besteht darin, die Anzahl der Stiche zu minimieren: Die Mücke *Anopheles*, die den Malariaerreger *Plasmodium falciparum* übertragen kann, sticht während der Nacht, also zwischen Beginn der Dämmerung und Sonnenaufgang. Am Abend schützen helle Kleidung wie lange Hosen, langärmlige Hemden, engmaschige Socken und ein Mücken abweisendes Mittel auf der Basis von *Deet,* das auf die Haut aufgetragen wird und die Geschmacksnerven stechender Insekten lähmt. Einige Apotheken bieten sanftere Mittel an, die auf Zitronella- und Nelkenöl basieren, z. B. *Zedan*, die aber schlechter wirksam sind. Bewährt hat sich der Wirkstoff *Permethrin,* mit dem Kleidung und Moskitonetz eingesprüht werden. Er geht eine Verbindung mit dem Gewebe ein, ohne zu ölen, und bleibt wochenlang wirksam. In Deutschland ist er z. B. in den Handelsmarken *NO BITE* (💻 www.nobite.com) und *TYRA-X* (💻 www.tyrax.de) enthalten.

Ist der Schlafraum nicht mückensicher (lückenlose Mückengitter an Fenster und Türen), sollte man unter einem Moskitonetz schlafen. Am sichersten ist ein eigenes, mit *Permethrin* behandeltes Netz. Löcher verschließt man am besten mit einem Klebeband. Bei niedrigen Temperaturen in klimatisierten Räumen sind die Mücken zwar weniger aktiv, aber keineswegs ungefährlich.

Wer nach der Rückkehr an einer nicht geklärten fieberhaften Erkrankung leidet, auch wenn es sich nur um leichtes Fieber und Kopfschmerzen handelt und erst Monate später auftritt, sollte dem Arzt unbedingt von dem Tropenaufenthalt berichten und auf einem Bluttest bestehen. Die ersten Symptome einer Malaria können denen eines banalen grippalen Infektes ähneln und werden daher häufig verkannt, was schon nach wenigen Tagen das Leben bedrohen kann.

Reisekrankheit

Bei Fahrten durchs Land per Schiff oder Bus werden Urlauber leider mitunter reisekrank. Dies kann besonders bei Überfahrten zu Inseln oder bei Bootsausflügen, aber auch bei längeren Busfahrten vorkommen. Ursache für Reisekrankheit sind die widersprüchlichen Informationen, die Augen und das Gleichgewichtsorgan im Ohr an das Gehirn liefern. Übelkeit und Erbrechen sind die Folge. Wie anfällig Menschen dafür sind, ist individuell unterschiedlich. Am sensibelsten reagieren Kinder unter zwölf Jahren.

Man kann der Reisekrankheit vorbeugen: Im Bus sollte man in Fahrtrichtung und möglichst weit vorne sitzen. Der Blick durch die Frontscheibe ermöglicht es, die Bewegungen des Fahrzeugs zu verfolgen. Auf einem Schiff ist der beste Platz an der frischen Luft an Deck, mit Blick auf den Horizont. In der Mitte des Schiffs machen sich Schwankungen zudem weniger stark bemerkbar als am Bug oder Heck.

Um eine Reisekrankheit zu verhindern, stehen auch verschiedene Arzneimittel zur Verfügung: In Apotheken gibt es Tabletten, Kaugummis oder Zäpfchen, die vorbeugend wirken. Sie können allerdings auch Nebenwirkungen wie Benommenheit und Schläfrigkeit mit sich bringen. Zu beachten ist, dass diese Mittel prophylaktisch, etwa eine halbe Stunde vor Reiseantritt eingenommen werden müssen. Hat die Reiseübelkeit bereits eingesetzt, wirken sie nicht mehr.

Wer die Reise entspannt und ausgeschlafen antritt und im Vorfeld schwere Speisen, Alkohol und Kaffee meidet, gibt der Reisekrankheit wenig Chancen. Auch Ablenkung funktioniert oft: Also gar nicht daran denken, dass man reisekrank werden könnte, dann steht einer entspannten Reise nichts mehr im Weg.

Schlangen- und Skorpionbisse

Die weit verbreitete Angst steht in keinem Verhältnis zur realen Gefahr, denn Giftschlangen greifen nur an, wenn sie attackiert werden. Gefährlich ist die Zeit nach Sonnenuntergang zwischen 18 und 20 Uhr, vor allem bei Regen. Einige Schlangen töten durch ein Blutgift, in diesem Fall benötigt man sofort ein Serum, andere töten durch ein Nervengift, dann ist außerdem eine künstliche Beatmung wichtig. Das Provinzkrankenhaus, in das der Betroffene schnellstens gelangen sollte, muss zudem sofort informiert werden, damit ein Arzt und das Serum beim Eintreffen bereit stehen.

Skorpionstiche sind in dieser Region generell nicht tödlich. Kräutertabletten und Ruhigstellen des Körperteils lindern den Schmerz, Wasserkontakt meiden. Normalerweise lassen die anfangs starken Schmerzen nach 1–2 Tagen nach.

Sonnenbrand und Hitzschlag

Selbst bei bedecktem Himmel ist die Sonneneinstrahlung unglaublich intensiv. Viele Reisende treffen nur am Strand Vorkehrungen gegen Sonnenbrand und Hitzschlag, doch dies ist auch bei Touren durchs Hinterland oder durch Städte unbedingt notwendig. Als wichtigste Schutzmaßnahmen empfiehlt es sich, regelmäßig Mittel mit hohem Sonnenschutzfaktor auf die Haut aufzutragen, Hut und Sonnenbrille zu tragen und tagsüber viel zu trinken. Erschöpfungszustände bei Hitze äußern sich durch Kopfschmerzen, Übelkeit, Benommenheit und erhöhte Temperatur.

Um die Symptome zu lindern, sollte man unbedingt Schatten aufsuchen und genügend Flüssigkeit zu sich nehmen. Erbrechen und Orientierungslosigkeit können auf einen Hitzschlag hinweisen, der potenziell lebensbedrohlich ist – deshalb muss man sich sofort in medizinische Behandlung begeben.

Tollwut

Wo streunende oder auch verendete Hunde zu sehen sind, ist Vorsicht geboten. Wer von einem Hund, einer Katze oder einem Affen gekratzt oder gebissen wird, muss sich sofort impfen lassen, da eine Infektion sonst tödlich enden kann. Eine vorbeugende Impfung ist zwar teuer, dennoch insbesondere bei längerem Aufenthalt oder besonderer Exposition (intensiver Kontakt mit Tieren etc.) ratsam. In einigen Staaten der Amazonasregion ist es in der Vergangenheit zu tödlichen Tollwut-Infektionen durch den Biss infizierter Flughunde, so genannter „Vampire", gekommen.

Wundinfektionen

Unter unhygienischen Bedingungen können sich schon aufgekratzte Moskitostiche zu beträchtlichen Infektionen auswachsen, wenn sie unbehandelt bleiben. Wichtig ist es, dass jede noch so kleine Wunde sauber gehalten, desinfiziert und evtl. mit Pflaster geschützt wird. In jeder Apotheke gibt es Antibiotika-Salben, die den Heilprozess unterstützen.

Wundstarrkrampf (Tetanus)

Wundstarrkrampf-Erreger findet man überall auf der Erde. Verletzungen kann man nie ausschließen, und wer noch keine Tetanusimpfung hatte, sollte sich unbedingt zwei Impfungen im 4-Wochen-Abstand geben lassen, die nach einem Jahr aufgefrischt werden müssen. Danach genügt eine Impfung alle 10 Jahre. Am besten ist die Kombi-Impfung mit dem Polio-Tetanus-Diphtherie-(Td-)Impfstoff für Personen über 5 Jahre, mit der gleichzeitig ein Schutz vor Diphtherie und Polio einhergeht.

Glossar

Academia Fitness-Studio
Afoxé afro-brasilianischer Musikstil
Albergue da Juventude Jugendherberge
Álcool KFZ-Treibstoff aus destilliertem Zuckerrohr
Aldeia Fischer- oder Indianerdorf
Arrocha Volkstümlicher, einfacher Musik- und Tanzstil
Azulejos bemalte Wandfliesen aus Portugal mit meist blauen Mustern
Bagunça Chaos, Unordnung
Beija-flor Kolibri
Baiana Bewohnerin von Bahia, auch traditionell in weißer Tracht
Balsa Fähre
Bandeirantes wörtl. „Fahnenträger"; Abenteurer und Eroberer des brasilianischen Hinterlandes
Bateria / Baterista Schlagzeug / Percussion- und Rhythmusmusiker
Berimbau afro-brasilianisches Begleitinstrument zum Capoeira-Tanz
Bloco Karnevalstruppe
Bonde Straßenbahn, Seilbahn
Borracha Kautschuk, Gummi
Bossa Nova in den 1950er- und 60er-Jahren entstandene Musikform aus Rio, heute Klassiker
Boto Süßwasserdelphin (Amazonas)
Bumba-meu-boi folkloristisches Tanz- und Gesangsspiel um die zentrale Figur eines Ochsen
Caatinga steppenähnliches Trockengebiet, größtes Ökosystem des Nordostens (6,83 % der Landesfläche)
Cabana Strandbar
Caboclo Bezeichnung für Mischling indianisch-europäischer Herkunft
Cachaça Zuckerrohrschnaps
Caipira Bewohner des Hinterlandes, „Hinterwäldler"
Caipirinha brasilianisches Nationalgetränk aus Zuckerrohrschnaps, Limonenstücken, Zucker und Eiswürfeln
Camarote Loge, von der aus die Karnevalsumzüge verfolgt werden können
Candomblé afro-brasilianische religiöse Kultform
Canga Strandtuch als Kleidungsstück für Frauen
Capeta Mixgetränk aus Schaumwein, Säften und Kondensmilch
Capivara größtes Nagetier der Welt (Pantanal)
Capixaba Bezeichnung für einen Bewohner des Bundesstaates Espírito Santo
Capoeira afro-brasilianischer Kampftanz aus der Sklavenzeit
Carioca Bezeichnung für einen Einwohner der Stadt Rio de Janeiro (vgl. Fluminense)
Carne seca, Carne-de-sol luftgetrocknetes, gesalzenes Rindfleisch (Nordosten)
Casa de Câmbio Geldwechselstube
Casal Pärchen, Ehepaar, auch Doppelzimmer

Cataratas Wasserfälle
Caverna Höhle
Cerrado Savannenlandschaft im Landesinnern
Chafariz öffentlicher Brunnen
Chapada hochlandähnliches Gelände mit einem Durchschnittsgefälle von unter 10 %
Chimarrão traditionelles Tee-Trinkgefäß der Gaúchos in Rio Grande do Sul
Churrascaria Grillrestaurant (häufig mit Rodízio)
Cobras Oberbegriff für Schlangen
Cooper Jogging
Dunas Dünen
Engenho Plantage mit Zuckerrohrverarbeitung und Schnapsbrennerei (hist.)
Escola de Samba Sambaschule, Sambagruppe
Estrangeiro neutrale Bezeichnung für Ausländer
Fantasia Karnevalskostüm, Verkleidung
Favela Elendsviertel, Slum
Favelado Slumbewohner
Fazenda Farm mit Land- oder Viehwirtschaft
Festas juninas lebhaftes Folklorefest im Nordosten (Juni), mit Tanz und Feuerwerken (auch Festas de São João)
Fio dental Zahnseide, auch: Bezeichnung für knappe Bikinis
Fluminense im Bundesstaat Rio de Janeiro Geborene, jedoch außerhalb der Hauptstadt; vgl. Carioca
Fonte Quelle
Forró populäre Tanzmusik des Nordostens, Symbol des São João-Festes im Juni
Funai staatliche Indianerbehörde
Fusca VW-Käfer
Futevolei Fuß- und Volleyball verbindender Strandsport
Gafieira traditioneller Tanzclub mit Standardtänzen
Garçom/Garçonete Kellner/Kellnerin
Garimpeiro Goldsucher, Goldwäscher
Gasolina Normalbenzin (vgl. Álcool)
Gaúcho Viehzüchter, Viehtreiber im Süden Brasiliens
Gorjeta Trinkgeld
Gringo (m), Gringa (f) leicht abschätzige Bezeichnung für Ausländer von außerhalb Lateinamerikas, oft US-Amerikaner
Gruta Grotte, Höhle
Guaraná verbreitetes, ziemlich süßes Erfrischungsgetränk aus koffeinhaltigen Beeren des Amazonasgebietes
Guarda sol Sonnenschirm
Ibama brasilianische Naturschutzbehörde
Iemanjá; Yemanjá Meeresgöttin der afro-brasilianischen Religion
Igreja Matriz Haupt- oder Stammkirche
Interior Hinterland
Jacaré Kaiman
Jangada traditionelles Fischerfloß mit Segeln, verbreitet im Nordosten
Jardim Garten, öffentlicher Park
Jeito, Jeitinho brasileiro Kniff, Trick, der kleine „Dreh", mit dem sich verfahrene Situationen lösen lassen, Symbol für Anpassungsfähigkeit, Flexibilität, Kreativität und Improvisationsvermögen der Brasilianer; jedoch auch im Zusammenhang mit Korruption gebraucht
Ladrão Dieb, Räuber
Lambada populärer Tanz in Bahia Ende der 1980-er/Anfang der 90er-Jahre
Lancha Boot, Barkasse
Lancha rápida Schnellboot
Lanchonete einfacher, sehr verbreiteter Stehimbiss, Schnellrestaurant
Leito komfortabler Fernbus mit Schlafsitzen
Loja Laden, Geschäft
Luau nächtliches Strandfest
Macumba afro-brasilianische Kultform, auch: Schwarze Magie
Malandro Gauner, „Schlitzohr"; früher verbreiteter Sozialtypus
Manguezal Sümpfe an Seeufern, in der Nähe von Häfen und an Flussmündungen, wo im Allgemeinen Mangroven wachsen
Mate Teesorte; verbreitetes Regionalgetränk in Südbrasilien
Mendingo Bettler, Obdachloser
Menino da rua Straßenkind
Mercado Markt(halle)
Mineiros Bezeichnung für die Bewohner von Minas Gerais
Moqueca Fisch- oder Meeresfrüchtepfanne
Morro Hügel, im übertragenen Sinne auch Favela
Motel Liebes-Hotel mit Garage
Movimento Sem Terra (MST) politische Basisbewegung der Landlosen

MPB (Música Popular Brasileira) brasilianische Popmusik
Mulata (f)/Mulato (m) Mischling afrikanisch-europäischer Herkunft
Nordestinos Bezeichnung für die Bewohner des Nordostens
Novelas beliebte Fernsehserien
Olodum afro-brasilianische Karnevalsgruppe aus Salvador
Orixás afro-brasilianische Gottheiten
Pagode populäre Musikrichtung
Passeio de escuna Bootsausflug im Segelschoner
Patrão Chef, Haus- und Schutzherr
Pau Brasil Brasilholz
Paulista im Staat São Paulo Geborener (Mann oder Frau)
Paulistano/Paulistana in der Stadt São Paulo Geborene
Pedra Felsen, Berg
Pelourinho Strafpranger für Sklaven, auch: Name des historischen Zentrums in Salvador
Pico Gipfel
Pinga billiger Zuckerrohrschnaps, „Fusel"
Pipoca übersetzt: „Popcorn", das „hüpfende Volk" während des Karnevals
Pirarucu größter Süßwasserfisch Brasiliens (Amazonas)
Pororoca bis zu 5 m hohe Flutwelle, die beim Zusammenstoß von Süß- und Meerwasser während des Mondwechsels in der Amazonasmündung entsteht
Porteiro Portier
Pousada Pension, familiengeführtes Hotel
Ramal Nummer eines Telefonanschlusses, die man nach Anwählen der Hauptnummer der Zentrale angeben muss
Rapel Abseilen an einem Felsen, Berg, Wasserfall o. Ä.
Real brasilianische Währung seit 1994
Rede Hängematte, auch: Funk- und Fernsehanstalt
Renda Spitzen (Handarbeit), auch: Einkommen
Rodízio spezieller Restaurant-Service mit rotierenden Speiseangeboten
Rodoferroviária Bahnhof
Rodoviária Busstation, -bahnhof
Saidera Abschlussgetränk, „Absacker"
Salário mínimo gesetzlicher Mindestlohn
Samaúma bis zu 40 m hoher Baum (Amazonas), wird auch als „König des Urwalds" bezeichnet, sein Saft wird als natürliches Heilmittel verwendet
Saveiro Segelboot
Seringueiro Gummi-/Kautschukzapfer
Serra Hoch- und Gebirgsland
Sertão dürres Hinterland im Nordosten
Sertanejo Sertão-Bewohner; auch etwas hinterwäldlerischer Musikstil
Sítio Kleingut, Landsitz
Sobrado zwei- oder mehrgeschossiges Haus
Solar herrschaftliches Wohnhaus aus der Kolonialzeit
Solteira/o Alleinstehende/r, auch: Einzelzimmer
Soterapolitanos in der Stadt Salvador Geborene (Bahia)
Terreiro Versammlungsstätte für afro-brasilianische Kulte
Trio elétrico Musikgruppe auf einem Lautsprecherwagen, v. a. im Karneval von Salvador
Tubarão Hai
Tupi-Guarani Sprachfamilie der Tupi-Indianer, die verschiedene südamerikanische Eingeborenensprachen zusammenfasst und geografisch weit verbreitet ist
Umbanda afro-brasilianische Kultform
Yanomami von illegalen Goldsuchern und Siedlern bedrängtes Indianervolk im Amazonas
Xingu Zufluss des Amazonas und Name eines der wichtigsten Indianerreservate und Naturschutzgebiete von Brasilien, bewohnt von verschiedenen Völkern.

Index

ANHANG

ANHANG

ANHANG

MANAUS
HOTÉIS
Übernachte bei den Leuten in Manaus, die die Stadt am besten kennen
fb.com/manaushoteis
HTS
Free
Online Buchen
www.manaushoteis.tur.br

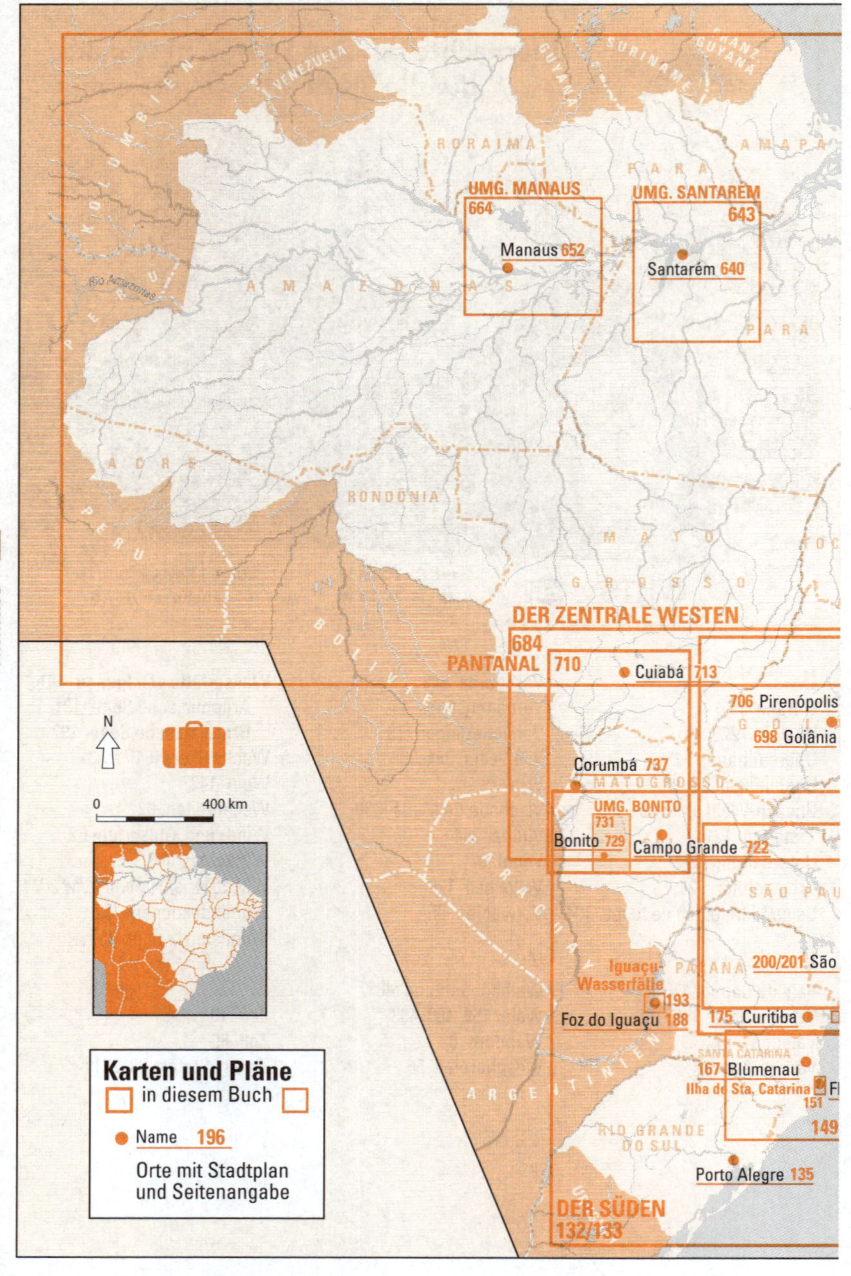
VENEZUELA
GUYANA
SURINAME
FRANZ. GUYANA
KOLUMBIEN
RORAIMA
AMAPÁ
PARÁ
UMG. MANAUS
664
Manaus 652
UMG. SANTARÉM
643
Santarém 640
Rio Amazonas
AMAZONAS
PERU
PARÁ
ACRE
RONDÔNIA
MATO GROSSO
BOLIVIEN
DER ZENTRALE WESTEN
684
PANTANAL
710
Cuiabá 713
706 Pirenópolis
698 Goiânia
Corumbá 737
MATO GROSSO
UMG. BONITO
731
Bonito 729
Campo Grande 722
PARAGUAY
SÃO PAULO
Iguaçu-Wasserfälle
193
Foz do Iguaçu 188
PARANÁ
200/201 São
175 Curitiba
SANTA CATARINA
167 Blumenau
Ilha de Sta. Catarina
151
149
ARGENTINIEN
RIO GRANDE DO SUL
Porto Alegre 135
DER SÜDEN
132/133
N
0
400 km
Karten und Pläne
in diesem Buch
Name 196
Orte mit Stadtplan und Seitenangabe

ANHANG

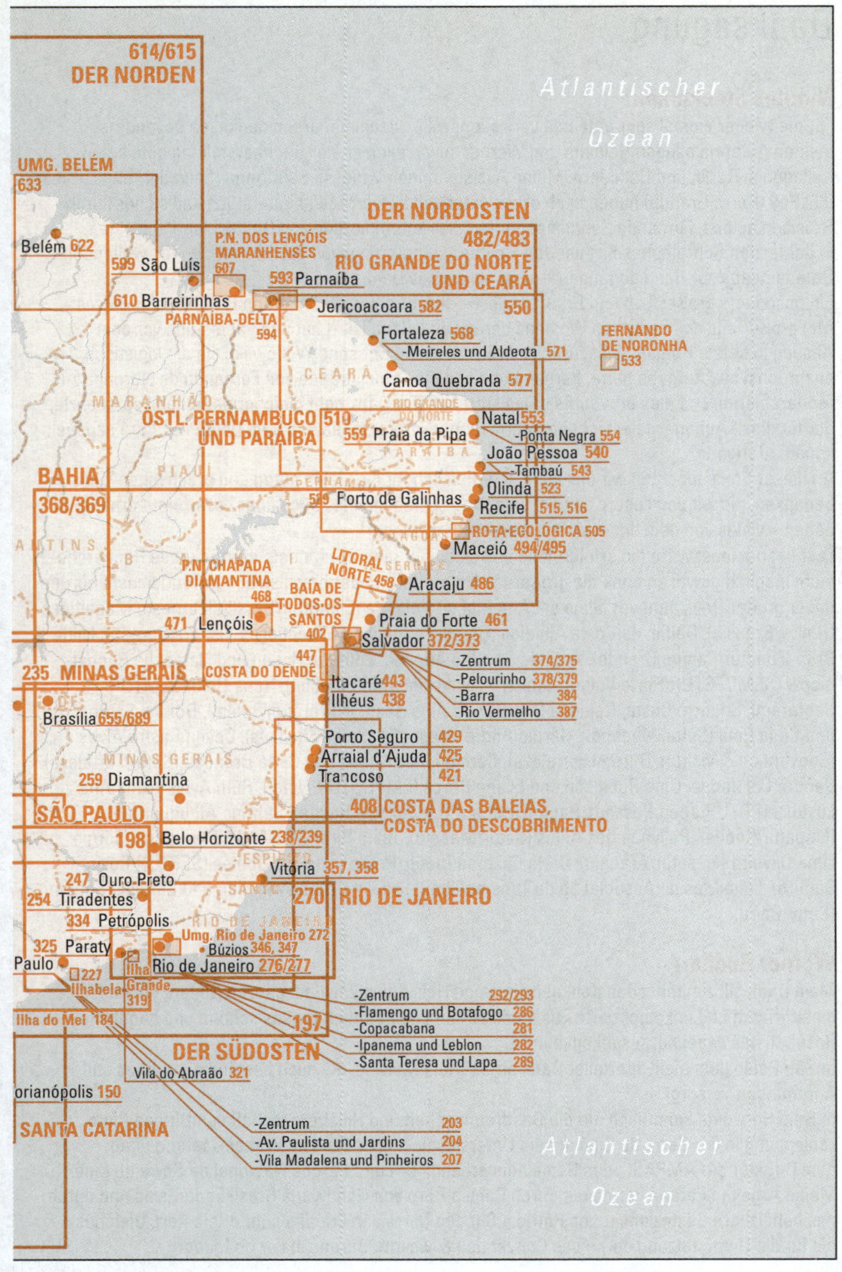
Atlantischer Ozean
614/615
DER NORDEN
UMG. BELÉM
633
Belém 622
599 São Luís
610 Barreirinhas
P.N. DOS LENÇÓIS MARANHENSES 607
593 Parnaíba
PARNAÍBA-DELTA 594
DER NORDOSTEN
482/483
RIO GRANDE DO NORTE UND CEARÁ
550
Jericoacoara 582
Fortaleza 568
-Meireles und Aldeota 571
Canoa Quebrada 577
FERNANDO DE NORONHA 533
ÖSTL. PERNAMBUCO UND PARAÍBA 510
559 Praia da Pipa
Natal 553
-Ponta Negra 554
João Pessoa 540
-Tambaú 543
Olinda 523
Recife 515, 516
529 Porto de Galinhas
ROTA ECOLÓGICA 505
Maceió 494/495
BAHIA
368/369
P.N. CHAPADA DIAMANTINA 468
LITORAL NORTE 458
Aracaju 486
BAÍA DE TODOS-OS-SANTOS 402
471 Lençóis
Praia do Forte 461
Salvador 372/373
-Zentrum 374/375
-Pelourinho 378/379
-Barra 384
-Rio Vermelho 387
447
COSTA DO DENDÊ
235 MINAS GERAIS
Itacaré 443
Ilhéus 438
Brasília 655/689
Porto Seguro 429
Arraial d'Ajuda 425
Trancoso 421
259 Diamantina
408 COSTA DAS BALEIAS, COSTA DO DESCOBRIMENTO
SÃO PAULO
198
Belo Horizonte 238/239
Vitória 357, 358
247 Ouro Preto
254 Tiradentes
270 RIO DE JANEIRO
334 Petrópolis
Umg. Rio de Janeiro 272
325 Paraty
Búzios 346, 347
Paulo
227 Ilhabela
Ilha Grande 319
Rio de Janeiro 276/277
-Zentrum 292/293
-Flamengo und Botafogo 286
-Copacabana 281
-Ipanema und Leblon 282
-Santa Teresa und Lapa 289
Ilha do Mel 184
197
DER SÜDOSTEN
Vila do Abraão 321
orianópolis 150
SANTA CATARINA
-Zentrum 203
-Av. Paulista und Jardins 204
-Vila Madalena und Pinheiros 207
Atlantischer Ozean

ANHANG

Danksagung

Nicolas Stockmann

Für die wieder einmal sehr gute und vertrauensvolle Zusammenarbeit danke ich besonders meinen Autorenkollegen Helmuth und Werner sowie allen an der Buchherstellung beteiligten Kollegen in Berlin und Ostfildern. Meine Assistentinnen Vanessa Sant'Anna (Salvador) und Luzimar d'El Rey (Barra Grande) haben mich organisatorisch hervorragend unterstützt und sicher durch Brasilien gelotst, Fernanda Schuhmacher hat dies koordinierend von Deutschland aus getan; in der letzten Schreibphase ist mir Jan Fichtner aufopferungsvoll bei der nicht enden wollenden Dateneingabe zur Hand gegangen – allen ein großes Dankeschön!
Ein besonders großes Lob und Dank gebühren dem furchtlosen Christoph P. Müller, der dieses Mal große Teile des Zentralen Westens bereist und aktualisiert hat und dabei auch vor dem Abstieg in tiefste Höhlen nicht zurückschreckte, sowie Christine Wollowski, die die logistisch anspruchsvolle Aufgabe hatte, Pernambuco und die Traumstrände von Fernando de Noronha zu recherchieren, und dies bravourös gemeistert hat. Der Dank geht gleichermaßen an Leo Kuenzle, der für diese Auflage viele wichtige Informationen in Maranhão und dem Osten von Pará sammeln konnte. Obrigado!
An dieser Stelle möchten wir uns auch sehr herzlich für die vielen guten und praktischen Tipps bedanken, die wir von Lesern sowohl unterwegs persönlich als auch über Leserbriefe erhalten haben – vieles von dem findet sich in diesem Buch wieder!
Last but not least wäre die erfolgreiche und sich über mehrere Monate erstreckende Recherche nicht möglich gewesen ohne die großartige Unterstützung der brasilianischen Tourismusbehörden, unser großer Dank geht vor allem an: Ana Rita de Holanda (Embratur/Brasília), Ernesto Magalhães (Ogilvy/Brasília), Delfim da Costa Almeida (Brasília e Região Convention & Visitors Bureau), Nilde Brun (Fundtur/Campo Grande), Antônio Geraldo Affonso, Eduardo Rauen und Natascha Rechetnicow (SEMDESTUR/Porto Velho), Leonardo Novellino (ManausCult), Irene Belo (SEMTUR/Santarém), Socorro Costa, Benigna Soares und Aine Busman (Paratur/Belém), Dorival Santos und Cátia Rola (Setur/Macapá), Márcio André Assunção (Setur/São Luís), Celina Castro Alves (Convention & Visitors Bureau Fortaleza), Carmen Inês Matos und Carla Brandão (Setur/Fortaleza), Sandro Calafange, Gina Robinson und Eliane Praça (EMPROTUR/Natal), Ruth Avelino und Ana Lustosa (PBTUR/João Pessoa), Rachel Motta (Prefeitura de Recife), Sabrina Albuquerque (Empetur/Recife), Pollyana dos Anjos (Setur/Maceió), Talita Pires (AHMAJA/Maragogi), Sérgio Lima Oliveira (Emsetur/Aracaju), Carlo Casarsa (Setur/Prado), Laércio Gomes (SECTUR/Porto Seguro), Luigi Massa (Associação de Turismo/Ilhéus) sowie Bruno Wendling und Caroline Schein (Setur Cairu).

Werner Rudhart

Mein Dank gilt zunächst den Kollegen Nico und Helmuth sowie dem ganzen Bintang-Team für die effiziente und unkomplizierte Zusammenarbeit und natürlich für das schöne und handliche Resultat, das dabei herausgekommen ist.
In São Paulo geht mein spezieller Dank an Gabriela Moreno, die mich beständig mit Tipps und Anregungen versorgt.
In Belo Horizonte konnte ich auf die Gastfreundschaft und Hilfsbereitschaft von Dirlene Pinto zählen, und in der Serra do Cipó auf die Unterstützung ihres Bruders Walter Caetano Pinto, dem Direktor der AMPASC, des Gemeindeverbands Circuito Parque Nacional da Serra do Cipó.
Meine Arbeit in Paraná wurde mir durch Camila Barp von Gondwana Brasil Ecoturismo und durch das beheizbare Gästezimmer von Patrícia Checco Correia in Curitiba sehr erleichtert. Gleiches gilt für die Unterstützung durch das Convention & Visitors Bureau in Foz do Iguaçu.

Besonders hervorheben möchte ich die hervorragende Kooperation mit der staatlichen Tourismusbehörde SANTUR in Santa Catarina sowie das zuvorkommende Engagement von Talmir Duarte Silva von der Pousada Natur Campeche auf der Ilha de Santa Catarina.

Helmuth Taubald

Die Arbeit mit dem Loose/Bintang-Team war äußerst angenehm und kooperativ. Auch meinen Co-Autoren möchte ich herzlich danken, es war eine echte Teamarbeit, bei der jeder immer das ganze Projekt im Auge hatte. Besonderen Dank auch an Horst „Felix" Krull, der mich mit einigen wertvollen Hinweisen unterstützt hat. Eine große Hilfe waren auch die Tipps meiner Freunde Frank, Michael und Goofy sowie von Sabine und Dieter aus Nova Friburgo und Walter aus Vila de Trindade. Deren Unterstützung erfolgte schon bei früheren Auflagen, während der in Rio/Niterói lebende Schweizer Freund und Kollege Leo Kuenzle für das neue Buch viele zusätzliche wertvolle Hinweise beigesteuert hat.

ANHANG

Bildnachweis

Umschlag

Titelfoto getty images/Luiz Baltar; Maracatu-Trommler
Umschlagklappe hinten corbis images/ SOPA RF/Antonino Bartuccio; Strand bei Fortaleza, Ceará

Farbteil

S. 2 Werner Rudhart
S. 3 Jochen Österreicher
S. 4 Werner Rudhart
S. 5 Werner Rudhart (2)
S. 6/7 Getty Images / Bertrand Gardel
S. 8 laif / Hemispheres / GARDEL Bertrand (2);
S. 9 Werner Rudhart (oben);
Getty Images / Peter McBride (unten)
S. 10/11 Okapia / BIOS / Michel Gunther
S. 12/13 Werner Rudhart (oben)
S. 12 Nicolas Stockmann (unten)
S. 13 Nicolas Stockmann (unten)
S. 14 LOOK-Foto / Ingolf Pompe (oben);
Werner Rudhart (unten)
S. 15 Werner Rudhart
S. 16 Werner Rudhart
S. 17 Werner Rudhart (2)
S. 18 Getty Images / Theo Allofs
S. 19 Werner Rudhart (oben, unten);
laif / Christian Heeb (Mitte)
S. 20 Carl D. Goerdeler

Schwarz-Weiß

© **Carl D. Goerdeler** S. 659, 683, 732
© **Lothar Kerscht** S. 348
© **Johannes Kizler** S. 295
© **Frank Kohl** S. 124
© **Jochen Österreicher** S. 35, 131, 144, 183, 477
© **Werner Rudhart** S. 27, 28, 29, 37, 40, 41, 62, 69, 81, 84, 88, 121, 159, 165, 195, 214, 223, 251, 260, 269, 367, 371, 381, 388, 466, 496, 600, 613, 620, 636, 662, 739
© **Nicolas Stockmann** S. 115, 417, 449, 465, 478, 481, 522, 535, 567, 595, 690
© **Helmuth Taubald** S. 278, 290, 318
© **Rafael Teixeira** S. 703

Impressum

Brasilien
Stefan Loose Travel Handbücher
4., vollständig überarbeitete Auflage **2014**

Die in diesem Buch enthaltenen Angaben wurden von den Autoren nach bestem Wissen erstellt und vom Lektorat im Verlag mit großer Sorgfalt auf ihre Richtigkeit überprüft. Trotzdem sind, wie der Verlag nach dem Produkthaftungsrecht betonen muss, inhaltliche und sachliche Fehler nicht vollständig auszuschließen.
Deshalb erfolgen alle Angaben ohne Garantie des Verlags oder der Autoren. Der Verlag und die Autoren übernehmen keinerlei Verantwortung und Haftung für inhaltliche und sachliche Fehler. Alle Landkarten und Stadtpläne in diesem Buch sind von den Autoren erstellt worden und werden ständig überarbeitet.

Gesamtredaktion und -herstellung
Bintang Buchservice GmbH
Zossener Str. 55/2, 10961Berlin
www.bintang-berlin.de
Redaktion: Nicolas Stockmann
Karten: Katharina Grimm, Klaus Schindler
Grafisches Konzept: Groschwitz, Hamburg
Layout und Herstellung: Anja Linda Dicke
Farbseitengestaltung: Anja Linda Dicke, Jan Düker, Anja Krapat
Umschlaggestaltung: Jan Düker

Printed in China

Kartenverzeichnis

Legende

Autobahn/Schnellstraße	Hafen, Ankerplatz
Fernstraße mit Nationalstr.-Nr.	Internationaler Flughafen
Hauptstraße mit Provinzstr.-Nr.	Nationaler Flughafen
Panamericana	Grenzübergang
Nebenstraße	Sehenswürdigkeit
ungeteerte Straße	Archäologische Stätte
unklassifizierte Straße/Fahrweg	Kloster
Straße in Bau; Straße in Planung	Kirche
Straße für Kfz gesperrt	Burg; Burgruine
Tunnel	Denkmal
Eisenbahn	Sendeturm
Fähre, Schiffsverbindung	Leuchtturm
Staatsgrenze	Badestrand
Provinzgrenze	Wasserfall
Nationalpark; Naturpark	Höhle
Indio-Reservat	Berggipfel; Pass
Sumpf	Campingplatz

Manuel Viana
Passo Novo
Jacaquá
Loreto
S. Vicente do Sul
São Pedro do Sul
Itaara
Silveira Martins
Camobi
Boca do Monte
SANTA MARIA
Dilermando de Aguiar
Alegrete
Palma
Plano Alto
Cacequi
Umbu
Santa Flora
Vila Block
Formigueiro
Harmonia
Catimbaú
Saicã
Lagoa Porovê
Mangueiras
Azevedo Sodré
Guabiju
Lajeado Grande
São Sepé
Cavera
Tiaraçu
Coxilha de Santana
Rosário do Sul
São Gabriel
Cerrito d'Ouro
Passo da Guarda
Guara
Santa Margarida do Sul
Vila Nova
Vacacal
Quaraí
Caçapava do Sul
Pintado Grande
Campo Seco
São José
Cerrito
Pampeiro
Suspiro
Armada
Palomas
Ibaré
Lavras do Sul
Santana do Livramento
Rivera
Dom Pedrito
Sarandí del Arapey
Torquato Severo
Masoller
Mataojo
Tranqueras
Zona Honda
Ataques
Upamaroti
José Otávio
Palmas
Três Vendas
BAGÉ
Hulha Negra
Quintana
Laureles
La Calera
Berruti
Piraí
Candiota
Cerrillaca
Goulart Marques
Paso del Cerro
Carumbé
Bañada de Rocha
Minas de Corrales
Cuchilla del Hospital
Moirones
Colônia Nova
Pedras Altas
Vichadero
Zapará
Tacuarembó
Arerunguá
Los Rosanos
Aceguá
Tambores
Ansina
Isodoro Nobila
Picada de Cuello
Centurion
R. Yaguarón
Quilombo
Piedra Sola
Las Toscas
Arbolito
Curtina
Cuchilla Cuaraguatá
Totoral
Pampa
Melo
R. Negro
Achar
Fraile Muerto
Arbolito
Arachania
Peralta
Est. Km 329
Arévalo
Embalse Rincón del Bonete
Verdun
Plácido Rosas
Paso de los Toros
San Jorge
Tupambaé
Rincón
Rincón del Bonete
Blanquillo
Santa Clara de Olimar
Vergara
Yerbalito
Mendizábal
Carpintería
Puntas de Malbajar
Cerro Chato
General Enrique Martinez
Carlos Reyes
Treinta y Tres
Cebollati
Ombúes de Oribe
Pueblo del Carmen
Sarandí del Yí
Marina Albina
José P. Varela
Durazno
Capilla del Sauce
José Batlley Ordoñez
La Coronilla

1 cm = 25 km
1 : 2.500.000
0
25
50
75
100 km
S. 772
S. 773
Venâncio Aires
Candelária
Vera Cruz
Santa Cruz do Sul
Novo Cabrais
Botucaraí
Albardão
Vale Verde
Ferreira
Bexiga
Cachoeira do Sul
Rio Pardo
R. Jacuí
Capané
Cordilheira
Minas do Leão
Butiá
Pântano Grande
Capivarita
Quiteria
Encruzilhada do Sul
Dom Feliciano
Amaral Ferrador
Santana da Boa Vista
R. Camaquã
Cristal
Santa Teresa
Silva
Boa Vista
Quevedos
Boqueirão
Arroio do Padre
Cancelão
Pirantini
Canguçu
Campos
Quilombo
Morro Redondo
Cerrito Alegre
Monte Bonito
Freire
Capeão do Leão
Dunas
Alto Alegre
PELOTAS
Cerrito
Pedro Osório
Basílio
Pedreiras
Conde Matarazzo
Canal de Gonçalo
Quinta
Santa Isabel do Sul
Sarandi
Lagoa Caiúva
Pta. Alegro
Lagoa Mirim
Punta dos Latinos
Taim
Estação Ecológica do Taim
Curral Alto
Laguna Mangueira
Passo da Lagoa
Costa da Cadeia
Montenegro
Taquari
General Câmara
Triunfo
São Jerônimo
Charqueadas
Eldorado do Sul
Guaíba
Arroio dos Ratos
Morrinhos
Barão do Triunfo
Sertão Santana
Barra do Ribeiro
Sentinela do Sul
Sant' Auta
Tapes
Chuvisca
Bonito
Capela Velha
Camaquã
Arambaré
Santa Rita do Sul
Pacheca
Cruz
San Lourenço do Sul
Lagoa dos Patos
I. dos Marinheiros
San José do Norte
RIO GRANDE
Punta dos Pescadores
Cassino
Taquara
Parobme
Riolante
NOVO HAMBURGO
São Leopoldo
Sapucaia do Sul
Santo Antônio da Patrulha
Esteio
Gravataí
Glorinha
CANOAS
Alvorada
Lagoa dos Barros
Osório
Viamão
PORTO ALEGRE
Capão da Porteira
Passo do Areia
Aguas Claras
Capivari do Sul
Palmares do Sul
Itapuã
Cidreira
Pinhal
Quintão
Frei Sebastião
Bacopari
Ponta da Formiga
Ponta das Desertas
Solidão
Doutor Edgardo Pereira Velho
Povos
São Simão
Pta. de Tapes
Pta. São Simão
Pta. Cristovão Pereira
Lagoa Mostardas
Mostardas
Tavares
Lagoa do Peixe
Parque Nacional da Lagoa do Peixe
Pta. do Bojuru
Bojuru
Estreito
Saraiva
Atlantischer Ozean
Imbé
Tramandaí

Porto Alegre, Florianopolis, Passo Fundo

S. 774

Descanso
Iporã do Oeste
Cunha Porã
Caibi
São Carlos
Palmitos
Nova Itaberaba
Coronel Freitas
Vergeão
Xanxerê
Xaxim
Xavantina
Ipumirim
Ponte Serrada
Irani
Vargem Bonita
Catanduvas
Salto Veloso
Água Doce
Ibicaré
Rio das Antas
Arroio Trinta
Videira
Tangará
Joaçaba
Jaborá
SANTA CATARINA
Lacerdópolis
Peritiba
Capinzal
Campos Novos
Vargem
Piratuba
Celso Ramos
Anita Garibald
Mondaí
Itapiranga
Vicente Dutra
Mocona
Salto do Yucumã
Caxambu do Sul
CHAPECO
Seara
Concórdia
Itá
Goio-En
R. Uruguai
Iraí
Alpestre
Derrubadas
Tenente Portela
Palmitinho
Frederico Westphalen
Planalto
Nonoaí
Faxinalzinho
Erval Grande
Aratiba
Seveliano de Almeidea
Três Arroios
Marcelino Ramos
Machadinho
Barracão
Daltro Filho
Gramado dos Loureiros
Trindade do Sul
Pinhal
Seberi
Erval Seco
São Valentim
Barão de Cotegipe
Gaurama
Viadutos
Três Passos
Campo Novo
Redentora
Liberato Salzano
Três Palmeiras
Campinas do Sul
Erechim
Áurea
Paim Filho
Constantina
Jacutinga
Paulo Bento
Carlos Gomes
Cacique Doble
Lajeado do Bugre
Ronda Alta
Repr. de Passo Fundo
Erebango
Getúlio Vargas
Pinhal da Serra
Eucalipto
Sto. Augusto
Rodinha
Ipiranga do Sul
Estação
Charrua
Sananduva
Palmeira das Missões
Chiapetta
Sarandi
Natalino
Ramada
Pontão
Tapejara
Ibiaçá
Esmerald
Chapada
Coxilha
Água Santa
Rio Telha
Lagoa Vermelha
Estremo
Bela Vista
Mato Castelhano
Catuípe
Ajuricaba
Condor
Coqueiros do Sul
Carazinho
PASSO FUNDO
Caseiros
Muitos Capões
Chorão
Panambi
São Antônio do Planalto
Campo de Meio
Ijuí
Bozzano
Saldanha Marinho
Santa Bárbara do Sul
Ibiraiaras
David Canabarro
Pejuçara
Não-me-Toque
Ernestina
Nicolau Vergueiro
Marau
Casca
Camargo
Colorado
Victor Graeff
Tapera
Ibirapuitã
Paraí
Boa Vista do Cadeado
Ibirubá
Selbach
Mormaço
André da Rocha
Cruz Alta
Nova Alvorada
Serafina Correa
Santa Clara do Ingaí
Quinze de Novembro
Espumoso
Soledade
Nova Prata
Ipê
Campestre da Serra
Vila Flores
Fortaleza dos Valos
Alto Alegre
Campos Borges
Arvorezinha
Guaporé
Antônio Prado
São Bernardo
Boa Vista do Incra
Repr. de Passo Real
Fontoura Xavier
Veranópolis
Dois Lajeados
Flores da Cunha
Jacuizinho
Barros Cassal
Putinga
Vila Correa
Cotiporã
CAXIAS DO SUL
Salto do Jacuí
Tunas
Dão José do Erval
Mucum
Bento Gonçalves
Ana Rech
Tupanciretã
Estrela Velha
Lagoão
Farroupilha
Júlio de Castilhos
RIO GRANDE DO SUL
Progresso
Encantado
Roca Sales
Garibaldi
Carlos Barbosa
Galiópolis
Arroio do Tigre
Boqueirão do Leão
Teutônia
São Vendelino
Arroio do Meio
Barão
Feliz
Nova Petrópolis
Val de Serra
Nova Palma
Sobradinho
Segredo
Erveiras
Lajeado
Salvador do Sul
São Martinho da Serra
Ivorá
Faxinal do Soturno
Lagoa Bonita do Sul
Passa Sete
Estrela
Bom Retiro do Sul
Cruzeiro do Sul
São Sebastião do Caí
Estância Velha
Dois Irmãos
Sapiranga
São Pedro do Sul
Itaara
Silveira Martins
Agudo
Vila União
Candelária
Venâncio Aires
Costa da Cadeia
Montenegro
Boca do Monte
SANTA MARIA
Camobi
Cerro Branco
Vera Cruz
Santa Cruz do Sul
São Leopoldo
Novo Hamburgo
Fernando Aguiar
Restinga Seca
Novo Cabrais
Botucaraí
Albardão
Taquari
Sapucaia
Esteio
Gravataí
Vale Verde
Três Vendas
Santa Flora
Vila Block
Ferreira
Rio Pardo
General Câmara
Triunfo
São Jerônimo
CANOAS
Charqueadas
Eldorado do Sul
Alvorada
Viamão
Formigueiro
Cachoeira do Sul
Bexiga
R. Jacuí
Minas do Leão
Butiá
Arroio dos Ratos
Guaíba
PORTO ALEGRE
Lajeado Grande
São Sepé
Capané
Cordilheira
Pântano Grande
Morrinhos
Barro Vermelho
Cerrito d'Ouro
Capivarita
Barra do Ribeiro
São Gabriel
Vila Nova
Santa Margarida do Sul
Formilho
Quitéria
Barão do Triunfo
Sertão Santana
Ponta da Formiga
Durasnal
Caçapava do Sul
Encruzilhada do Sul
Sentinela do Sul
São José
Tapes
Dom Feliciano
Sant' Auta

S. 771

S. 775
S. 776

Novo
Navegantes
ITAJAÍ
Witmarsum
Indaial
BLUMENAU
Gaspar
Ilhota
Sta. Cecília
Rio do Campo
Ascurra
Balneário Camboriú
Salete
Ibirama
Camboriú
Barra
Pres. Getúlio
Apiúna
Guabiruba
Brusque
Itapema
Taió
Perequê
Bombinhas
Ponte Alta do Norte
Botuverá
Porto Belo
Morrinhos
Canto Grande
São Cristóvão do Sul
Rio do Oeste
Rio do Sul
Claraíba
Tijucas
Curitibanos
Aurora
Presidente Nereu
Nova Trento
Ens. de Tijucas
Trombudo Central
São João Batista
Governador Celso Ramos
Branco do Trombudo
Areião
Agrolândia
Atalanta
Ituporanga
Vidal Ramos
Major Gercino
Canasvieiras
Ingleses do Rio Vermelho
Ponte Alta
Leoberto Leal
Biguaçu
Barra da Lagoa
Otacílio Costa
S. Pedro de Alcântara
São José do Cerrito
Petrolândia
Angelina
FLORIANÓPOLIS
Correia Pinto
Alfredo Wagner
Rancho Queimado
São José
Palhoça
I. de Sta. Catarina
Bocaino do Sul
Bom Retiro
Índios
Águas Mornas
Santo Amaro
Queçaba
P. E.
Pântano do Sul
Capão Alto
LAGES
Morro Campo do Padre
1800 m
Praia de Fora
Canoas
Três Barras
Pinheira
da Serra do
Guarda do Embaú
Anitápolis
São Bonifácio
Paulo Lopes
Painel
Águas Brancas
Urupema
Santa Rosa de Lima
Tabuleiro
Garopaba
Urubici
São José
Palhocinha
Santa Izabel
P.N. de São Joaquim
Rio Fortuna
Aratuba
Aiure
São Martinho
Praia do Rosa
Pericó
Grão Pará
Nova Brasília
Pta. de Imbituba
Braço do Norte
Vila Nova
Imbituba
São Joaquim
São Ludgero
Imaruí
São Sebastião do Arvoredo
Lauro Muller
Gravatal
Capivari de Baixo
Itapirubá
Bom Jardim da Serra
Orleans
Lagoa do Mirim
Guatá
Pedras Grandes
Tubarão
Bentos
da Serra
Laguna
Treviso
Urusanga
Barra
Farol de Santa Marta
Treze de Maio
Cabo de Santa Marta
Santa Marta
Itaimbezinho
Siderópolis
Cocal do Sul
Jaguaruna
Bom Jesus
Silveira
CRICIÚMA
Içara
Morro da Fumaça
Cazuza Ferreira
Morro Grande
Rio Maina
Chapada
Campo Bom
São José dos Ausentes
Forquilhinha
Meleiro
Rincão
Faxinal
Barra Velha
Jaquirana
Timbé do Sul
Maracajá
Hercílio Luz
Turvo
Osvaldo Kroeff
Araranguá
Morro dos Conventos
Alziro Ramos
Jacinto Machado
Ermo
Balneário Arroio do Silva
Cambará do Sul
Sanga da Toca
Lajeado Grande
Santa Rosa do Sul
Sombrio
P. N. da Serra Geral
Praia Grande
Vila Conceição
Balneário Gaivota
Cânion de Itaimbezinho
Lagoa Sombrio
Tainhas
P. N. Aparados da Serra
São João do Sul
Eletra
Aratinga
Vila São João
Passo de Torres
Canela
Morro Azul
Torres
Três Cachoeiras
São Francisco de Paula
Itati
Arroio do Sal
Lagoa Itapera
Igrejinha
Barra do Ouro
Três Forquilhas
Terra de Areia
Curumim
Taquara
Morro Alto
Arroio Teixeira
Riolante
Maquiné
Capão Novo
Lagoa dos Quadros
Santo Antônio da Patrulha
Capão da Canoa
Xangri-Lá
Lagoa Pinguela
Lagoa dos Barros
Osório
Atlântida do Sul
Santa Teresinha
Imbé
Tramandaí
Passo do Areia
Cidreira
Capivari do Sul
Pinhal
Palmares do Sul
Quintão
Frei Sebastião
Bacopari
Solidão
Doutor Edgardo Pereira Velho
Serra Geral

S. 779

Porto Caiúá
Herculândia
Mirador
Paraíso do Norte
Boa Vista
Tapira
Porto Rico
Rio Amambai
Douradina
Cidade Gaúcha
R. Ivaí
S. Carlos do Ivaí
S. Jorge do Ivaí
Porto Camargo
Icaraima
Ivaté
Rondon
Tamboará
Vila Alta
Itaquirai
R. Paraná
Nova Olímpia
S. Tomé
P. N. da Ilha Grande
Maria Helena
Cianorte
Tacuru
Iguatemi
Esperança Nova
Xambrê
UMUARAMA
Terra Boa
R. Iguatemi
Pérola
Tapejara
Eldorado
Cruzeiro d'Oeste
Engenheiro Beltrão
Jacareí
Morumbi
Tuneiras do Oeste
Japorã
Altônia
Cafezal do Sul
Araruna
Mundo Novo
Pérobal
Peabiru
Sete Quedas
Jangada
Nova Brasília
Alto Piquiri
Campo Mourão
Salto de Guaíra
Iporã
Mariluz
Moreira Sales
Corpus Christi
Guaíra
Francisco Alves
Janiópolis
Farol
La Paloma
Terra Roxa
Paulistânia
Goioerê
Boa Esperança
Brasilândia do Sul
Palotina
Formosa do Este
Luiziâna
Katueté
Doutor Oliveira Castro
Assis Chateaubriand
Quarto Centenário
Mamborê
Alvar Nuñez Cabeza de Vaca
Mercedes
Maripá
Jesuítas
Juranda
Laranjal
Cândido Rondon
Quatro Pontes
Vila Nova
Nova Aurora
Ubiratã
Campina da Lagoa
Roncador
Porto Mendes
Puerto Santo Teresa
Pato Bragado
Bragentina
Nova Cantu
Toledo
Cafelândia
Iguatu
Ouro Verde do Oeste
Corbélia
Altamira do Paraná
Laranjal
Repr.
Braganey
S. Helena
Diamante do Oeste
S. Pedro do Iguaçu
S. João do Oeste
Mingapora
Itaquyry
San Alberto
Porto Indio
de
Vera Cruz do Oeste
CASCAVEL
Campo Bonito
Guaraniaçu
Marquinho
Céu Azul
Santa Teresa d'Oeste
Rio do Salto
Ibema
Mato Queimado
Missal
Itaipu
Matelândia
Juvinópolis
Catanduvas
S. Miguel do Iguaçu
Medianeira
Serranópolis do Iguaçu
Três Barras do Paraná
Nova Laranjeiras
Dr. Juan L. Mallorquín
Hernandarias
Sta. Terezinha de Itaipu
PARANÁ
P.N. do Iguaçu
Capitão Leônidas Marques
Quedas do Iguaçu
Rio Bonito do Iguaçu
Repr. Salto Osório
Laranjeiras do Sul
Cuidad del Este
FOZ DO IGUAÇU
Cristo Rei
R. Iguaçu
Puerto Iguazú
P.N. del Iguazú
Capanema
Nova Prata do Iguaçu
Dois Vizinhos
Saudade do Iguaçu
Repr. Salto
Cataratas del Iguazú
Andresito
Planalto
Realeza
Santa Rita
Deseado
Pérola d'Oeste
Salto do Lontra
Chopinzinho
Embalse Urugua-í
R. Urugua-í
Sta. Isabel d' Oeste
Ampére
São João
Libertad
Rio San Antonio
Enéas Marques
Francisco Beltrão
Itapejara d' Oeste
Wanda
Sto. Antônio do Sudoeste
Parque Provincial Urugua-í
San Antonio
Manfrinópolis
Puerto Esperanza
Ñacunday
Coronel Vivida
Flor da Serra do Sul
Pato Branco
Bernardo de Irigoyen
Vitorino
Dionísio Cerqueira
Palma Sola
S. Lourenço d'Oeste
Clevelândia
María Magdalena
Puerto Victoria
Pozo Azul
Campo Erê
Galvão
Julio D. Otano
Eldorado
Tobuna
São José do Cedro
Novo Horizonte
São Domingos
Puerto Piray
A. Piray Guazú
Cruce Caballero
Anchieta
Arquitecto Tomas Romero Pereira
Montecarlo
Colonia Caraguatay
Sierra de Misiones
Guaraciaba
Saltinho
Puerto San Rafael
S. Miguel d'Oeste
Irati
Ipuaçu
S. Pedro
Rio Pepirí Guazú
MISIONES
Maravilha
Quilombo
Bom Jesus
Yatitay
El Alcázar
Modelo
Edelira
Arroyo Paraíso
Coronel Freitas
Garuhapé
San Miguel
Descanso
Pinhalzinho
Xanxerê
Puerto Rico
Cunha Porã
Nova Itaberaba
Xaxim
Reserva de Biósfera Yaboti
Capioví
Dos de Mayo
Iporã do Oeste
São Carlos
Xavantina
Puerto Mineral
San Vincente
Reserva Esmeralda
Caibi
Jardín
Mondaí
Palmitos
Caxambu do Sul
CHAPECÓ
Aristóbulo
Gran Salto de Moconá
Vicente

S. 772

S. 780
S. 781
S. 776
S. 773
PARANÁ
Londrina
Cambé
Rolândia
Arapongas
Apucarana
Sarandi
Marialva
Mandaguari
Jandaia do Sul
Procópio
Abatiá
Uraí
Assaí
Sto. Antônio da Platina
Ribeirão do Pinhal
Repr. de Xavantes
Sarutaiá
Fartura
Carlópolis
Joaquim Távora
Guapirama
Siqueira Campos
Santana do Itararé
Itaporanga
Tomazina
Pinhalão
Ibaiti
Figueira
Sapopema
Curiúva
Wenceslau Brás
Arapoti
Sengés
Itararé
Jaguariaíva
Mauá da Serra
Ortigueira
Telêmaco Borba
Tibagi
Ventania
Piraí do Sul
P. E. do Guartelá
Castro
PONTA GROSSA
P. E. Vila Velha
Ivaiporã
Pitanga
Manoel Ribas
Cândido de Abreu
Reserva
Imbaú
Prudentópolis
Imbituva
Irati
Palmeira
Campo Largo
Balsa Nova
Araucária
Lapa
GUARAPUAVA
Pinhão
Inácio Martins
Mallet
S. Mateus do Sul
Rio Negrinho
Mafra
R. Negro
Canoinhas
União da Vitória
Porto União
Cruz Machado
Repr. de Foz de Areia
General Carneiro
Palmas
Caçador
Videira
Fraiburgo
Joaçaba
São Bento do Sul
Jaraguá do Sul
Timbó
Indaial
Ibirama
Rio do Sul
Taió
Sta. Cecília
Monte Castelo
Papanduva
Major Vieira
Santa Terezinha
Doutor Pedrinho
Quitandinha
Agudos do Sul
Mandirituba
Fazenda Rio Grande
Estância Ouro Fino
Campo Magro
Tamandaré
Itaperuçu
R. Branco do Sul
Cerro Azul
Doutor Ulysses
P. Itapirapuã 1200 m
775

S. 781

Abatiá
Sto. Antônio da Platina
Repr. de Xavantes
Sarutaiá
Tamandua
Boituva
Ribeirão Pinhal
Jundiaí do Sul
Itaí
Paranapanema
Tatuí
Iperó
Guareí
Carlópolis
Guapirama
Joaquim Távora
Taquarituba
Angatuba
Campina do Monte Alegre
Itapetininga
SOROCABA
Araçoiaba da Serra
Coronel Macedo
Siqueira Campos
Santana do Itararé
Itaporanga
Guarizinho
Sarapuí
Salto de Pirapora
Tomazina
Pinhalão
Ibaiti
Wenceslau Brás
Itaberá
Buri
Aracaçu
Gramadão
Pilar do Sul
Taquarivai
S. Miguel Arcanjo
Curiúva
Itapeva
Capão Bonito
Arapoti
Sengés
Itararé
Ribeirão Grande
Ventania
Jaguariaíva
Ribeirão Branco
Guapiara
Prq. Est. Carlos Botelho
Mirac
Bom Sucesso de Itararé
Prq. Intervales
Juquiá
P. Itapirapuã 1200 m
Eduardo Xavier da Silva
Joaquim Murtinho
Barra do Chapéu
Sete Barras
Tibagi
Piraí do Sul
Doutor Ulysses
Apiaí
Registro
Proteção Cananéia-Iguape
P. E. do Guartelá
Boa Vista da Vassoura
Itapirapuã Paulista
Eldorado
Serra de Paranapiacaba
Ribeira
Itaóca
Iporanga
Caverna do Diabo
Jacupiranga
Iguape
Alto do Amparo
Adrianópolis
Cajati
Pariquera-Açu
Castro
Socavão
Cerro Azul
Barra do Turvo
Subaúma
S. Sebastião
Abapá
Tunas do Paraná
I. Comprida
Açungui
Reserva Natural Salto Morato
Parque Campinhos
Cananéia
Uvaia
PONTA GROSSA
São Silvestre
Jaguatirica
Área de Proteção Ambiental Guaraqueçaba
I. do Cardoso
I. do Bom Abrigo
Itaiacoca
R. Branco do Sul
Bocaiúva do Sul
Serra Negra
Pta. Camboriú
P. E. Vila Velha
Itaperuçu
Ariri
Tamandaré
Colombo
Campina Grande do Sul
Marata
Estância Ouro Fino
Campo Magro
Cacatu
Porto Tagaçaba
Quatro Barras
Guaraqueçaba
Teixeira Soares
Palmeira
Batéias
S. Luís do Purunã
CURITIBA
São João da Graciosa
I. das Peças
P. N. do Superagüi
Piraquara
Antonina
Campo Largo
SÃO JOSÉ DOS PINHAIS
Morretes
PARANAGUÁ
Porto Amazonas
Alexandra
I. do Mel
Balsa Nova
Araucária
Campo Largo da Roseira
Pontal do Paraná
S. João do Triunfo
Mariental
Contenda
Fazenda Rio Grande
P. N. Saint - Hilaire/Lange
Praia de Leste
Lapa
Mandirituba
S. Mateus do Sul
Quitandinha
Matinhos
Rincão
B. de Guaratuba
Caiobá
Guaratuba
Agudos do Sul
Tijucas do Sul
Pedra Branca do Araraquara
Antônio Olinto
Barra do Sal
Bateias de Baixo
Garuva
Três Barras
Mafra
R. Negro
São Miguel
Três Barras
Itapoá
Campo Alegre
Rio da Prata
Capri
Pirabeiraba
Estaleiro
Ubatuba
Pta. José Diaz
São Bento do Sul
Rio Negrinho
JOINVILLE
S. Francisco do Sul
Major Vieira
Itiópolis
I. de S. Francisco
Papanduva
Corupá
Schroeder
Araquari
Monte Castelo
Itaió
Coqueiros
Nereu Ramos
Guaramirim
Balneário Barra do Sul
Jaraguá do Sul
Alto da Serra
Itapocu
Serra do Mar
Massaranduba
São João do Itaperiú
Doutor Pedrinho
Luís Alves
Barra Velha
Santa Terezinha
Rio dos Cedros
Pomerode
Itajubá
Penha
Benedito Novo
Timbó
Picarras
Pontа Cantagalo
Navegantes
Sta. Cecília
Rio do Campo
Witmarsum
Indaial
BLUMENAU
Gaspar
ITAJAÍ
Ascurra
Ilhota
Salete
Balneário Camboriú
Ibirama
Camboriú
Barra
Pres. Getúlio
Apiúna
Guabiruba
Brusque
Itapema
Taió
Perequê
Bombinhas
Porto Belo
Morrinhos
Botuvera
Rio do Oeste
Rio do Sul

S. 775

S. 773

Itu
Cabreúva
Santana de Parnaíba
S. Roque
Barueri
OSASCO
Malriporã
Francisco Morato
Sta. Isabel
S. JOSÉ DOS CAMPOS
JACAREÍ
S. Luis do Paraitinga
S. 783
Paraty
Baía da Ilha Grande
Ponta de Juatinga
Trindade
Paraibuna
Guararema
GUARULHOS
Suzano
MOJI DAS CRUZES
Salesópolis
Repr. Paraibuna
Ubatuba
Ilha Anchieta
Mairinque
Itapevi
SÃO PAULO
STO. ANDRÉ
MAUÁ
Cotia
Ibúna
Itapecerica da Serra
DIADEMA
S. Lourenço da Serra
Embu-Guaçu
Juquitiba
Caraguatatuba
Praia da Armação
Boiçucanga
Maresias
Vila
São Sebastião
Ilhabela (I. de S. Sebastião)
Praia dos Frades
Bertioga
Cubatão
SANTOS
S. VICENTE
Solemar
Mongaguá
Praia Grande
Guarujá
Itanhaém
Ana Dias
Itariri
Peruíbe
Pta. do Arpoador
Barra do Una
Estação Ecológica Juéia-Itains
a do Ribeira

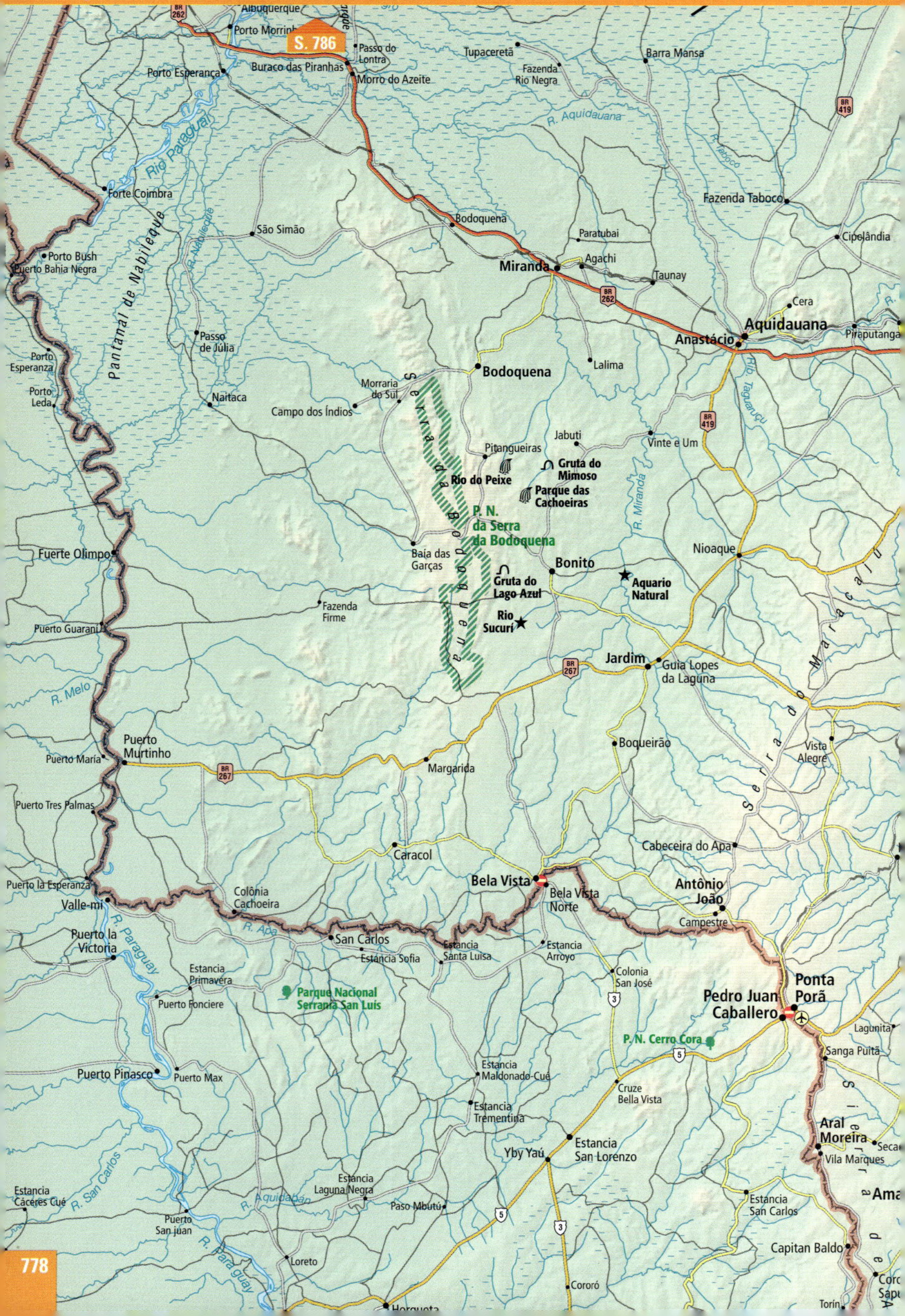

S. 786
Albuquerque
Porto Morrinho
Passo do Lontra
Buraco das Piranhas
Morro do Azeite
Porto Esperança
Tupaceretã
Fazenda Rio Negra
Barra Mansa
R. Aquidauana
Rio Paraguai
Forte Coimbra
São Simão
Fazenda Taboco
R. Taboco
Bodoquena
Paratubai
Cipelândia
Porto Bush
Puerto Bahia Negra
Pantanal de Nabileque
Miranda
Agachi
Taunay
Cera
Aquidauana
Anastácio
Piraputanga
Porto Esperanza
Passo de Júlia
Lalima
Bodoquena
Porto Leda
Naitaca
Morraria do Sul
Campo dos Índios
Serra da Bodoquena
Jabuti
Pitangueiras
Vinte e Um
Gruta do Mimoso
Rio do Peixe
Parque das Cachoeiras
P. N. da Serra da Bodoquena
R. Miranda
Nioaque
Fuerte Olimpo
Baía das Garças
Bonito
Aquario Natural
Gruta do Lago Azul
Fazenda Firme
Rio Sucurí
Puerto Guaraní
Jardim
Guia Lopes da Laguna
R. Melo
Serra do Maracaju
Puerto Murtinho
Boqueirão
Puerto María
Margarida
Vista Alegre
Puerto Tres Palmas
Cabeceira do Apa
Caracol
Bela Vista
Bela Vista Norte
Antônio João
Puerto la Esperanza
Valle-mi
Colônia Cachoeira
Campestre
R. Apa
Puerto la Victoria
San Carlos
Estancia Sofia
Estancia Santa Luisa
Estancia Arroyo
R. Paraguay
Estancia Primavera
Parque Nacional Serrania San Luis
Colonia San José
Ponta Porã
Pedro Juan Caballero
Puerto Fonciere
P. N. Cerro Cora
Lagunita
Sanga Puitã
Puerto Pinasco
Puerto Max
Estancia Maldonado-Cué
Cruze Bella Vista
Estancia Trementina
Estancia San Lorenzo
Aral Moreira
Vila Marques
Yby Yaú
Estancia Cáceres Cué
R. San Carlos
Estancia Laguna Negra
R. Aquidaban
Paso Mbutú
Estancia San Carlos
Puerto San juan
Capitan Baldo
Loreto
Cororó
Horqueta
Torín

S. 787
S. 780
S. 774
MATO GROSSO
DO SUL
CAMPO
GRANDE
DOURADOS
Camapuã
Fala Verdade
Baianópolis
Corguinho
Rochedo
Bandeirantes
Ponte do
Rio Verde
Bom Fim
Jatobá
Jaraguari
Colônia Nova
Pedro
Celestino
Terenos
Ribas do
Rio Pardo
Mutum
Água Clara
Mimoso
Bolicho
Anhanduí
Capão Seco
Sta. Rita
do Prado
Nova Alvorada
do Sul
Maracaju
Prudêncio
Thomaz
Destilaria
Rio Brilhante
Casa Verde
Bataguassu
Rio Brilhante
Pirapora
Carumbé
Montese
Bocajá
Itaporã
Douradina
Porto Vilma
Vila União
Jango
Placa do
Abadio
Angélica
Quebracho
Anaurilândia
Indápolis
Nova
Andradina
Fátima
de Sul
Deodápolis
Ivinhema
Bataiporã
Usina Hidreléctrica
Sérgio Motta
Vincentina
Glória de
Dourados
Jateí
Vila Amandina
Caarapã
Cristalina
Guaçulândia
Nova
América
Café Porã
Nova
Esperança
Taquarussu
Porto Primavera
Rosana
Euclides da
Cunha Paulista
Caarapó
Novo Horizonte
do Sul
Porto
S. José
Diamante
do Norte
Nova Londrina
Terra Rica
Sete
Placas
Porto
Rico
São Pedro
do Paraná
São João
do Caiuá
Campanário
Porto
Peroba
Porto Brasílio
Sta. Cruz de
Monte Castelo
Loanda
Guairaça
Juti
Porto
Felicidade
Sta. Isabel
do Ivaí
Santa
Mônica
Planaltina
do Paraná
Paranavaí
Naviraí
Amaporã
Querência
do Norte
Mirador
Paraíso
do Norte
Porto Caiúa
Herculândia
Tapira
Cidade
Gaúcha
Porto
Rio Amambaí
Douradina
Icaraíma
Ivaté
Rondon
Vila Alta
R. Verde
R. Pardo
R. Paraná
R. Ivinhema
R. Ivaí
Represa da Hidreléctrica
Sérgio Motta
Sertão de Cam
Planalto
do Sul
Alto
Paraná
Mimoso
Garcia

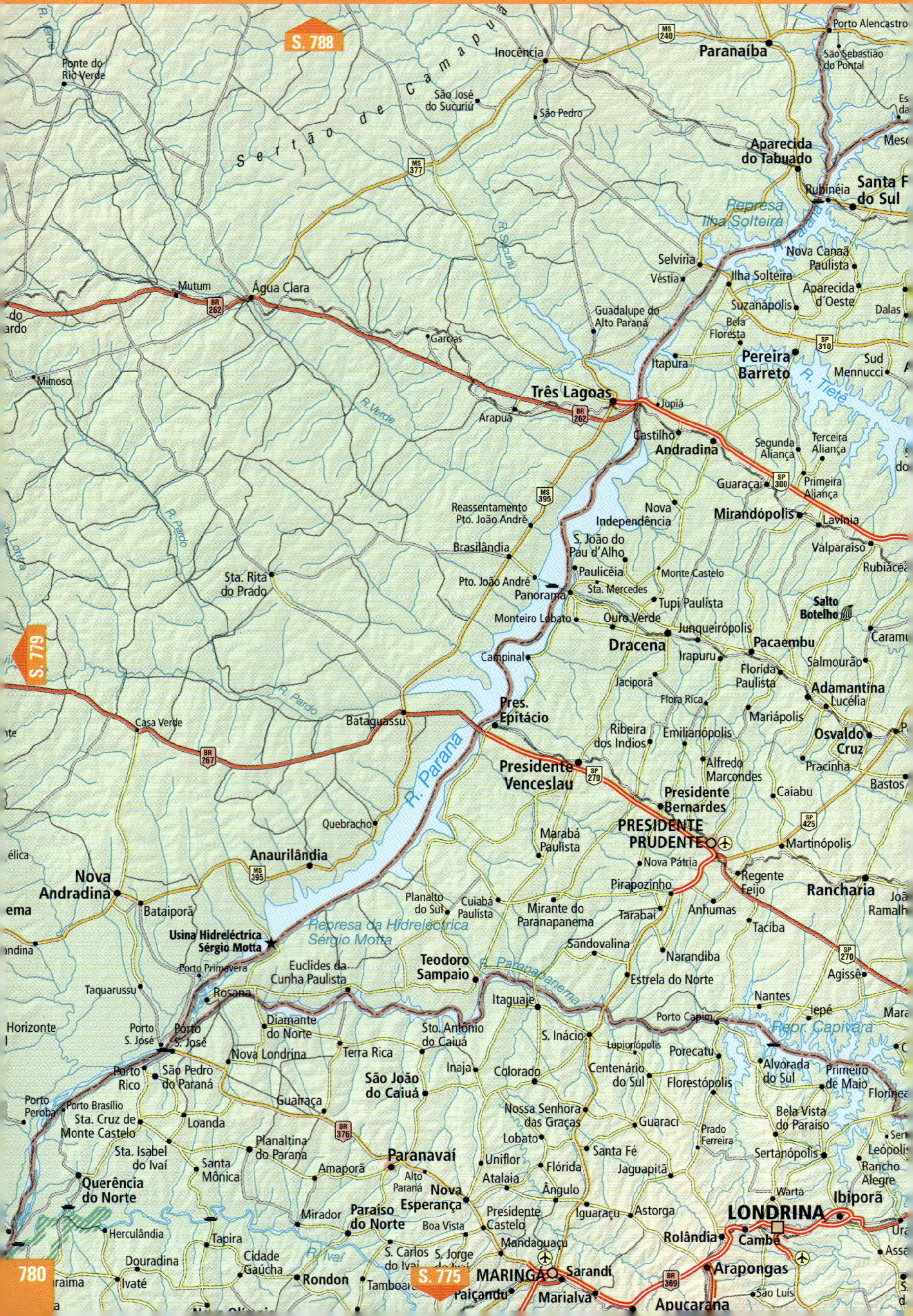
S. 788
S. 779
S. 775
Ponte do Rio Verde
Inocência
São José do Sucuriú
São Pedro
Sertão de Camapuã
Paranaíba
Porto Alencastro
São Sebastião do Pontal
Aparecida do Tabuado
Rubinéia
Santa Fé do Sul
Represa Ilha Solteira
Selvíria
Véstia
Ilha Solteira
Nova Canaã Paulista
Aparecida d'Oeste
Suzanápolis
Dalas
Bela Floresta
Pereira Barreto
R. Tietê
Sud Mennucci
Itapura
Guadalupe do Alto Paraná
Mutum
Água Clara
Mimoso
Garças
R. Sucuriú
R. Verde
Três Lagoas
Arapuá
Jupiá
Castilho
Andradina
Segunda Aliança
Terceira Aliança
Guaraçaí
Primeira Aliança
Mirandópolis
Lavínia
Valparaíso
Rubiácea
Nova Independência
Reassentamento Pto. João André
Brasilândia
S. João do Pau d'Alho
Paulicéia
Sta. Mercedes
Monte Castelo
Pto. João André
Panorama
Tupi Paulista
Monteiro Lobato
Ouro Verde
Junqueirópolis
Salto Botelho
Sta. Rita do Prado
R. Pardo
Dracena
Irapuru
Pacaembu
Salmourão
Campinal
Jacipora
Flórida Paulista
Adamantina
Lucélia
Flora Rica
Mariápolis
Pres. Epitácio
Bataguassu
Casa Verde
Ribeira dos Índios
Emilianópolis
Osvaldo Cruz
Pracinha
Alfredo Marcondes
Bastos
Presidente Venceslau
Presidente Bernardes
Caiabu
R. Paraná
Quebracho
PRESIDENTE PRUDENTE
Marabá Paulista
Martinópolis
Anaurilândia
Nova Pátria
Regente Feijó
Rancharia
Nova Andradina
Bataiporã
Planalto do Sul
Cuiabá Paulista
Mirante do Paranapanema
Pirapozinho
Tarabai
Anhumas
Taciba
Usina Hidreléctrica Sérgio Motta
Represa da Hidreléctrica Sérgio Motta
Sandovalina
Narandiba
Porto Primavera
Euclides da Cunha Paulista
Teodoro Sampaio
R. Paranapanema
Estrela do Norte
Agissê
Taquarussu
Rosana
Nantes
Iepê
Itaguajé
Porto Capim
Repr. Capivara
Horizonte
Porto S. José
Porto S. José
Diamante do Norte
Sto. Antônio do Caiuá
S. Inácio
Lupionópolis
Porecatu
Alvorada do Sul
Primeiro de Maio
Florínea
Nova Londrina
Terra Rica
Inajá
Colorado
Centenário do Sul
Florestópolis
Porto Rico
São Pedro do Paraná
São João do Caiuá
Porto Peroba
Porto Brasílio
Guairaçá
Nossa Senhora das Graças
Guaraci
Bela Vista do Paraíso
Sta. Cruz de Monte Castelo
Loanda
Prado Ferreira
Lobato
Santa Fé
Sertanópolis
Leópolis
Sta. Isabel do Ivaí
Planaltina do Paraná
Paranavaí
Uniflor
Flórida
Jaguapitã
Rancho Alegre
Santa Mônica
Amaporã
Atalaia
Quérência do Norte
Alto Paraná
Nova Esperança
Ângulo
Warta
Ibiporã
Paraíso do Norte
Presidente Castelo
Iguaraçu
Astorga
LONDRINA
Mirador
Boa Vista
Herculândia
Tapira
Mandaguaçu
Rolândia
Cambé
R. Ivaí
S. Carlos do Ivaí
S. Jorge do Ivaí
Douradina
Cidade Gaúcha
Rondon
MARINGÁ
Sarandi
Arapongas
Ivaté
Tamboara
Paiçandu
Marialva
São Luís
Apucarana
MS 240
MS 377
BR 262
SP 310
SP 300
MS 395
BR 267
SP 270
SP 425
BR 376
BR 369

S. 789
S. 782
S. 776
SÃO PAULO
Iturama
Alexandrita
Porto Amaral
Repr. de Água Vermelha
S. Francisco de Sales
Riolândia
Itapagipe
Comendador Gomes
Verde
Conceição das Alagoas
Veríssimo
UBERABA
Campo Florido
Pirajuba
Conceição das Alagoas
Água Comprida
Frutal
Planura
Colômbia
R. Grande
Miguelópolis
Indiaporã
Mira Estrela
Cardoso
Pontes Gestal
Paulo de Faria
Orindiúva
Dolcinópolis
Macedônia
Pedranópolis
Américo de Campos
Duplo Céu
Fernandonópolis
Alvares Florence
Palestina
Icém
Guaíra
Aparecida do Salto
Ituverava
Ipuã
Pontalinda
S. João de Iracema
Valentim Gentil
Votuporanga
Ibiporanga
Cosmorama
Altair
Alberto Moreira
Parque do Peão
Guaraci
Barretos
S. Joaquim da Barra
Orlândia
Mirassolândia
Nova Granada
Onde Verde
Tanabi
General Salgado
Magda
Nhandeara
Bálsamo
SÃO JOSÉ DO RIO PRETO
Olímpia
Colina
Jaborandi
Morro Agudo
Terra Roxa
Sales Oliveira
Nova Castilho
Nova Luzitânia
Monções
Monte Aprazível
Mirassol
Severínia
Viradouro
Nipoã
Tabapuã
Cajobi
Bebedouro
Pitangueiras
Lurdes
Turiúba
Nova Aliança
Uchoa
Novais
Paraíso
Pontal
Jardinópolis
Buritama
Planalto
Repr. Nova Avanhandava
Ibirá
Palmares Paulista
Taiúva
Sertãozinho
Brejo Alegre
Ubarana
Mendonça
Elisiário
Catanduva
Taiaçu
Barrinha
ARAÇATUBA
Adolfo
Urupês
Monte Alto
Jaboticabal
Dumont
Araçatuba
Birigüi
Barbosa
Itajobi
Cândido Rodrigues
Pradópolis
Cravinhos
Glicério
Sales
Botelho
Taquaritinga
Guariba
Penápolis
Avanhandava
Novo Horizonte
Guatapará
Bilac
Sabino
Promissão
Dobrada
Clementina
Braúna
Promissão
Itápolis
Matão
Rincão
Alto Alegre
Borborema
Luiziânia
Lins
Pongaí
Repr. Ibitinga
Ibitinga
Tabatinga
Américo Brasiliense
Santa Eudóxia
Getulina
Cafelândia
Araraquara
Queirós
Guaimbê
Reginópolis
Iacanga
Gavião Peixoto
Ibaté
Descalvado
Tupã
Guarantã
Boa Esperança do Sul
Guarapiranga
Herculândia
Julio Mesquita
Pirajuí
Termas do Quilombo
Ribeirão Bonito
Quintana
Álvaro de Carvalho
Presidente Alves
Arealva
Bariri
S. Carlos
Pompéia
Avaí
Dourado
Oriente
MARÍLIA
Garça
Boracéia
Borá
Oscar Bressane
Vera Cruz
BAURU
JAÚ
Brotas
Pederneiras
Paraguaçu Paulista
Echaporã
Ocauçu
Alvinlândia
Duartina
Agudos
Barra Bonita
Torrinha
RIO CLARO
Capivara
Campos Novos Paulista
Cabrália Paulista
Repr. de Barra Bonita
S. Pedro
Ubirajara
Platina
Lençóis Paulista
Areiópolis
Assis
S. Pedro do Turvo
Espírito Santo do Turvo
S. Manuel
Tarumã
Palmital
Ribeirão do Sul
Cândido Mota
Pratânia
Anhembi
PIRACICABA
Ibirarema
Sto. Antônio de Paranapanema
Águas de Sta. Bárbara
Botucatu
R. Tietê
Ourinhos
Sta. Cruz do Rio Prado
Itambaracá
Cambará
Cerqueira César
Conchas
Bandeirantes
Andirá
Canitar
Ipauçu
Bernardino de Campos
Avaré
Itatinga
Pardinho
Bofete
Pereiras
Barra do Jacaré
Ribeirão Claro
Timburi
Piraju
Repr. de Jurumirim
Cerquilho
Cornélio Procópio
Jacarezinho
Porangaba
Sarutaiá
Tamanduá
Abatiá
Sto. Antônio da Platina
Repr. de Xavantes
Tatuí
Ribeirão do Pinhal
Jundiaí do Sul
Fartura
Paranapanema
Guareí
Nova Fátima
Carlópolis
Itaí
Angatuba
Guapirama
Joaquim Távora
Taquarituba
Campina do
Itapetininga

S. 790

Uberaba, Araxá, Sacramento, Delta, Igarapava, Conquista, Rifaina, Tapira, Argenita, Partinha, Campos Altos, Estalagem, Tapiraí, Bambuí, Desemboque, Serra da Canastra, Medeiros, São João Batista, São Roque de Minas, Cachoeira Casca d'Anta, P.N. da Serra da Canastra, Vargem Bonita, Delfinópolis, Piumhi, Dores, Ituverava, Franca, Claraval, Ibiraci, Cássia, Capetinga, Itirapuã, Rep. de Peixoto, S. J. Batista do Glória, Passos, Capitólio, Furnas, S. José da Barra, Guapé, Itaú de Minas, Pratápolis, S. Sebastião do Paraíso, Fortaleza de Minas, Alpinópolis, Bom Jesus da Penha, Jacuí, Carmo do Rio Claro, Conceição da Aparecida, Represa de Furnas, Campo do Meio, Nova Resende, Monte Santo de Minas, S. Pedro da União, Guaxupé, Alterosa, Monte Belo, Areado, Muzambinho, Alfenas, Arceburgo, Mococa, S. José do Rio Prado, Divisa Nova, Botelhos, S. Sebastião da Grama, Poços de Caldas, Campestre, Machado, Poço Fundo, Vargem Grande do Sul, Caldas, S. João da Boa Vista, S. João da Mata, Águas da Prata, Sta. Rita de Caldas, Andradas, Sto. Antônio do Jardim, Espírito Santo do Pinhal, Ouro Fino, Pouso Alegre, Jacutinga, Borda da Mata, Cachoeira de Minas, Bueno Brandão, Socorro, Cambuí, Paraisópolis, Gonçalves, Extrema, Monteiro Lobato, Joanópolis, Piracaia, Nazaré Paulista, Caçapava, S. José dos Campos, Jacareí, Guararema, Sta. Isabel, Atibaia, Bragança Paulista, Morungaba, Pinhalzinho, Amparo, Pedreira, Itapira, Moji-Guaçu, Moji Mirim, Artur Nogueira, Cosmópolis, Jaguariúna, Paulínia, Campinas, Valinhos, Itatiba, Vinhedo, Jundiaí, Várzea Paulista, Malriporã, Francisco Morato, Guarulhos, Osasco, Barueri, S. Roque, Santana de Parnaíba, Cabreúva, Itu, Salto, Indaiatuba, Elias Fausto, Sumaré, Americana, Limeira, Iracemápolis, Araras, Conchal, Leme, Pirassununga, Aguaí, Sta. Cruz das Palmeiras, Casa Branca, Tambaú, Porto Ferreira, Sta. Rita do Passa Quatro, Sta. Rosa de Viterbo, São Simão, Cajuru, Serra Azul, Cravinhos, Serrana, Ribeirão Preto, Sertãozinho, Barrinha, Dumont, Pradópolis, Jaboticabal, Guariba, Guatapará, Rincão, Luís Antônio, Santa Eudóxia, Américo Brasiliense, Araraquara, Matão, Dobrada, Taquaritinga, Cândido Rodrigues, Monte Alto, Taiaçu, Taiúva, Bebedouro, Paraíso, Pitangueiras, Viradouro, Terra Roxa, Jaborandi, Colina, Barretos, Peão, Alberto Moreira, Guaíra, Aparecida do Salto, Ipuã, Miguelópolis, Água Comprida, Conceição das Alagoas, Campo Florido, Pirajuba, Veríssimo, Planura, Aramina, Buritizal, Jeriquara, Pedregulho, Estreito, Cristais Paulista, Guará, Ribeirão Corrente, S. Joaquim da Barra, São José da Bela Vista, Restinga, Orlândia, Nuporanga, Morro Agudo, Sales Oliveira, Patrocínio Paulista, S. Tomás de Aquino, Usina Esmeril, Batatais, Altinópolis, Sto. Antônio da Alegria, Jardinópolis, Pontal, Peirópolis, Ponte Alta, Zelândia, R. Grande, R. Pardo, R. Uberaba, R. S. Francisco

S. 781

Tabatinga, Gavião Peixoto, Boa Esperança do Sul, Guarapiranga, Ribeirão Bonito, Ibaté, Descalvado, S. Carlos, Dourado, Jaú, Brotas, Bariri, Dois Córregos, Mineiros do Tietê, Barra Bonita, Torrinha, Repr. de Barra Bonita, S. Pedro, Rio Claro, S. Manuel, Lençóis Paulista, Anhembi, Piracicaba, Botucatu, Capivari, Conchas, Laranjal Paulista, Pardinho, Bofete, Pereiras, Cerquilho, Tietê, Porangaba, Porto Feliz, Boituva, Tatuí, Iperó, Guareí, Itapetininga, Angatuba, Sorocaba, Tamanduá, Paranapanema, R. Tietê

S. 777

0 25 50 75 100 km
S. 791
S. 784
BELO HORIZONTE
RIO DE JANEIRO
JUIZ DE FORA
BARBACENA
PETRÓPOLIS
VOLTA REDONDA
TAUBATÉ

Jabuticatubas
Gruta da Lapinha
Vespasiano
Nova União
Sta. Luzia
Sabará
Caeté
Nova Lima
Itabira
João Monlevade
S. Gonçalo do Rio Abaixo
Sta. Bárbara
Piracicaba
Rio Piracicaba
Catas Altas
P. Natural do Caraça
Fonseca
Itabirito
Cachoeira do Campo
Antônio Pereira
Mariana
Acaiaca
Ouro Prêto
Ouro Branco
Itaverava
Queluzita
Conselheiro Lafaiete
Catas Altas da Noruega
Piranga
Brás Pires
Cristiano Otoni
Rio Espera
Cipotânea
Senador dos Remédios
Senador Firmino
Carandaí
Alto Rio Doce
Dores do Turvo
Ressaquinha
Barroso
BARBACENA
Marcês
Rio Pomba
Piraúba
Antônio Carlos
Santos Dumont
Tabuleiro
Ewbank da Câmara
Rio Novo
P. E. de Ibitippca
Bias Fortes
Coronel Pacheco
Pedro Teixeira
Conceição do Ibitipoca
JUIZ DE FORA
Lima Duarte
Simão Pereira
Sta. Bárbara do Monte Verde
Mar de Espanha
Bicas
Guarará
Preto
Três Rios
Rio das Flores
Paraíba
Valença
Conservatória
Cavaru
Areal
Vassouras
Avelar
Itaipava
Cascatinha
Barra do Piraí
Miguel Pereira
P. N. da Serra dos Órgãos
Teresópolis
Mendes
Paracambi
Res. Biol. do Tinguá
PETRÓPOLIS
Guapimirim
Japeri
Queimados
BELFORD ROXO
Magé
DUQUE DE CAXIAS
Seropédica
NOVA IGUAÇU
NILÓPOLIS
SÃO JOÃO DE MERITI
Itaguaí
Campo Grande
Madureira
SÃO GONÇALO
NITERÓI
Itaboraí
Tanguá
Maricá
Guaratiba
P. N. da Tijuca
Copacabana
Sepetiba
RIO DE JANEIRO
Coronel Fabriciano
IPATINGA
Vargem Alegre
Timóteo
Entre Folhas
Jaguaraçu
P. Florestal do Rio Doce
Nova Era
Dionísio
S. Domingos da Prata
São José do Goiabal
Alvinópolis
Dom Silvério
Barra Longa
Rio Doce
Rio Casca
Raul Soares
Urucânia
Abre Campo
Ponte Nova
Jequeri
Amparo da Sera
Pedro do Anta
Porto Firme
Teixeiras
Viçosa
Canaã
Araponga
Coimbra
Ervália
Visconde do Rio Branco
Rosário da Limeira
Guiricemá
Ubá
Guidoval
Miraí
Cataguases
Laranjal
Descoberto
S. João Nepomuceno
Leopoldina
Pirapetinga
Volta Grande
Além-Paraíba
Sapucaia
Sumidouro
S. José do Vale do Rio Preto
Bom Sucesso
Campanha
Dom Cavati
Iapu
Ubaporanga
Inhapim
Caratinga
Bom Jesus do Galho
Sta. Bárbara do Leste
Vermelho Novo
S. Pedro dos Ferros
Caputira
Matipó
Realeza
Simonésia
Santa Rita de Minas
Piedade de Caratinga
Imbé de Minas
Santana do Manhuaçu
Manhuaçu
Manhumirim
Alto Jequitiba
Sericita
Pedra Bonita
Orizânia
Divino
Fervedouro
Carangola
Miradouro
Tombos
Porciúncula
Muriaê
Laje do Muriaé
Itaperuna
Palma
Miracema
S. Antônio de Pádua
Aperibé
Itaocara
Cambuci
S. Sebastião do Paraíba
Cantagalo
Cordeiro
Macuco
Bom Jardim
S. José do Ribeirão
Nova Friburgo
Sana
Trajano de Morais
Cachoeiras de Macacu
Res. Biol. de Poço das Antas
Casimiro de Abreu
Silva Jardim
Rio Bonito
São Vicente de Paula
Iguaba Grande
Araruama
Bacaxá
Saquarema
São Pedro da Aldeia
Cabo Frio
Arraial do Cabo
Búzios
Praia Ferradurinha
Barra de São João
Rio das Ostras
Rio Dourado
Macaé
Barra de Macaé
Cabiúnas
Carapebus
P. N. da Restinga de Jurubatiba
Córrego do Ouro
Conceicão de Macabu
Sta. Maria Madalena
Dores de Macabu
Lagoa Feia
Quissamã
Tocos
Ponta Grossa dos Fidalgos
Ibitoca
CAMPOS DOS
São Fidélis
Travessão
Cardoso Moreira
S. Joaquim
Italva
S. José de Ubá
Boaventura
Morro de Coco
S. Francisco de Itabapoana
Ponte de Itabapoana
Bom Jesus do Itabapoana
Presidente Kennedy
Mimosa do Sul
S. José do Calçado
Rosal
Guaçuí
Varre Sai
Dores do Rio Preto
Alegre
Jerônimo Monteiro
Muqui
Atílio Vivacqua
CACHOEIRO DE ITAPEMIRIM
P. E. da Cachoeira da Fumaça
Ibitirama
P. N. do Caparaó
Muniz Freire
Pequiá
Ibatiba
Lúna do Castelo
Conceição do Castelo
Martins Soares
Lajinha
Chalé
S. José do Mantimento
Conceição de Ipanema
Ipanema
Mutum
Afonso Cláudio
Piracema
Pocrane
São Sebastian da Anta
Alvarenga
Santa Rita do Itueto
Mundo Novo de Minas
Farol
Barra do Furado
S. 792
S. 783

1 cm = 25 km
1 : 2.500.000
0
25
50
75
100 km
S. 793
Ângelo Frechiani
Rio Bananal
Linhares
Marilândia
R. Doce
Bebedouro
Itapina
Colatina
Jacupemba
Povoação
Regência
Guaraná
Pta. da Regência
Res. Biol. de Comboios
João Neiva
Itaguaçu
Aracruz
Itarana
Ibiraçu
Santa Teresa
Coqueiral
Fundão
Santa Cruz
Sta. Maria de Jebitá
Nova Almeida
Santa Leopoldina
Serra
Jacaraípe
CARIACICA
Paraju
Domingos Martins
VITÓRIA
Aracê
Praia da Costa
BR 262
Viana
Vila Velha
Marechal Floriano
Barra do Jucu
Praia Ponta da Fruta
Araçatiba
Alfredo Chaves
BR 101
Guarapari
Jabaquara
Ubu
Meaípe
Piúma
Anchieta
Novo Sul
Piúma
Itapemirim
Marataízes
apoana
da Barra
CAZES
Campos
São Tomé
785

S. 799
Cuiabá
Várzea Grande
Seco
Nossa Senhora do Livramento
Ribeirão dos Cocais
Sto. Antonio de Leverger
São Vicente
Águas Quentes
Bezerro Branco
Serra das Araras
Caramujo
Cáceres
Jacobina
Cangas
Pirizal
Pocone
Barão do Melgaço
R. Jauru
R. Paraguai
Tucum
Larga
Porto Cerado
Joselândia
Área Indígena Gomes Carneiro
Transpantaneira
Pixaim
Pantanal Norte
R. Bento Gomes
Porto da Aldeia Pirizal
Tamadua
R. S. Lourenço
Fazenda Sta. Lúcia
Fazenda Ihla Camargo
R. Cassange
Pindaival
Piquira ou Piquiri
R. Peixe Couro ou Aquin
Pto. Jofre
Pantanal do São Lourenço
Uberaba
Pantanal Matogrossense
P.N. do Pantanal Mato-Grossense
L. Gaiba
La Gaiba
Amolar
L. Mandioré
Pantanal do Taquari
Promissão
Lunarcito
Paiaguás
Fazenda Imaculada
Fazenda B
San Francisco
R. Taquari
Pantanal do Rio Negro
Puerto Suarez
Corumbá
Puerto Quijarro
Ladário
R. Capivari
Fazenda Três Marias
Guachalla
Nhecolândia
São Domingos
Porto da Magna
Estrada Parque
R. Negro
Albuquerque
Porto Morrinho
S. 778
Passo do Lontra
Barra Mansa
Porto Esperança
Buraco das Piranhas
Morro do Azeite
Fazenda Rio Negro

1 cm = 25 km
1 : 2.500.000
0
25
50
75
100 km
S. 799
S. 788
S. 779
Barra do Garça
Pontal do Araguaia
Aragarça
Dom Aquino
Pombas
Poxoréo
São Pedro da Cipa
Irenópolis
Aparecida do Leste
Paraíso do Leste
Batovi
Tesouro
Santa Elvira
Jarudore
Naboreiro
Torixoréu
Baliza
R. Diamantino
Guiratinga
Alcantilado
Diamantino
Ribeirãozinho
Pauso Alto
Vale Rico
Toriparu
RONDONÓPOLIS
Três Pontes
Vila Paulista
S. José do Povo
Nova Cantanduva
Nova Galiléia
Cafelândia do Leste
R. Peixe
Pedra Preta
Ponte Branca
Doverlândia
Araguainha
Nova Araçatuba
Alto Garças
Serra São Jerônimo
Anhumas
São José do Planalto
R. Araguaia
Ponte de Pedra
Itiquira
Santa Rita do Araguaia
Alto Araguaia
Portelândia
Serra de Santa
Ouro Branco do Sul
Perol
Mineiros
R. Correntes
Sonora
R. Araguaia
R. Verde
Alto Taquari
Portão 1
Buriti
MATO GROSSO DO SUL
Placa dos Mineiros
P. N. das Emas
Pedro Gomes
Fazenda Baús
R. Jacuba
Portão 2
Capela
Bolicho Seco
Chapadão do Céu
Alcinópolis
R. Jauru
Coxim
Silviolândia
São Romão
Costa Rica
Pouso Frio
Jauru
Chapadão do Sul
R. Aporé
Alegria
Figueirão
Rio Verde de Mato Grosso
Paraíso
Sete Quedas
Rio Negrinho
Juscelândia
Pontinha do Coxo
Alto Sucuriú
Perdigão
Vila Amado
Rio Negro
São Gabriel do Oeste
Ponte Vermelha
Camapuã
R. Verde
Fala Verdade
Baianópolis
Ponte do Rio Verde
BR 163
BR 364
MT 130
MT 100
BR 158
BR 060
GO 050

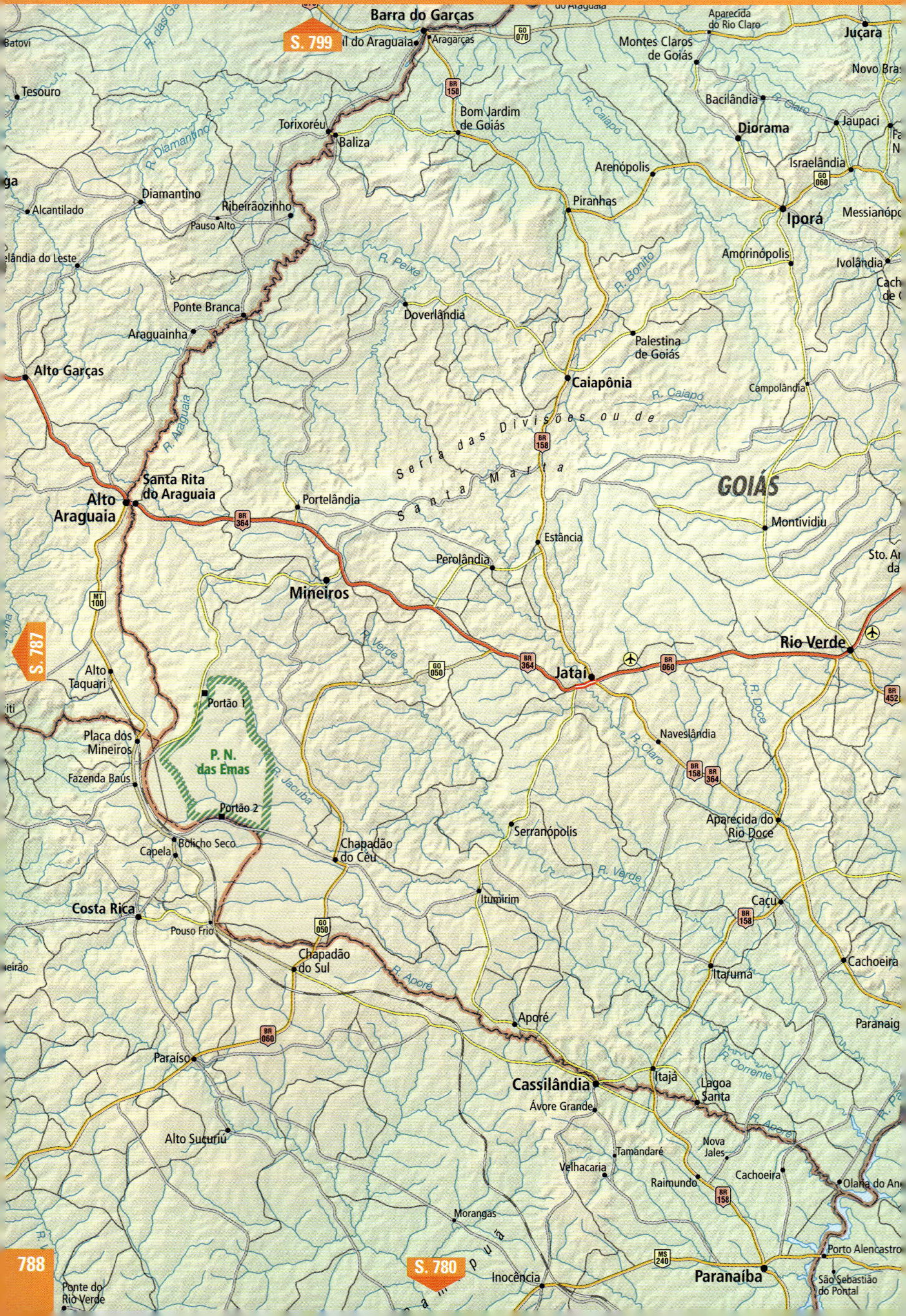

S. 799

Barra do Garças
Aragarças
Aparecida do Rio Claro
Juçara
Batovi
Montes Claros de Goiás
Novo Bras
Tesouro
Bom Jardim de Goiás
Bacilândia
Diorama
Jaupaci
Torixoréu
Baliza
R. Diamantino
R. Caiapó
Arenópolis
Israelândia
Diamantino
Alcantilado
Ribeirãozinho
Pauso Alto
Piranhas
Iporá
Messianópo
Amorinópolis
Ivolândia
R. Peixe
R. Bonito
Ponte Branca
Doverlândia
Araguainha
Palestina de Goiás
Alto Garças
Caiapônia
Campolândia
R. Caiapó
Serra das Divisões ou de Santa Marta
R. Araguaia
Santa Rita do Araguaia
Alto Araguaia
Portelândia
GOIÁS
Montividiu
Estância
Perolândia
Mineiros
Sto. An
R. Verde
Rio Verde
Jataí

S. 787

Alto Taquari
Portão 1
Naveslândia
Placa dos Mineiros
P. N. das Emas
R. Claro
R. Doce
Fazenda Baús
R. Jacuba
Portão 2
Aparecida do Rio Doce
Bolicho Seco
Capela
Chapadão do Céu
Serranópolis
R. Verde
Itumirim
Costa Rica
Caçu
Pouso Frio
Chapadão do Sul
Cachoeira
R. Aporé
Itarumã
Aporé
Paranaig
Paraíso
R. Corrente
Itajá
Lagoa Santa
Cassilândia
Ávore Grande
R. Aporé
Alto Sucuriú
Nova Jales
Tamandaré
Velhacaria
Cachoeira
Raimundo
Olaria do An
Morangas
Porto Alencastro

S. 780

Paranaíba
Inocência
Ponte do Rio Verde
São Sebastião do Pontal

S. 799
S. 790
S. 781

ÁGUAS LINDAS DE GOIÁS
Aparecida
TAGUATINGA
DISTRITO FEDERAL
BRASÍLIA
São Sebastião
S. 794
Sto. Antônio do Descoberto
GAMA
Alexânia
Abadiânia
Novo Gama
Valparaíso de Goiás
Cidade Ocidental
Luziânia
Cabeceiras
Arinos
Cabeceira Grande
Uruana de Minas
Garapuava
Unaí
Natalândia
Santo Antônio do Boqueirão
Cangalha
Chapada do Tapiocanga
Dom Bosco
Bonfinópolis de Minas
R. Preto
Mundo Novo
Inhumas
Boque
Brasilâ do Mir
R. Corumbá
Gameleira de Goiás
Silvânia
Vianópolis
Caraíba
São Miguel do Passa-Quarto
Orizona
Cristianópolis
R. Piracanjuba
R. Corumbá
Cavalheiro
Sta. Cruz de Goiás
Palmelo
Pires do Rio
Cristalina
R. S. Marcos
Domiciano Ribeiro
Rib. S. Pedro
Paracatu
R. Paracatu
Canabra
R. da Prata
Olhos d'Á do O
Sta.Luzia da Serra
S. 789
Lagoa Quente
Urutaí
Caldas Novas
Ipameri
Campo Alegre de Goiás
R. S. Marcos
Guarda Mor
João Pinheiro
Lagoa Grande
Pires Belo
Sto. Antônio do Rio Verde
Vazante
Ponte Firme
Nova Aurora
Goiandira
Corumbaíba
Catalão
Davinópolis
Lagamar
Represa de Itumbiara
Cumari
Ahangüera
Três Ranchos
Alegre
Galena
Represa Emboracação
R. Paranaíba
Presidente Olegário
Varjão de Minas
Piracaíba
Grupiara
Abadia dos Dourados
Coromandel
Douradoquara
Patos de Minas
Bom Sucesso de Patos
Cascalho Rico
Araguari
Chumbo
Estrela do Sul
Monte Carmelo
Sta. Rosa dos Dourados
Lagoa Formosa
Major Porto
Martinésia
R. Araguari
Guimarânia
Santana de Patos
Quintinos
UBERLÂNDIA
Patrocínio
Cruzeiro da Fortaleza
Carmo do Paranaíba
Arapuá
Tiros
Indianópolis
Iraí de Minas
Salitre de Minas
Serra do Salitre
Matutina
Tapuirama
Nova Ponte
Represa de Nova Ponte
Sta. Luzia dos Barros
Catiara
Miraporanga
Pedrinópolis
Rio Paranaíba
R. Tijuco
São Gotardo
Sta. Juliana
Perdizes
Guarda dos Ferreiros
Sta. Rosa da Serra
Patrimônio
Ibiá
Zelândia
Araxá
Estalagem
Veríssimo
S. 786
Argenita
UBERABA
R. Uberaba
Ponte Alta
Peirópolis
Partinha
Campos Altos
Campo

S. 794
S. 792
S. 787
São Francisco
Urucuia
Pintópolis
Icaraí de Minas
Luislândia
Japonvar
Lontra
São João da Ponte
Patis
Janaúba
Quem-Quem
Riacho Machado
S. Pedro da Garça
Brasília de Minas
Mirabela
S. Ramão
Ubaí
Campo Azul
Capitão Enéas
Catuni
Caveira
Barrocão
Fernão Dias
São João do Pacuí
Ponte dos Ciganos
Alvação
Francisco Sá
Sta. Fé de Minas
Ponto Chique
Cachoeira do Manteiga
Coração de Jesus
MONTES CLAROS
Juramento
Glaucilândia
São João da Lagoa
Ibiaí
Botumirim
Lagoa dos Patos
Guaraciama
Paredão de Minas
Claro dos Poções
Bocaiúva
Itacambira
Guaicuí
Jequitaí
Pirapora
Buritizeiro
Francisco Dumont
Engenheiro Navarro
Terra Branca
Olhos d'Água
Várzea da Palma
Planalto de Minas
Carbonita
Joaquim Felício
P. N. das Sempre-Vivas
Senador Mourão
Lassance
Luislândia do Oeste
Buenópolis
Curimataí
Inhaí
Couto de Magelhães de Minas
S. Gonçalo do Rio Preto
Canoeiros
Santa Bárbara
São João de Chapada
Três Marias
Felício dos Santos
Augusto de Lima
Andrequicé
Contria
Santo Hipólito
Conselheiro Mata
Guinda
Diamantina
Repr. Três Marias
Monjolos
Serra Azul de Minas
Rio Vermelho
Buritizinho
Corinto
Senhora da Glória
Gouveia
Datas
S. Gonçalo do Rio das Pedras
Paulistas
Morada Nova de Minas
Materlândia
S. João Evangelista
Morro de Garça
Presidente Juscelino
São José do Buriti
Serro
Presidente Kubitschek
Felixlândia
Inimutaba
Sabinópolis
Biquinhas
Frei Orlando
Curvelo
Paineiras
Alvorada de Minas
Guanhães
Congonhas do Norte
Santana de Pirapama
Senhora do Porto
Conceição do Mato Dentro
Dom Joaquim
Abaeté
Gruta de Maquiné
Cordisburgo
Cachoeira do Tabuleiro
Angueretá
Santana do Riacho
Carmésia
Lagoa do Jacaré
Araçaí
Dores de Guanhães
Quartel General
Pompeu
Jequitibá
Morro do Pilar
Paraopeba
Caetanópolis
Baldim
Martinho Campos
Cardeal Mota
Ferros
P. N. da Serra do Cipó
Dores do Indaiá
Passabem
Sta. Maria de Itabira
Papagaios
Maravilhas
Sete Lagoas
Engenho do Ribeiro
Almeida
Jabuticatubas
Gruta Rei do Mato
Pedro Leopoldo
Gruta da Lapinha
Bom Despacho
Pitangui
Onça de Pitangui
RIBEIRÃO DAS NEVES
Vespasiano
Itabira
R. S. Francisco
R. Urucuia
R. Paracatu
R. Jequitaí
R. das Velhas
Rio São Francisco
R. Abaeté
R. Paraopeba
BR 122
BR 135
BR 251
BR 365
BR 451
BR 367
BR 496
BR 040
BR 259
BR 120

S. 794

Janaúba
Serranópolis de Minas
Machado Mineiro
Águas Vermelhas
Divisa Alegre
Riacho dos Machados
Taiobeiras
Curral de Dentro
Quem-Quem
Novorizonte
Ferreirópolis
Cachoeira do Pajeú
Pedra Azul
S. Pedro da Garça
Fruta de Leite
Salinas
Santa Cruz de Salinas
Catuni
Capitão Enéas
Caveira
Medina
Comercinho
R. Vacaria
R. Salinas
Barrocão
Rubelita
Padre Carvalho
Francisco Sá
Tuparecê
São Pedro do Jequitinhonha
Jacaré
Grão Mogol
Itinga
Itaobim
MONTES CLAROS
Coronel Murta
Cristália
Juramento
Joaí
Glaucilândia
Botumirim
Virgem da Lapa
Jose Gonçalves de Minas
Ponto do Volantes
Rio São João
Araçuaí
Berilo
Francisco Badaró
Monte Formoso
Guaraciama
R. Jequitinhonha
Bocaiúva
Itacambira
Leme do Prado
Chapada do Norte
Jenipapo de Minas
Engenheiro Schnoor
Padre Paraíso
Minas Novas
Engenheiro Navarro
Terra Branca
Turmalina
Granjas
Lufa
Queixada
Caraí
Catuji
Olhos d'Água
Veredinha
R. Fanado
Serra do Chifre
Rio Pretinho
Novo Oriente de Minas
Itaipé
Planalto de Minas
Carbonita
Novo Cruzeiro
Pavão

S. 791

Setubinha
Novilhuna
Topázio
P. N. das Sempre-Vivas
Capelinha
Ladainha
Senador Mourão
Contrato
Angelândia
Poté
Valão
Itamaraí
Inhaí
Itamarandiba
Aricanduva
Malacacheta
Teófilo Otoni
Couto de Magelhães de Minas
S. Gonçalo do Rio Preto
Pedro Versiani
São João Chapada
São Sebastião do Maranhão
Água Boa
Franciscópolis
Itambacuri
Ataléi
Felício dos Santos
Ouro Verde de Minas
Guinda
Diamantina
Sta. Maria do Suaçui
Coluna
Serra Azul de Minas
Rio Vermelho
São José da Safira
Campanário
Fidelândia
Gouveia
Datas
S. Gonçalo do Rio das Pedras
Paulistas
São Pedro do Suaçuí
Pescador
Novo Horizonte
Jampruca
Nova Módica
Materlândia
S. João Evangelista
Virgolândia
Cantagalo
Marilac
Serro
Peçanha
Itabirinha de Mantena
Presidente Kubitschek
Matias Lobato
Frei Inocêncio
São José do Divino
São Félix de Minas
Coroaci
Sabinópolis
Divinolândia de Minas
Sardoa
São Geraldo da Piedade
Divino das Laranjeiras
Mendes Pimentel
Alvorada de Minas
Guanhães
Congonhas do Norte
Virginópolis
Sta. Efigênia de Minas
GOVERNADOR VALADARES
Central de Minas
Mantena
Mantenópolis
Senhora do Porto
Conceição do Mato Dentro
Dom Joaquim
Baguari
São Geraldo do Baixio
Cachoeira do Tabuleiro
Braúnas
Alpercata
Açucena
Tumiritinga
Galiléia
Santana do Riacho
Carmésia
Capitão Andrade
Dores de Guanhães
R. S. Antônio
Periquito
Pedra Corrida
Itanhomi
Alto Rio Novo
Morro do Pilar
Mesquita
Penha do Norte
Cardeal Mota
Ferros
Conselheiro Pena
P. N. da Serra do Cipó
Passabem
Belo Oriente
Naque
Nicolândia
Tarumirim
Almeida
Sta. Maria de Itabira
Santana do Paraíso
Resplendor
Jabuticatubas
Coronel Fabriciano
Iapu
Dom Cavati
Itueta
Santa Rita do Itueto

S. 781

Alvarenga
São Sebastian da Anta
Itabira
Timóteo
Aimorés

S. 795
Maiquinique
Itarantim
Potiragua
Canavieiras
Mata Verde
Gurupá Mirim
Ouricana
Bandeira
Sta. Maria Eterna
Jordânia
Pedra Grande
Caiubi
Itapebi
Boca do Córrego
Belmonte
R. Jequitinhonha
Salto da Divisa
Almenara
Jacinto
Itagimirim
Barrolândia
Mojiquiçaba
Santo Antônio
Santo André
Santa Cruz Cabrália
Rubim
Eunápolis
Pta. Grande
S. Antônio do Jacinto
R. Buranhém
Porto Seguro
Buranhém
P.N. do Pau Brasil
Arraial d'Ajuda
Rio do Prado
Guaratinga
Itabela
Felisburgo
Trancoso
Monte Pascoal
Fronteira dos Vales
Cajuíta
Vila do Outeiro
Dois de Abril
Jucuruçu
Caraíva
Sta. Helena de Minas
Nova Alegria
R. Jucuruçu
Monte Pascoal
P.N. de Monte Pascoal
Batinga
530 m
Pta. de Corumbaú
Bertópolis
Itamaraju
Machacalis
Barra do Caí
Crisólita
Itanhém
Vereda
S. José do Prado
Guarani
P.N. do Descobrimento
Umburatina
Ibirajá
Cumuruxatiba
São Pedro
Rio Itanhém
Medeiros Neto
Rio Pampã
Prado
Nova Lídice
Alcobaça
Recife das Timbebas
Carlos Chagas
Teixeira de Freitas
R. Itanhém
Lajedão
Ibirapuã
Mayrink
Serra dos Aimorés
Caravelas
Ponta da Baleia
Nanuque
Ibiranhém
Ilha Caravelas
P.N. Marinho dos Abrolhos
Posto de Mata
Helvécia
Itabaiana
Argolo
Nova Viçosa
Mucurici
Taquaras
Itabatã
R. Peruípe
Ponto Belo
Montanha
R. Mucuri
Cotaxé
Mucuri
Itamira
São João do Sobrado
Vinhático
Res. Biológica Córrego Grande
Res. Biológica do Córrego do Veado
Ecoporanga
Pedro Canário
Pinheiros
Riacho Doce
Itaúnas
Praia de Itaúnas
Itauninhas
Boa Esperança
Conceição da Barra
Rio São Mateus
Nova Venécia
Vila Pavão
São Mateus
Nestor Gomes
Guriri
Jaguaré
Aguia Branca
Vila Valério
Res. Biológica de Sooretama
Barra Nova
São Gabriel da Palha
Praia de Uruçuquara
Tiradentes
Domingos do Norte
Governador Lindenberg
Comendador Rafael
Sooretama
Pontal do Ipiranga
Rio Bananal
Linhares
Marilândia
Bebedouro
BR 101
BR 367
BR 418
S. 785

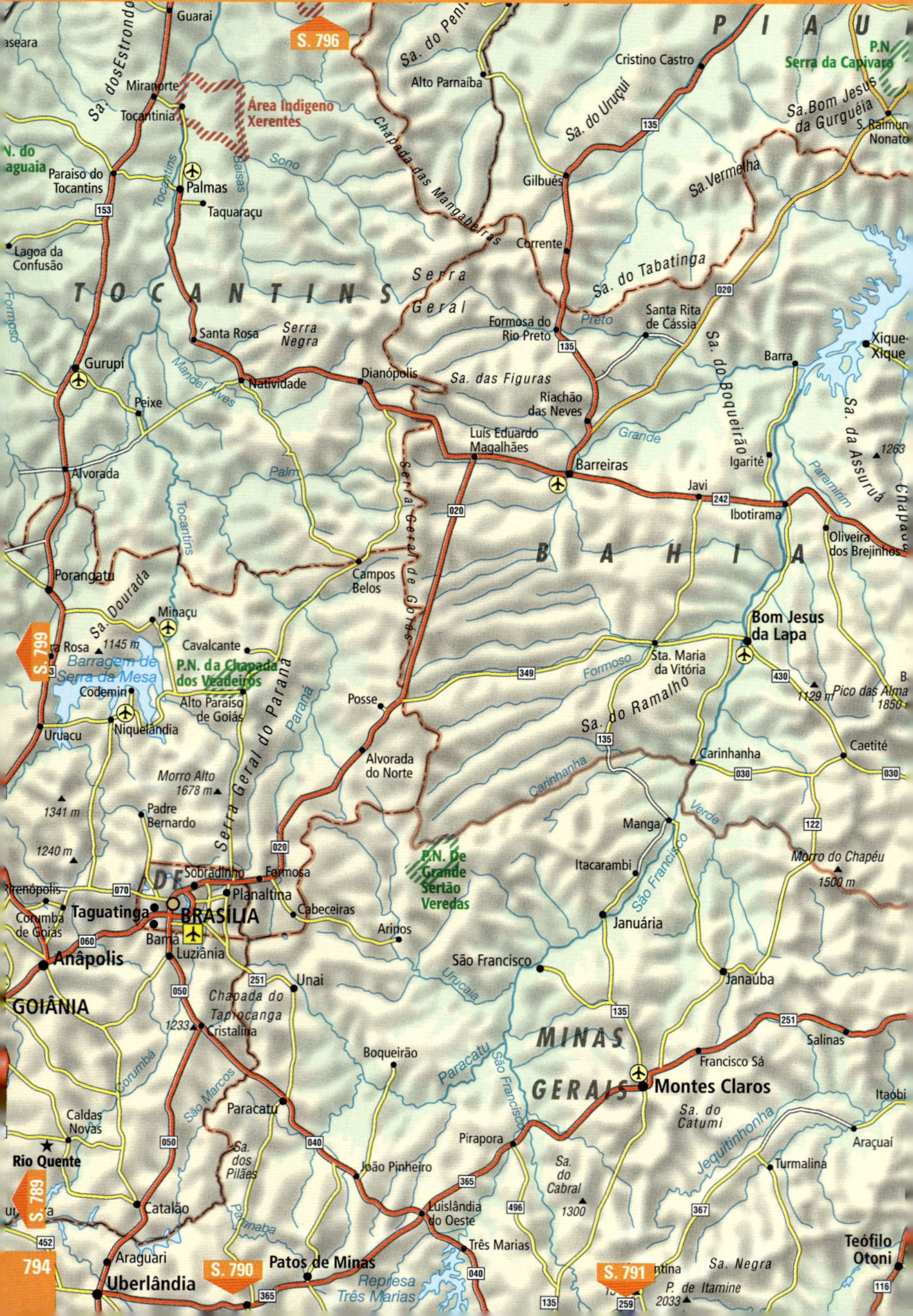

S. 796

Guarai
Sa. dosEstrondo
Sa. do Peni
P I A U
P.N. Serra da Capivara
Cristino Castro
Alto Parnaíba
Miranorte
Tocantinia
Área Indígeno Xerentes
Chapada das Mangabeiras
Sa. do Uruçuí
135
Sa.Bom Jesus da Gurguéia
S. Raimun Nonato
P.N. do Araguaia
Paraiso do Tocantins
Palmas
Tocantins
Sono
Taquaraçu
153
Gilbués
Sa.Vermelha
Lagoa da Confusão
Corrente
Sa. do Tabatinga
T O C A N T I N S
Serra Geral
020
Formoso
Santa Rosa
Serra Negra
Formosa do Rio Preto
Preto
Santa Rita de Cássia
135
Sa. do Boqueirão
Xique-Xique
Barra
Gurupi
Mandel Alves
Natividade
Dianópolis
Sa. das Figuras
Riachão das Neves
Sa. da Assuruá
Peixe
Luís Eduardo Magalhães
Grande
Igarité
1263
Alvorada
Palm
Barreiras
Paramirim
Javi
242
Ibotirama
Chapada
Serra Geral de Goiás
020
Tocantins
Oliveira dos Brejinhos
B A H I A
Porangatu
Sa. Dourada
Campos Belos
Minaçu
Bom Jesus da Lapa
S. 799
Rosa
1145 m
Cavalcante
Sta. Maria da Vitória
Barragem de Serra da Mesa
P.N. da Chapada dos Veadeiros
349
Formoso
430
Pico das Almas 1850
Codemin
Serra Geral do Paraná
Alto Paraíso de Goiás
Paraná
Posse
Sa. do Ramalho
1129 m
Uruaçu
Niquelândia
135
Caetité
Alvorada do Norte
Carinhanha
Morro Alto 1678 m
Carinhanha
030
030
1341 m
Padre Bernardo
Verde
122
Manga
1240 m
020
São Francisco
Itacarambi
Morro do Chapéu 1500 m
Sobradinho
Formosa
P.N. De Grande Sertão Veredas
Pirenópolis
DF
070
Planaltina
Corumbá de Goiás
Taguatinga
BRASÍLIA
Cabeceiras
Januária
060
Bama
Arinos
Anápolis
Luziânia
São Francisco
251
Unai
Urucuia
Janaúba
GOIÂNIA
050
Chapada do Tapiocanga
135
251
1233
Cristalina
Salinas
MINAS GERAIS
Boqueirão
Corumbá
Paracatu
São Francisco
Francisco Sá
Montes Claros
Sa. do Catumi
Itaobi
São Marcos
Paracatu
Caldas Novas
Jequitinhonha
050
040
Sa. dos Pilães
Pirapora
Araçuaí
Rio Quente
Sa. do Cabral
1300
Turmalina
João Pinheiro
365
S. 789
Catalão
496
367
Paranaíba
Luislândia do Oeste
452
Três Marias
Teófilo Otoni
Araguari
S. 790
Patos de Minas
040
S. 791
Sa. Negra
Represa Três Marias
P. de Itamine 2033
Uberlândia
365
135
259
116

PERNAMBUCO
ALAGOAS
SERGIPE
S. 797
Salgueiro
Serra Talhada
Lagoa
Ibó
Belém de S. Francisco
Arcoverde
Pesqueira
Caruaru
Toritama
Nova Jerusalém
Limoeiro
Goiana
Igarassu
Paulista
Gravatá
Bezerros
Vitória de Sto. Antão
Casa Nova
Petrolina
Juazeiro
Remanso
Sento Sé
Piçarro
Paulo Afonso
Represa de Itaparica
Garanhuns
Palmares
Tamandaré
Barreiros
Palmeira dos Índios
União dos Palmares
Canindé de S. Francisco
São Francisco
Arapiraca
MACEIÓ
Barra de Santo Antônio
S. Miguel dos Campos
Praia do Francês
Barra de São Miguel
Coruripe
Penedo
Piaçabuçu
Propriá
Carira
Laranjeiras
Pirambu
Aracaju
São Cristóvão
Lagarto
Estância
Indiaroba
Esplanada
Conde
Baixio
Costa do Sauípe
Praia do Forte
Camaçari
Lauro de Freitas
SALVADOR DA BAHIA
Ilha Itaparica
Ilha de Tinharé
Ilha de Boipeba
Costa do Dende
Amariú
Camirim
Senhor do Bonfim
Euclides da Cunha
Sa. da Canastra
Tucano
Cipó
Ourolândia
Jacobina
Santaluz
Capim Grosso
Valente
Olindina
Serrinha
Morro do Chapéu
Mundo Novo
Baixa Grande
Feira de Santana
Alagoinhas
Entre Rios
Morro do Pai Inácio
Lençóis
Andaraí
Itaberaba
Paraguaçu
Cachoeira
São Félix
Sto. Amaro
Candeias
Cach. da Fumaça
P.N. da Chapada Diamantina
Sto. Antônio de Jesus
Nazaré
Tanhaçu
Maracás
Ch. de Maracás
Valença
Contendas do Sincorá
Jequié
Rio de Contas
Ituberá
Camamu
Barra Grande
Brumado
Ubaitaba
Itacaré
Aurelino Leal
Anagé
Poçoes
Sa. da Ouricana
Uruçuga
Itabuna
Ilhéus
Itambé
Itapetinga
Cândido Sales
Una
Santa Luzia
Pardo
Canavieiras
Pedra Azul
Jequitinhonha
Belmonte
Jacinto
Salto da Divisa
Eunápolis
Sta. Cruz Cabrália
Porto Seguro
Itabella
Arraial d'Ajuda
Trancoso
Caraíva
P.N. de Monte Pascoal
P.N. do Descobrimento
Itamaraju
Medeiros Neto
Prado
Teixeira de Freitas
Alcobaça
Caravelas
Nova Viçosa
S. 792
S. 793
1229 m
1275
1123
Sa. do Tombador
Sa. S. Francisco
Sa. Dois Irmãos
Sa. da Sincorá
Sa. dos Cariris

Soure
S. Caetano de Odivelas
Aldogoal
Salvaterra
Salinópolis
Vigia
Maracanã
Ajuruteua
Mosqueiro
Igarapé-Açú
Bragança
Augusto Correa
Castanhal
Ananindeua
Capanema
BELÉM
Sta. Maria do Pará
Sta. Luzia do Pará
Irituia
Boa Vista do Gurupi
Acará
Concordia do Pará
Cururupu
Cedral
Mirinzal
Área Indigeno do Rio Guama
Gurupi
Tomé-Acu
Ipixuna
Sta. Helena
Alcântara
P.N. dos Lençóis Maranhenses
Pinheiro
Paco do Lumiar
SÃO LUÍS
Anil
Primeira Cruz
Icatu
Ilha do Caju
Barreirinhas
Paragominas
Ila Grande
Tutóia
Parnaíba
Itapecuru
Reserva Biológica Gurupi
Santa Inês
Buriti Lopes
Vargem Grande
Miranda do Norte
Santa Quitéria do Maranhão
Sa. do Tiracambi
Pindaré
Santa Luzia
Chapadinha
Dom Eliseu
Buriticupu
Rondon do Pará
Bacabal
P.N. de Sete Cidades
Peritoró
Miguel Alves
Barras
Sa. do Gurupi
Codó
Piripiri
MARANHÃO
Açailândia
Mearim
Caxias
Campo Maior
Imperatriz
Presidente Dutra
TERESINA
Altos
Área Indigeno Cricati
Sa. Valentim
Área Indigeno Apriaje
Grajaú
Castelo do Piauí
S. Miguel do Tapuí
Tocantinópolis
Xambioá
Porto Franco
Colinas
Estreito
Sa. da Cinta
Sa. Negra
Paraibano
Amarante
Fortaleza dos Nogueiras
São Domingos
Canindé
Carolina
Represa de Boa Espera
Floriano
Sa. da Batist
Entrocamento
Riachão
Oeiras
Balsas
Uruçui
Jerumenha
Picos
Tocantins
Jaicós
Área Indigeno Kreós
Sa. do Grado Bravo
Simplício Mendes
Parnaíba
Sa. do Penitenio
Tasso Fragoso
Eliseu Martins
Canto do Buriti
Paulistana
Guarai
PIAUÍ
P.N. Serra da Capivara
Cristino Castro
Alto Parnaíba
Sa. Bom Jesus da Gurguéia
Área Indigeno Xerentes
Sa. do Uruçuí
S. Raimundo Nonato
Casa Nova
Chapada das
Sono
Gilbués
Sa. Vermelha
S. 799
S. 794

Camocim
Jericoacoara
Acaraú
Jijoca
Itarema
Mundaú
Trairi
Lagoinha
Paracuru
Meruoca
Tianguá
Sobral
Itapipoca
P.N. de Ubajara
Cumbuco
FORTALEZA
Caucaia
Maracanaú
Praia do Futuro
Aquiraz
Pacatuba
Caponga
Cascavel
Beberibe
Varjota
Santa Quitéria
Canindé
Sa. de Baturité
Ibiapaba
Nova Russas
Madalena
Aracati
Canoa Quebrada
Crateús
Boa Viagem
Quixadá
Russas
Morada Nova
Mossoró
CEARÁ
RIO GRANDE DO NORTE
São Bento do Norte
Macau
Galinhos
São Miguel do Gostoso
Touros
João Câmara
Tauá
Apodi
Assu
Ipanguaçu
Maracajaú
Campo Grande
Ceará-Mirim
Genipabu
Redinha
Macaíba
NATAL
Jucurutu
Iguatu
Piranhas
Currais Novos
Parnamirim
Búzios
Goianinha
Tibau do Sul
Praia da Pipa
Canguaretama
Icó
Alexandria
Caicó
Sousa
Campos Sales
Cajazeiras
Pombal
Baía Formosa
Chapada do Araripe
Crato
Juazeiro do Norte
Patos
Barra de Camaratuba
Baía da Traição
Mamanguape
Milagres
PARAÍBA
Sa. dos Cariris Velhos
Borborema
Campina Grande
Cabedelo
Sta. Rita
João Pessoa
Ouricuri
Chapada da Borborema
Jacumã
Salgueiro
Serra Talhada
Goiana
Pitimbu
Lagoa
Itamaracá
Toritama
Limoeiro
Igarassu
Nova Jerusalém
Paulista
Olinda
Ibó
Gravatá
Belém de S. Francisco
Arcoverde
RECIFE
PERNAMBUCO
Pesqueira
Caruaru
Bezerros
Vitória de Sto. Antão
Cabo de Sto. Agostinho
Gaibu
Nossa Senhora do Ó
Porto de Galinhas
Petrolina
Represa de
Palmares
R.B. Atol das Rocas
Atol das Rocas
P.N. Marinho de Fernando de Noronha
Ilha Fernando de Noronha

S. 795

VENEZUELA
KOLUMBIEN
PERU
AMAZONAS
RORAIMA
RONDONIA
BOLIVIEN
Puerto López
Pueblo Nuevo
Guaviare
Reserva Nacional Natural Nukak
Reserva Nacional Natural Puinawai
P.N. do Serrania de la Neblina
P.N. do Parima-tapirepecó
Marahuaca
Orinoco
Uaiacás
Santa Rosa
Uraricoera
Boa Vista
Mucajaí
Caracaraí
Missão Catrimani
Rio Branco
Catrimani
P.N. do Rio Branco
Boiaçu
Vista Alegre
São Marcelino
Iauareté
Içana
Rio Uaupés
R. Negro
P.N. do Pico da Neblina
São Joaquim
São Gabriel da Cachoeira
Santa Isabel do Rio Negro
Tapurmcuará
Barcelos
P. N. Chiribiquete
Araracuara
Reseva Forestal do Rio Negro
Vila Bittencourt
Rio Japura
Maraã
Japurá
P.N. Cahuinari
Caqueta
Reserva Ecológica Juami-Japurá
Foz do Mamoriá
Ponte Boa
Estação Ecológica Mamirauá
P.N. do Rio Jaú
Arquipélago das Anavilhanas
Novo Airão
Rio Içá
Santo António do Içá
Tonantins
Reserva Ecológica Jutaí-Solimões
Alvarães
L. Tefé
Monte Cristo
Juruá
Tefé
Codajás
Rio Solimões
P.N. Amacayacu
Leticia
Tabatinga
Iquitos
Coari
Rio Jutaí
Rio Juruá
Reserva Biológica do Abufari
Rio Purus
Atalaia do Norte
Benjamin Constant
Caruari
Caxias
Jutaf
Tapauá
Rio Tapauá
Itamarati
Elvira
Rodrigues
Eirunepé
Ipixuna
Envira
Rio Purus
Lábrea
Humaitá
Estação Ecológica Cuniã
Japiim
Cruzeiro do Sul
P.N. da Serra do Divisor
Tarauaca
Feijó
Mário Lobão
Taumaturgo
Foz do Breu
Boca do Acre
Porto Velho
Represa de Samuel
Sena Madureira
Jaciparaná
Itapuá do Oeste
Ariquemes
Fortaleza
Abunã
Rio Branco
Curitiba
Dimpolis
Buena Vista
Guayarámerin
Guajará-Mirim
Jaru
P.N. de Pacaás-Novos
Estação Ecológica Rio Acre
Canindé
Brasiléia
Riberalta
Urubamba
P.N. Amazónica Manuripi Heath
Rio Mamoré
P.N. Serra de Cutia
Cacoal
Pimenta Bueno
Principe da Beira
Reserva Biológica do Guaporé
P.N. Manú
Puerto Maldonado
Chive
Pillcopata
P.N. Bahuaja-Sonene
Yata
San Ramón
El Carmen
Urubamba
Cusco
Santa Rosa
Sicuani
P.N. Madidi
San Borja
Trinidad
BR 174
BR 319
BR 230
BR 364

S. 786

1 cm = 120 km
1 : 12.000.000
0
150
300
450 km
Oiapoque
Centraal Suriname
nceição do Maú
SURINAM
GUYANA
GUYANA
P.N. Cabo Orange
Atlantischer
Ozean
Calçoene
Estação Ecológica
Ilhas Maracá e Jipióca
BR 156
Kuyuwini
P.N. do Tumucumaque
Amapá
AMAPÁ
Reserva Biológica
do Lago Piratuba
Sete Ilhas
Serra do Navio
Porto Grande
S. 796
Caroebe
Macapá
Estação Ecológica
do Jari
Rio Trombetas
Rio Amazonas
Ilha de Marajó
Marudá
Salinópolis
Vigia
Saula
Monte Dourado
Ilha do Mosqueiro
Castanhal
Porteira
BELÈM
BR 316
Reserva Biológica
do Rio Trombetas
Almeirim
Barcarena
Oriximina
Prainha
Porto de Moz
Acará
Óbidos
Alenquer
Monte Alegre
Limoeiro
do Ajurú
Concordia
do Pará
Urucará
Rio Amazonas
Rio Xingu
Portel
Senador
José Porfírio
Tomé-Açu
ANAUS
Parintins
Santarém
Itacoatiara
Vitoria
Encontro das Águas
Altamira
Belo Monte
do Pontal
Baião
Rio Tocantins
BR 163
BR 010
Autazes
Rio Tapajós
Caima
Goianésia
do Pará
P.N.
de Amazônia
Itaituba
BR 230
Tucuruí
Borba
Rurópolis
Presidente Medici
Rio Iriri
Dom Eliseu
Pimenta
Represa de
Tucuruí
Rio Madeira
PARÁ
Tucunaré
Açailandia
Reserva Biológica
do Tapirpé
São Félix
Marabá
José Rodrigues
Imperatriz
Carajás
Jacaré-a-Canga
Araras
Paraíso
BR 163
Reserva Forestal
Mundurucânia
Bom Futuro
Wanderlândia
Estreito
São Félix
do Xingu
Araguaína
Reserva Forestal
Mundurucânia
Barra do
São Manuel
BR 010
Manuel Zinho
Xinguara
Carolina
Rio Xingu
BR 153
Redenção
Recreio
Pereirinha
Conceição
do Araguaia
Craolândia
Rio São Manuel
Rio Tocantins
Bandeirantes
Cachimbo
Santana do
Araguaia
S. 794
Colniza
Rio Araguaia
Paranaita
Vila Rica
Palmas do
Tocantins
Peixoto de
Azevedo
Juruena
P.N. do
Araguaia
Porto Nacional
Santa
Terezinha
TOCANTINS
Juara
Novo Horinzonte
Marcelândia
Campo de
Diauarum
Gurupi
Dianópolis
Rio Juruena
Porto dos
Gaúchos
São Félix
do Araguaia
Sinop
Pôsto Jacaré
Peixe
Natividade
Estação Ecológica
Iquê-Juruena
Alvorada
Taguatinga
Rio Arinos
MATO GROSSO
BR 153
Porangatu
Minaçu
Rio das Mortes
Campinaçu
P.N. da Chapada
dos Veadeiros
BR 163
Barragem de Serra da Mesa
BR 174
Mara Rosa
Codemin
Alto
Paraíso
de Goiás
Arenápolis
Iauareté
GOIÁS
Uruaçu
Niquelândia
Nobres
Itacaiu
Mato Grosso
Rosário Oeste
S. 787
S. 788
S. 789
P.N. de Brasília
P.N. Chapada
dos Guimarães
Cuiabá
Ceres
Brasília
erda

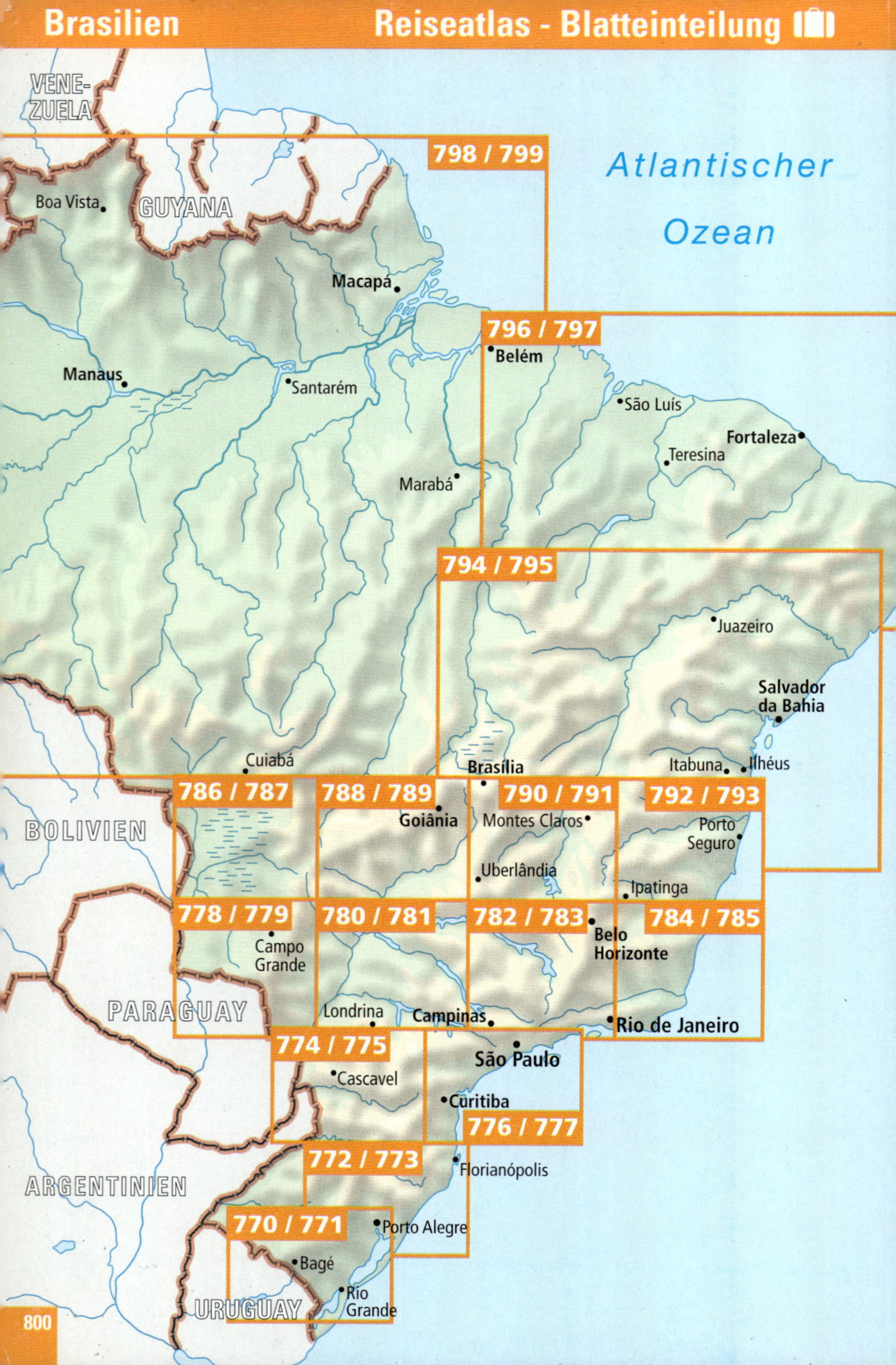
VENE-
ZUELA
GUYANA
Boa Vista
798 / 799
Atlantischer
Ozean
Macapá
796 / 797
Belém
Manaus
Santarém
São Luís
Fortaleza
Teresina
Marabá
794 / 795
Juazeiro
Salvador
da Bahia
Itabuna
Ilhéus
Cuiabá
Brasília
786 / 787
788 / 789
790 / 791
792 / 793
BOLIVIEN
Goiânia
Montes Claros
Porto
Seguro
Uberlândia
Ipatinga
778 / 779
780 / 781
782 / 783
784 / 785
Campo
Grande
Belo
Horizonte
PARAGUAY
Londrina
Campinas
Rio de Janeiro
774 / 775
São Paulo
Cascavel
Curitiba
776 / 777
772 / 773
Florianópolis
ARGENTINIEN
770 / 771
Porto Alegre
Bagé
Rio
Grande
URUGUAY